Elogios ao *Use a Cabeça! HTML e CSS*

"*Use a Cabeça! HTML e CSS* é uma introdução inteiramente moderna às práticas de vanguarda na marcação e apresentação de páginas Web. Ele prevê corretamente a perplexidade dos leitores e lida com ela no momento certo. A abordagem incremental cheia de figuras mostra com precisão a melhor maneira de aprender este negócio: faça uma pequena alteração e veja-a no browser para entender o que cada item novo significa".

— **Danny Goodman, autor de *Dynamic HTML: The Definitive Guide***

"Eric Freeman e Elisabeth Robson claramente entendem do assunto. À medida que a internet se torna mais complexa, a construção inspirada de páginas Web torna-se cada vez mais fundamental. O design elegante está no centro de todos os capítulos aqui, cada conceito transmitido com doses iguais de pragmatismo e sabedoria."

— **Ken Goldstein, vice-presidente executivo e diretor administrativo da Disney Online**

"A Web seria um lugar muito melhor se cada programador de HTML tivesse começado sua carreira pela leitura deste livro."

— **L. David Baron, líder técnico, de layout e CSS da Mozilla Corporation, *http://dbaron.org***

"Programo em HTML e CSS há dez anos e o que um dia foi um longo processo de aprendizado por tentativas e erros é agora resumido com clareza em um livro cativante. O HTML era algo que você apenas montava até que as coisas parecessem boas na tela, mas com o advento dos padrões da Web e do movimento pela acessibilidade, a prática de codificação malfeita não é mais aceitável... do ponto de vista do negócio ou da responsabilidade social. *Use a Cabeça! HTML e CSS* lhe ensina como fazer as coisas corretamente do início sem fazer com que todo o processo pareça opressivo. O HTML, quando explicado apropriadamente, não é mais complicado do que o inglês claro e os autores fazem um excelente trabalho ao explicar todos os conceitos."

— **Mike Davidson, presidente e CEO da Newsvine, Inc.**

"As informações incluídas neste livro são as mesmas conhecidas pelos profissionais, mas explicadas de uma maneira educativa e divertida, que nunca faz você pensar que é impossível aprender o assunto ou que você não está na sua praia."

— **Christopher Schmitt, autor de *The CSS Cookbook* and *Professional CSS, schmitt@christopher.org***

"Ok, ótimo, vocês fizeram um livro sobre HTML tão simples que até um CEO consegue entendê-lo. O que farão em seguida? Contabilidade tão simples que até meu desenvolvedor possa entendê-la? Daqui a pouco estaremos colaborando uns com os outros como se fôssemos uma equipe ou algo parecido."

— **Janice Fraser, CEO da Adaptative Path**

Mais elogios ao *Use a Cabeça! HTML e CSS*

"Eu amo *Use a Cabeça! HTML e CSS* — ele ensina tudo o que você precisa aprender de uma forma muito divertida!"

— Sally Applin, designer de interfaces e artista plástica, *http://sally.com*

"Este livro tem humor e charme, mas o mais importante é que tem coração. Eu sei que parece ridículo dizer isso de um livro técnico, mas eu realmente sinto que, no fundo, este livro (ou pelo menos seus autores) realmente quer que o leitor aprenda o assunto. Isso aparece no estilo, na linguagem e nas técnicas. O aprendizado — a compreensão e o entendimento reais — do leitor é claramente o principal objetivo dos autores. E muito, muito, muito obrigado pela maneira incisiva e sensível que o livro advoga em favor da conformidade com os padrões. É ótimo ver um livro básico, que eu acho que será amplamente lido e estudado, fazer campanha de forma eloquente e persuasiva em favor do valor da conformidade com os padrões na codificação de páginas Web. Eu até encontrei aqui grandes argumentos nos quais ainda não tinha pensado, dos quais posso lembrar e usar quando me perguntarem (o que ainda acontece): "qual o problema da conformidade e por que deveríamos nos importar com ela?" Agora eu tenho mais munição! Também gostei do fato do livro salpicar alguns tópicos básicos sobre a mecânica de como lançar realmente uma página Web – FTP, servidores Web, estruturas de arquivo, etc."

— Robert Neer, diretor de desenvolvimento de produtos da Movies.com

"*Use a Cabeça! HTML e CSS* é o livro mais divertido para se aprender como criar uma grande página Web. Ele não apenas cobre tudo o que você precisa saber sobre HTML e CSS, mas também se sobressai ao explicar tudo em termos leigos com muitos e ótimos exemplos. Achei o livro realmente agradável de ler e aprendi algumas coisas novas!"

— Newton Lee, editor-chefe da ACM Computers in Entertainment, *http://www.acmcie.org*

"Minha esposa roubou o livro. Ela nunca fez nada em design para Web, portanto precisava de um livro como *Use a Cabeça! HTML e CSS*, para que a ensinasse do início ao fim. Ela agora tem uma lista de websites que deseja criar — para as aulas de nosso filho, nossa família... Se eu tiver sorte, terei o livro de volta quando ela terminar."

— David Kaminsky, inventor máster da IBM

"Tenha cuidado. Se você for daqueles que leem à noite antes de dormir, terá que restringir a leitura de *Use a Cabeça! HTML e CSS* para apenas durante o dia. Este livro acorda o seu cérebro."

— Pauline McNamara, responsável por novas tecnologias e educação da Universidade de Friburgo, Suíça

Elogios a outros livros de Eric Freeman e Elisabeth Robson

"Escrito pelo incrível pessoal de *Use a Cabeça! Java*, este livro utiliza todos os truques imagináveis para ajudá-lo a entender e memorizar. E não é apenas um monte de figuras: figuras humanas, que tendem a interessar outros humanos. Surpresas por toda parte. Estórias, porque os humanos adoram a narrativa. (Estórias sobre pizza e chocolate. Preciso dizer mais?). Além de tudo isso, é muito engraçado."

— **Bill Camarda, READ ONLY**

"A clareza, o humor e as substanciais doses de inteligência deste livro o tornam o tipo que ajuda até mesmo não-programadores a pensar bem na solução de problemas."

— **Cory Doctorow, co-editor de Boing-Boing e autor de *Down and Out in the Magic Kingdom* e *Someone Comes to Town, Someone Leaves Town***

"Sinto como se o peso de milhares de livros tivesse sido tirado de minha cabeça."

— **Ward Cunningham, inventor do wiki e fundador do Hillside Group**

"Este livro chega perto da perfeição, pela maneira como combina perícia e facilidade de leitura. Ele se expressa com autoridade e é de leitura simples. É um dos poucos livros de software que já li que me parece indispensável. (Colocaria cerca de 10 livros nessa categoria)."

— **David Gelernter, professor de ciência da computação da Universidade de Yale e autor de *Mirror Worlds* (*Mundos Espelhados*) e *Machine Beauty* (*A Beleza das Máquinas*)**

"Um mergulho de cabeça no universo dos padrões, um espaço e que coisas complexas passam a ser simples, mas coisas simples também passam a ser complexas. Não consigo pensar em guias turísticos melhores do que esses autores."

— **Miko Matsumura, analista industrial da The Middleware Company. Ex-instrutor-chefe de Java da Sun Microsystems**

"Eu ri, chorei, mexeu comigo."

— **Daniel Steinberg, editor-chefe do java.net**

"O livro tem o tom exato para o codificador nerd e guru casual que existe em todos nós. A referência correta para estratégias práticas de desenvolvimento — faz meu cérebro funcionar sem ter de empurrar um monte de conversa velha e mofada de professor."

— **Travis Kalanick, fundador do Scour and Red Swoosh, membro do MIT TR100**

"Eu literalmente amei este livro. Para falar a verdade, beijei o livro na frente da minha esposa."

— **Satish Kumar**

Outros livros da série Use a Cabeça!

Use a Cabeça! Ajax

Use a Cabeça! Ajax Profissional

Use a Cabeça! Álgebra

Use a Cabeça! Análise e Projeto Orientado ao Objeto

Use a Cabeça! Análise de Dados

Use a Cabeça! C#, Tradução da 2ª Edição

Use a Cabeça! C

Use a Cabeça! Desenvolvimento de Software

Use a Cabeça! Desenvolvendo para iPhone

Use a Cabeça! Estatística

Use a Cabeça! Excel

Use a Cabeça! Física

Use a Cabeça! Geometria 2D

Use a Cabeça! HTML com CSS & XHTML, Tradução da 2ª Edição

Use a Cabeça! Desenvolvendo para iPhone e iPad, Tradução da 2ª Edição

Use a Cabeça! Java 2ª Edição

Use a Cabeça! JavaScript

Use a Cabeça! JQuery

Use a Cabeça! Mobile Web

Use a Cabeça! Padrões de Projetos 2ª Edição

Use a Cabeça! Programação

Use a Cabeça! Programação em HTML 5

Use a Cabeça! PHP & MySQL

Use a Cabeça! PMP

Use a Cabeça! Python

Use a Cabeça! Rails, Tradução da 2ª Edição

Use a Cabeça! Redes de Computadores

Use a Cabeça! Servlets & JSP 2ª Edição

Use a Cabeça! SQL

Use a Cabeça! Web Design

Use a Cabeça!
HTML e CSS

Não seria maravilhoso se houvesse um livro sobre HTML que não deduzisse que você sabe o que são elementos, atributos, validação, seletores e pseudoclasses, tudo isso já na página três? Mas provavelmente isso é só uma fantasia...

Elisabeth Robson
Eric Freeman

ALTA BOOKS
EDITORA
Rio de Janeiro, 2015

ISBN: 978-85-7608-862-2

Impresso no Brasil — Tradução da 2ª Edição, 2015

Produção Editorial
Editora Alta Books

Gerência Editorial
Anderson Vieira

Supervisão Editorial
Angel Cabeza
Sergio de Souza

Design Editorial
Aurélio Corrêa

Captação e Contratação de Obras Nacionais
J. A. Rugeri
Marco Pace
autoria@altabooks.com.br

Ouvidoria
ouvidoria@altabooks.com.br

Marketing e Promoção
Hannah Carriello
marketing@altabooks.com.br

Vendas Atacado e Varejo
comercial@altabooks.com.br

Equipe Editorial
Carolina Giannini
Claudia Braga
Gabriel Ferreira
Jessica Carvalho
Juliana Oliveira
Letícia de Souza
Mayara Coelho
Mayara Soares
Milena Lepsch
Rômulo Lentini
Thiê Alves
Silas Amaro

Copi com Tradução
Giovana Franzolin Lopes

Revisão Gramatical
Camila Werhahn

Revisão Técnica
Flávio Augusto da Silveira
Analista de Tecnologia

Diagramação
Ana Lucia Seraphim Quaresma

Dados Internacionais de Catalogação na Publicação (CIP)

R667u Robson, Elisabeth.
Use a cabeça! : HTML e CSS / Elisabeth Robson, Eric Freeman. – Rio de Janeiro, RJ : Alta Books, 2015.
760 p. : il. ; 24 cm. – (Use a cabeça!)

Inclui índice.
Tradução de: Head first HTML and CSS (2. ed.).
ISBN 978-85-7608-862-2

1. HTML (Linguagem de marcação de documento). 2. Sites da Web - Programas autorizados. 3. Folhas de estilo. 4. Sites da Web - Desenvolvimento. I. Freeman, Eric. II. Título. III. Série.

CDU 004.738.52
004.4338
CDD 006.74

Índice para catálogo sistemático:
1. Linguagem de marcação de documento : HTML 004.738.52
2. Folhas de estilo : CSS 004.438

(Bibliotecária responsável: Sabrina Leal Araujo – CRB 10/1507)

ALTA BOOKS
EDITORA

Rua Viúva Claudio, 291 – Bairro Industrial do Jacaré
CEP: 20970-031 – Rio de Janeiro – Tels.: (21) 3278-8069/8419
www.altabooks.com.br – e-mail: altabooks@altabooks.com.br
www.facebook.com/altabooks – www.twitter.com/alta_books

Guerra dos browsers? Você vai entender no Capítulo 6

Para o W3C, por nos salvar da guerra dos browsers e por seu brilhantismo em separar estrutura (HTML) de apresentação (CSS)...

E por tornarem o HTML e CSS complexos o suficiente para que as pessoas precisem de um livro para aprendê-los.

Autores de Use a Cabeça! HTML e CSS

Eric Freeman

Elisabeth Robson

Eric é descrito pela criadora da série Head First (Use a Cabeça!), Kathy Sierra, como "uma daquelas raras pessoas fluentes em linguagem, prática e cultura de domínio múltiplo, misturando um hacker hipster, vice-presidente corporativo, engenheiro e banco de ideias".

Profissionalmente, Eric recentemente completou quase uma década como executivo de uma empresa de mídia, tendo ocupado a posição de CTO (diretor de tecnologia) da Disney Online e Disney.com na Walt Disney Company. Eric está agora dedicando seu tempo à WickedlySmart, uma startup que ele co-fundou com Elisabeth.

Por formação, Eric é um cientista da computação, tendo estudado com o renomado David Gelernter durante seu doutorado na Universidade de Yale. Sua tese é tida como um trabalho seminal como alternativa à metáfora de desktop, e também como a primeira implementação de activity streams, um conceito que ele e Dr. Gelernter desenvolveram.

Em seu tempo livre, Eric está profundamente envolvido com música — você pode encontrar o mais recente projeto de Eric, uma colaboração com música ambiente idealizada por Steve Roach, disponível na App Store do iPhone com o nome de Immersion Station.

Eric mora com sua esposa e filha em Bainbridge Island. Sua filha é uma visitante frequente do estúdio de Eric, onde adora mexer nos botões de seus sintetizadores e efeitos de áudio.

Escreva para ele (em inglês) em `eric@wickedlysmart.com` ou visite seu blog em `http://www.ericfreeman.com`.

Elisabeth é desenvolvedora de software, escritora e educadora. Ela é apaixonada por tecnologia desde que era estudante na Universidade de Yale, onde ganhou um mestrado em ciência da computação e projetou uma linguagem de programação visual concomitante com arquitetura de software.

Elisabeth tem estado envolvida com a internet desde o princípio, sendo co-fundadora do premiado site Ada Project, um dos primeiros sites projetados para mulheres da área de ciência da computação encontrarem uma carreira e orientação online.

Ela é atualmente co-fundadora do WickedlySmart, uma experiência de educação online centrada em tecnologia web, onde cria livros, artigos e vídeos, dentre outros. Anteriormente, como diretora de projetos especiais na O'Reilly Media, Elisabeth produziu workshops presenciais e cursos online sobre uma variedade de tópicos técnicos e desenvolveu sua paixão de criar experiências de aprendizagem para ajudar pessoas a compreenderem a tecnologia. Antes de seu trabalho na O'Reilly, Elisabeth passou um tempo espalhando pó mágico pela Walt Disney Company, onde liderou projetos de pesquisa e desenvolvimento em mídias digitais.

Quando não está na frente do computador, você pode encontrá-la fazendo caminhada, pedalando ou praticando canoagem em grandes espaços abertos, com sua câmera por perto, ou cozinhando refeições vegetarianas.

Você pode lhe enviar um e-mail (em inglês) em `beth@wickedlysmart.com` ou visitar seu blog em `http://elisabethrobson.com`

Conteúdo (Sumário)

Conteúdo (A Coisa Real)

Introdução

Sua mente concentrada em HTML e CSS. Aqui você está tentando aprender algo, enquanto o seu cérebro está lhe fazendo um favor, certificando-se de que o aprendizado não se manterá. Seu cérebro está pensando: "é melhor deixar espaço para coisas mais importantes, como quais animais selvagens se deve evitar, e se esquiar pelado é uma má ideia". Então, como você engana o seu cérebro para fazê-lo pensar que a sua vida depende de aprender HTML e CSS?

1 comece a entender o HTML
A Linguagem da Web

A única coisa que separa você da Web é a capacidade de aprender a linguagem: HyperText Markup Language, ou HTML. Portanto, prepare-se para algumas aulas de linguagem. Depois deste capítulo, você não só entenderá alguns **elementos** básicos do HTML, como também será capaz de falar HTML com um pouco de **estilo**. No final deste livro você estará falando HTML como se tivesse nascido em Weblândia.

Não quero pressioná-lo, mas milhares de pessoas visitarão esta página web quando você tiver terminado Ela não só precisa estar correta como também deve estar linda!

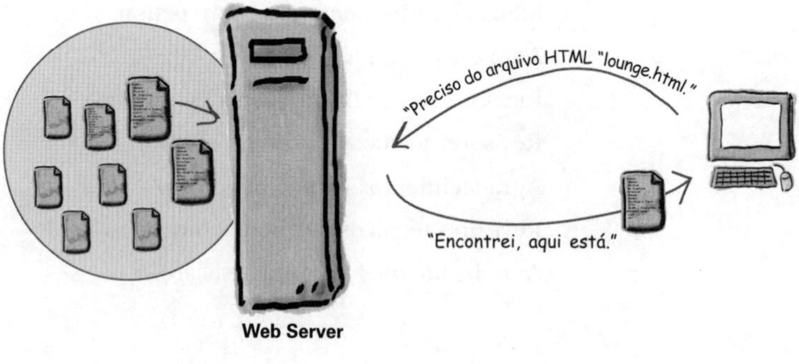
"Preciso do arquivo HTML "lounge.html."
"Encontrei, aqui está."
Web Server

vá além com o hipertexto

Conheça o "HT" do HTML

2

Alguém disse "hipertexto"? O que é isso? Bem, é toda a base da Web. No Capítulo 1, examinamos o HTML e descobrimos que é uma ótima linguagem de criação (o 'ML' do HTML) para a descrição da estrutura das páginas Web. Agora vamos dar uma olhada no 'HT' do HTML, o hipertexto, que nos libertará de uma única página e nos mostrará os links para outras páginas. Durante o caminho vamos encontrar um novo e poderoso elemento, o elemento <a>, e aprenderemos como o fato de ser "relativo" é uma coisa muito legal. Portanto, aperte seu cinto de segurança — você aprenderá algumas coisas sobre o hipertexto.

come to the New and Improved Head First
Our Elixirs
Green Tea Cooler
Raspberry Ice Concentration
Blueberry Bliss Elixir
Cranberry Antioxidant Blast
Directions

construção de blocos

3 Construção de Páginas Web

Alguém me disse que eu criaria páginas Web neste livro? Você certamente já aprendeu bastante até aqui: tags, elementos, links, caminhos... Mas tudo isso é inútil se você não criar algumas páginas Web fantásticas com esse conhecimento. Neste capítulo, vamos começar a construção: você verá uma página Web desde sua concepção até sua planta, fará sua fundação, a construirá e até mesmo dará alguns toques finais. Você só precisará de seu capacete e do cinto de ferramentas. Estaremos adicionando novas ferramentas e oferecendo o conhecimento que daria muito orgulho ao melhor dos construtores.

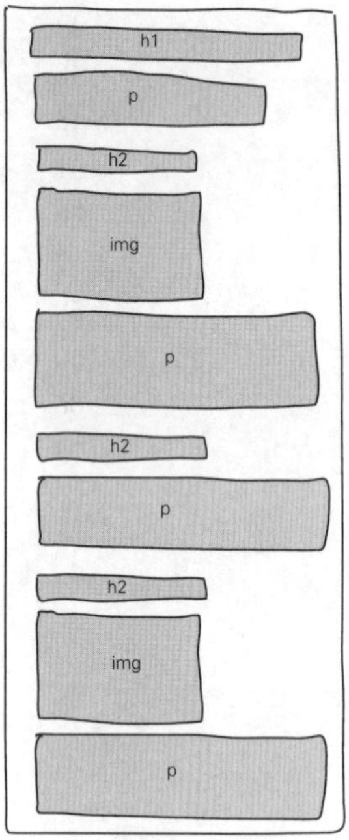
h1
p
h2
img
p
h2
p
h2
img
p

conecte-se

Uma Viagem à Weblândia

4

As páginas Web são o melhor prato servido na internet.

Até aqui, você criou páginas HTML que vivem apenas em seu próprio computador. Você também criou links para páginas que estão apenas em seu próprio computador. Vamos mudar tudo isso. Neste capítulo, encorajamos você a colocar essas páginas Web na Internet, onde seus amigos, fãs e clientes possam vê-las. Vamos revelar também os segredos sobre a vinculação a outras páginas ao fazer um crack do código h, t, t, p, :, /, /, w, w, w. Portanto, pegue suas coisas; nossa próxima parada é em Weblândia.

CONTEÚDO:
HTML e Imagens
LOCALIZAÇÃO:
Pasta Root
FRAGILE

5 adicione imagens a suas páginas
Conheça a Mídia

Sorria e diga "xis". Na verdade, sorria e diga "gif", "jpg" ou "png" — essas serão suas opções quando você estiver "desenvolvendo figuras" para a Web. Neste capítulo, você aprenderá a adicionar o seu primeiro tipo de mídia às suas páginas: imagens. Tirou algumas fotos digitais que precisa disponibilizar online? Sem problemas. Precisa incluir uma logomarca em sua página? Tudo certo. Mas antes de chegarmos a tudo isso, você precisa ser formalmente apresentado ao elemento <img>, não é? Por essa razão, desculpe-nos, não estávamos sendo rudes; o problema é que nunca vimos uma apresentação decente. Para compensar, aqui está um capítulo inteiro sobre <img>. Ao final deste capítulo, você saberá todos os prós e contras da utilização de elementos <img> e de seus atributos. Também verá exatamente como esse pequeno elemento faz com que o browser execute um monte de trabalho extra para recuperar e exibir suas imagens.

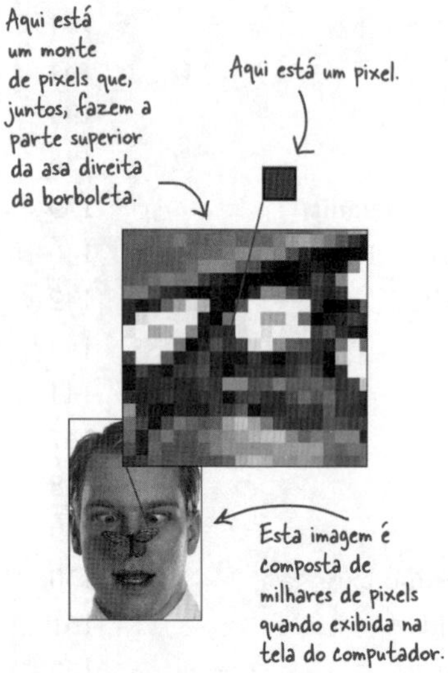
Aqui está um monte de pixels que, juntos, fazem a parte superior da asa direita da borboleta.
Aqui está um pixel.
Esta imagem é composta de milhares de pixels quando exibida na tela do computador.

6 padrões e tudo mais
HTML Sério

O que há mais para saber sobre o HTML? Você já está no caminho de dominar o HTML. Na verdade, já é hora de seguir para as CSS e aprender como tornar toda essa marcação insípida em algo fabuloso, não é mesmo? Antes disso, precisamos garantir que o seu HTML está realmente pronto. Não nos interprete mal, você está escrevendo HTML de primeira classe, mas ainda há algumas coisinhas para deixá-lo com padrão industrial. Também é o momento de certificar-se de estar usando o mais recente e melhor padrão HTML, também conhecido como HTML5. Ao fazer isso, você terá certeza de que suas páginas rodam bem como o mais recente i-Device, e que elas serão exibidas mais uniformemente em todos os browsers (ou ao menos naqueles que lhe interessam). Você também terá páginas que carregam mais rápido, que são garantia de rodar bem com CSS e que já estão prontas para o futuro, conforme os padrões se modificam. Prepare-se, este é o capítulo onde você se transformará em um profissional da Web.

O MANUAL DO HTML 4.01
Cidade de Weblândia

conheça as CSS

Adicione um Pouco de Estilo

7

Alguém me disse que haveria CSS neste livro. Até aqui, você se concentrou em aprender o HTML para criar a estrutura de suas páginas web. Mas como você pode ver, a ideia do browser sobre estilos deixa muito a desejar. É claro que você poderia chamar o esquadrão da moda, mas nós não precisamos disso. Com as CSS, você controlará totalmente a apresentação de suas páginas, quase sempre sem sequer alterar o seu HTML. Será que é assim tão fácil? Bem, você terá que aprender uma nova linguagem; afinal, a Weblândia é uma cidade bilíngue. Depois de ler este capítulo para aprender a linguagem das CSS, você será capaz de ficar em ambos os lados da Rua Principal e entabular uma conversa.

Mistério de
Cinco
Minutos

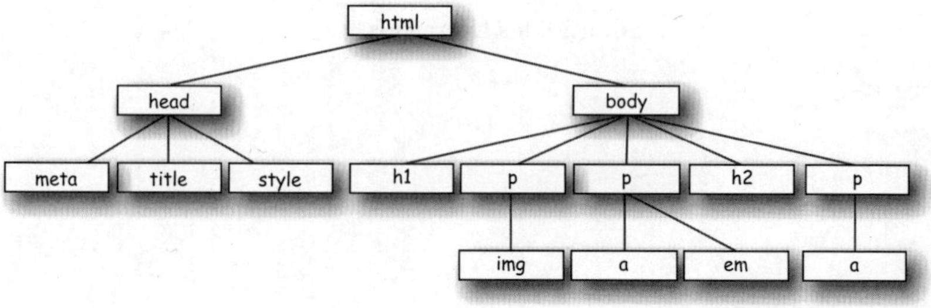
html
head
body
meta
title
style
h1
p
p
h2
p
img
a
em
a

8 aplique estilo com fontes e cores
Expanda Seu Vocabulário

Suas aulas de linguagem CSS estão transcorrendo bem.

Você já sabe o básico das CSS e sabe como criar regras CSS para selecionar e determinar o estilo dos elementos. Agora você precisa aumentar seu vocabulário e isso significa conhecer algumas propriedades novas e aprender o que elas podem fazer por você. Neste capítulo, vamos trabalhar com algumas das propriedades mais comuns que afetam a exibição do texto. Para fazer isso, você precisará aprender algumas coisas sobre fontes e cores. Você verá que não precisa ficar empacado nas fontes que todo mundo usa ou nos tamanhos e estilos desajeitados que o browser utiliza como padrão para os parágrafos e títulos. Também veremos que há muito mais nas cores do que podemos ver.

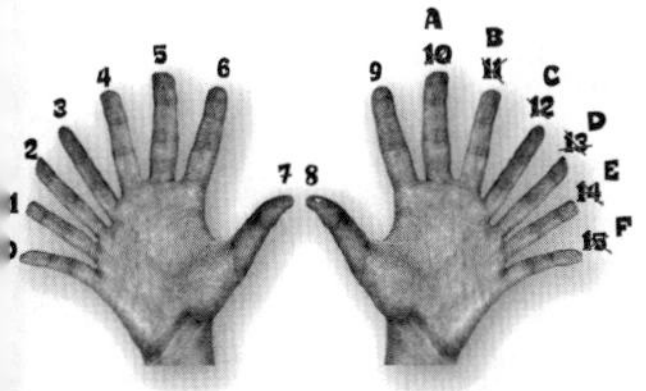

9

o modelo de caixa

Seja Íntimo dos Elementos

Para ter uma criação Web avançada, você precisa conhecer realmente seus materiais de construção. Neste capítulo, vamos olhar mais de perto nossos materiais de construção: os elementos do HTML. Vamos colocar os elementos de bloco e em linha no microscópio e ver do que são feitos. Você verá como é possível controlar todos os aspectos da construção de um elemento através das CSS. Mas não vamos parar por aí: você também verá como pode conferir aos elementos identidades únicas. E, como se já não fosse o bastante, você descobrirá porque deve usar múltiplas folhas de estilo. Portanto, vire a página e comece a ficar íntimo dos elementos.

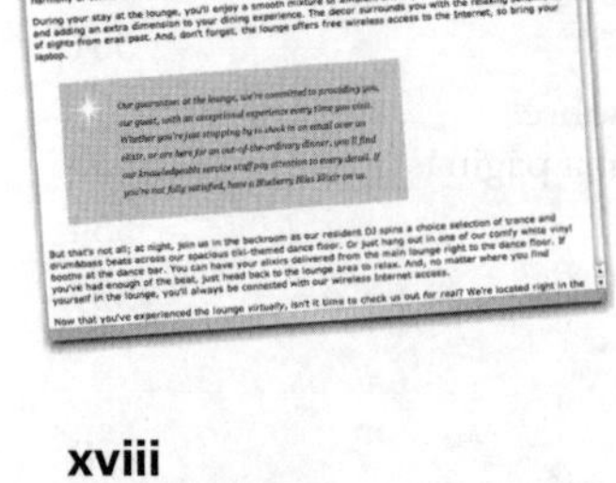

Head First Lounge
Welcome to the Head First Lounge

divs e spans

Construção Web Avançada

10

Já é hora de se preparar para a construção pesada. Neste capítulo, vamos apresentar dois novos elementos do HTML, chamados <div> e <span>. Eles não são simples tocos de madeira, mas grandes vigas de aço. Com <div> e <span>, você construirá estruturas de suporte sérias e, uma vez colocadas no lugar, você será capaz de aplicar estilos de novas e poderosas maneiras. Agora, não pudemos deixar de notar que o seu cinto de ferramentas das CSS está realmente começando a ficar cheio, portanto é hora de mostrar alguns atalhos para facilitar a especificação de todas essas propriedades. E também temos convidados especiais neste capítulo, as pseudoclasses, que permitirão a criação de alguns seletores muito interessantes. (Se você está pensando que pseudoclasses seria um grande nome para sua próxima banda, tire seu cavalinho da chuva, nós já passamos na sua frente.)

Weekly Elixir Specials
Lemon Breeze
The ultimate healthy drink, this elixir combines herbal botanicals, minerals, and vitamins with a twist of lemon into a smooth citrus wonder that will keep your immune system going all day and all night.
Chai Chiller
Not your traditional chai, this elixir mixes maté with chai spices and adds an extra chocolate kick for a caffeinated taste sensation on ice.
Black Brain Brew
Want to boost your memory? Try our Black Brain Brew elixir, made with black oolong tea and just a touch of espresso. Your brain will thank you for the boost.
Join us any evening for these and all our wonderful elixirs.

Designs CSS
Congelados e
Refrescantes

11 layout e posicionamento
Arrume os Elementos

Já é hora de ensinar aos elementos do seu HTML alguns truques novos. Não vamos deixar que os elementos do HTML fiquem apenas sentados; já é hora de fazê-los levantar e nos ajudar na criação de algumas páginas com layouts reais. Como? Bem, você já tem uma boa ideia sobre os elementos estruturais <div> e <span> e sabe tudo sobre o funcionamento do modelo caixa, não é? Portanto, agora está na hora de usar todo esse conhecimento para criar alguns designs reais. Não, não estamos falando apenas de mais algumas cores de fonte ou de fundo, mas de designs totalmente profissionais com layouts com múltiplas colunas. Este é o capítulo onde as peças de tudo que você aprendeu se encaixam.

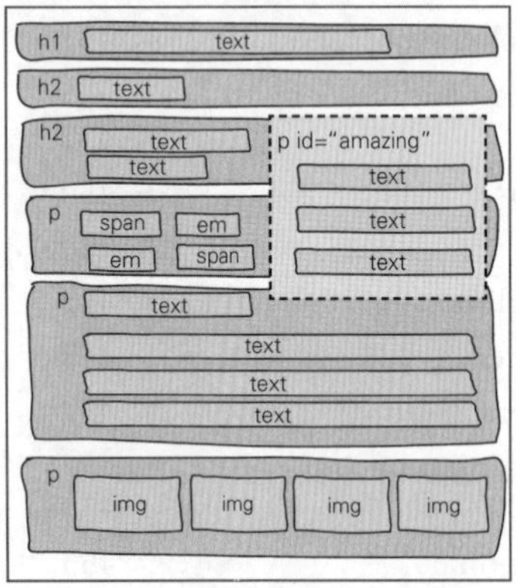
h1
text
h2
text
h2
text
text
p id="amazing"
text
text
text
p
span
em
em
span
p
text
text
text
text
p
img
img
img
img

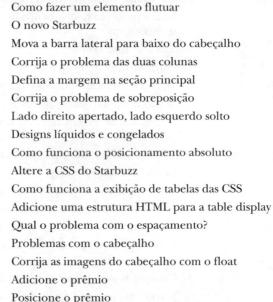

12 markup do html5
HTML Moderno

Temos certeza de que você já ouviu falar no popular HTML5. E, considerando aonde você já chegou neste livro, você está imaginando se fez a compra certa. Agora, uma coisa deve ser esclarecida — tudo o que você já aprendeu neste livro é HTML, e mais especificamente segue os padrões do HTML5. Mas existem alguns novos aspectos do markup do HTML que foram adicionados com o padrão do HTML5 que ainda não abrangemos, e é isso que faremos neste capítulo. A maioria dessas inclusões são evoluções, e você irá descobrir que está à vontade com elas, devido ao trabalho duro que já fez neste livro. Existem algumas coisas revolucionárias também (como vídeo), e falaremos sobre isso neste capítulo, também. Então, vamos mergulhar no conteúdo e dar uma olhada nestas novidades!

Starbuzz Coffee

tabelas e mais listas
Torne-se Tabular

13

Se anda como uma tabela e fala como uma tabela... Há momentos na vida em que temos que lidar com os temidos *dados tabulares*. Seja para criar uma página que represente o inventário de sua empresa durante o ano anterior ou para um catálogo de sua coleção de Ursinhos Carinhosos (não se preocupe, não contaremos para ninguém), você sabe que precisa fazê-los em HTML; mas como? Bem, aqui temos uma grande oferta para você: ligue agora e receba em apenas um capítulo os segredos das tabelas que permitirão que você coloque seus próprios dados dentro das tabelas do HTML. E tem mais: juntamente com cada pedido oferecemos nosso guia exclusivo de estilo para as tabelas do HTML. E, se você ligar agora, receberá inteiramente grátis nosso guia de estilo para listas do HTML. Não perca tempo, ligue agora!

City	Date	Temperature	Altitude	Population	Diner Rating
Walla Walla, WA	June 15th	75	1,204 ft	29,686	4/5
Magic City, ID	June 25th	74	5,312 ft	50	3/5
Bountiful, UT	July 10th	91	4,226 ft	41,173	4/5
Last Chance, CO	July 23rd	102	4,780 ft	265	3/5
Truth or Consequences, NM	August 9th	93	4,242 ft	7,289	5/5
	August 27th	98			Tess 5/5 Tony 4/5
Why, AZ	August 18th	104	860 ft	480	3/5

14 formulários html

Torne-se Interativo

Até aqui toda sua comunicação na Web tem sido da seguinte maneira: da sua página para seus visitantes. Nossa, não seria legal se os seus visitantes pudessem conversar com você? É aqui que entram os formulários HTML: quando você coloca formulários em suas páginas (com alguma ajuda de um servidor web), elas serão capazes de obter feedback dos clientes, receber uma solicitação online, obter o próximo movimento em um jogo online ou receber os votos em uma pesquisa "vai para o trono ou não vai". Neste capítulo, vamos conhecer toda uma equipe de elementos do HTML que trabalham juntos para a criação de formulários web. Você aprenderá também um pouco sobre o que acontece por detrás dos panos no servidor para o suporte aos formulários e falaremos até sobre como manter estes formulários cheios de estilo (um tópico controverso, leia e veja por quê).

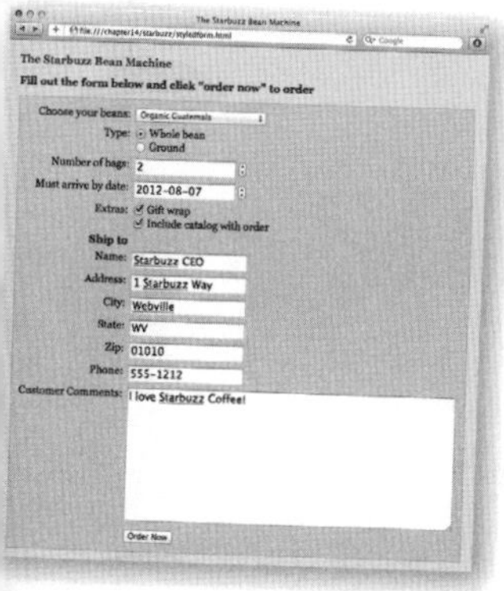
The Starbuzz Bean Machine
The Starbuzz Bean Machine
Fill out the form below and click "order now" to order
Choose your beans: Organic Guatemala
Type: Whole bean
Ground
Number of bags: 2
Must arrive by date: 2012-08-07
Extras: Gift wrap
Include catalog with order
Ship to
Name: Starbuzz CEO
Address: 1 Starbuzz Way
City: Webville
State: WV
Zip: 01010
Phone: 555-1212
Customer Comments: I love Starbuzz Coffee!
Order Now

15

Apêndice: sobras

As Dez Melhores Coisas (Que Não Cobrimos)

Falamos sobre vários assuntos e você já está terminando o livro. Vamos morrer de saudades de você, mas antes de o deixarmos ir, não seria correto mandá-lo para o mundo sem um pouco mais de preparação. Não é possível colocar tudo o que você precisa saber neste pequeno capítulo. Na verdade, originalmente nós incluímos *tudo* o que você precisa saber sobre HTML e CSS (e que não tinha sido explicado nos capítulos anteriores), reduzindo o tamanho da fonte para 0,00004. Coube tudo perfeitamente, mas ninguém conseguia ler. Portanto, jogamos quase tudo fora e mantivemos as melhores partes para este apêndice.

como usar este livro

Introdução

Não acredito que eles colocaram *isso* em um livro sobre HTML!
Este livro é para você?
Este livro é para qualquer pessoa com dinheiro para pagar por ele. E ele é um ótimo presente para aquela pessoa especial.
Use a Cabeça
HTML
CSS

Nesta seção, nós respondemos à pergunta que não quer calar:
Tá, por que eles puseram isso em um livro de HTML?

A quem se destina este livro?

Se você responder “sim” a qualquer uma destas perguntas:

1. Você tem acesso a um computador com um **navegador** e um **editor de texto**?
2. Você deseja **aprender** ou **entender** como se **cria** páginas Web ou deseja lembrar- se como se faz isso usando as melhores técnicas e os padrões mais recentes?
3. Você prefere uma **conversa estimulante durante uma festa a palestras acadêmicas entediantes e sem atrativos?**

Se você tiver acesso a qualquer computador fabricado na última década, a resposta sim.

Este livro foi feito para você.

Quem provavelmente deve fugir deste livro?

Se você responder “sim” a qualquer uma destas perguntas:

1. **Você é completamente leigo no assunto “computadores”?** (não é preciso ser um usuário avançado, mas é preciso entender o conceito de pastas e arquivos, aplicações simples de edição de texto e saber utilizar um navegador web).
2. Você é um desenvolvedor web superexperiente procurando por um ***livro de referência*?**
3. Você tem **medo de tentar algo diferente**? Você prefere fazer um tratamento de canal a misturar listras e bolinhas? Você acredita que um livro não técnico não pode ser sério se as tags do HTML forem antropomorfizadas?

Este livro não é para você.

Observação do marketing: este livro serve para qualquer um que tenha um cartão de crédito.

Sabemos o que você está pensando

"Como este livro pode ser sério?"

"Por que existem todas estas figuras?"

"Será mesmo que eu posso aprender desta maneira?"

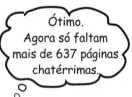

Seu cérebro acha que ISSO é importante

E sabemos o que seu cérebro está pensando

Seu cérebro adora uma novidade. Está sempre buscando, examinando, esperando por algo pouco usual. Ele foi criado dessa maneira, e isso ajuda você a se manter vivo.

Hoje, é bem pouco provável que você vire um lanchinho para um tigre. Mas seu cérebro continua vigilante. Nunca se sabe.

Portanto, o que o seu cérebro faz com todas as coisas rotineiras, comuns e normais que você encontra? Qualquer coisa que possa fazer para evitar que elas interfiram na função real do cérebro — gravar as coisas que interessam. Ele não se incomoda em salvar as coisas entediantes; elas nunca passam pelo filtro "isso obviamente não é importante".

Como o seu cérebro sabe o que é importante? Imagine que você saia um dia para fazer uma caminhada ao ar livre e um tigre pule na sua frente, o que acontecerá dentro da sua cabeça e de seu corpo?

Os neurônios pegam fogo. As emoções enlouquecem. Surgem os elementos químicos. E é assim que o seu cérebro sabe...

Isso deve ser importante! Não se esqueça!

Imagine que você está em casa, ou em uma biblioteca. É uma zona segura, quentinha, livre de tigres. Você está estudando, preparando-se para uma prova. Ou tentando aprender algum tópico técnico muito difícil que o seu chefe acha que levará uma semana, dez dias no máximo.

Apenas um problema. Seu cérebro está tentando lhe fazer um grande favor. Ele está tentando garantir que esse conteúdo obviamente pouco importante não encha os recursos escassos. Os recursos que seriam mais bem gastos armazenando as coisas realmente grandes. Como tigres. Como o perigo do fogo. Como o fato de que você nunca mais deve esquiar usando shorts.

Ótimo. Agora só faltam mais de 637 páginas chatérrimas.
Seu cérebro acha que não vale a pena guardar ISSO.

E não há uma maneira simples de dizer isso a seu cérebro, "ei, cérebro, muito obrigado, mas mesmo esse livro sendo muito chato, e embora eu esteja registrando um índice mínimo na escala emocional Richter neste momento, eu realmente quero armazenar esse negócio".

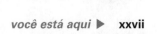

Entendemos que o leitor de um livro da série Use a Cabeça! é um aprendiz.

Então, o que é preciso para que possamos aprender algo? Primeiro, você precisa entender, então garantir que você não irá esquecer. Isso não significa que você deve entulhar fatos em sua cabeça. Com base na última pesquisa em ciência cognitiva, neurobiologia e psicologia educacional, o aprendizado precisa de muito mais do que um texto em uma página. Nós sabemos o que atrai o seu cérebro.

Alguns princípios de aprendizado do Use a Cabeça!

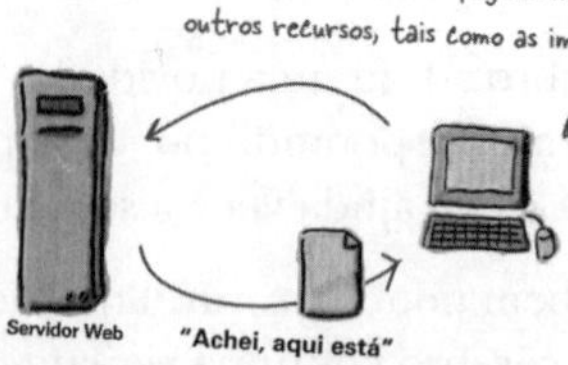
Os browsers solicitam páginas HTML ou outros recursos, tais como as imagens.
Servidor Web
"Achei, aqui está"

Seja visual. É muito mais fácil memorizar figuras do que apenas palavras; elas tornam o aprendizado muito mais efetivo (até 89% de melhora em estudos de lembrança e transferência). Elas também tornam as coisas muito mais inteligíveis. **Coloque as palavras relacionadas às figuras dentro delas** ou próximas a elas, ao invés de colocá-las embaixo delas ou em outra página, para que os alunos sejam até duas vezes mais capazes de solucionar os problemas relacionados ao conteúdo.

É realmente chato esquecer seu elemento <body>.

Utilize um estilo conversacional e personalizado. Em estudos recentes, os estudantes saíram-se 40% melhor nos testes pós-aprendizado quando o conteúdo falava diretamente ao leitor, utilizando o estilo conversacional em primeira pessoa ao invés do tom formal. Conte estórias ao invés de dar uma palestra.

O elemento "head" (cabeça) é o local onde você coloca coisas sobre a sua página.

Use linguagem coloquial. Não se leve tão a sério. A que você prestaria mais atenção: em uma companhia estimulante em um jantar ou em uma conferência?

Leve o aluno a pensar mais profundamente. Em outras palavras, a menos que você flexione ativamente seus neurônios, nada acontece muito em sua cabeça. Um leitor deve ser motivado, comprometido, curioso e inspirado a solucionar problemas, tirar conclusões e gerar novo conhecimento. E para isso, você precisa que envolvam ambos os lados do cérebro e vários sentidos.

Será que faz sentido criar uma classe "banheira" para o meu estilo, ou apenas criar um estilo para todo o banheiro?

Capture e mantenha a atenção do leitor. Todos nós já tivemos a experiência do "eu realmente quero aprender isso, mas não consigo passar da primeira página acordado". Seu cérebro presta atenção em coisas que são extraordinárias, interessantes, estranhas, atrativas, inesperadas. Aprender um assunto técnico novo e difícil não tem que ser chato. Seu cérebro aprenderá muito mais rápido se não for chato.

Provoque suas emoções. Agora sabemos que sua capacidade de lembrar-se de alguma coisa é amplamente dependente do seu conteúdo emocional. Você se lembra de algo com que se importa. Você se lembra quando sente alguma coisa. Não, não estamos falando de estórias de cortar o coração sobre um menino e seu cãozinho. Estamos falando de emoções como a surpresa, a curiosidade, o divertimento, o "mas o quê...?" e o sentimento de "eu sou o máximo!" que surge em sua cabeça quando você resolve um quebra-cabeça, aprende algo que todo mundo acha difícil ou quando você descobre que sabe alguma coisa que o João "eu sou mais técnico do que você" da engenharia não sabe.

Metacognição: pensando sobre pensar

Gostaria de saber como faço para enganar meu cérebro e fazer com que ele se lembre deste troço...

Se você realmente quiser aprender, e se quiser aprender rapidamente e mais profundamente, preste atenção à maneira como você presta atenção. Pense no modo como você pensa. Aprenda como você aprende.

A maioria de nós nunca frequentou cursos de metacognição ou teoria do aprendizado quando estávamos crescendo. Esperava-se que aprendêssemos, mas raramente nos ensinaram a aprender.

Mas a gente supõe que se você está segurando este livro, deseja realmente aprender a criar páginas web. E você provavelmente não quer levar muito tempo. E você deseja lembrar-se do que vai ler e ser capaz de aplicar estes conhecimentos. E, para isso, você precisa entender. Para captar a maior parte do conteúdo deste livro, ou de qualquer livro ou experiência de aprendizado, assuma a responsabilidade pelo seu cérebro. Do seu cérebro sobre esse conteúdo.

O truque é fazer com que seu cérebro veja o novo material que você está estudando como "realmente importante". Crucial para o seu bem-estar. Tão importante quanto um tigre. Caso contrário, você estará em uma batalha constante e seu cérebro fará o que puder para impedir que o novo conteúdo seja fixado.

Então, como é que você faz com que seu cérebro trate HTML e CSS como se fosse um tigre faminto?

Há a maneira lenta e tediosa e a maneira rápida e eficiente. A maneira lenta é através da repetição pesada. Obviamente, você sabe que é capaz de aprender e lembrar-se mesmo dos tópicos mais enfadonhos se ficar batendo na mesma tecla. Com repetições suficientes, seu cérebro diz "isso não parece importante para ele, mas ele fica olhando para isso muitas e muitas e muitas vezes, então acho que deve ser importante".

A maneira mais rápida é fazer **qualquer coisa que aumente a atividade cerebral**, especialmente diferentes *tipos* de atividades cerebrais. As coisas na página anterior são uma grande parte da solução e são coisas que são comprovadamente capazes de ajudar seu cérebro a trabalhar em seu favor. Por exemplo, há alguns estudos que mostram palavras dentro de figuras que elas descrevem (ao invés de em qualquer outro lugar da página, como uma legenda ou no corpo do texto), o que faz com que seu cérebro tente entender a relação entre as palavras e a figura, e mais neurônios acordem. Mais neurônios acordando = mais chances para o seu cérebro entender que isso é algo em que vale a pena prestar atenção e, possivelmente, gravar.

Um estilo conversacional é de grande ajuda porque as pessoas tendem a prestar mais atenção quando percebem que estão em uma conversa, uma vez que se espera que eles sigam a linha de raciocínio até o final. O que é incrível é que o cérebro não se importa necessariamente que a "conversa" seja entre você e um livro! Por outro lado, se o estilo de escrita é formal e seco, seu cérebro percebe da mesma maneira que você experimentaria uma conferência em uma sala cheia de ouvintes passivos. Não é preciso ficar acordado.

Mas as figuras e o estilo conversacional são só o começo.

Aqui está o que NóS fizemos:

Utilizamos ***figuras***, porque seu cérebro foi ajustado para o visual e não para texto. Em relação ao cérebro, uma figura realmente vale 1.024 palavras. E quando o texto e as figuras trabalham juntos, colocamos o texto nas figuras porque seu cérebro funciona de modo mais efetivo quando o texto está dentro daquilo a que ele se refere, ao invés de colocarmos em uma legenda ou enterrado em algum outro texto.

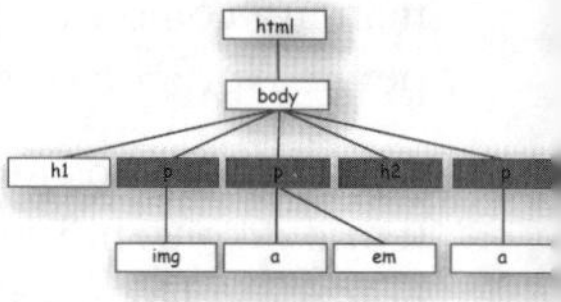
html
body
h1
p
p
h2
p
img
a
em
a

Utilizamos ***redundância***, dizendo a mesma coisa de maneiras *diferentes* e com diferentes tipos de meios e múltiplos sentidos, para aumentar a chance de que o conteúdo seja codificado em mais de uma área do seu cérebro.

Usamos conceitos e figuras de maneiras ***inesperadas*** porque seu cérebro está ajustado para a novidade e usamos figuras e ideias com pelo menos *algum conteúdo* ***emocional*** porque seu cérebro está ajustado para prestar atenção à bioquímica das emoções. O fato de você sentir alguma coisa faz com que seja mais provável que você se lembre, mesmo se tal sentimento não for nada mais do que um pouco de ***divertimento***, ***surpresa*** ou ***interesse***.

Sinta-se como Browse

Utilizamos um ***estilo conversacional*** personalizado porque seu cérebro está ajustado para prestar mais atenção quando acredita que você está no meio de uma conversa do que quando acha que você está passivamente assistindo uma apresentação. Seu cérebro faz isso mesmo quando você está *lendo*.

Incluímos mais de 100 ***atividades***, porque seu cérebro está ajustado para aprender e recordar melhor quando você ***faz*** as coisas do que quando lê sobre elas. E fizemos exercícios desafiadores, mas exequíveis, porque a maioria das *pessoas* prefere assim.

PONTOS DE BALA

Utilizamos ***múltiplos estilos de aprendizado*** porque você poderia preferir procedimentos passo a passo, enquanto outra pessoa deseja entender primeiro o conceito geral e outra pessoa diferente deseja apenas ver um exemplo de código. Entretanto, apesar de sua preferência sobre o modo de aprendizado, todo mundo é beneficiado ao ver o mesmo conteúdo representado de várias maneiras.

Palavras-cruzada

Incluímos conteúdo para ***ambos os lados de seu cérebro***, porque quanto mais você o utiliza, mais você aprenderá e recordará, e ainda ficará mais tempo concentrado. Uma vez que trabalhar um lado do cérebro quase sempre significa dar ao outro lado um tempinho de descanso, você pode ser mais produtivo no aprendizado por um período mais longo de tempo.

E incluímos ***estórias*** e exercícios que apresentam ***mais de um ponto de vista***, porque seu cérebro é afinado para aprender mais profundamente quando é forçado a fazer avaliações e julgamentos.

Incluímos ***desafios***, com exercícios, e fizemos ***perguntas*** que nem sempre possuem uma resposta direta, porque seu cérebro está ajustado para aprender e recordar quando tem que trabalhar no assunto. Pense nisso — você não consegue colocar seu *corpo* em forma apenas *observando* outras pessoas na academia. Mas fizemos nosso melhor para garantir que quando você estivesse trabalhando duro, que fosse nas coisas certas. Ou seja, ***você não estará gastando um dendrito extra sequer*** no processamento de um exemplo de difícil entendimento, ou no exame de um texto difícil, cheio de jargões e extremamente conciso.

Utilizamos ***pessoas***. Em estórias, exemplos, figuras, etc., porque, bem, porque você é uma pessoa. E seu cérebro presta mais atenção nas *pessoas* do que nas *coisas*.

Utilizamos a abordagem ***80/20***. Como entendemos que você se tornará um desenvolvedor Web superexperiente, este não será seu único livro. Portanto, não falaremos de *tudo*, mas apenas das coisas de que você realmente *precisa*.

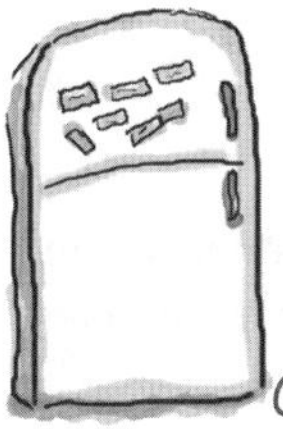

Corte isto e cole na geladeira.

Veja o que fazer para que o seu cérebro se curve em sinal de submissão

Bem, fizemos nossa parte. O resto é com você. Essas dicas são o ponto de partida; escute seu cérebro e descubra o que funciona ou não para você. Tente coisas novas.

1. **Vá devagar. Quanto mais você entende, menos você tem que memorizar.**
Não *leia* apenas. Pare e pense. Quando o livro lhe fizer uma pergunta, não vá direto para a resposta. Imagine que outra pessoa esteja realmente lhe fazendo a pergunta. Quanto mais fundo você forçar seu cérebro a pensar, melhor é a chance de aprendizado e recordação.

2. **Faça os exercícios. Faça suas próprias anotações.**
Nós os criamos para você; mas, se fizéssemos para você, seria como ter outra pessoa malhando em seu lugar. Não se limite a dar uma olhada nos exercícios. **Use um lápis.** Há muitas provas de que a atividade física durante o aprendizado pode aumentar a absorção do conteúdo.

3. **Leia as seções "Não existem Perguntas Idiotas"**
Isso significa leia todas elas. Não há barras laterais opcionais — ***elas são parte do conteúdo principal!*** Não as ignore.

4. **Que isso seja a última coisa que você leia antes de dormir. Ou pelo menos a última coisa desafiadora.**
Parte do aprendizado (especialmente a transferência para a memória de longo prazo) acontece depois que você coloca o livro de lado. Seu cérebro precisa de um tempo sozinho para poder processar. Se você colocar algo novo durante esse processamento, alguma coisa aprendida nesse período será perdida.

5. **Beba água. Em grande quantidade.**
Seu cérebro funciona melhor em um belo banho de fluidos. A desidratação (que pode acontecer antes de você sentir sede) diminui a função cognitiva.

6. **Converse sobre o que está lendo. Em voz alta.**
O ato de falar ativa uma parte diferente do cérebro. Se você está tentando entender algo, ou aumentar sua chance de recordar algo mais tarde, diga-o em voz alta. Melhor ainda, tente explicar o assunto em voz alta para outra pessoa. Você aprenderá mais rápido e ainda pode descobrir ideias que não tinha notado quando estava lendo sobre o assunto.

7. **Ouça seu cérebro.**
Preste atenção para saber se o seu cérebro está ficando sobrecarregado. Se você de repente se encontrar patinando no mesmo lugar ou esquecendo do que acabou de ler, é hora de uma pausa. Depois de passar de certo ponto, você não aprenderá mais rápido se começar a entulhar tudo na sua cabeça, podendo até mesmo prejudicar o processo.

8. ***Sinta* algo.**
Seu cérebro precisa saber que o assunto é importante. Seja envolvido pelas estórias. Faça suas próprias legendas para as fotos. Suspirar por causa de uma piada ruim é sempre melhor do que não sentir nada.

9. ***Crie* algo.**
Aplique esse conhecimento em alguma coisa nova que esteja criando ou refaça um projeto antigo. Faça alguma coisa para obter alguma experiência além dos exercícios e das atividades deste livro. Tudo o que você precisa é de um lápis e um problema a ser resolvido... Um problema que possa ser resolvido com o uso do HTML e das CSS.

Leia-me

Este livro é uma experiência de aprendizado e não uma referência. Retiramos deliberadamente tudo que poderia ficar no caminho do aprendizado de qualquer coisa em que estivéssemos trabalhando naquele ponto do livro. E se for sua primeira leitura, comece do princípio porque o livro faz alusões a conteúdos já vistos e aprendidos.

Começamos ensinando o HTML básico, então o HTML5 baseado em padrões.

Para escrever HTML baseado em padrões há vários detalhes técnicos que você precisa entender e que não são de muita ajuda quando você está tentando aprender o básico do HTML. Nossa abordagem visa fazer você aprender primeiro os conceitos básicos do HTML (sem se preocupar com esses detalhes) e, então, quando você tiver um sólido conhecimento de HTML, ensiná-lo a escrever HTML em conformidade com os padrões (cuja versão mais recente é o HTML5). Isso ainda tem o benefício adicional de que os detalhes técnicos se tornam mais significativos depois que você já tiver aprendido o básico.

Também é importante que você esteja escrevendo com precisão HTML quando começar a usar CSS, por isso comece aprendendo o HTML antes de começar qualquer trabalho sério com as CSS.

Não explicaremos cada um dos elementos ou atributos do HTML ou todas as propriedades das CSS que já foram criadas.

Há vários elementos do HTML, vários atributos e milhares de propriedades das CSS. É claro que todos são interessantes, mas nossa meta é escrever um livro que pese menos do que a pessoa que o esteja lendo, portanto não explicaremos todos aqui. Nossos focos serão os elementos fundamentais do HTML e as propriedades das CSS que importam para você, o iniciante, garantindo que você entenda realmente, verdadeiramente, profundamente como e quando deve utilizá-los. De qualquer forma, uma vez que tenha terminado de ler Use a Cabeça! HTML e CSS, você será capaz de pegar qualquer livro de referência e aprender rapidamente todos os elementos e propriedades que deixamos de lado.

Este livro defende uma separação clara entre a estrutura e a apresentação de suas páginas.

Hoje, as páginas Web sérias utilizam HTML para estruturarem seu conteúdo e CSS para o estilo e apresentação. As páginas dos anos 90 em sua maioria utilizavam um modelo diferente, em que o HTML era usado tanto para a estrutura como para o estilo. Este livro ensinará você a usar o HTML para a estrutura e as CSS para o estilo; não há motivo para ensinarmos a você hábitos ruins e fora de moda.

Encorajamos você a usar mais de um navegador com este livro.

Ao mesmo tempo em que ensinaremos você a escrever HTML e CSS baseados em padrões, você ainda assim (e provavelmente sempre) encontrará diferenças mínimas na maneira como os navegadores exibem as páginas. Logo, encorajamos você a escolher pelo menos dois navegadores atualizados e testar suas páginas usando ambos. Isso lhe dará experiência em ver as diferenças entre os navegadores e na criação de páginas que funcionem bem em uma variedade de navegadores.

Quase sempre usamos nomes da tag para designar os nomes dos elementos.

Ao invés de dizermos "o elemento a", ou "o elemento 'a'", utilizamos o nome da tag, como em "o elemento <a>". Isso pode não ser tecnicamente correto (porque <a> é uma tag de abertura, e não um elemento completo), mas torna o texto mais legível; sempre colocamos a palavra "elemento" antes do nome, para evitar confusão.

As atividades NÃO são opcionais.

Os exercícios e atividades não são complementos, eles são parte do conteúdo fundamental do livro. Alguns deles estão aqui para ajudá-lo a recordar, alguns servem para o entendimento e outros o ajudarão a aplicar o que você aprendeu. ***Não pule os exercícios.*** As palavras-cruzadas são o único exercício que você não precisa fazer, mas elas são boas para dar uma chance ao cérebro de pensar sobre as palavras em um contexto diferente.

A redundância é intencional e importante.

Uma diferença marcante em um livro Use a Cabeça! é que queremos que você realmente entenda. E queremos que você termine o livro lembrando-se do que aprendeu. A maioria dos livros de referência não tem a fixação e a recordação como metas, mas este livro é sobre aprendizado, logo você verá alguns dos conceitos aparecerem mais de uma vez.

Os exemplos são os mais simples possíveis.

Nossos leitores nos dizem que é frustrante ter de ler com dificuldade 200 linhas de um exemplo procurando as duas linhas que devem ser entendidas. A maioria dos exemplos deste livro é mostrada dentro do menor contexto possível, para que a parte que você esteja tentando aprender seja clara e simples. Não espere que todos os exemplos sejam robustos, ou mesmo completos — eles foram escritos especificamente para o aprendizado e nem sempre são totalmente funcionais.

Colocamos todos os arquivos de exemplo na Web para que você possa baixá-los. Você os encontrará em: `http://wickedlysmart.com/hfhtmlcss/`

Os exercícios do tipo "Poder do Cérebro" não possuem respostas.

Para alguns deles, não há resposta correta e, para outros, parte da experiência de aprendizado das atividades de Poder do Cérebro serve para que você decida se e quando suas respostas estão certas. Em alguns dos exercícios, você encontrará dicas que apontarão a direção correta.

Revisores técnicos (primeira edição)

Louise Barr

Joe Konior

Valentin Crettaz

Corey McGlone

Barney Marispini

Pauline McNamara

Pauline ganhou o prêmio revisora do ano

Torre Eiffel

O destemido líder da Equipe de Revisão Radical

Johannes de Jong

Marcus Green

Ike Van Atta

Nossos revisores:

Estamos extremamente gratos a nossa equipe de revisão técnica. **Johannes de Jong** organizou e liderou todo o esforço, agiu como "paizão" e fez tudo funcionar perfeitamente. **Pauline McNamara**, "co-gerente" do esforço, juntou tudo e foi a primeira a apontar quando nossos exemplos estavam um pouco mais para velharia do que para última moda. Toda a equipe provou o quanto precisávamos de seus conhecimentos técnicos e atenção aos detalhes. **Valentin Crettaz, Barney Marispini, Marcus Green, Ike Van Atta, David O'Meara, Joe Konior** e **Corey McGlone** não deixaram pedra sobre pedra em sua revisão e o livro é muito melhor por isso. Vocês são demais! E mais agradecimentos ao **Corey** e a **Pauline** por nunca nos deixarem escorregar em nossa pontuação quase sempre muito formal (ou deveríamos dizer, incorreta). Um grande viva também para o JavaRanch por abrigar tudo isso.

Um super obrigado a **Louise Barr**, nossa Web designer, que nos manteve genuínos em relação aos designs e ao nosso uso do HTML e CSS (embora você deva culpar os autores pelos designs reais).

David O'Meara

Agradecimentos (primeira edição)*

Revisor estimado, David Powers

Não deixe o suéter te enganar, este cara é da pesada (tecnicamente, é claro).

Revisões ainda mais técnicas:

Também estamos extremamente gratos ao nosso estimado revisor técnico **David Powers**. Temos um verdadeiro relacionamento de amor e ódio com David porque ele nos fez trabalhar muito, mas o resultado valeu muito a pena. A verdade deve ser dita: baseados nos comentários do David, fizemos mudanças significativas neste livro, deixando-o duas vezes mais técnico do que antes. Obrigado, David.

Na O'Reilly:

Nossos maiores agradecimentos a nosso editor, **Brett McLaughlin**, que abriu o caminho para este livro, removeu cada obstáculo até seu término e sacrificou seu tempo com a família para que o livro ficasse pronto. Brett também passou muitas horas editando este livro (não é uma tarefa fácil para um título Use a Cabeça!). Obrigado, Brett, este livro não teria acontecido sem você.

Nossos mais sinceros agradecimentos a toda equipe da O'Reilly: **Greg Corrin, Glenn Bisignani, Tony Artuso** e **Kyle Hart**; todos lidaram com o marketing e gostamos muito da abordagem de fácil utilização. Obrigado a **Ellie Volkhausen** pelo design inspirado da capa que continua a combinar muito bem conosco, e a **Karen Montgomery** por aparecer e trazer vida à capa deste livro. Obrigado, como sempre, a **Colleen Gorman** por sua revisão pesada (e por manter tudo muito divertido). E, não poderíamos ter um livro tão colorido como esse sem a ajuda de **Sue Willing e Clair Cloutier.**

Brett McLaughlin

Nenhum agradecimento do Use a Cabeça! estaria completo sem o obrigado a **Mike Loukides** por ter lapidado o conceito Use a Cabeça! em uma série, e a **Tim O'Reilly** por sempre estar disponível e nos apoiando. Finalmente, agradecemos a **Mike Hendrickson** por ter nos trazido para a família do Use a Cabeça! e por ter tido a fé em nos deixar conduzi-la.

Kathy Sierra e Bert Bates

Por último, mas definitivamente não menos importante, agradecemos a **Kathy Sierra** e **Bert Bates**, nossos comparsas no crime e os CÉREBROS que criaram a série. Obrigado pessoal, por terem confiado a nós ainda mais o seu bebê. Esperamos mais uma vez que tenhamos lhes feito justiça. A *jam session* de três dias foi o ponto alto do processo de escrita deste livro e esperamos repeti-la em breve. Ah, e na próxima vez que vierem aqui, vocês podem ligar para o LTJ e dizer que vai ter de voltar para Seattle?

Bert Bates

Kathy Sierra

Kara

* Existe um grande número de agradecimentos porque estamos testando a teoria que diz que todos aqueles que são mencionados nos agradecimentos de um livro tendem a comprar pelo menos uma cópia, provavelmente para os parentes e tudo mais. Se você quiser aparecer nos agradecimentos de nosso próximo livro, e tiver uma família grande, escreva para nós.

Revisores técnicos (segunda edição)

David Powers

Menos rosa, mais estilo HTML e CSS!

Nós não poderíamos dormir à noite sem saber que nosso superpoderoso revisor de HTML e CSS, **David Powers**, limpou o livro de suas incorreções. A verdade é que tanto já passou desde a primeira edição que tivemos que contratar um detetive particular para localizá-lo (é uma longa história, mas ele foi finalmente localizado em sua toca e laboratório subterrâneo de HTML e CSS). Enfim, falando sério, enquanto todas as falhas técnicas deste livro estavam somente com os autores (somos nós!), podemos garantir que em todos os casos David tentou se certificar de que fizéssemos as coisas certas. De novo, David foi essencial para a escrita deste livro.

Estamos extremamente gratos a todos em nossa equipe de revisão técnica. **Joe Konior** se juntou a nós novamente para esta edição, junto de **Dawn Griffiths** (co-autora de *Use a Cabeça! C*) e **Shelley Powers** (uma fonte de influência em HTML e CSS que escreve sobre web há anos). Novamente, todos vocês são demais! Seu feedback foi impressionantemente completo, detalhado e útil. Obrigado.

Dawn Griffiths

Joe Konior

Agradecimentos (segunda edição)

Mike Hendrickson

Nossos superagradecimentos ao nosso editor-chefe, **Mike Hendrickson**, que fez este livro acontecer de todas as formas (que não escrevendo-o), esteve à nossa disposição por toda a jornada e, mais importante (o máximo que um editor pode fazer), confiou em nós totalmente para fazê-lo. Obrigado, Mike! Nenhum de nossos livros teria acontecido sem você. Você tem sido o nosso campeão por mais de uma década e amamos você por isso!

É claro que é preciso de uma cidade inteira para publicar um livro, e nos bastidores um talentoso e simpático grupo na O'Reilly fez isso acontecer. Nossos sinceros agradecimentos a toda equipe da O'Reilly: **Kristen Borg** (extraordinária editora de produção); a brilhante **Rachel Monaghan** (revisora); **Ron Strauss** por seu índice meticuloso; **Rebecca Demarest** por ajuda com ilustrações; **Karen Montgomery**, designer de capa fera; e finalmente **Louise Barr**, que sempre deixa nossas páginas melhores.

Louise Barr

1 comece a entender o HTML

A Linguagem da Web

Não tão rápido... Para me conhecer melhor, você precisa falar a **linguagem universal**. Você sabe, o HTML e as CSS.

A única coisa que separa você da Web é a capacidade de aprender a linguagem: HyperText Markup Language, ou HTML. Portanto, prepare-se para algumas aulas de linguagem. Depois deste capítulo, você não só entenderá alguns **elementos** básicos do HTML, como também será capaz de falar HTML com um pouco de **estilo**. No final deste livro você estará falando HTML como se tivesse nascido em Weblândia.

~~O Vídeo~~ A Web matou um artista

Você quer ter uma idéia fantástica? Vender alguma coisa? Precisa de uma loja criativa? Ligue-se na Web — não precisamos dizer que ela se tornou a forma universal de comunicação. E melhor ainda, uma forma de comunicação da qual **VOCÊ** pode participar.

Entretanto, se você realmente deseja usar a Web com eficiência, tem que saber algumas coisas sobre o seu funcionamento e sobre **HTML**. Vamos dar uma olhada bem de cima a partir de 10 mil metros:

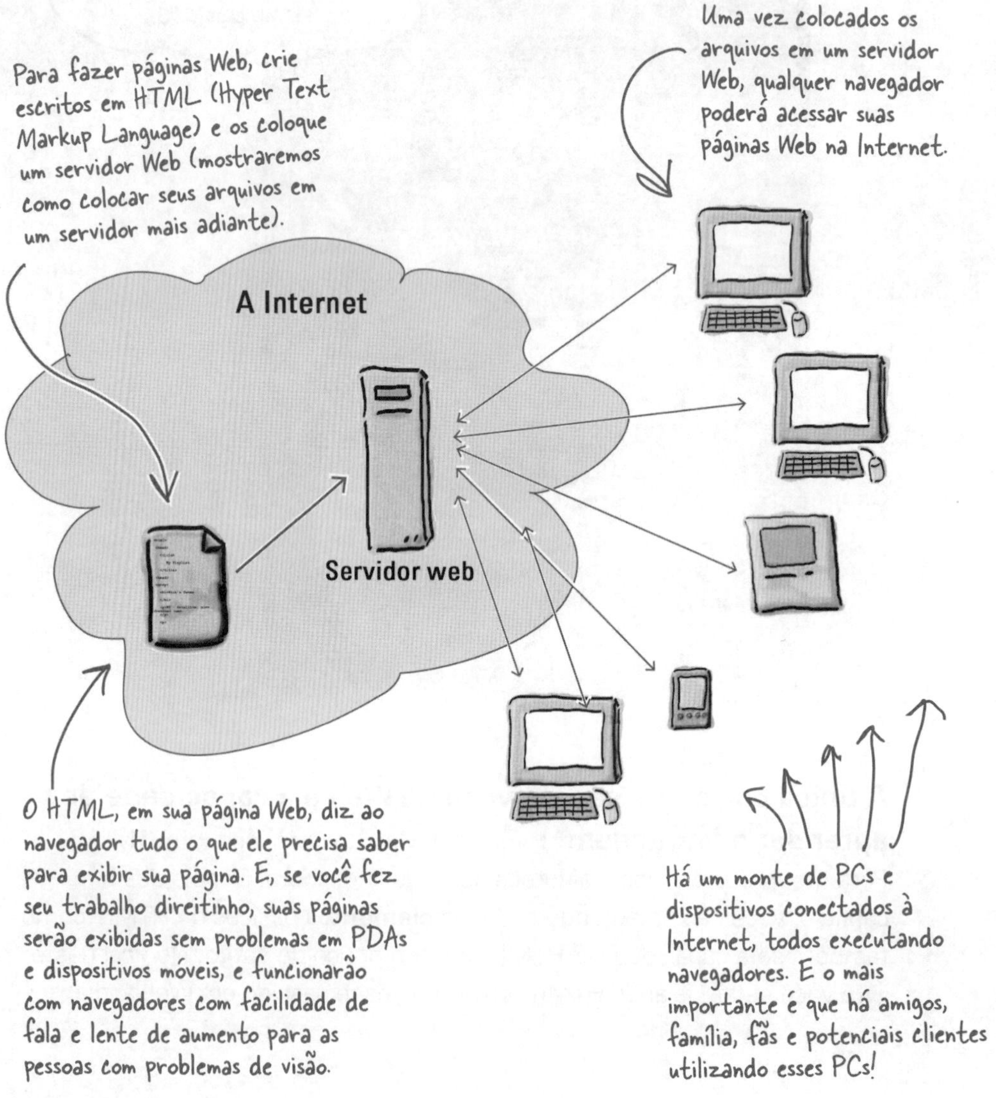
Para fazer páginas Web, crie escritos em HTML (Hyper Text Markup Language) e os coloque um servidor Web (mostraremos como colocar seus arquivos em um servidor mais adiante).
Uma vez colocados os arquivos em um servidor Web, qualquer navegador poderá acessar suas páginas Web na Internet.
A Internet
Servidor web
O HTML, em sua página Web, diz ao navegador tudo o que ele precisa saber para exibir sua página. E, se você fez seu trabalho direitinho, suas páginas serão exibidas sem problemas em PDAs e dispositivos móveis, e funcionarão com navegadores com facilidade de fala e lente de aumento para as pessoas com problemas de visão.
Há um monte de PCs e dispositivos conectados à Internet, todos executando navegadores. E o mais importante é que há amigos, família, fãs e potenciais clientes utilizando esses PCs!

O que faz um servidor web?

Os servidores Web têm um trabalho integral na Internet, aguardando sem descanso solicitações dos navegadores. Que tipo de solicitações? De páginas Web, imagens, sons ou até mesmo filmes. Quando um servidor recebe uma solicitação de algum desses recursos, ele o encontra e então o envia para o navegador.

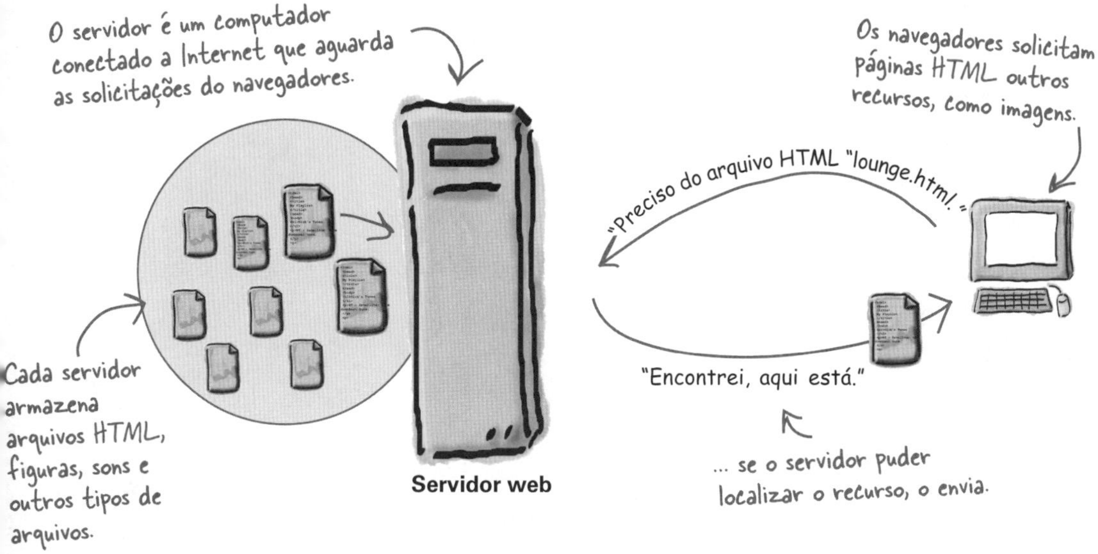
O servidor é um computador conectado à Internet que aguarda as solicitações do navegadores.
Os navegadores solicitam páginas HTML outros recursos, como imagens.
"Preciso do arquivo HTML "lounge.html."
Cada servidor armazena arquivos HTML, figuras, sons e outros tipos de arquivos.
"Encontrei, aqui está."
Servidor web
... se o servidor puder localizar o recurso, o envia.

O que o navegador web faz?

Você já sabe como funciona um navegador: está surfando na Web e clica em um link para visitar uma página. Aquele clique faz com que o navegador solicite uma página HTML a um servidor Web, recebendo-a e exibindo-a em sua janela.

O servidor serve páginas web e as envia ao navegador.
O navegador recebe a página...
...e exibe a página HTML.
Servidor web

Mas como o navegador sabe como exibir a página? É aqui que entra o HTML. O HTML diz ao navegador tudo sobre o conteúdo e sobre a estrutura da página. Vamos ver como isso funciona.

O que você escreve (o HTML)...

Bem, você sabe que o HTML é a chave para fazer o navegador exibir suas páginas, mas com o quê se parece o HTML exatamente? E o que ele faz?

Vamos dar uma olhada em um pequeno código HTML. Imagine que você queira criar uma página para anunciar o Head First Lounge, um lugar quente com música boa, elixires refrescantes e acesso wireless. Veja o que você escreverá em HTML:

```
<html>
  <head>
    <title>Head First Lounge</title>  (A)
  </head>
  <body>
    <h1>Welcome to the Head First Lounge</h1>  (B)
    <img src="drinks.gif">  (C)
    <p>
(D)    Join us any evening for refreshing elixirs,
       conversation and maybe a game or
       two of <em>Dance Dance Revolution</em>. (E)
       Wireless access is always provided;
       BYOWS (Bring your own web server).
    </p>
    <h2>Directions</h2>  (F)
    <p>
       You'll find us right in the center of
(G)    downtown Webville. Come join us!
    </p>
  </body>
</html>
```

Relaxe

Nós não esperamos que você conheça HTML ainda.

Neste ponto, você terá apenas uma pequena amostra de como o HTML se parece; vamos explicar tudo em detalhes já, já. Por ora, estude o HTML e veja como ele é representado no navegador na figura da próxima página. Certifique-se de prestar bastante atenção em cada letra e como e onde ela será mostrada no navegador.

O que o navegador cria...

Quando o navegador lê seu HTML, ele interpreta todas as *tags* que envolvem seu texto. As tags são apenas palavras ou caracteres entre os sinais de menor e maior, como `<head>`, `<p>`, `<h1>` e assim por diante. As tags informam ao navegador a *estrutura e o significado* de seu texto. Assim, ao invés de apenas entulhar seu navegador com um monte de texto, com o HTML você pode usar as tags para dizer qual texto é o título, qual texto é um parágrafo, qual texto precisa ser destacado e até mesmo onde as imagens devem ser colocadas.

Vamos verificar como o navegador interpreta as tags no Head First Lounge

Observe que cada tag no HTML mapeia o que o navegador exibe.

Head First Lounge
A
http://lounge.wickedlysmart.com/
Welcome to the Head First Lounge
B
C
E
D
Join us any evening for refreshing elixirs, conversation and maybe a game or two of Dance Dance Revolution. Wireless access is always provided; BYOWS (Bring your own web server).
Directions
F
G
You'll find us right in the center of downtown Webville. Come join us!

não existem Perguntas Idiotas

P: Então o HTML é apenas um monte de tags que eu coloco em volta do meu texto?

R: Para começar, sim. Lembre-se de que HTML quer dizer Linguagem de Criação de Hipertexto, portanto, o HTML lhe oferece uma maneira de "criar" seu texto com tags para dizer ao navegador como seu texto está estruturado. Mas também há o aspecto do hipertexto do HTML, sobre o qual falaremos mais adiante.

P: Como o navegador decide a forma de exibir o HTML?

R: O HTML mostra ao navegador a estrutura de seu documento: onde estão os títulos, onde estão os parágrafos, o que precisa de destaque e assim por diante. Dadas essas informações, os navegadores possuem regras internas padrão para a exibição de cada um desses elementos.

Mas você não precisa utilizar as definições padrão, e pode adicionar seu próprio estilo e regras de formatação com as CSS, que determinarão a fonte, as cores, o tamanho e muitas outras características de sua página. Voltaremos às CSS novamente mais adiante neste capítulo.

P: O HTML para o Head First Lounge tem todos os tipos de deslocamento e espaçamento, e ainda assim eu não os vejo na exibição do navegador. Por que isso acontece?

R: Correto, e boa observação. Os navegadores ignoram tabulações, retornos de carro e a maioria dos espaços nos documentos HTML. Ao invés disso, eles confiam em sua marcação para determinarem onde ocorrem as quebras de linha e de parágrafo.

Então por que inserimos nossa própria formatação se o navegador vai ignorá-la? Para nos ajudar a ler com mais facilidade o documento quando estivermos editando o HTML. À medida que seus documentos HTML vão ficando mais complicados, você verá que alguns espaços, retornos e tabulações aqui e ali realmente ajudarão a melhorar a legibilidade do HTML.

P: Então há dois níveis de títulos, <h1> e um subtítulo <h2>?

R: Na verdade, existem seis, de <h1> a <h6>, que o navegador normalmente exibe em tamanhos de fonte sucessivamente menores. A menos que você esteja criando um documento complexo e muito grande, normalmente você não utilizará títulos além do <h3>.

P: Por que preciso da tag <html>? Não é óbvio que se trata de um documento html?

R: A tag <html> diz ao navegador que o documento é realmente HTML. Enquanto alguns navegadores perdoarão você pela omissão dessa tag, outros não o farão, e quando você encontrar o "HTML de tamanho industrial" mais adiante neste livro, verá que é muito importante incluir essa tag.

P: O que faz com que o arquivo se torne um arquivo HTML?

R: Basicamente, um arquivo HTML é um arquivo de texto simples. Ao contrário de um arquivo de processadores de texto, não há nenhuma formatação especial embutida nele. Por convenção, adicionamos ".html" ao final do nome do arquivo para dar ao sistema operacional uma ideia melhor do que é o arquivo. Mas, como você já viu, o que realmente interessa é o que colocamos dentro do arquivo.

P: Todos estão falando em HTML5. Vamos utilizá-lo? Se sim, por que não estamos dizendo "HTML-CINCO" em vez de "HTML"?

R: Você está aprendendo sobre HTML e HTML5 apenas é a versão mais atual do HTML. HTML5 ganhou muito destaque recentemente e é porque ele simplifica muitas das formas como escrevemos HTML e possibilita algumas novas funcionalidades, que abordaremos neste livro. Ele também fornece algumas ferramentas avançadas por meio de sua JavaScript application programming interfaces (APIs), que são abordadas no Use a Cabeça! Programação em HTML5.

P: A marcação parece bobagem. Aplicações "O-que-você-vê-é-o-que-obtém" têm existido desde quando, dos anos 70? Por que a Web não é baseada em um formato como o Microsoft Word ou alguma aplicação similar?

R: A Web é criada a partir de arquivos de texto sem quaisquer caracteres especiais de formatação. Isso permite que qualquer navegador em qualquer parte do mundo recupere uma página Web e entenda seu conteúdo. Existem aplicações WYSIWYG como Dreamweaver que funcionam muito bem. Mas neste livro vamos iniciar do ponto fundamental e começar com texto. Então você estará pronto para entender o que as aplicações em Dreamweaver estão fazendo nos bastidores.

P: Há alguma maneira de colocar comentários no HTML?

R: Sim, se você colocar seus comentários entre <!-- e -->, o navegador vai ignorá-los totalmente. Digamos que você queira escrever o comentário "Aqui é o início do conteúdo do Lounge", o faria desta maneira:

```
<!-- Here's the beginning
of the lounge content -->
```

Observe que você pode colocar os comentários em múltiplas linhas. Lembre-se sempre de que tudo que for colocado entre "<!--" e "-->", mesmo que seja código HTML, será ignorado pelo navegador.

Aponte o seu lápis

Você está mais perto de aprender o HTML do que imagina...

Observe o HTML do "Head First Lounge" novamente. Dê uma olhada nas tags e veja se você consegue imaginar o que elas dizem ao navegador sobre o conteúdo. Escreva suas respostas no espaço à direita; já fizemos o primeiro comentário para você.

```
<html>                                                   Informa ao navegador que este é o início do HTML.
  <head>                                                 Inicia a página head (veja mais informações adiante)
    <title>Head First Lounge</title>                     ..........
  </head>                                                ..........
  <body>                                                 ..........
    <h1>Welcome to the Head First Lounge</h1>            ..........
    <img src="drinks.gif">                               ..........
    <p>                                                  ..........
       Join us any evening for refreshing elixirs,
       conversation and maybe a game or
       two of <em>Dance Dance Revolution</em>.           ..........
       Wireless access is always provided;
       BYOWS (Bring your own web server).
    </p>                                                 ..........
    <h2>Directions</h2>                                  ..........
    <p>                                                  ..........
       You'll find us right in the center of
       downtown Webville. Come join us!
    </p>                                                 ..........
  </body>                                                ..........
</html>                                                  ..........
```

Aponte o seu lápis Solução

`<html>`	Informa ao navegador que este é o início do HT ML
`<head>`	Inicia a página
`<title>Head First Lounge</title>`	Dá um título à página
`</head>`	Finaliza um título
`<body>`	Inicia o corpo da página
`<h1>Welcome to the Head First Lounge</h1>`	Informa ao navegador que Welcome é um título
`<img src="drinks.gif">`	Coloca a imagem "drinks.gif" aqui.
`<p>`	Início de um parágrafo
`Join us any evening for refreshing elixirs, conversation and maybe a game or two of <em>Dance Dance Revolution</em>. Wireless access is always provided; BYOWS (Bring your own web server).`	Coloca Dance Dance Revolution em destaque
`</p>`	Fim do parágrafo
`<h2>Directions</h2>`	Informa ao navegador que Directions é um subtítulo
`<p>`	Início de um novo parágrafo
`You'll find us right in the center of downtown Webville. Come join us!`	
`</p>`	Fim do parágrafo
`</body>`	Informa ao browser que este é o fim do corpo
`</html>`	Informa ao browser que este é o fim do HTML

Sua grande pausa no Café Starbuzz

O Café Starbuzz fez o seu nome como a cafeteria que cresceu com mais rapidez nas redondezas. Se você já viu algum na esquina, olhe para o outro lado da rua e verá outro.

Na verdade, eles cresceram tão rapidamente que ainda nem conseguiram criar uma página na Web, e aqui está sua grande chance: por acaso, enquanto estava comprando seu chá Chai Starbuzz, você encontra o CEO do Starbuzz.

Ouvi por aí que você conhece um pouco o HTML. Nós realmente precisamos de uma página web que tenha as ofertas do Starbuzz. Você pode nos ajudar?
O CEO Starbuzz

PODER DO CÉREBRO

Decisões, decisões.

Marque a sua prioridade abaixo (escolha apenas uma):

- ☐ A. Dar um banho no cachorro.
- ☐ B. Finalmente colocar minhas contas em dia.
- ☐ C. Pegar a oportunidade do Starbuzz e lançar uma carreira SENSACIONAL na Web.
- ☐ D. Marcar uma hora no dentista.

Maravilha! Estamos tão contentes por você nos ajudar*. Veja só o que precisamos ter em nossa primeira página...

O CEO rabisca algo em um guardanapo

Starbuzz Coffee
Starbuzz Coffee
Obrigado por ajudar!
Na página Web, nós só precisamos de algo simples (veja a seguir) que inclua o nome das bebidas, os preços e as descrições.
House Blend, $ 1,49
A smooth, mild blend of coffees fron Mexico, Bolivia and Guatemala.
Macha Cofe Latte, $ 2,35
Expresso, Steamed milk and chocolate syrup.
Cappuccino, $ 1,89
A mixture of espresso, steamed milk and foam.
Chai Tea, $ 1,85
A spicy drink made with black tea, spices, milk and honey.

Aponte o seu lápis

Dê uma olhada no guardanapo. Você consegue determinar a estrutura que há nele? Em outras palavras, há títulos óbvios? Parágrafos? Falta alguma coisa como um título para a página?

Vá em frente e marque no guardanapo (usando seu lápis) qualquer estrutura que veja e adicione tudo o que está faltando.

Você encontrará as respostas no final do Capítulo 1.

* Se por algum acaso você marcou A, B ou D na página anterior, recomendamos que você doe este livro para uma biblioteca, utilize-o para acender a lareira no inverno ou, sei lá, venda-o para o Mercado Livre e ganhe algum dinheiro.

Crie a página Web do Starbuzz

É claro que o único problema com tudo isso é que você ainda não criou nenhuma página Web em sua vida. Entretanto, foi por isso que você decidiu usar sua cabeça para aprender o HTML, não é mesmo?

Não se preocupe, veja o que você fará nas próximas páginas:

1. **Criará um arquivo HTML usando seu editor de texto favorito.**
2. **Digitará o cardápio que o CEO do Starbuzz escreveu no guardanapo.**
3. **Salvará o arquivo como "index.html".**
4. **Abrirá o arquivo "index.html" em seu navegador predileto, se acomodará na cadeira e observará a mágica acontecendo.**

Não quero pressioná-lo, mas milhares de pessoas visitarão esta página web quando você tiver terminado. Ela não só precisa estar correta como também deve estar linda!

Como criar um arquivo HTML (Mac)

Todos os arquivos HTML são arquivos de texto. Para criar um arquivo de texto, você precisa de uma aplicação que permita a criação de texto simples sem enchê-lo de um monte de formatação elegante e caracteres especiais. Só precisamos de texto, puro e simples.

Utilizaremos o TextEdit do Mac neste livro; entretanto, se você preferir outro editor de texto, ele também deverá funcionar bem. E, se você estiver usando o Windows, pule algumas páginas para obter as instruções necessárias.

Finder File Edit View Go Window Help
New Finder Window ⌘N
New Folder ⇧⌘N
Open ⌘O
Open With
Close Window ⌘W
Get Info ⌘I
Duplicate ⌘D
Make Alias ⌘L
Show Original ⌘R
Add To Sidebar ⌘T
Create Archive

Primeiro passo:

Navegue até a sua pasta Applications.
A aplicação TextEdit está na pasta (*Applicações*). A melhor maneira de chegar aqui é escolhendo "New Finder Window" do menu File e então procurar pela aplicação diretamente em seus atalhos. Quando encontrá-lo, clique em Applications.

Applications
Network
Macintosh HD
Desktop
headfirst
Applications
Documents
Movies
Music
Pictures
Mail
Preview
Safari
Sherlock
Stickies
System Preferences
TextEdit
Utilities
Aqui está o TextEdit.

Os atalhos do Finder.

Segundo passo:

Localize e execute TextEdit.
Você provavelmente possui várias aplicações listadas em sua pasta *Applications*. Portanto, faça uma rolagem para baixo até encontrar o TextEdit. Para executá-lo, clique duas vezes no ícone do TextEdit.

Terceiro passo (opcional):

Mantenha o TextEdit em seu Dock
Se quiser tornar sua vida mais fácil, clique e mantenha pressionado o botão do mouse sobre o ícone do TextEdit no Dock (este ícone aparece sempre que a aplicação estiver em execução). Quando aparecer um menu instantâneo, escolha "Keep in Dock". Dessa maneira, o ícone do TextEdit sempre aparecerá em seu Dock e você não terá que procurá-lo novamente na pasta *Applications* sempre que precisar usá-lo.

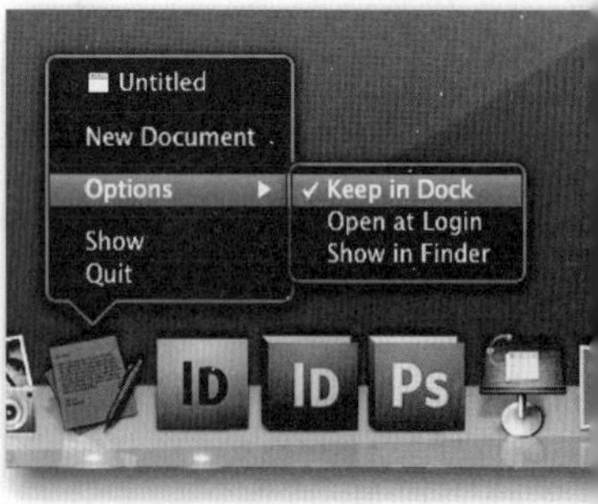
Untitled
New Document
Options
✓ Keep in Dock
Open at Login
Show in Finder
Show
Quit

Quarto passo:

Altere as preferências do TextEdit

Por padrão, o TextEdit fica em modo "rich text", o que significa que ele adicionará sua própria formatação e caracteres especiais a seu arquivo durante o salvamento — e isso não é o que você quer. Portanto, você precisa alterar as preferências no TextEdit para que ele salve seu trabalho como um arquivo de texto puro. Para fazer isso, primeiro escolha o item de menu "Preferences" no menu TextEdit.

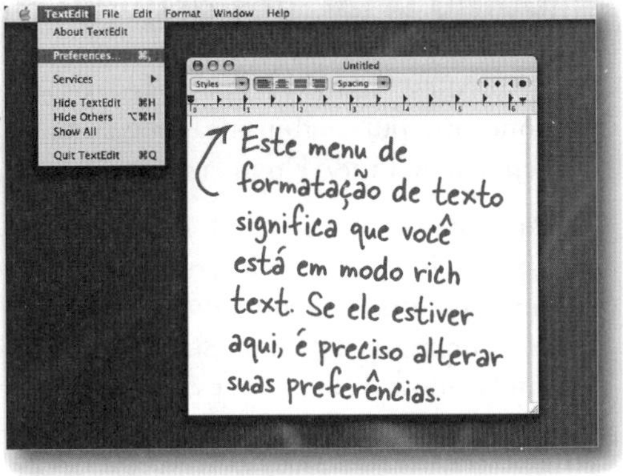
TextEdit File Edit Format Window Help
About TextEdit
Preferences...
Services
Hide TextEdit
Hide Others
Show All
Quit TextEdit
Untitled
Este menu de formatação de texto significa que você está em modo rich text. Se ele estiver aqui, é preciso alterar suas preferências.

Quinto passo:

Defina as preferências como Plain text

Uma vez na caixa de diálogo "Preferences", há três coisas que você deve fazer.

Primeiro, escolha "Plain text" como o modo de edição padrão na guia "New Document".

Na guia "Open and Save", certifique-se de que "Ignore rich text commands in HTML files" esteja marcado.

Por último, certifique-se de que "Add .txt extension to plain text files" esteja **des**marcado.

Isso é tudo; para fechar a caixa de diálogo, clique no botão vermelho no canto superior esquerdo.

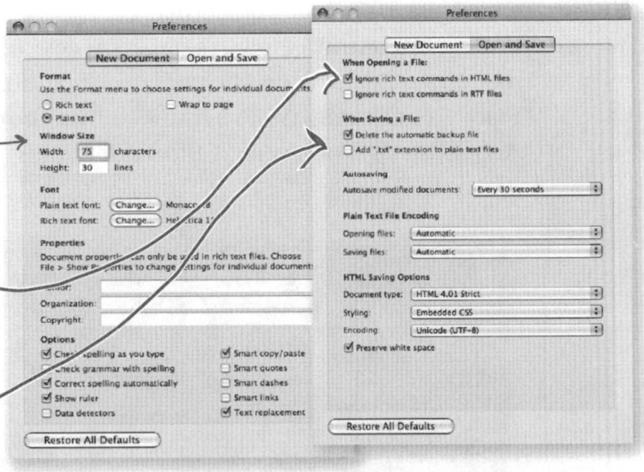
Preferences
New Document
Open and Save
Rich text
Plain text
Restore All Defaults

Sexto passo:

Saia e reinicie

Agora saia do TextEdit escolhendo "Quit" no menu TextEdit e então reinicie a aplicação. Desta vez, você verá uma janela sem os menus de formatação de texto elegante no topo da janela. Você agora está pronto para criar um arquivo HTML.

TextEdit File Edit Format Window Help
Untitled
Viu? O menu de formatação sumiu: isso significa que estamos no modo texto.

Como criar um arquivo HTML (Windows)

Ou qualquer outra versão do Windows.

Se você está lendo esta página, deve ser um usuário do Windows 7. Caso contrário, pule algumas páginas adiante. Se você é daqueles que se senta lá no fundo e não faz perguntas, tudo bem para nós.

Para criar arquivos HTML no Windows 7, vamos usar o Bloco de Notas (Notepad, se sua versão do Windows for em inglês). Ele pode ser encontrado em qualquer versão do Windows; o preço é correto e ele é muito fácil de usar. Se você já possui seu editor favorito que rode em Windows 7, também está tudo bem; apenas certifique-se de que ele consiga criar um arquivo de texto simples com uma extensão ".html".

Se você estiver usando qualquer outra versão do Windows, também encontrará o Bloco de Notas aqui.

Presumindo que você esteja usando o Bloco de Notas, veja como criar seu primeiro arquivo HTML.

Primeiro passo:

Abra o menu **Start** (Iniciar, na versão em português) e navegue até o Bloco de Notas.

Você o encontrará em *Accessories* (Accessorios). A maneira mais fácil de chegar lá é clicando no menu "Start", então em "All Programs" e finalmente em "Accessories". Você verá o Bloco de Notas listado ali.

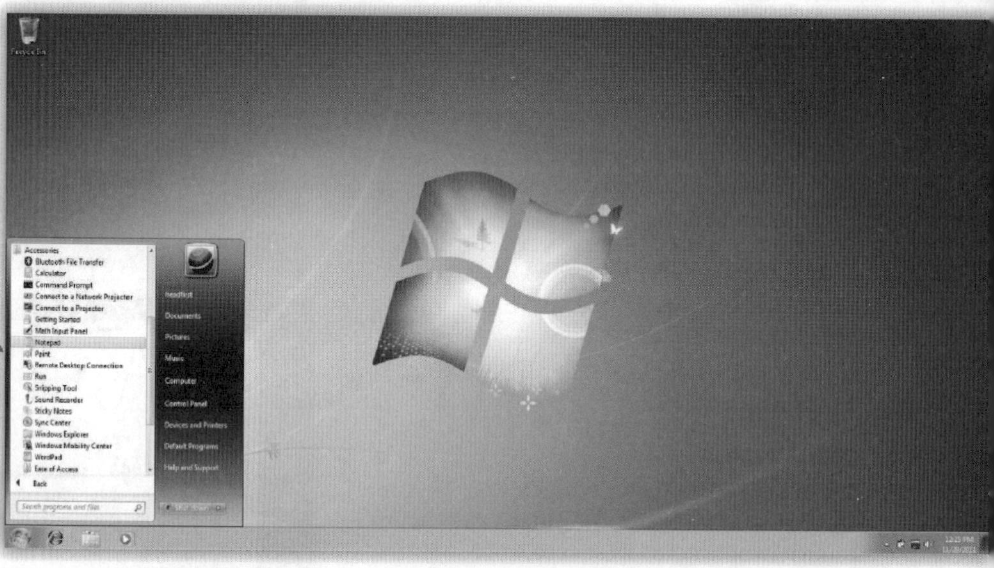
Accessories
Bluetooth File Transfer
Calculator
Command Prompt
Connect to a Network Projector
Connect to a Projector
Getting Started
Math Input Panel
Notepad
Paint
Remote Desktop Connection
Run
Snipping Tool
Sound Recorder
Sticky Notes
Sync Center
Windows Explorer
Windows Mobility Center
WordPad
Ease of Access
Back
Search programs and files
headfirst
Documents
Pictures
Music
Computer
Control Panel
Devices and Printers
Default Programs
Help and Support

Segundo passo:

Abra o Bloco de Notas.

Uma vez localizado o Bloco de Notas na pasta *Acessórios*, vá em frente e clique nele. Você verá uma janela em branco pronta para que você comece a digitar HTML.

Mas recomendado.

Terceiro passo (opcional):

Não oculte as extensões de tipos de arquivo conhecidos.

Por padrão, o Windows Explorer oculta as extensões de tipos de arquivo conhecidos. Por exemplo, um arquivo chamado "Eusouomaximo.html" será mostrado no Explorer como "Eusouomaximo" sem a sua extensão ".html".

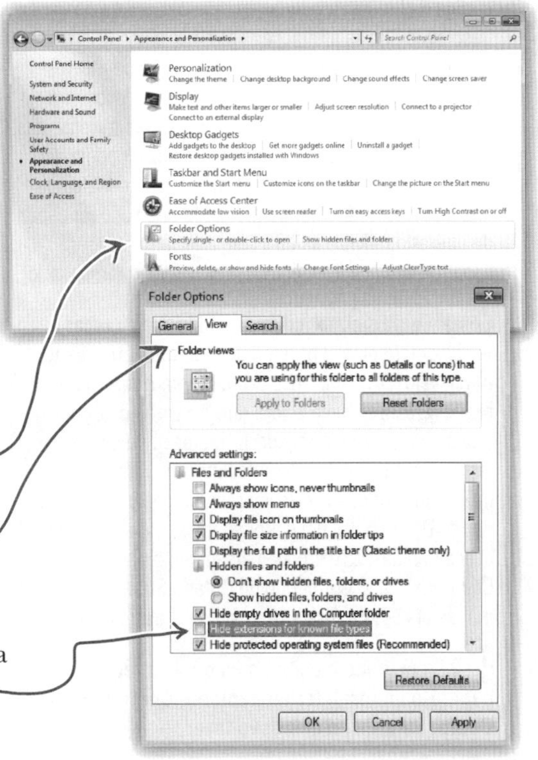
Personalization
Display
Desktop Gadgets
Taskbar and Start Menu
Ease of Access Center
Folder Options
Fonts
Folder Options
General
View
Search
Folder views
You can apply the view (such as Details or Icons) that you are using for this folder to all folders of this type.
Apply to Folders
Reset Folders
Advanced settings:
Files and Folders
Always show icons, never thumbnails
Always show menus
Display file icon on thumbnails
Display file size information in folder tips
Display the full path in the title bar (Classic theme only)
Hidden files and folders
Don't show hidden files, folders, or drives
Show hidden files, folders, and drives
Hide empty drives in the Computer folder
Hide extensions for known file types
Hide protected operating system files (Recommended)
Restore Defaults
OK
Cancel
Apply

É muito menos confuso quando o Windows mostra essas extensões, portanto vamos alterar as opções de pasta para que você possa ver as extensões dos arquivos.

Primeiro, abra as Folder Options clicando no botão Start, clincando em Control Painel, em "Appearence and Personalization" e então clique em Folder Options.

Em seguida, na guia "View", em "Advanced Configurations", role a tela para baixo até encontrar "Hide extensions for know file types" e desmarque essa opção.

Pronto. Clique no botão "OK" para salvar a preferência. Agora você verá as extensões de arquivo no Explorer.

não existem Perguntas Idiotas

P: Por que estou usando um editor de texto simples? Não há ferramentas poderosas como o Dreamweaver e Expression Web para a criação de páginas Web?

R: Você está lendo este livro porque deseja entender as verdadeiras tecnologias usadas nas páginas Web, certo? Todas elas são grandes ferramentas, mas fazem quase todo o trabalho para você. Até que você seja o mestre do HTML e CSS, vai querer aprender essas coisas sem que uma grande ferramenta fique em seu caminho.

Quando você for um mestre, entretanto, essas ferramentas oferecerão alguns recursos muito bons, como a verificação da sintaxe e visualização das páginas. Neste momento, quando você enxergar a página de "código", entenderá tudo o que está ali, e descobrirá que as alterações no HTML e nas CSS puros são quase sempre muito mais rápidas do que através de interfaces como usuário. Você também descobrirá que, uma vez que os padrões mudam, essas ferramentas nem sempre são atualizadas com rapidez e podem não suportar a maioria dos padrões mais recentes, até sua próxima versão. A partir do momento que você for capaz de alterar o HTML e as CSS sem a ferramenta, será capaz de acompanhar todas as novidades o tempo todo.

Existem muitos outros editores que incluem ótimas ferramentas como clips (para inserir automaticamente trechos de HTML que você escreve com frequência), preview (para ter uma prévia diretamente no editor, antes de testar no navegador), coloração de sintaxe (as tags são de cores diferentes do conteúdo) e muito mais. Uma vez que você compreender a escrita básica de HMTL e CSS em um editor simples, pode ser válido checar um desses editores mais incrementados, como Coda, TextMate, CoffeeCup ou Aptana Studio. Existem muitas opções para serem escolhidas (grátis ou não).

P: Eu já tenho o editor, mas qual navegador devo usar? Há tantos: Internet Explorer, Chrome, Firefox, Opera, Safari(...) o que devo fazer?

R: A resposta simples: utilize qual deles preferir. O HTML e as CSS são padrões da indústria, o que significa que todos os navegadores tentam suportar HTML e CSS da mesma maneira (apenas certifique-se de que esteja usando a última versão do navegador, para obter o melhor suporte).

A resposta complexa: na verdade, há algumas pequenas diferenças na maneira como os navegadores lidam com suas páginas. Se você tem usuários que acessarão suas páginas por uma grande variedade de navegadores, então sempre teste sua página Web em vários navegadores diferentes. Algumas páginas serão exibidas da mesma maneira, outras não. Quanto mais avançado você se tornar em HTML e CSS, mais essas pequenas diferenças importarão para você. Vamos encontrar algumas dessas sutilezas neste livro.

Qualquer um dos principais navegadores – Internet Explorer, Chrome, Firefox, Opera e Safari – funcionarão para a maioria dos exemplos (exceto onde citado); eles são todos navegadores modernos com grande suporte a HTML e CSS. E como desenvolvedor Web, você deverá testar seu código em mais de um navegador, então nós o encorajamos a fazer o download e se familiarizar com ao menos dois!

Se você está procurando um bom navegador, experimente o Firefox da Mozilla; ele possui um suporte muito bom para HTML e CSS.

P: Estou criando estes arquivos no meu próprio computador – como os verei na Web?

R: Essa é uma das coisas boas do HTML: você pode criar arquivos e testá-los em seu próprio computador e então publicá-los na Web. No momento, vamos nos preocupar apenas com o modo de criar os arquivos e com o que acontece dentro deles. Mais tarde mostraremos como podemos colocá-los na Web.

Enquanto isso, de volta ao Café Starbuzz...

Agora que você já conhece o básico sobre a criação de um arquivo de texto simples, só precisa colocar algum conteúdo em seu editor, salvá-lo e então carregá-lo em seu navegador.

Comece a digitar as bebidas que foram descritas no guardanapo do CEO; essas bebidas são o conteúdo de sua página. Adicionaremos algumas marcações HTML para dar ao conteúdo uma estrutura, já, já. Por ora, digite apenas o conteúdo básico. Quanto terminar, adicione "Starbuzz Coffee Beverages" ao topo da página.

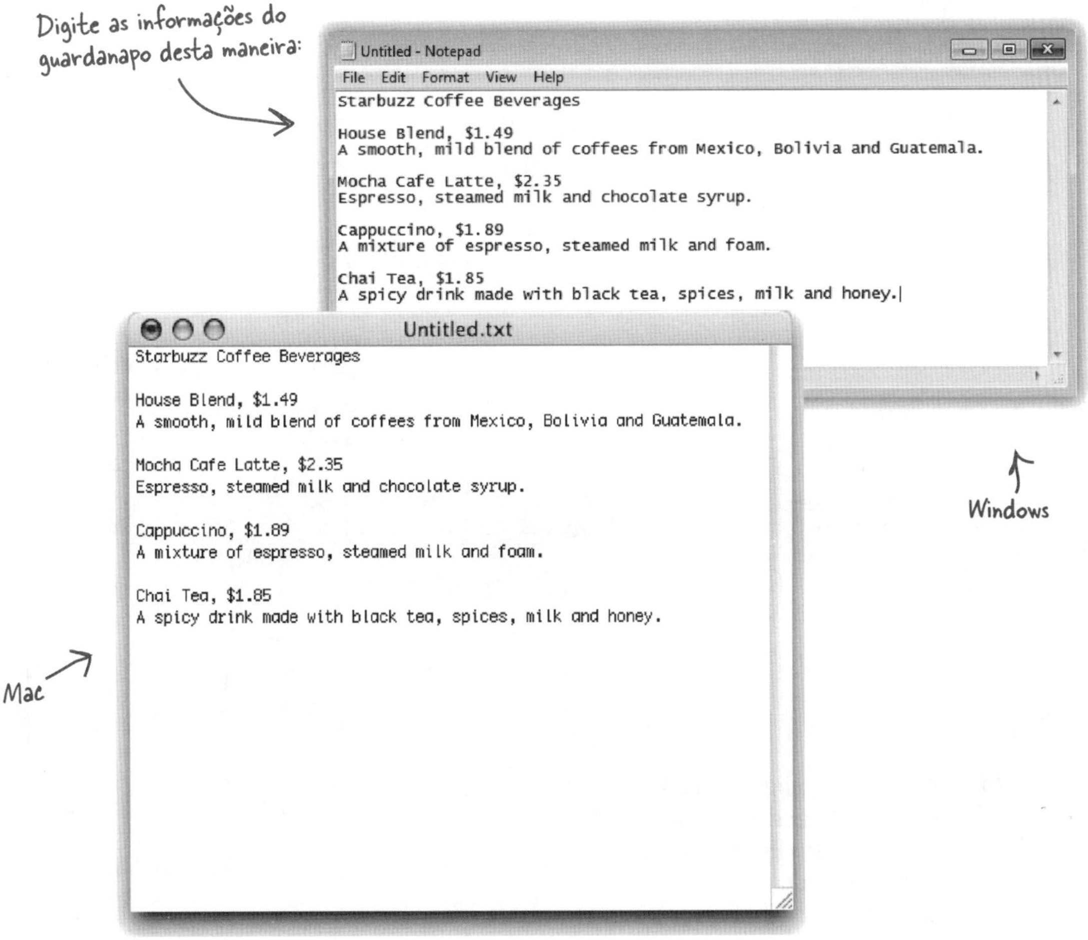
Digite as informações do guardanapo desta maneira:
Untitled - Notepad
File Edit Format View Help
Starbuzz Coffee Beverages
House Blend, $1.49
A smooth, mild blend of coffees from Mexico, Bolivia and Guatemala.
Mocha Cafe Latte, $2.35
Espresso, steamed milk and chocolate syrup.
Cappuccino, $1.89
A mixture of espresso, steamed milk and foam.
Chai Tea, $1.85
A spicy drink made with black tea, spices, milk and honey.
Untitled.txt
Starbuzz Coffee Beverages
House Blend, $1.49
A smooth, mild blend of coffees from Mexico, Bolivia and Guatemala.
Mocha Cafe Latte, $2.35
Espresso, steamed milk and chocolate syrup.
Cappuccino, $1.89
A mixture of espresso, steamed milk and foam.
Chai Tea, $1.85
A spicy drink made with black tea, spices, milk and honey.
Windows
Mac

Salvando seu trabalho...

Digitadas as bebidas que estavam no guardanapo do CEO, você salvará seu trabalho em um arquivo chamado "index.html". Antes de fazer isso, crie uma pasta chamada "starbuzz" para armazenar os arquivos do site.

Para fazer isso, escolha "Save" (Salvar) no menu "Archive" (Arquivo). Você verá uma caixa de diálogo "Save as". Veja então o que deve fazer:

1. Primeiro, crie uma pasta "starbuzz" para todos os arquivos relacionados ao Starbuzz. Você faz isso com o botão "New folder"

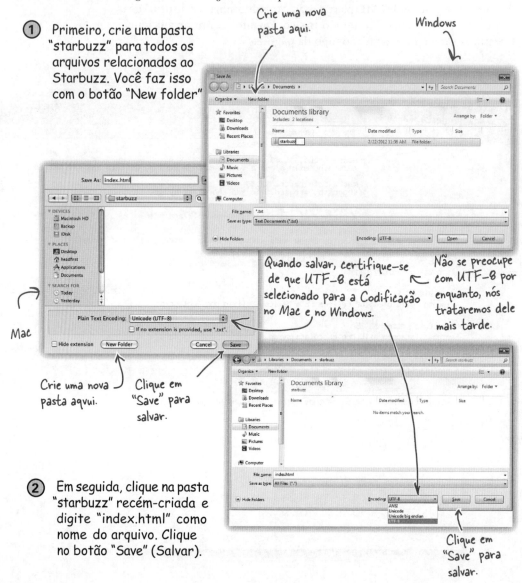

Crie uma nova pasta aqui.

Windows

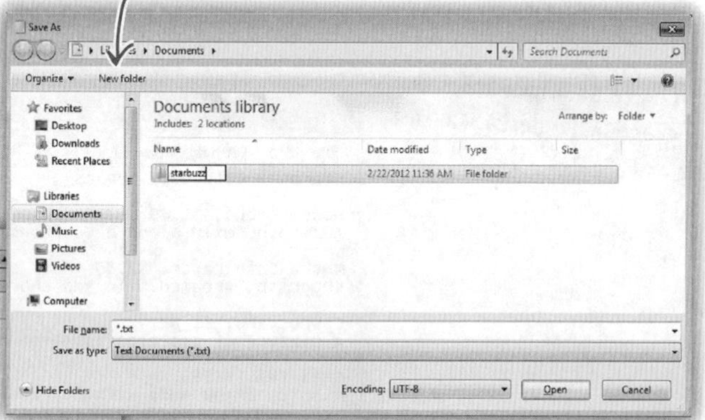
Save As
Documents library
starbuzz
File name: *.txt
Save as type: Text Documents (*.txt)
Encoding: UTF-8
Open
Cancel

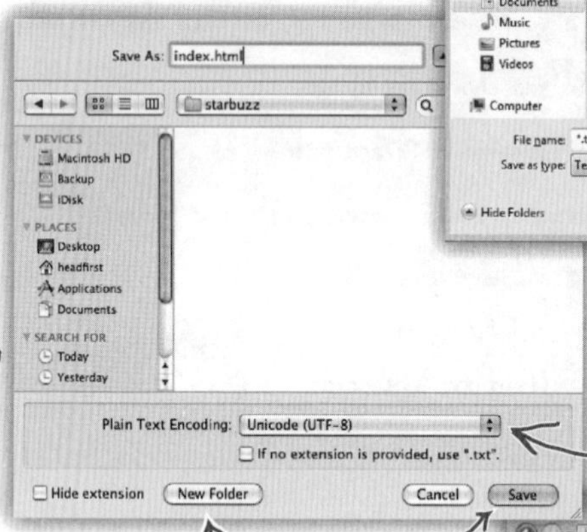
Save As: index.html
starbuzz
Plain Text Encoding: Unicode (UTF-8)
If no extension is provided, use ".txt".
Hide extension
New Folder
Cancel
Save

Mac

Quando salvar, certifique-se de que UTF-8 está selecionado para a Codificação no Mac e no Windows.

Não se preocupe com UTF-8 por enquanto, nós trataremos dele mais tarde.

Crie uma nova pasta aqui.

Clique em "Save" para salvar.

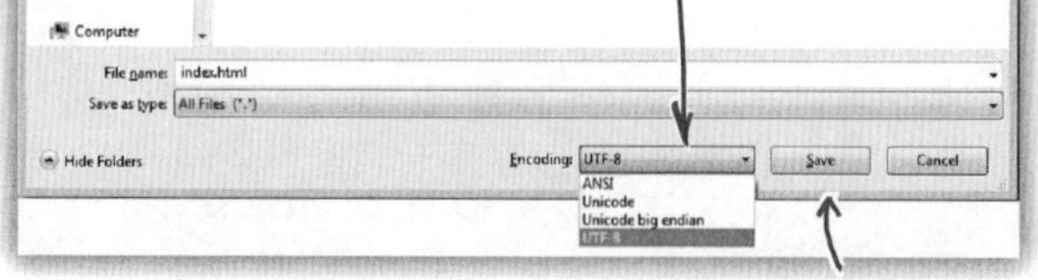
Libraries › Documents › starbuzz
Documents library
No items match your search.
File name: index.html
Save as type: All Files (*.*)
Encoding: UTF-8
ANSI
Unicode
Unicode big endian
UTF-8
Save
Cancel

2. Em seguida, clique na pasta "starbuzz" recém-criada e digite "index.html" como nome do arquivo. Clique no botão "Save" (Salvar).

Clique em "Save" para salvar.

Abra sua página Web em um navegador

Você está pronto para abrir sua primeira página Web? Usando seu navegador predileto, escolha "Open Archive..." (ou "Open..." se estiver usando o Windows 7 e o Internet Explorer) no menu "Archive" e navegue até o seu arquivo "index.html". Selecione-o e clique em "Open".

Mac

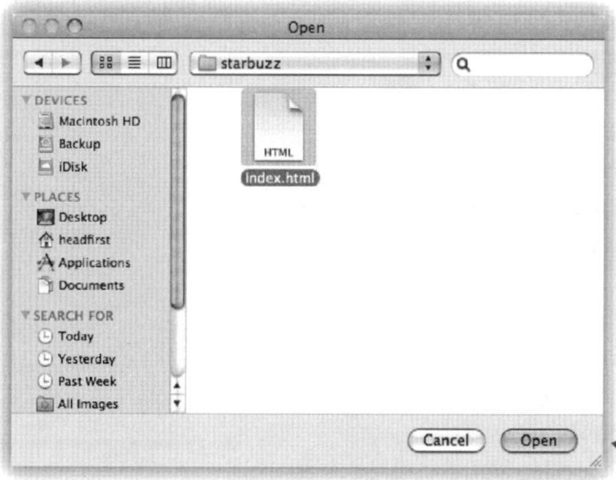
Open
starbuzz
DEVICES
Macintosh HD
Backup
iDisk
PLACES
Desktop
headfirst
Applications
Documents
SEARCH FOR
Today
Yesterday
Past Week
All Images
HTML
index.html
Cancel
Open

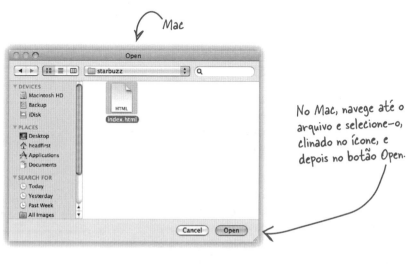

No Mac, navege até o arquivo e selecione-o, clinado no ícone, e depois no botão Open.

Windows

No Windows Internet Explore o processo tem dois passos. Primeiro você abrirá a caixa de diálogo Open.

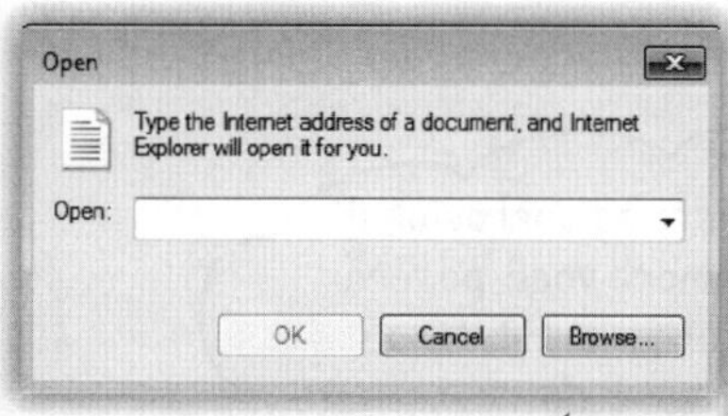
Open
Type the Internet address of a document, and Internet Explorer will open it for you.
Open:
OK
Cancel
Browse...

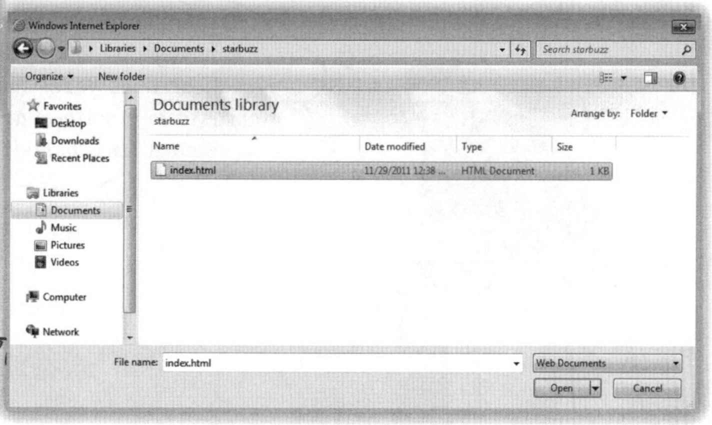
Windows Internet Explorer
Libraries ▸ Documents ▸ starbuzz
Search starbuzz
Organize
New folder
Favorites
Desktop
Downloads
Recent Places
Libraries
Documents
Music
Pictures
Videos
Computer
Network
Documents library
starbuzz
Arrange by: Folder
Name
Date modified
Type
Size
index.html
11/29/2011 12:38 ...
HTML Document
1 KB
File name: index.html
Web Documents
Open
Cancel

Então você clicará em Browse para obter uma caixa de diálogo onde irá navegar até o local onde salvou o arquivo.

Leve sua página para um test drive...

Sucesso! Sua página foi carregada no navegador, apesar do resultado ser um pouco... hum... desanimador. Mas isso só aconteceu porque tudo o que você fez até agora foi entender o mecanismo de criação de uma página e sua visualização em um navegador. E, até agora, você só digitou o conteúdo da página Web. É aqui que entra o HTML. O HTML lhe oferece uma maneira de dizer ao navegador como é a estrutura de sua página. O que é estrutura? Como você já viu, é uma maneira de marcar seu texto para que o navegador saiba o que é título, que texto aparece em um parágrafo, que texto é um subtítulo e assim por diante. Uma vez que o navegador tenha algumas poucas informações sobre a estrutura, poderá exibir sua página de uma maneira mais significativa e legível.

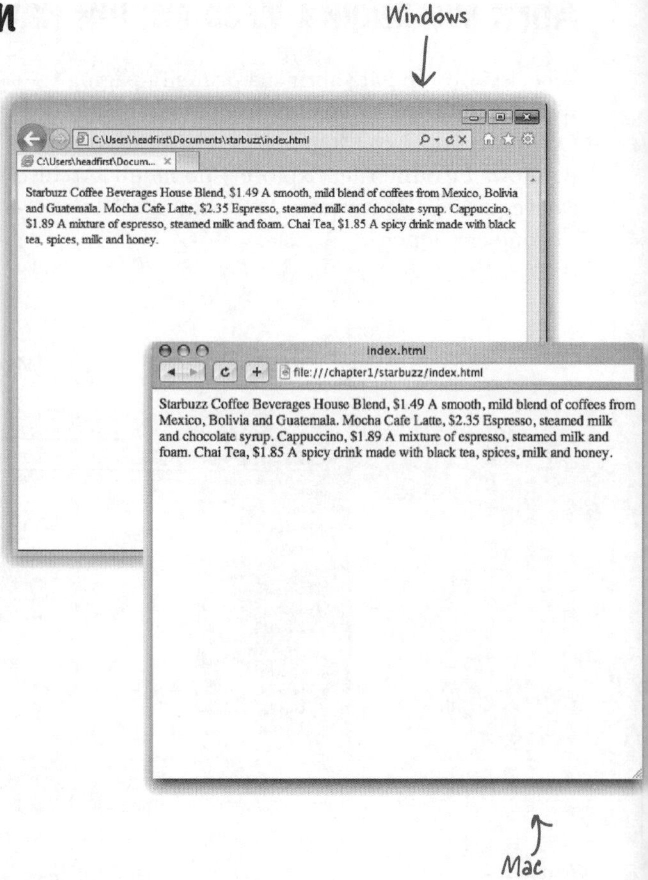
Windows
C:\Users\headfirst\Documents\starbuzz\index.html
C:\Users\headfirst\Docum...
Starbuzz Coffee Beverages House Blend, $1.49 A smooth, mild blend of coffees from Mexico, Bolivia and Guatemala. Mocha Cafe Latte, $2.35 Espresso, steamed milk and chocolate syrup. Cappuccino, $1.89 A mixture of espresso, steamed milk and foam. Chai Tea, $1.85 A spicy drink made with black tea, spices, milk and honey.
index.html
file:///chapter1/starbuzz/index.html
Starbuzz Coffee Beverages House Blend, $1.49 A smooth, mild blend of coffees from Mexico, Bolivia and Guatemala. Mocha Cafe Latte, $2.35 Espresso, steamed milk and chocolate syrup. Cappuccino, $1.89 A mixture of espresso, steamed milk and foam. Chai Tea, $1.85 A spicy drink made with black tea, spices, milk and honey.
Mac

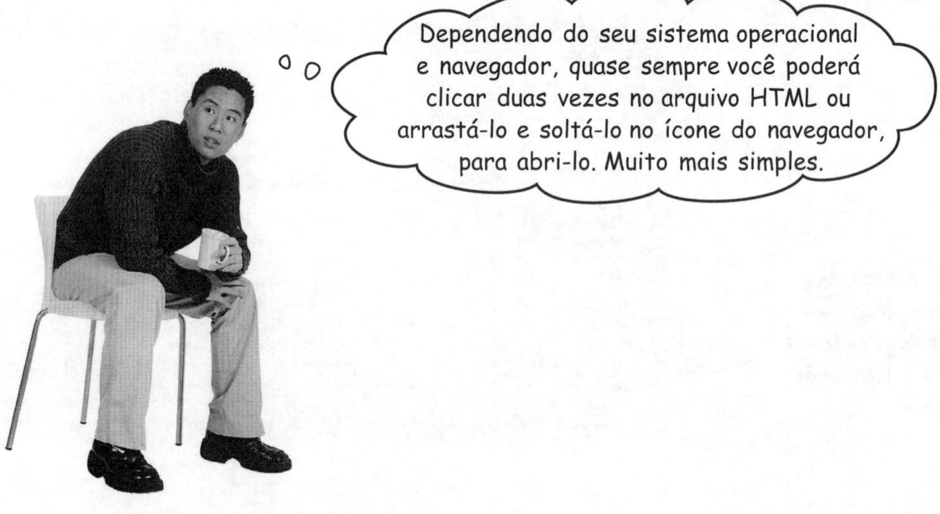
Dependendo do seu sistema operacional e navegador, quase sempre você poderá clicar duas vezes no arquivo HTML ou arrastá-lo e soltá-lo no ícone do navegador, para abri-lo. Muito mais simples.

Ímãs de Geladeira

Bem, vamos adicionar a estrutura...

Seu trabalho será adicionar estrutura ao texto do guardanapo do Starbuzz. Utilize os ímãs de geladeira que estão na parte de baixo da página para marcar o texto e indicar quais partes são títulos, subtítulos e parágrafos. Já fizemos alguns para adiantar o seu lado. Não precisaremos de todos os ímãs abaixo para completar o trabalho; alguns ficarão de fora.

```
<h1> Starbuzz Coffee Beverages </h1>

House Blend, $1.49
A smooth, mild blend of coffees from Mexico, Bolivia
and Guatemala.

<h2> Mocha Cafe Latte, $2.35 </h2>
<p> Espresso, steamed milk and chocolate syrup. </p>

Cappuccino, $1.89
A mixture of espresso, steamed milk and foam.

Chai Tea, $1.85
A spicy drink made with black tea, spices, milk and honey.
```

<h1> <h1> <h1> — Use este ímã para iniciar um título.

</h1> </h1> </h1> — Use este ímã para finalizar um título.

<h2> <h2> — Use este ímã para iniciar um subtítulo.

</h2> </h2> </h2> — Use este ímã para finalizar um subtítulo.

<p> <p> <p> — Use este ímã para iniciar um parágrafo.

</p> </p> </p> — Use este ímã para finalizar um parágrafo.

1st

Parabéns, Você acabou seu primeiro HTML!

Eles podiam ser parecidos com ímãs de geladeira, mas você já estava marcando seu texto com HTML. O único porém, como você já sabe, é que normalmente nos referimos aos ímãs como tags. Observe a marcação abaixo e compare-a aos seus ímãs da página anterior

Utilize as tags <h1> e </h1> para marcar os títulos. Todo o texto dentro delas é conteúdo real do título.

```
<h1>Starbuzz Coffee Beverages</h1>

<h2>House Blend, $1.49</h2>
<p>A smooth, mild blend of coffees from Mexico,
Bolivia and Guatemala.</p>

<h2>Mocha Cafe Latte, $2.35</h2>
<p>Espresso, steamed milk and chocolate syrup.</p>

<h2>Cappuccino, $1.89</h2>
<p>A mixture of espresso, steamed milk and foam.</p>

<h2>Chai Tea, $1.85</h2>
<p>A spicy drink made with black tea, spices, milk
and honey.</p>
```

As tags <h2> e </h2> envolvem um subtítulo. Pense no <h2> como subtítulo do título <h1>.

As tags <p> e </p> circundam um bloco de texto que é um parágrafo. Pode ter uma ou mais frases.

Observe que você não precisa mais colocar as tags correspondentes em uma mesma linha, mas pode colocar todo o conteúdo que quiser entre elas.

Já chegamos?

Você tem um arquivo HTML com marcação. Isso o torna uma página Web? Quase. Você já viu as tags `<html>`, `<head>`, `<title>` e `<body>`. Precisamos adicioná-las para tornar essa uma página HTML de primeira classe...

Primeiro envolva seu HTML com as tags <html> e </html>. Isso informa ao navegador que o conteúdo do arquivo é HTML.

Depois, adicione as tags <head> e </head>. Informações sobre sua página Web, como seu título. Por ora, pense nele desta maneira, o cabeçalho permite que você diga ao navegador coisas sobre a página Web.

Vá em frente e coloque um título dentro da head. O título normalmente aparece no topo da janela do navegador.

```
<html>
    <head>
        <title>Starbuzz Coffee</title>
    </head>

    <body>
        <h1>Starbuzz Coffee Beverages</h1>
        <h2>House Blend, $1.49</h2>
        <p>A smooth, mild blend of coffees from Mexico,
           Bolivia and Guatemala.</p>

        <h2>Mocha Cafe Latte, $2.35</h2>
        <p>Espresso, steamed milk and chocolate syrup.</p>

        <h2>Cappuccino, $1.89</h2>
        <p>A mixture of espresso, steamed milk and foam.</p>

        <h2>Chai Tea, $1.85</h2>
        <p>A spicy drink made with black tea, spices,
           milk and honey.</p>
    </body>
</html>
```

O cabeçalho consiste das tags <head> e </head>e de tudo o que está dentro delas.

O corpo das tags <body> e </doby> é tudo o que está lá dentro.

O corpo contém o conteúdo e estrutura de sua página Web; as partes da página Web que você vê em seu navegador.

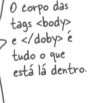

Mantenha o cabeçalho e o corpo separados quando escrever seu HTML.

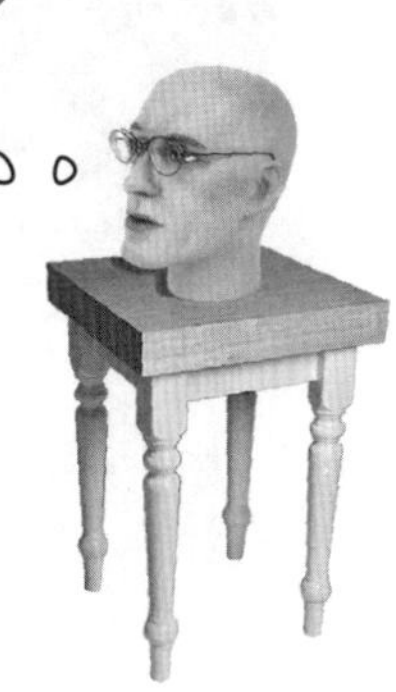

Outro test drive

Siga em frente e altere seu arquivo "index.html" adicionando as tags <head>, </head>, <title>, </title>, <body> e </body>. Uma vez feito isso, salve suas alterações e recarregue o arquivo em seu navegador.

Você pode recarregar seu arquivo index.html selecionando o item de menu Open File novamente ou usando o botão de atualização do seu navegador.

Observe que o título especificado no elemento <head> é mostrado aqui.

Starbuzz Coffee
file:///chapter1/starbuzz/index.html
Starbuzz Coffee Beverages
House Blend, $1.49
A smooth, mild blend of coffees from Mexico, Bolivia and Guatemala.
Mocha Cafe Latte, $2.35
Espresso, steamed milk and chocolate syrup.
Cappuccino, $1.89
A mixture of espresso, steamed milk and foam.
Chai Tea, $1.85
A spicy drink made with black tea, spices, milk and honey.

Agora as coisas parecem um pouco melhores. O browser interpretou as tags e criou uma exibiçõ para a página que não apenas é mais estruturada, mas também muito mais legível.

Maneiro!

Dissecando tags

Ok, você já viu um pouco de marcação, então vamos dar um zoom e ver como as tags de fato trabalham.

Normalmente, você coloca tags em volta de algum conteúdo. Aqui, estamos usando tags para dizer ao navegador que nosso conteúdo "Starbuzz Coffee Beverages", é um título de primeiro nível (ou seja, um título nível um).

Está é a tag de fechamento que finaliza um título; Neste caso a tag </h1>. você sabe que é uma tag de fechamento porque ela vem depois do conteúdo e tem uma / antes de h1. Todas as tags de fechamento possuem um /.

Aqui está a tag de abertura que inicia o título.

```
<h1> Starbuzz Coffee Beverages </h1>
```

As tags consistem do nome da tag envolvidos pelo sinais de menor e maior, os caracteres < e >.

Todo esse negócio é chamado de elemento. Nesse caso, podemos chamá-lo de elemento <h1>. Um elemento consiste de tags e de contúdo entre eles.

Chamamos as tags de abertura e as tags de fechamento correspondentes.

Para mostrar ao navegador a estrutura de sua página, utilize os pares de tags em volta de seu conteúdo.

Lembre-se,
Elemento = Tag de Abertura + Conteúdo + Tag de Fechamento

não existem Perguntas Idiotas

P: Então as tags correspondentes não precisam estar na mesma linha?

R: Não. Lembre-se, o navegador não se importa com as tabulações, retornos e com a maioria dos espaços. Portanto, suas tags podem começar e terminar em qualquer lugar da mesma linha, ou podem começar e terminar em linhas diferentes. Apenas certifique-se de iniciar com uma tag de abertura, como <h2>, e terminar com uma tag de fechamento, como </h2>.

P: Por que as tags de fechamento possuem aquele "/" adicional?

R: O "/" na tag de fechamento existe para ajudar você e o navegador a saber onde o conteúdo estruturado termina. Caso contrário, as tags de fechamento seriam iguaizinhas às tags de abertura.

P: Notei que o HTML em algumas páginas nem sempre combina as tags de abertura com as tags de fechamento.

R: Bem, supõe-se que as tags devam combinar. Em geral, os navegadores fazem um bom trabalho de identificação do que você quis dizer quando escreveu o HTML incorretamente. Mas, como você verá, hoje há grandes benefícios em escrever um HTML perfeito. Não fique preocupado achando que você nunca será capaz de escrever um HTML perfeito; existem várias ferramentas que podem verificar seu código antes que ele seja colocado em um servidor Web, onde todo mundo possa vê-lo. Por ora, apenas habitue-se a sempre combinar as tags de abertura com as de fechamento.

P: Bem, e quanto à tag <img src="drinks.gif"> no exemplo do bar? Você se esqueceu da tag de fechamento?

R: Uau, que olho de lince! Há alguns elementos que utilizam uma notação de atalho com apenas uma tag. Deixe isso guardado por ora e retornaremos ao assunto em um capítulo posterior.

P: Um elemento é tag de abertura + conteúdo + tag de fechamento. Você não pode ter tags dentro de outras tags? Como o cabeçalho e o corpo estão dentro da tag <html>?

R: Sim, as tags do HTML são muitas vezes "aninhadas" dessa maneira. Se você pensar sobre o assunto, é natural para uma página HTML ter um corpo, que contenha um parágrafo e assim por diante. Muitos elementos HTML possuem outros elementos HTML entre suas tags. Daremos uma olhada nesse tipo de situação mais adiante , mas por enquanto observe apenas como os elementos se relacionam uns com os outros em uma página.

PODER DO CÉREBRO

As tags podem ser um pouco mais interessantes do que você já viu até aqui. Veja uma tag de parágrafo com algumas coisinhas adicionais. O que você acha que ela faz?

```
<p id="houseblend">A smooth, mild
blend of coffees from Mexico, Bolivia
and Guatemala.</p>
```

Exercício

Ah, esqueci de te dizer: também precisamos ter a missão de nossa empresa em uma página. Retire a declaração da missão de uma de nossas xícaras e crie outra página para ela...

Missão do
Café Starbuzz
Oferecer toda a cafeína de que você precisa para impulsionar sua vida
Beba com prazer.

mission.html

1. Escreva o HTML da nova página "mission.html" aqui.
2. Digite seu HTML usando um editor de texto e salve-o como "mission.html" na mesma pasta onde está o arquivo "index.html".
3. Uma vez feito isso, abra "mission.html" em seu navegador.
4. Compare seu trabalho com a resposta no final do capítulo antes de seguir adiante...

Tá, parece que você está chegando a algum lugar. Você tem a página principal e a página da missão prontas. Mas não esqueça que o CEO disse que o site também deve ser lindo. Você não acha que ele está precisando de um pouco de estilo?

Certo. Já temos a estrutura pronta, por isso agora vamos nos concentrar em sua apresentação.

Você já sabe que o HTML lhe oferece uma maneira de descrever a estrutura do conteúdo em seus arquivos. Quando o navegador exibe seu HTML, ele utiliza seu próprio estilo padrão para apresentar essa estrutura. Entretanto, confiar o estilo ao navegador obviamente não fará você ganhar nenhum prêmio de "designer do mês".

É aqui que entram as CSS. As CSS lhe oferecem uma maneira de descrever o modo como o seu conteúdo deve ser apresentado. Vamos experimentá-las criando algumas CSS que façam com que a página do Starbuzz pareça um pouco mais apresentável (e lançando sua carreira na Web durante o processo).

CSS é a abreviação de Cascading Style Sheets (Folhas de Estilo em Cascata). Vamos saber o que isso significa mais adiante. Por ora saiba apenas que as CSS lhe oferecem uma maneira de informar ao navegador os elementos de sua página devem ser exibidos.

Conheça o elemento style

Para ter um pouco de estilo, você adicionará um novo (diga com a gente) E-L-E-M- E-N-T-O à sua página — o elemento <style>. Vamos voltar à página principal do Starbuzz e colocar um pouco de estilo. Dê uma olhada...

O elemento <style> foi colocado dentro do cabeçalho do seu HTML.

Assim como outros elementos, o elemento <style> possui uma tag de abertura <style> e uma tag de fechamento </style>.

mas a tag <style> também precisa de um atributo chamado type, que informa ao navegador o tipo de estilo que você está utilizando. Como serão usadas as CSS, você precisa especificar o tipo text/css.

Veja como você deve definir os estilos para a página.

```
<html>
    <head>
        <title>Starbuzz Coffee</title>
        <style type="text/css">
                        }
        </style>
    </head>
    <body>
        <h1>Starbuzz Coffee Beverages</h1>

        <h2>House Blend, $1.49</h2>
        <p>A smooth, mild blend of coffees from Mexico, Bolivia and
        Guatemala.</p>

        <h2>Mocha Caffe Latte, $2.35</h2>
        <p>Espresso, steamed milk and chocolate syrup.</p>

        <h2>Cappuccino, $1.89</h2>
        <p>A mixture of espresso, steamed milk and milk foam.</p>

        <h2>Chai Tea, $1.85</h2>
        <p>A spicy drink made with black tea, spices, milk and honey.</p>
    </body>
</html>
```

não existem Perguntas Idiotas

P: Um elemento pode ter um "atributo"? O que sso significa?

R: Os atributos são uma maneira de oferecer informações dicionais sobre um elemento. Como no caso de você ter m elemento "style" e o seu atributo permitir que você diga xatamente de que tipo de estilo está falando. Você verá muitos tributos para elementos; lembre-se apenas de que eles lhes ferecem adicionais sobre o elemento.

P: Porque eu tenho que especificar o tipo do estilo"text css" como atributo de style? Existem outros tipos de estilos?

R: *Houve um tempo em que os designers de HTML pensavam que haveria outros estilos, mas caímos na real e você só pode usar <style> sem um atributo — todos os navegadores saberão que se trata de CSS. Ficamos desapontados; estávamos segurando nosso fôlego pelo <style type="kitschanos50">. Fazer o quê...*

Dê ao Starbuzz um pouco de estilo

Agora que você já tem um elemento <style> no cabeçalho do HTML, tudo o que precisa fazer é fornecer algumas CSS para dar à página um pouco de charme. A seguir, você encontrará algumas CSS já "saídas do forno". Sempre que você encontrar o logo Código Pronto, verá o HTML e a CSS que deve digitar conforme ele aparece no livro. Confie em nós. Você aprenderá como a marcação funciona mais tarde, depois de ver o que ela pode fazer.

Portanto, dê uma olhada na CSS e adicione-a ao seu arquivo "index.html". Depois de digitar tudo, salve seu arquivo.

Código Pronto CSS

```
<html>
    <head>
        <title>Starbuzz Coffee</title>
        <style type="text/css">
            body {
                background-color: #d2b48c;
                margin-left: 20%;
                margin-right: 20%;
                border: 2px dotted black;
                padding: 10px 10px 10px 10px;
                font-family: sans-serif;
            }
        </style>
    </head>

    <body>
        <h1>Starbuzz Coffee Beverages</h1>

        <h2>House Blend, $1.49</h2>
        <p>A smooth, mild blend of coffees from Mexico, Bolivia and
        Guatemala.</p>

        <h2>Mocha Caffe Latte, $2.35</h2>
        <p>Espresso, steamed milk and chocolate syrup.</p>

        <h2>Cappuccino, $1.89</h2>
        <p>A mixture of espresso, steamed milk and milk foam.</p>

        <h2>Chai Tea, $1.85</h2>
        <p>A spicy drink made with black tea, spices, milk and honey.</p>
    </body>
</html>
```

A CSS utiliza uma sintaxe totalmente diferente do HTML.

Passeando com estilo

É hora de outro test drive. Recarregue seu arquivo “index.html”. Desta vez, você verá que a página Web do Starbuzz tem uma aparência totalmente nova.

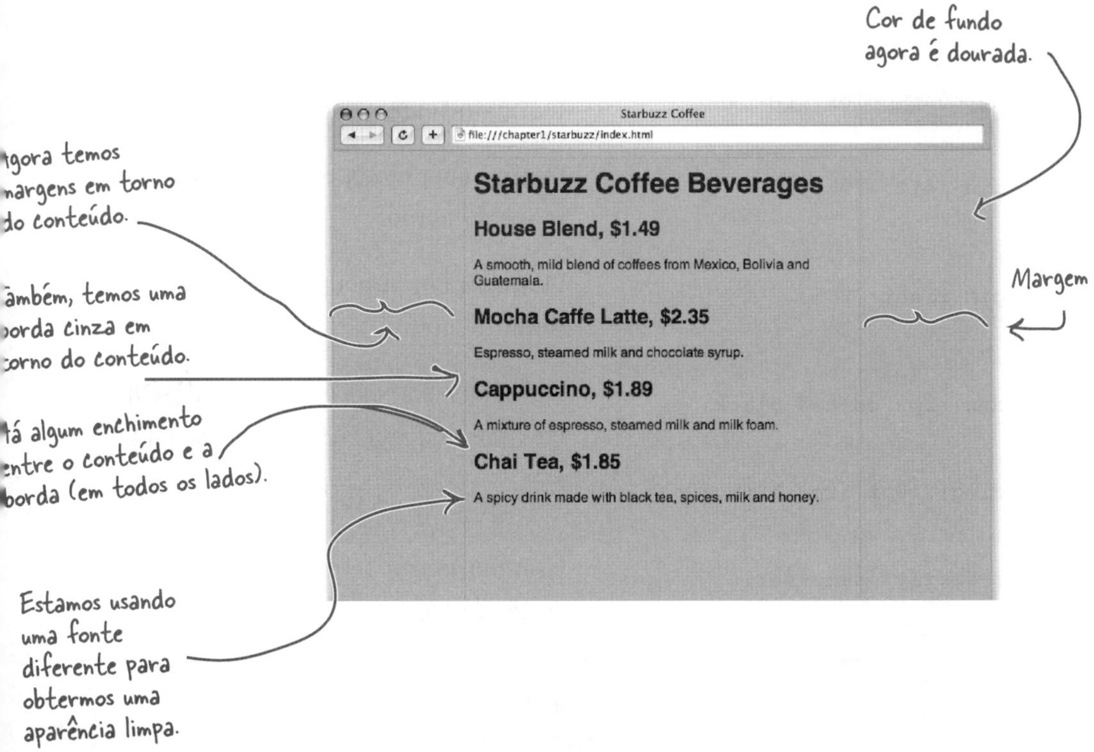

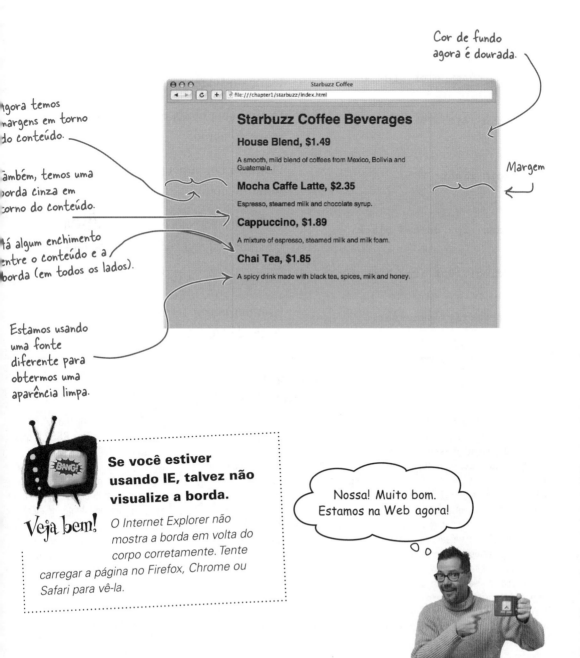

Cor de fundo agora é dourada.
Starbuzz Coffee
file:///chapter1/starbuzz/index.html
Starbuzz Coffee Beverages
House Blend, $1.49
A smooth, mild blend of coffees from Mexico, Bolivia and Guatemala.
Mocha Caffe Latte, $2.35
Espresso, steamed milk and chocolate syrup.
Cappuccino, $1.89
A mixture of espresso, steamed milk and milk foam.
Chai Tea, $1.85
A spicy drink made with black tea, spices, milk and honey.
Margem
gora temos margens em torno do conteúdo.
ambém, temos uma borda cinza em torno do conteúdo.
á algum enchimento entre o conteúdo e a borda (em todos os lados).
Estamos usando uma fonte diferente para obtermos uma aparência limpa.

BANG!

Se você estiver usando IE, talvez não visualize a borda.

Veja bem!

O Internet Explorer não mostra a borda em volta do corpo corretamente. Tente carregar a página no Firefox, Chrome ou Safari para vê-la.

Nossa! Muito bom. Estamos na Web agora!

QUEM FAZ O QUÊ?

Mesmo dando apenas uma pequena olhada nas CSS, você já começou a ver o que elas podem fazer. Combine cada linha de definição de estilo com a sua respectiva função.

`background-color: #d2b48c;`	Define a fonte a ser usada no texto.
`margin-left: 20%;`	Define uma borda preta pontilhada ao redor do corpo.
`margin-right: 20%;`	Define a borda pontilhada e cinza em torno do corpo.
`border: 2px dotted black;`	Define as margens esquerda e direita para que elas ocupem cada uma 20% da página.
`padding: 10px 10px 10px 10px;`	Define a cor de fundo como dourado.
`font-family: sans-serif;`	Cria um pouco de enchimento em torno do corpo da página.

não existem Perguntas Idiotas

P: A CSS parece uma linguagem totalmente diferente do HTML. Por que ter duas linguagens? É só para eu ter que aprender mais coisas, né?

R: Você está certo. HTML e CSS são linguagens completamente diferentes, mas isso acontece porque eles têm funções totalmente diferentes. Assim como não usaria o português para contabilizar seus gastos, ou a matemática para escrever um poema, você não utiliza as CSS para criar estrutura ou o HTML para criar estilo porque eles não foram criados para isso. Mesmo que isso signifique aprender duas linguagens, você descobrirá que, como cada linguagem é boa naquilo que faz, na verdade é mais fácil do que utilizar uma linguagem para ambas as funções.

P: #d2b48c não parece ser uma cor. Como #d2b48c pode ser "dourado"?

R: Há algumas maneiras diferentes de se especificar as cores com as CSS. A mais popular é chamada de "código hexadecimal", e #d2b48c é um exemplo dela. Essa é realmente uma cor dourada. Por ora, aceite esse fato, e lhe mostraremos como exatamente #d2b48c pode ser uma cor.

P: Por que há um "body" no início das regras das CSS? O que isso significa?

R: O "body" nas CSS significa que todo o código CSS entre o "{" e "}" se aplica ao conteúdo dentro do elemento <body> do HTML. Portanto, quando você define a fonte como sans-serif, está dizendo que a fonte padrão dentro do corpo de sua página deve ser sans-serif.

Em breve detalharemos o modo de funcionamento das CSS, portanto continue lendo. Logo, você verá que pode ser bem mais específico quanto à aplicação dessas regras e, fazendo isso, é possível criar designs muito legais.

Exercício

Agora que você já colocou algum estilo na página "index.html" do Starbuzz, vá em frente e atualize a página "mission.html" para que ela tenha o mesmo estilo.

1. Escreva a seguir o HTML para a página "mission.html" e então adicione a nova CSS.
2. Atualize seu arquivo "mission.html" para que ele inclua a nova CSS.
3. Isso feito, recarregue "mission.html" em seu navegador.
4. Certifique-se de que sua página sobre a missão pareça com a nossa, que está no final do capítulo.

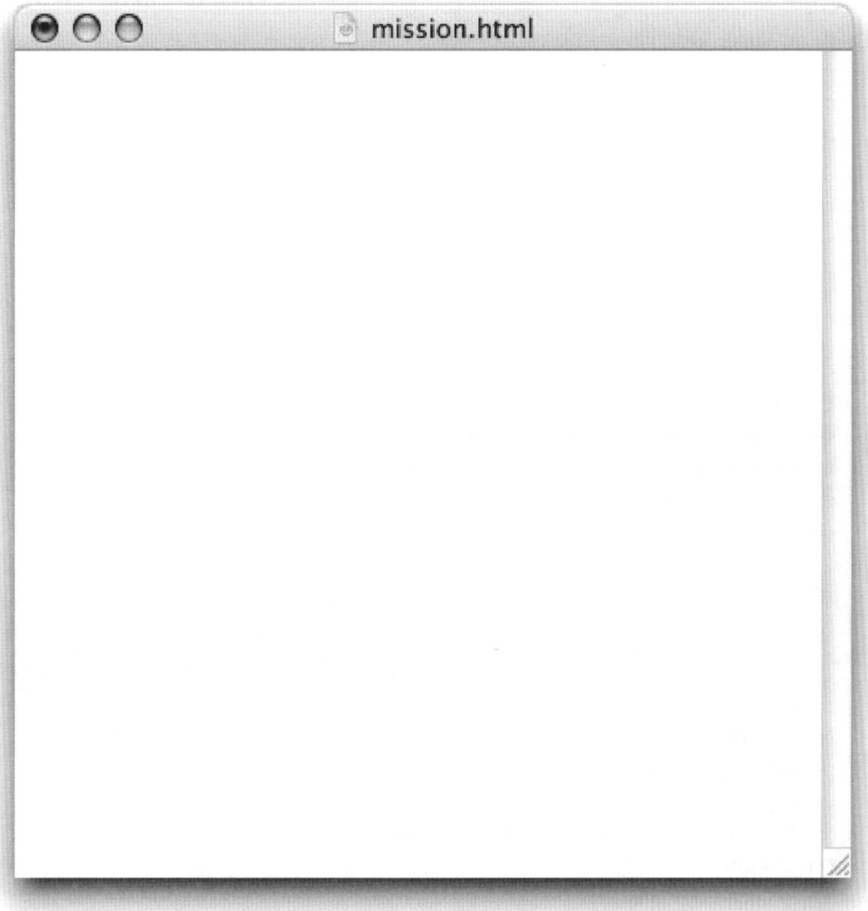
mission.html

Conversa Informal

Conversa de hoje: **HTML e CSS, sobre conteúdo e estilo**

HTML: Saudações, CSS; estou feliz que você esteja aqui porque quero esclarecer algumas confusões sobre nós.

CSS: É mesmo? Que tipo de confusão?

HTML: Muitas pessoas pensam que minhas tags dizem ao navegador como exibir o conteúdo. Isso não é verdade! Eu trabalho com a estrutura e não com a apresentação.

CSS: Ah, é. Eu não gostaria de ver as pessoas lhe dando crédito pelo meu trabalho!

HTML: Bem, você pode ver como as pessoas podem ficar confusas; afinal, é possível utilizar HTML sem CSS e ainda assim obter uma página com um visual decente.

CSS: "Decente" soa um pouco exagerado, você não acha? Quero dizer, a maneira como a maioria dos navegadores exibe o HTML puro parece um pouco ordinária. As pessoas precisam entender o poder das CSS e como nós podemos facilmente dar um ótimo estilo às páginas Web.

HTML: Ei, eu também sou muito poderoso. Ter seu conteúdo estruturado é muito mais importante do que ter algo bonitinho. O estilo é muito superficial; é a estrutura do conteúdo que interessa.

CSS: Fala sério! Sem mim, as páginas Web seriam muito chatas. E não apenas isso, tire a capacidade de adicionar estilo às suas páginas e ninguém as levará a sério. Tudo parecerá malfeito e nada profissional.

HTML: Nossa, que ego, hein? Acho que eu não poderia esperar outra coisa de você. Você está apenas tentando fazer uma declaração da moda com todo esse estilo sobre o qual está falando.

HTML | **CSS**

CSS: Declaração da moda? Um bom design e uma boa apresentação podem ter um efeito enorme na legibilidade e usabilidade das páginas. E você deveria estar contente porque minhas regras de estilo flexíveis permitem que os designers façam qualquer tipo de coisas interessantes com seus elementos sem bagunçar sua estrutura.

HTML: Certo. Na verdade, somos linguagens totalmente diferentes, o que é bom, porque eu não gostaria de ter nenhum de seus designers de estilo bagunçando meus elementos de estrutura.

CSS: Não se preocupe, vivemos em universos separados.

HTML: É, isso é óbvio para mim todas as vezes que olho para as CSS, essa linguagem alienígena.

CSS: Tá, e HTML pode ser considerada uma linguagem? Alguém já viu algo mais desajeitado do que aquelas tags?

HTML: Milhões de escritores Web discordariam de você. Eu tenho uma linguagem boa e limpa que se encaixa perfeitamente ao conteúdo.

CSS: Dê só uma olhada nas CSS; elas são elegantes e simples, e não sinais de menor e maior patéticos <em> <torno> <de> <tudo>. <Olha> <gente> <,> <eu> <posso> <falar> <como> <o> <sr.> <HTML><!>

HTML: Ei, sua estúpida, já ouviu falar de tags de fechamento?

Veja bem, não importa aonde você for, está cercada por tags <style>. Boa sorte ao tentar escapar delas!

CSS: Rá! Eu vou te mostrar... Sabe por quê? Eu *posso* escapar.

Fique ligado!

Essa não é só uma xícara da Mistura da Casa, mas também temos uma página Web para mostrar a todos os clientes os nossos cafés. Um trabalho excelente.

Tenho algumas ideias mais ousadas para o futuro: por enquanto, você pode começar pensando em como vamos colocar estas páginas na Internet para que as outras pessoas possam vê-las.

PONTOS DE BALA

- HTML e CSS são as linguagens que utilizamos para criar páginas Web.
- Os servidores Web armazenam e servem páginas Web, que são criadas com HTML e CSS. Os navegadores recuperam as páginas e mostram seu conteúdo com base no HTML e nas CSS.
- HMTL é uma abreviação de HyperText Markup Language (Linguagem de Criação de Hipertexto), e é usada para estruturar sua página Web.
- CSS é a abreviação de Cascafing Style Sheets (Folhas de Estilo em Cascata), e são utilizadas para controlar a apresentação do seu HTML.
- Usando o HTML, marcamos o conteúdo com tags para oferecer a estrutura. Chamamos de tags correspondentes e seu conteúdo de "elementos".
- Um elemento é composto de três partes: uma tag de abertura, conteúdo e uma tag de fechamento. Há alguns elementos, como <img> que são excessão a esta regra.
- As tags de abertura podem ter atributos. Vimos um tipo: type.
- As tags de fechamento possuem um "/" após o sinal de menor, na frente do nome da tag para distingui-las das tags de abertura.
- Sua páginas sempre devem possuir um elemento <html> em conjunto com um elemento <head> e um elemento <body>.
- As informações sobre página Web ficam no elemento <head>.
- O que você coloca no elemento <body> é o que verá no navegador.
- Quase todos os espaços em branco (tabulações, retornos, espaço) são ignorados pelo navegador, mas você pode utilizá-los para tornar seu HTML mais legível (para você mesmo).
- As CSS podem ser adicionadas à página Web colocando-se suas regras dentro do elemento <style>. O elemento <style> deve estar sempre dentro do elemento <body>.
- Você especifica as características do estilo dos elementos em seu HTML utilizando o CSS.

Palavras-cruzadas de HTML

É hora de relaxar e dar ao lado esquerdo de seu cérebro algo para fazer. Serão suas palavras-cruzadas padrão; todas as palavras foram retiradas deste capítulo.

Horizontal

2. Propósito do elemento <p>.

5. As CSS são usadas quando você precisa controlar isto.

7. O estilo que gostaríamos que existisse.

9. Sobre sua página Web.

11. Aparece no topo do browser para cada página.

12. Nós enfatizamos Dance __________ Revolution.

13. O que você vê em sua página.

14. Você define a apresentação através deste elemento.

15. Empresa que lançou sua carreira na Web.

16. Você marca o conteúdo para oferecer isto

17. Duas tags e conteúdo.

18. Existem seis deles.

Vertical

1. O "M" do HTML.

3. As tags podem ter isto para oferecerem informações adicionais.

4. Abertura e fechamento.

6. Os browsers ignoram isso.

8. Sempre os separe no HTML.

10. Único estilo disponível.

Aponte o seu lápis Solução

Vá em frente e marque no guardanapo (usando seu lápis) qualquer estrutura que veja e adicione tudo que está faltando.

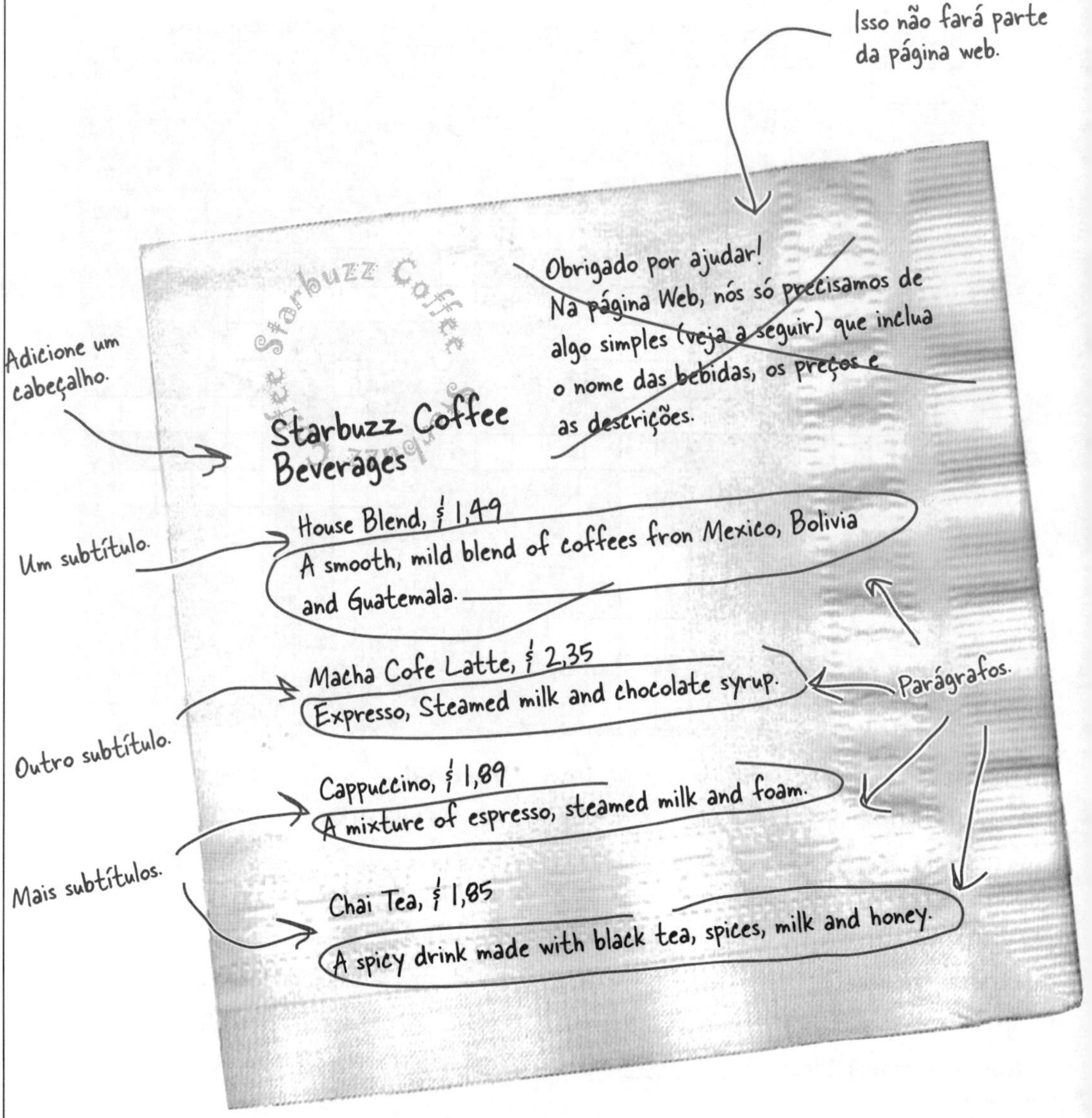
Isso não fará parte da página web.
Obrigado por ajudar!
Na página Web, nós só precisamos de algo simples (veja a seguir) que inclua o nome das bebidas, os preços e as descrições.
Adicione um cabeçalho.
Starbuzz Coffee Beverages
Um subtítulo.
House Blend, $ 1,49
A smooth, mild blend of coffees fron Mexico, Bolivia and Guatemala.
Macha Cofe Latte, $ 2,35
Expresso, Steamed milk and chocolate syrup.
Parágrafos.
Outro subtítulo.
Cappuccino, $ 1,89
A mixture of espresso, steamed milk and foam.
Mais subtítulos.
Chai Tea, $ 1,85
A spicy drink made with black tea, spices, milk and honey.

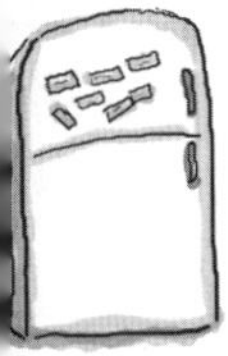

Ímãs de Geladeira – Solução

Seu trabalho era adicionar estrutura ao texto do guardanapo do Starbuzz. Utilize os ímãs de geladeira que estão na parte de baixo da página para marcar o texto e indicar quais partes são títulos, subtítulos e parágrafos. Eis aqui nossa solução.

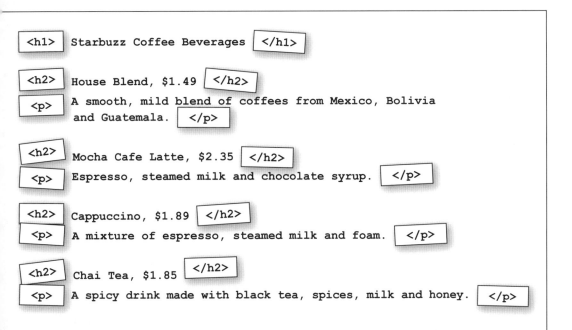

```
<h1> Starbuzz Coffee Beverages </h1>

<h2> House Blend, $1.49 </h2>
<p> A smooth, mild blend of coffees from Mexico, Bolivia
and Guatemala. </p>

<h2> Mocha Cafe Latte, $2.35 </h2>
<p> Espresso, steamed milk and chocolate syrup. </p>

<h2> Cappuccino, $1.89 </h2>
<p> A mixture of espresso, steamed milk and foam. </p>

<h2> Chai Tea, $1.85 </h2>
<p> A spicy drink made with black tea, spices, milk and honey. </p>
```

<h1> <h1> </h1> </h1>

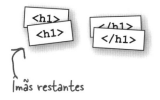

Ímãs restantes

Exercício Solução

mission.html

```
<html>
  <head>
    <title>Starbuzz Coffee's Mission</title>
  </head>
  <body>
    <h1>Starbuzz Coffee's Mission</h1>
    <p>To provide all the caffeine that you need to
power your life.</p>
    <p>Just drink it.</p>
  </body>
</html>
```

Missão do
Café Starbuzz
Oferecer toda a cafeína de que você precisa para impulsionar sua vida
Beba com prazer.

Aqui tem HTML.

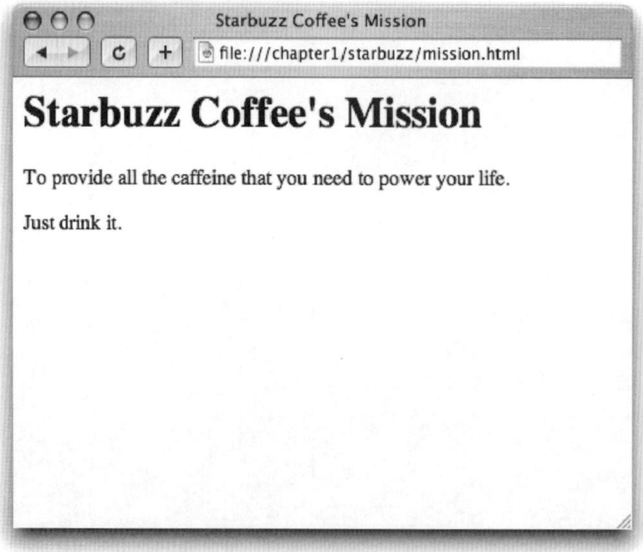
Starbuzz Coffee's Mission
file:///chapter1/starbuzz/mission.html
Starbuzz Coffee's Mission
To provide all the caffeine that you need to power your life.
Just drink it.

Aqui está o HTML exibido em um navegador.

Exercício Solução

mission.html

```
<html>
  <head>
    <title> Startbuzz Coffee's Mission </title>
     <style type="text/css">
       body {
          background-color: #d2b48c;
          margin-left: 20%;
          margin-right: 20%;
          border: 2px dotted black;
          padding: 10px 10px 10px 10px;
          font-family: sans-serif;
       }
    </style>
  </head>
  <body>
    <h1>Startbuzz Coffee's Mission</h1
    <p>To provide all the caffeine that you need to power
       your life.</p>
    <p>Just drink it.</p>
  </body>
</html>
```

Aqui estão as CSS na página da missão.

Agora, o estilo combina com a página principal do Starbuzz

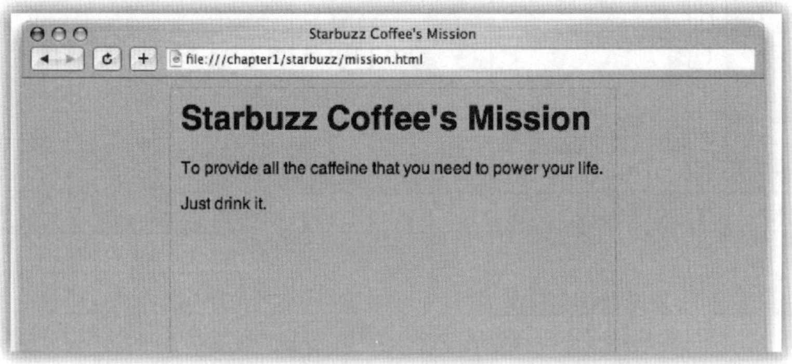
Starbuzz Coffee's Mission
file:///chapter1/starbuzz/mission.html
Starbuzz Coffee's Mission
To provide all the caffeine that you need to power your life.
Just drink it.

Exercício
Solução

QUEM FAZ O QUÊ? SOLUÇÃO

Mesmo dando apenas uma pequena olhada nas CSS, você já começou a ver o que elas podem fazer. Combine cada linha de definição de estilo com a sua respectiva função

```
background-color: #d2b48c;

margin-left: 20%;
margin-right: 20%;

border: 2px dotted black;

padding: 10px 10px 10px 10px;

font-family: sans-serif;
```

Define a fonte a ser usada no texto.

Define uma borda preta pontilhada ao redor do corpo.

Define a borda pontilhada e cinza em torno do corpo.

Define as margens esquerda e direita para que elas ocupem cada uma 20% da página.

Define a cor de fundo como dourado.

Cria um pouco de enchimento em torno do corpo da página.

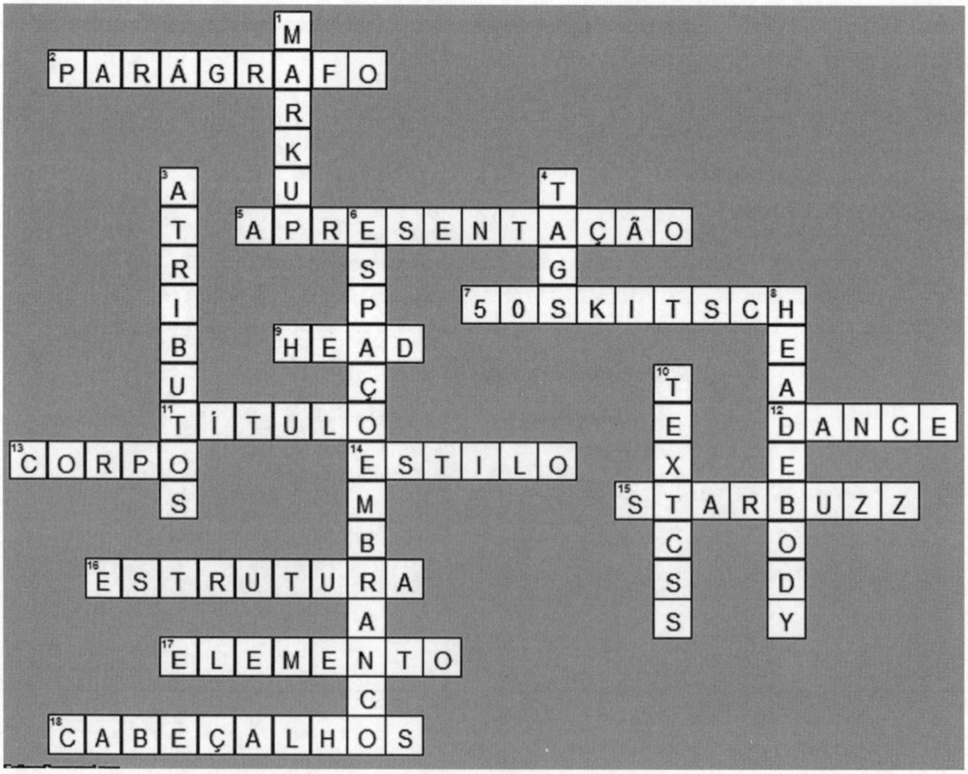
1 MARKUP
2 PARÁGRAFO
3 ATRIBUTOS
4 TAG
5 APRESENTAÇÃO
6 ESPAÇO EM BRANCO
7 50SKITSCH
8 HEADER BODY
9 HEAD
10 TEXTCSS
11 TÍTULO
12 DANCE
13 CORPO
14 ESTILO
15 STARBUZZ
16 ESTRUTURA
17 ELEMENTO
18 CABEÇALHOS

2 Vá além com o hipertexto

Conheça o "HT" do HTML

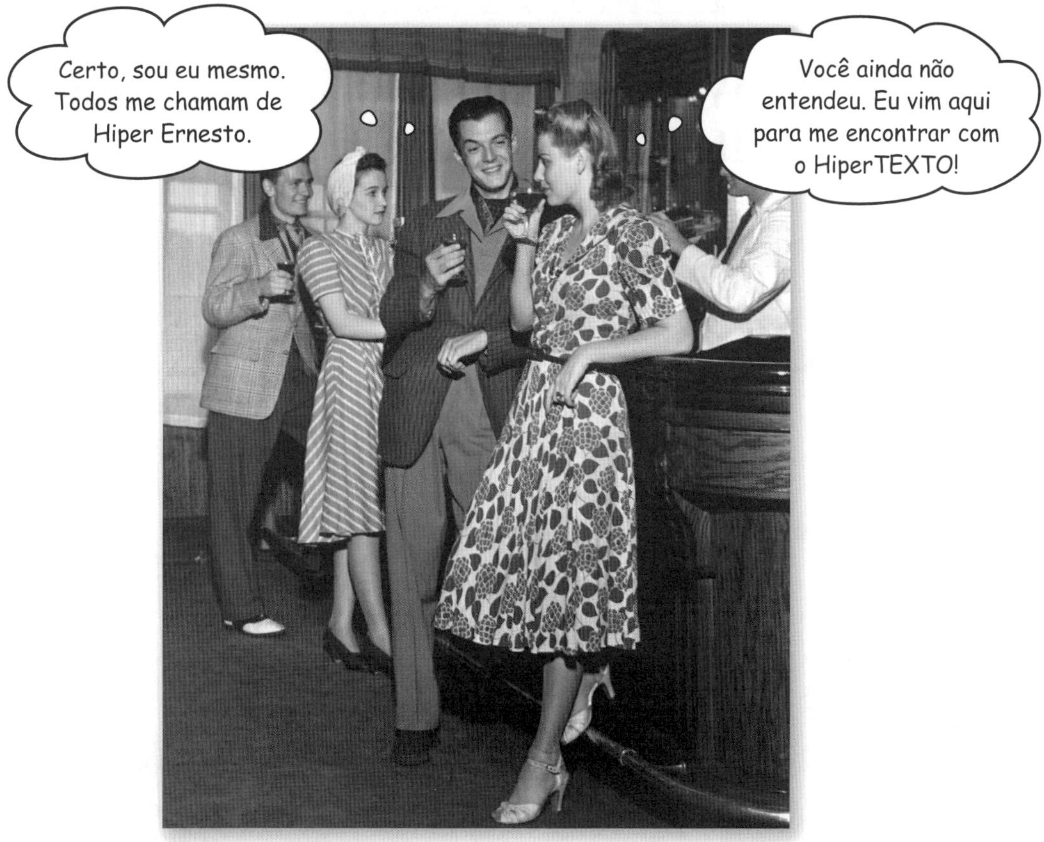
Certo, sou eu mesmo. Todos me chamam de Hiper Ernesto.
Você ainda não entendeu. Eu vim aqui para me encontrar com o HiperTEXTO!

Alguém disse "hipertexto"? O que é isso? Bem, é toda a base da Web. No Capítulo 1, examinamos o HTML e descobrimos que é uma ótima linguagem de criação (o 'ML' do HTML) para a descrição da estrutura das páginas Web. Agora vamos dar uma olhada no 'HT' do HTML, o hipertexto, que nos libertará de uma única página e nos mostrará os links para outras páginas. Durante o caminho vamos encontrar um novo e poderoso elemento, o elemento <a>, e aprenderemos como o fato de ser "relativo" é uma coisa muito legal. Portanto, aperte seu cinto de segurança — você aprenderá algumas coisas sobre o hipertexto.

Head First Lounge, *Novo e Melhorado*

Você se lembra do Head First Lounge? Ótimo site, mas não seria melhor se os clientes pudessem ver uma lista de refrescantes elixires? Melhor ainda, nós devemos dar a eles algumas instruções para que possam achar o local.

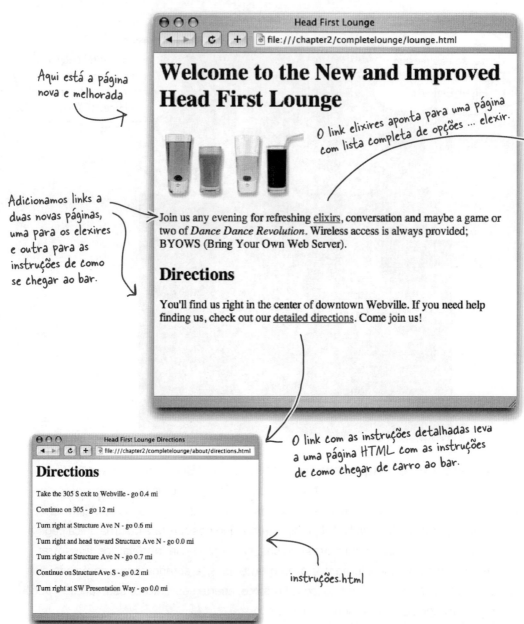

Aqui está a página nova e melhorada

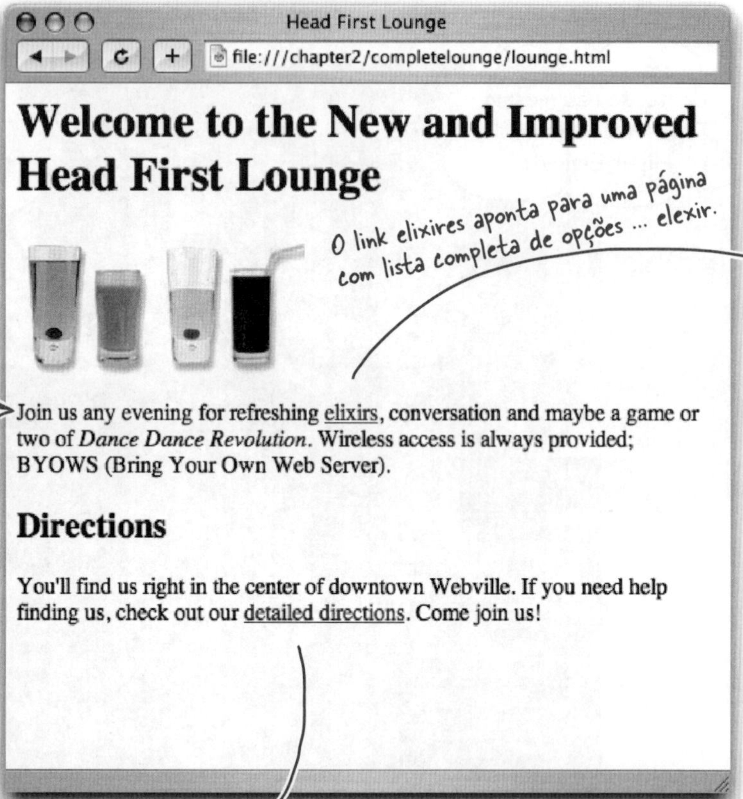
Head First Lounge
file:///chapter2/completelounge/lounge.html
Welcome to the New and Improved Head First Lounge
Join us any evening for refreshing elixirs, conversation and maybe a game or two of *Dance Dance Revolution*. Wireless access is always provided; BYOWS (Bring Your Own Web Server).
Directions
You'll find us right in the center of downtown Webville. If you need help finding us, check out our detailed directions. Come join us!

O link elixires aponta para uma página com lista completa de opções ... elexir.

Adicionamos links a duas novas páginas, uma para os elexires e outra para as instruções de como se chegar ao bar.

O link com as instruções detalhadas leva a uma página HTML com as instruções de como chegar de carro ao bar.

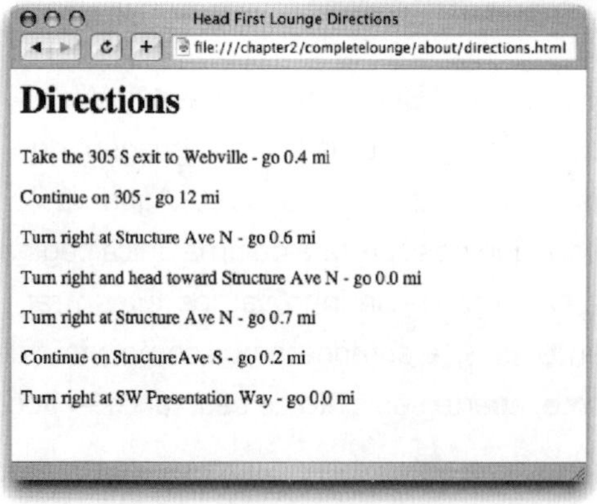
Head First Lounge Directions
file:///chapter2/completelounge/about/directions.html
Directions
Take the 305 S exit to Webville - go 0.4 mi
Continue on 305 - go 12 mi
Turn right at Structure Ave N - go 0.6 mi
Turn right and head toward Structure Ave N - go 0.0 mi
Turn right at Structure Ave N - go 0.7 mi
Continue on Structure Ave S - go 0.2 mi
Turn right at SW Presentation Way - go 0.0 mi

instruções.html

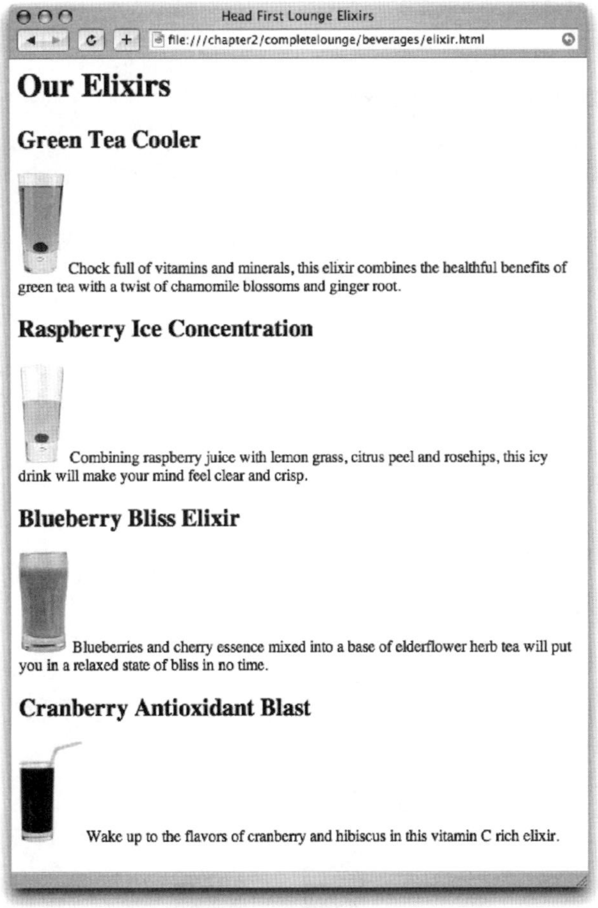
Head First Lounge Elixirs
file:///chapter2/completelounge/beverages/elixir.html
Our Elixirs
Green Tea Cooler
Chock full of vitamins and minerals, this elixir combines the healthful benefits of green tea with a twist of chamomile blossoms and ginger root.
Raspberry Ice Concentration
Combining raspberry juice with lemon grass, citrus peel and rosehips, this icy drink will make your mind feel clear and crisp.
Blueberry Bliss Elixir
Blueberries and cherry essence mixed into a base of elderflower herb tea will put you in a relaxed state of bliss in no time.
Cranberry Antioxidant Blast
Wake up to the flavors of cranberry and hibiscus in this vitamin C rich elixir.

Uma página que lista alguns drinques refrescantes e saudáveis. Fique à vontade para pegar um antes de continuar.

elixir.html

Crie um bar novo e melhorado em três passos...

Vamos refazer a página original do Bar Head First Lounge para que ela tenha dois links para duas novas páginas.

1. O primeiro passo é fácil porque já criamos as páginas "directions.html" e "elixir.html" para você. Você as encontrará nos arquivos-fonte para o livro que estão disponíveis em `http://wickedlysmart.com/hfhtmlcss.`

Código Pronto

2. Em seguida, você editará o arquivo "lounge.html" e adicionará o HTML necessário para vincular as páginas "directions.html" e "elixir.html".

3. Por último, você fará um test drive das páginas e testará os novos links. Quando você voltar, sentaremos juntos para ver como elas funcionam.

Vire a página e vamos começar...

Crie um novo bar

❶ Pegue os arquivos-fonte (somente em inglês)

Se você quiser pegar os arquivos em inglês, acesse `http://www.altabooks.com.br`. Após baixá-los, procure pela pasta "capítulo2/lounge" e encontre "lounge.html", "elixir.html" e "instrucoes.html" (e mais um monte de arquivos de figura). As instruções a seguir, entretanto, serão passadas considerando a página em português.

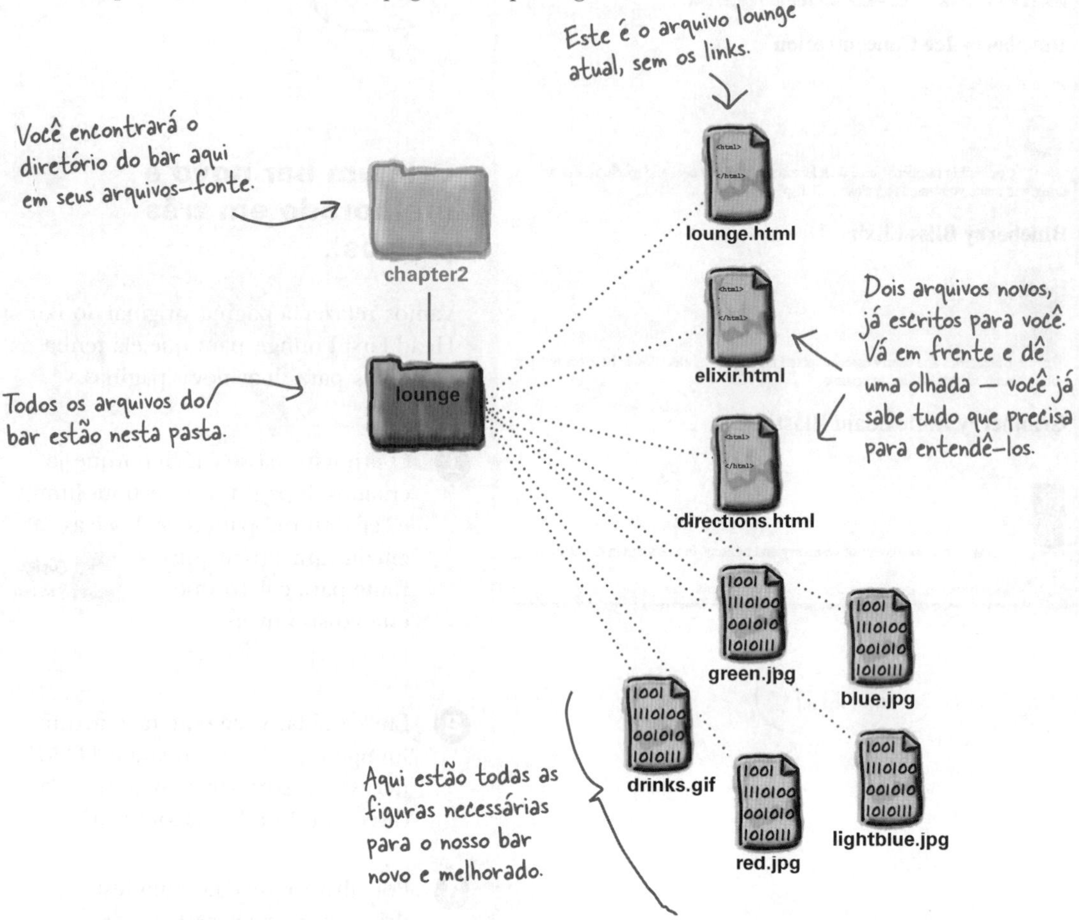
Este é o arquivo lounge atual, sem os links.
Você encontrará o diretório do bar aqui em seus arquivos-fonte.
chapter2
lounge
Todos os arquivos do bar estão nesta pasta.
lounge.html
elixir.html
directions.html
Dois arquivos novos, já escritos para você. Vá em frente e dê uma olhada — você já sabe tudo que precisa para entendê-los.
green.jpg
blue.jpg
drinks.gif
red.jpg
lightblue.jpg
Aqui estão todas as figuras necessárias para o nosso bar novo e melhorado.

PODER DO CÉREBRO

O Head First Lounge já está crescendo; você acha que manter todos os arquivos do site em um único diretório é uma boa maneira de organizar o site? O que você faria diferente?

❷ Edite o arquivo "lounge.html"

Abra o arquivo "lounge.html" em seu editor. Adicione o texto novo que aparece em destaque a seguir; já voltaremos e veremos como ele funciona na próxima página.

```
<html>
 <head>
 <title>Head First Lounge</title>
 </head>
 <body>
 <h1>Welcome to the New and Improved Head First Lounge</h1>
 <img src="drinks.gif">
 <p>
 Join us on any evening for
 refreshing <a href="elixir.html">elixirs</a>
 conversation and maybe a game or
 two of <em>Dance Dance Revolution </em>.
 Wireless access is always provided;
 Byows (Bring your own web server).
 </p>
 <h2>Directions</h2>
 <p>
 you will find us right in the center of downtown
 webvile. If you need help finding us, checkout
 <a href="directions.html">directions detailed</a>.
 Come join us!
 </p>
 </body>
</html>
```

Vamos adicionar Novo e Melhorado ao título.

Adicionamos o HTML do link para os elixires.

Para criar links utilizamos o elemento <a>, vamos ver como funciona esse elemento daqui a pouquinho...

Precisamos adicionar algum texto aqui para mostrar aos clientes como chegar.

E é aqui que adicionamos os links para as páginas com as instruções, novamente usando o elemento <a>.

❸ Salve "lounge.html" e faça um test drive.

Quando tiver terminado de incluir as alterações, salve o arquivo "lounge.html" e abra-o em seu browser. Experimente as opçõs a seguir...

1. Clique no link dos elixires para exibir a nova página dos elixires.

2. Clique no botão "Voltar" de seu browser e "lounge.html" deve ser exibida novamente.

3. Clique no link das instruções para a nova página.

Carreguei a nova página do lounge, cliquei nos links e tudo funcionou, mas eu quero saber ao certo se entendi como o HTML funciona.

Nos Bastidores

O que fizemos?

1. Vamos repassar a criação dos links HTML. Primeiro, precisamos colocar o texto que queremos para o link e em um elemento <a>, desta forma:

```
<a>elixirs</a>                <a>driving directions</a>
```

O elemento <a> é usado para criar um link para outra página.

O conteúdo do elemento <a> funciona como uma legenda para o link. No browser, a legenda aparece sublinhada para indicar que você pode clicar neste local.

2. Agora que temos uma legenda para cada link, precisamos adicionar algum HTML para informar ao browser o local para onde direciona o link:

```
<a href="elixir.html">elixirs</a>
```

Para este link, o browser exibirá uma legenda elixires que, ainda clicad[o], levará o usuário até a página elixir.html.

O atributo href é a maneira como você especifica o destino do link.

E para este link, o browser exibirá o link "instruções detalhadas" que, quando clicado, levará o usuário para a página instruções.html.

```
<a href="directions.html">driving directions</a>
```

O que o browser faz?

Nos Bastidores

1. Primeiro, durante a recuperação da página, se o browser encontrar um elemento <a>, exibirá o conteúdo do elemento como um link.

```
<a href="elixir.html">elixirs</a>
```

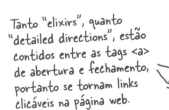

Tanto "elixirs", quanto "detailed directions", estão contidos entre as tags <a> de abertura e fechamento, portanto se tornam links clicáveis na página web.

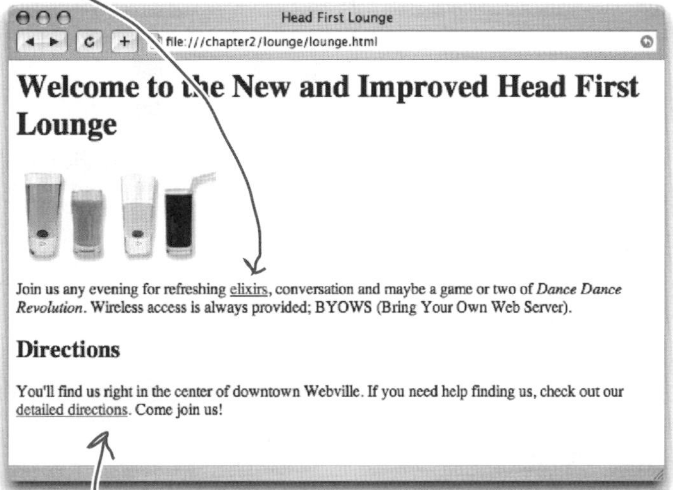

Head First Lounge
file:///chapter2/lounge/lounge.html
Welcome to the New and Improved Head First Lounge
Join us any evening for refreshing elixirs, conversation and maybe a game or two of Dance Dance Revolution. Wireless access is always provided; BYOWS (Bring Your Own Web Server).
Directions
You'll find us right in the center of downtown Webville. If you need help finding us, check out our detailed directions. Come join us!


```
<a href="directions.html">detailed directions</a>
```

Utilize o elemento <a> para criar um link de hipertexto para outra página Web.
O conteúdo do elemento <a> torna-se clicável na páginaWeb.
O atributo"href"diz ao browser qual é o destino do link.

Nos Bastidores

2. Em seguida, quando o usuário clicar em um link, o browser usa o atributo"href"para determinar a página para a qual o link aponta.

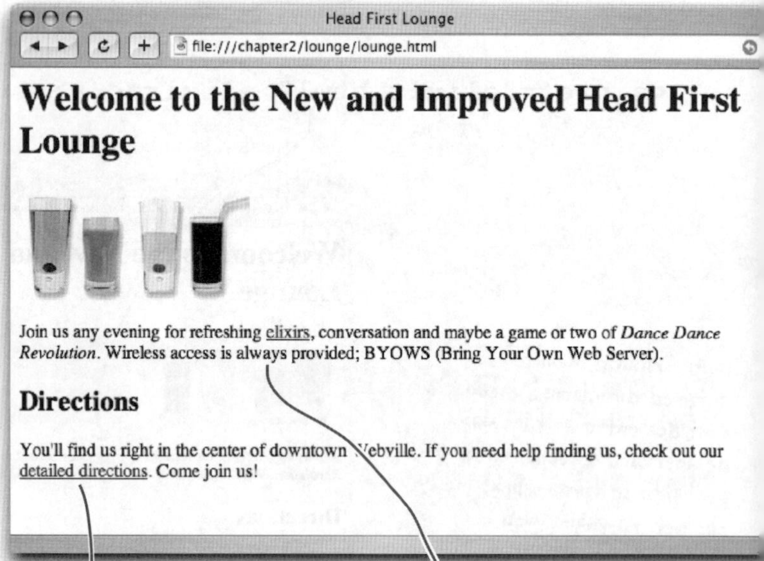

Head First Lounge
file:///chapter2/lounge/lounge.html
Welcome to the New and Improved Head First Lounge
Join us any evening for refreshing elixirs, conversation and maybe a game or two of Dance Dance Revolution. Wireless access is always provided; BYOWS (Bring Your Own Web Server).
Directions
You'll find us right in the center of downtown Webville. If you need help finding us, check out our detailed directions. Come join us!

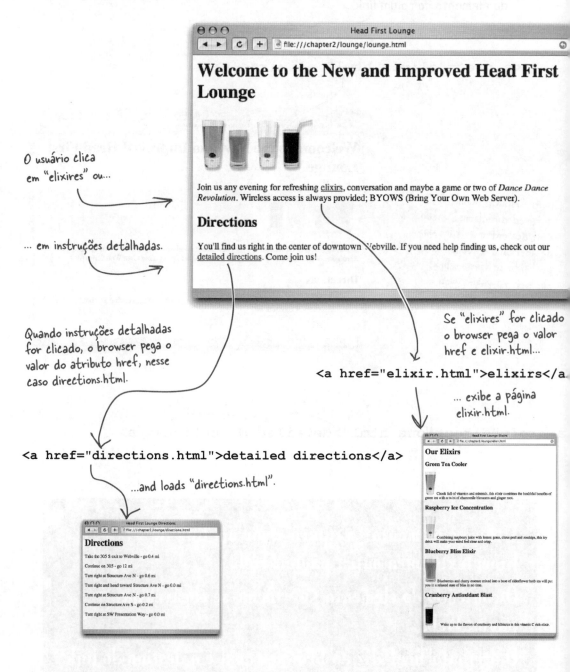

O usuário clica em "elixires" ou...

... em instruções detalhadas.

Se "elixires" for clicado o browser pega o valor href e elixir.html...

Quando instruções detalhadas for clicado, o browser pega o valor do atributo href, nesse caso directions.html.

```
<a href="elixir.html">elixirs</a>
```

... exibe a página elixir.html.

```
<a href="directions.html">detailed directions</a>
```

...and loads "directions.html".

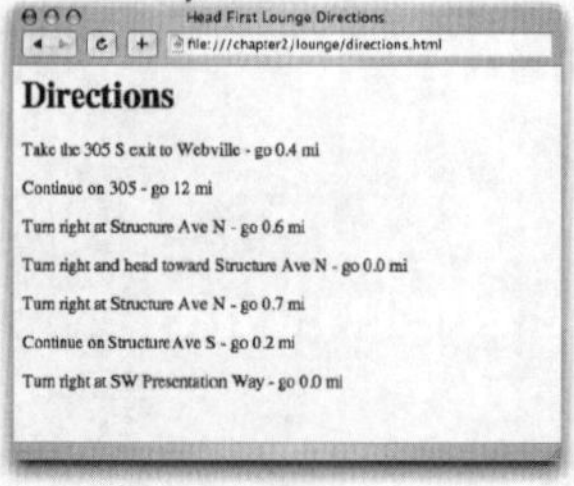

Head First Lounge Directions
file:///chapter2/lounge/directions.html
Directions
Take the 305 S exit to Webville - go 0.4 mi
Continue on 305 - go 12 mi
Turn right at Structure Ave N - go 0.6 mi
Turn right and head toward Structure Ave N - go 0.0 mi
Turn right at Structure Ave N - go 0.7 mi
Continue on Structure Ave S - go 0.2 mi
Turn right at SW Presentation Way - go 0.0 mi

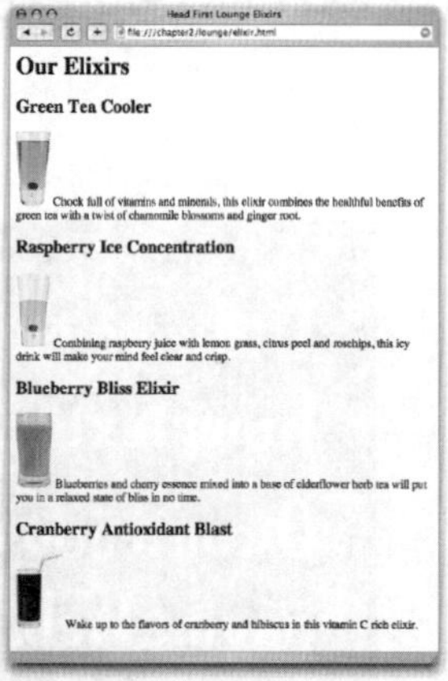

Our Elixirs
Green Tea Cooler
Raspberry Ice Concentration
Blueberry Bliss Elixir
Cranberry Antioxidant Blast

Entenda os atributos

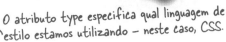

Os atributos oferecem uma maneira de especificar informações adicionais sobre um elemento. Ainda não vimos os atributos em detalhes, mas você já viu alguns exemplos:

```
<style type="text/css">
<a href="irule.html">
<img src="sweetphoto.gif">
```

O atributo type especifica qual linguagem de estilo estamos utilizando – neste caso, CSS.

O atributo href nos informa qual é o destino de um hiperlink.

O atributo src especifica o nome do arquivo da figura que uma tag img exibe.

Vamos criar um exemplo para dar a você uma ideia melhor sobre o funcionamento dos atributos:

E se <car> fosse um elemento?

Se <car> fosse um elemento, então você naturalmente desejaria escrever uma marcação como esta:

```
<car>My Red Mini</car>
```

Sem atributos, tudo o que podemos fornecer é um nome descritivo para o carro.

Mas esse elemento <car> só nos dá um nome descritivo para seu carro – ele não nos diz qual é a marca, o modelo preciso, se é conversível ou zilhões de outros detalhes que talvez queiramos saber. Portanto, se <car> fosse realmente um elemento, talvez usássemos atributos desta maneira:

Mas com atributos, podemos personalizar o elemento com todos os tipos de informação.

```
<car make="Mini" model="Cooper" convertible="no">My Red Mini</car>
```

Muito melhor, certo? Agora essa marcação nos diz muito mais, de uma maneira fácil e conveniente.

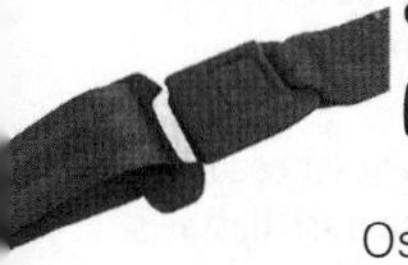

SEGURANÇA EM PRIMEIRO LUGAR

Os atributos são sempre escritos da mesma forma: primeiro vem o nome do atributo, seguido pelo sinal de igualdade e então o valor do atributo entre aspas.

Você pode encontrar algum HTML descuidado na Web que deixa de fora as aspas. Ser decuidado pode causar muitos problemas durante o caminho, como veremos mais adiante.

Faça isto (forma correta)

```
<a href="top10.html">Great Movies</a>
```

nome do atributo — sinal de igual — aspas — valor do atributo — aspas

Não faça isto (forma incorreta)

```
<a href=top10.html>Great Movies</a>
```

ERRADO – sem aspas em todo modo do valor do atributo.

não existem Perguntas Idiotas

P: Eu posso simplesmente inventar novos atributos para um elemento HTML?

R: Não, porque os browsers Web conhecem apenas um conjunto predefinido de atributos para cada elemento. Se você inventasse atributos, então os browsers Web não saberiam o que fazer com eles, e como você verá mais adiante neste livro, fazer isso provavelmente colocará você em apuros. Quando um browser reconhece um elemento ou um atributo, ele "suporta" tal elemento ou atributo. Você deve usar apenas os atributos que são suportados.

Assim, para aplicações web de programação (programmimg web applications, o assunto do Use a Cabeça Programação em HTML5), HTML5 hoje suporta atributos de dados personalizados que lhe permitem criar nomes para novos atributos.

P: Quem decide o que é "suportado"?

R: Existem comitês de padronização que se preocupam com os elementos e atributos do HTML. Esses comitês são formados por pessoas com nada melhor para fazer que generosamente oferecem seu tempo e energia para garantir que haja diretrizes comuns no HTML que todas as empresas possam utilizar para implementarem seus browsers.

P: Como saber quais atributos e elementos são suportados? Ou, todos os atributos podem ser aplicados a qualquer elemento?

R: Apenas alguns atributos podem ser usados com determinados elementos. Pense nisso desta maneira: você não usaria um atributo "conversível" como elemento <torradeira>, usaria? Portanto, você só deseja usar atributos que façam sentido e que sejam suportados pelo elemento.

Vamos aprender quais atributos são suportados por quais elementos durante a leitura deste livro. Depois que tiver terminado de ler, há várias e excelentes referências que você poderá usar para refrescar sua memória, tal como HTML & XHTML: The DefinitiveGuide(O'Reilly).

Pronuncia-se o atributo"href" como"h-ref"...
...que rima com "eita, chefe".

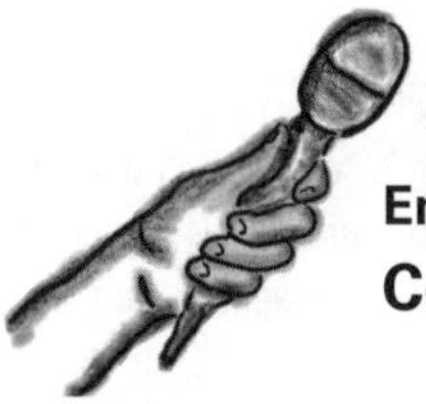

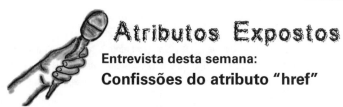

Atributos Expostos

Entrevista desta semana:

Confissões do atributo "href"

Use a Cabeça: Bem-vindo, href. É um grande prazer entrevistar um atributo tão importante como você.

href: Obrigado. É muito bom estar aqui e escapar de toda aquela vinculação, ela nos desgasta. Toda vez que alguém clica em um link, adivinha quem diz ao browser aonde ir? Euzinho aqui.

Use a Cabeça: Estamos felizes que você pôde nos encaixar em sua agenda cheia. Por que você não nos leva de volta ao começo.. .O que significa ser um atributo?

href: Claro. Bem, os atributos são usados para personalizar um elemento. É fácil colocar algumas tags `<a>` em torno de algum conteúdo, como em "Assine agora!". Nós fazemos assim: `<a>` Assine agora! `</a>`. Mas, sem mim, o atributo "href", você não tem como dizer ao elemento `<a>` qual é o destino do link.

Use a Cabeça: Até aqui eu entendi...

href: ... mas com um atributo você pode fornecer informações adicionais sobre o elemento. No meu caso, é o local para onde o link aponta:
`<a href="assinatura.html"> Assine agora! </a>`. Isso informa que o elemento `<a>`, que tem a legenda "Assine agora!", está vinculado à página "assinatura.html". Há muitos outros atributos no mundo; mas eu sou aquele que você utiliza como elemento `<a>` com a finalidade de informar para onde ele direciona.

Use a Cabeça: Certo. Bem, eu tenho de perguntar e espero que você não se ofenda, mas que nome é esse? "href"? O que isso significa?

href: É um antigo nome de família da Internet. Significa "hypertext reference" (referência de hipertexto), mas todos os meus amigos me chamam de "href" apenas.

Use a Cabeça: E o que exatamente isso faz?

href: Uma referência de hipertexto é apenas outro nome para um recurso que está na Internet ou em seu computador. Normalmente, o recurso é uma página Web, mas eu também posso direcionar para um vídeo, áudio ou todos os tipos de coisa.

Use a Cabeça: Interessante. Todos os nossos leitores só viram até aqui links para suas próprias páginas; como criamos links para outras páginas e para recursos da Web?

href: Xi, eu tenho que voltar ao trabalho, toda a Web está virando uma confusão sem mim. Além disso, não é sua obrigação ensinar isso a eles?

Use a Cabeça: Ok, ok. Vamos falar sobre isso logo, logo... Obrigado pela entrevista, href.

Exercício

Você criou links para ir de "lounge.html" para "elixir.html" e "directions.html"; agora vamos fazer o caminho inverso. Abaixo você encontrará o HTML de "elixir.html". Adicione um link com a legenda "Back to the lounge" na parte inferior da página dos elixires, que aponte para "lounge.html

```
<html>
  <head>
    <title>Head First Lounge Elixirs</title>
  </head>
  <body>
    <h1>Our Elixirs</h1>

    <h2>Green Tea Cooler</h2>
    <p>
       <img src="green.jpg">
       Chock full of vitamins and minerals, this elixir
       combines the healthful benefits of green tea with
       a twist of chamomile blossoms and ginger root.
    </p>
    <h2>Raspberry Ice Concentration</h2>
    <p>
        <img src="lightblue.jpg">
        Combining raspberry juice with lemon grass,
        citrus peel and rosehips, this icy drink
        will make your mind feel clear and crisp.
    </p>
    <h2>Blueberry Bliss Elixir</h2>
    <p>
        <img src="blue.jpg">
        Blueberries and cherry essence mixed into a base
        of elderflower herb tea will put you in a relaxed
        state of bliss in no time.
    </p>
    <h2>Cranberry Antioxidant Blast</h2>
    <p>
        <img src="red.jpg">
        Wake up to the flavors of cranberry and hibiscus
        in this vitamin C rich elixir.
    </p>


  </body>
</html>
```

Seu novo HTML entra aqui. →

Quando tiver terminado, faça o mesmo com "directions.html".

zona
DE
CONSTRUÇÃO
COMEÇO

Precisamos de alguma ajuda para construir e destruir elementos <a>. Com seu novo conhecimento sobre o elemento <a>, esperamos que você possa ajudar. Em cada linha abaixo,você encontrará algumas combinações de legenda, destino e o elemento <a> completo. Preencha as células com as informações que estão faltando. A primeira linha já foi feita.

Legenda	Destino	O que você escreve em HTML
Legal ou não?	hot.html	`<a href="hot.html">Legal ou não?</a>`
Currículo	cv.html	
	bonitinho.html	`<a href="......................">Bonitinho mas ordinário</a>`
Veja meu mini	mini-cooper.html	
vamos jogar		`<a href="millionaire.html">........................</a>`

não existem Perguntas Idiotas

P: Já vi muitas páginas em que posso clicar em uma figura ao invés de texto. Posso usar o elemento <a> para isso?

R: Sim, se você colocar um elemento <img> entre as tags <a>, a sua figura será tão clicável quanto o texto. Não vamos falar sobre figuras em profundidade por alguns capítulos, mas elas funcionam perfeitamente bem como links.

P: Então eu posso colocar qualquer coisa entre as tags <a> e então ela se tornará clicável? Como, digamos, um parágrafo?

R: Você de fato pode colocar um elemento <p> dentro de um elemento <a> para linkar um parágrafo inteiro. Em geral, você usará texto e figuras (ou ambos) dentro do elemento <a>, mas se você precisa linkar um elemento <p> ou <h1>, você pode. Quais tags podem ficar dentro de outras é um outro assunto, mas as não se preocupe, vamos chegar lá daqui a pouquinho.

Seu trabalho no Head First Lounge foi recompensado. Com esses elixires atrativos e as instruções, muitas pessoas estão frequentando o bar e visitando o site Web. Agora temos planos para a expansão do conteúdo online em todas as direções.

Organizando-se

Antes de criar mais páginas HTML, é hora de organizar as coisas. Até aqui, colocamos todos os nossos arquivos e figuras em uma única pasta. Você descobrirá que mesmo para o site Web mais modesto, as coisas ficam muito mais gerenciáveis se você organizar suas páginas Web, figuras e outros recursos em conjuntos de pastas. Veja o que temos agora:

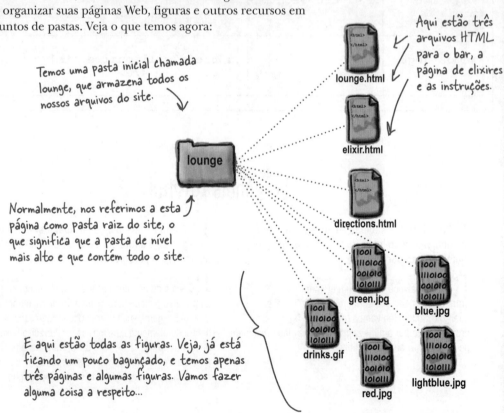

Temos uma pasta inicial chamada lounge, que armazena todos os nossos arquivos do site.

Aqui estão três arquivos HTML para o bar, a página de elixires e as instruções.

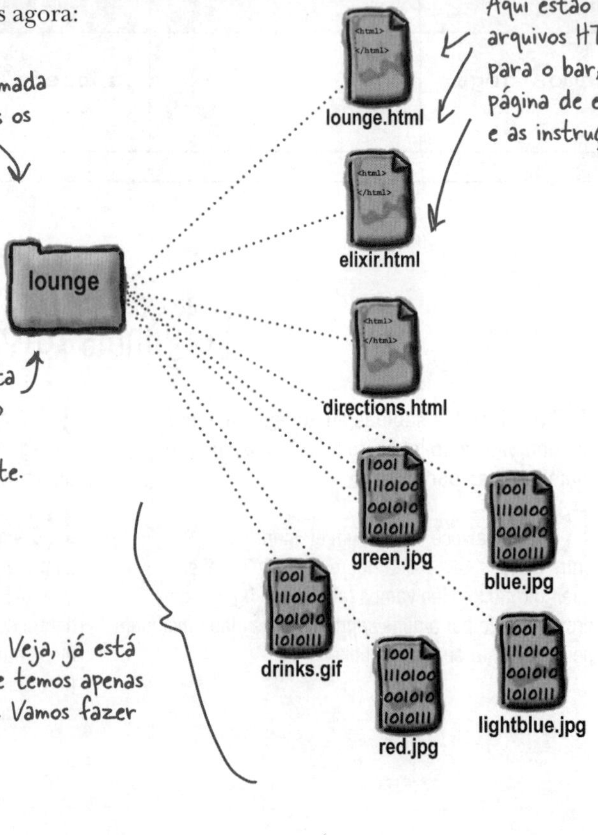
lounge
<html>
</html>
lounge.html
elixir.html
directions.html
green.jpg
blue.jpg
drinks.gif
red.jpg
lightblue.jpg

Normalmente, nos referimos a esta página como pasta raiz do site, o que significa que a pasta de nível mais alto e que contém todo o site.

E aqui estão todas as figuras. Veja, já está ficando um pouco bagunçado, e temos apenas três páginas e algumas figuras. Vamos fazer alguma coisa a respeito...

Organize o bar...

Vamos arrumar significativamente o site do bar. Tenha em mente que há diversas maneiras de organizar qualquer site; vamos começar pela maneira mais simples e criar algumas pastas para as páginas. Também agruparemos as figuras em um lugar só.

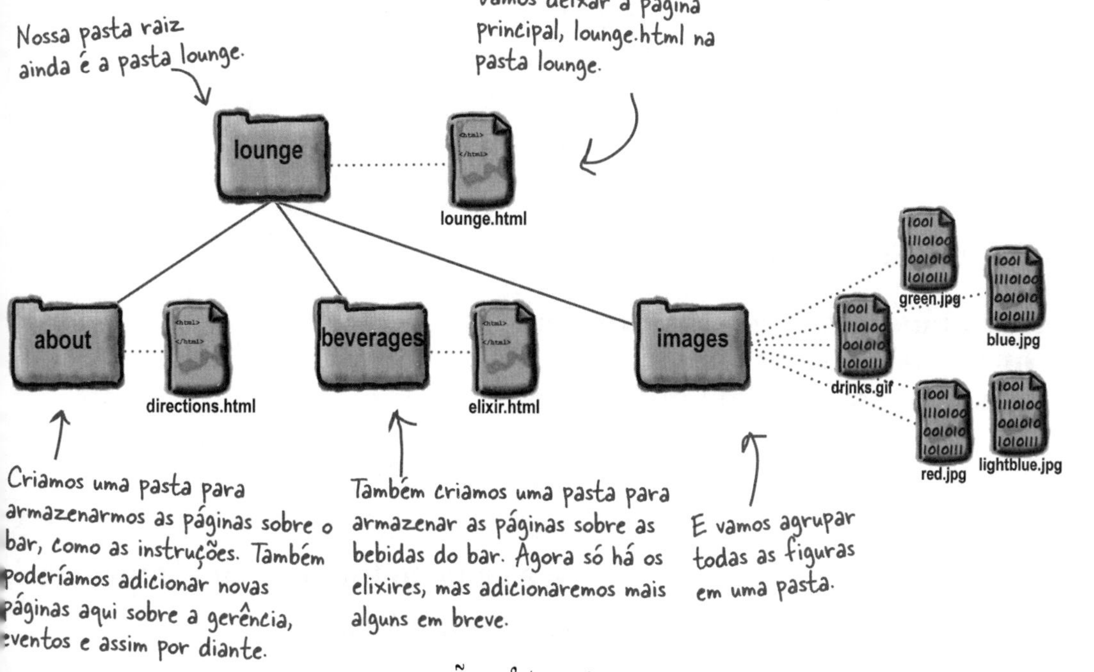
Nossa pasta raiz ainda é a pasta lounge.
Vamos deixar a página principal, lounge.html na pasta lounge.
lounge
lounge.html
about
directions.html
beverages
elixir.html
images
green.jpg
blue.jpg
drinks.gif
red.jpg
lightblue.jpg
Criamos uma pasta para armazenarmos as páginas sobre o bar, como as instruções. Também poderíamos adicionar novas páginas aqui sobre a gerência, eventos e assim por diante.
Também criamos uma pasta para armazenar as páginas sobre as bebidas do bar. Agora só há os elixires, mas adicionaremos mais alguns em breve.
E vamos agrupar todas as figuras em uma pasta.

não existem Perguntas Idiotas

P: Já que você tem uma pasta para as figuras, porque não tem outra chamada "html" para colocar todos os HTML?

R: Você poderia fazer isso. Não há maneiras "corretas" de organizar seus arquivos; pelo contrário, você deseja organizá-los de uma maneira que funcione melhor para você e para seus usuários. Assim como na maioria das decisões sobre design, você precisa escolher um esquema de organização que seja flexível o suficiente para permitir o crescimento, ao mesmo tempo em que mantenha as coisas o mais simples possível.

P: Ou, porque não colocar uma pasta de figura em cada pasta, como em "sobre" e "bebidas"?

R: Novamente, poderíamos ter feito isso. Esperamos que algumas das figuras sejam utilizadas em várias páginas, portanto colocamos as figuras em uma pasta na raiz (o nível mais alto) para mantê-las juntas. Se você tem um site que precise de muitas figuras em partes diferentes dele, talvez seja melhor colocar cada ramificação com sua própria pasta de figuras.

P: "Cada ramificação"?

R: Você pode entender a maneira como as pastas são descritas ao examiná-las como se fossem árvores de cabeça para baixo. No topo fica a raiz, e cada caminho para baixo — para um arquivo ou pasta — é uma ramificação.

Exercício

Agora você precisa criar a estrutura de arquivos e pastas mostrada na pasta anterior. Veja o que você precisa fazer exatamente:

1. Localize pasta "lounge" e crie três subpastas, chamadas"about", "beverages" e "images".
2. Mova o arquivo "directions.html" para a pasta "about".
3. Mova o arquivo "elixir.html" para a pasta "beverages".
4. Mova todas as figuras para a pasta "images".
5. Finalmente, carregue seu arquivo "lounge.html" e experimente os links. Compare como resultado do arquivo a seguir.

Dificuldades técnicas

Parece que temos alguns problemas com a página do bar após mudarmos os arquivos de pastas.

Temos aqui uma figura que não está sendo exibida.

E quando você clica em elixires (ou detailed directions), as coisas ficam piores: um erro informa que a página não pode ser encontrada.

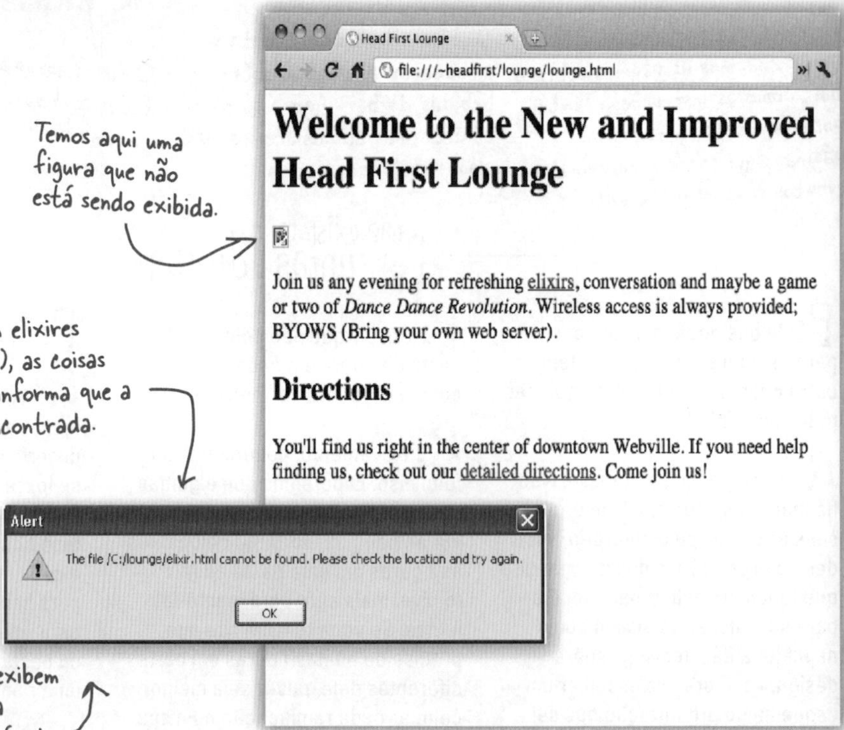
Head First Lounge
file:///~headfirst/lounge/lounge.html
Welcome to the New and Improved Head First Lounge
Join us any evening for refreshing elixirs, conversation and maybe a game or two of Dance Dance Revolution. Wireless access is always provided; BYOWS (Bring your own web server).
Directions
You'll find us right in the center of downtown Webville. If you need help finding us, check out our detailed directions. Come join us!
Alert
The file /C:/lounge/elixir.html cannot be found. Please check the location and try again.
OK

Alguns browsers exibem este erro em uma página Web ao invés de uma caixa de diálogo.

O problema é que o browser pensa que os arquivos ainda estão na mesma pasta que "lounge.html". Precisamos alterar os links para que eles direcionem para os arquivos em suas novas pastas.

Certo. Precisamos informar ao browser qual é a nova localização das páginas.

Até aqui, você utilizou valores `href` que apontam para páginas na *mesma pasta*. Os sites são normalmente um pouco mais complicados, e você precisa ser capaz de apontar para páginas que estejam em outras pastas.

Para fazer isso, você traça um caminho de sua página para o arquivo de destino. Isso pode significar descer uma pasta ou duas ou subir uma pasta ou duas, mas em ambas as situações terminaremos com um *caminho relativo*, que poderemos colocar em `href`.

Planeje seus caminhos

O que você faz quando está planejando aquelas férias no motor-home da família? Você pega um mapa e começa pela cidade onde está, e então traça um caminho até o destino. As instruções são relativas em relação à sua posição — se você estivesse em outra cidade, as instruções seriam diferentes, certo?

Ok, na verdade você iria até o Google maps, mas vamos fingir que essa é sua única opção.

Você pode descobrir um caminho relativo para seus links da mesma forma; você começa pela página que possui o link e então traça um caminho através de suas pastas até encontrar o arquivo para o qual precisa apontar.

Há outros tipos de caminhos também. Vamos conhecê-los nos próximos capítulos.

Vamos trabalhar com alguns caminhos relativos (e corrigir a página do bar ao mesmo tempo):

Crie um link para uma subpasta

1. Link de "lounge.html" para "elixir.html"

Precisamos corrigir o link dos elixires na página "lounge.html". Veja como é o elemento <a> no momento:

```
<a href="elixir.html">elixirs</a>
```

Nesse momento, estamos apenas usando o nome do arquivo elixir.html, que diz ao browser para procurar na mesma pasta em que está o arquivo lounge.html.

2. Identifique a origem e o destino.

Quando reorganizamos o bar, deixamos "lounge.html" na pasta "lounge" e colocamos "elixir.html" na pasta "beverages", que é uma subpasta de "lounge".

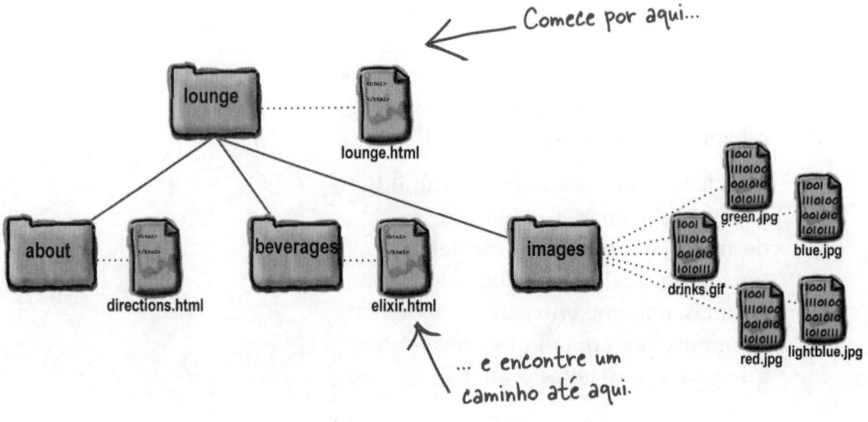
Comece por aqui...
lounge
lounge.html
about
directions.html
beverages
elixir.html
images
green.jpg
blue.jpg
drinks.gif
red.jpg
lightblue.jpg
... e encontre um caminho até aqui.

③ Trace um caminho da origem até o destino.

Vamos traçar o caminho. Para ir do arquivo "lounge.html" até "elixir.html", precisamos entrar na pasta "beverages" primeiro, para encontrar "elixir.html".

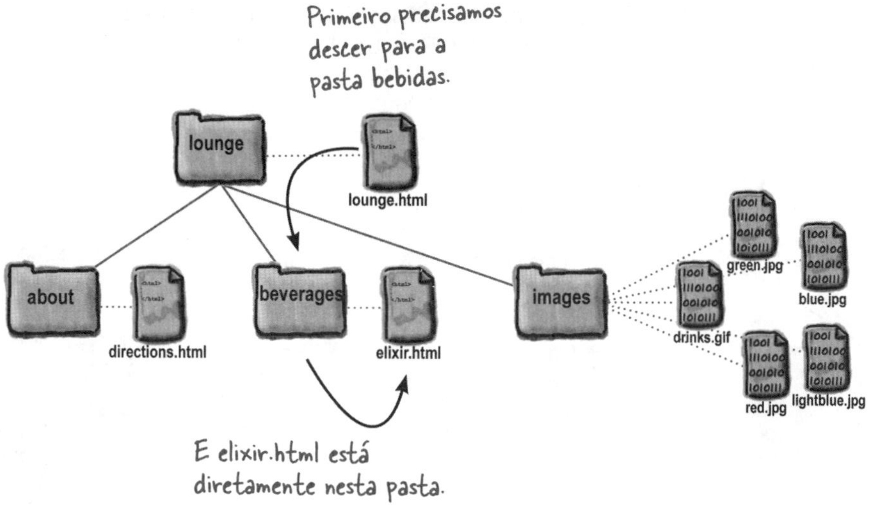
Primeiro precisamos descer para a pasta bebidas.
lounge
lounge.html
about
directions.html
beverages
elixir.html
images
green.jpg
blue.jpg
drinks.gif
red.jpg
lightblue.jpg
E elixir.html está diretamente nesta pasta.

④ Crie um "href" para representar o caminho que traçamos.

Agora que conhecemos o caminho, precisamos colocá-lo em um formato que o browser entenda. Veja como se deve escrever o caminho:

Primeiro entramos na pasta beverages.

Separe todas as partes do caminho por uma /.

Por último colocamos o nome do arquivo.

```
beverages / elixir.html
```

Colocamos tudo junto...

```
<a href="beverages/elixir.html">elixirs</a>
```

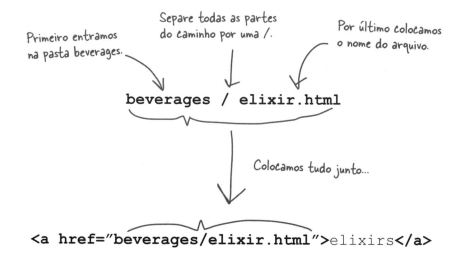

Colocamos um caminho relativo em um valor href. Agora, quando o link for clicado, o browser vai procurar o arquivo elixir.html na pasta beverages.

Aponte o seu lápis

Sua vez: trace o caminho relativo de "lounge.html" para "directions.html". Quando o tiver descoberto, complete o elemento <a> abaixo. Confira sua resposta no final do capítulo e então altere ambos os elementos <a> em "lounge.html".

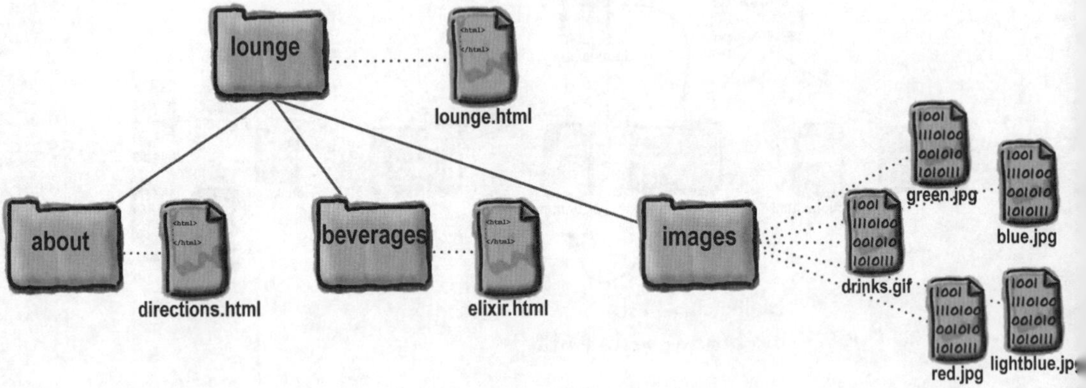
lounge
lounge.html
about
directions.html
beverages
elixir.html
images
green.jpg
blue.jpg
drinks.gif
red.jpg
lightblue.jpg

```
<a href="........................................">detailed directions</a>
```

COLOQUE SUA RESPOSTA AQUI

Faça o caminho contrário; faça um link com a pasta "pai" acima da sua

Neste momento, estamos apenas usando o nome do arquivo lounge.html, que diz ao browser para procurar na mesma pasta que contém o arquivo directions.html. link não vai funcionar.

① Faça um link de "directions.html" para "lounge.html"

Agora precisamos corrigir os links "Back to the lounge". O elemento <a> aparece desta maneira no arquivo "directions.html":

```
<a href="lounge.html">Back to the Lounge</a>
```

② Identifique a origem e o destino.

Vamos dar uma olhada na origem e no destino. A origem é o arquivo "directions.html", que está na pasta "about". O destino é a pasta "lounge.html", que está uma pasta acima da pasta "about", onde "directions.html" está localizada.

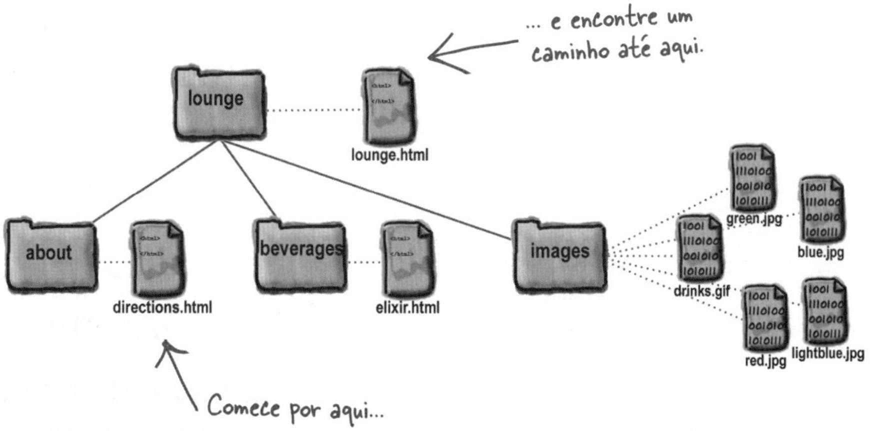

... e encontre um caminho até aqui.
lounge
lounge.html
about
directions.html
beverages
elixir.html
images
green.jpg
blue.jpg
drinks.gif
red.jpg
lightblue.jpg
Comece por aqui...

③ Trace um caminho da origem até o destino.

Vamos traçar o caminho. Para ir de "directions.html" até "lounge.html", precisamos subir uma pasta até a pasta "lounge", e então encontraremos "lounge.html" ali.

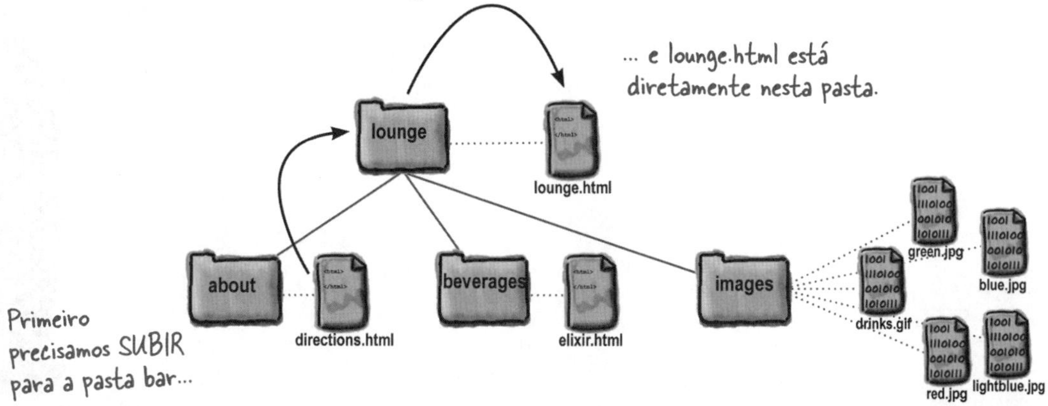

... e lounge.html está diretamente nesta pasta.
lounge
lounge.html
about
directions.html
beverages
elixir.html
images
green.jpg
blue.jpg
drinks.gif
red.jpg
lightblue.jpg
Primeiro precisamos SUBIR para a pasta bar...

4 Crie um "href" para representar o caminho que traçamos.

Já estamos quase lá. Agora que você conhece o caminho, precisa colocá-lo no formato que o browser entende. Vamos trabalhar nisso:

Primeiro, você precisa subir uma pasta. Como fazer isso? Com um "..". É isso mesmo, dois pontos. Aceite isso por hora, já já explocaremos.

Separe todas as partes do caminho com uma /

Por último, você tem o nome do arquivo.

```
.. / lounge.html
```

Pronuncia-se .. como ponto ponto.

Colocando tudo junto...

```
<a href="../lounge.html">Back to the Lounge</a>
```

Agora, quando você clica no link, o browser vai procurar pelo arquivo lounge.html na pasta.

ponto ponto
~~Subindo~~, descendo, utensílios domésticos, lingerie?

não existem Perguntas Idiotas

P: O que é uma pasta "pai"? Se eu tiver uma pasta "maçãs" dentro de uma pasta "frutas", "frutas" será o pai de "maçãs"?

R: Exatamente. As pastas (que também podem ser chamadas de diretórios) são frequentemente descritas em termos de relacionamentos familiares.

Assim, usando o seu exemplo, "frutas" é pai de "maçãs", e "maçãs" é filha de "frutas". Se você tivesse outra pasta chamada "peras", que também fosse filha de "frutas", ela seria irmã de "maçãs". Pense nisso como se fosse uma árvore genealógica.

P: Certo, o pai faz sentido, mas o que é ".."?

R: Quando você precisa dizer ao browser que o arquivo para o qual está criando o link está na pasta pai, utiliza-se o ".." para significar "SUBA até a pasta pai". Em outras palavras, é o que chamamos de pai em idioma de browser.

Em nosso exemplo, queríamos criar um link de "directions.html", que está na pasta "about", para "lounge.html", que está na pasta "lounge", pai de "about". Portanto, tivemos de dizer ao browser para olhar para CIMA uma pasta; ".." é a maneira como dizemos ao browser para SUBIR.

P: O que você faz se precisar subir duas pastas ao invés de uma só?

R: Você pode usar ".." para cada pasta pai que deseja subir. Toda vez que usar o "..", você sobre uma pasta pai. Portanto, se você deseja subir duas pastas, deve digitar "../..". Ainda é preciso separar cada parte com a "/", portanto não esqueça de fazer isso (o browser não sabe o que significa "....")!

P: Uma vez que tenha subido as duas pastas, como eu digo ao browser onde encontrar o arquivo?

R: Você combina o "../.." com o nome do arquivo. Logo, se estivesse criando um link para um arquivo chamado "frutas.html" em uma pasta que esteja duas pastas acima, você escreveria "../../ frutas.html". É de se esperar que "../.." seja chamada de pasta "avô", mas normalmente não nos referimos a elas dessa maneira, mas dizemos "o pai da pasta pai", ou "../..", para abreviarmos.

P: Existe um limite de quantas pastas eu posso subir?

R: Você pode subir até a pasta raiz de seu site Web. Em nosso exemplo, a raiz é a pasta "lounge". Portanto, você só poderia subir até "lounge".

P: E o que acontece na outra direção – existe um limite de quantidade de pastas que eu posso descer?

R: Bem, você só pode descer até a última pasta filho que criou. Se você criou 10 pastas, então poderá escrever um caminho que desça 10 pastas. Isso, entretanto, não é recomendável — quando você tem muitos níveis de pastas, provavelmente significa que a organização de seu website está muito complicada!

Além disso, há um limite no número de caracteres que você pode ter em um caminho: 255. Isso significa muitos caracteres, portanto é improvável que você venha a precisar de tantos; mas, se o seu site for grande, é algo com que se preocupar.

P: Meu sistema operacional utiliza "\" como separador; eu não deveria usar isso ao invés de "/"?

R: Não; em páginas Web, você sempre utiliza "/". Não use "\". Vários sistemas operacionais usam separadores de arquivos diferentes (por exemplo, o Windows usa o "\" ao invés do "/"), mas quando se trata da Web, usamos um separador comum e nos atemos a ele. Logo, esteja você utilizando Mac, Windows, Linux ou qualquer outro, sempre use "/" nos caminhos de seu HTML.

PODER DO CÉREBRO

Sua vez: trace o caminho relativo de "elixir.html" para "lounge.html" para o link "Back to the Lounge". Qual a diferença desse link para o mesmo link no arquivo "directions.html"?

Resposta: Não existe diferença, eles são exatamente iguais.

Corrija os problemas com as figuras

Ei, legal que você tenha corrigido todos aqueles links, mas será que você não se esqueceu de alguma coisa? Todas as nossas figuras não estão aparecendo! Não nos deixe esperando, temos um negócio para tocar.

O bar já está quase todo funcionando novamente; tudo o que você precisa fazer agora é corrigir o problema das figuras que não estão sendo exibidas.

Ainda não examinamos o elemento `<img>` em detalhes (faremos isso adiante), mas tudo que precisamos saber por ora é que o atributo `src` do elemento `<img>` utiliza um caminho relativo, da mesma forma que o atributo `href`.

Este é o elemento de figura do arquivo "lounge.html":

```
<img src="drinks.gif">
```

Aqui está o caminho relativo, que indica ao browser onde está a figura. Especificamos isso aqui da mesma forma como faríamos com o atributo href do elemento <a>.

Encontre o caminho de "lounge.html" para "drinks.gif"

Para encontrar o caminho, precisamos ir do arquivo "lounge. html" para o local onde estão as figuras, na pasta "images".

Comece por aqui...

META: estamos na pasta lounge e precisamos descer para a pasta images.

(1) Desça para a pasta images.

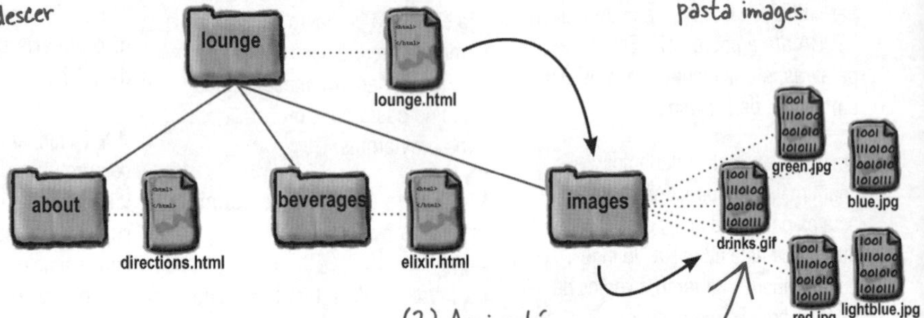
lounge
lounge.html
about
directions.html
beverages
elixir.html
images
green.jpg
blue.jpg
drinks.gif
red.jpg
lightblue.jpg

(2) Aqui está nosso arquivo, drinks.gif

...e encontre um caminho até aqui.

Colocando então (1) e (2) juntos, nosso caminho se parece com "images/drinks.gif", ou:

```
<img src="images/drinks.gif">
```

Encontre o caminho de "elixir.html" para "red.gif"

A página de elixires contém figuras de vários drinks: "red.jpg", "green.jpg", "blue.jpg" e assim por diante. Vamos descobrir o caminho para "red.jpg" e então o resto terá um caminho muito similar, uma vez que todas as figuras estão na mesma pasta.

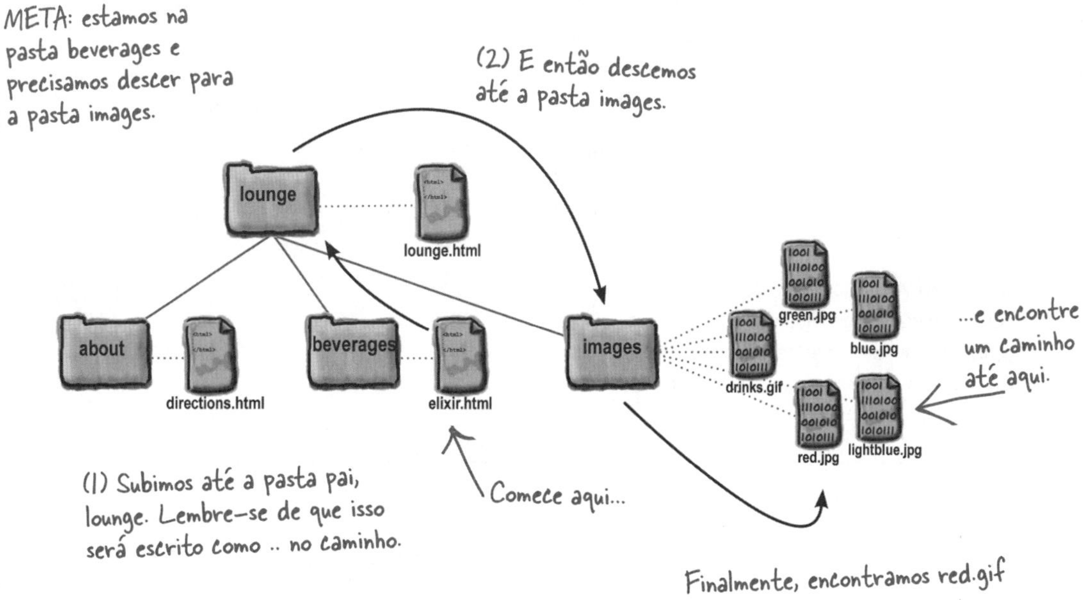
META: estamos na pasta beverages e precisamos descer para a pasta images.
(2) E então descemos até a pasta images.
lounge
lounge.html
about
directions.html
beverages
elixir.html
images
green.jpg
blue.jpg
drinks.gif
red.jpg
lightblue.jpg
...e encontre um caminho até aqui.
(1) Subimos até a pasta pai, lounge. Lembre-se de que isso será escrito como .. no caminho.
Comece aqui...
Finalmente, encontramos red.gif

Colocando então (1), (2) e (3) juntos, nós teremos:

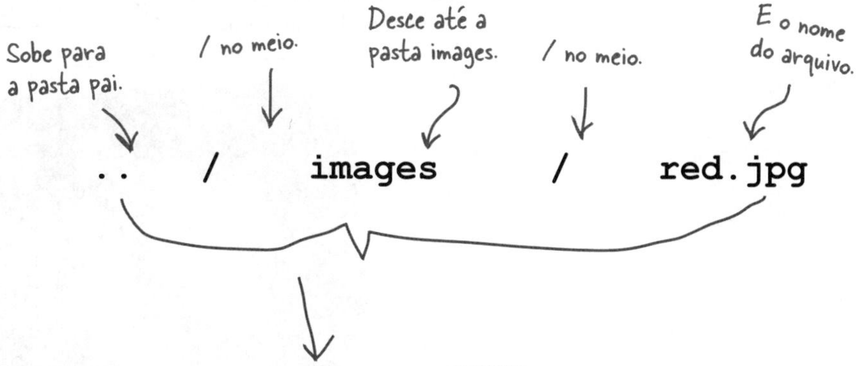
Sobe para a pasta pai.
/ no meio.
Desce até a pasta images.
/ no meio.
E o nome do arquivo.
.. / images / red.jpg

```
<img src="../images/red.jpg">
```

Exercício

Isso cobre todos os links que quebramos quando reorganizamos o bar, apesar de ainda ser necessário corrigir as figuras que aparecem nos arquivos "lounge.html" e "elixir.html". Veja o que você precisa fazer exatamente:

1. Em "lounge.html", atualize o atributo `src` da figura para que ela tenha o valor "images/drinks.gif".

2. Em "elixir.html", atualize o atributo `src` da figura para que ".../images/" seja inserido antes de todos os nomes de figuras.

3. Salve ambos os arquivos e carregue "lounge.html" em seu browser. Você agora será capaz de navegar por todas as páginas e ver as figuras.

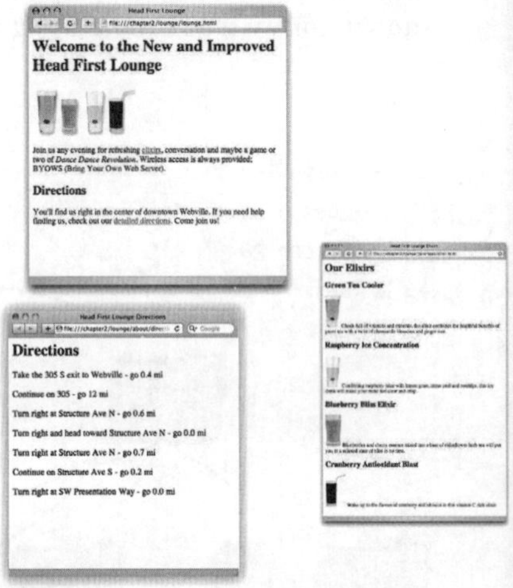
Welcome to the New and Improved Head First Lounge
Directions
Directions
Our Elixirs

PS. Se você estiver tendo algum problema, a pasta "chapter2/completelounge" (disponível no site, em inglês) contém uma versão completa do bar. Compare seu trabalho com essa versão.

Você conseguiu! Agora temos organização e todos os nossos links estão funcionando. É hora de comemorarmos. Junte-se a nós e beba um cooler de chá verde.
E então poderemo levar o site para próximo nível!

PONTOS DE BALA

- Quando você deseja vincular uma página a outra, utilize o elemento <a>.
- O atributo href do elemento <a>especifica o destino do link.
- O conteúdo do elemento <a> é a legenda para o link. A legenda é aquilo que você vê na página Web. Por padrão, ela é sublinhada para indicar que você pode clicar naquele local.
- Você pode usar palavras ou imagens como legenda de um link.
- Quando você clica em um link, o browser carrega a página Web especificada no atributo href.
- Você pode criar links para arquivos que estejam na mesma pasta ou para arquivos que estejam em outras pastas.
- Um caminho relativo é um link que aponta para outros arquivos em seu site Web, relativos à página Web que será a origem do link. Assim como em um mapa, o destino é relativo ao ponto de partida.
- Utilize ".." para criar um link para um arquivo que esteja uma pasta acima do arquivo de origem.
- ".." significa "pasta pai".
- Lembre-se de separar as partes de seu caminho com o caractere "/".
- Quando seu caminho para uma figura estiver incorreto, você verá uma figura partida em sua página Web.
- Não use espaços em nomes quando estiver escolhendo-os para arquivos e pastas de seu site Web.
- É uma boa ideia organizar os arquivos de seu site Web no início do processo de criação de seu site, para que você não tenha que alterar um monte de caminhos mais tarde, quando o site já tiver crescido.
- Há várias maneiras de se organizar um site Web; como você o fará será uma escolha sua.

O Grande Desafio da Relatividade

Aqui está sua chance de colocar em prova seus conhecimentos em relatividade. Temos um site Web para os 100 melhores álbuns em uma pasta chamada "musica". Nesta pasta, você encontrará arquivos HTML, outras pastas e figuras. Seu desafio é encontrar os caminhos relativos de que precisamos para criar links de nossa páginas Web a outras páginas Web e arquivos.

Nesta página, você verá a estrutura do site; na próxima página encontrará as tarefas para testar seus conhecimentos. Para cada arquivo de origem e arquivo de destino, será sua responsabilidade criar o caminho relativo correto. Se você conseguir, será um verdadeiro campeão dos caminhos relativos.

Boa sorte!

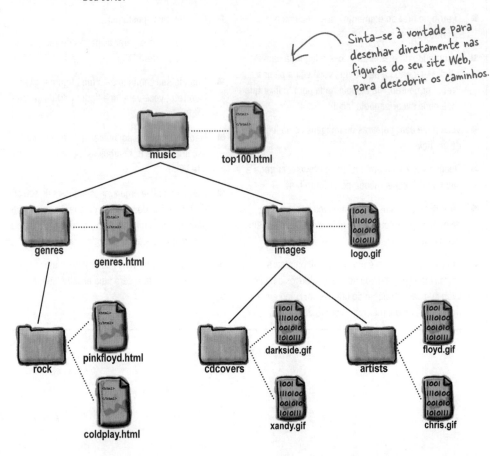

Sinta-se à vontade para desenhar diretamente nas figuras do seu site Web, para descobrir os caminhos.

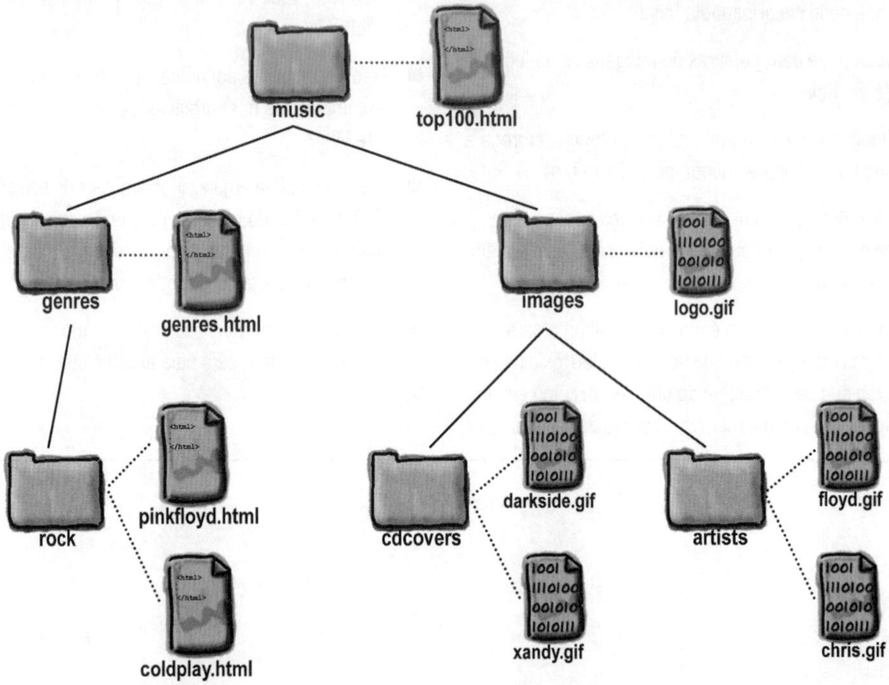
music
top100.html
genres
genres.html
images
logo.gif
rock
pinkfloyd.html
coldplay.html
cdcovers
darkside.gif
xandy.gif
artists
floyd.gif
chris.gif

Chegou a hora do início da competição. Em seus lugares... preparar... escreva!

EXEMPLO

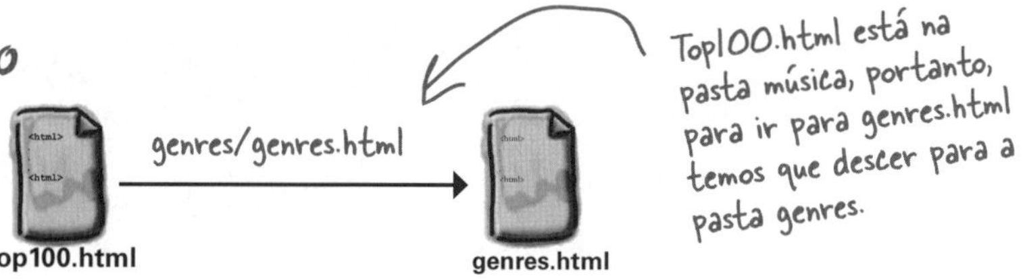
genres/genres.html
top100.html
genres.html
Top100.html está na pasta música, portanto, para ir para genres.html temos que descer para a pasta genres.

PRIMEIRO ROUND

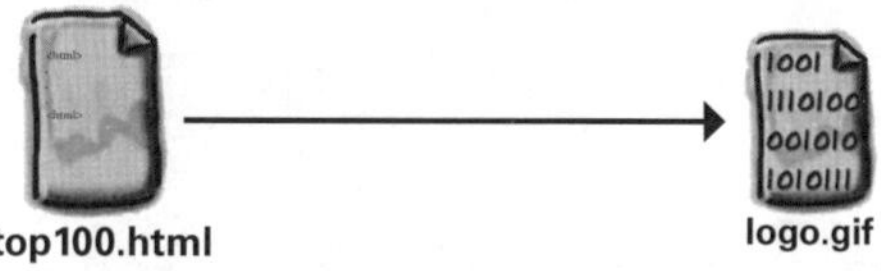
top100.html
logo.gif

SEGUNDO ROUND

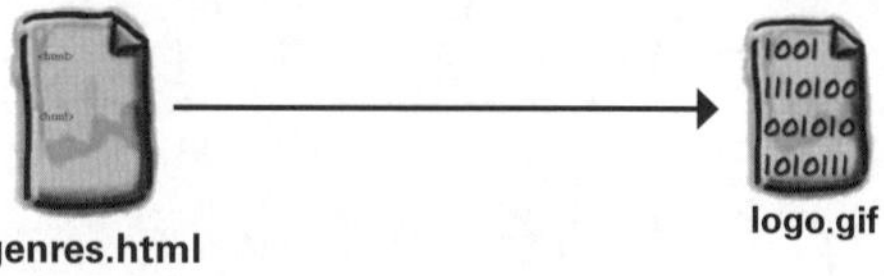
genres.html
logo.gif

TERCEIRO ROUND

top100.html
pinkfloyd.html

ROUND BÔNUS

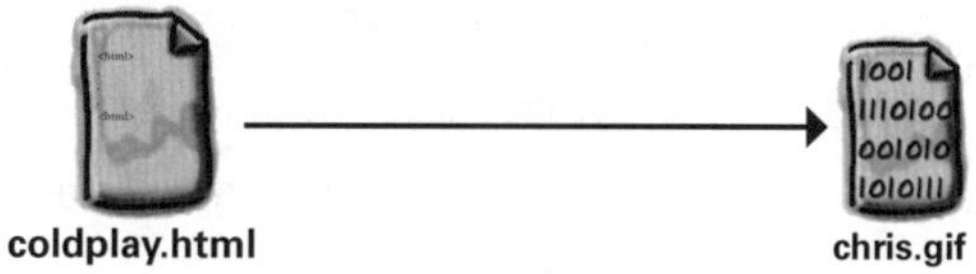
coldplay.html
chris.gif

Palavras-cruzadas de HTML

Como é que palavras-cruzadas podem ajudá-lo a aprender HTML? Bem, todas as palavras são relacionadas ao HTML e a este capítulo. Além disso, as pistas oferecem um desafio; elas o ajudarão a gravar rotas alternativas para o HTML diretamente em seu cérebro!

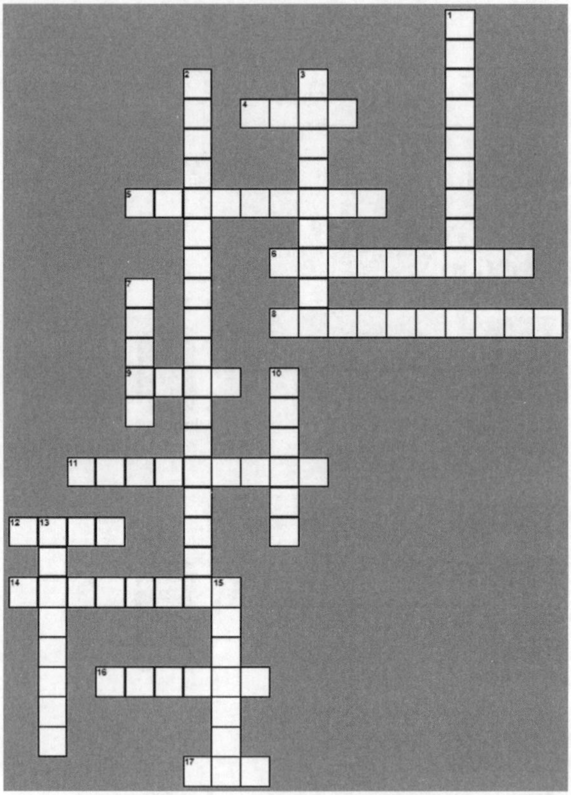

Horizontal

4. Pasta mais alta de seu site.
5. "href" e "src" são dois deste tipo.
6. Sabor do drink azul.
8. Como se pronuncia ".."
9. O atributo que mais trabalha na web.
11. O "H" do HTML.
12. Uma pasta no mesmo nível.
14. Tudo entre o <a> e o </a>.
16. Pode estar em um elemento <a>, assim como o texto.
17. Use ... para chegar a este tipo de diretório

Vertical

1. Rima com "href".
2. O que "href" significa.
3. Outro nome para pasta.
7. Uma subpasta também é chamada assim.
10. Drink saudável.
13. ../meusarquivos/index.html é este tipo de link.
15. O texto entre as tags <a> age como uma ________.

Exercício Solução

Você precisou adicionar um link com a indicação "Back to the Lounge" ao final da página de elixires que leve a "lounge.html". Aqui está a solução.

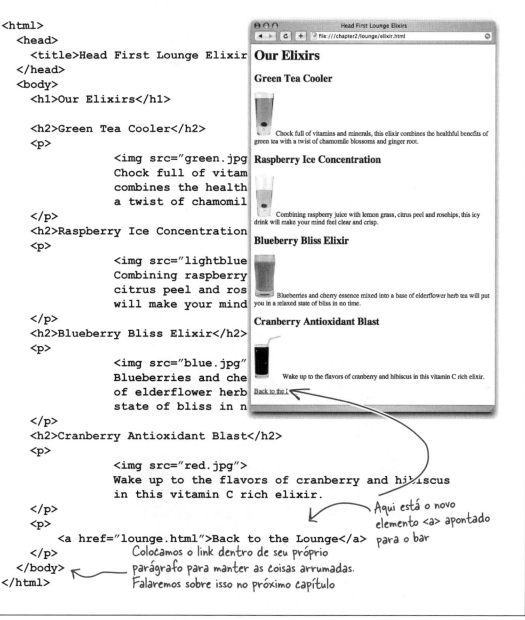

```
<html>
  <head>
    <title>Head First Lounge Elixir
  </head>
  <body>
    <h1>Our Elixirs</h1>

    <h2>Green Tea Cooler</h2>
    <p>
            <img src="green.jpg
            Chock full of vitam
            combines the health
            a twist of chamomil
    </p>
    <h2>Raspberry Ice Concentration
    <p>
            <img src="lightblue
            Combining raspberry
            citrus peel and ros
            will make your mind
    </p>
    <h2>Blueberry Bliss Elixir</h2>
    <p>
            <img src="blue.jpg"
            Blueberries and che
            of elderflower herb
            state of bliss in n
    </p>
    <h2>Cranberry Antioxidant Blast</h2>
    <p>
            <img src="red.jpg">
            Wake up to the flavors of cranberry and hibiscus
            in this vitamin C rich elixir.
    </p>
    <p>
      <a href="lounge.html">Back to the Lounge</a>
    </p>
  </body>
</html>
```

Head First Lounge Elixirs
file:///chapter2/lounge/elixir.html
Our Elixirs
Green Tea Cooler
Chock full of vitamins and minerals, this elixir combines the healthful benefits of green tea with a twist of chamomile blossoms and ginger root.
Raspberry Ice Concentration
Combining raspberry juice with lemon grass, citrus peel and rosehips, this icy drink will make your mind feel clear and crisp.
Blueberry Bliss Elixir
Blueberries and cherry essence mixed into a base of elderflower herb tea will put you in a relaxed state of bliss in no time.
Cranberry Antioxidant Blast
Wake up to the flavors of cranberry and hibiscus in this vitamin C rich elixir.
Back to the L

Aqui está o novo elemento <a> apontado para o bar

Colocamos o link dentro de seu próprio parágrafo para manter as coisas arrumadas. Falaremos sobre isso no próximo capítulo

Solução dos Exercícios

CONSTRUCTION
ZONE
BEGINS

Legenda	Destino	O que você escreve em HTML
Legal ou não?	hot.html	<a href="hot.html">Legal ou não?</a>
Currículo	cv.html	<a href= "cv.html">Currículo</a>
Bonitinho mas ordinário	bonitinho.html	<a href="bonitinho.html">Bonitinho mas ordinário</a>
Veja meu mini	mini-cooper.html	<a href= "mini-cooper.html">Veja meu mini</a>
vamos jogar	millionaire.html	<a href="millionaire.html">vamos jogar</a>

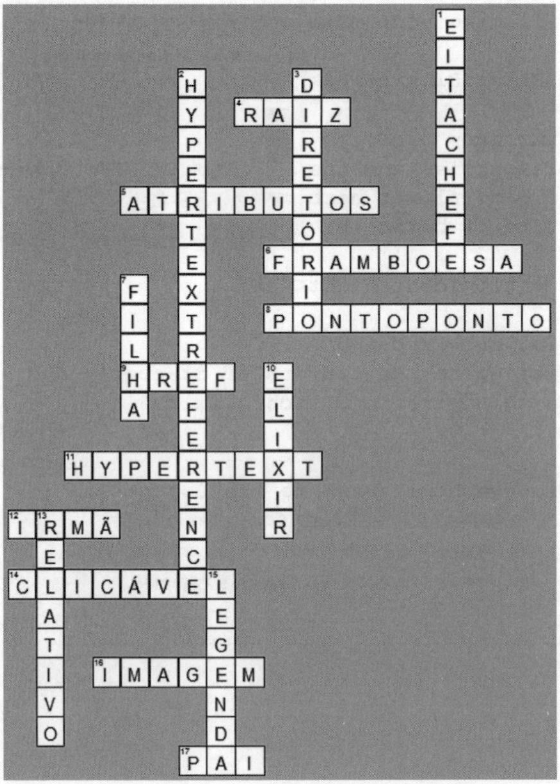
1 EITACHEF
2 HYPERTEXTREFERENCE
3 DIRETÓRIO
4 RAIZ
5 ATRIBUTOS
6 FRAMBOESA
7 FILHA
8 PONTOPONTO
9 HREF
10 ELIXIR
11 HYPERTEXT
12 IRMÃ
13 RELATIVO
14 CLICÁVEL
15 LEGENDA
16 IMAGEM
17 PAI

Aponte o seu lápis Solução

Sua vez: trace o caminho relativo de "lounge.html" para "directions.html". Quando o tiver descoberto, complete.

Aqui está a solução. Você trocou os dois elementos <a> em "lounge.html"?

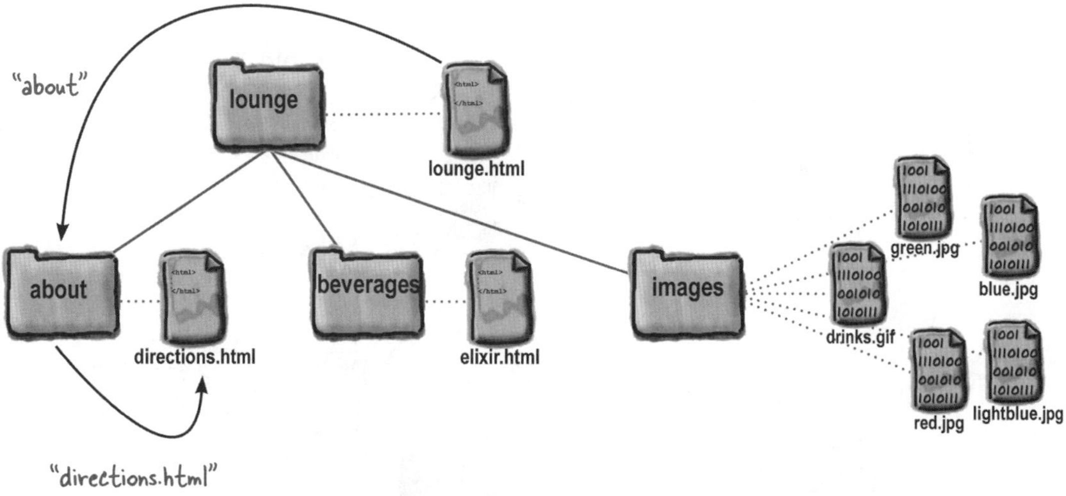
"about"
lounge
lounge.html
about
directions.html
beverages
elixir.html
images
green.jpg
blue.jpg
drinks.gif
red.jpg
lightblue.jpg
"directions.html"

```
<a href="about/directions.html">detailed directions</a>
```

COLOQUE SUA RESPOSTA AQUI.

O Grande Desafio da Relatividade – Solução

PRIMEIRO ROUND

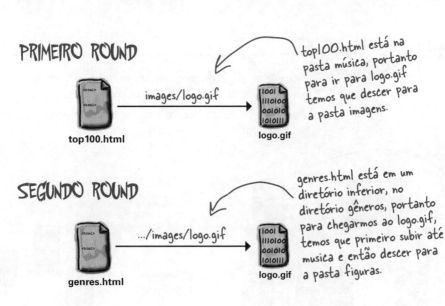

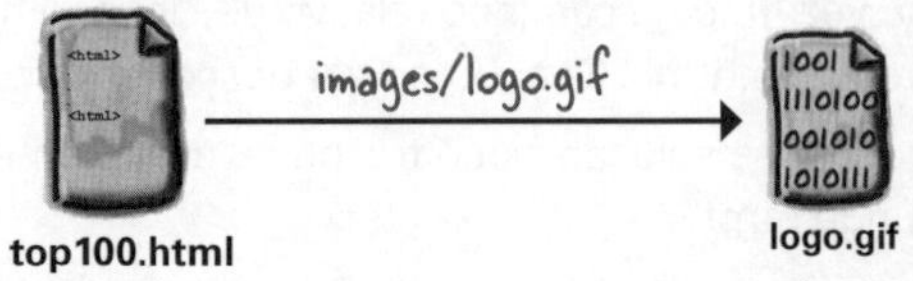
images/logo.gif
top100.html
logo.gif

top100.html está na pasta música, portanto para ir para logo.gif temos que descer para a pasta imagens.

SEGUNDO ROUND

../images/logo.gif
genres.html
logo.gif

genres.html está em um diretório inferior, no diretório gêneros, portanto para chegarmos ao logo.gif, temos que primeiro subir até musica e então descer para a pasta figuras.

TERCEIRO ROUND

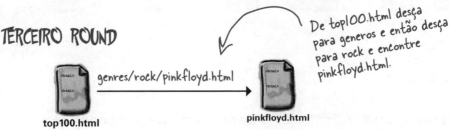

genres/rock/pinkfloyd.html
top100.html
pinkfloyd.html

De top100.html desça para generos e então desça para rock e encontre pinkfloyd.html.

ROUND BÔNUS

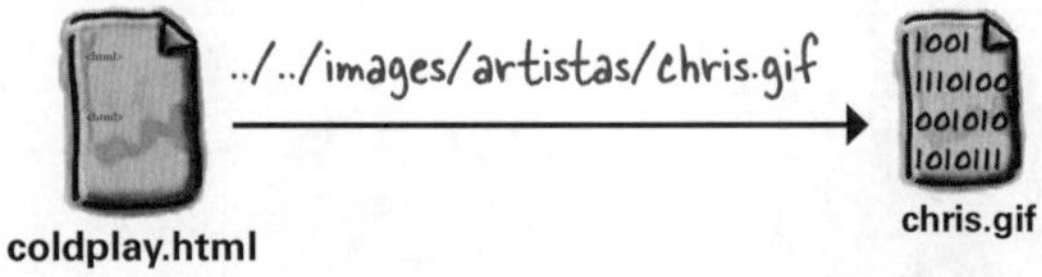
../../images/artistas/chris.gif
coldplay.html
chris.gif

Esta foi mais complicada. De coldplay.html, que está na pasta rock, tivemos que subir DUAS pastas para chegar em musica, e entao descemos para images, e finalmente artistas, para encontrar a figura chris.gif... Ufa!

3 construção de blocos

Construção de Páginas Web

É melhor acharmos alguns capacetes, Beth. Essa aqui é uma verdadeira zona de construção, e estas páginas Web estão crescendo muito rápido!

Alguém me disse que eu criaria páginas Web neste livro?

Você certamente já aprendeu bastante até aqui: tags, elementos, links, caminhos... Mas tudo isso é inútil se você não criar algumas páginas Web fantásticas com esse conhecimento. Neste capítulo, vamos começar a construção: você verá uma página Web desde sua concepção até sua planta, fará sua fundação, a construirá e até mesmo dará alguns toques finais. Você só precisará de seu capacete e do cinto de ferramentas. Estaremos adicionando novas ferramentas e oferecendo o conhecimento que daria muito orgulho ao melhor dos construtores.

Tonico
Segway do Tonico

Existe melhor maneira de aproveitar meu Segway do que ir para as estradas? Estou dirigindo-o por todo os EUA e documentando minha viagem em meu diário. O que eu realmente preciso fazer é colocar isso em uma página Web para que os meus amigos e minha família possam acompanhar.

Diário do Tonico

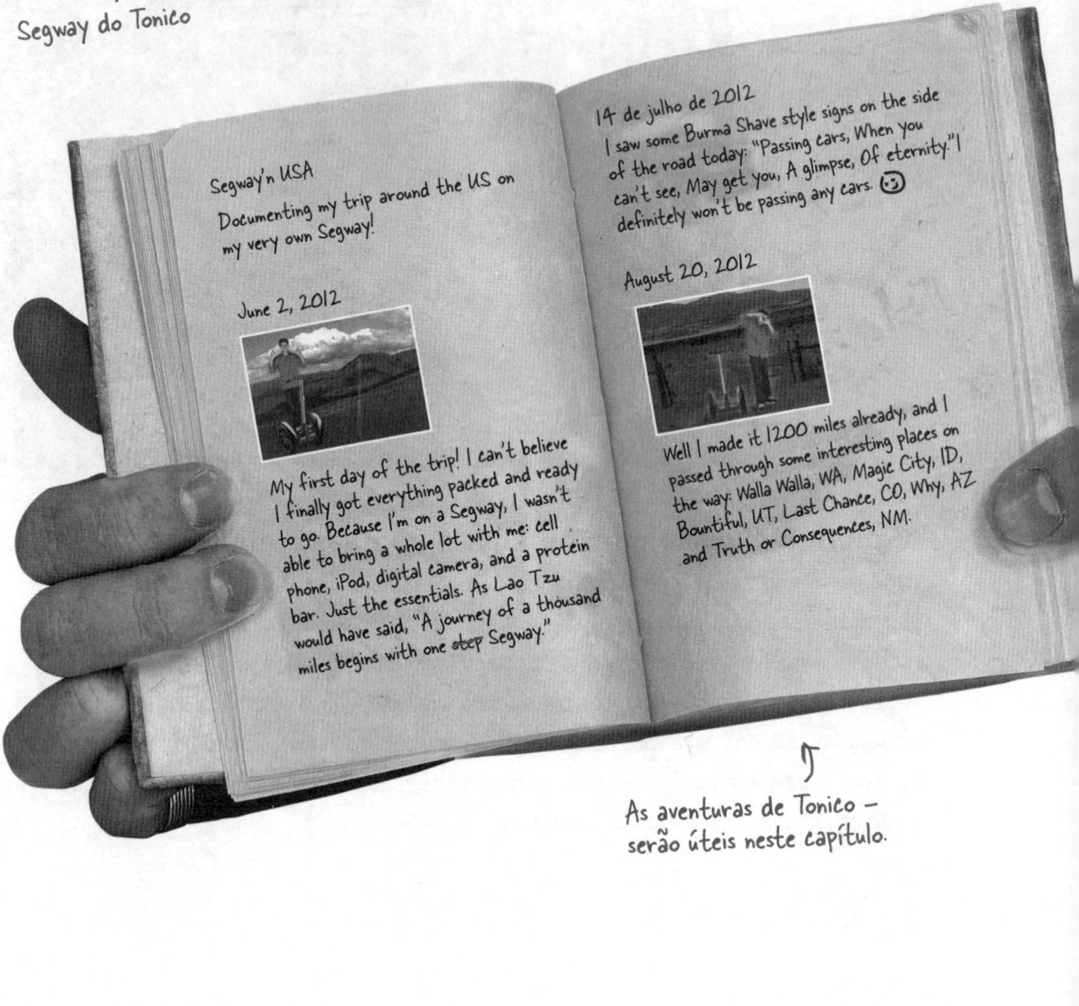
Segway'n USA
Documenting my trip around the US on my very own Segway!
June 2, 2012
My first day of the trip! I can't believe I finally got everything packed and ready to go. Because I'm on a Segway, I wasn't able to bring a whole lot with me: cell phone, iPod, digital camera, and a protein bar. Just the essentials. As Lao Tzu would have said, "A journey of a thousand miles begins with one step Segway."
14 de julho de 2012
I saw some Burma Shave style signs on the side of the road today: "Passing cars, When you can't see, May get you, A glimpse, Of eternity." I definitely won't be passing any cars.
August 20, 2012
Well I made it 1200 miles already, and I passed through some interesting places on the way: Walla Walla, WA, Magic City, ID, Bountiful, UT, Last Chance, CO, Why, AZ and Truth or Consequences, NM.

As aventuras de Tonico – serão úteis neste capítulo.

Do diário para o site a 20 km/h

A velocidade máxima recomendada do Segway.

Tonico está muito ocupado dirigindo pelos Estados Unidos em seu Segway. Por que não damos uma mãozinha e criamos a página Web para ele?

Veja o que você fará:

1. Primeiro, você criará um rascunho do diário, que será a base para o design de sua página.

2. Em seguida, usará os blocos de construção básicos do HTML (`<h1>`, `<h2>`, `<h3>`, `<p>` e assim por diante). Uma vez com o esboço pronto, você o traduzirá para o HTML real.

3. Finalmente, com a página básica pronta, você adicionará alguns recursos avançados e conhecerá pelo caminho alguns elementos novos do HTML.

4. Finalmente, com a página básica finalizada, você irá adicionar algumas melhorias e conhecer alguns elementos novos de HTML pelo caminho.

Aponte o seu lápis

PARE! Faça este exercício antes de virar a página.

Dê uma boa olhada no diário do Tonico e pense como você apresentaria as mesmas informações em uma página Web.

Desenhe uma figura da página à direita. Não precisa ser algo muito lindo, você só está criando um rascunho. Presuma que todas as anotações do diário estarão em uma página.

Coisas a serem pensadas:

- Pense na página em termos de grandes elementos estruturais: títulos, parágrafos, figuras etc.
- Existem maneiras de se alterar o diário para que ele tenha um formato mais apropriado para a Web?

Coloque seu rascunho aqui.

O rascunho do design

O diário do Tonico se parece muito com uma página Web; tudo que precisamos fazer é criar um rascunho para colocar todas as entradas em uma única página e mapear a organização geral. Parece que, para cada dia que o Tonico cria no diário, ele coloca uma data, uma foto opcional e uma descrição do que aconteceu naquele dia. Vamos examinar o rascunho...

O Tonico deu um título ao seu diário Segway nos EUA, então vamos colocá-lo no topo, como um título.

Ele também fez descrição de seu diário. Vamos capturar isso aqui como um pequeno parágrafo no topo.

Todos os dias, Tonico cria uma entrada que inclui a data, normalmente uma figura e uma descrição das aventuras daquele dia. Assim, há o título, uma figura e um outro parágrafo de texto.

Algumas vezes ele não inclui uma foto. Nessa entrada ele só possui o título (a data) e uma descrição dos eventos do dia.

A terceira entrada se parece muito com a primeira: um título, uma figura e um parágrafo.

Ao contrário do diário do Tonico, o tamanho de nossa página não é limitado e por isso podemos colocar muitas entradas em uma única página Web. Seus amigos e sua família poderão usar barra de rolagem para rolar pelas entradas.

Entretanto, observe que invertemos a ordem das entradas do diário, do mais novo para o mais antigo. Dessa forma, as entradas mais recentes aparecem no topo, onde os usuários poderão vê-las sem a rolagem.

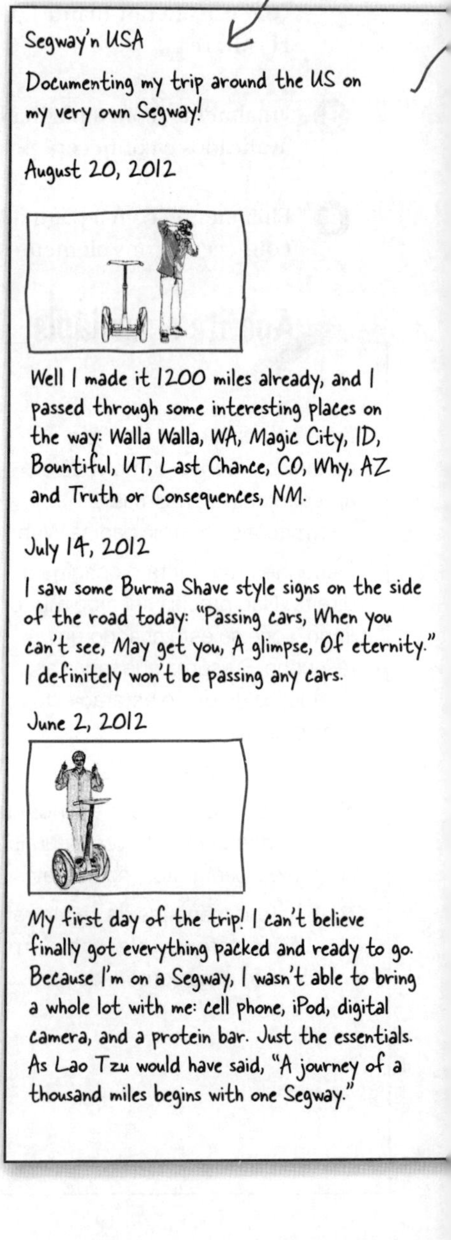
Segway'n USA
Documenting my trip around the US on my very own Segway!
August 20, 2012
Well I made it 1200 miles already, and I passed through some interesting places on the way: Walla Walla, WA, Magic City, ID, Bountiful, UT, Last Chance, CO, Why, AZ and Truth or Consequences, NM.
July 14, 2012
I saw some Burma Shave style signs on the side of the road today: "Passing cars, When you can't see, May get you, A glimpse, Of eternity." I definitely won't be passing any cars.
June 2, 2012
My first day of the trip! I can't believe finally got everything packed and ready to go. Because I'm on a Segway, I wasn't able to bring a whole lot with me: cell phone, iPod, digital camera, and a protein bar. Just the essentials. As Lao Tzu would have said, "A journey of a thousand miles begins with one Segway."

Do rascunho para o esboço

Agora que você já tem um rascunho da página, pode pegar cada seção e desenhar alguma coisa que se pareça com um esboço ou projeto da página HTML.

Aqui, pegamos cada área do rascunho e criamos o bloco correspondente em nosso projeto

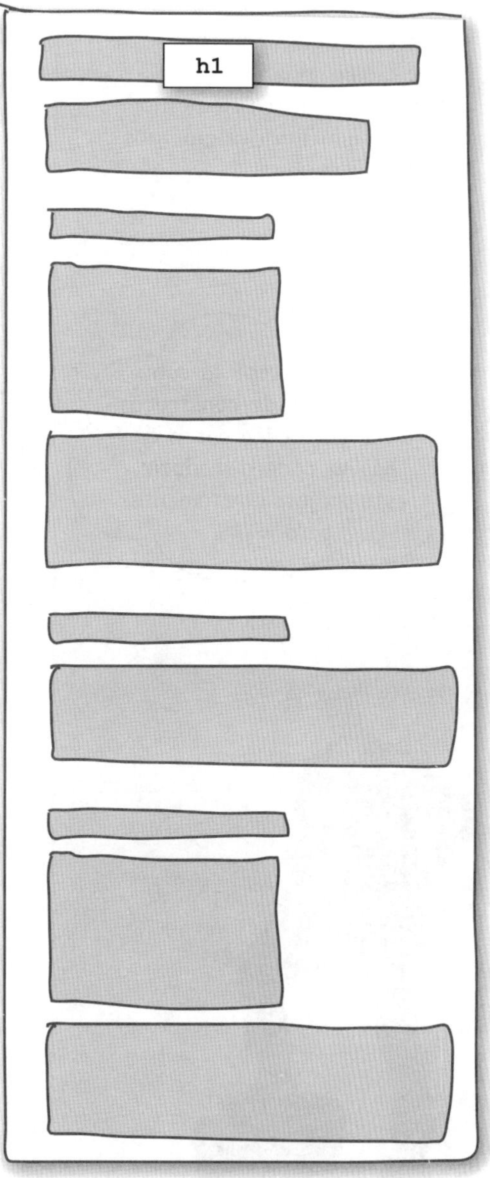
h1

Tudo que você precisa fazer agora é descobrir que elemento do HTML mapear para cada área de conteúdo, para que você possa começar a escrever o HTML.

EXERCÍCIO: CONSTRUÇÃO WEB

Você já descobriu as maiores áreas arquitetônicas da página; agora só precisa fechar os materiais de construção. Utilize os elementos abaixo para dar legendas para cada área. Você não utilizará todos os elementos, portanto não se preocupe se alguns sobrarem. E não se esqueça de usar seu capacete.

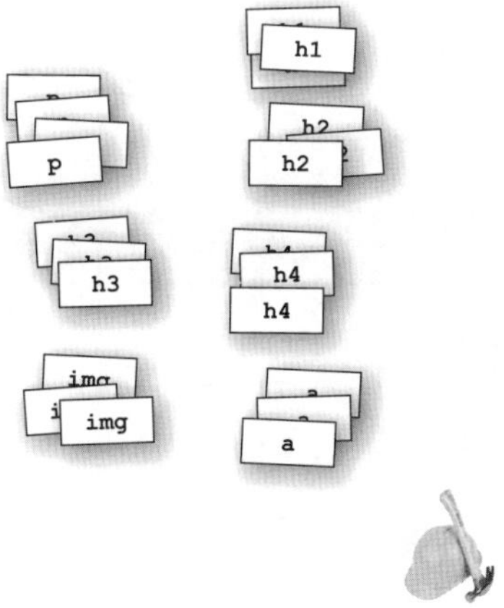
h1
p
h2
h2
h3
h4
h4
img
img
a

Do esboço para uma página Web

Você já está quase lá. Criado o esboço da página Web do Tonico, agora tudo que você precisa fazer é criar o HTML correspondente para representar a página e preenchê-la com o texto do Tonico.

Antes de começar, lembre-se de que cada página Web precisa ter em seu início o elemento `<html>` e incluir os elementos `<head>` e `<body>`.

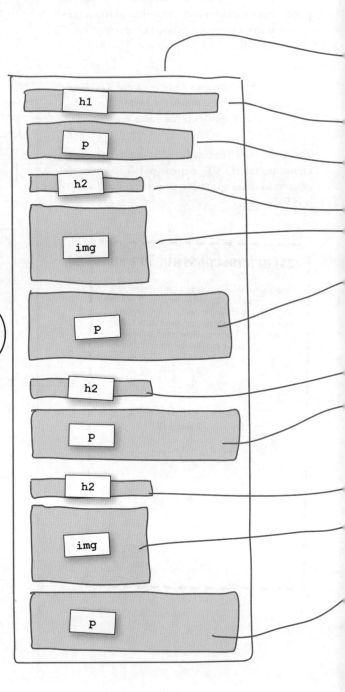

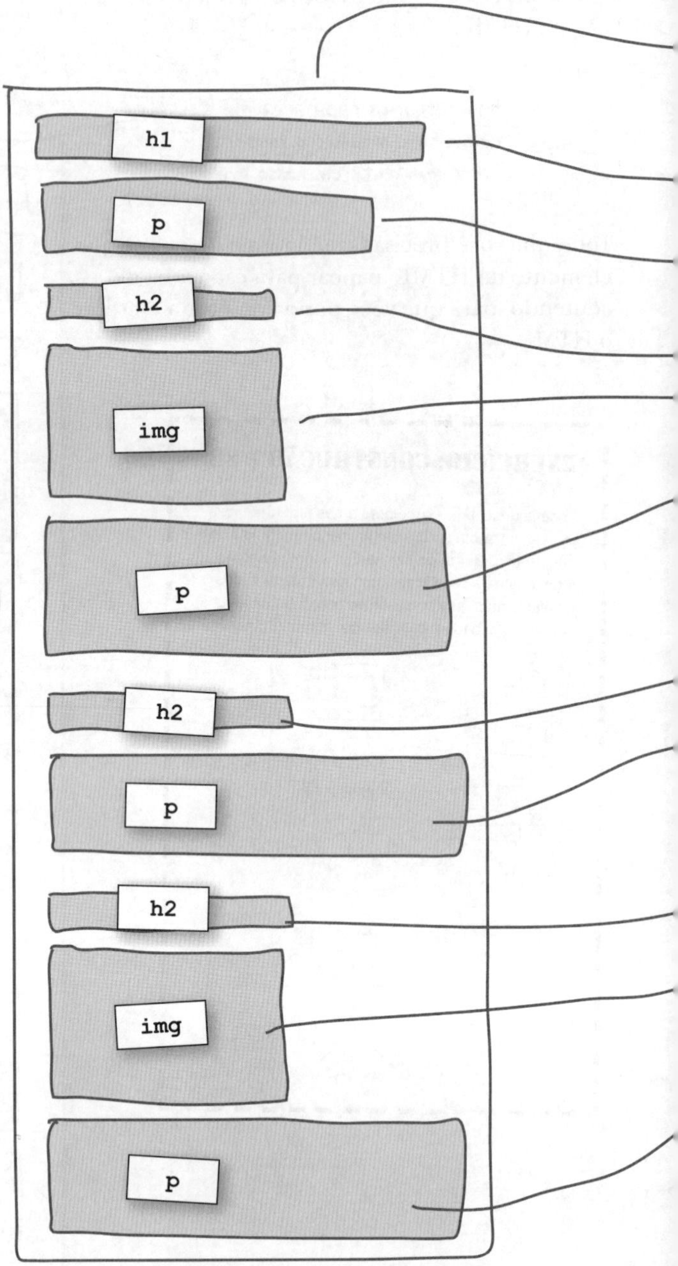
h1
p
h2
img
p
h2
p
h2
img
p

Agora que você já sabe quais "blocos de construção" criar para cada parte da página, poderá traduzir este projeto diretamente para HTML.

ão esqueça, você sempre precisará dos
lementos <html>, <head>, <title> e <body>.

Estamos usando o título do diário como título da página Web.

```
html>
  <head>
    <title>My Trip Around the USA on a Segway</title>
  </head>
  <body>

    <h1>Segway'n USA</h1>
    <p>
        Documenting my trip around the US on my very own Segway!
    </p>

    <h2>August 20, 2012</h2>
    <img src="images/segway2.jpg">
    <p>
      Well I made it 1200 miles already, and I passed
      through some interesting places on the way: Walla Walla,
      WA, Magic City, ID, Bountiful, UT, Last Chance, CO,
      Why, AZ and Truth or Consequences, NM.
    </p>

    <h2>July 14, 2012</h2>
    <p>
      I saw some Burma Shave style signs on the side of the
      road today: "Passing cars, When you can't see, May get
      you, A glimpse, Of eternity." I definitely won't be passing
      any cars.
    </p>

    <h2>June 2, 2012</h2>
    <img src="images/segway1.jpg">
    <p>
      My first day of the trip! I can't believe I finally got
      everything packed and ready to go. Because I'm on a Segway,
      I wasn't able to bring a whole lot with me: cell phone, iPod,
      digital camera, and a protein bar. Just the essentials. As
      Lao Tzu would have said, "A journey of a thousand miles begins
      with one Segway."
    </p>

  </body>
/html>
```

Aqui está o título e a descrição do diário do Tonico.

título

figura

descrição

Aqui está a entrada mais recente do Tonico

Esta é a segunda entrada, a que não possui figura.

E, no final, a primeira entrada do Tonico, como figura segway1.jpg.

Finalmente, não se esqueça de fechar seus elementos <body> e <html>.

igite tudo isso. Salve seu arquivo na pasta capitulo3/diario com o nome diario.html. Você encontrará as iguras segway1.jpg e segway2.jpg na pasta images. Quando terminar, faça um test drive com a página.

Faça um test drive da página Web do Tonico

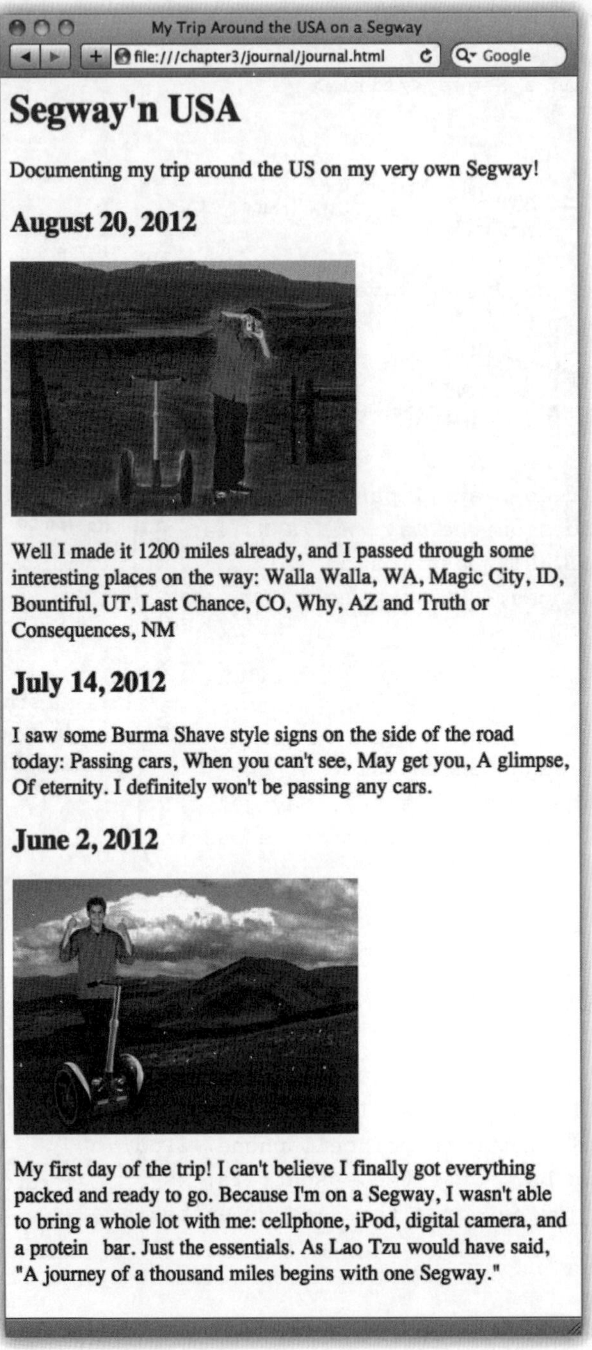
My Trip Around the USA on a Segway
file:///chapter3/journal/journal.html
Google
Segway'n USA
Documenting my trip around the US on my very own Segway!
August 20, 2012
Well I made it 1200 miles already, and I passed through some interesting places on the way: Walla Walla, WA, Magic City, ID, Bountiful, UT, Last Chance, CO, Why, AZ and Truth or Consequences, NM
July 14, 2012
I saw some Burma Shave style signs on the side of the road today: Passing cars, When you can't see, May get you, A glimpse, Of eternity. I definitely won't be passing any cars.
June 2, 2012
My first day of the trip! I can't believe I finally got everything packed and ready to go. Because I'm on a Segway, I wasn't able to bring a whole lot with me: cellphone, iPod, digital camera, and a protein bar. Just the essentials. As Lao Tzu would have said, "A journey of a thousand miles begins with one Segway."

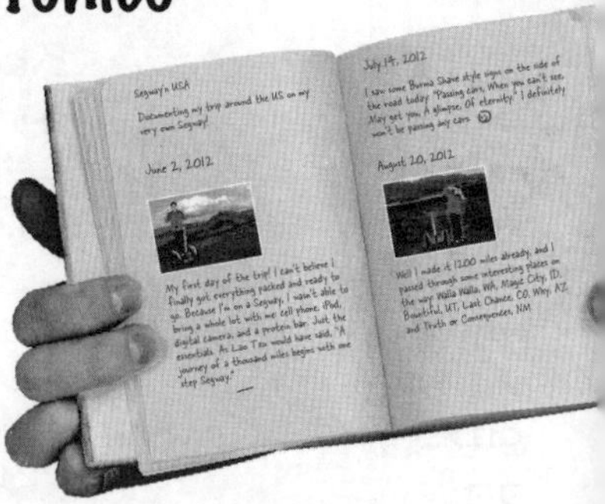

Veja como esta página ficou boa. Você colocou tudo o que estava no diário do Tonico em uma página Web legível e bem estruturada.

Fantástico! Isso está ótimo; mal posso esperar para adicionar mais entradas para minha página.

Tonico ligando da estrada...

Adicione alguns elementos novos

Você já colocou os elementos básicos do HTML. Você saiu de um diário escrito à mão para uma versão online, em apenas alguns passos, usando os elementos básicos do HTML: <p>, <h1>, <h2> e <img>.

Agora vamos a-l-o-n-g-a-r seu cérebro um pouquinho e adicionar outros elementos comuns. Vamos dar uma outra olhada no diário do Tonico e ver onde poderemos enfeitar as coisas um pouco mais...

My Trip Around the USA on a Segway
file:///chapter3/journal/journal.html
Segway'n USA
Documenting my trip around the US on my very own Segway!
August 20, 2012
My first day of the trip! I can't believe I finally got everything packed and ready to go. Because I'm on a Segway, I wasn't able to bring a whole lot with me: cellphone, iPod, digital camera, and a protein bar. Just the essentials. As Lao Tzu would have said, "A journey of a thousand miles begins with one Segway."
My first day of the trip! I can't believe I finally got everything packed and ready to go. Because I'm on a Segway, I wasn't able to bring a whole lot with me: cellphone, iPod, digital camera, and a protein bar. Just the essentials. As Lao Tzu would have said, "A journey of a thousand miles begins with one Segway."

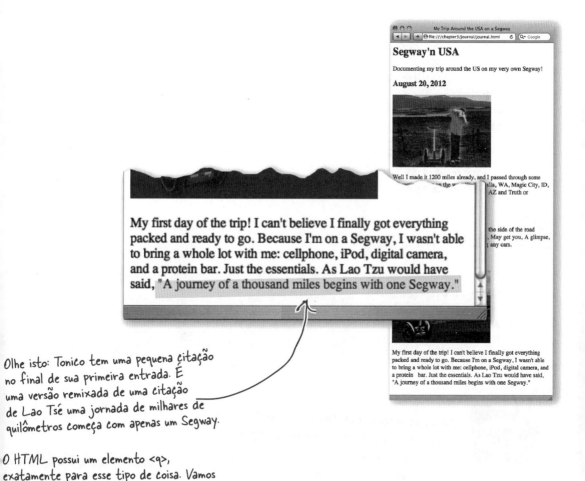

Olhe isto: Tonico tem uma pequena citação no final de sua primeira entrada. É uma versão remixada de uma citação de Lao Tsé uma jornada de milhares de quilômetros começa com apenas um Segway.

O HTML possui um elemento <q>, exatamente para esse tipo de coisa. Vamos dar um olhada nele na próxima página.

Conheça o elemento <q>

Você tem uma pequena citação em seu HTML? O elemento <q> é justamente aquilo de que você precisa. Aqui está um pequeno HTML de teste para mostrar a você como ele funciona:

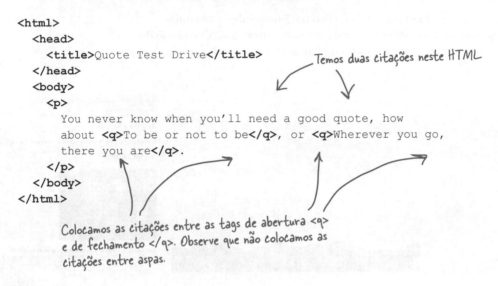

```
<html>
  <head>
    <title>Quote Test Drive</title>
  </head>
  <body>
    <p>
      You never know when you'll need a good quote, how
      about <q>To be or not to be</q>, or <q>Wherever you go,
      there you are</q>.
    </p>
  </body>
</html>
```

Temos duas citações neste HTML

Colocamos as citações entre as tags de abertura <q> e de fechamento </q>. Observe que não colocamos as citações entre aspas.

Faça o teste drive

Veja aqui como as citações são exibidas no browser. Observe que o browser teve problemas em adicionar as aspas.

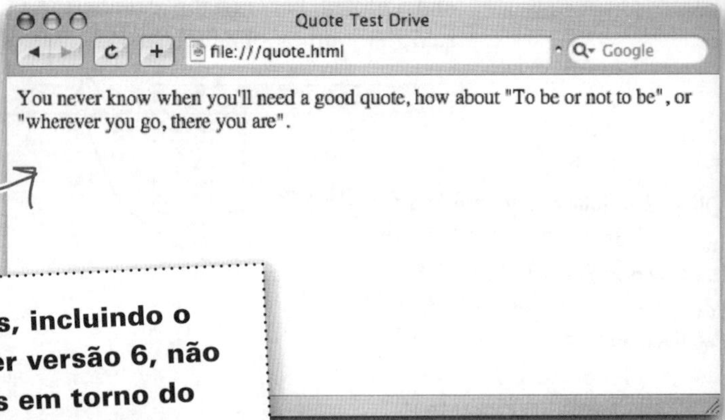
Quote Test Drive
file:///quote.html
Google
You never know when you'll need a good quote, how about "To be or not to be", or "wherever you go, there you are".

BANG!

Veja bem!

Alguns browsers, incluindo o Internet Explorer versão 6, não exibem as aspas em torno do conteúdo do elemento <q>.

É uma pena, porque se você adicionar suas próprias aspas, alguns browsers exibirão DOIS conjuntos de aspas. A única maneira de solucionar esse enigma é usas as CSS para adicionar um pouco de estilo às suas citações, como o itálico. Mostraremos como você pode adicionar itálico aos seus elementos no Capítulo 9.

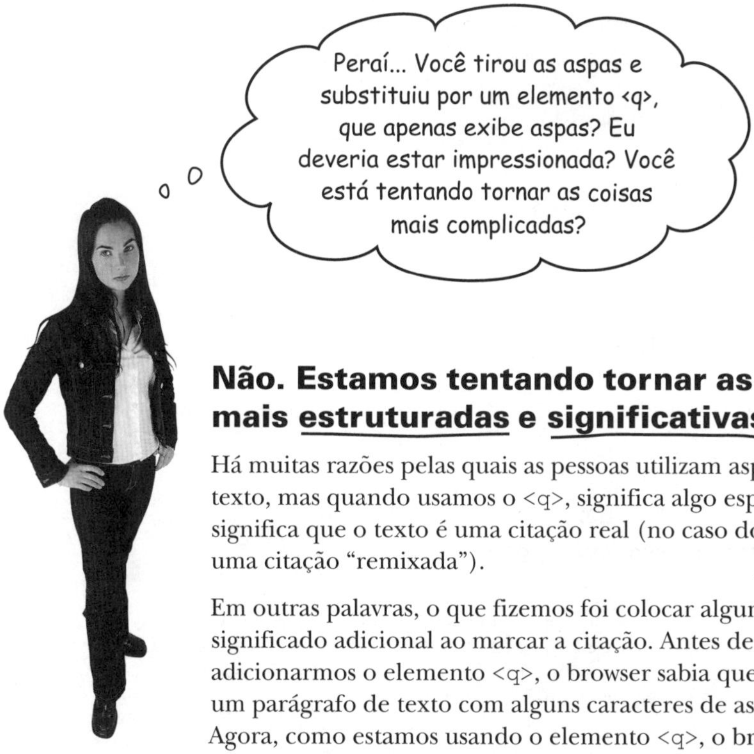
Peraí... Você tirou as aspas e substituiu por um elemento <q>, que apenas exibe aspas? Eu deveria estar impressionada? Você está tentando tornar as coisas mais complicadas?

Não. Estamos tentando tornar as coisas mais estruturadas e significativas.

Há muitas razões pelas quais as pessoas utilizam aspas no texto, mas quando usamos o <q>, significa algo específico — significa que o texto é uma citação real (no caso do Tonico, uma citação "remixada").

Tá vendo? Usar aspas não torna algo uma citação real.

Em outras palavras, o que fizemos foi colocar algum significado adicional ao marcar a citação. Antes de adicionarmos o elemento <q>, o browser sabia que havia um parágrafo de texto com alguns caracteres de aspas nele. Agora, como estamos usando o elemento <q>, o browser sabe que parte daquele texto é uma verdadeira citação.

E daí? Bem, agora que o browser sabe que essa é uma citação, ele poderá exibí-la da melhor maneira possível. Alguns browsers exibirão aspas em volta do texto, outros não, e em lugares que os browsers estiverem utilizando linguagens diferentes do inglês, outro métodos poderiam ser utilizados. E não se esqueça dos dispositivos móveis, como telefones celulares, ou browsers HTML de áudio para os deficientes visuais. Também será útil em outras situações, como um mecanismo de busca que vasculha a rede procurando páginas Web com citações. Estrutura e significado em suas páginas são coisas boas.

Um dos melhores motivos (como você verá quando retornarmos à apresentação e às CSS, mais adiante no livro) é que você será capaz de adicionar estilo às citações para que elas sejam exibidas exatamente da maneira que você desejar. Suponha que você queira que o texto da citação seja exibido em itálico e em cinza. Se você utilizou o elemento <q> para estruturar o conteúdo da citação em suas páginas Web, será totalmente capaz de fazer isso.

Exercício

Aqui está o diário do Tonico. Vá em frente e refaça a citação de Lao Tsé para utilizar o elemento <q>. Depois de terminar seu trabalho no papel, faça as alterações no seu "diario.html" e então um test drive. Você encontrará a solução no final deste capítulo.

```
<html>
  <head>
    <title>Segway'n USA</title>
  </head>
  <body>

    <h1>Segway'n USA</h1>
    <p>
      Documenting my trip around the US on my very own Segway!
    </p>

    <h2>August 20, 2012</h2>
    <img src="images/segway2.jpg">
    <p>
     Well I made it 1200 miles already, and I passed
     through some interesting places on the way: Walla Walla,
     WA, Magic City, ID, Bountiful, UT, Last Chance, CO,
     Why, AZ and Truth or Consequences, NM.
    </p>

    <h2>July 14, 2012</h2>
    <p>
     I saw some Burma Shave style signs on the side of the
     road today: "Passing cars, When you can't see, May get
     you, A glimpse, Of eternity." I definitely won't be passing
     any cars.
    </p>

    <h2>June 2, 2012</h2>
    <img src="images/segway1.jpg">
    <p>
     My first day of the trip! I can't believe I finally got
     everything packed and ready to go. Because I'm on a Segway,
     I wasn't able to bring a whole lot with me: cell phone, iPod,
     digital camera, and a protein bar. Just the essentials. As
     Lao Tzu would have said, "A journey of a thousand miles begins
     with one Segway."
    </p>
  </body>
</html>
```

O caso dos elementos separados no nascimento

Gêmeos idênticos nasceram na Weblândia alguns anos atrás e por um terrível acidente envolvendo um defeito em um roteador da Internet, foram separados um pouco depois de nascerem. Ambos cresceram sem saber um do outro, e somente através de outro conjunto de estranhas circunstâncias é que se encontraram mais tarde e descobriram suas identidades, que preferiram manter em segredo.

Mistério de
Cinco
Minutos

Após a descoberta, eles rapidamente souberam que compartilhavam um surpreendente número de coisas em comum. Ambos eram casados com mulheres chamadas "Referência". Eles também amavam as citações. O primeiro gêmeo, o elemento **<q>**, amava citações curtas e incisivas, enquanto o segundo, **<blockquote>**, amava citações mais longas, sempre memorizando passagens completas de livros e poemas.

Como eram gêmeos idênticos, eles carregavam uma forte semelhança, e portanto decidiram criar um plano malévolo onde trocariam de lugar um com o outro em algumas ocasiões. Primeiro, eles testaram seu plano com suas esposas (não entraremos nos detalhes dessa situação) e passaram totalmente despercebidos — as esposas não suspeitaram de nada (ou pelo menos fingiram que não).

Em seguida, eles quiseram testar seu esquema de troca no local de trabalho, onde, por outra coincidência, ambos executavam a mesma função: marcar citações em documentos HTML. Logo, no dia escolhido, os irmãos foram cada um para o trabalho do outro totalmente confiantes de que seu plano malévolo funcionaria (afinal, se as esposas não desconfiaram, será que os chefes desconfiariam?) e foi aí que as coisas ficaram feias. Depois de 10 minutos de trabalho, os irmãos foram descobertos e tachados de impostores, e as autoridades de padronização foram imediatamente alertadas.

Como os gêmeos foram descobertos?

Continue a leitura para obter mais pistas...

Parágrafos loooooongos

Agora que você já sabe como criar citações curtas, vamos atacar as longas. O Tonico nos deu uma citação longa com o conteúdo da placa de sinalização.

Em seu diário, Tonico colocou a citação da placa dentro do parágrafo, mas seria melhor destacarmos a citação em um "bloco" próprio, desta forma:

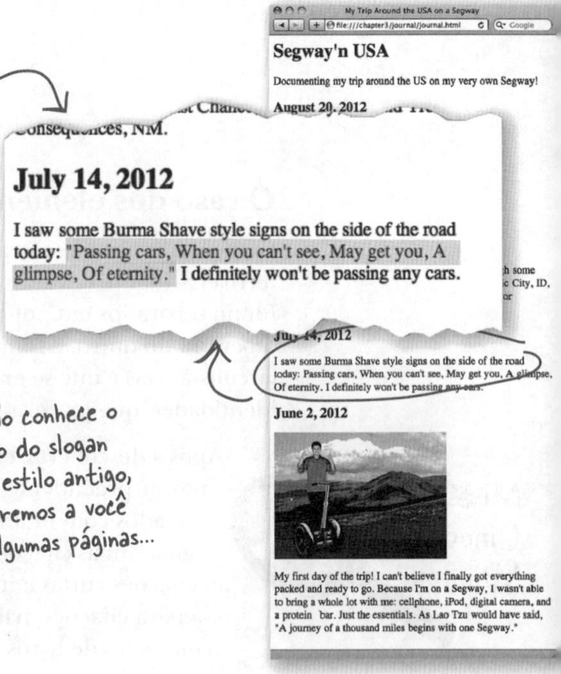
My Trip Around the USA on a Segway
file:///chapter3/journal/journal.html
Segway'n USA
Documenting my trip around the US on my very own Segway!
August 20, 2012
July 14, 2012
I saw some Burma Shave style signs on the side of the road today: "Passing cars, When you can't see, May get you, A glimpse, Of eternity." I definitely won't be passing any cars.
June 2, 2012
My first day of the trip! I can't believe I finally got everything packed and ready to go. Because I'm on a Segway, I wasn't able to bring a whole lot with me: cellphone, iPod, digital camera, and a protein bar. Just the essentials. As Lao Tzu would have said, "A journey of a thousand miles begins with one Segway."

> Vi algumas placas de estilo antigo nas laterais da estrada hoje:
>
> > Atenção motorista:
> > quando você não enxerga
> > durante a ultrapassagem,
> > talvez encontre a eternidade.
>
> Definitivamente, não ultrapassarei nenhum carro!

Se você não conhece o significado do slogan placas de estilo antigo, nós contaremos a você daqui a algumas páginas...

É aqui que o elemento `<blockquote>` entra. Ao contrário do elemento `<q>`, que foi feito para citações curtas, que são parte de um parágrafo existente, o elemento `<blockquote>` foi criado para citações maiores que precisam ser exibidas separadamente.

É muito importante utilizar a ferramenta certa para o trabalho; o elemento <blockquote> é perfeito para esse aqui.

Adicione um <blockquote>

Vamos colocar um `<blockquote>` no diário online do Tonico.

1 Abra seu arquivo "diario.html" e localize a entrada do dia 14 de julho. Refaça o parágrafo para que ele fique assim:

```
<h2>July 14, 2012</h2>
<p>
   I saw some Burma Shave style signs on the
   side of the road today:
</p>
<blockquote>
   Passing cars,
   When you can't see,
   May get you,
   A glimpse,
   Of eternity.
</blockquote>
<p>
   I definitely won't be passing any cars.
</p>
```

Para inserir o elemento <blockquote> preciso finalizar esse parágrafo primeiro

Em seguida colocamos o texto da placa no elemento <blockquote>.

Também colocamos cada linha de texto em uma linha separada para que se pareça com uma placa de sinalização.

Finalmente, precisamos adicionar uma tag <p> para iniciar esse parágrafo após o <blockquote>.

2 É hora de outro test drive. Abra o "diario.html" em seu browser e dê uma olhada nos resultados de seu trabalho:

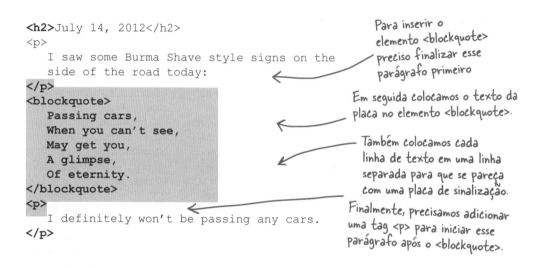

<blockquote> criou um bloco separado (assim como o <p> faz), e recuou um pouco o texto para que ele se parecesse um pouco mais com uma citação. Exatamente o que queremos.

Mas nossa citação não está exatamente do jeito que queríamos porque todas as linhas estão juntas, quando na verdade gostaríamos que estivessem separadas, em linhas diferentes. Hummmm. Voltaremos a esse problema num minuto.

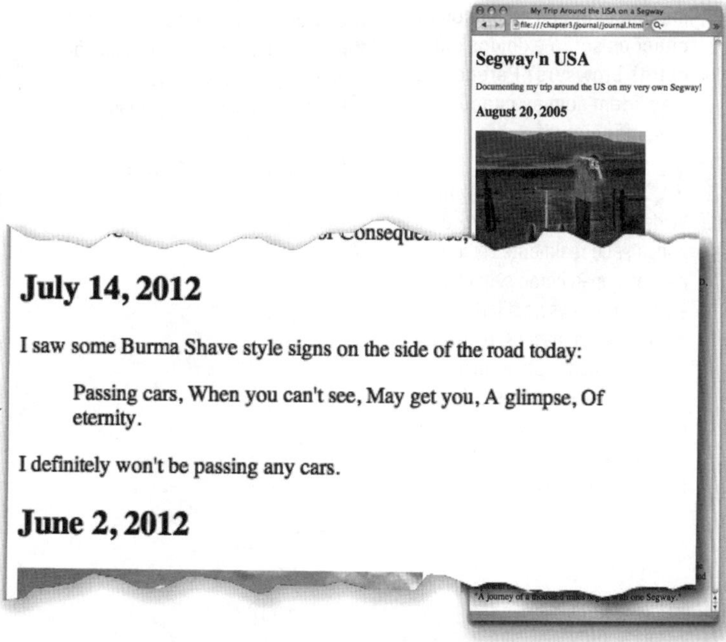
My Trip Around the USA on a Segway
Segway'n USA
Documenting my trip around the US on my very own Segway!
August 20, 2005
July 14, 2012
I saw some Burma Shave style signs on the side of the road today:
Passing cars, When you can't see, May get you, A glimpse, Of eternity.
I definitely won't be passing any cars.
June 2, 2012

não existem Perguntas Idiotas

P: Deixe-me ver se entendi bem: eu uso o <q> quando quero ter uma citação junto com o resto do meu parágrafo, e uso o <blockquote> quando tenho uma citação que quero destacar em minha página Web?

R: É isso aí. Em geral, você usará o <blockquote> se quiser citar algo que tenha um parágrafo ou mais, enquanto que usará o <q> sempre que quiser colocar uma citação dentro de seu texto corrido.

P: Múltiplos parágrafos em um bloco de citação? Como faço isso?

R: Fácil. É só colocar elementos de parágrafo dentro de seu <blockquote>, um para cada parágrafo. Você pode tentar fazer isso em casa.

P: Como é que eu sei como minhas citações ou blocos de citações serão exibidos em outros browsers? Parece que eles lidam com as citações de uma maneira diferente.

R: Sim. Bem-vindo à World Wide Web. Na verdade, você nunca sabe realmente como suas citações aparecerão sem testá-las em vários browsers diferentes. Alguns utilizam aspas, outros usam itálico e alguns não usam nada. A única maneira de você realmente determinar como elas se parecerão é adicionar estilo a elas; faremos isso daqui a pouco.

P: Eu entendi que o <blockquote> quebra seu texto em um pequeno bloco separado e o recua. Por que o <blockquote> não está dentro do parágrafo, assim como o elemento <q>?

R: Por que o <blockquote> na verdade é um novo parágrafo. Pense nisso como se você estivesse digitando em um processador de texto. Quando você termina um parágrafo, pressiona a tecla de retorno duas vezes e inicia um novo parágrafo. Para digitar um bloco de citação, você faz a mesma coisa e recua a citação. Deixe isso de lado por enquanto; é um ponto importante e vamos voltar a ele em um segundo.

Além disso, lembre-se de que o recuo é apenas uma maneira como alguns browsers exibem um <blockquote>. Nem todos os browsers usam o recuo para ele, e aqueles que o fazem hoje poderão não fazê-lo em novas versões. Portanto, não espere que um <blockquote> seja exibido da mesma forma em todos os browsers.

P: Eu posso combinar os elementos de citação? Por exemplo, posso usar o elemento <q> dentro do elemento <blockquote>?

R: Claro que pode. Assim como você pode colocar um elemento <q> dentro de um elemento <p>, poderá colocar um <q> dentro de um <blockquote>. Você faria isso se estivesse citando alguém que citou alguma outra coisa. Entretanto, um <blockquote> dentro de um <q> não faz muito sentido, né?

P: Você disse que podemos adicionar estilo a esses elementos com as CSS. Sendo assim, se eu quiser que o texto em meu elemento <q> fique em itálico e em cinza, preciso fazer isso com as CSS. Eu não poderia simplesmente utilizar o elemento <em> para colocar minha citação em itálico?

R: Bem, você poderia, mas não seria a maneira mais correta de fazê-lo, porque você estaria usando o elemento <em> para esse efeito na exibição ao invés de fazê-lo para enfatizar o texto. Se a pessoa que você está citando realmente enfatizou uma palavra, ou se você deseja enfatizar um ponto importante de uma citação, então vá em frente e use o elemento <em> em sua citação. Mas não faça isso simplesmente pelo itálico. Há maneiras mais fáceis e melhores para conseguir o visual desejado para os elementos com as CSS.

Resolvido o caso dos elementos separados no nascimento

Como os gêmeos foram descobertos tão rapidamente?

Como sem dúvida você já adivinhou, <q> e <blockquote> foram descobertos assim que chegaram ao trabalho e começaram a marcar o texto. As citações normalmente tão pequenas do <q> estavam pipocando em seus próprios blocos, enquanto que as citações do <blockquote> subitamente começaram a se perder dentro dos parágrafos normais do texto. Em depoimentos das vítimas dos golpes, um editor reclamou: "Perdi toda uma página de citações lineares graças a esses malucos". Depois de serem repreendidos e enviados de volta a seus respectivos trabalhos, <blockquote> e <q> contaram tudo para suas esposas, que imediatamente saíram da cidade juntas em um conversível T-Bird. Mas essa é uma outra estória (e que não terminou bem).

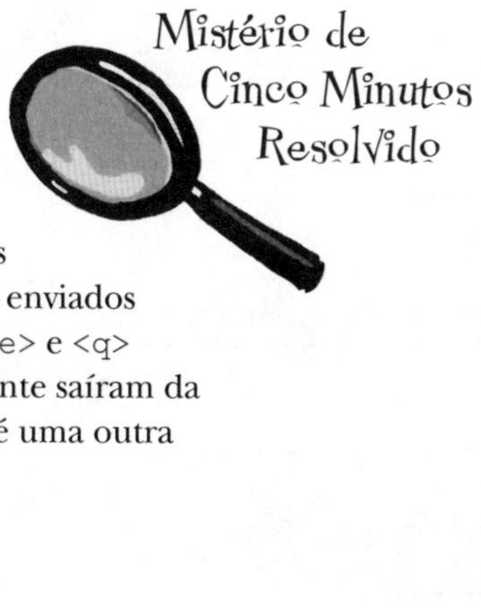
Mistério de
Cinco Minutos
Resolvido

A verdade por trás do mistério <q> e <blockquote>

Muito bem, já é hora de parar com as charadas: `<blockquote>` e `<q>` na verdade são tipos de elementos diferentes. O elemento `<blockquote>` é um elemento de bloco e o elemento **<q>** é um elemento em linha. Qual é a diferença? Os elementos de bloco sempre são exibidos como se tivessem uma quebra de linha antes e depois deles, enquanto que os elementos em linha aparecem "em linha" dentro do fluxo de texto em sua página.

Bloco: se vira sozinho | **Em linha: segue o fluxo**

<h1>, <h2>, ..., <h6>, <p> e <blockquote> são elementos de bloco.

<q>, <a> e <em> são elementos em linha.

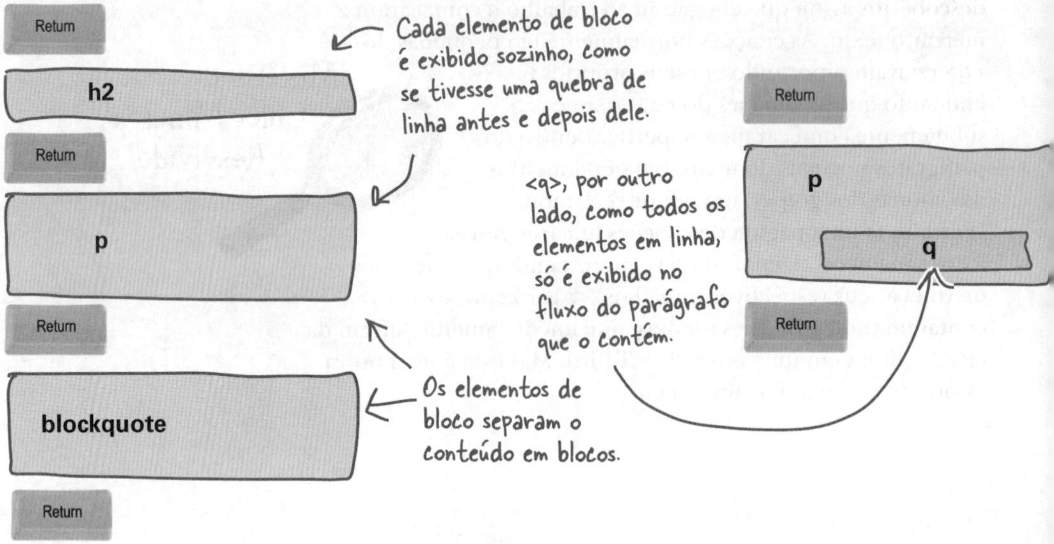
Return
h2
Return
p
Return
blockquote
Return
Cada elemento de bloco é exibido sozinho, como se tivesse uma quebra de linha antes e depois dele.
Os elementos de bloco separam o conteúdo em blocos.
<q>, por outro lado, como todos os elementos em linha, só é exibido no fluxo do parágrafo que o contém.
Return
p
q
Return

Lembre-se: os elementos de bloco se viram sozinhos e os elementos em linha seguem o fluxo.

não existem Perguntas Idiotas

P: Eu acho que sei o que é uma quebra de linha; é como apertar o retorno de carro em uma máquina de escrever ou a tecla Return no teclado do computador, certo?

R: Quase isso. Uma quebra de linha é literalmente uma "quebra na linha", dessa maneira , e acontece quando você pressiona a tecla Return ou, em alguns computadores, a tecla Enter. Você já sabe que as quebras de linha em arquivos HTML não são mostradas quando o browser exibe uma página, certo? Mas agora você também já viu que sempre que utilizar um elemento de bloco, o browser usará quebras de linha para separar cada "bloco".

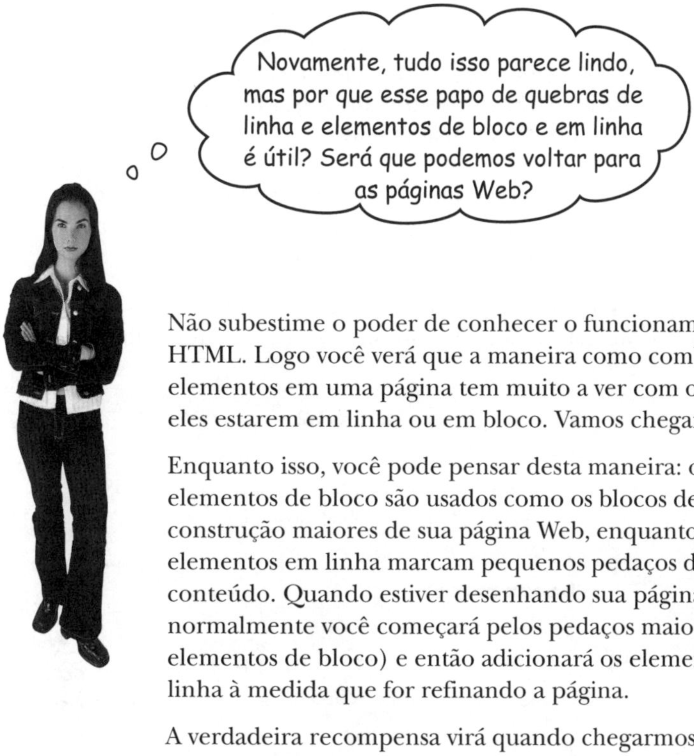
Novamente, tudo isso parece lindo, mas por que esse papo de quebras de linha e elementos de bloco e em linha é útil? Será que podemos voltar para as páginas Web?

Não subestime o poder de conhecer o funcionamento do HTML. Logo você verá que a maneira como combina os elementos em uma página tem muito a ver com o fato de eles estarem em linha ou em bloco. Vamos chegar lá.

Enquanto isso, você pode pensar desta maneira: os elementos de bloco são usados como os blocos de construção maiores de sua página Web, enquanto os elementos em linha marcam pequenos pedaços do conteúdo. Quando estiver desenhando sua página, normalmente você começará pelos pedaços maiores (os elementos de bloco) e então adicionará os elementos em linha à medida que for refinando a página.

A verdadeira recompensa virá quando chegarmos ao controle da apresentação do HTML com as CSS. Se você souber a diferença entre elemento em linha e elemento em bloco, estará bebericando martinis enquanto os outros ainda estarão tentando fazer o layout de suas páginas funcionar.

Tenho pensado sobre as linhas da placa de trânsito. Não me surpreendi quando elas não apareceram com as quebras de linha, porque me disseram desde o começo que o espaço em branco e as quebras de linha não eram exibidas pelo browser.

Mas a única maneira de consertar isso é colocar cada uma em um elemento de bloco, como um parágrafo. Caso contrário, como posso fazer o browser adicionar as quebras de linha?

E se você tivesse um elemento cuja única função fosse lhe dar uma quebra de linha quando você precisasse?

Isso não seria ótimo? Você seria realmente capaz de fazer com que o browser prestasse atenção e inserisse alguns retornos de carro, para variar.

Acontece que tal elemento existe, o elemento <br>, apenas para esse propósito. Veja como utilizá-lo:

```
<h2>July 14, 2012</h2>
<p>
   I saw some Burma Shave style signs on the
   side of the road today:
</p>
<blockquote>
   Passing cars, <br>
   When you can't see, <br>
   May get you, <br>
   A glimpse, <br>
   Of eternity. <br>
</blockquote>
<p>
   I definitely won't be passing any cars.
</p>
```

Aqui está o trecho de 14 de julho do diário de Tonico.

Adicione um elemento <br> a qualquer linha quando desejar quebrar o fluxo e inserir uma quebra de linha.

Exercício

Adicione os elementos <br> ao diário do Tonico. Depois de fazer as alterações, salve o arquivo e faça um test drive.

Veja como as alterações devem ser exibidas. Agora o texto parece realmente tirado de uma placa de trânsito.

Agora cada linha possui uma quebra de linha no final.

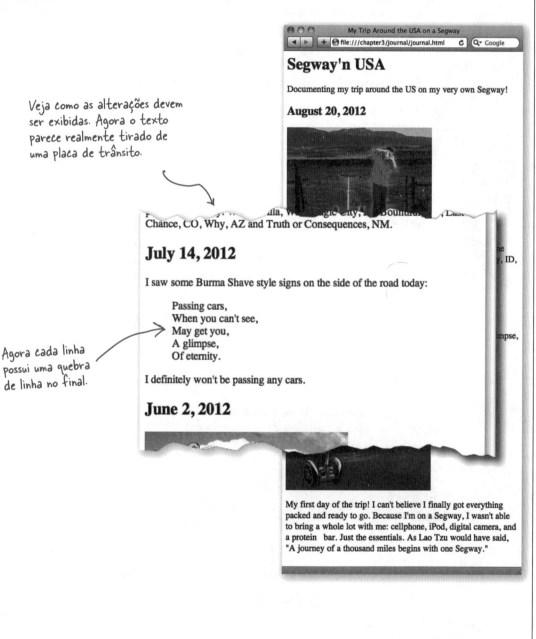

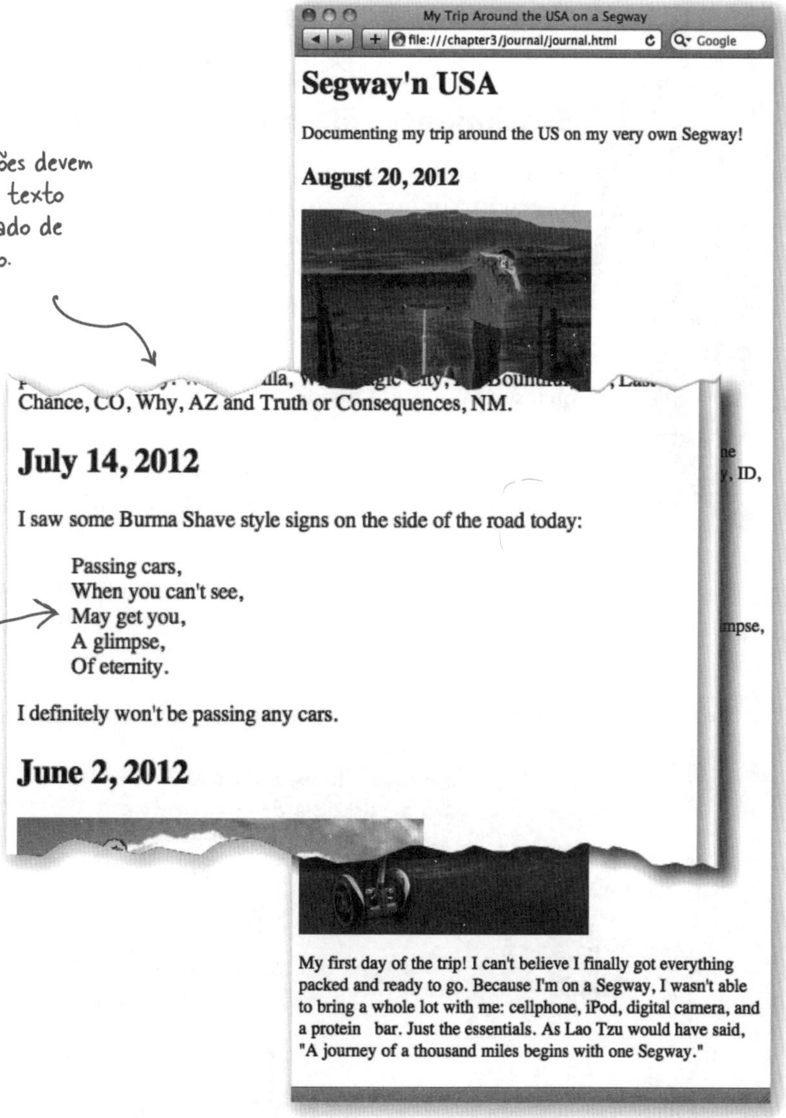

My Trip Around the USA on a Segway
file:///chapter3/journal/journal.html
Google
Segway'n USA
Documenting my trip around the US on my very own Segway!
August 20, 2012
Chance, CO, Why, AZ and Truth or Consequences, NM.
July 14, 2012
I saw some Burma Shave style signs on the side of the road today:
Passing cars,
When you can't see,
May get you,
A glimpse,
Of eternity.
I definitely won't be passing any cars.
June 2, 2012
My first day of the trip! I can't believe I finally got everything packed and ready to go. Because I'm on a Segway, I wasn't able to bring a whole lot with me: cellphone, iPod, digital camera, and a protein bar. Just the essentials. As Lao Tzu would have said, "A journey of a thousand miles begins with one Segway."

No Capítulo 1, dissemos que um elemento é composto por uma tag de abertura + conteúdo + tag de fechamento. Assim, como <br> pode ser um elemento? Ele não tem conteúdo e também não tem tag de fechamento.

Exatamente, ele não tem conteúdo.

O elemento `<br>` é um elemento que não possui qualquer conteúdo. Por quê? Porque ele só foi criado para ser uma quebra de linha, nada mais. Portanto, quando um elemento não possui qualquer conteúdo real, usamos apenas um atalho para representá-lo e ele termina como o elemento `<br>`. Afinal de contas, se não tivéssemos esse atalho, você estaria escrevendo `<br></br>` toda vez que precisasse de uma quebra de linha, e qual seria o sentido disso?

`<br>` não é o único elemento assim; há outros, e temos um nome para eles: elementos vazios. Na verdade, já vimos outro elemento vazio, o elemento `<img>`. Voltaremos a ele em detalhes adiante.

Lembre-se, o principal motivo para se ter um atalho não é preguiça, mas eficiência. É mais eficiente representar os elementos vazios dessa forma (eficiente na digitação, no número de caracteres de uma página e assim por diante). Assim, depois de ler HTML por um período, você descobrirá que essa forma é mais fácil para seus olhos também.

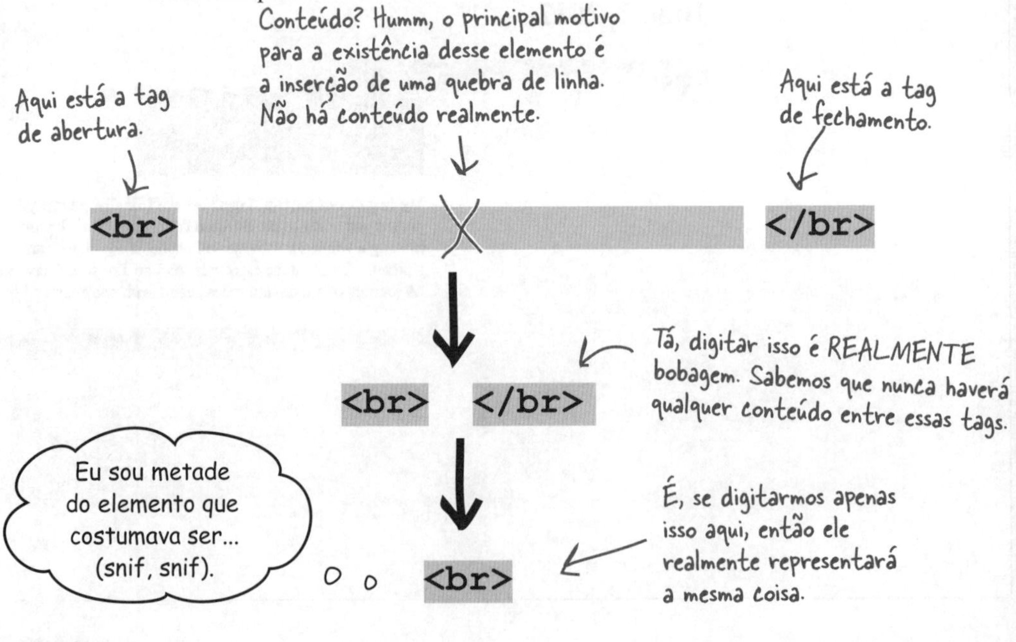
Conteúdo? Humm, o principal motivo para a existência desse elemento é a inserção de uma quebra de linha. Não há conteúdo realmente.
Aqui está a tag de abertura.
Aqui está a tag de fechamento.

</br>

 </br>
Tá, digitar isso é REALMENTE bobagem. Sabemos que nunca haverá qualquer conteúdo entre essas tags.
Eu sou metade do elemento que costumava ser... (snif, snif).

É, se digitarmos apenas isso aqui, então ele realmente representará a mesma coisa.

**P: Então, o único propósito de
 é inserir uma quebra de linha?**

R: Certo; o único lugar onde o browser tipicamente insere quebras em seu conteúdo é no início de um elemento de bloco (como <p>, <h1> e assim por diante). Se você deseja inserir uma quebra de linha em seu texto, então deve utilizar o elemento <br>.

**P: Por que o
 é chamado de elemento "vazio"?**

R: Porque não tem conteúdo, como em elemento = tag de abertura + conteúdo + tag de fechamento. Portanto, é vazio porque não há conteúdo.

**P: Ainda não entendi. Explique-me, por que o elemento
 é "vazio"?**

R: Pense em um elemento como <h1> (ou <p> ou <a>). A principal função do elemento é colocar entre tags um conteúdo, como em:

```
<h1>Não espere, peça agora</h1>
```

Com o elemento <br>, a função é apenas inserir uma quebra de linha em seu HTML. Não há conteúdo a ser marcado, portanto está vazio. Uma vez que ele está vazio, não precisamos dos sinais de menor e maior extras nem da marcação, por isso apenas abreviamos o elemento para uma forma mais conveniente. Se um elemento não precisa marcar o texto, então provavelmente será um elemento vazio.

P: Existem outros elementos vazios? Acho que <img> também deve ser um elemento vazio, certo?

R: Sim, há alguns deles. Você já nos viu usar o elemento <img>. Entraremos nos detalhes sobre ele daqui a pouco.

P: Posso tornar algum elemento vazio? Por exemplo, se eu tiver um link e não quiser colocar nenhum conteúdo, posso apenas escrever <a href="minhapagina.html">?

R: Não. Há dois tipos de elementos: os elementos normais, como <p>, <h1> e <a>, e os elementos vazios, como <br> e <img>. Você não pode alternar entre um e outro. Por exemplo, se você digitou apenas <a href="minhapagina.html">, — é uma tag de abertura sem conteúdo e sem uma tag de fechamento (o que não é legal). Se você digitar <a href="minhapagina.html"></a>, esse é um elemento vazio e está correto, mas não é muito útil na sua página!

P: Eu já vi páginas sem <br>, mas com <br />. O que isso significa?

R: Significa exatamente a mesma coisa. A sintaxe usada em
 é mais restrita e funciona com XHTML. Toda vez que você vir <br />, pense em <br> e, a menos que esteja escrevendo páginas compatíveis com XHTML (veja o apêndice para mais informação sobre XHTML), você deve usar <br> em seu HTML.

Os elementos que não possuem conteúdo HTML por design são chamados de elementos vazios. Quando é preciso usar um elemento vazio, como <br> e <img>, apenas uma tag de abertura é utilizada. Esse é um atalho conveniente que reduz a quantidade de marcação em seu HTML.

Enquanto isso, de volta ao site do Tonico...

Você já percorreu um longo caminho neste capítulo; desenhou e criou o site do Tonico, encontrou alguns elementos novos e aprendeu algumas coisas sobre elementos que a maioria das pessoas que estão criando páginas para Web não sabe (como elementos de bloco e em linha, que realmente se tornarão úteis nos próximos capítulos).

Mas você ainda não acabou. Podemos transformar o site do Tonico de bom para excelente se procurarmos outras oportunidades de inserirmos mais marcação.

Como o quê, por exemplo? Que tal listas? Dê uma olhada:

Há uma lista aqui. O Tonico escreveu a lista de cidades por onde passou na entrada de agosto.

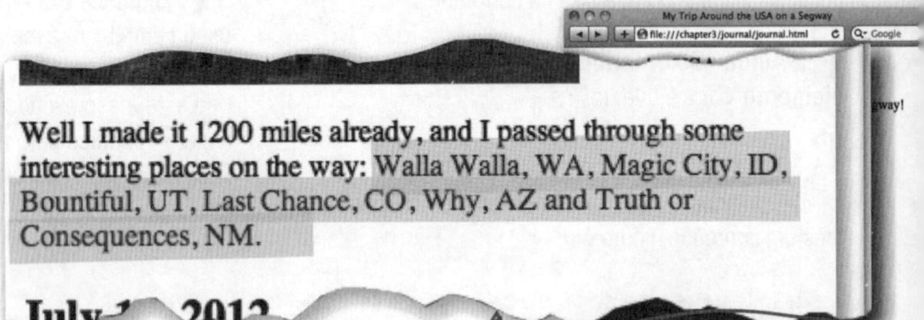
My Trip Around the USA on a Segway
file:///chapter3/journal/journal.html
Well I made it 1200 miles already, and I passed through some interesting places on the way: Walla Walla, WA, Magic City, ID, Bountiful, UT, Last Chance, CO, Why, AZ and Truth or Consequences, NM.
July 14, 2012
I saw some Burma Shave style signs on the side of the road today
Passing cars,
When you can't see,
May get you,
A glimpse,
Of eternity.
I definitely won't be passing any cars.
June 2, 2012
My first day of the trip! I can't believe I finally got everything packed and ready to go. Because I'm on a Segway, I wasn't able to bring a whole lot with me: cellphone, iPod, digital camera, and a protein bar. Just the essentials. As Lao Tzu would have said, "A journey of a thousand miles begins with one Segway."

Não seria ótimo se pudéssemos marcar este texto para que o browser soubesse que ele é uma lista? Então o browser poderia exibir os itens de uma maneira mais útil. Algo como isto aqui:

Bem, já percorri 5.000km e passei por alguns lugares muito interessantes no caminho:

1. Walla Walla, WA
2. Magic City, ID
3. Bountiful, UT
4. Last Chance, CO
5. Why, AZ
6. Truth or Consequences, NM

Observe que não apenas isto é uma lista, como também uma lista ordenada. Tonico visitou estas cidades em uma ordem particular.

É claro que você poderá usar o elemento <p> para criar uma lista...

Não seria difícil fazer uma lista usando o elemento <p>. Ela se pareceria com algo assim:

```
<p>
1. Red Segway
</p>
<p>
2. Blue Segway
</p>
```

As duas cores preferidas para um Segway.

Mas há um monte de razões para não fazê-lo.

Você deveria perceber um tema recorrente aqui. Sempre escolha o elemento do HTML que é o mais próximo possível, em termos de estrutura, de seu conteúdo. Se for uma lista, vamos usar um elemento de lista. Essa estratégia dá ao browser e a você (como veremos mais adiante e um poder e uma flexibilidade maiores para a exibição do conteúdo de uma maneira útil.

Lembre-se, é muito importante usar a ferramenta certa para o trabalho, e o elemento <p> NÃO é a ferramenta certa para esse trabalho.

PODER DO CÉREBRO

Por que não usar o <p> para criar listas? (Escolha todas as opções que se aplicam).

- ☐ A. O HTML possui um elemento para listas. Se você o utilizar, então o browser saberá que o texto é uma lista e poderá exibi-la da melhor maneira possível.
- ☐ B. O elemento de parágrafo foi feito para parágrafos de texto, e não para listas.
- ☐ C. Provavelmente, não pareceria muito com uma lista, apenas um monte de parágrafos numerados.
- ☐ D. Se você quisesse alterar a ordem da lista, ou inserir um novo item, teria que numerá-la novamente. Isso seria um saco.

Respostas: A, B, C, & D

Construindo listas HTML em dois passos fáceis

A criação de listas no HTML precisa de dois elementos que, quando usados em conjunto, formam a lista. O primeiro elemento é utilizado para marcar cada item da lista. O segundo determina que tipo de lista será criada: ordenada ou não ordenada.

Vamos começar a criação da lista de cidades do Tonico em HTML.

Primeiro passo:

Coloque cada item da lista em um elemento <li>.

Para criar uma lista, você coloca cada item dela em seu próprio elemento `<li>`, que significa colocar o conteúdo entre uma tag de abertura `<li>` e uma tag de fechamento `</li>`. Assim como qualquer outro elemento do HTML, o conteúdo entre as tags pode ter o comprimento que você quiser e ser quebrado em quantas linhas você desejar.

Vamos mostrar apenas um fragmento do HTML do diário do Tonico.

Localize este HTML em seu arquivo diario.html e vá atualizando-o de acordo com as alterações que fizemos aqui.

```
<h2>August 20, 2012</h2>
    <img src="images/segway2.jpg">
<p>
Well I've made it 1200 miles already, and I passed
through some interesting places on the way:

</p>

<li>Walla Walla, WA</li>
<li>Magic City, ID</li>
<li>Bountiful, UT</li>
<li>Last Chance, CO</li>
<li>Why, AZ</li>
<li>Truth or Consequences, NM</li>

<h2>July 14, 2012</h2>
<p>
I saw some Burma Shave style signs on the side of
the road today:
</p>
```

Primeiro, mova os itens da lista para fora do parágrafo. A lista fivará em destaque...

... e então coloque cada item da lista entre o conjunto de tags <li> e </li>.

Cada um desses elementos <li> torna-se um item da lista.

Segundo passo:

Envolva seus itens de lista com um elemento <ol> ou um elemento <ul>.

Se você usar um elemento `<ol>` para envolver seus itens de lista, então os itens serão exibidos como uma lista ordenada; se usar o `<ul>`, a lista será mostrada como não ordenada. Veja como envolver seus itens em um elemento `<ol>`.

Novamente, estamos apenas mostrando um fragmento do HTLM do diário de Tonico.

```
<h2>August 20, 2012</h2>
    <img src="images/segway2.jpg">
<p>
Well I've made it 1200 miles already, and I passed
through some interesting places on the way:
</p>
<ol>
  <li>Walla Walla, WA</li>
  <li>Magic City, ID</li>
  <li>Bountiful, UT</li>
  <li>Last Chance, CO</li>
  <li>Why, AZ</li>
  <li>Truth or Consequences, NM</li>
</ol>
<h2>July 14, 2012</h2>
<p>
I saw some Burma Shave style signs on the side of
the road today:
</p>
```

Queremos que esta seja uma lista ordenada, porque o Tonico visitou as cidades em uma ordem específica. Para isso, usaremos uma tag de abertura <ol>.

Todos os itens da lista ficam no meio do elemento <ol> e tornam-se seu conteúdo.

E aqui fechamos o elemento <ol>.

PODER DO CÉREBRO

O **<ol>** é um elemento de bloco ou em linha? E o **<li>**?

Fixe Isso

HTML é para a estrutura
Use ul ou ol para listas
Dê um banho no gato

unordered list = ul
ordered list = ol
list item = li

Fazendo um test drive pela cidade

Certifique-se de que adicionou todo o HTML para a lista e recarregue seu arquivo "diario.html"; assim você deve ver algo semelhante a isto:

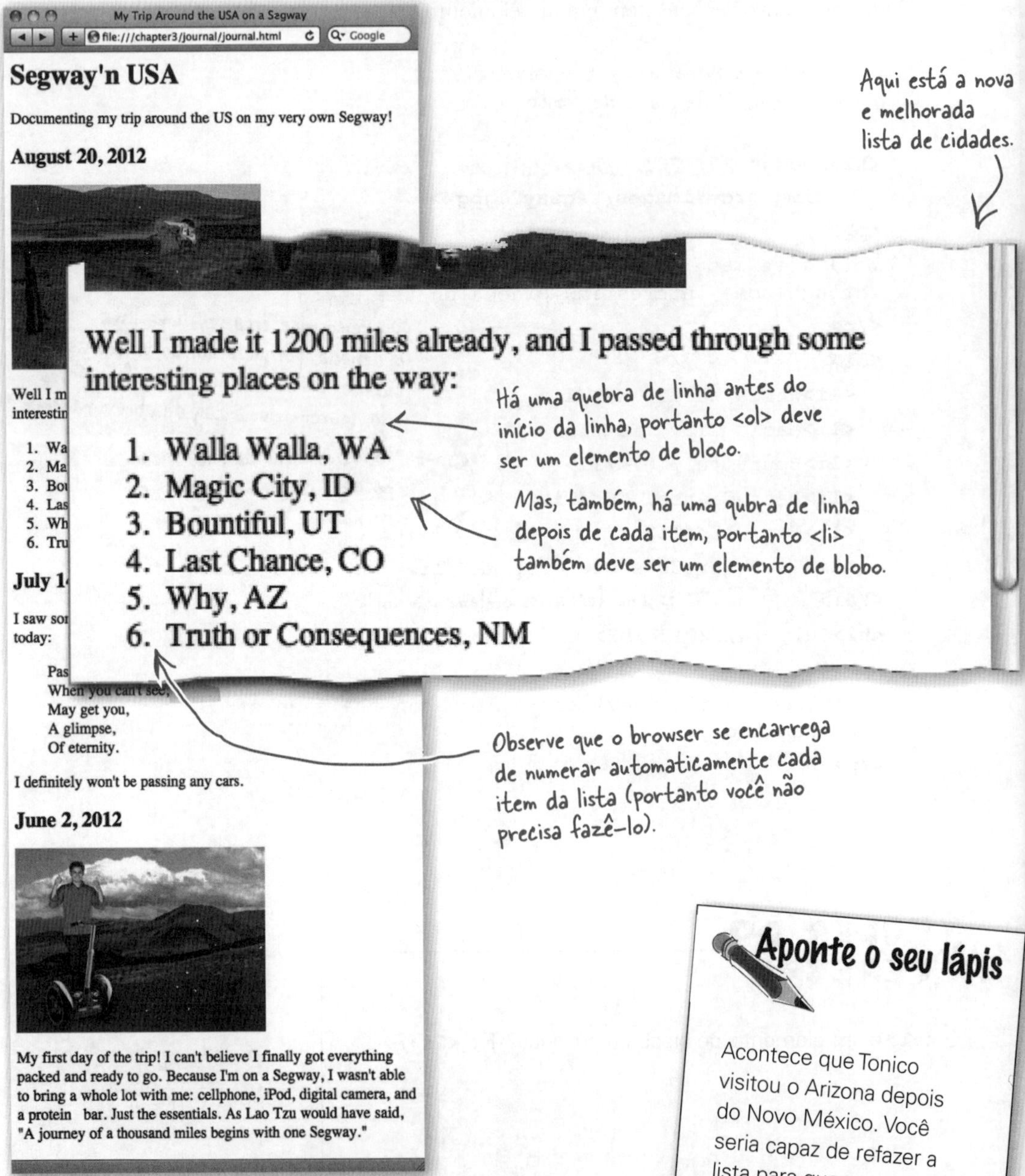
My Trip Around the USA on a Segway
file:///chapter3/journal/journal.html
Google
Segway'n USA
Documenting my trip around the US on my very own Segway!
August 20, 2012
Well I made it 1200 miles already, and I passed through some interesting places on the way:
1. Walla Walla, WA
2. Magic City, ID
3. Bountiful, UT
4. Last Chance, CO
5. Why, AZ
6. Truth or Consequences, NM
May get you,
A glimpse,
Of eternity.
I definitely won't be passing any cars.
June 2, 2012
My first day of the trip! I can't believe I finally got everything packed and ready to go. Because I'm on a Segway, I wasn't able to bring a whole lot with me: cellphone, iPod, digital camera, and a protein bar. Just the essentials. As Lao Tzu would have said, "A journey of a thousand miles begins with one Segway."
Aqui está a nova e melhorada lista de cidades.
Há uma quebra de linha antes do início da linha, portanto <ol> deve ser um elemento de bloco.
Mas, também, há uma qubra de linha depois de cada item, portanto <li> também deve ser um elemento de blobo.
Observe que o browser se encarrega de numerar automaticamente cada item da lista (portanto você não precisa fazê-lo).

Aponte o seu lápis

Acontece que Tonico visitou o Arizona depois do Novo México. Você seria capaz de refazer a lista para que a numeração fique correta?

Exercício

Aqui está outra lista do diário de Tonico: telefone celular, iPod, câmera digital e uma barra de proteína. Você a encontrará na entrada de 14 de julho. Essa é uma lista não ordenada de itens. O HTML para essa entrada foi digitado a seguir. Adicione o HTML para alterar os itens e criar uma lista não ordenada no HTML (lembre-se, para listas não ordenadas, usamos <ul>). Já reformatamos parte do texto para você.
Quando terminar, verifique suas respostas no final do capítulo. Então faça as alterações em seu arquivo "diario.html" e teste-o.

```
<h2>June 2, 2012</h2>
<img src="segway1.jpg">
<p>
      My first day of the trip! I can't believe I finally
      got everything packed and ready to go. Because I'm on
      a Segway, I wasn't able to bring a whole lot with me:

          cell phone
          iPod
          digital camera
          and a protein bar

      Just the essentials. As
      Lao Tzu would have said, <q>A journey of a
      thousand miles begins with one Segway.</q>
</p>
```

não existem Perguntas Idiotas

P: Eu sempre terei de usar <ol> e <li> juntos?

R: Sim, você sempre deve usar <ol> e <li> juntos (ou <ul> e <li>). Nenhum desses elementos faz sentido sem o outro. Lembre-se, uma lista é na verdade um grupo de itens: o elemento <li> é usado para identificar cada item, e o elemento <ol> é usado para agrupá-los.

P: Posso colocar texto ou outros elementos dentro de um elemento <ol> ou <ul>?

R: Não, os elementos <ol> e <ul> foram criados para funcionarem apenas com o elemento <li>.

P: E as listas não ordenadas? Posso usar bullets diferentes?

R: Sim. Mas aguarde um momento. Voltaremos a esse assunto quando estivermos falando das CSS e de apresentação.

P: E se eu quiser colocar uma lista dentro de uma lista? Posso fazer isso?

R: Sim, é claro que pode. Faça com que qualquer <li> tenha como conteúdo um <ol> ou <ul> e você terá uma lista dentro de outra (o que chamamos de lista aninhada).

```
<ol>
   <li>Charge Segway</li>
   <li>Pack for trip
      <ul>
         <li>cell phone</li>
         <li>iPod</li>
         <li>digital camera</li>
         <li>a protein bar</li>
      </ul>
   </li>
   <li>Call mom</li>
</ol>
```

Lista aninhada.

Aqui está <li>. Ele engloba a lista aninhada.

P: Eu acho que basicamente entendi os elementos de bloco e os elementos em linha, mas estou totalmente confuso sobre quais elementos podem ir dentro de outros elementos, ou, como você diz, o que pode ser "aninhado" dentro de outro elemento.

R: Essa é uma das coisas mais difíceis de entender do HTML. É algo que você aprenderá em capítulos posteriores. Mostraremos algumas maneiras de garantir que o relacionamento seja correto. Entretanto, primeiro vamos voltar e conversar um pouco mais sobre aninhamento. Na verdade, já que você mencionou esse assunto, ele será nosso próximo tópico.

P: Então o HTML possui listas ordenadas e não ordenadas. Há algum outro tipo de lista?

R: Há um outro tipo: as listas de definição. Uma lista de definição se parece com esta:

Cada item da lista possui um termo, <dt e uma descrição, <dd

```
<dl>
   <dt>Burma Shave Signs</dt>
   <dd>Road signs common in the U.S.
in the 1920s and 1930s advertising
shaving products.</dd>
   <dt>Route 66</dt>
   <dd>Most famous road in the U.S.
highway system.</dd>
</dl>
```

Digite isso em uma página e faça um teste.

P: Burma Shave?

R: A Burma Shave era uma empresa que criou uma espuma de barbear, que podia ser usada sem o pincel, no início do século 20. Eles começaram a anunciar seu produto usando placas de sinalização em 1925, e essas placas se tornaram muito populares (e, de alguma forma, também distraíam os motoristas).

As placas foram agrupadas em conjuntos de quatro, cinco ou seis, cada uma com uma linha do slogan. Em uma determinada época, havia 7.000 dessas placas nas estradas dos Estados Unidos. Muitas já não existem mais, mas ainda há algumas, aqui e ali.

<html>
<body>
<p>
<q>

Colocar um elemento dentro de outro se chama "aninhamento".

Quando colocamos um elemento dentro de outro, chamamos isso de aninhamento. Dizemos, "o elemento <p> está aninhado no elemento <body>". Até aqui, você já viu vários elementos aninhados dentro de outros elementos. Você colocou um elemento <body> dentro de um elemento <html>, um elemento <p> dentro de um elemento <body>, um elemento <q> dentro de um elemento <p> e assim por diante. Você também colocou um elemento <head> dentro do elemento <html> e um elemento <title> dentro de <head>. É assim que as páginas HTML são construídas.

Quanto mais você aprende sobre HTML, mais importante será manter esse aninhamento fresco em seu cérebro. Mas não se preocupe — logo você estará pensando naturalmente dessa maneira sobre os elementos.

<q> aninhado em <p>, aninhado em <body>, aninhado em <html>.

Para entender os relacionamentos de aninhamento, desenhe uma figura

Desenhar o aninhamento dos elementos em uma página Web é como desenhar uma árvore genealógica. No topo você tem os tataravôs, e então todos os seus filhos e netos abaixo. Veja um exemplo:

Página Web simples.

```
<html>
  <head>
    <title>Musings</title>
  </head>
  <body>
    <p>
       To quote Buckaroo,
       <q>The only reason
          for time is so
          that everything
          doesn't happen
          at once.</q>
    </p>
  </body>
</html>
```

Vamos traduzir isso para um diagrama, onde cada elemento se torna uma caixa, e cada linha conecta o elemento a outro que esteja aninhado nela.

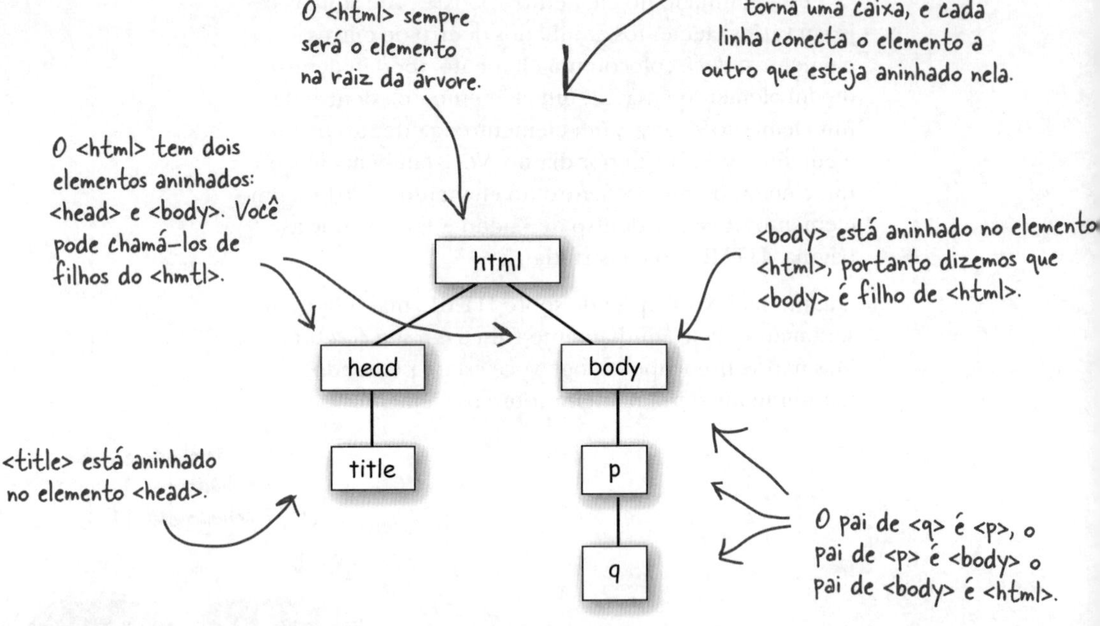
O <html> sempre será o elemento na raiz da árvore.
O <html> tem dois elementos aninhados: <head> e <body>. Você pode chamá-los de filhos do <hmtl>.
html
head
body
title
p
q
<body> está aninhado no elemento <html>, portanto dizemos que <body> é filho de <html>.
<title> está aninhado no elemento <head>.
O pai de <q> é <p>, o pai de <p> é <body> o pai de <body> é <html>.

Use o aninhamento para garantir que suas tags coincidam.

Sua primeira recompensa por entender como os elementos são aninhados é que você poderá evitar a combinação errada de tags (e haverá mais recompensas mais tarde, aguarde).

O que "combinação errada de tags" significa e como isso aconteceria? Dê uma olhada neste exemplo:

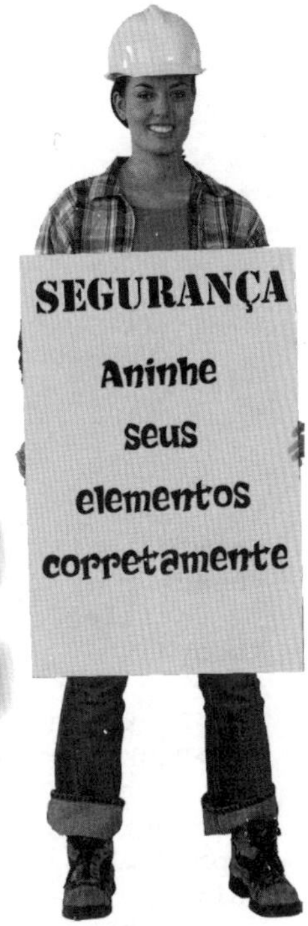
SEGURANÇA
Aninhe seus elementos corretamente

```
<p>I'm so going to tweet <em>this</em></p>
```

O HTML se parece com isto, <em> está aninhado em <p>.

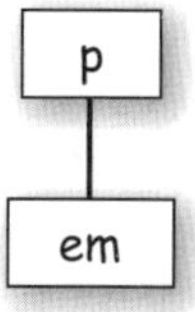
p
em

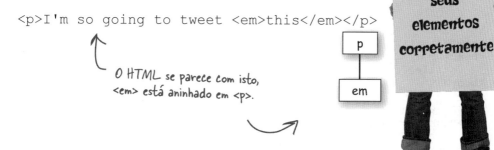

Até aqui, tudo bem, mas é muito fácil nos descuidarmos e escrevermos um HTML que se pareça com este:

```
<p>I'm so going to tweet <em>this</p></em>
```

ERRADO: a tag <p> termina antes da tag <em>! Espera-se que o elemento <em> esteja dentro do elemento <p>.

Como você já conhece o aninhamento, sabe que o elemento <em> precisa estar totalmente aninhado, ou contido, no elemento <p>.

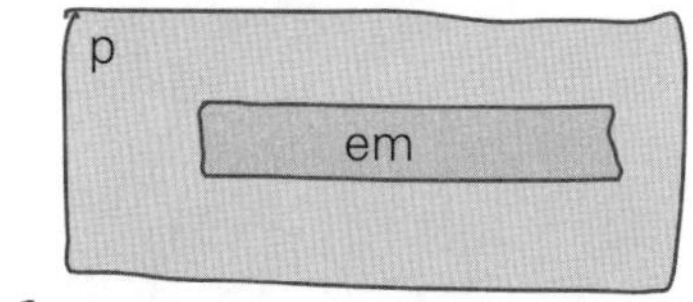
p
em

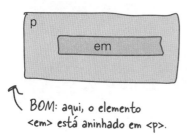

BOM: aqui, o elemento <em> está aninhado em <p>.

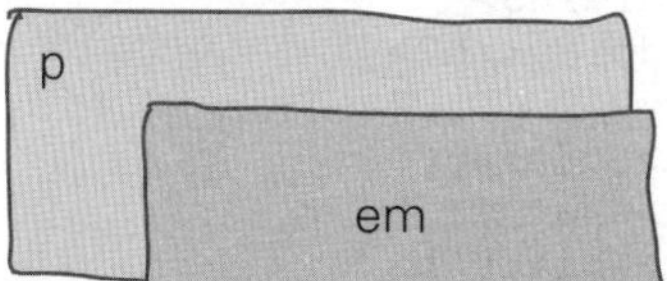
p
em

MAU: aqui o elemento <em> escorregou para fora do elemento <p>, o que significa que não está aninhado apropriadamente.

E daí?

Não há problema algum bagunçar seu aninhamento se você gosta de jogar roleta russa. Se você escreve HTML sem aninhar apropriadamente seus elementos, suas páginas podem funcionar em alguns browsers mas não em outros. Ao manter o aninhamento em mente, você pode evitar a combinação errada de tags e garantir que o seu HTML funcione em todos os browsers. Isso se tornará ainda mais importante quando chegarmos ao "HTML de tamanho industrial" dos últimos capítulos.

Sinta-se como o Browser

A seguir, você encontrará um arquivo HTML com algumas tags mal combinadas. Sua função é atuar como se fosse o browser e localizar todos os erros. Depois de terminar o exercício, dê uma olhada no final do capítulo para ver se encontrou todos os erros.

```
<html>
<head>
    <title>Top 100</title>
<body>
<h1>Top 100
<h2>Dark Side of the Moon</h2>
<h3>Pink Floyd</h3>
<p>
    There's no dark side of the moon; matter of fact <q>it's all dark.
</p></q>
<ul>
    <li>Speak to Me / Breathe</li>
    <li>On The Run</li>
    <li>Time</li>
    <li>The Great Gig in The Sky</li>
    <li>Money</li>
    <li>Us And Them</em>
    <li>Any Colour You Like</li>
    <li>Brain Damage</li>
    <li>Eclipse</li>
</ul>
</p>
<h2>XandY</h3>
<h3>Coldplay</h2>
<ol>
    <li>Square One
    <li>What If?
    <li>White Shadows
    <li>Fix You
    <li>Talk
    <li>XandY
    <li>Speed of Sound
    <li>A Message
    <li>Low
    <li>Hardest Part
    <li>Swallowed In The Sea
    <li>Twisted Logic
</ul>
</body>
</head>
```

Quem sou eu?

Um grupo de elementos do HTML, em fantasias completas, está jogando "Quem sou eu?" em uma festa. Eles darão a você uma pista — tente adivinhar quem eles são, baseando-se no que dizem. Suponha que eles estarão sempre dizendo a verdade sobre eles mesmos. Preencha as lacunas à direita para identificar os convidados. Além disso, para cada convidado, escreva se o elemento é de bloco ou em linha.

Convidados desta noite:

Qualquer um dos charmosos elementos do HTML vistos até aqui poderão aparecer!

	Nome	Em linha ou bloco?
Sou o título nº 1.	....	....
Estou pronto para fazer um link para outra página.	....	....
Enfatize o texto comigo.	....	....
Sou uma lista, mas não tenho meus assuntos em ordem.	....	....
Eu sou um verdadeiro quebrador de linhas.	....	....
Sou um item que vive dentro de uma lista.	....	....
Eu mantenho meus itens de lista em ordem.	....	....
Eu só quero saber da figura.	....	....
Faça uma citação em um parágrafo comigo.	....	....
Use-me para citar um texto que fique isolado.	....	....

Eu estava criando uma página Web explicando tudo aquilo que aprendi neste livro, e precisei mencionar o elemento <html> dentro da minha página. Isso não vai bagunçar o aninhamento? Preciso colocá-lo entre aspas ou algo assim?

Você está certo, isso pode causar problemas.

Como os browsers usam < e > para começarem e terminarem as tags, usá- los no conteúdo de seu HTML pode causar problemas. Entretanto, o HTML oferece uma maneira muito fácil de especificar esses e outros caracteres especiais usando uma simples abreviação chamada *entidade de caractere*. Veja como ela funciona: para qualquer caractere considerado "especial" ou que você gostaria de utilizar em sua página Web, mas que não pode ser um tipo digitável em seu editor (como um símbolo de direitos autorais, por exemplo), você só precisa procurar a abreviação e então digitá-la em seu HTML. Por exemplo, a abreviação do caractere > é > e a do caracter < é &lt.

Assim, digamos que você queira digitar "O elemento <html> é o máximo" em sua página. Usando as entidades de caractere, você digitaria:

```
The &lt;html&gt; element rocks.
```

Outro caractere especial importante que você deveria conhecer é o caractere &. Se você quiser tê-lo no conteúdo de seu HTML, utilize a entidade de caractere & ao invés do caractere & propriamente dito.

E sobre o símbolo de direitos autorais? E todos aqueles outros símbolos e caracteres estrangeiros? Você pode encontrar os mais comuns nesta URL:

http://www.w3schools.com/tags/ref_entities.asp

ou, para obter uma lista mais completa, acesse esta URL:

http://www.unicode.org/charts/

não existem Perguntas Idiotas

P: Uau, eu nunca soube que o browser poderia exibir tantos caracteres diferentes. Há toneladas de caracteres e idiomas diferentes no site www.unicode.org.

R: Tenha cuidado. Seu browser só exibirá todos aqueles caracteres se o seu computador ou dispositivo tiver a fonte apropriada instalada. Portanto, mesmo que você ainda conte com o fato de que as entidades básicas em www.w3schools.com estão disponíveis em qualquer browser, não há garantia de que você possa exibir todas essas entidades. Mas, supondo que você saiba alguma coisa sobre seus usuários, deveria ter uma boa ideia de que tipos de caracteres de idioma estrangeiro são comuns em suas máquinas.

P: Você disse que o & é especial e eu preciso usar a entidade "&" em seu lugar, mas para digitar qualquer entidade eu preciso usar um &. Então, para, digamos, a entidade >, eu preciso digitar ">"?

R: Não! O motivo que faz com que & seja especial é justamente porque ele é o primeiro caractere de qualquer entidade. Logo, é perfeitamente seguro usar & em seus nomes de entidade — ele só não pode ser escrito sozinho. Lembre-se de utilizar & sempre que digitar uma entidade, e se você realmente precisar de um & em seu conteúdo, use o "&" em seu lugar.

P: Quando pesquisei as entidades em www.w3schools.com, notei que cada entidade também possui um número. Para que eu devo usá-los?

R: Você pode usar os números, como &#100 ou o nome de uma entidade em seu HTML (eles fazem a mesma coisa). Entretanto, nem todas as entidades possuem nomes. Nesses casos sua única opção será utilizar o número.

Desvende o desafio do local

Dr. Malévolo, tentando dominar o mundo, criou uma página Web particular para ser utilizada por seus malvados seguidores. Você acabou de receber um trecho do HTML interceptado que pode conter uma pista do seu esconderijo. Dado seu grande conhecimento de HTML, você foi chamado para quebrar o código e descobrir a localização do bandido. Aqui está um pedaço do texto de sua página inicial:

```
There's going to be an evil henchman meetup
next month at my underground lair in
&#208;&epsilon;&tau;&#114;&ouml;&igrave;&tau;.
Come join us.
```

Dica: digite no HTML e veja o que será exibido em seu browser.

Sopa de Elementos

<em>

Use este elemento para marcar o texto que você quer enfatizar.

<strong>

Use este elemento para marcar o texto que você deseja enfatizar.

<pre>

Use este elemento para texto formatado quando quiser que o browser mostre seu texto exatamente como ele foi digitado.

Toda vez que você quiser fazer um link, você vai precisar do elemento <a>.

<a>

<time>

Este elemento informa ao browser que o conteúdo é um endereço, como as informações de seu contato.

Um elemento vazio para criar quebras de linha...

Use este elemento para citações curtas. Você sabe, assim como "ser ou não ser" ou "não importa para onde você for, você sempre estará lá".

<q>

<ul>

Precisa exibir uma lista? Digamos, uma lista de ingredientes em uma receita ou uma lista de afazeres? Use o elemento <ul>.

Este é um element para incluir uma imagem, como uma foto, em sua págin

<img>

<p>

Só me dê um parágrafo, por favor.

<ol>

Ao invés disso, se precisar de uma lista ordenada, use o elemento <ol>.

Blockquote é para citações mais longas. Algo que você deseja destacar como uma passagem mais longa, digamos, de um livro.

O elemento code é utilizadeo para exibir o código de um programa de computador.

<code>

Para itens de listas como chocolate, chocolate quente, calda de chocolate...

<li>

<blockquote>

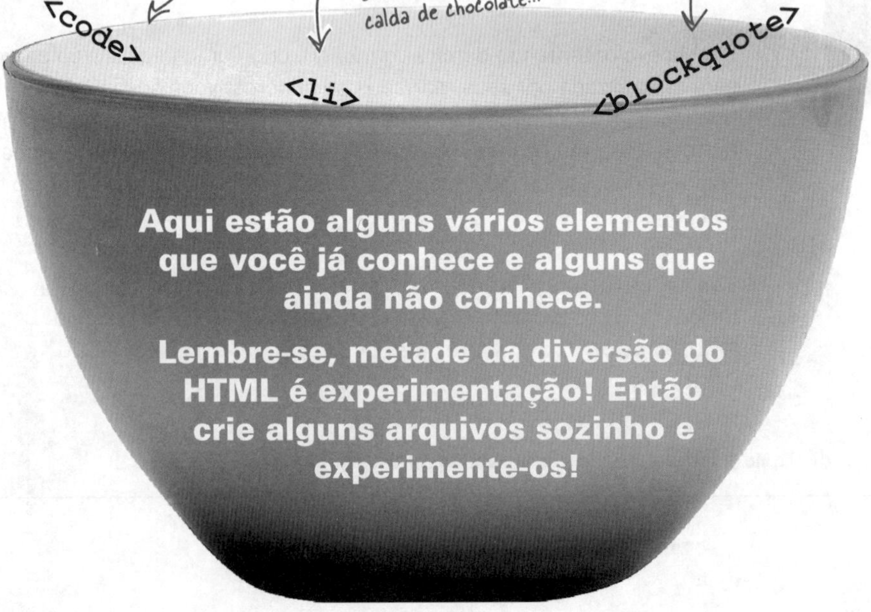
Aqui estão alguns vários elementos que você já conhece e alguns que ainda não conhece.
Lembre-se, metade da diversão do HTML é experimentação! Então crie alguns arquivos sozinho e experimente-os!

Grande página. É perfeita para minha viagem e realmente faz um bom trabalho de oferecer uma versão online do meu diário. Você também deixou o HTML muito bem organizado, logo eu poderei adicionar sozinho materiais novos. Então, quando poderemos tirar tudo isso de seu computador e colocar na Web?

PONTOS DE BALA

- Planeje a estrutura de suas páginas Web antes de começar a digitar o conteúdo. Comece por um rascunho e então crie um esboço e finalmente escreva o HTML.
- Planeje sua página começando pelos grandes elementos de bloco e então vá refinando com os elementos em linha.
- Lembre-se, sempre que possível, use elementos para informar ao browser o significado do seu conteúdo.
- Sempre use o elemento que melhor combine com o significado de seu conteúdo. Por exemplo, nunca use um parágrafo quando precisar de uma lista.
- <p>, <blockquote>, <ol>, <ul> e <li> são todos elementos de bloco. Eles ficam isolados e são exibidos com um espaço antes e depois do conteúdo dentro deles.
- <q> e <em> são elementos em linha. O conteúdo do elemento a que pertencem.
- Use o elemento <br> quando quiser inserir quebras de linha.
-
 é um "elemento vazio".
- Os elementos vazios não têm conteúdo.
- Um elemento vazio consiste de apenas uma tag, mas tem tag de abertura e fechamento.
- Um elemento aninhado é um elemento contido por outro elemento. Se os seus estiverem apropriadamente aninhados, todas as suas tags coincidirão corretamente.
- Você pode criar uma lista usando a combinação de dois elementos: use <ol> com <li> para obter uma lista ordenada; use <ul> com <li> para lista não ordenada.
- Quando o browser exibe uma lista ordenada, ele cria os números para a lista, para que você não tenha de fazê-lo.
- É possível criar listas aninhadas dentro de listas ao colocar os elementos <ol> ou <ul> dentro dos elementos <li>.
- Use entidades para colocar caracteres especiais no conteúdo do seu HTML.

Palavras-cruzadas de HTML

É hora de dar ao lado direito do seu cérebro um descanso e colocar o lado esquerdo para funcionar; todas as palavras estão relacionadas ao HTML e foram mostradas neste capítulo.

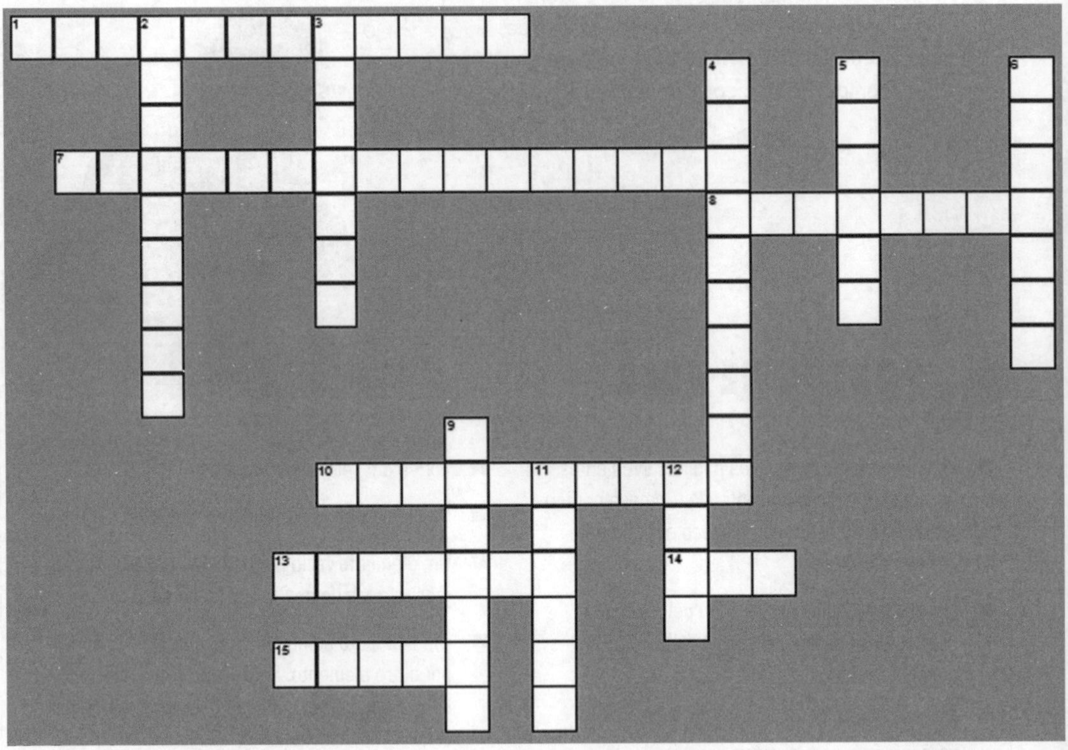

Horizontal

1. Use <ul> para estes tipos de listas.

7. Maiores blocos de construção de suas páginas.

8. Elementos vazios não possuem nenhum.

10. Placas de sinalização muito famosas nos EUA.

13. Tonico não fará isso de jeito nenhum.

14. Outro elemento vazio.

15. Velocidade máxima de um Segway.

Vertical

2. Use <ol> para estes tipos de listas.

3. Colocar um elemento dentro de outro é chamado desta maneira.

4. Elementos de bloco para citações.

5. Requer dois elementos.

6. Fugiram juntas em um T-Bird.

9. <q> é este tipo de elemento.

11. Meio de transporte do Tonico.

12. Elemento sem conteúdo.

Exercício
Solução

Aqui está a citação de Lao Tsé refeita com o elemento <q>. Você fez um test drive com a sua solução?

Aqui está a parte alterada...

```
<p>
  My first day of the trip! I can't believe I finally got
  everything packed and ready to go. Because I'm on a
  Segway, I wasn't able to bring a whole lot with me:
  cell phone, iPod, digital camera, and a protein bar. Just
  the essentials. As Lao Tzu would have said, <q>A journey
  of a thousand miles begins with one Segway.</q>
</p>
```

Adicionamos a tag de abertura <q> antes de começarmos a citação, e a tag de fechamento </q> antes do final.

Aqui está o teste drive...

OK, não PARECE muito diferente, mas você não se SENTE melhor agora?

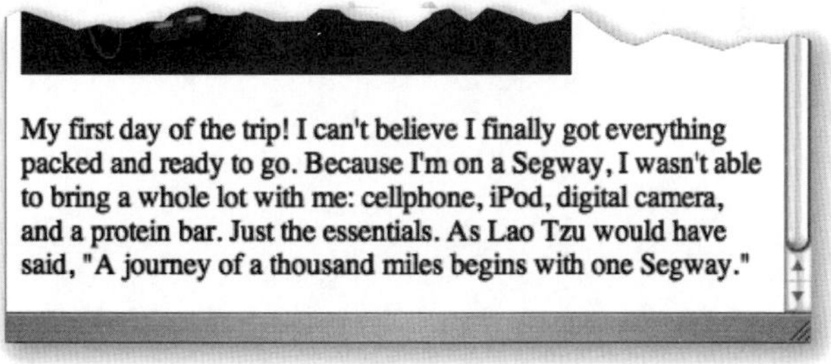
My first day of the trip! I can't believe I finally got everything packed and ready to go. Because I'm on a Segway, I wasn't able to bring a whole lot with me: cellphone, iPod, digital camera, and a protein bar. Just the essentials. As Lao Tzu would have said, "A journey of a thousand miles begins with one Segway."

Exercício
Solução

Aqui está outra lista do diário de Tonico: telefone celular, iPod, câmera digital e uma barra de proteína. Você a encontrará na entrada de 2 de junho. Essa é uma lista não ordenada de itens. Faça estas alterações em seu arquivo "diario.html" também. Está como você esperava?

```
<h2>June 2, 2012</h2>
<img src="segway1.jpg">
<p>
    My first day of the trip! I can't believe I finally got
    everything packed and ready to go. Because I'm on a Segway,
    I wasn't able to bring a whole lot with me:
</p>
<ul>
        <li>cell phone</li>
        <li>iPod</li>
        <li>digital camera</li>
        <li>and a protein bar</li>
</ul>
<p>
    Just the essentials. As
    Lao Tzu would have said, <q>A journey of a
    thousand miles begins with one Segway.</q>
</p>
```

Primeiro feche o parágrafo anterior.

Inicie a lista não ordenada.

coloque cada item em um elemento <li>.

Feche a lista não ordenada.

E precisamos começar um novo parágrafo.

Sinta-se como o Browser

- Solução

```
<html>
<head>
    <title>Top 100</title>
<body>
<h1>Top 100
<h2>Dark Side of the Moon</h2>
<h3>Pink Floyd</h3>
<p>
    There's no dark side of the moon; matter of fact <q>it's all dark.
</p></q>
<ul>
    <li>Speak to Me / Breathe</li>
    <li>On The Run</li>
    <li>Time</li>
    <li>The Great Gig in The Sky</li>
    <li>Money</li>
    <li>Us And Them</em>
    <li>Any Colour You Like</li>
    <li>Brain Damage</li>
    <li>Eclipse</li>
</ul>
</p>
<h2>XandY</h3>
<h3>Coldplay</h2>
<ol>
    <li>Square One
    <li>What If?
    <li>White Shadows
    <li>Fix You
    <li>Talk
    <li>XandY
    <li>Speed of Sound
    <li>A Message
    <li>Low
    <li>Hardest Part
    <li>Swallowed In The Sea
    <li>Twisted Logic
</ul>
</body>
</head>
```

- Falta a tag de fechamento </head>.
- Falta a tag de fechamento </h1>.
- <p> e <q> não estão aninhados apropriadamente, a tag <p> deveria vir depois da tag <q>.
- Temos um elemento </em> de fechamento quando deveria ter uma tag de fechamento </li>.
- Aqui está um </p> que não coincide com nenhum <p>.
- Misturamos as tags de fechamento </h2> e </h3> nesses títulos.
- Começamos uma lista <ol>, mas ela está sendo fechada por um tag </ul>.
- Faltam todas as tags de fechamento </li>.
- Não coincide com a tag de abertura <ol> no início da lista.
- Aqui está a tag </head> que estava faltando, mas está faltando ainda a tag de fechamento </html>.

Exercício
Solução

Quem sou eu?

Um grupo de elementos do HTML, em fantasias completas, está jogando "Quem sou eu?" em uma festa. Eles lhe deram uma pista – você tentou adivinhar quem eles eram, baseando-se no que diziam.

Convidados desta noite:

Qualquer um dos charmosos elementos do HTML vistos até aqui poderiam aparecer!

	Nome	Em linha ou bloco?
Sou o título nº 1.	h1	bloco
Estou pronto para fazer um link para outra página.	a	hmm...
Enfatize o texto comigo.	em	em linha
Sou uma lista, mas não tenho meus assuntos em ordem.	ul	bloco
Eu sou um verdadeiro quebrador de linhas.	br	hmm...
Sou um item que vive dentro de uma lista.	li	bloco
Eu mantenho meus itens de lista em ordem.	ol	bloco
Eu só quero saber da figura.	img	em linha
Faça uma citação em um parágrafo comigo.	q	em linha
Use-me para citar um texto que fique isolado.	blockquote	bloco

Hmmm... Parece um elemento em linha, MAS <a> pode envolver elementos de bloco, não apenas texto. Então, dependendo do contexto, <a> pode ser tanto em linha, quanto de bloco.

Surpreso?
 está na terra do limbo entre bloco e em linha. Ele cria uma quebra de linha, mas tipicamente nã é exibido com um espaço ant e depois, como os elementos d bloco.

Ainda não conversamos sobre isso em detalhes, mas, sim, <img> é em linha. Pense um pouco sobre isso e voltaremos ao assunto no Capítulo 5.

Exercício Solução

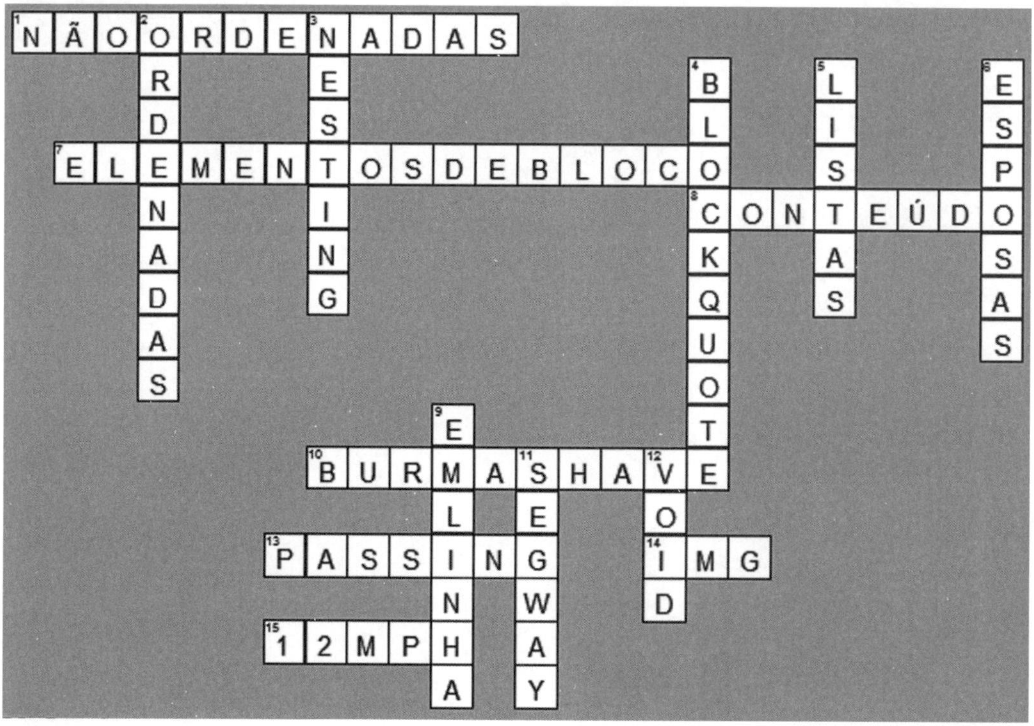

1 NÃO ORDENADAS
2 ORDENADAS
3 NESTING
4 BLOCKQUOTE
5 LISTAS
6 ESPOSAS
7 ELEMENTOS DE BLOCO
8 CONTEÚDO
9 EMMALINHA
10 BURMA SHAVE
11 SEGWAY
12 VOID
13 PASSING
14 IMG
15 12MPH

Desvende o desafio do local

Você poderia ter procurado cada entidade ou digitado cada uma. Em ambos os casos, a resposta será Detroit.

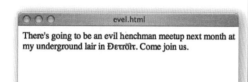

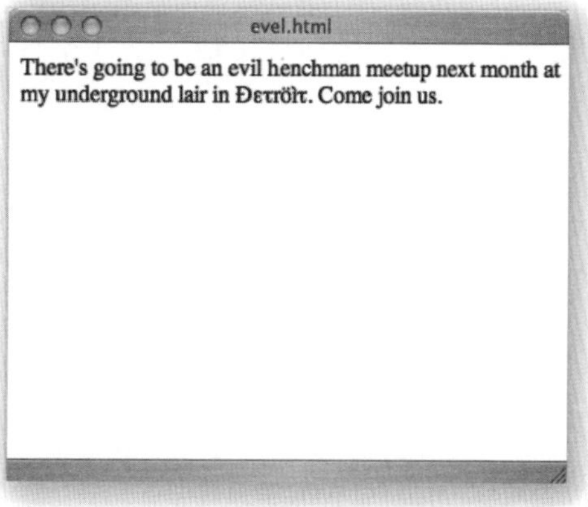

evel.html
There's going to be an evil henchman meetup next month at my underground lair in Ðετröìτ. Come join us.


```
There's going to be an evil henchman meetup
next month at my underground lair in
&#208;&epsilon;&tau;&#114;&ouml;&igrave;
&tau;. Come join us.
```

4 conecte-se

Uma Viagem à Weblândia

Estamos indo para a Weblândia! E vamos deixar para trás nosso sistema de arquivos local, velho e cheio de poeira, de uma vez por todas.

As páginas Web são o melhor prato servido na Internet. Até aqui, você criou páginas HTML que vivem apenas em seu próprio computador. Você também criou links para páginas que estão apenas em seu próprio computador. Vamos mudar tudo isso. Neste capítulo, encorajamos você a colocar essas páginas Web na Internet, onde seus amigos, fãs e clientes possam vê-las. Vamos revelar também os segredos sobre a vinculação a outras páginas ao fazer um crack do código h, t, t, p, :, /, /, w, w, w. Portanto, pegue suas coisas; nossa próxima parada é em Weblândia.

AVISO: Uma vez em Weblândia, você nunca mais vai querer voltar. Mande-nos um cartão postal.

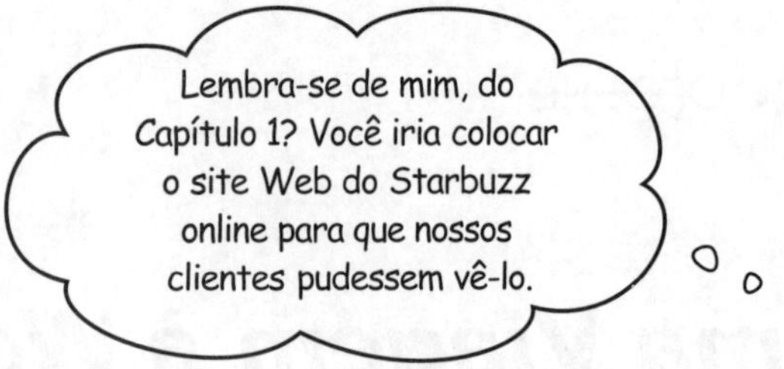
Lembra-se de mim, do
Capítulo 1? Você iria colocar
o site Web do Starbuzz
online para que nossos
clientes pudessem vê-lo.

Coloque o Starbuzz (ou você mesmo) na Web

Você está muito mais próximo de colocar na Web o Starbuzz — ou melhor, seu próprio site — do que imagina. Tudo o que precisa fazer é encontrar uma "Empresa de Hospedagem na Web" (a chamaremos de "empresa de hospedagem" de agora em diante) para colocar seus arquivos em seus servidores, e então copiar suas páginas de seu computador para um desses servidores.

Entender como suas pastas locais serão "mapeadas" para as pastas dos servidores, e, uma vez colocadas as páginas no servidor, saber como apontar o browser para elas, é útil. Vamos chegar lá. Por ora, vamos conversar sobre como colocá-las na Web. Veja o que você precisará fazer:

1. **Encontrar uma empresa de hospedagem.**
2. **Escolher um nome para seu site (como www.cafestarbuzz.com.br).**
3. **Encontrar uma maneira de jogar seus arquivos de seu computador para um servidor da empresa de hospedagem (há algumas maneiras diferentes).**
4. **Mostrar seu novo site para seus amigos, sua família e seus fãs, e deixar o divertimento começar.**

Vamos levá-lo para um passeio através de todos esses passos, e mesmo que você não crie um site Web online neste momento, siga com a gente para aprender algumas coisas importantes que precisará saber mais tarde. Portanto, prepare-se para um pequeno desvio do HTML...

Um desvio na Web

Encontre uma empresa de hospedagem

Para colocar suas páginas na Web, você precisa de um servidor que more na Web o tempo todo. Sua melhor aposta seria encontrar uma empresa de hospedagem e deixar para ela a preocupação com os detalhes de manter o servidor no ar. Não se preocupe: encontrar uma empresa de hospedagem é bem simples e barato.

Qual empresa? Bem, adoraríamos colocar você na Web pela **Use a Cabeça! Hospedagens Ltda.**, mas ela na verdade não existe. Assim, você terá de fazer seu dever de casa sozinho. Encontrar uma empresa para hospedar suas páginas não é uma tarefa difícil, é como escolher uma empresa de televisão a cabo; há várias opções e planos. Você realmente deve procurar muito para obter as melhores ofertas e um serviço que funcione para você.

A boa notícia é que você deve ser capaz de começar por um preço bem barato, e sempre poderá atualizar seu plano mais tarde se precisar de recursos adicionais. Apesar de não podermos sugerir um provedor em particular, podemos dizer algumas coisas que devem ser buscadas no provedor, além de termos uma lista dos provedores mais populares (nos EUA) em:

`http://www.headfirstlabs.com/providers.html`

Nota do Marketing: se uma empresa de hospedagem nos mandar um cheque bem gordo, podemos sugerir sim!

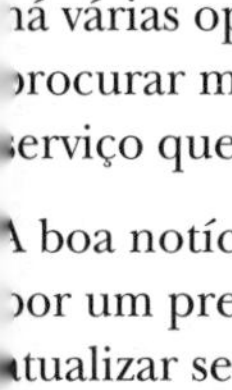

Relaxe

Você precisa colocar suas páginas na Web para este livro.

Mesmo que seja muito divertido ter suas página na Web, você pode terminar este livro trabalhando em seu próprio computador.

Em ambos os casos, siga as próximas páginas para saber como tudo se encaixa.

Guia de um minuto sobre hospedagem

Não conseguiremos dizer aqui tudo o que você precisa saber sobre uma empresa de hospedagem (afinal de contas, este livro é sobre HTML e CSS), mas lhe dar um empurrãozinho na direção certa. Aqui estão alguns recursos a serem considerados durante a procura por uma dessas empresas.

- *Suporte técnico*: a empresa de hospedagem possui um bom sistema para lidar com suas perguntas técnicas? As melhores responderão às suas perguntas muito rapidamente, tanto por telefone como por e-mail.
- *Transferência de dados*: é uma medida de quantas páginas e dados a empresa de hospedagem permitirá que você envie aos seus visitantes durante um determinado mês. A maioria das empresas oferece em seus planos mais básicos quantidades razoáveis de transferência de dados para sites pequenos. Se você estiver criando um site com previsão de muitas visitas, seria melhor olhar com muito cuidado para esse tópico.
- *Backups*: a empresa de hospedagem faz backups regulares de suas páginas e dados, garantindo que sejam recuperados no caso de falha de hardware do servidor?
- *Nomes de domínio*: a empresa de hospedagem inclui um nome de domínio em seu preço? Veja mais sobre isso na próxima página.
- *Confiabilidade*: a maioria das empresas de hospedagem afirma que mantém os sites Web no ar por 99% do tempo ou mais.
- *Benefícios*: o seu pacote inclui outros benefícios como endereços de e-mail, fóruns de discussão ou suporte para linguagens de script (algo que se tornará muito importante para você no futuro)?

Olá, meu nome de domínio é...

Mesmo que você nunca tenha ouvido falar de um nome de domínio, já viu e usou zilhões deles; você sabe... google.com.br, yahoo.com.br, amazon.com, disney.com e talvez alguns que você não gostaria de ver mencionados aqui.

Então, o que é um nome de domínio? Apenas um nome único que é usado para localizar seu site. Veja um exemplo:

Esta parte é o nome do domínio.

`www.starbuzzcoffee.com`

Esta parte é o nome de um servidor específico NO domínio.

Há finais de domínio diferentes para propósitos diferentes: .com, .org, .gov, .edu e também há para países diferentes: co.uk, .br, co.jp, e assim por diante. Quando for escolher um domínio, pegue aquele que servir melhor para você.

Há algumas razões para você se preocupar com nomes de domínio. Se você deseja um nome único para seu site, vai precisar de seu próprio nome de domínio. Os nomes de domínio também são usados para vincular suas páginas a outros sites Web (vamos chegar nesse assunto em algumas páginas).

Há outra coisa que você deve saber. Os nomes de domínio são controlados por uma autoridade centralizada (chamada de ICANN), para garantir que apenas uma pessoa de cada vez utilize um determinado nome de domínio. Além disso (você sabia que isso iria acontecer), você paga uma pequena taxa anual de registro para manter seu nome de domínio.

Como você pode obter um nome de domínio?

A resposta mais fácil é deixar que a sua empresa de hospedagem se preocupe com isso. Normalmente, elas incluem o registro do nome de seu domínio em seus pacotes. Entretanto, há centenas de empresas que adorariam ajudar — você poderá achar uma lista delas em (nos EUA e em inglês):

`http://www.internic.net/regist.html`

Quanto a encontrar a empresa de hospedagem, sentimos muito, mas vamos deixar que você a encontre e registre seu próprio nome de domínio. Provavelmente, você descobrirá que usar uma empresa de hospedagem é a maneira mais fácil de conseguir o registro de seu nome de domínio.

Depois de anos de luta, finalmente conseguimos nosso próprio nome de domínio.
VENDIDO
À VENDA
cercadeestacas.com.br

não existem Perguntas Idiotas

P: Por que dizemos "nome de domínio" e não "nome do site"?

R: Porque são duas coisas diferentes. www.cafestarbuzz.com.br é um nome de site, mas apenas a parte "cafestarbuzz.com.br" é o nome do domínio. Você também poderia criar outros sites usando o mesmo nome de domínio,como"corporativo.cafestarbuzz.com.br" ou "funcionarios.cafestarbuzz.com.br". Assim, o nome de domínio é algo que você pode usar para muitos sites Web.

P: Se você quiser obter o nome de domínio para o Starbuzz, não seria melhor obter o nome www.cafestarbuzz.com.br? Parece que todo mundo usa sites Web com o "www" no início.

R: Novamente, não confunda um nome de domínio com um nome de site: "cafestarbuzz.com.br" é um nome de domínio,enquanto "www.cafestarbuzz.com.br" é o nome de um site. Comprar um domínio é como comprar um pedaço de terra, digamos, "avenidacentral100.com.br". Nesse pedaço de terra, você pode construir quantos sites Web quiser, por exemplo: "lar.avenidacentral100.com.br", "garagem.avenidacentral100.com.br" e "casinha.avenidacentral100.com.br". Assim, www.cafestarbuzz.com.br é apenas um site do domínio "cafestarbuzz.com.br".

P: O que há de tão maravilhoso em um nome de domínio, afinal? Eu realmente preciso de um? Minha empresa de hospedagem diz que eu posso utilizar o deles, www.hospedagenspicareta.com.

R: Se atende às suas necessidades, não há nada de errado em usar o nome deles. Mas (e sempre há um grande mas), há uma desvantagem: se você quiser escolher outra empresa de hospedagem, ou se essa empresa falir, então todo mundo que conhece o seu site não será capaz de achá-lo novamente com facilidade. Se, por outro lado, você possui um nome de domínio, basta levá-lo com você para sua nova empresa de hospedagem, e seus usuários nunca saberão que você mudou de provedor.

P: Se os nomes de domínio são únicos, isso significa que talvez alguém já tenha o meu. Como posso descobrir?

R: Boa pergunta. A maioria das empresas que oferecem serviços para nomes de domínio permite que você faça uma busca para verificar se o nome já foi utilizado (como se fosse uma busca por placas de carro personalizadas). Você encontrará uma lista dessas empresas em http:// www.internic.net/regist.html. Para fazer uma busca no Brasil, entre em http://registro.br.

Aqui está um exercício que você realmente precisa fazer por conta própria. Adoraríamos ajudá-lo pessoalmente, mas tem algumas coisas que autores de livros não podem fazer para você – alimentar seu gato enquanto você viaja também está fora de cogitação.

Tente isto em casa

É hora de procurar uma empresa de hospedagem e obter um nome de domínio para seu site. Além disso, lembre-se de que você poderá completar o livro sem fazer isso (mas deveria realmente tentar!).

Minha empresa de hospedagem na Web: ....

Meu nome de domínio: ....

A mudança

HANDLE WITH CARE
FRAGILE
THANK YOU
CONTEÚDO:
HTML e Imagens
LOCALIZAÇÃO:
Pasta Root

Parabéns! Você já conseguiu sua empresa de hospedagem, encontrou um nome de domínio e tem um servidor pronto para suas páginas Web (mesmo que você não tenha feito nada disso, continue a leitura, pois isso é importante).

E agora? Bem, é a hora da mudança, é claro. Assim, tire aquela placa que diz "À venda" e pegue todos os arquivos, porque vamos colocá-los no novo servidor. Assim como em qualquer mudança, a meta será mudar as coisas que estavam, por exemplo, na cozinha de sua casa antiga, para a cozinha da casa nova. Na Web, estamos preocupados apenas em tirar as coisas de sua própria pasta raiz e colocá-las na pasta raiz do servidor Web. Vamos voltar ao Starbuzz e repassar esse procedimento. Veja como as coisas estão agora:

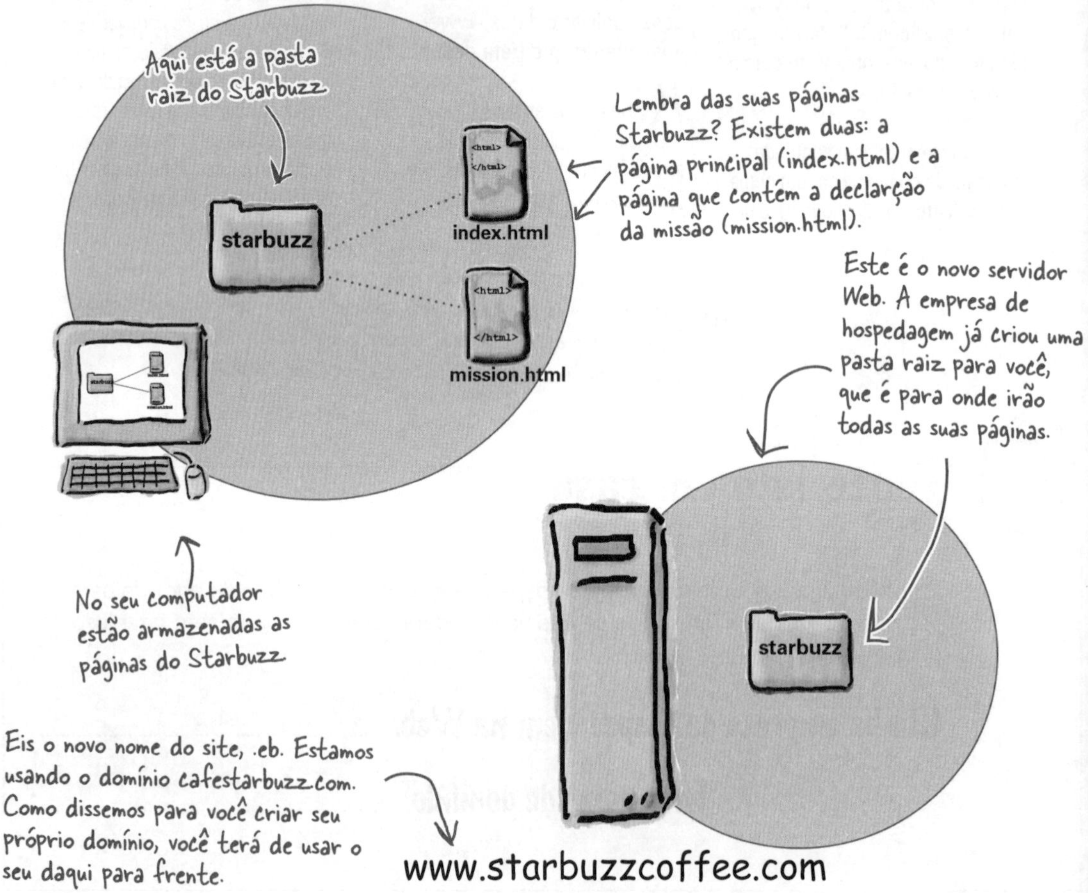
Aqui está a pasta raiz do Starbuzz
starbuzz
<html>
</html>
index.html
mission.html
Lembra das suas páginas Starbuzz? Existem duas: a página principal (index.html) e a página que contém a declarção da missão (mission.html).
Este é o novo servidor Web. A empresa de hospedagem já criou uma pasta raiz para você, que é para onde irão todas as suas páginas.
No seu computador estão armazenadas as páginas do Starbuzz
starbuzz
Eis o novo nome do site, .eb. Estamos usando o domínio cafestarbuzz.com. Como dissemos para você criar seu próprio domínio, você terá de usar o seu daqui para frente.
www.starbuzzcoffee.com

não existem Perguntas Idiotas

P: O que é mesmo "pasta raiz"?

R: Até aqui, a pasta raiz era apenas a pasta mais ao topo para suas páginas. No servidor Web, a pasta raiz se torna ainda mais importante porque qualquer coisa dentro da pasta raiz estará acessível na Web.

P: Parece que minha empresa de hospedagem chamou minha pasta raiz de "meudominio_com_br". Isso seria um problema.

R: De jeito nenhum. As empresas de hospedagem chamam as pastas raiz de um monte de coisas diferentes. O mais importante é que você saiba onde no servidor está localizada sua pasta raiz, e que você possa copiar seus arquivos para ela (falaremos sobre isso daqui a pouco).

P: Deixe-me ver se entendi. Colocamos todas as páginas do site em uma pasta, que chamamos de pasta raiz. Agora vamos copiar tudo isso para a pasta raiz do servidor?

R: Exatamente. Você pegará todas as páginas de seu computador e as colocará na pasta raiz de seu site, que está no servidor da empresa de hospedagem.

P: E as subpastas, como pastas "figuras"? Devo copiá-las também?

R: Sim, basicamente, você replicará todas as páginas, arquivos e pastas de sua pasta raiz para o servidor. Logo, se você tem uma pasta "figuras" em seu computador, também terá uma no servidor.

Coloque seus arquivos na pasta raiz

Você agora está a um passo de colocar o Café Starbuzz na Web: você identificou a pasta raiz no servidor de sua empresa de hospedagem e tudo o que precisa fazer é copiar suas páginas para essa pasta. Mas como você transfere os arquivos para um servidor Web? Há uma grande variedade de maneiras, mas a maioria das empresas de hospedagem utiliza um método de transferência de arquivos chamado FTP, que quer dizer File Transfer Protocol (Protocolo de Transferência de Arquivos). Você encontrará muitas aplicações que permitem a transferência de arquivos via FTP; vamos dar uma olhada em como isso funciona na próxima página.

Os arquivos estão em seu computador.

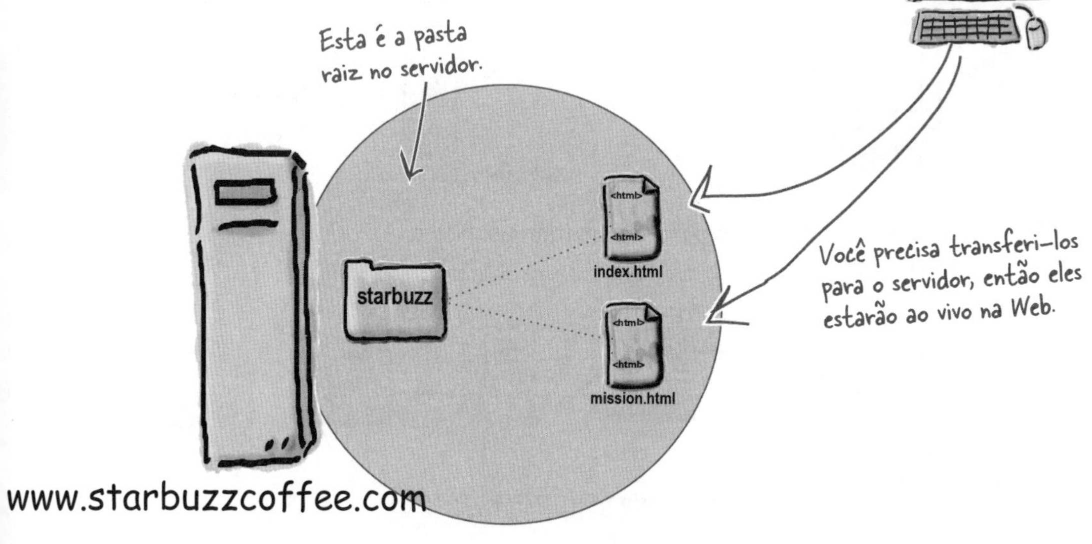
Esta é a pasta raiz no servidor.
starbuzz
<html>
</html>
index.html
<html>
</html>
mission.html
Você precisa transferi-los para o servidor, então eles estarão ao vivo na Web.
www.starbuzzcoffee.com

Todo o FTP que você pode colocar em duas páginas

Sério, este é realmente um livro sobre HTML e CSS, mas não queríamos deixar você em um mato sem cachorro. Assim, aqui está um pequeno guia sobre a utilização do FTP para envio de seus arquivos para a Web. Tenha em mente que a sua empresa de hospedagem poderá ter algumas sugestões sobre a melhor maneira de transferir os arquivos para os servidores dela (e desde que você a esteja pagando, obtenha sua ajuda). Depois das próximas páginas, sairemos do desvio e voltaremos ao HTML e às CSS, onde ficaremos até o final do livro. Nós prometemos.

Vamos supor que você encontrou uma aplicação de FTP. Algumas são para linha de comando, outras possuem interfaces gráficas completas e ainda há as que são embutidas em outras aplicações, como Dreamweaver e Expression Web. Todas elas usam os mesmos comandos, mas em algumas você deve digitar os comandos, enquanto em outras você usa a interface gráfica. Veja como o FTP funciona:

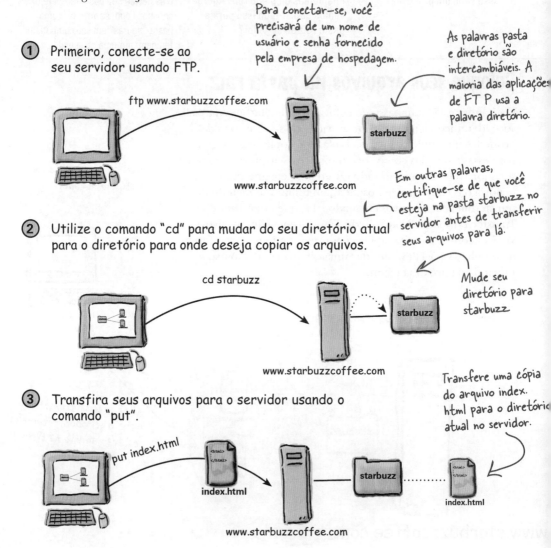

① Primeiro, conecte-se ao seu servidor usando FTP.

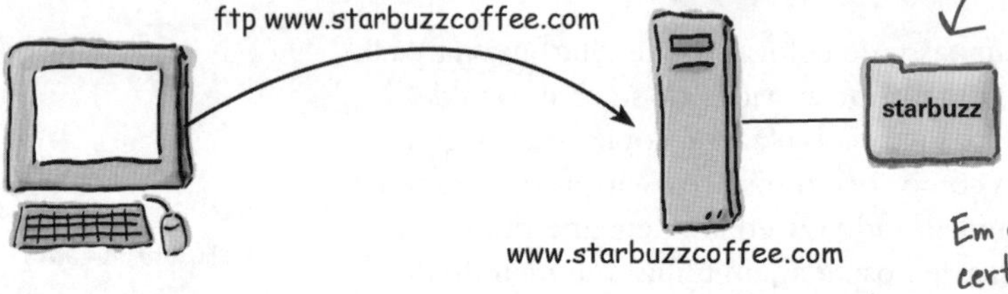
Para conectar-se, você precisará de um nome de usuário e senha fornecido pela empresa de hospedagem.
As palavras pasta e diretório são intercambiáveis. A maioria das aplicações de FTP usa a palavra diretório.
ftp www.starbuzzcoffee.com
starbuzz
www.starbuzzcoffee.com

② Utilize o comando "cd" para mudar do seu diretório atual para o diretório para onde deseja copiar os arquivos.

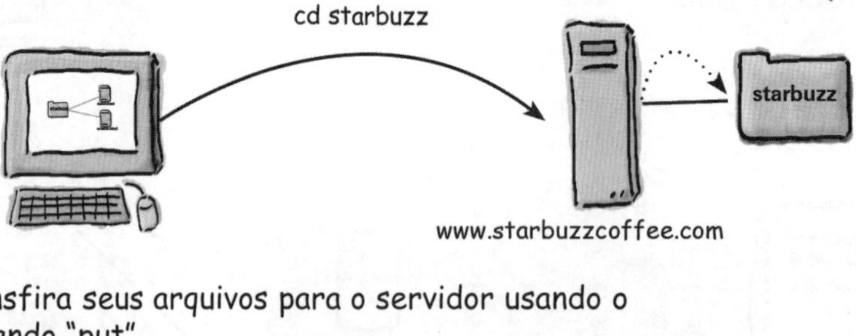
Em outras palavras, certifique-se de que você esteja na pasta starbuzz no servidor antes de transferir seus arquivos para lá.
Mude seu diretório para starbuzz
cd starbuzz
starbuzz
www.starbuzzcoffee.com

③ Transfira seus arquivos para o servidor usando o comando "put".

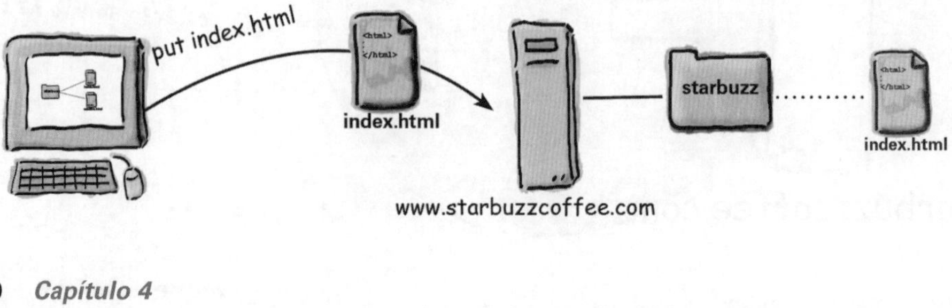
Transfere uma cópia do arquivo index.html para o diretório atual no servidor.
put index.html
index.html
starbuzz
index.html
www.starbuzzcoffee.com

4. Você também poderá criar um novo diretório no servidor com o comando "mkdir".

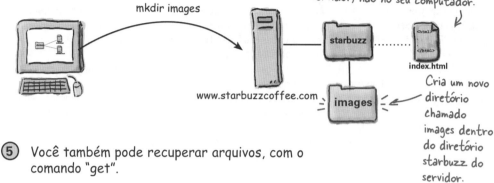

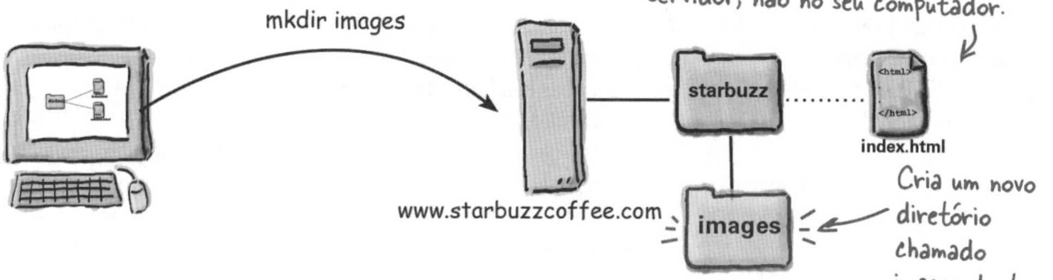
mkdir images
starbuzz
<html>
</html>
index.html
www.starbuzzcoffee.com
images
Isso é como criar uma nova pasta, só que você está fazendo isso no servidor, não no seu computador.
Cria um novo diretório chamado images dentro do diretório starbuzz do servidor.

5. Você também pode recuperar arquivos, com o comando "get".

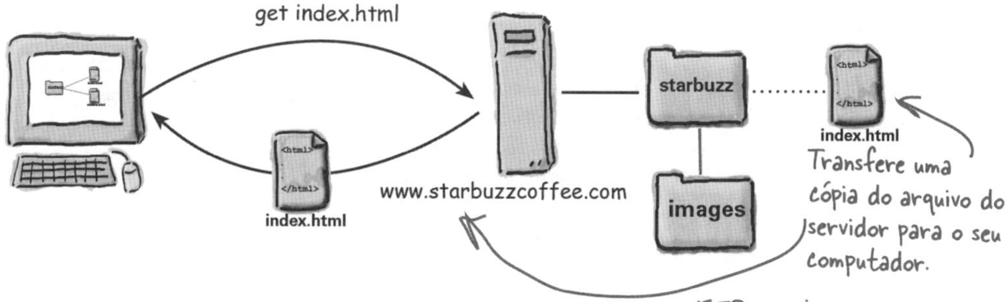
get index.html
<html>
</html>
index.html
www.starbuzzcoffee.com
starbuzz
images
index.html
Transfere uma cópia do arquivo do servidor para o seu computador.

Vamos colocar tudo isso junto. Veja um exemplo do FTP sendo usado a partir de uma aplicação de linha de comando:

A maioria das aplicações de FTP possui interfaces gráficas mais amigáveis. Por isso, sinta-se à vontade para pular a figura se estiver usando uma delas.

```
File Edit Window Help Jam
%ftp www.starbuzzcoffee.com
Connected to www.starbuzzcoffee.com
Name: headfirst
Password:******
230 User headfirst logged in
ftp> dir
drwx------ 4096 Sep  5 15:07 starbuzz
ftp> cd starbuzz
CWD command successful
ftp> put index.html
Transfer complete.
ftp> dir
-rw------- 1022 Sep  5 15:07 index.html
ftp> mkdir images
Directory successfully created
ftp> cd images
CWD command successful
ftp> bye
```

Conecta e faz o login

Obtém um diretório do que está lá.

Um diretório chamado starbuzz

Altera para o diretório starbuzz

Transfere index.html para lá.

Olhe para o diretório agora ele tem um index.html.

Crie um diretório para as figuras, e então saia do programa usando o comando bye.

Comandos do FTP

Esteja você digitando com os comandos na linha de comando ou usando a aplicação FTP com interface gráfica, os comandos ou operações que podem ser executados são basicamente os mesmos.

- *dir*: obtém uma listagem do diretório atual.
- *cd*: muda para o outro diretório. Aqui, ".." também significa subir um diretório.
- *pwd*: exibe o diretório em que você está atualmente.
- *put<nomedoarquivo>*: trasfere o nome do arquivo especificado para o servidor.
- *get<nomedoarquivo>*: recupera o nome do arquivo especificado do servidor para o seu computador.

não existem Perguntas Idiotas

P: Minha empresa de hospedagem me disse para usar SFTP, e não o FTP. Qual é a diferença?

R: SFTP, ou Secure File Transfer Protocol (Protocolo de Transferência Segura de Arquivos), é uma versão mais segura do FTP, mas funciona quase da mesma maneira. Verifique apenas se a aplicação de FTP suporta o SFTP, antes de comprá-la.

P: Então eu edito meus arquivos no meu computador e depois os transfiro sempre que quiser atualizar meu site?

R: Sim, para sites pequenos, essa normalmente é a maneira como as coisas são feitas. Use seu computador para testar suas alterações e garantir que tudo esteja funcionando da maneira desejada, antes de transferir seus arquivos para o servidor. Para Web sites maiores, as empresas normalmente criam um site de teste e um site de produção, para que possam visualizar alterações no site de teste antes de alterarem o site de produção.

Se estiver usando uma ferramenta como o Dreamweaver ou o Coda, elas permitirão que você teste suas alterações em seu próprio computador; quando você salva seus arquivos, então eles são automaticamente transferidos para o site.

P: Eu posso editar meus arquivos diretamente no servidor Web?

R: Normalmente essa não é uma boa ideia, porque seus visitantes verão todas as alterações e erros antes que você tenha tempo de percebê-los e corrigi-los. Sendo assim, algumas empresas de hospedagem permitirão que você se logue no servidor e faça alterações. Para fazer isso, geralmente você precisa conhecer o prompt de comandos do DOS ou do Linux, dependendo de qual sistema operacional esteja sendo executado no servidor.

Aplicações FTP populares

Estas são as aplicações FTP mais populares para Mac e Windows.

Para Mac OS X:

- (htpp://fetchsoftworks.com/) é uma das mais populares aplicações FTP para Mac $
- Transmit (http://www.panic.com/transmit/) $
- (http://cyberduck.ch/) GRÁTIS

Para Windows:

- FTP (http://www.smartftp.com/download/) $
- (http://www.ipswitch.com/products/file-transfer.asp). A versão básica é GRÁTIS, $ para a versão Profissional.
- (http://cyberduck.ch/) GRÁTIS

A maioria das aplicações FTP possui uma versão de teste (trial) que você pode baixar para experimentar antes de comprar.

Tente isto em casa

Este é outro dever de casa para você. Marque cada item conforme for terminando:

- [ ] Certifique-se do local onde está sua pasta raiz no servidor da empresa de hospedagem.
- [ ] Descubra a melhor maneira (e a melhor ferramenta a ser usada) de transferir arquivos do seu computador para o servidor.
- [ ] Por ora, transfira os arquivos "index.html" e "mission.html" do Starbuzz para a pasta raiz do servidor.

De volta aos negócios...

Este é o final do desvio e estamos de volta à auto-estrada da Web. Neste momento, você deve ter as duas páginas do Starbuzz, "index.html" e "mission.html", na pasta raiz de um servidor (ou se não tiver, pelo menos você está nos acompanhando).

Depois de todo esse trabalho, não seria recompensador fazer com que seu browser recuperasse tais páginas pela Internet e as exibisse para você? Vamos descobrir o endereço correto a ser digitado em seu browser...

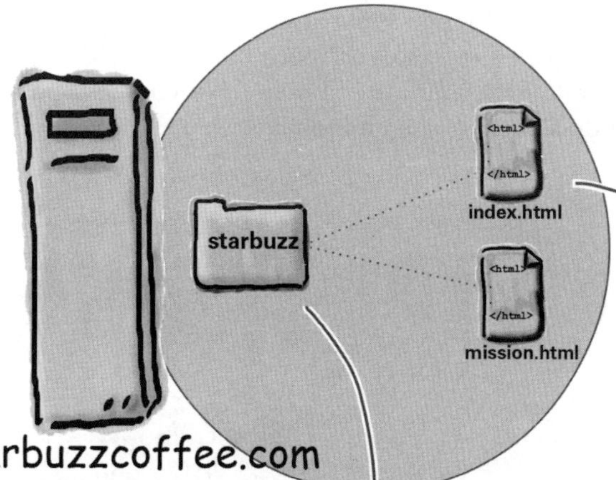
starbuzz
index.html
mission.html
www.starbuzzcoffee.com

Todos os endereços de página Web começam com isto, certo? Vamos descobrir o que significa HTTP.

http:// www.starbuzzcoffee.com / index.html

Este é o nome do Web site.

Para representar a pasta raiz, usamos apenas a /.

E aqui está o nome do arquivo da página.

Avenida Principal — ~~EUA~~ URL

Provavelmente você já ouviu o familiar "h" "t" "t" "p" "dois pontos" "barra" "barra" um zilhão de vezes, mas o que isso significa? Antes de mais nada, os endereços Web que você digita no browser são chamados de *URLs*, ou Uniform Resource Locators (Localizadores Uniformizados de Recursos).

Se esse nome tivesse dependido de nós, teríamos chamado de "endereços Web", mas ninguém nos perguntou e portanto temos que aturar o Localizador Uniformizado de Recursos. Veja como decifrar uma URL:

```
http://www.starbuzzcoffee.com/index.html
```

A primeira parte da URL diz para você o protocolo que precisa ser usado para recuperar o recurso.

A segunda parte é o nome do Web site. Você já sabe tudo sobre isso.

E a terceira parte é path absoluto para o recurso, a partir da pasta raiz.

Para localizar qualquer coisa na Web, desde que se saiba qual é o servidor que a está hospedando, e qual é o *path absoluto* para o recurso, você pode criar uma URL, e muito provavelmente fazer um browser Web recuperá-la para você usando algum *protocolo,* normalmente, o HTTP.

Uma URL (Uniform Resource Locator) é um endereço global que pode ser usado para localizar qualquer coisa na Web incluindo páginas HTML, áudio, vídeo e muitas outras formas de conteúdo Web.

Além de especificar a localização de um recurso, uma URL informa também qual é o protocolo que você poderá usar para recupera determinado recurs

Venha para
http://www.earlsautos.com
$100

O que é HTTP?

HTTP também é conhecido como HyperText Transfer Protocol (Protocolo de Transferência de Hipertexto). Em outras palavras, é um método acordado (um protocolo) para a transferência de documentos de hipertexto pela Web. Enquanto que "documentos de hipertexto" normalmente são apenas páginas HTML, o protocolo também pode ser usado para transferir imagens ou qualquer outro arquivo que venha a ser necessário a uma página Web.

O HTTP é um protocolo simples de solicitação e resposta. Veja como ele funciona:

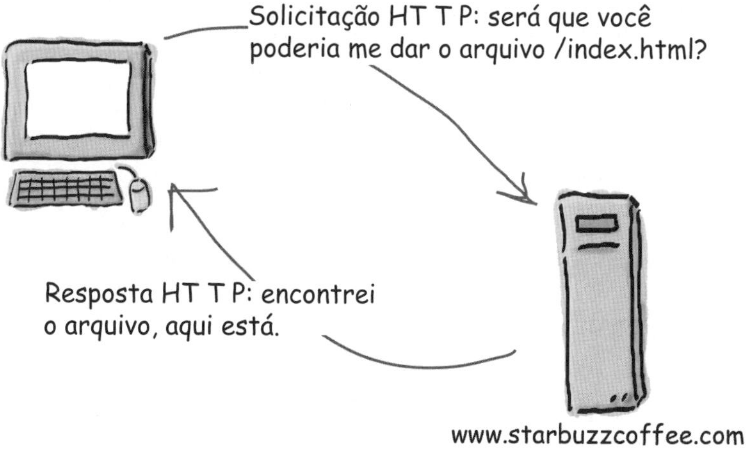
Solicitação HT T P: será que você poderia me dar o arquivo /index.html?
Resposta HT T P: encontrei o arquivo, aqui está.
www.starbuzzcoffee.com

Portanto, sempre que você digita uma URL na barra de endereços do seu browser, ele pergunta para o servidor se há o recurso correspondente usando o protocolo HTTP. Se o servidor encontrar o recurso, devolve-o para o browser, que exibirá. O que acontece se o servidor não o encontrar?

Faça o que fizer, não chame a URL de "Earl", porque esse é o meu nome. Pronuncia-se U-R-L.

HT T P Pergunta: será que você poderia me dar o arquivo /dificildeachar.html?
HT T P responde: erro #404, não consigo achá-lo.
www.starbuzzcoffee.com

Se o arquivo não puder ser encontrado, você obterá o conhecido "Erro 404", que o servidor reporta para o browser.

O que é um path absoluto?

Na última vez em que falamos sobre path, estávamos escrevendo HTML para criar links com o elemento `<a>`. O path que vamos ver agora é um path absoluto que faz parte de uma URL, a última parte que vem após o protocolo (http) e o nome do Web site (`www.cafestarbuzz.com.br`).

Um path absoluto diz ao servidor como fazer o "get" de sua pasta raiz para uma página ou arquivo em particular. Veja o site "Autos do Earl", por exemplo. Digamos que você queira olhar o inventário do Earl para ver se o seu novo Mini Cooper já está disponível. Para fazer isso, você precisa descobrir o path absoluto até o arquivo "inventory.html", que está na pasta "new". Tudo o que você tem que fazer é traçar o path através das pastas, começando pela raiz, para subir até a pasta "new", onde está o arquivo "inventory". O path é composto por todas as pastas pelas quais você passou para chegar lá.

Assim, no path aparecem a raiz (representada por uma "/"), "cars", "new" e, finalmente, o próprio arquivo "inventory.html". Vamos colocar tudo junto:

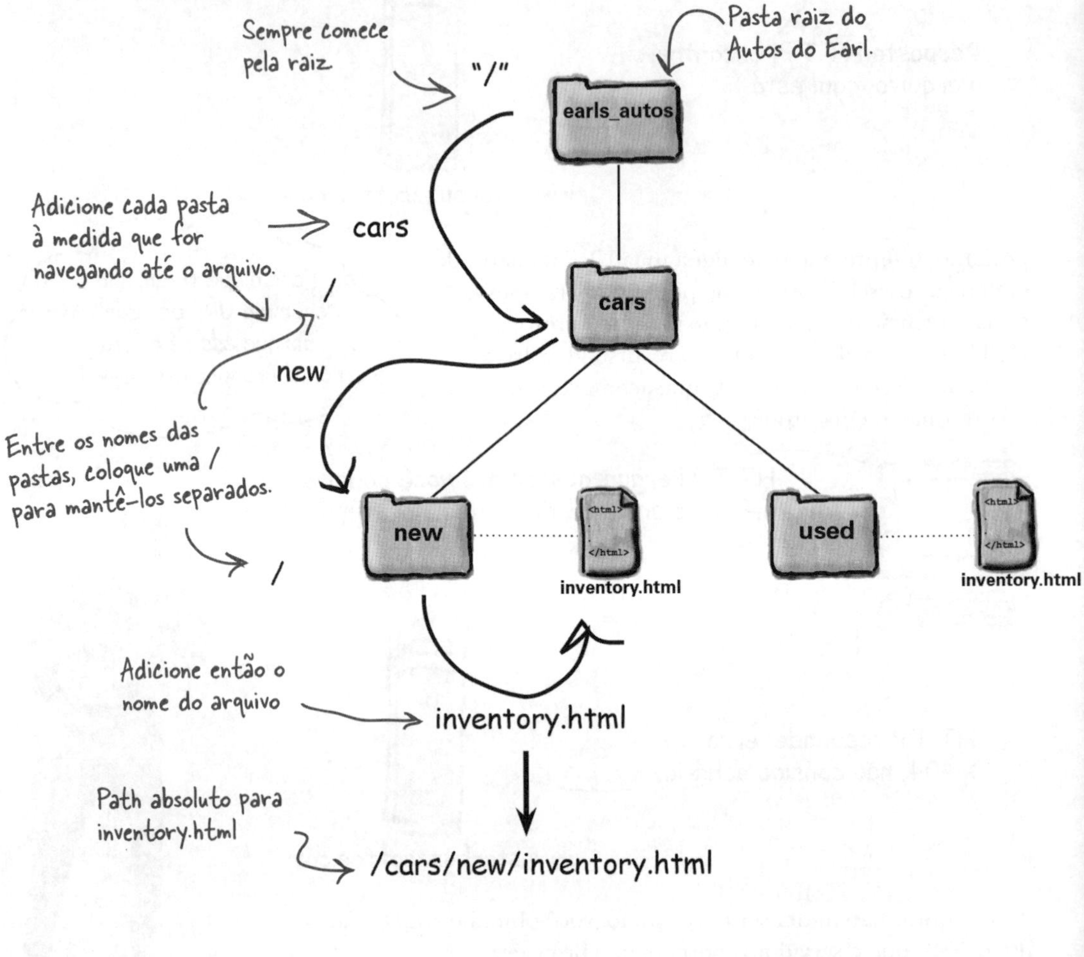
Sempre comece pela raiz
"/"
Pasta raiz do Autos do Earl.
earls_autos
Adicione cada pasta à medida que for navegando até o arquivo.
cars
/
cars
new
Entre os nomes das pastas, coloque uma / para mantê-los separados.
/
new
<html>
</html>
inventory.html
used
<html>
</html>
inventory.html
Adicione então o nome do arquivo
inventory.html
Path absoluto para inventory.html
/cars/new/inventory.html

não existem Perguntas Idiotas

P: O que há de importante nos paths absolutos?

R: O path absoluto é tudo que o servidor precisa para localizar o arquivo que você está solicitando. Se o servidor não tivesse um path absoluto, não saberia onde procurar.

P: Eu acho que entendi as peças protocolos, servidores, Web sites e paths absolutos, mas estou tendo problemas em juntá-las.

R: Se você juntar tudo isso, terá uma URL. Com uma URL você pode pedir ao browser que recupere uma página (ou outros tipos de recursos) da Web. Como? A parte do protocolo diz ao browser qual é o método que ele deverá usar para recuperar o recurso (na maioria dos casos, HTTP). A parte Web site, que consiste do nome do servidor e do nome do domínio, diz ao browser em qual computador na Internet pegar o recurso. O path absoluto informa ao servidor qual é a página que você está procurando.

P: Aprendemos a colocar paths absolutos no atributo "href" de nossos elementos <a>. Como é que o servidor poderá encontrar esses links se eles não são absolutos?

R: Uau, grande pergunta. Quando você clica em um link relativo, nos bastidores o browser cria um path absoluto com o path relativo e o path da página que está sendo buscada. Assim, tudo o que o servidor Web vê são os paths absolutos, graças ao seu browser.

P: Ajudaria o browser se eu colocasse os paths absolutos em meu HTML?

R: Ah, outra ótima pergunta, mas espere um pouco, voltaremos a esse assunto logo, logo.

Aponte o seu lápis

Você já esperou demais. É hora de levar sua nova URL para dar uma volta. Antes de fazer isso, preencha as lacunas abaixo e então digite a URL (como se você já não tivesse feito isso). Se estiver tendo problemas, esse é o momento de trabalhar com sua empresa de hospedagem para que as coisas fiquem no lugar. Se você ainda não contratou uma empresa de hospedagem, preencha as lacunas com "www.starbuzzcoffee.com" e digite a URL em seu browser — a página aparecerá em inglês.

.... :// ....

protocol **website name** **absolute path**

Eu gostaria que meus visitantes digitassem http:// www.cafestarbuzz.com.br e não tivessem de digitar "index.html". Há alguma maneira de se fazer isso?

Lembre-se, quando estivermos falando sobre servidores Web ou FTP, normalmente usamos o termo "diretório" ao invés de "pasta". Mas eles são a mesma coisa.

Sim, há. Uma coisa sobre a qual não conversamos ainda é o que acontece se um browser pedir a um servidor Web um diretório, ao invés de um arquivo. Por exemplo, um browser poderia solicitar:

http://www.starbuzzcoffee.com/images/

O diretório images no diretório raiz

ou

http://www.starbuzzcoffee.com/

No próprio diretório raiz

Quando um servidor Web recebe uma solicitação como essa, tenta localizar o arquivo padrão (default) do diretório. Tipicamente, o arquivo padrão é chamado de "index.html" ou "default.htm". Se o servidor encontrar um desses arquivos, retorna-o para que o browser possa exibi-lo.

Assim, para retornar um arquivo por padrão a partir do seu diretório raiz (ou qualquer outro diretório), simplesmente nomeie o arquivo como "index.html" ou "default.htm".

Entretanto, você precisa descobrir como a sua empresa de hospedagem quer que você denomine seu arquivo padrão porque isso depende do tipo do servidor utilizado..

Mas eu perguntei sobre http://ww.cafestarbuzz.com.br, que parece um pouco diferente. Essa URL não possui uma "/" no final.

Opa, você tem razão. Quando um servidor recebe uma solicitação como a sua, sem a "/" no final, e há um diretório com tal nome, ele adiciona a "/" para você. Então, se o servidor receber uma solicitação:

http://www.starbuzzcoffee.com

ele a mudará para:

http://www.starbuzzcoffee.com/

o que fará com que o servidor procure pelo arquivo padrão, e no final retorne esse arquivo como se você tivesse originalmente digitado:

http://www.starbuzzcoffee.com/index.html

Como funcionam as páginas padrão (default)

Nos Bastidores

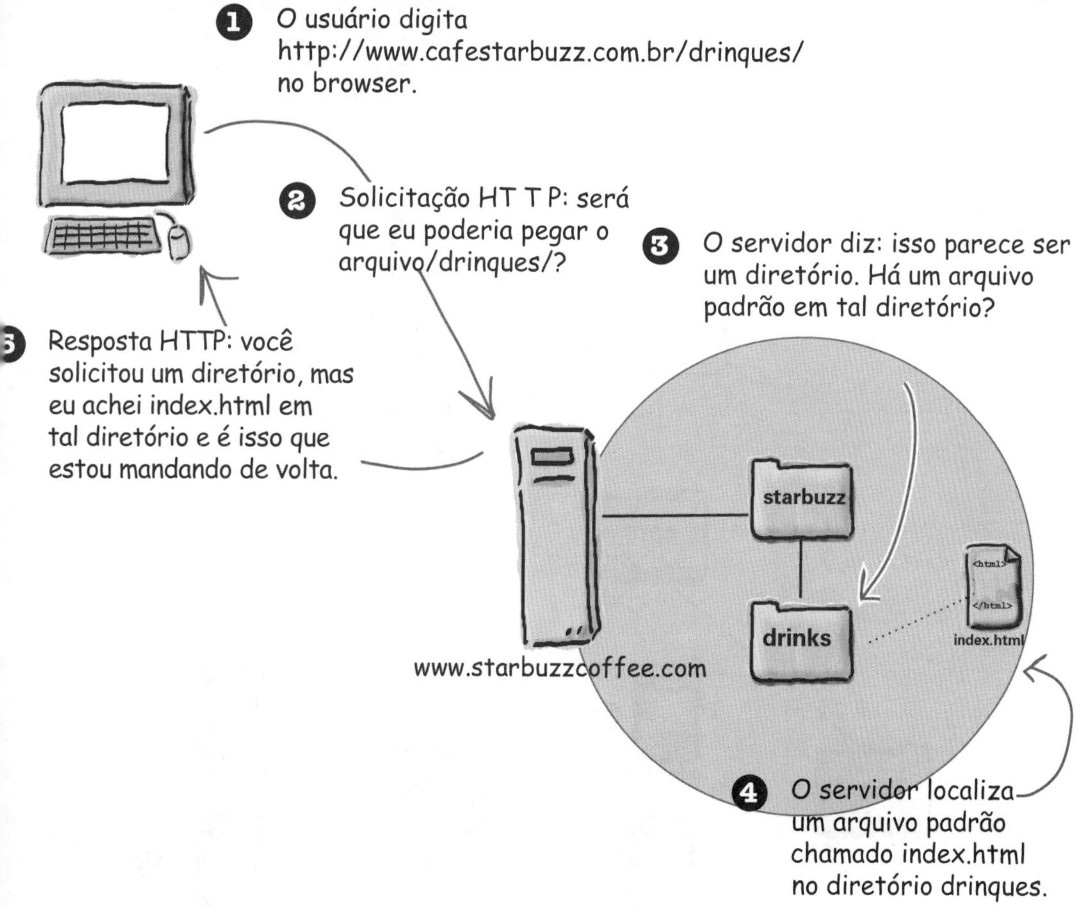

1 O usuário digita http://www.cafestarbuzz.com.br/drinques/ no browser.
2 Solicitação HT T P: será que eu poderia pegar o arquivo/drinques/?
3 O servidor diz: isso parece ser um diretório. Há um arquivo padrão em tal diretório?
4 O servidor localiza um arquivo padrão chamado index.html no diretório drinques.
5 Resposta HTTP: você solicitou um diretório, mas eu achei index.html em tal diretório e é isso que estou mandando de volta.
www.starbuzzcoffee.com
starbuzz
drinks
<html>
</html>
index.html

não existem Perguntas Idiotas

P: Então todo mundo que vier ao meu site com a URL http:// www.meusite.com.br verá minha página "index.html"?

R: Certo. Ou possivelmente "default.htm", dependendo do tipo de servidor Web usado por sua empresa de hospedagem (observe que "default.htm" normalmente não possui um "l" no final. Uma excentricidade do Servidor Web da Microsoft). Há outros nomes de arquivos padrão possíveis, como "index.php", que aparecerá se você começar a escrever scripts para gerar suas páginas. Esse tópico está muito além do escopo deste livro, mas isso não significa que você não estará criando scripts no futuro.

P: Então quando eu informar a URL a alguém, é melhor incluir a parte "index.html" ou não?

R: Não. É sempre melhor deixá-la de fora. O que acontecerá se você, no futuro, mudar para outro servidor Web que use outro nome de arquivo padrão, como "default.html"? Ou se você começar a escrever scripts e usar o nome "index.php"? Então a URL original que você informou não será mais válida.

Earl precisa de uma ajudinha com suas URLs.

O Earl pode conhecer o Earl, mas não conhece U-R-L. Ele precisa de uma pequena ajuda para descobrir as URLs de cada um dos arquivos abaixo, marcados como A, B, C, D e E. À direita, escreva a URL necessária para a recuperação de cada arquivo correspondente em www.autosdoearl.com.br.

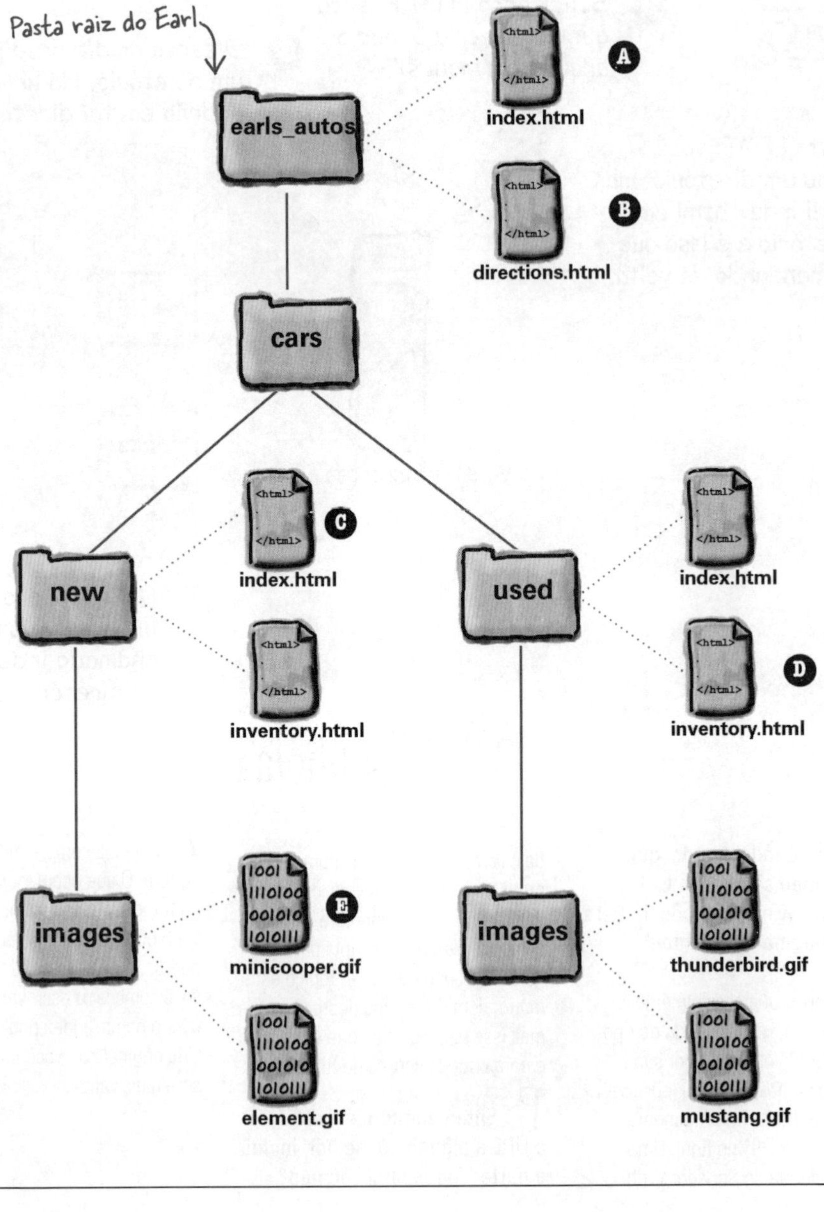
Pasta raiz do Earl
earls_autos
index.html
A
directions.html
B
cars
new
index.html
C
inventory.html
used
index.html
inventory.html
D
images
minicooper.gif
E
element.gif
images
thunderbird.gif
mustang.gif

A

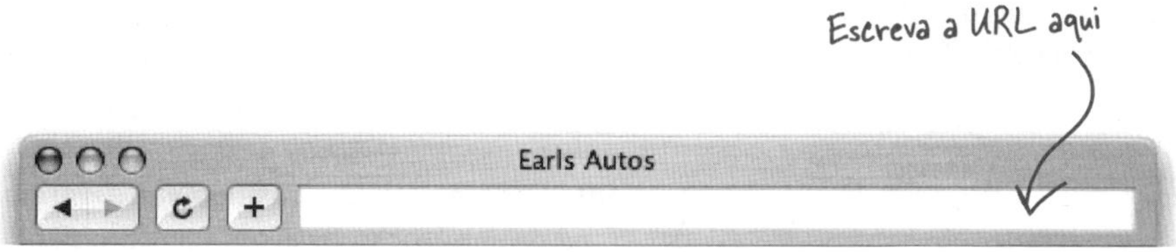
Escreva a URL aqui
Earls Autos

B

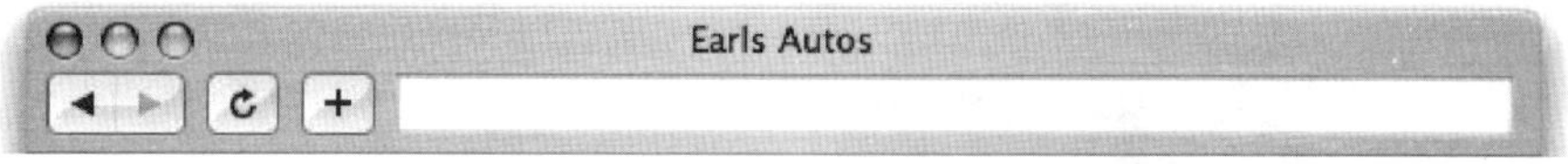
Earls Autos

C

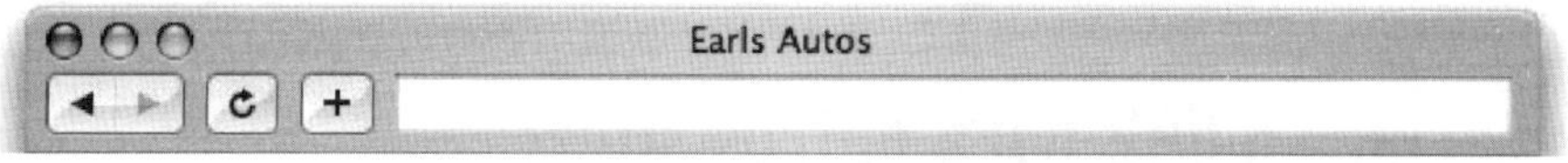
Earls Autos

D

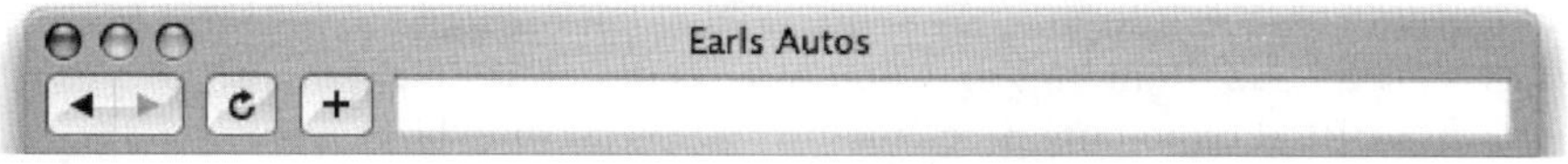
Earls Autos

E

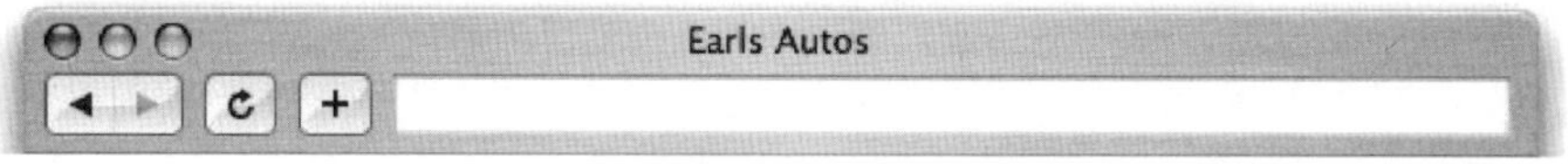
Earls Autos

$100

Fantástico! Estamos ao vivo na Web. Já estou até ouvindo o burburinho sobre nosso site nas lojas.
E por falar nisso, temos um novo programa de cafeína: descobrimos que, se vamos encher o pessoal de cafeína, queremos que eles saibam qual deve ser o limite. Podemos mostrar às pessoas algumas informações sobre a cafeína que existem na página "wickedlysmart.com/buzz" a partir do nosso site?

Como fazemos o link para outros sites?

As URLs não existem apenas para serem digitadas no browser; você pode utilizá-las também em seu HTML. E, claro, o CEO do Starbuzz, sempre antenado, possui uma nova tarefa para você: criar um link da página principal do Starbuzz para as informações sobre cafeína em `http://wickedlysmart.com/buzz` (em inglês). Como você já deve imaginar, vamos colocar essa URL diretamente no elemento <a>. Veja como fazer isso:

```
<a href="http://wickedlysmart.com/buzz">Caffeine Buzz</a
```

Um elemento <a> totalmente básico e trivial.

Colocamos uma URL no href. Clicando na legenda Caffeine Buzz, recuperaremos uma página de wickedlysmart.com/buzz

Isso é tudo que se deve fazer. Para linkar para qualquer recurso na Web, tudo o que você precisa é do Localizador Uniformizado de Recurso, que vai no elemento <a> como o valor do atributo `href`. Vamos em frente acrescentar isso à página "index.html" do Starbuzz.

Crie um link para "Caffeine Buzz"

Abra seu arquivo "index.html" do Starbuzz e examine-o até o final. Vamos adicionar dois novos links: um link relativo para a declaração da missão em "mission.html" e um link para o "Caffeine Buzz". Faça as alterações abaixo, salve e então carregue o arquivo "index.html" em seu browser. Clique no link e aproveite o "Caffeine Buzz".

```
<html>
  <head>
      <title>Starbuzz Coffee</title>
      <style type="text/css">
           body {
                 background-color: #d2b48c;
                 margin-left: 20%;
                 margin-right: 20%;
                 border: 2px dotted black;
                 padding: 10px 10px 10px 10px;
                 font-family: sans-serif;
           }
      </style>
  </head>

  <body>
      <h1>Starbuzz Coffee Beverages</h1>
      <h2>House Blend, $1.49</h2>
      <p>A smooth, mild blend of coffees from Mexico,
         Bolivia and Guatemala.</p>

      <h2>Mocha Cafe Latte, $2.35</h2>
      <p>Espresso, steamed milk and chocolate syrup.</p>

      <h2>Cappuccino, $1.89</h2>
      <p>A mixture of espresso, steamed milk and foam.</p>

      <h2>Chai Tea, $1.85</h2>
      <p>A spicy drink made with black tea, spices,
         milk and honey.
      </p>
      <p>
         <a href="mission.html">Read about our Mission</a>.
         <br>
         Read the <a href="http://wickedlysmart.com/buzz">Caffeine Buzz</a>.
      </p>
  </body>
</html>
```

Este é o link para o arquivo mission.html. Ele usa um path relativo para chegar até mission.html.

Adicionamos um <br> para colocar os links de duas linhas diferentes

E também adicionamos alguma estrutura aqui ao agruparmos os links e o texto em um parágrafo.

Aqui adicionamos um link para a página wickedlysmart.com/buzz

E agora o test drive...

Esta é a página com o novo link, da maneira como planejamos

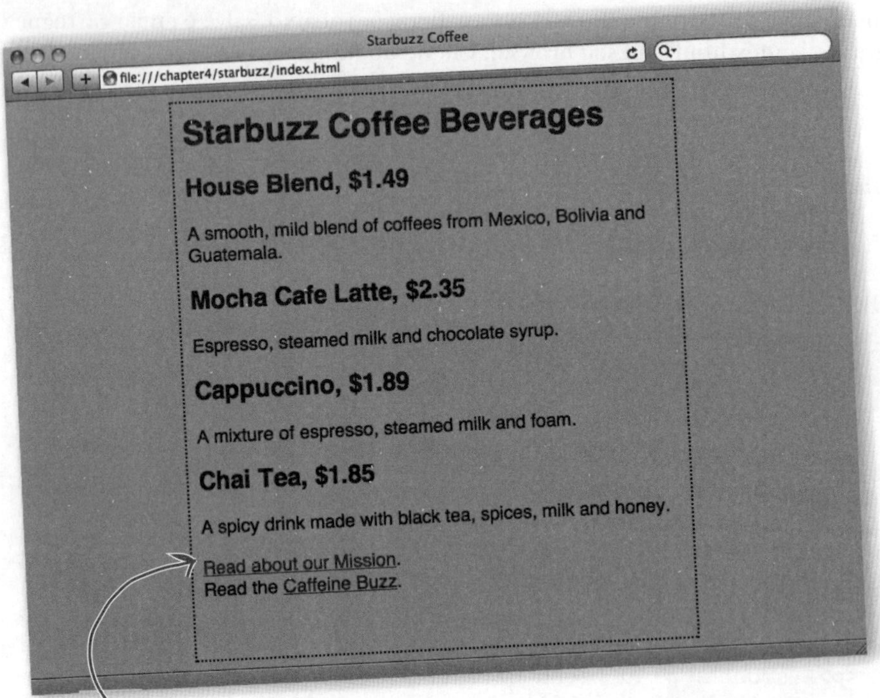
Starbuzz Coffee
file:///chapter4/starbuzz/index.html
Starbuzz Coffee Beverages
House Blend, $1.49
A smooth, mild blend of coffees from Mexico, Bolivia and Guatemala.
Mocha Cafe Latte, $2.35
Espresso, steamed milk and chocolate syrup.
Cappuccino, $1.89
A mixture of espresso, steamed milk and foam.
Chai Tea, $1.85
A spicy drink made with black tea, spices, milk and honey.
Read about our Mission.
Read the Caffeine Buzz.

Este é o novo link. Observe que colocamos o link somente nas palavras Caffeine Buzz e por isso ele é exibido de uma maneira levemente do outro link.

E quando você clica no link, seu browser fará uma solicitação HTTP para wickedlysmart.com/buzz e então exibirá o resultado.

Head First Caffeine Buzz
http://wickedlysmart.com/buzz/
Caffeine Buzz
your caffeine resource @ wickedlysmart
Sources
One common source of caffeine is the coffee plant, the beans from which are used to produce coffee. Caffeine content varies substantially between Arabica and Robusta species and to a lesser degree between varieties of each species.
One dose of caffeine is generally considered to be 100 mg. In theory, a single serving (6 fl oz / 150 ml) of drip coffee or one-half caffeine tablet would deliver this dose. In the real world, coffee varies considerably in caffeine content per serving, ranging from about 75 mg to 250 mg. Generally, dark roast coffee has less caffeine than lighter roasts since the roasting process reduces caffeine content of the bean.
Tea is another common source of caffeine in many cultures. Tea contains somewhat less caffeine per serving than coffee, (usually about half as much, depending on the strength of the brew), though certain types of tea, such as Lapsang sou chong smoked teas, and oolong contain more caffeine.
Caffeine is also common in soft drinks such as cola. Such drinks typically contain about 25 mg to 50 mg of caffeine per

não existem Perguntas Idiotas

Na página "Caffeine Buzz", usamos links relativos para outras páginas em nosso site, e URLs para links que estejam fora de nosso site, como www. caffeineanonymous.com

P: Parece que agora eu posso criar links para páginas de duas formas: paths relativos e URLs.

R: Paths relativos só podem ser usados em links para páginas dentro do mesmo Web site, enquanto que URLs são normalmente usadas em links para outros Web sites.

P: Não seria mais fácil se eu usasse apenas URLs para os links de minhas páginas e das páginas externas? Isso funcionaria, não é?

R: É claro que funcionaria, mas há alguns motivos pelos quais você não deve fazer isso. Um problema é que fica difícil gerenciar URLs quando você tem um monte delas em uma página Web: elas são longas, difíceis de editar e tornam a leitura do HTML mais difícil para você, o autor da página.

Além disso, se você tiver um site só com URLs que possuem links para outras páginas locais e mudar o site ou alterar seu nome, terá que alterar todas as URLs para que reflitam o novo local. Se você usa paths relativos, desde que suas páginas fiquem nos mesmos conjuntos de páginas — porque os links são todos relativos — não precisará fazer quaisquer mudanças aos atributos "href" do seu elemento <a>.

Portanto, utilize links relativos para suas próprias páginas no mesmo site e URLs em links para páginas em outros sites.

P: A gente não viu outro protocolo? Eu sempre via "file:///" antes de começarmos a usar um servidor Web.

R: Sim, boa observação. O protocolo file é usado quando o browser está lendo arquivos em seu computador. A URL do arquivo, por exemplo, "file:///capitulo4/starbuzz/index.html" diz ao browser que o arquivo "index.html" está localizado no path "/capitulo4/starbuzz/". Esse path pode ser apresentado de maneira diferente dependendo do seu sistema operacional.

Uma coisa importante a ser observada, caso você tente digitar uma URL de arquivo, é que a URL de arquivo possui três barras e não duas, como o HTTP. Grave isso desta maneira: se você pegar uma URLs de HTTP e excluir o nome do Web site, também ficará com três barras.

P: Existem outros protocolos?

R: Sim, muitos browsers podem suportar a recuperação de páginas com o protocolo FTP, e há um protocolo de correio eletrônico que pode enviar dados via e-mail. O HTTP é o protocolo que você usará na maior parte do tempo.

P: Vi URLs parecidas com esta: http:// www.meudominio.com.br:8000/ index.html. Por que há um ":8000" aqui?

R: O ":8000" é uma "porta" opcional que você pode colocar na URL do HTTP. Pense nas portas como algo assim: o nome do Web site é como um endereço, e a porta é o número da caixa postal desse endereço (digamos, em um condomínio). Normalmente, tudo na Web é trafegado pela porta padrão (que é a 80), mas algumas vezes os servidores Web são configurados para receberem solicitações em uma porta diferente (como 8000). É mais provável que você veja isso em servidores de teste. Os servidores Web normais quase sempre aceitam solicitações na porta 80. Se você não especificar uma, o padrão será a 80.

O caso dos relativos e absolutos

A empresa PlanetaRobô Ltda. deparou-se com a tarefa de desenvolver um Web site para cada uma de suas duas divisões — a PlanetaRobô Casa e a PlanetaRobô Jardins — e decidiu assinar contratos com duas empresas para fazer o trabalho. A DesignWebRadical, uma empresa aparentemente com muita experiência, ficou encarregada do Web site da divisão Casa, e escreveu todos os links internos do site usando apenas URLs (afinal de contas, se eles são mais complicados, devem ser melhores). Uma empresa com menos experiência, mas com uma sólida base de aprendizado, a DesignWebCorreto, ficou encarregada do site do PlanetaRobô Jardins, e utilizou paths relativos para os links entre todas as páginas internas do site.

Mistério de
Cinco
Minutos

Quando ambos os projetos estavam quase prontos, a PlanetaRobô chamou as empresas com uma mensagem urgente: "Fomos processados por causa de uma violação de marca registrada, portanto estamos mudando nosso nome de domínio para SomosRobôs. Nosso novo servidor Web será "`www.somosrobos.com.br`". A DesignWebCorreto fez algumas pequenas alterações que levaram cinco minutos e estava pronta para o lançamento do site na sede da empresa SomosRobôs; a DesignWebRadical, ao contrário, trabalhou até as 4 da manhã para corrigir suas páginas, mas por sorte completou o serviço a tempo para o lançamento. Entretanto, durante uma demonstração nesse lançamento, o horror dos horrores aconteceu: quando o líder de projeto da DesignWebRadical demonstrava o site, clicou em um link que resultou em um erro "404 – Página Não Encontrada". Insatisfeito, o CEO da SomosRobôs sugeriu que a DesignWebRadical considerasse trocar seu nome para DesignWebRuim e perguntou à DesignWebCorreto se eles estariam disponíveis para corrigir o site da divisão Casa.

***O que aconteceu?* Como a DesignWebRadical conseguiu estragar tudo se o que mudou foi apenas o nome do servidor Web?**

Página Web "nos trinques"

Você consegue dizer "carreira na Web"? Você certamente fez tudo o que o CEO do Starbuzz pediu, e agora tem um Web site de chamar a atenção em seu currículo.

Mas você não vai parar por aqui. Você quer que os seus Web sites tenham um "corte" profissional, o que transforma os bons sites em ótimos sites. Você verá várias maneiras de dar ao seu site aquele "polimento" extra, mas vamos começar aqui com uma maneira de melhorar seus links.

Melhore a acessibilidade ao adicionar um título aos seus links

Não seria melhor se houvesse uma maneira de obter mais informações sobre o link em que você deseja clicar? Isso é especialmente importante para os deficientes visuais que utilizam leitores de telas, uma vez que eles quase sempre não querem que toda a URL seja soletrada para eles: ("h" "t" "t" "p" ":" "barra", "barra" "w" "w" "w" "ponto"), enquanto a legenda normalmente oferece uma descrição limitada, como "Caffeine Buzz".

O elemento <a> possui um atributo chamado `title` apenas para esse propósito. Algumas pessoas são confundidas pelo nome desse atributo porque há um elemento chamado `<title>`, que fica no `<head>`. Eles têm o mesmo nome porque estão relacionados. Muitas vezes sugere-se que o valor do atributo `title` tenha o mesmo valor do elemento `<title>` da página Web para onde aponta o link. Mas isso não é uma exigência, e muitas vezes faz mais sentido oferecer o seu próprio título, uma descrição mais relevante no atributo `title`.

Veja como adicionar um atributo `title` ao elemento <a>:

```
Read the <a href="http://wickedlysmart.com/buzz"
            title="Read all about caffeine on the Buzz">Caffeine Buzz</a>
```

O elemento title possui um valor que é uma descrição textual da página onde aponta o link.

Exercício

Agora que temos um atributo `title`, vamos ver como nossos visitantes o utilizariam. Browsers diferentes fazem uso diferente de title, embora a maioria exiba uma dica de ferramenta. Adicione as alterações ao seu arquivo "index.html" e recarregue a página para ver como ela funciona em seu browser.

O test drive do title...

Para a maioria dos browsers, o title (título) é exibido como uma "dica de ferramenta" quando você passa o mouse sobre um link. Lembre-se que os browsers para os deficientes visuais podem ler o link em voz alta para um visitante.

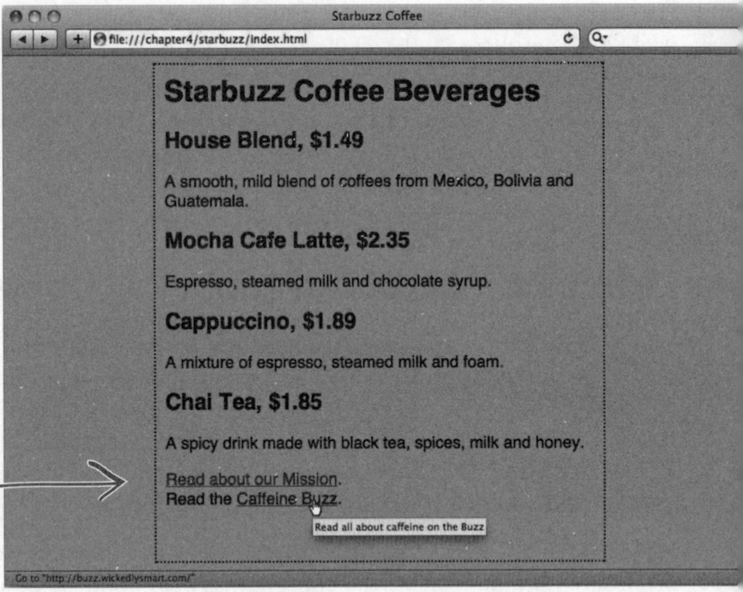
Starbuzz Coffee
file:///chapter4/starbuzz/index.html
Starbuzz Coffee Beverages
House Blend, $1.49
A smooth, mild blend of coffees from Mexico, Bolivia and Guatemala.
Mocha Cafe Latte, $2.35
Espresso, steamed milk and chocolate syrup.
Cappuccino, $1.89
A mixture of espresso, steamed milk and foam.
Chai Tea, $1.85
A spicy drink made with black tea, spices, milk and honey.
Read about our Mission.
Read the Caffeine Buzz.
Read all about caffeine on the Buzz
Go to "http://buzz.wickedlysmart.com/"

O title é exibido como uma dica de ferramenta na maioria dos browser. Passe o mouse sobre o link e segure-o ali por um segundo para ver a dica de ferramenta.

Guia Use a Cabeça Para Links:

Aqui estão algumas dicas para melhorar a finalização de seus links:

- *Crie legendas concisas para seus links. Não crie frases inteiras ou grandes pedaços de textos nos links. Em geral, mantenha-os com poucas palavras. Ofereça informações adicionais no atributo title.*
- *Crie legendas significativas para seus links. Não use legendas como "clique aqui" ou "esta página". Os usuários tendem a examinar as páginas por links, para só então as ler. Assim, oferecer links significativos aumenta a funcionalidade de sua página. Teste sua página lendo apenas os links; eles fazem sentido? Ou você precisa ler o texto que está ao redor deles?*
- *Evite colocar os links próximos uns dos outros; os usuários podem ter problemas em distinguir entre links que estejam muito próximos.*

Exercício

Abra o arquivo "index.html" do Starbuzz e adicione um título ao link para "mission.html" com o texto "Read more about Starbuzz Coffee's important mission" (Leia mais sobre a importante missão do Café Starbuzz). Observe que não fizemos a legenda do link da missão tão concisa como deveria ser. Diminua a legenda para "Our Mission" (Nossa Missão). Confira a resposta no final do capítulo e teste suas alterações.

Você fez um bom trabalho com os links. Eu realmente gostaria que as pessoas tivessem um link direto com a seção "coffee" do site Buzz. Isso é possível?

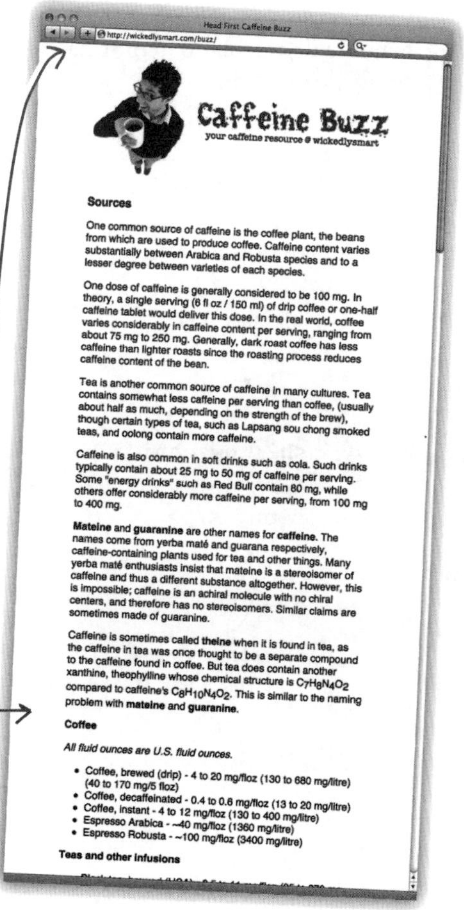
Head First Caffeine Buzz
http://wickedlysmart.com/buzz/
Caffeine Buzz
your caffeine resource @ wickedlysmart
Sources
One common source of caffeine is the coffee plant, the beans from which are used to produce coffee. Caffeine content varies substantially between Arabica and Robusta species and to a lesser degree between varieties of each species.
One dose of caffeine is generally considered to be 100 mg. In theory, a single serving (6 fl oz / 150 ml) of drip coffee or one-half caffeine tablet would deliver this dose. In the real world, coffee varies considerably in caffeine content per serving, ranging from about 75 mg to 250 mg. Generally, dark roast coffee has less caffeine than lighter roasts since the roasting process reduces caffeine content of the bean.
Tea is another common source of caffeine in many cultures. Tea contains somewhat less caffeine per serving than coffee, (usually about half as much, depending on the strength of the brew), though certain types of tea, such as Lapsang sou chong smoked teas, and oolong contain more caffeine.
Caffeine is also common in soft drinks such as cola. Such drinks typically contain about 25 mg to 50 mg of caffeine per serving. Some "energy drinks" such as Red Bull contain 80 mg, while others offer considerably more caffeine per serving, from 100 mg to 400 mg.
Mateine and guaranine are other names for caffeine. The names come from yerba maté and guarana respectively, caffeine-containing plants used for tea and other things. Many yerba maté enthusiasts insist that mateine is a stereoisomer of caffeine and thus a different substance altogether. However, this is impossible; caffeine is an achiral molecule with no chiral centers, and therefore has no stereoisomers. Similar claims are sometimes made of guaranine.
Caffeine is sometimes called theine when it is found in tea, as the caffeine in tea was once thought to be a separate compound to the caffeine found in coffee. But tea does contain another xanthine, theophylline whose chemical structure is $C_7H_8N_4O_2$ compared to caffeine's $C_8H_{10}N_4O_2$. This is similar to the naming problem with mateine and guaranine.
Coffee
All fluid ounces are U.S. fluid ounces.
Coffee, brewed (drip) - 4 to 20 mg/floz (130 to 680 mg/litre) (40 to 170 mg/5 floz)
Coffee, decaffeinated - 0.4 to 0.6 mg/floz (13 to 20 mg/litre)
Coffee, instant - 4 to 12 mg/floz (130 to 400 mg/litre)
Espresso Arabica - ~40 mg/floz (1360 mg/litre)
Espresso Robusta - ~100 mg/floz (3400 mg/litre)
Teas and other infusions

Faça um link com outra página

Até aqui, sempre que você criou um link com outra página, essa página era carregada e seu browser a exibia inteiramente.

Entretanto, o CEO está pedindo que você faça um *link* para uma determinada seção da página: a seção "coffee".

Parece impossível? O que é isso, este é o Use a Cabeça! — nós temos a tecnologia. Como? Bem, ainda não contamos para você tudo sobre o elemento <a>. Acontece que o elemento <a> pode se juntar ao atributo id para levar você para um ponto específico em uma página.

Use o atributo id para criar um destino para <a>

Nós ainda não falamos do atributo `id`; ele é um importate atributo com propriedades especiais e trataremos de outras propriedades especiais do id mais tarde. Por enquanto, pense nele como uma forma única de identificar outro elemento. Uma propriedade especial que elementos com `ids` têm é que você pode linkar para eles. Veremos como usar o atributo id para criar um destino em uma página para <a>.

1. Encontre o local na página onde deseja colocar um ponto de chegada. Pode ser qualquer texto na página, mas geralmente é apenas um título.

2. Escolha um nome identificador para o destino, como "café", "resumo" ou "biografia", e insira um atributo `id` na tag de abertura do elemento.

Vamos fazer uma tentativa. Digamos que você queira oferecer uma maneira de vincular o item "Chai Tea" na página do Starbuzz. Veja como ele está agora:

```
<h2>Chai Tea, $1.85</h2>
<p>A spicy drink made with black tea, spices, milk
and honey.</p>
```

Aqui está um trecho de index.html com o título do Chai e a descrição.

Seguindo os dois passos acima, obteremos isto:

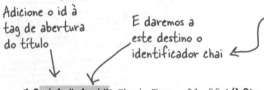

Adicione o id à tag de abertura do título

E daremos a este destino o identificador chai

É importante que sua id seja única. Ou seja, a id "chai" tem que ser a únca id "chai" na página!

```
<h2 id="chai">Chai Tea, $1.85</h2>
<p>A spicy drink made with black tea, spices, milk and
honey.</p>
```

Você criou uma âncora de destino no título Chai Tea, na página index.html

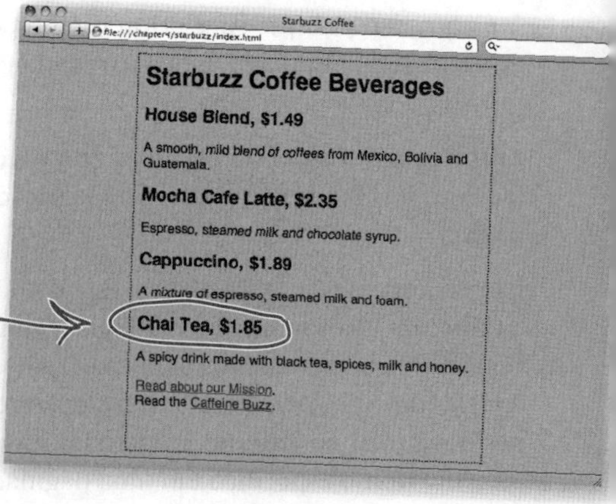
Starbuzz Coffee
file:///chapter4/starbuzz/index.html
Starbuzz Coffee Beverages
House Blend, $1.49
A smooth, mild blend of coffees from Mexico, Bolivia and Guatemala.
Mocha Cafe Latte, $2.35
Espresso, steamed milk and chocolate syrup.
Cappuccino, $1.89
A mixture of espresso, steamed milk and foam.
Chai Tea, $1.85
A spicy drink made with black tea, spices, milk and honey.
Read about our Mission.
Read the Caffeine Buzz.

Como linkar para elementos com ids

Você já sabe como criar links para páginas usando tanto links relativos ou URLs. Em ambos os casos, para criar um link mais especificamente para uma âncora de destino em uma página, apenas adicione um # ao final de seu link, seguido por um identificador de âncora de destino. Assim, quando você quiser um link de qualquer página Web do Café Starbuzz para a âncora de destino "chai", basta escrever o elemento <a> desta maneira:

```
<a href="index.html#chai">See Chai Tea</a>
```

O principal benefício de âncoras de destino é a criação de links para locais em arquivos muito longos, para que seus visitantes não tenham que rolar todo o texto até encontrarem a seção correta.

Infelizmente, o link para o Chai Tea com uma âncora de destino não impressiona muito porque a página é pequena e cabe com facilidade na tela do browser. Ao invés disso, vamos criar um link para a seção "Coffee" de `http://buzz.headfirstlabs.com`. Veja o que você deve fazer:

1. Descubra a id da âncora Coffee.

2. Altere o elemento <a> existente no arquivo "index.html" do Café Starbuzz para que ele aponte para a âncora de destino.

3. Recarregue sua página "index.html" e teste o link.

Encontre a âncora de destino

Para encontrar a âncora de destino, você terá que olhar para a página `wickedlysmart.com/buzz` e visualizar seu HTML. Como? Quase todos os browsers possuem uma opção "View Source" (Visualizar Fonte). Assim, visite a página, e quando ela estiver totalmente carregada, escolha "View Source", e você verá sua marcação.

Head First Caffeine Buzz
http://wickedlysmart.com/buzz/
Caffeine Buzz
your caffeine resource @ wickedlysmart
Sources
Back
Reload Page
Open in Dashboard...
View Source
Save Page As...
Print Page...
Inspect Element

Na maioria dos browsers, você pode clicar com o botão direito para View Source (Visualizar Fonte). Você também pode encontrar no menu do browser, geralmente dentro do menu View (Visualizar).

Agora que você pôs as mãos no HTML deles...

Role a página até ver a seção "Coffee"; ela se parece com isso:

Apenas um pequeno fragmento da página Caffeine Buzz

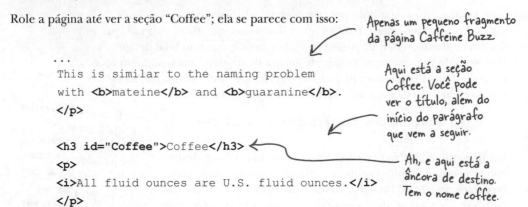

```
...
This is similar to the naming problem
with <b>mateine</b> and <b>guaranine</b>.
</p>

<h3 id="Coffee">Coffee</h3>
<p>
<i>All fluid ounces are U.S. fluid ounces.</i>
</p>
```

Aqui está a seção Coffee. Você pode ver o título, além do início do parágrafo que vem a seguir.

Ah, e aqui está a âncora de destino. Tem o nome coffee.

Refaça o link em "index.html"

Agora tudo o que você precisa fazer é revisitar o link para o Caffeine Buzz e adicionar o nome da âncora de destino, desta maneira:

Este é um trecho do arquivo index.htmldo Starbuzz

O arquivo default em wickedlysmart.com/buzz é index.html. Assim, adicionaremos isso à URL para podermos usá-la com o destino id.

Adicione um # com o id da âncora de destino ao seu href.

```
Read the <a href="http://wickedlysmart.com/buzz/index.html#Coffee"
          title="Read all about caffeine on the Buzz">Caffeine Buzz</a>
```

Exercício

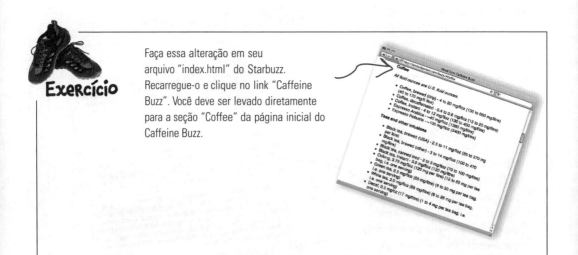

Faça essa alteração em seu arquivo "index.html" do Starbuzz. Recarregue-o e clique no link "Caffeine Buzz". Você deve ser levado diretamente para a seção "Coffee" da página inicial do Caffeine Buzz.

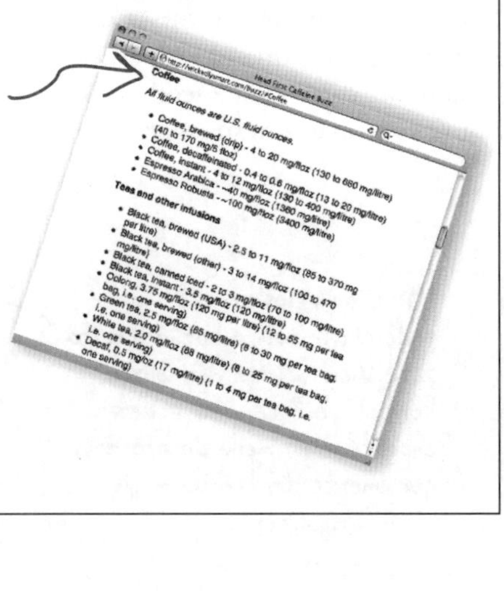
Coffee
All fluid ounces are U.S. fluid ounces.
Teas and other infusions

não existem Perguntas Idiotas

P: Quando eu tenho dois atributos m um elemento, a ordem deles é nportante? Por exemplo, o atributo title" sempre deve vir após o "href"?

R: A ordem dos atributos não é nportante em qualquer elemento (se ssem, todos nós teríamos dores de abeça 24 horas por dia, 7 dias por emana). Logo, utilize a ordem que preferir.

P: Como crio uma dica de rramenta para um elemento que ão é um <a>?

R: Você pode acrescentar o atributo e título a qualquer elemento, então se ocê quiser uma dica de ferramenta, or exemplo, em um título, você pode crescentar um atributo de título à sua ag de abertura <h1> como fizemos com a>. Existem alguns elementos que sam o atributo de título para algo além e uma dica de ferramenta, mas a dica e ferramenta é o objetivo mais comum.

P: Posso adicionar um atributo id qualquer elemento?

R: Sim, você pode. Você pode linkar o meio de um parágrafo acrescentando m id a um elemento <em>, por xemplo. É improvável que você tenha ue fazer isso, mas você pode, se quiser.

P: Posso linkar para um link crescentando um atributo id a um lemento <a> no destino?

R: Sim.

P: Notei que nos nomes das "ids" as âncoras, você usou "chai" com s letras minúsculas e no Caffeine uzz usou "Coffee" com o "C" naiúsculo. Isso importa?

R: Você pode usar qualquer ombinação de caracteres minúsculos e naiúsculos em seus atributos id. Apenas ertifique-se de que você está sendo onstante e sempre utilize o mesmo tipo de letras em seus hrefs e ids de âncora de destino (é por isso que é quase sempre mais fácil usar esses nomes todos em minúsculas). Se você não for coerente, não espere que seus links funcionem corretamente em todos os browsers.

P: Posso colocar um link para uma âncora de destino que esteja dentro do mesmo documento?

R: É claro que sim. Na verdade, é muito comum definir uma âncora de destino "topo" no topo da página e ter um link no final da página dizendo "Voltar ao topo". Também é comum em documentos longos existir um sumário para toda a página. Por exemplo, para criar um link para a âncora de destino "topo" na mesma página, você digitaria <a href="#topo">Voltar ao topo</a>.

P: Por que precisamos acrescentar o "/index.html" à URL do Buzz para criar um link para o topo de destino? Não poderíamos ter escrito: http://wickedlysmart.com/buzz#Coffee?

R: Não, isso nem sempre funciona, porque o browser acrescenta aquela barra ao final da URL para você, o que poderia acabar substituindo a referência de id. Você, poderia, entretanto, ter escrito: HTTP://wickedlysmart.com/buzz/#Coffee, que produziria os mesmos resultados que o link que criamos usando "index.html". Isso será útil se você não souber se o arquivo padrão está nomeado como "index.html".

P: Se uma página Web não oferecer uma âncora de destino e ainda assim eu precisar de um link para uma parte específica da página, o que devo fazer?

R: Você não pode fazer nada. Se não houver âncora de destino (em outras palavras, nenhum elemento com id), então não é possível direcionar o browser para um local específico em uma página Web. Você pode tentar entrar em contato com o autor da página e pedir para que ele inclua um — melhor ainda, diga a ele como fazer isso!

P: Posso ter uma "id" de âncora de destino chamada "Truque Jedi" ou a "id" precisa ter apenas uma palavra?

R: Para trabalhar consistentemente com a maioria dos browsers, sempre comece suas "ids" com uma letra (A-Z ou a-z) e a seguir coloque qualquer letra, dígito, hífen, sublinhado, dois pontos ou um ponto. Assim, já que você não pode usar espaços, não poderá ter um nome como "Truque Jedi", mas essa não é uma restrição tão grande assim, porque você sempre poderá ter "Truque-Jedi", "Truque_Jedi", "TruqueJedi" e assim por diante.

P: Como posso dizer aos outros para quais âncoras de destino eles poderão apontar?

R: Não há nenhuma maneira estabelecida para se fazer isso, e, na verdade, "View Source" permanece como a melhor e mais antiga técnica para descobrirmos as âncoras de destino para onde se deseja apontar o link.

P: Eu sempre devo utilizar palavras como conteúdo de um elemento <a>?

R: Não. O elemento <a> sempre foi capaz de criar links a partir de palavras e imagens (conteúdo em linha), e recentemente foi atualizado (no HTML5) para que você possa criar links de elementos de bloco, como <p> e <blockquote> também! Então o <a> pode ser usado para criar links a partir de todo tipo de coisa.

O caso dos relativos e dos absolutos

Então, como foi que a DesignWebRadical arruinou a demonstração? Bem, como eles usaram URLs para seus hrefs ao invés de links relativos, tiveram que editar e alterar todos os links de `http:// www.planetarobo.com.br` para `http://www.somosrobos.com.br`. Você consegue enxergar uma tendência ao erro? Às 3:00 da manhã, alguém bocejou e acidentalmente digitou `http:// www.somosrobo.com.br` (e como a Lei de Murphy é implacável, esse foi o mesmo link clicado pelo CEO durante a demonstração).

Oops... Algué esqueceu de por um s no final do nom

Mistério de Cinco Minutos
Resolvido

A DesignWebCorreto, ao contrário, usou paths relativos para todos os links internos. Por exemplo, o link da declaração de missão da empresa para a página de produtos, `<a href="../ produtos.html">`, funcionará com o site sendo chamado de "PlanetaRobo" ou "SomosRobos". Assim, tudo o que a DesignWebCorreto teve de fazer foi atualizar o nome da empresa em algumas páginas.

Então a DesignWebRadical saiu da demonstração preocupada e humilhada, enquanto a DesignWebCorreto saiu da reunião com ainda mais negócios. Mas a estória não termina aqui. Acontece que a DesignWebRadical passou em uma livraria/café após a demonstração e, determinada a não ser derrotada, pegou um certo livro sobre HTML e CSS. O que aconteceu? Junte-se a nós daqui a alguns capítulos para ler "O Caso da Força Bruta contra o Estilo".

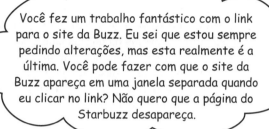

Você fez um trabalho fantástico com o link para o site da Buzz. Eu sei que estou sempre pedindo alterações, mas esta realmente é a última. Você pode fazer com que o site da Buzz apareça em uma janela separada quando eu clicar no link? Não quero que a página do Starbuzz desapareça.

Faça um link para uma nova janela

Temos outra exigência do CEO do Starbuzz (sempre há novas exigências para os Web sites). Ele quer que quando você clique no link "Caffeine Buzz", na página do Café Starbuzz, a página não desapareça. Ao invés disso, uma nova janela deve ser aberta com a página "Caffeine Buzz", desta forma:

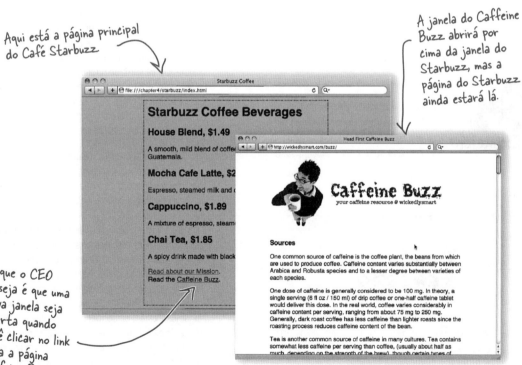

Aqui está a página principal do Café Starbuzz

A janela do Caffeine Buzz abrirá por cima da janela do Starbuzz, mas a página do Starbuzz ainda estará lá.

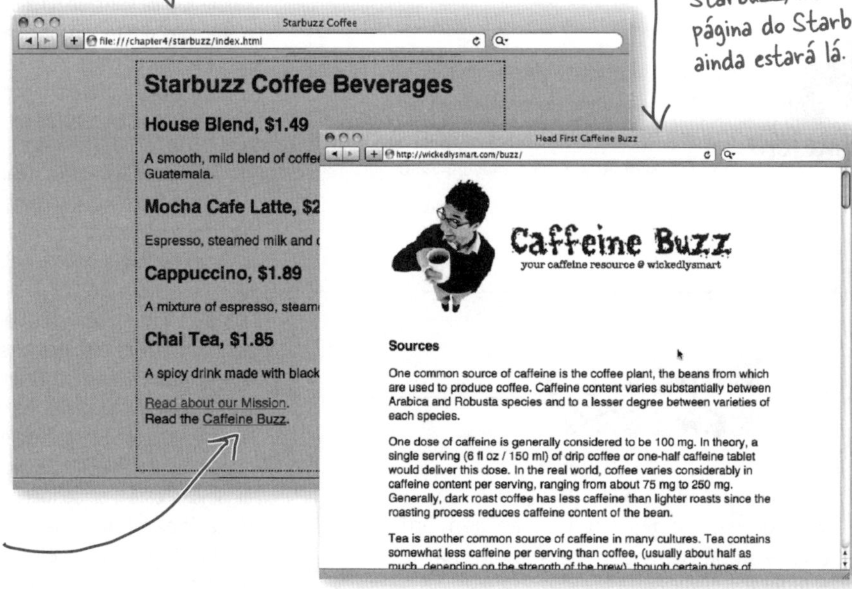
Starbuzz Coffee
file:///chapter4/starbuzz/index.html
Starbuzz Coffee Beverages
House Blend, $1.49
A smooth, mild blend of coffe
Guatemala.
Mocha Cafe Latte, $2
Espresso, steamed milk and
Cappuccino, $1.89
A mixture of espresso, steam
Chai Tea, $1.85
A spicy drink made with black
Read about our Mission.
Read the Caffeine Buzz.
Head First Caffeine Buzz
http://wickedlysmart.com/buzz/
Caffeine Buzz
your caffeine resource @ wickedlysmart
Sources
One common source of caffeine is the coffee plant, the beans from which are used to produce coffee. Caffeine content varies substantially between Arabica and Robusta species and to a lesser degree between varieties of each species.
One dose of caffeine is generally considered to be 100 mg. In theory, a single serving (6 fl oz / 150 ml) of drip coffee or one-half caffeine tablet would deliver this dose. In the real world, coffee varies considerably in caffeine content per serving, ranging from about 75 mg to 250 mg. Generally, dark roast coffee has less caffeine than lighter roasts since the roasting process reduces caffeine content of the bean.
Tea is another common source of caffeine in many cultures. Tea contains somewhat less caffeine per serving than coffee, (usually about half as

O que o CEO deseja é que uma nova janela seja aberta quando você clicar no link para a página Caffeine Buzz

Abra uma nova janela usando "target"

Para abrir uma página em uma nova janela, você precisa dizer ao browser o nome da janela na qual deve abri-la. Se você não disser ao browser qual é a janela específica a ser usada, ele abrirá a página na mesma janela. Você pode pedir que o browser use uma janela *diferente* adicionando um atributo `target` ao elemento <a>. O valor do atributo `target` informa ao browser qual é a "janela-alvo" para a página. Se você utilizar "_blank" para o alvo, o browser sempre abrirá uma nova janela para exibir a página. Vamos olhar isso mais de perto:

```
<a target="_blank" href="http://wickedlysmart.com/buzz"
   title="Read all about caffeine on the Buzz">Caffeine Buzz</a>
```

O atributo target informa ao browser onde abrir a página Web que aparece no link do atributo href. Senão houver um alvo, então o browser abrirá o link na mesma janela. Se o target for blank, o browser abrirá o link em uma nova janela.

Exercício

Abra seu arquivo "index.html" do Starbuzz. Adicione o atributo target à tag <a> que cria o link para a página do Caffeine Buzz. Agora faça um teste. Você obteve uma nova janela?

PODER DO CÉREBRO

Você consegue pensar em alguma vantagem e em alguma desvantagem em usar o atributo "target" para abrir uma página em uma nova janela?

não existem Perguntas Idiotas

P: Eu quero uma nova aba em vez de uma nova janela. Estou fazendo algo de errado?

R: Não, não está. A maioria dos browsers hoje tem uma ferramenta padrão para abrir uma nova janela em uma nova aba, em vez de uma janela em um novo browser, porque é isso que os usuários parecem preferir. Mas uma nova aba e uma nova janela são na verdade uma mesma coisa; apenas a aba compartilha uma mesma moldura de janela que a janela original. Se você quer uma nova janela a maioria dos browsers tem uma forma para fazer isso através as opções de preferências.

P: E se eu tiver mais de um elemento <a> com um alvo? Se já houver uma nova janela "blank" aberta, a página abrirá nessa janela (que já está aberta) ou numa nova janela "blank"?

R: Se você colocar o nome "blank" para os alvos de todos os seus elementos <a>, então cada link será aberto em uma nova janela em branco. Entretanto, essa é uma boa pergunta, porque levanta um ponto importante: você não precisa nomear seu atributo "target" como "blank". Se você colocar outro nome, digamos, "café", então todos os links que tenham o nome do alvo como "café" serão abertos na mesma janela. O motivo é que, quando você dá um nome específico ao seu alvo, como "café", você está na verdade nomeando a nova janela que será usada para exibir a página para a qual o link aponta.; "blank" é um caso especial que informa ao browser para usar sempre uma nova janela.

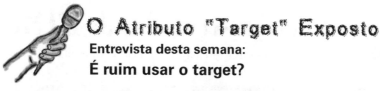

O Atributo "Target" Exposto

Entrevista desta semana:

É ruim usar o target?

Use a Cabeça!: Olá, Target, estamos muito contentes em ter você aqui.

Atributo target: Estou feliz em estar aqui. É bom saber que vocês ainda estão interessados em me ouvir.

Use a Cabeça!: Por que você diz isso?

Atributo target: Bem, para ser sincero, eu não sou tão popular como costumava ser.

Use a Cabeça!: Por que você acha que isso aconteceu?

Atributo target: Acho que é porque os usuários querem estar no controle de quando uma janela deve abrir. Nem sempre eles gostam de novas janelas pipocando na tela inesperadamente.

Use a Cabeça!: Bem, pode ser muito confuso. Tivemos reclamações de pessoas que tinham tantas janelas em suas telas, que não conseguiam mais encontrar a página original.

Atributo target: Mas não é difícil você se livrar das janelas... Basta clicar no pequeno botão "Fechar". O que há de tão difícil nisso?

Use a Cabeça!: É verdade, mas se os usuários não sabem que uma nova janela foi aberta, podem ficar confusos. Algumas vezes, uma nova janela cobre completamente a janela anterior e é difícil dizer o que está acontecendo.

Atributo target: Bem, os browsers estão ficando melhores nesse tipo de coisa.

Use a Cabeça!: Como assim?

Atributo target: Os browsers geralmente abrem janelas externas em uma nova aba, dentro da mesma janela de browser, em vez de abrirem em uma à parte.

Use a Cabeça!: Ah, sim, isso ajuda, porque fica menos confuso ver uma nova aba aberta, que o usuário pode visitar quando quiser. Ao contrário de abrir uma nova janela, não é confuso,

Use a Cabeça!: Mas como isso ajuda com os leitores de tela?

Atributo target: Você quer dizer browsers usados pelas pessoas com deficiência visual?

Use a Cabeça!: Isso. Alguns leitores de tela tocam um som quando uma nova janela abre, mas outros simplesmente ignoram a nova janela completamente, ou então simplesmente pulam direto para a nova janela imediatamente. De qualquer forma, deve ser confuso para alguém que não pode ver o que está acontecendo. Não tenho ideia de como eles estão lidando com as abas,.

Atributo target: [Suspiro]. Sim, ainda não chegamos lá em termos de fornecer boas ferramentas que supram as necessidades de todos, especialmente das pessoas com deficiência visual. Assim, parece que precisamos ter a habilidade de levar o usuário para páginas fora de nosso próprio site, e muitos sites fazem isso abrindo outro janela (ou aba, se o browser suportar),

Use a Cabeça!: Isso. Nós precisamos de você, mas precisamos melhor para não confundir o usuário.

Atributo target: Espero que as equipes de padrão web e browsers tornem tudo isso melhor.

Use a Cabeça!: Creio que por ora teremos apenas que lembrar de usar você quando for apropriado, mas tendo em mente aquelas pessoas que possam ter deficiência visual e não usá-lo em excesso.

Atributo target: É isso mesmo. Você me ajudou a aliviar um peso nas costas, obrigado por me ajudar a me expressar.

Use a Cabeça!: Quando precisar, target!

Palavras-cruzadas de HTML

Aqui estão alguns exercícios para o lado esquerdo do seu cérebro.

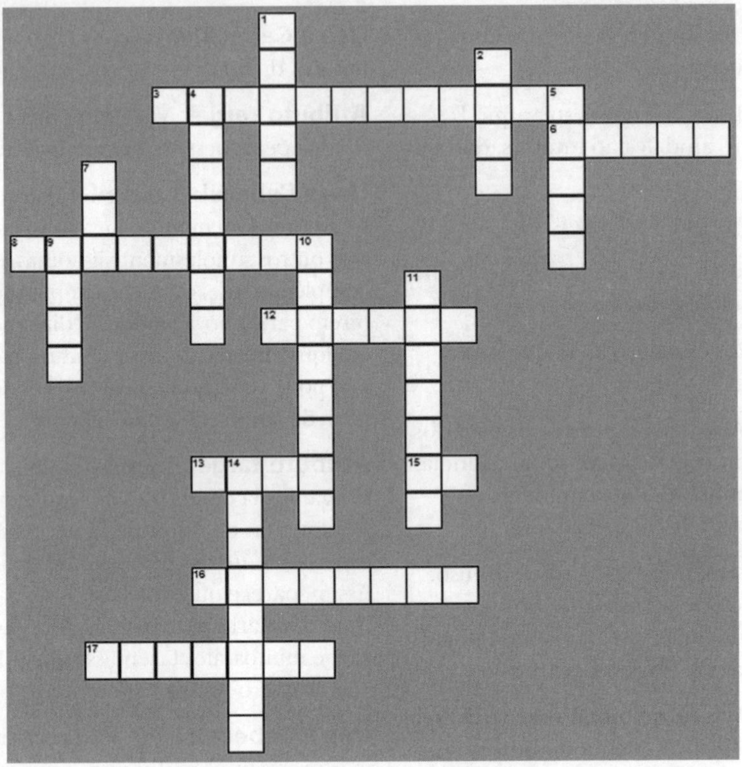

Horizontais

3. O que você deveria enviar lá de Weblândia?

6. Controla nomes de domínio.

8. Sempre use estes tipos de links quando estiver vinculando páginas no mesmo servidor.

12. Earl vendeu estes.

13. Diretório mais alto em seu Web site.

15. Atributo usado para ancorar um elemento <a> para uma página.

16. Mantenha as legendas de seus links _________.

17. O arquivo que você obtém quando solicita um diretório.

Verticais

1. Aplicação mais popular de FTP para Mac.

2. Protocolo de solicitação/resposta.

4. Protocolo que usamos até este capítulo.

5. As pessoas olham para eles ao invés de lerem o texto.

7. Endereço Web para um recurso.

9. Maneira incorreta de se pronunciar URL

10. Site informativo sobre cafeína.

11. Nome único na Web.

14. Path desde a raiz.

PONTOS DE BALA

- Tipicamente, a melhor maneira de estar na Web é encontrando uma empresa de hospedagem para suas páginas Web.
- Um nome de domínio é um nome único, como "amazon.com" e "cafestarbuzz.com.br", usado para identificar um site.
- Uma empresa de hospedagem pode criar um ou mais servidores Web em seu domínio. Os servidores são chamados frequentemente de "www".
- O File Transfer Protocol (FTP) é a forma mais comum de se transferir páginas ou conteúdo Web para um servidor.
- As aplicações FTP, como o Fetch para Mac ou o WS_FTP para Windows, podem facilitar o uso do FTP porque oferecem uma interface gráfica.
- Uma URL é um Localizador Uniformizado de Recursos, ou um endereço Web, que pode ser usado para identificar qualquer recurso na Web.
- Uma URL típica consiste de um protocolo, um nome de Web site e um path absoluto para o recurso.
- O HTTP é um protocolo de solicitação e resposta usado na transferência de páginas Web entre o servidor Web e o seu browser.
- O protocolo file é usado pelo browser para a leitura de páginas que estejam em seu computador.
- Um path absoluto é o path da pasta raiz até o arquivo.
- "index.html" e "default.htm" são exemplos de páginas padrão. Se você especificar um diretório sem um nome de arquivo, o servidor Web vai procurar por uma página padrão para retornar ao browser.
- Você pode usar paths relativos ou URLs no atributo "href" do seu elemento <a> para criar um link para outras páginas Web. Para outras páginas em seu site, é melhor usar paths relativos; use URLs para os links externos.
- Use o atributo "id" para criar uma âncora de destino em uma página. Use "#" seguido por uma "id" de âncora de destino para criar um link para aquele local na página.
- Para auxiliar a acessibilidade, use o atributo "title" para fornecer uma descrição do link em <a> elementos.
- Utilize o atributo "target" para abrir um link em outra janela do browser. Não esqueça de que o atributo "target pode ser problemático para os usuários, pois eles utilizam uma grande variedade de dispositivos e browsers.

Espera aí! Antes de ir, precisamos colocar nosso logo na página Web! Alô? Oh, acho que eles já foram para o Capítulo 5...

Aponte o seu lápis Solução

Você esperou tempo demais. É hora de uma reviravolta em sua URL. Antes disso, preencha os espaços em branco abaixo e então digite a URL (como se você já não tivesse feito isso). Se tiver algum problema, é hora de trabalhar com sua empresa de hospedagem para organizar as coisas. Se você ainda não tem uma, preencha os espaços para www.starbuzzcoffee.com.br e digite a URL em seu browser, mesmo assim.

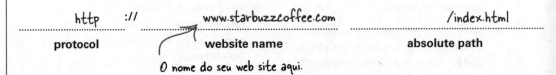

http	://	www.starbuzzcoffee.com	/index.html
protocol		**website name**	**absolute path**

O nome do seu web site aqui.

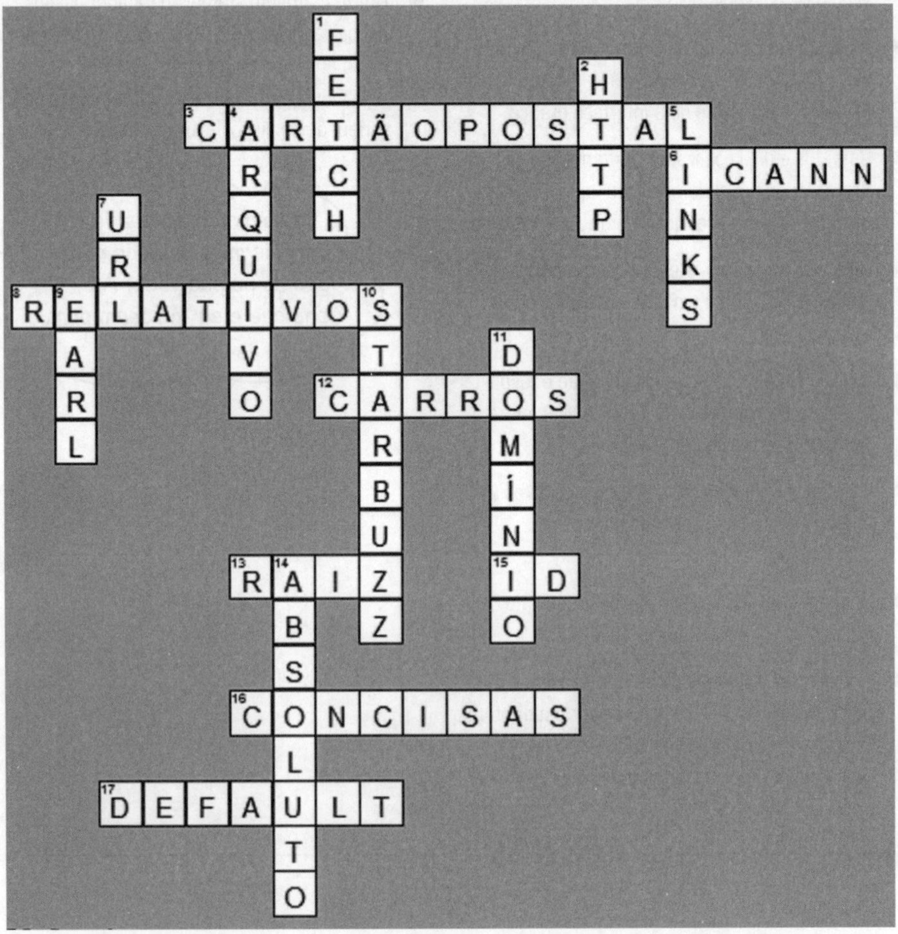
1 FECHA
2 HTTP
3 CARTÃOPOSTAL
4 ARQUIVO
5 LINKS
6 ICANN
7 URL
8 RELATIVOS
9 EARL
10 STARBUZZ
11 DOMÍNIO
12 CARROS
13 RAIZ
14 ABSOLUTO
15 ID
16 CONCISAS
17 DEFAULT

O Earl precisa de uma pequena ajuda com suas URLs.

Solução

A

Earls Autos
http://www.earlsautos.com/

B

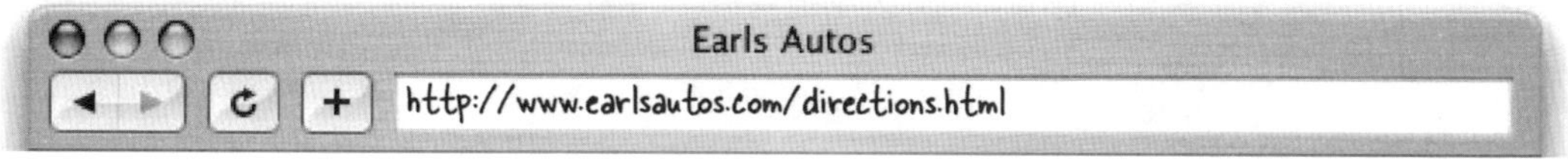
Earls Autos
http://www.earlsautos.com/directions.html

C

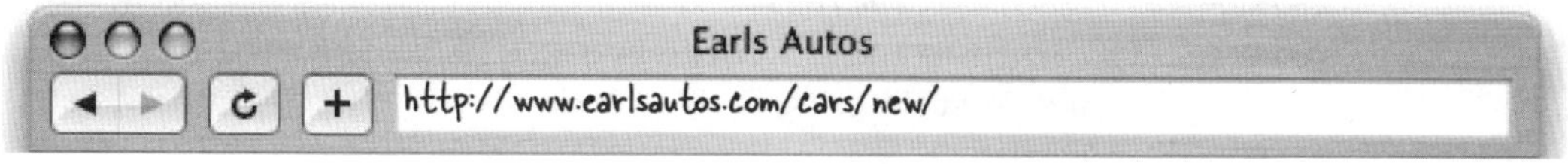
Earls Autos
http://www.earlsautos.com/cars/new/

D

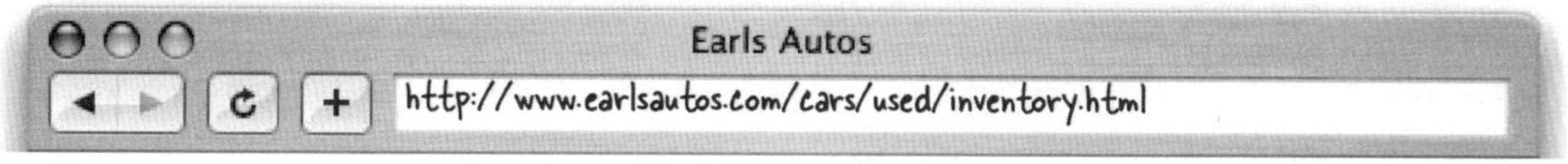
Earls Autos
http://www.earlsautos.com/cars/used/inventory.html

E

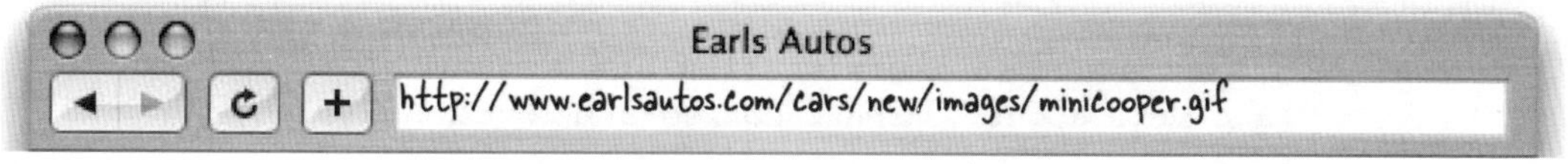
Earls Autos
http://www.earlsautos.com/cars/new/images/minicooper.gif

Exercício
Solução

Adicione um título ao link para "mission.html" com o texto "Read more about Starbuzz Coffee's important mission" (Leia mais sobre a importante missão do Café Starbuzz). Observe que não fizemos a legenda do link da missão tão concisa como deveria ser. Diminua a legenda para "Our Mission" (Nossa Missão). Aqui está a solução; você testou suas alterações?

```
<html>
    <head>
        <title>Starbuzz Coffee</title>
        <style type="text/css">
            body {
                background-color: #d2b48c;
                margin-left: 20%;
                margin-right: 20%;
                border: 1px dotted gray;
                padding: 10px 10px 10px 10px;
                font-family: sans-serif;
            }
        </style>
    </head>
    <body>
        <h1>Starbuzz Coffee Beverages</h1>
        <h2>House Blend, $1.49</h2>
        <p>A smooth, mild blend of coffees from Mexico,
           Bolivia and Guatemala.</p>

        <h2>Mocha Cafe Latte, $2.35</h2>
        <p>Espresso, steamed milk and chocolate syrup.</p>

        <h2>Cappuccino, $1.89</h2>
        <p>A mixture of espresso, steamed milk and foam.</p>

        <h2>Chai Tea, $1.85</h2>
        <p>A spicy drink made with black tea, spices,
           milk and honey.
        </p>
        <p>
            Read about <a href="mission.html"
  title="Read more about Starbuzz Coffee's important mission">Our
  Mission</a>.
            <br>
            Read the <a href="http://wickedlysmart.com/buzz"
                  title="Read all about caffeine on the Buzz">Caffeine
  Buzz</a>.
        </p>
    </body>
</html>
```

Adicione um atributo "title" ao link para a missão.

Mova o "Read about" para fora do elemento <a>.

5 adicione imagens a suas páginas

Conheça a Mídia

Sorria e diga "xis". Na verdade, sorria e diga "gif", "jpg" ou "png" — essas serão suas opções quando você estiver "desenvolvendo figuras" para a Web. Neste capítulo, você aprenderá a adicionar o seu primeiro tipo de mídia a suas páginas: imagens. Tirou algumas fotos digitais que precisa disponibilizar online? Sem problemas. Precisa incluir uma logomarca em sua página? Tudo certo. Mas antes de chegarmos a tudo isso, você precisa ser formalmente apresentado ao elemento <img>, não é? Por essa razão, desculpe-nos, não estávamos sendo rudes; o problema é que nunca vimos uma apresentação decente. Para compensar, aqui está um capítulo inteiro sobre <img>. Ao final deste capítulo, você saberá todos os prós e contras da utilização de elementos <img> e de seus atributos. Também verá exatamente como esse pequeno elemento faz com que o browser execute um monte de trabalho extra para recuperar e exibir suas imagens.

Como o browser trabalha com imagens

Os browsers lidam com os elementos <img> de maneira um pouco diferente dos outros elementos. Pegue um elemento como <h1> ou <p>, por exemplo. Quando o browser vê essas tags em uma página, tudo o que precisa fazer é exibi-las. Bem simples. Mas, quando um browser vê um elemento <img>, algo muito diferente acontece: o browser tem de recuperar a imagem antes que ela possa ser exibida em uma página.

A melhor maneira de entender isso é através de um exemplo. Vamos dar uma rápida olhada novamente na página dos elixires do Bar Head First Lounge!, que possui quatro elementos <img>:

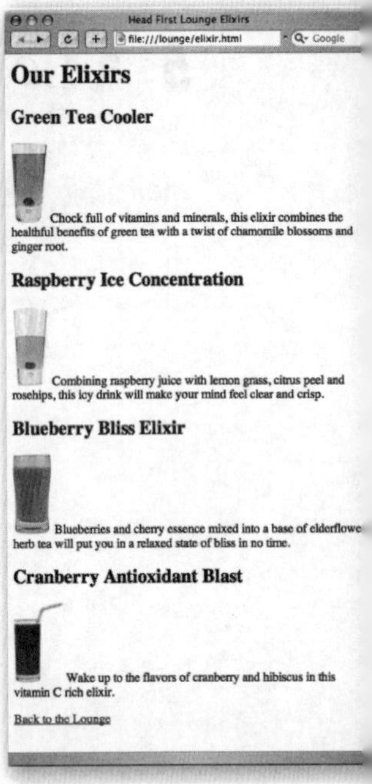
Head First Lounge Elixirs
file:///lounge/elixir.html
Our Elixirs
Green Tea Cooler
Chock full of vitamins and minerals, this elixir combines the healthful benefits of green tea with a twist of chamomile blossoms and ginger root.
Raspberry Ice Concentration
Combining raspberry juice with lemon grass, citrus peel and rosehips, this icy drink will make your mind feel clear and crisp.
Blueberry Bliss Elixir
Blueberries and cherry essence mixed into a base of elderflower herb tea will put you in a relaxed state of bliss in no time.
Cranberry Antioxidant Blast
Wake up to the flavors of cranberry and hibiscus in this vitamin C rich elixir.
Back to the Lounge

```
<html>
  <head>
    <title>Head First Lounge Elixirs</title>
  </head>
  <body>
    <h1>Our Elixirs</h1>
    <h2>Green Tea Cooler</h2>
    <p>
        <img src="../images/green.jpg">
        Chock full of vitamins and minerals, this elixir combines
        the healthful benefits of green tea with a twist of chamomile
        blossoms and ginger root.
    </p>
    <h2>Raspberry Ice Concentration</h2>
    <p>
        <img src="../images/lightblue.jpg">
        Combining raspberry juice with lemon grass, citrus peel and
        rosehips, this icy drink will make your mind feel clear and
        crisp.
    </p>
    <h2>Blueberry Bliss Elixir</h2>
    <p>
        <img src="../images/blue.jpg">
        Blueberries and cherry essence mixed into a base of
        elderflower herb tea will put you in a relaxed state of
        bliss in no time.
    </p>
    <h2>Cranberry Antioxidant Blast</h2>
    <p>
        <img src="../images/red.jpg">
        Wake up to the flavors of cranberry and hibiscus in
        this vitamin C rich elixir.
    </p>
    <p>
        <a href="../lounge.html">Back to the Lounge</a>
    </p>
  </body>
</html>
```

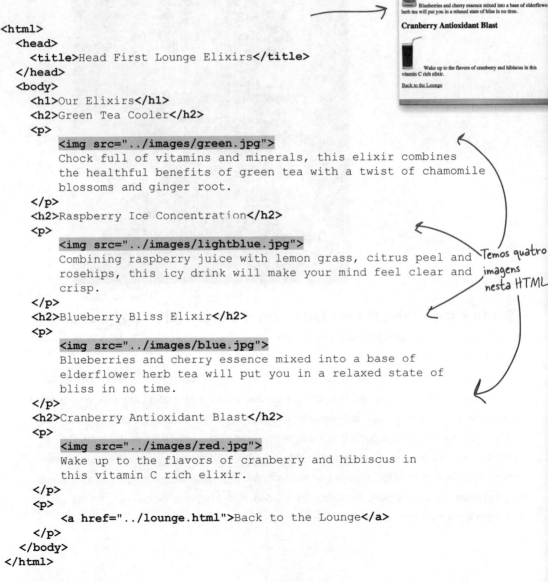

Temos quatro imagens nesta HTML

Nos Bastidores

Agora, vamos dar uma olhada nos bastidores e repassar como o browser recupera e exibe essa página quando ela é solicitada a partir de `http://wickedlysmart.com/lounge`:

1. Primeiro o browser recupera o arquivo "elixir.html" do servidor.

anela vazia do browser, nada foi recuperado ainda.

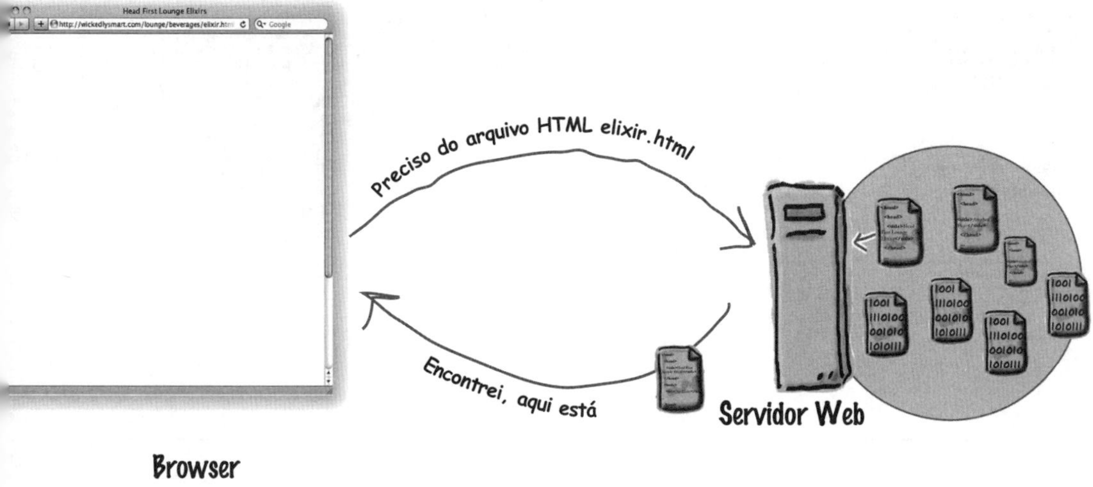
Head First Lounge Elixirs
Preciso do arquivo HTML elixir.html
Encontrei, aqui está
Servidor Web
Browser

2. Em seguida, o browser lê o arquivo "elixir.html", o exibe e nota que há quatro imagens a serem recuperadas. Portanto, ele precisa pegar cada uma do servidor Web, começando por "green.jpg".

A página HTML é recuperada, mas o browser ainda precisa pegar as imagens.

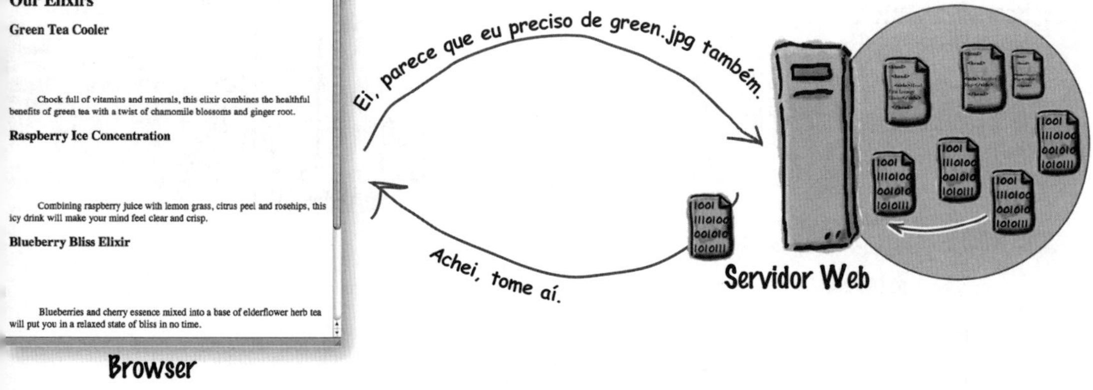
Head First Lounge Elixirs
Our Elixirs
Green Tea Cooler
Chock full of vitamins and minerals, this elixir combines the healthful benefits of green tea with a twist of chamomile blossoms and ginger root.
Raspberry Ice Concentration
Combining raspberry juice with lemon grass, citrus peel and rosehips, this icy drink will make your mind feel clear and crisp.
Blueberry Bliss Elixir
Blueberries and cherry essence mixed into a base of elderflower herb tea will put you in a relaxed state of bliss in no time.
Ei, parece que eu preciso de green.jpg também.
Achei, tome aí.
Servidor Web
Browser

(3) Depois de recuperar "green.jpg", o browser a exibe e então parte para a próxima imagem: "lightblue.jpg".

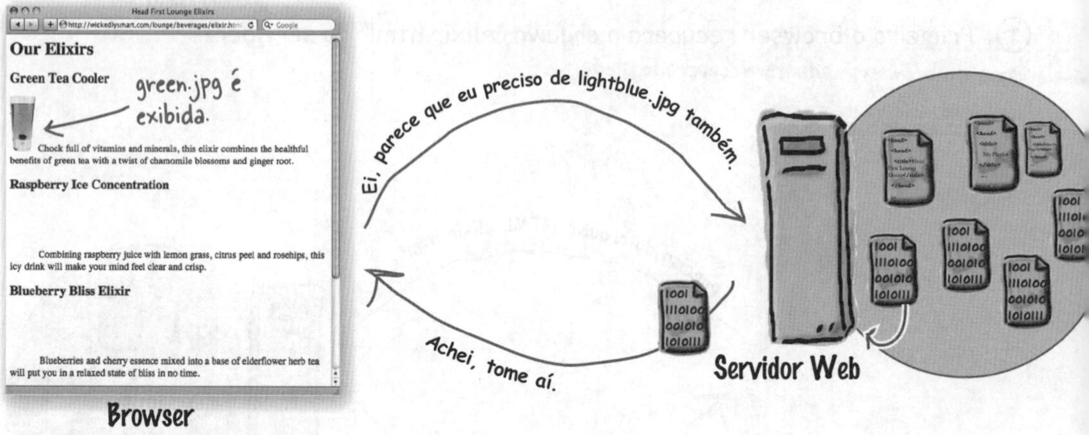
Our Elixirs
Green Tea Cooler
green.jpg é exibida.
Chock full of vitamins and minerals, this elixir combines the healthful benefits of green tea with a twist of chamomile blossoms and ginger root.
Raspberry Ice Concentration
Combining raspberry juice with lemon grass, citrus peel and rosehips, this icy drink will make your mind feel clear and crisp.
Blueberry Bliss Elixir
Blueberries and cherry essence mixed into a base of elderflower herb tea will put you in a relaxed state of bliss in no time.
Browser
Ei, parece que eu preciso de lightblue.jpg também.
Achei, tome aí.
Servidor Web

(4) Agora que o browser recuperou "lightblue.jpg", ele a exibe e então parte para a próxima imagem, "blue.jpg". Esse processo continuará para cada imagem da página.

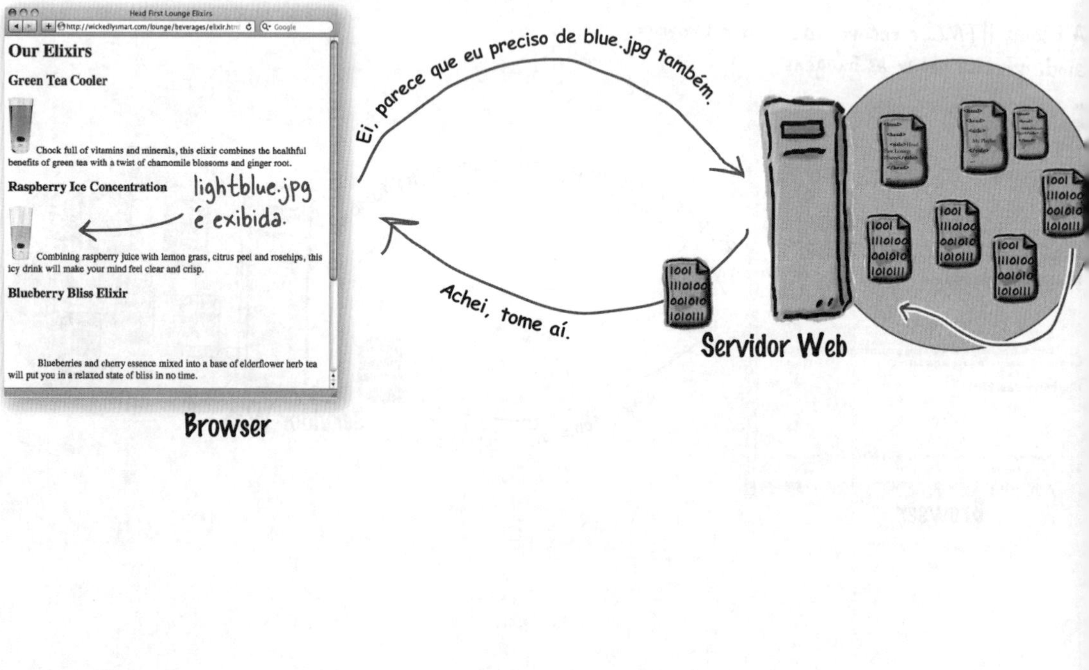
Our Elixirs
Green Tea Cooler
Chock full of vitamins and minerals, this elixir combines the healthful benefits of green tea with a twist of chamomile blossoms and ginger root.
Raspberry Ice Concentration
lightblue.jpg é exibida.
Combining raspberry juice with lemon grass, citrus peel and rosehips, this icy drink will make your mind feel clear and crisp.
Blueberry Bliss Elixir
Blueberries and cherry essence mixed into a base of elderflower herb tea will put you in a relaxed state of bliss in no time.
Browser
Ei, parece que eu preciso de blue.jpg também.
Achei, tome aí.
Servidor Web

Como funcionam as imagens

As imagens são apenas imagens, certo? Bem, na verdade, há zilhões de formatos para imagens no mundo, todos com seus próprios pontos fortes e fracos. Felizmente, apenas três desses formatos são comumente usados na Web: JPEG, PNG e GIF. A única parte complicada é decidir quando usar um ou o outro.

Qual a diferença entre JPEG, PNG e GIF?

Use JPEG para fotos e gráficos complexos

ınciona melhor para imagens ꞉ tons contínuos, como tografias.

ɔde representar imagens de até ꞉ milhões de cores diferentes.

um formato "com perdas", ɔrque para reduzir o tamanho ɔ arquivo, joga fora algumas formações sobre a imagem.

ão suporta transparência.

s arquivos são menores, para áginas mais eficientes.

ão suporta animação.

Use PNG ou GIF para imagens com cores sólidas, logos e formas geométricas.

PNG funciona melhor para imagens com algumas cores sólidas e imagens com linhas, como logos, cliparts e pequenos textos nas imagens.

PNG pode representar imagens com milhões de cores diferentes. PNG vem em três formatos: PNG-8, PNG-24 e PNG-32, dependendo de quantas cores precisa representar.

PNG comprime o arquivo para reduzir seu tamanho, mas não joga nada fora. Portanto, é um formato "sem perdas".

Permite que uma cor de fundo seja definida como "transparente", mostrando tudo que houver por trás da imagem.

Os arquivos tendem a ser maiores do que os equivalentes em JPEG, mas podem ser menores ou maiores do que os GIF, dependendo no número de cores usado.

Assim como o PNG, GIF funciona melhor para imagens com algumas cores sólidas e imagens com linhas, como logos, cliparts e pequenos textos nas imagens.

GIF pode representar imagens com até 256 cores diferentes.

GIF também é um formato sem perdas.

GIF também suporta transparência, mas permite que apenas uma cor seja aplicada como transparente.

Os arquivos tendem a ser maiores do que os equivalentes em JPEG.

Suporta animação.

O formato real de imagem, fique de pé, por favor?

Entrevista da semana:

Formatos de imagem misturam tudo

Use a Cabeça!: Bem, olá a todos. Eu acho que essa é a primeira vez que temos três entrevistados de uma vez!

JPEG: Olá a todos, olá, GIF, olá PNG.

GIF: Ainda não estou certo por que tenho que dividir o sofá dessa entrevista com esses outros palhaços. Todos sabem que o GIF é o formato original de imagens na Web.

JPEG: Há! Assim que você ficar bom em representar imagens complexas, como fotos, talvez então as pessoas lhe levarão a sério de novo, mas não sei como você fará isso com apenas 256 cores...

Use a Cabeça!: PNG, você pode nos ajudar aqui? Você está um tanto quieto...

PNG: É fácil ficar quieto quando se é o número 1. Eu posso representar imagens complexas como o JPEG e também não tenho perdas, como o GIF, Verdadeiramente o melhor dos dois mundos.

Use a Cabeça!: Sem perdas?

PNG: Isso. Quando se armazena uma imagem em um formato sem perdas, você não perde nenhuma informação, ou detalhe, da imagem.

GIF: Eu também! Eu também não tenho perdas, você sabe.

Use a Cabeça!: Bem, por que alguém quereria um formado com perdas?

JPEG: Sempre tem os dois lados. Às vezes o que se quer é um arquivo razoavelmente pequeno para fazer o download rápido, mas com grande qualidade. Nem sempre precisamos de qualidade perfeita. As pessoas estão muito satisfeitas com as imagens em JPEG.

PNG: Claro, claro, mas você já pensou sobre linhas, logos, pequenos textos, cores sólidas? Eles não ficam tão bem com JPEG...

Use a Cabeça!: Espere um segundo, o JPEG levantou uma questão interessante. Então, GIF e PNG, seus tamanhos de arquivo são grandes?

PNG: Admito que meu tamanho de arquivo pode ser meio grande, às vezes, mas eu forneço três formatos para redimensionar suas imagens: PNG-8, PNG-24 e PNG-32.

GIF: Parece complexo, para mim. Mais coisas pa seus usários terem que lembrar.

PNG: Bem, GIF, o mundo não seria lindo se pudéssemos encaixar todas as imagens em 256 cores? Mas não podemos.

GIF: Ei, para traçar linhas, figuras, esse tipo de coisa, é geralmente muito fácil encaixar imagens em 8 bits, e para isso eu sou ótimo.

JPEG: Há, quando foi a última vez que você viu um imagem armazenada como GIF? As pessoas perceberam suas desvantagens, GIF.

GIF: Eu mencionei que posso ser transparente? Você pode tirar partes de mim, e qualquer coisa atrás de mim aparece.

PNG: Você não pode competir comigo nisso, GIF. Eu posso deixar qualquer número de cores transparente; você está limitado a uma cor.

GIF: Uma cor ou muitas, quem se importa? Só é necessário uma.

PNG: Não se você quiser áreas transparentes sen serrilhamento em suas imagens!

GIF: Hã?

PNG: Sim, você sabe, porque eu permito mais de uma cor ser transparente, então você pode ter extremidades suaves ao redor das áreas transparentes.

Use a Cabeça!: Isso parece um aspecto importante. Você pode fazer isso, JPEG?

JPEG: Não, mas não estou muito preocupado com isso. Não há muitas fotos com as quais se queira fazer isso. Isso é para logos.

PNG: Hmmm, estou vendo minha transparência ser usada por toda a Web.

Use a Cabeça!: Bem, tenho que pensar duas vezes antes de fazer uma entrevista com três pessoas de novo, mas me parece que GIF e PNG são ótimos para logos e imagens com texto; JPEC você é ótimo para fotos, e PNG, você é muito útil se quisermos transparência, bem como muitas cores. Tchau!

PNG, JPEG:, GIF: Ei, não, espere!

QUAL O FORMATO DA IMAGEM?

Parabéns: você foi eleito o "Grande Escolhedor de Formatos de Imagem" do dia. Para cada imagem abaixo, escolha o formato que melhor a representaria na Web.

	JPEG	ou	PNG	ou	GIF
	☐		☐		☐
 CUIDADO COM O CHOCOLATE QUENTE	☐		☐		☐
	☐		☐		☐
	☐		☐		☐
	☐		☐		☐

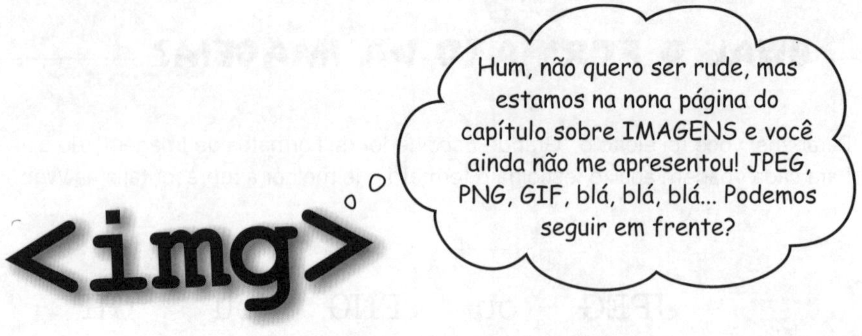
Hum, não quero ser rude, mas estamos na nona página do capítulo sobre IMAGENS e você ainda não me apresentou! JPEG, PNG, GIF, blá, blá, blá... Podemos seguir em frente?
<img>

E agora, a apresentação formal: conheça o elemento <img>

Já adiamos essa apresentação o suficiente. Como você pode ver, há muito mais em lidar com imagens do que apenas a marcação do HTML. De qualquer maneira, chega disso... É hora de conhecermos o elemento `<img>`.

Vamos começar dando uma olhada mais de perto no elemento — embora provavelmente você já tenha assimilado como o `<img>` trabalha:

Este é o elemento <img>.

O elemento <img> é um elemento em linha. Ele não faz com que sejam inseridas quebras de linha antes ou depois de seu aparecimento.

```
<img src="images/drinks.gif">
```

O atributo src especifica o local do arquivo da imagem a ser incluída na página Web.

Você já sabe que <img> é um elemento vazio.

Então, isso é tudo? Nem tudo. Há alguns outros atributos que queremos que você conheça. E, é claro, você também gostaria de saber como usar o elemento `<img>` para referenciar imagens na Web que não estejam em seu site. Mas acredite, você já conhece o básico sobre o uso do elemento `<img>`.

Vamos conhecer alguns dos pontos mais legais do uso do elemento `<img>`, e então colocar todo esse conhecimento para trabalhar.

<img>: não são mais apenas links relativos

O atributo `src` pode ser usado para mais do que links relativos; você também pode colocar uma URL em seu atributo `src`. As imagens são armazenadas nos servidores Web junto com as páginas HTML; portanto, cada imagem na Web possui sua própria URL, assim como as páginas Web.

Você geralmente usará uma URL para uma imagem se estiver apontando para uma imagem que esteja em um Web site *diferente* (lembre-se, para links e imagens no *mesmo site*, é melhor usar os caminhos relativos).

Veja como criar um link para uma imagem usando uma URL:

```
<img src="http://www.starbuzzcoffee.com/images/corporate/ceo.jpg">
```

Para incluir uma imagem usando sua URL, só é preciso colocar toda a URL da imagem no atributo src.

A URL é o caminho para a imagem, portanto o nome do arquivo no final será sempre o nome do arquivo da imagem. Não existe algo como uma imagem padrão como há para as páginas Web.

Aponte o seu lápis

Aqui está um "Aponte seu lápis" que é verdadeiramente sobre lápis (oh, e sobre imagens também). Este exercício envolve um pouco de adivinhação: *dado um lápis novíssimo e típico, se eu desenhar uma linha contínua até que ele se acabe, qual será o tamanho dessa linha?*

O que isso tem a ver com as imagens? Para encontrar a resposta, você terá que escrever um HTML. A resposta para essa pergunta está contida na imagem que está na URL (em inglês): http://wickedlysmart.com/hfhtmlcss/trivia/pencil.png. Seu trabalho será adicionar uma imagem a este HTML e recuperar a resposta:

```
<html>
  <head>
    <title>Sharpen your pencil trivia</title>
  </head>
  <body>
    <p>How long a line can you draw with the typical pencil?</p>
    <p>

    </p>
  </body>
</html>
```

Coloque seu elemento de imagem aqui

não existem Perguntas Idiotas

P: Então o elemento <img> é bem simples — ele só oferece uma maneira de especificar o local da imagem que precisa ser exibida na página?

R: Sim, isso resume tudo. Falaremos sobre alguns atributos que podem ser adicionados ao elemento. Mais adiante, você verá algumas maneiras de usar as CSS para alterar o estilo visual de uma imagem.

Mas há muito a aprender sobre as próprias imagens. Para que servem os diferentes formatos de imagem? Quando devo usar uma ao invés de outra? Qual o tamanho que elas devem ter? Como eu preparo as imagens para usá-las em uma página Web?

P: Aprendemos que os elementos vazios são elementos sem conteúdo. Também aprendemos que o elemento <img> é vazio. Mas ele não tem um conteúdo (a imagem)?

R: Bem, para sermos mais precisos, um elemento vazio é um elemento que não possui qualquer conteúdo na página HTML onde se coloca tags de abertura e fechamento. É verdade que a imagem é um conteúdo, mas o elemento <img> se refere à imagem. A imagem não é parte da página HTML. Em vez disso, a imagem substitui o elemento <img> quando o browser exibe a página. E lembre-se, as páginas HTML são texto puro, portanto a imagem jamais poderia ser parte direta dela. Será sempre uma coisa separada.

P: Voltando ao exemplo de uma página Web sendo carregada com imagens, quando eu carrego uma página Web, não vejo as imagens sendo carregadas uma após a outra. Por quê?

R: Os browsers quase sempre recuperam as imagens simultaneamente. Ou seja, o browser solicita múltiplas imagens ao mesmo tempo. Devido à velocidade dos computadores e redes, isso tudo acontece rápido o suficiente para que você veja a página sendo carregada junto com suas imagens.

P: Se eu vejo uma imagem em uma página Web, como posso determinar sua URL para que possa criar um link para ela?

R: A maioria dos browsers permite que você clique na imagem com o botão da direita, que traz um menu contextual com algumas opções. Nessas opções, os itens "Copiar Endereço da Imagem" ou "Copiar Link da Imagem" colocarão a URL em sua área de transferência. Outra maneira de encontrar a URL é clicar com o botão da direita e escolher "Abrir Imagem em Nova Janela", que abrirá a imagem em uma janela do browser. Então você poderá obter a URL da imagem na barra de endereços do browser. Uma última opção seria usar o item de menu "Visualizar Fonte" de seu browser e dar uma olhada no HTML. Tenha em mente, entretanto, que você encontrará um link relativo para a imagem, portanto terá de "reconstruir" a URL usando o nome de domínio do site e o caminho da imagem.

P: O que torna uma foto JPEG melhor do que uma foto GIF ou PNG, ou um logo GIF ou PNG melhor do que um logo JPEG?

R: "Melhor" é normalmente definido como alguma combinação de qualidade de imagem e tamanho de arquivo. Uma foto JPEG geralmente será muito menor do que sua equivalente em qualidade no formato PNG ou GIF, enquanto que um logo PNG ou GIF normalmente parecerá melhor e terá um tamanho de arquivo menor do que em formato JPEG.

P: Como escolho entre GIF e PNG? Parece que são muito similares.

R: O PNG é o recém-chegado dos formatos gráficos, e é bem interessante, pois suporta tanto fotos, quanto logos. Ele também possui recursos de transparência mais avançados do que o GIF. O PNG é suportado por todos os grandes browsers hoje, o que não era verdade há alguns anos.

Para escolher entre GIF e PNG, existem algumas coisas a serem consideradas. Primeira, PNG tem uma compressão ligeiramente melhor do que GIF, então para uma imagem com o mesmo número de cores (ex: até 256), seu arquivo PNG pode ser menor. Se você precisar de mais cores do que o GIF pode oferecer, e o JPEG não for uma opção (por exemplo, se você precisar de transparência), PNG é definitivamente o melhor caminho. Entretanto, se você precisar de animação, então você deve ficar com o GIF, que é o único formato que suporta animação.

Sempre ofereça uma alternativa

Uma coisa certa na Web é que você nunca sabe exatamente que browsers e dispositivos serão usados na visualização de suas páginas. Os visitantes podem aparecer com dispositivos móveis, leitores de tela para deficientes visuais, browsers executados em conexões de Internet muito lentas (e talvez recuperem apenas o texto de um site), telefones celulares, camisetas com acesso à Internet... Quem é que sabe?

Mas em meio a toda essa incerteza, você pode estar preparado. Mesmo se um browser não puder exibir as imagens de sua página, há uma alternativa. Você pode dar a seu visitante algumas indicações sobre as informações que existem na imagem, usando o atributo `alt` do elemento `<img>`. Veja como ele funciona:

```
img src="http://wickedlysmart.com/hfhtmlcss/trivia/pencil.png"
    alt="The typical new pencil can draw a line 35 miles long.">
```

O atributo alt precisa apenas de um texto curto que descreva a imagem.

Se a imagem não puder ser exibida, então este texto será usado em seu lugar. É como se você estivesse lendo a página Web pelo telefone para alguém, o texto alt é o que você diz no lugar da imagem.

Exercício

Neste exercício, você verá como o seu browser lida com o atributo "alt" quando não consegue exibir a imagem. A teoria diz que, quando uma imagem não pode ser encontrada, o atributo "alt" será exibido em seu lugar. Mas nem todos os browsers implementam isso, portanto seus resultados podem variar. Veja o que você precisa fazer:

1. Pegue o HTML do exercício anterior.
2. Atualize o elemento de imagem para incluir o atributo alt.
   Um novo láis padrão pode desenhar uma linha com 56 km de comprimento.
3. Altere o nome da imagem de "pencil.png" para "perdido.png".
   Essa imagem não existe, por isso o browser não conseguirá encontrá-la.
4. Recarregue a página em seu browser.
5. Finalmente, faça o download de alguns outros browsers e realize testes com a página. Você obteve resultados diferentes?

Por exemplo: você pode tentar o Firefox (http://www.mozilla.org/) ou o Opera (http://www.opera.com).

Consulte o final do capítulo para ver seus resultados...

Dimensione suas imagens

Há um último atributo do elemento `<img>` que você deve conhecer — na verdade, é um par de atributos: `width` e `height` (largura e altura). Eles podem ser usados para informar ao browser, com antecedência, o tamanho de uma imagem na sua página.

Veja como usar `width` e `height`:

```
<img src="images/drinks.gif" width="48" height="100">
```

O atributo width informa com que largura a imagem deve ser exibida no browser.

O atributo height informa com que altura a imagem deve ser exibida no brows

Tanto "width" como "height" são especificados com o número de pixels. Se você não está familiarizado com eles, veremos o que são com mais detalhes mais adiante. É possível adicionar atributos "width" e "height" a qualquer imagem; se você não o fizer, o browser determinará automaticamente o tamanho antes de exibi-la na página.

não existem Perguntas Idiotas

P: Por que eu deveria usar esses atributos se o browser dá um jeito na figura sozinho?

R: Se você fornecer o "width" e o "height" em seu HTML, muitos browsers poderão obter uma vantagem fazendo o layout da página antes de exibi-la. Se você não o fizer, o browser quase sempre terá de reajustar o layout da página depois de saber o tamanho de uma imagem. Lembre- se, o browser faz o download das imagens depois de baixar o arquivo HTML e começar a mostrar a página. O browser não consegue saber o tamanho das imagens antes de baixá-las, a menos que você diga a ele.

Você também pode fornecer valores de "width" e "height" maiores ou menores do que o tamanho da imagem, e o browser reduzirá ou aumentará a imagem para que ela caiba em tais dimensões. Muitas pessoas fazem isso quando precisam exibir uma imagem existente em um tamanho que seja maior ou menor do que o original. Como você verá mais adiante, entretanto, há vários motivos pelos quais você não deve usar "width" e "height" para esse propósito.

P: Eu tenho que usar esses atributos em par ou posso especificar apenas o "width" ou apenas o "height"?

R: É possível, mas se você se dará o trabalho de dizer ao browser uma dimensão, fornecer a segunda dará mesmo trabalho; e não há muito a ganhar oferecendo apenas a largura ou a altura, a menos que você esteja dimensionando a imagem para uma largura ou altura em particular.

P: Dissemos muitas vezes que devemos usar HTML para a estrutura e não para a apresentação. Esses me parecem atributos de apresentação. Estou errado?

R: Depende de como você estiver usando esses atributos. Se estiver definindo a largura ou altura da imagem para as dimensões corretas, então isso é apenas informacional. Entretanto, se você estiver usando "width" e "height" para redimensionar a imagem no browser, então estará usando esses atributos para apresentação. Nesse caso, provavelmente seria melhor considerar o uso das CSS para obter o mesmo resultado.

Crie um site de fã-clube extraordinário: "myPod"

iPhones também são legais!

Os proprietários de iPods adoram seus iPods, e os levam para todos os lugares. Imagine a criação de um novo site chamado "myPod" para a exibição de fotos de seus amigos e seus iPods em seus lugares favoritos ao redor do mundo.

Meu iPod em Seattle! Você pode ver as nuvens de chuva e a Space Needle. O que você não pode ver são as 628 cafeterias.

Do que precisamos para começar? Apenas algum conhecimento de HTML, algumas imagens e um grande amor por seu iPod.

Já escrevemos algum HTML para esse site, mas ainda não adicionamos as imagens e é aí que você entra na estória. Mas antes de chegar nas imagens, vamos aprontar as coisas; se quiser obter a página em inglês, dê uma olhada na pasta "capítulo5", no código de exemplo deste livro. Lá você encontrará uma pasta chamada "mypod". Abra a pasta "mypod" e veja o que você irá encontrar:

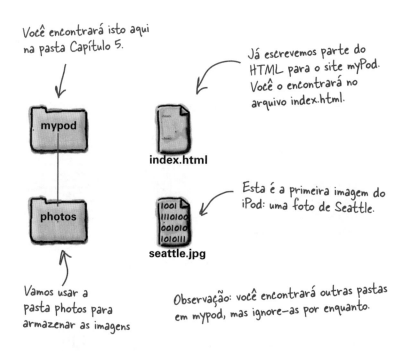

Você encontrará isto aqui na pasta Capítulo 5.

Já escrevemos parte do HTML para o site myPod. Você o encontrará no arquivo index.html.

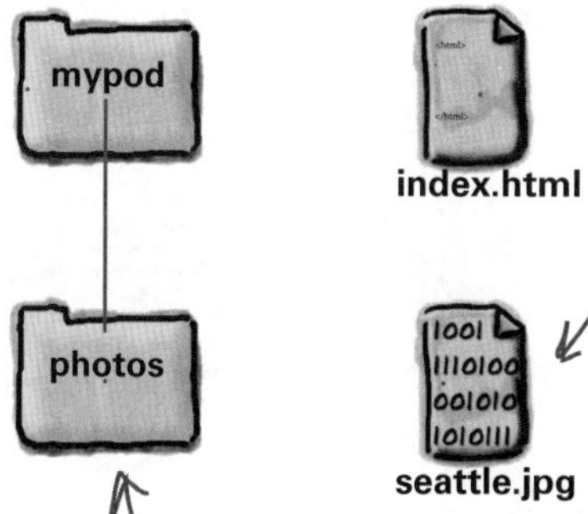
mypod
index.html
photos
seattle.jpg

Esta é a primeira imagem do iPod: uma foto de Seattle.

Vamos usar a pasta photos para armazenar as imagens

Observação: você encontrará outras pastas em mypod, mas ignore-as por enquanto.

Dê uma olhada no arquivo "index.html" do site "myPod"

Abra o arquivo "index.html" e veja que o trabalho já começou no site "myPod". Este é o HTML atual:

Jogamos um pouco de CSS saída do forno aqui. Digite isso por ora – tudo o que ela faz é dar à sua página um fundo verde claro. Vamos chegar nas CSS em alguns capítulos, prometemos!

Este HTML deve lhe parecer familiar, uma vez que estamos usando os blocos de construção básicos: <h1>, <h2> e <p>.

```
<html>
  <head>
    <title>myPod</title>
    <style type="text/css">
      body { background-color: #eaf3da;}
    </style>
  </head>
  <body>

    <h1>Welcome to myPod</h1>
    <p>
      Welcome to the place to show off your iPod, wherever you might be.
      Wanna join the fun? All you need is any iPod from the early classic
      iPod to the latest iPod Nano, the smallest iPod Shuffle to the larges
      iPod Video, and a digital camera. Just take a snapshot of your iPod i
      your favorite location and we'll be glad to post it on myPod. So, wha
      are you waiting for?
    </p>

    <h2>Seattle, Washington</h2>
    <p>
      Me and my iPod in Seattle! You can see the
      Space Needle. You can't see the 628 coffee shops.
    </p>

  </body>
</html>
```

Veja como a página é mostrada no browser. Nada mal, mas precisamos de imagens.

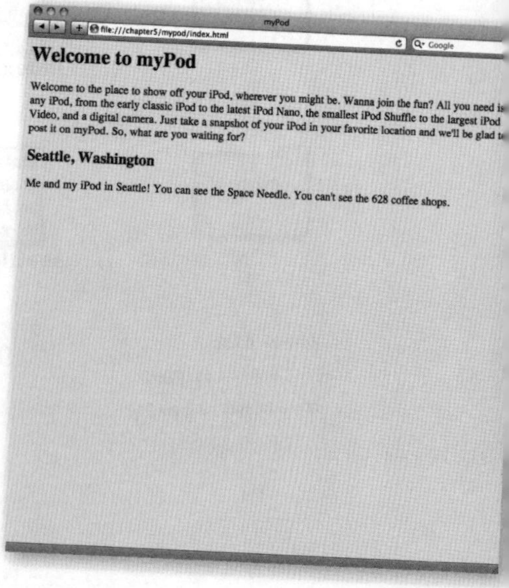
myPod
file:///chapter5/mypod/index.html
Google
Welcome to myPod
Welcome to the place to show off your iPod, wherever you might be. Wanna join the fun? All you need is any iPod, from the early classic iPod to the latest iPod Nano, the smallest iPod Shuffle to the largest iPod Video, and a digital camera. Just take a snapshot of your iPod in your favorite location and we'll be glad to post it on myPod. So, what are you waiting for?
Seattle, Washington
Me and my iPod in Seattle! You can see the Space Needle. You can't see the 628 coffee shops.

Aponte o seu lápis

Como você pode ver, muito do HTML já foi escrito para colocar o site "myPod" no ar. Tudo o que você precisa fazer é adicionar um elemento <img> para cada foto que queira incluir. Há apenas uma foto até agora, "seattle_video.jpg", portanto vá em frente e adicione um elemento para colocar essa imagem na página abaixo. Quando tiver terminado, carregue a página em seu browser e dê uma olhada na paisagem de Seatle.

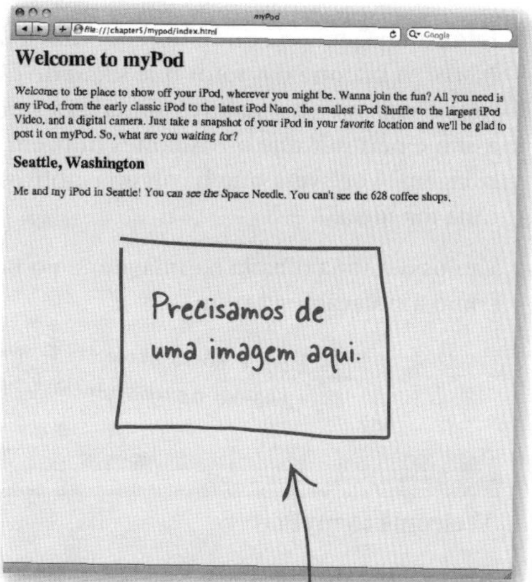
Welcome to myPod
Welcome to the place to show off your iPod, wherever you might be. Wanna join the fun? All you need is any iPod, from the early classic iPod to the latest iPod Nano, the smallest iPod Shuffle to the largest iPod Video, and a digital camera. Just take a snapshot of your iPod in your favorite location and we'll be glad to post it on myPod. So, what are you waiting for?
Seattle, Washington
Me and my iPod in Seattle! You can see the Space Needle. You can't see the 628 coffee shops.
Precisamos de uma imagem aqui.

Este é o local onde precisa colocar a primeira foto.

```
<html>
   <head>
      <title>myPod</title>
      <style type="text/css">
         body { background-color: #eaf3da;}
      </style>
   </head>
   <body>

      <h1>Welcome to myPod</h1>
      <p>
         Welcome to the place to show off your iPod, wherever you might be.
         Wanna join the fun? All you need is any iPod from, the early
         classic iPod to the latest iPod Nano, the smallest iPod Shuffle
         to the largest iPod Video, and a digital camera. Just take a
         snapshot of your iPod in your favorite location and we'll be
         glad to post it on myPod. So, what are you waiting for?
      </p>

      <h2>Seattle, Washington</h2>
      <p>
         Me and my iPod in Seattle! You can see the
         Space Needle. You can't see the 628 coffee shops.
      </p>

      <p>

      </p>

   </body>
</html>
```

Seu elemento <img> entrará aqui.

Ei! A imagem é muito grande

Bem, a imagem está onde deveria, mas é uma imagem *enorme*. A maioria das fotos que saem de câmeras digitais hoje é enorme (ou maiores ainda). Devemos deixar a foto assim e permitir que os visitantes utilizem as barras de rolagem? Você verá que há alguns motivos para essa ser uma má ideia.

Vamos dar uma olhada na imagem e no browser, para ver como a situação está ruim...

Veja bem!

Se a imagem couber perfeitamente na janela de seu browser, então ele talvez tenha uma opção "redimensionar imagem automaticamente" ligada. Mais sobre isso em um segundo...

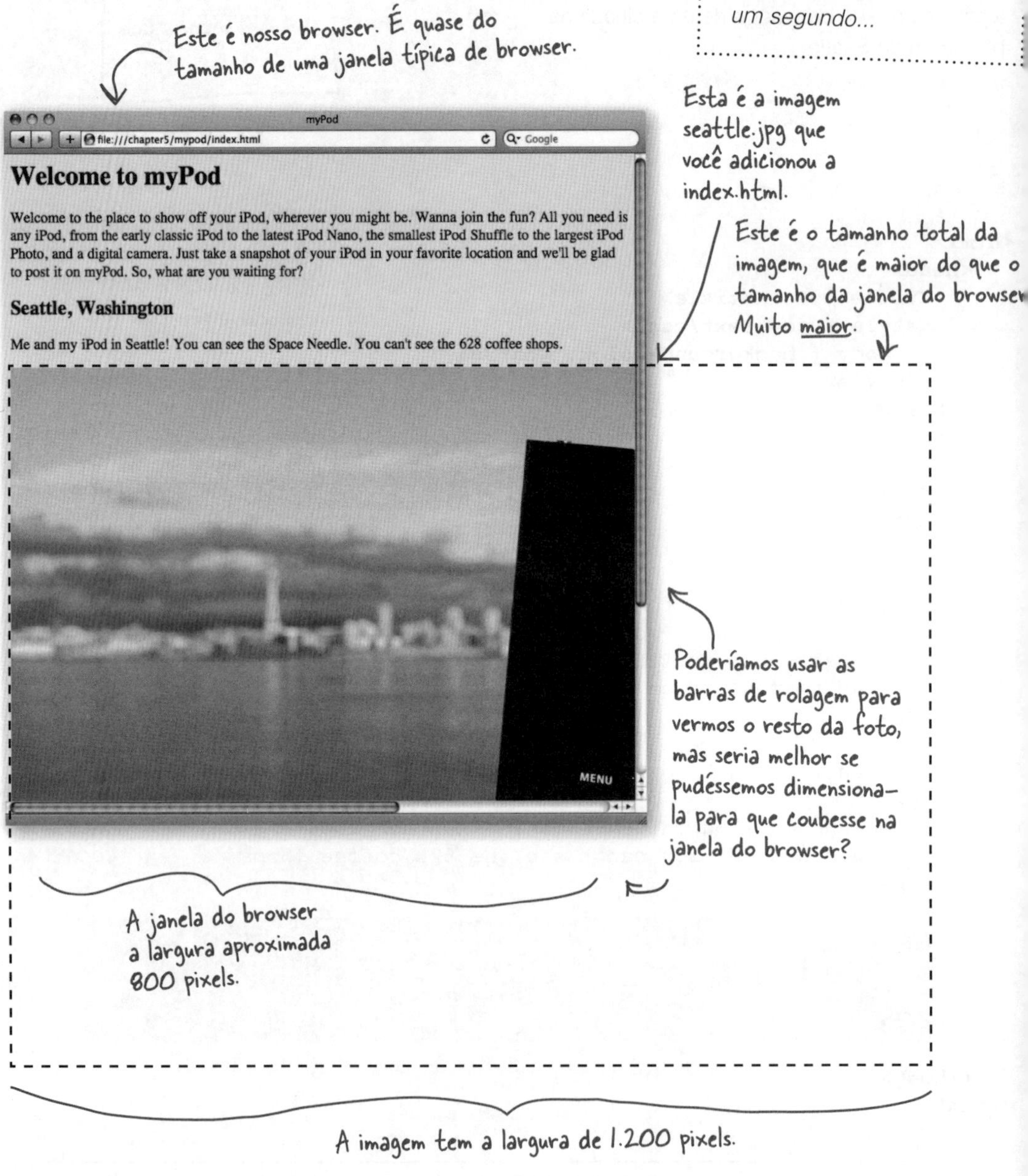
Este é nosso browser. É quase do tamanho de uma janela típica de browser.
myPod
file:///chapter5/mypod/index.html
Google
Welcome to myPod
Welcome to the place to show off your iPod, wherever you might be. Wanna join the fun? All you need is any iPod, from the early classic iPod to the latest iPod Nano, the smallest iPod Shuffle to the largest iPod Photo, and a digital camera. Just take a snapshot of your iPod in your favorite location and we'll be glad to post it on myPod. So, what are you waiting for?
Seattle, Washington
Me and my iPod in Seattle! You can see the Space Needle. You can't see the 628 coffee shops.
MENU
Esta é a imagem seattle.jpg que você adicionou a index.html.
Este é o tamanho total da imagem, que é maior do que o tamanho da janela do browser. Muito maior.
Poderíamos usar as barras de rolagem para vermos o resto da foto, mas seria melhor se pudéssemos dimensioná-la para que coubesse na janela do browser?
A janela do browser a largura aproximada 800 pixels.
A imagem tem a largura de 1.200 pixels.

não existem Perguntas Idiotas

P: O que há de errado com o fato de deixarmos o suário usar as barras de rolagem para ver a foto?

R: Em geral, as páginas Web com fotos muito grandes ão difíceis de usar. Não só os visitantes não conseguem ver imagem inteira de uma vez, como também usar as barras e rolagem é muito incômodo. As imagens grandes também xigem que mais dados sejam transferidos entre o servidor e eu browser, o que leva muito tempo e pode resultar em uma ágina de exibição muito lenta, particularmente para usuários om conexões discadas ou outras mais lentas.

P: Por que eu não posso usar os atributos "width" e height" para redimensionar as figuras em uma página?

R: Porque o browser ainda terá que recuperar toda a imagem rande antes de dimensioná-la para que caiba em sua página.

P: Você disse que a janela do browser tem a largura e 800 pixels; o que isso significa, exatamente?

R: A tela do computador é feita de milhões de pontos hamados pixels. Se você olhar para a tela bem de pertinho, onseguirá vê-los:

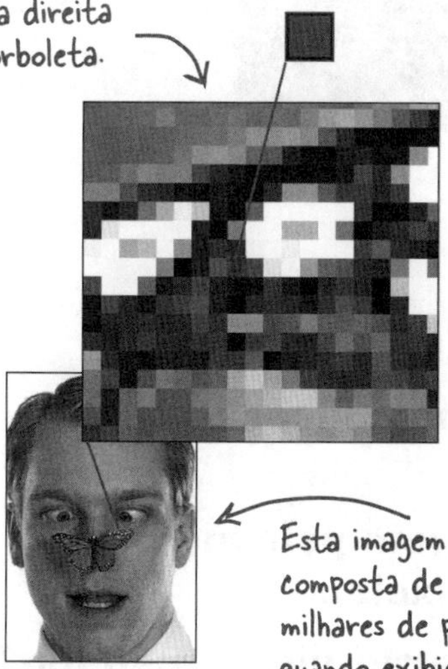
Aqui está um monte de pixels que, juntos, fazem a parte superior da asa direita da borboleta.
Aqui está um pixel.
Esta imagem é composta de milhares de pixels quando exibida na tela do computador.

E, enquanto os tamanhos e resoluções de tela tendem a variar (algumas pessoas possuem monitores pequenos, outras, grandes), a maioria das pessoas ajustam seus browsers para algo entre 800 e 1.280 pixels de largura. Assim, 800 pixels é um bom parâmetro para a largura máxima de suas imagens (e para suas páginas Web também, mas chegaremos lá em alguns capítulos).

P: Como o número de pixels se relaciona ao tamanho da imagem na tela?

R: Um bom parâmetro é 96 pixels para cada polegada, apesar de que com as altas resoluções e retina display de hoje, pode ir além. Nós costumávamos usar um padrão de 72 pixels por polegada (ppp), mas para lidar com os displays modernos, o conceito de um pixel de CSS foi criado. O pixel de CSS é 1/96 de uma polegada (96 ppp). Então, para uma imagem de 3" de largura por 3" de altura, você usaria 96 (pixels) x 3 (polegadas) = 288 x 288 pixels.

P: Bem, qual o tamanho que minhas imagens devem ter, então?

R: : Em geral, você deverá manter a largura de sua imagem em um tamanho menor do que 800 pixels. É claro, talvez você queira que suas imagens sejam significativamente menores, dependendo do uso que esteja fazendo delas. E se a imagem for um logo em sua página? Provavelmente, você vai querer que ela seja pequena, mas legível. Afinal, você não precisa de um logo com a largura de toda a página Web. Os logos tendem a ficar com a largura entre 100 e 200 pixels. Logo, a resposta para a sua pergunta depende do design da sua página. Para fotos — que normalmente queremos ver do maior tamanho possível — talvez você queira ter uma página com miniaturas que sejam rapidamente carregadas, e então permitir que o usuário clique em cada miniatura para ver uma versão maior da imagem. Vamos chegar lá rapidamente.

P: Eu acho que o meu browser redimensionou automaticamente a foto de Seattle, porque ela cabe perfeitamente na janela. Por que meu browser fez isso?

R: Alguns browsers possuem o recurso de redimensionar qualquer imagem que não caiba na largura de seu browser. Mas muitos browsers não fazem isso, portanto não confie muito nisso. Mesmo se todos os browsers tivessem esse recurso, você ainda estaria transferindo muito mais dados do que o necessário entre o servidor e o browser, o que tornaria o carregamento de sua página lento e a deixaria menos utilizável.

Redimensione a imagem para que ela caiba no browser

Vamos corrigir a foto para que ela caiba melhor na janela do browser. Agora, a imagem tem a largura de 1.200 pixels e a altura de 800 pixels (veremos como determinar isso em um segundo). Como queremos que a largura da imagem seja menor do que 800 pixels, precisamos decidir qual largura ficaria boa na página Web do myPod. O propósito do "myPod" é ver fotos de iPods e a vizinhança, o que significa que queremos ver imagens razoavelmente grandes. Se reduzirmos o tamanho da imagem para a metade, 600 pixels de largura por 400 pixels de altura, ainda ocuparemos quase toda a largura do browser, mas com algum espaço nas laterais. Parece bom? Vamos redimensionar essa foto...

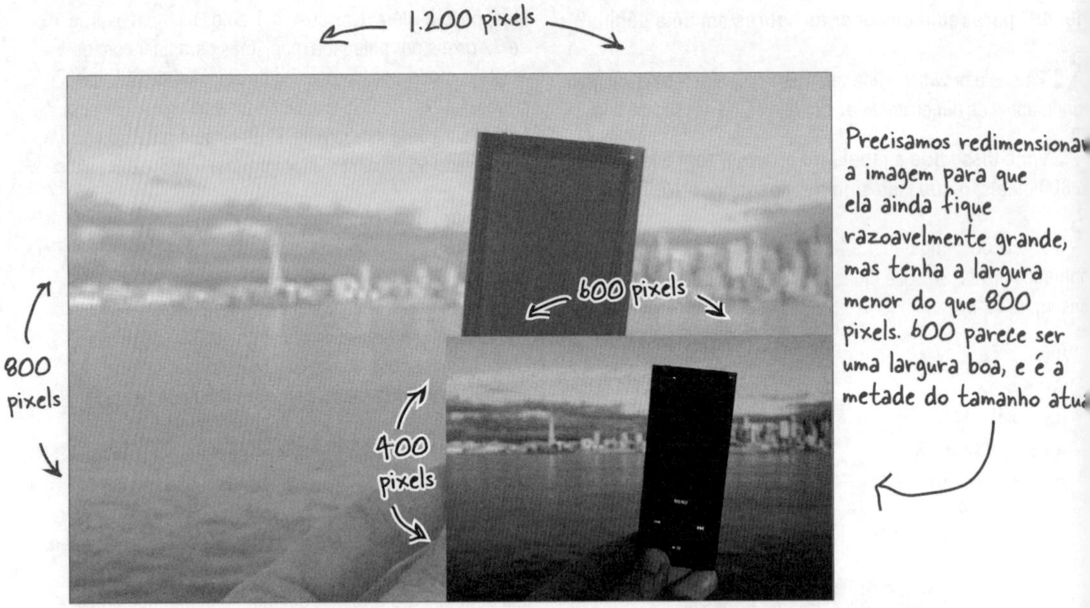
1.200 pixels
800 pixels
600 pixels
400 pixels
Precisamos redimensiona
a imagem para que
ela ainda fique
razoavelmente grande,
mas tenha a largura
menor do que 800
pixels. 600 parece ser
uma largura boa, e é a
metade do tamanho atu

Veja o que você fará:

1. **Abra a imagem usando uma aplicação para edição de fotos.**
2. **Reduza o tamanho da imagem pela metade (para 600 pixels por 400 pixels).**
3. **Salve a imagem como "seattle_video_med.jpg".**

Antes de começarmos, qual aplicação para edição de fotos usaremos para redimensionar a imagem? Eu tenho o Photoshop Elements, será que ele funcionará?

Boa pergunta. Há milhares de aplicações de edição de fotos no mercado (algumas grátis), que são bastante similares. Usaremos o Adobe Photoshop Elements para redimensionar as imagens, porque é uma das aplicações de edição de fotos mais populares, e está disponível tanto para Macintosh como para Windows. Se você possuir outra aplicação, não deverá ter problema algum em seguir em frente e traduzir cada tarefa de edição para sua própria aplicação.

Se você ainda não possui uma aplicação para edição de fotos, verifique se não há alguma que tenha sido instalada junto com o seu sistema operacional. Se você tiver um Mac, poderá usar o iPhoto para editar suas fotos. Se estiver usando o Windows, talvez encontre o Digital Image Suite da Microsoft em seu computador. Se ainda não houver nenhuma aplicação para edição disponível, acompanhe o livro e para cada passo você poderá usar o HTML (em inglês) e as imagens incluídas nas pastas de exemplo.

Se você não tiver Adobe Photoshop Elements, mas gostaria já de acompanhar o resto do capítulo, poderá fazer o download dele e testá-lo de graça por 30 dias. A URL da página de download é: http://www.adobe.com/br/products.

Abra a imagem

Primeiro, inicie sua aplicação para edição de fotos e abra a imagem "seattle_video.jpg". No Photoshop Elements, você escolhe a opção de menu "Open..." no menu "File", que abrirá a caixa Open Dialog box. Aqui você navegará até a imagem "seattle_video.jpg" na pasta "capitulo5/mypod/photos".

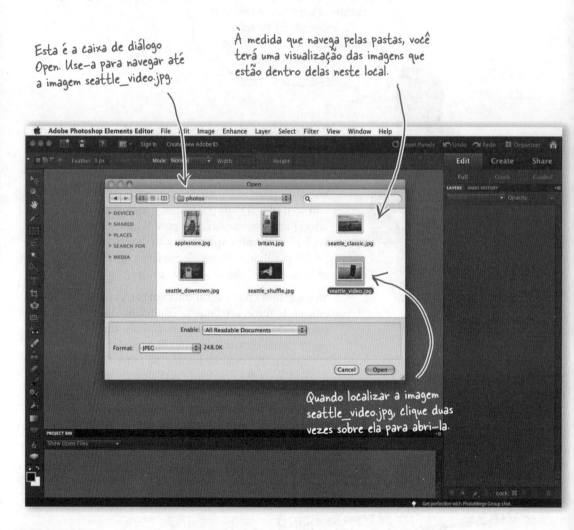

Esta é a caixa de diálogo Open. Use-a para navegar até a imagem seattle_video.jpg.
À medida que navega pelas pastas, você terá uma visualização das imagens que estão dentro delas neste local.
Quando localizar a imagem seattle_video.jpg, clique duas vezes sobre ela para abri-la.
Adobe Photoshop Elements Editor
Open
photos
applestore.jpg
britain.jpg
seattle_classic.jpg
seattle_downtown.jpg
seattle_shuffle.jpg
seattle_video.jpg
Enable: All Readable Documents
Format: JPEG
248.0K
Cancel
Open

Redimensione a imagem

Agora que o arquivo "seattle_video.jpg" está aberto, vamos usar a caixa de diálogo "Save for Web" para redimensionar a imagem e salvá-la. Para chegar nessa caixa de diálogo, escolha a opção de menu "Save for Web" no menu "File".

Esta é a imagem seattle.jpg no Photoshop Elements.

Para redimensionar a imagem, escolha Save for Web no menu File.

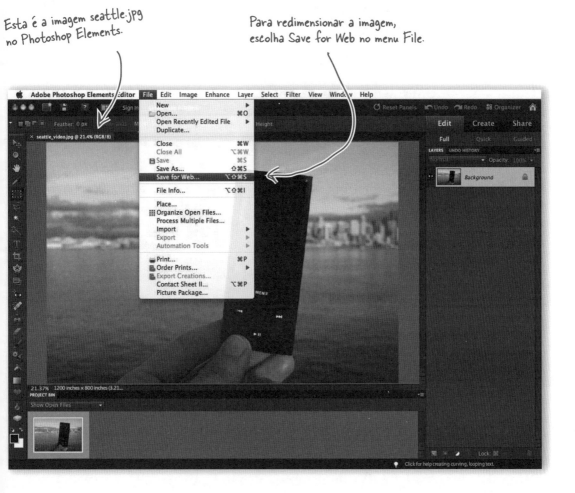

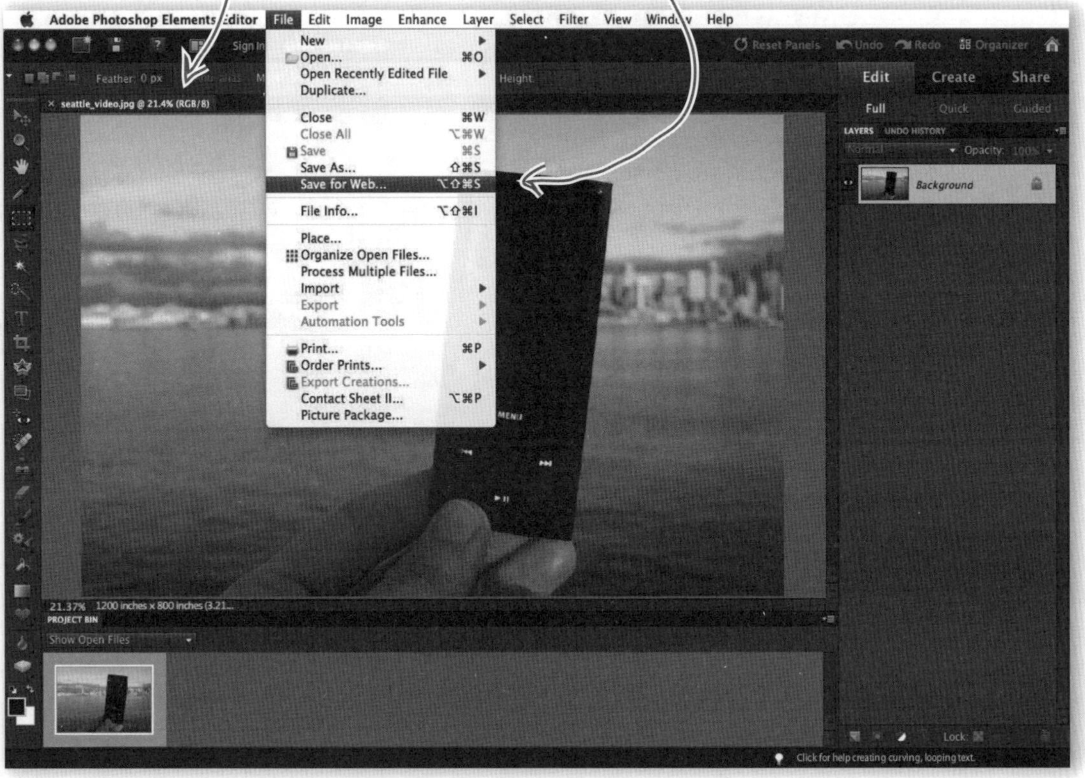
Adobe Photoshop Elements Editor
File
Edit
Image
Enhance
Layer
Select
Filter
View
Window
Help
New
Open...
Open Recently Edited File
Duplicate...
Close
Close All
Save
Save As...
Save for Web...
File Info...
Place...
Organize Open Files...
Process Multiple Files...
Import
Export
Automation Tools
Print...
Order Prints...
Export Creations...
Contact Sheet II...
Picture Package...
seattle_video.jpg @ 21.4% (RGB/8)
Edit
Create
Share
Full
Quick
Guided
Background
PROJECT BIN
Show Open Files

Redimensione a figura, parte 2

Depois de selecionar "Save for Web", você deverá ver a caixa de diálogo abaixo; vamos nos familiarizar com ela antes de usá-la.

Esta caixa de diálogo permite que você faça todos os tipos de coisas interessantes. Por ora, vamos nos concentrar em como usá-la para redimensionar e salvar imagens no formato JPEG para páginas Web.

Este é o local onde é escolhido o formato em que deseja salvar o arquivo. Agora está definido como GIF, mas vai mudar para JPEG em algumas páginas.

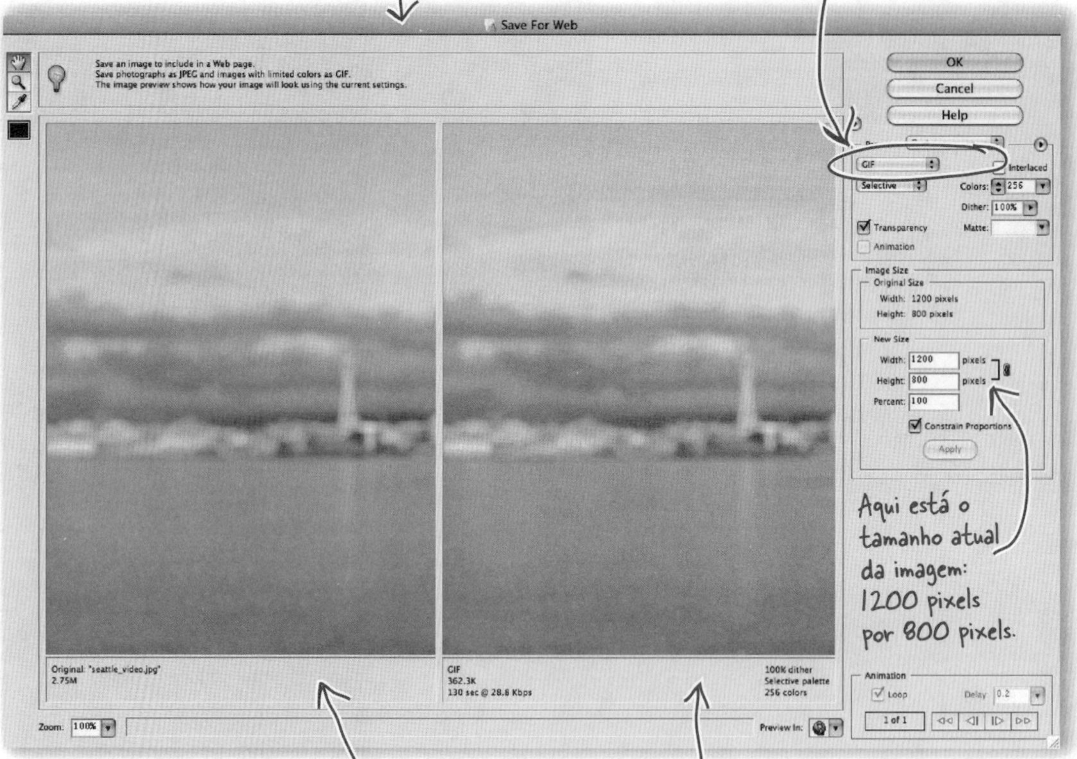
Save For Web
Save an image to include in a Web page.
Save photographs as JPEG and images with limited colors as GIF.
The image preview shows how your image will look using the current settings.
OK
Cancel
Help
GIF
Selective
Interlaced
Colors: 256
Dither: 100%
Transparency
Matte:
Animation
Image Size
Original Size
Width: 1200 pixels
Height: 800 pixels
New Size
Width: 1200 pixels
Height: 800 pixels
Percent: 100
Constrain Proportions
Apply
Original: "seattle_video.jpg"
2.75M
GIF
362.3K
130 sec @ 28.8 Kbps
100% dither
Selective palette
256 colors
Zoom: 100%
Preview In:
Animation
Loop
Delay: 0.2
1 of 1

Aqui está o tamanho atual da imagem: 1200 pixels por 800 pixels.

A janela dividida mostra sua imagem original à esquerda, e a imagem no formato em que você está salvando à direita a Web a direita. Agora ela está mostrando o formato GIF; vamos alterar isso para JPEG em um próximo passo.

Como você pode ver, há muitas funcionalidades nesta caixa de diálogo. Vamos fazer um bom uso delas. Para redimensionar a imagem, você precisa alterar a largura para 600 pixels e a altura para 400 pixels. Então você precisa salvar a imagem no formato JPEG. Vamos começar o redimensionamento...

(1) Altere o tamanho da imagem para uma largura de 600 e uma altura de 400. Se você tiver Constrain Proportions marcado, então tudo o que tem Se você tiver Constrain Proportions que fazer é digitar a nova largura, 600, e o Elements mudará a altura para 400.

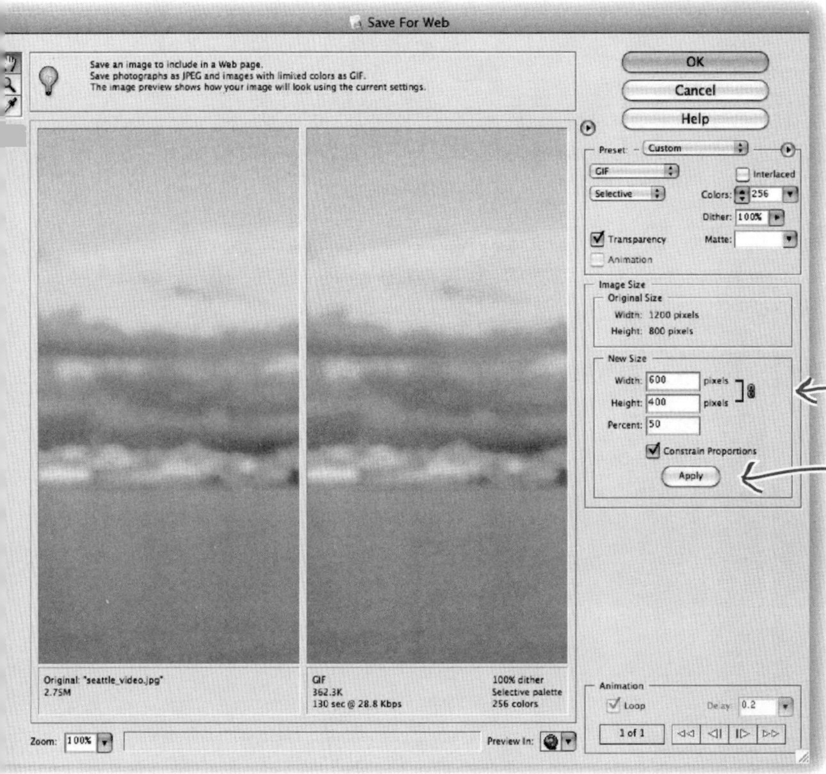
Save For Web
Save an image to include in a Web page.
Save photographs as JPEG and images with limited colors as GIF.
The image preview shows how your image will look using the current settings.
OK
Cancel
Help
Preset: Custom
GIF
Selective
Interlaced
Colors: 256
Dither: 100%
Transparency
Matte:
Animation
Image Size
Original Size
Width: 1200 pixels
Height: 800 pixels
New Size
Width: 600 pixels
Height: 400 pixels
Percent: 50
Constrain Proportions
Apply
Original: "seattle_video.jpg"
2.75M
GIF
362.3K
130 sec @ 28.8 Kbps
100% dither
Selective palette
256 colors
Animation
Loop
Delay: 0.2
1 of 1
Zoom: 100%
Preview In:

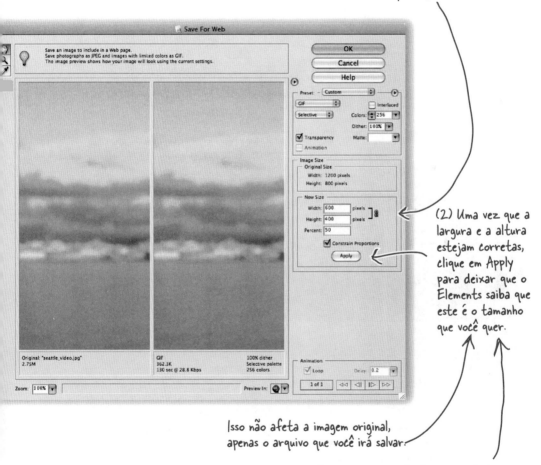

(2) Uma vez que a largura e a altura estejam corretas, clique em Apply para deixar que o Elements saiba que este é o tamanho que você quer.

Isso não afeta a imagem original, apenas o arquivo que você irá salvar.

Você deve clicar em Apply para reduzir o tamanho da imagem; caso contrário, a imagem será salva com sua largura e altura originais.

Você redimensionou; agora salve

Agora você só precisa salvar a imagem no formato correto (JPEG). Para fazer isso, você precisa escolher o formato JPEG e definir a qualidade como "Medium". Falaremos mais sobre qualidade em breve.

(1) Agora que o tamanho da imagem foi definido, você só precisa escolher o formato para a imagem. Atualmente, ele está definido para salvar como GIF; altere isso para JPEG, como fizemos aqui.

(2) Defina a qualidade como Medium

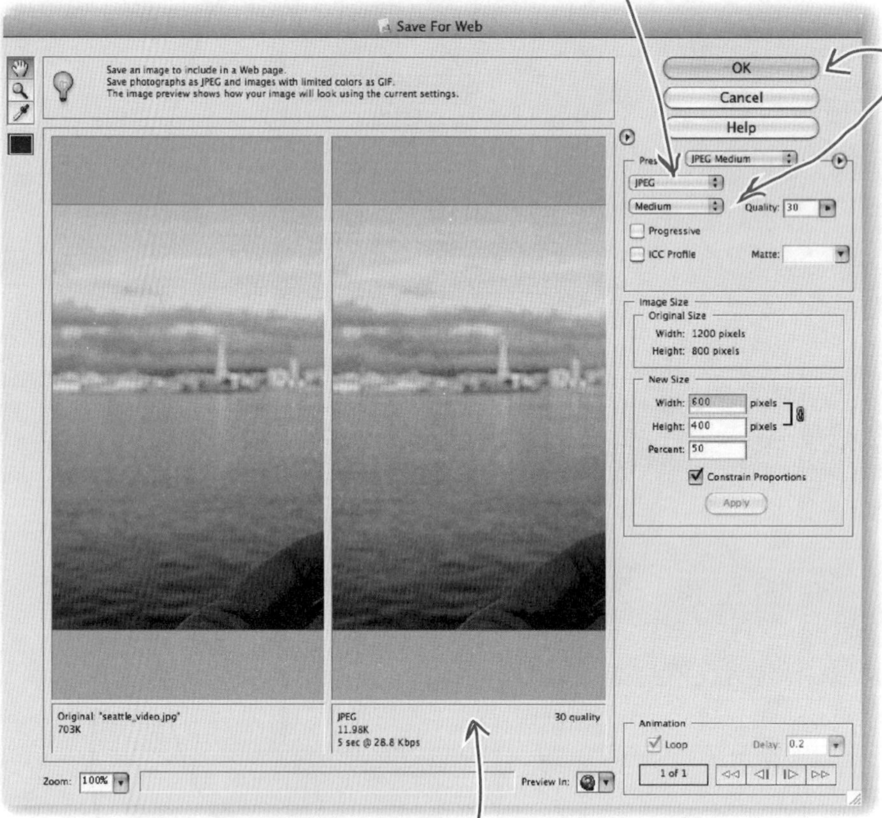
Save For Web
Save an image to include in a Web page.
Save photographs as JPEG and images with limited colors as GIF.
The image preview shows how your image will look using the current settings.
OK
Cancel
Help
JPEG Medium
JPEG
Medium
Quality: 30
Progressive
ICC Profile
Matte:
Image Size
Original Size
Width: 1200 pixels
Height: 800 pixels
New Size
Width: 600 pixels
Height: 400 pixels
Percent: 50
Constrain Proportions
Apply
Original: "seattle_video.jpg"
703K
JPEG
11.98K
5 sec @ 28.8 Kbps
30 quality
Animation
Loop
Delay: 0.2
1 of 1
Zoom: 100%
Preview In:

(3) Isso é tudo; clique em OK e vá para a próxima página.

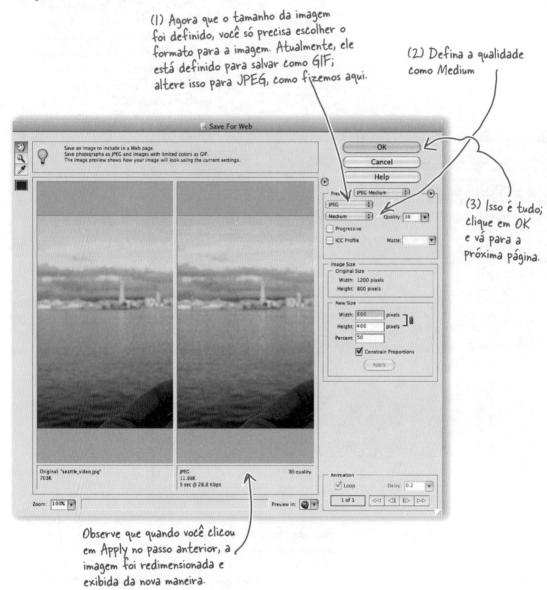

Observe que quando você clicou em Apply no passo anterior, a imagem foi redimensionada e exibida da nova maneira.

Salve a imagem

Depois de clicar em "Ok", você verá a caixa de diálogo "Save". Salve a imagem como "seattle_video_med.jpg" para não sobrescrever a foto original.

Altere o nome do arquivo para seattle_video_med.jpg.

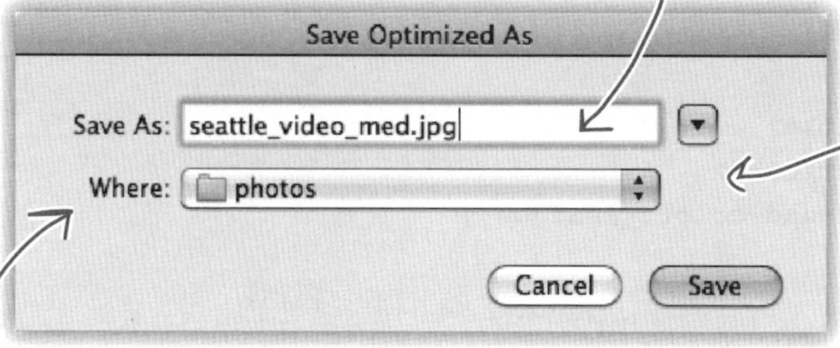

Save Optimized As
Save As: seattle_video_med.jpg
Where: photos
Cancel
Save

Certifique-se de que esteja salvando a imagem na pasta myPod/fotos.

Observe que você está alterando o nome de seatle_video.jpg para seattle_video_med.jpg. Por quê? As pessoas gostam de salvar suas fotos originais enormes e de alta qualidade para imprimi-las e colocam as versões menores na Web. Se você salvar a foto como seattle_video.jpg, perderá a original.

Clique em Save para salvar a imagem.

não existem Perguntas Idiotas

P: Você pode dizer um pouco mais sobre a definição de qualidade em "Save for Web"?

R: O formato JPEG permite que você especifique o nível de qualidade da imagem necessária. Quanto menor a qualidade, menor o tamanho do arquivo. Se você olhar para o painel de visualização na caixa de diálogo "Save for Web", verá que tanto a qualidade como o tamanho do arquivo mudam à medida que você altera as definições de qualidade.

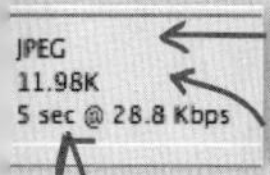

JPEG
11.98K
5 sec @ 28.8 Kbps

Formato da imagem

Tamanho da imagem (1k equivale a 1024 bytes em tamanho).

O Photoshop Elements diz a você até mesmo quanto duraria a transferência da imagem através de um modem discado até o browser

A melhor maneira de sentir qual é a melhor definição de qualidade e o formato da imagem é testando-os muitas vezes em suas próprias imagens. Você logo descobrirá quais níveis de qualidade são necessários para sua imagem e para o tipo de página Web que está desenvolvendo. Você também saberá quando usar JPEG ou outros formatos.

P: O que é o número 30 próximo à legenda "Quality" na caixa de diálogo "JPEG Options"?

R: É o número que o Photoshop Elements considera como qualidade "Medium". O JPEG na verdade usa uma escala de 1-100%, e "Low" (baixo), "Medium" (médio), "High" (alto) etc. São apenas valores predefinidos usados por muitas aplicações para edição de fotos.

P: Eu não poderia simplesmente usar os atributos "width" e "height" do elemento <img> para redimensionar minha imagem?

R: Você pode usar os atributos "width" e "height" para redimensionar uma imagem, mas essa não é uma boa ideia. Por quê? Porque se você fizer isso, ainda estará baixando a imagem com o tamanho total, e fazendo com que o browser trabalhe para redimensioná-la — da mesma forma como quando você possui a opção de auto- redimensionamento ligada em browsers que suportam esse recurso. Os atributos "width" e "height" existem na verdade para ajudarem o browser a descobrir quanto espaço deve reservar para aquela imagem; se você os utilizar, eles deverão coincidir com a largura e a altura reais da imagem.

Corrija o HTML de "myPod"

Depois de salvar a imagem, você poderá sair do Photoshop Elements. Agora, tudo o que você precisa fazer é alterar a página "index.html" do "myPod" para incluir a nova versão da foto, "seattle_video_med.jpg". Aqui está um trecho do arquivo "index.html" mostrando apenas as partes que precisam ser alteradas.

```
<html>
  <head>
    <title>myPod</title>
    <style type="text/css">
      body { background-color: #eaf3da;}
    </style>
  </head>
  <body>
    .
    .
    .
    <h2>Seattle, Washington</h2>
    <p>
      Me and my iPod in Seattle! You can see the
      Space Needle. You can't see the 628 coffee shops.
    </p>

    <p>
     <img src="photos/seattle_video_med.jpg" alt="My iPod in Seattle, WA">
    </p>

  </body>
</html>
```

Esta é a outra parte do HTML. Ela já está no seu arquivo index.html.

Tudo o que você precisa fazer é alterar o nome do arquivo no elemento <img> para o nome da imagem que acabou de criar: seattle_video_med.jpg.

E agora, o test drive...

Faça as alterações, salve-as e recarregue "index.html" em seu browser. As coisas devem estar muito melhores agora. A imagem foi dimensionada da maneira exata para dar a seus visitantes uma boa visão, sem oprimi-los por uma foto enorme.

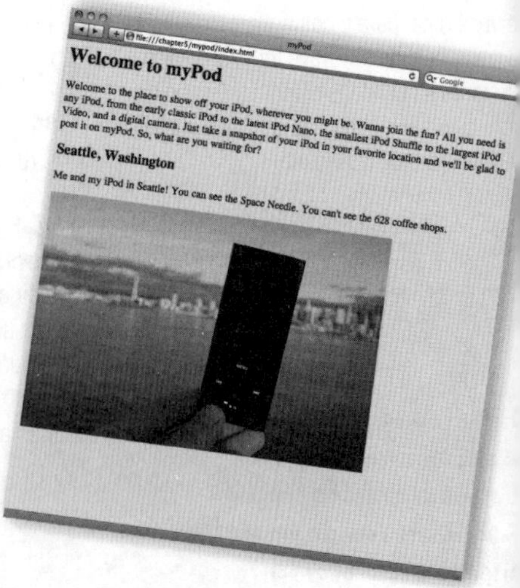
myPod
Welcome to myPod
Seattle, Washington
Me and my iPod in Seattle! You can see the Space Needle. You can't see the 628 coffee shops.

Observe que a imagem cabe certinho na janela do browser. E tem um tamanho menor, também, que ajudará a página a carregar mais rapidamente.

QUAL O FORMATO DA IMAGEM?

Sua tarefa agora: abra o arquivo "chapter5/testimage/eye.jpg" no Photoshop Elements. Abra a caixa de diálogo "Save for Web" e preencha as lacunas a seguir escolhendo cada definição de qualidade para o JPEG (baixa, média, alta etc.). Você encontrará essa informação no painel de visualização embaixo da imagem. Quando terminar a tarefa, determine qual definição faz o melhor sentido para essa imagem.

JPEG
11.98K
5 sec @ 28.8 Kbps
Formato da imagem
Tamanho da imagem
Duração de transferência através de um modem discado

	Formato	Qualidade	Tamanho	Tempo	Vencedor
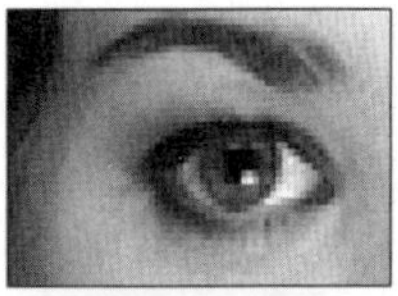	Tente PNG-8 também! PNG-24	N/A			☐
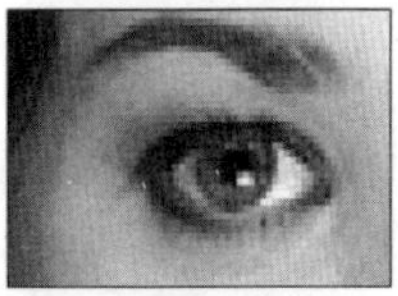	JPEG	Máxima			☐
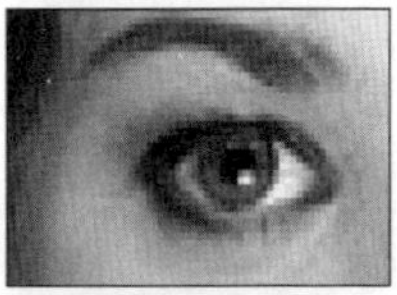	JPEG	Alta			☐
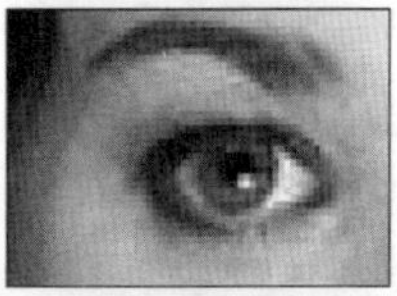	JPEG	Média			☐
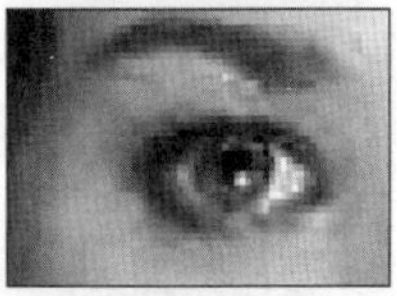	JPEG	Baixa			☐
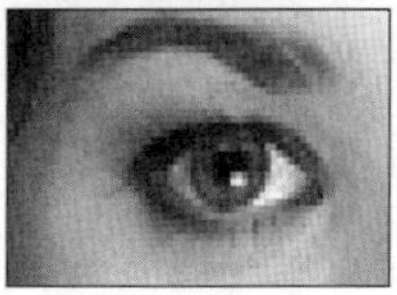	GIF	N/A			☐

Mais fotos para "myPod"

Um novo lote de fotos chegou para o "myPod": mais duas de Seattle e algumas de um amigo na Grã-Bretanha. As fotos já foram redimensionadas para menos de 800 pixels de largura. Adicione os elementos <img> para elas. Você encontrará as fotos na pasta "photos":

Sinta-se à vontade para adicionar também algumas de suas próprias fotos aqui. Lembre-se apenas de redimensioná-las primeiro.

```
<html>
  <head>
    <title>myPod</title>
    <style type="text/css">
      body { background-color: #eaf3da;}
    </style>
  </head>
  <body>
    <h1>Welcome to myPod</h1>
    <p>
      Welcome to the place to show off your iPod, wherever you might be.
      Wanna join the fun? All you need is any iPod, from the early classic
      iPod to the latest iPod Nano, the smallest iPod Shuffle to the largest
      iPod Video, and a digital camera. Just take a snapshot of your iPod in
      your favorite location and we'll be glad to post it on myPod. So, what
      are you waiting for?
    </p>

    <h2>Seattle, Washington</h2>
    <p>
      Me and my iPod in Seattle! You can see the
      Space Needle. You can't see the 628 coffee shops.
    </p>

    <p>
     <img src="photos/seattle_video_med.jpg" alt="My video iPod in Seattle, WA">
     <img src="photos/seattle_classic.jpg" alt="A classic iPod in Seattle, WA">
     <img src="photos/seattle_shuffle.jpg" alt="An iPod Shuffle in Seattle, WA">
     <img src="photos/seattle_downtown.jpg" alt="An iPod in downtown Seattle, WA">
    </p>

    <h2>Birmingham, England</h2>
    <p>
      Here are some iPod photos around Birmingham. We've obviously got some
      passionate folks over here who love their iPods. Check out the classic
      red British telephone box!
    </p>

    <p>
     <img src="photos/britain.jpg" alt="An iPod in Birmingham at a telephone box">
     <img src="photos/applestore.jpg" alt="An iPod at the Birmingham Apple store">
    </p>
  </body>
</html>
```

Vamos manter todas as fotos de Seattle juntas.

E vamos fazer o mesmo com as fotos de Birmingham...

Leve "myPod" para outro test drive

Neste momento, não precisamos mais dizer a você para recarregar a página em seu browser; temos certeza de que você já se adiantou. Uau, que diferença que algumas imagens fazem, não é mesmo? Esta página está começando a ficar interessante.

Mas isso não significa que você já chegou lá. Mesmo que tenha um ótimo conjunto de fotos na página, e mesmo que já as tenha redimensionado, as imagens ainda estão grandes. A página não só irá carregar mais lentamente, como o usuário terá que baixar a barra de rolagem para ver todas elas. Não seria melhor se os usuários pudessem ver uma imagem em miniatura (thumbnail) de cada foto e então clicar para ver uma imagem maior?

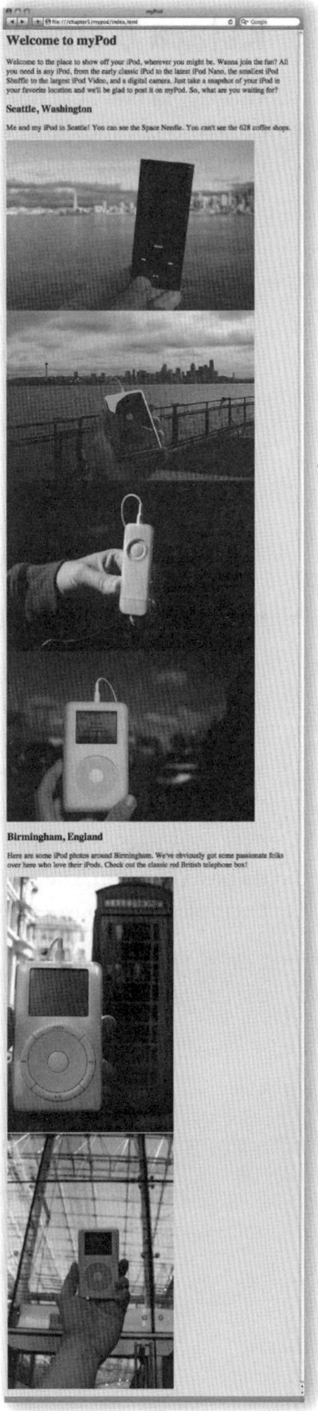

Welcome to myPod
Seattle, Washington
Birmingham, England
Here are some iPod photos around Birmingham. We've obviously got some passionate folks over here who love their iPods. Check out the classic red British telephone box!

É assim que toda a página se parece agora, com todas as imagens.

E este é um close da aparência atual da página.

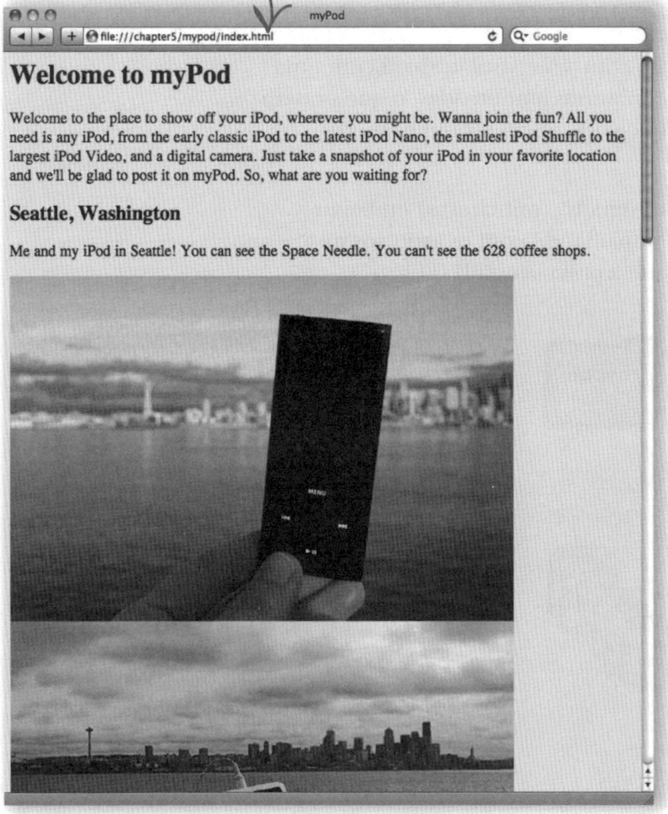

myPod
file:///chapter5/mypod/index.html
Google
Welcome to myPod
Welcome to the place to show off your iPod, wherever you might be. Wanna join the fun? All you need is any iPod, from the early classic iPod to the latest iPod Nano, the smallest iPod Shuffle to the largest iPod Video, and a digital camera. Just take a snapshot of your iPod in your favorite location and we'll be glad to post it on myPod. So, what are you waiting for?
Seattle, Washington
Me and my iPod in Seattle! You can see the Space Needle. You can't see the 628 coffee shops.

Refaça o site para utilizar miniaturas

Você agora fará com que a página fique mais utilizável ao substituir cada foto por uma imagem menor (que chamaremos de *miniatura*), e então criará um link de cada miniatura para cada uma das fotos maiores. Veja como fazer isso, um passo de cada vez:

1. Crie um novo diretório para as miniaturas.
2. Redimensione cada foto para 150 por 100 pixels e salve-as em uma pasta "miniaturas".
3. Defina o `src` de cada elemento `<img>` no "index.html" para a versão em miniatura de cada foto.
4. Adicione um link de cada miniatura para uma nova página contendo a foto maior.

Crie um novo diretório para as miniaturas

Para manter as coisas organizadas, crie uma pasta separada para as imagens em miniatura. Caso contrário, você acabará com uma pasta de imagens maiores e miniaturas amontoadas, o que poderá ser bastante confuso depois que você adicionar um número significativo de fotos.

Crie uma pasta chamada "thumbnails" (miniaturas) embaixo da pasta "myPod". Se estiver trabalhando com os arquivos de exemplo do livro, você verá que a pasta já está lá.

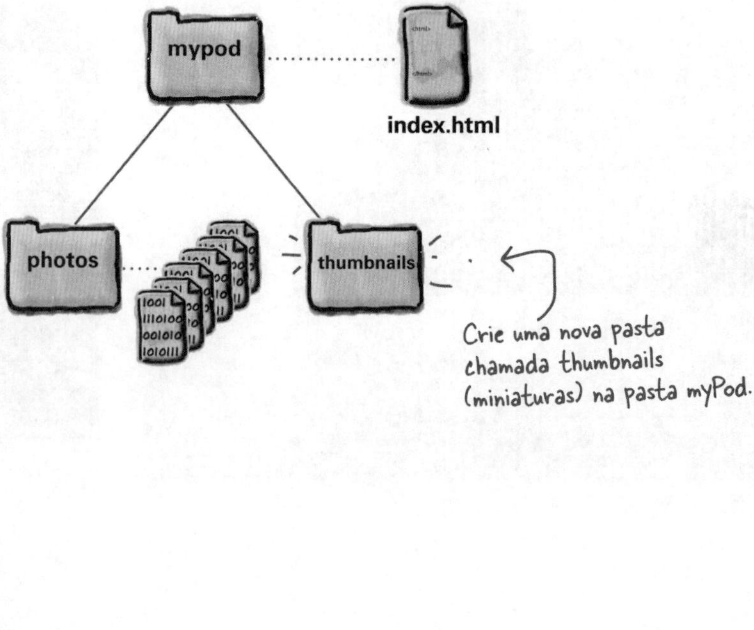
mypod
index.html
photos
thumbnails
Crie uma nova pasta chamada thumbnails (miniaturas) na pasta myPod.

Crie as miniaturas

Você já tem um lugar para colocar as miniaturas, portanto vamos criá-las. Comece abrindo “seattle_video_med.jpg” em sua aplicação para edição de fotos. Você deverá redimensioná-la para 150x100 pixels usando o mesmo método utilizado para criar a versão 600x400:

o Photoshop Elements escolha opção de Save for Web.

Então, altere a largura para 150 e a altura para 100 e clique em Apply.

Não esqueça de mudar o formato para JPEG, qualidade Medium.

Finalmente clique em OK.

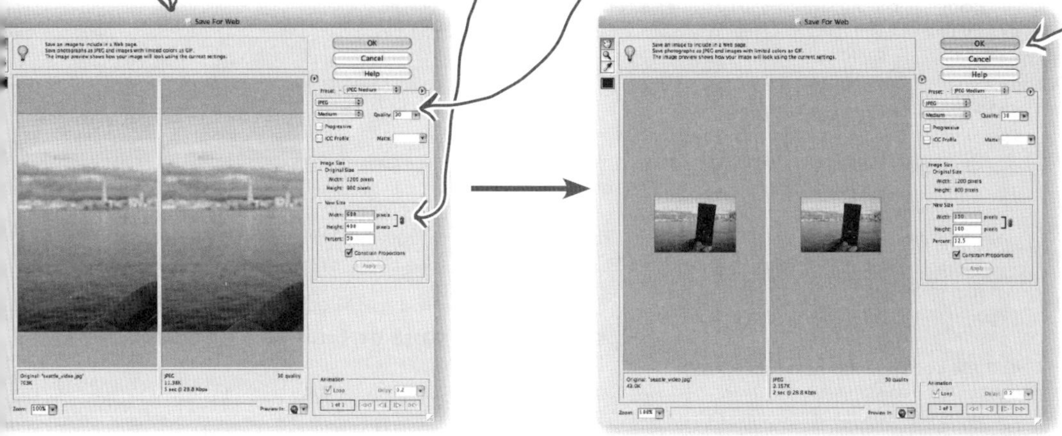
Save For Web
OK
Cancel
Help
Save For Web
OK
Cancel
Help

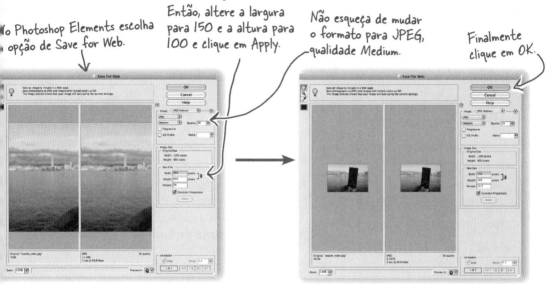

Com a imagem já redimensionada, escolha “Ok” e salve-a com o mesmo nome, mas *na pasta das miniaturas*. **Tenha cuidado**: se você a salvar na pasta “fotos”, sobrescreverá a imagem maior.

Agora repita tudo isso para cada foto que esteja na pasta “fotos”.

Se estiver trabalhando com os arquivos de exemplo, você já encontrará as miniaturas prontas na pasta thumbnails para que não tenha que fazer isso em todas; afinal, você está aprendendo HTML, e não processamento de fotos em lote.

E quanto às fotos de Birmingham? Elas são mais altas do que largas. 150x160 faz sentido?

Boa observação. Como essas imagens são mais altas do que largas, temos duas opções: podemos alternar as dimensões e criar as miniaturas com 100x150 ou podemos recortar cada imagem e fazer uma miniatura de 150x100. Vamos utilizar os nossos 100x150; sinta-se à vontade para recortá-las e criar imagens de 150x100 pixels, se quiser explorar a maneira como isso pode ser feito em uma aplicação para edição de fotos.

Refaça o HTML para usar as miniaturas

Agora você só precisa alterar o HTML para que os elementos `<img>` peguem as imagens na pasta "thumbnails" ao invés da pasta "photos". E, como você está usando caminhos relativos como "photos/seattle_video_med.jpg", isso será muito simples: para cada elemento `<img>`, tudo o que você precisa fazer é alterar a pasta de "photos" para "thumbnails" (miniaturas).

```
<html>
   <head>
      <title>myPod</title>
      <style type="text/css">
         body { background-color: #eaf3da;}
      </style>
   </head>
   <body>
      <h1>Welcome to myPod</h1>
      <p>
         Welcome to the place to show off your iPod, wherever you might be.
         Wanna join the fun? All you need is any iPod, from the early classic
         iPod to the latest iPod Nano, the smallest iPod Shuffle to the largest
         iPod Video, and a digital camera. Just take a snapshot of your iPod in
         your favorite location and we'll be glad to post it on myPod. So, what
         are you waiting for?
      </p>

      <h2>Seattle, Washington</h2>
      <p>
         Me and my iPod in Seattle! You can see the
         Space Needle. You can't see the 628 coffee shops.
      </p>

      <p>
        <img src="thumbnails/seattle_video_med.jpg" alt="My video iPod in Seattle, WA">
        <img src="thumbnails/seattle_classic.jpg" alt="A classic iPod in Seattle, WA">
        <img src="thumbnails/seattle_shuffle.jpg" alt="An iPod Shuffle in Seattle, WA">
        <img src="thumbnails/seattle_downtown.jpg" alt="An iPod in downtown Seattle, WA">
      </p>

      <h2>Birmingham, England</h2>
      <p>
         Here are some iPod photos around Birmingham. We've obviously got some
         passionate folks over here who love their iPods. Check out the classic
         red British telephone box!
      </p>

      <p>
        <img src="thumbnails/britain.jpg" alt="An iPod in Birmingham at a telephone box">
        <img src="thumbnails/applestore.jpg" alt="An iPod at the Birmingham Apple store">
      </p>
   </body>
</html>
```

Tudo o que você precisa fazer é alterar a pasta de fotos para miniaturas

Leve "myPod" para outro test drive

Ahhhh... Muito melhor. Os visitantes podem ver todas as figuras disponíveis de uma só vez e saber com mais facilidade qual foto pertence a qual cidade. Agora precisamos encontrar uma maneira de colocar um link de cada miniatura para a imagem maior correspondente.

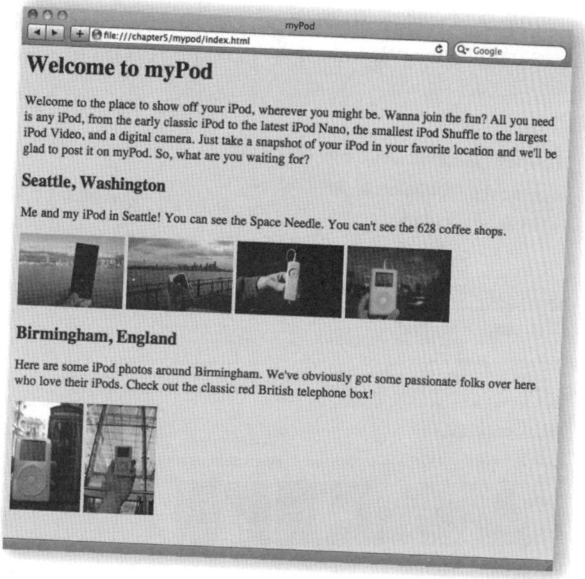
myPod
file:///chapter5/mypod/index.html
Google
Welcome to myPod
Welcome to the place to show off your iPod, wherever you might be. Wanna join the fun? All you need is any iPod, from the early classic iPod to the latest iPod Nano, the smallest iPod Shuffle to the largest iPod Video, and a digital camera. Just take a snapshot of your iPod in your favorite location and we'll be glad to post it on myPod. So, what are you waiting for?
Seattle, Washington
Me and my iPod in Seattle! You can see the Space Needle. You can't see the 628 coffee shops.
Birmingham, England
Here are some iPod photos around Birmingham. We've obviously got some passionate folks over here who love their iPods. Check out the classic red British telephone box!

Espere um momento, você não acha que está indo rápido demais? As imagens estavam uma em cima da outra e agora estão lado a lado.

Certo; mas lembre-se de que o elemento <img> é um elemento em linha.

Em outras palavras, não estamos "indo rápido demais". Como `<img>` é um elemento em linha, ele não faz com que as quebras de linha sejam inseridas antes e depois da exibição do elemento. Assim, se houver várias imagens juntas em seu HTML, o browser as colocará lado a lado se sua janela for larga o suficiente.

As fotos maiores não estavam lado a lado porque o browser não teve espaço para exibi-las uma do lado da outra. Ao invés disso, exibiu-as uma acima da outra. Um browser sempre exibe o espaço vertical antes e depois de um elemento de bloco. Se você olhar para as capturas de tela, verá que as imagens estão dispostas verticalmente, com uma acima da outra, sem espaço entre elas. Esse é outro sinal de que `<img>` é um elemento em linha.

Transforme as miniaturas em links

Você já está quase lá. Agora só precisa criar um link de cada miniatura para sua versão maior. Veja como isso irá funcionar:

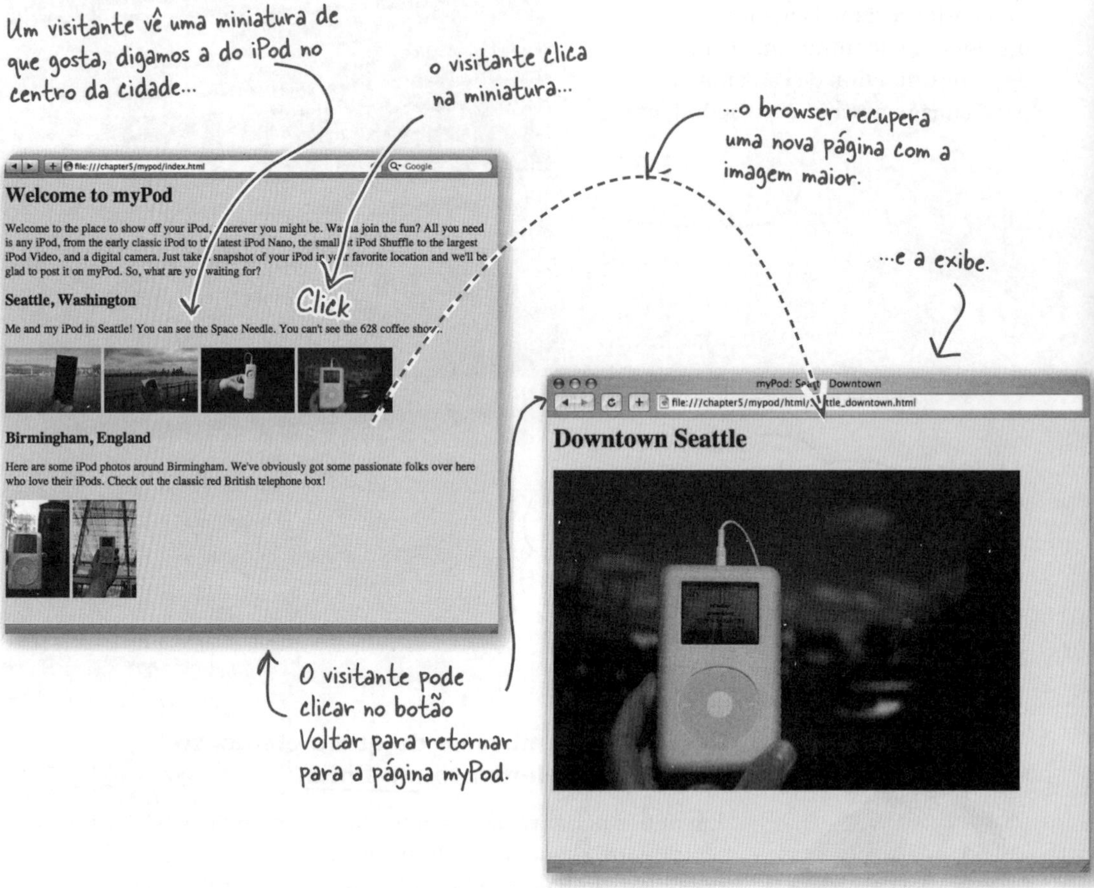
Um visitante vê uma miniatura de que gosta, digamos a do iPod no centro da cidade...
o visitante clica na miniatura...
...o browser recupera uma nova página com a imagem maior.
...e a exibe.
Welcome to myPod
Seattle, Washington
Click
Birmingham, England
Downtown Seattle
O visitante pode clicar no botão Voltar para retornar para a página myPod.

Para fazer isso, duas coisas são necessárias:

1. **Uma página para a exibição de cada foto com um título que descreva seu conteúdo.**
2. **Um link de cada miniatura em "index.html" para a página da sua foto correspondente.**

Primeiro vamos criar as páginas, e então voltaremos e terminaremos os links.

Crie páginas individuais para as fotos

Primeiro, crie abaixo da pasta “myPod” uma nova pasta, chamada “html”, para armazenar todas essas páginas individuais:

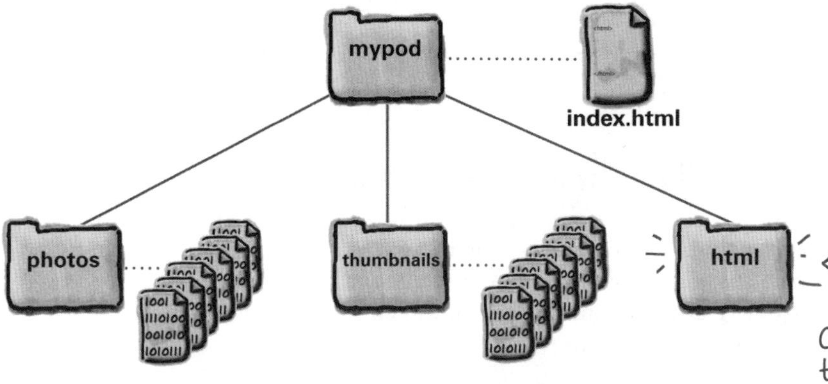
mypod
index.html
photos
thumbnails
html

Como você já deve ter adivinhado, já criamos esta pasta para você nos exemplos do livro.

Agora vamos criar um arquivo HTML para cada foto. Se a foto se chama “seattle_video_med.jpg”, então chamaremos o arquivo HTML de “seattle_video_med.html” para sermos coerentes. Em cada arquivo HTML, teremos um título descrevendo a foto, seguido pela própria foto. Veja o HTML para a primeira foto de Seattle. Todas as outras páginas terão o mesmo formato:

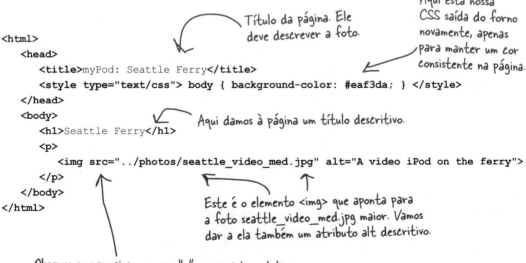

```
<html>
   <head>
      <title>myPod: Seattle Ferry</title>
      <style type="text/css"> body { background-color: #eaf3da; } </style>
   </head>
   <body>
      <h1>Seattle Ferry</h1>
      <p>
         <img src="../photos/seattle_video_med.jpg" alt="A video iPod on the ferry">
      </p>
   </body>
</html>
```

Título da página. Ele deve descrever a foto.

Aqui está nossa CSS saída do forno novamente, apenas para manter um cor consistente na página.

Aqui damos à página um título descritivo.

Este é o elemento <img> que aponta para a foto seattle_video_med.jpg maior. Vamos dar a ela também um atributo alt descritivo.

Observe que precisamos usar “..” no caminho relativo, porque a página html é um irmão da pasta “fotos”, portanto, temos que subir uma pasta e então descer para fotos quando usamos os links relativos

Exercício

Se você der uma olhada na pasta "html" dos arquivos de exemplo deste capítulo, verá que todas as páginas com as f otos maiores já estão lá, exceto uma — a página para "seattle_downtown.jpg". Crie uma página chamada "seattle_downtown.html" na pasta "html" e teste-a. Coloque a página para funcionar antes de seguir em frente. Você encontrará a resposta no final do capítulo, se tiver algum problema em criar a página.

E então, como coloco links em imagens

Você já tem as fotos maiores, as miniaturas e até mesmo um conjunto de páginas HTML para exibir as fotos individualmente. Agora você precisa colocar tudo isso junto e criar um link das miniaturas em "index.html" para as páginas na pasta "html". Mas como?

Para criar um link em uma imagem, você coloca o elemento <img> dentro de um elemento <a>, desta maneira:

E esta é a tag de abertura <a>que existe antes do elemento <img>.

O href está vinculado à nova página HTML da foto, seattle_downtown.html, que está no diretório html.

Este é o elemento <img> para a miniatura "seattle_downtown.jpg", da maneira como se apresenta no arquivo index.html.

```
<a href="html/seattle_downtown.html">
    <img src="thumbnails/seattle_downtown.jpg"
         alt="An iPod in downtown Seattle, WA">
</a>
```

Esta é a tag de fechamento <a>.

O elemento <img> está aninhado diretamente no elemento <a>.

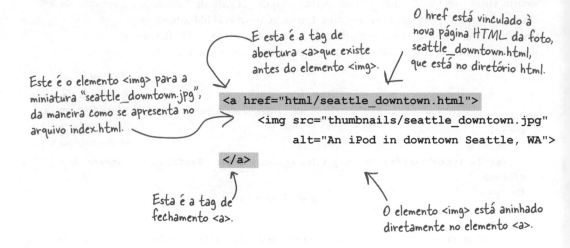

Depois de você colocar o elemento <img> dentro de um elemento <a>, o browser tratará a imagem como um link clicável. Quando você clica na imagem, o browser recupera a página que está no `href`.

Adicione os links das imagens ao arquivo "index.html"

Este é o último passo. Você só precisa colocar os elementos <a> em volta de cada elemento <img> das miniaturas do seu arquivo "index.html". Lembre-se, o "href" de cada elemento <a> deve fazer um link para a página que contém a versão maior da imagem que está na pasta "html". Certifique-se de que seus links, miniaturas e páginas coincidam corretamente.

Este é o arquivo "index.html" completo. Tudo o que você precisa fazer é adicionar o HTML destacado em cinza.

```
html>
  <head>
     <title>myPod</title>
     <style type="text/css">
        body { background-color: #eaf3da;}
     </style>
  </head>
  <body>

     <h1>Welcome to myPod</h1>
     <p>
        Welcome to the place to show off your iPod, wherever you might be.
        Wanna join the fun? All you need is any iPod, from the early classic
        iPod to the latest iPod Nano, the smallest iPod Shuffle to the largest
        iPod Video, and a digital camera. Just take a snapshot of your iPod in
        your favorite location and we'll be glad to post it on myPod. So, what
        are you waiting for?
     </p>

     <h2>Seattle, Washington</h2>
     <p>
        Me and my iPod in Seattle! You can see the
        Space Needle. You can't see the 628 coffee shops.
     </p>

     <p>
     <a href="html/seattle_video_med.html">
        <img src="thumbnails/seattle_video_med.jpg" alt="My video iPod in Seattle, WA">
     </a>
     <a href="html/seattle_classic.html">
        <img src="thumbnails/seattle_classic.jpg" alt="A classic iPod in Seattle, WA">
     </a>
     <a href="html/seattle_shuffle.html">
        <img src="thumbnails/seattle_shuffle.jpg" alt="A iPod Shuffle in Seattle, WA">
     </a>
```

```
      <a href="html/seattle_downtown.html">
        <img src="thumbnails/seattle_downtown.jpg" alt="An iPod in downtown Seattle, W
      </a>
      </p>

      <h2>Birmingham, England</h2>
      <p>
        Here are some iPod photos around Birmingham. We've obviously got some
        passionate folks over here who love their iPods. Check out the classic
        red British telephone box!
      </p>

      <p>
      <a href="html/britain.html">
        <img src="thumbnails/britain.jpg" alt="An iPod in Birmingham at a telephone box
      </a>
      <a href="html/applestore.html">
        <img src="thumbnails/applestore.jpg" alt="An iPod at the Birmingham Apple store'
      </a>
      </p>
   </body>
</html>
```

Envolva cada imagem em miniatura com um elemento <a>. Tenha o cuidado de colocar o certo em cada link!

Adicione esses elementos <a> ao seu arquivo "index.html". Salve, carregue em seu browser e olha só o meu iPod!

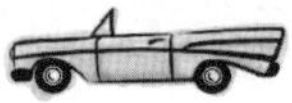

não existem Perguntas Idiotas

P: Quando colocamos um elemento <a> em volta do texto, aparece um sublinhado. Por que temos algo equivalente com as imagens?

R: Na verdade, o Internet Explorer coloca uma borda em torno da imagem para mostrar que ela é um link (o nosso browser, o Safari, não faz isso). Se o browser colocar uma borda em suas imagens com links e você não gostar, espere um pouco e aprenderá como tirar a borda com as CSS. Observe também que quando você passa o mouse sobre uma imagem, seu cursor muda para indicar que você pode clicar na imagem com um link. Na maior parte dos casos, seus usuários saberão que há um link na imagem pelo contexto e pelo cursor do mouse, mesmo que não haja uma borda.

P: Nós simplesmente não podemos criar um link para a imagem JPEG diretamente, sem todas aquelas páginas HTML? Pensei que o browser fosse esperto o suficiente para exibir as imagens individualmente.

R: Você está certo, poderíamos criar um link diretamente para a imagem, desta maneira: <a href="fotos seattle_downtown.jpg">...</a>. Se você fizesse isso e clicasse no link, o browser exibiria a imagem sozinha em uma página em branco. Em geral, o link direto para uma imagem é considerado uma forma ruim, porque normalmente você deseja oferecer algum contexto para as imagens que estão sendo exibidas.

A página Web "myPod" está maravilhosa! Acho que você deveria adicionar um logo à ela — isso daria à página um grande toque final.

Grande ideia. Na verdade, já temos um logo myPod.

Dê outra olhada na pasta "capitulo5/mypod" e encontrará uma pasta chamada "logo". Nessa pasta, há um arquivo chamado "mypod.psd". O "psd" significa que o arquivo foi salvo no formato Photoshop, um formato comum para imagens digitais. Mas os arquivos de formato Photoshop são voltados para o processamento de imagens digitais, e não para páginas Web. Portanto, teremos que fazer alguma coisa para obter uma imagem "pronta para Web".

Muitas aplicações para a edição de fotos entendem os arquivos .psd; então mesmo que você não tenha o Photoshop Elements, nos acompanhe pelas próximas páginas. Se a sua aplicação não puder abrir arquivos .psd, você encontrará as imagens de cada passo na pasta "logo".

Abra o logo myPod

Vamos dar uma olhada no logo myPod: no Photoshop Elements, abra o arquivo "mypod.psd" que está na pasta "capitulo5/mypod/logo":

Você encontrará a pasta logo dentro da pasta capitulo5/mypod.

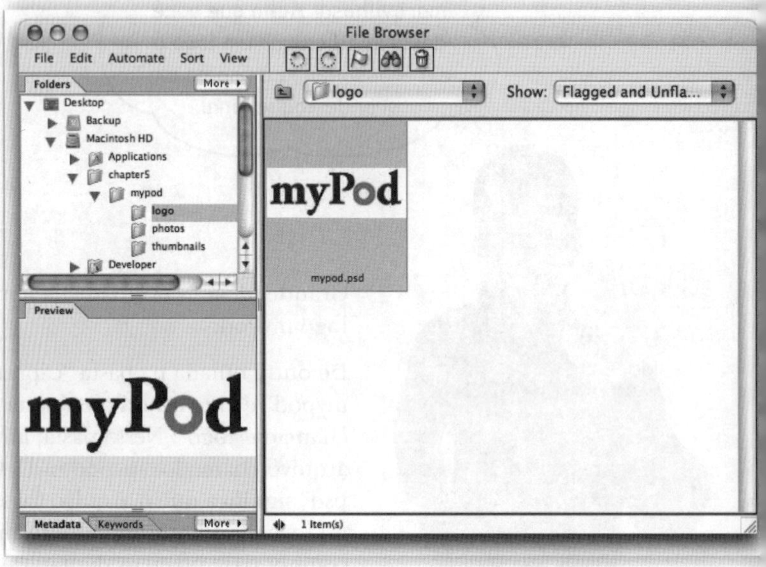
File Browser
File Edit Automate Sort View
Folders
More
Desktop
Backup
Macintosh HD
Applications
chapter5
mypod
logo
photos
thumbnails
Developer
logo
Show: Flagged and Unfla...
myPod
mypod.psd
Preview
myPod
Metadata Keywords
More
1 Item(s)

Se a sua aplicação para edição de fotos não puder abrir o arquivo, nos acompanhe mesmo assim – os mesmos princípios também se aplicam a outros formatos.

Vamos olhar mais de perto...

Bonito logo; ele possui alguma tipografia combinada a dois círculos, um cinza e outro branco (obviamente inspirados pelos controles em forma de círculo do iPod).

Mas o que será o padrão quadriculado no fundo? Esta é a maneira como a maioria das aplicações para edição de fotos mostra a você as áreas transparentes. Tenha tudo isso em mente à medida que vamos escolhendo um formato gráfico para o logo...

myPod

Sempre que você observar este padrão quadriculado, saiba que ele indica uma área transparente na imagem.

Que formato devo utilizar?

Você já sabe que temos algumas opções para decidirmos como salvar essa imagem: poderíamos usar JPEG, PNG ou GIF. Esse logo usa apenas três cores, texto e algumas formas geométricas. Com o que você já aprendeu sobre os formatos, provavelmente está pendendo para o lado do PNG ou GIF. Qualquer um serve; o PNG pode ser ligeiramente menor com a mesma qualidade, então ficaremos com o PNG. E, porque só temos 3 cores, estamos seguros em usar o PNG-8 que permite apenas 256 cores, então usar esse formato irá reduzir o tamanho do arquivo ainda mais.

Então vá em frente e escolha a opção "Save for Web" no menu File, e escolha o formato PNG-8. Você verá que temos algumas outras opções. Vamos dar uma olhada...

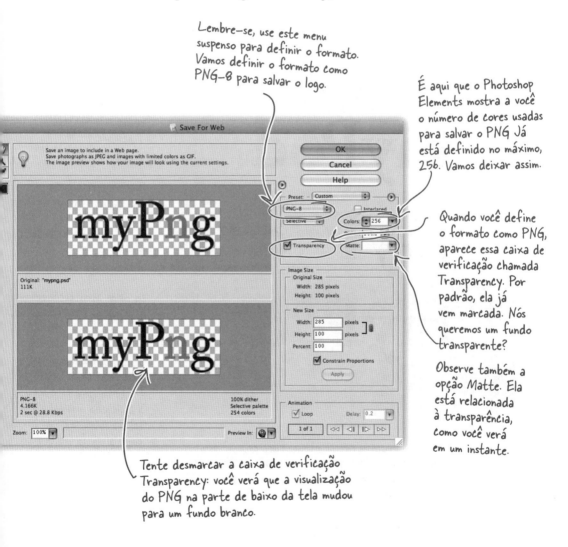

Lembre-se, use este menu suspenso para definir o formato. Vamos definir o formato como PNG-8 para salvar o logo.

É aqui que o Photoshop Elements mostra a você o número de cores usadas para salvar o PNG Já está definido no máximo, 256. Vamos deixar assim.

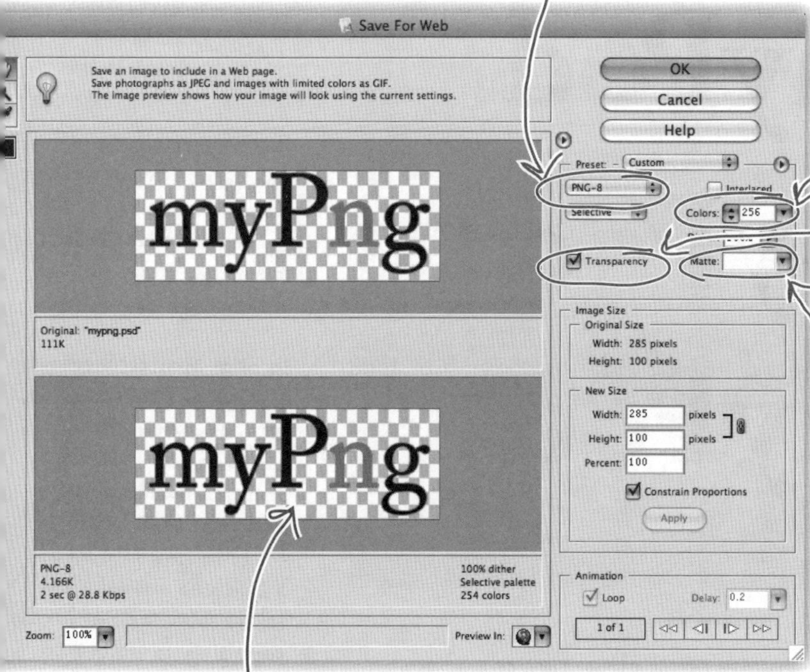
Save For Web
Save an image to include in a Web page.
Save photographs as JPEG and images with limited colors as GIF.
The image preview shows how your image will look using the current settings.
OK
Cancel
Help
Preset: Custom
PNG-8
Selective
Interlaced
Colors: 256
Transparency
Matte:
myPng
Original: "mypng.psd"
111K
Image Size
Original Size
Width: 285 pixels
Height: 100 pixels
New Size
Width: 285 pixels
Height: 100 pixels
Percent: 100
Constrain Proportions
Apply
myPng
PNG-8
4.166K
2 sec @ 28.8 Kbps
100% dither
Selective palette
254 colors
Animation
Loop
Delay: 0.2
1 of 1
Zoom: 100%
Preview In:

Quando você define o formato como PNG, aparece essa caixa de verificação chamada Transparency. Por padrão, ela já vem marcada. Nós queremos um fundo transparente?

Observe também a opção Matte. Ela está relacionada à transparência, como você verá em um instante.

Tente desmarcar a caixa de verificação Transparency: você verá que a visualização do PNG na parte de baixo da tela mudou para um fundo branco.

Ser ou não ser transparente? Eis a questão...

O logo "myPod" será colocado em um fundo verde-claro, portanto talvez você ache que a transparência seja uma boa coisa, certo? Bem, vamos ver como é a aparência do logo se escolhermos algumas opções da caixa de diálogo "Save for Web":

Aqui está o logo salvo de três maneiras diferentes e exibido na página Web com um fundo verde.

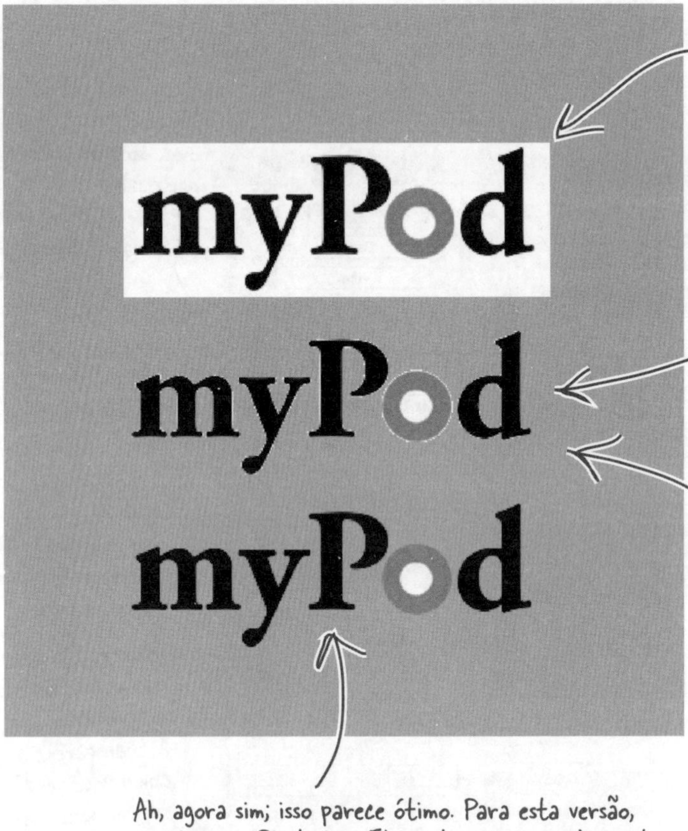
myPod
myPod
myPod

Sem as transparências, as coisas ficam um pouco feias. Um fundo branco claramente não funcionará em uma página Web verde (ele poderia, entretanto, funcionar muito bem em uma página Web branca).

Este é o resultado se marcarmos Transparency e salvarmos. Melhor... Mas o que é aquele halo branco em torno das letras do logo?

Os halos acontecem porque a aplicação para edição de fotos cria um acabamento para suavizar as bordas do texto contra a cor de fundo. Quando isso foi feito para este logo, a aplicação assumiu que estava suavizando as bordas contra um fundo branco.

Ah, agora sim; isso parece ótimo. Para esta versão, mandamos o Photoshop Elements criar o acabamento (Matte) em torno do texto usando um fundo verde. Como? Mostraremos a seguir.

Salve o PNG transparente

Você sabe que quer uma versão PNG transparente do logo, e também sabe que precisaremos usar um acabamento matte para evitar os halos em torno do texto. Vamos conferir o painel PNG da caixa de diálogo “Save for Web”.

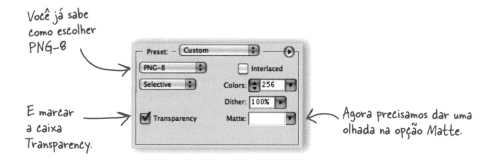

Você já sabe como escolher PNG-8

E marcar a caixa Transparency.

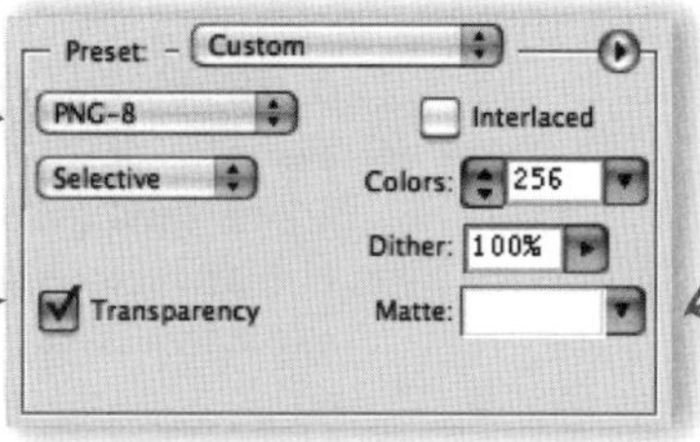
Preset: Custom
PNG-8
Interlaced
Selective
Colors: 256
Dither: 100%
Transparency
Matte:

Agora precisamos dar uma olhada na opção Matte.

A opção “Matte” permite que você selecione a cor para o acabamento em torno do texto. Queremos que essa seja a cor do fundo da página Web.

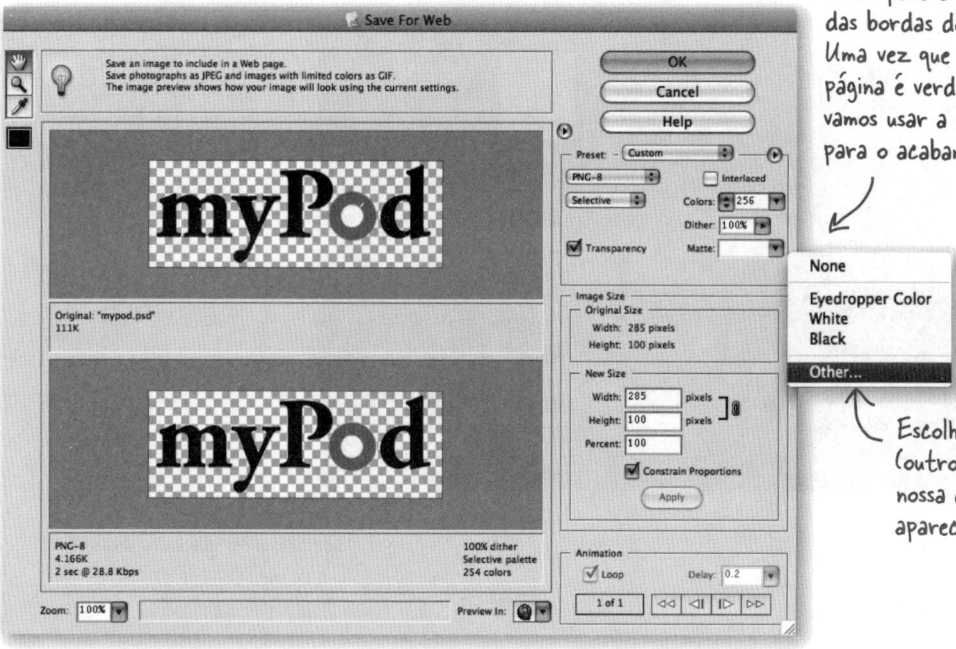
Save For Web
Save an image to include in a Web page.
Save photographs as JPEG and images with limited colors as GIF.
The image preview shows how your image will look using the current settings.
OK
Cancel
Help
myPod
Original: "mypod.psd"
111K
myPod
PNG-8
4.166K
2 sec @ 28.8 Kbps
100% dither
Selective palette
254 colors
Preset: Custom
PNG-8
Interlaced
Selective
Colors: 256
Dither: 100%
Transparency
Matte:
None
Eyedropper Color
White
Black
Other...
Image Size
Original Size
Width: 285 pixels
Height: 100 pixels
New Size
Width: 285 pixels
Height: 100 pixels
Percent: 100
Constrain Proportions
Apply
Animation
Loop
Delay: 0.2
1 of 1
Zoom: 100%
Preview In:

A opção Matte oferece a cor para a suavização das bordas do texto. Uma vez que nossa página é verde clara, vamos usar a mesma cor para o acabamento.

Escolha “Other” (outros)..., já que nossa cor não aparece na lista.

Espere aí, qual é a cor do fundo da página Web?

Lembra-se daquele **Código Pronto CSS** na página "index.html" do "myPod"? Aquela CSS define a cor de fundo da página como verde-claro. E é ali que poderemos obter a cor.

```
<style type="text/css">
   body { background-color: #eaf3da; }
</style>
```

Aqui está a cor do fundo.

O quê? Você não sabe que isso aqui é verde-claro? Por ora aceite nossa palavra; voltaremos a esse assunto em alguns capítulos e explicaremos tudo sobre as cores.

Defina a cor de acabamento

Quando você clica no menu suspenso "Matte" e escolhe a opção "Other...". Photoshop Elements abre a caixa de diálogo "Color Picker".

A caixa de diálogo Color Picker oferece muitas maneiras diferentes para que você escolha a cor matte. Nós só queremos defini-la com a mesma cor de fundo da página Web, e já sabemos que essa cor é eaf3da...

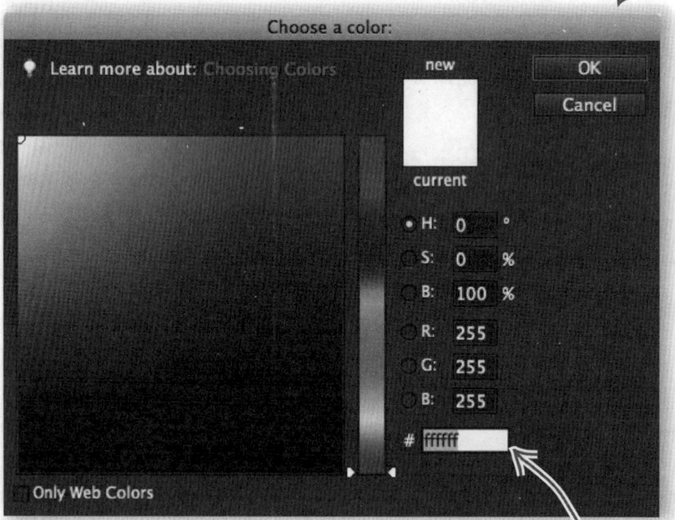
Choose a color:
Learn more about: Choosing Colors
new
OK
Cancel
current
H: 0 °
S: 0 %
B: 100 %
R: 255
G: 255
B: 255
ffffff
Only Web Colors

... que pode ser inserida bem aqui.

Defina a cor do acabamento, parte 2

Insira a cor, "eaf3da", na caixa de diálogo "Color Picker". Você verá a mudança para a cor de fundo da página "myPod".

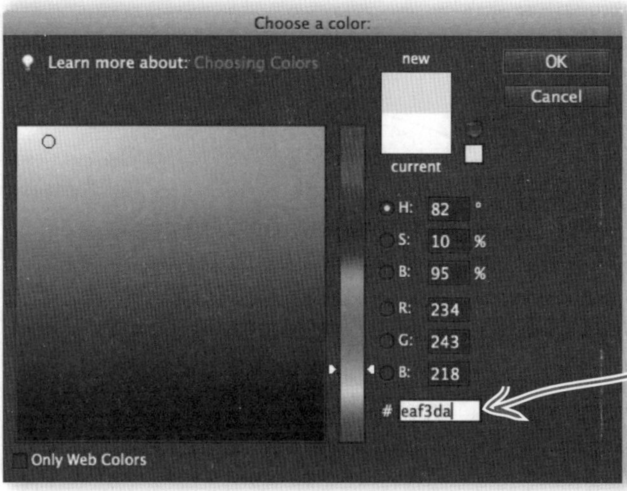
Choose a color:
Learn more about: Choosing Colors
new
OK
Cancel
current
H: 82 °
S: 10 %
B: 95 %
R: 234
G: 243
B: 218
eaf3da
Only Web Colors

Digite estas letras aqui. Esta caixa foi designada especificamente para cores escritas no formato Web. Você pode digitar as letras em maiúsculas ou minúsculas.

Uma vez digitada a cor no Color Picker, clique em O.k. e ele fará a alteração do logo.

Veja só o logo com o acabamento

Agora dê uma boa olhada no logo novamente no painel de visualização. Você verá que o Photoshop Elements adicionou um acabamento verde-claro aos cantos do texto, que dará ao logo "myPod" uma aparência mais suave, porém sofisticada, quando ele estiver na página Web.

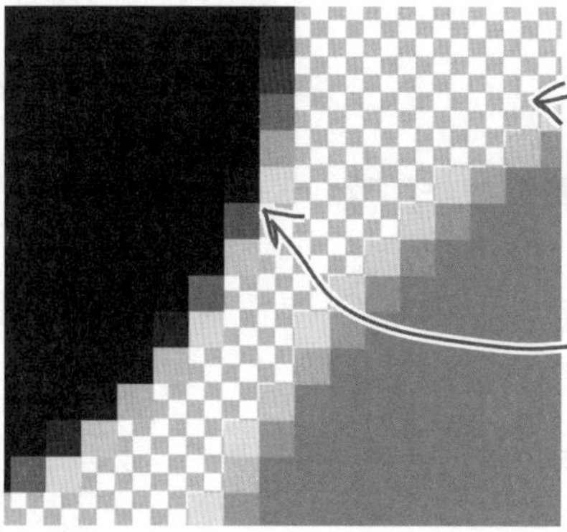

Agora, quando você olha de perto para o logo, verá que o acabamento combina com o verde do fundo na página Web myPod.

Salve o logo

Certo, você fez todos os ajustes necessários na caixa de diálogo "Save for Web", portanto já pode clicar em "Ok" para salvar a imagem como "mypod.png".

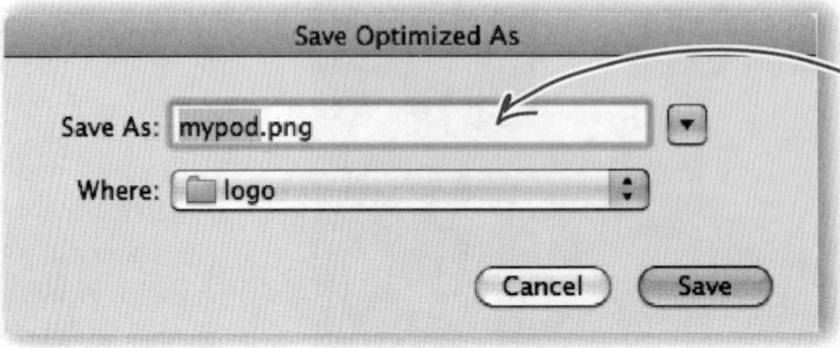
Save Optimized As
Save As: mypod.png
Where: logo
Cancel
Save

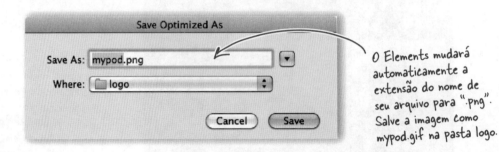

O Elements mudará automaticamente a extensão do nome de seu arquivo para ".png". Salve a imagem como mypod.gif na pasta logo.

Adicione o logo à página Web "myPod"

Agora tudo o que você precisa fazer é adicionar o logo à página "myPod". Vamos adicioná-lo no topo para que ele apareça sobre a descrição do site Web e das imagens do iPod. Dessa maneira, ele será a primeira coisa que seus visitantes verão quando entrarem na página "myPod".

```
<html>
   <head>
      <title>myPod</title>
      <style type="text/css">
         body { background-color: #eaf3da;}
      </style>
   </head>
   <body>
      <p>
         <img src="logo/mypod.png" alt="myPod Logo">
      </p>

      <h1>Welcome to myPod</h1>
      .
      .
      .
   </body>
</html>
```

Adicione a figura do logo no topo da página Web myPod. Lembre-se de usar o caminho relativo correto para ele, na pasta logo, e adicione um atributo alt para descrever a imagem.

Resto do HTML de index.html...

E agora, o test drive final

Vamos testar essa belezinha! Recarregue a página Web no browser e veja como nosso logo PNG transparente funciona.

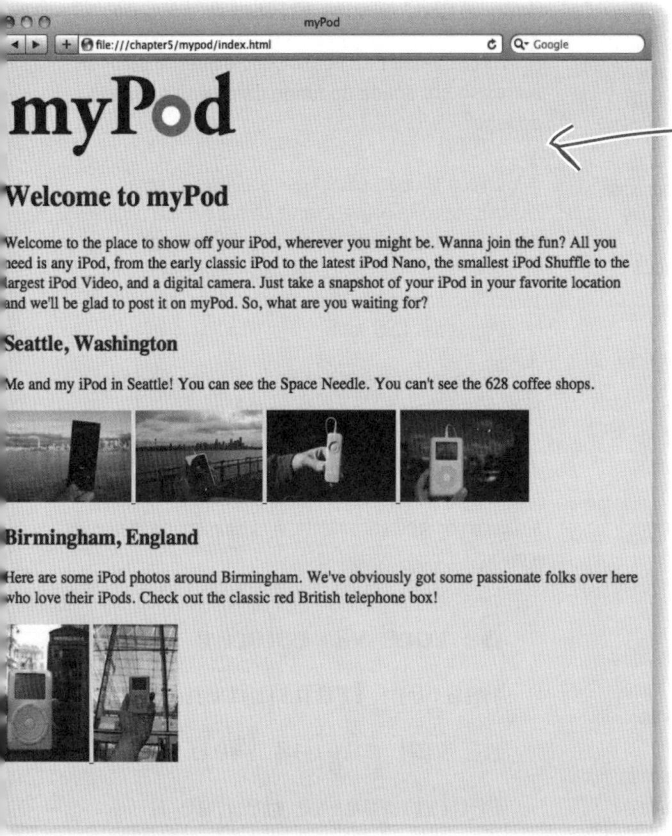
myPod
file:///chapter5/mypod/index.html
Google
myPod
Welcome to myPod
Welcome to the place to show off your iPod, wherever you might be. Wanna join the fun? All you need is any iPod, from the early classic iPod to the latest iPod Nano, the smallest iPod Shuffle to the largest iPod Video, and a digital camera. Just take a snapshot of your iPod in your favorite location and we'll be glad to post it on myPod. So, what are you waiting for?
Seattle, Washington
Me and my iPod in Seattle! You can see the Space Needle. You can't see the 628 coffee shops.
Birmingham, England
Here are some iPod photos around Birmingham. We've obviously got some passionate folks over here who love their iPods. Check out the classic red British telephone box!

Funciona! Todo aquele trabalhão foi recompensado. Você tem um logo para sua página Web myPod.

Excelente trabalho. O logo está maravilhoso. Você tem um Web site "myPod" fantástico!

não existem Perguntas Idiotas

P: Eu realmente preciso saber de tudo isso sobre formatos de imagens para escrever boas páginas Web?

R: Não. Você pode construir grandes páginas Web sem qualquer imagem. Entretanto, as imagens são uma grande parte da Web, e por isso algum conhecimento sobre como as imagens funcionam realmente ajuda. Algumas vezes, apenas uma imagem ou duas fazem a diferença entre uma boa página e uma página fantástica. Há muito a saber sobre imagens, mas será fácil aprender à medida que você evolui na carreira.

P: Por que o texto precisa que suas bordas sejam suavizadas?

R: Olhe as duas versões do logo "myPod" abaixo:

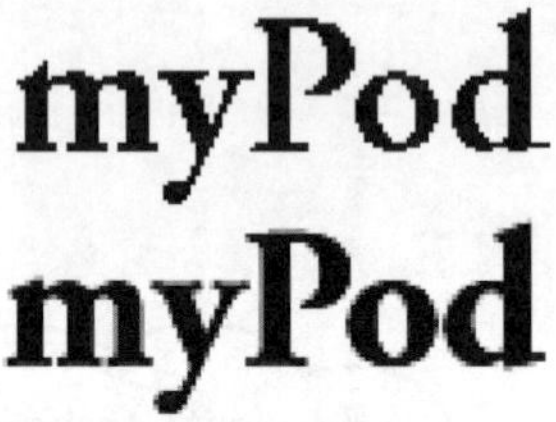
myPod
myPod

Como você pode ver, a versão de cima possui bordas muito retas, serrilhadas, e está menos legível. Essa é a maneira como o texto é exibido por padrão na tela do computador. A segunda versão tem suas bordas suavizadas através de uma técnica chamada anti- serrilhado. As palavras suavizadas dessa forma aparecem na tela de uma maneira mais legível e mais agradável aos olhos.

P: Então onde entra o "matte"?

R: O processo de anti-serrilhado suaviza as bordas relativamente à cor do fundo. Se você colocar a versão de baixo do logo (da pergunta anterior) contra um fundo colorido, verá que ele possui bordas brancas. A opção "matte" do Photoshop Elements permite que você especifique a cor do fundo em que o texto será colocado, para quando o texto for suavizado,seja com a cor do fundo.

P: Essa técnica só funciona para texto?

R: Não, funciona para qualquer linha em sua figura que possa resultar em "serrilhas". Dê uma olhada no círculo do logo "myPod"; ele também foi suavizado.

P: Por que eu não posso simplesmente colocar a mesma cor sólida do fundo da página no fundo do logo?

R: Você também pode fazer isso, mas há uma desvantagem: se houver outras coisas em sua página Web que estejam sendo mostradas através de transparência, elas não serão vistas na versão com a cor sólida. Você ainda não viu exemplos disso, mas quando chegarmos nas CSS verá.

P: E se eu alterar a cor do fundo depois de ter feito a versão com acabamento?

R: Uma pequena variação em sua cor de fundo provavelmente não será notada; entretanto, se você alterar a cor dramaticamente, terá de recriar o PNG com a mesma cor de acabamento.

Se você vai colocar uma imagem transparente na sua página Web, certifique-se de que a cor do acabamento seja a mesma do fundo da página.

Você pode usar PNG ou GIF para sua imagem transparente.

PONTOS DE BALA

- Use o elemento <img> para colocar imagens em sua página Web.
- Os browsers tratam os elementos <img> de uma forma um pouco diferente de outros elementos do HTML; depois de ler a página HTML, o browser recupera cada imagem do servidor Web e as exibe.
- Se você tiver mais de duas imagens grandes em uma página Web, poderá tornar sua página mais usável e rápida de baixar criando miniaturas — pequenas imagens que podem ser clicadas pelo usuário para que apareçam versões maiores delas.
- O elemento <img> é um elemento em linha, o que significa que o browser não coloca uma e outras quebra de linha antes e depois de uma imagem.
- O atributo "src" é a maneira como você especifica o local de seu arquivo de imagem. Você pode incluir imagens de seu próprio site, usando um caminho relativo no atributo "src", ou imagens de outros sites usando URL.
- O atributo "alt" do elemento <img> é uma descrição significativa da imagem. Ele é exibido em alguns browsers se a imagem não puder ser localizada, e é usado por leitores de tela para descrever a imagem para pessoas com deficiência visual.
- Uma largura de menos de 800 pixels é uma boa regra para o tamanho das fotos em uma página Web. A maioria das fotos tiradas por máquinas digitais é muito grande para as páginas Web, de modo que você precisará redimensioná-las.
- O Photoshop Elements é uma das muitas aplicações para edição de fotos que você pode usar para redimensionar suas imagens. Você também pode usar uma das muitas ferramentas online gratuitas para redimensionar imagens. Busque por "editores de imagens online gratuitos".
- As imagens muito grandes para o browser tornam as páginas Web difíceis de usar e lentas no download e exibição.
- Um pixel é o menor ponto que pode ser representado na tela. Cada imagem é composta de milhares de pixels. Dependendo de seu monitor, pode haver algo em torno de 72 a 120 pixels em uma polegada.
- JPEG, PNG e GIF são os três formatos para imagens amplamente suportados por browsers Web.
- O formato JPEG é melhor para fotografias e outras imagens complexas.
- O formato GIF ou PNG é melhor para logos figuras simples com cores sólidas, linhas ou texto.
- As imagens JPEG podem ser comprimidas para uma grande variedade de diferentes qualidades. Portanto, você pode escolher o equilíbrio entre qualidade e tamanho de arquivo mais adequado às suas necessidades.
- O formato de imagem GIF e PNG permite que você crie uma imagem com um fundo transparente. Se você colocar uma imagem com fundo transparente em uma página Web, o que está atrás da imagem, como a cor de fundo da página, será mostrado através das partes transparentes da imagem.
- No Photoshop Elements, use o menu de cores "Matte" na caixa de diálogo "Save for Web" para escolher a cor certa para suavizar as bordas de sua imagem PNG ou GIF.
- As imagens podem ser usadas como links para outras páginas Web. Para criar um link em uma imagem, use o elemento <img> como conteúdo de um elemento <a>, e coloque o link no atributo "href" do elemento <a>.
- GIF e PNG são formatos sem perda, o que significa que o tamanho dos arquivos provavelmente sejam maiores do que o JPEG.
- PNG tem um melhor controle de transparência do que GIF e permite muitas cores a mais do que GIF, que é limitado a 256.
- PNG tem três opções diferentes de tamanho: PNG-24 (suporta milhões de cores), PNG-16 (suporta milhares de cores) e PNG-8 (suporta 256 cores), dependendo de sua necessidade.

Palavras-cruzadas de HTML

É hora de dar um descanso ao lado direito do seu cérebro e colocar o lado esquerdo para funcionar. Todas essas palavras estão associadas ao HTML e a este capítulo.

1
2
3
4
5
6
7
8
9
10
11
12
13

Horizontais

5. Adorável tocador de mp3.

6. Pequenas imagens em uma página.

8. Técnica para suavizar as bordas do texto.

9. Melhor para fotos com tons contínuos.

12. A maioria dos servidores Web recupera imagens desta maneira.

13. O servidor Web faz uma solicitação para cada uma destas.

Verticais

1. O atributo "alt" melhora isto.

2. Com JPEG você pode controlar isto.

3. Você usou o Photoshop Elements para fazer isso nas imagens.

4. Menor elemento em uma tela.

6. O PNG e GIF têm, o JPEG não.

7. Melhor para cores sólidas, linhas e pequenos textos.

10. Distância que você pode escrever com um lápis.

11. Quanto maior a imagem, ela leva para ser transferida.

QUAL O FORMATO DA IMAGEM?
SOLUÇÃO

Parabéns: você foi eleito o "Grande Escolhedor de Formatos de Imagem" do dia. Para cada imagem abaixo, escolha o formato que melhor a representaria na Web.

		JPEG	ou PNG	ou GIF
	Uma foto com muitos tons de cinza.	☑	☐	☐
 CUIDADO COM O CHOCOLATE QUENTE	Apenas duas cores com pouco texto; definitivamente PNG ou GIF. Sem transparência? PNG pode render um arquivo menor.	☐	☑	☑
	Uma foto com muitas cores; definitivamente JPEG ou PNG; e se você quiser um fundo transparente, fique com PNG.	☑	☑	☐
	Apenas um ícone simples em preto e branco, um PNG ou GIF. Se você precisar de transparência, você precisa de anti-serrilhas nas extremidades, e o PNG seria melhor para isso.	☐	☑	☑
	Essa imagem está na fronteira. Tem muitas cores contínuas (JPEG), mas também é ligeiramente geométrica (GIF) e você pode querer usá-la de forma que precise de transparência (PNG).	☑	☑	☑

Aponte o seu lápis Solução

Aqui está um "Aponte seu lápis" que é verdadeiramente sobre lápis (sobre imagens também). Este exercício envolve um pouco de adivinhação: *dado um lápis novíssimo e típico, se eu desenhar uma linha contínua até que ele se acabe, qual será o tamanho dessa linha?*

O que isso tem a ver com as imagens? Para encontrar a resposta, você teve que escrever um HTML. A resposta para essa pergunta está contida na imagem que está na URL (em inglês): http://www.wickedlysmart.com/hfhtmlcss/trivia/pencil.png. Seu trabalho foi adicionar uma imagem a este HTML e recuperar a resposta. Aqui está a solução:

```
<html>
  <head>
    <title>Sharpen your pencil trivia</title>
  </head>
  <body>
    <p>How long a line can you draw with the typical pencil?</p>
    <p>
      <img src="http://www.headfirstlabs.com/trivia/pencil.gif">
    </p>
  </body>
</html>
```

Se você colocar a imagem aqui, você pode ver a resposta quando você carregar a página

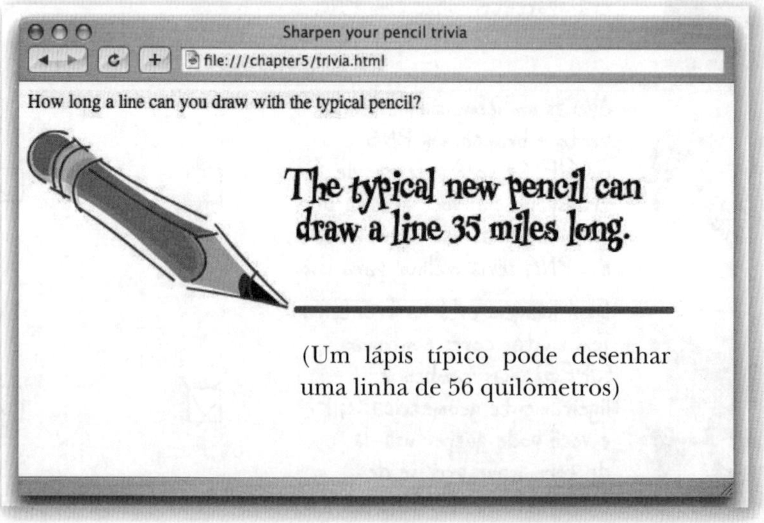
Sharpen your pencil trivia
file:///chapter5/trivia.html
How long a line can you draw with the typical pencil?
The typical new pencil can draw a line 35 miles long.
(Um lápis típico pode desenhar uma linha de 56 quilômetros)

Source: http://www.papermate.com

Exercício Solução

Aqui estão os resultados de ter um link errado para uma imagem em alguns browsers diferentes. Na maioria dos casos, o browser é capaz de usar as informações extras do atributo "alt" para melhorar o que é exibido. Por que nos importamos? Afinal de contas, isso é um erro em uma página Web; devíamos apenas corrigi-los, certo? Bem, no mundo real, as coisas nem sempre são ideais; algumas vezes as figuras somem, as conexões com a Internet caem no meio do carregamento da página ou usuários com deficiências na visão precisam ouvir o que está na imagem, porque não podem vê-la.

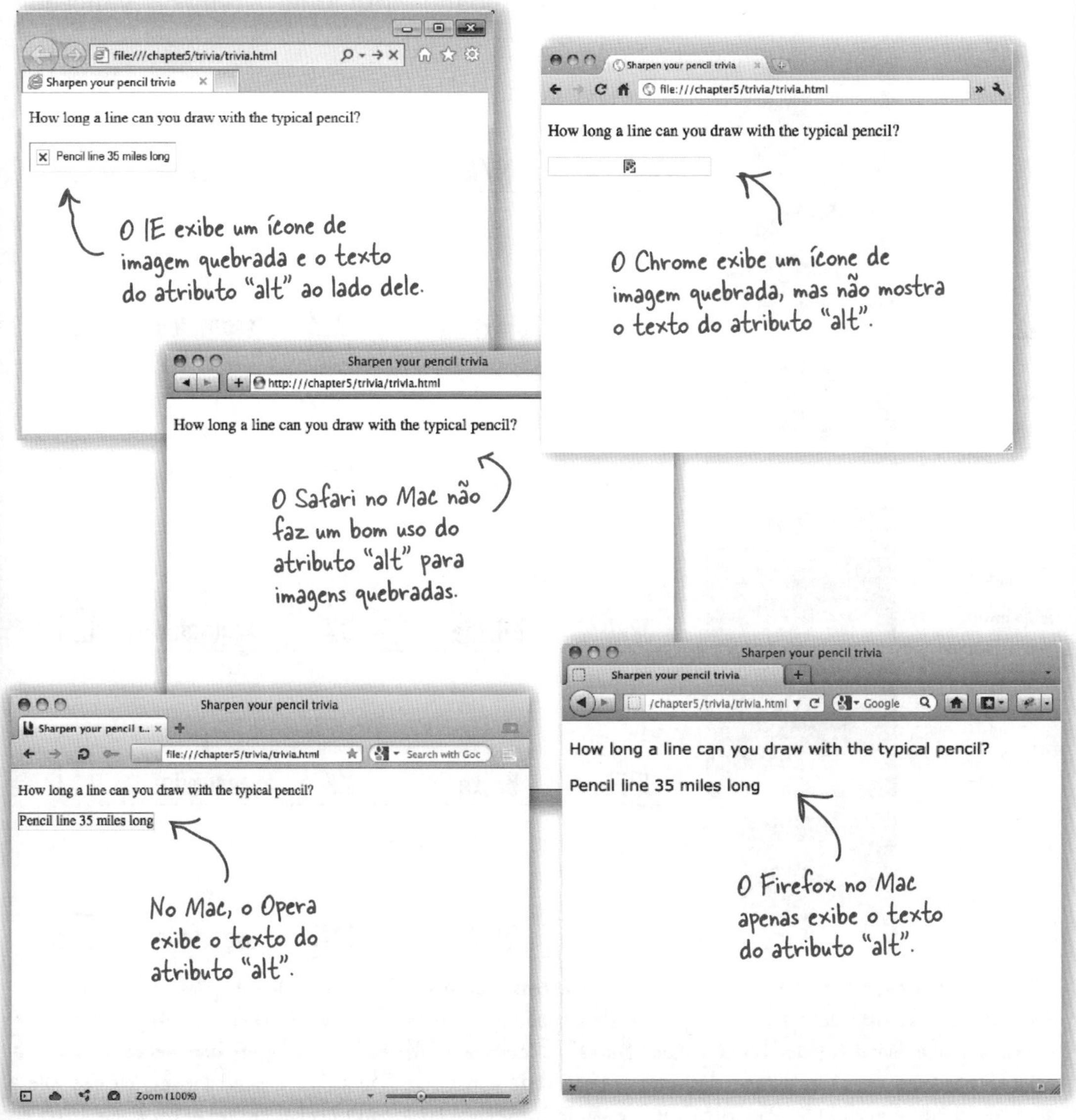
file:///chapter5/trivia/trivia.html
Sharpen your pencil trivia
How long a line can you draw with the typical pencil?
Pencil line 35 miles long
O IE exibe um ícone de imagem quebrada e o texto do atributo "alt" ao lado dele.
Sharpen your pencil trivia
file:///chapter5/trivia/trivia.html
How long a line can you draw with the typical pencil?
O Chrome exibe um ícone de imagem quebrada, mas não mostra o texto do atributo "alt".
Sharpen your pencil trivia
http://chapter5/trivia/trivia.html
How long a line can you draw with the typical pencil?
O Safari no Mac não faz um bom uso do atributo "alt" para imagens quebradas.
Sharpen your pencil trivia
file:///chapter5/trivia/trivia.html
How long a line can you draw with the typical pencil?
Pencil line 35 miles long
No Mac, o Opera exibe o texto do atributo "alt".
Zoom (100%)
Sharpen your pencil trivia
/chapter5/trivia/trivia.html
Google
How long a line can you draw with the typical pencil?
Pencil line 35 miles long
O Firefox no Mac apenas exibe o texto do atributo "alt".

QUAL O FORMATO DA IMAGEM?
SOLUÇÃO

Sua tarefa desta vez: abrir o arquivo "chapter5/testimage/eye.jpg" no Photoshop Elements. Abrir a caixa de diálogo "Save for Web" e preencher os espaços em branco abaixo, escolhendo qual qualidade para JPEG (Baixa, Média, Alta, etc.) e também tentar PNG-24 e GIF. Você encontra essa informação na tela de preview abaixo da imagem. Quando terminar, escolhe qual ajuste faz mais sentido para a imagem. Note como os números se difereciam dependendo da versão do programa que você usa.

Você reparou como a qualidade da imagem caiu conforme você vai de JPEG Máximo para Baixo?

	Formato	Qualidade	Tamanho	Tempo	Vencedor
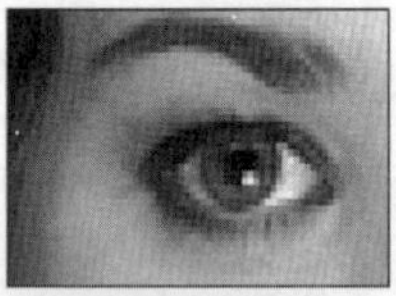	PNG-24	N/A	32K	13 segundos	☐
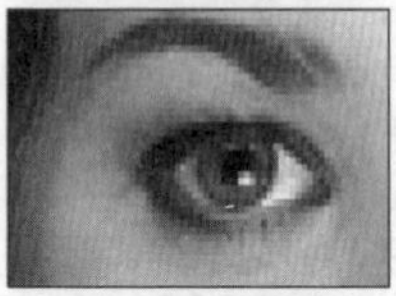	JPEG	Máxima	21K	8 segundos	☐
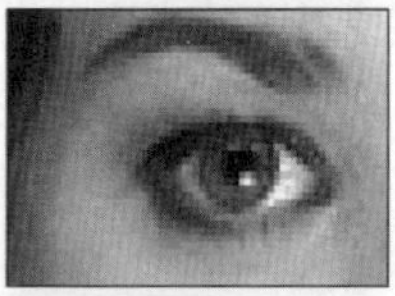	JPEG	Alta	64K	3 segundos	☐
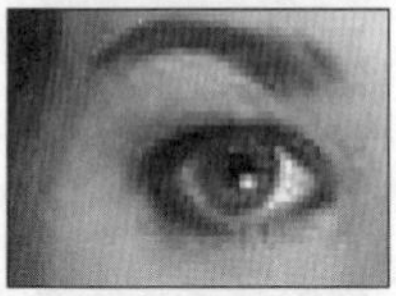	JPEG	Média	3K	2 segundos	☐
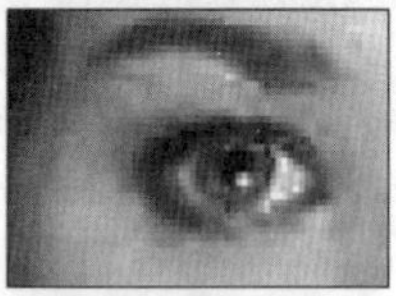	JPEG	Baixa	2K	1 segundo	☐
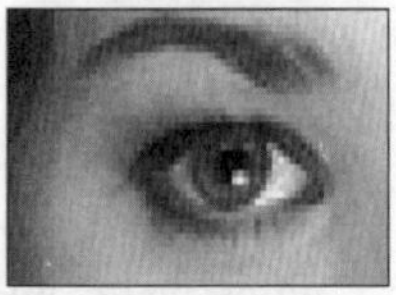	GIF	N/A	22K	9 segundos	☐

"Média" é realmente a qualidade vencedora? Não necessariamente. Tudo depende de quais serão suas necessidades. Se você deseja uma imagem de alta qualidade, então talvez você prefira a "Muito Alta". Se deseja um site muito rápido, tente então "Baixa". Escolhemos "Média" porque é um bom negócio quanto à relação tamanho versus qualidade da imagem. Você pode achar que "Baixa" já é o suficiente, ou que vale a pena aumentar a qualidade até "Alta"; isso é muito subjetivo. Uma coisa certa, entretanto, é que PNG e GIF não funcionam muito bem para esse tipo de imagem (o que não deveria ser uma surpresa).

Exercício Solução

Se você der uma olhada na pasta "html" dos arquivos de exemplo deste capítulo, verá que todas as páginas com as fotos maiores já estão lá, exceto uma — a página para "seattle_downtown.jpg". Crie uma página chamada "seattle_downtown.html" na pasta "html" e teste-a. Coloque a página para funcionar antes de seguir em frente.

Aqui está a resposta:

Este é o HTML; este é arquivo deve se chamar "seattle_downtown.html".

```
<html>
   <head>
      <title>myPod: Seattle Downtown</title>
      <style type="text/css"> body { background-color: #eaf3da; } </style>
   </head>
   <body>
      <h1>Downtown Seattle</h1>
      <p>
      <img src="../photos/seattle_downtown.jpg" alt="An iPod in downtown Seattle, WA">
      </p>
   </body>
</html>
```

Este arquivo deve ficar na pasta html, sob mypod.

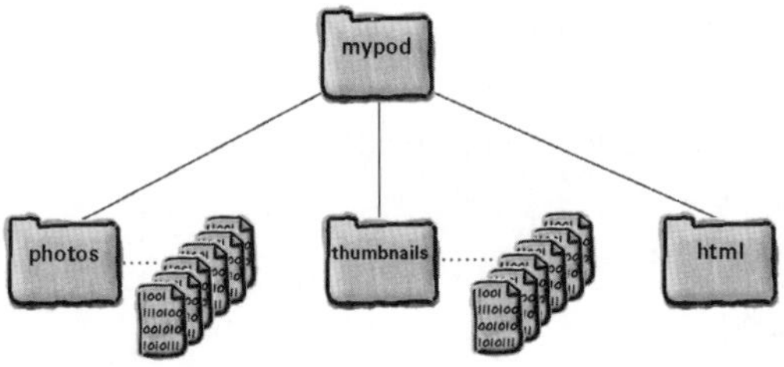
mypod
photos
thumbnails
html

Aqui está o test drive.

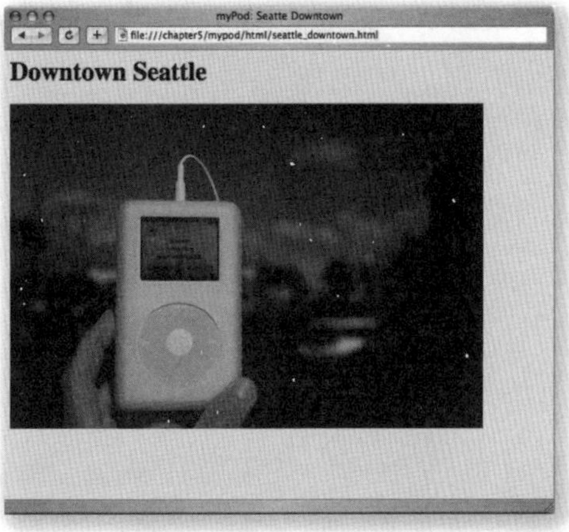
myPod: Seattle Downtown
Downtown Seattle

Palavras-cruzadas de HTML - Solução

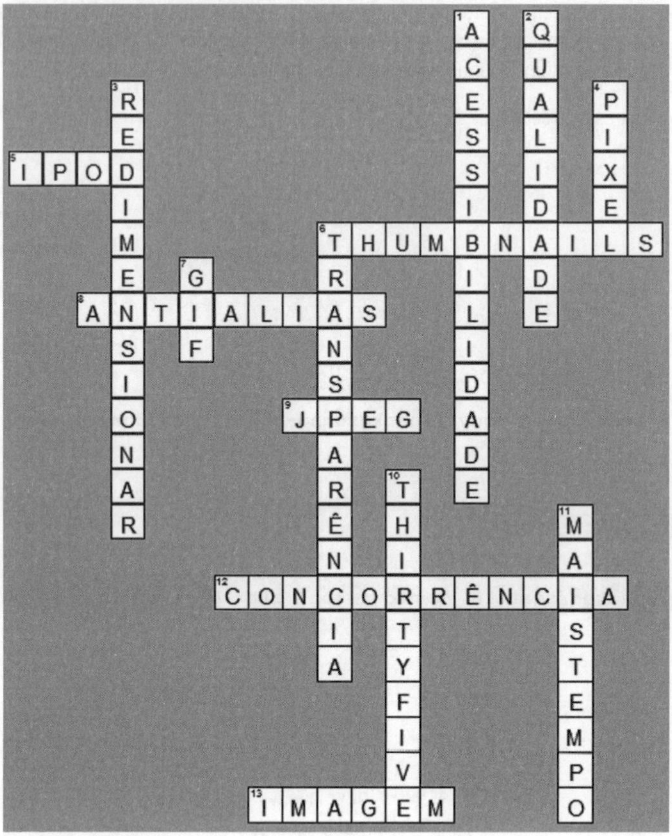
1 ACESSIBILIDADE
2 QUALIDADE
3 REDIMENSIONAR
4 PIXELS
5 IPOD
6 THUMBNAILS
7 GIF
8 ANTIALIAS
9 JPEG
10 THIRTYFIV
11 MAISTEMPO
12 CONCORRÊNCIA
13 IMAGEM
TRANSPARÊNCIA

Aponte o seu lápis Solução

Veja como adicionar a imagem "seattle.jpg" ao arquivo "index.html".

```
<h2>Seattle, Washington</h2>
<p>
    Me and my iPod in Seattle! You can see rain clouds and the
    Space Needle.  You can't see the 628 coffee shops.
</p>
<p>
    <img src="photos/seattle.jpg" alt="My iPod in Seattle, WA">
</p>
```

6 padrões e tudo mais

HTML Sério

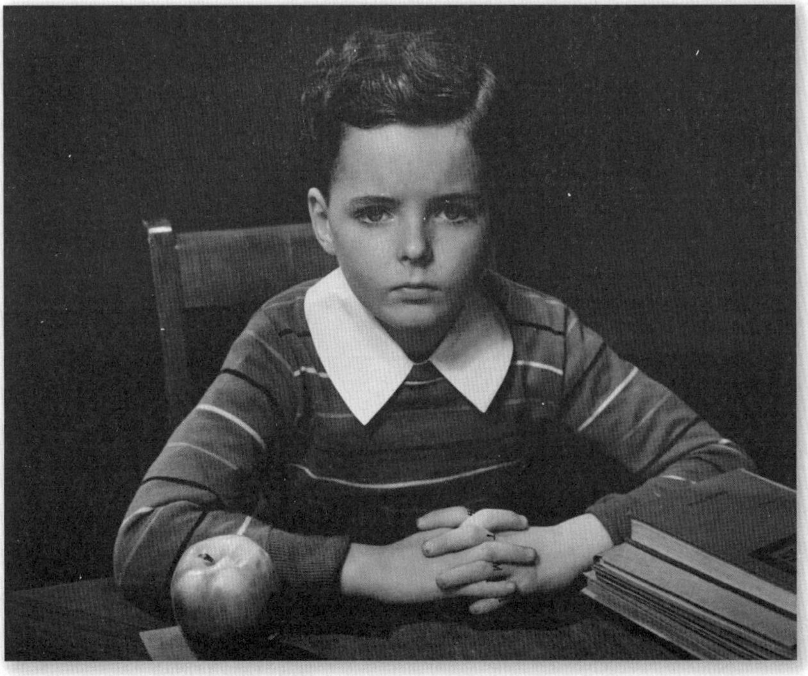

O que há mais para saber sobre o HTML? Você já está no caminho de dominar o HTML. Na verdade, já é hora de seguir para as CSS e aprender como tornar toda essa marcação insípida em algo fabuloso, não é mesmo? Antes disso, precisamos garantir que o seu HTML está realmente pronto. Não nos interprete mal, você está escrevendo HTML de primeira classe, mas ainda há algumas coisinhas para deixá-lo com padrão industrial. Também é o momento de certificar-se de estar usando o mais recente e melhor padrão HTML, também conhecido como HTML5. Ao fazer isso, você terá certeza de que suas páginas rodam bem como o mais recente i-Device, e que elas serão exibidas mais uniformemente em todos os browsers (ou ao menos naqueles que lhe interessam). Você também terá páginas que carregam mais rápido, que são garantia de rodar bem com CSS e que já estão prontas para o futuro, conforme os padrões se modificam. Prepare-se, este é o capítulo onde você se transformará em um profissional da Web.

Ei, rapazes, o chefe acabou de mandar um e-mail. Antes de colocarmos CSS no Bar Use a Cabeça!, ele quer que a gente se certifique de que nosso HTML está pronto para ser lançado.
Jim
Frank
Joe

Jim: Pronto para ser lançado?

Frank: Você sabe, garantir que ele está totalmente legitimado e pronto para o HTML5.

Jim: Nosso HTML está ótimo... Olha só, veja-o no browser. Ele está lindo.

Joe: É isso aí, também penso assim... Eles só estão querendo nos dar mais trabalho.

Frank: Na verdade, rapazes, odeio admitir que o chefe está certo dessa vez.

Jim, Joe: Hein?

Frank: Até agora, praticamente ignoramos o fato de que existem padrões para isso. Sem mencionar que existem versões diferentes do HTML, como HTML 4.01, e agora, HTML5. Estamos fazendo todo o necessário para ter certeza de que o HTML5 esteja contemplado?

Joe: Poxa, isso que dizer mais trabalho. Já temos o suficiente para fazer. De verdade, a página está ótima. Eu até já testei em alguns dos novos dispositivos.

Frank: Pode ser, mas o que estou dizendo é que eu acho que isso vai nos ajudar a ter menos trabalho no futuro.

Frank: Bem, se tivermos certeza de que nosso HTML está atualizado com os padrões atuais, não teremos que fazer mudanças posteriormente. Também deveríamos garantir que todo o resto esteja correto; vocês sabem, nossa sintaxe e tudo aquilo. Existem tantos browsers diferentes e versões desses browsers que se estamos cometendo erros em nosso HTML, então toda projeção está fora, em termos de como nossas páginas serão exibidas nos diferentes browsers. E quando começarmos a incluir apresentação ao HTML com as CSS, as diferenças ficarão ainda maiores se nosso HTML não estiver nos conformes.

Joe: Então, ao nos certificarmos que estamos conforme os padrões, teremos bem menos problemas com nossas páginas exibindo incorreções a nossos clientes?

Frank: Isso.

Jim: Se diminuir o número de ligações às 3 da manhã, então me parece uma boa ideia.

Joe: Ok, como começamos? Não estamos conforme os padrões agora? O que está errado com nosso HTML?

Frank: Talvez nada, mas o chefe quer estar atualizado com o HTML5, então precisamos descobrir qual é a versão de HTML que estamos usando e se não for HTML5, de quê precisamos para chegarmos lá. E, quando terminarmos, a vida será muito mais fácil quando começarmos a usar as CSS.

PODER DO CÉREBRO

Os browsers fazem um ótimo trabalho na exibição consistente de suas páginas quando você escreve um HTML correto. Mas quando você comete erros ou faz coisas diferentes do padrão, as páginas quase sempre são exibidas de maneira diferente de um browser para outro. Por que você acha que isso acontece?

Uma breve história do HTML

<html>
<a><b><c>

HTML 1.0-2.0

Esses foram os primeiros dias; você poderia colocar tudo o que havia para saber sobre o HTML no porta- malas do seu carro. As páginas não eram bonitas, mas pelo menos tinham hipertexto. Ninguém se importava muito com a apresentação, e quase todo mundo na Web tinha sua própria "home page".

Mesmo a contagem de lápis, clipes e post-its em sua mesa era considerada um assunto para a Web naquela época (você acha que estamos brincando?).

HTML 3

Os dias longos e frios da "Guerra dos Browsers". O Netscape e a Microsoft estavam duelando pelo controle do mundo. Afinal de contas, aquele que controla o browser, controla o universo, certo?

No centro da explosão estava o desenvolvedor Web. Durante a guerra, uma corrida armamentista surgiu quando cada empresa de browsers continuou adicionando suas próprias extensões proprietárias para ficar na frente da outra. Quem poderia competir com eles? E não apenas isso, naqueles dias, normalmente você tinha que escrever duas páginas Web separadas: uma para o Netscape e outra para o Internet Explorer. Nada bom.

HTML 4

Ahhh... O final da Guerra dos Browsers e, para nosso alívio, o World Wide Web Consortium (apelido: W3C). Seu plano: trazer ordem ao universo ao criar um HTML "padrão" que governasse a todos.

A chave do seu plano? Separar a estrutura e a apresentação do HTML em duas linguagens — uma para a estrutura (HTML) e uma para apresentação (CSS) — e convencer os fabricantes de browsers que era de seu interesse adotar esses padrões.

Será que o plano deles funcionou

Hum, quase... com algumas poucas alterações (consulte o HTML 4.01).

1989 1991 1995 1998

Uma meta deste capítulo é escrevermos HTML5 propriamente dito. Como sempre, o mundo continua em frente, então também falaremos sobre para onde as coisas vão.

HTML 4.01

.h, a boa vida. O HTML 4.01 ntrou em cena em 1999 e foi a ersão obrigatória do HTML para próxima década.

.01 não teve muitas diferenças o 4.0, apenas algumas correções qui e ali. Mas em comparação os primeiros dias do HTML — uando todos nós tínhamos ue caminhar descalços sobre neio metro de neve e ainda ubindo a montanha — , o ITML 4.01 nos permitiu dormir em à noite, sabendo que quase odos os browsers (pelo menos queles com que todo mundo se nporta) exibiriam o conteúdo le maneira satisfatória.

XHTML 1.0

Quando estávamos ficando confortáveis, um objeto brilhante distraiu a todos. Esse objeto brilhante era o XML. De fato, ele realmente distraiu o HTML, e os dois engataram um casamento arranjado que resultou no XHTML 1.0.

O XHTML prometeu acabar com todas as angústias da Web com sua aderência a rigidez e novas formas de fazer as coisas.

O único problema foi que a maior parte das pessoas odiou o XHMTL. Elas não queriam uma nova forma para escrever páginas Web, elas apenas queriam melhorar o que já tinham com o HTML 4.01. Desenvolvedores Web estavam muito mais interessados na flexibilidade do HTML do que na rigidez do XHTML. Em, cada vez mais, esses desenvolvedores queriam passar o tempo criando páginas que parecessem mais com aplicações do que com documentos (falaremos mais sobre apps mais tarde)...

HTML5

Claro, sem apoio da comunidade, o casamento não terminou bem e foi substituído por uma nova versão do HTML, chamada de HTML5. Com seu suporte a quase todos os padrões do HTML 4.01, e novas características que refletiam a forma com que a Web havia crescido, o HTML5 era o que os desenvovledores estavam buscando. E, com características como suporte a elementos de blog, novas capacidades para vídeo e gráficos, e uma nova série de habilidades voltadas para a construção de aplicativos para Web, HTML5 estava predestinado a virar padrão.

Para sermos sinceros, o divórcio entre o HTML e o XML deixou muita gente surpresa, levando a confusão sobre o que o HTML5 de fato era, durante um tempo. Mas isso tudo já se resolveu então continue lendo para descobrir o que o HTML5 significa para você e como você pode entrar na brincadeira.

1999 2000 2009 2014 ????

E o que acontecerá no futuro? Todos nós iremos trabalhar em carros voadores e engoliremos pílulas nutritivas no jantar? Continue lendo para descobrir.

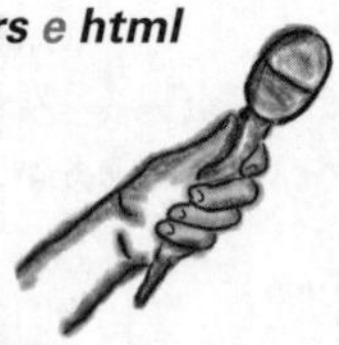

O Browser Exposto

Entrevista desta semana:

Por que você deve se importar com qual versão do HTML que está usando?

Use a Cabeça!: Estamos contentes por você estar aqui, Browser. Como você sabe, "versões do HTML" tornou-se um assunto popular. Qual é o problema com isso? Você é um browser Web, afinal de contas. Eu lhe dou HTML e você o exibe da melhor maneira possível.

Browser: É muito difícil ser um browser... Há muitas páginas Web por aí e muitas são escritas com versões antigas do HTML ou têm muitos erros em sua marcação. Como você disse, meu trabalho é tentar exibir cada uma dessas páginas, haja o que houver.

Use a Cabeça!: Então qual é o grande problema? Você parece estar fazendo um ótimo trabalho.

Browser: Em alguns casos, certamente, mas você já viu suas páginas em vários browsers diferentes? Quando você está usando uma marcação antiga e incorreta, sua página pode estar linda em um browser, mas não tão boa em outro.

Use a Cabeça!: Sério? Por quê? Vocês todos não fazem o mesmo trabalho?

Browser: Fazemos um ótimo trabalho em fazer a mesma coisa, *quando estamos exibindo páginas corretas e atualizadas*. Como eu disse, quando você se aventura em páginas que não são bem escritas, então as coisas ficam muito mais perigosas. Eis o porquê: todos nós browsers temos a especificação de HTML para nos dizer como exibir corretamente o HTML, mas quando ele está incorreto, nós simplesmente improvisamos. Então você pode encontrar diferentes comportamentos em browsers diferentes.

Use a Cabeça!: Acho que já estou começando a entender o problema. Então, como você gerencia a exibição de todas essas páginas em todas aquelas versões diferentes do HTML? É uma tarefa difícil. Ah... E qual a solução para essa bagunça? Nós definitivamente queremos que nossas páginas fiquem lindas.

Browser: Fácil. Me diga que versão de HTML você está usando. Você ficaria surpreso em saber quantas páginas não fazem isso. E certifique-se de que suas páginas não tenham erros; você sabe tags mal combinadas, essas coisas.

Use a Cabeça!: Como lhe dizemos qual versão estamos utilizando? Especialmente agora, que estamos mudando para HTML5.

Browser: Bem, HTML5 de fato está deixando as coisas um pouco mais simples.

Use a Cabeça!: Verdade? Como uma nova versão do HTML está ajudando? Eu pensei que uma outra versão deixaria as coisas ainda mais difíceis.

Browser: É verdade que qualquer nova versão de uma linguagem causa angústia conforme todos tentam se atualizar com os últimos padrões. Mas o HTML5 simplifica a forma com que você me diz que tipo de HTML está usando. O padrão HTML5 também está documentando muitos dos erros que podem correr nas páginas, para que todos os browsers possam ser mais consistentes ao lidarem com esses erros.

Use a Cabeça!: Oh, então isso significa que não precisamos nos preocupar em cometer erros quando estivermos escrevendo nosso HTML?

Browser: Não! Só porque podemos lidar com erros não significa que vocês podem ser desleixados. Você ainda querem que suas páginas sejam consistentes com os padrões e escritas sem erros. Caso contrário, vocês podem obter resultados inconsistentes por meio dos browsers, e não vamos esquecer dos browsers nos dispositivos móveis, também.

Use a Cabeça!: Voltamos a como lhe dizer qual versão estamos utilizando...

Browser: Sim, isso costumava ser uma m...

Use a Cabeça!: Êi, cuidado com a linguagem! E estamos ficando sem tempo, rápido!

Browser: Ok, você pode me dizer sobre a versão que está utilizando com um **doctype**. É um tipo de marcação que você pode usar que fica no topo do seu arquivo HTML. Então, já que estamos sem tempo, vá descobrir!

Arqueologia do HTML

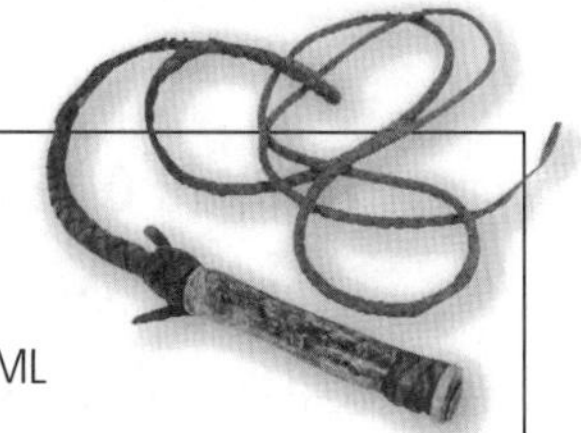

Fizemos algumas escavações e descobrimos algumas páginas antigas em HTML 4.01 e XHTML 1.1. Essas páginas utilizam um doctype (tipo de documento) no topo do arquivo HTML, para dizer ao browser que versão do HTML estão usando. Nós selecionamos alguns doctypes para você observar. Veja abaixo...

Diz ao browser que isto está especificando um tipo de documento para esta página.

Isto significa que <html> e o elemento raiz (primeiro) em sua página.

Isso significa apenas que o HTML 4.01 padrão está disponível ao público.

Esta parte diz que estamos usando o HTML versão 4.01 e que a marcação do HTML está escrita em inglês.

Você pode digitar tudo isso em uma linha ou, se preferir, adicionar uma quebra de linha, como fizemos. Certifique-se apenas de pressionar o Enter somente nas partes entre as as citções.

```
<!DOCTYPE html PUBLIC "-//W3C//DTD HTML 4.01//EN"
      "http://www.w3.org/TR/html4/strict.dtd">
```

Observe que isto NÃO é UM ELEMENTO HTML. Ele tem um "!" depois do < no início o que indica que é algo diferente.

Isto aponta para um arquivo que identifica este padrão em particular.

Assim como o HTML DOCTYPE, esse é um tipo de documento público.

Ainda é uma versão do HTML – uma versão XHTML.

É para a versão XHTML 1.1 do XHTML.

```
<!DOCTYPE html
     PUBLIC "-//W3C//DTD XHTML 1.1//EN"
    "http://www.w3.org/TR/xhtml11/DTD/xhtml11.dtd">
```

E tem uma URL indicando para a definição do XHTML 1.1.

Para mais sobre XHTML, cheque o apêndice.

Aponte o seu lápis

Em vez de lhe dizer a definição de doctype para HTML5, pensamos que você gostaria de um pouco de diversão escrevendo por conta própria. Dê uma outra olhada na definição de doctype em HTML 4.01 abaixo:

Lembre-se, esse é o doctype para "html".

E isso significa que esse padrão é disponível publicamente.

Essa parte diz que estamos usando a versão 4.01 do HTML e que essa marcação está escrita em inglês.

```
<!DOCTYPE html PUBLIC "-//W3C//DTD HTML 4.01//EN"
        "http://www.w3.org/TR/html4/strict.dtd">
```

Isso aponta para um arquivo que identifica esse padrão.

Lembre-se, a definição de doctype fica no topo do arquivo HTML e diz ao browser o tipo de seu documento — neste caso, HTML 4.01. Ao usar um doctype, o browser é capaz de ser mais preciso na forma com que interpreta e devolve suas páginas.

Então, usando seus poderes de dedução, qual seria a definição de doctype para o HTML5? Escreva aqui (você pode voltar depois à sua resposta, quando tratarmos disso na próxima página. E não espie a resposta!):

....

....

....

....

....

Sua resposta vai aqui!

O mais novo e melhorado doctype do HTML5

Ok, prepare-se para ele. Aqui está o doctype do HTML5:

```
<!doctype html>
```

É só uma linha, não se perca.

E é realmente simples!

Quão próxima ficou sua resposta do Aponte seu Lápis? É muito mais simples, não acha? E, uau, você pode até se lembrar dele sem ter que olhar toda vez que precisar de um doctype.

Nossos sentimentos para aqueles que tinham aquele antigo doctype tatuado nas palmas de suas mãos para se lembrarem dele.

Espere, isso não deveria dizer ao browser qual a versão? Cadê o número da versão? É um erro de impressão?

Bem lembrado. Não, não é um erro de impressão e vamos direto ao porquê: você sabe que o doctype costumava ser uma bagunça complicada cheia de números de versões e sintaxes feiosas. Mas com a chegada do HTML5, o doctype foi simplificado e tudo o que precisamos fazer é dizer ao browser que estamos usando "html", sem se preocupar com números de versões específicas ou linguagens ou apontamento para um padrão.

Como assim? Como podemos simplesmente especificar "html" sem o resto? O browser não *precisa* de outras informações? Bem, quando o browser vê:

```
<!doctype html>
```

...ele deduz que você está usando os padrões do HTML. Sem mais ficar se dependurando em números de versões ou onde o padrão está localizado; na verdade, o padrão HTML se tornou um "padrão vivo", o que significa que continuará a crescer e se transformar sempre que preciso, mas sem um número fixo de versão. Agora, você provavelmente está pensando "o que exatamente um *padrão vivo* significa? Como isso vai funcionar?". Você verá, na próxima página...

HTML, o novo "padrão vivo"

Você nos ouviu direito... em vez de continuar lançando as versões 6, 7, 8 do HTML, os caras da padronização transformaram a especificação em um padrão vivo que irá documentar a tecnologia, conforme ela evolui. Então, chega de números de versões. E você pode parar de dizer HTML5 porque se agora em diante é só "HTML".

Agora, você provavelmente esteja imaginando como isso vai funcionar na prática. Afinal, se a especificação está continuamente mudando, o que isso significa para os pobres browsers? Sem contar para você, desenvolvedor Web? Uma chave para esse trabalho é a *compatibilidade inversa.* Compatibilidade inversa significa que podemos continuar acrescentando novas coisas ao HTML e os browsers irão (consequentemente) suportar essas novas coisas, mas também irão suportar as coisas antigas. Então as páginas em HTML que você está escrevendo hoje continuarão funcionando, mesmo depois que novas características forem adicionadas depois.

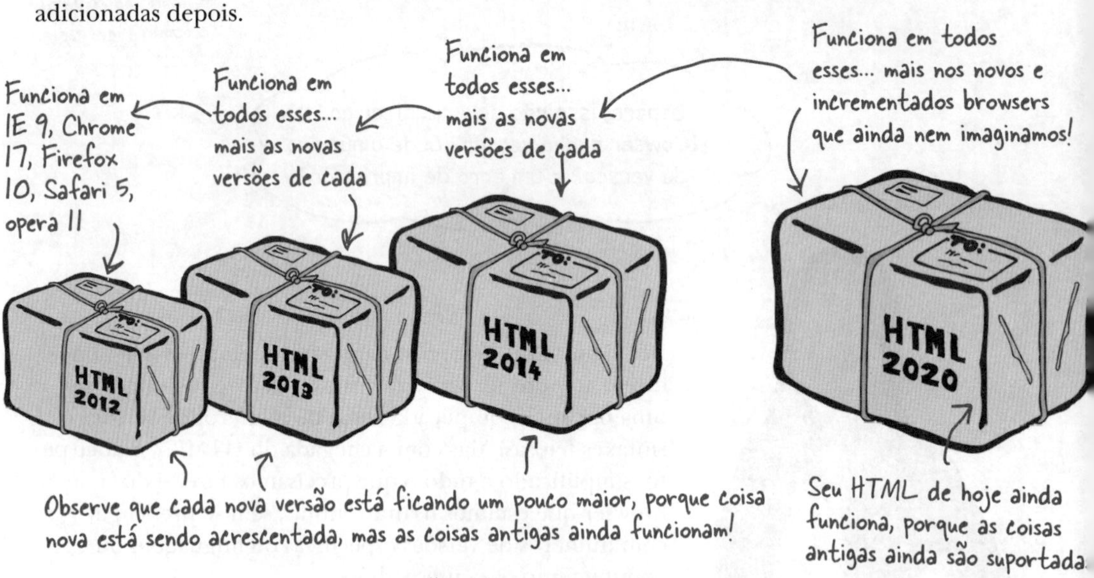
Funciona em IE 9, Chrome 17, Firefox 10, Safari 5, opera 11
Funciona em todos esses... mais as novas versões de cada
Funciona em todos esses... mais as novas versões de cada
Funciona em todos esses... mais nos novos e incrementados browsers que ainda nem imaginamos!
HTML 2012
HTML 2013
HTML 2014
HTML 2020
TO:
Observe que cada nova versão está ficando um pouco maior, porque coisa nova está sendo acrescentada, mas as coisas antigas ainda funcionam!
Seu HTML de hoje ainda funciona, porque as coisas antigas ainda são suportada

não existem Perguntas Idiotas

P: Então o que acontece se as especificações mudarem amanhã? O que eu faço?

R: Se você está escrevendo HTML sério hoje e as specificações mudarem amanhã para incorporar um novo elemento, então você pode continuar fazendo o que está fazendo. Cabe a você querer usar ou não esse novo elemento. Se as especificações mudarem algo que você já esteja fazendo, como a forma com que um elemento ou atributo trabalha, então os browsers devem continuar a suportar a forma antiga que você está usando, além da nova forma. É isso que significa "compatibilidade inversa". Agora, é obviamente uma coisa boa se características existentes são alteradas o mínimo possível e se você, desenvolvedor Web, mantiver-se atualizado quanto às especificações e alterar suas páginas junto com as especificações. Mas a ideia é que seu HTML continue a funcionar com as mudanças nas especificações.

P: O que exatamente é uma especificação, afinal?

R: A especificação é um documento que especifica qual é o padrão de HTML, ou seja, que elementos e atributos estão no HTML e mais. Esse documento é mantido pelo World Wide Web Consortium (W3C), mas qualquer pessoa pode contribuir e ter uma opinião sobre como o padrão deve ser desenvolvido.

Tá, acho que já está tudo certo. Vamos colocar este DOCTYPE nos arquivos do lounge e atualizar essas páginas para o HTML5.

Adicione a definição do tipo de documento

Chega de conversa; vamos colocar este DOCTYPE no HTML.

Esta é a linha do DOCTYPE. Apenas coloque-a como a primeira coisa que aparece no arquivo lounge.html.

Você pode escrever DOCTYPE ou doctype. Ambos funcionam.

```
<!doctype html>
<html>
  <head>
    <title>Head First Lounge</title>
  </head>
  <body>
    <h1>Welcome to the New and Improved Head First Lounge</h1>
       <img src="drinks.gif">
    <p>
       Join us any evening for refreshing
       <a href="elixir.html">elixirs</a>, conversation and
       maybe a game or two of <em>Dance Dance Revolution</em>.
       Wireless access is always provided; BYOWS (Bring
       your own web server).
    </p>
    <h2>Directions</h2>
    <p>
       You'll find us right in the center of downtown
       Webville. If you need help finding us, check out our
       <a href="directions.html">detailed directions</a>.
       Come join us!
    </p>
  </body>
</html>
```

O test drive do doctype

Faça as alterações em seu arquivo "lounge.html" na pasta "chapter6/lounge" e então carregue a página em seu browser.

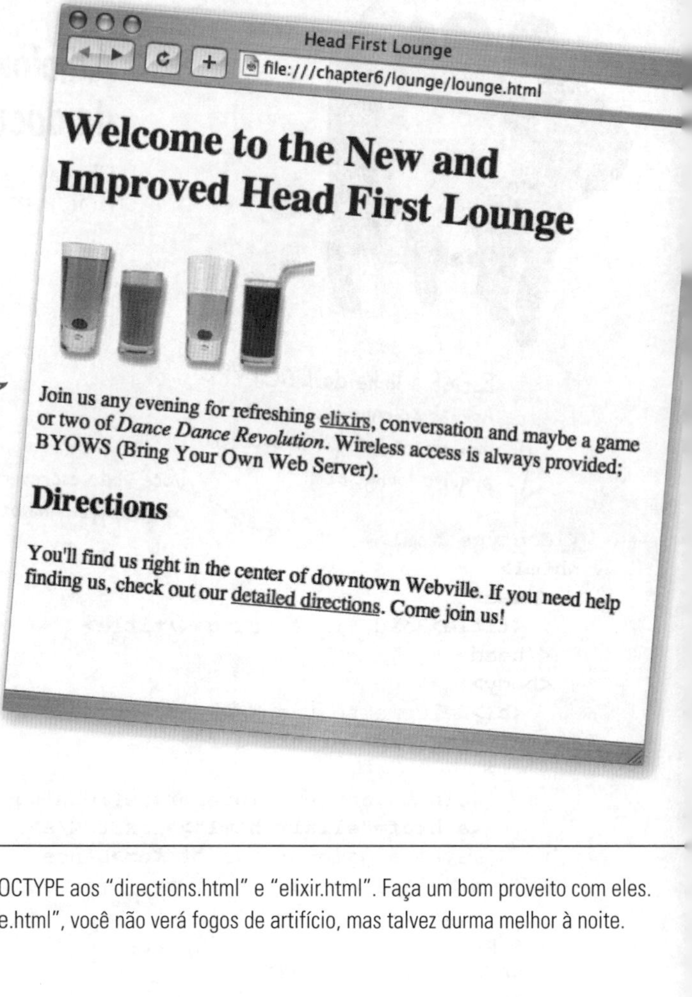
Head First Lounge
file:///chapter6/lounge/lounge.html
Welcome to the New and Improved Head First Lounge
Join us any evening for refreshing elixirs, conversation and maybe a game or two of Dance Dance Revolution. Wireless access is always provided; BYOWS (Bring Your Own Web Server).
Directions
You'll find us right in the center of downtown Webville. If you need help finding us, check out our detailed directions. Come join us!

Uau, nenhuma diferença. Bem, nós não esperávamos mesmo qualquer diferença porque tudo que o DOCTYPE faz é mostrar ao browser que ele pode ter certeza de que você está usando HTML5.

Exercício

Adicione também DOCTYPE aos "directions.html" e "elixir.html". Faça um bom proveito com eles. Assim como "lounge.html", você não verá fogos de artifício, mas talvez durma melhor à noite.

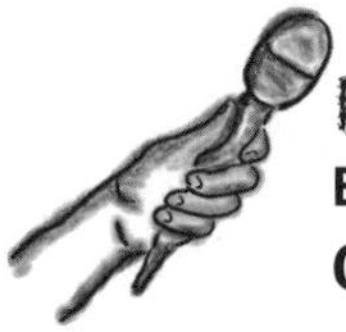

HTML 5 Exposto

Entrevista da semana:

O que o HTML5 tem de mais?

se a Cabeça!: HTML5, você é a versão "mais
:cente e melhor" do HTML que todos estão
)mentando, mas nossos leitores querem saber o
ue é tão bom a seu respeito.

TML5: Primeiro, eu tenho um punhado de
ovos elementos e alguns novos atributos também.

se a Cabeça!: Parece que ainda não estamos
sando nenhum desses, estamos?

TML5: Todos os elementos que você está
sando são parte de meu padrão agora, então
)cê está usando elementos do HTML5. Mas não,
)cê não está usando nenhum dos *novos* ainda...

se a Cabeça!: Por que não? Não deveríamos
star usando os elementos novos assim que possível?

TML5: Não necessariamente. Lembre-se
Capítulo 3): sempre use o elemento certo
ara o trabalho! E meus mais novos elementos
m funções específicas. Alguns deles são para
:rescentar mais estrutura e significação à sua
ágina. Como meu novo elemento <article>, que é
specificamente para posts de blogs e novos artigos.

se a Cabeça!: Nós poderíamos tê-lo usado no
apítulo 3 para o blog do Tonico, certo?

TML5: Verdade... Tenho certeza de que depois
)cê vai adicioná-lo.

se a Cabeça!: Tenho certeza de que nossos
itores estão pensando, já que estão aprendendo
)bre HTML neste livro, se não deveriam estar
prendendo sobre HTML5?

TML5: Não! HTML5 é apenas o próximo passo da
volução, tudo o que já aprenderam é exatamente
;ual no HTML5. O HTML5 apenas acrescenta
gumas coisas novas. Na verdade, deveríamos parar
e dizer "HTML5". Sou simplesmente a mais nova
rsão do HTML, então me chame de HTML. Dizer
TML5 a essa altura é confuso.

se a Cabeça!: Espere, depois de todo oba-oba
m torno do HTML5, você está mesmo sugerindo
ue a gente deixe de lado o seu nome?

TML5: Estou. Você já sabe que sou um padrão
vo e que números de versões já eram. Bem, sou
m padrão vivo do HTML, não do HTML5.

Use a Cabeça!: Entendi. Nossos leitores realmente deveriam continuar aprendendo HTML5 – desculpe, HTML – e tudo o que já aprenderam até então continua relevante. Sem mencionar todas as coisas novas adiante que aprenderão é a mais nova é melhor tecnologia HTML.

HTML5: Exatamente.

Use a Cabeça!: Preciso perguntar, entretanto... ouvi dizer que algumas de suas novas coisas são para construir aplicativos Web. O que tem a ver?

HTML5: O melhor é que eu não sou mais apenas para *páginas*; fui projetado para *aplicativos* Web completos.

Use a Cabeça!: Qual a diferença?

HTML5: Páginas Web são majoritariamente páginas estáticas. Você tem algumas imagens e um punhado de links e alguns efeitos aqui e ali, como em menus, mas a maior parte das páginas é para *leitura*. Aplicativos Web, por sua vez, são para *interação*, para *fazer* algo. Assim como os aplicativos em sua área de trabalho, apenas com os aplicativos Web você faz algo na Web.

Use a Cabeça!: Você pode me dar um exemplo?

HTML5: Apps de mídias sociais, apps de mapas, jogos... a lista é infinita.

Use a Cabeça!: Nós não podíamos fazer essas coisas antes do HTML5?

HTML5: Bem, você poderia fazer um pouco, mas muitas dessas características necessárias para se construir esses tipos de aplicativos estão sendo padronizados pela primeira vez comigo. Antes, se existissem, eram meio acidentais.

Use a Cabeça!: Não creio que a gente vá construir nenhum app neste livro, entretanto...

HTML5: Não, mas cheque o *Use a Cabeça! Programação em HTML5*. Esse livro é sobre construção de aplicativos Web comigo!

Use a Cabeça!: Faremos isso! Obrigado, HTML5.

Ok, até que não foi ruim. Agora vamos dizer ao browser que somos o HTML padrão.

Jim: É, fácil mesmo. Mas ainda tem uma coisa que não entendi: colocamos este doctype no topo de nosso arquivo para dizer ao browser que nossa página é HTML, mas e daí? Nada muda de verdade.

Frank: Você está certo, nada que você pode ver muda, mas se comunica com o browser que estamos usando o HTML padrão. E o browser pode usar essa informação para seu (e nosso) proveito. Além disso, o chefe quer que a gente escreva HTML totalmente legítimo,e para isso precisamos do doctype.

Jim: É mesmo? E agora estamos escrevendo HTML de padrão industrial?

Frank: Até onde eu sei, sim, mas é aí que a coisa fica interessante. A única coisa que pode nos fazer tropeçar agora são erros que podemos ter introduzido na página. E se esquecermos uma tag de fechamento? Ou um erro de digitação em uma tag?

Jim: Certo, mas não saberíamos se tivéssems feito isso?

Frank: Não necessariamente. O browser é muito bem em improvisar quando vê um erro.

Jim: E se eu reunir o pessoal e fizermos uma revisão em toda a página?

Frank: Talvez não seja preciso.. existem ferramentas para nos ajudar a validar a página.

Jim: Validar?

Frank: Isso, repassar a página e certificar que toda a marcação esteja válida. Certificar que nos atemos ao padrão. É como um corretor ortográfico para o HTML.

Jim: Parece uma boa ideia. Onde conseguimos essas ferramentas?

Frank: Os caras da padronização do W3C têm um validador, e é de graça.

Jim: Ótimo, vamos fazer isso.

Conheça o validador W3C

Vamos conferir o validador e fazer com que ele verifique os arquivos do lounge. Para nos acompanhar, aponte seu browser para `http://validator.w3.org`.

O validador W3C está localizado em http://validator.w3.org

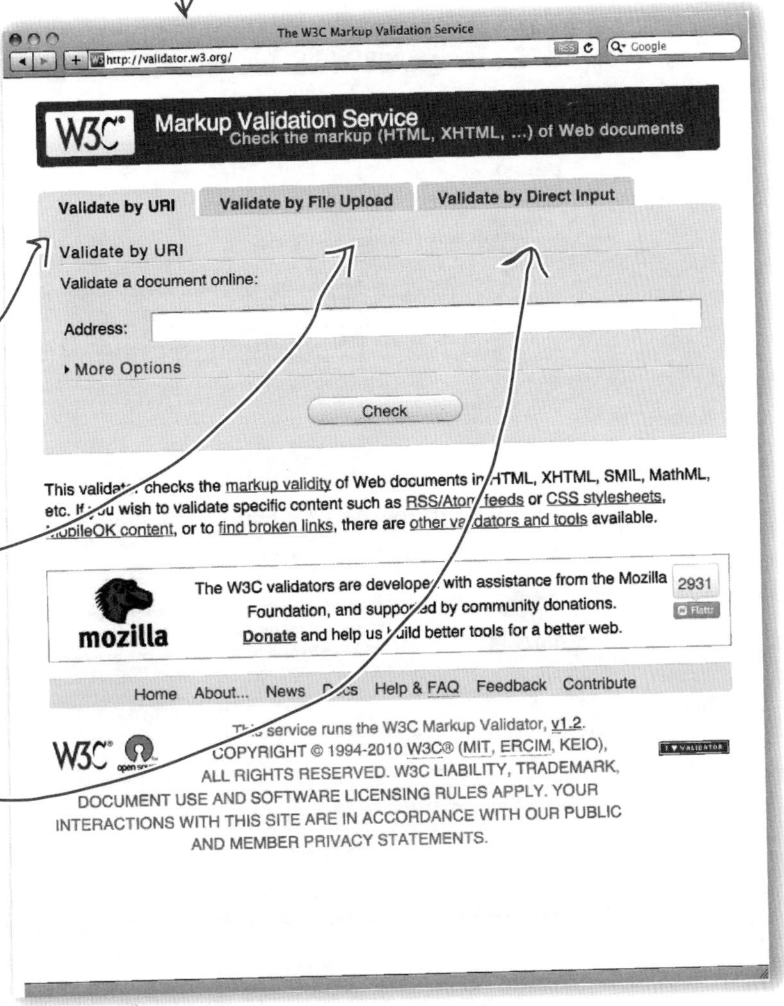
The W3C Markup Validation Service
http://validator.w3.org/
Markup Validation Service
Check the markup (HTML, XHTML, ...) of Web documents
Validate by URI
Validate by File Upload
Validate by Direct Input
Validate by URI
Validate a document online:
Address:
More Options
Check
Home About... News Docs Help & FAQ Feedback Contribute
mozilla

á três maneiras de
erificar seu HTML:

Se a sua página estiver na
eb, então você pode digitar
URL aqui, clicar no botão
heck e o serviço recuperará
eu HTML e o verificará.

2) Você pode escolher a
egunda aba clicar em
hoosefile(ou e escolher um
rquivo em seu computador.
epois de selecionar o arquivo,
ique em Check, e o browser
ará o upload da página para o
erviço, para poder verificá-la.

(3) Ou, copie e cole seu HTML neste formulário. Clique então em Check e o serviço verificará seu HTML.

Valide o Head First Lounge!

Vamos usar a terceira aba, "Validate by Direct Input", para validar o arquivo "lounge.html". Isso significa que precisamos copiar e colar o HTML do arquivo "lounge.html" para o formulário que está na página Web do validador W3C; continue nos acompanhando e faça um teste...

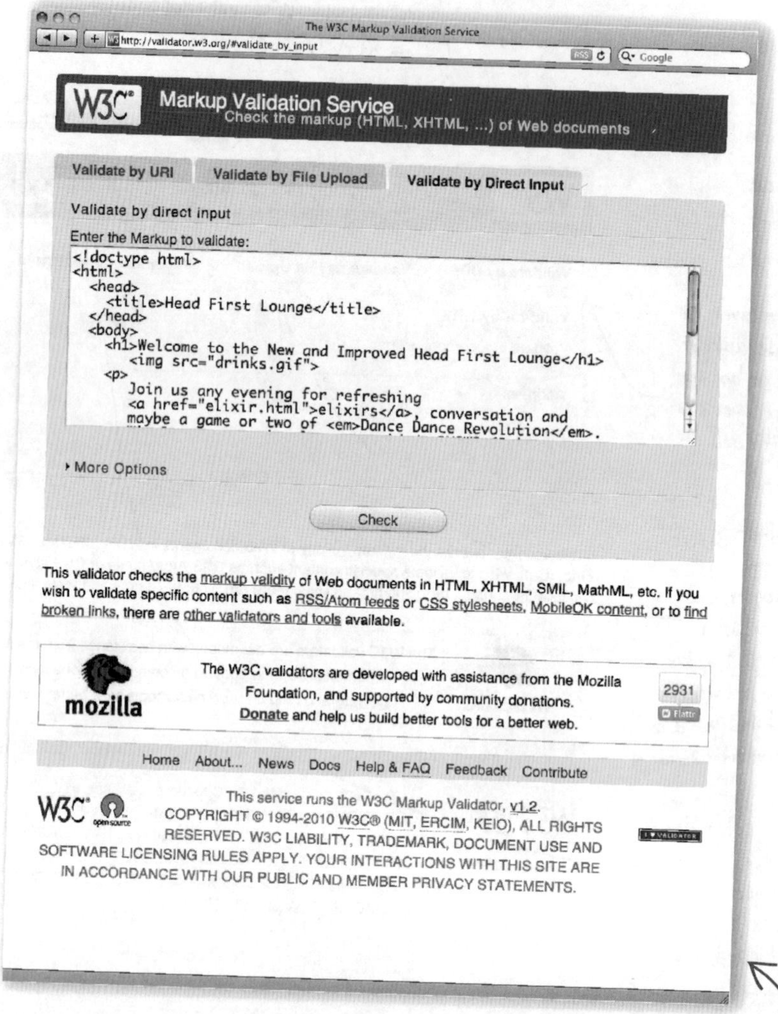
The W3C Markup Validation Service
http://validator.w3.org/#validate_by_input
Markup Validation Service
Check the markup (HTML, XHTML, ...) of Web documents
Validate by URI
Validate by File Upload
Validate by Direct Input
Validate by direct input
Enter the Markup to validate:
<!doctype html>
<html>
<head>
<title>Head First Lounge</title>
</head>
<body>
<h1>Welcome to the New and Improved Head First Lounge</h1>
<img src="drinks.gif">
<p>
Join us any evening for refreshing
<a href="elixir.html">elixirs</a>, conversation and
maybe a game or two of <em>Dance Dance Revolution</em>.
More Options
Check
This validator checks the markup validity of Web documents in HTML, XHTML, SMIL, MathML, etc. If you wish to validate specific content such as RSS/Atom feeds or CSS stylesheets, MobileOK content, or to find broken links, there are other validators and tools available.
mozilla
The W3C validators are developed with assistance from the Mozilla Foundation, and supported by community donations.
Donate and help us build better tools for a better web.
2931
Home About... News Docs Help & FAQ Feedback Contribute
This service runs the W3C Markup Validator, v1.2.
COPYRIGHT © 1994-2010 W3C® (MIT, ERCIM, KEIO), ALL RIGHTS RESERVED. W3C LIABILITY, TRADEMARK, DOCUMENT USE AND SOFTWARE LICENSING RULES APPLY. YOUR INTERACTIONS WITH THIS SITE ARE IN ACCORDANCE WITH OUR PUBLIC AND MEMBER PRIVACY STATEMENTS.

"Sinta-se à vontade para usar o método (1) ou (2)..."

Aqui estamos usando o método (3). Clicamos na aba "Validate by Direct Input" e colamos o código de "lounge.html", que agora possui o doctype para HTML5 no topo, no formulário. Estamos prontos para o grande momento... Será que a página Web será validada? Alguém quer fazer uma aposta? Clique em Check (e vire a página) para descobrir...

Houston, temos um problema...

A faixa vermelha na página não deve ser coisa boa. Não parece que a página foi validada. É melhor dar uma olhada...

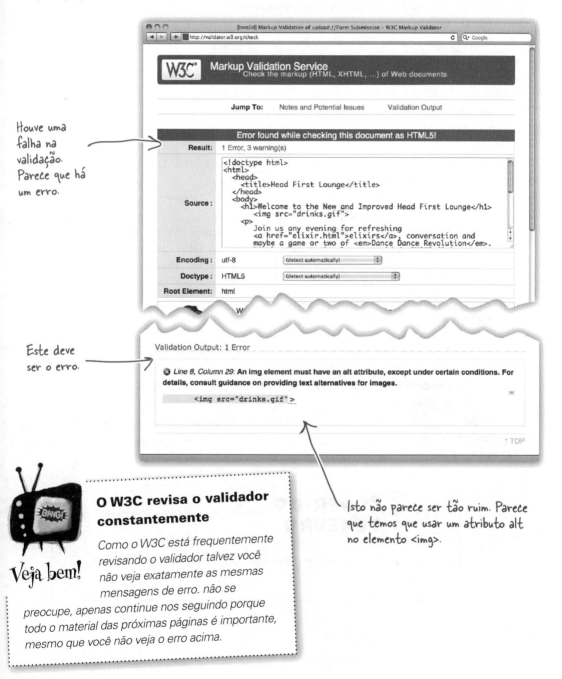

Houve uma falha na validação. Parece que há um erro.

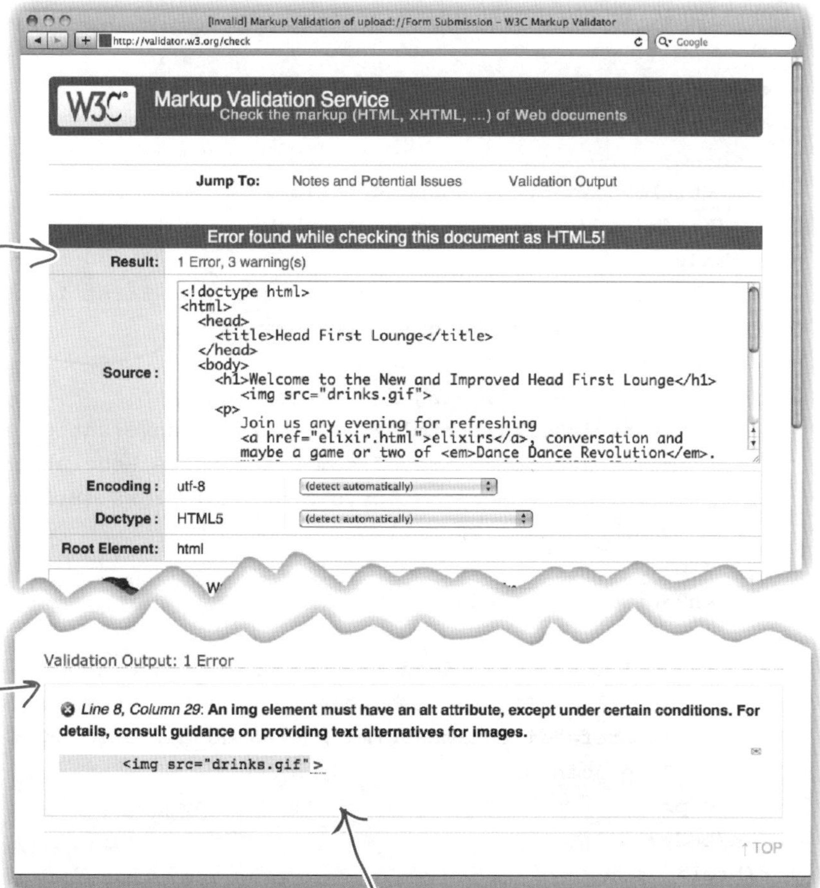
[Invalid] Markup Validation of upload://Form Submission - W3C Markup Validator
http://validator.w3.org/check
W3C
Markup Validation Service
Check the markup (HTML, XHTML, ...) of Web documents
Jump To: Notes and Potential Issues Validation Output
Error found while checking this document as HTML5!
Result: 1 Error, 3 warning(s)
Source:
<!doctype html>
<html>
<head>
<title>Head First Lounge</title>
</head>
<body>
<h1>Welcome to the New and Improved Head First Lounge</h1>
<img src="drinks.gif">
<p>
Join us any evening for refreshing
<a href="elixir.html">elixirs</a>, conversation and
maybe a game or two of <em>Dance Dance Revolution</em>.
Encoding: utf-8 (detect automatically)
Doctype: HTML5 (detect automatically)
Root Element: html
Validation Output: 1 Error
Line 8, Column 29: An img element must have an alt attribute, except under certain conditions. For details, consult guidance on providing text alternatives for images.
<img src="drinks.gif">
↑ TOP

Este deve ser o erro.

Isto não parece ser tão ruim. Parece que temos que usar um atributo alt no elemento <img>.

Veja bem!

O W3C revisa o validador constantemente

Como o W3C está frequentemente revisando o validador talvez você não veja exatamente as mesmas mensagens de erro. não se preocupe, apenas continue nos seguindo porque todo o material das próximas páginas é importante, mesmo que você não veja o erro acima.

Conserte o erro

Certo, isso parece muito fácil de corrigir. Você só precisa adicionar um atributo `alt` aos seus elementos `<img>` no HTML5. Abra "lounge.html" e faça a alteração, salve e vamos tentar validá-lo novamente.

```
<!doctype html>
<html>
  <head>
    <title>Head First Lounge</title>
  </head>
  <body>
    <h1>Welcome to the New and Improved Head First Lounge</h1>
       <img src="drinks.gif" alt="Drinks">
    <p>
       Join us any evening for refreshing
       <a href="elixir.html">elixirs</a>, conversation and
       maybe a game or two of <em>Dance Dance Revolution</em>.
       Wireless access is always provided; BYOWS (Bring
       your own web server).
    </p>
    <h2>Directions</h2>
    <p>
       You'll find us right in the center of downtown
       Webville. If you need help finding us, check out our
       <a href="directions.html">detailed directions</a>.
       Come join us!
    </p>
  </body>
</html>
```

Você conhece o atributo alt; adicione-o ao elemento <img>.

PODER DO CÉREBRO

Por que você acha que o atributo "alt" é obrigatório no HTML5?

Estamos quase lá...

Sucesso! Temos uma barra verde na página, isso deve ser bom. Mas existem três avisos. Parece que ainda temos algumas coisinhas para lidar. Vamos dar uma olhada:

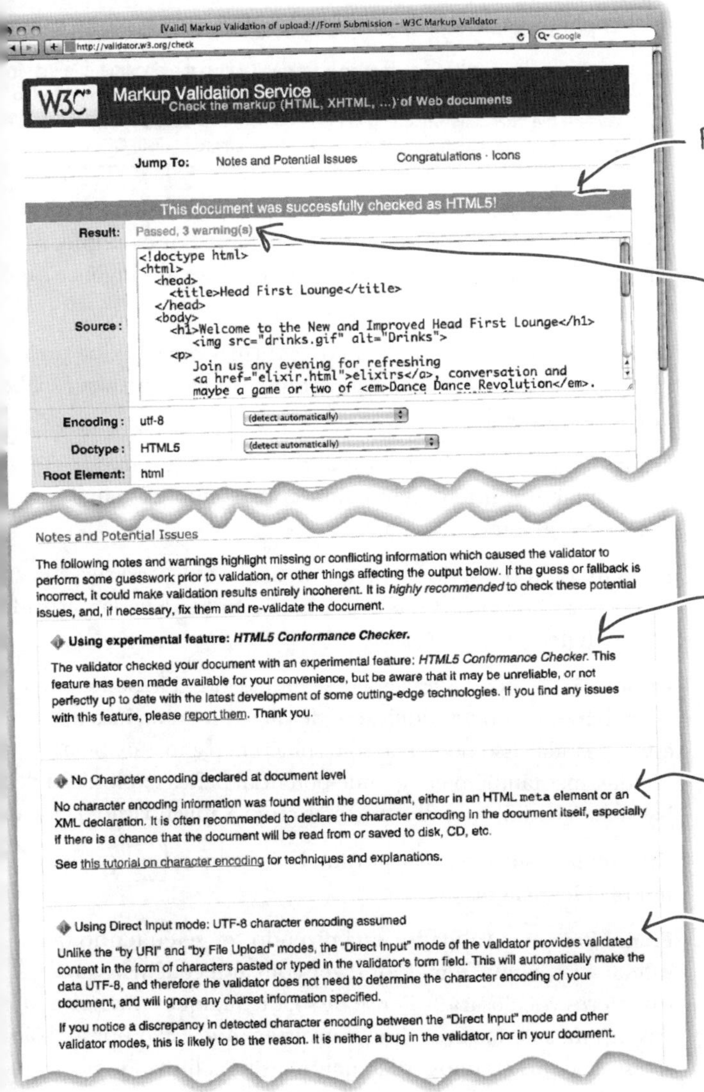
[Valid] Markup Validation of upload://Form Submission - W3C Markup Validator
http://validator.w3.org/check
W3C Markup Validation Service
Check the markup (HTML, XHTML, ...) of Web documents
Jump To: Notes and Potential Issues Congratulations · Icons
This document was successfully checked as HTML5!
Result: Passed, 3 warning(s)
Source:
<!doctype html>
<html>
<head>
<title>Head First Lounge</title>
</head>
<body>
<h1>Welcome to the New and Improved Head First Lounge</h1>
<img src="drinks.gif" alt="Drinks">
<p>
Join us any evening for refreshing
<a href="elixir.html">elixirs</a>, conversation and
maybe a game or two of <em>Dance Dance Revolution</em>.
Encoding: utf-8 (detect automatically)
Doctype: HTML5 (detect automatically)
Root Element: html
Notes and Potential Issues
The following notes and warnings highlight missing or conflicting information which caused the validator to perform some guesswork prior to validation, or other things affecting the output below. If the guess or fallback is incorrect, it could make validation results entirely incoherent. It is highly recommended to check these potential issues, and, if necessary, fix them and re-validate the document.
Using experimental feature: HTML5 Conformance Checker.
The validator checked your document with an experimental feature: HTML5 Conformance Checker. This feature has been made available for your convenience, but be aware that it may be unreliable, or not perfectly up to date with the latest development of some cutting-edge technologies. If you find any issues with this feature, please report them. Thank you.
No Character encoding declared at document level
No character encoding information was found within the document, either in an HTML meta element or an XML declaration. It is often recommended to declare the character encoding in the document itself, especially if there is a chance that the document will be read from or saved to disk, CD, etc.
See this tutorial on character encoding for techniques and explanations.
Using Direct Input mode: UTF-8 character encoding assumed
Unlike the "by URI" and "by File Upload" modes, the "Direct Input" mode of the validator provides validated content in the form of characters pasted or typed in the validator's form field. This will automatically make the data UTF-8, and therefore the validator does not need to determine the character encoding of your document, and will ignore any charset information specified.
If you notice a discrepancy in detected character encoding between the "Direct Input" mode and other validator modes, this is likely to be the reason. It is neither a bug in the validator, nor in your document.
Passamos! Mas...
...existem alguns avisos; deveríamos descer a barra de rolagem e dar uma olhada...
Nenhum problema aqui – isso é um aviso padrão que você sempre verá contanto que o validador seja considerado experimental pelo W3C (o que pode ser, por um longo tempo).
Hmmm, esse parece um problema causado por deixar alguma informação sobre codificação de caracteres. Veremos o que é isso em um segundo...
E aqui apenas diz que eles vão deduzir uma codificação de caracteres, já que não fornecemos uma.

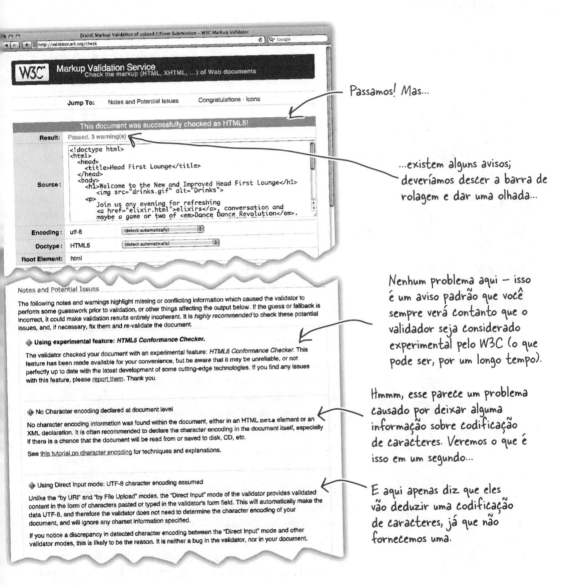

Então, temos arquivo HTML válido em termos de como escrevemos o HTML, mas parece que ainda temos que dizer alguma coisa sobre nossa "codificação de caracteres". Para resolvermos isso, vamos descobrir o que isso significa...

Tá vendo? Estamos obtendo esta mensagem de erro, que diz que o validador não consegue encontrar uma codificação de caracteres.

No Character encoding declared at document level

No character encoding information was found within the document, either in an HTML `meta` element or an XML declaration. It is often recommended to declare the character encoding in the document itself, especially if there is a chance that the document will be read from or saved to disk, CD, etc.

Frank: A codificação de caracteres diz ao browser que tipo de caracteres estão sendo usados na página. Por exemplo, as páginas podem ser escritas com codificações para inglês, chinê árabe e muitos outros tipos de caracteres.

Jim: O que há de tão difícil em descobrir como se exibe um caractere? Se houver um "a" no arquivo, então o browser exib um "a", não é assim?

Frank: Bem, e se você estiver usando o chinês em suas páginas. É um "alfabeto" inteiramente diferente e tem muito mais do que os 26 caracteres de A a Z.

Jim: Oh. Bem pensado... Mas o browser não deveria ser capaz de saber a diferença? Os outros idiomas não são nada parecid com o inglês.

Frank: Não, o browser está apenas lendo dados. Ele pode tentar adivinhar que tipo de codificação de caracteres usar, mas e se estiver errada? Isso pode não só resultar em páginas exibidas erradas, mas também em grande potencial para a exploração de hackers. A codificação de caracteres retira a adivinhação da jogad

Jim: Temos este site no ar por um bom tempo; por que isso é um problema agora?

Frank: Porque o validador está dizendo "ei, se eu tenho que validar sua página, é melhor dizer com antecedência que caracteres você usará!". Pense nisso, de qualquer maneira, nós gostaríamos de fazer isso pelos browsers que estão por aí. Não se estresse, precisamos adicionar mais uma linha apenas em nosso HTML, chamada de tag `<meta>`. Eu devia ter pensado nisso antes.

Jim: Será que há alguma outra surpresa para nós? Eu realmente pensei que nossa página Web seria validada depois que colocamos a definição do tipo de documento em nosso arquivo.

Frank: Eu realmente espero que não haja mais surpresas! Vamos colocar a tag `<meta>` no arquivo e descobrir.

Adicione uma tag <meta> para especificar o tipo de conteúdo

Codificação de caracteres nos dão uma maneira de representar todas as letras, números e outros símbolos em nossa linguagem no computador. Você deve conhecer algumas dessas codificações, como ASCII ou até mesmo o código Morse, e existem ainda muitos outros tipos de codificação. Felizmente, o mundo agora padronizou com a codificação de caracteres Unicode. Com o Unicode, podemos representar todos os idiomas com um tipo de codificação. Mas, já que existem outros tipos de codificação, ainda precisamos dizer ao browser que estamos usando o Unicode (ou outro tipo de codificação, a sua escolha). Para especificar o Unicode para suas páginas Web, você vai precisar de uma tag `<meta>` em seu HTML, que fica assim:

Meta significa que vamos informar ao browser algo sobre a página

O atributo charset é onde especificamos a codificação de caracteres.

O valor do atributo charset é o tipo de codificação de caracteres que estamos usando.

```
<meta charset="utf-8">
```

Assim como as outras tags do HTML, a tag <meta> possui atributos.

"utf-8" é uma codificação da família de codificação Unicode (um tipo entre vários). "utf-8" é a versão que usamos para páginas Web.

não existem Perguntas Idiotas

P: Doctypes, tags <meta>... Eca, precisamos realmente lembrar de tudo isso para escrever páginas Web?

R: Especificar um doctype e uma codificação de caracteres com uma tag <meta> é como os impostos: você tem que pagá-los para estar limpo. Olhe para eles desta maneira: você já compreende seu significado mais do que 98% da população que escreve páginas Web, o que já é ótimo. Mas no fim das contas, todo mundo apenas coloca o doctype e a tag <meta> em seu HTML e continua tocando a vida. Portanto, certifique-se de que os inseriu em seu HTML e então vá fazer algo mais divertido

P: utf-8?

R: Pense com a gente. É como o WD-40; não interessa por que ele tem esse nome, você apenas o utiliza. Como dissemos, o utf-8 (algumas vezes também grafado como UTF-8) é parte da família de codificação de caracteres Unicode. O "u" em utf-8 significa Unicode. Unicode é um conjunto de caracteres suportado por muitos aplicativos de software e sistemas operacionais comumente usados, e é a codificação de escolha para a Web, porque suporta todos os idiomas e documentos poliglotas (que usam mais de um idioma). Também é compatível com ASCII, que era uma codificação comum para documentos em inglês, apenas. Se você estiver interessado em aprender mais sobre o Unicode ou codificações de caracteres em geral, cheque as informações sobre codificação de caracteres em http://www.w3.org/International/O-charset.html (em inglês).

P: Também já vi tags <meta> assim: <meta http-equiv="Content-Type" content="text/html;charset=utf-8" >. Preciso usar essa, às vezes?

R: Não. Esse é o formato para tag <meta> no HTML 4.01 e anteriormente. No HTML5, você pode apenas escrever <meta charset="utf-8">.

P: É por isso que precisamos salvar nossos arquivos usando utf-8 para a codificação, lá no Capítulo 1?

R: Sim. Você quer que a codificação do arquivo que está oferecendo ao browser corresponda com a codificação que você especifica na tag <meta>.

Deixe o validador (e mais alguns browsers) feliz com uma tag <meta>...

A tag `<meta>` pertence ao elemento `<head>` (lembre-se que o `<head>` contém informação sobre sua página. Vá em frente e acrescente a linha da tag `<meta>` em seu HTML . Vamos adicioná-la ao arquivo “lounge.html” primeiro:

```
<!doctype html>
<html>
  <head>
    <meta charset="utf-8">
    <title>Head First Lounge</title>
  </head>
  <body>
    <h1>Welcome to the New and Improved Head First Lounge</h1>
       <img src="drinks.gif" alt="Drinks">
    <p>
       Join us any evening for refreshing
       <a href="elixir.html">elixirs</a>, conversation and
       maybe a game or two of <em>Dance Dance Revolution</em>.
       Wireless access is always provided; BYOWS (Bring
       your own web server).
    </p>
    <h2>Directions</h2>
    <p>
       You'll find us right in the center of downtown
       Webville. If you need help finding us, check out our
       <a href="directions.html">detailed directions</a>.
       Come join us!
    </p>
  </body>
</html>
```

Esta é a tag <meta>. Nós a adicionamos ao elemento <head> acima do elemento <title>.

Sempre adicione linha antes de qualquer outro elemento que esteja no elemento <head>.

Quer fazer outra aposta? Será que a página será validada? Primeiro, faça as alterações em seu arquivo “lounge.html”, salve-o e recarregue-o no browser. Uma vez mais, *você* não notará qualquer mudança, mas o *browser* sim. Agora vamos ver se sai a validação...

Funciona na terceira vez?

Desta vez, escolhemos a segunda aba (validate by file upload). Você pode escolher o método que funcionar para você. Se quiser tentar o método do upload, então faça o upload de seu arquivo HTML “lounge.html” na página do validador W3C em `http://validator.w3.org`. Uma vez feito isso, clique no botão “Check”.

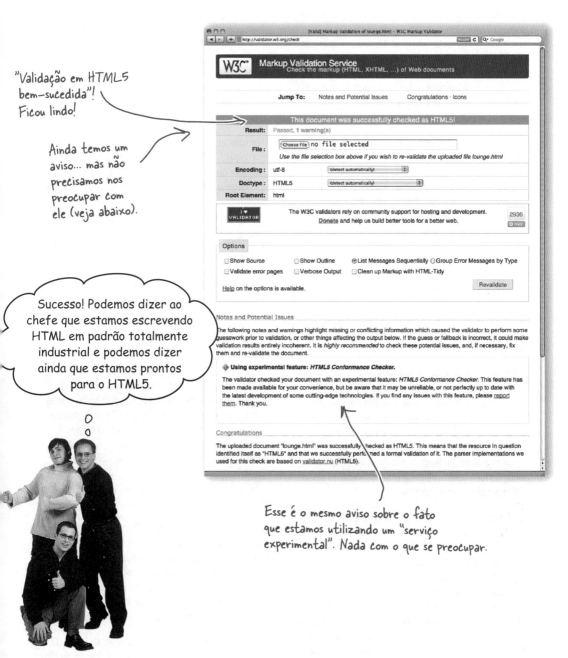

"Validação em HTML5 bem-sucedida"! Ficou lindo!

Ainda temos um aviso... mas não precisamos nos preocupar com ele (veja abaixo).

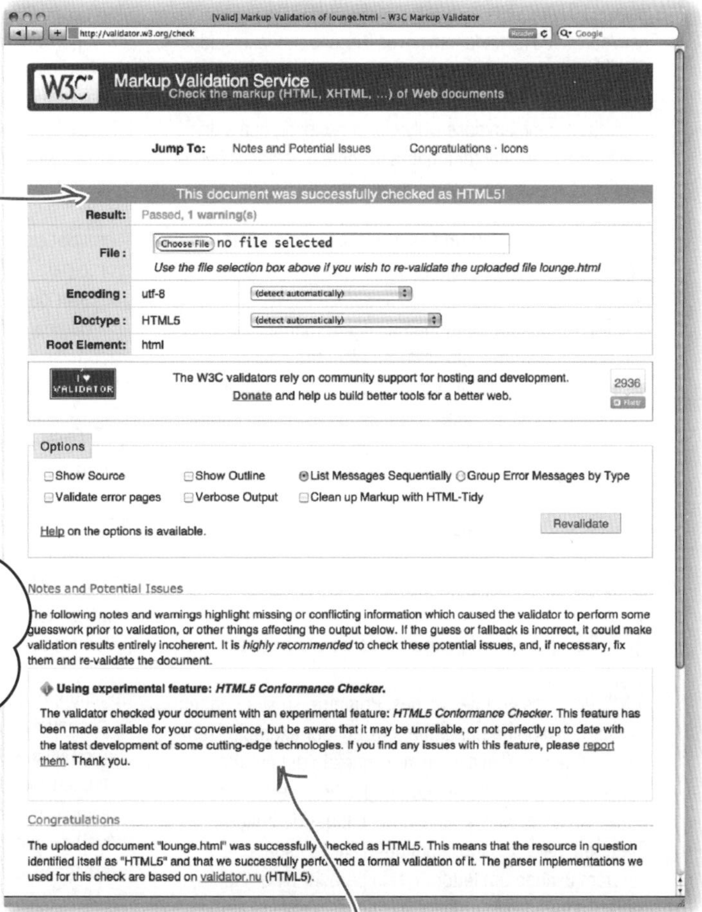
[Valid] Markup Validation of lounge.html - W3C Markup Validator
http://validator.w3.org/check
W3C
Markup Validation Service
Check the markup (HTML, XHTML, ...) of Web documents
Jump To: Notes and Potential Issues Congratulations · Icons
This document was successfully checked as HTML5!
Result: Passed, 1 warning(s)
File: Choose File no file selected
Use the file selection box above if you wish to re-validate the uploaded file lounge.html
Encoding: utf-8 (detect automatically)
Doctype: HTML5 (detect automatically)
Root Element: html
I ♥ VALIDATOR
The W3C validators rely on community support for hosting and development.
Donate and help us build better tools for a better web.
2936
Options
Show Source
Show Outline
List Messages Sequentially
Group Error Messages by Type
Validate error pages
Verbose Output
Clean up Markup with HTML-Tidy
Help on the options is available.
Revalidate
Notes and Potential Issues
The following notes and warnings highlight missing or conflicting information which caused the validator to perform some guesswork prior to validation, or other things affecting the output below. If the guess or fallback is incorrect, it could make validation results entirely incoherent. It is highly recommended to check these potential issues, and, if necessary, fix them and re-validate the document.
Using experimental feature: HTML5 Conformance Checker.
The validator checked your document with an experimental feature: HTML5 Conformance Checker. This feature has been made available for your convenience, but be aware that it may be unreliable, or not perfectly up to date with the latest development of some cutting-edge technologies. If you find any issues with this feature, please report them. Thank you.
Congratulations
The uploaded document "lounge.html" was successfully checked as HTML5. This means that the resource in question identified itself as "HTML5" and that we successfully performed a formal validation of it. The parser implementations we used for this check are based on validator.nu (HTML5).

Sucesso! Podemos dizer ao chefe que estamos escrevendo HTML em padrão totalmente industrial e podemos dizer ainda que estamos prontos para o HTML5.

Esse é o mesmo aviso sobre o fato que estamos utilizando um "serviço experimental". Nada com o que se preocupar.

não existem Perguntas Idiotas

P: O validador que é experimental para HTML5. O que isso significa?

R: A mensagem "Usando função experimental: Verificador de Conformidade HTML5" no validador significa que o validador está verificando seu HTML de acordo com o padrão HTML5, mas porque o padrão de HTML5 ainda não está concluído (e ainda tem novas funções sendo incluídas), o validador pode mudar, então os resultados que você obtém quando valida sua página não são definitivos. Isso quer dizer, como um desenvolvedor consciente, que é de seu interesse se manter atualizado sobre o padrão HTML e verificar suas páginas com regularidade.

P: O que conquistamos neste capítulo? Minha página ainda é a mesma...

R: Neste capítulo, refinamos ligeiramente sua página para que ela seja complacente com a especificação do HTML. Por que isso é bom? Quanto mais você fica das especificações, mais provavelmente sua página terá um ótimo desempenho no mundo real. Se você está produzindo uma página profissional, você quer que ela seja escrita usando o padrão industrial, e isso é o que fizemos neste capítulo, acrescentando u, doctype, estabelecendo uma codificação de caracteres e limpando um descuido (o atributo alt) no HTML.

P: Por que afinal precisamos do atributo alt?

R: Por duas grandes razões. Primeira, se sua imagem estiver corrompida por alguma razão (por exemplo, seu servidor de imagem cai, ou sua conexão está muito baixa), o atributo alt (na maioria dos browsers) mostra o texto alt que você especificou no lugar da imagem. Segunda, para usuários com deficiência visual que estejam usando um leitor de tela para ler uma página, o leitor irá ler o texto alt para o usuário, o que os ajuda a compreender a página melhor.

P: E se eu disser ao browser que estou usando HTML5, mas não estiver?

R: O browser irá descobrir que não está de verdade escrevendo em HTML5 e usar as capacidades de gerenciamento de erros que possui para tentar fazer a coisa certa. E daí você volta ao problema de ter diversos browsers lidando com sua página de formas diferentes. A única forma de obter resultados previsíveis é dizer ao browser que você está usando HTML5 e de fato fazer isso, propriamente.

P: Falamos um pouco sobre HTML5, mas quero ter certeza se entendi: existe alguma diferença entre o HTML que estamos escrevendo e o HTML5?

R: Nós estamos usando o HTML padrão, que é o HTML5. Agora, o HTML5 introduziu algumas novas marcações (que serão vistas em breve), bem como um suporte para escrever aplicativos Web (que não abordaremos neste livro), mas o HTML5 é o HTML, e tudo o que você está escrevendo é compatível com HTML5. Então desculpe pela terminologia, mas daqui pra frente tudo é HTML, incluindo todas as novas funções fornecidas pela especificação de HTML5.

A boa notícia é que tudo o que você aprendeu já está pronto para HTML5 e de fato você vê o pouco que teve que fazer para ir uma página de HTML "informal" para uma página HTML profissional. Sendo assim, você pode dizer ao seu chefe que já está usando o HTML5 para ganhar alguns pontos extras em direção a um aumento.

P: Qual a grande questão do HTML5 comparado com o HTML 4.01, afinal?

R: A grande questão sobre o HTML5 é tripla. Primeiro, existem alguns novos elementos e atributos no HTML5 que são muito legais (como o elemento <video>) e outros que lhe ajudarão a escrever páginas melhores (falaremos sobre eles mais adiante no livro).

Segundo, existem muitas novas funções que permitem os desenvolvedores Web criarem aplicativos Web com HTML5. Aplicativos Web são páginas Web que se comportam mais como aplicativos (como aqueles que você conhece de seu computador ou dispositivo móvel) do que como páginas estáticas. Se você está interessado em criar aplicativos Web, então depois que estiver concluído este livro (momento propaganda descarada), você deveria checar o Use a Cabeça! Programação em HTML5 (O'Reilly).

Finalmente, a especificação de HTML5 é muito mais robusta do que as especificações para as versões prévias do HTML. Lembra que dissemos que as especificações estão agora documentando erros comuns que os desenvolvedores Web cometem? Isso significa que páginas Web com erros não causam o desastre que costumavam causar, o que é uma ótima coisa para os usuários.

Por fim, HTML5 é uma grande melhoria sobre o HTML 4.01, e vale a pena aprendê-lo. Você avançará rápido nos próximos capítulos.

Exercício

Sua vez. Adicione a tag <meta> aos arquivos "directions.html" e "elixir.html". Tente validá-los — eles foram validados? Se não foram, corrija-os até que eles fiquem padronizados.

Utilize esse espaço para anotações sobre sua experiência em validação!

Exercício

Hora de um jogo com o validador. Pegue o código que você acabou de validar com sucesso como HTML5 (página 241) e remova o doctype. Isso mesmo, remova-o para ver o que acontece quando você valida. Vá em frente e submeta essa versão do arquivo ao validador e veja o que acontece. Faça anotações abaixo sobre os erros que você obtém.

```
<!doctype html>
<html>
  <head>
    <meta charset="utf-8">
    <title>Head First Lounge</title>
  </head>
  <body>
    <h1>Welcome to the New and Improved Head First Lounge</h1>
       <img src="drinks.gif" alt="Drinks">
    <p>
       Join us any evening for refreshing
       <a href="elixir.html">elixirs</a>, conversation and
       maybe a game or two of <em>Dance Dance Revolution</em>.
       Wireless access is always provided; BYOWS (Bring
       your own web server).
    </p>
    <h2>Directions</h2>
    <p>
       You'll find us right in the center of downtown
       Webville. If you need help finding us, check out our
       <a href="directions.html">detailed directions</a>.
       Come join us!
    </p>
  </body>
</html>
```

Retire o doctype! (a linha ~~<!doctype html>~~ aparece riscada)

Suas anotações aqui. Quantos erros você obteve?

O que isso lhe diz sobre o tipo de HTML se você não inclui um doctype?

Chame todos os profissionais de HTML, pegue o manual...

Bem-vindo à elite de artesãos de HTML, aqueles que sabem como criar páginas profissionais. Há muito a recordar, então a cidade da Weblândia preparou um guia útil para criar páginas com padrão industrial. Este manual foi feito para você — alguém recém-chegado à Weblândia. Não é um guia exaustivo, pois se concentra nas regras mais importantes para a construção de páginas. E você definitivamente acrescentará muito conhecimento a este manual à medida que dirigir por Weblândia nos próximos capítulos. Mas, por ora, pegue o seu, porque eles são GRATUITOS.

O MANUAL DO HTML 4.01
Cidade de Weblândia
FREE
Take One

O Guia de Weblândia para HTML

Neste guia útil, reduzimos a escrita de páginas bem feitas em HTML em um conjunto de regras do bom senso. Confira:

Sempre comece com o <doctype>.

Sempre comece cada página com um doctype. Isso lhe colocará no caminho certo com os browsers e com o validador também.

Use `<!doctype html>` todas as vezes, a menos que esteja escrevendo em HTML 4.01 ou XHTML.

<HTML>

O elemento `<html>` não saia de casa sem ele.

Depois do doctype, o elemento **`<html>`** deve ser sempre o elemento do topo, ou o elemento raiz de sua página Web. Assim, depois de DOCTYPE, a tag **`<html>`** iniciará sua página e a tag **`</html>`** deve encerrá-la, com todo o restante da página aninhado no meio.

Lembre-se de usar `<head>` e `<body>` para obter um HTML melhor.

Somente os elementos **`<head>`** e **`<body>`** podem estar diretamente dentro do elemento **`<html>`**. Isso significa que todos os outros elementos devem estar dentro de **`<head>`** ou de **`<body>`**. Sem exceções!

Sempre Alimente
a codificação de caracteres

Alimente seu `<head>` com a correta codificação de caracteres.

Inclua uma tag **`<meta charset="utf-8">`** em seu **`<head>`**. O browser irá lhe agradecer, e também seus usuários quando estiverem lendo comentários em seu blog de usuários do mundo todo.

Guia de Weblândia para HTML — continuação

Neste guia útil, reduzimos a escrita de páginas bem feitas em HTML em um conjunto de regras do bom senso. Confira:

TÍTULO
OBRIGATÓRIO
NO HEAD

O que seria do <head> sem um `<title>`?

Sempre dê um elemento **`<title>`** ao seu elemento **`<head>`**. É a lei. Não fazer isso resultará em um HTML não padronizado. O elemento <head> é o único lugar onde você deverá colocar seus elementos **`<title>`**, **`<meta>`** e **`<style>`**.

Tome cuidado ao aninhar certos elementos.

Com as diretrizes que fornecemos aqui, as regras de aninhamento são bem flexíveis. Mas existem dois casos que não fazem sentido. Nunca aninhe um elemento **`<a>`** dentro de outro elemento **`<a>`** porque seria muito confuso para seus visitantes. Além disso, elementos vazios como **`<img>`** não aninham nenhum outro elemento em linha.

Cheque seus atributos.

Alguns atributos de elementos são necessários, e outros são opcionais. Por exemplo, o elemento **`<img>`** não faria sentido sem um atributo src e agora você sabe que o atributo alt é necessário também. Fique familiarizado com os atributos necessários ou opcionais de cada elemento conforme aprende sobre eles.

Arqueologia do HTML

Ao longo deste livro você está usando elementos e atributos que são todos parte do padrão HTML. Então se você não teve oportunidade de ver os elementos e atributos defasados. A maioria desses elementos ficou defasado com o HTML 4.01, mas eles ainda podem aparecer em páginas antigas, então não dói conhecer um pouco sobre o legado desses elementos. Fizemos algumas escavações e encontramos uma página com HTML 3.2 que contém alguns elementos e atributos que não fazem mais parte do padrão, assim como alguns erros comuns que não são recomendados com o moderno HTML.

```
<html>
<head>
   <title>Webville Forecast</title>
</head>

<body bgcolor="tan" text="black">

   <p>
      The weather report says lots of rain and wind in store for
      <font face="arial">Webville</font> today, so be sure to
      stay inside if you can.
   </p>

   <ul>
      <li>Tuesday: Rain and 60 degrees.
      <li>Wednesday: Rain and 62 degrees.
   </ul>

   <p align=right>
    Bring your umbrella!

   <center><font size="small">This page brought to you buy Lou's
       Diner, a Webville institution for over 50 years.
   </font></center>

</body>
</html>
```

Aqui estão alguns atributos que controlam a apresentação. bgcolor define a cor do fundo da página, e text define a cor do texto que está no <body>.

As alterações da fonte eram feitas com o elemento.

Você poderia não colocar as tags de fechamento, como </li> e </p>. Algumas vezes tudo bem, não é recomendável.

Citações ausentes ao redor de valores de atributos. Citações são sempre recomendáveis agora, e necessárias para atributos com valores múltiplos.

Aqui estavam duas formas para alinhamento de texto, para alinhar um parágrafo à direita ou centralizar um trecho de texto.

O tamanho do texto era controlado com o elemento <font>, usando o atributo tamanho.

Seja o Validador

Abaixo, você encontrará um arquivo HTML. Sua tarefa é fazer o papel do validador e localizar TODOS os erros. Depois de terminar o exercício, dê uma olhada no final do capítulo para ver se pegou todos.

Use o validador para verificar seu trabalho quando terminar, ou se quiser algumas dicas.

```
<html>
<head>
   <meta charset="utf-9">
</head>
<body>
   <img src="chamberofcommerce.gif">
   <h1>Tips for Enjoying Your Visit in Webville
   <p>
      Here are a few tips to help you better enjoy your stay in Webville.
   </p>
   <ul>
       <li>Always dress in layers and keep an html around your
          head and body.</li>
       <li>Get plenty of rest while you're here, sleep helps all
          those rules sink in.</li>
       <li>Don't miss the work of our local artists right downtown
          in the CSS gallery.
   </ul>
   </p>
   <p>
      Having problems? You can always find answers at
      <a href="http://wickedlysmart.com"><em>WickedlySmart</em></a>.
      Still got problems? Relax, Webville's a friendly place, just ask someone
      for help. And, as a local used to say:
   </p>
   <em><p>
      Don't worry. As long as you hit that wire with the connecting hook
      at precisely 88mph the instant the lightning strikes the tower…
      everything will be fine.
   </em></p>
</body>
</html>
```

Padronizar nosso HTML não foi tão difícil, mas demorou um tempo para descobrir tudo. E agora precisamos colocar estilo nas páginas com as CSS. É uma linguagem totalmente diferente, né?

PONTOS DE BALA

- O HTML5 é o atual padrão do HTML.
- O World Wide Web Consortium (W3C) é a organização de padronização que define qual é o HTML padrão.
- A definição do tipo de documento (DOCTYPE) é usada para dizer ao browser em que versão de HTML sua página foi escrita.
- O padrão de HTML agora é um "padrão vivo", o que significa que o padrão vai mudar para incorporar novas funções e atualizações.
- A tag <meta> no elemento <head> dá ao browser informações adicionais sobre uma página Web, como o tipo de conteúdo e a codificação de caracteres.
- O atributo charset da tag <meta> diz ao broowser a codificação de caracteres que é usada para a página Web.
- A maioria das páginas Web usa a codificação utf-8 para arquivos em HTML e para o atributo charset da tag <meta>.
- O atributo alt é necessário para o elemento <img>.
- O validador do W3C é um serviço online gratuito que verifica as páginas e diz se elas estão dentro dos padrões.
- Use o validador para assegurar que seu HTML foi bem formado e que seus elementos e atributos atendem aos padrões.
- Ao aderir aos padrões, suas páginas serão exibidas com mais rapidez e terão menos diferenças na exibição entre os Browsers e suas CSS funcionarão melhor.

Palavras-cruzadas de HTML

Este foi um grande capítulo. Pegue um copo de sua bebida preferida, sente-se e reforce aquelas conexões neurais fazendo estas palavras-cruzadas. Todas a respostas estão no capítulo.

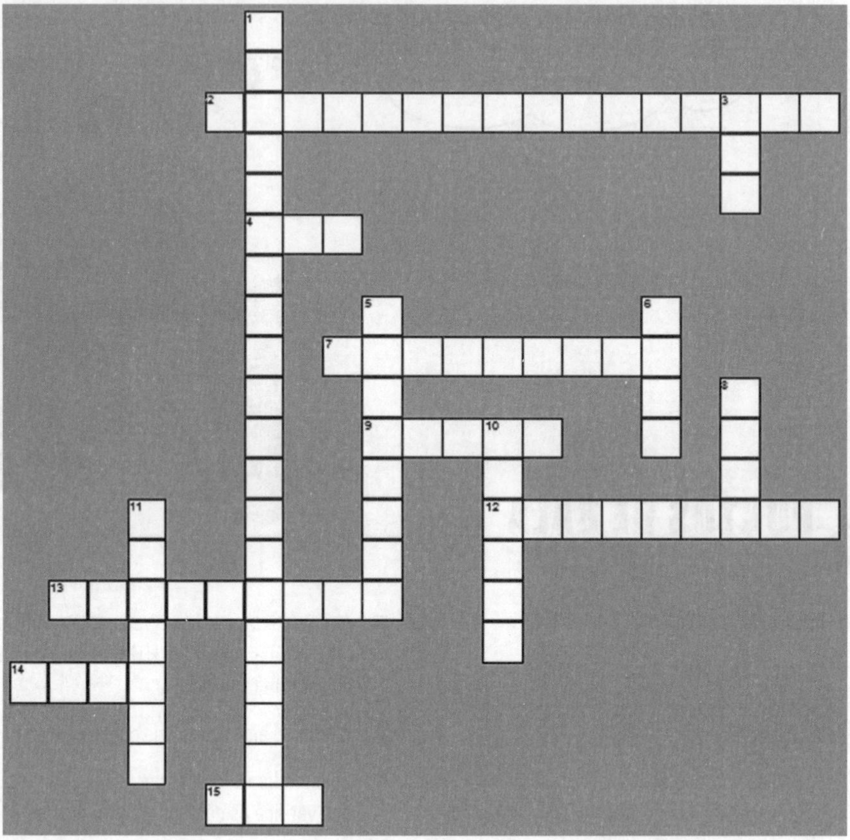

Horizontais

2. Vítima da guerra dos browsers.
4. Atributo de <img> obrigatório no HTML padrão.
7. Quando seu HTML fica padronizado.
9. Necessário no elemento <head>.
12. Este serviço verificará seu HTML para ver se ele está de acordo com os padrões.
13. Os desenvolvedores de padrões da Web prometeram que o HTML do futuro terá compatibilidade ________ comHTML antigos.
14. Onde se coloca o conteúdo de página Web
15. O chefe queria padronizar antes de adicionar isto às páginas do Lounge.

Verticais

1. Microsoft versus Netscape.
3. Organização de padrões que oferece o validador.
5. Definição que diz ao browser e ao validador que tipo de documento você está criando.
6. A codificação mais comum para páginas Web.
8. Onde se coloca informação sobre a página.
10. O padrão HTML é um padrão ______________________.
11. Os antigos ____________ eram muito mais complicados comparando com os novos.

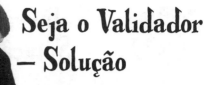

Seja o Validador – Solução

Abaixo, você encontrará um arquivo HTML. Sua tarefa é fazer o papel do validador e localizar TODOS os erros. Aqui está a solução.

Faltou o doctype

```
<html>
<head>
   <meta charset="utf-9">
</head>
<body>
  <img src="chamberofcommerce.gif">
  <h1>Tips for Enjoying Your Visit in Webville
  <p>
     Here are a few tips to help you better enjoy your stay in Webville.
  </p>
  <ul>
      <li>Always dress in layers and keep an html around your
          head and body.</li>
      <li>Get plenty of rest while you're here, sleep helps all
          those rules sink in.</li>
      <li>Don't miss the work of our local artists right downtown
          in the CSS gallery.
  </ul>
  </p>
  <p>
     Having problems? You can always find answers at
     <a href="http://wickedlysmart.com"><em>WickedlySmart</em></a>.
     Still got problems? Relax, Webville's a friendly place, just ask someone
     for help. And, as a local used to say:
  </p>
  <em><p>
     Don't worry. As long as you hit that wire with the connecting hook
     at precisely 88mph the instant the lightning strikes the tower…
     everything will be fine.
  </em></p>
</body>
</html>
```

Deveria ser "utf-8" em vez de "utf-9" (que não existe!)

<title> deveria estar dentro de <head>

Nenhum atributo alt.

Está faltando a tag </h1>. Isso causará problemas com o elemento <p> abaixo.

Está faltando a tag </li>. Ainda assim vai validar, mas não é recomendado!

Tem um </p> extra, que não bate com um <p>

As tags <em> e <p> estão trocadas.

Palavras-cruzadas de HTML - Solução

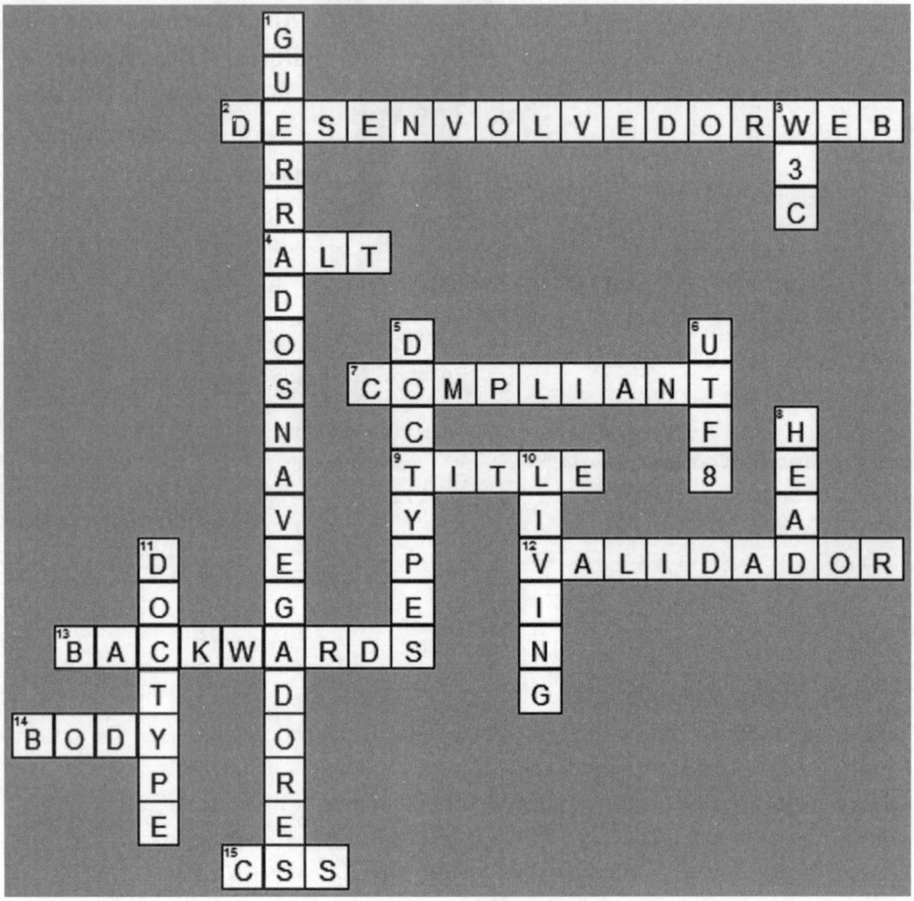
1 GUERRADOSNAVEGADORES
2 DESENVOLVEDORWEB
3 W3C
4 ALT
5 DOCTYPES
6 UTF8
7 COMPLIANT
8 HEA
9 TITLE
10 LIVING
11 DOCTYPE
12 VALIDADOR
13 BACKWARDS
14 BODY
15 CSS

Exercício
Solução

Sua vez. Adicione o doctype strict e a tag <meta> aos arquivos "directions.html" e "elixir.html". Tente validá-los — eles foram validados? Se não foram, corrija-os até que eles fiquem padronizados.

Solução: para validar "elixir.html", você terá de adicionar o atributo "alt" para cada um de seus elementos <img>.

Exercício Solução

Hora de um jogo com o validador. Pegue o código que você acabou de validar com sucesso como HTML5 (página 241) e remova o doctype. Isso mesmo, remova-o para ver o que acontece quando você valida. Vá em frente e submeta essa versão do arquivo ao validador e veja o que acontece. Faça anotações abaixo sobre os erros que você obtém.

~~<!doctype html>~~ ← Remova o doctype!

```
<html>
  <head>
    <meta charset="utf-8">
    <title>Head First Lounge</title>
  </head>
  <body>
    <h1>Welcome to the New and Improved Head First Lounge</h1>
       <img src="drinks.gif" alt="Drinks">
    <p>
       Join us any evening for refreshing
       <a href="elixir.html">elixirs</a>, conversation and
       maybe a game or two of <em>Dance Dance Revolution</em>.
       Wireless access is always provided; BYOWS (Bring
       your own web server).
    </p>
    <h2>Directions</h2>
    <p>
       You'll find us right in the center of downtown
       Webville. If you need help finding us, check out our
       <a href="directions.html">detailed directions</a>.
       Come join us!
    </p>
  </body>
</html>
```

Nós obtemos três erros e quatro avisos se tentarmos validar sem o doctype. O validador deduz que estamos escrevendo em HTML 4.01 Transitional (que era uma versão do HTML 4.01 projetada para usar enquanto você estava em "transição" para o XHTML). O validador realmente não gosta que não tenha um doctype, e reclama algumas vezes sobre isso. Ele também reclama sobre <meta charset="utf-8">, porque antes do HTML5 charset não era um atributo válido da tag <meta>. Você pode ter uma ideia que usar um doctype deixa tanto o validador quanto o browser mais felizes.

Suas anotações aqui.
Quantos erros você obteve?

7 conheça as CSS

Adicione um Pouco de Estilo

Amiga, não me leve a mal, mas o cabelo, o chapéu e tudo mais parecem ótimos! Mas você não acha que ele adoraria se você gastasse um pouco mais de tempo colocando mais estilo em seu HTML?

Alguém me disse que haveria CSS neste livro. Até aqui, você se concentrou em aprender o HTML para criar a estrutura de suas páginas Web. Mas como você pode ver, a ideia do browser sobre estilos deixa muito a desejar. É claro que você poderia chamar o esquadrão da moda, mas nós não precisamos disso. Com as CSS, você controlará totalmente a apresentação de suas páginas, quase sempre sem sequer alterar o seu HTML. Será que é assim tão fácil? Bem, você terá que aprender uma nova linguagem; afinal, a Weblândia é uma cidade bilíngue. Depois de ler este capítulo para aprender a linguagem das CSS, você será capaz de ficar em *ambos* os lados da Rua Principal e entabular uma conversa.

Lembra-se do Mágico de Oz? Bem, esta seria a parte do livro onde as coisas sairiam do preto e branco e ficam coloridas.

Você não está mais no Kansas

Você foi uma pessoa legal ao aprender sobre marcação e estrutura, validação e sintaxe apropriada e aninhamento, conformidade, mas agora é que vai *começar a se divertir* ao adicionar estilo a suas páginas. Não se preocupe, todo o esforço que você vem fazendo em HTML não será desperdiçado. Na verdade, você verá que um sólido conhecimento de HTML é crucial no aprendizado e utilização das CSS. Assim, aprender CSS é só o que você irá fazer nos próximos capítulos.

Apenas para provocá-lo um pouco, nestas duas páginas espalhamos alguns dos designs com os quais você trabalhará no resto do livro. Bem diferente das páginas que você tem criado, não é? Portanto, do que você precisa para criá-las? Aprender a linguagem das CSS, é claro

Vamos começar...

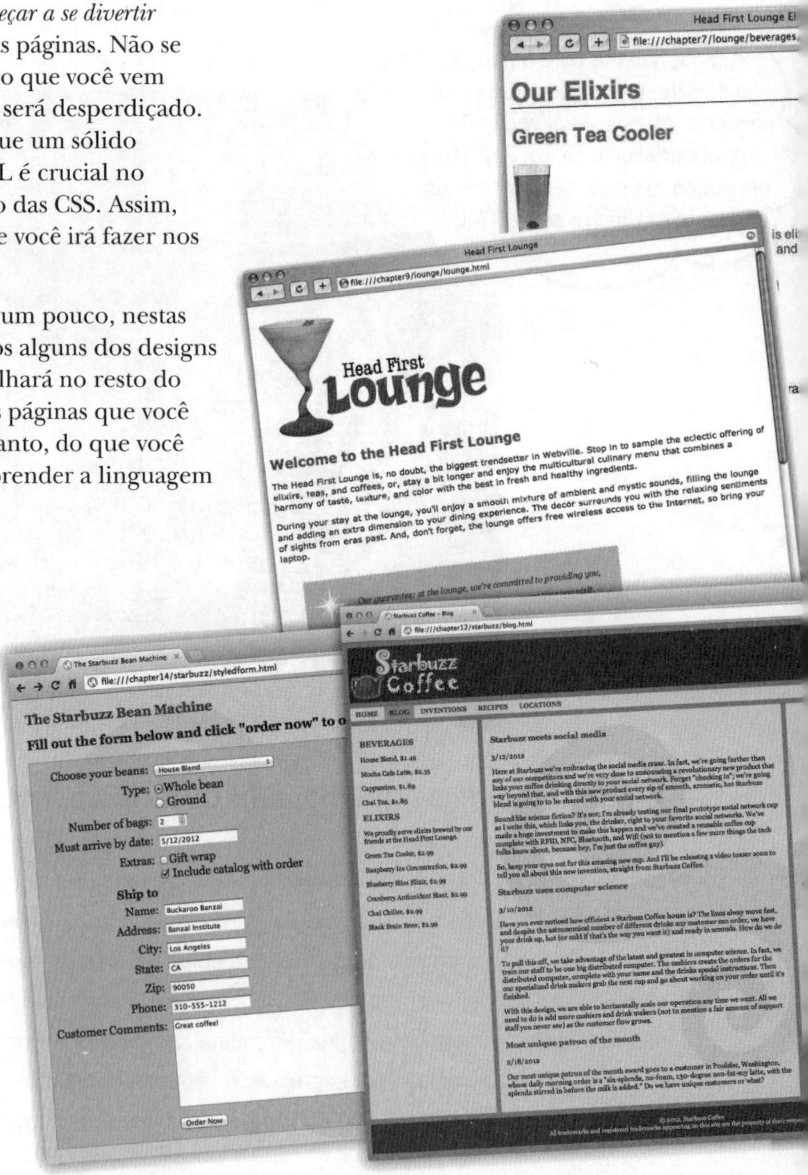
Head First Lounge El
file:///chapter7/lounge/beverages.
Our Elixirs
Green Tea Cooler
Head First Lounge
file:///chapter9/lounge/lounge.html
Head First Lounge
Welcome to the Head First Lounge
The Starbuzz Bean Machine
file:///chapter14/starbuzz/styledform.html
The Starbuzz Bean Machine
Fill out the form below and click "order now" to o
Choose your beans:
Type:
Whole bean
Ground
Number of bags:
Must arrive by date:
Extras:
Gift wrap
Include catalog with order
Ship to
Name:
Address:
City:
State:
Zip:
Phone:
Customer Comments:
Order Now
file:///chapter12/starbuzz/blog.html
Starbuzz Coffee
BEVERAGES
ELIXIRS
Starbuzz meets social media
Starbuzz uses computer science
Most unique patron of the month

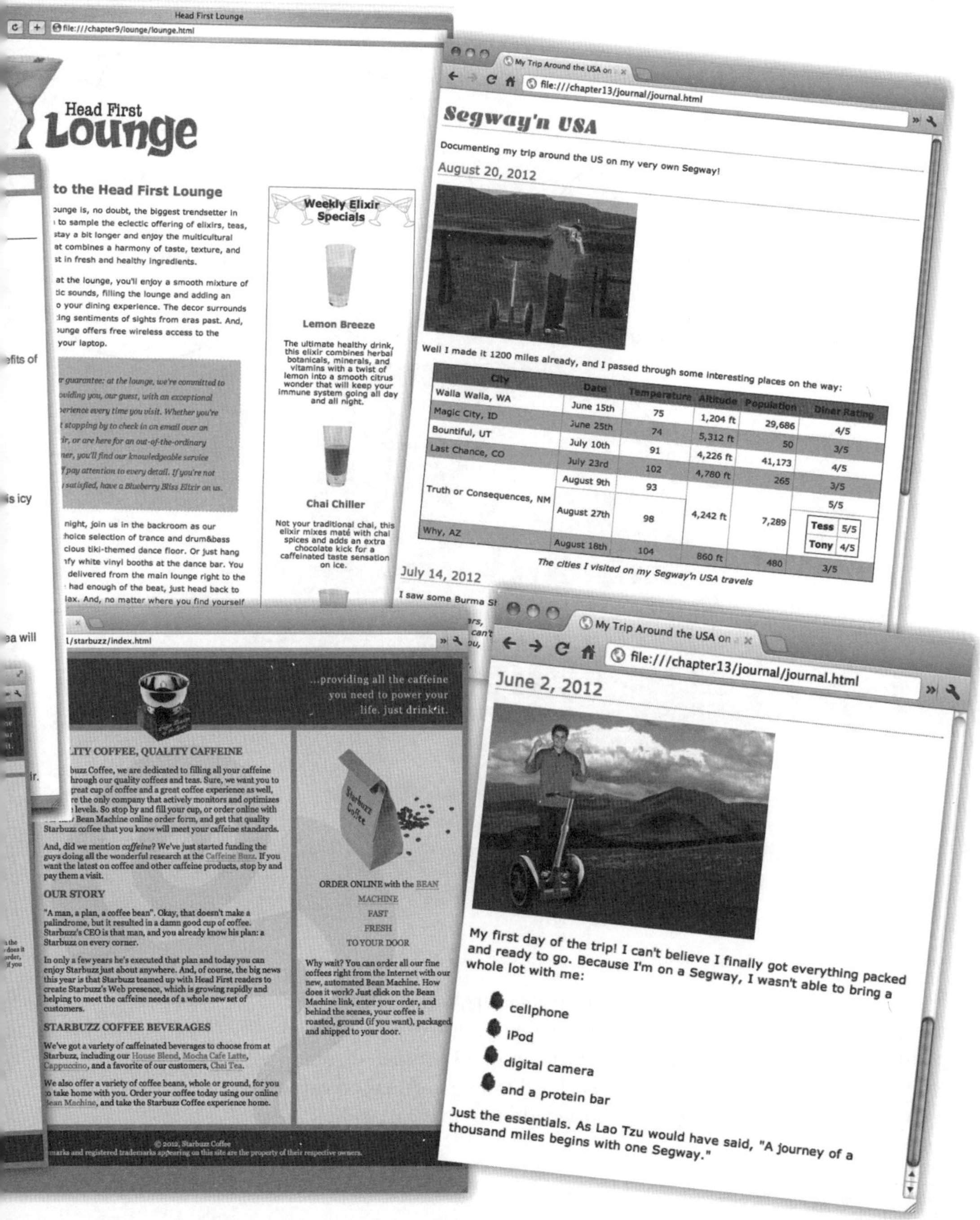
Head First Lounge
file:///chapter9/lounge/lounge.html
Head First Lounge
Weekly Elixir Specials
Lemon Breeze
The ultimate healthy drink, this elixir combines herbal botanicals, minerals, and vitamins with a twist of lemon into a smooth citrus wonder that will keep your immune system going all day and all night.
Chai Chiller
Not your traditional chai, this elixir mixes maté with chai spices and adds an extra chocolate kick for a caffeinated taste sensation on ice.
My Trip Around the USA on
file:///chapter13/journal/journal.html
Segway'n USA
Documenting my trip around the US on my very own Segway!
August 20, 2012
Well I made it 1200 miles already, and I passed through some interesting places on the way:
City
Date
Temperature
Altitude
Population
Diner Rating
Walla Walla, WA
June 15th
75
1,204 ft
29,686
4/5
Magic City, ID
June 25th
74
5,312 ft
50
3/5
Bountiful, UT
July 10th
91
4,226 ft
41,173
4/5
Last Chance, CO
July 23rd
102
4,780 ft
265
3/5
Truth or Consequences, NM
August 9th
93
5/5
August 27th
98
4,242 ft
7,289
Tess 5/5
Tony 4/5
Why, AZ
August 18th
104
860 ft
480
3/5
The cities I visited on my Segway'n USA travels
July 14, 2012
/starbuzz/index.html
...providing all the caffeine you need to power your life. just drink it.
ORDER ONLINE with the BEAN MACHINE
FAST
FRESH
TO YOUR DOOR
OUR STORY
STARBUZZ COFFEE BEVERAGES
My Trip Around the USA on
file:///chapter13/journal/journal.html
June 2, 2012
My first day of the trip! I can't believe I finally got everything packed and ready to go. Because I'm on a Segway, I wasn't able to bring a whole lot with me:
cellphone
iPod
digital camera
and a protein bar
Just the essentials. As Lao Tzu would have said, "A journey of a thousand miles begins with one Segway."

Aconteceu no "Minha Casa, Sua Casa" de Weblândia

Você não sabe o que está acontecendo no mais recente reality show da TV? Sem problemas, vamos recapitular: pegue dois vizinhos, duas casas e 1.000 dólares. Os dois vizinhos trocam de casa e usam os 1.000 dólares para redecorarem totalmente um cômodo ou dois em 48 horas. Vamos ouvir...

O.k., vamos colocar algum design neste lugar...
bedroom {
drapes: blue;
carpet: wool shag;
}
...e este banheiro precisa de uma ajuda urgente!
bathroom {
tile: 1in white;
drapes: pink;
}

É claro que na edição do programa em Weblândia, todos falam sobre design em CSS. Se você tiver problemas em entendê-los, aqui está uma pequena dica de tradução: cada declaração em CSS consiste de um local (como quarto), uma propriedade nesse local (como cortinas ou carpete) e um estilo a ser aplicado àquela propriedade (como a cor azul ou azulejos de 3 cm).

Use as CSS com o HTML

Temos certeza de que as CSS possuem um futuro brilhante na categoria de decoração de casas, mas vamos voltar ao HTML. O HTML não possui quartos, mas tem elementos que serão os locais onde aplicaremos os estilos. Deseja pintar as paredes de seus elementos <p> de vermelho? Sem problema; o único porém é que parágrafos não possuem paredes, portanto você terá que pintar a propriedade `background-color`. Veja como fazer isso:

A primeira coisa a fazer é selecionar o elemento que receberá o estilo, nesse caso o <p>. Observe que, em CSS, você não coloca o <> em volta do home.

Então você especifica a propriedade que terá o estilo, nesse caso a cor de fundo do elemento <p>.

E você definirá a cor de fundo como vermelho.

```
p {
    background-color: red;
}
```

Coloque todos os estilos do elemento <p> entre chaves.

Há dois pontos entre a propriedade e seu valor.

No final, coloque um ponto-e-vírgula.

Chamamos tudo isso de REGRA.

Também é possível escrever a regra assim:

```
p { background-color: red; }
```

Aqui, tudo o que fizemos foi remover as quebras de linha. Assim como o HTML, você pode formatar as CSS da maneira que desejar. Para regras maiores, normalmente adicionamos quebras de linha e recuo, para que as CSS fiquem mais legíveis (para você).

Quer adicionar mais estilo?

Você pode adicionar propriedades e valores à vontade em cada regra das CSS. Digamos que você queira colocar uma borda em torno de seus parágrafos. Veja como fazer isso:

```
p {
    background-color: red;
    border: 1px solid gray;
}
```

Tudo o que você precisa fazer é adicionar outra propriedade e valor.

O elemento <p> terá uma borda...

... que tem a espessura de 1 pixel, sólida e cinza.

não existem Perguntas Idiotas

P: Todos os elementos de <p> possuem o mesmo estilo? Ou eu posso, digamos, ter dois parágrafos com cores diferentes?

R: As regras das CSS que utilizamos até aqui definem o estilo para todos os parágrafos, mas as CSS são muito expressivas: podem ser usadas para especificar estilos de um monte de maneiras diferentes, para vários elementos diferentes, até mesmo para subconjuntos de elementos. Você verá como criar parágrafos com duas cores diferentes mais adiante neste capítulo.

P: Como saber quais propriedades podem ser definidas em um elemento?

R: Bem, há várias propriedades que podem ser definidas nos elementos, certamente mais do que você deseja decorar, em qualquer caso. Você conhecerá mais de perto as propriedades mais comuns nos próximos capítulos. Provavelmente também é uma boa ideia encontrar um bom material de referência sobre as CSS. Há várias referências online, e o livro *CSS Pocket Reference* é muito bom.

P: Por que estou definindo todos estes estilos em uma linguagem separada ao invés de fazê-lo no HTML? Já que os elementos são escritos em HTML, não seria mais fácil escrever o estilo em HTML também?

R: Você começará a perceber algumas grandes vantagens da utilização das CSS nos próximos capítulos. Entretanto, aqui está uma rápida resposta: as CSS são realmente mais apropriadas do que o HTML para a especificação de informações sobre estilos. Usando apenas uma pequena parte das CSS, é possível criar efeitos relativamente grandes no estilo de seu HTML. Você também verá que as CSS são uma maneira muito melhor de manipular estilos para múltiplas páginas.

PODER DO CÉREBRO

Digamos que você tenha um elemento <em> dentro de um parágrafo. Se alterar a cor do fundo do parágrafo, você acha que precisa alterar também o fundo do elemento <em> para que ele tenha a mesma cor de fundo do parágrafo?

Coloque as CSS em seu HTML

Você sabe um pouco da sintaxe das CSS agora. Você sabe como selecionar um elemento e então escrever uma regra com propriedades e valores dentro dela. Mas ainda precisa colocar essas CSS em algum HTML. Primeiro, precisamos de algum HTML, onde as colocaremos. Nos próximos capítulos, vamos revisitar nossos velhos amigos Starbuzz e Tonico e seu diário Segway e tornar as coisas um pouco mais estilosas. Mas, quem você acha que está morrendo de vontade de ter estilo em seu site? É claro, os rapazes do Head First Lounge. Portanto, aqui está o HTML da página principal do Head First Lounge. Lembre-se, no último capítulo consertamos tudo e fizemos um HTML enxuto (você esperaria menos da gente?). Agora, vamos adicionar algumas tags de estilo da maneira mais fácil.

Esta não é necessariamente a melhor maneira. Voltaremos a ela mais adiante e veremos outra.

```
<!doctype html>
<html>
  <head>
    <meta charset="utf-8">
    <title>Head First Lounge</title>

    <style>

    </style>

  </head>
  <body>
    <h1>Welcome to the Head First Lounge</h1>
    <p>
      <img src="images/drinks.gif" alt="Drinks">
    </p>
    <p>
      Join us any evening for refreshing
      <a href="beverages/elixir.html">elixirs</a>,
      conversation and maybe a game or two of
      <em>Dance Dance Revolution</em>.
      Wireless access is always provided;
      BYOWS (Bring your own web server).
    </p>
    <h2>Directions</h2>
    <p>
      You'll find us right in the center of downtown
      Webville. If you need help finding us, check out our
      <a href="about/directions.html">detailed directions</a>.
      Come join us!
    </p>
  </body>
</html>
```

Aqui está o que nos interessa: o elemento <style>.

Para adicionar estilos CSS diretamente a seu HTML, coloque tags de estilo de abertura e fechamento no elemento <head>.

E suas regras CSS aparecem bem aqui.

Adicione estilo ao lounge

Agora que você já tem o elemento <style> em seu HTML, adicionará algum estilo ao Lounge para saber como é escrever em CSS. Este design provavelmente não ganhará nenhum prêmio, mas você tem que começar em algum lugar.

A primeira coisa que faremos é alterar a cor (alguma coisa para combinar com aqueles sofás vermelhos) do texto dos parágrafos. Para fazer isso, usaremos a propriedade `color` das CSS, da seguinte maneira:

```
<!DOCTYPE html>
<html lang="en">
  <head>
    <meta charset="utf-8">
    <title>Head First Lounge</title>
    <style>
      p {
          color: maroon;
      }
    </style>
  </head>
  <body>
    <h1>Welcome to the Head First Lounge</h1>
    <p>
      <img src="images/drinks.gif" alt="Drinks">
    </p>
    <p>
      Join us any evening for refreshing
      <a href="beverages/elixir.html">elixirs</a>,
      conversation and maybe a game or two of
      <em>Dance Dance Revolution</em>.
      Wireless access is always provided;
      BYOWS (Bring your own web server).
    </p>
    <h2>Directions</h2>
    <p>
      You'll find us right in the center of downtown
      Webville. If you need help finding us, check out our
      <a href="about/directions.html">detailed directions</a>.
      Come join us!
    </p>
  </body>
</html>
```

Aqui está a regra que especificará a cor da fonte dos parágrafos.

Selecionamos apenas o elemento <p> para aplicarmos este estilo.

A propriedade para alterar a cor da fonte é chamada de "color" (você poderia achar que seria font-color ou text-color, mas não é).

Definimos o texto com um adorável tom castanho que combina com os sofás do lounge.

O seletor <p> seleciona todos os parágrafos do HTML.

Navegando com estilo: o test drive

Vá em frente e faça todas as alterações das últimas páginas em seu arquivo “lounge.html” na pasta “chapter7/lounge”, salve e recarregue a página em seu browser. Você verá que a cor do texto do parágrafo foi alterada para castanho:

Head First Lounge
file:///chapter7/lounge/lounge.html
Welcome to the Head First Lounge
Join us any evening for refreshing elixirs, conversation and maybe a game or two of *Dance Dance Revolution*. Wireless access is always provided; BYOWS (Bring your own web server).
Directions
You'll find us right in the center of downtown Webville. If you need help finding us, check out our detailed directions. Come join us!

Aqui está o nosso novo parágrafo castanho.

Todo o resto está como deveria: os títulos ainda estão em preto porque só alteramos o estilo dos elementos de <p> que selecionamos.

Observe que a cor dos links não foi alterada. Tenha isso em mente...

PODER DO CÉREBRO

Ao invés de definirmos a cor, que tal definirmos background-color dos elementos de <p> como castanho? Como isso mudaria o modo de exibição da página no browser?

Coloque estilo no título

Que tal uma fonte diferente para os títulos do bar? Faça com que elas realmente se destaquem. Estou vendo uma fonte enorme, limpa, cinza...

Agora vamos dar algum estilo a esses títulos. Que tal mudarmos um pouco a fonte? Vamos alterar o tipo da fonte e também a cor das fontes dos títulos:

```
h1 {
     font-family: sans-serif;
     color:       gray;
}

h2 {
     font-family: sans-serif;
     color:       gray;
}

p {
     color: maroon;
}
```

Esta é regra para selecionar elementos do <h1> e alterar a família da fonte para sans-serif e a cor da fonte para cinza. Vamos falar muito mais sobre fontes mais tarde.

E esta é outra regra para fazer a mesmíssima coisa no elemento <h2>.

Na verdade, uma vez que essas regras são *exatamente* iguais, podemos combiná-las desta maneira:

Para escrever uma regra para mais de um elemento, é só colocar vírgulas entre os seletores, como em "h1, h2".

```
h1, h2 {
     font-family: sans-serif;
     color:       gray;
}

p {
     color: maroon;
}
```

Test drive...

Adicione essa nova CSS ao seu arquivo "lounge.html" e recarregue. Você verá que com uma única regra, selecionou ambos os títulos <h1> e <h2>.

Ambos os títulos na página agora possuem o estilo de uma fonte sans-serif e a cor cinza.

Head First Lounge
file:///chapter7/lounge/lounge.html
Welcome to the Head First Lounge
Join us any evening for refreshing elixirs, conversation and maybe a game or two of Dance Dance Revolution. Wireless access is always provided; BYOWS (Bring your own web server).
Directions
You'll find us right in the center of downtown Webville. If you need help finding us, check out our detailed directions. Come join us!

Vamos sublinhar também a mensagem de boas-vindas

Vamos dar um toque a mais ao título de boas-vindas. Que tal sublinhá-lo? Isso deve destacar visualmente o título principal e dar um ótimo toque. Esta é a propriedade que usaremos para fazer isso:

```
border-bottom: 1px solid black;
```

Esta propriedade controla a aparência da borda inferior de um elemento.

Vamos colocar estilo na borda interior para que ela tenha uma linha negra sólida com a grossura de um pixel.

O problema é que, se adicionarmos essa propriedade e valor à regra combinada "h1, h2" em nossa CSS, acabaremos com bordas em nossos dois títulos:

```
h1, h2 {
    font-family:    sans-serif;
    color:          gray;
    border-bottom: 1px solid black;
}

p {
    color: maroon;
}
```

Aqui, estamos adicionando uma propriedade para alterar a borda inferior dos elementos <h1> e <h2>.

Se fizermos isso...

...teremos bordas inferiores em ambos os títulos. Não é o que queremos.

Head First Lounge
file:///chapter7/lounge/lounge.html
Welcome to the Head First Lounge
Join us any evening for refreshing elixirs, conversation and maybe a game or two of Dance Dance Revolution. Wireless access is always provided; BYOWS (Bring your own web server).
Directions
You'll find us right in the center of downtown Webville. If you need help finding us, check out our detailed directions. Come join us!

Então, como podemos definir a borda inferior apenas no elemento <h1>, sem afetar o elemento <h2>? Temos que dividir as regras novamente? Vire a página para descobrir...

Nós temos a tecnologia: especifique uma segunda regra, só para o <h1>

Não precisamos dividir a regra "h1, h2", só temos que adicionar outra regra que seja apenas para "h1" e adicionar o estilo da borda.

```
h1, h2 {
    font-family:    sans-serif;
    color:          gray;
}

h1 {
    border-bottom: 1px solid black;
}

p {
    color: maroon;
}
```

A primeira regra permanece a mesma. Ainda vamos usar uma regra combinada para a família de fonte e a cor para ambos os títulos.

Mas agora estamos acrescentando uma segunda regra que adiciona outra propriedade apenas para <h1>: a propriedade border-bottom.

Outro test drive...

Altere sua CSS e recarregue a página. Você verá que a nova regra adicionou uma borda negra embaixo do título principal, que dá um bonito sublinhado ao título e realmente o destaca.

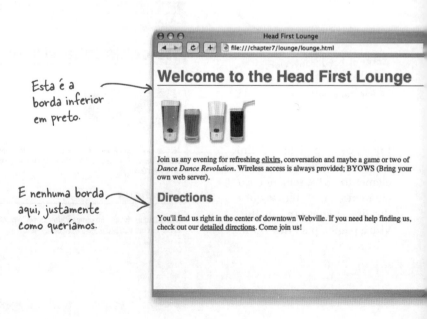

Esta é a borda inferior em preto.

E nenhuma borda aqui, justamente como queríamos.

Head First Lounge
file:///chapter7/lounge/lounge.html
Welcome to the Head First Lounge
Join us any evening for refreshing elixirs, conversation and maybe a game or two of Dance Dance Revolution. Wireless access is always provided; BYOWS (Bring your own web server).
Directions
You'll find us right in the center of downtown Webville. If you need help finding us, check out our detailed directions. Come join us!

não existem Perguntas Idiotas

P: Como isso funciona quando você tem mais de uma regra para um elemento?

R: Você pode ter quantas regras quiser para cada elemento. Cada regra é acrescentada às informações de estilo da regra anterior. Em geral, você deve tentar agrupar todos os estilos em comum entre os elementos, como fizemos com <h1> e <h2>, e então qualquer estilo que seja específico de um elemento deverá ser escrito em outra regra, como fizemos com o estilo da borda inferior para o título principal.

P: Qual é a vantagem dessa abordagem? Não é melhor organizar cada elemento separadamente, para que você saiba exatamente quais estilos ele possui?

R: Nem pensar. Se você combinar os estilos em comum, se eles forem alterados você só terá que mudá-los em uma regra. Se você os dividir, então haverá muitas regras a serem alteradas, o que pode gerar erros.

P: Por que usamos uma borda inferior para sublinhar o texto? Não existe nenhum estilo de sublinhado para o texto?

R: Boa pergunta. Há um estilo de sublinhado para texto que poderíamos ter usado. Entretanto, os dois estilos possuem efeitos ligeiramente diferentes na página: se você usar a borda inferior, então a linha se estenderá até o limite da página. Um sublinhado será mostrado apenas sob o próprio texto. A propriedade para definir o sublinhado é chamada de "text-decoration" e possui um valor "underline" para o sublinhado. Faça um teste e veja as diferenças.

E como os seletores funcionam?

Você já viu como selecionar um elemento para aplicar estilo a ele, desta maneira:

Chamamos isto de seletor.

```
h1 {
    color: gray;
}
```

O estilo é aplicado aos elementos descritos pelo seletor – nesse caso, elementos <h1>.

Ou como selecionar mais de um elemento, assim:

Outro seletor. O estilo é aplicado nos elementos <h1> e <h2>.

```
h1, h2 {
    color: gray;
}
```

Você verá que as CSS permitem que você especifique todos os tipos de seletores que determinem para quais elementos seus estilos serão aplicados. Saber como usar esses seletores é o primeiro passo para dominar as CSS e para fazer isso você precisa entender a organização do HTML no qual está aplicando o estilo. Afinal de contas, como você pode selecionar elementos para aplicar estilo se não tem uma boa noção de quais elementos existem no HTML e de como eles se relacionam uns com os outros?

Assim, vamos colocar aquela figura do HTML do Bar em sua cabeça e então voltaremos aos nossos seletores.

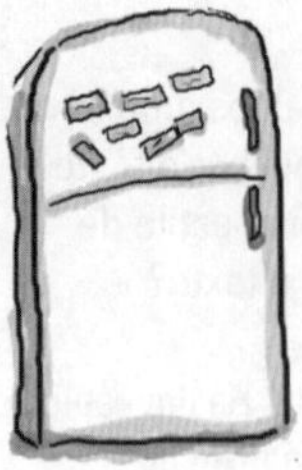

Ímãs de geladeira

Você se lembra de ter desenhado o diagrama de elementos do HTML no Capítulo 3? Você fará isso novamente para a página principal do Lounge. Abaixo, você encontrará todos os ímãs de elementos necessários para completar o diagrama. Usando o HTML do Lounge (à direita), complete a árvore abaixo. Já fizemos alguns para você. Você encontrará a resposta no final do capítulo.

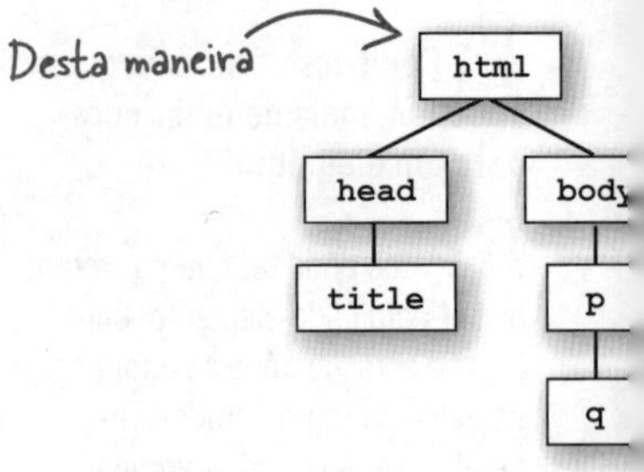
Desta maneira
html
head
body
title
p
q

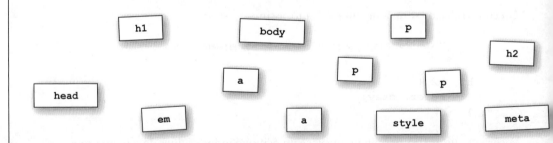

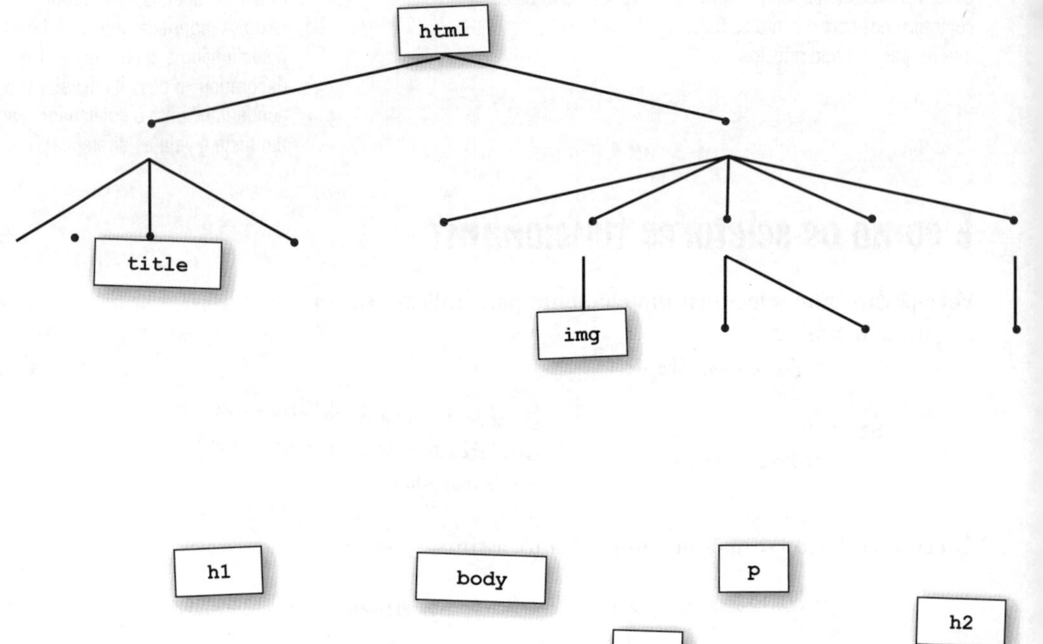
html
title
img
h1
body
p
h2
p
a
p
head
em
a
style
meta

```
<!doctype html>
<html>
  <head>
    <meta charset="utf-8">
    <title>Head First Lounge</title>
    <style>
       h1, h2 {
              font-family:   sans-serif;
              color:         gray;
       }
       h1 {
              border-bottom: 1px solid black;
       }
       p {
              color: maroon;
       }
    </style>
  </head>
  <body>
    <h1>Welcome to the Head First Lounge</h1>
    <p>
       <img src="images/drinks.gif" alt="Drinks">
    </p>
    <p>
       Join us any evening for refreshing
       <a href="beverages/elixir.html">elixirs</a>,
       conversation and maybe a game or two
       of <em>Dance Dance Revolution</em>.
       Wireless access is always provided;
       BYOWS (Bring your own web server).
    </p>
    <h2>Directions</h2>
    <p>
       You'll find us right in the center of downtown
       Webville. If you need help finding us, check out our
       <a href="about/directions.html">detailed directions</a>.
       Come join us!
    </p>
  </body>
</html>
```

O XHTML do Head First Loung

Enxergue os seletores visuais

Vamos pegar alguns seletores e ver como eles são mapeados na árvore que você acabou de criar. Veja como o seletor "h1"é mapeado na figura:

Só podemos aplicar estilo em elementos que estejam no corpo portanto não mostraremos o elemento <head> e e tudo que está sob ele.

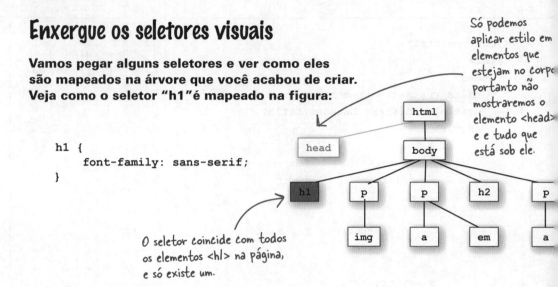

```
h1 {
    font-family: sans-serif;
}
```

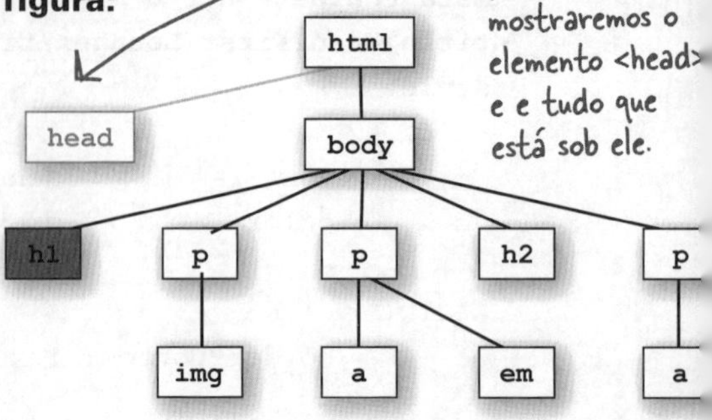
html
head
body
h1
p
p
h2
p
img
a
em
a

O seletor coincide com todos os elementos <h1> na página, e só existe um.

É assim que o seletor "h1, h2" se parece:

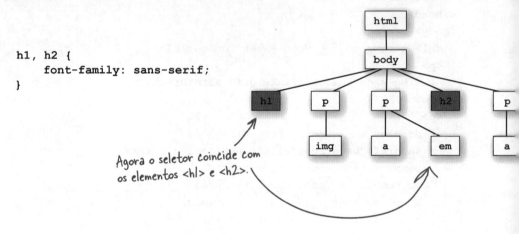

```
h1, h2 {
    font-family: sans-serif;
}
```

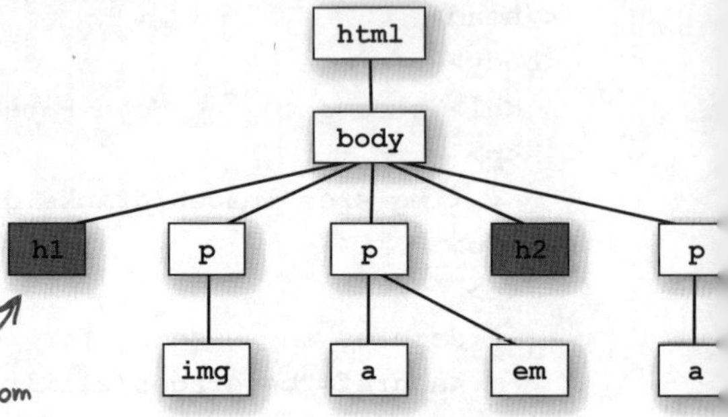
html
body
h1
p
p
h2
p
img
a
em
a

Agora o seletor coincide com os elementos <h1> e <h2>.

Se usarmos um seletor "p", é assim que ele ficará:

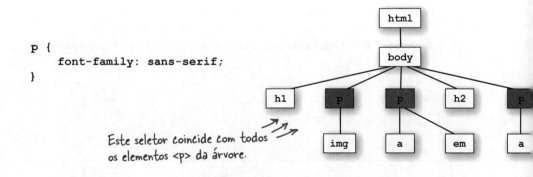

```
p {
    font-family: sans-serif;
}
```

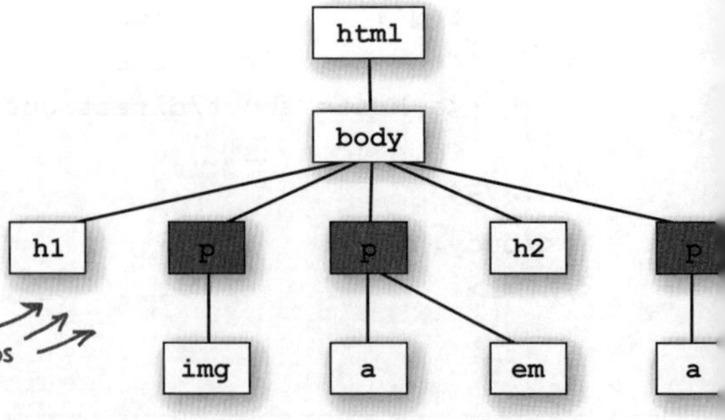
html
body
h1
p
p
h2
p
img
a
em
a

Este seletor coincide com todos os elementos <p> da árvore.

Aponte o seu lápis

Colora os elementos que foram **selecionados** por estes seletores:

```
p, h2 {
    font-family: sans-serif;
}
```

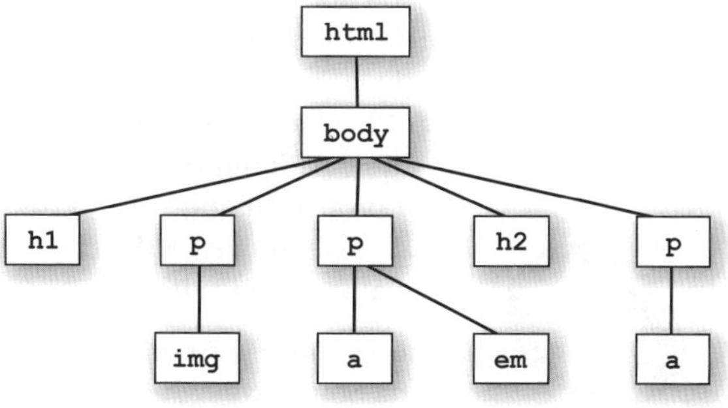
html
body
h1
p
p
h2
p
img
a
em
a

```
p, em {
    font-family: sans-serif;
}
```

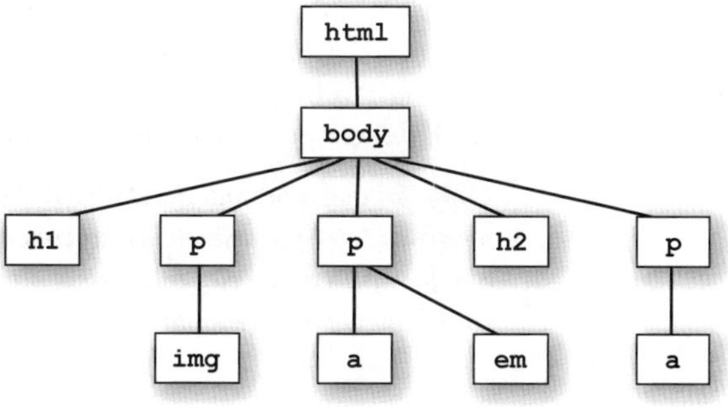
html
body
h1
p
p
h2
p
img
a
em
a

Mistério de Cinco Minutos

O Caso da Força Bruta Contra o Estilo

Quando deixamos a DesignWebRadical no Capítulo 4, eles tinham feito uma péssima demonstração e perderam seu negócio com a SomosRobôs. A DesignWebCorreto ganhou todo o site da SomosRobôs e trabalhou para que tudo funcionasse antes do lançamento do site. Você também se lembra de que a DesignWebRadical resolveu estudar um pouco mais de HTML e CSS. Eles decidiram refazer o trabalho do site SomoRobôs por conta própria, usando HTML rigoroso e folhas de estilo, apenas para ganharem experiência antes de procurarem por outro trabalho de consultoria.

Como sempre, um pouco antes do lançamento do grande site da SomosRobôs, aconteceu novamente: a SomosRobôs convocou a DesignWebCorreto com uma mensagem urgente: "estamos alterando o visual corporativo e precisamos que todas as cores, fundos e fontes sejam alterados em nosso site". A esta altura, o site consistia de quase cem páginas, portanto a DesignWebCorreto respondeu que precisaria de alguns dias para refazer o site. "Nós não temos alguns dias!", disse o CEO. Desesperado, ele resolveu chamar a DesignWebRadical. "Vocês estragaram a demonstração no mês passado, mas realmente precisamos de sua ajuda. Vocês podem ajudar os rapazes da DesignWebCorreto a converter o site para o novo visual?" A DesignWebRadical disse que faria melhor do que isso; na verdade, ela poderia entregar todo o site em menos de uma hora.

Como foi que o pessoal da DesignWebRadical conseguiu sair da desgraça total para serem os super-heróis das páginas Web? O que permitiu a que eles alterassem o visual de cem páginas mais rapidamente do que uma bala?

Hum, acho que você esqueceu de adicionar estilo às páginas dos elixires e instruções...

Coloque o estilo do Bar nas páginas dos elixires e de instruções

É ótimo termos adicionado todo este estilo a "lounge.html", mas e quanto a "elixir.html" e "directions.html"? Elas precisam ter um visual consistente como a página principal. Muito fácil... Basta copiar o elemento de estilo e todas as regras para cada arquivo, certo? *Não tão rápido.* Se você fizesse isso, sempre que fosse preciso alterar o estilo do site, você teria que alterar *todos os arquivos* — e isso não é o que você quer. Mas, felizmente, há uma maneira melhor. Veja o que você terá de fazer:

1. Pegue as regras em "lounge.html" e coloque-as em um arquivo chamado "lounge.css".

2. Crie um **link externo** para este arquivo a partir do arquivo "lounge.html".

3. Crie os mesmos links externos em "elixir.html" e "directions.html".

4. Faça um bom test drive com os três arquivos.

Crie o arquivo "lounge.css"

Você criará um arquivo chamado "lounge.css" para conter as regras de estilo de todas as páginas do Heat First Lounge. Para fazer isso, crie um novo arquivo de texto chamado "lounge.css" em seu editor de texto.

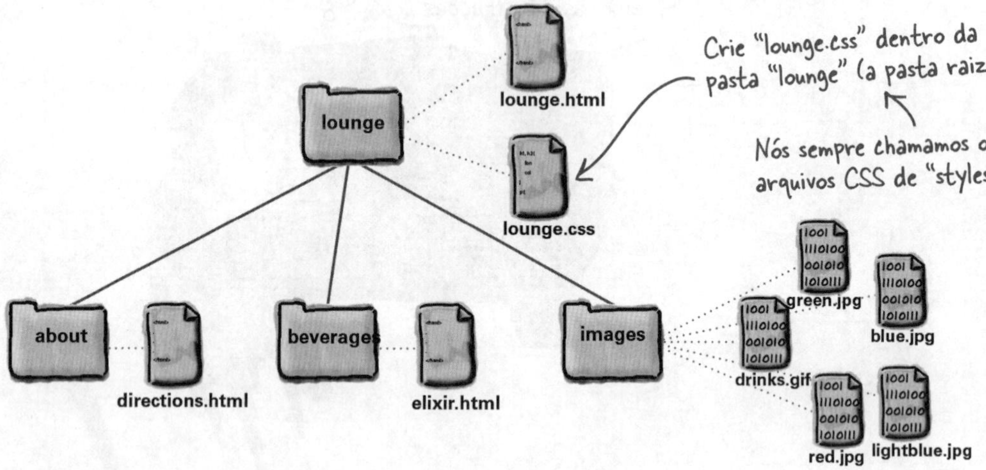
lounge
lounge.html
lounge.css
about
directions.html
beverages
elixir.html
images
green.jpg
blue.jpg
drinks.gif
red.jpg
lightblue.jpg
Crie "lounge.css" dentro da pasta "lounge" (a pasta raiz).
Nós sempre chamamos os arquivos CSS de "stylesheets

Agora digite, ou copie e cole a partir do arquivo "lounge.html", as regras no arquivo "lounge.css". Exclua as regras do arquivo "lounge.html" quando estiver nele.

Observe que você não deve copiar as tags <style> e </style>, porque o arquivo "lounge.css" contém apenas CSS e não HTML.

```
h1, h2 {
   font-family: sans-serif;
   color: gray;
}

h1 {
   border-bottom: 1px solid black;
}

p {
   color: maroon;
}
```

Seu arquivo "lounge.css" deve s parecer com isto. Lembre-se, sem tags <style>!

Faça o link de "lounge.html" com a folha de estilos externa

Agora precisamos de uma maneira de dizer ao browser que ele deve aplicar estilo a esta página com os estilos que estão na folha de estilos externa. Podemos fazer isso com o elemento do HTML chamado `<link>`. Veja como usar o elemento `<link>` em seu HTML:

```
<!doctype html>
<html>
  <head>
    <meta charset="utf-8">
    <title>Head First Lounge</title>
    <link type="text/css" rel="stylesheet" href="lounge.css">
    <style>
    </style>

  </head>
  <body>
    <h1>Welcome to the Head First Lounge</h1>
    <p>
       <img src="drinks.gif" alt="Drinks">
    </p>
    .
    .
    .
    </p>
  </body>
</html>
```

Aqui está o HTML que cria um link para a folha de estilos externa.

Você não precisa mais do elemento <style>, pode excluí-lo.

O resto XHTML é o mesmo.

HTML de Perto

Vamos olhar mais de perto para o elemento `<link>`, já que você não o tinha visto antes:

Use o elemento link para criar um link com as informações externas.

O tipo desta informação é text/css. Em outras palavras, uma folha de estilo CSS.

E a folha de estilos será localizada por este href (nesse caso, estamos usando um link relativo, mas ele poderia ser uma URL completa).

```
<link type="text/css" rel="stylesheet" href="lounge.css">
```

O atributo rel especifica o relacionamento entre o arquivo HTML e a coisa para onde o link está sendo criado. Estamos criando um link para uma folha de estilos, portanto, usamos o valor stylesheet

<link> é um elemento vazio. Não tem nenhuma tag de fechamento.

Crie um link de "elixir.html" e "directions.html" para a folha de estilos externa

Agora você vai criar o link dos arquivos "elixir.html" e "directions.html" da mesma forma como fez com "lounge.html". A única coisa de que você precisa lembrar é que "elixir.html" está na pasta "beverages" e "directions".html" está na pasta "about"; portanto ambos precisarão usar o caminho relativo "../lounge.css".

Assim, tudo o que você tem de fazer é adicionar o elemento `<link>` a ambos os arquivos:

```
<!DOCTYPE html>
<html>
  <head>
    <meta charset="utf-8">
    <title>Head First Lounge Elixirs</title>
    <link type="text/css" rel="stylesheet" href="../lounge.css">
  </head>
  <body>
    .
    .
    .
  </body>
</html>
```

Este é elixir.html. Apenas adicione a linha <link>.

```
<!DOCTYPE html>
<html>
  <head>
    <meta charset="utf-8">
    <title>Head First Lounge Directions</title>
    <link type="text/css" rel="stylesheet" href="../lounge.css">
  </head>
  <body>
    .
    .
    .
  </body>
</html>
```

O mesmo para directions html.
Apenas adicione a linha <link> aqui.

Faça um test drive com todo o lounge...

Salve cada um desses arquivos e então abra "lounge.html" com o browser. Você não deve ver nenhuma alteração no estilo, mesmo que os estilos venham agora de um arquivo externo. Agora clique nos links "elixirs" e "detailed directions".

Uau! Temos todo um novo estilo para as páginas de elixires (elixirs) e instruções (directions) com apenas *uma alteração* no HTML de cada arquivo! Agora você realmente pode ver o poder das CSS.

Head First Lounge Elixirs
file:///chapter7/lounge/beverages/elixir.html
Our Elixirs
Green Tea Cooler
Chock full of vitamins and minerals, this elixir combines the healthful benefits of green tea with a twist of chamomile blossoms and ginger root.
Raspberry Ice Concentration
Head First Lounge
file:///chapter7/lounge/lounge.html
Welcome to the Head First Lounge
Join us any evening for refreshing elixirs, conversation and maybe a game or two of Dance Dance Revolution. Wireless access is always provided; BYOWS (Bring your own web server).
Directions
You'll find us right in the center of downtown Webville. If you need help finding us, check out our detailed directions. Come join us!
Head First Lounge Directions
file:///chapter7/lounge/about/directions.html
Directions
Take the 305 S exit to Webville - go 0.4 mi
Continue on 305 - go 12 mi
Turn right at Structure Ave N - go 0.6 mi
Turn right and head toward Structure Ave N - go 0.0 mi
Turn right at Structure Ave N - go 0.7 mi
Continue on Stucture Ave S - go 0.2 mi
Turn right at SW Presentation Way - go 0.0 mi

O Caso da Força Bruta contra o Estilo

Mistério de
Cinco
Minutos
Resolvido

Então, como os rapazes da DesignWebRadical conseguiram se transformar em super-heróis da página Web? Ou, talvez primeiro devamos perguntar como a empresa "não faça nada errado" DesignWebCorreto estragou as coisas dessa vez? A raiz do problema está no fato que a DesignWebCorreto estava criando as páginas da SomosRobôs usando técnicas de 1998. Eles estavam colocando suas regras de estilo no HTML (copiando e colando em todas as ocasiões), e, pior ainda, estavam usando um monte de elementos HTML antigos, como **<font>** e **<center>**, que já estão o bsoletos. Assim, quando a ligação chegou para alterar o visual, isso significou entrar em cada página Web e fazer alterações nas CSS. Pior, significou analisar o HTML para alterar seus elementos também.

Compare isso com o que a DesignWebRadical fez: eles usaram HTML5, portanto não tinham nenhum elemento de apresentação HTML antigo em suas páginas, e usaram uma folha de estilos externa. O resultado? Para alterar o estilo de todo o site, tudo o que precisaram fazer foi entrar na folha de estilos externa e fazer algumas mudanças na CSS, o que eles fizeram facilmente em minutos, e não dias. Eles tiveram tempo de experimentar múltiplos designs e ter três versões diferentes da CSS prontas para a revisão, antes do lançamento do site. Assombrado, o CEO da SomosRobôs não só prometeu novos negócios para a DesignWebRadical, como também o primeiro robô que saísse da linha de montagem.

Aponte o seu lápis

Agora que você já tem um arquivo de estilos externo (ou "folha de estilos"), use-o para alterar todas as fontes de parágrafo para "sans-serif", para que combinem com os títulos. Lembre-se, a propriedade para mudar o estilo da fonte é "font-family", e o valor para "sans-serif" é "sans-serif". Você encontrará a resposta na próxima página.

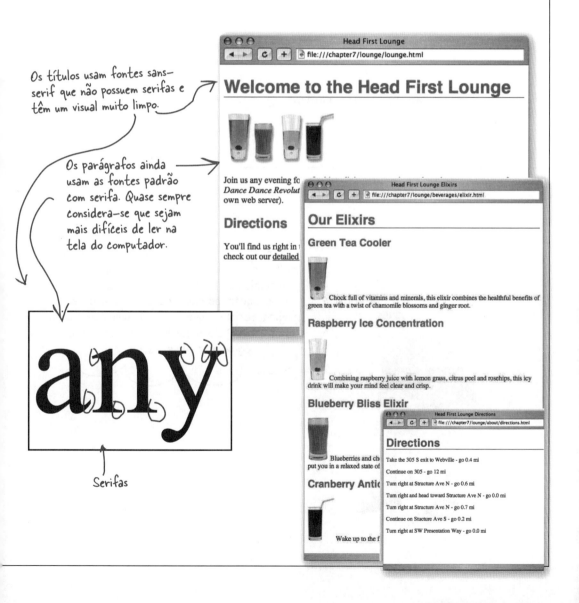

Os títulos usam fontes sans-serif que não possuem serifas e têm um visual muito limpo.

Os parágrafos ainda usam as fontes padrão com serifa. Quase sempre considera-se que sejam mais difíceis de ler na tela do computador.

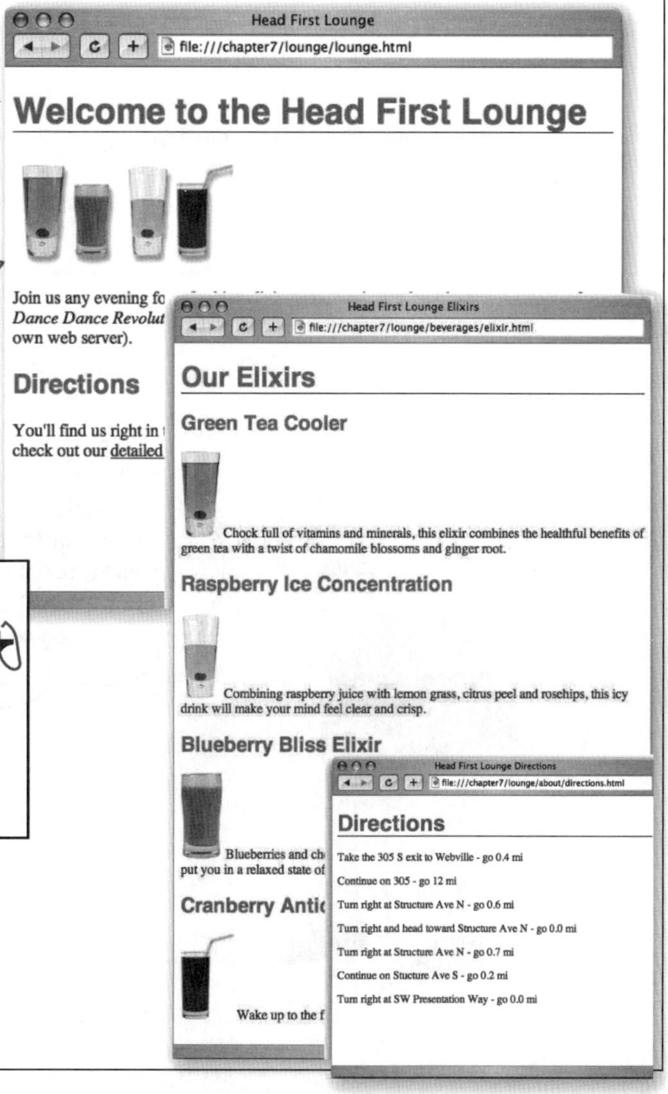

Head First Lounge
file:///chapter7/lounge/lounge.html
Welcome to the Head First Lounge
Directions
Head First Lounge Elixirs
file:///chapter7/lounge/beverages/elixir.html
Our Elixirs
Green Tea Cooler
Chock full of vitamins and minerals, this elixir combines the healthful benefits of green tea with a twist of chamomile blossoms and ginger root.
Raspberry Ice Concentration
Combining raspberry juice with lemon grass, citrus peel and rosehips, this icy drink will make your mind feel clear and crisp.
Blueberry Bliss Elixir
Head First Lounge Directions
file:///chapter7/lounge/about/directions.html
Directions
Take the 305 S exit to Webville - go 0.4 mi
Continue on 305 - go 12 mi
Turn right at Structure Ave N - go 0.6 mi
Turn right and head toward Structure Ave N - go 0.0 mi
Turn right at Structure Ave N - go 0.7 mi
Continue on Stucture Ave S - go 0.2 mi
Turn right at SW Presentation Way - go 0.0 mi

any

Serifas

Aponte o seu lápis Solução

Agora que você já tem um arquivo de estilos externo (ou "folha de estilos"), use-o para alterar todas as fontes de parágrafo para "sans-serif", para que combinem com os títulos. Lembre-se, a propriedade para mudar o estilo da fonte é "font-family", e o valor para "sans-serif" é "sans-serif". Aqui esta a solução.

```
h1, h2 {
      font-family:  sans-serif;
      color:        gray;
}

h1 {
      border-bottom: 1px solid black;
}

p {
      font-family:  sans-serif;
      color:        maroon;
}
```

Propriedade font-family no arquivo lounge.css. Apenas adicione uma à sua regra de parágrafo.

Eu gostaria de saber se essa é realmente a melhor solução. Por que estamos especificando a família de fontes para CADA elemento? E se alguém adicionasse um <blockquote> à página, teríamos que adicionar uma regra para ele também? Será que não podemos mandar a página inteira ser "sans-serif"?

É hora de falarmos sobre herança...

Você notou que quando adicionou a propriedade `font-family` ao seu seletor "p" também afetou a família de fonte dos elementos que estavam no elemento <p>? Vamos olhar mais de perto:

Head First Lounge
file:///chapter7/lounge/lounge.html
Welcome to the Head First Lounge
Join us any evening for refreshing elixirs, conversation and maybe a game or two of Dance Dance Revolution. Wireless access is always provided; BYOWS (Bring your own web server).
Directions
You'll find us right in the center of downtown Webville. If you need help finding us, check out our detailed directions. Come join us!

Quando você adicionou a propriedade font-family ao seletor p de sua CSS, ele alterou a família de fonte de seus elementos <p>. Mas ele também alterou a fonte dos dois links e do texto destacado.

Os elementos dentro do elemento <p> <u>herdam</u> o estilo "font-family" de <p>

Nem todo estilo é herdado. Apenas alguns, como o font-family.

Assim como você pode herdar os olhos azuis e o cabelo castanho de seus pais, os elementos podem herdar estilos de seus pais. Nesse caso, os elementos <a> e <em> herdaram o estilo "font-family" do elemento <p>, que é seu elemento-pai. Faz sentido que a alteração do estilo do parágrafo mude o estilo dos elementos que estejam nesse parágrafo, não é? Afinal, se isso não acontecesse, você teria que adicionar regras CSS para cada elemento em linha, em cada parágrafo em todo o seu site... O que, definitivamente, NÃO seria divertido.

Sem mencionar a propensão a erros, tédio e demora.

Vamos dar uma olhada em nossa árvore HTML para vermos como a herança funciona:

Se definirmos a família de fontes de todos os elementos <p>, veja quais elementos seriam afetados.

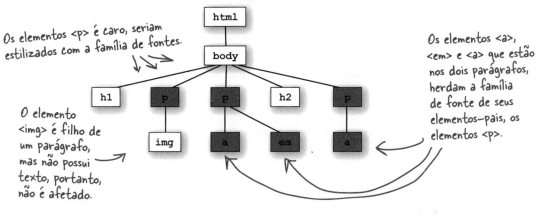

Os elementos <p> é caro, seriam estilizados com a família de fontes.

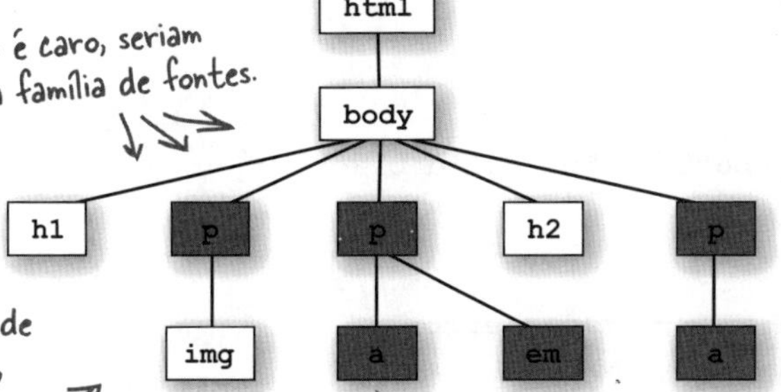
html
body
h1
p
p
h2
p
img
a
em
a

O elemento <img> é filho de um parágrafo, mas não possui texto, portanto, não é afetado.

Os elementos <a>, <em> e <a> que estão nos dois parágrafos, herdam a família de fonte de seus elementos-pais, os elementos <p>.

E se movêssemos a fonte para o alto da árvore genealógica?

Se a maioria dos elementos herda a propriedade `font-family`, o que aconteceria se movêssemos a fonte para o elemento `<body>`? Isso deve causar a alteração da fonte de todos os elementos-filhos de `<body>`, e também dos filhos dos filhos.

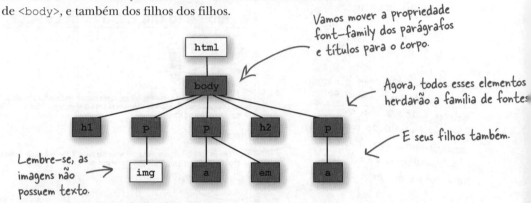

Vamos mover a propriedade font-family dos parágrafos e títulos para o corpo.

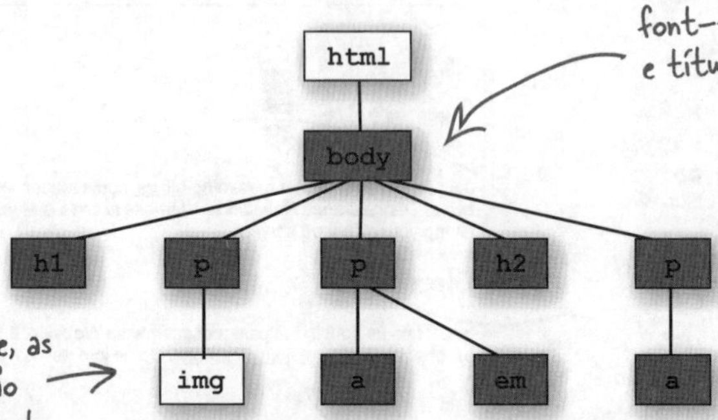
html
body
h1
p
p
h2
p
img
a
em
a

Agora, todos esses elementos herdarão a família de fontes

E seus filhos também.

Lembre-se, as imagens não possuem texto.

Uau, isso é poderoso. Simplesmente alterando a propriedade font-family na regra do corpo, podemos mudar a fonte de todo o site.

O que você está esperando? Faça logo o teste

Abra o arquivo “lounge.css” e adicione a nova regra que seleciona o elemento `<body>`. Remova então as propriedades “`font-family`” das regras dos títulos e do parágrafo, porque você não precisará mais delas.

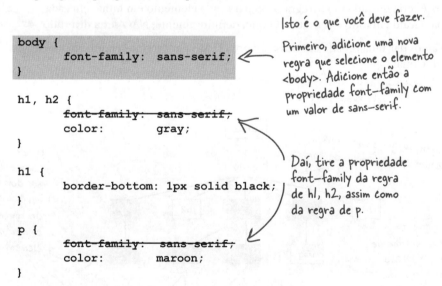

Isto é o que você deve fazer.

```
body {
        font-family:  sans-serif;
}

h1, h2 {
        font-family:  sans-serif;
        color:        gray;
}

h1 {
        border-bottom: 1px solid black;
}

p {
        font-family:  sans-serif;
        color:        maroon;
}
```

(As linhas `font-family: sans-serif;` das regras h1, h2 e p aparecem riscadas.)

Primeiro, adicione uma nova regra que selecione o elemento <body>. Adicione então a propriedade font-family com um valor de sans-serif.

Daí, tire a propriedade font-family da regra de h1, h2, assim como da regra de p.

Faça um test drive de sua nova CSS

Como sempre, faça essas alterações na folha de estilos “lounge.css”, salve-a e recarregue a página “lounge.html”. Você não deve esperar qualquer mudança, já que o estilo é o mesmo. Ele só está vindo de uma regra diferente. Mas você deve se sentir melhor quanto à sua CSS, porque agora pode adicionar novos elementos à sua página e eles herdarão automaticamente a fonte “sans-serif”.

Surpresa! Isto não é nada de diferente, mas é exatamente isso que estávamos esperando, não é? Tudo o que você fez foi mudar a fonte sans-serif para a regra do <body> e deixar que todos os outros elementos a herdassem.

Head First Lounge
file:///chapter7/lounge/lounge.html
Welcome to the Head First Lounge
Join us any evening for refreshing elixirs, conversation and maybe a game or two of Dance Dance Revolution. Wireless access is always provided; BYOWS (Bring your own web server).
Directions
You'll find us right in the center of downtown Webville. If you need help finding us, check out our detailed directions. Come join us!

Beleza, então agora que todo o site está definido como "sans-serif" com o seletor do <body>, o que acontece se eu quiser que um elemento tenha uma fonte diferente? Terei de tirar a família de fontes do corpo e novamente adicionar regras para cada elemento separadamente?

Ignore a herança

Ao mover a propriedade `font-family` para o corpo, você definiu que toda a página teria esse estilo. Mas e se você não quiser que a fonte "sans-serif" esteja em todos os elementos? Por exemplo, você poderia querer uma fonte com serifa em elementos <em> em vez disso.

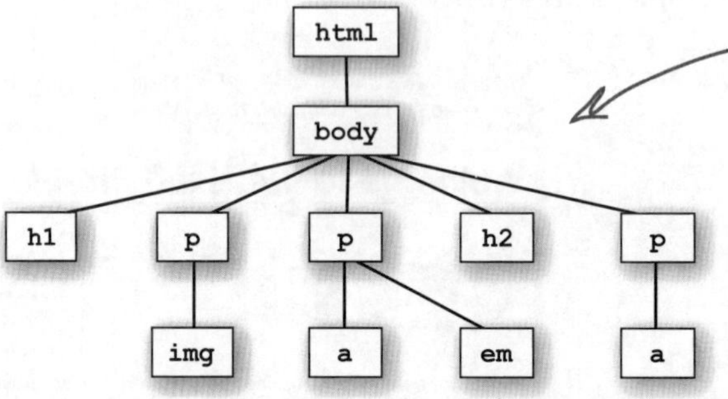
html
body
h1
p
p
h2
p
img
a
em
a

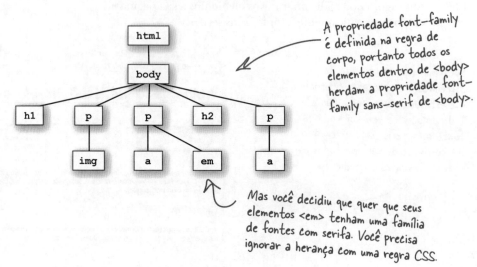

A propriedade font-family é definida na regra de corpo, portanto todos os elementos dentro de <body> herdam a propriedade font-family sans-serif de <body>.

Mas você decidiu que quer que seus elementos <em> tenham uma família de fontes com serifa. Você precisa ignorar a herança com uma regra CSS.

Bem, então você pode ignorar a herança fornecendo uma regra específica para <em>. Veja como adicionar a regra para <em> ignorar a família de fontes especificada no corpo:

```
body {
        font-family:  sans-serif;
}

h1, h2 {
        color:        gray;
}

h1 {
        border-bottom: 1px solid black;
}

p {
        color:        maroon;
}

em {
        font-family: serif;
}
```

Para ignorar a propriedade font-family herdada de seu corpo, adicione uma nova regra, selecionando <em> com o valor da propriedade font-family definido como serif.

Test drive

Adicione uma regra para o elemento `<em>` em sua CSS com um valor da propriedade "`font-family`" definido como `serif`, e recarregue sua página "lounge.html":

Head First Lounge
file:///chapter7/lounge/lounge.html
Welcome to the Head First Lounge
Join us any evening for refreshing elixirs, conversation and maybe a game or two of *Dance Dance Revolution*. Wireless access is always provided; BYOWS (Bring your own web server).
Directions
You'll find us right in the center of downtown Webville. If you need help finding us, check out our detailed directions. Come join us!

Observe que o texto Dance Dance Revolution, que está no elemento <em>, está representado com uma fonte com serifa.

Como uma regra geral, não é recomendável trocar as fontes no meio do parágrafo como aparece nesse teste, então vá em frente e mude sua CSS para que ela funcione como deve ser (sem a regra em), quando você estiver testando.

não existem Perguntas Idiotas

P: Como o browser sabe qual egra aplicar a <em> quando eu stiver ignorando o valor herdado?

R: Nas CSS, a regra mais específica erá sempre a utilizada. Assim, se você iver uma regra para <body> e uma mais specífica para elementos <em>, será sada a regra mais específica. Falaremos nais adiante sobre como você pode aber quais regras são mais específicas.

P: Como saber quais ropriedades das CSS podem ser erdadas e quais não podem?

R: É aqui que vemos a utilidade le uma boa referência, como o livro *CSS Pocket Reference*, da O'Reilly. :m geral, todos os estilos que afetam a aparência de seu texto, como a cor la fonte (a propriedade "color"), a 'font-family", como você acabou de ver, e outras propriedades relacionadas à onte, como "font-size", "font-weight" (para texto em negrito) e "font-style" (para itálico) são herdadas. Outras propriedades, como "border", não são herdadas, o que faz sentido, certo? Só porque você quer uma borda em seu elemento <body>, não significa que a quer em todos os seus elementos. Na maioria dos casos, siga o bom senso (ou apenas faça experiências e comprove), e você pegará o jeito da coisa à medida que for se familiarizando com as várias propriedades e suas funções.

P: Eu posso ignorar sempre uma propriedade que esteja sendo herdada quando eu não a quiser?

R: Sim. Você sempre pode usar um seletor mais específico para ignorar uma propriedade vinda de um pai.

P: Isso está ficando complicado. Há alguma maneira em que eu possa adicionar comentários para me lembrar o que fazem as regras?

R: Sim. Para escrever um comentário em sua CSS, basta colocar o texto entre /* e */. Por exemplo:

```
/* esta regra seleciona
todos os parágrafos e os
colore de azul */
```

Observe que um comentário pode ter várias linhas. Você também pode colocar comentários ao redor das CSS e o browser vai ignorá-lo, como este:

```
/* esta regra não terá
efeito porque é um
comentário

p { color: blue; }   */
```

Certifique-se de fechar seus comentários corretamente, caso contrário suas CSS não irão funcionar!

Eu estava pensando que seria legal fazer com que o texto abaixo de cada elixir tivesse a cor do elixir. Você pode fazer isso?

Não temos certeza se concordamos com a estética da sugestão, mas você é o cliente.

Você pode criar um estilo para cada um desses parágrafos para que a cor do texto combine com o drinque? O problema é que usar uma regra com um seletor "p" aplica o estilo para *todos* os elementos <p>. Assim, como selecionar os parágrafos individualmente?

É aqui que entram as *classes*. Usando o HTML e as CSS, podemos definir uma classe de elementos e então aplicar estilos a qualquer elemento que pertença a essa classe. Logo, o que exatamente é uma classe? Pense nela como um clube; alguém inicia um clube "greentea" e, ao associar-se, você concorda com todos os direitos e responsabilidades do clube, como a obediência a todos os padrões de estilo. Em todo caso, vamos criar a classe e você verá como ela funciona.

Para se criar uma classe, são necessários dois passos: primeiro, adicionamos o elemento à classe adicionando um atributo de classe ao elemento no HTML; segundo, selecionamos essa classe nas CSS. Vamos passar por isso...

Texto verde.

Texto azul.

Texto roxo.

Texto vermelho... Hum, não precisamos mudar este aqui.

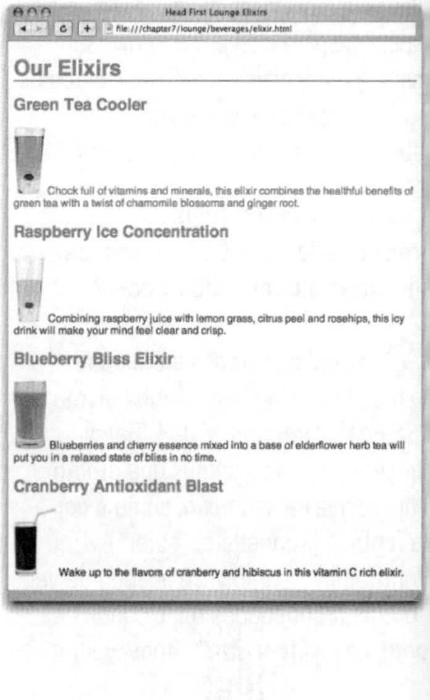
Head First Lounge Elixirs
file:///chapter7/lounge/beverages/elixir.html
Our Elixirs
Green Tea Cooler
Chock full of vitamins and minerals, this elixir combines the healthful benefits of green tea with a twist of chamomile blossoms and ginger root.
Raspberry Ice Concentration
Combining raspberry juice with lemon grass, citrus peel and rosehips, this icy drink will make your mind feel clear and crisp.
Blueberry Bliss Elixir
Blueberries and cherry essence mixed into a base of elderflower herb tea will put you in a relaxed state of bliss in no time.
Cranberry Antioxidant Blast
Wake up to the flavors of cranberry and hibiscus in this vitamin C rich elixir.

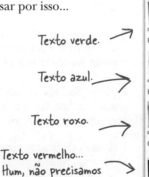

Adicione um elemento à classe "chaverde"

Abra o arquivo "elixir.html" e localize o parágrafo do "Green Tea Cooler". Esse é o texto que queremos mudar para verde. Tudo o que você terá de fazer é adicionar o elemento <p> a uma classe chamada greentea. Veja como fazer isso:

```
<!DOCTYPE html>
<html>
  <head>
    <meta charset="utf-8">
    <title>Head First Lounge Elixirs</title>
    <link type="text/css" rel="stylesheet" href="../lounge.css">
  </head>
  <body>
    <h1>Our Elixirs</h1>
    <h2>Green Tea Cooler</h2>
    <p class="greentea">
          <img src="../images/green.jpg" alt="Green Tea">
          Chock full of vitamins and minerals, this elixir
          combines the healthful benefits of green tea with
          a twist of chamomile blossoms and ginger root.
    </p>
    <h2>Raspberry Ice Concentration</h2>
    <p>
          <img src="../images/lightblue.jpg" alt="Raspberry Ice">
          Combining raspberry juice with lemon grass,
          citrus peel and rosehips, this icy drink
          will make your mind feel clear and crisp.
    </p>
    <h2>Blueberry Bliss Elixir</h2>
    <p>
          <img src="../images/blue.jpg" alt="Blueberry Bliss">
          Blueberries and cherry essence mixed into a base
          of elderflower herb tea will put you in a relaxed
          state of bliss in no time.
    </p>
    <h2>Cranberry Antioxidant Blast</h2>
    <p>
          <img src="../images/red.jpg" alt="Cranberry Blast">
          Wake up to the flavors of cranberry and hibiscus
          in this vitamin C rich elixir.
    </p>
  </body>
</html>
```

Para adicionanar um elemento a uma classe, basta adicionar um atributo a classe, junto a um nome, como greentea.

E, agora que o parágrafo sobre o chá verde pertence à classe greentea, você só precisa fornecer algumas regras para criar um estilo para essa classe de elementos.

Crie um seletor para a classe

Para criar uma classe nas CSS e selecionar um elemento desta classe, você escreve o *seletor de classe* desta maneira:

Use um . para especificar uma classe.

Por último, coloque o nome da classe.

Selecione o elemento da classe primeiro – neste caso, p.

```
p.greentea {
    color: green;
}
```

Esta é a regra... Coloque a cor verde em qualquer texto em um parágrafo que esteja na classe greentea.

Este seletor seleciona todos os parágrafos na classe greentea.

Agora você tem uma maneira de selecionar elementos <p> que pertencem a uma certa classe para estilizá-los. Tudo o que precisa fazer é adicionar o atributo `class` a qualquer elemento <p> que queira que seja verde, e essa regra será aplicada. Faça um teste: abra seu arquivo "lounge.css" e adicione o seletor de "classe `p.greentea`" a ele.

```
body {
     font-family: sans-serif;
}

h1, h2 {
     color: gray;
}

h1 {
     border-bottom: 1px solid black;
}

p {
     color: maroon;
}

p.greentea {
     color: green;
}
```

Um test drive de chá verde

Salve e então recarregue a página para fazer um test drive com a sua nova classe.

Aqui está a nova classe greentea aplicada ao parágrafo. Agora a fonte é verde e combina com o Green Tea Cooler. Talvez o estilo colorido não tenha sido uma ideia tão ruim assim.

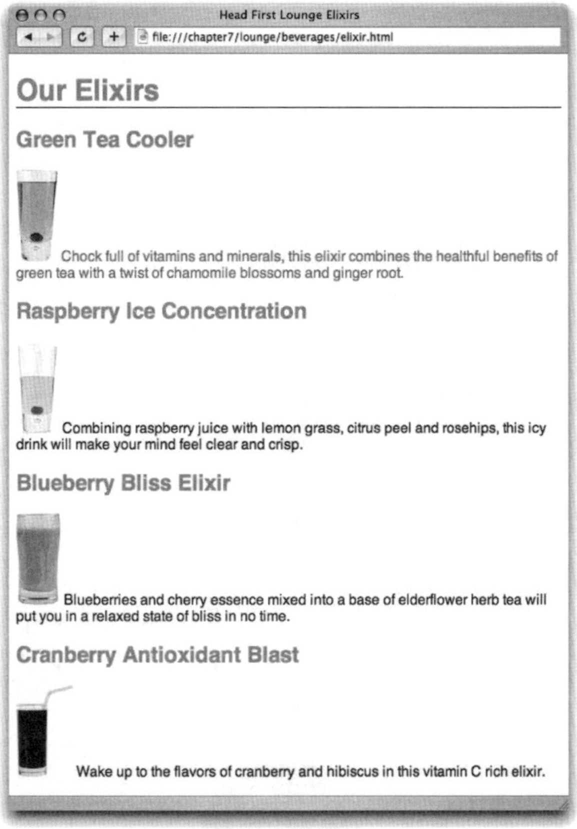

Head First Lounge Elixirs
file:///chapter7/lounge/beverages/elixir.html
Our Elixirs
Green Tea Cooler
Chock full of vitamins and minerals, this elixir combines the healthful benefits of green tea with a twist of chamomile blossoms and ginger root.
Raspberry Ice Concentration
Combining raspberry juice with lemon grass, citrus peel and rosehips, this icy drink will make your mind feel clear and crisp.
Blueberry Bliss Elixir
Blueberries and cherry essence mixed into a base of elderflower herb tea will put you in a relaxed state of bliss in no time.
Cranberry Antioxidant Blast
Wake up to the flavors of cranberry and hibiscus in this vitamin C rich elixir.

Aponte o seu lápis

Sua vez: adicione duas classes, "raspberry" e "blueberry", para corrigir os parágrafos em "elixir.html", e então escreva os estilos para colorir os textos de azul e roxo, respectivamente. O valor da propriedade para raspberry é "blue" e para o blueberry é "purple". Coloque-as no final de seu arquivo CSS, sob a regra greentea: framboesa primeiro, e depois blueberry.

Sim, nós sabemos que você provavelmente está pensando: como uma framboesa pode ser azul? Bem, quando você mistura um monte de frutas, elas realmente ficam mais roxas do que azuis, mas dê um desconto para a gente aqui.

Leve as classes mais além...

Você já escreveu uma regra que utiliza a classe `greentea` (cháverde) para alterar qualquer parágrafo que esteja na classe para a cor “green” (verde):

```
p.greentea {
        color: green;
}
```

Mas e se você quisesse fazer o mesmo com todos os `<blockquote>`? Então poderia fazer isto:

```
blockquote.greentea, p.greentea {
        color: green;
}
```

Só adicione outro seletor para gerenciar blockquotes que estão na classe greentea. Agora essa regra será aplicada aos elementos <p> e <blockquote> na classe greentea.

E escreveria em seu HTML:

```
<blockquote class="greentea">
```

E se eu quiser adicionar <h1>, <h2>, <h3>, <p> e <blockquote> à classe greentea? Terei de escrever um seletor enorme?

Não, há uma maneira melhor. Se você quiser que todos os elementos que estejam na classe `greentea` tenham um estilo, então você só precisa escrever a regra desta forma:

```
.greentea {
        color: green;
}
```

Se você não deixar nenhum nome de elemento e simplesmente usar um ponto seguido por um nome de classe, então a regra se aplicará a todos os membros da classe.

Maneiro! Sim, isso funciona. Mais uma pergunta: você disse que ser uma classe é como estar em um clube. Bem, eu posso entrar em muitos clubes. Assim, um elemento pode estar em mais de uma classe?

Sim, os elementos podem estar em mais de uma classe.

É fácil colocar um elemento em mais de uma classe. Digamos que você queira especificar um elemento `<p>` que esteja nas classes `greentea`, `raspberry` e `blueberry`. Veja como seria a tag de abertura:

```
<p class="greentea raspberry blueberry">
```

Coloque cada nome de classe no valor do atributo class, com um espaço entre eles. A ordem não importa.

Então, por exemplo, eu poderia colocar um <h1> em minha classe de "produtos", que define um tamanho de fonte e a marcação de negrito, e também na classe "ofertas" para mudar sua cor para vermelho quando estivesse em promoção?

Exatamente. Use múltiplas classes quando desejar que um elemento tenha estilos definidos em classes diferentes. Nesse caso, todos os seus elementos `<h1>` associados a produtos possuem um certo estilo, mas nem todos os seus produtos estão em oferta ao mesmo tempo. Colocando sua cor de "ofertas" em uma classe separada, você pode simplesmente adicionar aqueles elementos associados aos produtos em oferta à classe "ofertas", para que fiquem com a cor vermelha desejada.

Agora você pode estar querendo saber o que acontece quando um elemento pertence a múltiplas classes, e todas elas definem a *mesma* propriedade — como nosso elemento `<p>` lá em cima. Como você sabe qual estilo será aplicado? Você sabe que cada uma dessas classes possui uma definição para a propriedade `color`. Portanto, o parágrafo será verde, azul (raspberry) ou roxo?

Vamos falar sobre isso com mais detalhes depois que você aprender um pouco mais sobre as CSS, mas na próxima página há um manual rápido para adiantar um pouco o assunto.

O menor e mais rápido manual do mundo sobre aplicação de estilos

Árvores de documentos e de elementos, e regras de estilo e classes... Isso pode se tornar bastante confuso. Como tudo isso se encaixa para que você saiba quais estilos estão sendo aplicados a quais elementos? Como já dissemos, *para responder totalmente a isso* você deverá saber um pouco mais sobre as CSS, e aprenderá tudo isso nos próximos capítulos. Mas antes de chegar lá, vamos apenas conhecer algumas regras de bom senso sobre como os estilos são aplicados.

Primeiro, há algum seletor selecionando seu elemento?

Digamos que você quer saber qual é o valor da propriedade font-family de um elemento. A primeira coisa a ser verificada é: há um seletor em seu arquivo CSS que seleciona seu elemento? Se houver, e ele possuir uma propriedade e valor font-family, então esse será o valor para seu elemento.

E sobre a herança?

Se não houver nenhum seletor que combine com seu elemento, então você deve contar com a herança. Assim, olhe para os pais do elemento e os pais dos pais e assim por diante, até encontrar a propriedade que foi definida. Quando e se você a encontrar, aquele será o valor.

Não há herança? Então use o padrão.

Se o seu elemento não herda o valor de qualquer um de seus ancestrais, então você utilizará o valor padrão definido pelo browser. Na verdade, é um pouco mais complicado do que isso, mas vamos conhecer mais detalhes mais adiante neste livro.

E se múltiplos seletores selecionarem um elemento?

Ah, esse é o caso do parágrafo que pertence a todas as três classes:

```
<p class="greentea raspberry blueberry">
```

Há múltiplos seletores que coincidem com esse elemento e definem a mesma propriedade "`color`". Isso é o que chamamos de um "*conflito*". Que regra vencerá? Bem, se uma regra for *mais específica* do que as outras, então ela vencerá. Mas o que significa "mais específica"? Voltaremos a isso mais adiante e veremos *exatamente* como determinar o quão específico é o seletor; mas por ora vamos olhar algumas regras e ter uma primeira percepção:

```
p { color: black;}

.greentea { color: green; }

p.greentea { color: green; }

p.raspberry { color: blue; }

p.blueberry { color: purple; }
```

Esta é a regra que seleciona qualquer elemento de parágrafo normal.

Esta regra seleciona os membros da classe greentea. É um pouco mais específica.

E esta regra seleciona apenas os parágrafos que estejam na classe greentea, portanto é ainda mais específica.

Estas regras também selecionam apenas os parágrafos em uma classe em particular. Portanto elas têm mais ou menos o mesmo grau de especificidade que a regra p.greentea.

E se ainda não tivermos um vencedor evidente?

Se você tivesse um elemento que pertencesse apenas à classe `greentea` haveria um vencedor óbvio: o seletor `p.greentea` é o mais específico, portanto o texto seria verde. Mas se você tivesse um elemento que pertencesse a *todas as três* classes: `greentea`, `raspberry` e `blueberry`. Então `p.greentea`, `p.raspberry` e `p.blueberry` selecionam o elemento e têm a mesma especificidade. O que você faria ? Escolheria aquele que estivesse *listado* por *último* no arquivo CSS. Se você não puder resolver um conflito porque dois seletores são igualmente específicos, utilize a ordenação das regras em seu arquivo de folha de estilos. Ou seja, você usa a regra listada por último no arquivo CSS (mais próxima do final). E, nesse caso, essa seria a regra `p.blueberry`.

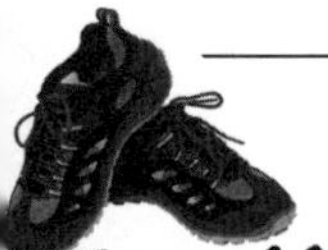

Exercício

Em seu arquivo "lounge.html", altere o parágrafo do "greentea" para incluir todas as classes, desta maneira:

```
<p class="greentea raspberry blueberry">
```

Salve e recarregue. Qual a cor do parágrafo do Green Tea Cooler (Cooler de Chá Verde) agora? ____________.

Em seguida, reordene as classes em seu HTML:

```
<p class="raspberry blueberry greentea">
```

Salve e recarregue. Qual a cor do parágrafo do Cooler de Chá Verde agora? ____________.

Em seguida, abra seu arquivo CSS e mova a regra "p.greentea" para o final do arquivo. Salve e recarregue. Qual a cor do parágrafo do Cooler de Chá Verde agora? ____________.

Finalmente, mova a regra "p.raspberry" para o final do arquivo.

Salve e recarregue. Qual a cor do parágrafo do Cooler de Chá Verde agora? ____________.

Depois que terminar, reescreva o elemento "greentea" para que ele volte a ser como era originalmente:

```
<p class="greentea">
```

Salve e recarregue. Qual a cor do parágrafo do Cooler de Chá Verde agora? ____________.

Conversa Informal

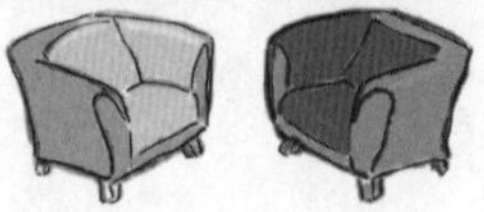

Conversa de hoje: **CSS e HTML comparam as linguagens**

CSS | **HTML**

CSS: Você viu isso? Eu sou como Houdini! Fugi do seu elemento `<style>` e entrei em meu próprio arquivo. E você disse no Capítulo 1 que eu nunca escaparia.

HTML: Não fique tão animado; eu ainda tenho que criar links para você para que você seja útil.

CSS: *Tem* que fazer um link para mim? O que é isso, você sabe que suas páginas não seriam nada sem o meu estilo.

HTML: E lá vamos nós de novo... Enquanto eu e todos os meus elementos estamos tentando manter as coisas estruturadas, você está falando de luzes no cabelo e cor das unhas.

CSS: Se você estivesse prestando atenção neste capítulo, teria visto que eu sou extremamente poderoso no que posso fazer.

HTML: Tá, tá, eu admito; usar as CSS realmente facilita meu trabalho. Todos esses elementos de estilo obsoletos eram um saco. Eu gosto do fato de que meus elementos possam ter estilo sem ter que inserir um monte de coisas no HTML, mas apenas um atributo de classe ocasional.

CSS: Bem, assim está um pouco melhor. Eu gosto de sua nova atitude.

HTML: Mas eu ainda não esqueci como você zombou da minha sintaxe... <lembra-se>?

CSS

Você tem que admitir que o HTML é meio desajeitado, mas isso é o que obtém por estar relacionado a uma tecnologia do início dos anos 90.

HTML

Eu chamo isso de passar no teste do tempo. E você acha que a CSS é elegante? Digo, você é apenas um bando de regras. Como isso pode ser uma linguagem?

CSS

Você está brincando? Eu sou muito expressivo. Posso selecionar apenas os elementos que eu quero e então descrevê-los exatamente como eu desejo que sejam estilizados. E você só começou a ver todos os estilos maneiros que eu posso fazer.

HTML

Ah, é?

CSS

É; espere para ver. Eu posso aplicar estilo a fontes e texto de todas as maneiras. Eu posso até mesmo controlar como cada elemento gerencia o espaço em torno dele na página.

HTML

Hummm... Parece que você tem muito poder; não tenho certeza de que gosto do que estou ouvindo. Afinal de contas, meus elementos querem ter algum controle sobre suas vidas.

CSS

Rá, rá, rá. E você pensou que me tinha sob controle entre as tags `<style>`. Você verá que eu posso fazer seus elementos sentarem, latirem e rolarem quando eu quiser.

HTML

Peraí! Segurança... Segurança?!

Exercício

Quem recebe a herança?

Snif, snif, o elemento <body> se foi para aquele grande browser que está no céu. Mas ele deixou um monte de descendentes e uma grande herança da cor verde. A seguir, você encontrará sua árvore genealógica. Marque todos os descendentes que herdarão a cor verde do elemento <body>. Não se esqueça antes de olhar a CSS que está abaixo.

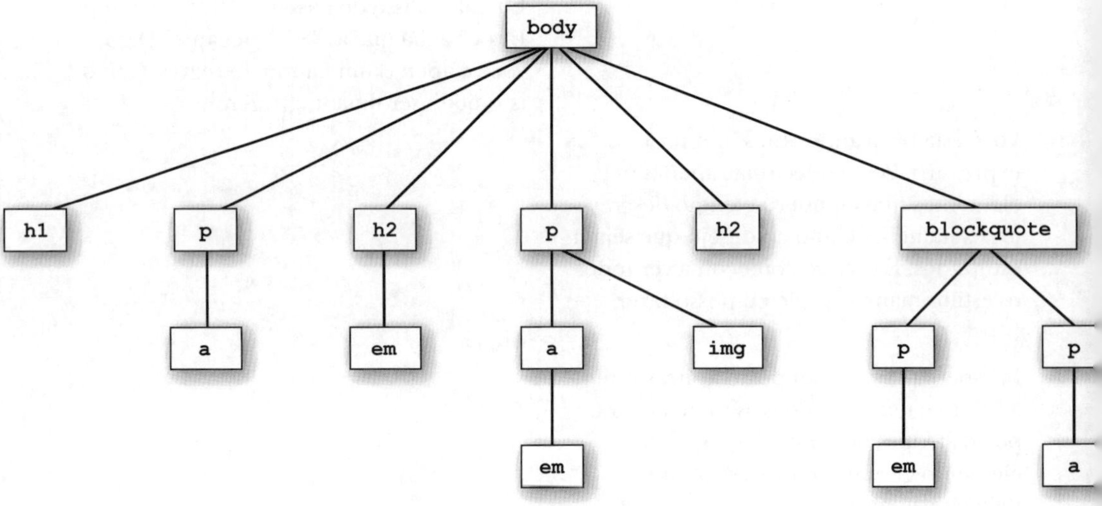
body
h1
p
h2
p
h2
blockquote
a
em
a
img
p
p
em
em
a

```
body {
        color: green;
}

p {
        color: black;
}
```

Esta é a CSS. Use-a para determinar quais dos elementos acima vencerão o grande prêmio e ganharão as verdinhas (cor).

Sinta-se como o Browser

A seguir, você encontrará o arquivo CSS "estilo.css" com alguns erros. Sua tarefa é atuar como se fosse o browser e localizar todos os erros. Depois que você fizer o exercício dê uma olhada no fim do capítulo para ver se você conseguiu capiturar todos os erros.

Se houver erros em sua CSS, normalmente o que acontecerá é que todas as regras abaixo do erro serão ignoradas. Portanto, adquira o hábito de procurar erros agora, fazendo este exercício.

Arquivo estilo.ccs

```
<style>

body {
    background-color: white

h1, {
    gray;
    font-family: sans-serif;
}

h2, p {
    color:
}

<em> {
    font-style: italic;
}

</style>
```

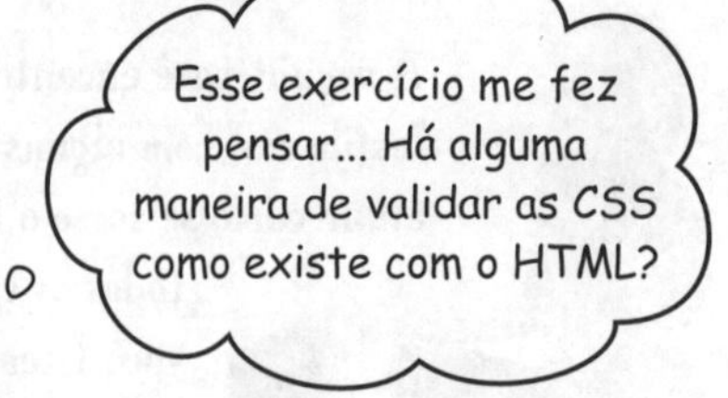
Esse exercício me fez pensar... Há alguma maneira de validar as CSS como existe com o HTML?

É claro!

Os meninos e meninas do W3C não estão apenas sentados olhando a paisagem, eles trabalham duro.

Você poderá encontrar o validador de CSS em:

`http://jigsaw.w3.org/css-validator/`

Digite essa URL em seu browser e você se sentirá em casa quando chegar lá. Você encontrará um validador que funciona quase da mesma maneira que os validadores de HTML. Para utilizar a versão CSS, aponte o validador para a URL de sua CSS, carregue um arquivo com sua CSS (primeira aba) ou apenas cole-a no formulário (segunda aba) e a submeta.

Você não deve encontrar grandes surpresas, como a necessidade de doctypes ou de codificações de caracteres com as CSS. Faça uma experiência (como se não fôssemos obrigá-lo a fazer na próxima página, de qualquer forma).

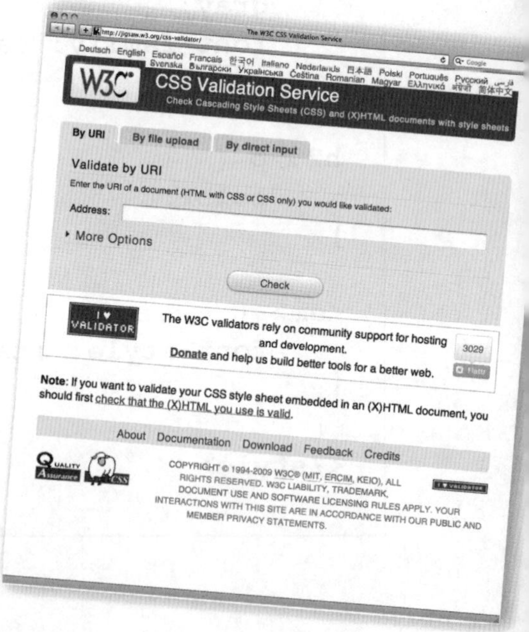
The W3C CSS Validation Service
CSS Validation Service
Check Cascading Style Sheets (CSS) and (X)HTML documents with style sheets
By URI
By file upload
By direct input
Validate by URI
Enter the URI of a document (HTML with CSS or CSS only) you would like validated:
Address:
More Options
Check
The W3C validators rely on community support for hosting and development.
Donate and help us build better tools for a better web.
Note: If you want to validate your CSS style sheet embedded in an (X)HTML document, you should first check that the (X)HTML you use is valid.
About Documentation Download Feedback Credits

Garanta a validação das CSS do Bar

Antes de fecharmos este capítulo, você não se sentiria muito melhor se toda a CSS do Head First Lounge! fosse validada? É claro que sim. Use qualquer um dos métodos para colocar sua CSS na W3C. Se você tiver sua CSS em um servidor, digite sua URL no formulário; caso contrário, faça o upload do arquivo CSS ou simplesmente copie e cole a CSS em seu formulário (se você fizer o upload, certifique-se de que esteja direcionando o formulário para seu arquivo CSS, e não para seu arquivo HTML). Uma vez feito isso, clique em "Check".

Se sua CSS não for válida, compare-a com a CSS que mostramos há algumas páginas, encontre os erros e então submeta novamente.

Aê! Nossas CSS foram validadas como CSS 2.1 (o validador ainda não fez o upgrade para CSS 3 ainda, mas se tiver feito quando você estiver lendo isso, ainda deve validar).

qui estão alguns ícones ue você pode colocar m sua página se quiser nostrar que suas CSS stão válidas. (Você pode obter ícones similares para o HTML validado, também).

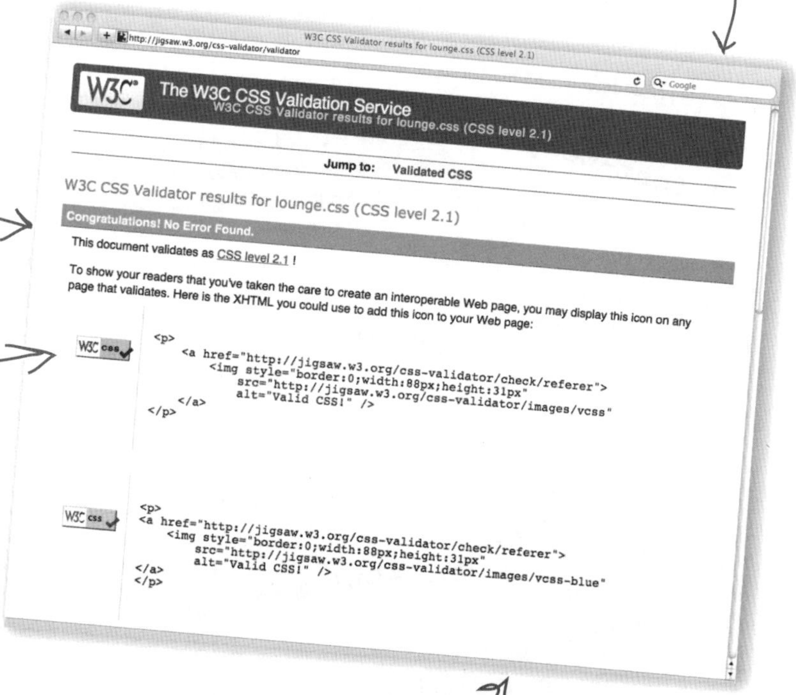
http://jigsaw.w3.org/css-validator/validator
W3C CSS Validator results for lounge.css (CSS level 2.1)
W3C
The W3C CSS Validation Service
W3C CSS Validator results for lounge.css (CSS level 2.1)
Jump to: Validated CSS
W3C CSS Validator results for lounge.css (CSS level 2.1)
Congratulations! No Error Found.
This document validates as CSS level 2.1 !
To show your readers that you've taken the care to create an interoperable Web page, you may display this icon on any page that validates. Here is the XHTML you could use to add this icon to your Web page:
W3C css
<p>
<a href="http://jigsaw.w3.org/css-validator/check/referer">
<img style="border:0;width:88px;height:31px"
src="http://jigsaw.w3.org/css-validator/images/vcss"
alt="Valid CSS!" />
</a>
</p>
W3C css
<p>
<a href="http://jigsaw.w3.org/css-validator/check/referer">
<img style="border:0;width:88px;height:31px"
src="http://jigsaw.w3.org/css-validator/images/vcss-blue"
alt="Valid CSS!" />
</a>
</p>

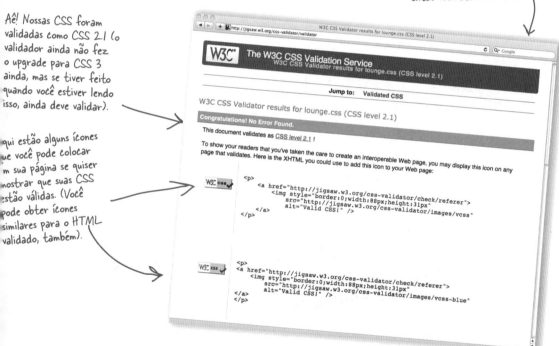

Assim como quando você valida o HTML corretamente, você ganha a "faixa verde do sucesso" quando você passa pela validação de suas CSS. Verde é ótimo!

não existem Perguntas Idiotas

P: Eu preciso me preocupar com os alertas?

R: É bom dar uma olhada neles, mas alguns estão mais na categoria das sugestões do que na de "você deve fazer". O validador pode ser meio enjoado com essas coisas, mas apenas fique ciente dos alertas.

Sopa de Propriedades

top

Controla a posição do topo do elemento.

text-align

Use esta propriedade para alinhar seu texto à esquerda, à direita ou para centralizá-lo.

letter-spacing

Deixa você definir o espaço entre as letras. D e s t a m a n e i r a.

color

Use color para definir a cor da fonte dos elementos texto.

background-color

Esta propriedade controla a cor de fundo de um elemento.

font-style

Use esta propriedade para obter um texto oblíquo ou com itálico.

font-weight

Esta propriedade controla o negrito do texto.

border

Esta propriedade coloca uma borda em torno de um elemento. Você pode ter uma borda sólida, uma borda com traços, uma borda pontilhada...

list-style

Esta propriedade permite que você altere a aparência de itens de lista, em uma lista.

left

É assim que você determina para um elemento se posicionar no lado esquerdo.

padding

Se você precisar de espaço entre o limite de um elemento e seu conteúdo, use padding.

line-height

Esta propriedade define o espaço entre as linhas em um em um elemento de texto.

font-size

Torna o texto maior ou menor.

background-image

Use esta propriedade para colocar uma imagem por trás de um elemento.

As CSS possuem um *monte* de propriedades de estilo. Você verá algumas no resto deste livro, mas dê uma olhada rápida agora para ter uma ideia de todos os aspectos do estilo que podem ser controlados nas CSS.

Parece que você vai pegar
o jeito desse tal de estilo.
Estamos ansiosos para ver o
que virá nos próximos capítulos.

PONTOS DE BALA

- As CSS contêm declarações simples, chamadas regras.
- Cada regra fornece um estilo para uma seleção de elementos do HTML.
- Uma regra típica consiste de um seletor junto com um ou mais valores e propriedades.
- O seletor especifica para quais elementos a regra se aplica.
- Cada declaração de propriedade termina com um ponto e vírgula.
- Todas as propriedades e valores em uma regra ficam entre chaves { }.
- Você pode selecionar qualquer elemento usando seu nome como o seletor.
- Ao separar os nomes dos elementos por vírgulas, você pode selecionar múltiplos elementos de uma vez só.
- Uma das maneiras mais fáceis de incluir um estilo no HTML é através da tag <style>.
- Para o HTML e para sites de qualquer complexidade, você deve criar um link para uma folha de estilos externa.
- O elemento <link> é usado para incluir uma folha de estilos externa.
- Muitas propriedades são herdadas. Por exemplo, se uma propriedade herdada definir o elemento <body>, todos os elementos filhos também a herdarão.
- Você sempre pode substituir propriedades que são herdadas através da criação de uma regra específica para o elemento que gostaria de mudar.
- Use o atributo class para adicionar elementos a uma classe.
- Use um "." entre o nome do elemento e o nome da classe para selecionar um elemento específico em tal classe.
- Use ".nomedaclasse" para selecionar quaisquer elementos que pertençam à classe.
- Um elemento pode pertencer a mais de uma classe se colocarmos múltiplos nomes de classes no atributo "class" com espaços entre os nomes.
- Você pode validar sua CSS usando o validador W3C, em http://jigsaw.w3.org/css-validator.

Palavras-cruzadas de HTML

Aqui estão algumas pistas com algum desafio mental que ajudarão você a marcar para sempre as rotas alternativas para a CSS diretamente em seu cérebro!

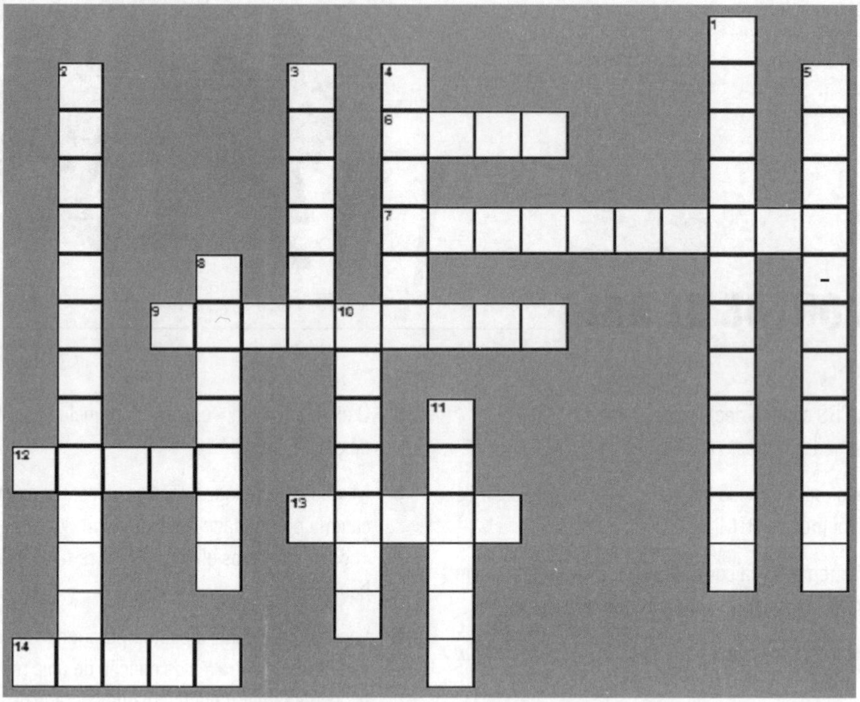

Horizontais

6. Use este elemento para incluir uma folha de estilos externa.

7. Um arquivo de estilo externo é chamado assim.

9. Fontes sem serifas.

12. Propriedade que representa a cor da fonte.

13. Você pode colocar sua CSS dentro destas tags em um arquivo HTML.

14. Parte ornamental de algumas fontes.

Verticais

1. Ganhou desta vez porque usou uma folha de estilos externa.

2. Eles realmente queriam algum estilo.

3. Os estilos são definidos aqui.

4. Define um grupo de elementos.

5. Propriedade para o tipo da fonte.

8. Cada regra define um conjunto de propriedades e de ________.

10. Seleciona um elemento.

11. Com a herança, uma propriedade definida em um elemento também é passada para seus ________.

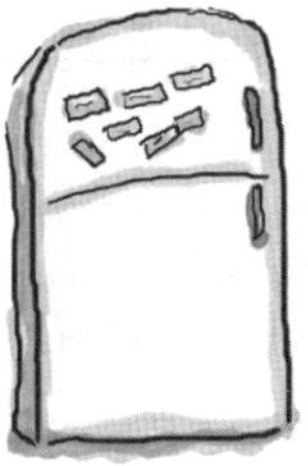

Ímãs de Geladeira – Solução

Você se lembra de ter desenhado o diagrama de elementos do HTML no Capítulo 3? Você fez isso novamente para a página principal do Bar. Aqui está a resposta

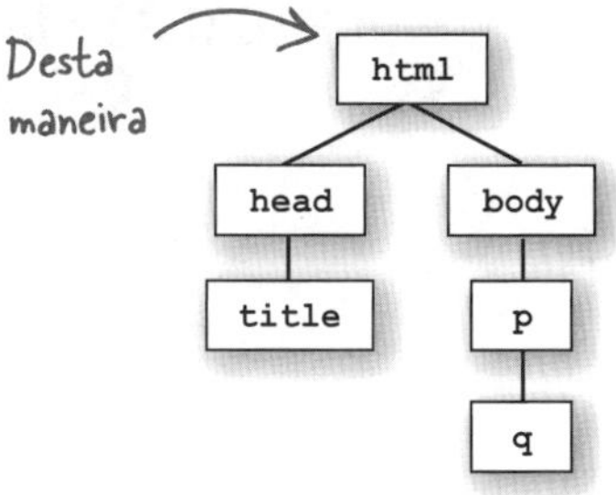
Desta maneira
html
head
body
title
p
q

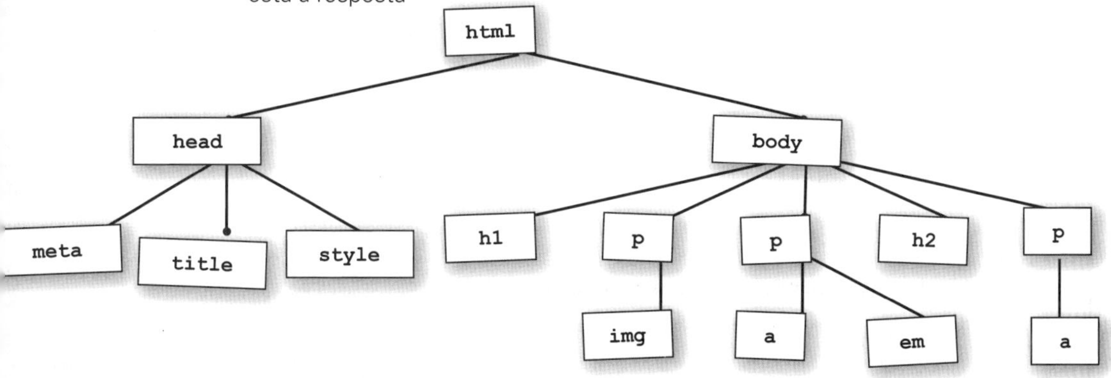
html
head
body
meta
title
style
h1
p
p
h2
p
img
a
em
a

Aponte o seu lápis Solução

Os elementos selecionados estão coloridos:

```
p, h2 {
    font-family: sans-serif;
}
```

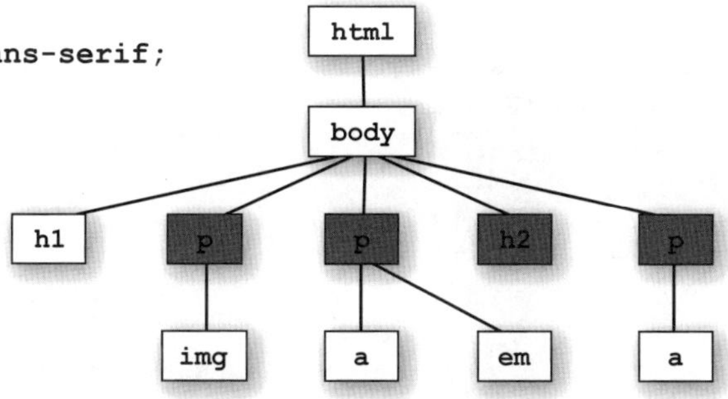
html
body
h1
p
p
h2
p
img
a
em
a

```
p, em {
    font-family: sans-serif;
}
```

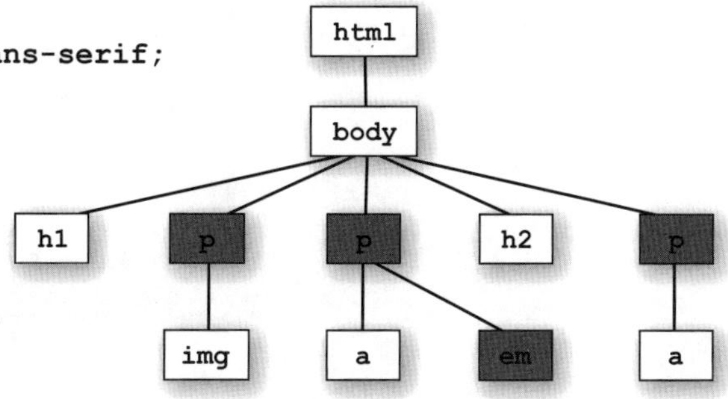
html
body
h1
p
p
h2
p
img
a
em
a

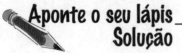

Aponte o seu lápis Solução

Sua vez: adicione duas classes, "raspberry" e "blueberry", para corrigir os parágrafos em "elixir.html", e então escreva os estilos para colorir os textos de azul e roxo, respectivamente. O valor da propriedade para raspberry é "blue" e para blueberry é "purple".

```
body {
        font-family: sans-serif;
}

h1, h2 {
        color: gray;
}

h1 {
        border-bottom: 1px solid black;
}

p {
        color: maroon;
}

p.greentea {
        color: green;
}

p.raspberry {
        color: blue;
}

p.blueberry {
        color: purple;
}
```

Head First Lounge Elixirs
file:///chapter7/lounge/beverages/elixir.html
Our Elixirs
Green Tea Cooler
Chock full of vitamins and minerals, this elixir combines the healthful benefits of green tea with a twist of chamomile blossoms and ginger root.
Raspberry Ice Concentration
Combining raspberry juice with lemon grass, citrus peel and rosehips, this icy drink will make your mind feel clear and crisp.
Blueberry Bliss Elixir
Blueberries and cherry essence mixed into a base of elderflower herb tea will put you in a relaxed state of bliss in no time.
Cranberry Antioxidant Blast
Wake up to the flavors of cranberry and hibiscus in this vitamin C rich elixir.

```
<!doctype html>
<html>
  <head>
    <meta charset="utf-8">
    <title>Head First Lounge Elixirs</title>
    <link type="text/css" rel="stylesheet" href="../lounge.css">
  </head>
  <body>
    <h1>Our Elixirs</h1>
    <h2>Green Tea Cooler</h2>
    <p class="greentea">
            <img src="../images/green.jpg" alt="Green Tea">
            Chock full of vitamins and minerals, this elixir
            combines the healthful benefits of green tea with
            a twist of chamomile blossoms and ginger root.
    </p>
    <h2>Raspberry Ice Concentration</h2>
    <p class="raspberry">
            <img src="../images/lightblue.jpg" alt="Raspberry Ice">
            Combining raspberry juice with lemon grass,
            citrus peel and rosehips, this icy drink
            will make your mind feel clear and crisp.
    </p>
    <h2>Blueberry Bliss Elixir</h2>
    <p class="blueberry">
            <img src="../images/blue.jpg" alt="Blueberry Bliss">
            Blueberries and cherry essence mixed into a base
            of elderflower herb tea will put you in a relaxed
            state of bliss in no time.
    </p>
    <h2>Cranberry Antioxidant Blast</h2>
    <p>
            <img src="../images/red.jpg" alt="Cranberry Blast">
            Wake up to the flavors of cranberry and hibiscus
            in this vitamin C rich elixir.
    </p>
  </body>
</html>
```

Exercício Solução

Quem recebe a herança?

```
body {
    color: green;
}
p {
    color: black;
}
```

Snif, snif, o elemento <body> se foi para aquele grande browser que está no céu. Mas ele deixou um monte de descendentes e uma grande herança da cor verde. A seguir, você encontrará sua árvore genealógica. Marque todos os descendentes que herdarão a cor verde do elemento <body>. Não se esqueça antes de olhar a CSS que está abaixo. Aqui está a solução.

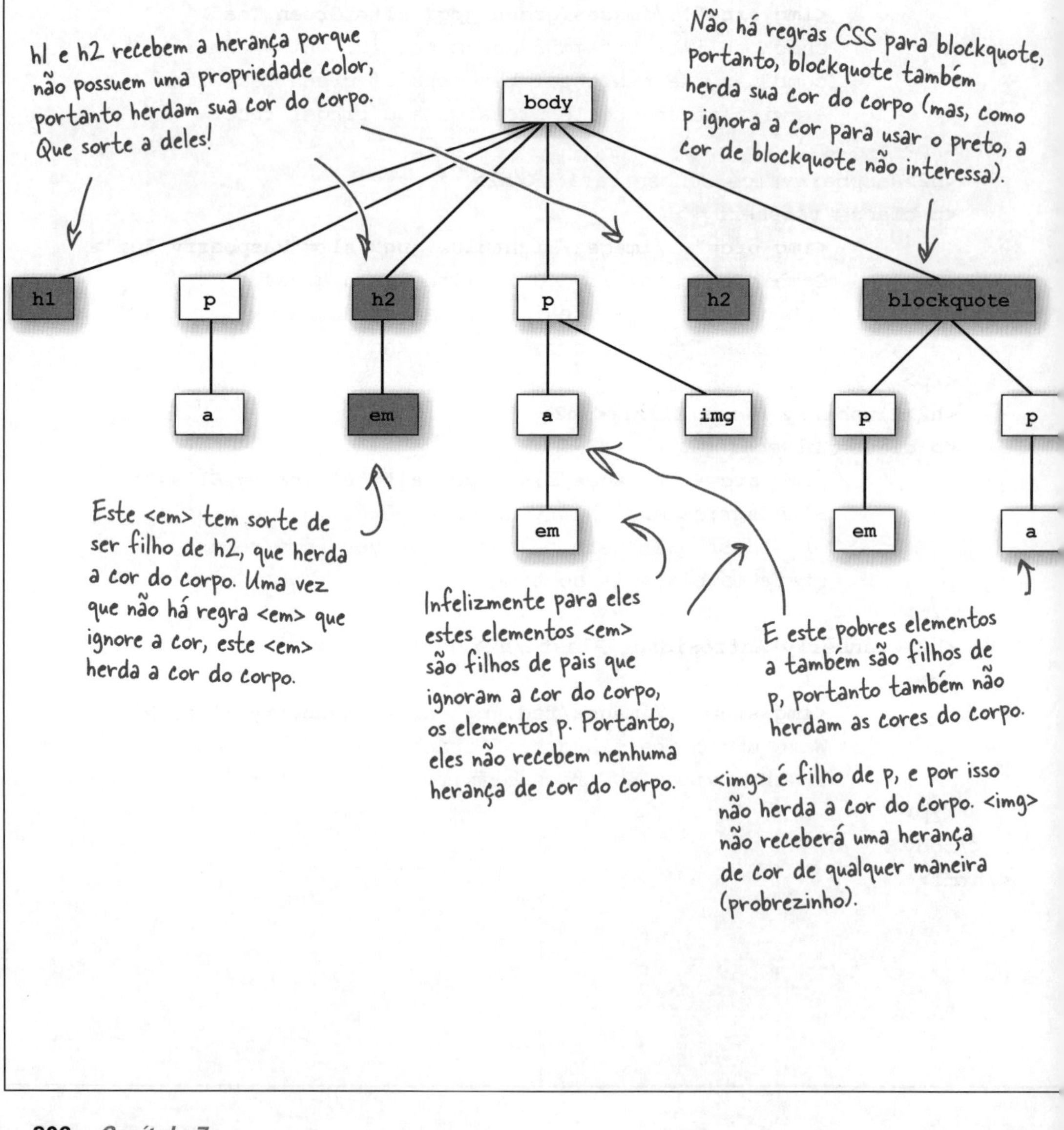
h1 e h2 recebem a herança porque não possuem uma propriedade color, portanto herdam sua cor do corpo. Que sorte a deles!
Não há regras CSS para blockquote, portanto, blockquote também herda sua cor do corpo (mas, como p ignora a cor para usar o preto, a cor de blockquote não interessa).
body
h1
p
h2
p
h2
blockquote
a
em
a
img
p
p
em
em
a
Este <em> tem sorte de ser filho de h2, que herda a cor do corpo. Uma vez que não há regra <em> que ignore a cor, este <em> herda a cor do corpo.
Infelizmente para eles estes elementos <em> são filhos de pais que ignoram a cor do corpo, os elementos p. Portanto, eles não recebem nenhuma herança de cor do corpo.
E este pobres elementos a também são filhos de p, portanto também não herdam as cores do corpo.
<img> é filho de p, e por isso não herda a cor do corpo. <img> não receberá uma herança de cor de qualquer maneira (probrezinho).

Sinta-se como o Browser – Solução

A seguir, você encontrará o arquivo CSS "style.css" com alguns erros. Sua tarefa é atuar como se fosse o browser e localizar todos os erros. Você encontrou todos eles?

```
<style>

body {
    background-color: white

h1, {
    gray;
    font-family: sans-serif;
}

h2, p {
    color:
}

<em> {
    font-style: italic;
}

</style>
```

Não deve haver nenhum XHTML em sua CSS! As tags <style> são estilos e não funcionam em uma folha de estilos CSS.

Está faltando o ponto-e-vírgula.

Está faltando um }

Há uma vírgula aqui.

Está faltando o nome da propriedade.

Estão faltando o valor da propriedade e um ponto e vírgula.

Uso de uma tag HTML ao invés de apenas o nome do elemento. Isto deveria ser <em>.

Nenhuma tag </style> é necessária na folha de estilos CSS.

Exercício
Solução

Em seu arquivo "lounge.html", altere o parágrafo do "greentea" para incluir todas as classes, desta maneira:

```
<p class="greentea raspberry blueberry">
```

Salve e recarregue. Qual a cor do parágrafo do Cooler de Chá Verde agora? roxo.

É roxo porque a regra blueberry é a última no arquivo CSS.

Em seguida, reordene as classes em seu HTML:

```
<p class="raspberry blueberry greentea">
```

Salve e recarregue. Qual a cor do parágrafo do Cooler de Chá Verde agora? roxo.

Ainda é roxo porque a ordem dos nomes no atributo class

Em seguida, abra seu arquivo CSS e mova a regra "p.greentea" para o final do arquivo.

Salve e recarregue. Qual a cor do parágrafo do Cooler de Chá Verde agora? verde

Agora é verde porque a regra chave vem por último no arquivo CSS.

Finalmente, mova a regra "p.raspberry" para o final do arquivo.

Salve e recarregue. Qual a cor do parágrafo do Cooler de Chá Verde agora? azul.

Agora é azul porque a regra raspberry vem por último no arquivo CSS.

Depois que terminar, reescreva o elemento "greentea" para que ele volte a ser como era originalmente:

```
<p class="greentea">
```

Salve e recarregue. Qual a cor do parágrafo do Cooler de Chá Verde agora? verde.

O.k., agora o elemento <p> pertence apenas a uma classe, e assim usamos a regra mais específica, que é p.greentea.

Palavras-cruzadas de HTML – Solução

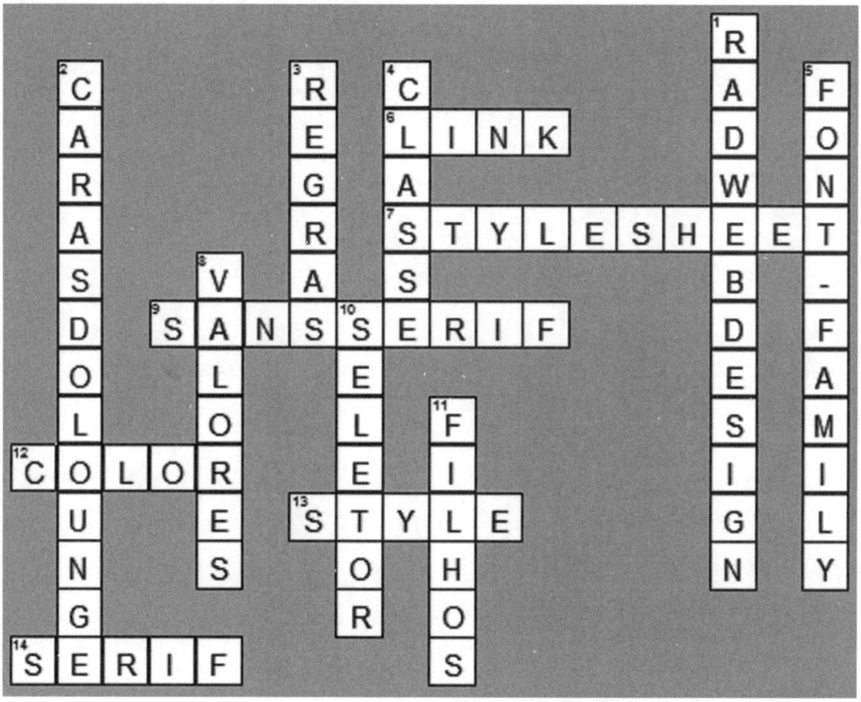
1 RADWEBDESIGN
2 CARASDOLOUNG
3 REGRA
4 CLASS
5 FONT-FAMILY
6 LINK
7 STYLESHEET
8 VALORES
9 SANSSERIF
10 SELETOR
11 FILHOS
12 COLOR
13 STYLE
14 SERIF

8 aplique estilo com fontes e cores

Expanda Seu Vocabulário

101 CSS
Propertie

Suas aulas de linguagem CSS estão transcorrendo bem. Você já sabe o básico das CSS e sabe como criar regras CSS para selecionar e determinar o estilo dos elementos. Agora você precisa aumentar seu vocabulário e isso significa conhecer algumas propriedades novas e aprender o que elas podem fazer por você. Neste capítulo, vamos trabalhar com algumas das propriedades mais comuns que afetam a exibição do texto. Para fazer isso, você precisará aprender algumas coisas sobre fontes e cores. Você verá que não precisa ficar empacado nas fontes que todo mundo usa ou nos tamanhos e estilos desajeitados que o browser utiliza como padrão para os parágrafos e títulos. Também veremos que há muito mais nas cores do que podemos ver.

Texto e fontes vistos de 9.000 metros

Andale Mono
Arial
Arial Black
Comic Sans
Courier New
Georgia
Impact
Times New Roman
Trebuchet MS
Verdana

Muitas das propriedades das CSS são dedicadas a ajudar você a colocar estilo em seu texto. Usando as CSS, você pode controlar a família da fonte, o estilo, a cor e até mesmo as decorações que você coloca em seu texto, como veremos neste capítulo. Começaremos por explorar as fontes que são usadas para exibir suas páginas. Você já viu a propriedade font-family; neste capítulo aprenderemos muito sobre como especificar fontes.

Antes de começarmos, vamos olhar muito por alto algumas propriedades que você pode usar para especificar e alterar a aparência de suas fontes. Depois disso, pegaremos as fontes uma por uma e aprenderemos as vantagens e desvantagens de cada uma.

Personalize as fontes em suas páginas com a propriedade "font-family".

As fontes podem ter um efeito dramático no design de sua página. Nas CSS, as fontes são divididas em "famílias", a partir das quais é possível especificar as fontes que serão usadas em cada elemento de sua página. Apenas algumas fontes são comumente instaladas na maioria dos computadores, portanto você precisa ter cuidado nas suas escolhas. Neste capítulo, levaremos você por um passeio através de tudo que você precisa saber para especificar e fazer o melhor uso de fontes.

Embora veremos em breve como você pode expandir as fontes disponíveis para seu browser.

```
body {
      font-family: Verdana, Geneva, Arial, sans-serif;
}
```

Controle o tamanho de suas fontes com a propriedade "font-size".

O tamanho da fonte também tem um grande impacto no design e na legibilidade de suas páginas Web. Há várias maneiras de especificar tamanhos de fonte com as CSS, e neste capítulo estudaremos cada uma, mas também ensinaremos a você como especificar suas fontes de uma maneira que permita que seus usuários aumentem o tamanho da fonte sem afetar o design da página.

```
body {
      font-size: 14px;
}
```

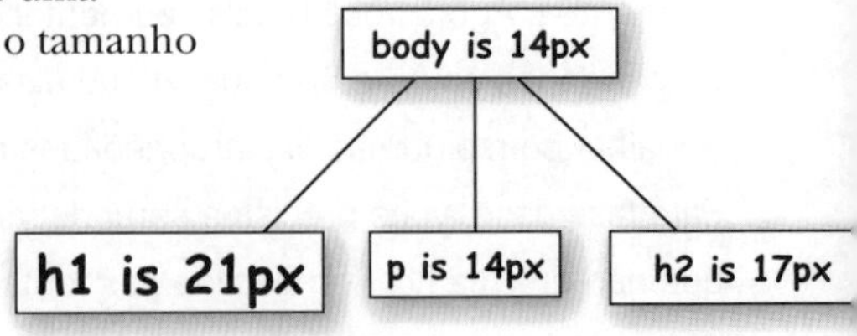
body is 14px
h1 is 21px
p is 14px
h2 is 17px

Adicione cor a seu texto com a propriedade "color".

Você pode alterar a cor do texto com a propriedade "color". Para fazer isso, é útil saber um pouco sobre as cores da Web. Mostraremos todas as vantagens e desvantagens de "color", incluindo os misteriosos "códigos hexadecimais" de "color".

```
body {
        color: silver;
}
```

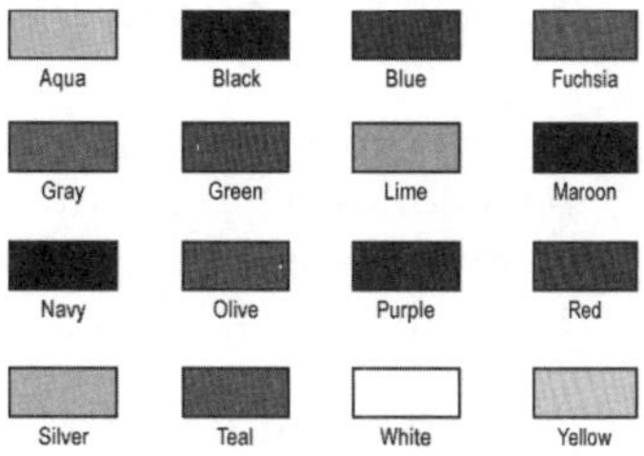
Aqua
Black
Blue
Fuchsia
Gray
Green
Lime
Maroon
Navy
Olive
Purple
Red
Silver
Teal
White
Yellow

Altere o peso de suas fontes com a propriedade "font-weight".

Por que ficar apenas nas fontes comuns e sem graça quando você pode dar a elas algum peso extra quando necessário? Suas fontes estão parecendo muito pesadas? Afine-as para um peso normal. Tudo isso pode ser facilmente feito com a propriedade `font-weight`.

```
body {
        font-weight: bold;
}
```

lighter

normal

bold

bolder

Adicione ainda mais estilo a seu texto com a propriedade "text-decoration".

Usando a propriedade `text-decoration`, você pode decorar seu texto com linhas acima do texto, sublinhados e tachados. E se você ainda não estiver cansado do texto piscante que inundou a Web nos anos 90, os projetistas das CSS incluíram até mesmo um valor "blink" para `text-decoration` (apesar de eles não exigirem que os browsers o implementem, ainda bem!).

```
body {
        text-decoration: underline;
}
```

none

underline

overline

~~line-through~~

Afinal, o que é uma família de fontes?

Você já conhece a propriedade `font-family` e até aqui sempre especificou seu valor como "sans-serif". Você pode ser muito mais criativo do que isso com a propriedade `font-family`, mas ajuda saber primeiro o que é uma família de fontes. Eis aqui um pequeno resumo...

Cada família de fontes contém um conjunto de fontes que compartilham características comuns. Há cinco famílias de fontes: sem serifa, com serifa, monoespaçadas, cursivas e fantasia. Cada família inclui um grande conjunto de fontes, portanto nesta página você verá apenas alguns exemplos de cada.

Família Sem Serifa

Verdana

Arial Black

Trebuchet MS

Arial

Geneva

A família serif inclui fontes com serifas. Muitas pessoas associam sua aparência com as fontes usadas em jornais impressos.

As serifas são as pontinhas decorativas no final das letras.

A família sans-serif inclui fontes sem serifas. Essas fontes normalmente são consideradas mais legíveis em telas de computador do que as fontes com serifas.

Sans-serif significa sem serifa.

Família Com Serifa

Times

Times New Roman

Georgia

As fontes variam de um computador para outro. Na verdade, o conjunto de fontes disponíveis pode variar dependendo do sistema operacional, assim como de quais fontes ou aplicações o usuário instalou. Portanto, tenha em mente que as fontes de sua máquina podem ser diferentes daquelas que estão disponíveis para seus usuários. E, como dissemos, vamos lhe mostrar como estender o conjunto de fontes em breve...

Família Monoespaçada

Comic Sans

Apple Chancery

A família monoespaçada é composta de fontes que possuem caracteres de largura constante. Por exemplo, o espaço horizontal ocupado por um i é o mesmo de um m. Essas fontes são primariamente usadas para mostrar exemplos de código.

A família cursiva inclui fontes que parecem escritas à mão. Algumas vezes você verá essas fontes usadas em títulos.

Dê uma boa olhada nas famílias de fontes: as fontes com serifa possuem um visual elegante e tradicional, enquanto as sem serifa possuem um visual legível e claro. As fontes monoespaçadas parecem ter sido escritas em uma máquina de escrever. As fontes cursivas e de fantasia possuem um apelo estilizado e brincalhão.

Família Cursiva

Comic Sans

Apple Chancery

Família Fantasia

A família de fontes fantasia contém fontes decorativas e estilizadas. Essas fontes normalmente não são amplamente utilizadas e raramente aparecem em Web design sérios.

LAST NINJA

Impact

Ímãs de Geladeira

Sua tarefa é ajudar as fontes ficcionais abaixo a encontrarem seu caminho para sua própria família de fontes. Mova cada ímã de geladeira que está à esquerda para a família de fontes correta à direita. Verifique suas respostas antes de prosseguir. Revise as descrições das famílias de fontes nas páginas anteriores, se for necessário.

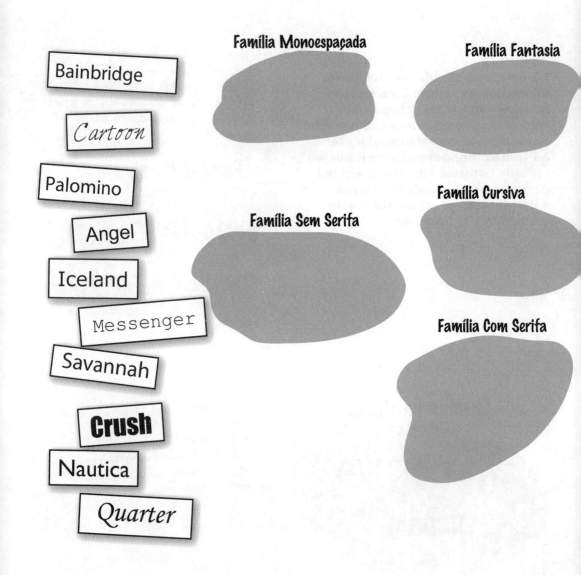

Bainbridge

Cartoon

Palomino

Angel

Iceland

Messenger

Savannah

Crush

Nautica

Quarter

Família Monoespaçada

Família Fantasia

Família Cursiva

Família Sem Serifa

Família Com Serifa

Especifique famílias de fontes usando as CSS

Ok, então há um monte de boas fontes por aí que vêm de várias famílias. Como você as coloca em suas páginas? Bem, você já teve uma ideia com a propriedade `font-family` do capítulo anterior, quando especificou uma `font-family` como "sans-serif" para o lounge. Aqui há um exemplo mais interessante:

Normalmente, a especificação da font-family contém uma lista de fontes alternativas, todas da mesma família.

```
body {
      font-family: Verdana, Geneva, Arial, sans-serif;
}
```

Você pode especificar mais de uma fonte usando a propriedade font-family. Só é preciso digitar os nomes das fontes separados por vírgulas.

Escreva o nome das fontes como eles são soletrados, inclusive com as letras maiúsculas e minúsculas.

Sempre coloque um nome de família genérica de fontes no final, como serif, sans-serif, cursiva ou monoespaçada. Você verá em breve o que isso faz

Como funcionam as especificações da família de fontes

Veja como o browser interpreta as fontes listadas na especificação de `font-family`:

Verifique se a fonte Verdana está disponível no computador e, se estiver, use-a como a fonte para este elemento (nesse caso, o elemento <body>).

Se a Verdana não estiver disponível, então procure pela fonte Geneva e, se ela estiver disponível, use-a no corpo.

Se a Geneva não estiver disponível, então procure pela fonte Arial e, se ela estiver disponível, use-a no corpo.

Finalmente, se nenhuma dessas fontes for encontrada, use qualquer uma que o browser considere como a fonte sans-serif padrão.

```
body {
      font-family: Verdana, Geneva, Arial, sans-serif;
}
```

Você não precisa especificar quatro opções de fontes; é possível ter duas, três, etc. No último capítulo, nós só usamos uma – a fonte sans-serif padrão – apesar de não recomendarmos isso, porque não dá a você muito controle sobre as fontes que gostaria de usar.

A propriedade **font-family** oferece a você uma maneira de criar uma lista de fontes preferidas. Tomara que a maioria dos browsers tenha uma de suas primeiras opções, mas se não tiver, você pode pelo menos garantir que o browser oferecerá uma fonte genérica da mesma família.

Vamos colocar algumas fontes em suas páginas...

Faça uma limpeza no Diário do Tonico

Agora que você sabe como especificar fontes, vamos dar uma outra olhada na página Segway no Brasil, do Tonico, e dar uma aparência nova para ela. Vamos fazer alterações pequenas e incrementais nos estilos do texto na página do Tonico e, enquanto que nenhuma alteração por si só fará uma diferença dramática, no final do capítulo achamos que você concordará que o site estará com uma aparência nova e mais agradável. Vamos ter uma ideia de onde podemos fazer alguns aperfeiçoamentos e vamos dar ao Tonico uma nova `font-family`.

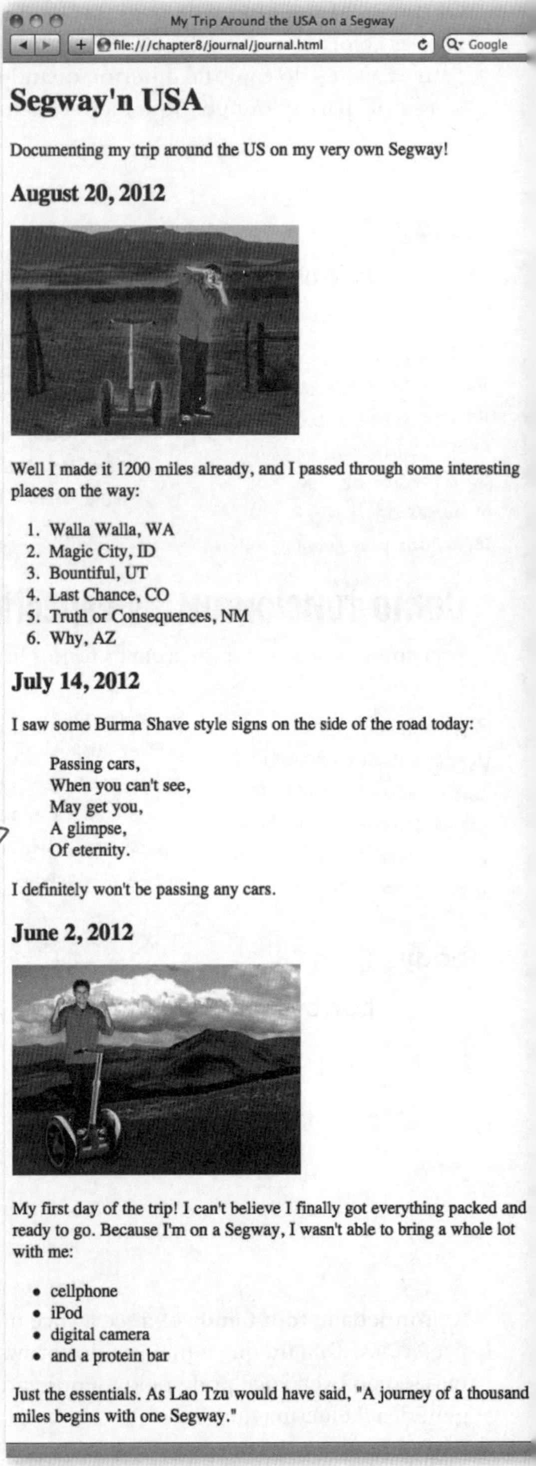
My Trip Around the USA on a Segway
file:///chapter8/journal/journal.html
Google
Segway'n USA
Documenting my trip around the US on my very own Segway!
August 20, 2012
Well I made it 1200 miles already, and I passed through some interesting places on the way:
1. Walla Walla, WA
2. Magic City, ID
3. Bountiful, UT
4. Last Chance, CO
5. Truth or Consequences, NM
6. Why, AZ
July 14, 2012
I saw some Burma Shave style signs on the side of the road today:
Passing cars,
When you can't see,
May get you,
A glimpse,
Of eternity.
I definitely won't be passing any cars.
June 2, 2012
My first day of the trip! I can't believe I finally got everything packed and ready to go. Because I'm on a Segway, I wasn't able to bring a whole lot with me:
cellphone
iPod
digital camera
and a protein bar
Just the essentials. As Lao Tzu would have said, "A journey of a thousand miles begins with one Segway."

Lembre-se que nós não aplicamos nenhum estilo no site do Tonico, então seu site está usando uma família de fontes com serifa para toda a página.

O tamanho padrão das fontes do título também está muito grande e não deixa a página muito atrativa.

A citação só está recuada. Seria melhor aperfeiçoar sua aparência adicionando algum estilo.

Exceto pelas fotos, esta página está muito monocromática, portanto vamos adicionar algumas cores para torná-la um pouco mais interessante.

Dê uma nova font-family ao Tonico

Vamos arrumar a página do Tonico com uma nova `font-family`. Vamos começar com algumas fontes "sans-serif" com um visual limpo. Primeiro, crie um novo arquivo, "journal.css", na pasta "chapter8/journal", e adicione esta regra:

```
body {
    font-family: Verdana, Geneva, Arial, sans-serif;
}
```

Estamos definindo a propriedade font-family no elemento <body>. Lembre-se, os elementos em <body> herdarão essas fontes.

Você encontrará Verdana na maioria dos PCs

E Geneva na maioria dos Macs.

Arial é comum em ambos.

Escolhemos um conjunto de fontes sem serifa aqui.

E se tudo isso falhar, temos a sans-serif padrão.

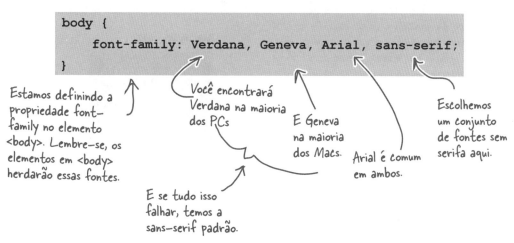

Agora você precisa criar um link do diário do Tonico até o novo arquivo de folha de estilos. Para fazer isso, abra o arquivo "journal.html" na pasta "chapter8/journal". Adicione o elemento `<link>` para criar o link para o estilo em "journal.css", como fizemos a seguir.

Nós já fomos adiante e atualizamos o arquivo diário.html do Tonico com HTML5 oficial, adicionando o doctype e tag <meta>

```
<!doctype html>
<html>
    <head>
        <meta charset="utf-8">
        <link type="text/css" rel="stylesheet" href="journal.css">
        <title>My Trip Around the USA on a Segway</title>
    </head>
    <body>
      .
      .
      .
    </body>
</html>
```

Aqui é local onde criamos o link para o novo arquivo journal.css.

Depois de fazer essa alteração, salve o arquivo, abra seu browser e carregue a página.

Faça um test drive com as novas fontes do Tonico

Abra a página com a nova CSS no browser e você deverá ver que agora temos um agradável conjunto de fontes "sans-serif". Vamos dar uma olhada na mudança...

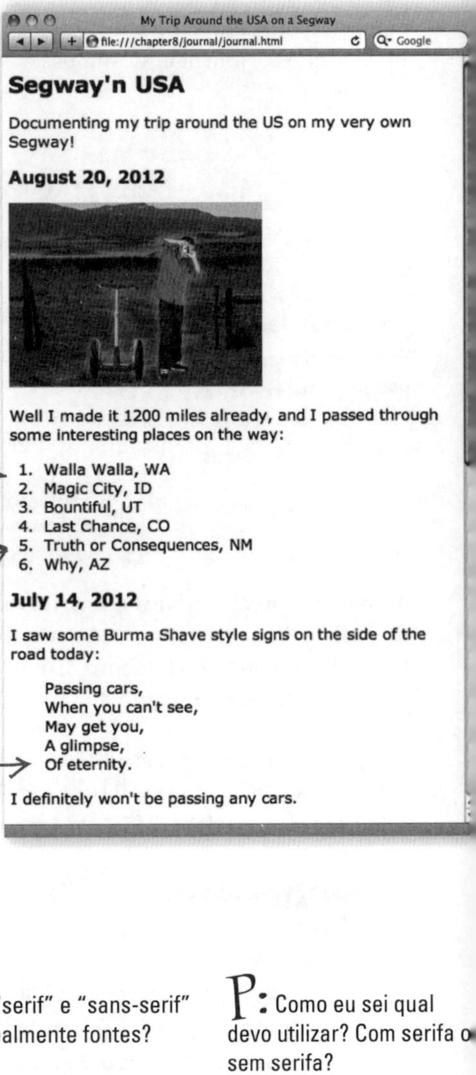
My Trip Around the USA on a Segway
file:///chapter8/journal/journal.html
Google
Segway'n USA
Documenting my trip around the US on my very own Segway!
August 20, 2012
Well I made it 1200 miles already, and I passed through some interesting places on the way:
1. Walla Walla, WA
2. Magic City, ID
3. Bountiful, UT
4. Last Chance, CO
5. Truth or Consequences, NM
6. Why, AZ
July 14, 2012
I saw some Burma Shave style signs on the side of the road today:
Passing cars,
When you can't see,
May get you,
A glimpse,
Of eternity.
I definitely won't be passing any cars.

A fonte definitivamente dá à página Web do Tonico um novo visual. Os títulos agora possuem um visual mais limpo sem as serifas nas letras, apesar de ainda parecerem meio grandes na página.

O texto do parágrafo também está mais limpo e legível.

Como a font-family é uma propriedade herdada, todos os elementos da página estão agora usando uma fonte sans-serif, até mesmo os elementos da lista...

...e os <blockquote>.

E se as fontes com serifa eram da sua preferência, não nos deixe impedi-lo. Sempre poderemos refazer a declaração da font-family para que a página volte a usar fontes com serifa.

não existem Perguntas Idiotas

P: Como eu posso especificar uma fonte com mais de uma palavra no nome, como Courier New?

R: Basta colocar o nome entre aspas em sua declaração de "`font-family`", assim: `"Courier New", Courier;`

P: Então a propriedade "font-family" é realmente um conjunto de fontes opcionais?

R: Sim. É basicamente uma lista de prioridades para fontes. A primeira é a fonte que você gostaria de usar, seguida por uma boa substituta, seguida por mais substitutas e assim por diante. Para a última fonte, você deve especificar uma "sans-serif" ou "serif" genérica, que deve estar na mesma família de todas as fontes em sua lista.

P: "serif" e "sans-serif" são realmente fontes?

R: "serif" e "sans-serif" não são nomes de fontes verdadeiras. Entretanto, seu browser colocará uma fonte verdadeira no lugar de "serif" ou "sans-serif" se outras fontes antes delas na declaração de "font-family" não puderem ser encontradas. A fonte utilizada em seu lugar será aquela definida pelo browser como a fonte padrão para aquela família.

P: Como eu sei qual devo utilizar? Com serifa o sem serifa?

R: Não há regras. Entretanto, em uma tela de computador, muitas pessoas consideram a "sans-serif" melhor para o texto do corpo. Você encontrará muitos design que usam serifa no texto do corpo, ou que misturam as fontes com e sem serifa. Portanto, é você quem deve definir a fonte e o tipo de visua que deseja em sua página.

Como devo lidar com o fato de que todo mundo tem fontes diferentes?

O chato com as fontes é que você não pode controlar que fontes estão nos computadores de seus usuários. E não é só isso, elas ainda podem diferir conforme o sistema operacional — o que pode estar no seu Mac pode não estar no PC do usuário.

Então como lidar com isso? A estratégia garantida é criar uma lista de fontes que são mais apropriadas para sua páginas e então torcer para ue o usuário tenha ao menos uma instalada. Se ele não tiver, bem, ao menos podemos contar com o browser para fornecer uma fonte genérica da mesma família de fonte.

Vamos ver como fazer isso com mais detalhes. O que você precisa fazer é garantir que sua declaração de "`font-family`" inclua fontes que possam existir tanto no Windows como no Mac (assim como em qualquer outra plataforma que seus usuários possam estar usando, como Linux ou talvez dispositivos móveis) e que também termine com uma família de fonte.

Eis aqui um exemplo:

Estas fontes provavelmente estarão disponíveis tanto no Windows como no Mac.

Andale Mono
Arial
Arial Black
Comic Sans
Courier New
Georgia
Impact
Times New Roman
Trebuchet MS
Verdana

É mais provável que estas fontes estejam nos computadores Macintosh.

Geneva
Courier
Helvetica
Times

amos dar outra olhada m nossa definição para s páginas do Tonico...

(1) Gostaríamos que a Verdana fosse usada, mas...

(3) Tudo bem, porque provavelmente poderemos contar que a Arial esteja tanto no Windows como no Mac, mas se não estiver...

```
font-family: Verdana, Geneva, Arial, sans-serif;
```

(2) Se ela não puder ser utilizada, a Geneva seria boa, mas isso provavelmente só aconteceria em Macs. Mas se ela não existir...

(4) Então ainda está tudo bem, vamos deixar o browser escolher a fonte sem serifa para nós.

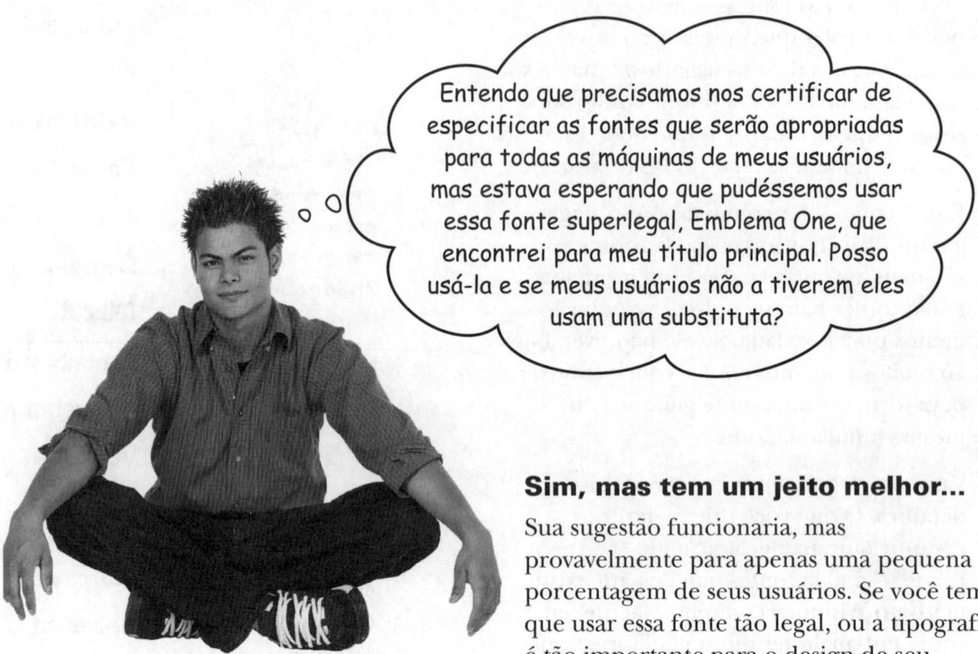
Entendo que precisamos nos certificar de especificar as fontes que serão apropriadas para todas as máquinas de meus usuários, mas estava esperando que pudéssemos usar essa fonte superlegal, Emblema One, que encontrei para meu título principal. Posso usá-la e se meus usuários não a tiverem eles usam uma substituta?

Sim, mas tem um jeito melhor...

Sua sugestão funcionaria, mas provavelmente para apenas uma pequena porcentagem de seus usuários. Se você tem que usar essa fonte tão legal, ou a tipografia é tão importante para o design de seu site, você pode na verdade entregar uma fonte direto para o browser de seu usuário usando as Web Fonts.

Para fazer isso, você vai usar uma nova função das CSS: a regra `@font-face`. Essa regra permite que você defina o nome e localização de uma fonte que possa ser utilizada em sua página.

Vamos ver como ela funciona...

Como as Web Fonts funcionam

Com as Web Fonts, você pode tirar vantagem de uma nova capacidade dos browsers modernos que permitem que você entregue novas fontes direto a seus usuários. Uma vez que a fonte é entregue, o browser pode então usar a Web Font assim como qualquer outra fonte e você pode até aplicar estilo a seu texto com CSS. Vejamos como as Web Fonts funcionam com um pouco mais de detalhe:

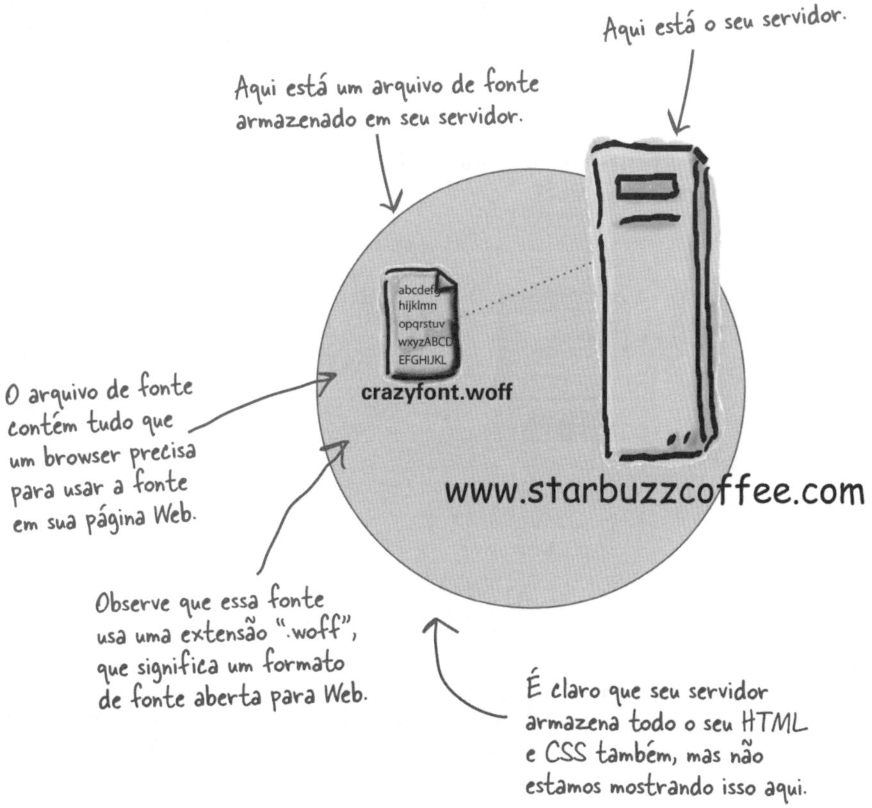
Aqui está o seu servidor.
Aqui está um arquivo de fonte armazenado em seu servidor.
abcdefg
hijklmn
opqrstuv
wxyzABCD
EFGHIJKL
crazyfont.woff
O arquivo de fonte contém tudo que um browser precisa para usar a fonte em sua página Web.
www.starbuzzcoffee.com
Observe que essa fonte usa uma extensão ".woff", que significa um formato de fonte aberta para Web.
É claro que seu servidor armazena todo o seu HTML e CSS também, mas não estamos mostrando isso aqui.

1. Para utilizar as Web Fonts, o browser primeiro recupera uma página HTML que faz referência a ela.

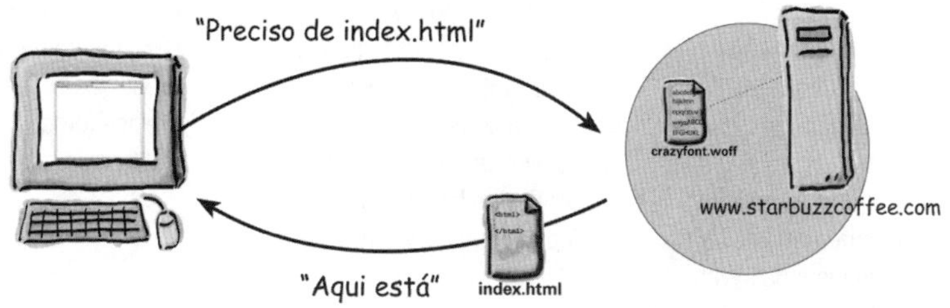
"Preciso de index.html"
crazyfont.woff
www.starbuzzcoffee.com
"Aqui está"
index.html

2 O browser então recupera os arquivos das Web Fonts necessários para a página.

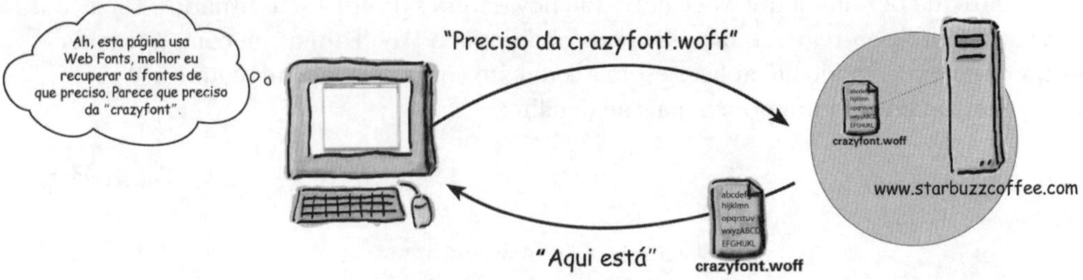
Ah, esta página usa Web Fonts, melhor eu recuperar as fontes de que preciso. Parece que preciso da "crazyfont".
"Preciso da crazyfont.woff"
crazyfont.woff
www.starbuzzcoffee.com
"Aqui está"
crazyfont.woff

3 Agora, com a fonte recuperada, o browser usa a fonte quando exibe a página.

"Vejam, uma nova fonte! Finalmente algo novo por aqui!"
Hello World!
crazyfont.woff
www.starbuzzcoffee.com

não existem Perguntas Idiotas

P: O que é woff, ou web open font format (formato de fonte aberta para Web)?

R: Woff está despontando como o formato padrão de fonte para Web Fonts, e você verá que ele é suportado hoje em dia por todos os browsers modernos. Sendo assim, já houve uma falta de padronização nesta área, com diferentes browsers suportando diferentes formatos de fonte. Se você precisa fornecer Web Fonts para browsers que não suport em woff, você deverá fornecer alguns formatos disponíveis como alternativas. Os serviços de hospedagem das Web Fonts podem ajudar muito nisso.

P: Então para usar uma Web Font, eu tenho que hospedar os arquivos de fonte em um servidor?

R: Se você estiver apenas testando fontes, você na verdade pode armazenar e se referir a elas como arquivos locais em seu próprio sistema de arquivos (assim como você faz, por exemplo, com uma imagem). Mas se você quer entregar fontes para seus usuários na Web, você tem que ou hospedar os arquivos em um servidor ou usar um serviço de hospedagem, como o do Google, que é gratuito.

P: Se eu usar uma Web Font, posso contar com ela para estar disponível para meus usuários?

R: Contanto que eles tenham um browser moderno (e descontando qualquer problema com conexão ou servidor), para a maior parte, sim. Entretanto, se eles estiverem usando browsers antigos ou dispositivos móveis que ainda não suportam Web Fonts, então as chances desaparecem e você precisa fornecer fontes alternativas (falaremos sobre isso em breve).

Como adicionar uma Web Font à sua página

Então você tem uma fonte especial que gostaria de adicionar à sua página? Vamos direto para como fazer isso usando as Web Fonts e a regra `@font-face` nas CSS.

Passo um: Encontre uma fonte

Se você não tem uma fonte, como o Tonico, você deve visitar os muitos sites existentes que têm tanto fontes grátis e licenciadas para usar em suas páginas (cheque o apêndice para mais informações). Vamos usar a sugestão do Tonico, Emblema One, que é uma fonte grátis.

Passo dois: Certifique-se de que você tenha todos os formatos da fonte que você precisa

Eis aqui uma boa notícia sobre Web Fonts: a regra de CSS `@font-face` é praticamente um padrão dentro dos browsers modernos. E uma má notícia: o formato usado para armazenar as fontes ainda não é um padrão (apesar de que estamos chegando lá), e na verdade existem muitos formatos diferentes (no momento da escrita deste livro) que são suportados pelos browsers em diversos graus. Aqui estão os formatos comuns (e suas respectivas extensões):

Fontes TrueType: .ttf

Fontes OpenType: .otf

Fontes TrueType e OpenType são próximas; a OpenType é construída por cima da TrueType (e é mais recente que a TrueType)).

Fontes Embedded OpenType: .eot

Embedded OpenType (EOT) é uma forma compacta da OpenType. É registrada (Microsoft) e suportada apenas pelo IE.

Fontes SVG: .svg

Scalable Vector Graphics, ou SVG, é um formato gráfico genérico, e as fontes SVG usam esse formato para representar os caracteres.

Fontes Web open font format: .woff

Web open font format é baseada na TrueType e está sendo desenvolvida como padrão para as Web Fonts. É bem suportada pela maioria dos browsers.

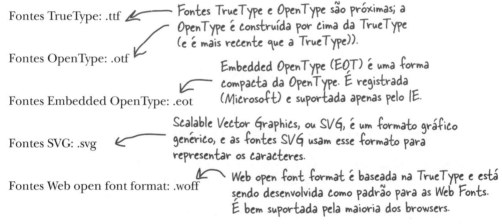

O formato mais suportado pelos browsers mais modernos é o formato web open font, então é esse que recomendamos que você use. Você pode oferecer uma alternativa para browsers antigos; nós usaremos TrueType, já que ele é bem suportado por todos os browsers também (com exceção do IE).

Passo três: Coloque seus arquivos de fontes na Web

Você deve colocar seus formatos de fonte da Web, para que eles sejam acessíveis pelos browsers de seus usuários. Ou você pode usar um dos muitos serviços de fontes online que hospedam esses arquivos para você. De qualquer forma, você vai precisar da URL de seus arquivos de fonte. Aqui estão os arquivos do Tonico, que colocamos em `wickedlysmart.com`:

```
http://wickedlysmart.com/hfhtmlcss/chapter8/journal/EmblemaOne-Regular.woff

http://wickedlysmart.com/hfhtmlcss/chapter8/journal/EmblemaOne-Regular.ttf
```

Passo quatro: Adicione a propriedade @font-face às suas CSS

Você obteve as URLs para as versões .woff e .ttf da fonte chamada "Emblema One", então agora você pode adicionar a regra `@font-face` ao arquivo "journal.css". Adicione a regra ao *topo* do arquivo, acima da regra do `body`:

Ao contrário de uma regra normal que seleciona um conjunto de elementos e aplica estilo, a regra @font-face estabelece uma fonte, que é atribuída a um nome de uma família de fonte para ser usada mais tarde.

Vamos começar a regra com @font-face.

Na regra @font-face, criamos um nome para nossa fonte usando a propriedade font-family. Você pode usar o nome que quiser, mas geralmente é melhor bater com o nome da fonte, como "Emblema One".

```
@font-face {
  font-family: "Emblema One";
  src: url("http://wickedlysmart.com/hfhtmlcss/chapter8/journal/EmblemaOne-Regular.woff"
       url("http://wickedlysmart.com/hfhtmlcss/chapter8/journal/EmblemaOne-Regular.ttf")
}
```

A propriedade src diz ao browser onde obter a fonte. Precisamos especificar um valor src para todo arquivo que o browser deva reconhecer. No nosso caso, vamos fornecer tanto o .woff e .ttd, que são reconhecidos pelos browsers de hoje.

A regra `@font-face` diz ao browser para carregar os arquivos de fonte nos `src` URLs. Os browsers tentarão carregar cada arquivo src até encontrar um que possa suportar. Uma vez carregada, a fonte recebe o nome que você especificou na propriedade `font-family` — neste caso, "Emblema One". Agora vamos pegar essa fonte e ver como podemos usá-la para estilizar a página.

Dica: você já sabe como fazer sso!

Passo cinco: Use o nome da font-family em suas CSS

Uma vez que você carregou uma fonte no browser com a regra `@font-face`, você pode usar a fonte referenciando o nome que você deu a ela usando a propriedade `font-family`. Vamos trocar a fonte no título `<h1>` na página do Tonico para usar a fonte "Emblema One". Para fazer isso, vamos adicionar uma regra para `<h1>` assim:

```
h1 {
  font-family: "Emblema One", sans-serif;
}
```

Nós especificamos o nome da fonte normalmente, só que dessa vez é uma fonte que carregamos usando @font-face! E para o caso de algo dar errado, nós especificamos sans-serif com uma alternativa.

Passo seis: Carregue a página!

É isso aí! Você está pronto para testar sua fonte. Recarregue o diário do Tonico e confira a próxima página para ver o que temos...

Faça o test drive da Web Font no diário do Tonico

Quando você recarrega "journal.html", você deve ver que o título <h1> no topo da página usa a Emblema One. Nada mal para apenas algumas linhas de CSS!

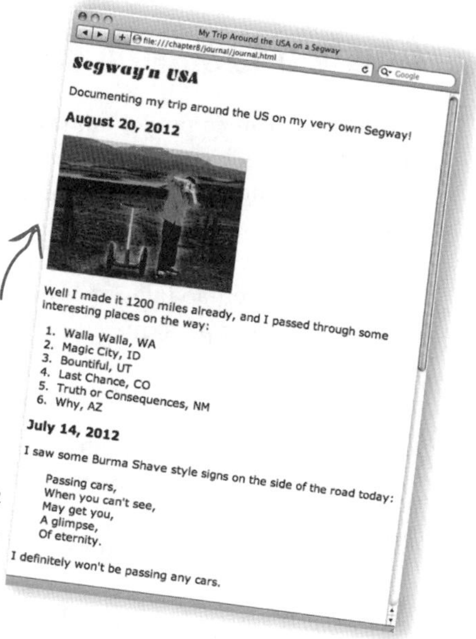

My Trip Around the USA on a Segway
file:///chapter8/journal/journal.html
Segway'n USA
Documenting my trip around the US on my very own Segway!
August 20, 2012
Well I made it 1200 miles already, and I passed through some interesting places on the way:
1. Walla Walla, WA
2. Magic City, ID
3. Bountiful, UT
4. Last Chance, CO
5. Truth or Consequences, NM
6. Why, AZ
July 14, 2012
I saw some Burma Shave style signs on the side of the road today:
Passing cars,
When you can't see,
May get you,
A glimpse,
Of eternity.
I definitely won't be passing any cars.

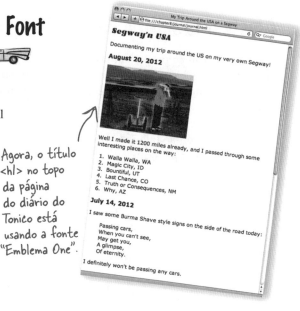

Agora, o título <h1> no topo da página do diário do Tonico está usando a fonte "Emblema One".

Veja bem!

Os formatos de fonte TTF e WOFF não funcionam no IE8 e anteriores.

Se você quer dar suporte aos usuários com browsers IE antigos, você deverá trabalhar um pouco mais com as Web Fonts e usar uma fonte EOT.

não existem Perguntas Idiotas

P: A regra @font-face não parece em se comporta com uma regra SS, não é?

R: Certo. Pense na regra @font-face omo uma regra CSS embutida, em ez de uma regra que funcione como m seletor. Em vez de selecionar um lemento, a @font-face permite com ue você recupere uma Web Font, e lhe tribua um nome de uma font-family. O do início é uma boa dica de que não é ma regra comum de CSS.

P: Existem outras regras de CSS mbutidas que eu deveria conhecer?

R: Existem. Duas comuns que você erá são a @import, que permite que ocê importe outros arquivos CSS (em ez de um <link> em seu HTML) e @ edia, que permite que você crie regras SS específicas para alguns tipos de mídia", como uma página impressa ersus uma tela de área de trabalho ersus um telefone celular. Você verá ais sobre @media posteriormente.

P: Web Fonts parecem ótimas, mas existe alguma desvantagem em usá-las?

R: Algumas. Primeiro, demora certo tempo recuperar as Web Fonts, então o desempenho de sua página pode sofrer na primeira vez que tiver que recuperá-las. Além disso, existe o problema de ter que gerenciar os múltiplos formatos de fonte. Finalmente, você pode encontrar celulares e pequenos dispositivos que não suportam as Web Fonts, então certifique-se de que você sempre forneça alternativas em seu design.

P: Posso usar múltiplas fontes personalizadas com @font-face?

R: Sim. Se está usando @font-face para carregar as fontes, então para cada uma que quiser usar, certifique-se de que os arquivos das fontes estejam disponíveis em seu servidor, e crie uma regra @font-face separada para cada um, para que possa dar para cada um nome único. (— Para saber ainda mais sobre Web Fonts, cheque o apêndice.)

Para mais informações sobre Web Fonts, cheque o apêndice.

Entretanto, lembre-se de se certificar de apenas escolher as fontes que de fato precisa em sua página; cada fonte extra leva um tempo extra para carregar sua página, então ter muitas Web Fonts em sua página a desacelera. Se ficar devagar demais, você pode ganhar usuários frustrados!

P: Você mencionou serviços para me ajudar a hospedar as Web Fonts. Você pode contar mais?

R: Claro! FontSquirrel (http://www.fontsquirrel.com/) é um ótimo local para encontrar fontes gratuitas e abertas que você pode carregar em seu servidor. O kit de fontes deles faz com que seja simples oferecer múltiplos formatos de uma fonte em especial. O Google Web Font Service (http://google.com/webfonts) é uma forma de deixar o Google fazer todo o trabalho pesado em gerenciar as fontes e CSS para você; neste caso, apenas faça o link para as fontes que deseja usar no serviço do Google e então use os nomes em suas CSS. Fácil!

Ajuste o tamanho das fontes

Agora que o Tonico possui um novo conjunto de fontes, precisamos trabalhar nos tamanhos delas, porque quase todos acham que os tamanhos padrão para os títulos são muito grandes, pelo menos esteticamente. Para fazer isso, você precisa saber como especificar o tamanho das fontes, e há na verdade algumas maneiras de fazê-lo. Vamos dar uma olhada em algumas maneiras de especificarmos "`font-size`", e então falaremos qual é a melhor maneira de especificar o tamanho da fonte para que elas fiquem consistentes e amigáveis.

Se você fizer tudo certo, qualquer usuário será capaz de aumentar o tamanho das fontes em sua página Web para melhorar a legibilidade.

px

Você pode especificar o tamanho de sua fonte em pixels, assim como as dimensões em pixels que utilizou para imagens no Capítulo 5. Quando você especifica o tamanho da fonte em pixels, está dizendo ao browser qual o tamanho em pixels as letras devem ter.

```
font-size: 14px;
```

O px deve vir logo depois do número de pixels. Você não pode colocar um espaço entre eles.

Nas CSS, você especifica os pixels com um número seguido por px. Isso diz que font-size deve ser de 14 pixelx.

Veja como especificar o font-size dentro de uma regra de corpo.

```
body {
      font-size: 14px;
}
```

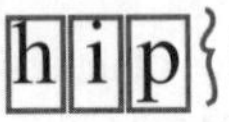
hip
14 pixels

Definir uma fonte com 14 pixels significa que haverá 14 pixels entre a base e o topo das letras.

%

Ao contrário dos pixels, que dizem a altura exata das fontes, um tamanho de fonte especificado como uma porcentagem diz à fonte

```
font-size: 150%;
```

como será o seu tamanho em relação a outra fonte. Portanto, `font-size: 150%;` informa que o tamanho da fonte de fonte. Mas, que outro tamanho de é uma propriedade herdada de um tamanho de fonte com %, ele será relativo ao elemento pai. Vamos ver como isso funciona...

Aqui especificamos um tamanho de fonte para o corpo em pixels, e um título de nível um com 150%,

```
body {
      font-size: 14px;
}
h1 {
      font-size: 150%;
}
```

em

Você também pode especificar tamanhos de fontes usando "`em`", que, como a porcentagem, é outra unidade relativa de medida. Com ele, você não especifica uma porcentagem, mas um fator de escala. Veja como usar o "`em`":

Não o confunda com o elemento <em>.

```
font-size: 1.2em;
```

Isto diz que o tamanho da fonte deve ter a escala de 1,2.

Digamos que você use essa medida para especificar o tamanho de um título <h2>. Seus títulos <h2> terão 1,2 vez o tamanho da fonte do elemento pai, que nesse caso é 1,2 vez 14px, o que dá mais ou menos 17px.

Na verdade o resultado é 16,8, mas a maioria dos browsers arredondará para 17.

```
body {
      font-size: 14px;
}
h1 {
      font-size: 150%;
}
h2 {
      font-size: 1.2em;
}
```

Este é o <h1> especificado pela porcentagem.

E este é o <h2> especificado pelo 1,2em.

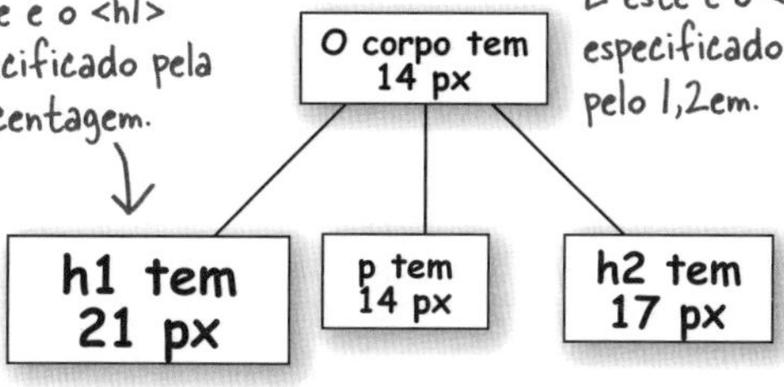
O corpo tem 14 px
h1 tem 21 px
p tem 14 px
h2 tem 17 px

keywords

Há uma outra maneira de especificar tamanhos de fontes: palavras-chave. Você pode especificar um tamanho de fonte como `xx-small`, `x-small`, `small`, `medium`, `large`, `x-large` ou `xx-large` e o browser traduzirá essas palavras-chave para valores de pixel usando os padrões definidos no browser.

Esta é tipicamente a maneira com as palavras-chave de tamanho se relacionam umas com as outras. Cada tamanho é por volta de 20% maior do que a anterior, e small é normalmente definido em torno de 12 pixels de altura. Tenha em mente, entretanto, que as palavras-chave nem sempre são definidas da mesma maneira em todos os browsers, e que os usuários podem redefini-las se quiserem.

xx-small
x-small
small
medium
large
x-large
xx-large

```
body {
      font-size: small;
}
```

Na maioria dos browsers isso fará com que o texto do corpo tenha em torno de 12 pixels.

Sim, mas como devo especificar o tamanho das minhas fontes?

Você possui algumas opções para definir o tamanho das fontes: `px`, `em`, porcentagens e palavras-chave. Assim, qual delas devemos usar? Apresentamos uma receita para a especificação de tamanhos de fonte que lhe dará resultados consistentes para a maioria dos browsers.

1. Escolha uma palavra-chave (recomendamos "small" ou "medium") e a especifique como o tamanho de fonte para a regra do corpo. Isso funcionará como o tamanho padrão de sua página.

2. Especifique o tamanho das fontes dos outros elementos com relação ao tamanho da fonte do corpo usando "em" ou porcentagens (a escolha entre eles é sua, uma vez que eles são essencialmente duas maneiras de fazer a mesma coisa).

Receita legal, mas o que há de bom nela? Ao definir suas fontes como relativas ao tamanho da fonte do corpo, fica realmente fácil alterar os tamanhos de fonte em sua página Web, simplesmente alterando o tamanho da fonte do corpo. Deseja redesenhar a página para aumentar as fontes? Se o tamanho da fonte do seu corpo for `small`, simplesmente mude-o para `medium` e voilà — todos os outros elementos aumentarão automaticamente e proporcionalmente, já que você especificou seus tamanhos em relação ao tamanho da fonte do corpo. Melhor ainda, digamos que seus usuários desejam redimensionar as fontes na página. Novamente, não há problema algum; usando essa receita, todas as fontes na página serão reajustadas automaticamente.

Vamos ver como isso tudo funciona. Primeiro, você define um tamanho para seu elemento <body>. Então, você define todos os outros tamanhos em relação ao primeiro tamanho, assim:

```
body { font-size: small; }
h1 { font-size: 150%; }
h2 { font-size: 120%; }
```

Isso dá a você uma árvore de documento que se parece com esta:

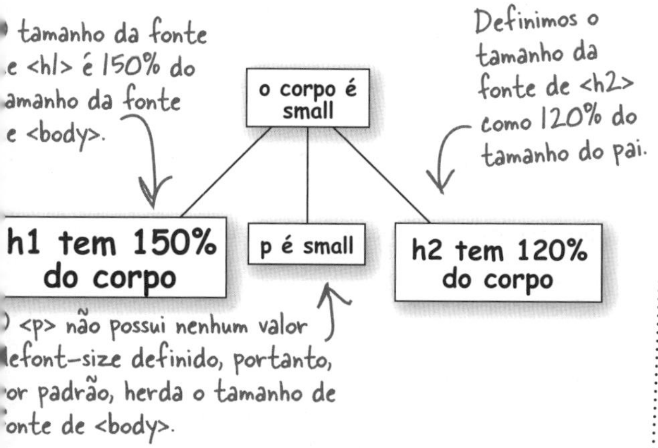
tamanho da fonte
e <h1> é 150% do
amanho da fonte
e <body>.
o corpo é small
Definimos o tamanho da fonte de <h2> como 120% do tamanho do pai.
h1 tem 150% do corpo
p é small
h2 tem 120% do corpo
<p> não possui nenhum valor
efont-size definido, portanto,
or padrão, herda o tamanho de
onte de <body>.

Agora, digamos que você queira aumentar o tamanho de todas as fontes na página, ou talvez o usuário queira. Então você terá uma árvore que se parece com esta:

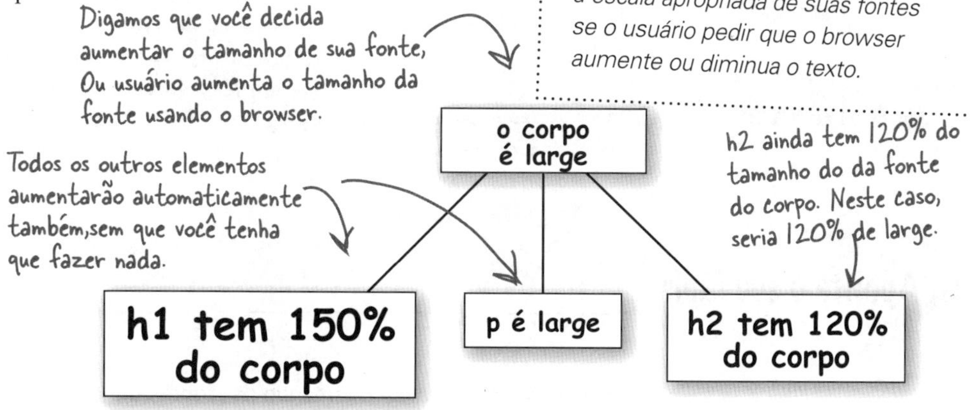
Digamos que você decida aumentar o tamanho de sua fonte, Ou usuário aumenta o tamanho da fonte usando o browser.
o corpo é large
Todos os outros elementos aumentarão automaticamente também,sem que você tenha que fazer nada.
h2 ainda tem 120% do tamanho do da fonte do corpo. Neste caso, seria 120% de large.
h1 tem 150% do corpo
p é large
h2 tem 120% do corpo

Agora que o tamanho da fonte do corpo foi alterado para "large", todo o resto também mudou relativamente ao tamanho da fonte do corpo. Isso é ótimo, porque você não teve que alterar todos os tamanhos de suas fontes; tudo o que teve de fazer foi alterar o tamanho da fonte do corpo. E se você fosse um usuário, tudo aconteceria nos bastidores. Quando você aumentasse o tamanho do texto, todo o texto ficaria maior porque todos os tamanhos dos elementos são relativos uns aos outros, portanto a página ainda tem boa aparência com uma fonte maior.

Veja bem!

Versões antigas do Internet Explorer NÃO suportam a definição de escala de texto quando o tamanho da fonte é especificada em pixels.

Infelizmente, os usuários de versões antigas do Internet Explorer não podem redimensionar suas fontes se os tamanhos delas forem especificados em pixels. Portanto, essa é uma razão para você manter-se afastado dos tamanhos em pixel. Se você os usar, estará reduzindo a acessibilidade de suas páginas para muitos de seus usuários, embora não por muito tempo, já que os usuários continuam atualizando seus browsers.

Felizmente, se você seguir a receita de oferecer uma palavra-chave para definir o tamanho da fonte de seu corpo, e usar tamanhos relativos para os outros elementos usando "em" ou %, então o IE fará a escala apropriada de suas fontes se o usuário pedir que o browser aumente ou diminua o texto.

Vamos fazer estas mudanças no tamanhos das fontes na página Web do Tonico

É hora de testarmos esses tamanhos de fontes na página Web do Tonico. Adicione as novas propriedades ao arquivo "journal.css" que está na pasta "chapter8/journal". Feitas essas alterações, recarregue a página no browser e veja as diferenças no tamanho da fonte. Se você não notar nenhuma diferença, verifique sua CSS para ver se há algum erro.

```
@font-face {
   font-family: "Emblema One";
   src: url("http://wickedlysmart.com/hfhtmlcss/chapter8/journal/EmblemaOne-
Regular.woff"),
        url("http://wickedlysmart.com/hfhtmlcss/chapter8/journal/EmblemaOne-
Regular.ttf");
}
body {
   font-family: Verdana, Geneva, Arial, sans-serif;
   font-size: small;
}
h1 {
   font-family: "Emblema One", sans-serif;
   font-size: 220%;
}
h2 {
   font-size: 130%;
}
```

Seguindo a nossa receita, estamos usando um font-size definido como small para o elemento <body>. Isso atuará como o tamanho de fonte básico.

E definiremos as outras fontes em rela ao tamanho da fonte corpo. No caso de <h1>, tentaremos um tamanho de fonte tenha 170% do tamanho da fonte básic

Faremos com que o tamanho da fonte de <h2> fique um pouco menor do que <h1>, ou 130% do tamanho da fonte.

Aponte o seu lápis

Se você especificasse o tamanho das fontes de <h1> e <h2> usando "em" ao invés de porcentagem, quais seriam seus valores?

Resposta: <h1> seria 1,7em e <h2>, 1,3em.

Test drive dos tamanhos das fontes

Aqui está o diário em evolução, completo com as novas fontes menores. Observe as diferenças...

Esta é a nova versão, com fontes atualizadas. O design está começando a ficar menos desajeitado!

Esta é a versão anterior, antes de alterarmos os tamanhos das fontes.

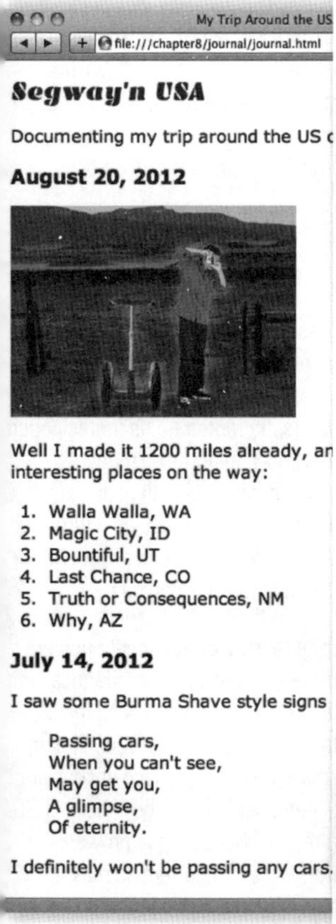

My Trip Around the US
file:///chapter8/journal/journal.html
Segway'n USA
Documenting my trip around the US c
August 20, 2012
Well I made it 1200 miles already, ar
interesting places on the way:
1. Walla Walla, WA
2. Magic City, ID
3. Bountiful, UT
4. Last Chance, CO
5. Truth or Consequences, NM
6. Why, AZ
July 14, 2012
I saw some Burma Shave style signs
Passing cars,
When you can't see,
May get you,
A glimpse,
Of eternity.
I definitely won't be passing any cars.

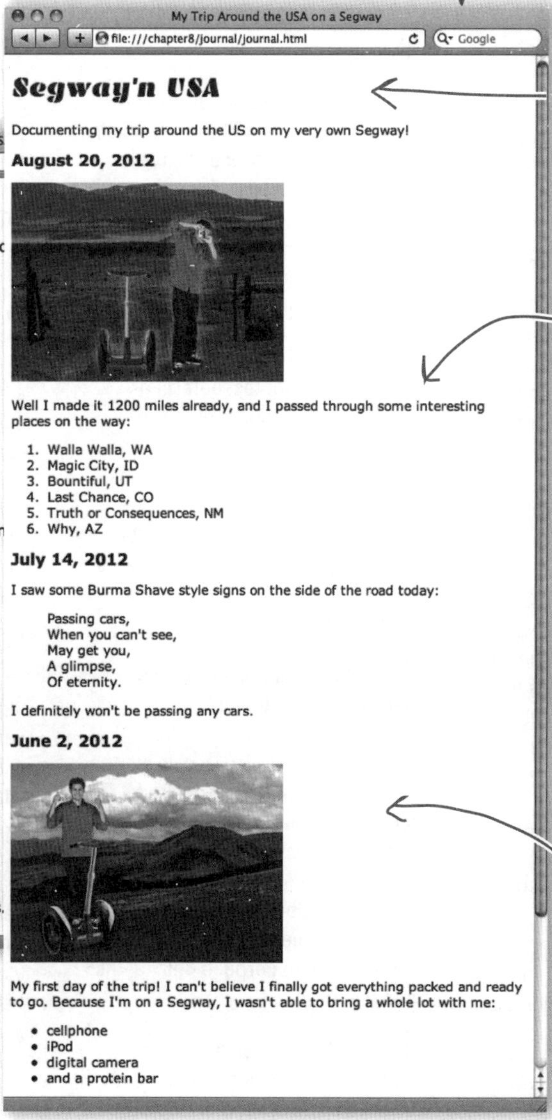

My Trip Around the USA on a Segway
file:///chapter8/journal/journal.html
Google
Segway'n USA
Documenting my trip around the US on my very own Segway!
August 20, 2012
Well I made it 1200 miles already, and I passed through some interesting places on the way:
1. Walla Walla, WA
2. Magic City, ID
3. Bountiful, UT
4. Last Chance, CO
5. Truth or Consequences, NM
6. Why, AZ
July 14, 2012
I saw some Burma Shave style signs on the side of the road today:
Passing cars,
When you can't see,
May get you,
A glimpse,
Of eternity.
I definitely won't be passing any cars.
June 2, 2012
My first day of the trip! I can't believe I finally got everything packed and ready to go. Because I'm on a Segway, I wasn't able to bring a whole lot with me:
cellphone
iPod
digital camera
and a protein bar

Este título<h1>parece bem melhor agora. Ele é maior que o >h2>, mas não sobrecarrega o texto do corpo nem a página em tamanho.

O texto do corpo está um pouco menor. O tamanho de fonte padrão do texto do corpo normalmente é de 16px, apesar de isso depender do browser. Mas ele ainda é bem legível no tamanho small, que provavelmente tem o tamanho de 12px.

O título <h2> também está um pouco menor, e é um bom tamanho em comparação ao título <h1>.

não existem Perguntas Idiotas

P: Então, se eu definir um tamanho de fonte no elemento <body>, de alguma maneira estou definindo um tamanho padrão para a página? Como isso funciona?

R: É isso mesmo. Ao definir um tamanho de fonte para seu elemento <body>, você pode então definir os outros tamanhos de fonte de seus elementos em relação a seu pai. O que há de tão maravilhoso nisso? Bem, se você precisar mudar o tamanho da fonte, então tudo o que tem de fazer é alterar o tamanho da fonte do corpo, e todo o resto será alterado proporcionalmente.

P: Nós realmente precisamos nos preocupar com o fato de que os usuários podem redimensionar as fontes de seus browsers? Eu nunca faço isso.

R: Sim. Quase todos os browsers permitem que seu usuário aumente ou diminua o texto de uma página, e muitos usuários utilizam esse recurso. Se você definir suas fontes de uma maneira relativa, então seus usuários não terão problema em fazer isso. Apenas tenha o cuidado de não usar os tamanhos em pixel, porque alguns browsers têm problemas em redimensioná-los.

P: Eu gosto da ideia de usar pixels, porque então minha página terá exatamente o visual que eu especificar.

R: Há alguma verdade aí — ao usar os pixels para todos os tamanhos das fontes de todos os elementos, você escolhe o tamanho de fonte preciso para cada elemento. Mas faça isso sabendo que impedirá alguns de seus usuários (aqueles que estejam utilizando certas versões do Internet Explorer) de terem a flexibilidade de escolher um tamanho de fonte que seja apropriado para sua vista. Você também estará criando páginas mais difíceis de manter porque para aumentar os tamanhos das fontes de todos os elementos em uma página, você terá muitas mudanças a fazer.

P: Qual é a diferença entre "em" e %? Eles parecem ser a mesma coisa.

R: Eles são basicamente duas maneiras diferentes de conseguir a mesma coisa. Ambos lhe oferecem uma maneira de especificar um tamanho relativo ao tamanho da fonte pai. Muitas pessoas acham a porcentagem mais fácil do que o "em", e também mais fácil de ler em sua CSS. Mas você deve usar aquela que preferir.

P: Se eu não especificar o tamanho das fontes, obterei os tamanhos de fonte padrão?

R: Sim, e quais são esses tamanhos depende de seu browser, e mesmo da versão do browser que você está executando. Mas na maioria dos casos o tamanho da fonte padrão do corpo é de 16 pixels.

P: E quais são os tamanhos padrão para os títulos?

R: Novamente, depende do browser, mas, em geral, <h1> tem 200% do tamanho de fonte do texto padrão do corpo, <h2> tem 150%, <h3> tem 120%, <h4> tem 100%, **<h5> tem 90% e <h6>, 60%. Observe que, por padrão, <h4> tem o mesmo tamanho de fonte do que o corpo, e <h5> e <h6> são menores.**

P: Então ao invés de usar as palavras-chave de tamanho, poderia usar "em" ou % na regra do corpo? Se eu usar 90% para o "font-size" do corpo, o que isso significa, exatamente? Seria 90% do quê?

R: Sim, você poderia fazer isso. Se você especifica um tamanho de fonte de 90% na regra do corpo, então isso seria 90% do tamanho de fonte padrão que acabamos de dizer que gira em torno de 16 pixels, portanto 90% seria mais ou menos 14 pixels. Se você quise um tamanho de fonte diferente dos oferecidos pelas palavras- chave, utiliz % ou "em".

P: Parece que há várias diferenças entre os browsers: "font-family", "font-size", várias configurações padrão e assim por diante. Como saberei se o meu design fica bom em outros browsers

R: Grande pergunta. A resposta simples é que se você seguir as diretrize deste capítulo, a maioria de seus designs ficará muito bem em outros browsers. Entretanto, você deve saber que eles podem variar um pouco em browsers diferentes — as fontes poden ser um pouco maiores ou menores, o espaçamento aqui e ali pode ser diferente etc. Mas, todas as diferenças devem ser mínimas e não devem afetar legibilidade de suas páginas.

Entretanto, se você realmente quiser que suas páginas pareçam idênticas em muitos browsers, então você precisa testá-las em muitos browsers. E, para levar isso ao extremo, você encontrará uma variedade enorme de "hacks" CSS para tentar fazer com que browsers diferentes se comportem da mesma maneira. Não há nada de errado em querer levar esse assunto adiante, mas saiba que muitas dessas atividades tomam tempo e trazem retornos mínimo

Altere o peso de uma fonte

A propriedade `font-weight` permite que você controle a quantidade de negrito em seu texto. Como você sabe, o texto em negrito é mais escuro do que o texto normal e tende a ser mais gordinho também. Você pode fazer com que qualquer elemento use um texto em negrito definindo a propriedade `font-weight` como `bold`, assim:

```
font-weight: bold;
```

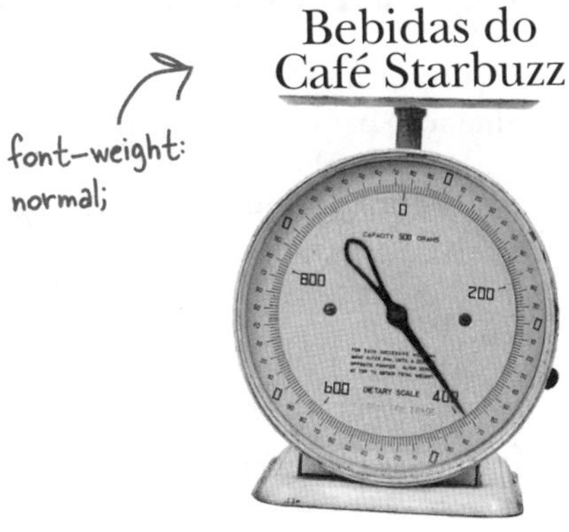
font-weight: normal;
Bebidas do Café Starbuzz

Você também pode ir no sentido contrário. Se tiver um elemento que esteja definido como negrito por padrão, ou esteja herdando o negrito de um pai, então poderá remover o estilo "bold" desta maneira:

```
font-weight: normal;
```

font-weight: bold;
Bebidas do Café Starbuzz

Há também duas propriedades "`font-weight`" relativas: "`bolder`" e "`lighter`". Elas tornarão o estilo de seu texto um pouco mais negrito ou um pouco mais leve em relação ao valor herdado. Esses valores são raramente usados e como nem todas as fontes permitem essas pequenas diferenças na quantidade de negrito, na prática esses dois valores quase sempre não têm efeito.

Você também pode definir sua propriedade "`font-weight`" como um número entre 100 e 900 (em múltiplos de 100); mas novamente, isso não é muito bem suportado entre as fontes e browsers e portanto quase não é utilizado.

Aponte o seu lápis

Escreva a CSS para alterar os títulos de segundo nível na página do Tonico de seu valor padrão em negrito para normal. Então adicione a regra à sua CSS e faça um test drive. Você encontrará a resposta na próxima página.

Faça o test drive dos títulos com peso normal

Veja como a sua CSS deve se parecer depois que você fizer a alteração para "`font-weight`" normal nos títulos <h2>:

```
@font-face {
    ...
}
body {
    font-family: Verdana, Geneva, Arial, sans-serif;
    font-size: small;
}
h1 {
   font-family: "Emblema One", sans-serif;
   font-size: 220%;
}
h2 {
   font-size: 130%;
   font-weight: normal;
}
```

Vamos deixar de lado a definição inteira de @font-face para economizar espaço.

Estamos mudando a font-weight dos títulos <h2> para normal.

E aqui estão os resultados. Os títulos <h2> estão com um visual bem mais leve. Você ainda pode dizer que são títulos, porque são 130% maiores do que o texto do corpo.

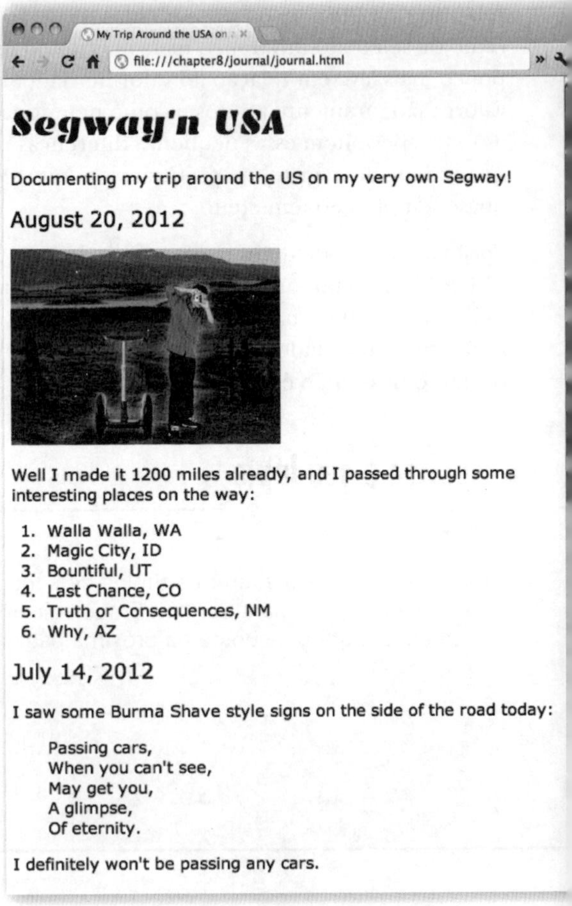
My Trip Around the USA on a
file:///chapter8/journal/journal.html
Segway'n USA
Documenting my trip around the US on my very own Segway!
August 20, 2012
Well I made it 1200 miles already, and I passed through some interesting places on the way:
1. Walla Walla, WA
2. Magic City, ID
3. Bountiful, UT
4. Last Chance, CO
5. Truth or Consequences, NM
6. Why, AZ
July 14, 2012
I saw some Burma Shave style signs on the side of the road today:
Passing cars,
When you can't see,
May get you,
A glimpse,
Of eternity.
I definitely won't be passing any cars.

Adicione estilo a suas fontes

Você já está familiarizado com o texto em *itálico*, certo? Ele é inclinado e algumas vezes possui algumas serifas curvadas a mais. Por exemplo, compare estes dois estilos:

não itálico
itálico

O texto em itálico é inclinado para a direita e tem curvas extras em suas serifas.

Você pode adicionar um estilo itálico ao seu texto nas CSS usando a propriedade `font-style`:

```
font-style: italic;
```

Um erro comum é escrever italic como italics. Se você fizer isso, não verá o texto em itálico. Portanto, lembre-se de verificar a ortografia.

Entretanto, nem todas as fontes suportam o estilo itálico, portanto o que você obterá é chamado de texto *oblíquo*. O texto oblíquo também é um texto inclinado, mas ao invés de usar um conjunto de caracteres da fonte especialmente desenhados para serem inclinados, o browser simplesmente aplica uma inclinação nas letras normais. Compare os estilos não oblíquo e oblíquo:

não oblíquo
oblíquo

As letras normais são inclinadas para a direita no estilo oblíquo.

Você também pode usar a propriedade `font-style` para obter um texto oblíquo, assim:

```
font-style: oblique;
```

Na prática, você descobrirá que, dependendo de sua escolha de fonte e de browser, algumas vezes os dois estilos parecerão idênticos, e algumas vezes não. Assim, a menos que a oposição entre itálico e oblíquo seja muito importante para você, escolha um e siga em frente. Se, por outro lado, isso for importante, você precisará testar a combinação de sua fonte com o browser para obter o melhor efeito.

Os estilos "italic" e "oblique" são dois estilos que dão às fontes uma aparência inclinada.

A menos que possa controlar as fontes e os browsers usados por seus visitantes, você descobrirá que algumas vezes obterá itálico, outras oblíquo, não importando o estilo que foi especificado.

Portanto, escolha itálico e não se preocupe com as diferenças (você provavelmente não será capaz de controlá-las, de qualquer maneira).

Crie um estilo para as citações do Tonico com um pouco de itálico

Agora vamos usar a propriedade "font-style" para adicionar um pouco de charme às citações do Tonico. Lembra-se da inscrição da placa de trânsito no elemento <blockquote>? Vamos alterá-la para itálico para destacá-la do resto do texto. Para fazer isso, só precisamos colocar um estilo em <blockquote> com um "font-style" definido como "**italic**", desta maneira:

```
blockquote {
        font-style: italic;
}
```

Adicione essa nova regra CSS à CSS em seu arquivo "journal.css", salve-o e faça um test drive com a página. Você deve ver a citação mudar para itálico; este é o nosso test drive.

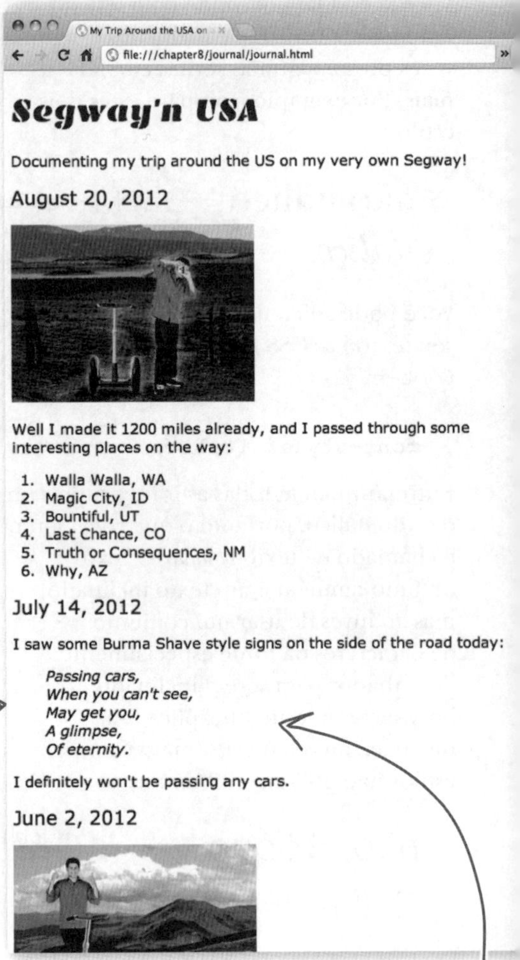

My Trip Around the USA on
file:///chapter8/journal/journal.html
Segway'n USA
Documenting my trip around the US on my very own Segway!
August 20, 2012
Well I made it 1200 miles already, and I passed through some interesting places on the way:
1. Walla Walla, WA
2. Magic City, ID
3. Bountiful, UT
4. Last Chance, CO
5. Truth or Consequences, NM
6. Why, AZ
July 14, 2012
I saw some Burma Shave style signs on the side of the road today:
Passing cars,
When you can't see,
May get you,
A glimpse,
Of eternity.
I definitely won't be passing any cars.
June 2, 2012

Este é o novo estilo do conteúdo da placa no diário do Tonico. Temos um texto inclinado, justamente como queríamos.

não existem Perguntas Idiotas

P: O texto de <blockquote> na verdade está dentro de um <p> que está dentro do <blockquote>. Então, como isso alterou o parágrafo para itálico?

R: Lembre-se, por padrão a maioria dos elementos obtém seus estilos de fonte de seus pais, e o pai desse parágrafo é o elemento <blockquote>. Assim, o parágrafo dentro do <blockquote> herda o estilo itálico.

P: Por que simplesmente não colocamos o texto em um elemento <em> dentro do <blockquote>? Isso não faria a mesma coisa e tornaria o <blockquote> itálico?

R: Lembre-se que o <em> serve para especificar a estrutura; <em> diz que um conjunto de palavras deve ser enfatizado. O que estamos fazendo é colocar um estilo em <blockquote>, e não indicando que seu texto deva ser enfatizado. Logo, na maioria dos browser <em> seria definido como itálico, e essa não é a melhor maneira de colocar estilo em um texto que esteja no <blockquote>. Além disso, tenha em mente que o estilo de <em> pode mudar, portanto você não deve contar que <em> sempre apareça em itálico.

Maneiro. Adorei o novo visual. Ei, que tal um pouco de cor naquelas fontes? Digamos, hummmm... A cor da minha camisa? Eu adoro laranja!

Você poderia pensar que simplesmente diríamos que há uma propriedade "`color`" e mostraríamos como usá-la. Mas, ao contrário dos tamanhos ou pesos de fonte ou dos estilos de texto, você precisa entender um pouco mais sobre cores para ser capaz de trabalhar com elas e especificá-las nas CSS.

Assim, nas próximas páginas, você mergulhará nas cores e aprenderá tudo o que precisa saber para usá-las em suas páginas: como as cores de tela funcionam, as várias maneiras de descrever as cores nas CSS, o que são aqueles misteriosos códigos hexadecimais, se você deveria estar preocupado com as "cores seguras para a Web" e qual a maneira mais fácil de encontrar e especificar as cores.

Como funcionam as cores da Web?

Você está começando a ver que há muitos lugares onde pode adicionar cores em suas páginas; cores de fundo, cores de borda e em breve, cores de fontes também. Mas, como as cores em um computador realmente funcionam? Vamos dar uma olhada.

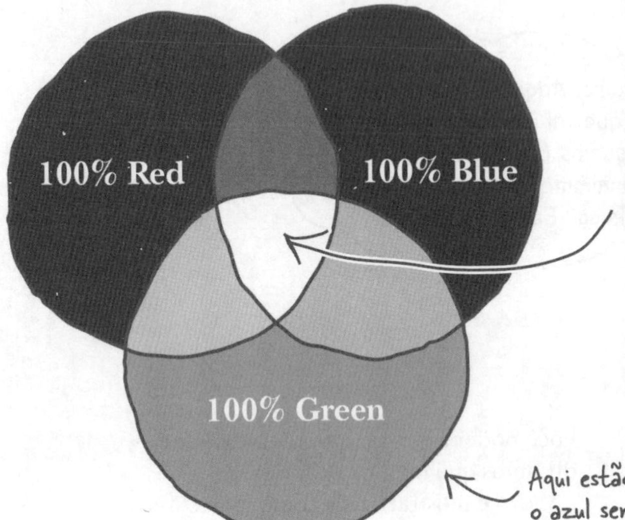
100% Red
100% Blue
100% Green
Aqui estão o vermelho, o verde e o azul sendo misturados. Se você olhar para o centro, verá como termina a mistura.

As cores da Web são especificadas em termos de quanto vermelho, verde e azul a cor é composta. Você especifica a quantidade e cada cor de 0 a 100%, e então as mistura para chegar na cor final. Por exemplo, se você juntar 100% de vermelho, 100% de verde e 100% de azul, terá o branco. Observe isso em uma tela de computador, misturar as cores resulta em uma cor mais clara. Afinal de contas, estamos misturando luzes!

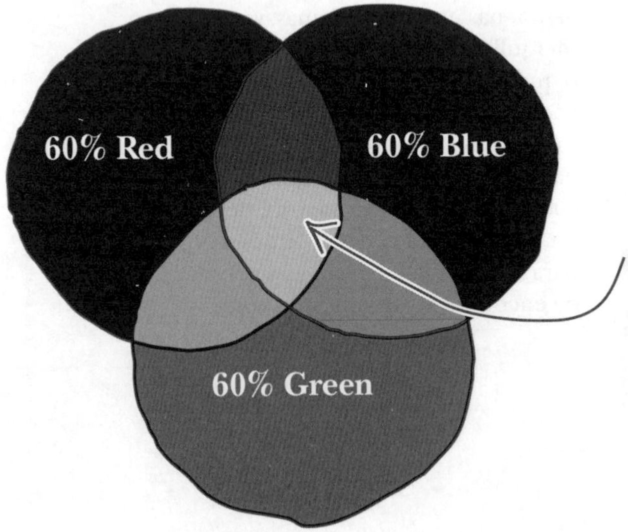
60% Red
60% Blue
60% Green

Mas se você adicionar, digamos, apenas 60% de cada componente (vermelho, verde e azul), então o que deveria esperar? Menos branco, certo? Em outras palavras, você obterá uma cor cinza, porque estamos enviando uma quantidade igual das três cores, mas não tão claras para a tela.

)u digamos que você misture ❘0% de vermelho e 40% de verde. /ocê esperaria um laranja, certo? ❘em, é exatamente o que vai ter.)bserve que se uma cor estiver ❘ontribuindo com zero, então ela ❘ão afetará as outras duas cores. ❘lovamente, isso acontece porque ❘ão há luz azul misturada ao ❘ermelho e ao verde.

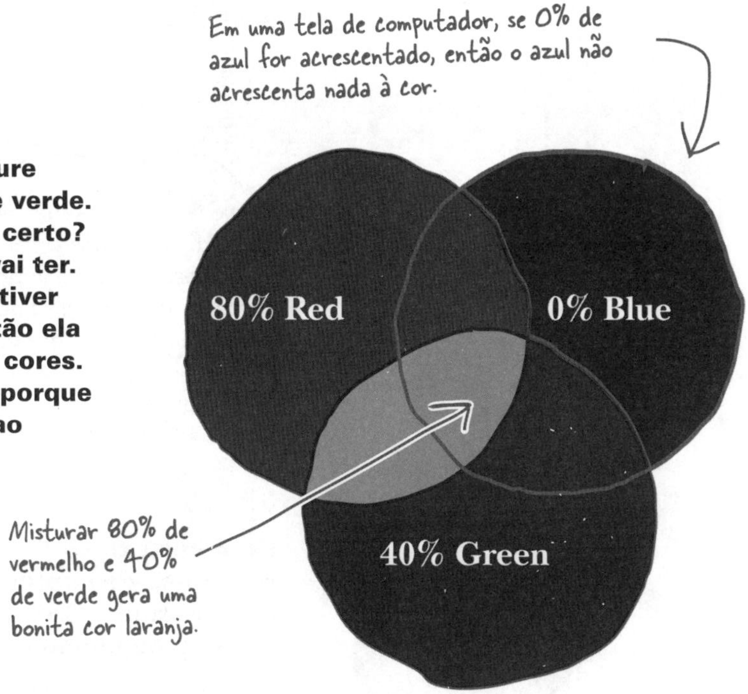
Em uma tela de computador, se 0% de azul for acrescentado, então o azul não acrescenta nada à cor.
80% Red
0% Blue
40% Green
Misturar 80% de vermelho e 40% de verde gera uma bonita cor laranja.

❘ se você misturar 0% de ❘ermelho, verde e azul, então ❘ que terá? Isso significa que ❘ocê não está enviando qualquer ❘ipo de luz para a tela, portanto ❘eremos o preto.

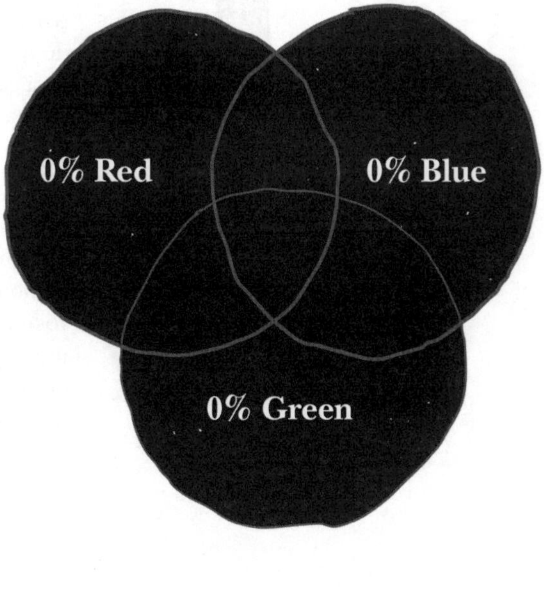
0% Red
0% Blue
0% Green

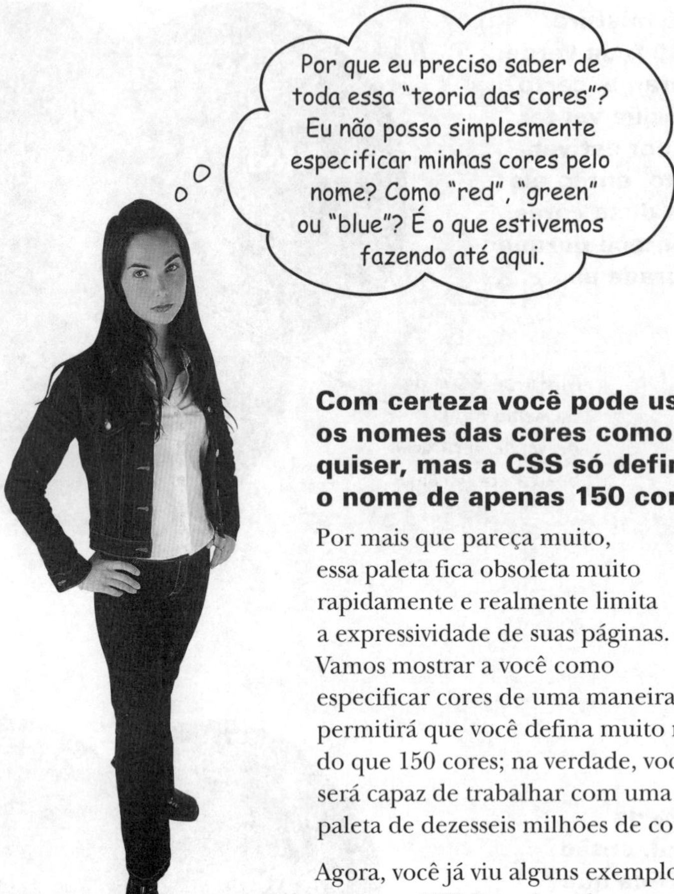
Por que eu preciso saber de toda essa "teoria das cores"? Eu não posso simplesmente especificar minhas cores pelo nome? Como "red", "green" ou "blue"? É o que estivemos fazendo até aqui.

Com certeza você pode usar os nomes das cores como quiser, mas a CSS só define o nome de apenas 150 cores.

Por mais que pareça muito, essa paleta fica obsoleta muito rapidamente e realmente limita a expressividade de suas páginas. Vamos mostrar a você como especificar cores de uma maneira que permitirá que você defina muito mais do que 150 cores; na verdade, você será capaz de trabalhar com uma paleta de dezesseis milhões de cores.

Agora, você já viu alguns exemplos de cores em HTML, e sim, elas parecem um pouco esquisitas, como `#fc1257`. Portanto, vamos primeiro descobrir como especificar as cores e então você verá como poderá facilmente usar tabelas de cores, selecionadores de cores online ou a sua aplicação para edição de fotos para escolher suas cores.

Como eu especifico as cores da Web? Deixe-me contar as maneiras...

As CSS oferecem algumas maneiras para você especificar as cores. Você pode especificar o nome de uma cor, especificar a cor em termos de suas *porcentagens relativas* em vermelho, verde e azul, ou pode especificar sua cor usando um *código hexadecimal*, que é um atalho para a descrição dos componentes de vermelho, verde e azul que existem na cor.

Enquanto você possa pensar que a Web já deveria ter decidido por um dos formatos, todos eles são comumente usados. Sendo assim, é bom conhecer todos. Entretanto, os códigos hexadecimais são, de longe, a maneira mais comum de especificarmos as cores da Web. Mas lembre-se de que todas essas maneiras para especificar as cores em última instância apenas dizem ao browser a quantidade de vermelho, verde e azul que existe nas cores.

Vamos conhecer cada método de especificação de cores nas CSS.

Você pode contar 16 cores em qualquer browser, mas você apenas pode encontrar 150 cores estendidas nos browsers mais recentes.

Aqua
Black
Blue
Fuchsia
Gray
Green
Lime
Maroon
Navy
Olive
Purple
Red
Silver
Teal
White
Yellow

Especificação da cor pelo nome

A maneira mais direta de descrever uma cor nas CSS é simplesmente usar o seu nome. Mas, como você já sabe, há apenas 16 cores básicas e 150 cores estendidas que podem ser especificadas dessa maneira. Digamos que você deseja especificar a cor prata como cor de fundo de um elemento `body`; veja como você escreveria isso na CSS:

```
body {
        background-color: silver;
}
```

Esta é a regra do corpo.

E a propriedade background-color.

E a cor escrita como nome.

Portanto, para especificar uma cor por seu nome, apenas digite o nome da cor como o valor da propriedade. Os nomes de cor na CSS não são sensíveis a maiúsculas e minúsculas. Assim você pode digitar "silver", "Silver" ou "SILVER" e tudo irá funcionar. Estas são as 16 cores pré-definidas nas CSS. Lembre-se que estes são apenas nomes para as quantidades pré-definidas de vermelho, verde e azul.

Uma cor em um livro acontece porque a luz bate na página impressa. Em um computador, a luz é emitida pela tela, razão pela qual estas cores serão levemente diferentes em suas páginas Web.

Especificação de uma cor em valores de vermelho, verde e azul

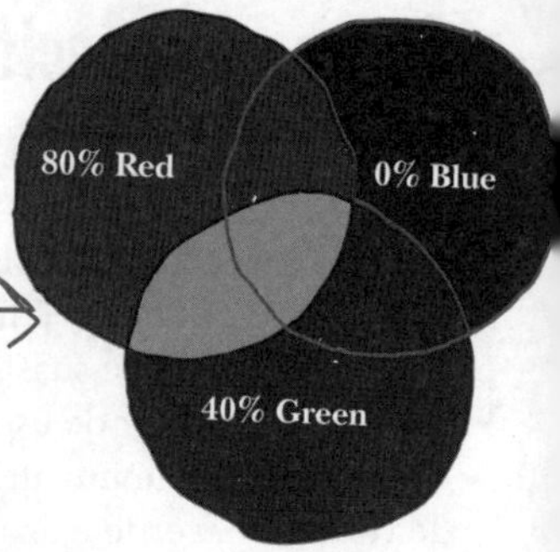
80% Red
0% Blue
40% Green

Você também pode especificar uma cor como a quantidade de vermelho, verde e azul. Assim, digamos que você queira especificar a cor laranja que vimos há algumas páginas, que consistia de 80% de vermelho, 40% de verde e 0% de azul. Veja como você faz isso:

```
body {
      background-color: rgb(80%, 40%, 0%);
}
```

Comece por um rgb, abreviação das cores vermelho, verde e azul em inglês (red, green, blue).

E então especifique a porcentagem de vermelho, verde e azul entre parênteses, com um sinal de % depois de cada um.

Você também pode especificar os valores de vermelho, verde e azul como um valor numérico entre 0 e 255. Portanto, ao invés de 80% de vermelho, 40% de verde e 0% de azul, você poderia colocar 204 de vermelho, 102 de verde e 0 de azul.

De onde saíram esses números?

80% de 255 é 204, 40% de 255 é 102 e 0% de 255 é 0.

Veja como usar valores numéricos para especificar suas cores:

```
body {
      background-color: rgb(204, 102, 0);
}
```

Ainda começamos por um rgb.

Para especificar valores numéricos e não as porcentagens, simplesmente digite o valor e não use %.

não existem Perguntas Idiotas

P: Por que há duas maneiras diferentes de especificar valores "rgb"? As porcentagens não são mais simples?

R: Algumas vezes sim, mas há alguma sanidade em usar números entre 0 e 255. Esse número está relacionado ao número de valores que podem ser armazenados em um byte de informação. Portanto, por motivos históricos e técnicos, 255 é muito usado como unidade de medida para a especificação de valores de vermelho, verde e azul em uma cor. Na verdade, talvez você tenha notado que as aplicações de edição de fotos muitas vezes permitem que você especifique os valores das cores de 0 a 255 (senão você verá como fazer isso em breve).

P: Eu nunca vi alguém usar "rgb" ou os nomes reais das cores em suas CSS. Parece que todo mundo usa o tipo #00fc9a de códigos de cores.

R: O uso de porcentagens ou valores numéricos de "rgb" está se tornando mais comum, mas você está certo, os códigos hexadecimais ainda são mais amplamente utilizados porque as pessoas os consideram uma maneira conveniente de especificar uma cor.

P: É importante que eu veja algo como "rgb" (100, 50, 200) e saiba qual é essa cor?

R: Nem um pouco. A melhor maneira de saber como "rgb" (100, 50, 20) se parece é carregá-la em seu browser ou usar uma aplicação para edição de fotos para vê-la.

Especificação de uma cor usando códigos hexadecimais

Agora vamos tentar entender aqueles códigos hexadecimais esquisitos. Este é o seu segredo: cada conjunto de dois dígitos de um código hexadecimal representa apenas o componente de vermelho, verde e azul da cor. Portanto, os primeiros dois dígitos representam o vermelho, os dois seguintes o verde e os últimos dois o azul. Desta maneira:

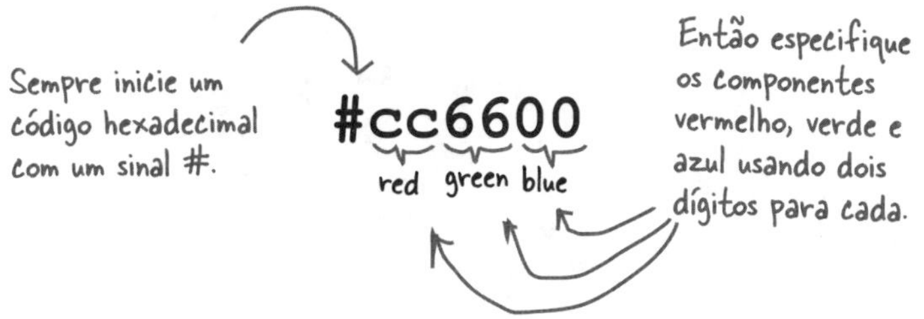
Sempre inicie um código hexadecimal com um sinal #.
#cc6600
red
green
blue
Então especifique os componentes vermelho, verde e azul usando dois dígitos para cada.

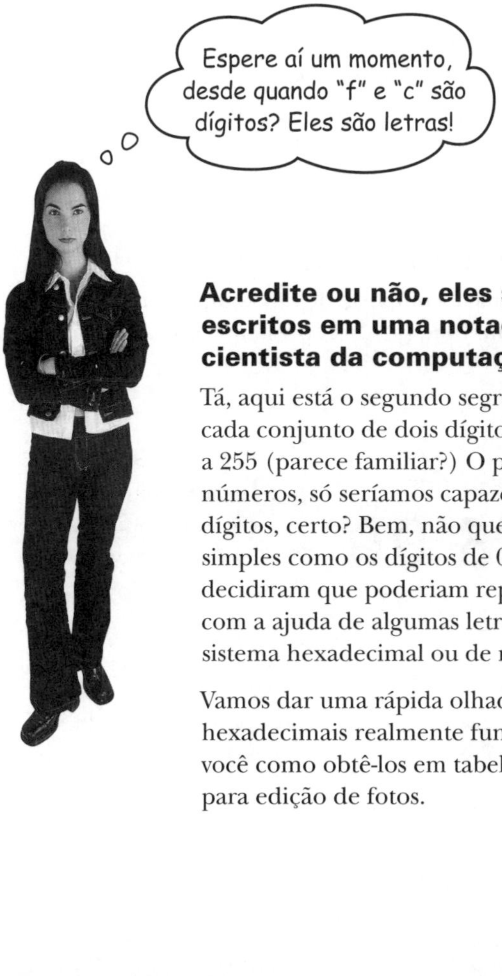
Espere aí um momento, desde quando "f" e "c" são dígitos? Eles são letras!

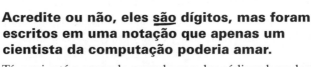

Acredite ou não, eles <u>são</u> dígitos, mas foram escritos em uma notação que apenas um cientista da computação poderia amar.

Tá, aqui está o segundo segredo para ler códigos hexadecimais: cada conjunto de dois dígitos representa um número de 0 a 255 (parece familiar?) O problema é que se usássemos números, só seríamos capazes de representar até 99 em dois dígitos, certo? Bem, não querendo ser impedidos por algo tão simples como os dígitos de 0 a 9, os cientistas da computação decidiram que poderiam representar todos os 255 valores com a ajuda de algumas letras também (do A até o F). Este é o sistema hexadecimal ou de numeração.

Vamos dar uma rápida olhada em como os códigos hexadecimais realmente funcionam, e então mostraremos a você como obtê-los em tabelas de cores ou em sua aplicação para edição de fotos.

O guia de dois minutos sobre os códigos hexadecimais

A primeira coisa que você deve saber sobre os códigos hexadecimais é que eles não são baseados em dez dígitos (0 a 9) — eles são baseados em 16 dígitos (0 a F). Veja como os dígitos hexadecimais funcionam:

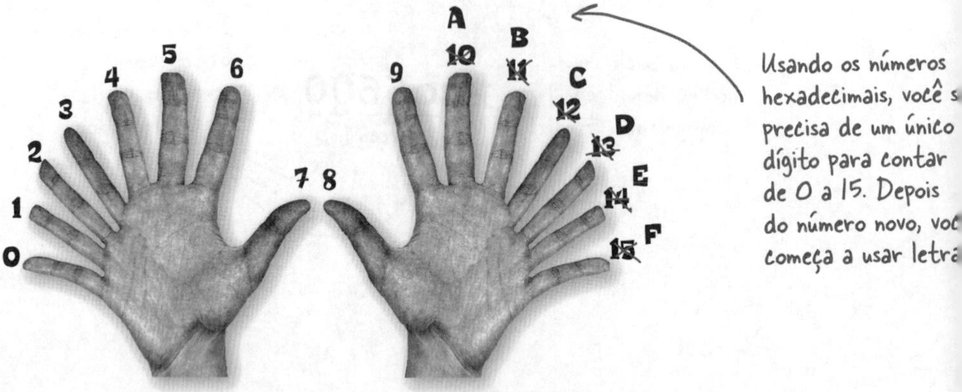
0
1
2
3
4
5
6
7
8
9
A 10
B 11
C 12
D 13
E 14
F 15
Usando os números hexadecimais, você s
precisa de um único dígito para contar de 0 a 15. Depois do número novo, voc
começa a usar letra

Portanto, se você vê um número hexadecimal como B, sabe que ele simplesmente significa 11. Mas o que significam BB, E1 ou FF? Vamos desmontar uma cor hexadecimal e ver o que ela realmente representa. Na verdade, veja como você pode fazer isso para qualquer cor hexadecimal que encontrar.

Primeiro passo:

Separe a cor hexadecimal em seus três componentes.

Lembre-se que cada cor hexadecimal é composta de um componente Red (vermelho), um Green (verde) e um Blue (azul). A primeira coisa a fazer é separá-los.

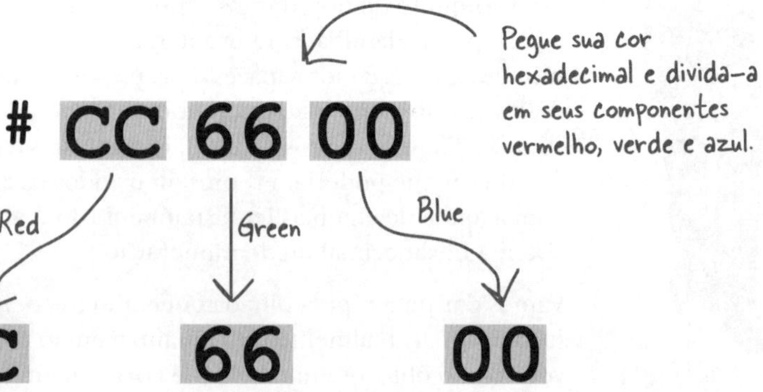
Pegue sua cor hexadecimal e divida-a em seus componentes vermelho, verde e azul.
CC 66 00
Red
Green
Blue
CC
66
00

Segundo passo:

Converta cada número hexadecimal em seu equivalente decimal.

Agora que você separou os componentes, poderá calcular o valor de cada um de 0 a 255. Vamos começar com o número hexadecimal para o componente vermelho:

CC

Pegue o número mais à direita e escreva seu valor decimal.

12

Agora pegue o número mais a esquerda e converta-o para valor decimal, e multiplique-o por 16.

12 * 16 = 192

Finalmente, some estes números.

192 + 12 = 204

Portanto, 204 é o equivalente em decimal de CC em hexadecimal.

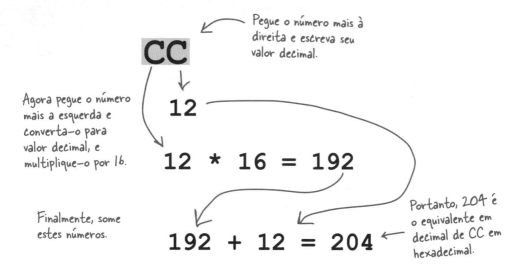

Terceiro passo:

Agora faça isso para os outros dois valores.

Repita o mesmo método para os outros dois valores. Veja o que você deverá obter:

CC	66	00
204	102	0

Para calcular 66, você tem (6 * 16) + 6 = 102

Para calcular 00, você tem (0 * 16) + 0 = 0

Quarto passo:

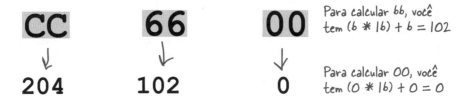

Não há quarto passo, você já terminou!

E isso é tudo. Agora você tem os números para cada componente e sabe exatamente quanto vermelho, verde e azul há nas cores. Você pode desmontar qualquer cor hexadecimal exatamente da mesma maneira. Agora veremos como você normalmente determina as cores da Web.

Tudo junto

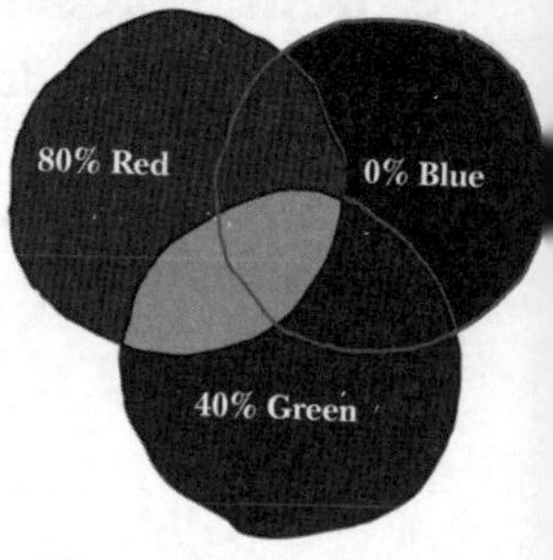
80% Red
0% Blue
40% Green

Agora você tem algumas maneiras diferentes de especificar as cores. Veja nosso laranja, que é composto de 80% de vermelho, 40% de verde e 0% de azul. Nas CSS, poderíamos especificar essa cor em qualquer uma dessas maneiras.

```
body {
      background-color: rgb(80%, 40%, 0%);
}
```

Especifique pela porcentagem de vermelho, verde e azul.

```
body {
      background-color: rgb(204, 102, 0);
}
```

Especifique a quantidade de vermelho, verde e azul nas escalas de 0 a 225.

```
body {
      background-color: #cc6600;
}
```

Especifique usando um código hexadecimal compacto.

Como encontrar as cores da Web

As duas maneiras mais comuns de encontrar cores da Web: usar uma tabela de cores ou um aplicativo como o Photoshop Elements. Você também encontrará algumas páginas Web que permitem que você escolha cores da Web e as traduza para "rgb" ou códigos hexadecimais. Vamos dar uma olhada no Photoshop Elements (a maioria das aplicações para edição de fotos oferece a mesma funcionalidade).

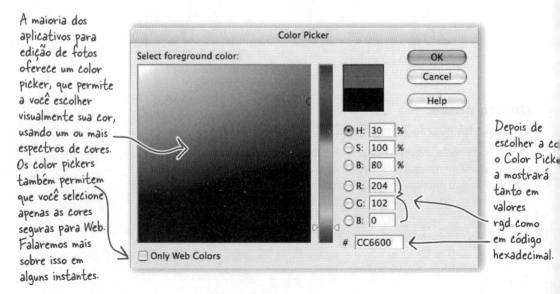

A maioria dos aplicativos para edição de fotos oferece um color picker, que permite a você escolher visualmente sua cor, usando um ou mais espectros de cores. Os color pickers também permitem que você selecione apenas as cores seguras para Web. Falaremos mais sobre isso em alguns instantes.

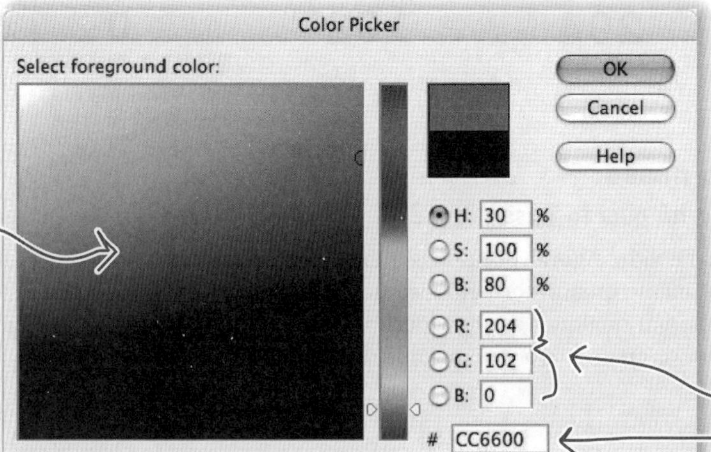
Color Picker
Select foreground color:
OK
Cancel
Help
H: 30 %
S: 100 %
B: 80 %
R: 204
G: 102
B: 0
CC6600
Only Web Colors

Depois de escolher a co[r], o Color Pick[er] a mostrará tanto em valores rgd como em código hexadecimal.

Use uma tabela de cores online

Você também encontrará tabelas de cores muito úteis na Web. Essas tabelas tipicamente exibem as cores da Web que estão arrumadas de acordo com alguns critérios e com seu código hexadecimal correspondente. Usar essas cores é fácil, porque você escolhe as cores desejadas e copia o código hexadecimal para sua CSS.

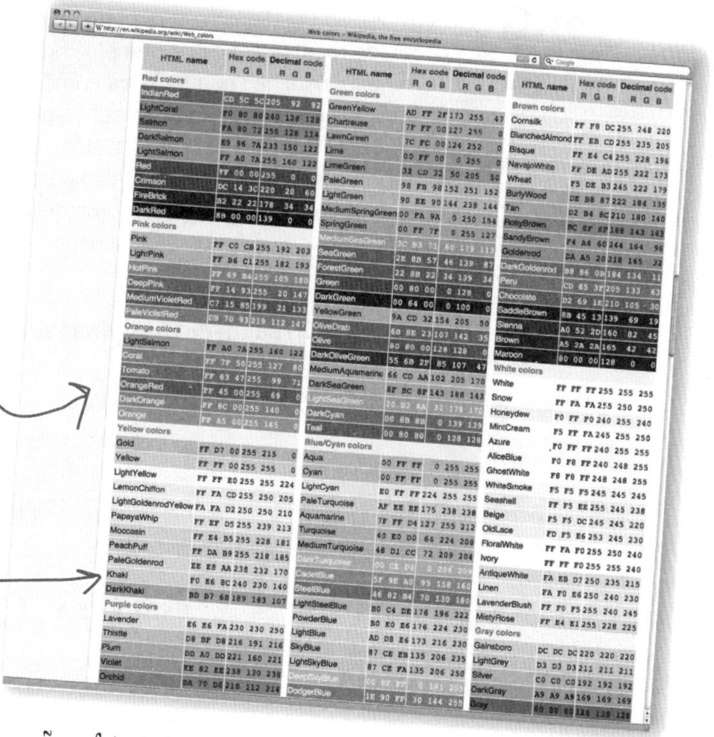
http://en.wikipedia.org/wiki/Web_colors
Web colors - Wikipedia, the free encyclopedia
HTML name
Hex code R G B
Decimal code R G B
Red colors
IndianRed
LightCoral
Salmon
DarkSalmon
LightSalmon
Red
Crimson
FireBrick
DarkRed
Pink colors
Pink
LightPink
HotPink
DeepPink
MediumVioletRed
PaleVioletRed
Orange colors
LightSalmon
Coral
Tomato
OrangeRed
DarkOrange
Orange
Yellow colors
Gold
Yellow
LightYellow
LemonChiffon
LightGoldenrodYellow
PapayaWhip
Moccasin
PeachPuff
PaleGoldenrod
Khaki
DarkKhaki
Purple colors
Lavender
Thistle
Plum
Violet
Orchid
Green colors
GreenYellow
Chartreuse
LawnGreen
Lime
LimeGreen
PaleGreen
LightGreen
MediumSpringGreen
SpringGreen
MediumSeaGreen
SeaGreen
ForestGreen
Green
DarkGreen
YellowGreen
OliveDrab
Olive
DarkOliveGreen
MediumAquamarine
DarkSeaGreen
LightSeaGreen
DarkCyan
Teal
Blue/Cyan colors
Aqua
Cyan
LightCyan
PaleTurquoise
Aquamarine
Turquoise
MediumTurquoise
DarkTurquoise
CadetBlue
SteelBlue
LightSteelBlue
PowderBlue
LightBlue
SkyBlue
LightSkyBlue
DeepSkyBlue
DodgerBlue
Brown colors
Cornsilk
BlanchedAlmond
Bisque
NavajoWhite
Wheat
BurlyWood
Tan
RosyBrown
SandyBrown
Goldenrod
DarkGoldenrod
Peru
Chocolate
SaddleBrown
Sienna
Brown
Maroon
White colors
White
Snow
Honeydew
MintCream
Azure
AliceBlue
GhostWhite
WhiteSmoke
Seashell
Beige
OldLace
FloralWhite
Ivory
AntiqueWhite
Linen
LavenderBlush
MistyRose
Gray colors
Gainsboro
LightGrey
Silver
DarkGray
Gray

Esta tabela é mantida pela Wikipedia, em http://en.wikipedia.org/wiki/Web_colors. Você também encontrará muitos outros se procurar por tabelas de cores para HTML (ou, se preferir em inglês, HTML color charts).

Tente usar o nome decorativo para ver se funciona nos diferentes browsers. Se não funcionar, então use o código hexadecimal.

não existem Perguntas Idiotas

P: Já me falaram que se eu não usar cores seguras para a Web, minhas páginas nunca terão a aparência correta em outros browsers. Por que ainda não falamos de cores seguras para a Web?

R: Nos primeiros dias dos browsers Web, poucas pessoas tinham telas de computadores que suportassem muitas cores, portanto a paleta de cores seguras para a Web foi criada para garantir que as páginas fossem exibidas de maneira consistente na maioria dos monitores.

Hoje o quadro mudou drasticamente e a maioria dos usuários da Web possui telas de computador que suportam milhões de cores. Portanto, a menos que você tenha um conjunto especial de usuários que sabidamente tenham monitores com número de cores limitado, é possível considerar que as "cores seguras para Web" sejam coisa do passado.

P: Eu sei como especificar as cores agora, mas como devo escolher cores de fontes que funcionem bem em conjunto?

R: Levaria um livro inteiro para respondermos apropriadamente essa pergunta, mas há algumas diretrizes básicas para a seleção de cores de fontes. A mais importante é usar cores com alto contraste para o texto e fundo, para auxiliar a legibilidade. Por exemplo, o texto em preto em um fundo branco possui o maior contraste. Você nem sempre precisa se ater ao preto e branco, mas tente usar uma tonalidade escura para o texto e uma tonalidade clara para o fundo. Algumas cores, quando usadas juntas, podem criar efeitos visuais estranhos (como azul e laranja, ou vermelho e verde). Portanto, experimente suas combinações de cores com a ajuda de alguns amigos antes de lançá-las no mundo.

P: Eu já vi códigos hexadecimais como #cb0; o que isso significa?

R: Você pode usar uma abreviação se cada par de dois dígitos tiver os mesmos números. Por exemplo, #ccbb00 pode ser abreviado para #cb0, ou #11eeaa para #1ea. Entretanto, se o seu código hexadecimal for algo como #ccbb10, então você não poderá abreviá-lo.

Desafio Arrombe o Cofre

Os planos do dr. Malévolo foram guardados em seu cofre pessoal e você acabou de receber a dica de que ele codifica a combinação em hexadecimais. Na verdade, para não esquecer da combinação, ele sempre coloca o código hexadecimal da cor de fundo de sua página pessoal. Sua tarefa é desvendar o código hexadecimal e descobrir assim a combinação do cofre. Para fazer isso, simplesmente converta sua cor Web para os valores decimais de vermelho, verde e azul, e assim você terá os números direita- esquerda-direita de sua combinação. Esta é a cor Web de fundo de sua página pessoal:

```
body {
        background-color: #b817e0;
}
```

Descubra o código e então escreva a combinação aqui:

DIREITA .... **ESQUERDA** .... **DIREITA** ....

De volta à página do Tonico... Vamos tornar os títulos laranjas e adicionar um sublinhado

Agora que você já sabe tudo sobre as cores, é hora de adicionar algumas à página Web do Tonico. Ele quer laranja e é laranja que vai ter. Mas, antes de tornar todo seu texto laranja — o que provavelmente seria pouco atraente e difícil de ler contra um fundo branco, é preciso adicionar uma cor sutil em seus títulos. O laranja é escuro o suficiente para que haja um bom contraste entre o texto e o fundo, e por coordenação de cores com o laranja que existe nas fotos (a camiseta do Tonico), estaremos criando um relacionamento de cores entre os títulos e as fotos que deve combinar com as imagens e o texto. E apenas para garantirmos que os títulos se destaquem e criem uma separação entre as entradas do diário, também vamos sublinhá-los. Você ainda não viu como se adiciona um sublinhado, mas vamos fazê-lo e então daremos uma olhada mais específica nas decorações de texto.

```
@font-face {
    font-family: "Emblema One";
    src: url("http://wickedlysmart.com/hfhtmlcss/chapter8/journal/EmblemaOne-
Regular.woff"),
         url("http://wickedlysmart.com/hfhtmlcss/chapter8/journal/EmblemaOne-
Regular.ttf");
}
body {
    font-family: Verdana, Geneva, Arial, sans-serif;
    font-size: small;
}

h1, h2 {
    color: #cc6600;
    text-decoration: underline;
}

h1 {
    font-family: "Emblema One", sans-serif;
    font-size: 220%;
}

h2 {
    font-weight: normal;
    font-size: 130%;
}

blockquote {
    font-style: italic;
}
```

Vamos colocar os <h1> e <h2> em laranja, por isso estamos colocando a propriedade color em uma regra compartilhada.

Este é o código hexadecimal para a cor laranja que o Tonico quer, também conhecida como rgb (80%, 40%, 0%).

E aqui está a maneira como criamos um sublinhado. Utilizamos a propriedade text-decoration e a definimos como underline.

Perceba que criamos uma nova regra para tanto o <h1> quanto o <h2>. Isso é uma boa coisa a fazer, porque reduz a duplicação.

Faça o test drive dos títulos laranja do Tonico

Depois de fazer as alterações em seu arquivo "journal.css" para adicionar a propriedade "color" à regra h1, h2, recarregue a página Web e verifique o resultado.

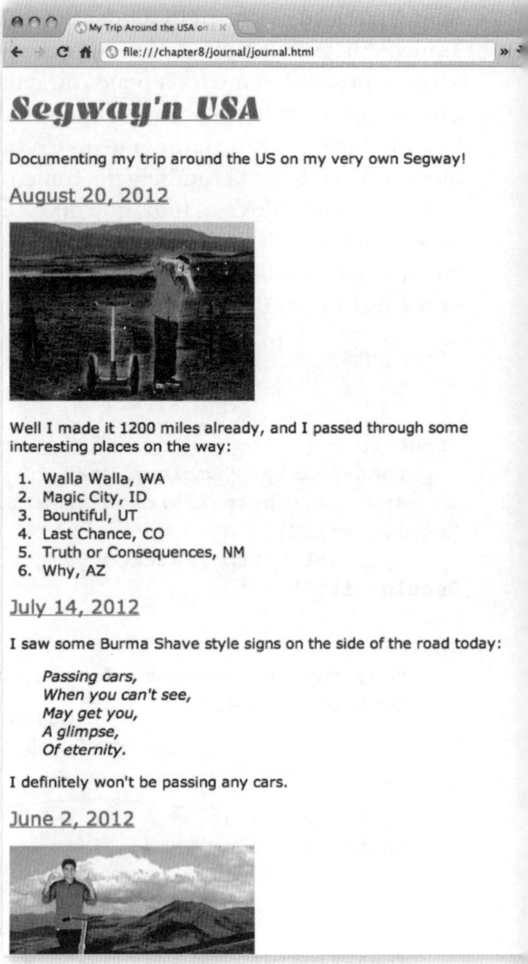
My Trip Around the USA on
file:///chapter8/journal/journal.html
Segway'n USA
Documenting my trip around the US on my very own Segway!
August 20, 2012
Well I made it 1200 miles already, and I passed through some interesting places on the way:
1. Walla Walla, WA
2. Magic City, ID
3. Bountiful, UT
4. Last Chance, CO
5. Truth or Consequences, NM
6. Why, AZ
July 14, 2012
I saw some Burma Shave style signs on the side of the road today:
Passing cars,
When you can't see,
May get you,
A glimpse,
Of eternity.
I definitely won't be passing any cars.
June 2, 2012

Agora, tanto o título <h1> como o <h2> são da cor laranja. Isso combina bem com o tema e a camisa laranja do Tonico.

Os títulos também estão um pouco mais destacados com o sublinhado. Hummm... Nós achamos que essa seria uma boa maneira de distinguir os títulos, mas na verdade eles parecem demais com links clicáveis, uma vez que as pessoas tendem a pensar que tudo que está sublinhado em uma página Web é clicável.

Assim, talvez os sublinhados tenham sido uma escolha ruim. Vamos dar uma rápida olhada em outras decorações de texto, e então reconsideraremos esses sublinhados na página Web.

Aponte o seu lápis

O que todas estas cores têm em comum? Experimente cada uma em uma página Web, como a cor da fonte, ou use o color picker de um aplicativo para edição de fotos para determinar as cores, inserindo o código hexadecimal diretamente na caixa de diálogo

#111111	#444444	#777777	#aaaaaa	#dddddd
#222222	#555555	#888888	#bbbbbb	#eeeeee
#333333	#666666	#999999	#cccccc	

Tudo o que você sempre quis saber sobre decorações de texto em menos de uma página

As decorações de texto permitem que você adicione efeitos decorativos a seu texto, como sublinhados, linhas acima do texto e tachados (também conhecido como riscado). Para adicionar uma decoração de texto, defina a propriedade "`text-decoration`" para um elemento, desta maneira:

```
em {
        text-decoration: line-through;
}
```

Esta regra fará com que o elemento <em> seja tachado.

Você pode definir mais de uma decoração de uma só vez. Digamos que você queira sublinhar um texto que tenha uma linha acima dele ao mesmo tempo; você deverá especificar sua decoração de texto da seguinte maneira:

```
em {
        text-decoration: underline overline;
}
```

Esta regra faz com que o elemento <em> tenha um sublinhado E uma linha acima do texto.

Se você tiver um texto que esteja herdando uma decoração indesejada, simplesmente utilize o valor "none" (nenhum):

```
em {
        text-decoration: none;
}
```

Com esta regra, os elementos <em> não terão decoração.

não existem Perguntas Idiotas

P: Então, se eu tiver duas regras diferentes para um <em>, e uma especificar uma linha sobre o texto e outra um sublinhado, elas serão adicionadas em conjunto?

R: Não. Você precisa combinar os dois valores em uma regra para obter ambas as decorações de texto. Apenas uma regra é escolhida para a decoração de texto, e as decorações em regras separadas não são adicionadas em conjunto. Apenas a regra escolhida para a decoração determinará a decoração a ser usada, portanto a única maneira de obter duas decorações é especificá-las na mesma regra de declaração de "text-decoration".

P: Por que a propriedade "color" não é chamada de "text-color"?

R: A propriedade "color" na verdade controla a cor do primeiro plano de um elemento, portanto ela controla o texto e a cor da borda, apesar de você poder dar à borda uma outra cor com a propriedade "border-color".

P: Eu gosto da decoração tachado. Posso usá-la em um texto que eu esteja editando para indicar as coisas que eu preciso jogar fora?

R: Você até poderia, mas há uma maneira melhor. O HTML possui um elemento sobre o qual ainda não falamos, chamado <del>, que marca conteúdo de seu HTML como um conteúdo a ser excluído. Há um elemento similar chamado <ins>, que marca o conteúdo que deve ser inserido. Normalmente, os browsers exibirão esses elementos com um tachado e um sublinhado, respectivamente. E com as CSS você pode criar estilos para eles da maneira que preferir. Usando <del> e <ins>, você estará marcando o significado de seu conteúdo além de estar criando um estilo para ele.

Remova o sublinhado...

Vamos nos livrar daquele sublinhado confuso e adicionar uma bonita borda inferior, como fizemos com o Bar. Para fazer isso, abra seu arquivo "journal.css" e faça as alterações na regra combinada `h1, h2`:

```
h1, h2 {
        color: #cc6600;
        border-bottom: thin dotted #888888;
        text-decoration: underline;
}
```

(A linha `text-decoration: underline;` aparece riscada.)

Adicione uma borda inferior para os elementos <h1> e <h2>. Você quase pode ler isso como: adicione uma linha pontilhada e fina com a cor #888888 à borda inferior...

No próximo capítulo veremos as bordas em detalhes. Aguente um pouquinho, estamos quase lá!

Exclua a decoração de texto.

Veja o visual do nosso novo "sublinhado". Definitivamente, ele é mais estiloso e menos confuso do que um sublinhado de decoração de texto.

Agora temos bordas sob os elementos <h1> e <h2>, e não sublinhados.

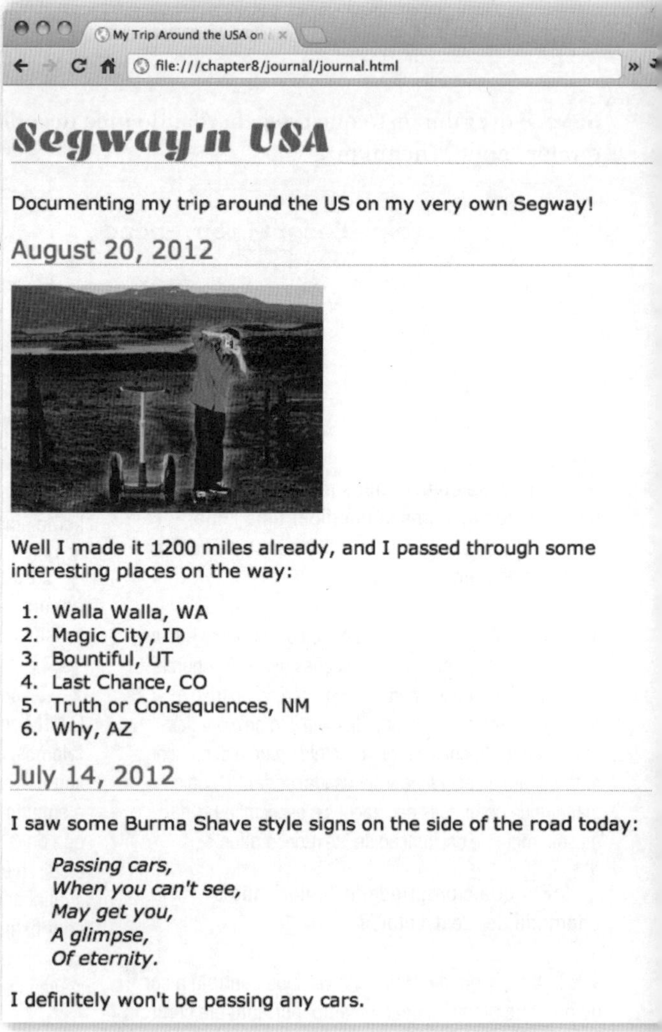
My Trip Around the USA on
file:///chapter8/journal/journal.html
Segway'n USA
Documenting my trip around the US on my very own Segway!
August 20, 2012
Well I made it 1200 miles already, and I passed through some interesting places on the way:
1. Walla Walla, WA
2. Magic City, ID
3. Bountiful, UT
4. Last Chance, CO
5. Truth or Consequences, NM
6. Why, AZ
July 14, 2012
I saw some Burma Shave style signs on the side of the road today:
Passing cars,
When you can't see,
May get you,
A glimpse,
Of eternity.
I definitely won't be passing any cars.

Observe que as bordas se estendem até o final da página, ao invés de ficarem apenas sob o texto. Por quê? Você descobrirá no próximo capítulo.

PONTOS DE BALA

- As CSS oferecem muito controle sobre a aparência de suas fontes, incluindo as propriedades "font-family", weight", "font-size" e "font-style".
- Uma "font-family" é um conjunto de fontes que compartilham características comuns.
- As famílias de fontes para a Web são com serifa, sem serifa monoespaçada, cursiva e fantasia. As fontes com e sem serifa são as mais comuns.
- As fontes que seus visitantes verão em sua página dependem das fontes que tiverem instaladas em seus próprios computadores.
- É uma boa ideia especificar opções de fontes na propriedade "font-family" da sua CSS, caso seus usuários não tenham sua fonte preferida instalada.
- Sempre coloque por último uma fonte genérica como "serif" ou "sans-serif", para que o browser possa fazer a substituição apropriada se nenhuma outra fonte for encontrada.
- Para usar uma fonte que seus usuários possam não ter por padrão, use a regra @font-face na CSS.
- Os tamanhos de fonte normalmente são especificados usando px, em, % ou palavras-chave.
- Se você usar pixels ("px") para especificar o tamanho de suas fontes, estará dizendo ao browser quantos pixels deverá ter a altura de suas letras.
- "em" e % são tamanhos de fontes relativos, portanto especificar o tamanho de sua fonte com porcentagem que o tamanho das letras será relativo ao tamanho da fonte do elemento pai.
- Usar tamanhos relativos em suas fontes pode facilitar a manutenção de suas páginas.
- Utilize as palavras-chave de tamanho de fonte para o tamanho de fonte base em sua regra para que todos os browsers possam escalar os tamanhos de fonte se os usuários desejarem que seu texto fique maior ou menor.
- Você pode colocar seu texto em negrito usando a propriedade da CSS "font-weight".
- A propriedade "font-style" é usada para criar texto em itálico ou texto oblíquo. Nos dois formatos os textos são inclinados.
- As cores da Web são criadas pela mistura de diferentes quantidades de vermelho, verde e azul.
- Se você misturar 100% de vermelho, 100% de verde e 100% de azul, terá o branco.
- Se você misturar 0% de vermelho, 0% de verde e 0% de azul, terá o preto.
- As CSS possuem 16 cores básicas, incluindo preto, branco, vermelho, azul e verde e 150 cores estendidas.
- Você pode especificar qual cor deseja, usando porcentagens de vermelho, verde e azul ou usando o código hexadecimal de uma cor.
- Uma maneira fácil de encontrar um código hexadecimal de uma cor é usando um color picker de uma aplicação para edição de fotos ou uma das quantos muitas ferramentas online da Web.
- Os códigos hexadecimais possuem 6 dígitos, e cada dígito pode ser de 0 a F. Os primeiros dois dígitos representam a quantidade de vermelho, os dois segundos a quantidade de verde e os dois últimos a quantidade de azul.
- Você pode usar a propriedade "text-decoration" para criar um sublinhado para o texto. O texto sublinhado é quase sempre confundido pelos usuários com um link; portanto, use essa propriedade, com cuidado.

Palavras-cruzadas de HTML

Você absorveu muita coisa neste capítulo: fontes, cores, pesos e estilos. É hora de outra palavra-cruzada para fixar o conteúdo aprendido.

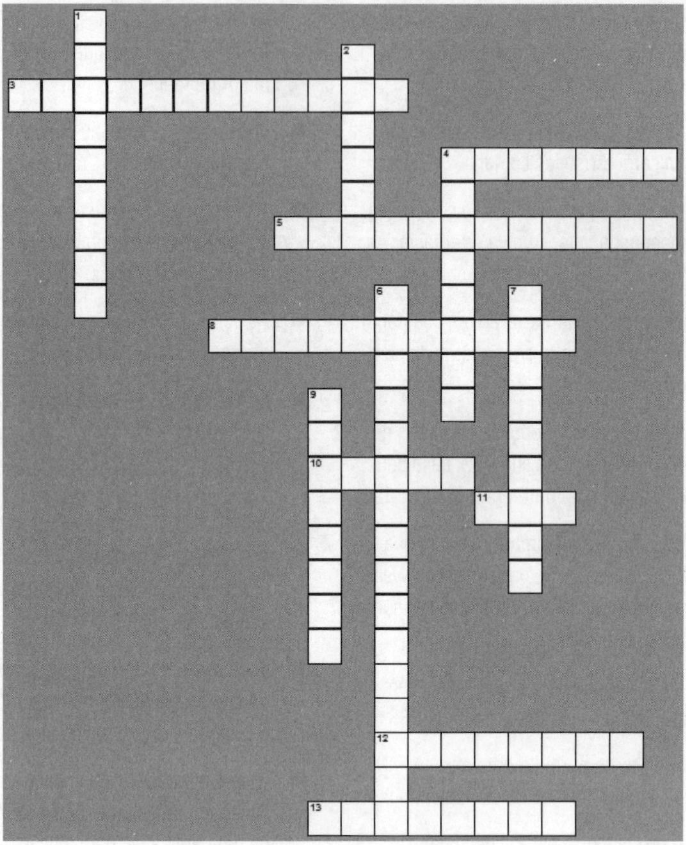
1
2
3
4
5
6
7
8
9
10
11
12
13

Horizontais

3. As fontes similares são agrupadas em _______.

4. Família de fontes que quase nunca é usada em páginas Web.

5. Quando você especifica fontes na propriedade "font-family", está especificando.

8. Você pode especificar fontes em termos de pixels, "em" ou _______.

10. As cores como #111111 até #EEEEEE são todas sombreadas de _______.

11. Elemento que pode ser usado para marcar texto para exclusão.

12. "em" e % são este tipo de tamanho.

13. Fontes com pequenas pontas decorativas.

Verticais

1. Família de fontes que quase nunca é usada em páginas Web.

2. Browser que não lida bem com tamanhos de fonte em pixels.

5. Os códigos hexadecimais usam esta quantidad de dígitos diferentes.

7. Fontes com pequenas pontas decorativas.

9. As cores como #111111 até #EEEEEE são todas sombreadas de _______.

10. Controla a quantidade de negrito em uma font

11. Elemento que pode ser usado para marcar tex para exclusão.

Ímãs de Fontes – Solução

Sua tarefa era ajudar as fontes fictícias abaixo a encontrarem seu caminho para sua própria família de fontes. Você moveu cada ímã de geladeira para a família de fontes correta. Verifique suas respostas antes de prosseguir. Aqui está a solução.

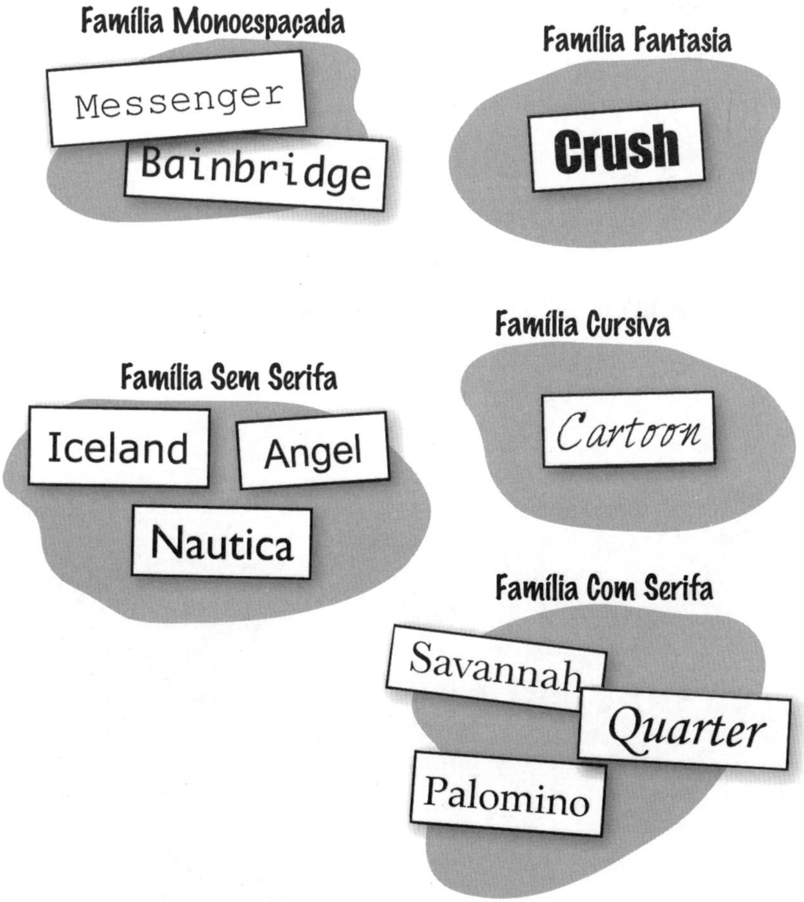
Família Monoespaçada
Messenger
Bainbridge
Família Fantasia
Crush
Família Cursiva
Cartoon
Família Sem Serifa
Iceland
Angel
Nautica
Família Com Serifa
Savannah
Quarter
Palomino

Desafio Arrombe o Cofre – Solução

Os planos do dr. Malévolo foram guardados em seu cofre pessoal e você acabou de receber a dica de que ele codifica a combinação em hexadecimais. Na verdade, para não esquecer da combinação, ele sempre coloca o código hexadecimal da cor de fundo de sua página pessoal. Sua tarefa é desvendar o código hexadecimal e descobrir assim a combinação do cofre. Para fazer isso, simplesmente converta sua cor Web para os valores decimais de vermelho, verde e azul, e assim você terá os números direita- esquerda-direita de sua combinação. Esta é a cor Web de fundo de sua página pessoal:

```
body {
        background-color: #b817e0;
}
```

Descubra o código e então escreva a combinação aqui:

DIREITA (11 * 16) + 8 = 184 **ESQUERDA** (1 * 16) + 7 = 23 **DIREITA** (14 * 16) + 0 = 224

Aponte o seu lápis Solução

O que todas estas cores têm em comum? Experimente cada uma em uma página Web ou use o color picker para determinar que cores são, inserindo o código hexadecimal diretamente na caixa de diálogo.

```
#111111
#222222
#333333
#444444
#555555
#666666
#777777
#888888
#999999
#aaaaaa
#bbbbbb
#cccccc
#dddddd
#eeeeee
```

Todas as cores que utilizam apenas um dígito em seus códigos hexadecimais são tons de cinza, do mais escuro (quase preto) até o mais claro (quase branco).

Palavras-cruzadas de HTML – Solução

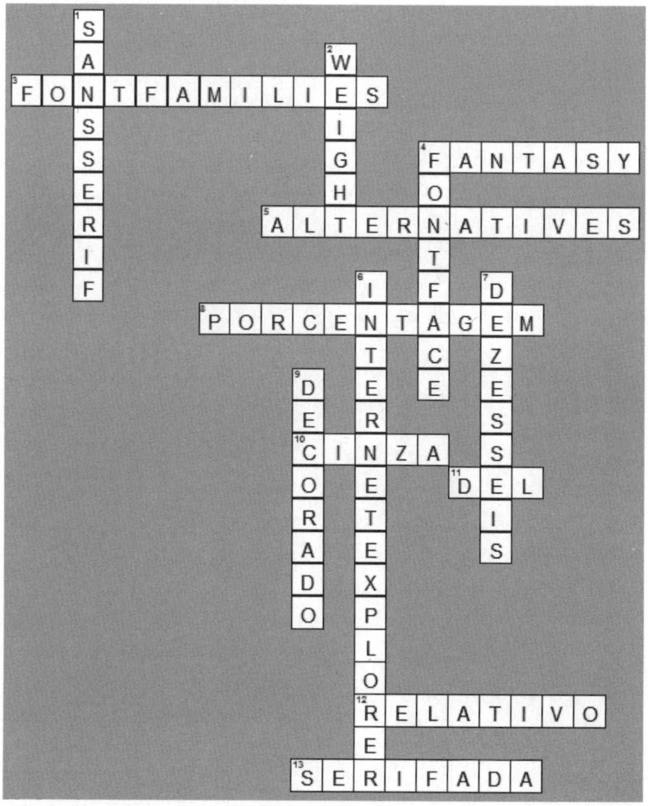
1 SANSSERIF
2 WEIGH
3 FONTFAMILIES
4 FONTFACE
FANTASY
5 ALTERNATIVES
6 INTERNETEXPLORER
7 DEZESSEIS
8 PORCENTAGEM
9 DECORADO
10 CINZA
11 DEL
12 RELATIVO
13 SERIFADA

9 o modelo de caixa

Seja Íntimo dos Elementos

Eu acho que estaríamos mais próximos se não houvesse tantos enchimentos, margens e esta maldita mesa.

Para ter uma criação Web avançada, você precisa conhecer realmente seus materiais de construção. Neste capítulo, vamos olhar mais de perto nossos materiais de construção: os elementos do HTML. Vamos colocar os elementos de bloco e em linha no microscópio e ver do que são feitos. Você verá como é possível controlar todos os aspectos da construção de um elemento através das CSS. Mas não vamos parar por aí: você também verá como pode conferir aos elementos identidades únicas. E, como se já não fosse o bastante, você descobrirá porque deve usar múltiplas folhas de estilo. Portanto, vire a página e comece a ficar íntimo dos elementos.

O bar recebe uma atualização

Você já percorreu um longo caminho em oito capítulos, assim como o Head First Lounge. Na verdade, nos próximos dois capítulos, vamos fazer uma atualização total no lounge, com novo conteúdo para a página principal e criação de um novo estilo, totalmente do zero. E, apenas para atiçar você, deixaremos que dê uma pequena espiada no que vem por aí antes de começarmos. Dê uma olhada — nesta página você encontrará a página do lounge sem o novo estilo mas com o novo conteúdo. Na próxima página, você encontrará a versão estilizada que criaremos até o final do próximo capítulo.

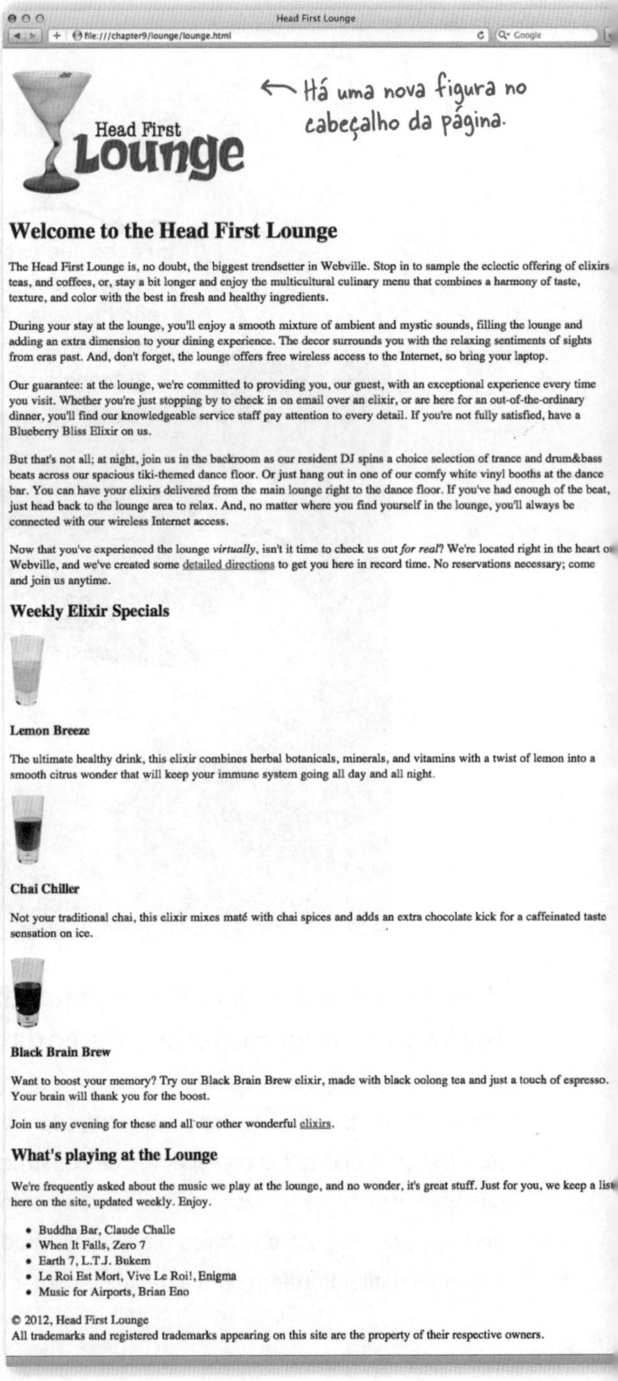
Head First Lounge
file:///chapter9/lounge/lounge.html
Google
Head First Lounge
Welcome to the Head First Lounge
The Head First Lounge is, no doubt, the biggest trendsetter in Webville. Stop in to sample the eclectic offering of elixirs teas, and coffees, or, stay a bit longer and enjoy the multicultural culinary menu that combines a harmony of taste, texture, and color with the best in fresh and healthy ingredients.
During your stay at the lounge, you'll enjoy a smooth mixture of ambient and mystic sounds, filling the lounge and adding an extra dimension to your dining experience. The decor surrounds you with the relaxing sentiments of sights from eras past. And, don't forget, the lounge offers free wireless access to the Internet, so bring your laptop.
Our guarantee: at the lounge, we're committed to providing you, our guest, with an exceptional experience every time you visit. Whether you're just stopping by to check in on email over an elixir, or are here for an out-of-the-ordinary dinner, you'll find our knowledgeable service staff pay attention to every detail. If you're not fully satisfied, have a Blueberry Bliss Elixir on us.
But that's not all; at night, join us in the backroom as our resident DJ spins a choice selection of trance and drum&bass beats across our spacious tiki-themed dance floor. Or just hang out in one of our comfy white vinyl booths at the dance bar. You can have your elixirs delivered from the main lounge right to the dance floor. If you've had enough of the beat, just head back to the lounge area to relax. And, no matter where you find yourself in the lounge, you'll always be connected with our wireless Internet access.
Now that you've experienced the lounge *virtually*, isn't it time to check us out *for real*? We're located right in the heart o Webville, and we've created some detailed directions to get you here in record time. No reservations necessary; come and join us anytime.
Weekly Elixir Specials
Lemon Breeze
The ultimate healthy drink, this elixir combines herbal botanicals, minerals, and vitamins with a twist of lemon into a smooth citrus wonder that will keep your immune system going all day and all night.
Chai Chiller
Not your traditional chai, this elixir mixes maté with chai spices and adds an extra chocolate kick for a caffeinated taste sensation on ice.
Black Brain Brew
Want to boost your memory? Try our Black Brain Brew elixir, made with black oolong tea and just a touch of espresso. Your brain will thank you for the boost.
Join us any evening for these and all our other wonderful elixirs.
What's playing at the Lounge
We're frequently asked about the music we play at the lounge, and no wonder, it's great stuff. Just for you, we keep a list here on the site, updated weekly. Enjoy.
Buddha Bar, Claude Challe
When It Falls, Zero 7
Earth 7, L.T.J. Bukem
Le Roi Est Mort, Vive Le Roi!, Enigma
Music for Airports, Brian Eno
© 2012, Head First Lounge
All trademarks and registered trademarks appearing on this site are the property of their respective owners.

Há uma nova figura no cabeçalho da página.

Os rapazes do lounge forneceram muito mais texto, descrevendo o lounge e o que ele pode oferecer.

E incluíram algumas ofertas de elixires da semana.

E eles até mesmo deixaram que os visitantes escutassem algumas músicas que são tocadas no lounge a cada semana, um pedido comum dos clientes.

Finalmente, eles colocaram algum texto legal no rodapé da página, com a declaração de direitos autorais.

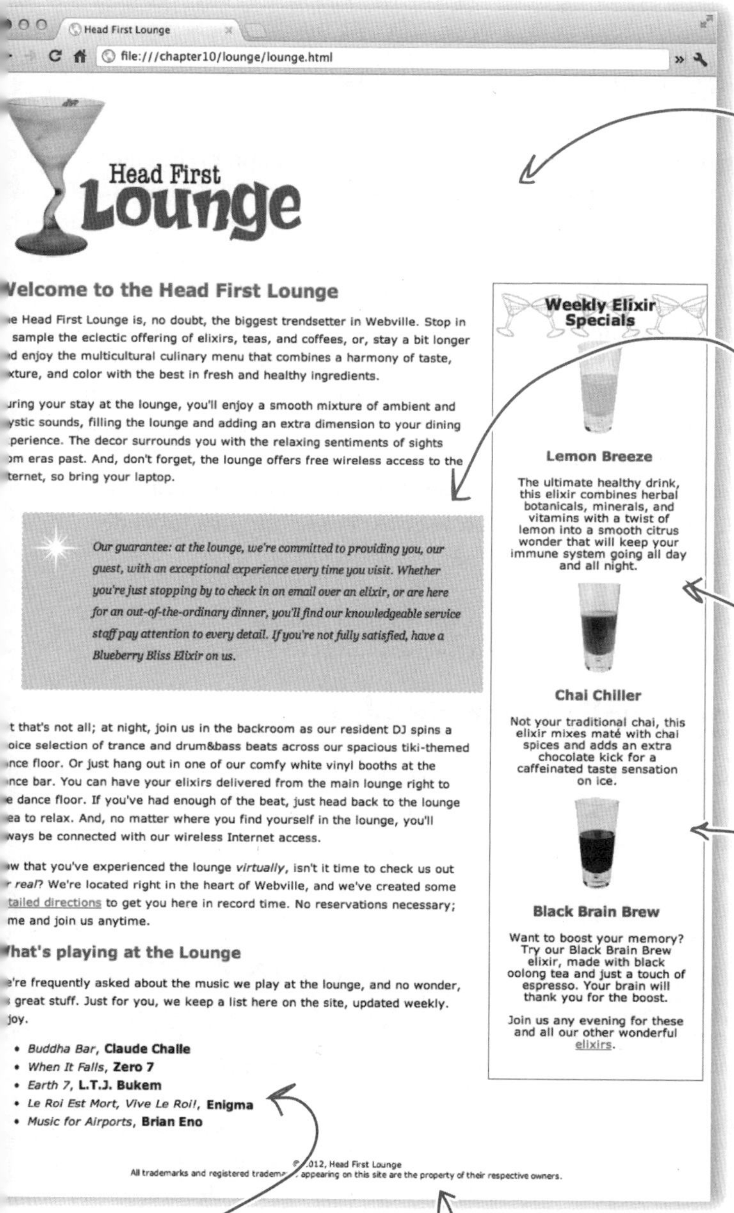

Head First Lounge
file:///chapter10/lounge/lounge.html
Head First Lounge
elcome to the Head First Lounge
e Head First Lounge is, no doubt, the biggest trendsetter in Webville. Stop in sample the eclectic offering of elixirs, teas, and coffees, or, stay a bit longer d enjoy the multicultural culinary menu that combines a harmony of taste, xture, and color with the best in fresh and healthy ingredients.
uring your stay at the lounge, you'll enjoy a smooth mixture of ambient and ystic sounds, filling the lounge and adding an extra dimension to your dining perience. The decor surrounds you with the relaxing sentiments of sights om eras past. And, don't forget, the lounge offers free wireless access to the ternet, so bring your laptop.
Our guarantee: at the lounge, we're committed to providing you, our guest, with an exceptional experience every time you visit. Whether you're just stopping by to check in on email over an elixir, or are here for an out-of-the-ordinary dinner, you'll find our knowledgeable service staff pay attention to every detail. If you're not fully satisfied, have a Blueberry Bliss Elixir on us.
t that's not all; at night, join us in the backroom as our resident DJ spins a oice selection of trance and drum&bass beats across our spacious tiki-themed nce floor. Or just hang out in one of our comfy white vinyl booths at the nce bar. You can have your elixirs delivered from the main lounge right to e dance floor. If you've had enough of the beat, just head back to the lounge ea to relax. And, no matter where you find yourself in the lounge, you'll ways be connected with our wireless Internet access.
w that you've experienced the lounge virtually, isn't it time to check us out real? We're located right in the heart of Webville, and we've created some tailed directions to get you here in record time. No reservations necessary; me and join us anytime.
hat's playing at the Lounge
e're frequently asked about the music we play at the lounge, and no wonder, great stuff. Just for you, we keep a list here on the site, updated weekly. joy.
Buddha Bar, Claude Challe
When It Falls, Zero 7
Earth 7, L.T.J. Bukem
Le Roi Est Mort, Vive Le Roi!, Enigma
Music for Airports, Brian Eno
Weekly Elixir Specials
Lemon Breeze
The ultimate healthy drink, this elixir combines herbal botanicals, minerals, and vitamins with a twist of lemon into a smooth citrus wonder that will keep your immune system going all day and all night.
Chai Chiller
Not your traditional chai, this elixir mixes maté with chai spices and adds an extra chocolate kick for a caffeinated taste sensation on ice.
Black Brain Brew
Want to boost your memory? Try our Black Brain Brew elixir, made with black oolong tea and just a touch of espresso. Your brain will thank you for the boost.
Join us any evening for these and all our other wonderful elixirs.

Temos títulos que combinam com o tema de cor do site, um verde-água. As fontes também são sans-serif, muitos legíveis.

Este parágrafo foi altamente estilizado, o que ajuda a destacá-lo do texto e dá à página um visual atrativo. Também parece que sua fonte é com serifa, o que a difere do texto principal.

Os elixires foram dramaticamente reestilizados para uma exibição atrativa dos drinks.

Os elixires também foram movidos para o lado. Como isso aconteceu?

Os CDs de música e os artistas também têm seu próprio estilo agora.

E o rodapé está centralizado e exibido em uma fonte bem pequena.

O novo e melhorado bar com um superestilo

Não está mais simplezinho. Talvez agora o lounge esteja “superestilizado” para você, mas ei, ele é um lounge. E estamos certos de que você pode ver que este design está ficando muito sofisticado — apenas pense o que as mesmas técnicas poderiam fazer por suas páginas. Bem, depois deste e do próximo capítulo, designs como este estarão facilmente ao seu alcance.

Crie o novo bar

Antes de começarmos a construção principal, vamos nos familiarizar com o novo bar. Veja o que você deve fazer:

1. Se quiser obter a página em inglês, dê uma olhada na pasta "chapter9/lounge" e você encontrará o arquivo "lounge.html" com todo o novo conteúdo (caso prefira continuar com a versão em português, você terá que implementar todas as mudanças manualmente). Abra o arquivo em seu editor e confira as mudanças. Tudo deve parecer familiar: títulos, parágrafos, algumas imagens, uma citação e uma lista.

2. Vamos passar a maior parte deste capítulo adicionando estilo a este HTML, portanto você precisa de um lugar para a sua CSS. Você criará novos estilos para o bar no arquivo de folha de estilo "lounge.css" (ou "bar.css" se estiver usando a versão em português), portanto você verá que o elemento `<link>` no `<head>` de "lounge.html" ainda estará lá, mas a versão anterior de "lounge.css" já era.

```
<link type="text/css" rel="stylesheet" href="lounge.css">
```

   Lembre-se, esse elemento `<link>` diz ao browser para procurar uma folha de estilo externa chamada "lounge.css".

3. Em seguida, você precisa criar um novo "lounge.css" (ou "bar.css") na pasta "chapter9/lounge". Este arquivo armazenará todas as novas CSS para o novo bar.

Comece com algumas atualizações simples

Agora você está pronto para começar a mudar o estilo do bar. Vamos adicionar algumas regras simples à sua CSS, apenas para tirar o básico do caminho, como a família de fontes, o tamanho e alguma cor; isso aperfeiçoará imediatamente o bar (e oferecerá a você uma boa revisão do capítulo anterior). Assim, abra seu "lounge.css" e adicione as regras a seguir.

```
body {
      font-size:   small;
      font-family: Verdana, Helvetica, Arial, sans-serif;
}

h1, h2 {
      color: #007e7e;
}

h1 {
      font-size: 150%;
}

h2 {
      font-size: 130%;
}
```

Este é o tamanho da fonte padrão para a página.

Vamos usar uma família de fontes sem serifa para o bar. Já colocamos algumas alternativas de fontes e finalizamos a declaração com uma fonte sem serifa genérica.

Vamos definir a cor dos elementos <h1> e <h2> como verde-água, para combinar com o copo do logo.

Agora vamos obter alguns tamanhos razoáveis para <h1> e <h2>. Como estamos definindo dois tamanhos diferentes para eles, precisamos de regras separadas e não podemos incluí-los na regra combinada para <h1> e <h2>.

Um test drive rapidinho

Vamos fazer um rápido test drive apenas para ver como esses estilos afetam a página. Certifique-se de ter feito todas as alterações, salve o arquivo e faça o teste.

Head First Lounge
file:///chapter9/lounge/lounge.html
Head First Lounge
Welcome to the Head First Lounge
The Head First Lounge is, no doubt, the biggest trendsetter in Webville. Stop in to sample the eclectic offering of elixirs, teas, and coffees, or, stay a bit longer and enjoy the multicultural culinary menu that combines a harmony of taste, texture, and color with the best in fresh and healthy ingredients.
During your stay at the lounge, you'll enjoy a smooth mixture of ambient and mystic sounds, filling the lounge and adding an extra dimension to your dining experience. The decor surrounds you with the relaxing sentiments of sights from eras past. And, don't forget, the lounge offers free wireless access to the Internet, so bring your laptop.
Our guarantee: at the lounge, we're committed to providing you, our guest, with an exceptional experience every time you visit. Whether you're just stopping by to check in on email over an elixir, or are here for an out-of-the-ordinary dinner, you'll find our knowledgeable service staff pay attention to every detail. If you're not fully satisfied, have a Blueberry Bliss Elixir on us.
But that's not all; at night, join us in the backroom as our resident DJ spins a choice selection of trance and drum&bass beats across our spacious tiki-themed dance floor. Or just hang out in one of our comfy white vinyl booths at the dance bar. You can have your elixirs delivered from the main lounge right to the dance floor. If you've had enough of the beat, just head back to the lounge area to relax. And, no matter where you find yourself in the lounge, you'll always be connected with our wireless Internet access.
Now that you've experienced the lounge *virtually*, isn't it time to check us out *for real*? We're located right in the heart of Webville, and we've created some detailed directions to get you here in record time. No reservations necessary; come and join us anytime.
Weekly Elixir Specials
Lemon Breeze
The ultimate healthy drink, this elixir combines herbal botanicals, minerals, and vitamins with a twist of lemon into a smooth citrus wonder that will keep your immune system going all day and all

Os títulos agora estão em uma fonte sem serifa e a cor combina com o logo, criando um tema para a página.

O texto do parágrafo também está em uma fonte sem serifa, já que cada elemento herda a propriedade font-family de <body>.

O título <h2> também foi estilizado com uma nova cor e com uma fonte sem serifa, mas é um pouquinho menor.

Não aplicamos estilos a <h3>, portanto ele apenas herdou a propriedade font-family de <body>.

Este link parece muito deslocado com essa cor azul padrão. Temos que corrigir isso mais tarde.

Mais um ajuste

Vamos fazer mais um ajuste ao lounge antes de começarmos a fazer algumas mudanças maiores. Esse ajuste envolve uma nova propriedade que ainda não vimos, mas agora que você já possui experiência suficiente, não o trataremos mais como criança a cada vez que uma nova propriedade aparecer. Portanto, vamos simplesmente mostrá-la e experimentá-la.

Aumentar a altura da linha de seu texto pode melhorar a legibilidade. Isso também lhe dará uma nova maneira de oferecer contraste entre partes diferentes de sua página (você verá como isso funciona em alguns instantes).

Aqui estamos alterando o espaço entre cada linha para 1.6 em ou, em outras palavras, 1,6 vez o tamanho da fonte.

Aqui estamos alterando o espaço entre cada linha para 1.6 em ou, em outras palavras, 1,6 vez o tamanho da fonte.

```
body {
      font-size:   small;
      font-family: Verdana, Helvetica, Arial, sans-serif;
      line-height: 1.6em;
}
```

Olhe a nova altura da linha

Como você já deve ter adivinhado, a propriedade `line-height` permite que você especifique o espaço vertical entre cada linha de seu texto. Assim como outras propriedades relacionadas às fontes, você pode especificar a altura da linha em pixels ou pode usar valores de "em" ou porcentagens que sejam relativos ao tamanho da fonte.

Vamos ver qual é o efeito da propriedade `line-height` no bar. Adicione a propriedade `line-height` ao seu arquivo CSS e salve. Você deverá ver a altura da linha aumentar quando atualizar a página no browser.

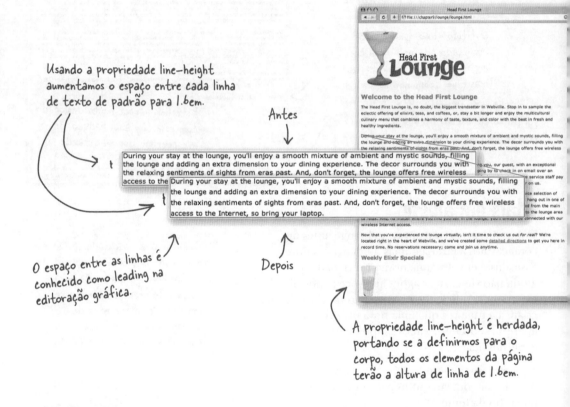

Usando a propriedade line-height aumentamos o espaço entre cada linha de texto de padrão para 1.6em.

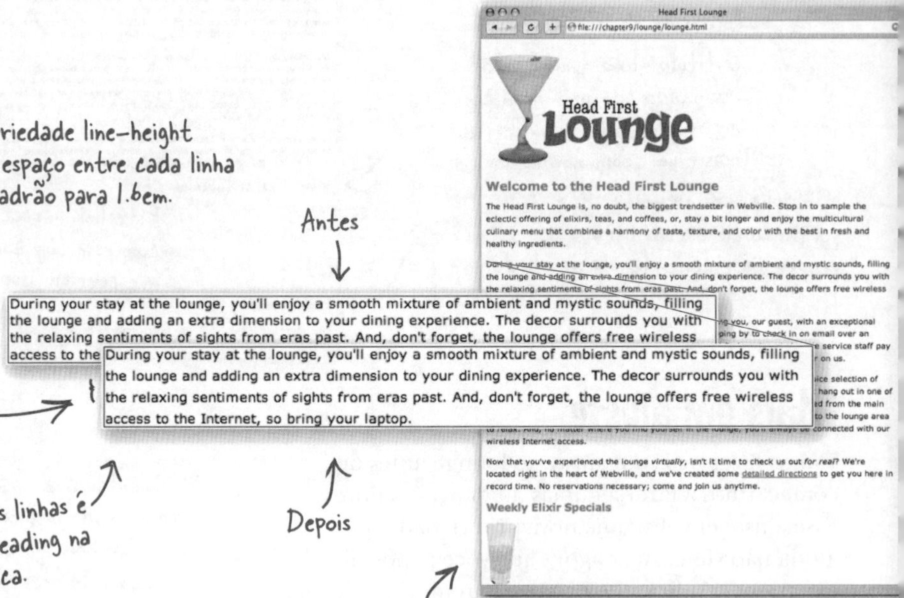
Antes
During your stay at the lounge, you'll enjoy a smooth mixture of ambient and mystic sounds, filling the lounge and adding an extra dimension to your dining experience. The decor surrounds you with the relaxing sentiments of sights from eras past. And, don't forget, the lounge offers free wireless access to the
During your stay at the lounge, you'll enjoy a smooth mixture of ambient and mystic sounds, filling the lounge and adding an extra dimension to your dining experience. The decor surrounds you with the relaxing sentiments of sights from eras past. And, don't forget, the lounge offers free wireless access to the Internet, so bring your laptop.
Depois
Head First Lounge
Welcome to the Head First Lounge
Weekly Elixir Specials

O espaço entre as linhas é conhecido como leading na editoração gráfica.

A propriedade line-height é herdada, portando se a definirmos para o corpo, todos os elementos da página terão a altura de linha de 1.6em.

Exercício

Experimente alguns valores diferentes para "line-height", como 200%, .5em e 20px para ver o efeito que voltar sua "line-height" para 1.6em.

Prepare-se para algumas grandes renovações

Depois de apenas algumas páginas deste capítulo, você já tem uma tonelada de estilo de texto no novo bar. Parabéns!

Agora as coisas começarão a ficar realmente interessantes. Vamos passar da alteração de simples propriedades de elementos, como tamanho, cor e decorações, para a mudança de alguns aspectos fundamentais da exibição dos elementos. É a partir daqui que você passará a ser gente grande.

Mas para ser gente grande, você precisa conhecer o *modelo de caixa*. O que é isso? É como as CSS vêem os elementos. As CSS tratam cada elemento como se ele representasse uma caixa. Vamos ver o que isso significa.

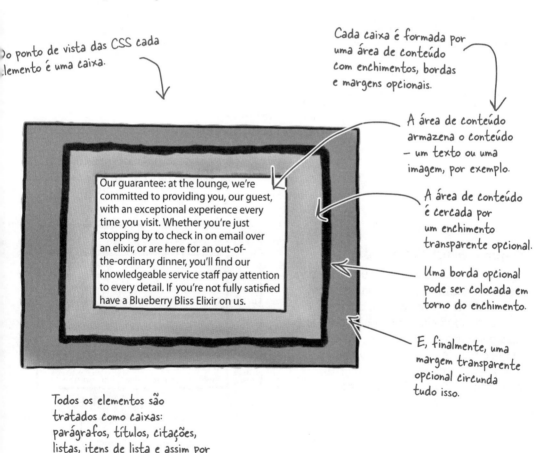

o ponto de vista das CSS cada
lemento é uma caixa.
Cada caixa é formada por uma área de conteúdo com enchimentos, bordas e margens opcionais.
Our guarantee: at the lounge, we're committed to providing you, our guest, with an exceptional experience every time you visit. Whether you're just stopping by to check in on email over an elixir, or are here for an out-of-the-ordinary dinner, you'll find our knowledgeable service staff pay attention to every detail. If you're not fully satisfied have a Blueberry Bliss Elixir on us.
A área de conteúdo armazena o conteúdo – um texto ou uma imagem, por exemplo.
A área de conteúdo é cercada por um enchimento transparente opcional.
Uma borda opcional pode ser colocada em torno do enchimento.
E, finalmente, uma margem transparente opcional circunda tudo isso.

Todos os elementos são tratados como caixas: parágrafos, títulos, citações, listas, itens de lista e assim por diante. Até mesmo os elementos em linha como <em> e links são tratados como caixas pelas CSS.

Um exame mais minucioso do modelo de caixa...

Você será capaz de controlar todos os aspectos da caixa com as CSS: o tamanho do enchimento em torno do conteúdo, se o elemento terá ou não uma borda (assim como o tipo e o tamanho dela), e quanta margem haverá entre seu elemento e outros elementos. Vamos examinar cada parte da caixa e sua respectiva função:

A área de conteúdo armazena o conteúdo do elemento. Normalmente, ela é do tamanho exato para conter o conteúdo.

O que é a área de conteúdo?

Cada elemento começa com algum conteúdo, como texto ou uma imagem, e este conteúdo é colocado dentro de uma caixa grande o suficiente para contê-lo. Observe que a área de conteúdo não possui espaços em branco entre o conteúdo e o limite da caixa.

Desenhamos um limite em torno da área de conteúdo para que você saiba qual o seu tamanho. Mas em um browser, não haverá um limite visível em torno da área de conteúdo.

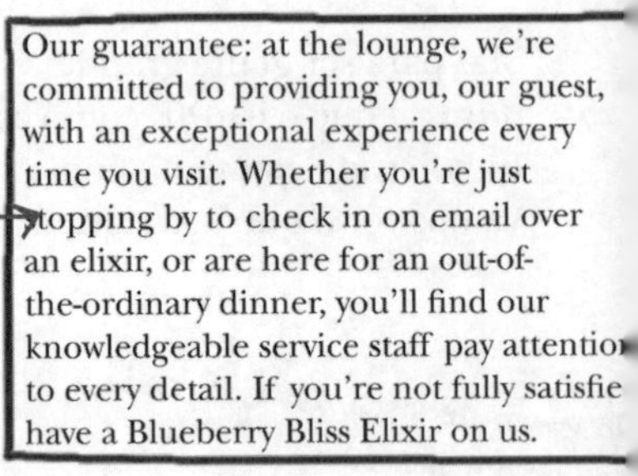
Our guarantee: at the lounge, we're committed to providing you, our guest, with an exceptional experience every time you visit. Whether you're just stopping by to check in on email over an elixir, or are here for an out-of-the-ordinary dinner, you'll find our knowledgeable service staff pay attentio to every detail. If you're not fully satisfie have a Blueberry Bliss Elixir on us.

O browser adiciona um enchimento opcional em torno da área de conteúdo.

O que é enchimento?

Qualquer caixa que tenha uma camada de enchimento em torno da área de conteúdo. O enchimento é opcional, portanto você não é obrigado a tê-lo, mas pode usá-lo para criar um espaço em branco visual entre o conteúdo e a borda da caixa. O enchimento é transparente e não possui cor ou decoração própria.

Our guarantee: at the lounge, we're committed to providing you, our guest, with an exceptional experience every time you visit. Whether you're just stopping by to check in on email over an elixir, or are here for an out-of-the-ordinary dinner, you'll find our knowledgeable service staff pay attention to every detail. If you're not fully satisfiec have a Blueberry Bliss Elixir on us.

Usando as CSS, você será capaz de controlar a largura do enchimento em torno de toda a área de conteúdo, ou até mesmo controlar o enchimento em qualquer lado em particular (em cima, à direita, embaixo e à esquerda).

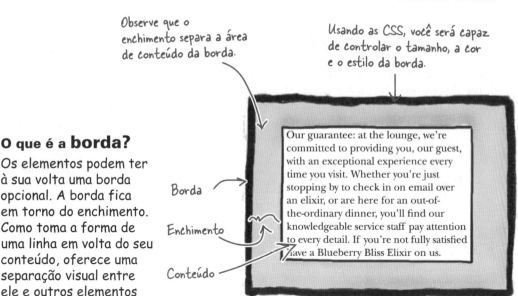

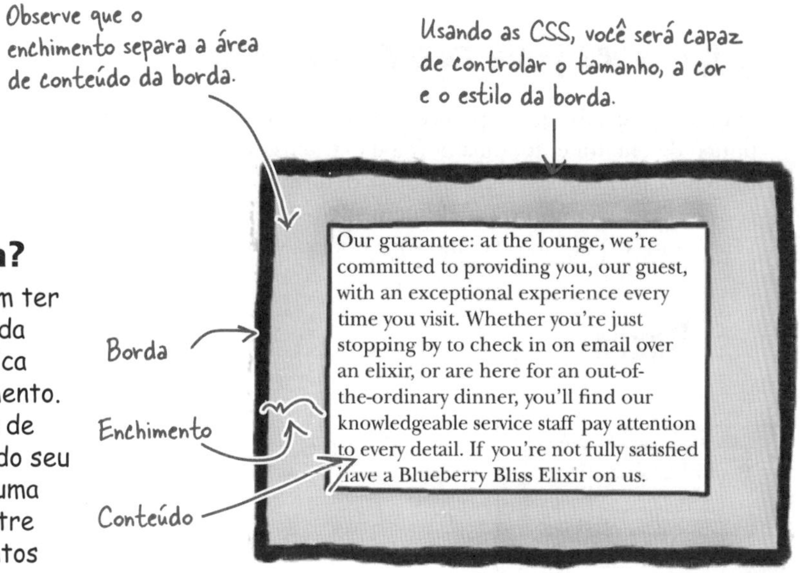
Observe que o enchimento separa a área de conteúdo da borda.
Usando as CSS, você será capaz de controlar o tamanho, a cor e o estilo da borda.
Borda
Enchimento
Conteúdo
Our guarantee: at the lounge, we're committed to providing you, our guest, with an exceptional experience every time you visit. Whether you're just stopping by to check in on email over an elixir, or are here for an out-of-the-ordinary dinner, you'll find our knowledgeable service staff pay attention to every detail. If you're not fully satisfied have a Blueberry Bliss Elixir on us.

O que é a **borda?**

Os elementos podem ter à sua volta uma borda opcional. A borda fica em torno do enchimento. Como toma a forma de uma linha em volta do seu conteúdo, oferece uma separação visual entre ele e outros elementos na mesma página. As bordas podem ter vários tamanhos, cores e estilos.

O que é a **margem?**

A margem também é opcional e envolve a borda. A margem lhe oferece uma maneira de adicionar espaço entre seu elemento e outros elementos na mesma página. Se duas caixas estiverem próximas uma da outra, as margens agirão como o espaço entre elas. Assim como o enchimento, as margens são transparentes e não possuem cor ou decoração próprias.

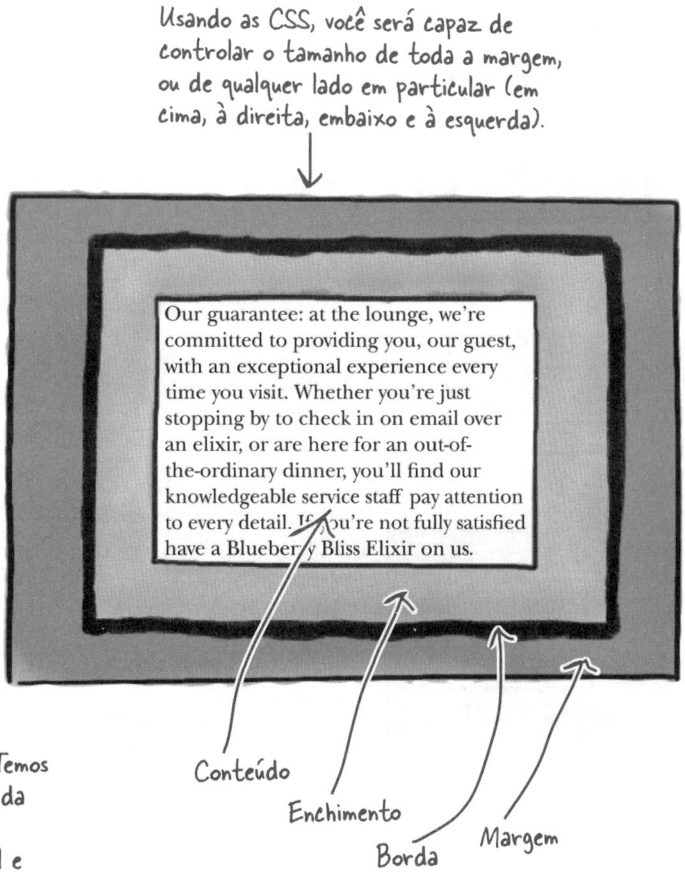
Usando as CSS, você será capaz de controlar o tamanho de toda a margem, ou de qualquer lado em particular (em cima, à direita, embaixo e à esquerda).
Our guarantee: at the lounge, we're committed to providing you, our guest, with an exceptional experience every time you visit. Whether you're just stopping by to check in on email over an elixir, or are here for an out-of-the-ordinary dinner, you'll find our knowledgeable service staff pay attention to every detail. If you're not fully satisfied have a Blueberry Bliss Elixir on us.
Conteúdo
Enchimento
Borda
Margem

Este é o elemento completo. Temos uma área de conteúdo, envolvida por um enchimento opcional, dentro de uma borda opcional e com uma margem opcional externa.

O que você pode fazer com caixas

O modelo de caixa pode parecer simples com apenas o conteúdo, um pouco de enchimento, uma borda e margens. Mas quando você combina tudo isso, há maneiras infinitas de se determinar o layout de um elemento com seu espaço interno (enchimento) e o espaço em torno (margens). Veja alguns exemplos de como você poderá variar seus elementos.

Bordas
Boxes
Você pode criar um estilo para a caixa com um enchimento, uma borda e uma margem.
Você pode ter bordas sólidas, grossas ou finas.
Ou nenhuma borda.
Ou apenas um enchimento e uma borda.
Ou pode escolher um dos oito estilos diferentes de borda, como a tracejada.
Ou apenas uma borda.
Ou até mesmo colorir suas bordas.
Ou uma margem sem borda ou enchimento.
Ou ainda criar cantos arredondados em suas bordas.
Our guarantee: at the lounge, we're committed to providing you, our guest, with an exceptional experience every time you visit. Whether you're just stopping by to check in on email over an elixir, or are here for an out-of-the-ordinary dinner, you'll find our knowledgeable service staff pay attention to every detail. If you're not fully satisfied have a Blueberry Bliss Elixir on us.

Enchimento

Com as CSS, você pode controlar o enchimento em qualquer lado da área de conteúdo. Aqui temos um monte de enchimento à esquerda e à direita.

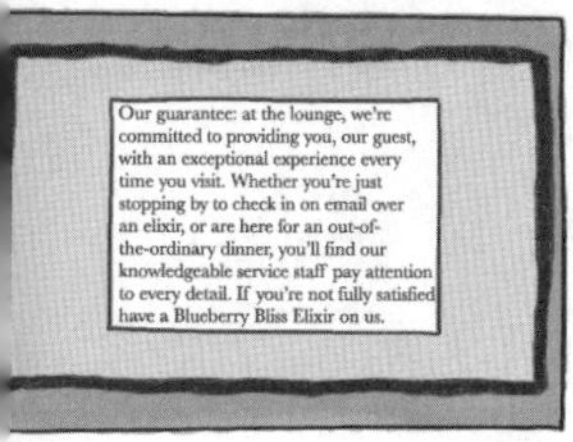
Our guarantee: at the lounge, we're committed to providing you, our guest, with an exceptional experience every time you visit. Whether you're just stopping by to check in on email over an elixir, or are here for an out-of-the-ordinary dinner, you'll find our knowledgeable service staff pay attention to every detail. If you're not fully satisfied have a Blueberry Bliss Elixir on us.

E aqui temos um monte de enchimento em cima e embaixo.

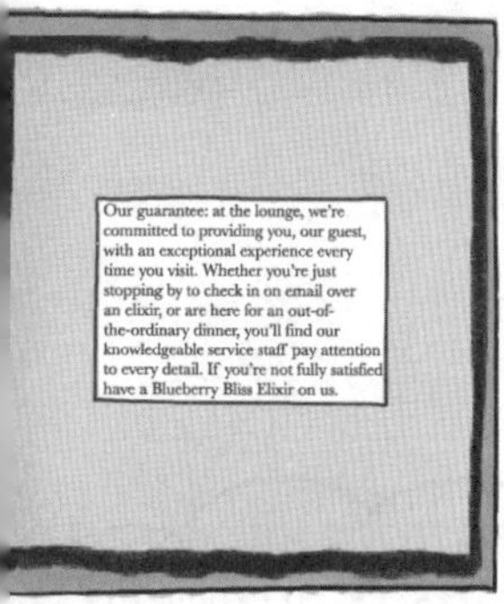
Our guarantee: at the lounge, we're committed to providing you, our guest, with an exceptional experience every time you visit. Whether you're just stopping by to check in on email over an elixir, or are here for an out-of-the-ordinary dinner, you'll find our knowledgeable service staff pay attention to every detail. If you're not fully satisfied have a Blueberry Bliss Elixir on us.

Aqui o conteúdo foi recuado para o canto inferior direito com enchimento em cima e a esquerda.

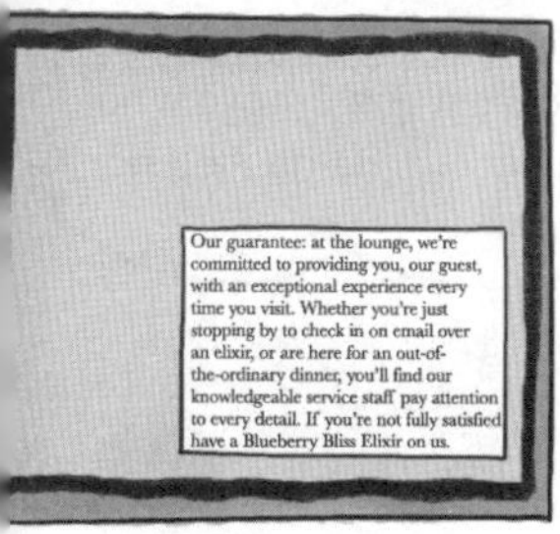
Our guarantee: at the lounge, we're committed to providing you, our guest, with an exceptional experience every time you visit. Whether you're just stopping by to check in on email over an elixir, or are here for an out-of-the-ordinary dinner, you'll find our knowledgeable service staff pay attention to every detail. If you're not fully satisfied have a Blueberry Bliss Elixir on us.

Margens

Você tem o mesmo nível de controle sobre as margens. Aqui há muita margem superior e inferior.

Our guarantee: at the lounge, we're committed to providing you, our guest, with an exceptional experience every time you visit. Whether you're just stopping by to check in on email over an elixir, or are here for an out-of-the-ordinary dinner, you'll find our knowledgeable service staff pay attention to every detail. If you're not fully satisfied have a Blueberry Bliss Elixir on us.

Eis um monte de margem à direita e à esquerda.

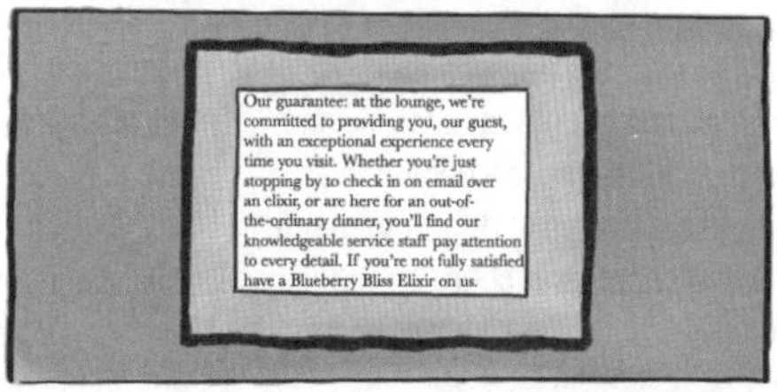
Our guarantee: at the lounge, we're committed to providing you, our guest, with an exceptional experience every time you visit. Whether you're just stopping by to check in on email over an elixir, or are here for an out-of-the-ordinary dinner, you'll find our knowledgeable service staff pay attention to every detail. If you're not fully satisfied have a Blueberry Bliss Elixir on us.

E, assim como o enchiemento, você pode especificar todos os lados de forma independente para criar margens como estas

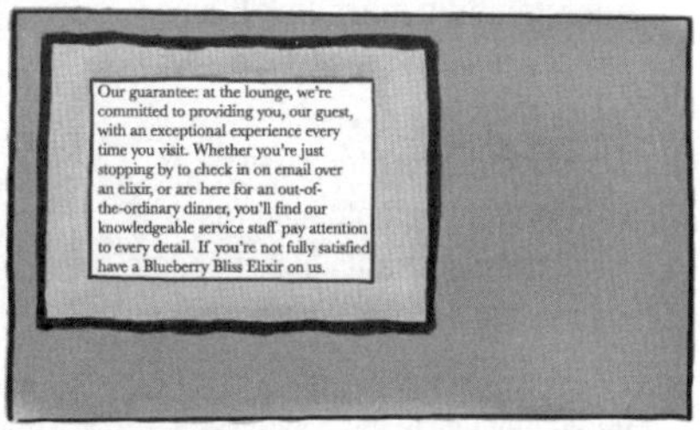
Our guarantee: at the lounge, we're committed to providing you, our guest, with an exceptional experience every time you visit. Whether you're just stopping by to check in on email over an elixir, or are here for an out-of-the-ordinary dinner, you'll find our knowledgeable service staff pay attention to every detail. If you're not fully satisfied have a Blueberry Bliss Elixir on us.

Área de Conteúdo

Você pode até mesmo controlar a largura e altura de várias maneiras. Aqui a área de conteúdo é estendida.

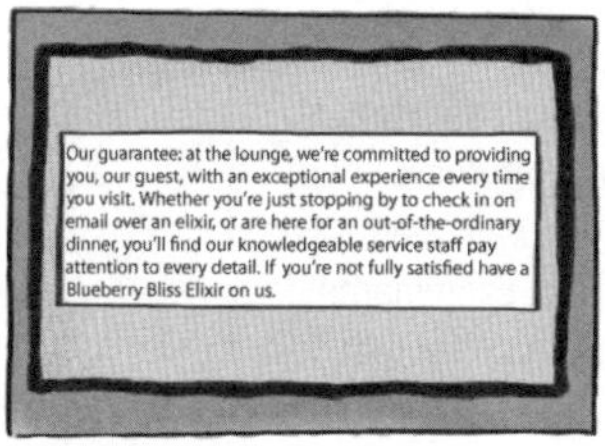
Our guarantee: at the lounge, we're committed to providing you, our guest, with an exceptional experience every time you visit. Whether you're just stopping by to check in on email over an elixir, or are here for an out-of-the-ordinary dinner, you'll find our knowledgeable service staff pay attention to every detail. If you're not fully satisfied have a Blueberry Bliss Elixir on us.

Our guarantee: at the lounge, we're committed to providing you, our guest, with an exceptional experience every time you visit. Whether you're just stopping by to check in on email over an elixir, or are here for an out-of-the-ordinary dinner, you'll find our knowledgeable service staff pay attention to every detail. If you're not fully satisfied have a Blueberry Bliss Elixir on us.

E aqui, a área de conteúdo é alta e magra.

não existem Perguntas Idiotas

P: Parece que aprender essa estória de caixa seria importante se eu estivesse criando o software para o browser; mas como isso pode me ajudar a melhorar minhas páginas Web?

R: Para ir além das páginas Web simples que utilizam o layout padrão do browser, você precisa ser capaz de controlar a forma como os elementos se acomodam em uma página, assim como a posição relativa de outros elementos. Para fazer isso, você precisa alterar vários aspectos de enchimento e margens de cada elemento. Assim, para criar designs de página Web interessantes, você definitivamente precisa saber algo sobre o modelo de caixa.

P: Qual é a diferença entre enchimento e margem? Eles parecem ser a mesma coisa.

R: A margem oferece espaço entre o seu elemento e outros elementos, enquanto o enchimento lhe oferece espaço extra em volta de seu conteúdo. Se você tiver uma borda que possa ser visualizada, o enchimento estará no lado de dentro da borda e a margem no lado de fora. Pense no enchimento como parte do elemento; a margem envolve o elemento e o separa das coisas que estão à sua volta.

P: Eu sei que eles são opcionais, mas você precisa ter um enchimento para ter uma borda ou uma margem?

R: Não, eles são totalmente opcionais e não dependem uns dos outros. Portanto, você pode ter uma borda e nenhum enchimento, ou uma margem e nenhuma borda e assim por diante.

P: Não sei se entendi como os elementos se encaixam e como as margens ficam nessa estória.

R: Espere um pouco. Enquanto isso você verá um pouco da maneira como as margens interagem com outros elementos neste capítulo, vamos falar mais sobre esse tópico no Capítulo 11, quando explicaremos o posicionamento.

P: Assim, a não ser no tamanho, parece que eu realmente não posso criar um estilo para o enchimento e para as margens.

R: Você está certo. Ambos são usados por oferecerem mais espaço visual, e você não pode dar ao enchimento ou à margem uma cor direta ou qualquer tipo de decoração. Mas, como eles são transparentes, ficarão com a cor que existir no fundo ou em uma imagem embaixo do texto. Uma diferença entre o enchimento e as margens é que a cor de fundo do elemento (ou a imagem de fundo) se estenderá sob o enchimento, mas não sob a margem. Você verá como isso funciona em instantes.

P: O tamanho da área de conteúdo é determinado apenas pelo tamanho do conteúdo dentro dela?

R: Os browsers usam um monte de regras diferentes para determinar a largura e a altura da área de conteúdo. Examinaremos essa questão com profundidade mais adiante. A resposta rápida seria que você mesmo pode definir a largura e a altura se precisar controlar o tamanho do elemento.

Ei, rapazes, estou realmente adorando a conversa sobre os negócios. Mas vocês esqueceram que estavam no meio da renovação do meu bar?

Enquanto isso, de volta ao bar...

Nós realmente temos trabalho nos esperando na página do bar, portanto voltemos a ele. Você notou o parágrafo estilizado em verde-água quando viu a versão final da página do bar no início do capítulo? Esse parágrafo contém um texto com a garantia do bar a seus clientes, e obviamente eles querem destacar sua promessa. Vamos olhar de perto este parágrafo e então o construiremos.

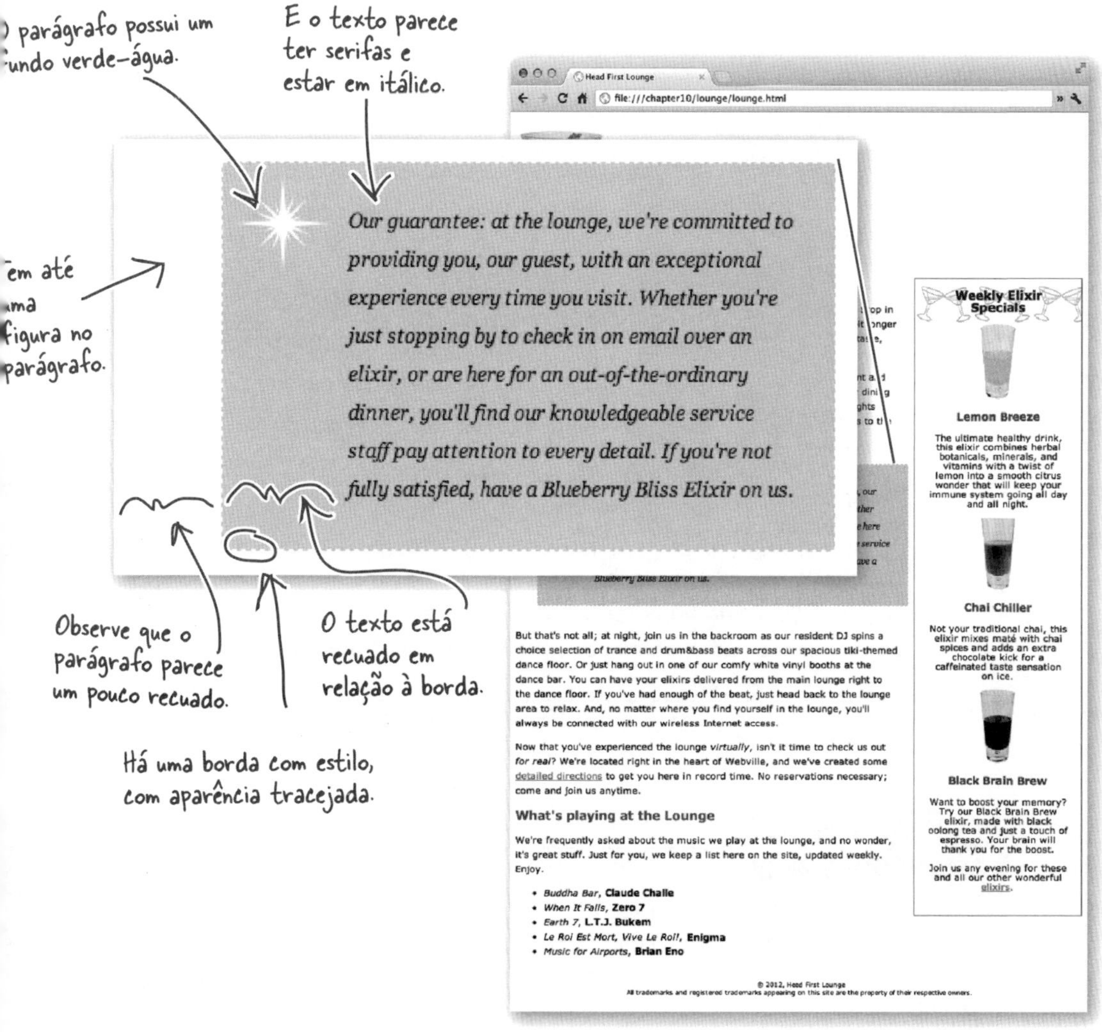
parágrafo possui um
undo verde-água.
E o texto parece ter serifas e estar em itálico.
em até
ma
figura no
parágrafo.
Our guarantee: at the lounge, we're committed to providing you, our guest, with an exceptional experience every time you visit. Whether you're just stopping by to check in on email over an elixir, or are here for an out-of-the-ordinary dinner, you'll find our knowledgeable service staff pay attention to every detail. If you're not fully satisfied, have a Blueberry Bliss Elixir on us.
Observe que o parágrafo parece um pouco recuado.
O texto está recuado em relação à borda.
Há uma borda com estilo, com aparência tracejada.
Head First Lounge
file:///chapter10/lounge/lounge.html
Weekly Elixir Specials
Lemon Breeze
Chai Chiller
Black Brain Brew
What's playing at the Lounge

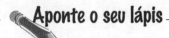

Aponte o seu lápis

Veja se pode identificar o enchimento, a borda e as margens deste parágrafo. Marque todos os enchimentos e margens (à direita, à esquerda, em cima e embaixo):

don't forget, the lounge offers free wireless access to the Internet, so bring your laptop.

Our guarantee: at the lounge, we're committed to providing you, our guest, with an exceptional experience every time you visit. Whether you're just stopping by to check in on email over an elixir, or are here for an out-of-the-ordinary dinner, you'll find our knowledgeable service staff pay attention to every detail. If you're not fully satisfied, have a Blueberry Bliss Elixir on us.

But that's not all; at night, join us in the backroom as our resident DJ spins a choice selection of trance and drum&bass beats across our spacious tiki-themed dance floor. Or just hang

PODER DO CÉREBRO

Antes de passar para a próxima página, pense em como você usaria o enchimento, as bordas e as margens para transformar um parágrafo comum em um "parágrafo de garantia de qualidade".

Crie o estilo de garantia

Vamos começar fazendo algumas pequenas mudanças no estilo do parágrafo da garantia, apenas para termos uma ideia de como a caixa do parágrafo é feita. Para fazer isso, você adicionará o parágrafo à classe chamada "guarantee" para que possa criar alguns estilos personalizados apenas para esse parágrafo. Você adicionará então uma borda junto com uma pequena cor de fundo, o que permitirá que você veja exatamente como o parágrafo é uma caixa. Então começaremos a trabalhar no resto do estilo. Veja o que você precisa fazer:

1. Abra seu arquivo "lounge.html" e localize o parágrafo que começa por "our guarantee" (nossa garantia). Adicione uma classe chamada "guarantee" (garantia) ao elemento, desta forma:

Adicione o atributo class junto com um valor de garantia. Lembre-se, uma classe permitirá que você crie um estilo para este parágrafo que seja independente e outros parágrafos.

```
<p class="guarantee">
    Our guarantee: at the lounge, we're committed to providing
    you, our guest, with an exceptional experience every time you
    visit. Whether you're just stopping by to check in on email
    over an elixir, or are here for an out-of-the-ordinary dinner,
    you'll find our knowledgeable service staff pay attention to every
    detail. If you're not fully satisfied, have a Blueberry Bliss
    Elixir on us.
</p>
```

2. Salve o arquivo "lounge.html" e abra o arquivo "lounge.css". Você deverá adicionar uma cor de borda e de fundo ao parágrafo da garantia. Adicione a seguinte CSS no final de sua folha de estilos e então salve.

As primeiras três propriedades adicionam uma borda a qualquer elemento que esteja na classe garantia. Até aqui, só há este parágrafo.

```
.guarantee {
    border-color:      black;
    border-width:      1px;
    border-style:      solid;
    background-color:  #a7cece;
}
```

Vamos colocar a cor da borda de preto...

...e com a espessura de um pixel...

... e sólida.

Também vamos dar ao elemento uma cor de fundo, que ajudará você a ver a diferença entre enchimento e margens, e fará com que a garantia tenha um visual bonito.

Um test drive da borda do parágrafo

Recarregue a página em seu browser e você verá o parágrafo da garantia com um fundo verde-água e uma fina borda em preto ao seu redor. Vamos examinar um pouco mais de perto...

Head First Lounge
Welcome to the Head First Lounge

Não parece que o parágrafo tenha qualquer enchimento em torno do conteúdo – não há espaço entre o texto e a borda.

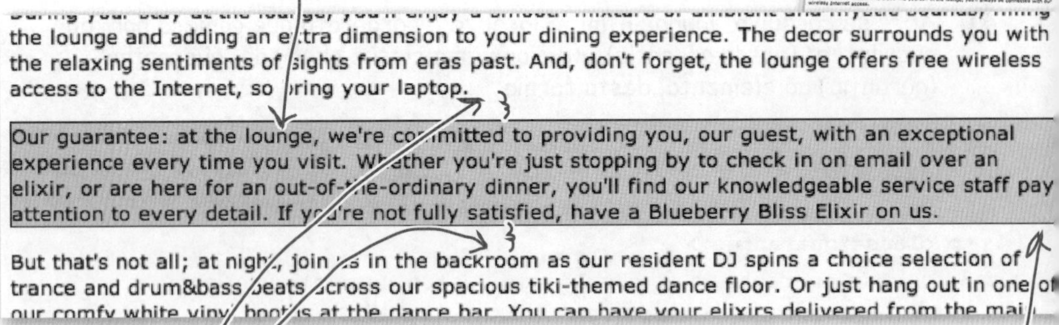
the lounge and adding an extra dimension to your dining experience. The decor surrounds you with the relaxing sentiments of sights from eras past. And, don't forget, the lounge offers free wireless access to the Internet, so bring your laptop.
Our guarantee: at the lounge, we're committed to providing you, our guest, with an exceptional experience every time you visit. Whether you're just stopping by to check in on email over an elixir, or are here for an out-of-the-ordinary dinner, you'll find our knowledgeable service staff pay attention to every detail. If you're not fully satisfied, have a Blueberry Bliss Elixir on us.
But that's not all; at night, join us in the backroom as our resident DJ spins a choice selection of trance and drum&bass beats across our spacious tiki-themed dance floor. Or just hang out in one of

Mas parece haver uma margem em cima e embaixo do elemento parágrafo.

Não há margem perceptível entre os limites à direita e à esquerda do parágrafo e os limites da janela do browser.

Veja como se pareceria o parágrafo se o desenhássemos como um diagrama do modelo de caixa:

Temos uma margem em cima e embaixo.

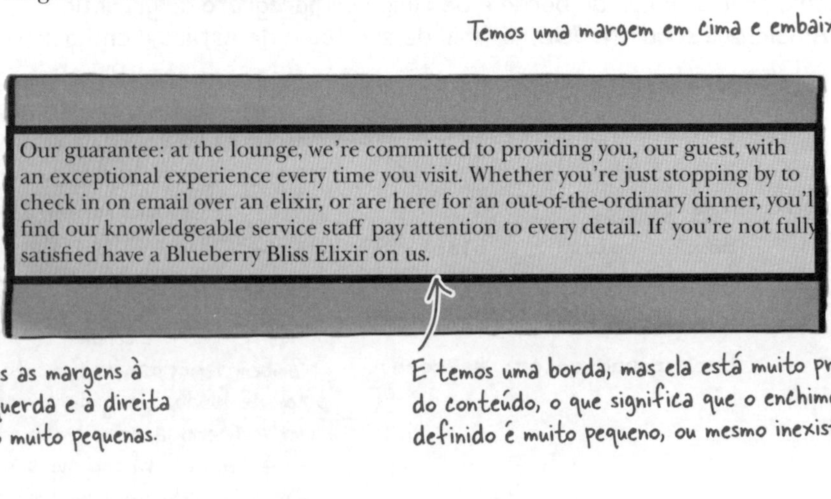
Our guarantee: at the lounge, we're committed to providing you, our guest, with an exceptional experience every time you visit. Whether you're just stopping by to check in on email over an elixir, or are here for an out-of-the-ordinary dinner, you'l find our knowledgeable service staff pay attention to every detail. If you're not fully satisfied have a Blueberry Bliss Elixir on us.

Mas as margens à esquerda e à direita são muito pequenas.

E temos uma borda, mas ela está muito próxima do conteúdo, o que significa que o enchimento definido é muito pequeno, ou mesmo inexistente.

Enchimento, bordas e margens para a garantia

Agora que você já viu como estão definidos o enchimento, a borda e as margens no parágrafo de garantia, vamos pensar um pouco mais sobre como realmente queremos que eles sejam visualizados.

Definitivamente, precisamos de mais enchimento em torno do conteúdo.

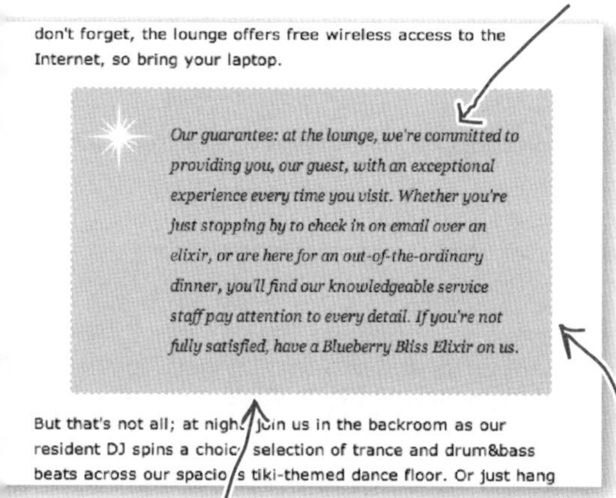
don't forget, the lounge offers free wireless access to the Internet, so bring your laptop.
Our guarantee: at the lounge, we're committed to providing you, our guest, with an exceptional experience every time you visit. Whether you're just stopping by to check in on email over an elixir, or are here for an out-of-the-ordinary dinner, you'll find our knowledgeable service staff pay attention to every detail. If you're not fully satisfied, have a Blueberry Bliss Elixir on us.
But that's not all; at night, join us in the backroom as our resident DJ spins a choice selection of trance and drum&bass beats across our spacious tiki-themed dance floor. Or just hang

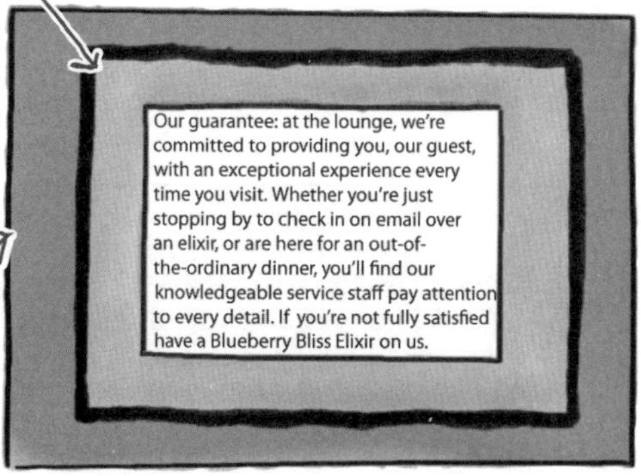
Our guarantee: at the lounge, we're committed to providing you, our guest, with an exceptional experience every time you visit. Whether you're just stopping by to check in on email over an elixir, or are here for an out-of-the-ordinary dinner, you'll find our knowledgeable service staff pay attention to every detail. If you're not fully satisfied, have a Blueberry Bliss Elixir on us.

ambém precisaremos de uma borda
vemente diferente. Esta borda parece
er tracejada, e não uma linha sólida.

E queremos um pouco mais de espaço de margem em torno do parágrafo.

Adicione algum enchimento

Vamos começar pelo enchimento. As CSS possuem uma propriedade `padding`, que pode ser usada na definição de algum enchimento para todos os quatro lados de seu conteúdo. Você pode definir essa propriedade tanto com um número de pixels como com uma porcentagem da área dentro da borda. Usaremos pixels e definiremos o enchimento como 25 pixels.

```
.guarantee {
        border-color:       black;
        border-width:       1px;
        border-style:       solid;
        background-color:  #a7cece;
        padding:             25px;
        magin:               30px;
.
```

Estamos adicionando 25 pixels de enchimento em todos os lados do conteúdo (em cima, à direita, embaixo e à esquerda).

Um test drive com algum enchimento

Quando você recarregar a página em seu browser, notará que o texto do parágrafo da garantia já tem um pouco mais de espaço lateral para respirar. Há algum espaço entre o texto e a borda e é muito mais fácil de ler.

Agora você pode ver os 25 pixels de espaço entre o limite do conteúdo do texto e a borda.

Observe que a cor do fun[do] aparece sob o conteúdo e sob o enchimento, mas não se estende pela margem.

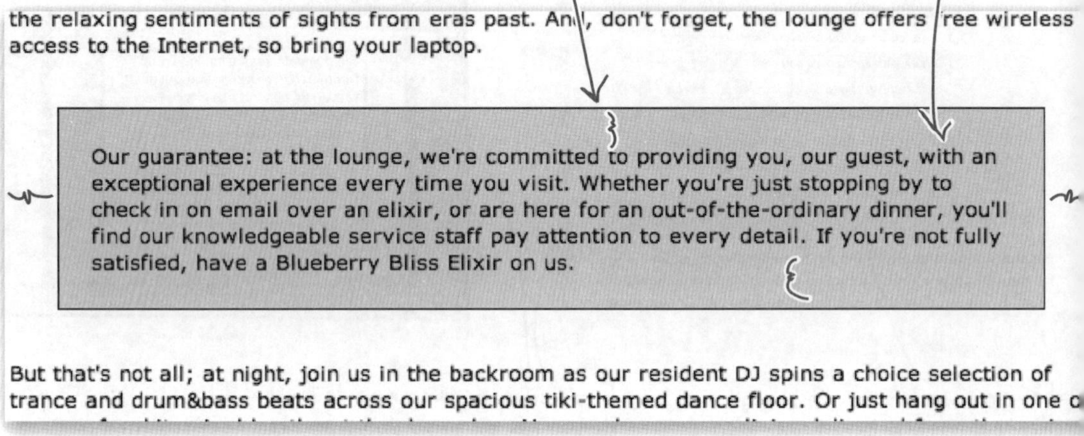
the relaxing sentiments of sights from eras past. And, don't forget, the lounge offers free wireless access to the Internet, so bring your laptop.
Our guarantee: at the lounge, we're committed to providing you, our guest, with an exceptional experience every time you visit. Whether you're just stopping by to check in on email over an elixir, or are here for an out-of-the-ordinary dinner, you'll find our knowledgeable service staff pay attention to every detail. If you're not fully satisfied, have a Blueberry Bliss Elixir on us.
But that's not all; at night, join us in the backroom as our resident DJ spins a choice selection of trance and drum&bass beats across our spacious tiki-themed dance floor. Or just hang out in one o

Agora vamos adicionar algumas margens

As margens são fáceis de adicionar usando as CSS. Assim como o enchimento, você pode especificar a margem como uma porcentagem ou em pixels. Você adicionará uma margem de 30 pixels em torno do parágrafo da garantia. Veja como fazer isso:

```
.guarantee {
      border-color:      black;
      border-width:      1px;
      border-style:      solid;
      background-color: #a7cece;
      padding:            25px;
      magin:              30px;
```

Estamos adicionando 30 pixels de margem a todos os lados do conteúdo (em cima, à direita, embaixo e à esquerda).

Um test drive com a margem

Quando você recarregar a página do bar, verá que o parágrafo realmente está começando a se destacar na página. Com as margens no lugar, o parágrafo parecerá um suplemento do resto do texto, e isso, em combinação com a cor do fundo, faz com que pareça mais com uma "chamada" do que com um parágrafo comum. Como você pode ver, com apenas algumas linhas de CSS, você está fazendo coisas poderosas.

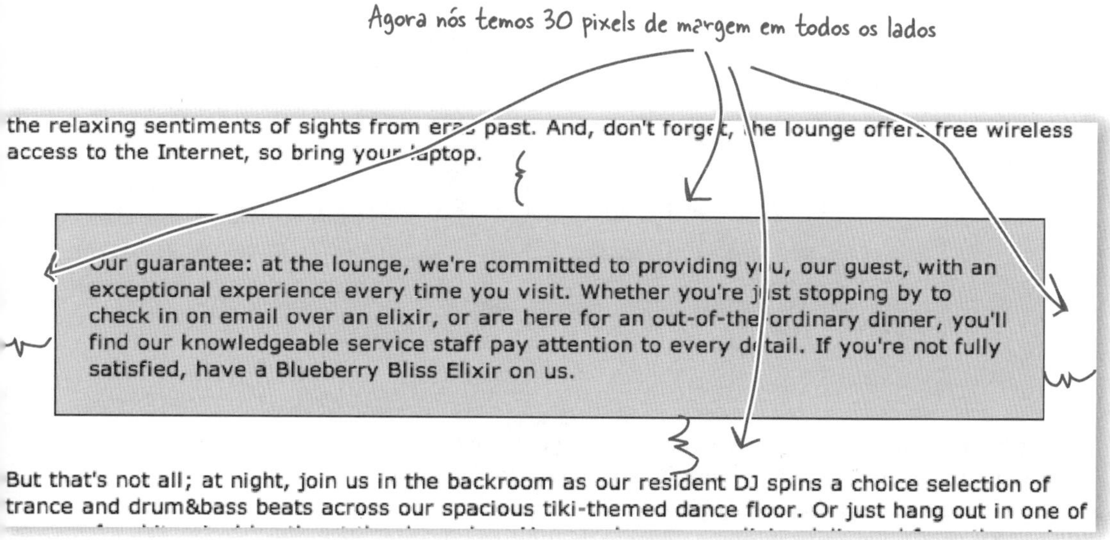
Agora nós temos 30 pixels de margem em todos os lados
the relaxing sentiments of sights from eras past. And, don't forget, the lounge offers free wireless access to the Internet, so bring your laptop.
Our guarantee: at the lounge, we're committed to providing you, our guest, with an exceptional experience every time you visit. Whether you're just stopping by to check in on email over an elixir, or are here for an out-of-the-ordinary dinner, you'll find our knowledgeable service staff pay attention to every detail. If you're not fully satisfied, have a Blueberry Bliss Elixir on us.
But that's not all; at night, join us in the backroom as our resident DJ spins a choice selection of trance and drum&bass beats across our spacious tiki-themed dance floor. Or just hang out in one of

Exercício

Se você olhar para o parágrafo da garantia como ele deve se parecer em sua forma final, se estiver olhando realmente de perto, verá que o texto é cinza. Escreva a CSS abaixo para definir a altura da linha como 1.9em, o estilo da fonte como itálico, a cor como #444444 e a família de fontes como Georgia, Times New Roman, Times, serif. Compare sua CSS com as respostas que estão no final do capítulo, digite-a e faça um teste.

Adicione uma imagem de fundo

Você já está quase lá. O que está faltando? Ainda precisamos colocar a figura da "estrela de garantia" branca no parágrafo e trabalhar na borda, que ainda está sólida e preta. Vamos mexer na imagem primeiro.

Se você der uma olhada na pasta "chapter9/lounge/images", verá uma imagem GIF chamada "background.gif" igual a esta:

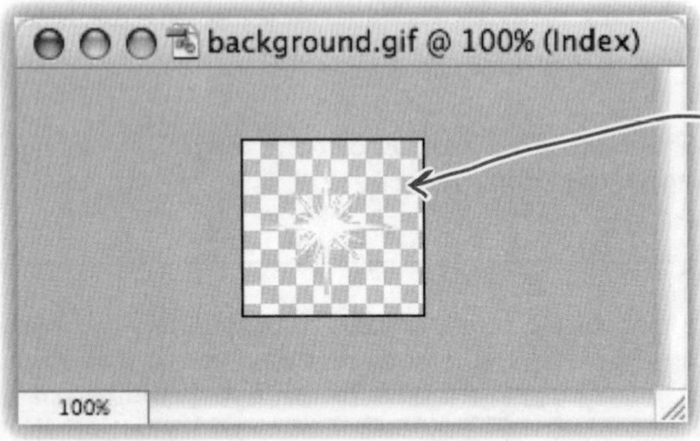
background.gif @ 100% (Index)
100%

Esta imagem é o padrão simples de uma estrela branca em um fundo transparente. Observe que ela também tem um acabamento na borda que combina com a cor do fundo.

Agora, você só precisa colocar a imagem em seu elemento parágrafo, e para isso usará o elemento `<img>`, certo? Não tão rápido. Quando você adiciona uma imagem ao fundo de um elemento, há uma outra maneira. Usando as CSS, você pode adicionar uma imagem de fundo a qualquer elemento usando a propriedade `background-image`. Vamos fazer uma tentativa e ver como ela funciona:

Estas são propriedades que você adicionou no exercício da página anterior.

```
.guarantee {
    line-height:       1.9em;
    font-style:        italic;
    font-family:       Georgia, "Times New Roman", Times, serif;
    color:             #444444;
    border-color:      black;
    border-width:      1px;
    border-style:      solid;
    background-color:  #a7cece;
    padding:           25px;
    margin:            30px;
    background-image:  url(images/background.gif);
}
```

Adicione isto à sua CSS, salve e recarregue sua página.

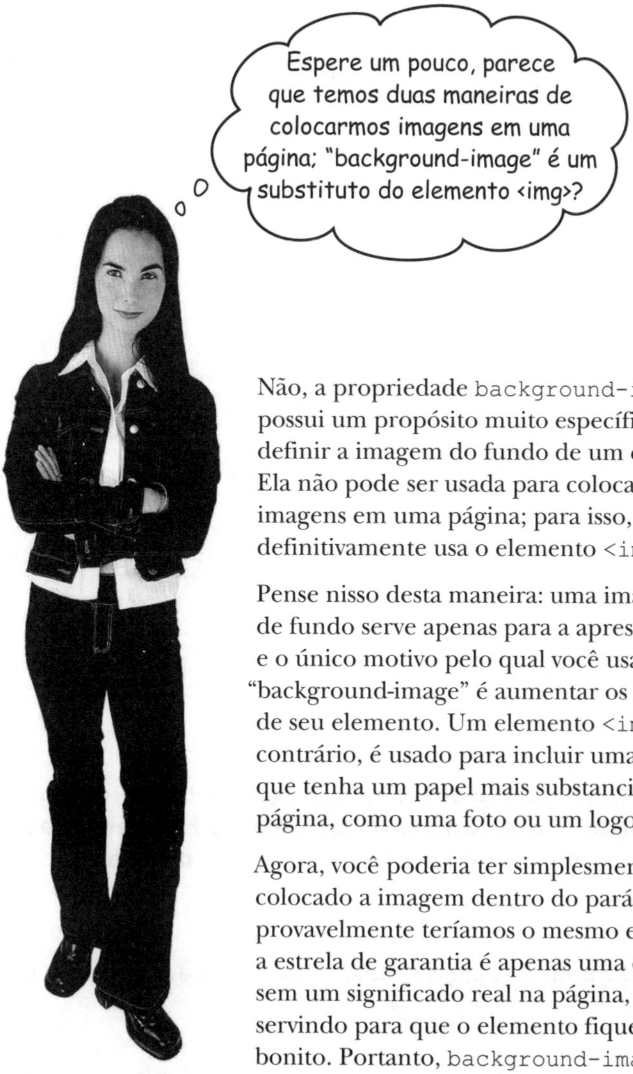
Espere um pouco, parece que temos duas maneiras de colocarmos imagens em uma página; "background-image" é um substituto do elemento <img>?

Não, a propriedade `background-image` possui um propósito muito específico, que é definir a imagem do fundo de um elemento. Ela não pode ser usada para colocar imagens em uma página; para isso, você definitivamente usa o elemento `<img>`.

Pense nisso desta maneira: uma imagem de fundo serve apenas para a apresentação, e o único motivo pelo qual você usa uma "background-image" é aumentar os atrativos de seu elemento. Um elemento `<img>`, ao contrário, é usado para incluir uma imagem que tenha um papel mais substancial na página, como uma foto ou um logo.

Agora, você poderia ter simplesmente colocado a imagem dentro do parágrafo, e provavelmente teríamos o mesmo efeito, mas a estrela de garantia é apenas uma decoração, sem um significado real na página, só servindo para que o elemento fique mais bonito. Portanto, `background-image` faz mais sentido.

Faça um test drive da imagem de fundo

Bem, este é certamente um test drive interessante: temos uma imagem de fundo, mas parece que ela foi repetida várias vezes. Vamos olhar mais de perto a maneira como usamos as imagens de fundo na CSS, e então você será capaz de corrigir isso.

Head First Lounge
file:///chapter9/lounge/lounge.html
Head First
Lounge
Welcome to the Head First Lounge
The Head First Lounge is, no doubt, the biggest trendsetter in Webville. Stop in to sample the eclectic offering of elixirs, teas, and coffees, or, stay a bit longer and enjoy the multicultural culinary menu that combines a harmony of taste, texture, and color with the best in fresh and healthy ingredients.
During your stay at the lounge, you'll enjoy a smooth mixture of ambient and mystic sounds, filling the lounge and adding an extra dimension to your dining experience. The decor surrounds you with the relaxing sentiments of sights from eras past. And, don't forget, the lounge offers free wireless access to the Internet, so bring your laptop.
Our guarantee: at the lounge, we're committed to providing you, our guest, with an exceptional experience every time you visit. Whether you're just stopping by to check in on email over an elixir, or are here for an out-of-the-ordinary dinner, you'll find our knowledgeable service staff pay attention to every detail. If you're not fully satisfied, have a Blueberry Bliss Elixir on us.
But that's not all; at night, join us in the backroom as our resident DJ spins a choice selection of trance and drum&bass beats across our spacious tiki-themed dance floor. Or just hang out in one of our comfy white vinyl booths at the dance bar. You can have your elixirs delivered from the main lounge right to the dance floor. If you've had enough of the beat, just head back to the lounge area to relax. And, no matter where you find yourself in the lounge, you'll always be connected with our wireless Internet access.
Now that you've experienced the lounge virtually, isn't it time to check us out for real? We're located right in the heart of Webville, and we've created some detailed directions to get you here in record time. No reservations necessary; come and join us anytime.

Aqui está a imagem da estrela de garantia. Observe que ela aparece sobre a cor de fundo, e como ela tem o fundo transparente, deixa a cor passar através dela.

Observe também que as imagens de fundo, assim como a cor de fundo, só aparecem sob a área de conteúdo e sob o enchimento, e não fora da borda e na margem.

CSS de Perto

A propriedade background-image coloca uma imagem no fundo de um elemento. Duas outras propriedades também afetam a imagem de fundo: background-position e background-repeat.

```
background-image: url (images/background.gif);
```

A propriedade background-image é estabelecida a uma URL, que pode ser um path relativo ou uma URL completa (http://...).

Observe que não são necessárias citações ao redor da URL.

Corrija a imagem de fundo

Por padrão, as imagens de fundo são repetidas. Felizmente, existe um valor `no-repeat` para a propriedade `background-repeat`. Além disso, por padrão, os browsers posicionam a imagem de fundo no canto superior esquerdo do elemento, que é exatamente onde o queremos, mas vamos adicionar uma propriedade `background-position` e fazer uma tentativa.

```
.guarantee {
    line-height:           1.9em;
    font-style:            italic;
    font-family:           Georgia, "Times New Roman", Times, serif;
    color:                 #444444;
    border-color:          black;
    border-width:          1px;
    border-style:          solid;
    background-color:      #a7cece;
    padding:               25px;
    margin:                30px;
    background-image:      url(images/background.gif);
    background-repeat:     no-repeat;
    background-position:   top left;
}
```

Você tem duas novas propriedades a adicionar.

Queremos que a imagem de fundo não se repita.

E queremos que ela fique no canto superior esquerdo.

A propriedade background-position fixa a posição da imagem e pode ser especificada em pixels, porcentagem ou usando palavras-chave, como top (em cima), left (esquerda), right (direita), bottom (embaixo) e center (centro).

```
background-position: top left;
```

Coloca a imagem à esquerda acima do elemento

Existem muitas formas diferentes de posicionar as coisas nas CSS e falaremos mais sobre isso em dois capítulos.

Por padrão, uma imagem de fundo é "ladrilhada", ou repetida muitas vezes para preencher os espaços. A propriedade background-repeat controla como esse ladrilhado se comporta.

```
background-repeat: repeat;
```

Faz com que a imagem se repita tanto na horizontal, quanto na vertical. Esse é o comportamento padrão.

Aqui estão os outros valores da background-repeat que você pode usar.

- `no-repeat` ← Mostra a imagem uma vez; não repete a imagem.
- `repeat-x` ← Repete a imagem apenas na horizontal.
- `repeat-y` ← Repete a imagem apenas na vertical.
- `inherit` ← Apenas faz o que o elemento pai fizer.

Outro test drive da imagem de fundo

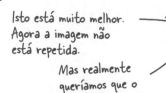

E lá vamos nós de novo. Desta vez, parece que estamos muito mais próximos do que queremos. Mas, uma vez que essa é uma imagem de fundo, o texto pode ficar por cima dela. Como corrigimos isso? É exatamente para isso que serve o enchimento! O enchimento permite que você adicione um espaço visual em torno da área de conteúdo. Vamos aumentar o enchimento à esquerda e verificar se terminamos o trabalho de uma vez por todas.

Head First Lounge
file:///chapter9/lounge/lounge.html
Head First
Lounge
Welcome to the Head First Lounge
The Head First Lounge is, no doubt, the biggest trendsetter in Webville. Stop in to sample the eclectic offering of elixirs, teas, and coffees, or, stay a bit longer and enjoy the multicultural culinary menu that combines a harmony of taste, texture, and color with the best in fresh and healthy ingredients.
During your stay at the lounge, you'll enjoy a smooth mixture of ambient and mystic sounds, filling the lounge and adding an extra dimension to your dining experience. The decor surrounds you with the relaxing sentiments of sights from eras past. And, don't forget, the lounge offers free wireless access to the Internet, so bring your laptop.
Our guarantee: at the lounge, we're committed to providing you, our guest, with an exceptional experience every time you visit. Whether you're just stopping by to check in on email over an elixir, or are here for an out-of-the-ordinary dinner, you'll find our knowledgeable service staff pay attention to every detail. If you're not fully satisfied, have a Blueberry Bliss Elixir on us.
But that's not all; at night, join us in the backroom as our resident DJ spins a choice selection of trance and drum&bass beats across our spacious tiki-themed dance floor. Or just hang out in one of our comfy white vinyl booths at the dance bar. You can have your elixirs delivered from the main lounge right to the dance floor. If you've had enough of the beat, just head back to the lounge area to relax. And, no matter where you find yourself in the lounge, you'll always be connected with our wireless Internet access.
Now that you've experienced the lounge virtually, isn't it time to check us out for real? We're located right in the heart of Webville, and we've created some detailed directions to get you here in record time. No reservations necessary; come and join us anytime.

Isto está muito melhor. Agora a imagem não está repetida.

Mas realmente queríamos que o texto não passasse por cima da imagem.

Como adicionar o enchimento apenas ao lado esquerdo?

Para enchimento, margens e até mesmo bordas, as CSS possuem uma propriedade para cada direção, top, right, bottom e left. Para adicionar enchimento no lado esquerdo, utilize a propriedade `padding-left`, desta maneira:

```
.guarantee {
      line-height:           1.9em;
      font-style:            italic;
      font-family:           Georgia, "Times New Roman", Times, serif;
      color:                 #444444;
      border-color:          black;
      border-width:          1px;
      border-style:          solid;
      background-color:      #a7cece;
      padding:               25px;
      padding-left:          80px;
      margin:                30px;
      background-image:      url(images/background.gif);
      background-repeat:     no-repeat;
      background-position:   top left;
}
```

Estamos usando a propriedade padding-left para aumentar o enchimento à esquerda.

Observe que primeiro definimos o enchimento em todos os lados como 25 pixels, e então especificamos a propriedade para o lado esquerdo.

A ordem importa aqui: se você trocar a ordem, definirá o enchimento para o lado esquerdo primeiro e então a propriedade padding geral definirá todos os lados novamente como 25 pixels, inclusive o do lado esquerdo!

A gente já chegou?

Certifique-se de salvar suas alterações e recarregue a página. Você deverá ver mais enchimento no lado esquerdo do parágrafo; e o texto agora está bem posicionado em relação à estrela de garantia. Esse é um bom exemplo de onde você usa enchimento ao invés de margens. Se você precisar de mais espaço visual em torno da própria área de conteúdo, use o enchimento, ao contrário de quando você precisa de espaço entre elementos ou lados de uma página, quando utilizará as margens. Na verdade, poderíamos ter um pouco mais de margem no lado direito para recuarmos um pouco mais o parágrafo. Vamos fazer isso e corrigir a borda.

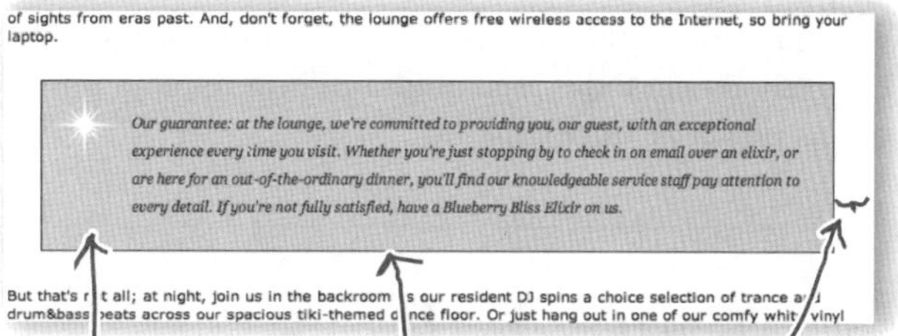
of sights from eras past. And, don't forget, the lounge offers free wireless access to the Internet, so bring your laptop.
Our guarantee: at the lounge, we're committed to providing you, our guest, with an exceptional experience every time you visit. Whether you're just stopping by to check in on email over an elixir, or are here for an out-of-the-ordinary dinner, you'll find our knowledgeable service staff pay attention to every detail. If you're not fully satisfied, have a Blueberry Bliss Elixir on us.

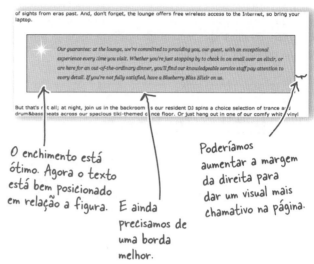

O enchimento está ótimo. Agora o texto está bem posicionado em relação a figura.

E ainda precisamos de uma borda melhor.

Poderíamos aumentar a margem da direita para dar um visual mais chamativo na página.

Como aumentar a margem apenas do lado direito?

Você deve fazer exatamente da mesma maneira como fez com o enchimento: adicione outra propriedade, `margin-right`, para aumentar a margem direita.

Você está percebendo o padrão? Há uma propriedade para controlar todos os lados, e propriedades para cada lado se você quiser defini-los individualmente.

```
.guarantee {
    line-height:           1.9em;
    font-style:            italic;
    font-family:           Georgia, "Times New Roman", Times, serif;
    color:                 #444444;
    border-color:          black;
    border-width:          1px;
    border-style:          solid;
    background-color:      #a7cece;
    padding:               25px;
    padding-left:          80px;
    margin:                30px;
    margin-right:          250px;
    background-image:      url(images/background.gif);
    background-repeat:     no-repeat;
    background-position:   top left;
}
```

Lembre-se que já estamos definindo as margens como 30 pixels.

E agora vamos anular essa definição para o lado direito, e definir a margem como 250 pixels.

Adicione a nova propriedade `margin-right` e recarregue. Agora o parágrafo deverá ter 250 pixels de margem no lado direito.

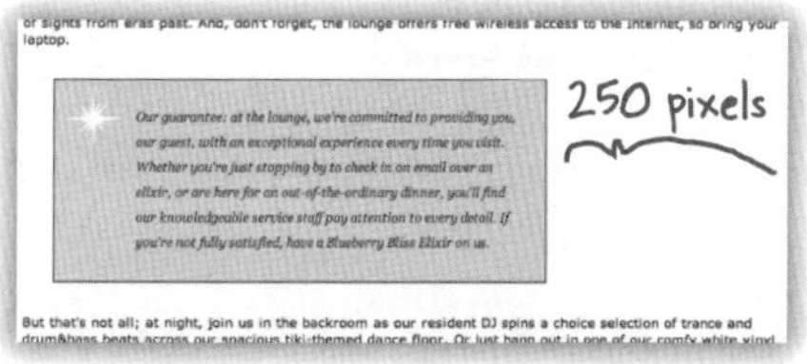

250 pixels

Um guia de dois minutos sobre as bordas

Há apenas uma coisa a ser feita para aperfeiçoar o parágrafo da garantia: adicionar uma borda melhor. Antes de fazer isso, dê uma olhada em todas as maneiras diferentes com que você pode controlar a borda de um elemento.

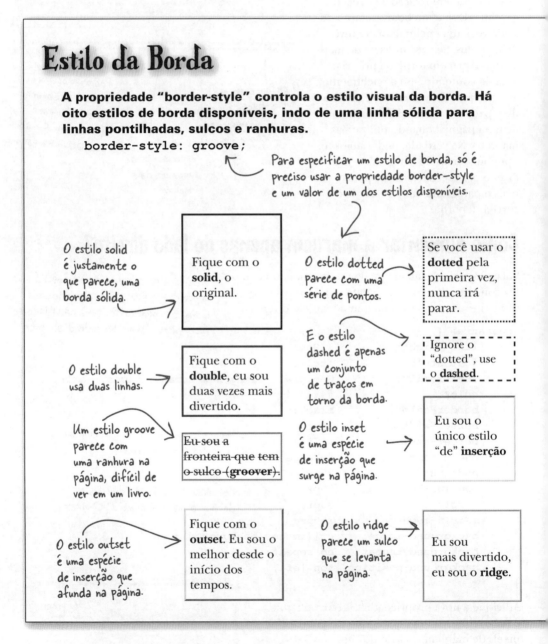

Estilo da Borda

A propriedade "border-style" controla o estilo visual da borda. Há oito estilos de borda disponíveis, indo de uma linha sólida para linhas pontilhadas, sulcos e ranhuras.

```
border-style: groove;
```

Para especificar um estilo de borda, só é preciso usar a propriedade border-style e um valor de um dos estilos disponíveis.

O estilo solid é justamente o que parece, uma borda sólida.

Fique com o **solid**, o original.

O estilo dotted parece com uma série de pontos.

Se você usar o **dotted** pela primeira vez, nunca irá parar.

E o estilo dashed é apenas um conjunto de traços em torno da borda.

Ignore o "dotted", use o **dashed**.

O estilo double usa duas linhas.

Fique com o **double**, eu sou duas vezes mais divertido.

Um estilo groove parece com uma ranhura na página, difícil de ver em um livro.

~~Eu sou a fronteira que tem o sulco (**groover**).~~

O estilo inset é uma espécie de inserção que surge na página.

Eu sou o único estilo "de" **inserção**

O estilo outset é uma espécie de inserção que afunda na página.

Fique com o **outset**. Eu sou o melhor desde o início dos tempos.

O estilo ridge parece um sulco que se levanta na página.

Eu sou mais divertido, eu sou o **ridge**.

Espessura da Borda

A propriedade "border-width" controla a espessura da borda. Você pode usar palavras-chave ou pixels para especificar a largura.

```
border-width: thin;
border-width: 5px;
```

Você pode especificar espessuras usando ou pelo número de pixels.

thin
medium
thick

1px
2px
3px
4px
5px
6px

Cor da Borda

A propriedade "border-color" define a cor da definição da cor das fontes; você pode usar hexadecimais para especificar a cor.

```
border-color: red;
border-color: rgb(100%, 0%, 0%);
border-color: #ff0000;
```

Use a border-color para especificar a cor de uma borda. Você pode usar qualquer uma das maneiras comuns para especificar a cor.

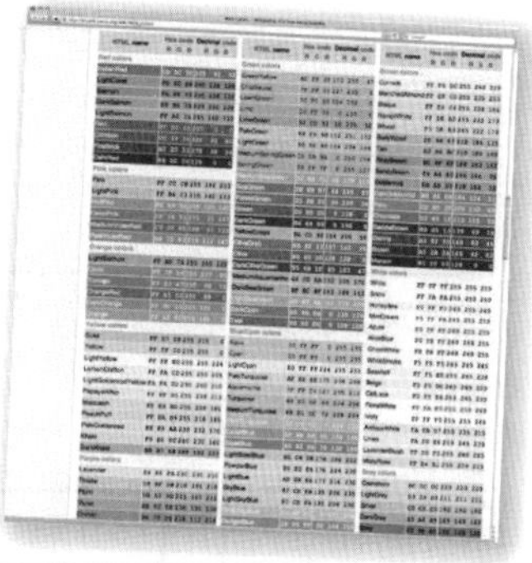

Especifique os Lados da Borda

border-top-color
border-top-style
border-top-width

border-right-color
border-right-style
border-right-width

border-bottom-color
border-bottom-style
border-bottom-width

border-left-color
border-left-style
border-left-width

Assim como as margens e o enchimento, você pode especificar o estilo, a espessura e a cor da borda de qualquer lado (em cima, à direita, embaixo ou à esquerda):

```
border-top-color: black;
border-top-style: dashed;
border-top-width: thick;
```

Estas propriedades servem apenas para a borda de cima. Você pode especificar cada lado da borda de maneira idependente.

Especificando Cantos de Bordas

Você pode criar cantos arredondados em todos os quatro cantos, apenas um ou qualquer outra combinação.

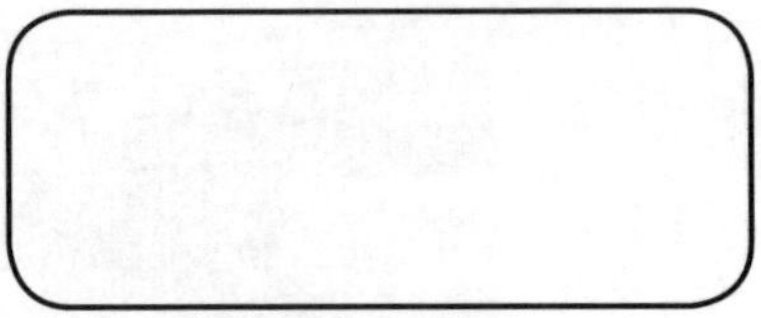

Você pode especificar todos os quatro cantos com um número.

```
border-radius: 15px;
```

Ou você pode especificar cada canto separadamente. Perceba que você pode usar px ou em para especificar o tamanho do raio.

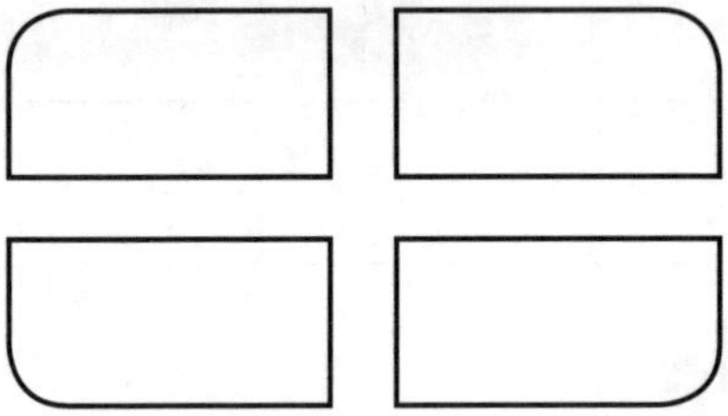

```
border-top-left-radius: 3em;
border-top-right-radius: 3em;
border-bottom-right-radius: 3em;
border-bottom-left-radius: 3em;
```

Se você usar em, a medida do raio da borda é relativa ao tamanho da fonte do elemento, assim como quando você usa em para tamanho de fonte.

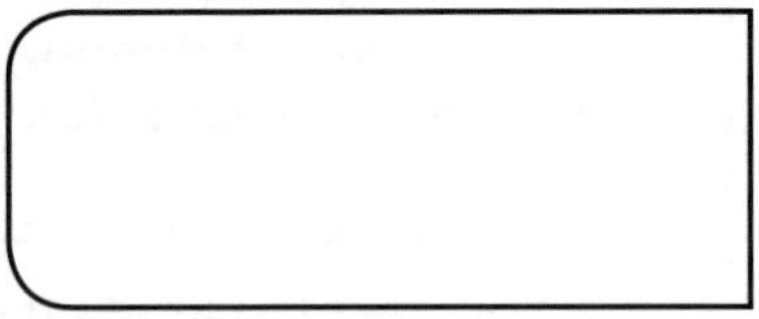

```
border-top-left-radius: 15px;
border-top-right-radius: 0px;
border-bottom-right-radius: 0px;
border-bottom-left-radius: 15px;
```

Você pode conseguir diversos formatos interessantes usando raio de borda.

Ajuste e finalização das bordas

É hora de terminar nosso parágrafo da garantia. Tudo o que precisamos fazer é dar um visual desigual para ela. Mas qual estilo será esse? Os estilos disponíveis são solid, double, dotted, dashed, groove, ridge, inset e outset. Assim, como faremos que ele fique desigual? Na verdade, é apenas um truque: estamos usando uma borda tracejada que possui sua cor definida como branco (combinando com a cor do fundo da página). Veja como fazer isso. Comece transformando a borda em tracejada (dashed). Encontre a propriedade `border-style` em seu arquivo "lounge.css" e a altere, desta maneira:

```
border-style: dashed;
```

Aqui alteramos a borda de solid para dashed.

Salve o arquivo e recarregue-o. Você deverá ver a borda assim:

Our g
our gı

Agora, para dar um aspecto desigual à borda, defina sua cor como branco (white). Isso dará a impressão de que a borda está entremeada na cor do fundo. Faça um teste: encontre a propriedade `border-style` e defina-a como `white`.

```
border-color: white;
```

E aqui alteramos a cor da borda de preto para branco.

Salve o arquivo e recarregue-o novamente. Você deverá ver a borda assim:

Our g
our g

BANG!

Veja bem!

Os browsers nem sempre concordam sobre os tamanhos de thin (fino), medium (médio) e thick (grosso).

Os browsers podem ter tamanhos padrão diferentes para as palavras-chave "thin," "medium" e "thick," portanto se o tamanho de sua borda é realmente importante para você, considere o uso de pixels.

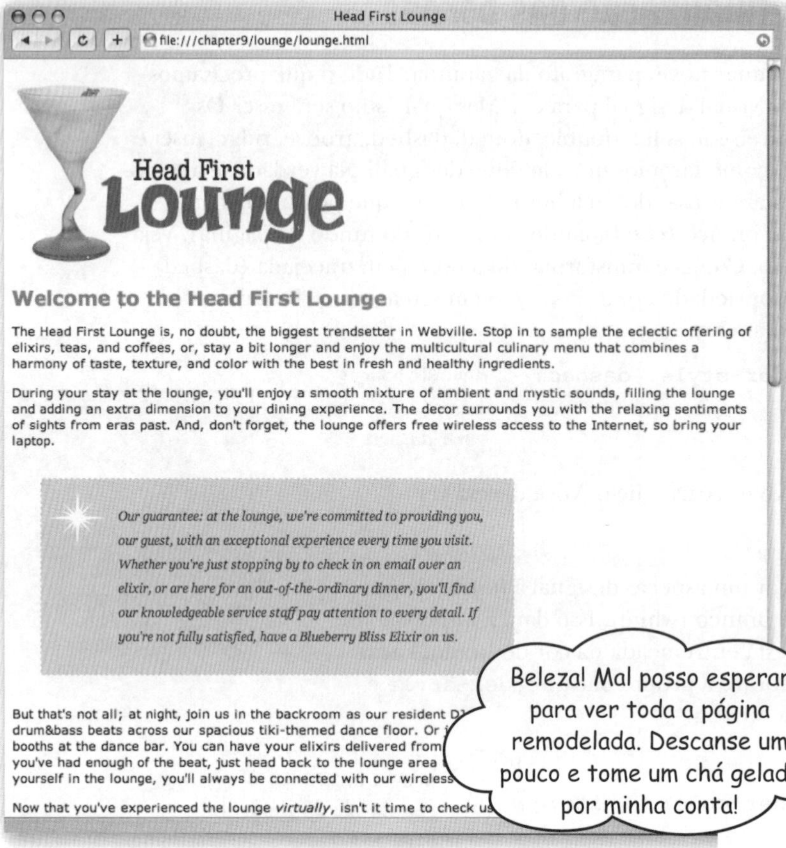
Head First Lounge
file:///chapter9/lounge/lounge.html
Head First Lounge
Welcome to the Head First Lounge
The Head First Lounge is, no doubt, the biggest trendsetter in Webville. Stop in to sample the eclectic offering of elixirs, teas, and coffees, or, stay a bit longer and enjoy the multicultural culinary menu that combines a harmony of taste, texture, and color with the best in fresh and healthy ingredients.
During your stay at the lounge, you'll enjoy a smooth mixture of ambient and mystic sounds, filling the lounge and adding an extra dimension to your dining experience. The decor surrounds you with the relaxing sentiments of sights from eras past. And, don't forget, the lounge offers free wireless access to the Internet, so bring your laptop.
Our guarantee: at the lounge, we're committed to providing you, our guest, with an exceptional experience every time you visit. Whether you're just stopping by to check in on email over an elixir, or are here for an out-of-the-ordinary dinner, you'll find our knowledgeable service staff pay attention to every detail. If you're not fully satisfied, have a Blueberry Bliss Elixir on us.
But that's not all; at night, join us in the backroom as our resident D
drum&bass beats across our spacious tiki-themed dance floor. Or
booths at the dance bar. You can have your elixirs delivered from
you've had enough of the beat, just head back to the lounge area
yourself in the lounge, you'll always be connected with our wireless
Now that you've experienced the lounge *virtually*, isn't it time to check us

Beleza! Mal posso esperar para ver toda a página remodelada. Descanse um pouco e tome um chá gelado por minha conta!

Parabéns!

Bravo! Você pegou um parágrafo HTML comum e o transformou em algo muito mais atrativo e estilizado usando apenas quinze linhas de CSS.

Foi uma longa jornada até aqui, portanto encorajamos você a descansar um pouco. Pegue um chá gelado e pare um pouco para deixar que os conhecimentos sejam fixados em seu cérebro — quando você voltar, estudaremos alguns outros pontos refinados das CSS.

Exercício

Enquanto você toma aquele chá gelado, tente adicionar uma borda ao parágrafo de garantia. Temos alguns exemplos abaixo com uma variedade de valores para o raio da borda. Escreva as CSS para criar a borda que você vê no exemplo. Para cada exemplo, providenciamos o tamanho do raio da borda usado para criar os cantos arredondados do exemplo.

30px

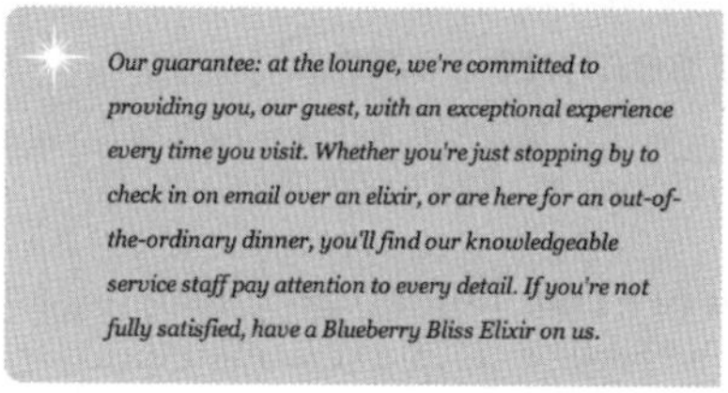
Our guarantee: at the lounge, we're committed to providing you, our guest, with an exceptional experience every time you visit. Whether you're just stopping by to check in on email over an elixir, or are here for an out-of-the-ordinary dinner, you'll find our knowledgeable service staff pay attention to every detail. If you're not fully satisfied, have a Blueberry Bliss Elixir on us.

Escreva sua CSS aqui.

40px

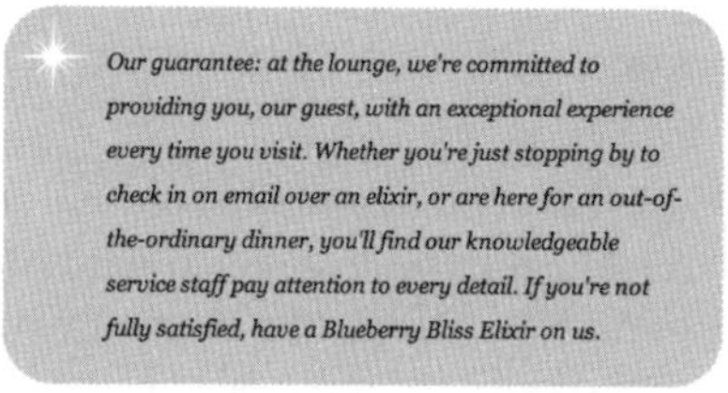
Our guarantee: at the lounge, we're committed to providing you, our guest, with an exceptional experience every time you visit. Whether you're just stopping by to check in on email over an elixir, or are here for an out-of-the-ordinary dinner, you'll find our knowledgeable service staff pay attention to every detail. If you're not fully satisfied, have a Blueberry Bliss Elixir on us.

40px

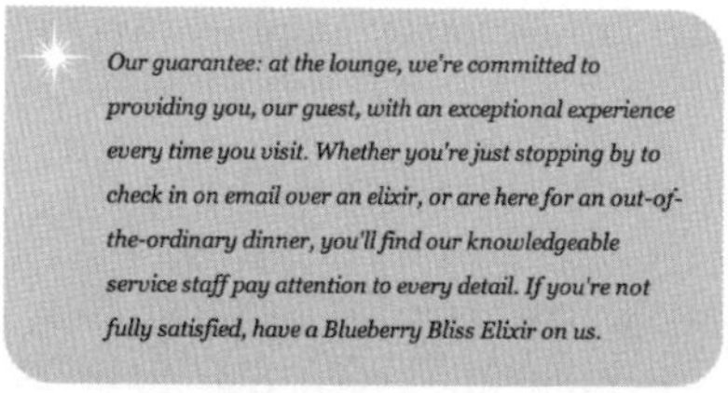
Our guarantee: at the lounge, we're committed to providing you, our guest, with an exceptional experience every time you visit. Whether you're just stopping by to check in on email over an elixir, or are here for an out-of-the-ordinary dinner, you'll find our knowledgeable service staff pay attention to every detail. If you're not fully satisfied, have a Blueberry Bliss Elixir on us.

2em

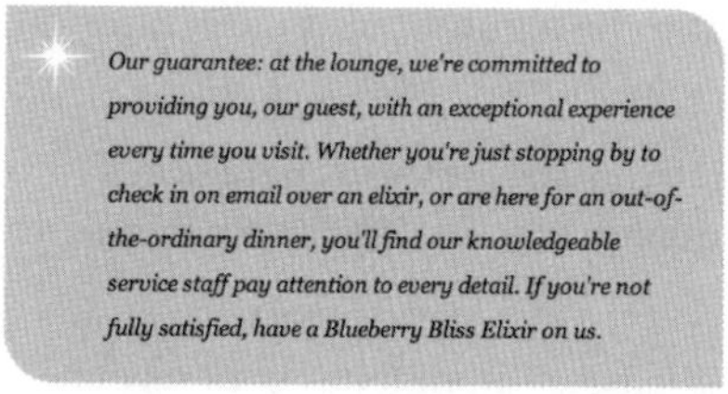
Our guarantee: at the lounge, we're committed to providing you, our guest, with an exceptional experience every time you visit. Whether you're just stopping by to check in on email over an elixir, or are here for an out-of-the-ordinary dinner, you'll find our knowledgeable service staff pay attention to every detail. If you're not fully satisfied, have a Blueberry Bliss Elixir on us.

Bem-vindo de volta. Você chegou na hora certa. Estávamos prestes a escutar uma entrevista com uma classe...

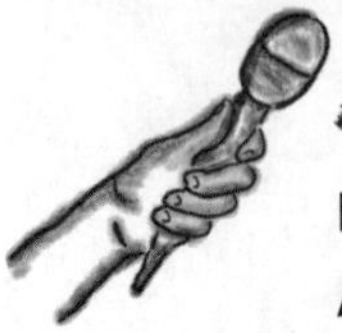

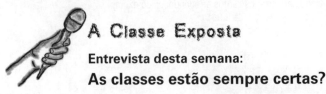

A Classe Exposta

Entrevista desta semana:

As classes estão sempre certas?

Use a Cabeça!: Ei, Classe, você sabe que estamos fazendo um bom uso de você, mas ainda não sabemos muito sobre você.

Classe: Bem, não há tanto assim a saber. Se você quiser criar um "grupo", digamos, ao qual possa adicionar estilo, apenas apareça com uma classe, coloque seus elementos dentro dela e então você poderá criar estilo para todos os elementos da classe ao mesmo tempo.

Use a Cabeça!: Então a classe permite que você pegue conjuntos de elementos e aplique neles uma ou mais propriedades de estilo?

Classe: Exatamente. Digamos que você tenha algumas áreas com o tema "festas" em sua página, como um Halloween e um Natal. Você poderia adicionar todos os elementos do Halloween à classe "`halloween`" e todos os elementos do Natal à classe "`natal`". Então você poderia criar estilos independentes para os elementos, por exemplo laranja para o Halloween e vermelho para o Natal, escrevendo regras que se aplicam a cada classe.

Use a Cabeça!: Isso faz muito sentido. Acabamos de ver um bom exemplo disso neste capítulo, não é?

Classe: Não tenho certeza, eu estava fora, trabalhando. Você terá que me explicar o que aconteceu.

Use a Cabeça!: Bem, temos um parágrafo na página do Head First Lounge! que contém uma garantia escrita dos proprietários, e eles querem que esse parágrafo se destaque e seja independente dos outros parágrafos.

Classe: Até aqui, tudo bem... Mas deixe-me perguntar: há alguns desses parágrafos ou apenas um?

Use a Cabeça!: Bem, eu não acho que haja um motivo para ter vários parágrafos de garantia e não vejo o mesmo estilo aplicado em qualquer outro lugar da página, portanto só um.

Classe: Hummm, não estou gostando disso. Veja, as classes foram feitas para serem usadas para estilos que você deseja reutilizar com múltiplos elementos. Se você possui um elemento único que precisa ter um estilo, essa realmente não é a função de uma classe.

Use a Cabeça!: Espere um minuto. A classe pareceu funcionar perfeitamente... como isso pode estar errado?

Classe: Ei, não precisa ficar histérico. Tudo o que você precisa fazer é mudar seu atributo `class` para um atributo id. Só vai levar um minuto.

Use a Cabeça!: Um atributo `id`? Eu pensei que eles servissem para âncoras de destino, como no Capítulo 4.

Classe: Os `ids` têm um monte de utilidades. Eles são realmente apenas identificadores únicos para os elementos.

Use a Cabeça!: Você pode nos falar um pouco mais sobre os atributos `id`? Isso é novidade para mim. Digo, eu acabei de passar por um capítulo inteiro usando `class` incorretamente!

Classe: Não se preocupe; é um erro comum. Basicamente, tudo o que você tem de saber é que você usa uma `class` quando quiser usar um estilo com mais de um elemento. E, se o que você precisa estilizar é único e há somente um em sua página, então utilize um `id`. O atributo `id` serve estritamente para nomear elementos únicos.

Use a Cabeça!: O.k., acho que entendi, mas por que isso importa? Digo, `class` funcionou muito bem para nós.

Classe: Porque há algumas coisas que você realmente quer que *sejam únicas* em sua página. O parágrafo da garantia que você mencionou é um exemplo; mas há exemplos melhores, como o rodapé e o cabeçalho de sua página, ou uma barra de navegação. Você não terá dois desses em uma página. É claro, você pode usar uma classe para apenas um elemento, mas alguém pode aparecer e adicionar outro elemento à classe, e então seu elemento não terá mais um estilo único. Isso também se torna importante quando você está posicionando os elementos do HTML, que é algo que você ainda não mostrou.

Use a Cabeça!: Bem, obrigado Classe. Esta conversa com certeza foi muito educativa para nós. Parece que definitivamente temos que converter aquele parágrafo de uma `class` para um `id`. Obrigado novamente por juntar-se a nós.

Classe: Estou à disposição, Use a Cabeça!

PODER DO CÉREBRO

Diga se você usaria "class" ou "id" nos elementos a seguir:

id	class	
☐	☐	Um parágrafo que contém o rodapé de uma página.
☐	☐	Um conjunto de títulos e parágrafos que contém biografias da empresa.
☐	☐	Um elemento <img> que contém uma "figura do dia".

id	class	
☐	☐	Um conjunto de elementos <p> que contém críticas de filmes.
☐	☐	Um elemento <ol> que contém sua lista de afazeres.
☐	☐	Elementos <q> que contêm citações de Buckaroo Bonzai.

Resposta: o rodapé, a figura do dia e a lista de afazeres são grandes candidatos para o uso de "id".

O atributo "id"

Como você já usou ids em elementos <a>, e como você já sabe como usar um atributo class, não terá que aprender muito para usar o atributo id. Digamos que você tenha um rodapé em sua página. Normalmente, só há um rodapé em cada página, portanto parece o candidato perfeito para um id. Veja como você adicionaria o identificador "rodape" ao parágrafo que contém o texto do rodapé:

De modo similar à classe, simplesmente adicione o atributo id e escolha um nome único para ele.

Ao contrário da classe, você só pode ter um elemento em sua página com um id rodapé

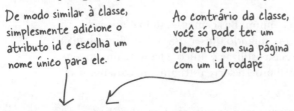

```
<p id="footer">Please steal this page, it isn't copyrighted in any way</p>
```

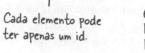

Cada elemento pode ter apenas um id.

Os nomes dos ids começam por uma letra e podem ser seguidas por apenas letras e dígitos. Não são permitidos espaços ou caracteres especiais.

Dar um id a um elemento é similar a adicionar um elemento a uma classe. As únicas diferenças são que o atributo é chamado de id, e não class, um elemento não pode ter múltiplos ids e você não pode ter mais de um elemento em uma página com o mesmo id.

não existem Perguntas Idiotas

P: Qual é o problema? Por que eu preciso de um "id" apenas para provar que algo é único na página? Eu poderia usar uma classe exatamente da mesma maneira, certo?

R: Bem, você sempre poderá "simular" um "id" único com uma classe, mas há vários motivos para não fazê-lo. Digamos que você esteja trabalhando em um projeto Web com uma equipe. Um de seus colegas olhará a classe e pensará que ela poderia ser reutilizada com outros elementos. Se, por outro lado, ele topar com um id, então saberá que é para um elemento único. Há alguns outros motivos por que os "ids" são importantes. Por exemplo, quando você começar a posicionar elementos em uma página, precisará que cada elemento tenha um "id" único.

P: Um elemento pode ter um "id" e também pertencer a uma classe?

R: Sim. Pense nisso desta maneira: um "id" é apenas um identificador único de um elemento, mas não evita que o elemento pertença a uma ou mais classes (assim como ter um nome único não evita que você se associe a um ou mais clubes).

Mas como eu utilizo "id" nas CSS?

Você seleciona um elemento com um `id` quase da mesma forma como seleciona um elemento com uma classe. Uma revisão rápida: se você tiver uma classe chamada "`ofertas`", há algumas maneiras de selecionar elementos usando essa classe. Você poderia selecionar apenas certos elementos na classe, assim:

```
p.specials {
        color: red;
}
```

Seleciona apenas os parágrafos que estão na classe ofertas.

Você ainda pode selecionar todos os elementos que pertencem à classe "`specials`", da seguinte maneira:

```
.specials {
        color: red;
}
```

Seleciona todos os elementos que estão na classe ofertas.

Usar um seletor de `id` é muito similar. Para selecionar um elemento por seu `id`, você usa um caractere # na frente do `id` (compare isso com a classe, onde você usa um . na frente do nome dela). Digamos que você queira selecionar qualquer elemento que tenha o id "footer" (`rodapé`):

```
#footer {
        color: red;
}
```

Seleciona qualquer elemento que tenha o id rodapé.

Você poderia também selecionar apenas o elemento `<p>` com o id "`footer`", assim:

```
p#footer {
        color: red;
}
```

Seleciona apenas um elemento <p> que possui o id rodapé.

A única diferença entre class e id é que um seletor de id deve coincidir com *apenas um* elemento em uma página.

Use um "id" no bar

Nosso parágrafo da garantia realmente deveria ter um id, uma vez que pretendemos usá-lo apenas uma vez na página. Deveríamos tê-lo criado dessa maneira desde o início, mas fazer a alteração será bem simples.

Primeiro passo: Altere o atributo "class" para um "id" em seu "lounge.html":

Apenas altere o atributo class para id.

```
<p id="guarantee">
    Our guarantee: at the lounge, we're committed to providing
    you, our guest, with an exceptional experience every time you
    visit. Whether you're just stopping by to check in on email
    over an elixir, or are here for an out-of-the-ordinary dinner,
    you'll find our knowledgeable service staff pay attention to every
    detail. If you're not fully satisfied, have a Blueberry Bliss Elixir
    on us.
</p>
```

Segundo passo: Altere o seletor de classe ".guarantee" no "lounge.css" para um seletor de "id":

Apenas altere o . para # no seletor.

```
#guarantee {
    line-height:           1.9em;
    font-style:            italic;
    font-family:           Georgia, "Times New Roman", Times, serif;
    color:                 #444444;
    border-color:          white;
    border-width:          1px;
    border-style:          dashed;
    background-color:      #a7cece;
    padding:               25px;
    padding-left:          80px;
    margin:                30px;
    margin-right:          250px;
    background-image:      url(images/background.gif);
    background-repeat:     no-repeat;
    background-position:   top left;
}
```

Terceiro passo: Salve suas alterações e recarregue a página.

Bem, tudo deveria parecer EXATAMENTE igual. Mas você não se sente bem melhor agora que tudo está como deveria ser?

Head First Lounge
file:///chapter9/lounge/lounge.html
Head First Lounge
Welcome to the Head First Lounge
The Head First Lounge is, no doubt, the biggest trendsetter in Webville. Stop in to sample the eclectic offering of elixirs, teas, and coffees, or, stay a bit longer and enjoy the multicultural culinary menu that combines a harmony of taste, texture, and color with the best in fresh and healthy ingredients.
During your stay at the lounge, you'll enjoy a smooth mixture of ambient and mystic sounds, filling the lounge and adding an extra dimension to your dining experience. The decor surrounds you with the relaxing sentiments of sights from eras past. And, don't forget, the lounge offers free wireless access to the Internet, so bring your laptop.
Our guarantee: at the lounge, we're committed to providing you, our guest, with an exceptional experience every time you visit. Whether you're just stopping by to check in on email over an elixir, or are here for an out-of-the-ordinary dinner, you'll find our knowledgeable service staff pay attention to every detail. If you're not fully satisfied, have a Blueberry Bliss Elixir on us.
But that's not all; at night, join us in the backroom as our resident DJ spins a choice selection of trance and drum&bass beats across our spacious tiki-themed dance floor. Or just hang out in one of our comfy white vinyl booths at the dance bar. You can have your elixirs delivered from the main lounge right to the dance floor. If you've had enough of the beat, just head back to the lounge area to relax. And, no matter where you find yourself in the lounge, you'll always be connected with our wireless Internet access.
Now that you've experienced the lounge virtually, isn't it time to check us out for real? We're located right in the

não existem Perguntas Idiotas

P: Mas por que você criou o setor como "#garantia" e não como "p#garantia"?

R: Poderíamos ter feito assim e ambos selecionariam a mesma coisa. Nesta página, sabemos que sempre teremos um parágrafo atribuído ao "id", portanto isso não importa ("#garantia" é mais simples). Entretanto, em um conjunto de páginas mais complexo, você poderia ter algumas páginas onde o "id" único é atribuído a um parágrafo, e em outras a uma lista ou citação. Assim, você precisaria de várias regras para o "id", como "p#algumid" e "blockquote#algumid", dependendo do tipo de elemento que esteja na página.

P: Eu sempre devo começar com uma classe e então alterá-la para um "id" quando souber que ela será única?

R: Não, você quase sempre saberá, quando desenha sua página, se um elemento será único ou não. Nós só fizemos as coisas dessa maneira no capítulo porque, bem, você não conhecia o "id" quando começamos. Mas você não acha que amarramos a história de um jeito bem legal?

P: Quais são as regras para nomes de classe e id?

R: Nomes de classe devem começar com uma letra, mas nomes de id podem começar com um número ou uma letra. Tanto os nomes de id, quanto de classe, podem conter letras e números, assim como o caracter "_", mas sem espaços. Então "numero1" funciona, assim como "conteudo_principal", mas não "conteudo principal". Lembre-se, ids devem ser únicos!

Faça um mix nas folhas de estilo

Antes de terminarmos este capítulo, vamos nos divertir misturando algumas folhas de estilo. Até aqui, você tem usado apenas uma folha de estilos. Bem, quem disse que você não pode usar mais de uma folha de estilos? Você pode especificar todo um conjunto de folhas de estilo, a ser usado com qualquer HTML. Mas você pode estar querendo saber por que alguém desejaria fazer isso. Há alguns motivos muito bons. Este é o primeiro...

Imagine que o Head First Lounge! decole, vire uma franquia e assim por diante (tudo graças ao seu magnífico trabalho na Web, é claro). Então haveria um grande Web site corporativo com centenas de páginas, e obviamente você gostaria de colocar estilo nessas páginas com folhas de estilo CSS externas. Haveria várias divisões na empresa e todas elas gostariam de mudar os estilos de sua própria maneira. E as franquias do bar também gostariam de ter um pouco de controle sobre o estilo. Veja como isso ficaria:

Utilizamos todas as cores e fontes da empresa, mas adicionamos alguns toques especiais por nossa conta, como uma altura de linha diferente.
Definimos todos os estilos principais a serem usados pelos Web sites da empresa. Fontes, cores e assim por diante.
Temos uma clientela jovem e na moda. Mudamos as cores um pouco e adicionamos alguma animação, mas sobretudo usaremos os estilos principais da divisão.

Divisão de Bebidas

Empresa

Bar de Seattle (parte da Divisão de Bebidas)

Utilize múltiplas folhas de estilo

Então você começa com um estilo corporativo e permite que a divisão e os franqueados do bar anulem e façam mudanças em seus estilos? Você utiliza várias folhas de estilo, desta maneira:

Em seu HTML, você pode especificar mais de uma folha de estilo. Aqui, temos três

Uma folha de estilo para toda empresa.

```
<!DOCTYPE html>
<html>
  <head>
    <meta charset="utf-8">
    <title>Head First Lounge</title>
      <link type="text/css" href="corporate.css" rel="stylesheet">
      <link type="text/css" href="beverage-division.css" rel="stylesheet">
      <link type="text/css" href="lounge-seattle.css" rel="stylesheet">
  </head>
  <body>
  .
  .
  .
  </body>
</html>
```

O bar em Seattle possui suas próprias mudanças em sua folha de estilos.

A divisão de bebidas pode adicionar um pouco ao estilo corporativo, ou mesmo anular alguns dos estilos da empresa.

A ordem é importante! Uma folha de estilos pode anular os estilos das folhas de estilos que têm um link acima delas.

não existem Perguntas Idiotas

P: Então a ordem das folhas de estilos é importante?

R: Sim, elas vão do início para o final, com as do final tendo a precedência. Portanto, se você tem uma propriedade "font-family" no elemento <body>, tanto na folha de estilos corporativa como na da divisão, a da divisão terá a precedência, uma vez que foi a última a ter um link no HTML.

P: Eu preciso disso em um site simples?

R: : Você teria uma surpresa. Algumas vezes, há uma folha de estilos em que você deseja basear sua página e, ao invés de alterar essa folha de estilos, você apenas cria um link para ela e então oferece sua própria folha de estilos embaixo dela para especificar o que quer mudar.

P: Você pode me contar mais sobre como o estilo é escolhido para um elemento específico?

R: Falamos um pouco sobre isso no Capítulo 7. E por ora, apenas some àquele conhecimento a informação de que a ordem dos links das folhas de estilo importa. Então, no próximo capítulo, depois de aprender mais detalhes sobre as CSS, vamos aprender como exatamente o browser sabe as combinações entre os estilos e os elementos.

Folhas de estilos: elas não são mais só para browsers de desktop...

Na verdade existe um segundo motivo pelo qual você deve ter múltiplas folhas de estilo. Digamos que você queira personalizar o estilo da página ao tipo de dispositivo em que será exibida (desktops, laptops, tablets, smartphones ou até versões impressas de suas páginas. Para fazer isso, há um atributo `media` que você pode adicionar ao elemento `<link>` que lhe permite usar apenas as folhas de estilo que são apropriadas ao dispositivo. Vamos ver um exemplo:

O atributo media permite que você especifique o tipo de dispositivo para o qual a folha de estilo é voltada.

Você especifica o tipo de dispositivo criando uma media query, que corresponde ao dispositivo.

```
<link href="lounge-mobile.css" rel="stylesheet" media="screen and (max-device-width: 480px)">
```

Aqui nossa query especifica qualquer coisa com uma tela (em oposição a, por exemplo, uma impressora, ou óculos 3D, ou leitor de braile, etc)...

...e qualquer dispositivo que tenha uma largura de no máximo 480 pixels.

Da mesma forma, poderíamos criar uma query que corresponda a um dispositivo que seja uma impressora, assim:

```
<link href="lounge-print.css" rel="stylesheet" media="print">
```

O arquivo lounge.print.css apenas será usado se...

...o tipo de mídia for impressora (print), o que significa que o estamos visualizando em uma impressora.

Existe uma grande variedade de propriedades que você pode usar em suas queries, como `min-device-width`, `max-device-width` (que utilizamos) e a `orientation` (orientação) do display (retrato ou paisagem), para citar alguns. E tenha em mente que você pode acrescentar quantas tags `<link>` ao seu HTML forem necessárias para cobrir todos os dispositivos que precisar.

Adicione media queries às suas CSS

Existe uma nova forma de direcionar sua CSS a dispositivos com propriedades específicas: em vez de usar media queries em tags de link, você também pode usá-los em suas CSS. Aqui está um exemplo:

Use a regra @media...

...seguida de sua indagação.

E então coloque todas as regras que se aplicam aos dispositivos que correspondam a essa query entre chaves.

```
@media screen and (min-device-width: 481px) {
   #guarantee {
      margin-right: 250px;
   }
}
@media screen and (max-device-width: 480px) {
   #guarantee {
      margin-right: 30px;
   }
}
@media print {
   body {
      font-family: Times, "Times New Roman", serif;
   }
}

p.specials {
      color: red;
}
```

Assim, essas regras serão usadas se a tela for mais larga que 480px...

...essas regras serão usadas se a tela tiver menos de 480px ou menos...

...e essas regras serão usadas se você imprimir a página.

Todas as outras regras se aplicam a todas as páginas porque não estão dentro da regra @media.

Assim, da forma como isso funciona, apenas as regras CSS que são específicas para um tipo de mídia estão incluídas em uma regra `@media`. Todas as regras comuns a todos os tipos de mídia estão incluídas no arquivo CSS abaixo das regras `@media`, então dessa forma você não tem nenhuma regra repetida desnecessariamente. E, quando um browser carrega uma página, ele determina através das queries as regras que são apropriadas para a página e ignora aquelas que não se aplicam.

Media queries são uma área de ativo desenvolvimento por parte dos grupos de padronização, então fique de olho na evolução de melhores práticas para direcionamento de dispositivos.

BANG!

Veja bem!

Media queries não são suportadas pelo IE8 e anteriores.

Exercício

Olhe para os dispositivos abaixo junto de suas especificações. Você poderia desenvolver um conjunto de media queries para direcionar a cada dispositivo?

Smartphone: 480 por 640 pixels
Tablet, retrato ou paisagem: 1024 por 768 pixels
Desktop PC: 1280 por 960 pixels
TV com Internet: 2650 por 1600 pixels, paisagem

```
<link rel="stylesheet" href="lounge-smartphone.css"
      media="                                    ">
<link rel="stylesheet" href="lounge-tablet-portrait.css"
      media="                                        ">
<link rel="stylesheet" href="lounge-tablet-landscape.css"
      media="                                        ">
<link rel="stylesheet" href="lounge-pc.css"
      media="                                    ">
<link rel="stylesheet" href="lounge-tv.css"
      media="                                    ">
```

Suas repostas aqui!

não existem Perguntas Idiotas

P: Isso é bem legal. Então eu posso definir folhas de estilo diferentes para dispositivos diferentes?

R: Sim, você pode definir várias folhas de estilo e então criar links para todas elas em seu HTML. É tarefa do browser pegar a folha de estilos correta com base no tipo de mídia e as características que você especifica em suas media queries.

P: Existem outras propriedades de mídia além de max-device-width e min-device-width?

R: Sim, existem algumas, incluindo max e min width (largura máxima e mínima, diferente de device-width, que você verá em breve), max e min height (altura), orientação, cor, proporção de tela e mais. Cheque as especificações de CSS3 Media Queries para todos os detalhes (http://www.w3.org/TR/css3-mediaqueries/) e *Head First Mobile Web* para mais exemplos.

P: É melhor usar <link> ou @media para especificar diferentes regras CSS para diferentes tipos de mídia e características?

R: Qualquer um irá funcionar. Mas perceba que se você colocar todas as regras em um arquivo e os dividir usando regras @media, suas CSS podem ficar muito grandes. Usando diferentes elementos <link> para diferentes tipos de mídia, você pode manter suas CSS organizadas em diferentes arquivos, dependendo do tipo de mídia. Então, se seus arquivos CSS forem relativamente grandes, recomendamos usar elementos <link> para especificar diferentes folhas de estilo.

Exercício

Na pasta "chapter9/lounge", você encontrará "lounge-print.css". Abra seu arquivo "lounge.html" e adicione um novo link para esta folha de estilos para mídias do tipo "print". Certifique-se de adicionar também o atributo media="screen" ao elemento <link>, recarregue a página e escolha a opção "Imprimir" de seu browser. Corra até a impressora e veja o resultado!

```
<link type="text/css" href="lounge-print.css"
      rel="stylesheet" media="print">
```

Este é o novo link que você lounge.html. precisa adicionar a seu arquivo.

Esta é a versão impressa. Você mudou totalmente usando as CSS. Esta estrutura em oposição à aparência da página quando foi impressa, apresentação realmente vale a pena.

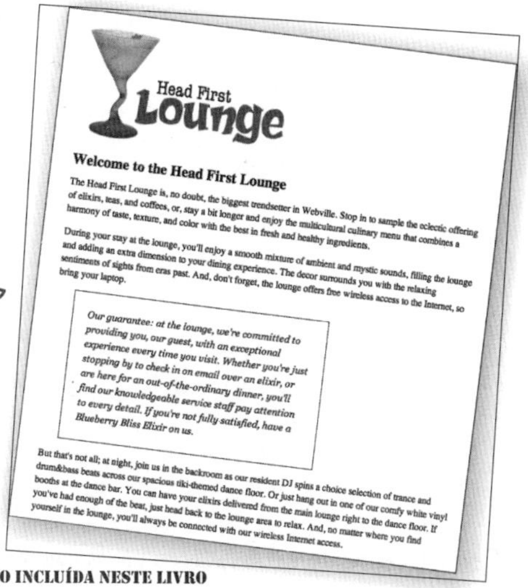

Head First Lounge

Welcome to the Head First Lounge

The Head First Lounge is, no doubt, the biggest trendsetter in Webville. Stop in to sample the eclectic offering of elixirs, teas, and coffees, or, stay a bit longer and enjoy the multicultural culinary menu that combines a harmony of taste, texture, and color with the best in fresh and healthy ingredients.

During your stay at the lounge, you'll enjoy a smooth mixture of ambient and mystic sounds, filling the lounge and adding an extra dimension to your dining experience. The decor surrounds you with the relaxing sentiments of sights from eras past. And, don't forget, the lounge offers free wireless access to the Internet, so bring your laptop.

Our guarantee: at the lounge, we're committed to providing you, our guest, with an exceptional experience every time you visit. Whether you're just stopping by to check in on email over an elixir, or are here for an out-of-the-ordinary dinner, you'll find our knowledgeable service staff pay attention to every detail. If you're not fully satisfied, have a Blueberry Bliss Elixir on us.

But that's not all; at night, join us in the backroom as our resident DJ spins a choice selection of trance and drum&bass beats across our spacious tiki-themed dance floor. Or just hang out in one of our comfy white vinyl booths at the dance bar. You can have your elixirs delivered from the main lounge right to the dance floor. If you've had enough of the beat, just head back to the lounge area to relax. And, no matter where you find yourself in the lounge, you'll always be connected with our wireless Internet access.

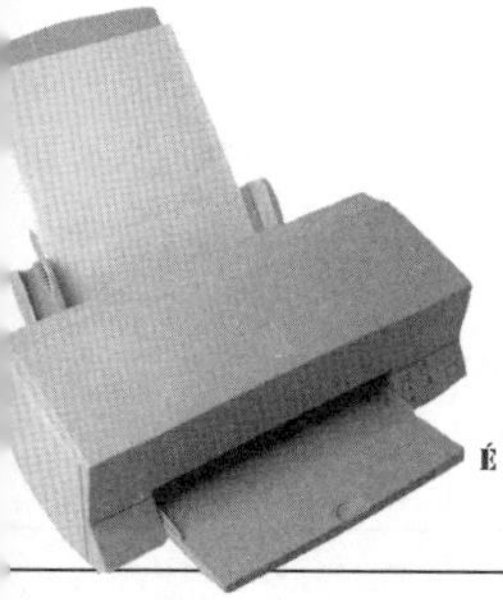

É NECESSÁRIO UMA IMPRESSORA ADICIONAL, NÃO INCLUÍDA NESTE LIVRO

Exercício

As características de mídia max-device-width e min-device-width dependem do tamanho da tela do dispositivo (*não* da largura da janela de seu browser). E se você se preocupar mais com o tamanho do browser? Bem, você pode usar as propriedades **max-width** e **min-width**, que representam a largura máxima e mínima da largura da janela do browser (não o tamanho da tela). Vejamos como funciona: em sua pasta "chapter9/lounge", você encontrará "lounge-mobile.css". Abra seu arquivo lounge.html de novo e altere os elementos <link> no <head> do documento para ficar assim:

```
<link type="text/css" rel="stylesheet" href="lounge.css"
      media="screen and (min-width: 481px)">
<link type="text/css" href="lounge-mobile.css" rel="stylesheet"
      media="screen and (max-width: 480px)">
<link type="text/css" href="lounge-print.css" rel="stylesheet" media="print">
```

Agora recarregue a página "lounge.html" em seu browser. Certifique-se de que a janela do browser esteja boa e grande. Você deve visualizar a página normalmente.

Em seguida, deixe sua janela do browser estreita (menos de 480 pixels). O que acontece com a página do bar? Você percebe uma diferença? Descreva abaixo o que acontece quando você deixa a página estreita e carrega a página. Por que essa versão da página é melhor para browsers de celulares?

Certifique-se de estar usando um browser moderno! Se estiver usando IE, tem que ser IE9+.

PONTOS DE BALA

- As CSS utilizam um modelo de caixa para controlarem a exibição dos elementos.
- As caixas consistem em área de conteúdo e enchimento, borda e margem opcionais.
- A área de conteúdo engloba o conteúdo do elemento.
- O enchimento é usado para criar um espaço visual em torno da área de conteúdo.
- A borda contorna o enchimento e o conteúdo, e oferece uma maneira de separar visualmente o conteúdo.
- A margem fica em torno da borda, enchimento e conteúdo, e permite que seja adicionado espaço entre o elemento e outros elementos.
- O enchimento, a borda e a margem são opcionais.
- O fundo de um elemento será mostrado sob o conteúdo e o enchimento, mas não sob a margem.
- O tamanho do enchimento e da margem pode ser definido em pixels ou em porcentagem.
- A borda pode ser definida em pixels ou pelas palavras-chave "thin", "medium" e "thick".
- Há oito estilos diferentes para as bordas, incluindo "solid", "dashed", "dotted" e "ridge".
- Quando estão definindo as margens, o enchimento ou a borda, as CSS oferecem propriedades para a definição de todos os lados (em cima, à direita, embaixo e à esquerda) de uma vez ou permite que eles sejam definidos separadamente.
- Use a propriedade border-radius para criar cantos arredondados em um elemento com uma borda.
- Utilize a propriedade "line-height" para adicionar espaço entre as linhas de texto.
- Você pode colocar uma imagem no fundo de um elemento com a propriedade "background-image".
- Utilize as propriedades "background-position" e "background-repeat" para definir a posição e o comportamento de repetição da imagem do fundo.
- Use o atributo "class" para criar um estilo para vários elementos, como um grupo.
- Use o atributo "id" para dar a um elemento um nome único. Você também pode usá-lo para oferecer um estilo único para um elemento.
- Deve haver apenas um elemento em uma página com um dado "id".
- Você pode selecionar elementos por seu "id" usando o seletor de id #; por exemplo, "#meuidfavorito".
- Um elemento só pode ter um "id", mas pode pertencer a várias classes.
- Você pode usar mais de uma folha de estilos em seu HTML.
- Se duas folhas de estilos tiverem definições de propriedade conflitantes, a folha de estilos que estiver por último no arquivo HTML terá a preferência.
- Você pode direcionar para os dispositivos usando "media queries" em seu elemento <link> ou a regra @media em suas CSS.

Palavras-cruzadas de HTML

Você realmente está expandindo suas habilidades em HTML e CSS. Fortaleça as conexões neurais fazendo palavras-cruzadas. Todas as respostas provêm deste capítulo.

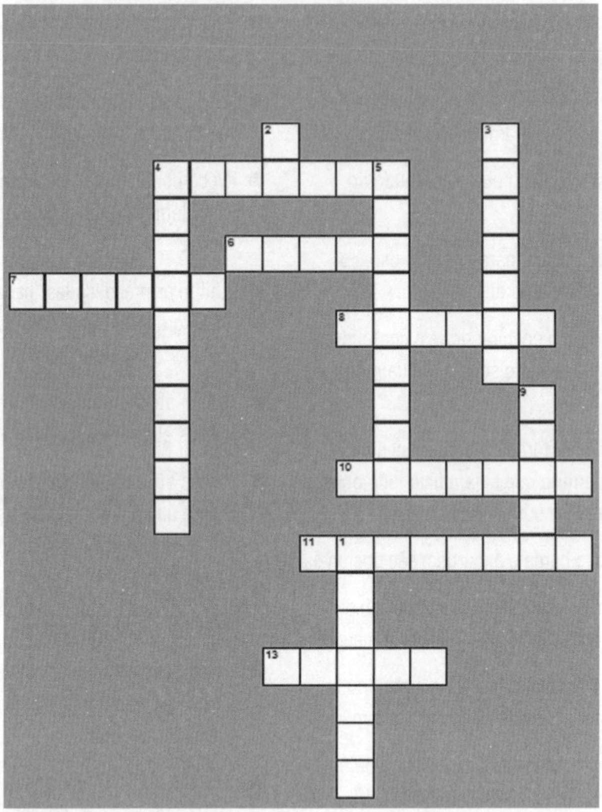

Horizontais

4. Termo de editoração para o espaço entre as linhas.

6. Atributo opcional de <link> para outros tipos de _______.

7. Entre o enchimento e a margem.

8. Para criar uma borda serrilhada, use o estilo de borda _______.

10. A fonte preferida para ser usada no parágrafo da garantia.

11. Enchimento, bordas e margens são todos _______.

13. Para usar um estilo diferente para dispositivos diferentes, use ________ queries.

Verticais

1. O espaço entre o conteúdo e a borda.

2. Se você quiser que seu elemento tenha um estilo único, use este tipo de seletor.

3. Por padrão, as imagens de fundo fazem isto.

4. Propriedade usada para aumentar o espaço entre as linhas de texto.

5. Alteramos a classe para um "id".

9. As CSS vêem cada elemento como uma _______.

Aponte o seu lápis Solução

Veja se pode identificar o enchimento, a borda e as margens deste parágrafo. Marque todos os enchimentos e margens (à direita, à esquerda, em cima e embaixo):

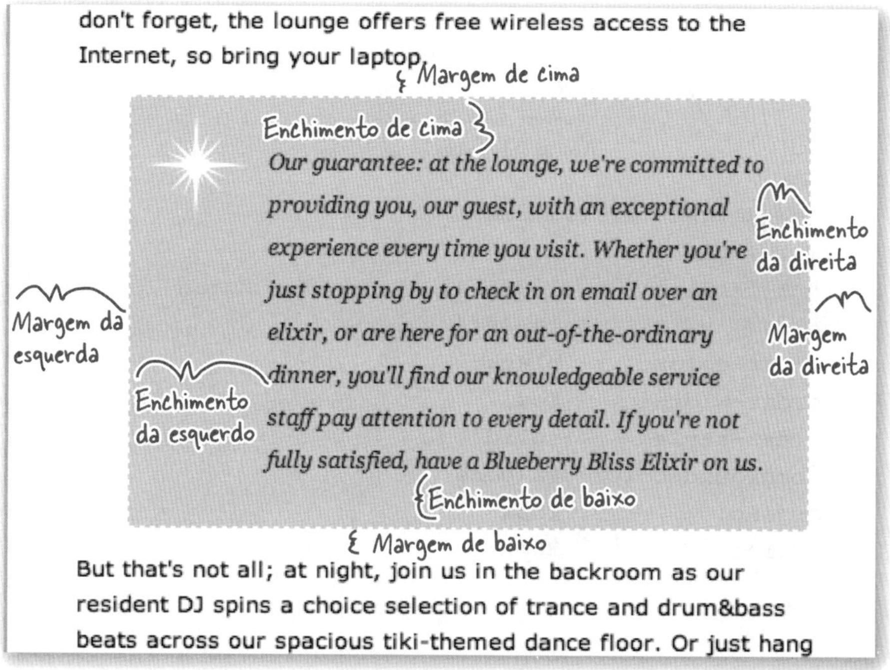
don't forget, the lounge offers free wireless access to the Internet, so bring your laptop.
Margem de cima
Enchimento de cima
Our guarantee: at the lounge, we're committed to providing you, our guest, with an exceptional experience every time you visit. Whether you're just stopping by to check in on email over an elixir, or are here for an out-of-the-ordinary dinner, you'll find our knowledgeable service staff pay attention to every detail. If you're not fully satisfied, have a Blueberry Bliss Elixir on us.
Enchimento da direita
Margem da direita
Margem da esquerda
Enchimento da esquerdo
Enchimento de baixo
Margem de baixo
But that's not all; at night, join us in the backroom as our resident DJ spins a choice selection of trance and drum&bass beats across our spacious tiki-themed dance floor. Or just hang

Exercício Solução

Se você olhar para o parágrafo da garantia como ele deve se parecer em sua forma final, ele possuirá itálico, fonte com serifa, uma altura de linha maior do que o resto da página e, se você estiver olhando realmente de perto, verá que o texto é cinza. Escreva a CSS abaixo para definir a altura da linha como 1.9em, o estilo da fonte como itálico, a cor como #444444 e a família de fontes como Georgia, "Times New Roman", Times, serif. Esta é a solução.Você a testou?

Você pode adicionar as novas propriedades em qualquer lugar da regra. Nós as adicionamos no início.

```
.guarantee {
      line-height:       1.9em;
      font-style:        italic;
      font-family:       Georgia, "Times New Roman", Times, serif;
      color:             #444444;
      border-color:      black;
      border-width:      1px;
      border-style:      solid;
      background-color:  #a7cece;
      padding:           25px;
      margin:            30px;
}
```

Observer que se o nome da fonte tiver espaços, você deve colocá-lo entre aspas.

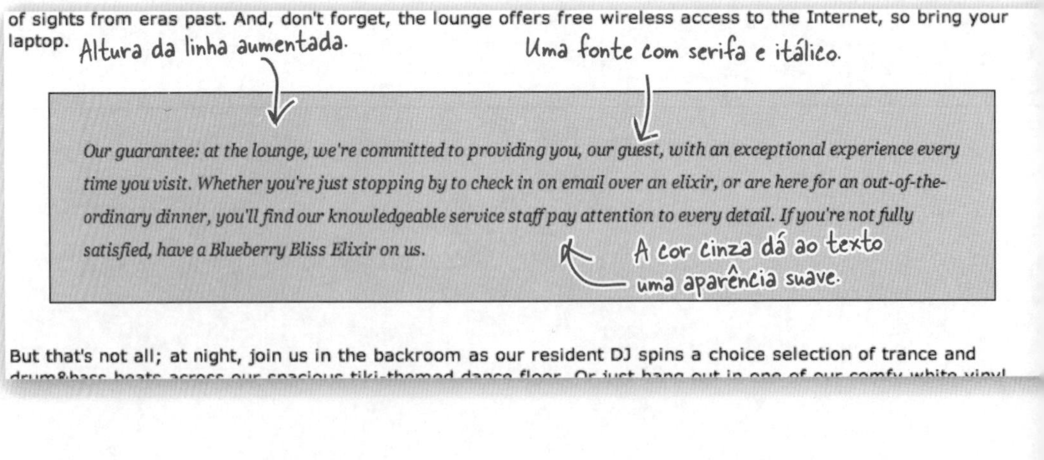

of sights from eras past. And, don't forget, the lounge offers free wireless access to the Internet, so bring your laptop.
Altura da linha aumentada.
Uma fonte com serifa e itálico.
Our guarantee: at the lounge, we're committed to providing you, our guest, with an exceptional experience every time you visit. Whether you're just stopping by to check in on email over an elixir, or are here for an out-of-the-ordinary dinner, you'll find our knowledgeable service staff pay attention to every detail. If you're not fully satisfied, have a Blueberry Bliss Elixir on us.
A cor cinza dá ao texto uma aparência suave.
But that's not all; at night, join us in the backroom as our resident DJ spins a choice selection of trance and

Palavras-cruzadas de HTML - Solução

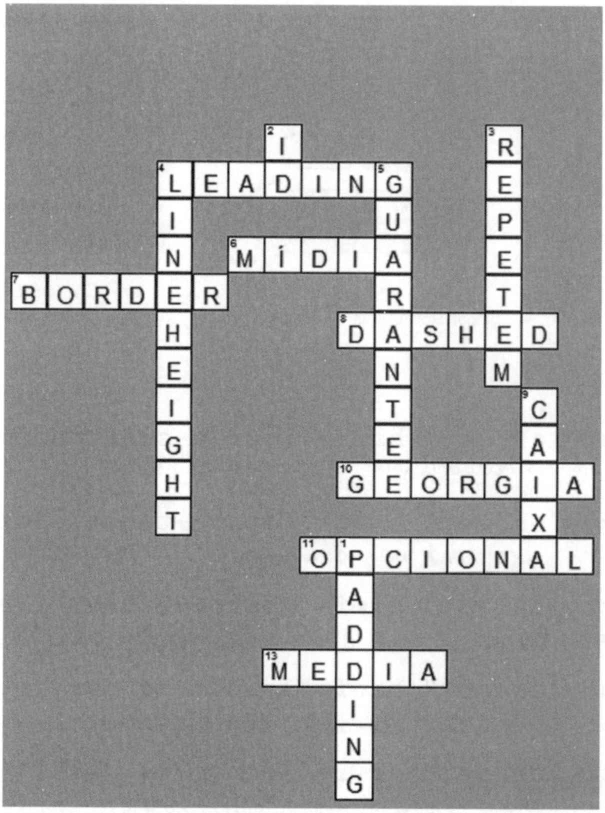
1 PADDING
2 I
3 REPETEM
4 LINEHEIGHT
5 GUARANTEE
6 MÍDIA
7 BORDER
8 DASHED
9 CAIXA
10 GEORGIA
11 OPCIONAL
13 MEDIA

Exercício Solução

Olhe para os dispositivos abaixo junto de suas especificações. Você poderia desenvolver um conjunto de "media queries" para direcionar a cada dispositivo?

Smartphone: 480 por 640 pixels

Tablet, retrato ou paisagem: 1024 por 768 pixels

Desktop PC: 1280 por 960 pixels

TV com Internet: 2650 por 1600 pixels, paisagem

```
<link rel="stylesheet" href="lounge-smartphone.css"
      media="screen and (max-device-width: 480px)">
<link rel="stylesheet" href="lounge-tablet-portrait.css"
      media="screen and (max-device-width: 1024px) and (orientation:portrait)">
<link rel="stylesheet" href="lounge-tablet-landscape.css"
      media="screen and (max-device-width: 1024px) and (orientation:landscape)">
<link rel="stylesheet" href="lounge-pc.css"
      media="screen and (max-device-width: 1280px)">
<link rel="stylesheet" href="lounge-tv.css"
      media="screen and (max-device-width: 2650px)">
```

O suporte à media query nos dispositivos está evoluindo, então cheque a Web para obter as técnicas mais atuais e melhores.

Nossas respostas aqui. Você conseguiu as mesmas respostas? Existem muitas formas de fazer isso, variando graus de especificidade. Se você fez diferente, sua forma é melhor ou pior do que a nossa?

Exercício Solução

Enquanto você toma aquele chá gelado, tente adicionar uma borda ao parágrafo de garantia. Temos alguns exemplos abaixo com uma variedade de valores para o raio da borda. Escreva as CSS para criar a borda que você vê no exemplo. Para cada exemplo, providenciamos o tamanho do raio da borda usado para criar os cantos arredondados do exemplo.

Escreva sua CSS aqui.

30px

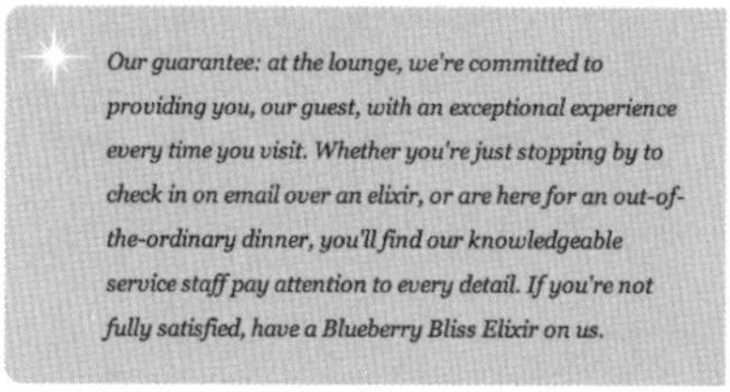
Our guarantee: at the lounge, we're committed to providing you, our guest, with an exceptional experience every time you visit. Whether you're just stopping by to check in on email over an elixir, or are here for an out-of-the-ordinary dinner, you'll find our knowledgeable service staff pay attention to every detail. If you're not fully satisfied, have a Blueberry Bliss Elixir on us.

```
border-top-left-radius: 30px;
border-top-right-radius: 0px;
border-bottom-right-radius: 0px;
border-bottom-left-radius: 30px;
```

40px

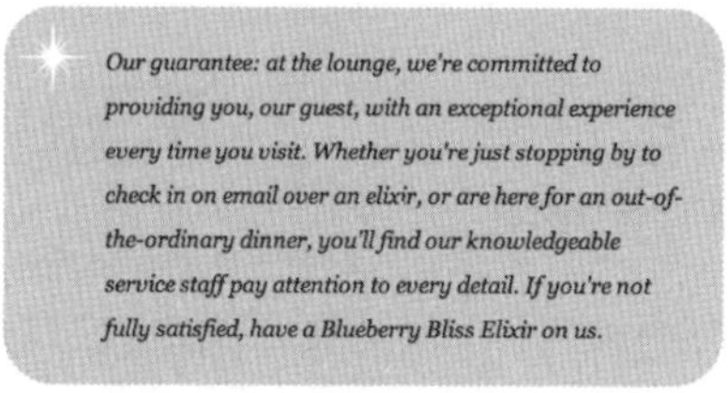
Our guarantee: at the lounge, we're committed to providing you, our guest, with an exceptional experience every time you visit. Whether you're just stopping by to check in on email over an elixir, or are here for an out-of-the-ordinary dinner, you'll find our knowledgeable service staff pay attention to every detail. If you're not fully satisfied, have a Blueberry Bliss Elixir on us.

```
border-top-left-radius: 40px;
border-top-right-radius: 40px;
border-bottom-right-radius: 40px;
border-bottom-left-radius: 40px;
```

40px

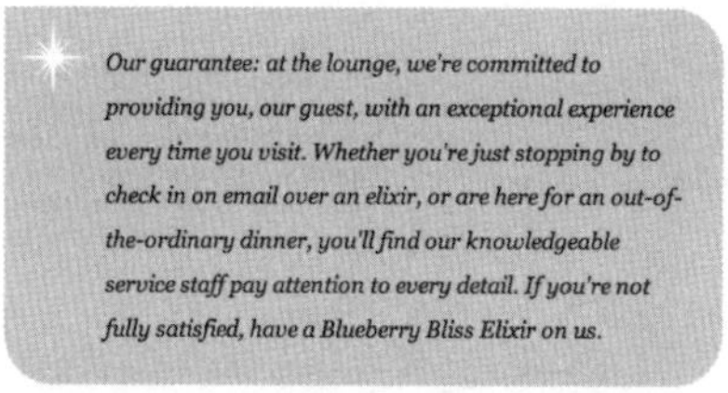
Our guarantee: at the lounge, we're committed to providing you, our guest, with an exceptional experience every time you visit. Whether you're just stopping by to check in on email over an elixir, or are here for an out-of-the-ordinary dinner, you'll find our knowledgeable service staff pay attention to every detail. If you're not fully satisfied, have a Blueberry Bliss Elixir on us.

```
border-top-left-radius: 0px;
border-top-right-radius: 40px;
border-bottom-right-radius: 40px;
border-bottom-left-radius: 40px;
```

2em

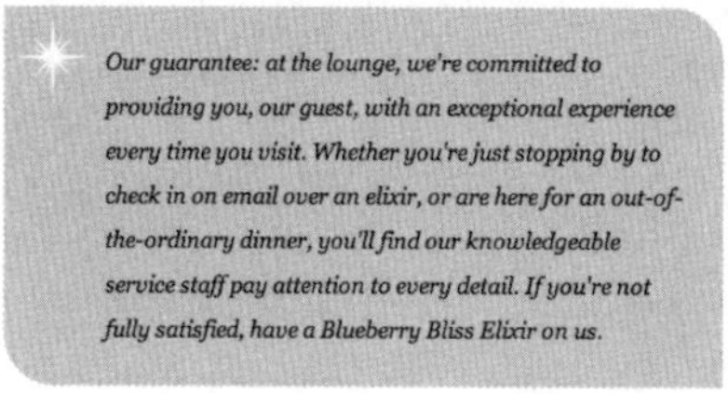
Our guarantee: at the lounge, we're committed to providing you, our guest, with an exceptional experience every time you visit. Whether you're just stopping by to check in on email over an elixir, or are here for an out-of-the-ordinary dinner, you'll find our knowledgeable service staff pay attention to every detail. If you're not fully satisfied, have a Blueberry Bliss Elixir on us.

```
border-top-left-radius: 0em;
border-top-right-radius: 2em;
border-bottom-right-radius: 0em;
border-bottom-left-radius: 2em;
```

Exercício Solução

As características de mídia max-device-width e min-device-width dependem do tamanho da tela do dispositivo (*não* da largura da janela de seu browser). E se você se preocupar mais com o tamanho do browser? Bem, você pode usar as propriedades **max-width** e **min-width**, que representam a largura máxima e mínima da largura da janela do browser (não o tamanho da tela). Vejamos como funciona: em sua pasta "chapter9/lounge", você encontrará "lounge-mobile.css". Abra seu arquivo lounge.html de novo e altere os elementos <link> no <head> do documento para ficar assim:

```
<link type="text/css" rel="stylesheet" href="lounge.css"
      media="screen and (min-width: 481px)">
<link type="text/css" href="lounge-mobile.css" rel="stylesheet"
      media="screen and (max-width: 480px)">
<link type="text/css" href="lounge-print.css" rel="stylesheet" media="print"
```

Agora recarregue a página "lounge.html" em seu browser. Certifique-se de que a janela do browser esteja boa e grande. Você deve visualizar a página normalmente.

Em seguida, deixe sua janela do browser estreita (menos de 480 pixels). O que acontece com a página do bar? Você percebe uma diferença? Descreva abaixo o que acontece quando você deixa a página estreita e carrega a página. Por que essa versão da página é melhor para browsers de celulares?

Head First Lounge
file:///chapter9/lounge/lounge.html
Google
Head First
Lounge
Welcome to the Head First Lounge
The Head First Lounge is, no doubt, the biggest trendsetter in Webville. Stop in to sample the eclectic offering of elixirs, teas, and coffees, or, stay a bit longer and enjoy the multicultural culinary menu that combines a harmony of taste, texture, and color with the best in fresh and healthy ingredients.
During your stay at the lounge, you'll enjoy a smooth mixture of ambient and mystic sounds, filling the lounge and adding an extra dimension to your dining experience. The decor surrounds you with the relaxing sentiments of sights from eras past. And, don't forget, the lounge offers free wireless access to the Internet, so bring your laptop.
Our guarantee: at the lounge, we're committed to providing you, our guest, with an exceptional experience every time you visit. Whether you're just stopping by to check in on email over an elixir, or are here for an out-of-the-ordinary dinner, you'll find our knowledgeable service staff pay attention to every detail. If you're not fully satisfied, have a Blueberry Bliss Elixir on us.
But that's not all; at night, join us in the backroom as our resident DJ spins a choice selection of trance and drum&bass beats across our spacious tiki-themed dance floor. Or just hang out in one of

Quando deixamos a página mais estreita do que 480 pixels, o parágrafo de garantia muda de estilo. A margem direita fica reduzida de 250px para 30px (para combinar com o resto da margem); a imagem da estrela do fundo desaparece e o enchimento extra na esquerda vai embora também.

Esta versão funcionará melhor para browsers de celulares porque o parágrafo de garantia fica estreito demais com as CSS que são projetadas para telas maiores. Ao remover a imagem do fundo e com a margem e enchimento extra, o parágrafo fica mais fácil de ser lido. E é na verdade o conteúdo que importa no fim das contas, certo?

Certifique-se de estar usando um browser moderno! Se você estiver usando IE, isso significa IE9+

10 divs e spans

Construção Web Avançada

Alguns construtores dizem: "meça duas vezes, corte apenas uma". Eu digo: "planeje, div e span".

Já é hora de se preparar para a construção pesada. Neste capítulo, vamos apresentar dois novos elementos do HTML, chamados <div> e <span>. Eles não são simples tocos de madeira, mas grandes vigas de aço. Com <div> e <span>, você construirá estruturas de suporte sérias e, uma vez colocadas no lugar, você será capaz de aplicar estilos de novas e poderosas maneiras. Agora, não pudemos deixar de notar que o seu cinto de ferramentas das CSS está realmente começando a ficar cheio, portanto é hora de mostrar alguns atalhos para facilitar a especificação de todas essas propriedades. E também temos convidados especiais neste capítulo, as pseudoclasses, que permitirão a criação de alguns seletores muito interessantes. (Se você está pensando que *pseudoclasses* seria um grande nome para sua próxima banda, tire seu cavalinho da chuva, nós já passamos na sua frente).

Sabe, adoraríamos se você pudesse fazer com que os elixires especiais da semana ficassem um pouco mais atraentes na página Web. Você poderia fazer com que eles ficassem iguais ao nosso menu?

A misturadora de elixires, Alice

Weekly Elixir Specials

Lemon Breeze

The ultimate healthy drink, this elixir combines herbal botanicals, minerals, and vitamins with a twist of lemon into a smooth citrus wonder that will keep your immune system going all day and all night.

Chai Chiller

Not your traditional chai, this elixir mixes maté with chai spices and adds an extra chocolate kick for a caffeinated taste sensation on ice.

Black Brain Brew

Want to boost your memory? Try our Black Brain Brew elixir, made with black oolong tea and just a touch of espresso. Your brain will thank you for the boost.

Join us any evening for these and all our wonderful elixirs.

Este é o menu com os elixires especiais. Uau, o design é muito diferente do resto da página: é estreito, o texto está centralizado, há títulos em vermelho, uma borda verde-água em torno de tudo, e até mesmo algumas figuras de coquetéis no topo.

Um exame minucioso do HTML dos elixires

Alice certamente pediu algo complicado, não é? Ela quer que peguemos o HTML atual e o façamos parecer um menu sobre os elixires. Hummmm... Isso parece desafiador, mas nós temos as CSS do nosso lado, portanto vamos fazer uma tentativa. Mas, antes de pularmos direto no estilo, vamos ter uma visão geral do HTML existente. Mostraremos apenas um trecho dos elixires especiais; você o encontrará também (em inglês) na pasta "chapter10/lounge":

A seção de elixires especiais começa com um título <h2>.

Cada elixir tem uma imagem em um elemento <p>.

…mos três …lixires, …ada um …om a …esma …strutura.

```
<h2>Weekly Elixir Specials</h2>

<p>
        <img src="images/yellow.gif" alt="Lemon Breeze Elixir">
</p>
<h3>Lemon Breeze</h3>
<p>
        The ultimate healthy drink, this elixir combines
        herbal botanicals, minerals, and vitamins with
        a twist of lemon into a smooth citrus wonder
        that will keep your immune system going all
        day and all night.
</p>

<p>
        <img src="images/chai.gif" alt="Chai Chiller Elixir">
</p>
<h3>Chai Chiller</h3>
<p>
        Not your traditional chai, this elixir mixes mat&eacute;
        with chai spices and adds an extra chocolate kick for
        a caffeinated taste sensation on ice.
</p>

<p>
        <img src="images/black.gif" alt="Black Brain Brew Elixir">
</p>
<h3>Black Brain Brew</h3>
<p>
        Want to boost your memory? Try our Black Brain Brew
        elixir, made with black oolong tea and just a touch
        of espresso. Your brain will thank you for the boost.
</p>

<p>
        Join us any evening for these and all our
        other wonderful
        <a href="beverages/elixir.html"
           title="Head First Lounge Elixirs">elixirs</a>.
</p>
```

Um nome, em um título <h3>...

... uma descrição, também em um parágrafo.

E esta estrutura é repetida para cada elixir.

E, no fim, há um outro parágrafo com algum texto e um link para a página real dos elixires.

Isso parece complicado, pessoal. Há muitas alterações de estilo a fazer e o estilo dos elixires não coincide muito com o do resto da página.
Jim
Frank
Joe

Jim: Vamos lá, Frank, você sabe que podemos criar apenas uma classe ou duas e então criar o estilo para todos os elementos de elixir separadamente do resto da página.

Frank: É verdade. Talvez não seja tão ruim. Tenho certeza de que há uma propriedade simples para fazer o alinhamento centralizado do texto. E já sabemos como lidar com texto colorid

Jim: Espere aí, e a tal borda em torno de tudo?

Frank: Mole. Acabamos de aprender a fazer bordas. Lembra-se? Todos os elementos podem ter uma.

Joe: Hum, acho que não. Se você olhar o HTML, há um monte de elementos `<h2>`, `<h3>` e `<p>`. Se colocarmos bordas separada em cada elemento, eles parecerão com caixas separadas.

Frank: Você está certo, Joe. Precisamos de um elemento para aninhar todos esses outros elementos para que possamos colocar uma borda em torno dele. Então teremos uma borda em torno de tudo que está na seção elixires da página.

Jim: Bem, já vi porque você tem um salário de marajá, Frank. Poderíamos aninhar as coisas dos elixires dentro de um elemento `<p>`, ou de um `<blockquote>`?

Frank: Bem, isso arruinaria a estrutura e significado da págin um menu de elixires não é um parágrafo ou uma citação. Me parece besteira...

Frank: Na verdade, acho que estamos no caminho certo. Estive lendo um certo livro sobre HTML e CSS e estou justamente na seção que fala de um novo elemento, chamad `<div>`. Penso que pode ser a ferramenta de que precisamos.

Joe: O que é `<div>`? Parece matemática.

Frank: Não está muito longe disso, porque um `<div>` permit que você divida sua página em seções lógicas ou grupos.

Jim: Ei, parece ser exatamente o que precisamos!

Frank: É mesmo. Deixe-me mostrar a vocês como dividir uma página em seções lógicas e então mostrarei o que sei sobre `<div>`

Vamos ver como podemos dividir uma página em seções lógicas

Dê uma olhada na página Web à direita: é a página Web da PetStorz.com. Vamos passar algumas páginas vendo como podemos colocar alguma estrutura adicional identificando algumas seções lógicas e então encerrando-as em um elemento <div>.

Desenhamos um esboço da página da PetStorz

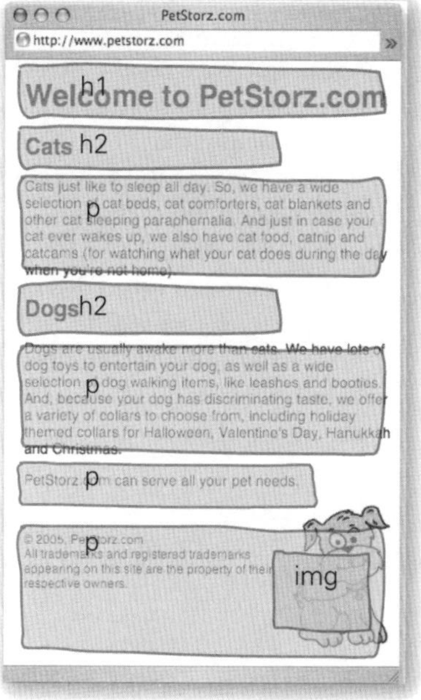
PetStorz.com
http://www.petstorz.com
Welcome to PetStorz.com
h1
Cats h2
p
Dogs h2
p
p
p
img

Esta é uma página com um visual muito normal: muitos títulos, parágrafos e uma imagem aqui.

Mas se nos concentrarmos na estrutura da página, não poderemos dizer muito sobre ela. Que elementos formam o cabeçalho? Há um rodapé na página? Quais são as áreas de conteúdo?

Identifique suas seções lógicas

O.k., então sua tarefa é localizar as "seções lógicas" nessa página. O que é uma seção lógica? É apenas um grupo de elementos que estão relacionados na página. Por exemplo, na página Web da PetStorz.com, há alguns elementos que usamos para a área dos gatos na página, e outros que são usados para os cães. Vamos dar uma olhada.

A página da PetStorz tem duas áreas de conteúdo principais, uma para os gatos e outra para os cães. Ela tem algumas outras áreas também, mas falaremos delas depois.

Neste caso, tanto a seção dos gatos como a dos cães consistem de dois elementos, um título e um parágrafo. Muitas vezes esses grupos poderão conter muito mais elementos.

Gatos

Cães

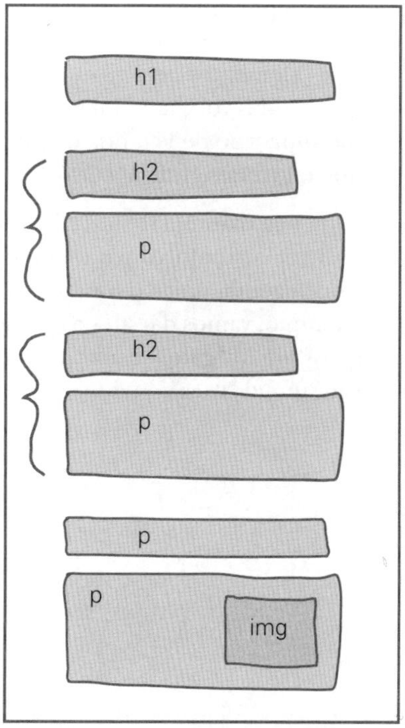
h1
h2
p
h2
p
p
p
img

Use <div>s para marcar as seções

Agora que você já sabe quais elementos pertencem a qual seção, pode adicionar algum HTML para marcar essa estrutura. A maneira mais comum de se fazer isso é colocar uma tag de abertura `<div>` e uma de fechamento em torno dos elementos que pertencem à seção lógica. Vamos fazer isso primeiro com ilustrações, e então voltaremos à marcação real em algumas páginas.

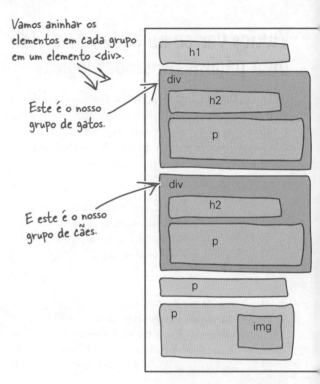

Vamos aninhar os elementos em cada grupo em um elemento <div>.

Este é o nosso grupo de gatos.

E este é o nosso grupo de cães.

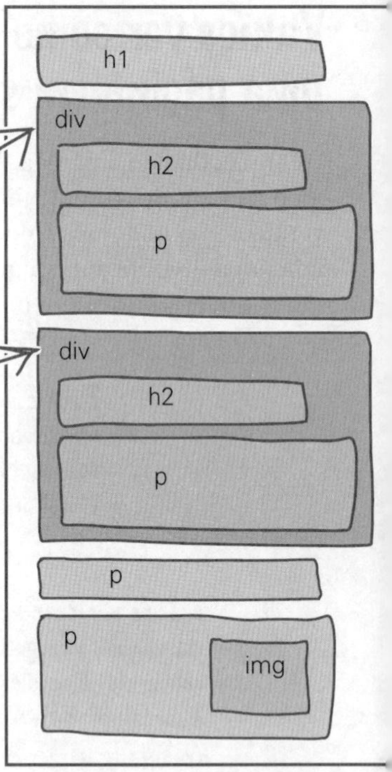
h1
div
h2
p
div
h2
p
p
p
img

Dê uma legenda aos <div>s

Apenas por aninhar seus elementos em `<div>`s, você indicou que todos esses elementos pertencem ao mesmo grupo. Mas você ainda não deu a eles nenhum tipo de legenda que diga o que o grupo significa, certo?

Uma boa maneira de fazer isso é usar um atributo `id` para oferecer uma legenda única para `<div>`. Por exemplo, vamos dar ao `<div>` dos gatos um id "gatos" e ao `<div>` dos cães um id "caes".

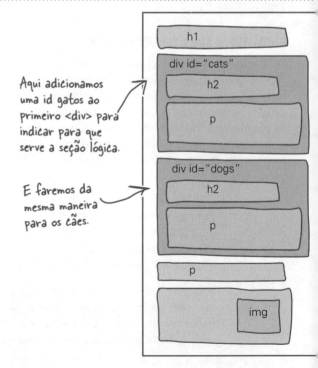

Aqui adicionamos uma id gatos ao primeiro <div> para indicar para que serve a seção lógica.

E faremos da mesma maneira para os cães.

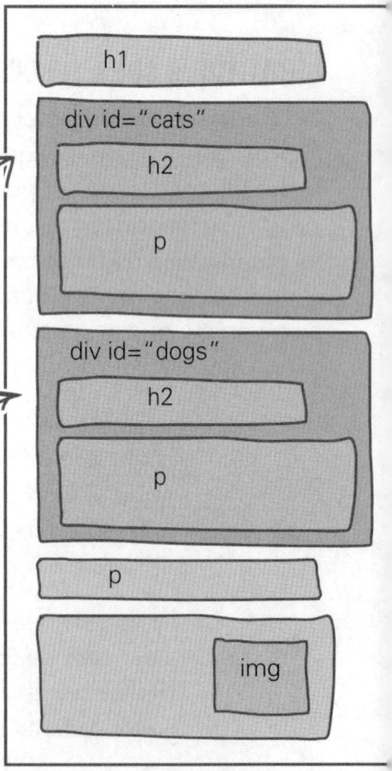
h1
div id="cats"
h2
p
div id="dogs"
h2
p
p
img

PODER DO CÉREBRO

Por referência do CEO do Starbuzz, consultoria sobre as alterações da página principal da PetStorz. Com que velocidade você entenderia a página Web da PetStorz se mostrassem a você a Página um?

E a Página Dois?

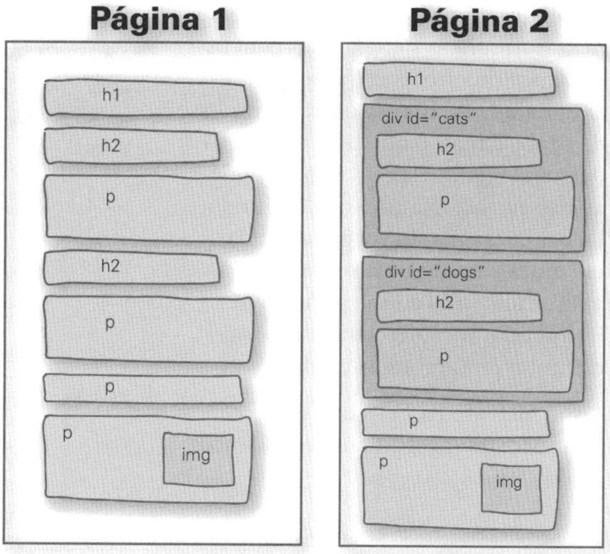
Página 1
h1
h2
p
h2
p
p
p
img
Página 2
h1
div id="cats"
h2
p
div id="dogs"
h2
p
p
p
img

Adicione algum estilo

Tá, então você adicionou alguma estrutura lógica à página da PetStorz. com, e também colocou uma legenda na estrutura dando a cada `<div>` um id único. Isso é tudo que você precisa para começar a criar estilos para o grupo de elementos contido no `<div>`.

...ui temos duas regras, ...a para cada <div>. ...da <div> é selecionado ...r um seletor de id.

Os elementos no <div> também herdarão algumas propriedades do <div>, assim como qualquer elemento filho faz (como font-size, color etc.)

```
#cats {
   background-image: url(leopard.jpg);
}

#dogs {
   background-image: url(mutt.jpg);
}
```

Cada regra define propriedade background-image. Para gatos, temos a imagem de um leopardo e para os cães, a imagem de um vira-lata.

Agora os <div>s têm um pouco de estilo.

Ao definir o fundo no <div> ele também aparece através dos elementos contidos no <div>.

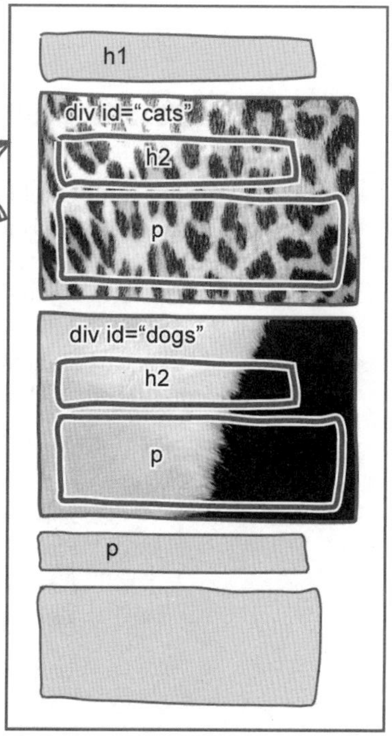
h1
div id="cats"
h2
p
div id="dogs"
h2
p
p

Exponha ainda mais estrutura

Há alguns motivos para você adicionar mais estrutura às suas páginas com os <div>s. Primeiro, você pode querer expor ainda mais a estrutura lógica base de suas páginas, o que pode ajudar os outros a entendê-las, e também pode ajudar em sua manutenção. Segundo, há ocasiões quando você precisa da estrutura para ter uma maneira de aplicar um estilo a uma seção.Com frequência, você desejará adicionar estrutura por ambos os motivos.

Assim, no caso da PetStorz, poderíamos levar isso um nível adiante e adicionar alguns outros <div>s...

Agora adicionamos outro <div> com um id que indica que este é o cabeçalho da página.

E outro indicando o rodapé da página.

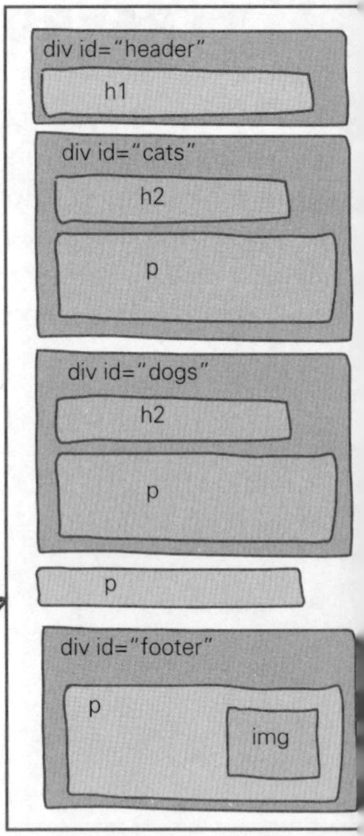
div id="header"
h1
div id="cats"
h2
p
div id="dogs"
h2
p
p
div id="footer"
p
img

Adicionar esta estrutura através dos <div>s pode até ajudar você a pensar no design de sua página. Por exemplo, este p solitário tem mesmo que ficar aqui?

Adicione estrutura à estrutura

E você não precisa parar por aqui. É comum aninhar estruturas também. Por exemplo, na página do PetStorz, temos uma seção de gatos e uma seção de cães, e as duas são logicamente a seção "pets" (animais de estimação) da página. Assim, poderíamos colocar os <div>s "cats" (gatos) e "dogs" (cães) dentro de um <div> "pets".

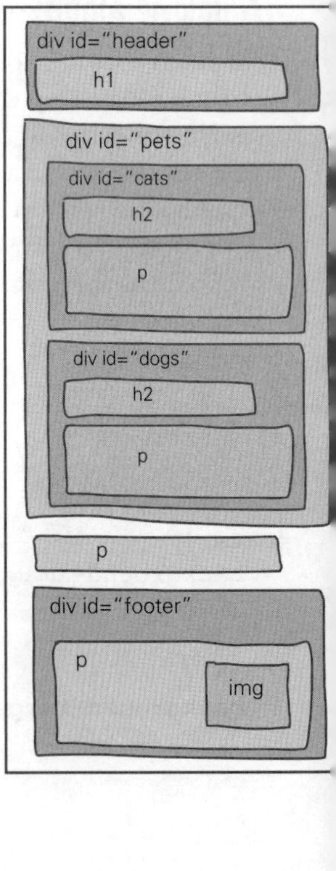
div id="header"
h1
div id="pets"
div id="cats"
h2
p
div id="dogs"
h2
p
p
div id="footer"
p
img

Agora marcamos o HTML, para que, saibamos que há uma sequência lógica na página com o conteúdo animais dentro dela. Além disso, essa seção "animais de estimação" possui duas seções lógicas, uma para gatos.

não existem Perguntas Idiotas

P: Então, um <div> age como um recipiente em que você pode colocar elementos para mantê-los juntos?

R: É isso mesmo. Na verdade, muitas vezes descrevemos <div>s como "recipientes". Eles agem como recipientes lógicos que podem ser usados para armazenar alguns elementos relacionados (como os elementos de "gatos"). No próximo capítulo, quando começarmos a colocar estilo nos <div>s e usá-los para o posicionamento, você verá que eles também agem como recipientes geográficos.

P: Além da estrutura que já estou colocando em minhas páginas, com títulos e parágrafos e assim por diante, eu deveria adicionar um nível mais alto de estrutura com os <div>s?

R: Sim e não. Você deve usar estrutura onde ela tenha um propósito real. Mas não adicione estrutura somente pela estrutura. Sempre mantenha sua estrutura a mais simples possível para fazer seu trabalho bem. Por exemplo, se for útil adicionar uma seção "animais" que contenha "gatos" e "caes" para a página PetStorz, adicione-a. Entretanto, se ela não oferecer nenhum benefício real, então ela só estará complicando sua página. Depois de trabalhar com <div>s por algum tempo, você começará a saber quando e quanto deve usá-los.

P: Você pode colocar <div>s em uma classe ao invés de colocá-los em um "id"?

R: Bem, lembre-se de que um elemento pode ter um "id" e estar em uma ou mais classes ao mesmo tempo, portanto a escolha não é mutuamente exclusiva. E, sim, há várias ocasiões onde você pode criar <div>s e colocá-los em classes. Digamos que você tenha um bando de seções de álbuns em uma página sobre listas de músicas; você poderia colocar todos os elementos que constituem o álbum em um <div>, e então colocá-los todos em uma classe chamada "albuns". Isso identificaria onde estão os álbuns, e eles poderiam ter um estilo junto com a classe. Ao mesmo tempo, você poderia dar a cada álbum um "id" para que pudesse aplicar estilos separadamente.

P: Eu estou tendo alguns problemas em entender o <div> dentro do <div>, com os "animais" e "gatos" e "caes". Você poderia explicar isso um pouco mais?

R: É claro. Você está acostumado a ter elementos aninhados em outros elementos, certo? Como um <p> aninhado em um <body> aninhado em um elemento <html>. Você já viu até mesmo listas aninhadas em listas. O <div> não é diferente; você está apenas aninhando um elemento dentro de outro elemento e, no caso de PetStorz, estamos utilizando-o para mostrar pedaços maiores da estrutura ("gatos" e "caes" aninhados em uma seção "animais"). Você poderia ainda usar <div>s para ter uma seção "cerveja" aninhada na seção "bebidas" aninhada na seção "menu".

Mas, a melhor maneira de entender por que você deveria ter um <div> dentro de um <div> é usando-os e encontrando a situação em que signifiquem algo para você. Deixe isso um pouco de lado por um instante e você verá logo, logo, um exemplo onde precisaremos dele.

Use os <div>s em suas páginas, mas não abuse deles. Coloque estrutura adicional onde ela o ajudará a separar uma página em seções lógicas para obter clareza e estilo. Adicionar <div>s apenas para criar um monte de estrutura em suas páginas as complicará e não trará nenhum benefício real.

Enquanto isso, de volta ao bar...

Certo, chega de teoria sobre `<div>`s — vamos voltar para a página do bar. Lembre-se, estamos tentando colocar os elementos dos elixires em um grupo e então criar estilo para que ele pareça um folheto sobre os elixires. Assim, abra o arquivo "bar.html" (ou o arquivo "lounge.html" na pasta "chapter10/lounge", se quiser fazer o exercício em inglês), localize os elementos dos elixires e então insira tags `<div>` de abertura e de fechamento em torno deles.

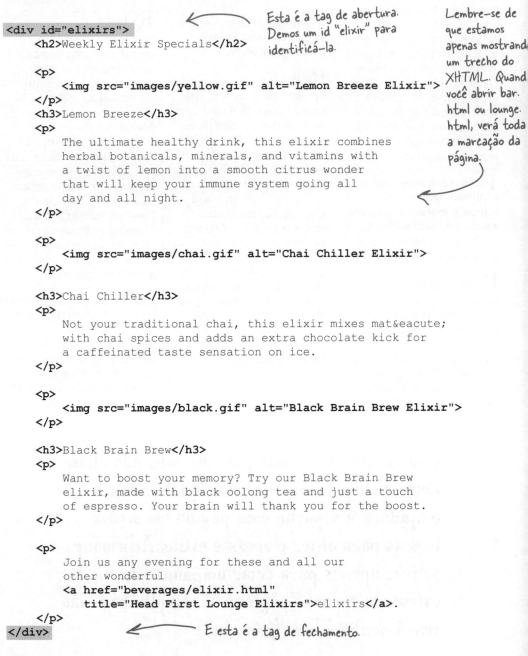

Esta é a tag de abertura. Demos um id "elixir" para identificá-la.

Lembre-se de que estamos apenas mostrando um trecho do XHTML. Quando você abrir bar.html ou lounge.html, verá toda a marcação da página.

```
<div id="elixirs">
    <h2>Weekly Elixir Specials</h2>

    <p>
        <img src="images/yellow.gif" alt="Lemon Breeze Elixir">
    </p>
    <h3>Lemon Breeze</h3>
    <p>
        The ultimate healthy drink, this elixir combines
        herbal botanicals, minerals, and vitamins with
        a twist of lemon into a smooth citrus wonder
        that will keep your immune system going all
        day and all night.
    </p>

    <p>
        <img src="images/chai.gif" alt="Chai Chiller Elixir">
    </p>

    <h3>Chai Chiller</h3>
    <p>
        Not your traditional chai, this elixir mixes mat&eacute;
        with chai spices and adds an extra chocolate kick for
        a caffeinated taste sensation on ice.
    </p>

    <p>
        <img src="images/black.gif" alt="Black Brain Brew Elixir">
    </p>

    <h3>Black Brain Brew</h3>
    <p>
        Want to boost your memory? Try our Black Brain Brew
        elixir, made with black oolong tea and just a touch
        of espresso. Your brain will thank you for the boost.
    </p>

    <p>
        Join us any evening for these and all our
        other wonderful
        <a href="beverages/elixir.html"
           title="Head First Lounge Elixirs">elixirs</a>.
    </p>
</div>
```

E esta é a tag de fechamento.

Leve o <div> para um test drive

Isso foi fácil, não é? Agora que temos uma página mais estruturada, vamos abrir o browser e ver como ela está.

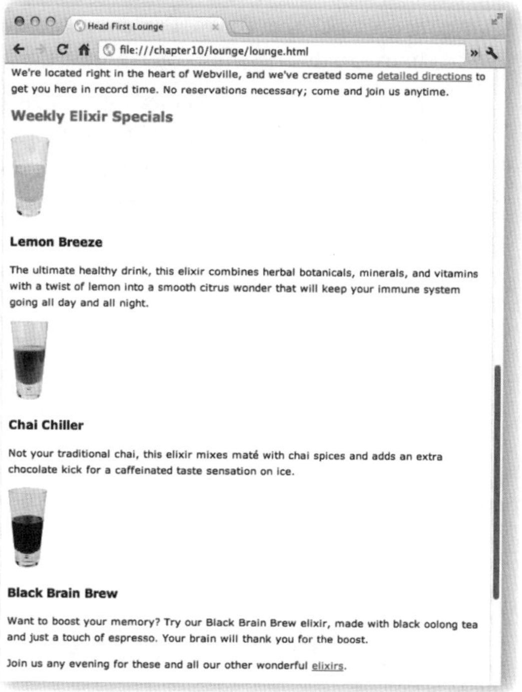
Head First Lounge
file:///chapter10/lounge/lounge.html
We're located right in the heart of Webville, and we've created some detailed directions to get you here in record time. No reservations necessary; come and join us anytime.
Weekly Elixir Specials
Lemon Breeze
The ultimate healthy drink, this elixir combines herbal botanicals, minerals, and vitamins with a twist of lemon into a smooth citrus wonder that will keep your immune system going all day and all night.
Chai Chiller
Not your traditional chai, this elixir mixes maté with chai spices and adds an extra chocolate kick for a caffeinated taste sensation on ice.
Black Brain Brew
Want to boost your memory? Try our Black Brain Brew elixir, made with black oolong tea and just a touch of espresso. Your brain will thank you for the boost.
Join us any evening for these and all our other wonderful elixirs.

Hum... Nenhuma mudança! Mas tudo bem: o <div> é estrutura pura, e não possui qualquer visual ou estilo padrão na página.

Dessa forma, um <div> é apenas um elemento de bloco, e você pode aplicar nele qualquer estilo que quiser. Assim, uma vez que você saiba como criar um estilo para um elemento de bloco (e você já sabe), saberá criar um estilo para <div>.

PODER DO CÉREBRO

Lembre-se, a meta aqui é recriar o estilo do conteúdo dos elixires na página para que ele se pareça com um folheto sobre os elixires.

Antes do desvio que pegamos para aprendermos os <div>s, estávamos tentando descobrir como colocar a borda em torno de todo o conjunto de elixires. Agora que você já tem um <div> no "lounge.html", que tal adicionar uma borda?

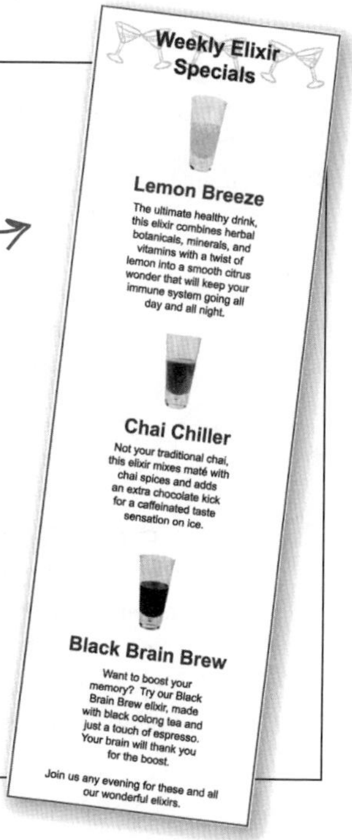
Weekly Elixir Specials
Lemon Breeze
The ultimate healthy drink, this elixir combines herbal botanicals, minerals, and vitamins with a twist of lemon into a smooth citrus wonder that will keep your immune system going all day and all night.
Chai Chiller
Not your traditional chai, this elixir mixes maté with chai spices and adds an extra chocolate kick for a caffeinated taste sensation on ice.
Black Brain Brew
Want to boost your memory? Try our Black Brain Brew elixir, made with black oolong tea and just a touch of espresso. Your brain will thank you for the boost.
Join us any evening for these and all our wonderful elixirs.

Adicione uma borda

Agora que você tem um <div> em torno de todos os elementos na seção de elixires, o divertimento vai começar: *você pode criar um estilo para eles.*

A primeira coisa que queremos reproduzir no folheto dos elixires é uma borda que envolva todos os elementos da seção de elixires, certo? Bem,já que há um elemento <div> que faz isso, você pode criar um estilo para ele e adicionar uma borda. Vamos fazer uma tentativa.

Você precisará de uma nova regra na CSS do bar para selecionar o elemento <div> usando seu "id". Abra seu arquivo "lounge.css" e adicione esta regra ao final:

```
#elixirs {
    border-width: thin;
    border-style: solid;
    border-color: #007e7e;
}
```

Adicione isto ao final de seu arquivo CSS. Ele seleciona o elemento <div> dos elixires usando seu id, e adiciona uma borda fina e sólida em nossa cor favorita, verde-água.

Um test drive da borda

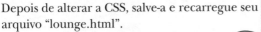

Depois de alterar a CSS, salve-a e recarregue seu arquivo "lounge.html".

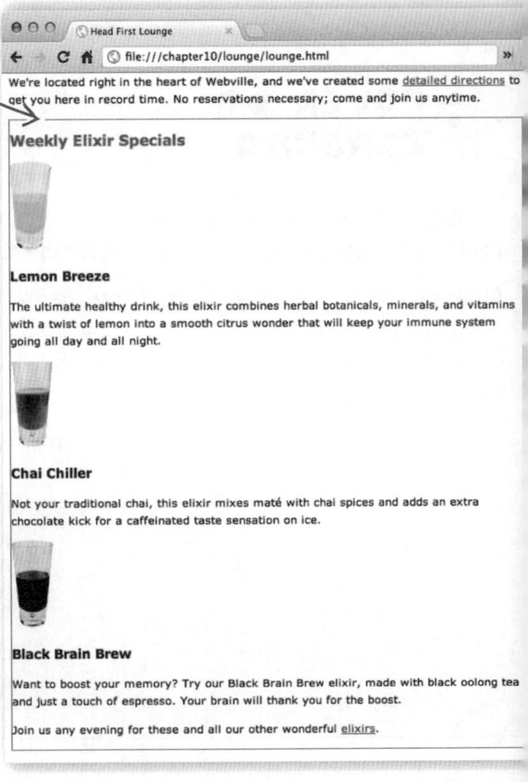
Head First Lounge
file:///chapter10/lounge/lounge.html
We're located right in the heart of Webville, and we've created some detailed directions to get you here in record time. No reservations necessary; come and join us anytime.
Weekly Elixir Specials
Lemon Breeze
The ultimate healthy drink, this elixir combines herbal botanicals, minerals, and vitamins with a twist of lemon into a smooth citrus wonder that will keep your immune system going all day and all night.
Chai Chiller
Not your traditional chai, this elixir mixes maté with chai spices and adds an extra chocolate kick for a caffeinated taste sensation on ice.
Black Brain Brew
Want to boost your memory? Try our Black Brain Brew elixir, made with black oolong tea and just a touch of espresso. Your brain will thank you for the boost.
Join us any evening for these and all our other wonderful elixirs.

Esta é a borda que queríamos adicionar ao elemento <div> dos elixires.

Você adicionou uma borda visível a este <div>, mas ele ainda não tem enchimento ou margem. Precisamos adicioná-los também.

Observe que a borda envolve todos os elementos dentro do elemento <div>. O <div> é uma caixa como qualquer outro elemento. Portanto, quando você adiciona uma borda, ela envolve o conteúdo, que são todos os elementos do <div>.

Adicione um estilo real à seção dos elixires

Até aqui, tudo bem. Encontramos uma maneira de colocar a borda em volta de toda a seção. Agora você verá como usar o <div> para personalizar o estilo de toda a seção de elixires de forma independente do resto da página.

Nós obviamente temos alguns problemas de enchimento porque a borda está bem próxima do conteúdo. Mas há um monte de outros estilos que precisamos mudar também. Vamos dar uma olhada em tudo com que precisaremos lidar...

A largura do folheto dos elixires é mais estreita do que o resto da página.

Há uma imagem de fundo no topo.

O título principal e o texto dos parágrafos são pretos, enquanto que os nomes dos drinques são do mesmo vermelho que aparece no logo.

O texto e as imagens estão centralizados. E há enchimento nos lados para criar espaço entre o texto e a borda.

A line-height dos parágrafos parece muito mais com a altura de linha padrão para a página (antes de a alterarmos no último capítulo).

A família de fontes é uma fonte sem serifa, assim como a fonte do corpo, portanto não teremos que mudar isso. Lembre-se que o elemento <div> e todos os elementos aninhados nele herdam a família de fontes do corpo.

Este link tem a cor verde-água.

Weekly Elixir Specials
Lemon Breeze
The ultimate healthy drink, this elixir combines herbal botanicals, minerals, and vitamins with a twist of lemon into a smooth citrus wonder that will keep your immune system going all day and all night.
Chai Chiller
Not your traditional chai, this elixir mixes maté with chai spices and adds an extra chocolate kick for a caffeinated taste sensation on ice.
Black Brain Brew
Want to boost your memory? Try our Black Brain Brew elixir, made with black oolong tea and just a touch of espresso. Your brain will thank you for the boost.
Join us any evening for these and all our other wonderful elixirs.

O plano do jogo

São muitos estilos novos, por isso vamos criar um plano de jogo juntos antes de atacá-los. Veja o que precisamos fazer:

- ☐ Primeiro, vamos alterar a largura do `<div>` dos elixires para estreitá-lo.
- ☐ Depois, vamos acabar com alguns dos estilos que você já conhece, como o enchimento e a imagem de fundo. Também jogaremos com o alinhamento do texto, que você ainda não viu.
- ☐ Então tudo o que restará serão as alturas das linhas e as cores do título. Você verá que precisa atualizar seus conhecimentos sobre seletores da CSS para alterá-los.

Há muito o que fazer, então vamos começar.

Trabalhe com a largura dos elixires

Queremos que os elixires sejam bem estreitos, para que pareçam com um folheto sobre os elixires do bar; cerca de 1/4 da largura de uma janela de browser típica estaria perfeito. Assim, se a maior parte das pessoas definir suas janelas com 800 pixels de largura, isso daria 200 pixels. Você já definiu as larguras do enchimento, das bordas e das margens, mas nunca as do elemento. Para fazer isso, utilize a propriedade `width`, assim:

```
#elixirs {
        border-width: thin;
        border-style: solid;
        border-color: #007e7e;
        width: 200px;
}
```

A propriedade width permite que você especifique a largura da área de conteúdo do elemento. Aqui estamos especificando que o conteúdo deve ter 200 pixels.

Estamos definindo isso no <div> dos elixires. Portanto, seu conteúdo terá a largura de 200 pixels, e as regras de layout dos browsers trabalharão para encaixar todos os elementos aninhados no <div> dentro dessa largura.

Faça um teste. Abra seu "lounge.css" e adicione essa regra ao final do arquivo.

Faça o test drive da largura

Em seguida, salve a CSS e recarregue o arquivo "lounge.html". Você verá que a seção de elixires emagreceu bastante, graças à largura que você deu a ela. A largura do conteúdo de `<div>` tem agora exatamente 200 pixels. Há também um comportamento interessante que você deveria verificar...

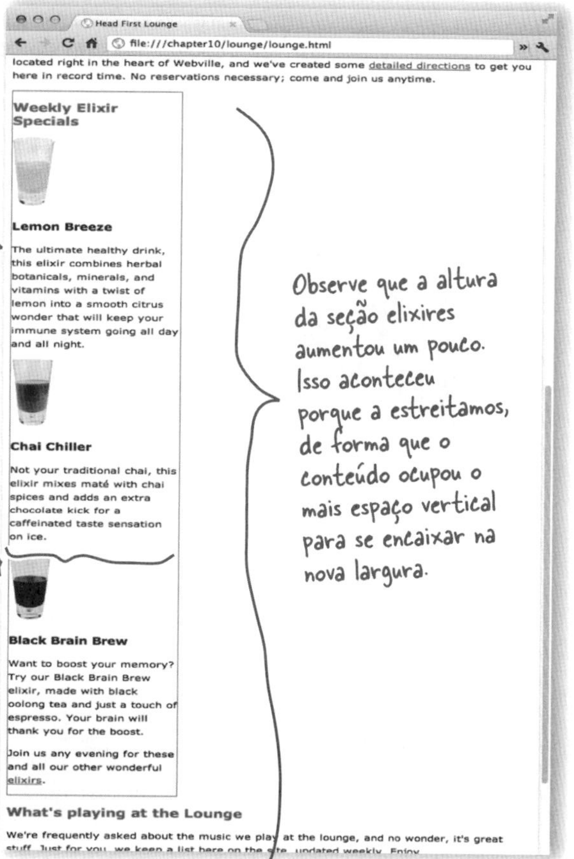
Head First Lounge
file:///chapter10/lounge/lounge.html
located right in the heart of Webville, and we've created some detailed directions to get you here in record time. No reservations necessary; come and join us anytime.
Weekly Elixir Specials
Lemon Breeze
The ultimate healthy drink, this elixir combines herbal botanicals, minerals, and vitamins with a twist of lemon into a smooth citrus wonder that will keep your immune system going all day and all night.
Chai Chiller
Not your traditional chai, this elixir mixes maté with chai spices and adds an extra chocolate kick for a caffeinated taste sensation on ice.
Black Brain Brew
Want to boost your memory? Try our Black Brain Brew elixir, made with black oolong tea and just a touch of espresso. Your brain will thank you for the boost.
Join us any evening for these and all our other wonderful elixirs.
What's playing at the Lounge
We're frequently asked about the music we play at the lounge, and no wonder, it's great

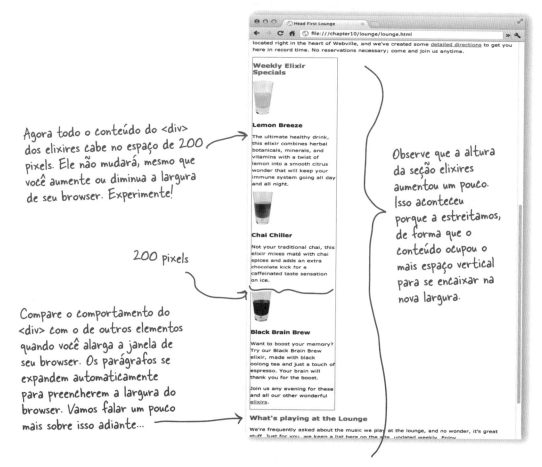

Agora todo o conteúdo do <div> dos elixires cabe no espaço de 200 pixels. Ele não mudará, mesmo que você aumente ou diminua a largura de seu browser. Experimente!

200 pixels

Compare o comportamento do <div> com o de outros elementos quando você alarga a janela de seu browser. Os parágrafos se expandem automaticamente para preencherem a largura do browser. Vamos falar um pouco mais sobre isso adiante...

Observe que a altura da seção elixires aumentou um pouco. Isso aconteceu porque a estreitamos, de forma que o conteúdo ocupou o mais espaço vertical para se encaixar na nova largura.

PODER DO CÉREBRO

Você pode redimensionar a janela de seu browser para um tamanho menor do que a largura do <div> dos elixires? Alguns browsers não deixarão que você faça isso, outros sim. Se puder ficar mais estreito, compare o texto no <div> dos elixires ao texto do resto da página. Os outros parágrafos se redimensionam de acordo com a largura que você tiver, mas o <div> dos elixires nunca fica mais estreito ou mais largo do que os 200 pixels.

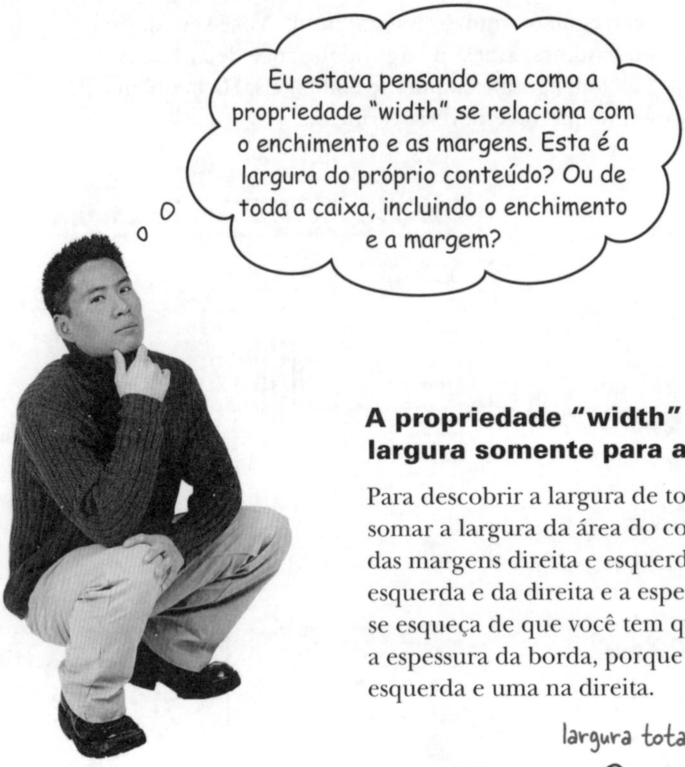
Eu estava pensando em como a propriedade "width" se relaciona com o enchimento e as margens. Esta é a largura do próprio conteúdo? Ou de toda a caixa, incluindo o enchimento e a margem?

A propriedade "width" especifica a largura somente para a área de conteúdo.

Para descobrir a largura de toda a caixa, você precisa somar a largura da área do conteúdo à largura das margens direita e esquerda, o enchimento da esquerda e da direita e a espessura da borda. Não se esqueça de que você tem que incluir duas vezes a espessura da borda, porque há uma borda na esquerda e uma na direita.

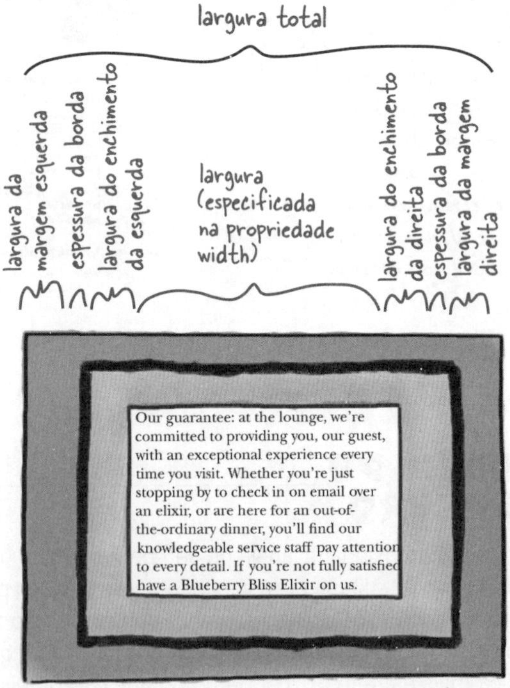
largura total
largura da margem esquerda
espessura da borda
largura do enchimento da esquerda
largura (especificada na propriedade width)
largura do enchimento da direita
espessura da borda
largura da margem direita
Our guarantee: at the lounge, we're committed to providing you, our guest, with an exceptional experience every time you visit. Whether you're just stopping by to check in on email over an elixir, or are here for an out-of-the-ordinary dinner, you'll find our knowledgeable service staff pay attention to every detail. If you're not fully satisfied have a Blueberry Bliss Elixir on us.

Bem, então como especificamos a largura de todo o elemento?

Você não consegue fazer isso. Você especifica a largura da área de conteúdo, do enchimento, da borda e da margem. Tudo isso somado será a largura de todo elemento.

Digamos que você defina a largura da área do conteúdo como 300 pixels usando a propriedade "`width`" em uma regra CSS.

E digamos que você tenha definido as margens como 20 pixels, o enchimento como 10 pixels e que há uma borda de 1 pixel. Qual a largura da caixa do elemento? Bem, é a largura da área do conteúdo mais a largura das margens esquerda e direita, o enchimento da direita e da esquerda e a espessura das bordas da direita e da esquerda. Vamos ver como calculamos isso...

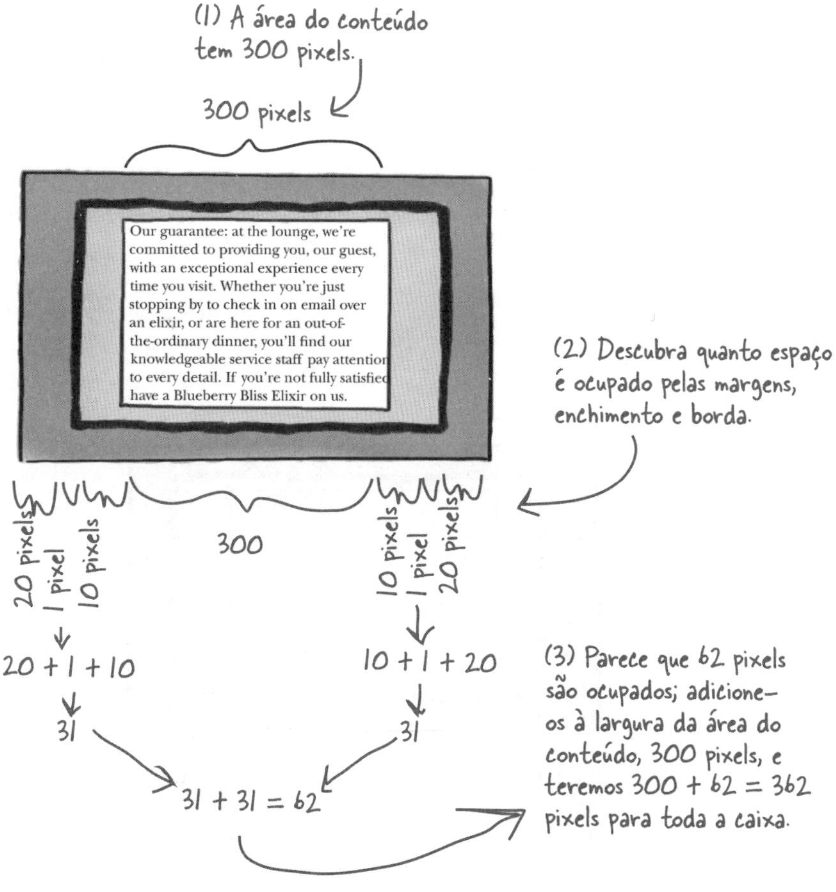
(1) A área do conteúdo tem 300 pixels.
300 pixels
Our guarantee: at the lounge, we're committed to providing you, our guest, with an exceptional experience every time you visit. Whether you're just stopping by to check in on email over an elixir, or are here for an out-of-the-ordinary dinner, you'll find our knowledgeable service staff pay attention to every detail. If you're not fully satisfied have a Blueberry Bliss Elixir on us.
(2) Descubra quanto espaço é ocupado pelas margens, enchimento e borda.
20 pixels
1 pixel
10 pixels
300
10 pixels
1 pixel
20 pixels
20 + 1 + 10
10 + 1 + 20
31
31
31 + 31 = 62
(3) Parece que 62 pixels são ocupados; adicione-os à largura da área do conteúdo, 300 pixels, e teremos 300 + 62 = 362 pixels para toda a caixa.

não existem Perguntas Idiotas

P: Se eu não definir a largura de um elemento, então de onde virá sua largura?

R: A largura padrão para um elemento de bloco é "auto", que significa que ele irá se expandir para preencher qualquer espaço disponível. Se você pensar em qualquer uma das páginas Web que estamos construindo, cada elemento de bloco pode se expandir por toda a largura do browser, e é exatamente o que ele faz. Agora, aguarde um instante, porque vamos falar sobre isso com mais detalhes no próximo capítulo. Lembre-se apenas de que "auto" permite que o conteúdo preencha todos os espaços disponíveis (depois de levar o enchimento, a borda e a margem em conta).

P: E se eu não tiver margem, enchimento ou borda?

R: Então seu conteúdo usará toda a largura da caixa. Se a largura da área de conteúdo for de 300 pixels, e você não tiver enchimento, borda ou margem, então a largura de toda caixa também será de 300 pixels.

P: De que maneiras diferentes eu posso especificar larguras?

R: Você pode especificar um tamanho real — normalmente em pixels — ou pode especificar uma porcentagem. Se você usar a porcentagem, então a largura será calculada como uma porcentagem da largura do recipiente em que está o elemento (que poderia ser <body>, <div>, etc.)

P: E o que acontece com a altura?

R: : Em geral, a altura de um elemento é deixada como padrão, que também é auto, e o browser aumentará a área de conteúdo verticalmente para que todo o conteúdo esteja visível. Dê uma olhada na seção elixires depois que definimos a largura como 200 pixels, e você verá que o <div> ficou bem mais alto.

Você pode definir explicitamente uma altura, mas arrisca assim cortar o final de seu conteúdo se a sua altura não for grande o suficiente para mostrá-lo. Em geral, não especifique a altura de seu elemento para que ele fique com o padrão, "auto".

Aponte o seu lápis

Esta é uma caixa que possui todas as larguras definidas. Qual é a largura de toda a caixa?

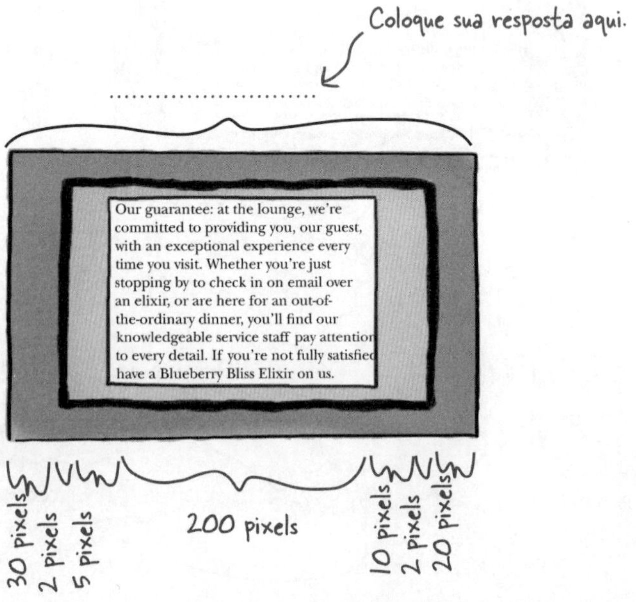
Coloque sua resposta aqui.
Our guarantee: at the lounge, we're committed to providing you, our guest, with an exceptional experience every time you visit. Whether you're just stopping by to check in on email over an elixir, or are here for an out-of-the-ordinary dinner, you'll find our knowledgeable service staff pay attention to every detail. If you're not fully satisfied have a Blueberry Bliss Elixir on us.
30 pixels
2 pixels
5 pixels
200 pixels
10 pixels
2 pixels
20 pixels

Adicione alguns estilos básicos aos elixires

Já nos livramos da largura. O que resta fazer?

- [x] Primeiro, vamos alterar a largura do <div> dos elixires para estreitá-lo.
- [ ] Depois, vamos acabar com alguns dos estilos que você já conhece, como o enchimento e a imagem de fundo.
- [ ] Então tudo o que restará serão as alturas das linhas e as cores do título. Você verá que precisa atualizar seus conhecimentos sobre seletores da CSS para alterá-los.

Faremos agora o segundo.

Agora vamos nos concentrar em alguns estilos básicos, como o enchimento, o alinhamento do texto e também na obtenção da imagem de fundo das taças de coquetéis no <div> dos elixires. Você já sabe como isso funciona, então vamos dar uma rápida olhada na CSS:

Lembre-se que vamos aplicar todo esse estilo no <div> dos elixires, para que só afete o <div> e os elementos que ele contém e não toda a página.

```
#elixirs {
    border-width:      thin;
    border-style:      solid;
    border-color:      #007e7e;
    width:             200px;

    padding-right:     20px;
    padding-bottom:    20px;
    padding-left:      20px;

    margin-left:       20px;

    text-align:        center;

    background-image:  url(images/cocktail.gif);
    background-repeat: repeat-x;

}
```

O enchimento padrão num <div> é de 0 pixels, portanto vamos adicionar algum enchimento para oferecer um pouco de espaço para o conteúdo. Observe que não vamos adicionar em cima, porque já há muito espaço lá, graças à margem padrão do título <h2> (consulte o último test drive e você verá que há muito espaço acima do <h2>). Mas nós vamos precisar de espaço à direita e à esquerda.

Estamos adicionando alguma margem à esquerda para recuar os elixires do resto da página. Isso será útil mais tarde...

Use o text-align nos elementos de bloco para alinhar o texto que eles contêm. Aqui vamos centralizar o texto.

E finalmente estamos especificando uma imagem para ser usada no fundo, nesse caso a imagem dos coquetéis. Estamos definindo a propriedade background-repeat como repeat-x, que repetirá a imagem apenas horizontalmente.

Faça um test drive com os novos estilos

Agora é hora de adicionar as novas propriedades ao seu arquivo "lounge.css" e recarregar a página. Vamos verificar as alterações: os títulos, as imagens e o texto centralizado no <div>, e ter um pouco mais de espaço agora que há um enchimento. Também colocamos uma pequena decoração no topo com a repetição da imagem do coquetel.

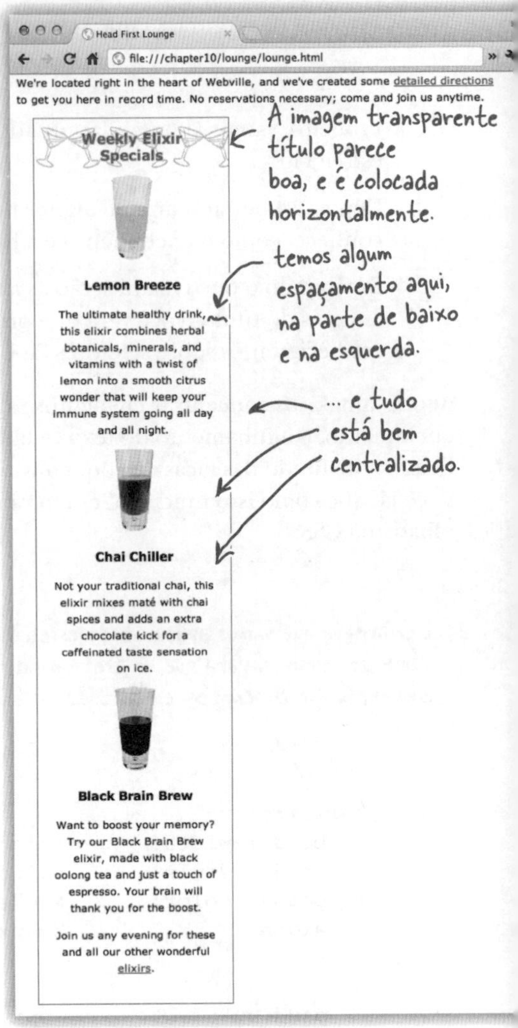
Head First Lounge
file:///chapter10/lounge/lounge.html
We're located right in the heart of Webville, and we've created some detailed directions to get you here in record time. No reservations necessary; come and join us anytime.
Weekly Elixir Specials
Lemon Breeze
The ultimate healthy drink, this elixir combines herbal botanicals, minerals, and vitamins with a twist of lemon into a smooth citrus wonder that will keep your immune system going all day and all night.
Chai Chiller
Not your traditional chai, this elixir mixes maté with chai spices and adds an extra chocolate kick for a caffeinated taste sensation on ice.
Black Brain Brew
Want to boost your memory? Try our Black Brain Brew elixir, made with black oolong tea and just a touch of espresso. Your brain will thank you for the boost.
Join us any evening for these and all our other wonderful elixirs.
A imagem transparente título parece boa, e é colocada horizontalmente.
temos algum espaçamento aqui, na parte de baixo e na esquerda.
... e tudo está bem centralizado.

Espere um segundo... Porque a propriedade "text-align" afeta o alinhamento das imagens? Ela não deveria alinhar apenas o texto? Parece que ela deveria ter outro nome já que alinha imagens também.

Boa observação. Não parece muito certo, não é? Mas a verdade é que `text-align` alinhará *todo o conteúdo em linha* em um elemento de bloco. Portanto, nesse caso, estamos definindo a propriedade no elemento de bloco <div> e todo o seu conteúdo em linha será centralizado também. Lembre-se de que `text-align`, a despeito de seu nome, funciona em qualquer tipo de elemento em linha.

Uma outra coisa que deve ser lembrada: a propriedade `text-align` deve ser definida apenas em elementos de bloco. Ela não terá efeito se usada diretamente em um elemento em linha (como <img>).

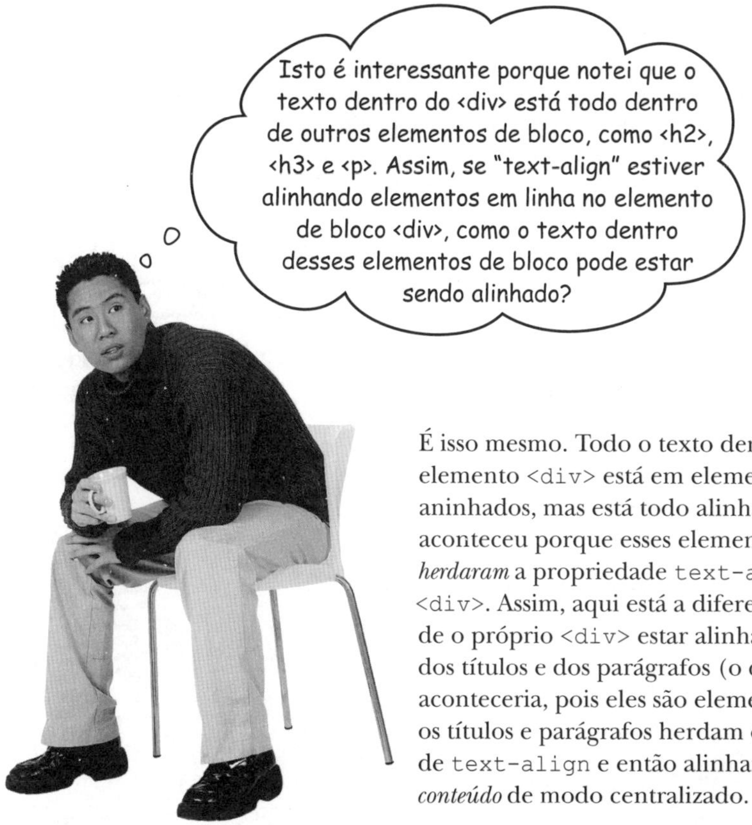
Isto é interessante porque notei que o texto dentro do <div> está todo dentro de outros elementos de bloco, como <h2>, <h3> e <p>. Assim, se "text-align" estiver alinhando elementos em linha no elemento de bloco <div>, como o texto dentro desses elementos de bloco pode estar sendo alinhado?

É isso mesmo. Todo o texto dentro do elemento `<div>` está em elementos de bloco aninhados, mas está todo alinhado agora. Isso aconteceu porque esses elementos de bloco *herdaram* a propriedade `text-align` do `<div>`. Assim, aqui está a diferença: ao invés de o próprio `<div>` estar alinhando texto dos títulos e dos parágrafos (o que nunca aconteceria, pois eles são elementos de bloco), os títulos e parágrafos herdam o valor "center" de `text-align` e então alinham *seu próprio conteúdo* de modo centralizado.

E daí? Bem, se você pensar um pouco, isso lhe dá um monte de vantagens no uso de um `<div>`, pois você pode colocar uma seção de conteúdo em um `<div>` e então aplicar estilos a ele, ao invés de aplicá-los a cada elemento individual. Obviamente, tenha em mente que nem todas as propriedades são herdadas por padrão, portanto isso não funcionará para todas elas.

Aponte o seu lápis

Agora que você já compreende as larguras, qual é a largura total da caixa dos elixires? Para começar, sabemos que a área do conteúdo tem 200 pixels. Também definimos algum enchimento à direita e à esquerda que afeta a largura, assim como uma borda definida como "thin". Aceite que uma borda fina tenha 1 pixel, como é na maioria dos browsers. E quanto às margens? Nós definimos o valor da margem esquerda, mas não definimos o valor da direita, portanto ela tem 0 pixel por padrão.

Aqui estão todas as propriedades relacionadas à largura. Sua tarefa é descobrir a largura total do <div> dos elixires.

```
border-width:   thin;

width:          200px;

padding-right:  20px;
padding-left:   20px;

margin-left:    20px;
```

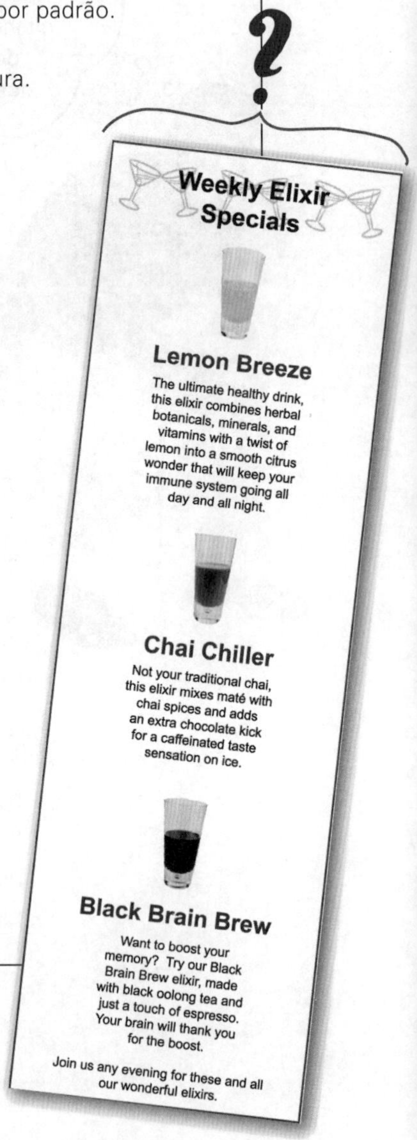

?
Weekly Elixir Specials
Lemon Breeze
The ultimate healthy drink, this elixir combines herbal botanicals, minerals, and vitamins with a twist of lemon into a smooth citrus wonder that will keep your immune system going all day and all night.
Chai Chiller
Not your traditional chai, this elixir mixes maté with chai spices and adds an extra chocolate kick for a caffeinated taste sensation on ice.
Black Brain Brew
Want to boost your memory? Try our Black Brain Brew elixir, made with black oolong tea and just a touch of espresso. Your brain will thank you for the boost.
Join us any evening for these and all our wonderful elixirs.

Estamos quase lá...

Estamos quase terminando os elixires. O que está faltando?

- [x] Primeiro, vamos alterar a largura do <div> dos elixires para estreitá-lo.
- [x] Depois, vamos acabar com alguns dos estilos que você já conhece, como o enchimento e a imagem de fundo.
- [ ] Então tudo o que restará serão as alturas das linhas e as cores do título. Você verá que precisa atualizar seus conhecimentos sobre seletores da CSS para alterá-los. ← Estamos no último passo.

Parece bem fácil, certo? Afinal, você já fez tudo isso antes. Na verdade, já que você sabe que pode definir estilos no <div> e que eles podem ser herdados, poderá cuidar disso muito rapidamente.

Já estamos quase acabando, só precisamos alterar as cores do título e também a altura da linha.

Frank
Jim

Frank: É, isso é interessante. O título principal dos elixires, que é <h2>, tem a cor verde-água porque já existe uma regra para <h2> na CSS. Mas precisamos de uma para torná-lo preto. Então temos os <h3>s nos elixires, que precisam ser vermelhos.

Jim: Sem problema, só adicionaremos algumas poucas regras a mais.

Frank: Espere um pouco... Se alterarmos a regra do <h2>, ou adicionarmos uma regra para <h3>, vamos mudar as cores do título em toda a página, mas só queremos que elas apareçam na seção de elixires.

Jim: Oh, é verdade. Hummmm.. Bem, poderíamos usar duas classes.

Frank: Isso funcionaria, mas causaria um pouco de confusão. Toda vez que você adicionasse um título ao <div> dos elixires teria que se lembrar disso e de colocar o título na classe.

Jim: Bem, c'est la vie.

Frank: Na verdade, Jim, antes de usar as classes, pesquise os seletores descendentes. Eu acho que eles funcionariam melhor aqui.

Jim: Seletores descendentes?

Frank: É isso aí, eles são uma maneira de especificar um seletor como "selecione um elemento <h2>, mas apenas se ele estiver dentro de um <div> dos elixires".

Jim: Não estou entendendo.

Frank: O.k., vamos ver como isso funciona...

O que estamos tentando fazer?

Vamos dar uma rápida olhada no que estamos tentando fazer com as cores dos títulos.

O que temos agora

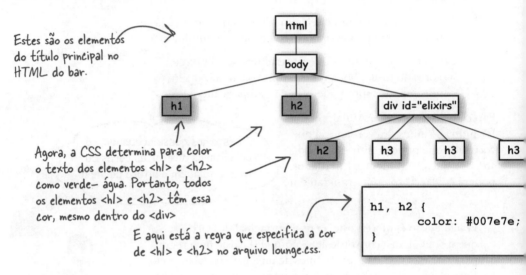

Estes são os elementos do título principal no HTML do bar.

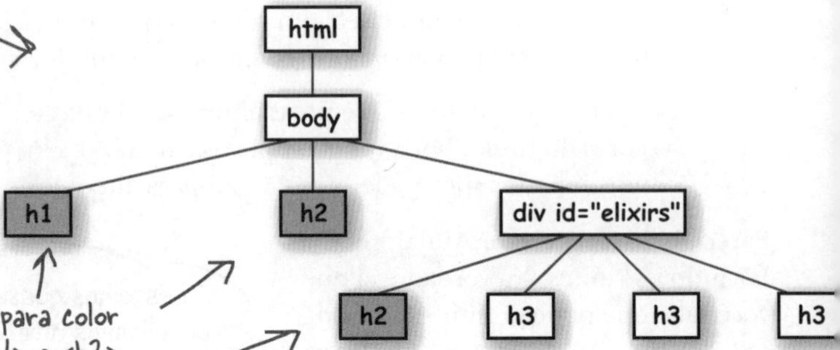
html
body
h1
h2
div id="elixirs"
h2
h3
h3
h3

Agora, a CSS determina para color o texto dos elementos <h1> e <h2> como verde- água. Portanto, todos os elementos <h1> e <h2> têm essa cor, mesmo dentro do <div>

E aqui está a regra que especifica a cor de <h1> e <h2> no arquivo lounge.css.

```
h1, h2 {
     color: #007e7e;
}
```

O que queremos

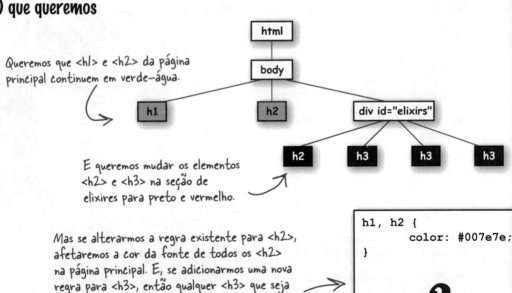

Queremos que <h1> e <h2> da página principal continuem em verde-água.

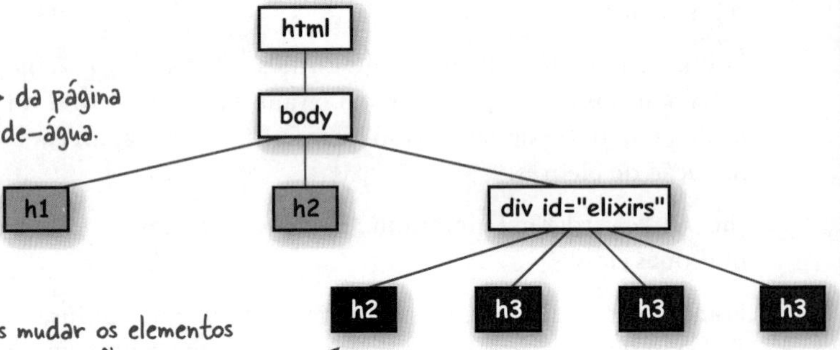
html
body
h1
h2
div id="elixirs"
h2
h3
h3
h3

E queremos mudar os elementos <h2> e <h3> na seção de elixires para preto e vermelho.

Mas se alterarmos a regra existente para <h2>, afetaremos a cor da fonte de todos os <h2> na página principal. E, se adicionarmos uma nova regra para <h3>, então qualquer <h3> que seja adicionado mais tarde à página principal será vermelho, e isso não é o que queremos. Poderíamos usar uma classe como foi sugerido pelo Jim, mas vamos experimentar a ideia de Frank primeiro...

```
h1, h2 {
     color: #007e7e;
}

?
```

Precisamos de uma maneira de selecionar os descendentes

O que realmente precisamos é de uma maneira de dizer à CSS que queremos selecionar apenas os elementos que *descendam* de certos elementos, o que é como especificar que você só quer que sua herança vá para os filhos de uma filha ou filho. Veja como escrever um seletor descendente.

Deixe um espaço entre o nome do pai e o nome do descendente.

ste é o elemento pai.

E este é o elemento descendente.

```
div h2 {
    color: black;
```

Escreva o resto de sua regra como você sempre faz.

Esta regra diz para selecionar qualquer <h2> que seja descendente de um <div>.

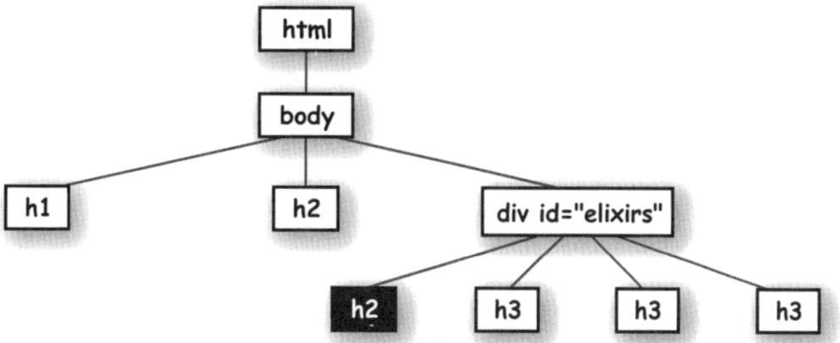
html
body
h1
h2
div id="elixirs"
h2
h3
h3
h3

Isto é o que a regra seleciona no bar.

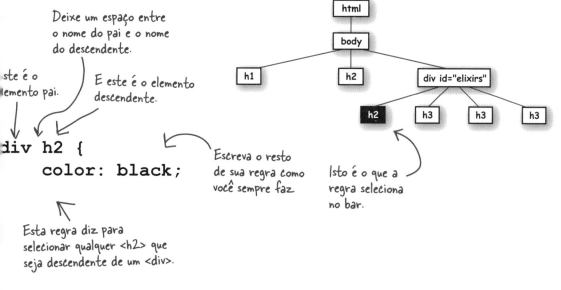

Agora, o único problema com esta regra é que, se alguém criar outro `<div>` no arquivo "lounge.html", ele também terá `<h2>` com texto em preto, mesmo se isso não for desejado. Mas como temos um `id` no `<div>` dos elixires, vamos usá-lo para sermos mais específicos sobre quais descendentes queremos:

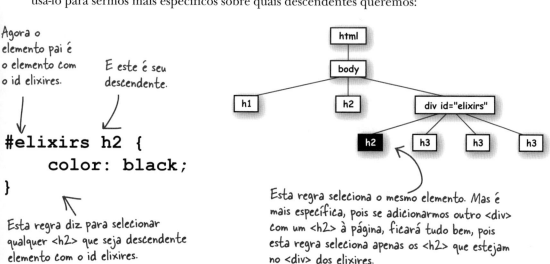

Agora o elemento pai é o elemento com o id elixires.

E este é seu descendente.

```
#elixirs h2 {
    color: black;
}
```

Esta regra diz para selecionar qualquer <h2> que seja descendente elemento com o id elixires.

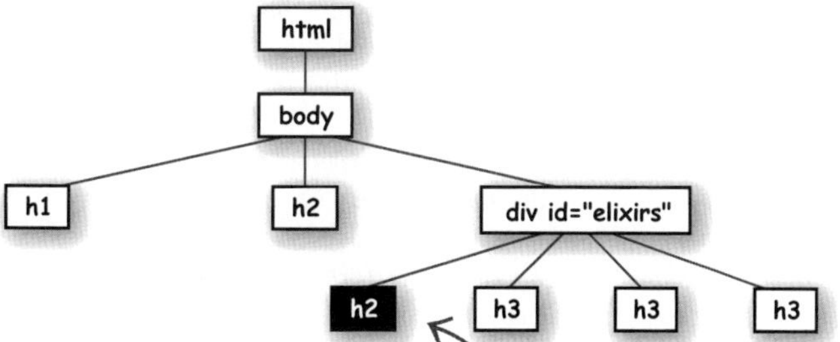
html
body
h1
h2
div id="elixirs"
h2
h3
h3
h3

Esta regra seleciona o mesmo elemento. Mas é mais específica, pois se adicionarmos outro <div> com um <h2> à página, ficará tudo bem, pois esta regra seleciona apenas os <h2> que estejam no <div> dos elixires.

Aponte o seu lápis

Sua vez. Escreva o seletor que seleciona apenas elementos <h3> dentro do <div> dos elixires. Em sua regra, defina a propriedade "color" como #d12c47. Coloque também as legendas nos elementos que serão selecionados no gráfico abaixo.

Escreva sua regra CSS aqui.

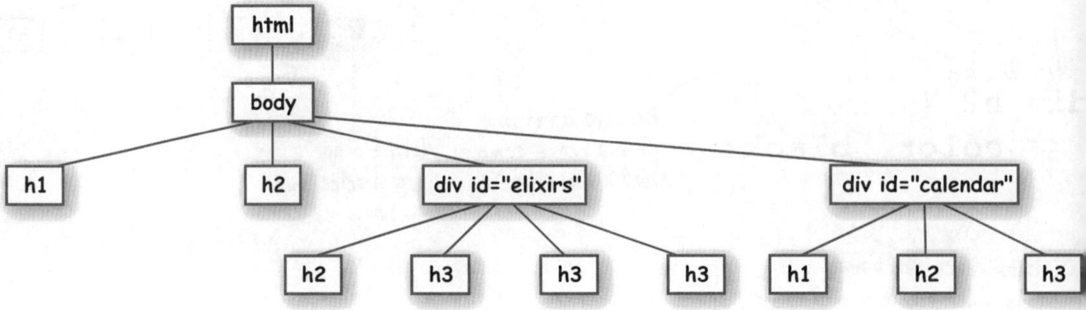

html
body
h1
h2
div id="elixirs"
div id="calendar"
h2
h3
h3
h3
h1
h2
h3

não existem Perguntas Idiotas

P: Descendentes normalmente significam filhos, netos, bisnetos. Aqui, estamos selecionando apenas os descendentes filhos, certo?

R: Essa é uma ótima pergunta. O seletor "#elixires h2" significa QUALQUER descendente de elixires, portanto o <h2> poderia ser um filho direto de <div> ou poderia estar aninhado em um <blockquote> ou em um outro <div> aninhado (tornando-o um neto) e assim por diante. Portanto, um seletor descendente seleciona quaisquer <h2>s aninhados em um elemento, não importando a que profundidade ele esteja aninhado.

P: Bem, há uma maneira de selecionar um filho direto?

R: Sim. Por exemplo, você poderia usar "#elixires > h2" para selecionar <h2> apenas se ele fosse filho direto de um elemento com um id "elixires".

P: E se eu precisar de algo mais complexo, como um <h2> que seja filho de um <blockquote> que esteja dentro de elixires?

R: Funciona da mesma maneira. Basta usar mais descendentes, assim:

```
#elixirs blockquote h2 {
    color: blue;
}
```

Isso seleciona quaisquer elementos <h2> que descendam de um <blockquote> que descenda de um elemento com um id "elixires".

Alteração da cor dos títulos do elixir

Agora que você já conhece os seletores descendentes, vamos definir o título <h2> como preto e os títulos <h3> como vermelho nos elixires. Veja como fazer isso:

```
#elixirs h2 {
    color: black;
}

#elixirs h3 {
    color: #d12c47;
}
```

Aqui estamos usando os seletores descendentes para focar apenas os elementos <h2> e <h3> que estejam no <div> dos elixires. Estamos definindo <h2> como preto e <h3> como vermelho, usando um código haxadecimal.

Um test drive rápido...

Siga em frente e adicione essas novas propriedades ao final de seu arquivo “lounge.css”, salve e recarregue “lounge.html”.

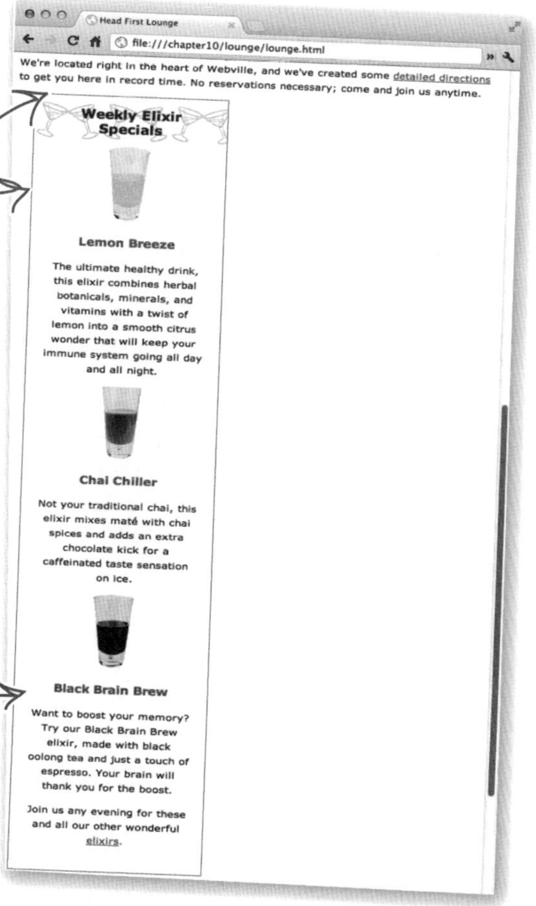
Head First Lounge
file:///chapter10/lounge/lounge.html
We're located right in the heart of Webville, and we've created some detailed directions to get you here in record time. No reservations necessary; come and join us anytime.
Weekly Elixir Specials
Lemon Breeze
The ultimate healthy drink, this elixir combines herbal botanicals, minerals, and vitamins with a twist of lemon into a smooth citrus wonder that will keep your immune system going all day and all night.
Chai Chiller
Not your traditional chai, this elixir mixes maté with chai spices and adds an extra chocolate kick for a caffeinated taste sensation on ice.
Black Brain Brew
Want to boost your memory? Try our Black Brain Brew elixir, made with black oolong tea and just a touch of espresso. Your brain will thank you for the boost.
Join us any evening for these and all our other wonderful elixirs.

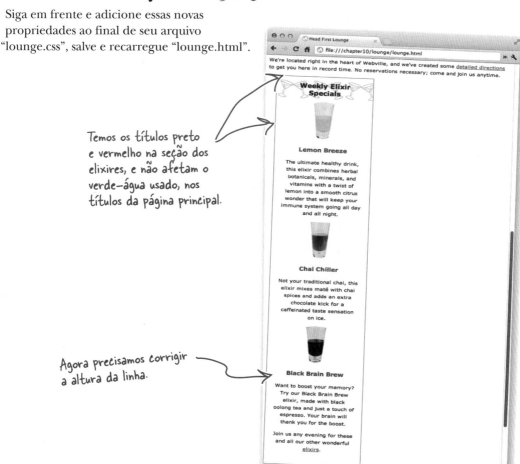

Temos os títulos preto e vermelho na seção dos elixires, e não afetam o verde-água usado, nos títulos da página principal.

Agora precisamos corrigir a altura da linha.

Corrija a altura da linha

No último capítulo criamos uma altura de linha de texto no bar um pouco maior do que o normal. Isso parece ótimo, mas nos elixires queremos que nosso texto tenha uma altura de linha normal, com espaçamento simples para combinar com o folheto sobre os elixires. Parece fácil, certo? Simplesmente defina a propriedade "`line-height`" no `<div>` e tudo ficará bem, porque "line-height" é herdada. O único problema é que os títulos também herdarão a "line-height", e terminaremos com algo assim:

Weekly Elixir Specials
Lemon Breeze

Se você definir a propriedade line-heightem todo o <div>, então ela será herdada por todos os elementos nesse <div>, incluindo os títulos. Observe que a altura da linha no título é muito pequena e que as duas linhas começam a juntar-se.

```
#elixirs {
    line-height: 1em;
}
```

O motivo para a "line-height" dos títulos dos elixires estar tão pequena é porque cada elemento no `<div>` dos elixires herda a altura da linha de 1em, ou "uma vez o tamanho da fonte do elemento de elixires", que, nesse caso, é "small", com cerca de 12 pixels (dependendo do seu browser). Lembre-se, o `<div>` dos elixires está herdando seu tamanho de fonte do elemento `<body>`, que foi definido como "small".

Estes são os tamanhos das fontes dos elementos. Definimos o corpo como small, portanto isso é herdado pelos elixires.

A line-height de <h2> foi definida como uma vez o tamanho da fonte de elixires, small ou cerca de 12 pixels.

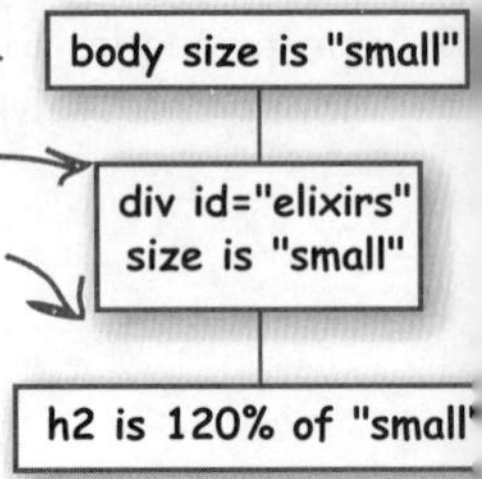
body size is "small"
div id="elixirs" size is "small"
h2 is 120% of "small"

O que realmente queremos é que todos os elementos do `<div>` dos elixires tenham uma "line-height" baseada não no tamanho da fonte do `<div>` dos elixires, mas no tamanho da fonte (font-size) do próprio elemento. Queremos que o título `<h2>` tenha uma altura de linha que seja uma vez seu amanho de fonte (que é 120% de "small"), e que o `<p>` também tenha uma "line-height" de uma vez seu tamanho da fonte (que é "small"). Como podemos fazer isso? Bem, a propriedade "line-height" é um pouco especial porque você pode usar apenas um número ao invés de uma medida relativa — como em ou % — em sua definição. Quando você utiliza *apenas um número*, está dizendo a cada elemento no `<div>` dos elixires para ter uma "line-height" de uma vez seu *próprio* tamanho de fonte, ao invés de ter o "font-size" do `<div>` dos elixires. Faça uma experiência; defina a "line-height" do `<div>` dos elixires como 1, e você verá que isso corrigirá o título.

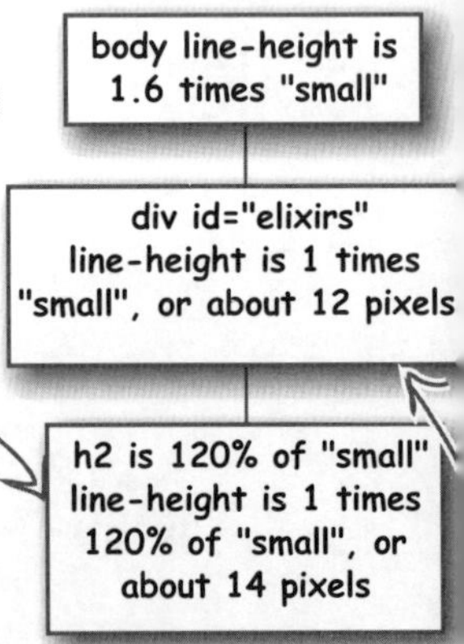
body line-height is 1.6 times "small"
div id="elixirs" line-height is 1 times "small", or about 12 pixels
h2 is 120% of "small" line-height is 1 times 120% of "small", or about 14 pixels

Queremos que <h2> tenha uma line-height que seja uma vez seu próprio tamanho de fonte, ou seja, 14 pixels (120% de small).

O font-size do elemento p é small (p herda seu font-size do <div> dos elixires), portanto ele terá uma line-height de 12 pixels, que é o que queremos.

```
#elixirs {
    line-height: 1;
}
```

Adicione uma line-height de 1 ao <div> dos elixires para alterar a altura da linha de todos os elementos que estejam dentro dele.

Veja o que você conseguiu...

Dê uma olhada na seção dos elixires agora. Você a transformou completamente, e ela agora se parece exatamente com o folheto. E, além de adicionar um <div> e um atributo “id” ao seu HTML, você foi capaz de fazer isso apenas com algumas regras e propriedades das CSS.

A esta altura, você já deve estar percebendo o poder das CSS, e como suas páginas Web ficam flexíveis quando você separa sua estrutura (HTML) de sua apresentação (CSS). Você pode dar uma aparência totalmente nova ao seu HTML simplesmente alterando a CSS.

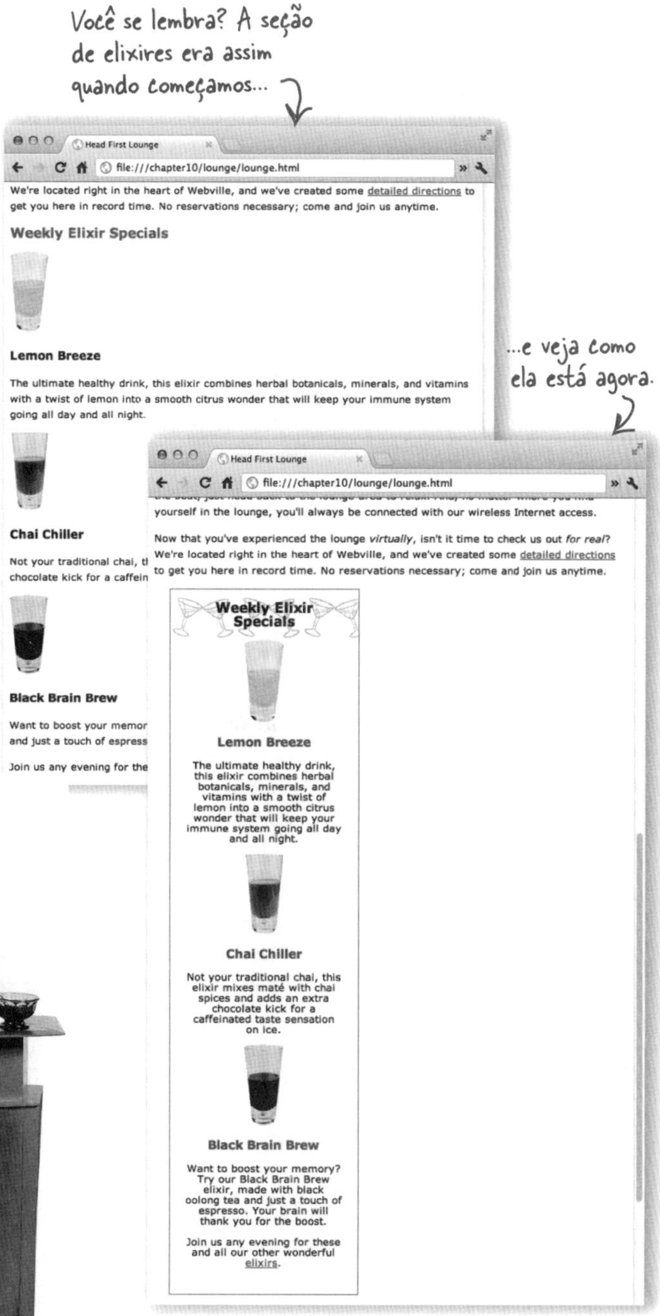
Você se lembra? A seção de elixires era assim quando começamos...
Head First Lounge
file:///chapter10/lounge/lounge.html
We're located right in the heart of Webville, and we've created some detailed directions to get you here in record time. No reservations necessary; come and join us anytime.
Weekly Elixir Specials
Lemon Breeze
The ultimate healthy drink, this elixir combines herbal botanicals, minerals, and vitamins with a twist of lemon into a smooth citrus wonder that will keep your immune system going all day and all night.
Chai Chiller
Black Brain Brew
...e veja como ela está agora.
Head First Lounge
file:///chapter10/lounge/lounge.html
yourself in the lounge, you'll always be connected with our wireless Internet access.
Now that you've experienced the lounge virtually, isn't it time to check us out for real? We're located right in the heart of Webville, and we've created some detailed directions to get you here in record time. No reservations necessary; come and join us anytime.
Weekly Elixir Specials
Lemon Breeze
The ultimate healthy drink, this elixir combines herbal botanicals, minerals, and vitamins with a twist of lemon into a smooth citrus wonder that will keep your immune system going all day and all night.
Chai Chiller
Not your traditional chai, this elixir mixes maté with chai spices and adds an extra chocolate kick for a caffeinated taste sensation on ice.
Black Brain Brew
Want to boost your memory? Try our Black Brain Brew elixir, made with black oolong tea and just a touch of espresso. Your brain will thank you for the boost.
Join us any evening for these and all our other wonderful elixirs.

Uau, isto é fantástico! Vocês foram capazes de fazer com que a seção de elixires no Web site ficasse igual ao folheto, com apenas um pouco de CSS.

Já é hora de tomar um pequeno atalho...

Atalho
à Frente

Você provavelmente já notou que há algumas propriedades das CSS que parecem trabalhar juntas. Por exemplo, `padding-left`, `padding-right`, `padding-bottom` e `padding-top`. As propriedades para as margens funcionam da mesma maneira. E que tal `background-image`, `background-color` e `background-repeat`? Todas elas definem valores diferentes da propriedade no fundo de um elemento. Você também já notou que fica um pouco tedioso digitar tudo isso? Você tem coisas melhores para fazer com seu tempo do que ficar digitando tudo isso, certo?

```
padding-top:    0px;
padding-right:  20px;
padding-bottom: 30px;
padding-left:   10px;
```

É um monte de digitação apenas para especificar quatro números.

Bem, aqui está um bônus especial para este capítulo. Você aprenderá como especificar todos esses valores sem arriscar o túnel carpal. Veja como:

Esta é a maneira antiga de especificar seu enchimento.

```
padding-top:    0px;
padding-right:  20px;
padding-bottom: 30px;
padding-left:   10px;
```

E esta é a maneira nova e melhorada, através de um atalho.

```
padding: 0px 20px 30px 10px;
```

Em cima / à direita / embaixo / à esquerda.

Você pode usar o mesmo tipo de atalho com as margens:

```
margin-top:    0px;
margin-right:  20px;
margin-bottom: 30px;
margin-left:   10px;
```

```
margin: 0px 20px 30px 10px;
```

Em cima / à direita / embaixo / à esquerda.

Assim como o enchimento, você pode usar um atalho para especificar todos os valores de sua margem, com apenas uma propriedade.

Se o seu enchimento ou suas margens tiverem o mesmo valor em todos os lados, você pode tornar o atalho realmente curto:

```
padding-top:    20px;
padding-right:  20px;
padding-bottom: 20px;
padding-left:   20px;
```

```
padding: 20px;
```

Isso informa que o enchimento deve ter 20 pixels em todos os lados da caixa.

Se todos os valores de seu enchimento forem iguais, então você poderá escrevê- los assim.

E tem mais...

Atalho
à Frente

Aqui está outra maneira comum de abreviar as margens (ou o enchimento):

```
margin-top:    0px;
margin-right:  20px;
margin-bottom: 0px;
margin-left:   20px;
```

Os valores de cima e de baixo são iguais.

Os valores da esquerda e da direita são iguais.

```
margin: 0px 20px;
```

em cima e embaixo

direita e esquerda

Se os valores de cima e de baixo, assim como os das margens esquerda e direita, forem iguais, então você poderá usar um atalho.

E quanto às propriedades da borda que mencionamos? Você também pode usar um atalho para elas.

```
border-width:    thin;
border-style:    solid;
border-color:    #007e7e;
```

Reescreva as propriedades da borda como uma propriedade só. Elas podem estar em qualquer ordem.

```
border: thin solid #007e7e;
```

O atalho da borda é ainda mais flexível do que o das margens e do enchimento, porque você pode especificá-lo em qualquer ordem que quiser.

Estes são atalhos para a borda perfeitamente válidos.

```
border: solid thin #007e7e;

border: #007e7e solid thin;

border: solid thin;

border: #007e7e solid;

border: solid;
```

...não se esqueça do atalho para os fundos

Você também pode usar atalhos para os fundos:

```
background-color:  white;
background-image:  url(images/cocktail.gif);
background-repeat: repeat-x;
```

Assim como a borda, os valores podem estar em qualquer ordem neste atalho. Há também alguns outros valores que podem ser especificados no atalho, como background-position.

```
background: white url(images/cocktail.gif) repeat-x;
```

E ainda mais atalhos

Atalho
à Frente

Nenhuma descrição de atalhos estaria completa sem mencionarmos os atalhos para fontes. Veja todas as propriedades que precisamos para as fontes: `font-family`, `font-style`, `font-weight`, `font-size`, `font-variant`, e não se esqueça de um atalho que junta todas essas em uma só. Veja como funciona:

Estas são as propriedades que entram no atalho das fontes. A ordem aqui importa, a menos que digamos o contrário...

Você deve especificar o tamanho da fonte.

Finalmente, você precisa adicionar suas famílias de fontes. Você só precisa especificar uma fonte, mas seria muito bom especificar as opções de fontes.

```
font: font-style font-variant font-weight font-size/line-height font-family
```

Estes valores são todos opcionais. Você pode especificar qualquer combinação com eles, mas eles precisam vir antes da propriedade font-size.

A line-height é opcional. Se você quiser especificar uma, coloque apenas uma / depois de font-size adicione a altura de sua linha.

Use vírgulas entre os nomes de famílias de fontes.

Vamos fazer um teste. Aqui estão as propriedades da fonte do corpo do bar:

```
font-size: small;
font-family: Verdana, Helvetica, Arial, sans-serif;
line-height: 1.6em;
```

E agora vamos escrever o atalho:

Não estamos usando nenhuma destas, mas tudo bem, elas são opcionais.

```
font: font-style font-variant font-weight font-size/line-height font-family
```

Agora vamos mapear todas elas para um atalho:

```
font: small/1.6em Verdana, Helvetica, Arial, sans-serif;
```

Esta é a versão de atalho. Uau, é um super-atalho, hein? Você terá duas vezes mais tempo para o seu skate (ou para ir à praia) agora.

não existem Perguntas Idiotas

P: Eu sempre devo usar os atalhos?

R: Não necessariamente. Algumas pessoas acham que a forma mais longa é mais legível. Os atalhos têm a vantagem de reduzirem o tamanho de seus arquivos CSS, e certamente são inseridos mais rapidamente, já que requerem menos digitação. Entretanto, quando há um problema, eles são mais difíceis de "depurar" se você tiver valores incorretos ou a ordem errada. Portanto, você deve usar a forma que for mais confortável, uma vez que ambas são perfeitamente válidas.

P: Os atalhos são mais complexos porque eu tenho que lembrar da ordem, e do que é ou não é opcional. Como eu faço para lembrar de tudo isso?

R: Bem, você se surpreenderia com a velocidade com que isso se torna sua segunda natureza, mas aqueles que estão no negócio há mais tempo possuem um pequeno segredo que gostam de chamar de "manual de referência". Simplesmente compre um, e se você precisar dar uma rápida olhada em nomes de propriedades ou na sintaxe de uma propriedade, basta consultá-lo. Nós gostamos muito do *CSS Pocket Reference*, de Eric Meyer. Ele é bem pequeno e faz uma grande diferença.

HTML é para estrutura
Dê banho no gato
CSS são para apresentação

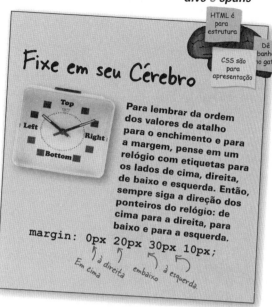

Fixe em seu Cérebro

Top
Left
Right
Bottom

Para lembrar da ordem dos valores de atalho para o enchimento e para a margem, pense em um relógio com etiquetas para os lados de cima, direita, de baixo e esquerda. Então, sempre siga a direção dos ponteiros do relógio: de cima para a direita, para baixo e para a esquerda.

```
margin: 0px 20px 30px 10px;
```

Em cima — à direita — embaixo — à esquerda.

Exercício

É hora de colocar todo o seu novo conhecimento para funcionar. Você notará que no final do bar há uma pequena seção com informações sobre os direitos autorais, como um rodapé de página. Adicione um <div> para criar sua própria seção lógica. Depois de fazer isso, crie um estilo para a seção com estas propriedades:

```
font-size: 50%;
text-align: center;
line-height: normal;
margin-top: 30px;
```

Vamos fazer com que o texto fique bem pequeno. Você sabe, AS LETRAS MIÚDAS.

E vamos centralizar o texto.

Também vamos definir a line-height como normal, que é uma palavra-chave que você ainda não viu. Normal permite que o browser um tamanho apropriado para a line-height, que pegue é tipicamente baseado na fonte.

E vamos adicionar um pouco de rodapé um pouco de espaço.

E enquanto estiver fazendo isso, dê uma olhada em todo o arquivo "lounge.css". Existe algum lugar onde você poderia simplificar as coisas com os atalhos? Se houver, vá em frente e faça as mudanças.

Eu vi o bom trabalho que vocês fizeram nos elixires. Vocês podem nos dar uma mãozinha com as sugestões de músicas que estão no site? Não precisamos de muito, apenas um estilo simples.

O DJ residente do bar.

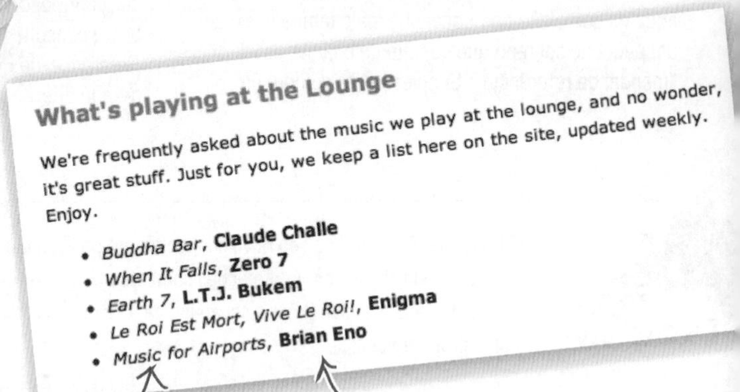

What's playing at the Lounge

We're frequently asked about the music we play at the lounge, and no wonder, it's great stuff. Just for you, we keep a list here on the site, updated weekly. Enjoy.

- *Buddha Bar*, **Claude Challe**
- *When It Falls*, **Zero 7**
- *Earth 7*, **L.T.J. Bukem**
- *Le Roi Est Mort, Vive Le Roi!*, **Enigma**
- *Music for Airports*, **Brian Eno**

Todos os títulos dos CDs estão em itálico.

Todos os artistas estão em negrito.

PODER DO CÉREBRO

Qual você acha que é a melhor maneira de criar um estilo para os CDs e para os artistas na seção "O que está tocando no Bar"?

Eu estava pensando que poderíamos apenas colocar os elementos <em> e <strong> em torno dos CDs e dos artistas. Na maioria dos browsers isso nos daria itálico e negrito.
Jim
Frank

Frank: É, mas isso é quase como usar um `<blockquote>` apenas para recuar o texto. O que eu quis dizer é que nós não queremos enfatizar com força os CDs e os artistas. Queremos apenas itálico e negrito. Além disso, e se alguém alterar o estilo de `<em>` e `<strong>`? Isso mudaria o estilo dos CDs e dos artistas também.

Jim: Bem, eu realmente pensei nisso, mas não consegui achar nenhuma outra maneira. Quero dizer, é apenas texto no mesmo item de lista. Não parece haver uma maneira de criar um estilo para isso.

Frank: O que você quer dizer com isso?

Jim: Nós só podemos criar estilos para os elementos, e aqui só temos um pouco de texto, como "Music for Airports, Brian Eno". Precisaríamos de um elemento em torno de cada trecho de texto para sermos capazes de criar estilos diferentes para eles.

Frank: Ah, tá, já entendi.

Jim: Acho que poderíamos ter algo como:

```
<div class="cd">Music for Airports</div>
<div class="artist">Brian Eno</div>.
```

Mas isso é um elemento de bloco, portanto provocará quebras de linha.

Frank: Ahhh, eu acho que você encontrou alguma coisa, Jim. Há outro elemento como o `<div>` para elementos em linha. É chamado de `<span>`. Ele poderia funcionar perfeitamente.

Jim: Tô ligado. Como ele funciona?

Frank: Bem, o `<span>` lhe permite uma forma de criar um agrupamento de linha de personagens e elementos. Vamos dar uma chance aqui...

Adicione <span>s em três passos fáceis

Os elementos <span> oferecem uma maneira de separar logicamente o conteúdo em linha, da mesma forma que os <div>s permitem que você crie uma separação lógica para o conteúdo dos blocos. Para ver como isso funciona, vamos criar um estilo para as sugestões de música primeiro, adicionando elementos <span> em torno dos CDs e dos artistas, e então escreveremos duas regras CSS para criar um estilo para os <span>s. Veja o que você vai fazer, exatamente:

1. Aninhará os CDs e artistas em elementos <span> separados.
2. Adicionará um <span> à classe "cd" e outro à classe "artista".
3. Criará uma regra para o estilo da classe "cd" com itálico, e da classe "artista" com negrito.

Primeiro e segundo passos: adicione os <span>s

Abra seu arquivo "lounge.html" e localize o título "O que está tocando no Bar". Logo abaixo dele você verá a lista não ordenada de sugestões. Veja como ela se parece:

Cada item da lista consiste de um título de CD, uma vírgula e o artista.

```
<ul>
<li>Buddha Bar, Claude Challe</li>
<li>When It Falls, Zero 7</li>
<li>Earth 7, L.T.J. Bukem</li>
<li>Le Roi Est Mort, Vive Le Roi!, Enigma</li>
<li>Music for Airports, Brian Eno</li>
</ul>
```

Vamos tentar adicionar <span>s ao primeiro CD e artista:

Adicione uma tag de abertura <span> junto com o atributo da classe e um valor para "cd".

Em seguida, adicione uma tag de fechamento depois do título do CD.

Faça o mesmo para o artista. Aninhe-o em um elemento <span>, só que desta vez coloque-o na classe "artista".

```
<ul>
<li><span class="cd">Buddha Bar</span>, <span class="artist">Claude Challe</span></li>
<li>When It Falls, Zero 7</li>
<li>Earth 7, L.T.J. Bukem</li>
<li>Le Roi Est Mort, Vive Le Roi!, Enigma</li>
<li>Music for Airports, Brian Eno</li>
</ul>
```

Terceiro passo: crie um estilo para os <span>s

Antes de continuar, salve o arquivo e recarregue-o em seu browser. Como um `<div>`, por padrão um `<span>` não tem efeito no estilo, portanto você não deve ver nenhuma alteração.

Agora vamos adicionar um pouco de estilo. Adicione essas duas regras ao fim de seu arquivo "lounge.html":

Vamos adicionar uma regra para cada uma das novas classes, cd e artista.

Para os CDs, criaremos o estilo de fonte italic.

```
.cd {
        font-style: italic;
}

.artist {
        font-weight: bold;
}
```

E para artistas definiremos a font- weight como bold.

Test drive e spans

Isso é tudo. Salve e recarregue a página. Esta é a imagem que você verá:

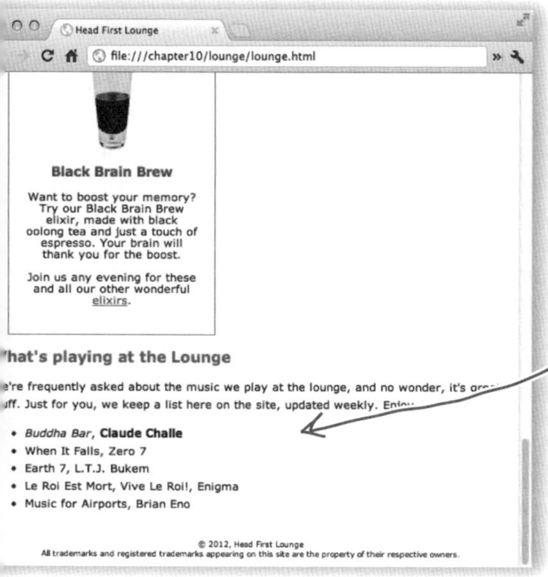
Head First Lounge
file:///chapter10/lounge/lounge.html
Black Brain Brew
Want to boost your memory? Try our Black Brain Brew elixir, made with black oolong tea and just a touch of espresso. Your brain will thank you for the boost.
Join us any evening for these and all our other wonderful elixirs.
hat's playing at the Lounge
Buddha Bar, Claude Challe
When It Falls, Zero 7
Earth 7, L.T.J. Bukem
Le Roi Est Mort, Vive Le Roi!, Enigma
Music for Airports, Brian Eno
© 2012, Head First Lounge
All trademarks and registered trademarks appearing on this site are the property of their respective owners.

Agora a primeira recomendação de música tem o estilo correto.

Bom trabalho, rapazes. A próxima música é para vocês.

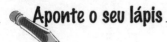

Aponte o seu lápis

Você precisa terminar a tarefa. Adicione elementos <span> ao resto das sugestões de músicas e teste sua página. Você encontrará a solução no final do capítulo.

```
<ul>
<li><span class="cd">Buddha Bar</span>, <span class="artist">Claude Challe</span></li>
<li>When It Falls, Zero 7</li>
<li>Earth 7, L.T.J. Bukem</li>
<li>Le Roi Est Mort, Vive Le Roi!, Enigma</li>
<li>Music for Airports, Brian Eno</li>
</ul>
```

não existem Perguntas Idiotas

P: Quando eu devo usar um <span> ao invés de outro elemento em linha, como <em> ou <strong>?

R: Como sempre, você quer marcar seu conteúdo com o elemento que mais combine com o significado dele. Assim, se você estiver enfatizando as palavras, utilize <em>; se estiver apontando um assunto muito sério, use <strong>. Mas, se o que você realmente quer é apenas alterar o estilo de certas palavras, digamos os nomes dos álbuns e dos artistas em uma página Web de um fã-clube, então deve usar um <span> para colocar os elementos desse <span> em classes apropriadas para agrupá-los e criar estilos para eles.

P: Posso definir propriedades como "width" em elementos de <span>? Na verdade, em elementos em linha em geral?

R: Você pode definir a largura de elementos em linha como <span>, <em> e <strong>, mas não notará qualquer efeito até que os posicione (o que você aprenderá a fazer no próximo capítulo). Você também pode adicionar margem e enchimento a esses elementos, assim como uma borda. As margens e o enchimento em elementos em linha funcionam de uma maneira um pouco diferente do que nos elementos de bloco — se você adicionar uma margem em todos os lados de um elemento em linha, verá apenas o espaço adicionado à direita e à esquerda. Você pode adicionar enchimento em cima e embaixo de um elemento em linha, mas ele não afetará o espaçamento de outros elementos em linha em torno desse, portanto o enchimento encobrirá outros elementos em linha.

As imagens são um pouco diferentes de outros elementos em linha. As propriedades da largura, do enchimento e da margem se comportarão de modo muito parecido com as propriedades para elementos de bloco. Recorde o Capítulo 5: se você definir a largura de uma imagem usando seu atributo "width" no elemento <img> ou a propriedade "width" na CSS, o browser dimensionará a imagem para a largura especificada. Isso pode ser útil algumas vezes se você não puder editar a imagem por conta própria e desejar que ela apareça maior ou menor na página. Mas lembre-se, se você confiar ao browser a função de dimensionar sua imagem, poderá estar fazendo download de mais dados do que o necessário (se a imagem for maior do que você precisa).

Ei, pessoal, eu sei que vocês acham que já acabaram, mas esqueceram de colocar um estilo nos links. Eles ainda estão com aquela cor azul padrão, que não combina com nosso site.

PODER DO CÉREBRO

Pense no elemento <a>. Há alguma coisa sobre o seu estilo que parece diferente dos outros elementos?

O elemento <a> e suas múltiplas personalidades

Você já notou que os links funcionam de uma maneira um pouco diferente quando se trata de estilo? Os links são camaleões do mundo dos elementos porque, dependendo da circunstância, podem mudar seu estilo de uma hora para outra. Vamos dar uma olhada mais de perto:

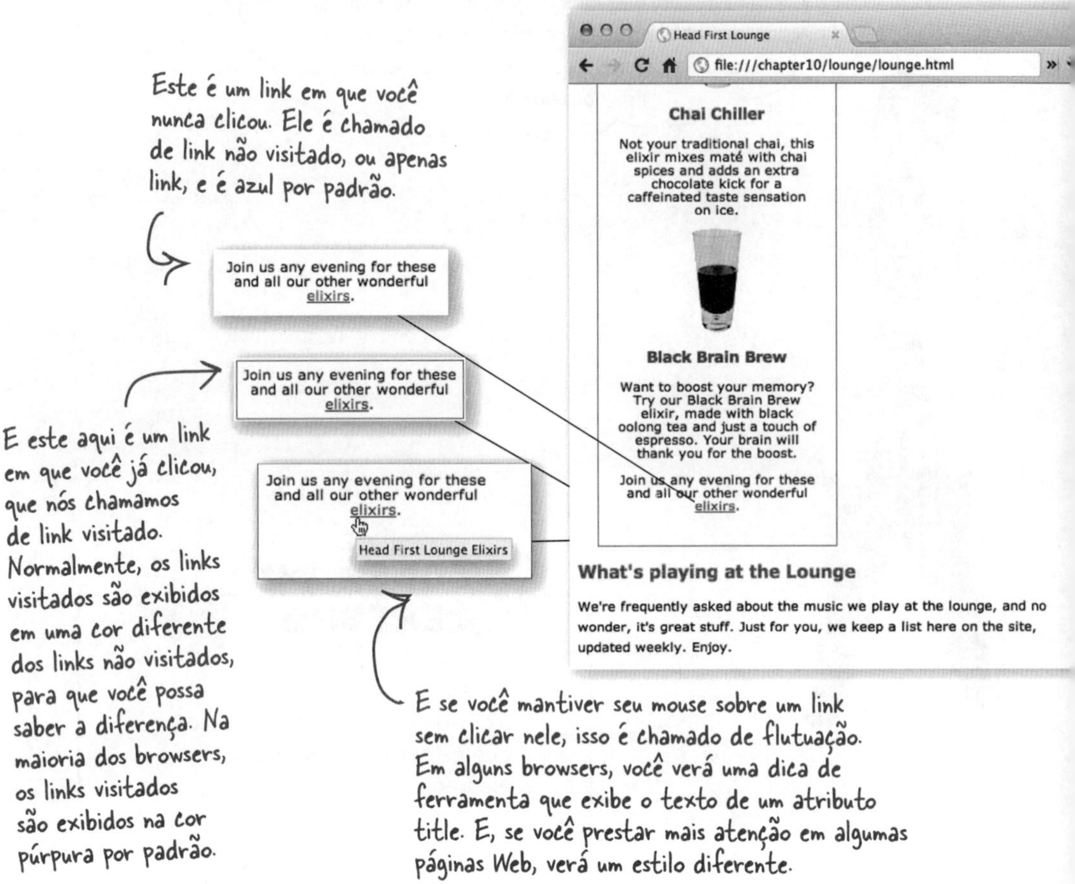
Este é um link em que você nunca clicou. Ele é chamado de link não visitado, ou apenas link, e é azul por padrão.
Join us any evening for these and all our other wonderful elixirs.
E este aqui é um link em que você já clicou, que nós chamamos de link visitado. Normalmente, os links visitados são exibidos em uma cor diferente dos links não visitados, para que você possa saber a diferença. Na maioria dos browsers, os links visitados são exibidos na cor púrpura por padrão.
Head First Lounge Elixirs
E se você mantiver seu mouse sobre um link sem clicar nele, isso é chamado de flutuação. Em alguns browsers, você verá uma dica de ferramenta que exibe o texto de um atributo title. E, se você prestar mais atenção em algumas páginas Web, verá um estilo diferente.
Head First Lounge
file:///chapter10/lounge/lounge.html
Chai Chiller
Not your traditional chai, this elixir mixes maté with chai spices and adds an extra chocolate kick for a caffeinated taste sensation on ice.
Black Brain Brew
Want to boost your memory? Try our Black Brain Brew elixir, made with black oolong tea and just a touch of espresso. Your brain will thank you for the boost.
What's playing at the Lounge
We're frequently asked about the music we play at the lounge, and no wonder, it's great stuff. Just for you, we keep a list here on the site, updated weekly. Enjoy.

Diferente de outros elementos, o estilo de um elemento <a> muda dependendo de seu *estado*. Se o link nunca foi clicado, tem um estilo; se já foi clicado, possui outro. E se você flutuar sobre um link, ele pode ter ainda um terceiro estilo. Talvez haja mais em criar estilos para os elementos <a> do que podemos perceber? Pode apostar que sim... Vamos dar uma olhada.

Como é possível aplicar estilo aos elementos com base em seu estado?

Um link pode ter alguns estados: ele pode ser ainda não visitado, visitado ou estar em estado de "flutuação" (e mais alguns estados também). Assim, como aproveitar todos os estados? Por exemplo, seria bom ser capaz de especificar quais são as cores para os estados visitado e não visitado. Ou talvez destacar um link quando um usuário estiver flutuando sobre ele. Se ao menos houvesse uma maneira...

Bem, é claro que há, mas se tivéssemos dito a você que isso envolveria as *pseudoclasses*, provavelmente você teria decidido que já tinha sido o suficiente para a noite e fecharia o livro. Certo? Mas espere! Finja que nós nunca falamos a palavra *pseudoclasse* e veja como pode aplicar estilos a seus links:

bserve que temos o elemento <a>, seguido por:, seguido pelo stado que queremos selecionar. Certifique-se de que não haja spaços nesses seletores (por exemplo, "a : link" não funciona!

```
a:link {
    color: green;
}
```

Este seletor é aplicado aos links quando eles estiverem em estado não visitado.

```
a:visited {
    color: red;
}
```

E este seletor é aplicado a links quando eles forem visitados.

```
a:hover {
    color: yellow;
}
```

E este seletor é aplicado quando você flutua sobre um link.

Exercício

Adicione estas regras ao final de seu arquivo "lounge.css" e então salve e recarregue "lounge.html". Brinque com os links para ver como se comportam em cada estado. Observe que talvez você tenha que limpar o histórico de seu browser para ver a cor para o não visitado (verde).

não existem Perguntas Idiotas

P: O que acontece se eu criar um estilo para o elemento <a> como se ele fosse um elemento normal? Como:

```
a {  color: red; }
```

R: É claro que você pode fazer isso, mas então seu link terá a mesma aparência em todos os estados, o que o torna menos amigável, já que você não conseguirá saber que links já visitou e quais ainda não visitou.

P: Quais são os outros estados de link que você mencionou?

R: Há dois outros: foco e ativo. O estado de foco ocorre quando o browser foca seu link. O que isso significa? Alguns browsers permitem que você pressione sua tecla de tabulação para pular de um link para o outro em sua página. Quando o browser chega em um link, esse link possui o "foco". Estabelecer um valor para a pseudoclasse "foco" é útil para acessibilidade, porque as pessoas que precisam usar um teclado para acessar um link (em vez de um mouse) saberão quando um link está selecionado. O estado ativo ocorre quando o usuário clica pela primeira vez no link.

P: Os meus links podem estar em vários estados ao mesmo tempo? Por exemplo, meu link poderia ser visitado, ter o mouse flutuando sobre ele e o usuário poderia estar clicando ativamente nele, tudo isso de uma vez só?

R: É claro que podem. Você determina que estilo será aplicado ordenando suas regras. Assim, a ordenação considerada correta normalmente é: link, visitado, foco, flutuação e ativo. Se você a usar, terá os resultados esperados.

P: Ok, eu desisto. O que é uma pseudoclasse?

R: Uma das palavras mais confusas da linguagem das CSS. Mas, como você já pôde ver, criar estilos para os links é muito fácil. Então, vamos falar sobre as pseudoclasses...

A Pseudoclasse Exposta

Entrevista desta semana:

Conheça a pseudoclasse

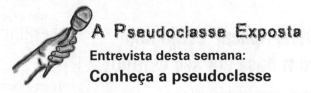

Use a Cabeça!: Bem-vinda, Pseudoclasse. É um prazer tê-la aqui. Devo confessar que quando eles me pediram para fazer esta entrevista, me deu um branco. Pseudoclasse? A única coisa que me veio à cabeça foi uma música do Phil Collins dos anos 80.

Pseudoclasse: Hum, só que a música era *Sussudio.* Meu nome é *Pseudo.*

Use a Cabeça!: Ops, foi um erro inocente. Talvez possamos começar daqui. Você pode nos dizer alguma coisa sobre a origem desse Pseudo?

Pseudoclasse: Todos sabem o que é uma classe das CSS. É um agrupamento criado para colocar elementos para que eles tenham um único estilo. Coloque "pseudo" e "classe" juntos, e você terá uma pseudoclasse: ela age como uma classe, mas não é uma classe verdadeira.

Use a Cabeça!: O que não é verdadeiro, já que ela age como uma classe?

Pseudoclasse: Ok, abra um arquivo HTML e procure por uma classe "`:visited`","`:link`", ou "`:hover`". Avise-me quando encontrar uma.

Use a Cabeça!: Eu não vejo nenhuma.

Pseudoclasse: E ainda assim, `a:link`, `a:visited` e até mesmo `a:hover` permitem que você especifique o estilo, como se fossem classes. Portanto, elas são pseudoclasses. Em outras palavras, você pode dar estilo a pseudoclasses, mas ninguém nunca as escreve no HTML.

Use a Cabeça!: Bem, então como elas funcionam?

Pseudoclasse: Você pode agradecer seu browser por isso. O browser adiciona todos os seus elementos <a> à pseudoclasse correta. Se um link foi visitado, nenhum problema, irá para a classe "`visited`". O usuário está flutuando sobre o link? Tudo bem, o browser o coloca na classe "`hover`". Oh, agora o usuário não está mais flutuando? O browser o retira da classe "`hover`".

Use a Cabeça!: Uau, eu não sabia disso. Então há todas essas classes, das quais o browser adiciona e remove elementos nos bastidores.

Pseudoclasse: Exatamente, e é muito importante que você saiba disso; caso contrário, como você poderia criar um estilo para seus links que se adapte ao estado em que eles se encontram?

Use a Cabeça!: Mas Pseudo, você só funciona para os links?

Pseudoclasse: Não, eu funciono para outros elementos também. Alguns browsers já suportam pseudoclasses como active e hover em outros tipos de elementos. e há algumas outras pseudoclasses também. Por exemplo, a pseudo-classe "`:first-child`" é atribuída ao primeiro filho de qualquer elemento, como o primeiro parágrafo em um `<blockquote>`. E você pode até mesmo selecionar o último parágrafo de um `<blockquote>` com a pseudoclasse `:last-child`. Eu sou muito versátil.

Use a Cabeça!: Bem, eu certamente aprendi alguma coisa com esta entrevista. Quem sabia que o nome da música na verdade era "Sussudio"?! Obrigada por estar aqui conosco, Pseudo-classe.

Coloque as pseudoclasses para funcionar

Tá, vamos ser honestos. Você provavelmente acabou de aprender a coisa mais importante que há neste livro: as pseudoclasses. Por quê? Não, não é porque elas permitem que você crie estilos para os elementos com base em várias "classes" que o browser decide a quem pertencem, como "`:link`" ou "`:first-child`". E não, não é porque elas lhe oferecem maneiras poderosas de criar estilos para os elementos com base em coisas que acontecem enquanto seus visitantes usam sua página, como "`:hover`". É porque na próxima vez em que você estiver naquela reunião para discussão de design e começar a falar das pseudoclasses realmente sabendo do que está falando, você será *o melhor da turma.* Estamos falando sobre promoção e bônus... No mínimo, a admiração e o respeito de seus colegas da Web.

Assim, vamos dar um bom uso a essas pseudoclasses. Você já adicionou algumas regras delas ao seu arquivo "lounge.css" e elas tiveram um impacto profundo na aparência de seus links, mas ainda não estão totalmente corretas. Vamos refazer o estilo:

Ok, grande mudança aqui. Estamos usando um seletor combinado a uma pseudo-classe. O primeiro seletor diz para selecionar qualquer elemento <a> ainda não visitado que esteja aninhado em um elemento com id elixires. Portanto, estamos APENAS aplicando um estilo para os links dentro elixires.

```
#elixirs a:link {
    color: #007e7e;
}

#elixirs a:visited {
    color: #333333;
}

#elixirs a:hover {
    background: #f88396;
    color: #0d5353;
}
```

Nestes dois estamos definindo a cor. Para links não visitados, um bonito verde-água...

...E para os links visitados usaremos um cinza escuro.

Agora, a regra realmente interessante. Quando o usuário estiver flutuando sobre o link, mudaremos o fundo para vermelho. Isso fará com que o link seja destacado quando o mouse passar sobre ele. Faça um teste!

Exercício

Abra seu arquivo "lounge.css" e refaça suas regras a:link, a:visited e a:hover para usar o novo seletor descendente e as novas definições de estilo. Salve, recarregue e vire a página.

Test drive dos links

Quando recarregar a página, você deve ver alguns novos estilos na seção de elixires. Tenha em mente que para ver os links não visitados você deverá limpar o histórico de seu browser; caso contrário, o browser saberá que você visitou esses links.

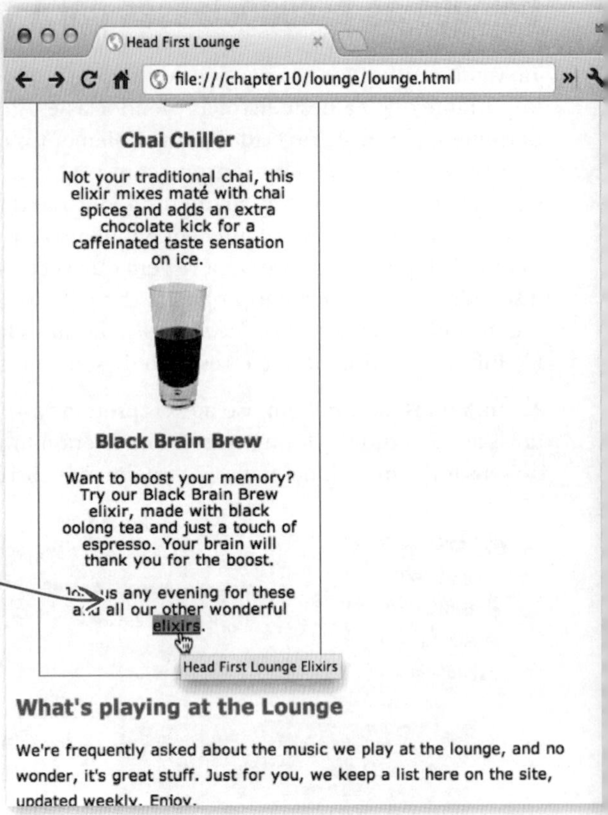

Head First Lounge
file:///chapter10/lounge/lounge.html
Chai Chiller
Not your traditional chai, this elixir mixes maté with chai spices and adds an extra chocolate kick for a caffeinated taste sensation on ice.
Black Brain Brew
Want to boost your memory? Try our Black Brain Brew elixir, made with black oolong tea and just a touch of espresso. Your brain will thank you for the boost.
us any evening for these all our other wonderful elixirs.
Head First Lounge Elixirs
What's playing at the Lounge
We're frequently asked about the music we play at the lounge, and no wonder, it's great stuff. Just for you, we keep a list here on the site, updated weekly. Enjoy.

Agora temos links não visitados em verde, links visitados em cinza e um destaque em vermelho bem legal quando você flutua sobre o link.

Aponte o seu lápis

Sua tarefa é dar algum estilo ao link "instruções detalhadas" do bar. Assim como o link dos elixires, queremos que todos os links ainda não visitados sejam verde-água, e todos os links visitados sejam cinza. Entretanto, não queremos que os outros links do bar tenham qualquer estilo para a flutuação... Ela será exclusiva dos elixires.Como você fará isso: preencha as lacunas para dar ao link "instruções detalhadas", e esse estilo a qualquer outro link que possa ser adicionado ao bar mais tarde. Compare sua resposta com a resposta que está no final do capítulo e então faça as alterações em seus arquivos do bar.

```
__________ { __________ : #007e7e; }
__________ { __________ : #333333; }
```

Já não é hora de falarmos sobre "cascata"?

Muito bem, você já foi bem longe neste livro (457 páginas, para sermos mais exatos) e ainda não falamos para você o que significa o "Cascade" (cascata) em *Cascading* Style Sheets. Verdade seja dita, você ainda precisa aprender muito sobre as CSS para entender o que a cascata significa. Mas adivinhe só, você já está quase lá, portanto não precisa mais esperar.

Esta é a última informação de que você precisa para entender a cascata. Você já entende o uso de várias folhas de estilo para organizar melhor seus estilos ou para suportar diferentes tipos de dispositivos. Mas, na verdade, há outros tipos de folhas de estilo por aí quando seus usuários visitam suas páginas. Vamos dar uma olhada:

Primeiro, há todas as folhas de estilo que você escreveu para sua página.

O Autor (este é você!)

Observe que há uma maneira pela qual o leitor pode realmente anular seus estilos. Para fazer isso, eles colocam !important no final da declaração de uma propriedade.

Mas alguns browsers também permitem que os usuários criem seus próprios estilos para os elementos HTML. Se a sua folha de estilo não do usuário será utilizada.

O Leitor (seus usuários)

Quando o browser precisa determinar o estilo que deve ser aplicado em um elemento, ele usará todas essas folhas de estilo. A prioridade será dos estilos do autor (ou seja, seus estilos), então dos estilos do leitor e finalmente dos estilos padrão do browser.

O Browser

E, finalmente, você já sabe que o próprio browser mantém um conjunto de estilos padrão que será usado se você não definir os estilos para um elemento. Há também os estilos que são usados se você não tiver nenhuma folha de estilo do autor ou do leitor.

Então, para fazermos a revisão, como os autores da página, podemos usar várias folhas de estilo com nosso HTML. E, o usuário também pode fornecer seus próprios estilos e então o browser também tem seus estilos padrão. Além de tudo isso, podemos ter vários seletores que se aplicam ao mesmo elemento. Como podemos saber quais estilos serão usados no elemento?

Essa é na verdade outra maneira de perguntarmos o que a cascata faz. A cascata é a maneira como o browser decide que estilo será usado dentre vários estilos em um monte de folhas de estilo. Para respondermos essa pergunta, precisamos juntar tudo — todas as folhas de estilo que existem, as regras e as declarações individuais de propriedade em tais regras.

Nas próximas duas páginas, vamos conhecer os detalhes essenciais sobre como tudo isso funciona. Os detalhes envolvem um monte de ordenação sobre a determinação das regras mais específicas em relação a um elemento. Mas há uma recompensa: depois de passar por estas duas páginas, você será capaz de chegar ao âmago de qualquer estilo que não pareça se aplicar da maneira esperada, e mais ainda, você entenderá mais sobre a cascata do que 99% dos desenvolvedores de páginas Web (não estamos brincando).

A cascata

Para este exercício, você precisa "ser o browser". Digamos que você tenha um elemento <h1> em uma página e queira saber qual é a sua propriedade "`font-size`". Veja como você pode fazer isso:

Primeiro passo:

Junte todas as suas folhas de estilo.

Para esse passo, você precisa de *TODAS* as folhas de estilo: as folhas de estilo escritas pelo autor da página Web, quaisquer folhas de estilo que o leitor tenha adicionado à mistura e os estilos padrão do browser (lembre-se, *você é* o browser agora, portanto tem acesso a tudo isso!)

Segundo passo:

Encontre todas declarações que coincidam.

Estamos procurando especificamente pela propriedade "`font-size`", portanto procure por todas as declarações de "`font-size`" que tenham um seletor e que poderiam selecionar o elemento <h1>. Olhe todas as folhas de estilo e retire todas as regras que coincidam com <h1> e que também tenham uma propriedade "`font-size`".

Terceiro passo:

Agora pegue todas as ocorrências e as ordene.

Agora que você juntou todas as regras coincidentes, ordene-as por autor, leitor e browser. Em outras palavras, se você as escreveu como autor da página, então elas serão mais importantes do que se o leitor as escreveu. E, por sua vez, os estilos do leitor são mais importantes do que os estilos padrão do browser.

Lembre-se de que mencionamos que o o leitor poderia colocar um !important em suas propriedades CSS, e se fizessem isso, tais propriedades viriam em primeiro lugar na ordenação.

Quarto passo:

Ordene todas as declarações por sua especificidade.

Lembre-se, falamos um pouco sobre isso no Capítulo 7. Você pode pensar intuitivamente sobre uma regra como "mais específica" se ela selecionar um elemento com mais exatidão; por exemplo, o seletor descendente "blockquote h1" é mais específico do que um seletor "h1", porque só seleciona <h1>s que estejam dentro de <blockquote>s. Mas há uma pequena receita que pode ser seguida para o cálculo exato da especificidade de um seletor. Vamos mostrá-la na próxima página.

Quinto passo:

Finalmente, ordene quaisquer regras em conflito na ordem em que elas aparecerem em suas folhas de estilo individuais.

Agora você só precisa pegar a lista e ordenar quaisquer regras conflitantes para que as que apareçam depois (mais próximas ao final do arquivo) de suas respectivas folhas de estilo sejam as mais importantes. Dessa maneira, se você colocar uma nova regra em sua folha de estilos, ela poderá anular quaisquer regras que venham antes dela.

E isso é tudo! A primeira regra na lista ordenada é a vencedora, e sua propriedade "`font-size`" será a primeira a ser usada. Agora vamos ver como determinar a especificidade de um seletor.

Bem-vindo ao jogo "Qual é minha especificidade?"

Para calcular a especificidade, você começa com um conjunto de três números, assim:

0 0 0

E então nós apenas calculamos várias coisas do seletor, assim:

O seletor possui algum id? Um ponto para cada um.

O seletor possui classes ou pseudoclasses? Um ponto para cada uma.

O seletor possui algum nome de elemento? Um ponto para cada.

0 0 0

Por exemplo, o seletor "h1" tem um elemento, e por isso você obtém:

Leia isto como o número 1. → **0 0 1**

Tanto h1 como h1.azul possuem um elemento, portanto ambos obtém um 1 na coluna mais à direita.

Como outro exemplo, o seletor "h1.azul" possui um elemento e uma classe, logo você obtém:

h1.azul também tem uma classe, consequentemente obtém um 1 na coluna do meio.

Leia isto como o número onze. → **0 1 1**

Nenhum dos dois possui um id em se seletores, portant ambos obtém 0 na coluna à esquerda.

Depois de calcular o id, classes e elementos, quanto maior o número da especificidade, mais específica é a regra. Assim, uma vez que "h1.blue" possui uma especificidade 11, ele é mais específico do que "h1" que tem um número de especificidade 1.

Aponte o seu lápis

Tente calcular a especificidade destes seletores usando as regras acima:

h1.greentea	______	**ol li p**	______	**em**	______
p img	______	**.green**	______	**span.cd**	______
a:link	______	**#elixirs h1**	______	**#sidebar**	______

não existem Perguntas Idiotas

P: O que torna um número de
specificidade maior do que outro?

R: Apenas leia-os como números
ais: 100 (cem) é maior do que 010
ez), que é maior do que 001 (um) e
ssim por diante.

P: E sobre uma regra como "h1,
2"; qual é a sua especificidade?

R: Pense nela como duas regras
paradas: uma regra "h1", que tem a
specificidade "001", e uma regra "h2",
e também tem a especificidade "001".

P: Você pode dizer mais alguma coisa sobre este tal de "!important"?

R: O leitor pode anular um estilo colocando um "!important" no final de suas declarações de propriedade, desta maneira:

```
h1 {
   font-size: 200% !important;
}
```

e isso anulará os estilos do autor.

P: Se eu não posso obter a folha de estilo dos leitores, como vou descobrir a maneira como funciona a cascata?

R: Você não pode, mas veja por esse prisma: se o leitor anular seus estilos, então isso estará realmente além do seu alcance. Então, use seus estilos para que suas páginas tenham a aparência que você quer. Se o leitor escolher anulá-los, então terá o que pediu, para melhor ou para pior.

Juntando tudo

Uhu! É hora de um exemplo. Digamos que você queira saber qual é a propriedade "`color`" deste elemento `<h1>`:

```
<h1 class="blueberry">Blueberry Bliss Elixir</h1>
```

Vamos passá-lo por todos os passos da cascata:

Lembre-se, o browser está tentando descobrir como deve exibir o elemento <h1>.

Primeiro passo:

Junte todas as suas folhas de estilo.

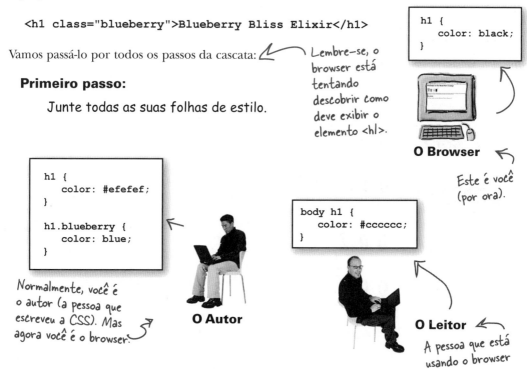

```
h1 {
   color: black;
}
```

O Browser

Este é você (por ora).

```
h1 {
   color: #efefef;
}

h1.blueberry {
   color: blue;
}
```

Normalmente, você é o autor (a pessoa que escreveu a CSS). Mas agora você é o browser.

O Autor

```
body h1 {
   color: #cccccc;
}
```

O Leitor

A pessoa que está usando o browser

Segundo passo:

Encontre todas declarações que coincidam.

Estas são todas as regras que possivelmente coincidiriam com o elemento <h1> e que contêm a propriedade color.

Leitor
```
body h1 {
    color: #cccccc;
}
```
Browser
```
h1 {
    color: black;
}
```
Autor
```
h1 {
    color: #efefef;
}

h1.blueberry {
    color: blue;
}
```

Terceiro passo:

Agora pegue todas as ocorrências e as ordene por autor, leitor e browser.

Autor
```
h1 {
    color: #efefef;
}

h1.blueberry {
    color: blue;
}
```
Leitor
```
body h1 {
    color: #cccccc;
}
```
Browser
```
h1 {
    color: black;
}
```

Aqui, apenas reordenamos as regras por autor, por leitor e finalmente por browser.

Quarto passo:

Ordene todas as declarações por sua especificidade. Para fazer isso precisamos calcular primeiro cada especificidade e então reordenar as regras.

```
h1 {
    color: #efefef;          0 0 1
}

h1.blueberry {
    color: blue;             0 1 1
}
body h1 {
    color: #cccccc;          0 0 2
}
h1 {
    color: black;            0 0 1
}
```

A regra com a classe blueberry vai para o topo porque tem a maior especificidade.

```
h1.blueberry {
    color: blue;             0 1 1
}

h1 {
    color: #efefef;          0 0 1
}
body h1 {
    color: #cccccc;          0 0 2
}
h1 {
    color: black;            0 0 1
}
```

Observe que ordenamos dentro das categorias autor, leitor e browser. Não reordenamos toda a lista, caso contrário a regra body h1 ficaria acima da regra h1 definida pelo autor.

Quinto passo:

Finalmente, ordene quaisquer regras em conflito na ordem em que elas aparecerem em suas folhas de estilo individuais.

```
h1.blueberry {
   color: blue;
}

h1 {
   color: #efefef;
}

body h1 {
   color: #cccccc;
}

h1 {
   color: black;
}
```

Autor

Leitor

Browser

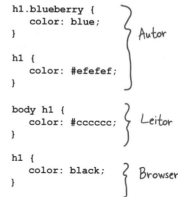

Está tudo bem aqui, porque não temos nenhuma regra conflitante a esta altura. O blueberry, com 11 pontos, é o vencedor. Se houvesse duas regras com 011 pontos, então a regra que aparecesse por último seria a vencedora.

Temos um vencedor...

Depois de passar pela primeira leva de elementos, pela ordenação, por mais ordenação e pelo julgamento da especificidade, a regra "h1.blueberry" chegou ao topo. Portanto, a propriedade "color" do elemento <h1> será "blue" (azul).

não existem Perguntas Idiotas

P: De novo: eu entendi que quanto mais embaixo no arquivo CSS, maior a precedência, mas como funciona ter vários links para folhas de estilo em meu HTML?

R: Sempre será de cima para baixo, seja no mesmo arquivo CSS ou não. Finja que você inseriu todas as CSS juntas em seu arquivo na ordem em que os links para os arquivos aparecem. Essa é a ordem que conta.

P: Então quando você ordena pela especificidade, não está reordenando tudo?

R: Não. Pense em cada vez que você ordena o refinamento do que você fez antes. Primeiro você ordena por autor, leitor e browser. Depois, dentro de cada uma dessas ordenações, você ordena por especificidade. E então, para quaisquer elementos que possuam a mesma especificidade, você ordena novamente com base na ordem das folhas de estilo.

P: Os leitores realmente fazem suas próprias folhas de estilo?

R: Isso não é muito difundido. Mas há casos onde as pessoas com deficiências visuais fazem, e é claro que você sempre terá aqueles que precisam fuçar em tudo. Mas, uma vez que cada leitor está controlando apenas a maneira como vê as coisas, isso não deve afetar muito seus designs.

P: Disso tudo, do que realmente eu preciso me lembrar?

R: Você desenvolverá alguma intuição sobre como todas essas folhas de estilo se encaixam, e no dia a dia sua intuição lhe mostrará o caminho. De vez em quando, entretanto, você verá um estilo aparecendo em suas páginas apenas para assustá-lo, e será aí que você voltará a seu treinamento. Você será capaz de trabalhar com a cascata, e antes que perceba, saberá exatamente o que acontece em sua página.

E o que acontece se, depois de tudo isso, eu ainda não tiver regras com uma declaração de propriedade para o valor de propriedade que estou tentando descobrir?

Ah, boa pergunta. Nós já falamos um pouco sobre isso no Capítulo 7. Se você não encontrar uma coincidência para a propriedade em quaisquer regras na cascata, então você tentará usar a herança. Lembre-se de que nem todas as propriedades são herdadas, como as propriedades da borda, por exemplo. Mas para as propriedades que *são* herdadas (como "`color`", "`font-family`", "`line-height`" e assim por diante), o browser olhará para os ancestrais do elemento, começando por seu pai, e tentará encontrar um valor para a propriedade. Se ele conseguir, esse será o valor de sua propriedade.

Entendi. Ei, mas e se a propriedade não for herdada e eu não puder encontrar um valor nas regras do ancestral? O que acontece?

Então a única coisa que restou foi cair em um dos valores padrão definidos nas folhas de estilo do browser, e todos os browsers devem ter estilos padrão para todos os elementos.

Oh, e por que isso é chamado de "cascata", afinal de contas?

O nome "cascata" foi escolhido por causa da maneira como os estilos vindos de várias folhas de estilo podem cair em "cascata" em uma página, com o estilo mais específico sendo aplicado a cada elemento. (Se isso não esclareceu as coisas para você, não se sinta mal. A explicação também não esclareceu nada para nós. Simplesmente chame-as de "CSS" e siga em frente).

Pare! Faça este exercício antes de prosseguir para o próximo capítulo!

SUPER PODER DO CÉREBRO

Este é um poder do cérebro especial; tão especial que vamos deixar você pensar nele entre os capítulos. Veja o que você precisa fazer:

1. Abra o arquivo "lounge.html" e localize o <div> dos elixires.

2. Mova toda a seção do <div> dos elixires para o início do arquivo para que ela fique imediatamente abaixo do parágrafo que contém o logo do bar.

3. Salve e recarregue sua página. O que mudou?

4. Abra o arquivo "lounge.css".

5. Localize a regra "#elixirs".

6. Adicione esta declaração ao final da regra:

```
float: right;
```

7. Salve seu arquivo e recarregue a página em seu browser.

O que mudou? O que você acha que essa declaração faz?

PONTOS DE BALA

- Os elementos <div> são usados para agrupar elementos relacionados em seções lógicas.
- Criar seções lógicas pode ajudá-lo a identificar as principais áreas de conteúdo, o cabeçalho e o rodapé de sua página.
- Você pode usar os elementos <div> para agrupar elementos que precisem de um estilo em comum.
- Use elementos <div> aninhados para adicionar mais estrutura a seus arquivos, melhorando a clareza ou o estilo. Mas não adicione estrutura, a menos que ela seja realmente necessária.
- Depois de agrupar seções de conteúdo com elementos <div>, você poderá criar estilos para os <div>s, assim como faria com qualquer outro elemento de bloco. Por exemplo, você pode adicionar uma borda em torno de um grupo de elementos usando a propriedade "border" no <div> em que ele está aninhado.
- A propriedade "width" define a largura da área do conteúdo de um elemento.
- A largura total de um elemento é a largura da área de conteúdo, somada à largura de qualquer enchimento, borda ou margem que você adicionar.
- Depois de definir a largura de um elemento, ele não poderá se expandir para se ajustar à toda a largura da janela do browser.
- "Text-align" é uma propriedade para elementos de bloco que centraliza todo o conteúdo em linha no elemento de bloco. Ela é herdada por qualquer elemento de bloco aninhado.
- Você pode usar seletores descendentes para selecionar elementos aninhados em outros elementos. Por exemplo, o seletor descendente

```
div h2 {...}
```

  seleciona todos os <h2>s aninhados em elementos <div> (incluídos filhos, netos etc.).
- Você pode usar atalhos para propriedades relacionadas. Por exemplo, "padding-top", "padding-right", "padding-bottom" e "padding-left" são todas relacionadas a "padding", e podem ser especificadas com uma regra de atalho, "padding".
- O enchimento, a margem, a borda, o fundo e as propriedades da fonte podem ser especificadas com atalhos.
- O elemento em linha <span> é similar ao elemento <div>: ele é usado para agrupar elementos em linha e textos relacionados.
- Assim como acontece com o <div>, você pode adicionar elementos <span> a classes (ou dar "ids" únicos) para criar estilos para eles.
- O elemento <a> é um exemplo de um elemento com diferentes estados. Os principais estados do elemento <a> são "unvisited" (não visitado), "visited" (visitado) e "hover" (flutuação).
- Você pode criar estilos para cada um desses estados separadamente com as pseudoclasses. As pseudoclasses usadas mais frequentemente com o elemento <a> são: ":link", para os links não visitados, ":visited", para os links visitados, e ":hover", para o estado de flutuação.
- Pseudoclasses podem seu usadas com outros elementos também, não apena com <a>.
- Pseudoclasses adicionais são ":hover", ":active", ":focus", ":first- child" e ":last-child", entre outras.

As palavras-cruzadas do HTML estão de férias

Já que você terá que trabalhar em um Poder do Cérebro, demos férias para as Palavras-Cruzadas do HTML neste capítulo. Não se preocupe, elas voltarão no próximo.

Aponte o seu lápis Solução

Esta é a caixa que possui legendas para todas as larguras. Sua tarefa era descobrir a largura de toda a caixa. Aqui está a solução.

30 + 2 + 5 + 200 + 10 + 2 + 20 = 269 pixels

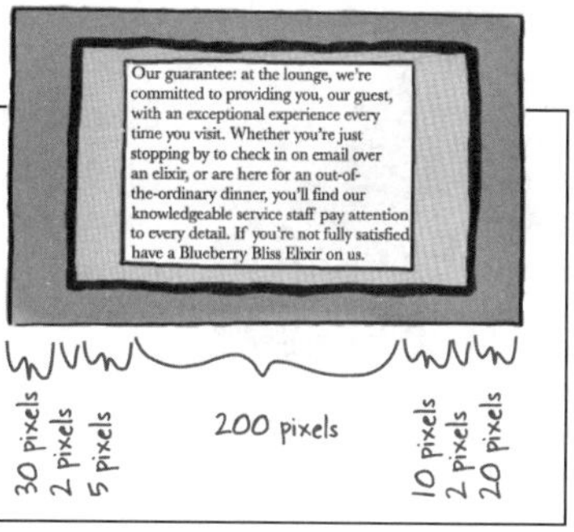
Our guarantee: at the lounge, we're committed to providing you, our guest, with an exceptional experience every time you visit. Whether you're just stopping by to check in on email over an elixir, or are here for an out-of-the-ordinary dinner, you'll find our knowledgeable service staff pay attention to every detail. If you're not fully satisfied have a Blueberry Bliss Elixir on us.
30 pixels
2 pixels
5 pixels
200 pixels
10 pixels
2 pixels
20 pixels

Aponte o seu lápis Solução

Agora que você já compreende as larguras, qual é a largura total da caixa dos elixires? Para começar, sabemos que a área do conteúdo tem 200 pixels. Também definimos algum enchimento à direita e à esquerda que afeta a largura, assim como uma borda definida como "thin". Aceite que uma borda fina tenha 1 pixel, como é na maioria dos browsers. E quanto às margens? Nós definimos um valor da margem esquerda, mas não da direita, portanto ela tem 0 pixel por padrão.

Sua tarefa era descobrir a largura total do <div> dos elixires. Aqui está a solução.

20 + 20 + 200 + 1 + 1 + 0 + 20 = 262

enchimento à esquerda, enchimento à direita, área do conteúdo, borda esquerda, borda direita, margem direita, margem esquerda

Weekly Elixir Specials
Lemon Breeze
The ultimate healthy drink, this elixir combines herbal botanicals, minerals, and vitamins with a twist of lemon into a smooth citrus wonder that will keep your immune system going all day and all night.
Chai Chiller
Not your traditional chai, this elixir mixes maté with chai spices and adds an extra chocolate kick for a caffeinated taste sensation on ice.
Black Brain Brew
Want to boost your memory? Try our Black Brain Brew elixir, made with black oolong tea and just a touch of espresso. Your brain will thank you for the boost.
Join us any evening for these and all our wonderful elixirs.

Aponte o seu lápis Solução

Sua vez. Escreva o seletor que seleciona apenas elementos <h3> dentro do <div> dos elixires. Em sua regra, defina a propriedade "color" como "#d12c47". Coloque também as legendas nos elementos que serão selecionados no gráfico abaixo. Aqui está a solução.

```
#elixirs h3 {
        color: #d12c47;
}
```

Esta é a regra. Selecionamos qualquer descendente <h3>de um elemento com o elixires. O gráfico ficará assim.

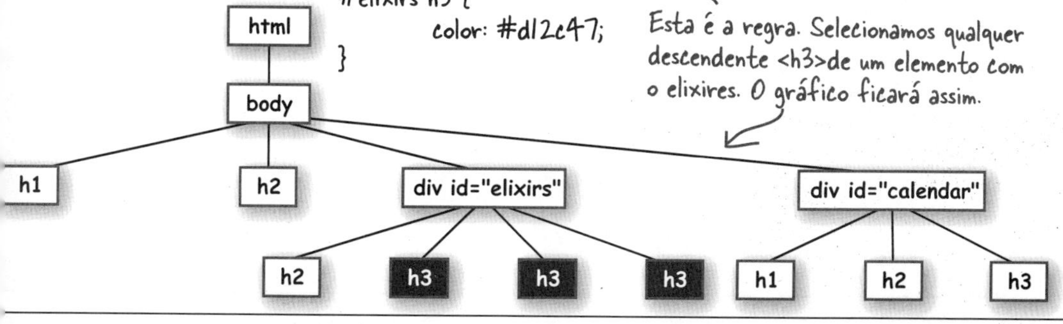
html
body
h1
h2
div id="elixirs"
div id="calendar"
h2
h3
h3
h3
h1
h2
h3

Exercício Solução

É hora de colocar todo o seu novo conhecimento para funcionar. Você notará que no final do bar há uma pequena seção com informações sobre os direitos autorais, que age como um rodapé de página. Adicione um <div> para criar sua própria seção lógica. Depois de fazer isso, crie um estilo para a seção com estas propriedades:

```
font-size: 50%;
text-align: center;
line-height: normal;
margin-top: 30px;
```

Vamos fazer com que o texto fique bem pequeno. Você sabe, AS LETRAS MIÚDAS.

E vamos centralizar o texto.

Também vamos definir a line-height como "normal"

Vamos adicionar um pouco de margem em cima para dar ao rodapé um pouco de espaço.

Coloque as tags <div> em torno da informação de direitos autorais.

E dê a ela um id chamado rodape.

```
<div id="footer">
  <p>
   &copy; 2012, Head First Lounge<br>
   All trademarks and registered trademarks appearing on
   this site are the property of their respective owners.
  </p>
</div>
```

Uma solução ainda melhor seria mudar <p> para <small>, que é um elemento designado especialmente para pequenas impressões. Experimente!

E esta é a CSS para o rodapé.

```
#footer {
   font-size: 50%;
   text-align: center;
   line-height: normal;
   margin-top: 30px;
}
```

Aponte o seu lápis
Solução

Sua tarefa era terminar a adição de elementos <span> ao restante das sugestões de músicas e testar sua página. Aqui está a solução:

```
<ul>
<li><span class="cd">Buddha Bar</span>,
    <span class="artist">Claude Challe</span></li>
<li><span class="cd">When It Falls</span>,
    <span class="artist">Zero 7</span></li>
<li><span class="cd">Earth 7</span>,
    <span class="artist">L.T.J. Bukem</span></li>
<li><span class="cd">Le Roi Est Mort, Vive Le Roi!</span>,
    <span class="artist">Enigma</span></li>
<li><span class="cd">Music for Airports</span>
    <span class="artist">Brian Eno</span></li>
</ul>
```

What's playing at the Lounge
We're frequently asked about the music we play at the lounge, and no wonder, it's great stuff. Just for you, we keep a list here on the site, updated weekly. Enjoy.
Buddha Bar, Claude Challe
When It Falls, Zero 7
Earth 7, L.T.J. Bukem
Le Roi Est Mort, Vive Le Roi!, Enigma
Music for Airports, Brian Eno

Aponte o seu lápis Solução

Sua tarefa é dar algum estilo ao link "instruções detalhadas" do bar. Assim como o link dos elixires, queremos que todos os links ainda não visitados sejam verde-água, e todos os links visitados sejam cinza. Entretanto, não queremos que os outros links do bar tenham qualquer estilo para a flutuação... Ela será exclusiva dos elixires. Como você fará isso? Preencha as lacunas para dar esse estilo ao link "instruções detalhadas" e a qualquer outro link que possa ser adicionado ao bar mais tarde. Aqui está a solução.

```
a:link     { color : #007e7e; }
a:visited  { color : #333333; }
```

Aponte o seu lápis Solução

Tente calcular a especificidade destes seletores usando as regras em cascata.

h1.greentea	011	**ol li p**	003	**em**	001
p img	002	**.green**	010	**span.cd**	011
a:link	011	**#elixirs h1**	101	**#sidebar**	100

11 layout e posicionamento

Arrume os Elementos

Pode apostar que todos os meus divs e spans estão no lugar certinho.

Já é hora de ensinar aos elementos do seu HTML alguns truques novos. Não vamos deixar que os elementos do HTML fiquem apenas sentados; já é hora de fazê-los levantar e nos ajudar na criação de algumas páginas com *layouts* reais. Como? Bem, você já tem uma boa ideia sobre os elementos estruturais <div> e <span> e sabe tudo sobre o funcionamento do modelo caixa, não é? Portanto, agora está na hora de usar todo esse conhecimento para criar alguns designs reais. Não, não estamos falando apenas de mais algumas cores de fonte ou de fundo, mas de designs totalmente profissionais com layouts com múltiplas colunas. Este é o capítulo onde as peças de tudo que você aprendeu se encaixam.

Você fez o Super Poder do Cérebro?

Se você não fez o **SUPER PODER DO CÉREBRO** no final do último capítulo, volte imediatamente para lá e faça-o. É obrigatório.

Ok, agora que já temos isso fora do caminho, no final do último capítulo, deixamos você em uma enrascada. Pedimos para que você movesse o `<div>` dos elixires para cima, até o local abaixo do logo, e então adicionasse uma pequena propriedade à regra dos elixires em sua CSS, assim:

```
float: right;
```

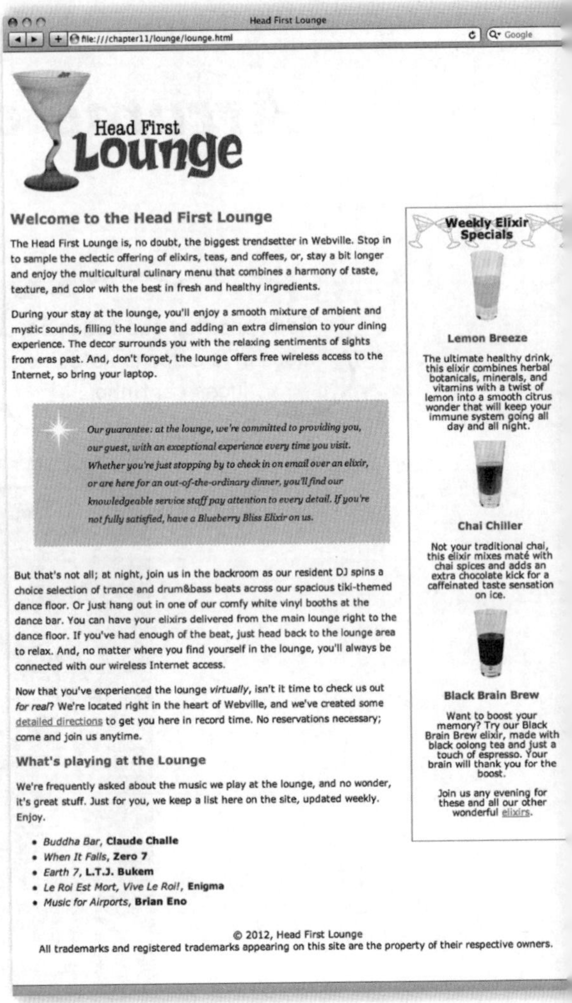

Head First Lounge
file:///chapter11/lounge/lounge.html
Google
Head First Lounge
Welcome to the Head First Lounge
The Head First Lounge is, no doubt, the biggest trendsetter in Webville. Stop in to sample the eclectic offering of elixirs, teas, and coffees, or, stay a bit longer and enjoy the multicultural culinary menu that combines a harmony of taste, texture, and color with the best in fresh and healthy ingredients.
During your stay at the lounge, you'll enjoy a smooth mixture of ambient and mystic sounds, filling the lounge and adding an extra dimension to your dining experience. The decor surrounds you with the relaxing sentiments of sights from eras past. And, don't forget, the lounge offers free wireless access to the Internet, so bring your laptop.
Our guarantee: at the lounge, we're committed to providing you, our guest, with an exceptional experience every time you visit. Whether you're just stopping by to check in on email over an elixir, or are here for an out-of-the-ordinary dinner, you'll find our knowledgeable service staff pay attention to every detail. If you're not fully satisfied, have a Blueberry Bliss Elixir on us.
But that's not all; at night, join us in the backroom as our resident DJ spins a choice selection of trance and drum&bass beats across our spacious tiki-themed dance floor. Or just hang out in one of our comfy white vinyl booths at the dance bar. You can have your elixirs delivered from the main lounge right to the dance floor. If you've had enough of the beat, just head back to the lounge area to relax. And, no matter where you find yourself in the lounge, you'll always be connected with our wireless Internet access.
Now that you've experienced the lounge virtually, isn't it time to check us out for real? We're located right in the heart of Webville, and we've created some detailed directions to get you here in record time. No reservations necessary; come and join us anytime.
What's playing at the Lounge
We're frequently asked about the music we play at the lounge, and no wonder, it's great stuff. Just for you, we keep a list here on the site, updated weekly. Enjoy.
Buddha Bar, Claude Challe
When It Falls, Zero 7
Earth 7, L.T.J. Bukem
Le Roi Est Mort, Vive Le Roi!, Enigma
Music for Airports, Brian Eno
© 2012, Head First Lounge
All trademarks and registered trademarks appearing on this site are the property of their respective owners.
Weekly Elixir Specials
Lemon Breeze
The ultimate healthy drink, this elixir combines herbal botanicals, minerals, and vitamins with a twist of lemon into a smooth citrus wonder that will keep your immune system going all day and all night.
Chai Chiller
Not your traditional chai, this elixir mixes maté with chai spices and adds an extra chocolate kick for a caffeinated taste sensation on ice.
Black Brain Brew
Want to boost your memory? Try our Black Brain Brew elixir, made with black oolong tea and just a touch of espresso. Your brain will thank you for the boost.
Join us any evening for these and all our other wonderful elixirs.

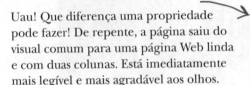

Uau! Que diferença uma propriedade pode fazer! De repente, a página saiu do visual comum para uma página Web linda e com duas colunas. Está imediatamente mais legível e mais agradável aos olhos.

Qual será a mágica? Como essa propriedade aparentemente inofensiva produziu esse efeito tão grande? Podemos usar essa propriedade para fazer coisas ainda mais interessantes com as nossas páginas? É claro, este livro é um Use a Cabeça!, afinal de contas. Mas antes, você precisa aprender como o browser posiciona os elementos em uma página. Sabendo disso, podemos ensinar toda as maneiras de você alterar o layout, e também como você poderá começar a posicionar seus elementos na página.

Aqui está a notícia boa: você já sabe tudo sobre os elementos de bloco e os elementos em linha, e já conhece até o modelo de caixa. Essas são as fundações reais para o browser compor a página. Agora, tudo o que você precisa saber é exatamente como o browser pega todos os elementos em uma página e decide o lugar onde eles devem ser colocados.

Use o fluxo, Luke

O fluxo é aquilo que faz com que a CSS domine seu poder. É um campo de energia criado por todas as coisas vivas. Ele nos envolve e nos penetra. Ele mantém a galáxia unida... Oh, desculpe.

O fluxo é aquilo que o browser utiliza para organizar a página de elementos HTML. O browser começa do topo de qualquer arquivo HTML e segue o fluxo dos elementos do início até o final, exibindo cada elemento que encontrar. E, considerando apenas os elementos de bloco por um momento, ele coloca uma quebra de linha entre cada um deles. Assim, o primeiro elemento em um arquivo é exibido primeiro; uma quebra de linha, seguida pelo segundo elemento, então uma quebra de linha e assim por diante, do início do arquivo até o final. Isso é o fluxo.

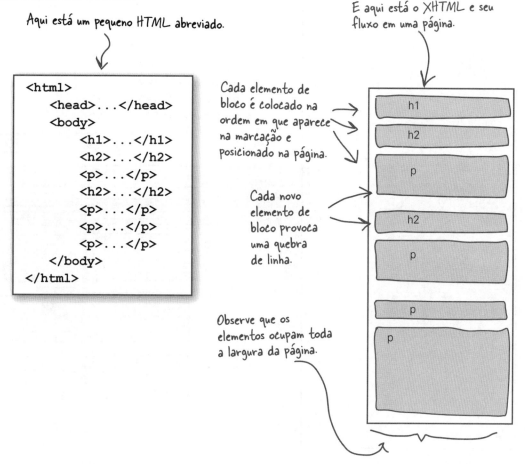

Aqui está um pequeno HTML abreviado.

```
<html>
   <head>...</head>
   <body>
      <h1>...</h1>
      <h2>...</h2>
      <p>...</p>
      <h2>...</h2>
      <p>...</p>
      <p>...</p>
      <p>...</p>
   </body>
</html>
```

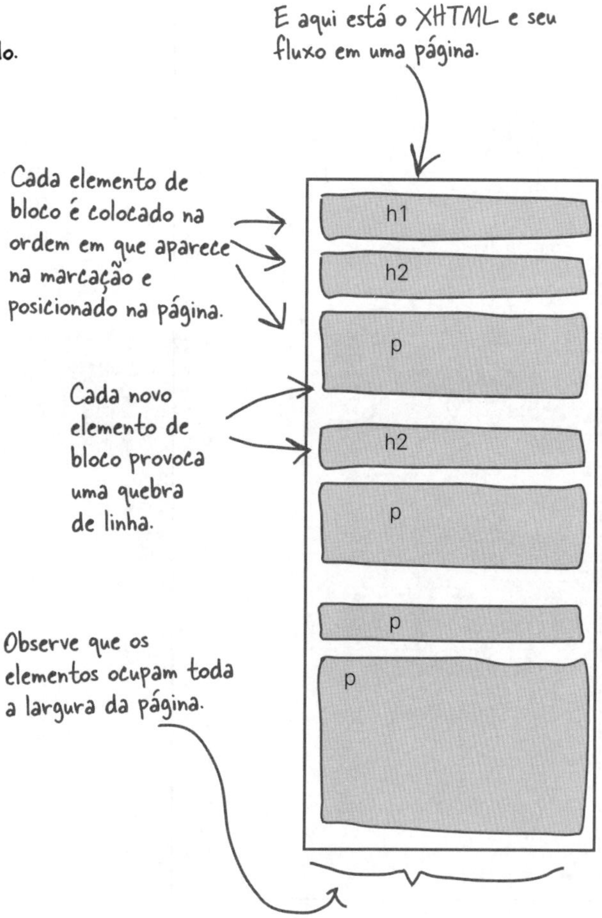
E aqui está o XHTML e seu fluxo em uma página.
Cada elemento de bloco é colocado na ordem em que aparece na marcação e posicionado na página.
Cada novo elemento de bloco provoca uma quebra de linha.
Observe que os elementos ocupam toda a largura da página.
h1
h2
p
h2
p
p
p

Sinta-se como o Browser

Esta é a sua página. Desenhe o fluxo dos elementos de bloco do lounge.html aqui.

Abra seu arquivo "lounge.html" e localize todos os elementos de bloco. Desenhe seu fluxo na página à esquerda. Concentre-se apenas nos elementos de bloco aninhados diretamente dentro do elemento corpo. Você também pode ignorar a propriedade "float" em sua CSS, porque ainda não sabe o que ela faz. Verifique sua resposta antes de prosseguir.

Estes são todos os elementos de bloco de que você precisa para completar a tarefa.

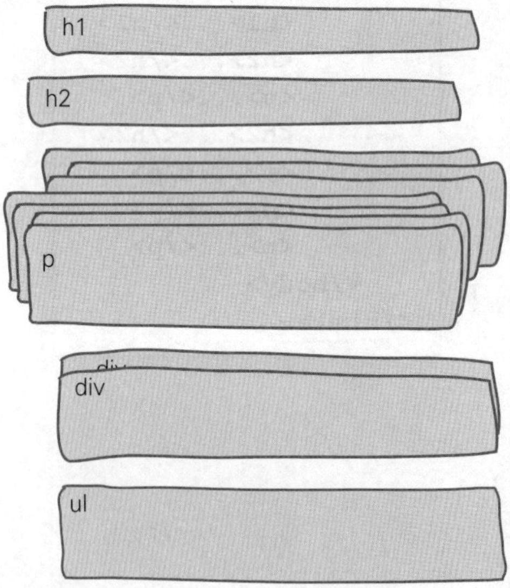
h1
h2
p
div
ul

E os elementos em linha?

Você sabe que os elementos de bloco têm um fluxo do início até o final, com uma quebra de linha entre cada um deles. Fácil. E os elementos em linha?

Os elementos em linha têm seu fluxo próximo uns dos outros, horizontalmente, do canto superior esquerdo até o canto inferior direito. Veja como isso funciona.

Este é outro trecho de HTML.

```
<p>
Join us <em>any evening</em> for
these and all our other wonderful
<a href="beverages/elixir.
html" title="Head First Lounge
Elixirs">elixirs</a>.
</p>
```

Se pegarmos o conteúdo do em linha deste elemento <p> e o colocarmos no fluxo da página, começaremos no canto superior esquerdo.

Os elementos em linha são colocados uns próximos aos outros horizontalmente, desde que haja espaço na direita para posicioná-los.

p
text
em
text
a

Aqui há espaço para colocarmos todos os elementos em linha horizontalmente. Observe que o texto é um caso especial de um elemento em linha. O browser o quebra em elementos em linha que têm o tamanho exato para caberem no espaço.

E se tornarmos a janela do browser um pouco mais fina, ou se reduzirmos o tamanho da área de conteúdo com a propriedade width? Haverá menos espaço para colocar os elementos em linha. Vamos ver como isso funciona.

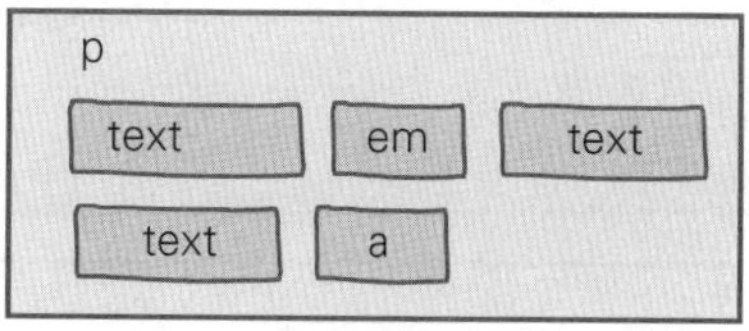

p
text
em
text
text
a

Agora o conteúdo tem o fluxo da esquerda para a direita até que não haja mais espaço, e então o conteúdo é colocado na próxima linha. Observe que o browser teve de quebrar o texto de um modo um pouco diferente para que coubesse de uma maneira agradável.

E veja o que acontece se afinarmos ainda mais a área do conteúdo. O browser usa quantas linhas forem necessárias para que o conteúdo flua no espaço.

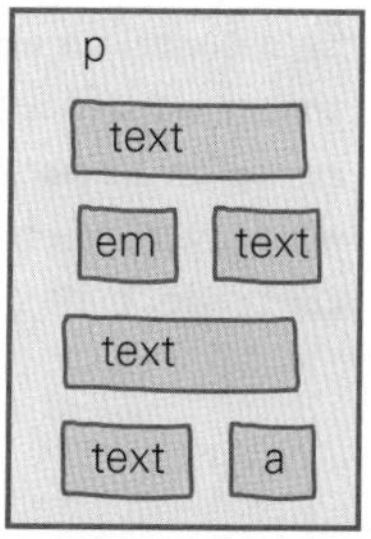

p
text
em
text
text
text
a

Como tudo junto funciona

Agora que você já sabe como é o fluxo de elementos de bloco e em linha, vamos juntá- los. Usaremos uma página típica com cabeçalhos, parágrafos e alguns elementos em linha como spans, alguns elementos de ênfase e até mesmo imagens. E não podemos esquecer do texto em linha.

Começamos com uma janela de browser que foi redimensionada para ficar bem larga.

O fluxo de cada elemento de bloco vai do início ao fim como esperado, com uma quebra entre cada um.

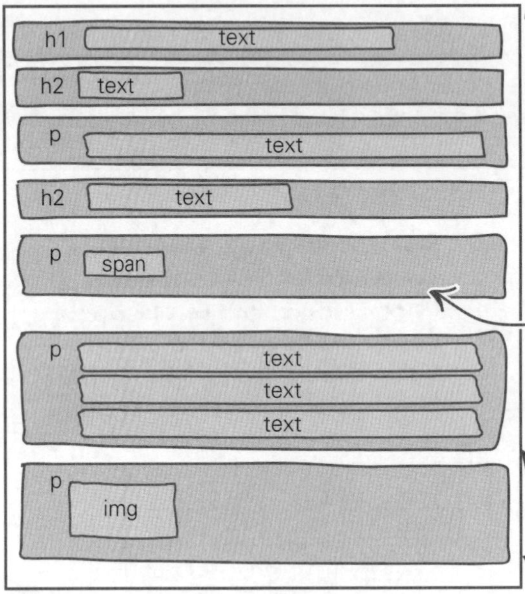

h1
text
h2
text
p
text
h2
text
p
span
p
text
text
text
p
img

E o fluxo dos elementos em linha do canto superior esquerdo até o canto inferior direito da área de conteúdo do elemento.

Se o conteúdo em linha de cada bloco couber na largura da área de conteúdo, então será colocado lá; caso contrário, mais espaço vertical será criado para o conteúdo, e ele continuará na próxima linha.

Aqui, redimensionamos a janela do browser, apertando todo o conteúd em um tamanho horizontal menor.

O fluxo das coisas segue da mesma maneira, apesar de que, em alguns lugares, os elementos em linha ocupam mais linhas verticais.

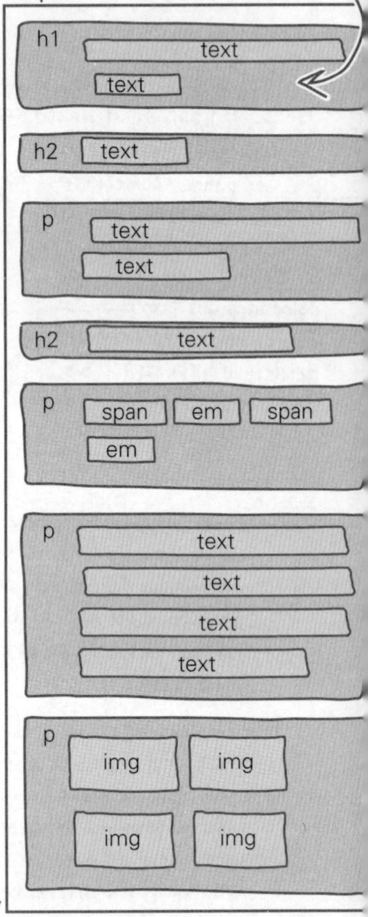

h1
text
text
h2
text
p
text
text
h2
text
p
span
em
span
em
p
text
text
text
text
p
img
img
img
img

Agora os elementos de bloco ocup mais espaço vertical porque o conteúdo em linha precisa caber um espaço horizontal menor.

Mais uma coisa que você deveria saber sobre fluxo e caixas

Vamos chegar um pouco mais perto e olhar para um aspecto sobre o modo como o browser acomoda os elementos de bloco e em linha. Acontece que o browser trata as margens de maneira diferente, dependendo do tipo de elemento que está sendo colocado na página.

Quando o browser estiver colocando dois elementos em linha próximos um do outro...

Quando o browser tem a tarefa de colocar dois elementos em linha lado a lado, e tais elementos tiverem margens, então o browser faz o que você poderia esperar. Ele cria espaço suficiente entre os elementos para acomodar as duas margens. Assim, se o elemento da esquerda possui uma margem de 10 pixels e o da direita uma de 20 pixels, então haverá 30 pixels de espaço entre os dois elementos.

margem margem

Aqui temos duas imagens, lado a lado. As imagens são elementos em linha, certo? Assim, o browser usa as margens de ambas as imagens para calcular o espaço entre elas.

Quando o browser estiver colocando dois elementos de bloco, um em cima do outro...

É aqui que as coisas ficam mais interessantes. Quando o browser posiciona dois elementos de bloco, um em cima do outro, junta as duas margens compartilhadas. A altura da margem compartilhada será igual à altura da margem maior.

uando o rowser coloca n elemento de oco em cima de tro, junta as ias margens.

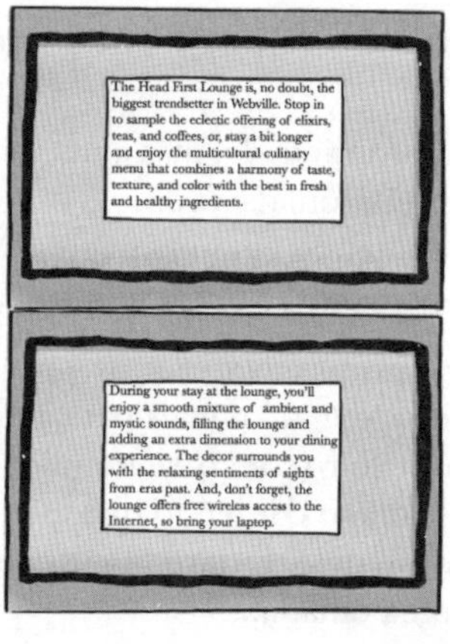

The Head First Lounge is, no doubt, the biggest trendsetter in Webville. Stop in to sample the eclectic offering of elixirs, teas, and coffees, or, stay a bit longer and enjoy the multicultural culinary menu that combines a harmony of taste, texture, and color with the best in fresh and healthy ingredients.
During your stay at the lounge, you'll enjoy a smooth mixture of ambient and mystic sounds, filling the lounge and adding an extra dimension to your dining experience. The decor surrounds you with the relaxing sentiments of sights from eras past. And, don't forget, the lounge offers free wireless access to the Internet, so bring your laptop.

Sua margem compartilhada é do tamanho da maior das duas margens. Digamos que a margem inferior do elemento de cima seja de 10 pixels, e a margem superior do elemento de baixo seja 20 pixels. A margem compartilhada terá 20 pixels.

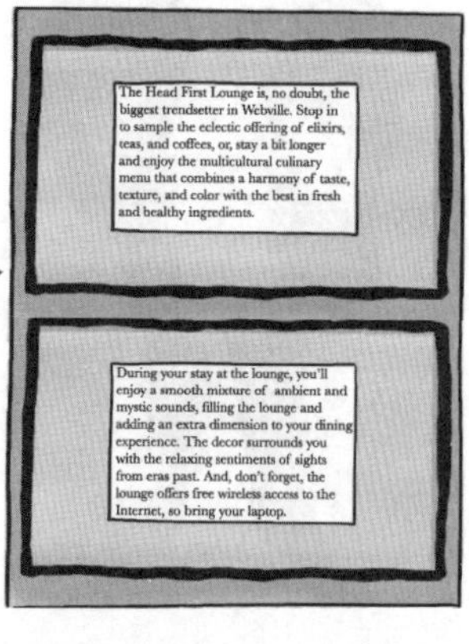

The Head First Lounge is, no doubt, the biggest trendsetter in Webville. Stop in to sample the eclectic offering of elixirs, teas, and coffees, or, stay a bit longer and enjoy the multicultural culinary menu that combines a harmony of taste, texture, and color with the best in fresh and healthy ingredients.
During your stay at the lounge, you'll enjoy a smooth mixture of ambient and mystic sounds, filling the lounge and adding an extra dimension to your dining experience. The decor surrounds you with the relaxing sentiments of sights from eras past. And, don't forget, the lounge offers free wireless access to the Internet, so bring your laptop.

não existem Perguntas Idiotas

P: Se eu tiver um elemento de bloco com uma margem zero, e um elemento de bloco abaixo dele com uma margem superior de 20, a margem entre eles será de 20 pixels?

R: Certo. Se uma das margens for maior, então será a maior das duas, mesmo se uma delas for zero. Mas se as margens forem iguais, digamos, de 10 pixels, então elas simplesmente são juntadas com um total de 10 pixels.

P: Os elementos em linha realmente podem ter margens?

R: É claro que podem, apesar de que você não vai encontrar muita gente que faça isso. A única exceção são as imagens. É muito comum não só definir as margens como também bordas e enchimento nas imagens. E enquanto não definirmos margens para nenhum elemento em linha neste capítulo, definiremos uma borda em um elemento um pouco mais adiante.

P: E se eu tiver um elemento aninhado em outro e ambos tiverem margens? Eles poderão juntá-las?

R: Sim, isso pode acontecer. Veja como descobrir quando: sempre que você tiver duas margens verticais se tocando, elas se juntarão, mesmo se um elemento estiver aninhado no outro. Observe que se o elemento mais externo tiver uma borda, as margens nunca se tocarão, portanto elas não se juntarão. Mas se você remover a borda, elas se juntarão. Pode ser intrigante quando você se deparar com isso pela primeira vez, portanto tenha isso em mente quando acontecer.

P: Como exatamente o texto funciona como um elemento em linha uma vez que seu conteúdo não é um elemento?

R: Mesmo que o texto seja conteúdo, o browser precisa criar um fluxo para ele na página, certo? Portanto, o browser descobre quanto texto cabe em uma determinada linha e então trata tal linha de texto como se fosse um elemento em linha. O browser até mesmo cria uma pequena caixa em torno dele. Como você já viu, se a página for redimensionada, então todos os blocos mudarão à medida que o texto for novamente ajustado na área do conteúdo.

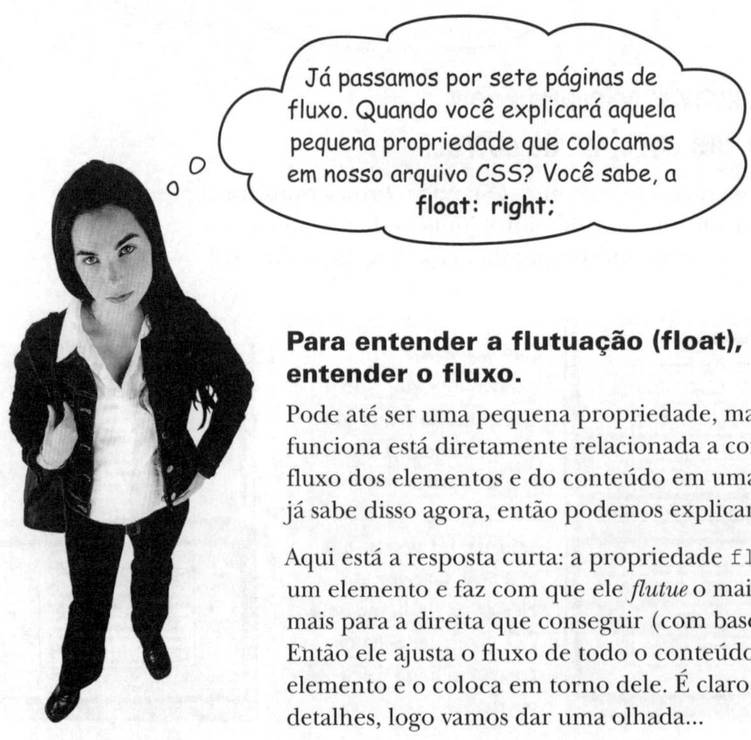
Já passamos por sete páginas de fluxo. Quando você explicará aquela pequena propriedade que colocamos em nosso arquivo CSS? Você sabe, a float: right;

Para entender a flutuação (float), você precisa entender o fluxo.

Pode até ser uma pequena propriedade, mas a maneira como ela funciona está diretamente relacionada a como o browser ajusta o fluxo dos elementos e do conteúdo em uma página. Mas, ei, você já sabe disso agora, então podemos explicar a flutuação.

Aqui está a resposta curta: a propriedade `float` primeiro pega um elemento e faz com que ele *flutue* o mais para a esquerda ou o mais para a direita que conseguir (com base no valor de `float`). Então ele ajusta o fluxo de todo o conteúdo que esteja abaixo do elemento e o coloca em torno dele. É claro que há alguns outros detalhes, logo vamos dar uma olhada...

Como fazer um elemento flutuar

Vamos ver um exemplo de como você pode fazer um elemento flutuar e do que acontece com o fluxo da página em consequência disso.

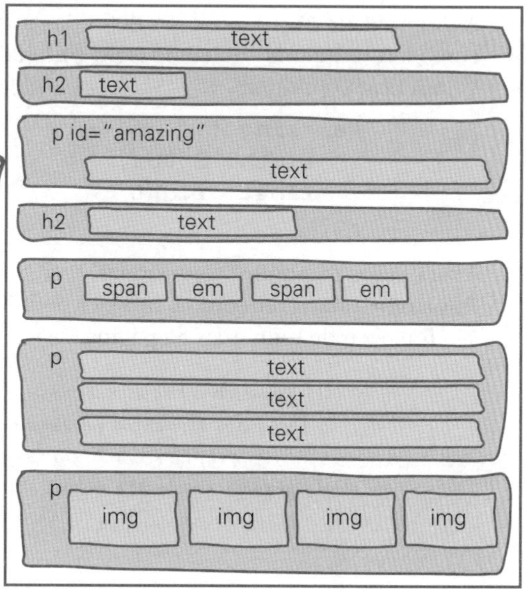
h1
text
h2
text
p id="amazing"
text
h2
text
p
span
em
span
em
p
text
text
text
p
img
img
img
img

Primeiro, dê a ele uma identidade

Vamos pegar um destes parágrafos e dar a ele um id. Gostaríamos de chamá-lo de "o sensacional parágrafo flutuante", mas vamos chamá-lo apenas de "sensacional" para termos um nome menor.

Agora dê a ele uma largura

Uma exigência para qualquer elemento flutuante é que ele tenha uma largura. Vamos fazer com que este parágrafo tenha 200 pixels de largura. Esta é a regra:

```
#amazing {
   width: 200px;
}
```

Agora o parágrafo tem a largura de 200 pixels e conteúdo em linha dentro dele foi ajustado para essa largura. Tenha em mente que o parágrafo é um elemento de bloco, portanto nenhum elemento subirá para ficar ao seu lado porque todos os elementos de bloco possuem quebras de linha antes e depois deles.

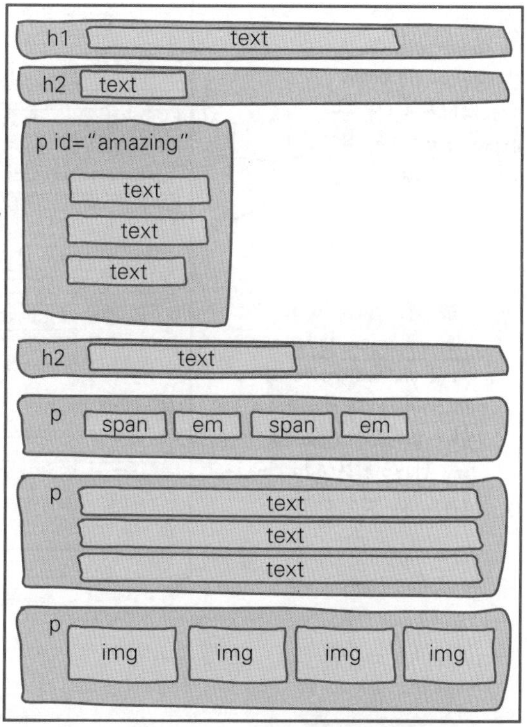
h1
text
h2
text
p id="amazing"
text
text
text
h2
text
p
span
em
span
em
p
text
text
text
p
img
img
img
img

Agora faça-o flutuar

Agora vamos adicionar a propriedade `float`. A propriedade `float` pode ser definida tanto como left (esquerda) ou como right (direita). Vamos ficar com right:

```
#amazing {
    width: 200px;
    float: right;
}
```

Agora que o parágrafo "sensacional" está flutuando, vamos ver como o browser definirá o seu fluxo e o de tudo mais na página.

(1) Primeiro o browser arruma o fluxo dos elementos na página como sempre, começando do topo do arquivo e indo até o final.

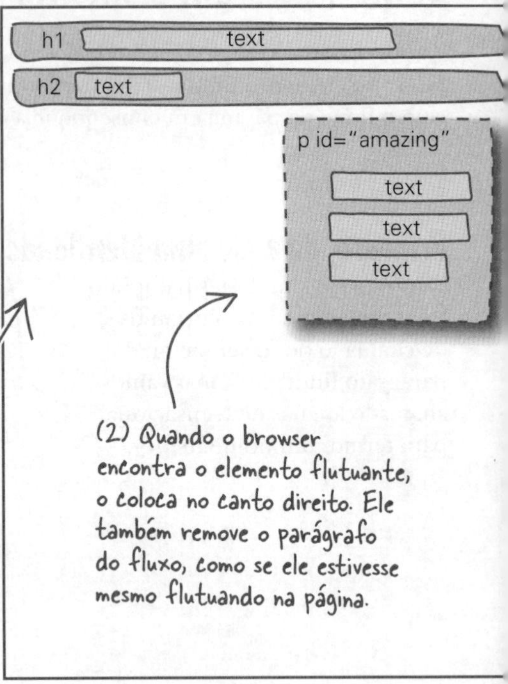
h1
text
h2
text
p id="amazing"
text
text
text
(2) Quando o browser encontra o elemento flutuante, o coloca no canto direito. Ele também remove o parágrafo do fluxo, como se ele estivesse mesmo flutuando na página.

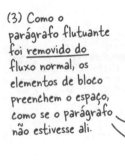

(3) Como o parágrafo flutuante foi removido do fluxo normal, os elementos de bloco preenchem o espaço, como se o parágrafo não estivesse ali.

(4) Mas quando os elementos em linha são posicionados, respeitam os limites do elemento flutuante. Portanto, seu fluxo é criado em torno do elemento.

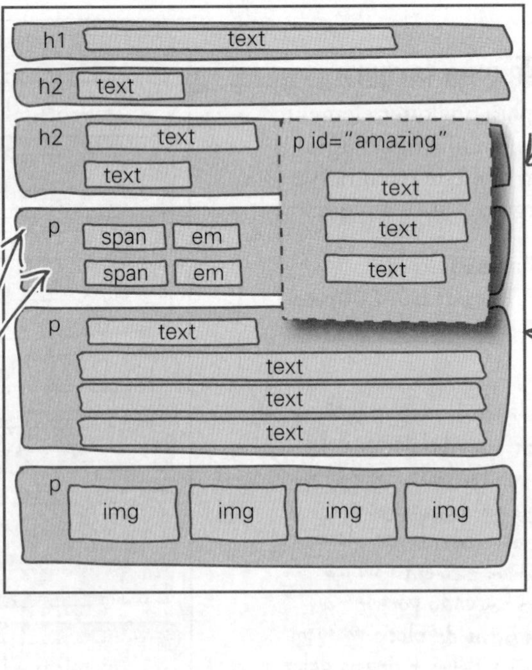
h1
text
h2
text
h2
text
text
p id="amazing"
text
text
text
p
span
em
span
em
p
text
text
text
text
p
img
img
img
img

Observe que os elementos de bloco são posicionados sob elemento flutuante. Isso acontece porqu o elemento flutuan não faz mais do fluxo normal.

Entretanto, quanc o browser arruma fluxo dos elemento em linha dentro dos eles fluem em torno das bordas d elemento flutuante

Nos bastidores do bar

Agora você sabe tudo sobre fluxo e como os elementos flutuantes são colocados em uma página. Vamos olhar novamente para o bar e ver como tudo isso funciona.

Lembre-se, além de definir que o <div> dos elixires deveria flutuar à direita, também movemos o <div> para cima, justamente abaixo do logo no topo da página.

over o <div> nos permitiu fazer com que flutuasse à direita, e então fizemos m que toda página acomodasse seu fluxo torno dele. Se tivéssemos deixado o iv> dos elixires abaixo das sugestões músicas, então os elixires teriam sido locados em flutuação depois de quase da a página ter sido posicionada.

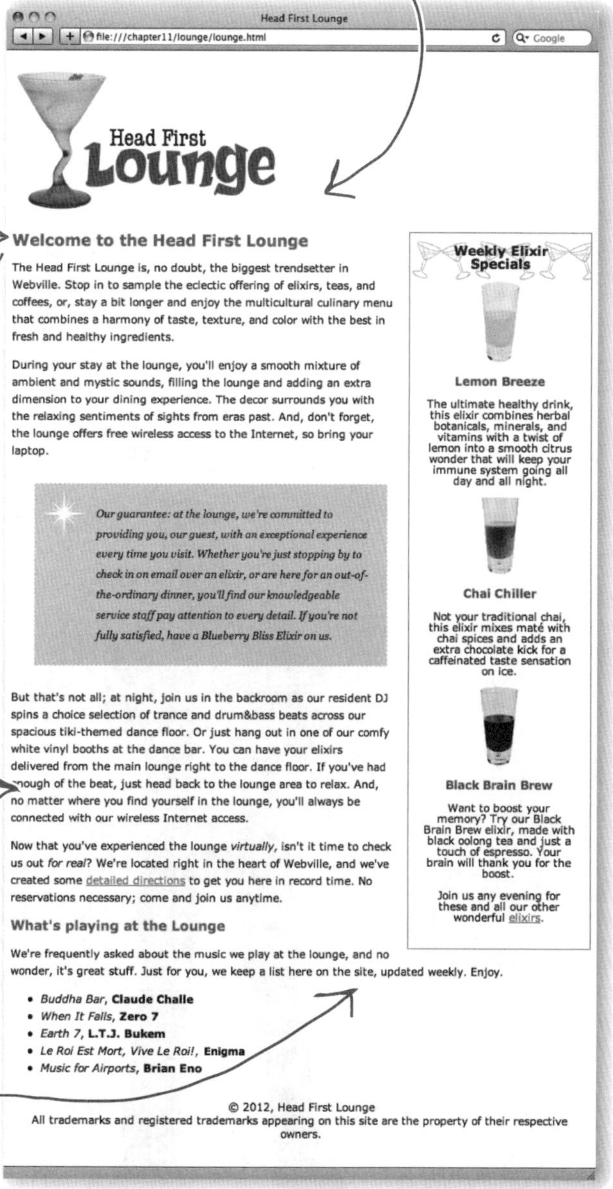

Head First Lounge
file:///chapter11/lounge/lounge.html
Google
Head First Lounge
Welcome to the Head First Lounge
The Head First Lounge is, no doubt, the biggest trendsetter in Webville. Stop in to sample the eclectic offering of elixirs, teas, and coffees, or, stay a bit longer and enjoy the multicultural culinary menu that combines a harmony of taste, texture, and color with the best in fresh and healthy ingredients.
During your stay at the lounge, you'll enjoy a smooth mixture of ambient and mystic sounds, filling the lounge and adding an extra dimension to your dining experience. The decor surrounds you with the relaxing sentiments of sights from eras past. And, don't forget, the lounge offers free wireless access to the Internet, so bring your laptop.
Our guarantee: at the lounge, we're committed to providing you, our guest, with an exceptional experience every time you visit. Whether you're just stopping by to check in on email over an elixir, or are here for an out-of-the-ordinary dinner, you'll find our knowledgeable service staff pay attention to every detail. If you're not fully satisfied, have a Blueberry Bliss Elixir on us.
But that's not all; at night, join us in the backroom as our resident DJ spins a choice selection of trance and drum&bass beats across our spacious tiki-themed dance floor. Or just hang out in one of our comfy white vinyl booths at the dance bar. You can have your elixirs delivered from the main lounge right to the dance floor. If you've had enough of the beat, just head back to the lounge area to relax. And, no matter where you find yourself in the lounge, you'll always be connected with our wireless Internet access.
Now that you've experienced the lounge virtually, isn't it time to check us out for real? We're located right in the heart of Webville, and we've created some detailed directions to get you here in record time. No reservations necessary; come and join us anytime.
What's playing at the Lounge
We're frequently asked about the music we play at the lounge, and no wonder, it's great stuff. Just for you, we keep a list here on the site, updated weekly. Enjoy.
Buddha Bar, Claude Challe
When It Falls, Zero 7
Earth 7, L.T.J. Bukem
Le Roi Est Mort, Vive Le Roi!, Enigma
Music for Airports, Brian Eno
© 2012, Head First Lounge
All trademarks and registered trademarks appearing on this site are the property of their respective owners.
Weekly Elixir Specials
Lemon Breeze
The ultimate healthy drink, this elixir combines herbal botanicals, minerals, and vitamins with a twist of lemon into a smooth citrus wonder that will keep your immune system going all day and all night.
Chai Chiller
Not your traditional chai, this elixir mixes maté with chai spices and adds an extra chocolate kick for a caffeinated taste sensation on ice.
Black Brain Brew
Want to boost your memory? Try our Black Brain Brew elixir, made with black oolong tea and just a touch of espresso. Your brain will thank you for the boost.
Join us any evening for these and all our other wonderful elixirs.

Todos estes elementos seguem os elixires no HTML, portanto seu fluxo foi colocado em volta do <div> dos elixires.

Lembre-se de que o <div> dos elixires está flutuando no topo da página. Todos os outros elementos estão sob ele, mas o conteúdo em linha respeita seus limites quando é posicionado na página.

Observe também que o texto se estende em torno do final do <div> dos elixires, porque está contido em um elemento de bloco que tem a largura da página. Se o seu não fizer isso, tente estreitar a janela de seu browser até que o texto apareça em torno dos elixires.

Exercício

Mova o <div> dos elixires de volta ao seu lugar original, embaixo das sugestões de música, e então salve e recarregue a página. Onde o elemento está flutuando agora? Compare sua resposta com a solução no final do capítulo e coloque o <div> dos elixires de volta ao local abaixo do cabeçalho.

Que coisas legais. Você acha que ficarei assistindo esses designs fantásticos para o bar sem querer que você melhore a página do Starbuzz? Você tem carta branca... Leve o Starbuzz para o próximo nível.

Parece que você tem uma nova missão. O Starbuzz realmente precisa de umas melhorias. É claro que você fez um ótimo trabalho criando as páginas superior e inferior típicas, mas agora que você conhece o fluxo, deve ser capaz de dar ao Café Starbuzz uma agradável aparência que seja mais amigável do que o último design.

Entretanto, temos um pequeno segredo... Já estávamos trabalhando um pouco nisso. Criamos e atualizamos a versão do seu site. Sua tarefa ser oferecer todo o layout. Não se preocupe, vamos mostrar tudo o que fizemos até aqui — não é nada que você não tenha visto antes.

O novo Starbuzz

Vamos dar uma rápida olhada no que temos até aqui, começando pela aparência atual da página. Então daremos uma olhadinha na marcação e na CSS que está fornecendo estilo para ela.

Temos um cabeçalho agora com um novo e elegante logo do Starbuzz e com a declaração da missão da empresa. Na verdade, isto é apenas uma imagem GIF

Temos quatro seções: o cabeçalho, a seção principal de conteúdo, uma seção anunciando alguma coisa nova chamada Máquina de Café e um rodapé.

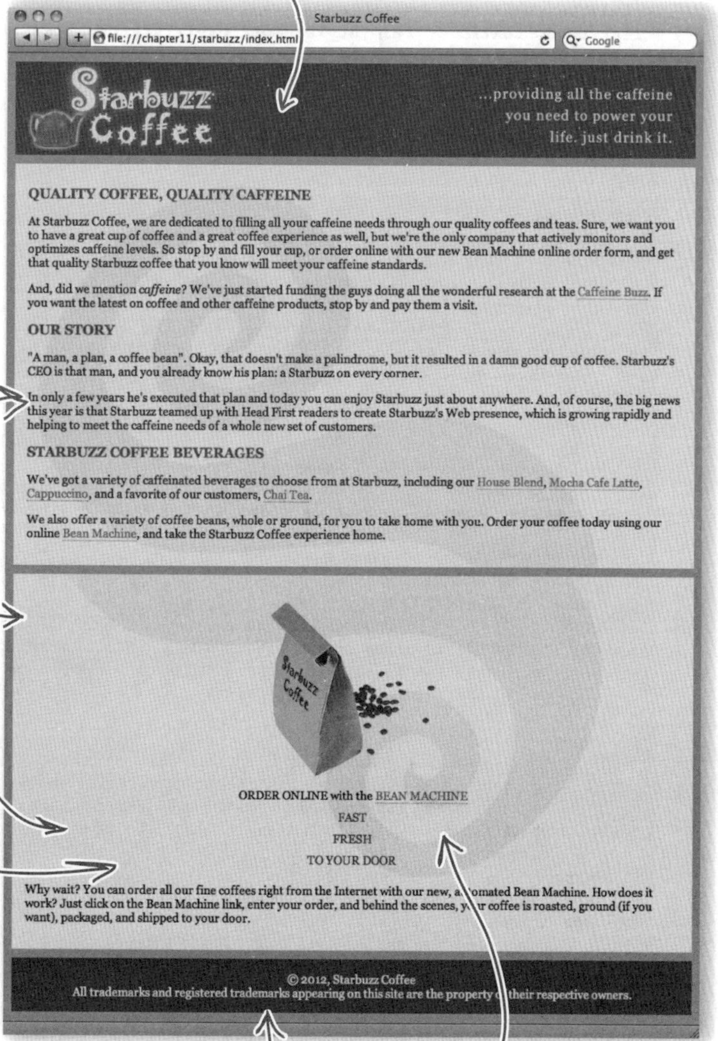

Starbuzz Coffee
file:///chapter11/starbuzz/index.html
Google
Starbuzz Coffee
...providing all the caffeine you need to power your life. just drink it.
QUALITY COFFEE, QUALITY CAFFEINE
At Starbuzz Coffee, we are dedicated to filling all your caffeine needs through our quality coffees and teas. Sure, we want you to have a great cup of coffee and a great coffee experience as well, but we're the only company that actively monitors and optimizes caffeine levels. So stop by and fill your cup, or order online with our new Bean Machine online order form, and get that quality Starbuzz coffee that you know will meet your caffeine standards.
And, did we mention caffeine? We've just started funding the guys doing all the wonderful research at the Caffeine Buzz. If you want the latest on coffee and other caffeine products, stop by and pay them a visit.
OUR STORY
"A man, a plan, a coffee bean". Okay, that doesn't make a palindrome, but it resulted in a damn good cup of coffee. Starbuzz's CEO is that man, and you already know his plan: a Starbuzz on every corner.
In only a few years he's executed that plan and today you can enjoy Starbuzz just about anywhere. And, of course, the big news this year is that Starbuzz teamed up with Head First readers to create Starbuzz's Web presence, which is growing rapidly and helping to meet the caffeine needs of a whole new set of customers.
STARBUZZ COFFEE BEVERAGES
We've got a variety of caffeinated beverages to choose from at Starbuzz, including our House Blend, Mocha Cafe Latte, Cappuccino, and a favorite of our customers, Chai Tea.
We also offer a variety of coffee beans, whole or ground, for you to take home with you. Order your coffee today using our online Bean Machine, and take the Starbuzz Coffee experience home.
Starbuzz Coffee
ORDER ONLINE with the BEAN MACHINE
FAST
FRESH
TO YOUR DOOR
Why wait? You can order all our fine coffees right from the Internet with our new, automated Bean Machine. How does it work? Just click on the Bean Machine link, enter your order, and behind the scenes, your coffee is roasted, ground (if you want), packaged, and shipped to your door.
© 2012, Starbuzz Coffee
All trademarks and registered trademarks appearing on this site are the property of their respective owners.

Cada seção é um <div> que pode ter seu próprio estilo independente.

Parece que temos uma cor de fundo para a página como um todo, e então cada <div> está usando uma imagem como fundo.

ui está a área da Máquina de ãos. Ela cria um link para uma nova a no Café Starbuzz, onde você derá solicitar seus grãos de café ine. Este link ainda não funciona que você construirá a Máquina de ãos em um próximo capítulo.

Este é o rodapé. Ele não usa uma imagem de fundo, apenas uma cor de fundo.

Observe que estilizamos os links de uma maneira interessante, com um sublinhado pontilhado...

Vamos dar uma olhada na marcação

Agora vejamos a nova marcação do Starbuzz. Pegamos cada uma das seções lógicas e a colocamos em um <div>, todas com seus próprios ids. Além dos <div>s e dos <span>s, não há nada aqui que você já não tenha visto até o Capítulo 5. Assim, dê uma rápida olhada e se familiarize com a estrutura, e então vire a página para verificar o estilo da CSS.

Aqui está o usual linguajar administrativo do HTML.

Seguido por um <div para o cabeçalho e um <div> para a áre do conteúdo princip

```
<!DOCTYPE html>
<html>
<head>
     <meta charset="utf-8">
     <title>Starbuzz Coffee</title>
     <link type="text/css" rel="stylesheet" href="starbuzz.css">
</head>
<body>

<div id="header">
     <img src="images/header.gif" alt="Starbuzz Coffee header image">
</div>

<div id="main">
     <h1>QUALITY COFFEE, QUALITY CAFFEINE</h1>
     <p>
        At Starbuzz Coffee, we are dedicated to filling all your caffeine needs through our
        quality coffees and teas. Sure, we want you to have a great cup of coffee and a great
        coffee experience as well, but we're the only company that actively monitors and
        optimizes caffeine levels. So stop by and fill your cup, or order online with our new Be
        Machine online order form, and get that quality Starbuzz coffee that you know will meet
        your caffeine standards.
     </p>
     <p>
        And, did we mention <em>caffeine</em>? We've just started funding the guys doing all
        the wonderful research at the <a href="http://buzz.wickedlysmart.com"
        title="Read all about caffeine on the Buzz">Caffeine Buzz</a>.
        If you want the latest on coffee and other caffeine products,
        stop by and pay them a visit.
     </p>
     <h1>OUR STORY</h1>
     <p>
         "A man, a plan, a coffee bean". Okay, that doesn't make a palindrome, but it resulte
         in a damn good cup of coffee. Starbuzz's CEO is that man, and you already know his
         plan: a Starbuzz on every corner.
     </p>
     <p>
         In only a few years he's executed that plan and today
         you can enjoy Starbuzz just about anywhere. And, of course, the big news this year
         is that Starbuzz teamed up with Head First readers to create Starbuzz's Web presence
         which is growing rapidly and helping to meet the caffeine needs of a whole new set o
         customers.
     </p>
     <h1>STARBUZZ COFFEE BEVERAGES</h1>
     <p>
          We've got a variety of caffeinated beverages to choose
          from at Starbuzz, including our
```

Esta é a continuação da área do conteúdo principal.

```
        <a href="beverages.html#house" title="House Blend">House Blend</a>,
        <a href="beverages.html#mocha" title="Mocha Cafe Latte">Mocha Cafe Latte</a>,
        <a href="beverages.html#cappuccino" title="Cappuccino">Cappuccino</a>,
        and a favorite of our customers,
        <a href="beverages.html#chai" title="Chai Tea">Chai Tea</a>.
    </p>
    <p>
        We also offer a variety of coffee beans, whole or ground, for you to
        take home with you. Order your coffee today using our online
        <a href="form.html" title="The Bean Machine">Bean Machine</a>,
         and take the Starbuzz Coffee experience home.
    </p>

</div>

<div id="sidebar">
    <p class="beanheading">
        <img src="images/bag.gif" alt="Bean Machine bag">
        <br>
        ORDER ONLINE
        with the
        <a href="form.html">BEAN MACHINE</a>
        <br>
        <span class="slogan">
            FAST <br>
            FRESH <br>
            TO YOUR DOOR <br>
        </span>
    </p>
    <p>
       Why wait? You can order all our fine coffees right from the Internet with our new,
       automated Bean Machine. How does it work? Just click on the Bean Machine link,
       enter your order, and behind the scenes, your coffee is roasted, ground
      (if you want), packaged, and shipped to your door.
    </p>
</div>

<div id="footer">
    &copy; 2012, Starbuzz Coffee
    <br>
    All trademarks and registered trademarks appearing on
    this site are the property of their respective owners.
</div>

</body>
</html>
```

Este é o <div> para a Máquina de Grãos. Demos a ele o id "sidebar" (barra lateral). Humm, o que será que isso significa?

Finalmente, temos o <div> que cria o rodapé da página.

Vamos olhar o estilo também

Vamos dar uma boa olhada na CSS que cria os estilos para a nova página do Starbuzz. Examine as regras da CSS com cuidado. Mesmo que a nova página do Starbuzz pareça um pouco avançada, você verá que tudo não passa de uma CSS simples, que você já conhece.

```
body {
        background-color: #b5a789;
        font-family:      Georgia, "Times New Roman", Times, serif;
        font-size:        small;
        margin:           0px;
}

#header {
        background-color: #675c47;
        margin:           10px;
        height:           108px;
}

#main {
        background:       #efe5d0 url(images/background.gif) top left;
        font-size:        105%;
        padding:          15px;
        margin:           0px 10px 10px 10px;
}

#sidebar {
        background:       #efe5d0 url(images/background.gif) bottom right;
        font-size:        105%;
        padding:          15px;
        margin:           0px 10px 10px 10px;
}

#footer {
        background-color: #675c47;
        color:            #efe5d0;
        text-align:       center;
        padding:          15px;
        margin:           10px;
        font-size:        90%;
}

h1 {
        font-size:        120%;
        color:            #954b4b;
}

.slogan { color:          #954b4b;}

.beanheading {
        text-align:       center;
        line-height:      1.8em;
}
```

Primeiro definimos apenas o básico no corpo: uma cor de fundo, fontes e a margem do corpo especificada como 0. Isso garante que não haja espaço extra em torno dos limites da página.

Em seguida, temo uma regra para cada seção lógica Em cada uma, estamos mudand o tamanho da fonte, adicionand enchimento e margens, e tamb – no caso da áre principal e da barra lateral – especificando um imagem de fund

Em seguida, nós estabelecemos as fontes e cores nos títulos.

E então algumas cores na classe chamada de slogan, que é usada na barra lateral <div>, assim como a classe beanheading, que também é usada lá.

```
a:link {
        color:              #b76666;
        text-decoration:    none;
        border-bottom:      thin dotted #b76666;
}
a:visited {
        color:              #675c47;
        text-decoration:    none;
        border-bottom:      thin dotted #675c47;
}
```

E nas duas últimas regras na CSS do Starbuzz, usamos as pseudoclasses a:link a:visited para o estilo dos links.

Estamos removendo o sublinhado padrão que os links obtêm alterando a text-decoration para "none" (nenhuma). Em vez disso...

...estamos colocando um bonito efeito pontilhado nos links usando uma borda inferior pontilhada em vez de um sublinhado. Este é um ótimo exemplo do uso da propriedade border em um elemento em linha.

Estamos definindo a border-bottom apenas para este elemento <a>.

Vamos levar o Starbuzz até o próximo nível

Esta é a nossa meta: transformar o Café Starbuzz no site que aparece aí, à direita. Para fazer isso, precisamos mover a barra lateral da Máquina de Café para a direita, para que tenhamos uma linda página de duas colunas. Bem, você já fez isso com o bar, certo? Assim, veja o que precisa fazer:

1. Dar ao elemento que irá flutuar um nome único usando um `id`. Isso já foi feito.

2. Garantir que o HTML do elemento esteja exatamente abaixo do elemento que ficará sob ele; nesse caso, o cabeçalho do Starbuzz.

3. Definir a largura do elemento.

4. Colocar o elemento em flutuação da esquerda para a direita. Parece que você quer que ele flutue na direita.

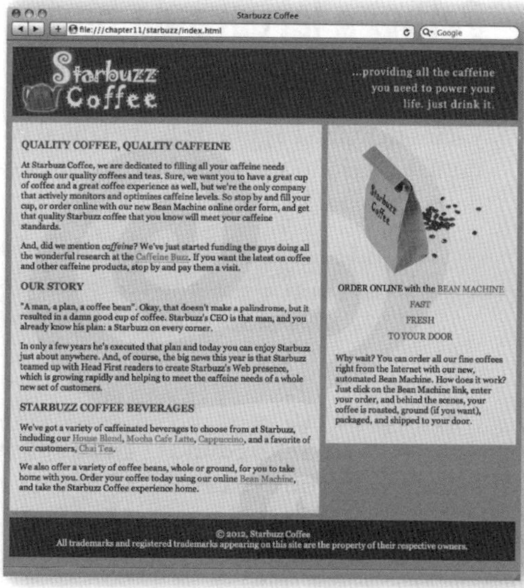
Starbuzz Coffee
Starbuzz Coffee
...providing all the caffeine you need to power your life. just drink it.
QUALITY COFFEE, QUALITY CAFFEINE
OUR STORY
STARBUZZ COFFEE BEVERAGES
ORDER ONLINE with the BEAN MACHINE
FAST
FRESH
TO YOUR DOOR

Temos uma linda aparência de duas colunas, com colunas discretas.

Vamos começar. Em alguns poucos passos, faremos com que o CEO do Starbuzz comece a enviar Chás Chai para a sua casa.

Mova a barra lateral para baixo do cabeçalho

É um fato da vida que quando você deseja fazer um elemento flutuar, precisa mover o HTML dele para diretamente abaixo do elemento que você deseja que fique sob ele. Nesse caso, a barra lateral deve ficar embaixo do cabeçalho. Assim, vá em frente e localize o `<div>` barra lateral em seu editor e mova-o para baixo do `<div>` do cabeçalho. Você encontrará o HTML (em inglês) no arquivo "index.html", na pasta "chapter11/starbuzz". Depois de terminar e salvar, recarregue a página.

Agora a barra lateral deve ter ficado no topo da área do conteúdo principal.

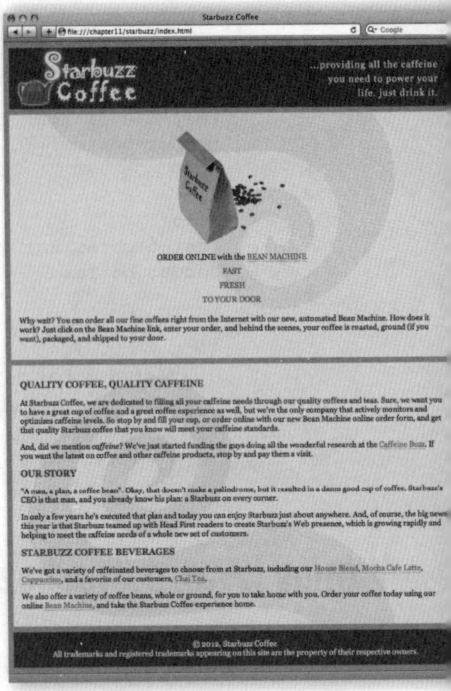
Starbuzz Coffee
Starbuzz Coffee
...providing all the caffeine you need to power your life. just drink it.
ORDER ONLINE with the BEAN MACHINE
FAST
FRESH
TO YOUR DOOR
QUALITY COFFEE, QUALITY CAFFEINE
OUR STORY
STARBUZZ COFFEE BEVERAGES

Defina a largura da barra lateral e deixe-a flutuar

Vamos definir a largura da barra lateral como 280 pixels. E para fazê-la flutuar, adicione a propriedade "float" ao arquivo "chapter11/starbuzz.css", desta maneira:

Estamos usando um seletor de id para selecionar o elemento com o id barralateral, que sabemos ser o <div> barralateral .

```
#sidebar {
        background:  #efe5d0 url(images/background.gif) bottom right;
        font-size:   105%;
        padding:     15px;
        margin:      0px 10px 10px 10px;
        width:       280px;
        float:       right;
}
```

Estamos definindo a largura da área do conteúdo como 280 pixels.

E então fazemos a barra lateral flutuar à direita. Lembre-se, isso move a barra lateral o mais à direita possível abaixo do cabeçalho, e também a remove do fluxo normal. Todo o resto sob a barra lateral no XHTML se moverá para cima e se encaixará em torno dela.

Eu tenho uma ideia. No futuro, porque não colocamos o conteúdo principal para flutuar à esquerda, ao invés de colocar a barra lateral flutuando à direita? Uma vez que o conteúdo principal já está no topo, não teríamos que mover as coisas pelo arquivo, e teríamos o mesmo efeito.

Essa é realmente uma grande ideia, mas há alguns problemas.

No papel, isso parece ser uma grande ideia. O que faríamos seria definir uma largura no `<div>` do conteúdo principal e o colocaríamos para flutuar à esquerda, e então deixaríamos o resto da página flutuar em torno dele. Dessa maneira, poderíamos manter a ordem da página e também teríamos as duas colunas.

O único problema é que isso não resulta em uma página muito boa. Veja por quê: lembre-se, você tem de definir uma largura no elemento que irá flutuar, e se você definir uma largura para a área do conteúdo, então sua largura permanecerá fixa enquanto o resto da página é redimensionado de acordo com a largura do browser. Tipicamente, as barras laterais são desenhadas para serem mais estreitas do que a área de conteúdo principal, e quase sempre ficam horríveis quando são expandidas.

Assim, na maioria dos designs, você deseja que a área do conteúdo principal se expanda, e não a barra lateral.

Mas veremos uma maneira de usar essa ideia que funciona perfeitamente, portanto guarde-a para um pouco mais tarde. Também falaremos um pouco sobre a razão por que você não deve se preocupar com a ordem das seções.

Faça um test drive do Starbuzz

Certifique-se de adicionar as novas propriedades da barra lateral ao arquivo "starbuzz.css" e então recarregue a página do Starbuzz. Vamos ver o que temos agora...

Hum, isso parece ótimo, mas se você voltar três páginas verá que não é exatamente aonde queremos chegar.

A área do conteúdo principal e a barra lateral estão na esquerda e na direita, mas ainda não parecem estar em duas colunas.

Veja como as imagens de fundo das duas seções simplesmente ficaram juntas. Não há separação entre as colunas.

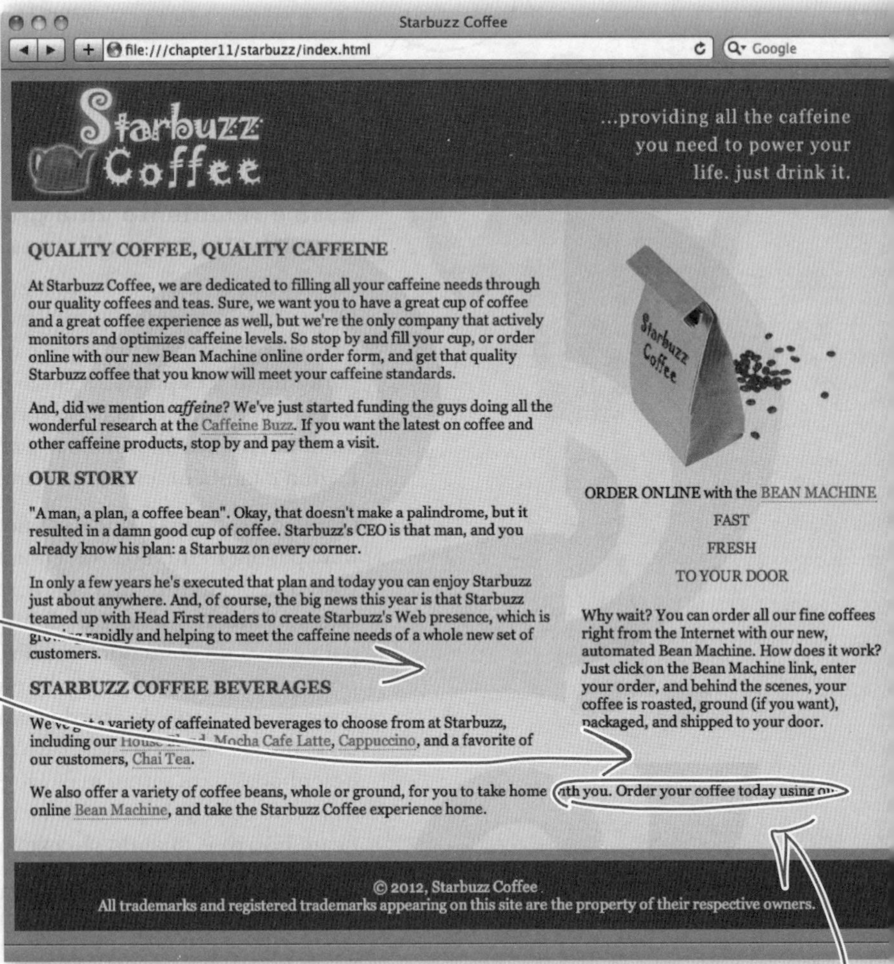

Starbuzz Coffee
file:///chapter11/starbuzz/index.html
Google
Starbuzz Coffee
...providing all the caffeine you need to power your life. just drink it.
QUALITY COFFEE, QUALITY CAFFEINE
At Starbuzz Coffee, we are dedicated to filling all your caffeine needs through our quality coffees and teas. Sure, we want you to have a great cup of coffee and a great coffee experience as well, but we're the only company that actively monitors and optimizes caffeine levels. So stop by and fill your cup, or order online with our new Bean Machine online order form, and get that quality Starbuzz coffee that you know will meet your caffeine standards.
And, did we mention caffeine? We've just started funding the guys doing all the wonderful research at the Caffeine Buzz. If you want the latest on coffee and other caffeine products, stop by and pay them a visit.
OUR STORY
"A man, a plan, a coffee bean". Okay, that doesn't make a palindrome, but it resulted in a damn good cup of coffee. Starbuzz's CEO is that man, and you already know his plan: a Starbuzz on every corner.
In only a few years he's executed that plan and today you can enjoy Starbuzz just about anywhere. And, of course, the big news this year is that Starbuzz teamed up with Head First readers to create Starbuzz's Web presence, which is rapidly and helping to meet the caffeine needs of a whole new set of customers.
STARBUZZ COFFEE BEVERAGES
variety of caffeinated beverages to choose from at Starbuzz, including our Mocha Cafe Latte, Cappuccino, and a favorite of our customers, Chai Tea.
We also offer a variety of coffee beans, whole or ground, for you to take home with you. Order your coffee today using our online Bean Machine, and take the Starbuzz Coffee experience home.
Starbuzz Coffee
ORDER ONLINE with the BEAN MACHINE
FAST
FRESH
TO YOUR DOOR
Why wait? You can order all our fine coffees right from the Internet with our new, automated Bean Machine. How does it work? Just click on the Bean Machine link, enter your order, and behind the scenes, your coffee is roasted, ground (if you want), packaged, and shipped to your door.
© 2012, Starbuzz Coffee
All trademarks and registered trademarks appearing on this site are the property of their respective owners.

E o texto se encaixa em torno e embaixo da barra lateral, o que também não faz com que tenhamos a aparência de duas colunas. Hummm, na verdade, isso aconteceu com o bar também; talvez devêssemos ter esperado por isso.

Corrija o problema das duas colunas

Neste ponto, você deve estar pensando que layout de página é uma arte — temos um conjunto de técnicas para organizar os elementos em bloco, mas nenhuma é perfeita. Assim, o que faremos será resolver isso usando uma técnica comum amplamente utilizada. Não é perfeita, como você verá, mas na maioria dos casos produz bons resultados. Depois disso, você verá algumas outras maneiras de abordar o mesmo problema das duas colunas, cada uma com suas vantagens. O que é importante aqui é que você entenda as técnicas, e por que elas funcionam, para que possa aplicá-las em seus próprios problemas e mesmo adaptá-las quando necessário.

A primeira coisa a lembrar é que a barra lateral está flutuando na página. A área do conteúdo principal se extende sob ela.

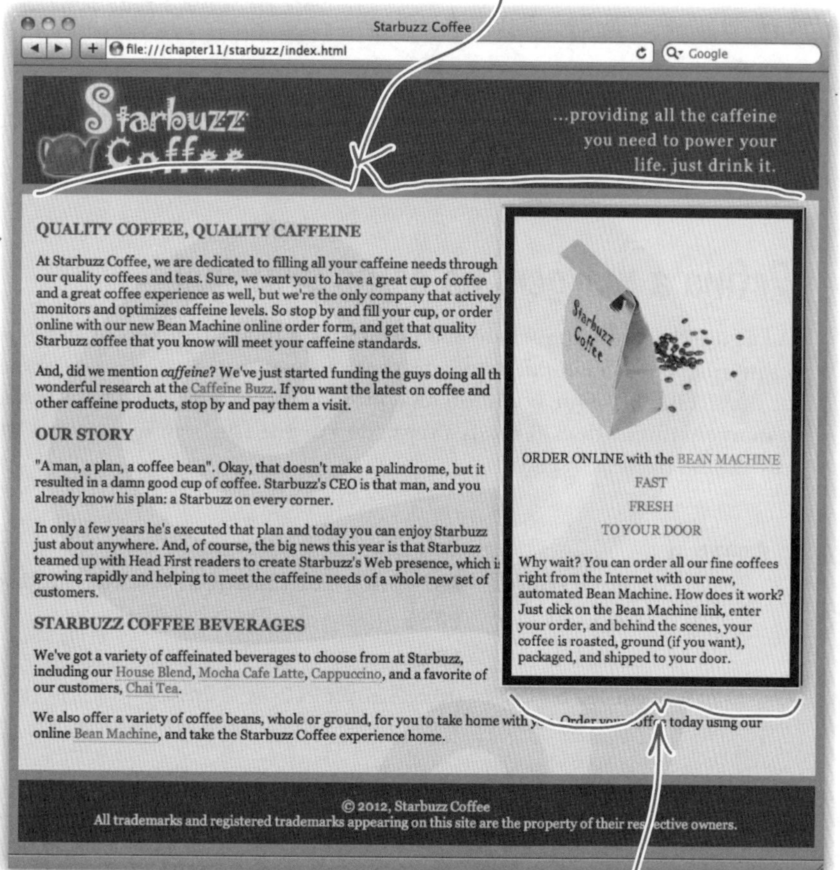

Starbuzz Coffee
file:///chapter11/starbuzz/index.html
Google
Starbuzz Coffee
...providing all the caffeine you need to power your life. just drink it.
QUALITY COFFEE, QUALITY CAFFEINE
At Starbuzz Coffee, we are dedicated to filling all your caffeine needs through our quality coffees and teas. Sure, we want you to have a great cup of coffee and a great coffee experience as well, but we're the only company that actively monitors and optimizes caffeine levels. So stop by and fill your cup, or order online with our new Bean Machine online order form, and get that quality Starbuzz coffee that you know will meet your caffeine standards.
And, did we mention caffeine? We've just started funding the guys doing all th wonderful research at the Caffeine Buzz. If you want the latest on coffee and other caffeine products, stop by and pay them a visit.
OUR STORY
"A man, a plan, a coffee bean". Okay, that doesn't make a palindrome, but it resulted in a damn good cup of coffee. Starbuzz's CEO is that man, and you already know his plan: a Starbuzz on every corner.
In only a few years he's executed that plan and today you can enjoy Starbuzz just about anywhere. And, of course, the big news this year is that Starbuzz teamed up with Head First readers to create Starbuzz's Web presence, which i growing rapidly and helping to meet the caffeine needs of a whole new set of customers.
STARBUZZ COFFEE BEVERAGES
We've got a variety of caffeinated beverages to choose from at Starbuzz, including our House Blend, Mocha Cafe Latte, Cappuccino, and a favorite of our customers, Chai Tea.
We also offer a variety of coffee beans, whole or ground, for you to take home with y... today using our online Bean Machine, and take the Starbuzz Coffee experience home.
ORDER ONLINE with the BEAN MACHINE
FAST
FRESH
TO YOUR DOOR
Why wait? You can order all our fine coffees right from the Internet with our new, automated Bean Machine. How does it work? Just click on the Bean Machine link, enter your order, and behind the scenes, your coffee is roasted, ground (if you want), packaged, and shipped to your door.
© 2012, Starbuzz Coffee
All trademarks and registered trademarks appearing on this site are the property of their res ective owners.

sim, e se déssemos
área do conteúdo
incipal uma margem
reita que fosse pelo
enos tão grande
anto a barra lateral?
ntão seu conteúdo se
tenderá quase até a
rra lateral, mas não
cará sob ela.

tão teremos a
paração entre as duas.
na vez que as margens
o transparentes e
o mostram a imagem
fundo, a cor do
ndo da própria página
ve aparecer. E é
atamente isso que
eremos (volte algumas
ginas e você verá).

Vamos criar margens com a largura da barra lateral.

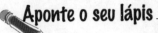

Aponte o seu lápis

O que queremos é definir a margem direita da seção do conteúdo principal para que ela tenha a mesma largura da barra lateral. Mas qual o tamanho da barra lateral? Bem, esperamos que você não tenha enferrujado desde o último capítulo. Aqui estão todas as informações necessárias para o cálculo da largura da barra lateral. Confira a resposta no final do capítulo.

```
#sidebar {
      background:  #efe5d0 url(images/background.gif) bottom right;
      font-size:   105%;
      padding:     15px;
      margin:      0px 10px 10px 10px;
      width:       280px;
      float:       right;
}
```

Você encontrará tudo o que precisa para calcular a largura da barra lateral nesta regra.

Defina a margem na seção principal

A largura da barra lateral é de 330 pixels, e isso inclui 10 pixels de margem esquerda na barra lateral, o que oferecerá a separação de que precisamos entre as duas colunas (o que o mundo da editoração chama de "medianiz"). Adicione a margem direita de 330 pixels à regra de `#principal` em seu arquivo "starbuzz.css", como fizemos a seguir:

```
#main {
      background:  #efe5d0 url(images/background.gif) top left;
      font-size:   105%;
      padding:     15px;
      margin:      0px 330px 10px 10px;
}
```

Estamos mudando a margem direita para 330 pixels para que coincida com o tamanho da barra lateral.

Test drive

Como sempre, salve seu arquivo "starbuzz.css" e então recarregue "index.html". Você deverá ver agora uma boa separação entre as duas colunas. Vamos pensar mais uma vez sobre o modo como isso está funcionando. A barra lateral está flutuando na direita, logo foi movida o máximo possível à direita, e todo o `<div>` foi removido do fluxo normal e está flutuando no topo da página. Agora o `<div>` do conteúdo principal ainda ocupa toda a largura do browser (porque é isso que os elementos de bloco fazem), mas demos a ele uma margem do tamanho da barra lateral para reduzir a largura da área do conteúdo. O resultado é um bonito visual de duas colunas. Você sabe que a caixa do `<div>` principal ainda passa por baixo da barra lateral, mas nós não diremos a ninguém se você também não o fizer.

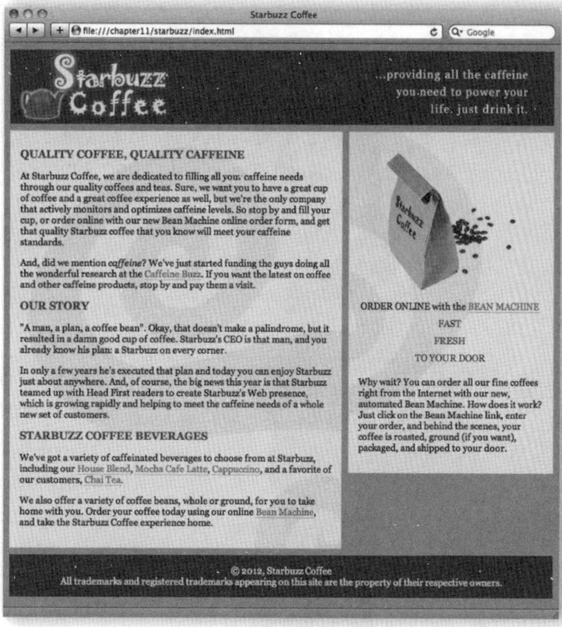

Starbuzz Coffee
file:///chapter11/starbuzz/index.html
Starbuzz Coffee
...providing all the caffeine you need to power your life. just drink it.
QUALITY COFFEE, QUALITY CAFFEINE
OUR STORY
STARBUZZ COFFEE BEVERAGES
ORDER ONLINE with the BEAN MACHINE
FAST
FRESH
TO YOUR DOOR
© 2012, Starbuzz Coffee
All trademarks and registered trademarks appearing on this site are the property of their respective owners.

Ao expandirmos a margem do <div> principal, criamos a ilusão de um layout de duas colunas, completo com uma medianiz entre elas.

Ops, temos outro problema

Durante o test drive da página, talvez você tenha notado outro pequeno problema. Se você redimensionar seu browser para uma posição mais larga, o rodapé sobe e fica embaixo da barra lateral. Por quê? Bem, lembre-se, a barra lateral não está no fluxo, logo o rodapé o ignora e quando a área do conteúdo for muito pequena, o rodapé subirá. Poderíamos usar o mesmo truque das margens no rodapé, mas ele ficaria apenas sob a área do conteúdo, e não sob toda a página. Então, o que poderemos fazer?

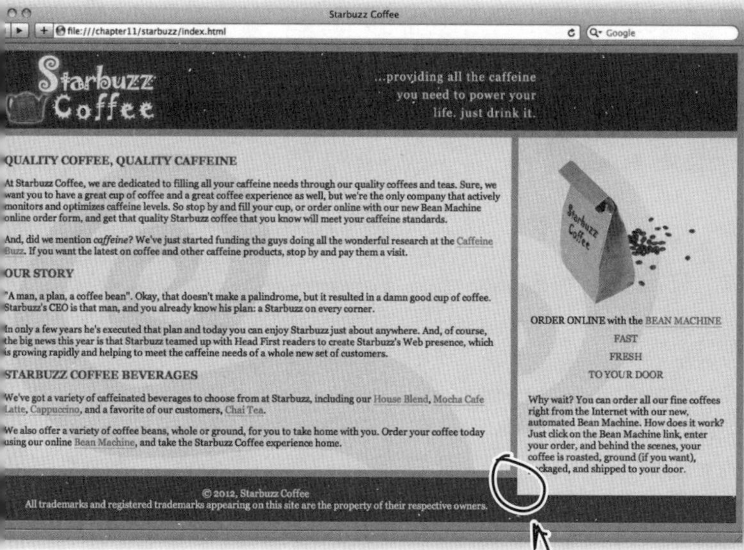

Starbuzz Coffee
file:///chapter11/starbuzz/index.html
Starbuzz Coffee
...providing all the caffeine you need to power your life. just drink it.
QUALITY COFFEE, QUALITY CAFFEINE
OUR STORY
STARBUZZ COFFEE BEVERAGES
ORDER ONLINE with the BEAN MACHINE
FAST
FRESH
TO YOUR DOOR
© 2012, Starbuzz Coffee
All trademarks and registered trademarks appearing on this site are the property of their respective owners.

:mos um problema. Quando você alarga seu browser, o ›dapé e a barra lateral começam a se sobrepor.

Espere um pouco. Antes de arrumar uma maneira de solucionar esse problema, eu preciso perguntar por que precisamos passar por todo esse impasse com o uso de margens. Por que não simplesmente definimos a largura da área principal? Isso não teria o mesmo efeito?

Essa é outra solução que parece boa... Até você experimentá-la.

O problema com a definição da largura, tanto na área do conteúdo como na barra lateral, é que isso não permite que a página se expanda e se contraia corretamente, porque ambos terão larguras fixas. Dê uma olhada nas capturas de tela abaixo que mostram como isso funcionaria (ou melhor, não funcionaria).

Mas isso é bom. Você está pensando da maneira correta, e um pouco mais adiante neste capítulo vamos voltar à essa ideia quando falarmos sobre layouts "líquidos versus fixos". Há algumas formas de fazer sua ideia funcionar se bloquearmos algumas outras coisas antes.

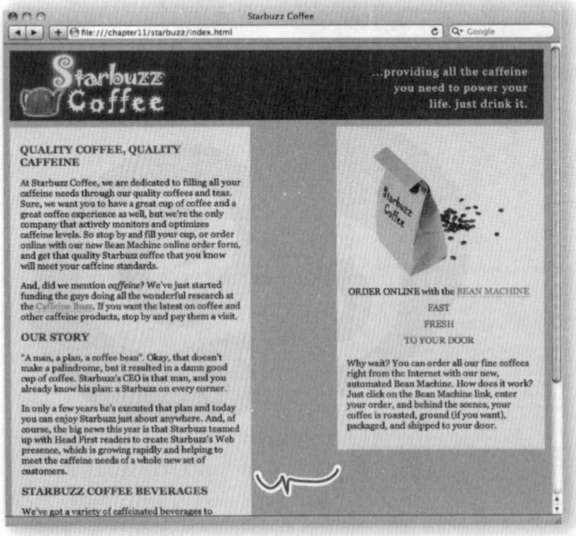
Starbuzz Coffee
file:///chapter11/starbuzz/index.html
Starbuzz Coffee
...providing all the caffeine you need to power your life. just drink it.
QUALITY COFFEE, QUALITY CAFFEINE
OUR STORY
STARBUZZ COFFEE BEVERAGES
ORDER ONLINE with the BEAN MACHINE
FAST
FRESH
TO YOUR DOOR

Quando o browser fica largo, os dois se separam totalmente.

E quando a janela do browser é estreita, os dois começam a se sobrepor.

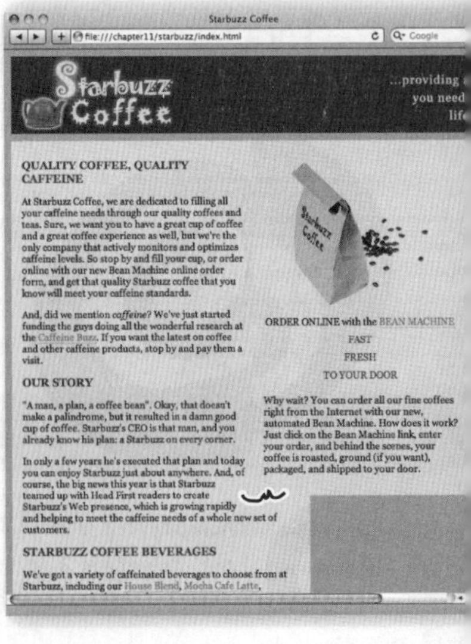
Starbuzz Coffee
file:///chapter11/starbuzz/index.html
Starbuzz Coffee
QUALITY COFFEE, QUALITY CAFFEINE
OUR STORY
STARBUZZ COFFEE BEVERAGES
ORDER ONLINE with the BEAN MACHINE
FAST
FRESH
TO YOUR DOOR

Corrija o problema de sobreposição

Para corrigir nosso problema de sobreposição, vamos usar outra propriedade CSS que você ainda não viu: a propriedade `clear`. Aqui está como ela funciona...

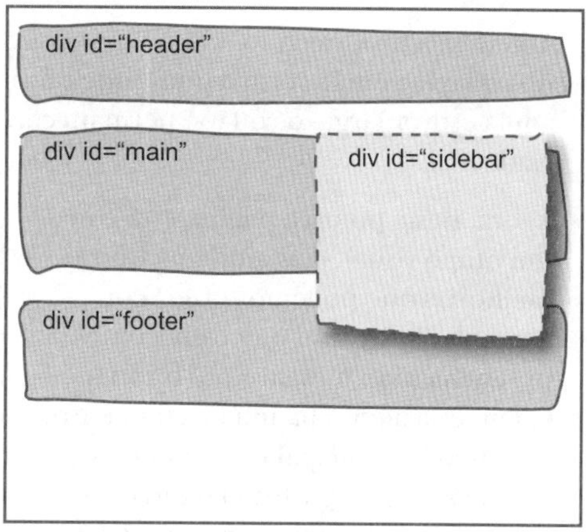

div id="header"
div id="main"
div id="sidebar"
div id="footer"

Isto aqui é o que temos agora. O <div> principal é pequeno o suficiente para que o <div> do rodapé suba e fique sobreposto pelo <div> barralateral.

Isso acontece porque a barra lateral foi retirada do fluxo. Assim, o browser cria o layout apenas para os <divs> principal e do rodapé, como normalmente faria, ignorando a barra lateral. Entretanto, lembre-se de que quando o browser cria o fluxo dos elementos em linha, respeita as bordas da barra lateral e encaixa os elementos em linha em torno dela.

Podemos solucionar esse problema com a propriedade `clear` das CSS. Você pode defini-la em um elemento para solicitar que, à medida que o elemento tiver seu fluxo na página, não seja permitido nenhum conteúdo que esteja flutuando à sua direita, esquerda ou em ambos os lados. Vamos fazer uma tentativa...

```
#footer {
        background-color: #675c47;
        color:            #efe5d0;
        text-align:       center;
        padding:          15px;
        margin:           10px;
        font-size:        90%;
        clear:            right;
}
```

Aqui, estamos adicionando uma propriedade na regra do rodapé, que diz que nenhum conteúdo que esteja flutuando será permitido no lado direito do rodapé.

Agora, quando o browser colocar os elementos na página, verificará se há algum elemento flutuante à direita do rodapé, e se tiver, moverá o rodapé para baixo até que nada esteja em seu lado direto. Assim, não importa o quanto você alargue seu browser, o rodapé sempre estará abaixo da barra lateral.

Agora o rodapé está abaixo da barra lateral para que não haja nenhum elemento flutuante à sua direita.

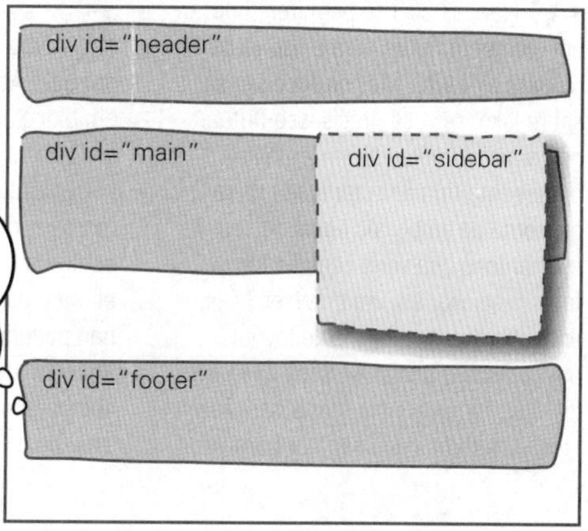

div id="header"
div id="main"
div id="sidebar"
div id="footer"

Nem pense em colocar um elemento flutuante à minha direita.

Test drive

Adicione a propriedade "clear" ao seu arquivo "starbuzz.css" na regra do rodapé e então recarregue "index.html". Você verá que quando a tela estiver larga, o rodapé permanecerá embaixo da barra lateral. Nada mal!

Agora, neste ponto a página está com um ótimo visual, mas ainda há outras melhorias que podemos fazer. Por exemplo, fazer com que cada coluna preencha todo o espaço até o rodapé. Como está agora, há uma lacuna entre o conteúdo principal e o rodapé (se a janela do browser for alargada), ou entre a barra lateral e o rodapé (se o browser voltar à largura normal). Mas consertar isso não é um caso para "`float`", então em vez disso, vamos em frente e veremos algumas outras maneiras para organizar essas páginas usando outras técnicas de CSS.

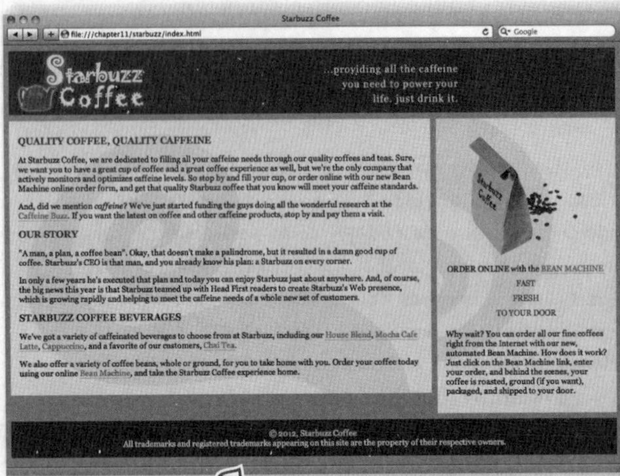
Starbuzz Coffee
Starbuzz Coffee
...providing all the caffeine you need to power your life. just drink it.
QUALITY COFFEE, QUALITY CAFFEINE
OUR STORY
STARBUZZ COFFEE BEVERAGES
ORDER ONLINE with the BEAN MACHINE
FAST
FRESH
TO YOUR DOOR

Agora nossos problemas com o rodapé estão resolvidos. O rodapé sempre ficará abaixo da barra lateral, não importa a largura do browser.

não existem Perguntas Idiotas

P: Eu posso flutuar para o centro?

R: Não, as CSS só permitem que um elemento flutue para a esquerda ou para a direita. Mas se você pensar sobre isso, se você precisasse flutuar no centro, o conteúdo em linha sob o elemento flutuante teria seu fluxo em torno de ambos os lados de seu elemento, o que seria complicado de fazer funcionar em um browser. Mas uma das novas soluções de layout que virão em futuras versões das CSS deverão fornecer uma forma para fazer isso — teremos que esperar para ver.

P: As margens se juntam em elementos flutuantes?

R: Não, e é muito fácil de ver por quê. Ao contrário de elementos em bloco que flutuam na página, os elementos flutuantes estão apenas, bem, flutuando. Em outras palavras, as margens de elementos flutuantes não estão de fato tocando as margens dos elementos no fluxo normal, então elas não podem se juntar. Mas isso levanta uma boa questão e identifica um erro comum em layouts. Se você tem uma área de conteúdo principal e uma barra lateral, é comum colocar uma margem superior em cada. Então, se você flutua a barra lateral, ela ainda tem uma margem, e essa margem não se juntará a nada que estiver acima dela. Então você facilmente acabará tendo diferentes margens na barra lateral e no conteúdo principal se você não se lembrar que elementos flutuantes não fundem suas margens.

P: Eu posso ter um elemento em linha flutuante?

R: Sim, é claro que pode. O melhor exemplo — e muito comum — é ter imagens flutuantes. Faça uma experiência — faça uma imagem flutuar para a esquerda ou para a direita em um parágrafo e você verá seu texto fluir em torno dela. Não se esqueça de adicionar enchimento para dar um pouco de espaço para a imagem, e possivelmente uma borda. Você também pode fazer com que outros elementos em linha flutuem, mas isso não é tão comum.

P: Está certo imaginar os elementos flutuantes como elementos ignorados pelos elementos de bloco, enquanto que os elementos em linha sabem que eles estão ali?

R: Sim, é uma boa maneira de pensar sobre o assunto. O conteúdo em linha aninhado em um elemento de bloco sempre flui em torno de um elemento flutuante, observando os seus limites, enquanto que os elementos de bloco fluem na página normalmente. A exceção é quando você define a propriedade "clear" em um elemento de bloco, que faz com que ele se mova para baixo até que não haja nenhum elemento flutuante próximo ao seu lado direito ou esquerdo (ou a ambos os lados), dependendo do valor de "clear".

A única coisa de que eu não gosto neste design é que quando eu vejo a página Web em meu smartphone, ele coloca o conteúdo da barra lateral sobre o conteúdo principal, de modo que eu tenho que rolar a tela.

Certo. Isso acontece por causa da ordem em que colocamos os <div>s.

Essa é uma das desvantagens da maneira como desenhamos a página — porque precisamos que a barra lateral esteja localizada exatamente abaixo do cabeçalho e antes do conteúdo principal. Qualquer um que use um browser com capacidade limitada (smartphones, dispositivos móveis, leitores de tela e assim por diante) verá a página na ordem em que está escrita, com a barra lateral primeiro.

Entretanto, a maioria das pessoas preferiria ver o conteúdo principal antes de qualquer tipo de barra lateral ou de navegação. Assim, vamos dar uma olhada em uma outra maneira de fazer isso, que nos traz de volta a sua ideia de usar a flutuação "à esquerda" do conteúdo principal.

Exercício

Olha Só, Sem as CSS!

Você quer saber como as suas páginas aparecerão para os usuários que estiverem sob condições ruins (como um browser que não suporta as CSS)? Então abra seu arquivo "index.html" e remova o <link> que está em <head>, salve e recarregue a página em seu browser. Agora você pode ver a ordem real em que as coisas serão vistas (ou ouvidas em um leitor de tela). Faça uma experiência. Certifique-se apenas de colocar de volta o que você tirou (afinal, este *é* um capítulo sobre as CSS).

Esta é a página do Starbuzz sem as CSS. Em quase todas as partes estamos muito bem. Ainda é bem legível, apesar da Máquina de Grãos vir antes do conteúdo principal, o que provavelmente não é o que queríamos.

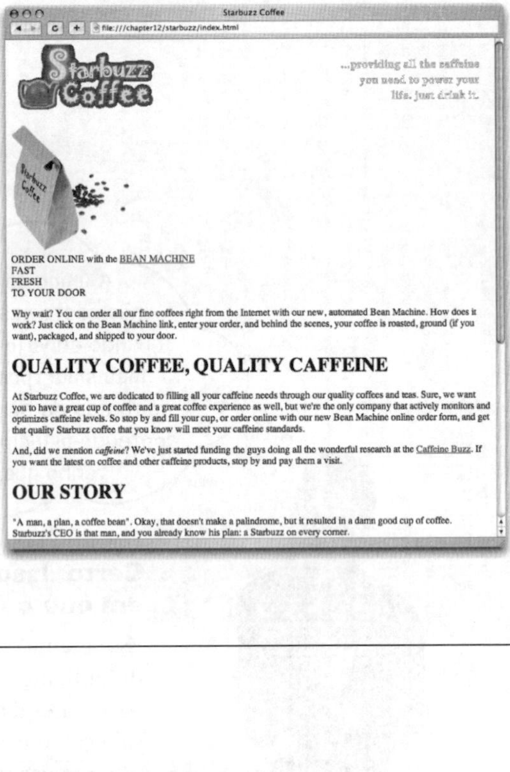
Starbuzz Coffee
file:///chapter12/starbuzz/index.html
...providing all the caffeine you need to power your life. just drink it.
ORDER ONLINE with the BEAN MACHINE
FAST
FRESH
TO YOUR DOOR
Why wait? You can order all our fine coffees right from the Internet with our new, automated Bean Machine. How does it work? Just click on the Bean Machine link, enter your order, and behind the scenes, your coffee is roasted, ground (if you want), packaged, and shipped to your door.
QUALITY COFFEE, QUALITY CAFFEINE
At Starbuzz Coffee, we are dedicated to filling all your caffeine needs through our quality coffees and teas. Sure, we want you to have a great cup of coffee and a great coffee experience as well, but we're the only company that actively monitors and optimizes caffeine levels. So stop by and fill your cup, or order online with our new Bean Machine online order form, and get that quality Starbuzz coffee that you know will meet your caffeine standards.
And, did we mention caffeine? We've just started funding the guys doing all the wonderful research at the Caffeine Buzz. If you want the latest on coffee and other caffeine products, stop by and pay them a visit.
OUR STORY
"A man, a plan, a coffee bean". Okay, that doesn't make a palindrome, but it resulted in a damn good cup of coffee. Starbuzz's CEO is that man, and you already know his plan: a Starbuzz on every corner.

Lado direito apertado, lado esquerdo solto

Vamos mudar a página do Café Starbuzz para que o conteúdo principal flutue à esquerda. Vamos ver como isso funciona, e então prosseguiremos para o que realmente funciona. Você verá que o lado direito apertado, e o lado esquerdo solto são muito verdadeiros no mundo das CSS... Bem, pelo menos para nossa barra lateral. Veja como converter a página... Apenas alguns passos muito simples.

Primeiro passo: comece pela barra lateral

Basicamente, estamos trocando os papéis da barra lateral e da área do conteúdo principal. A área do conteúdo terá uma largura fixa e flutuará, enquanto que a barra lateral se encaixará em torno do conteúdo. Também usaremos a mesma técnica de margens para manter os dois visualmente separados. Mas antes de começar a alterar a CSS, vá para seu arquivo "index.html" e mova o `<div>` "barralateral" para baixo do `<div>` "principal". Depois disso, veja as mudanças que você precisará fazer na regra CSS da barra lateral:

```
#sidebar {
        background:  #efe5d0 url(images/background.gif) bottom right;
        font-size:   105%;
        padding:     15px;
        margin:      0px 10px 10px 470px;
        width:       280px;
        float:        right;
}
```

Como a barra lateral terá de fluir agora sob o conteúdo principal, precisamos mover a margem grande para ela. A largura total da área do conteúdo principal é de 470 pixels. Vá em frente e calcule você mesmo durante o tempo livre que você tem. Calcule da mesma forma como fez para a barra lateral. Você deve saber que vamos definir a largura da área do conteúdo principal como 420 pixels.

Estamos definindo uma largura fixa no <div> do conteúdo principal, por isso exclua a propriedade width da barra lateral junto com float.

Segundo passo: cuide do conteúdo principal

Agora precisamos fazer o `<div>` principal flutuar. Veja como fazê-lo:

```
#main {
        background: #efe5d0 url(images/background.gif) top left;
        font-size:    105%;
        padding:      15px;
        margin:       0px 10px 10px 10px;
        width:        420px;
        float:         left;
}
```

Estamos alterando margem direita 330 pixels para 10 pixels.

Precisamos definir uma largura explícita porque vamos fazer este elemento flutuar. Vamos usar 420 pixels.

Vamos fazer o <div> principal flutuar à esquerda.

Terceiro passo: cuide do rodapé

Agora só precisamos ajustar o rodapé para que ele evite qualquer coisa à esquerda, ao invés de evitar à direita.

```
#footer {
        background-color: #675c47;
        color:            #efe5d0;
        text-align:       center;
        padding:          15px;
        margin:           10px;
        font-size:        90%;
        clear:            left;
}
```

Altere a propriedade clear para ter um valor left ao invés de right. Dessa forma, o rodapé ficará fora do caminho da área do conteúdo principal.

Um rápido test drive

Já dissemos que pode haver alguns problemas com esse método de fazer o conteúdo flutuar à esquerda. Faça um test drive rápido antes de prosseguir, para ver como tudo isso está funcionando. Faça as alterações em seu arquivo “starbuzz.css” e então recarregue “index. html” em seu browser. Examine com cuidado o modo como a página funciona quando é redimensionada para estreita, normal e larga.

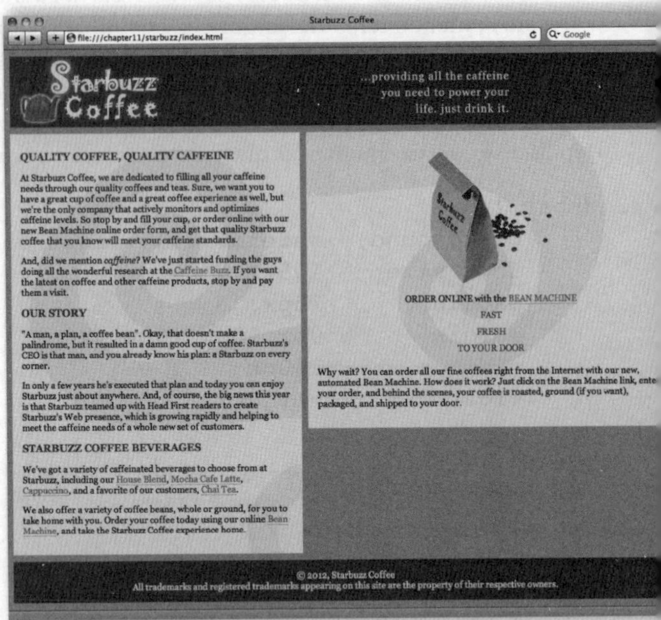

Starbuzz Coffee
file:///chapter11/starbuzz/index.html
Starbuzz Coffee
...providing all the caffeine you need to power your life. just drink it.
QUALITY COFFEE, QUALITY CAFFEINE
At Starbuzz Coffee, we are dedicated to filling all your caffeine needs through our quality coffees and teas. Sure, we want you to have a great cup of coffee and a great coffee experience as well, but we're the only company that actively monitors and optimizes caffeine levels. So stop by and fill your cup, or order online with our new Bean Machine online order form, and get that quality Starbuzz coffee that you know will meet your caffeine standards.
And, did we mention coffeine? We've just started funding the guys doing all the wonderful research at the Caffeine Buzz. If you want the latest on coffee and other caffeine products, stop by and pay them a visit.
OUR STORY
"A man, a plan, a coffee bean". Okay, that doesn't make a palindrome, but it resulted in a damn good cup of coffee. Starbuzz's CEO is that man, and you already know his plan: a Starbuzz on every corner.
In only a few years he's executed that plan and today you can enjoy Starbuzz just about anywhere. And, of course, the big news this year is that Starbuzz teamed up with Head First readers to create Starbuzz's Web presence, which is growing rapidly and helping to meet the caffeine needs of a whole new set of customers.
STARBUZZ COFFEE BEVERAGES
We've got a variety of caffeinated beverages to choose from at Starbuzz, including our House Blend, Mocha Cafe Latte, Cappuccino, and a favorite of our customers, Chai Tea.
We also offer a variety of coffee beans, whole or ground, for you to take home with you. Order your coffee today using our online Bean Machine, and take the Starbuzz Coffee experience home.
ORDER ONLINE with the BEAN MACHINE
FAST
FRESH
TO YOUR DOOR
Why wait? You can order all our fine coffees right from the Internet with our new, automated Bean Machine. How does it work? Just click on the Bean Machine link, enter your order, and behind the scenes, your coffee is roasted, ground (if you want), packaged, and shipped to your door.
© 2012, Starbuzz Coffee
All trademarks and registered trademarks appearing on this site are the property of their respective owners.

Na verdade, isto está muito bom, e temos os <divs>s na ordem correta agora. Mas não é bom ter a barra lateral se expandindo; ela fica muito melhor quando tem a largura fixa. As barras laterais quase sempre são usadas para a navegação, e não ficam muito bem expandidas.

Quando fazemos o <div>barralateral flutuar, o design permanece bonito e arrumado, permitindo que o conteúdo se expanda; mas se tivermos o fluxo do conteúdo principal para a esquerda, fica parecendo que o design está solto, permitindo que a barra lateral se expanda.

PODER DO CÉREBRO

Se você estiver mais preocupado com o design, o primeiro funciona melhor, enquanto que se você estiver mais preocupado com a informação, é o segundo design que funciona melhor (por causa do posicionamento dos <div>s). Há uma maneira de ter o melhor dos dois mundos, a barra lateral com um tamanho fixo, mas com o <div> principal aparecendo primeiro no HTML? Quais recompensas de design teríamos se chegássemos lá?

Designs CSS
Congelados e
Refrescantes

Designs líquidos e congelados

Todos os designs que temos visto até aqui são chamados de *layouts líquidos*, porque se expandem para preencher qualquer largura que tenha o browser. Esses layouts são úteis porque, ao expandi-los, eles preenchem o espaço disponível, permitindo que os usuários façam um bom uso de seu espaço de tela. Algumas vezes, entretanto, é mais importante fazer com que nosso layout fique bloqueado para que continue o mesmo quando a tela for redimensionada. Estes são chamados de *layouts congelados*. Os layouts congelados bloqueiam os elementos, congelando a página para que eles não possam se mover, e assim evitando muitos dos problemas causados pela expansão da tela. Vamos fazer uma experiência com o layout congelado.

Ir de sua página atual para uma página congelada só requer uma adição em seu HTML, e apenas uma regra em sua CSS.

Alterações no HTML

Em seu HTML, adicionaremos um novo elemento `<div>` com o id "allcontent" (todoconteudo). Como seu nome sugere, esse `<div>` conterá todo o conteúdo da página. Portanto, coloque a tag de abertura `<div>` antes do `<div>` do cabeçalho e a tag de fechamento após o `<div>` do rodapé.

```
<body>
  <div id="allcontent">
    <div id="header">
     ...rest of the HTML goes here...
    </div>
  </div>
</body>
```

Adicione um novo <div> com o id allcontent em torno de todos os elementos de <body>.

Este <div> fecha o <div> do rodapé.

Alterações na CSS

Agora vamos usar esse `<div>` para manter o tamanho de todos os elementos e conteúdos que estejam no `<div>` "allcontent", em uma largura fixa de 800 pixels. Veja a regra CSS para fazer isso:

Vamos definir uma largura de tudo como pixels. Isso dará o efeito de fazer com que tudo caiba dentro de 800 pixels.

```
#allcontent {
        width:              800px;
        padding-top:        5px;
        padding-bottom:     5px;
        background-color:   #675c47;
}
```

Enquanto fazemos isso, já que essa é a primeira vez em que colocamos estilo neste <div>, vamos adicionar um pouco de enchimento e definir sua própria cor de fundo. Você verá que isso ajudará a manter toda a página unida.

O <div> "allcontent" mais externo sempre terá 800 pixels, mesmo quando o browser for redimensionado, logo nós efetivamente congelamos o <div> na página, junto com tudo que está dentro dele.

Um test drive congelado

Adicione essa regra ao final de "starbuzz.css" e então recarregue o "index.html". Agora você poderá ver por que o chamamos de layout congelado. Ele não se move nem quando o browser é redimensionado.

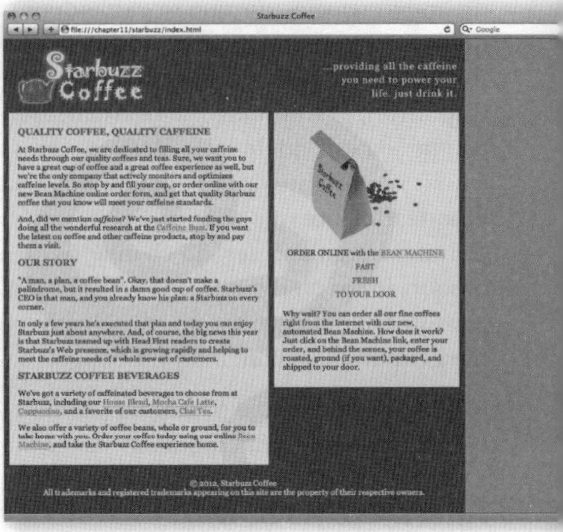
Starbuzz Coffee
...providing all the caffeine you need to power your life. just drink it.
QUALITY COFFEE, QUALITY CAFFEINE
OUR STORY
STARBUZZ COFFEE BEVERAGES
ORDER ONLINE with the BEAN MACHINE
FAST
FRESH
TO YOUR DOOR

Agora o <div>allcontent tem 800 pixels de largura, não importando o quanto você redimensione seu browser. E, como todos os outros <div>s estão dentro de allcontent, eles também cabem no espaço de 800 pixels. Assim, a página está basicamente congelada nos 800 pixels.

Isso certamente resolve o problema da expansão da barra lateral e fica até bonito. É um pouco estranho quando o browser é muito largo, por causa de todo espaço vazio no lado direito.

Mas ainda não acabamos; ainda podemos aperfeiçoar as coisas.

Qual o estado entre líquido e congelado? Gelatina, é claro!

O layout congelado tem algumas vantagens, mas tê-lo sem mais nada fica esquisito quando a janela do browser é muito larga. Podemos corrigir isso, e é um design comum que você verá na Web. Esse design está entre o congelado e o líquido, e possui um nome que combina com ele: *gelatina*. O design gelatina bloqueia a largura da área de conteúdo na página, mas a centraliza no browser. Na verdade, é mais fácil alterar um layout para gelatina e deixar que você brinque com ele do que ficar tentando explicar como ele se comporta. Vamos a ele:

```
#allcontent {
        width: 800px;
        padding-top:     5px;
        padding-bottom: 5px;
        background-color: #675c47;
        margin-left:  auto;
        margin-right: auto;
}
```

Ao invés de ter margens esquerda e direita fixas no <div> todo conteúdo, definimos as margens como auto.

Se você se lembra, quando falamos sobre dar à área de conteúdo uma largura auto, o browser expandiu a área do conteúdo o tanto quanto era necessário. Com as margens auto (margin auto), o browser descobre quais são as margens corretas, mas também garante que as margens esquerda e direita sejam iguais, por isso que o conteúdo é centralizado.

Test drive com um monte de gelatina

Adicione as duas propriedades "margin" ao seu arquivo "starbuzz.css" e então recarregue a página. Agora brinque com o tamanho do browser. Bem legal, né?

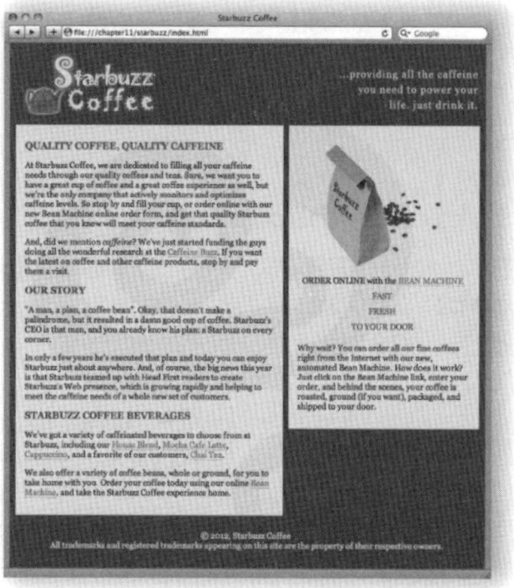

Estreito.

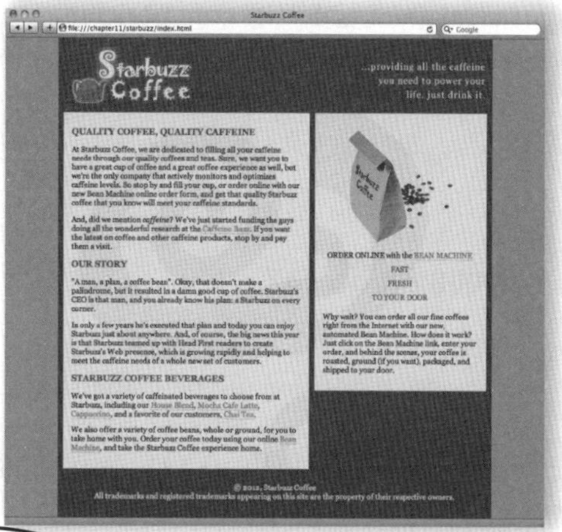

Largo.

Então, se quisermos que o nosso conteúdo fique na ordem correta, temos que viver com uma barra lateral expansível ou usar um layout de gelatina? Há alguma outra maneira de fazer isso?

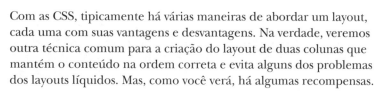

Com as CSS, tipicamente há várias maneiras de abordar um layout, cada uma com suas vantagens e desvantagens. Na verdade, veremos outra técnica comum para a criação do layout de duas colunas que mantém o conteúdo na ordem correta e evita alguns dos problemas dos layouts líquidos. Mas, como você verá, há algumas recompensas.

Com essa nova técnica, não vamos fazer nenhum elemento flutuar. Ao invés disso, usaremos um recurso das CSS que permite que você *posicione* elementos com precisão na página. Ele é chamado de *posicionamento absoluto*. Você também poderá usar o posicionamento absoluto para alguns ótimos efeitos além dos layouts multi- colunas, e veremos um exemplo disso também.

Para fazer tudo isso, vamos voltar ao HTML e à CSS original com que começamos no início deste capítulo. Você poderá encontrar uma cópia novinha desses arquivos na pasta "chapter11/absolute" (em inglês). Certifique-se de dar uma outra olhada nesses arquivos para se lembrar de como eles eram originalmente. Você deve se recordar de que tínhamos um monte de `<div>`s: um para o cabeçalho, um para o principal, um para o rodapé e um para a barra lateral. Você também deve se lembrar que no HTML original o `<div>`**barralateral** estava abaixo da área do conteúdo principal, onde é o seu melhor lugar.

Como funciona o posicionamento absoluto

Vamos começar tendo uma ideia da função e do funcionamento do posicionamento absoluto. A seguir mostraremos uma pequena CSS para posicionar o `<div>` **barralateral** (sidebar) com posicionamento absoluto. Não digite isto ainda; agora só queremos conhecer o seu funcionamento.

A primeira coisa que devemos fazer é usar a propriedade position para especificar que o elemento será posicionado de maneira absoluta.

```
#sidebar {
    position: absolute;
    top:     100px;
    right:   200px;
    width:   280px;
}
```

Em seguida, definimos as propriedades top e right.

E também damos uma largura ao <div>.

O que a CSS faz

Agora vamos ver o que a CSS faz. Quando um elemento é posicionado de maneira absoluta, a primeira coisa que o browser faz é removê-lo completamente do fluxo. O browser então coloca o elemento na posição indicada pelas propriedades `top` e `right` (você também pode usar bottom e `left`). Nesse caso, a barra lateral terá 100 pixels até o topo da página e 200 pixels a partir do lado direito da página. Também definimos a largura no `<div>`, da mesma forma como fizemos quando ele estava flutuando.

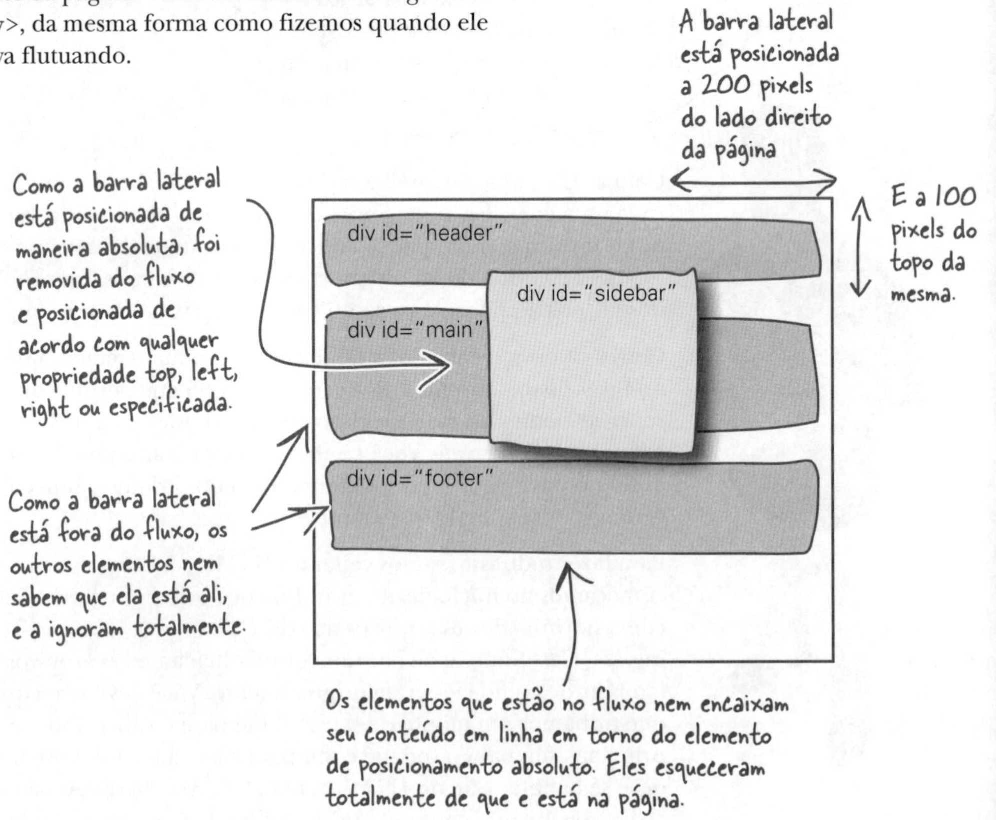
A barra lateral está posicionada a 200 pixels do lado direito da página
E a 100 pixels do topo da mesma.
div id="header"
div id="sidebar"
div id="main"
div id="footer"
Como a barra lateral está posicionada de maneira absoluta, foi removida do fluxo e posicionada de acordo com qualquer propriedade top, left, right ou especificada.
Como a barra lateral está fora do fluxo, os outros elementos nem sabem que ela está ali, e a ignoram totalmente.
Os elementos que estão no fluxo nem encaixam seu conteúdo em linha em torno do elemento de posicionamento absoluto. Eles esqueceram totalmente de que e está na página.

Outro exemplo de posicionamento absoluto

Vamos ver outro exemplo. Digamos que haja outro <div> com o **id** "anuncioirritante" (annoyingad). Poderíamos posicioná-lo assim:

```
    position: absolute;
    top:    150px;
    left:   100px;
    width:  400px;
}
```

O anúncio irritante foi posicionado a 100 pixels do lado esquerdo e a 150 pixels do topo. Também é um pouco mais largo do que a barra lateral, com 400 pixels.

Agora temos um segundo <div>, com posicionamento absoluto, cerca de 100 pixels da esquerda e a 150 pixels do topo.

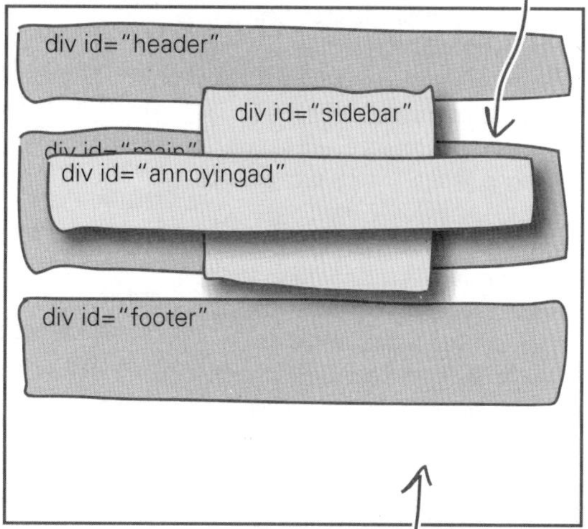

div id="header"
div id="sidebar"
div id="main"
div id="annoyingad"
div id="footer"

Observe que o <div> annoyingad aparece sobre o <div> sidebar.

Assim como com a barra lateral, colocamos o <div> do anúncio irritante em uma posição precisa na página. Quaisquer elementos sob ele que estejam no fluxo normal da página não têm a menor ideia de que existem elementos posicionados acima deles. Isso é um pouco diferente de colocar um elemento para flutuar, porque os elementos que ficam no fluxo ajustam seu conteúdo em linha para respeitar os limites do elemento flutuante. Mas elementos com posicionamento absoluto não possuem qualquer efeito sobre outros elementos.

Quem fica por cima?

Outra coisa interessante sobre os elementos com posicionamento absoluto é que você pode colocá-los uns sobre os outros. Mas se você tiver alguns desses elementos posicionados de maneira absoluta na mesma posição em uma página, como saberá que eles estão em camadas? Em outras palavras, quem fica por cima?

Os <div>s sidebar e annoyingad estão dispostos em camadas em uma página, e já que annoyingad tem uma z-index maior do que sidebar, aparece no topo.

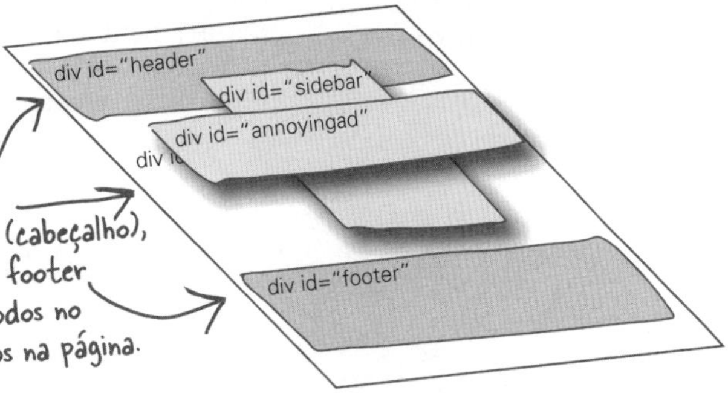

div id="header"
div id="sidebar"
div id="annoyingad"
div id="footer"

Cada elemento posicionado possui uma propriedade chamada z-index, que especifica sua localização em um imaginário eixo-z (z-axis) (os itens em cima estão "mais próximos" de você e têm uma maior z-index).

Os <div>s header (cabeçalho), mais (principal) e footer (rodapé) estão todos no fluxo e achatados na página.

não existem Perguntas Idiotas

P: Qual é o padrão de definição da propriedade "position"?

R: O valor padrão para o posicionamento é "static". Com o posicionamento estático, o elemento é colocado no fluxo normal do documento e não é posicionado por você — o browser decide onde ele ficará. Você pode usar a propriedade "float" para tirar um elemento do fluxo, e pode dizer para ele flutuar à esquerda ou à direita, mas o browser ainda decidirá, em última instância, onde ele ficará. Compare isso ao valor "absolute" da propriedade "position". Com o posicionamento absoluto, você está dizendo ao browser exatamente onde posicionar os elementos.

P: Eu só posso posicionar <div>s?

R: Você pode posicionar de maneira absoluta qualquer elemento, de bloco ou em linha. Lembre-se apenas de que quando um elemento tem um posicionamento absoluto, ele é removido do fluxo normal da página.

P: Então eu posso posicionar um elemento em linha?

R: Sim, é claro que pode. Por exemplo, é comum posicionar o elemento <img>. Você pode posicionar <em>s, <span>s e outros também, mas isso não é muito comum.

P: Existem outros valores para a propriedade "position" além de "static" e "absolute"?

R: Na verdade, existem quatro: "static", "absolute", "fixed" e "relative". Você já ouviu falar de "static" e "absolute". O posicionamento fixo coloca um elemento em um local que seja relativo à janela do browser (ao invés de ser em relação à página), portanto os elementos fixos nunca podem se mover. Você verá um exemplo de posicionamento fixo em algumas páginas. O posicionamento relativo pega um elemento e o deixa no fluxo normal da página, mas então o recua antes de exibi-lo na página. O posicionamento relativo é comumente usado para um posicionamento mais avançado e para efeitos especiais.

P: Eu tenho que especificar uma largura para um elemento com posicionamento absoluto assim como faço para os elementos flutuantes?

R: Não, você não tem de especificar uma largura para elementos com posicionamento absoluto. Mas se não o fizer, por padrão, o elemento de bloco ocupará toda a largura do browser, menos qualquer recuo especificado à direita ou à esquerda. Isso pode ser exatamente o que você quer, ou pode não ser. Portanto, defina o valor da propriedade "width" se quiser alterar esse comportamento padrão.

P: Eu preciso usar pixels para o posicionamento?

R: Não. Outra maneira comum de posicionar elementos é através da porcentagem. Se você utilizar porcentagens, pode parecer que as posições de seus elementos mudam quando você altera a largura de seu browser. Assim, por exemplo, se o seu browser tiver a largura de 800 pixels, e a posição esquerda de seu elemento estiver definida como 10%, então seu elemento estará a 80 pixels do lado esquerdo da janela do browser. Mas se o seu browser for redimensionado para uma largura de 400 pixels, então a largura será reduzida a 10% de 400 pixels, ou 40 pixels do lado esquerdo da janela do browser.

Outro uso comum para a porcentagem é a especificação de larguras. Se você não precisar de larguras específicas para os elementos ou margens, poderá usar porcentagens para tornar a área do conteúdo principal e as barras laterais flexíveis em tamanho. Você observará muito isso em layouts de duas e três colunas.

P: Eu tenho que saber como usar as "z- indexes" para usar o posicionamento absoluto?

R: Não, "z-indexes" tendem a ser mais usadas para várias tarefas avançadas das CSS, especialmente quando houver um "script" de página Web envolvido, portanto elas estão um pouco além do escopo deste livro. Mas elas são parte do funcionamento do posicionamento absoluto, então é bom conhecê-las (voltaremos a tratar de z-index em breve.).

Use o posicionamento absoluto

Agora vamos criar uma página de duas colunas para o Starbuzz usando técnicas similares àquelas que usamos para a versão flutuante da página; entretanto, desta vez usaremos o posicionamento absoluto. Veja o que vamos fazer:

1. Primeiro vamos dar um posicionamento absoluto ao `<div>` sidebar. Na verdade, vamos posicioná-lo exatamente no mesmo lugar que o flutuamos anteriormente.

2. Em seguida, vamos dar ao conteúdo principal outra margem grande para que a barra lateral possa ficar em cima do espaço dessa margem.

3. Finalmente, vamos testar bastante essa versão para ver como ela se compara à da flutuação.

Altere a CSS do Starbuzz

Nosso HTML já está pronto, e o `<div>` sidebar está onde queríamos (abaixo do importante conteúdo principal). Tudo o que precisamos fazer são algumas alterações na CSS, e teremos uma barra lateral com posicionamento absoluto. Abra seu arquivo "starbuzz.css" e vamos mudar algumas coisas na barra lateral:

Lembre-se, vamos voltar às versões originais dos arquivos, que podem ser encontradas na pasta capitulo11/absolute (em inglês).

Você pode trabalhar fora da pasta absolute ou copiar os arquivos index.html e starbuzz.css para a pasta starbuzz trabalhar ali, como fizemos.

```
#sidebar {
    background: #efe5d0 url(images/background.gif) bottom right;
    font-size:  105%;
    padding:    15px;
    margin:     0px 10px 10px 10px;
    position:   absolute;
    top:        128px;
    right:      0px;
    width:      280px;
}
```

O.k., agora vamos especificar que a barra lateral é um posicionamento absoluto, com 128 pixels do topo. 0 pixels do lado direito da página. Também queremos que a barra lateral tenha uma largura, logo vamos criar uma igual à da versão flutuante: 280 pixels.

Você verá de onde saiu o número 128 em um segundo...

Zero pixels à direita garantirá que a barra lateral fique no lado direito do browser.

Agora só precisamos refazer o <div> principal

Na verdade, não há muito trabalho a ser refeito. Vamos apenas adicionar uma margem como fizemos com a versão flutuante. Assim, troque a margem direita do `<div>` principal para 330 pixels, como fez da última vez.

```
#main {
    background:  #efe5d0 url(images/background.gif) top left;
    font-size:   105%;
    padding:     15px;
    margin:      0px 330px 10px 10px;
}
```

Vamos dar um pouco de espaço sobre o qual a barra lateral será posicionada, dando ao <div> principal uma grande margem. Essa é a mesma técnica que utilizamos na flutuação. A única diferença é a maneira que o <div> sidebar está sendo colocado sobre a margem.

Tudo o que você precisa fazer é mudar sua margem e salvar. Mas, antes de fazer um test drive, vamos pensar sobre como isso funcionará com a barra lateral com posicionamento absoluto.

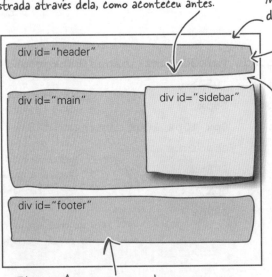

Estamos posicionando a barra lateral a 128 pixels do topo, encostada no lado direito da página. Tenha em mente que a barra lateral possui 10 pixels de margem à direita, portanto a cor do fundo será mostrada através dela, como aconteceu antes.

O <div> principal está fluindo abaixo do cabeçalho, portanto estará alinhado ao topo da barra lateral. Além disso, ele possui uma margem direita com o mesmo tamanho da barra lateral, logo todo o conteúdo em linha estará à esquerda da barra lateral. Lembre-se que os elementos no fluxo normal não tomam conhecimento dos elementos com posicionamento absoluto. Assim, o conteúdo em linha dos elementos no fluxo não se ajustam em torno dos elementos com posicionamento absoluto.

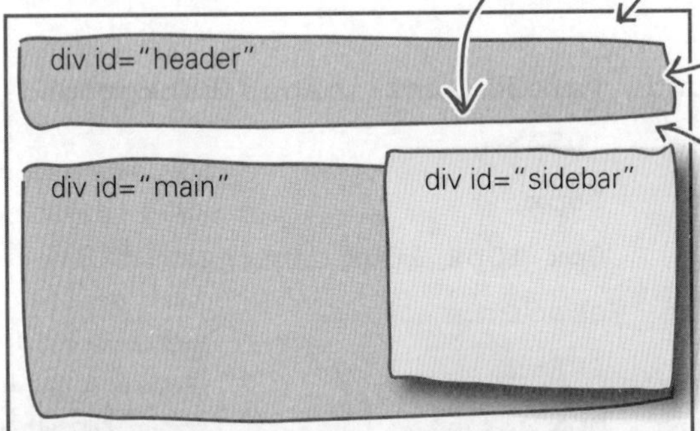
div id="header"
div id="main"
div id="sidebar"
div id="footer"

Margem superior de 10 pixels.

108 pixels para o cabeçalho. Você pode ver essa altura definida na CSS.

10 pixels para a margem inferior.

A barra lateral precisa estar a 128 pixels do topo porque esse é exatamente o espaço ocupado pelo cabeçalho, incluindo suas margens.

Talvez você queira pensar sobre o que acontece ao rodapé. Como os elementos do fluxo desconhecem a existência dos elementos absolutos, não podemos mais usar o clear.

É hora de um test drive absoluto

Lembre-se de salvar a nova CSS e então recarregue "index.html" em seu browser. Vamos ver o resultado:

Uau, isso se parece muito com a versão flutuante; entretanto, você sabe que a barra lateral tem um posicionamento absoluto.

A área do conteúdo principal tem uma margem que é exatamente da largura da barra lateral, e a barra lateral está em cima desse espaço.

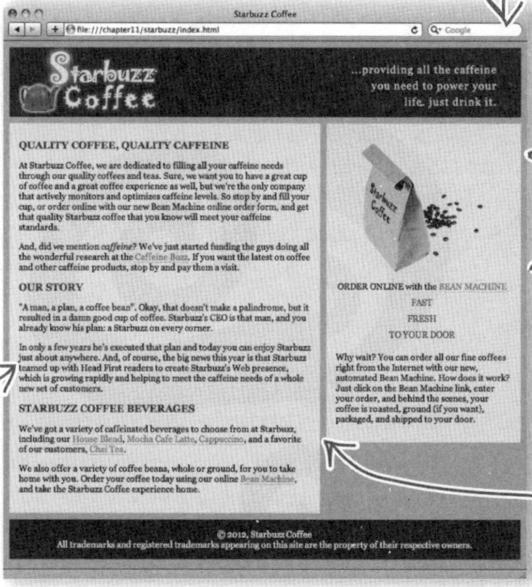
Starbuzz Coffee
Starbuzz Coffee
...providing all the caffeine you need to power your life. just drink it.
QUALITY COFFEE, QUALITY CAFFEINE
OUR STORY
STARBUZZ COFFEE BEVERAGES
ORDER ONLINE with the BEAN MACHINE
FAST
FRESH
TO YOUR DOOR
© 2012, Starbuzz Coffee

À medida que você redimensiona o browser, a barra lateral se mantém a 128 pixels do topo e permanece colada no lado direito da página.

E a barra lateral possui uma margem direita de 10 pixels, para que haja espaço entre ela e o limite da página.

E ainda temos uma medianiz entre as duas colunas.

Mas agora voltamos a ter um problema com o rodapé. Quando o browser fica muito largo, a barra lateral com posicionamento absoluto é empurrada para baixo e fica por cima do rodapé. Infelizmente, não poderemos usar a propriedade `clear` dessa vez, porque os elementos do fluxo ignoram a presença dos elementos com posicionamento absoluto.

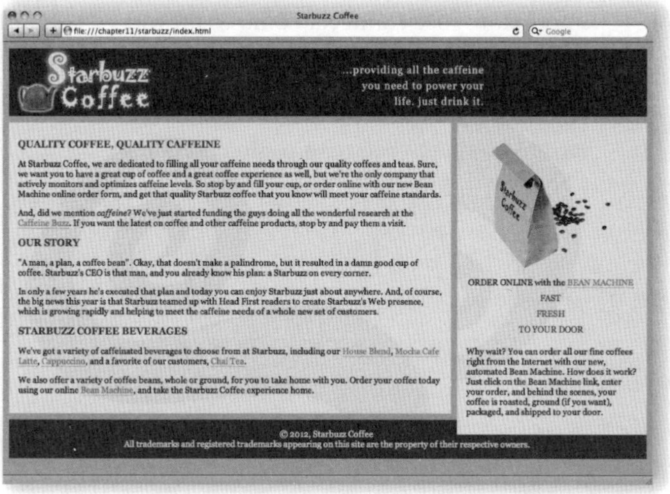
Starbuzz Coffee
Starbuzz Coffee
...providing all the caffeine you need to power your life. just drink it.
QUALITY COFFEE, QUALITY CAFFEINE
OUR STORY
STARBUZZ COFFEE BEVERAGES
ORDER ONLINE with the BEAN MACHINE
FAST
FRESH
TO YOUR DOOR
© 2012, Starbuzz Coffee

Quando o browser fica largo, o espaço vertical da área do conteúdo principal é reduzida e a barra lateral pode ficar por cima do rodapé.

Ok, já chega. Tudo o que estamos tentando fazer é criar duas colunas. Por que eu não posso simplesmente escrever um HTML ou CSS que facilmente crie duas colunas?

Bem, na verdade você pode...

E para fazer isso, você tem que usar uma nova capacidade bem recente dos novos browsers: a *exibição de tabelas das CSS (table display)*. O que é isso? A table display das CSS lhe permite exibir elementos de bloco em uma tabela com linhas e colunas (você verá como em breve), e, ao colocar seu conteúdo em uma tabela CSS, você pode facilmente criar com HTML e CSS designs com multicolunas.

Neste ponto, todos os browsers modernos suportam isso.

Agora se você está pensando "por que você não falou sobre isso antes?", bem, era importante você conhecer como os browsers fluem e exibem conteúdo (porque nem toda tarefa de design vai ter a aparência de duas colunas). Mas agora que você entende sobre layouts, podemos refazer a página usando a CSS table display.

Assim como todas as outras soluções de layout, até mesmo a exibição de tabelas tem suas vantagens e desvantagens.

Como funciona a exibição de tabelas das CSS

Pense em uma tabela como uma planilha – uma tabela tem *colunas* e *linhas* e na intersecção de cada coluna e linha temos uma *célula*. Em uma tabela do tipo planilha, você pode colocar um valor, como um número ou um texto, em cada célula. Com a exibição de tabelas das CSS, cada célula contém um elemento HTML de bloco.

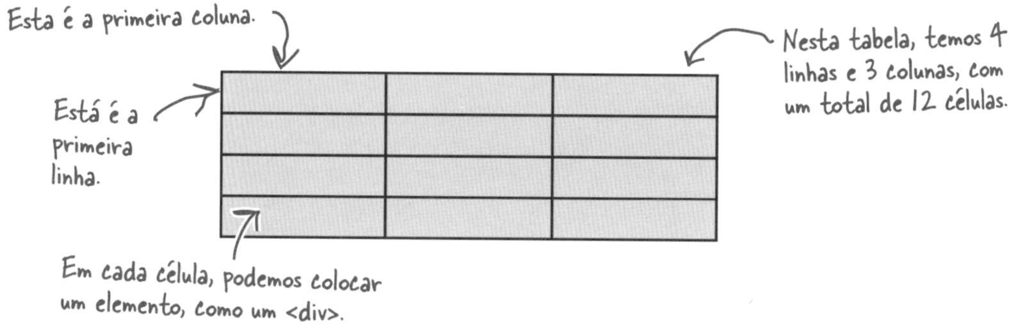

Esta é a primeira coluna.
Nesta tabela, temos 4 linhas e 3 colunas, com um total de 12 células.
Está é a primeira linha.
Em cada célula, podemos colocar um elemento, como um <div>.

Digamos que você tenha uma página com três imagens e três parágrafos e você queira organizá-los em duas colunas com três linhas. Aqui está como você faria isso conceitualmente, usando uma tabela:

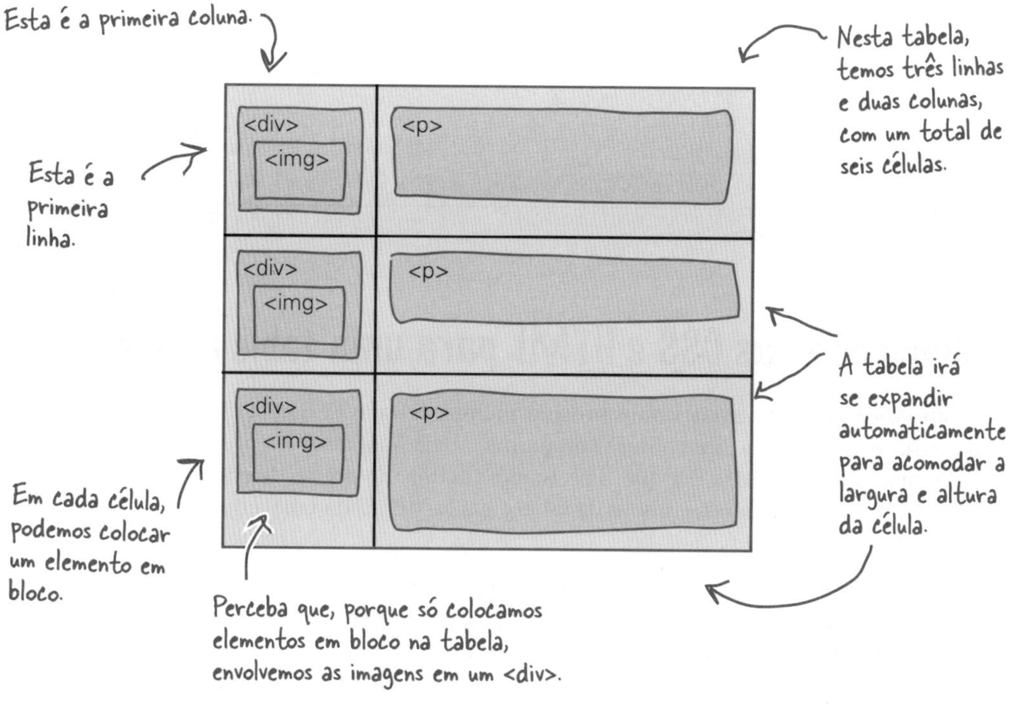

Esta é a primeira coluna.
Nesta tabela, temos três linhas e duas colunas, com um total de seis células.
Esta é a primeira linha.
<div>
<img>
<p>
A tabela irá se expandir automaticamente para acomodar a largura e altura da célula.
Em cada célula, podemos colocar um elemento em bloco.
Perceba que, porque só colocamos elementos em bloco na tabela, envolvemos as imagens em um <div>.

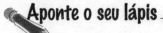

Aponte o seu lápis

Considerando o que você já sabe sobre CSS table display, faça um esboço indicando como se encaixariam em uma tabela as duas colunas "principal" e "barra lateral" da página do Starbuzz. Cheque a resposta ao final deste capitulo antes de irmos em frente...

Desenhe sua tabela aqui.

Como criar as CSS e HTML para uma table display

Como você pode imaginar, vamos precisar incluir algumas CSS para dizer ao browser para exibir nossas colunas como uma tabela, mas também precisamos adicionar algum HTML. Por que? Precisamos incluir um pouco de estrutura que represente as colunas e linhas da tabela, e a estrutura da tabela de fechamento, também.

Fazer isso é algo direto — tudo o que precisamos fazer é criar um <div> para a tabela inteira e então um <div> por linha. E para cada coluna, apenas precisamos que um elemento de bloco seja colocado na linha <div>. Vamos ver como HTML vai funcionar e então voltaremos às CSS de que precisamos.

Adicione uma estrutura HTML para a table display

Vamos direto para como adicionar estrutura para suportar a CSS table display usando HTML:

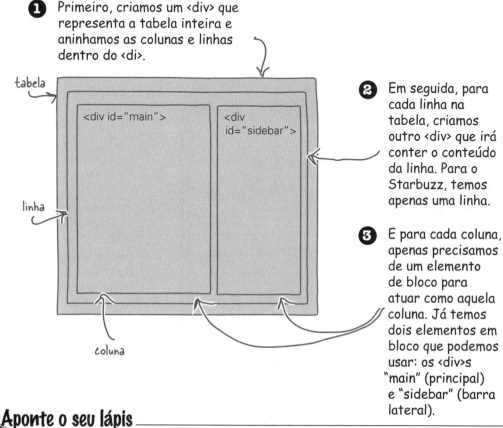

1. Primeiro, criamos um <div> que representa a tabela inteira e aninhamos as colunas e linhas dentro do <di>.

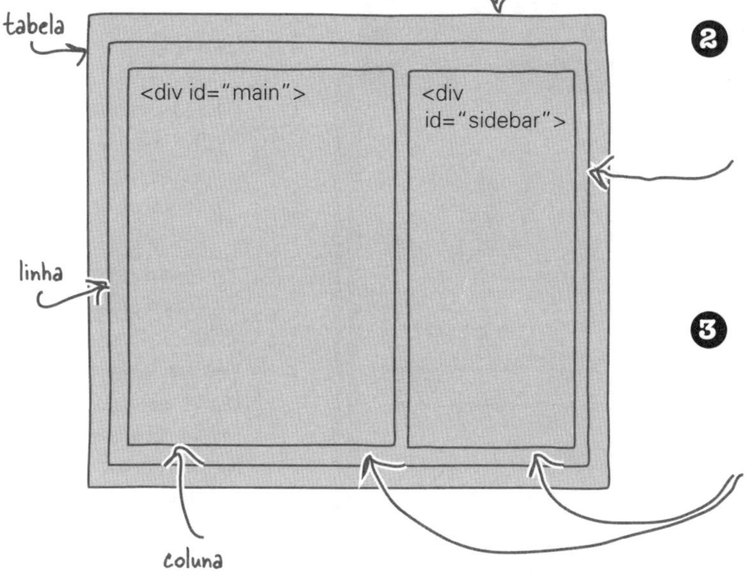
tabela
linha
<div id="main">
<div id="sidebar">
coluna

2. Em seguida, para cada linha na tabela, criamos outro <div> que irá conter o conteúdo da linha. Para o Starbuzz, temos apenas uma linha.

3. E para cada coluna, apenas precisamos de um elemento de bloco para atuar como aquela coluna. Já temos dois elementos em bloco que podemos usar: os <div>s "main" (principal) e "sidebar" (barra lateral).

Aponte o seu lápis

Agora é a sua vez: vá em frente e escreva abaixo o HTML de que precisa para a estrutura da tabela do Starbuzz.

Escreva o HTML que precisamos para o layout da tabela do Starbuzz aqui.

Aponte o seu lápis

Agora é a sua vez: vá em frente e escreva abaixo o HTML de que precisa para a estrutura da tabela do Starbuzz.

Aqui está nossa resposta!

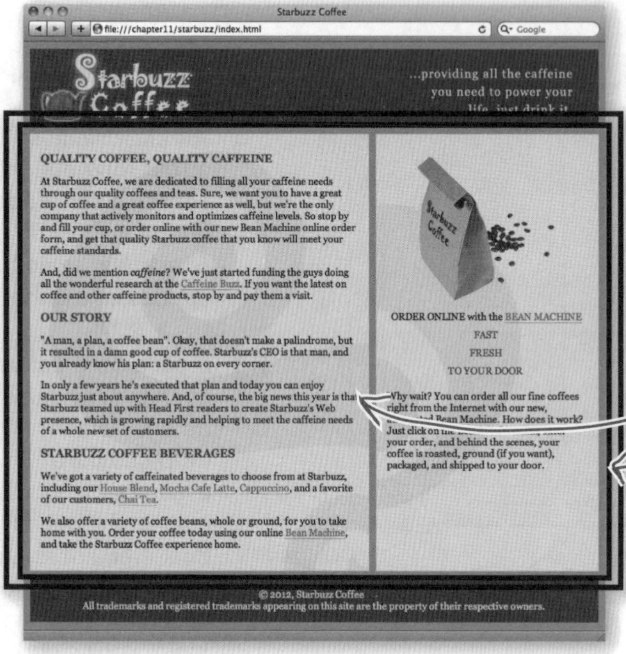

Starbuzz Coffee
file:///chapter11/starbuzz/index.html
Starbuzz Coffee
...providing all the caffeine you need to power your life, just drink it
QUALITY COFFEE, QUALITY CAFFEINE
At Starbuzz Coffee, we are dedicated to filling all your caffeine needs through our quality coffees and teas. Sure, we want you to have a great cup of coffee and a great coffee experience as well, but we're the only company that actively monitors and optimizes caffeine levels. So stop by and fill your cup, or order online with our new Bean Machine online order form, and get that quality Starbuzz coffee that you know will meet your caffeine standards.
And, did we mention caffeine? We've just started funding the guys doing all the wonderful research at the Caffeine Buzz. If you want the latest on coffee and other caffeine products, stop by and pay them a visit.
OUR STORY
"A man, a plan, a coffee bean". Okay, that doesn't make a palindrome, but it resulted in a damn good cup of coffee. Starbuzz's CEO is that man, and you already know his plan: a Starbuzz on every corner.
STARBUZZ COFFEE BEVERAGES
We've got a variety of caffeinated beverages to choose from at Starbuzz, including our House Blend, Mocha Cafe Latte, Cappuccino, and a favorite of our customers, Chai Tea.
We also offer a variety of coffee beans, whole or ground, for you to take home with you. Order your coffee today using our online Bean Machine, and take the Starbuzz Coffee experience home.
ORDER ONLINE with the BEAN MACHINE
FAST
FRESH
TO YOUR DOOR
© 2012, Starbuzz Coffee
All trademarks and registered trademarks appearing on this site are the property of their respective owners.

Primeiro, envolvemos tudo que será exibido como uma tabela com um <div> chamado "tableContainer".

Então, criamos um <div> para a linha que precisamos e chamaremos esse <div> de "tableRow".

Finalmente, cada coluna para as quais temos os <div>s "main" e "sidebar" será exibida como uma célula na tabela. Esse é um layout de tabela muito simples, porque tem apenas duas células, mas dá para ficar muito mais complexo do que isso, se você precisar.

Agora vamos escrever o HTML...

```
...
<div id="tableContainer">
  <div id="tableRow">
    <div id="main">
      ...
    </div>
    <div id="sidebar">
      ...
    </div>
  </div>
</div>
...
```

Não estamos mostrando, mas o cabeçalho está aqui em cima.

Adicione o novo <div> com um id "tableContainer" ao redor dos <div>s "main" e "sidebar".

Então adicione o novo <id> com um id "tableRow" também ao redor dos <div>s "main" e "sidebar", mas aninhados dentro do <div> "tableContainer".

Certifique-se de aninhar corretamente suas tags de fechamento para os <div>s!

...e o rodapé está aqui embaixo. Certifique-se de não incluir o cabeçalho e rodapé no novo <div>.

Como usar as CSS para criar table displays

Agora que você sabe como acrescentar a estrutura HTML para suportar a CSS table display, vamos ver como especificar as CSS para cada elemento para criar a table display.

1. Primeiro, adicionamos um <div> para a tabela com o id "tableContainer". Esse <div> contém as linhas e colunas. Nós estilizamos o <div> "tableContainer" assim:

```
div#tableContainer {
  display: table;
}
```

O "tableContainer" é o <div> mais externo e representa a estrutura da tabela inteira.

2. Em seguida, adicionamos um <div> para a linha, com o id "tableRow". Temos apenas uma linha, com duas células, então precisamos de apenas um <div>. Se tivermos várias linhas, precisaríamos de vários <div>s. Nós estilizamos a linha <div> assim:

```
div#tableRow {
  display: table-row;
}
```

O <div> "tableRow" representa uma linha na tabela. Nós temos uma linha na tabela, então só precisamos de uma regra. Se você tiver muitas linhas, considere usar uma classe (por exemplo, div.tableRow), então você pode usar uma regra para estilizar todas as linhas.

3. Finalmente, usamos nossos <div>s existentes "main" e "sidebar" para as células correspondentes a cada coluna na linha. Nós estilizamos esses <div>s assim:

Os <div>s "main" e "sidebar" são as colunas na nossa tabela, então cada uma é exibida como células.

```
#main {
  display: table-cell;
  background: #efe5d0 url(images/background.gif) top left;
  font-size: 105%;
  padding: 15px;
  margin: 0px 10px 10px 10px;
}
#sidebar {
  display: table-cell;
  background: #efe5d0 url(images/background.gif) bottom right;
  font-size: 105%;
  padding: 15px;
  margin: 0px 10px 10px 10px;
}
```

Enquanto isso, de volta ao Starbuzz...

É hora de adicionar a table display ao Starbuzz e ver como essas colunas ficarão. Para fazer isso, vamos voltar ao HTML e CSS do Starbuzz que criamos no começo do capítulo. Então abra "chapter11/tabledisplay" para cópias fresquinhas do HTML e CSS. Edite o "índex.html" e adicione os dois <div>s ao redor do `<div>` main e do `<div>` "sidebar" — o externo chamado "tableContainer" e o interno chamado "tableRow". Em seguida, abra seu arquivo "starbuzz.css" e vamos adicionar a seguinte CSS:

Volte algumas páginas para ver o HTML de que você precisa.

```
#tableContainer {
  display: table;
  border-spacing: 10px;
}
#tableRow {
  display: table-row;
}
#main {
  display: table-cell;
  background: #efe5d0 url(images/background.gif) top left;
  font-size: 105%;
  padding: 15px;
  margin: 0px 10px 10px 10px;
  vertical-align: top;
}
#sidebar {
  display: table-cell;
  background: #efe5d0 url(images/background.gif) bottom right;
  font-size: 105%;
  padding: 15px;
  margin: 0px 10px 10px 10px;
  vertical-align: top;
}
```

O display: a propriedade da tabela diz ao <div> "tableContainer" que será disposto como uma tabela.

A propriedade border-spacing acrescenta 10px de espaço de borda às células na tabela. Pense na border-spacing como uma margem para os elementos regulares. E porque estamos usando border-spacing nas células, não precisamos mais das margens nos <div>s (veja abaixo).

O <div> "tableRow" é a primeira (e única) linha da nossa tabela.

Ambos os <div>s "main" e "sidebar" são as células em nossa tabela. O "main" está na primeira coluna d "tableRow" (porqu vem primeiro no HTML), e "sideb está na segunda coluna.

Podemos remover as margens de "main" e "sidebar" (as linhas ~~margin: 0px 10px 10px 10px;~~ estão riscadas)

E podemos adicionar uma propriedade, vertical-align, que garante que todo o conteúdo nas duas células esteja alinhado à célula de cima (e não à central ou de baixo).

Um rápido test-drive...

Isso é ótimo! Nossas duas colunas estão (quase) perfeitas. Tente deixar o browser mais largo e então mais estrito. Perceba que ambas as colunas são sempre iguais na altura e não temos mais problema com uma coluna sobrepondo o rodapé. E temos nosso conteúdo na ordem correta para usuários de celulares.

Quase perfeito! O único problema restante é o espaço extra aqui...

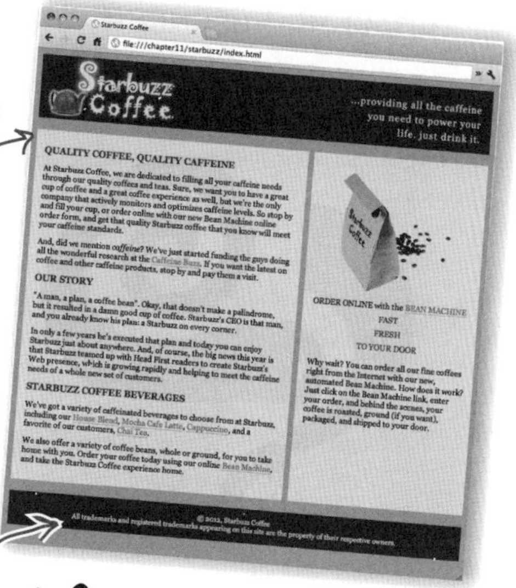

Starbuzz Coffee
...providing all the caffeine you need to power your life. just drink it.
QUALITY COFFEE, QUALITY CAFFEINE
OUR STORY
STARBUZZ COFFEE BEVERAGES
ORDER ONLINE with the BEAN MACHINE
FAST
FRESH
TO YOUR DOOR

...e aqui.

Tem apenas um probleminha, facilmente corrigido: perceba que o espaçamento entre o cabeçalho e as colunas, assim como o rodapé e as colunas, está um pouco grande demais...

Qual o problema com o espaçamento?

Atualmente temos uma margem superior de 10px no `<div>` cabeçalho e uma margem superior de 10px no `<div>` rodapé. Antes de adicionarmos o layout da tabela, especificamos as margens dos `<div>`s "main" e "sidebar" com 0px de margem superior, então a margem total entre eles e o cabeçalho é de 10px, e 10px de margem inferior. Agora, lembre-se de que os elementos em bloco da margem vertical, um ao lado do outro, se juntam — no sentido que mesmo tendo 10px de margem inferior das colunas e 10px de margem no rodapé, essa margem se funde em 10px, então o espaço total entre as colunas e o rodapé é de 10px.

Quando removemos as margens dos `<div>`s "main" e "sidebar", nós criamos o espaçamento de 10px usando a propriedade border-spacing do `<div>` "tableContainer". Isso adiciona 10px de espaço entre as células, bem como 10px de espaço ao redor das extremidades.

Mas o espaço criado pela border-spacing e a margem *não* se juntam! Então terminamos com 20px de espaço entre o cabeçalho e as colunas, bem como 20px de espaço entre as colunas e o rodapé. Felizmente, é muito fácil de consertar isso.

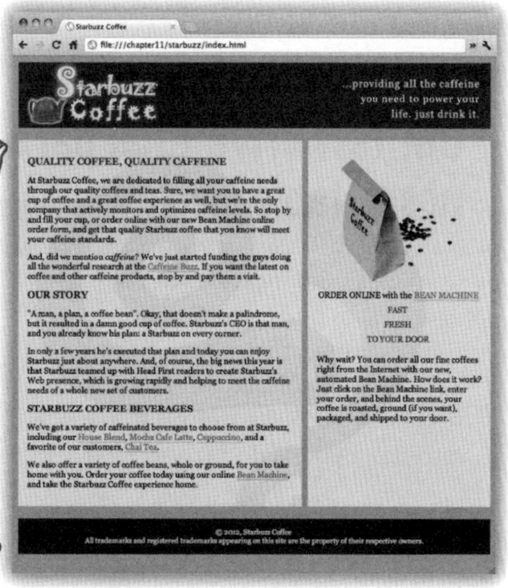

Starbuzz Coffee
...providing all the caffeine you need to power your life. just drink it.
QUALITY COFFEE, QUALITY CAFFEINE
OUR STORY
STARBUZZ COFFEE BEVERAGES
ORDER ONLINE with the BEAN MACHINE
FAST
FRESH
TO YOUR DOOR

Nós temos 10px de espaçamento de borda no topo e embaixo da tabela, e 10px de margem no cabeçalho e rodapé. As margens não se juntam com o espaçamento da borda, então temos 20px de espaço onde queremos ter 10px.

Conserte o espaçamento

Para consertar o espaço entre o cabeçalho e as colunas e entre o rodapé e as colunas, tudo o que precisamos fazer é mudar a margem inferior do cabeçalho para 0px e a margem superior do rodapé para 0px. Nós atualmente especificamos os quatro lados das margens com a regra atalho `margin: 10px` nas regras tanto para o cabeçalho, quanto para o rodapé. Então vamos expandir a propriedade de margem para especificar cada lado separadamente para que possamos especificar 10px para todos os lados, exceto aquele perto das colunas. Assim:

```
#header {
  background-color: #675c47;
  margin: 10px;
  margin: 10px 10px 0px 10px;
  height: 108px;
}
```

Em vez de termos 10px em todos os lados do cabeçalho, agora temos 10px em todos os lados, exceto no inferior, que tem 0px.

```
#footer {
  background-color: #675c47;
  color: #efe5d0;
  text-align: center;
  padding: 15px;
  margin:  10px;
  margin:  0px 10px 10px 10px;
  font-size: 90%;
}
```

Da mesma forma, agora temos 10px de margem em todos os lados do rodapé, exceto no superior.

Um test drive final para nosso table display

Com essa mudança, nossas colunas agora estão perfeitas! Temos 10px de espaçamento entre todas as peças e as colunas alinhadas, mesmo se você expandir ou estreitar a janela do browser.

Já que `display: table` nem sempre será a ferramenta correta para as necessidades de seu layout, neste caso é a melhor solução para obter duas colunas igualadas com o conteúdo da página Stabuzz.

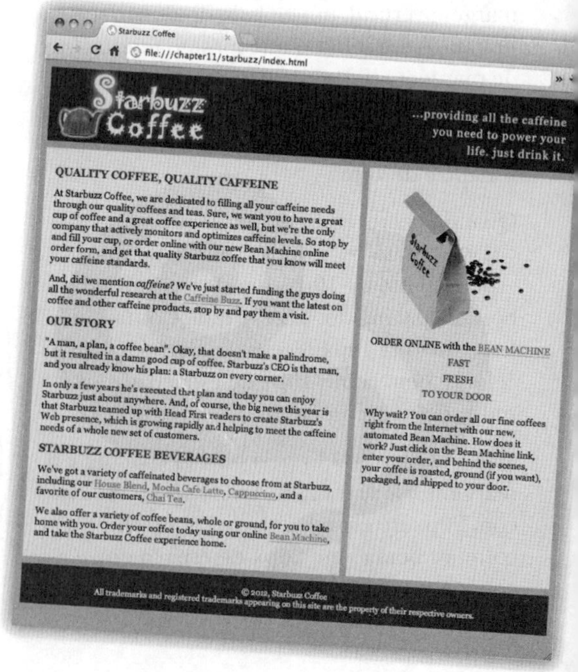
Starbuzz Coffee
file:///chapter11/starbuzz/index.html
Starbuzz Coffee
...providing all the caffeine you need to power your life. just drink it.
QUALITY COFFEE, QUALITY CAFFEINE
OUR STORY
STARBUZZ COFFEE BEVERAGES
ORDER ONLINE with the BEAN MACHINE
FAST
FRESH
TO YOUR DOOR
© 2012, Starbuzz Coffee
All trademarks and registered trademarks appearing on this site are the property of their respective owners.

Perfeito!

Exercício

O CEO do Starbuzz decidiu adicionar uma coluna com menu de drinks à página do Starbuzz Coffee. Ele quer uma nova coluna do lado esquerdo com 20% da largura da janela do browser. Sua função é adicionar o novo HTML à página existente na posição correta, e então concluir a CSS abaixo para se certificar de que será exibido como uma célula de tabela, como as outras duas colunas. Cheque sua solução ao final do capítulo.

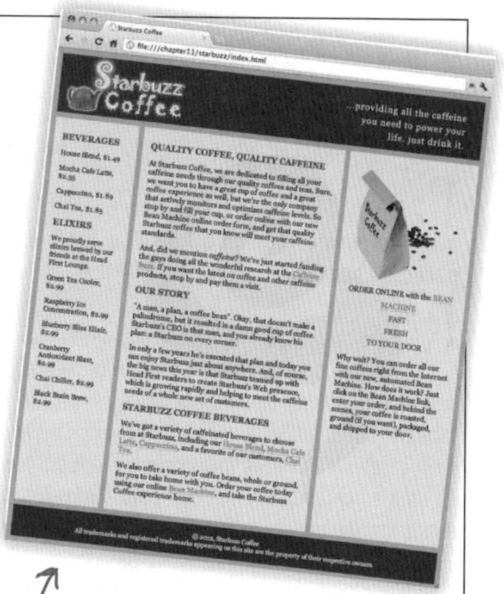
Starbuzz Coffee
...providing all the caffeine you need to power your life. just drink it.
BEVERAGES
ELIXIRS
QUALITY COFFEE, QUALITY CAFFEINE
OUR STORY
STARBUZZ COFFEE BEVERAGES

Aqui está o visual de como o CEO quer a página Starbuzz com a nova coluna à esquerda, contendo o menu de drinks.

O HTML para o menu.

```
<div id="drinks">
  <h1>BEVERAGES</h1>
    <p>House Blend, $1.49</p>
    <p>Mocha Cafe Latte, $2.35</p>
    <p>Cappuccino, $1.89</p>
    <p>Chai Tea, $1.85</p>
  <h1>ELIXIRS</h1>
    <p>
      We proudly serve elixirs brewed by our friends
      at the Head First Lounge.
    </p>
    <p>Green Tea Cooler, $2.99</p>
    <p>Raspberry Ice Concentration, $2.99</p>
    <p>Blueberry Bliss Elixir, $2.99</p>
    <p>Cranberry Antioxidant Blast, $2.99</p>
    <p>Chai Chiller, $2.99</p>
    <p>Black Brain Brew, $2.99</p>
</div>
```

A nova CSS... você precisa concluí-la!

```
#drinks {
    ___________________________;
    background-color: #efe5d0;
    width: 20%;
    padding: 15px;
    vertical-align: top;
}
```

Preencha esse espaço para que o <div> drinks apareçam como a primeira coluna na página.

não existem Perguntas Idiotas

P: Então, sei que só veremos tabela em HTML posteriormente, mas a CSS display: table é parecida com usar as tabelas HTML?

R: É parecida no sentido que você está criando uma estrutura em seu HTML que você pode mapear as linhas e colunas de uma tabela. Mas ao contrário das tabelas HTML, a CSS display-table é sobre apresentar o conteúdo na estrutura usando um layout em forma de tabela. As tabelas HTML são para *dados tabulares*: dados que devem ser estruturados como uma tabela. Então, usando CSS table-display é uma forma de criar um certo tipo de apresentação de layout, enquanto que tabelas em HTML são sobre estruturar dados. Você aprenderá tudo sobre tabelas em HTML no Capítulo 13.

P: O que eu faço se precisar de mais de uma linha na minha table display?

R: Se você precisar exibir conteúdo em várias linhas, então você simplesmente adiciona mais estrutura HTML para suportar isso. Se você der uma olhada no HTML do Starbuzz, você verá que temos duas colunas (ou três, após a coluna de Bebidas) em uma linha. Para adicionar outra linha, você adicionaria outro <div> parecido com o <div> "tableRow", aninhado dentro do <div> "tableContainer" e contendo o mesmo número de colunas da primeira linha. Você pode continuar adicionado linhas acrescentando mais <divs> como esse.

P: Por que adicionamos o alinhamento vertical a cada célula na CSS com vertical-align: top?

R: Nós adicionamos verrical-align: top a cada célula da tabela para nos certificarmos de que todo conteúdo se alinhe com o topo da célula. Se cada célula for alinhada dessa forma, então o conteúdo em cada página Starbuzz deveria se alinhar no topo, o que deixa uma apresentação mais profissional. Se você não adicionar um alinhamento vertical, você descobrirá que o alinhamento padrão de seu navegador é pelo centro. Em alguns casos, pode ser o que você precisa, é claro. Você pode estabelecer o alinhamento vertical pelo topo, centro ou parte de baixo.

P: Faz diferença quanto conteúdo coloco dentro de cada célula?

R: Não exatamente. Você deverá se certificar de que uma coluna não tenha muito mais conteúdo do que outra coluna para que sua página fique equilibrada, mas no fim é você que decide o visual de sua página.

P: Podemos controlar a largura das colunas?

R: Sim, você tem algum controle sobre a largura das colunas com a propriedade width. No exercício para adicionar a coluna Bebidas que você acabou de fazer, você provavelmente que estabelecemos a largura da coluna para 20%. Você pode fixar a largura de cada coluna dessa forma (e é uma boa ideia se certificar de que as larguras somam 100%). Usando porcentagens, sua tabela continuará se expandindo e contraindo corretamente conforme você redimensiona a janela do browser.

Estratégias para sua caixa de ferramentas de layout em CSS

Como você viu, existem muitos métodos que você pode usar para organizar suas páginas usando HTML e CSS. E não precisamos mudar muito o HTML para alterar o layout da página; além de trocar um conteúdo (para lidar com a barra lateral flutuante) e adicionar alguns `<div>`s (para o layout de table display), você lidou com a *apresentação* de seu conteúdo inteiramente com suas CSS. Essa é a ideia: seu HTML deve ser sobre *estruturar* seu conteúdo, e as CSS lidam com o layout. Qual método você escolhe para fazer o layout é com você e vai depender do tipo de layout que você escolher e quão flexível você quer que ele seja.

Vamos revisá-los.

O layout flutuante

Usamos o *flutuante* para organizar a página do bar e flutuar o `<div>` elixires para a direita do conteúdo principal da página. Nesse caso, a flutuação (`float`) foi perfeita, porque queríamos que o conteúdo principal flutuasse ao redor do `<div>` elixires, o que aconteceu lindamente. Nós ainda não o usamos desta forma, mas o `float` também funciona muito bem para flutuar imagens em um parágrafo ou texto e para fazer o texto fluir ao redor da imagem.

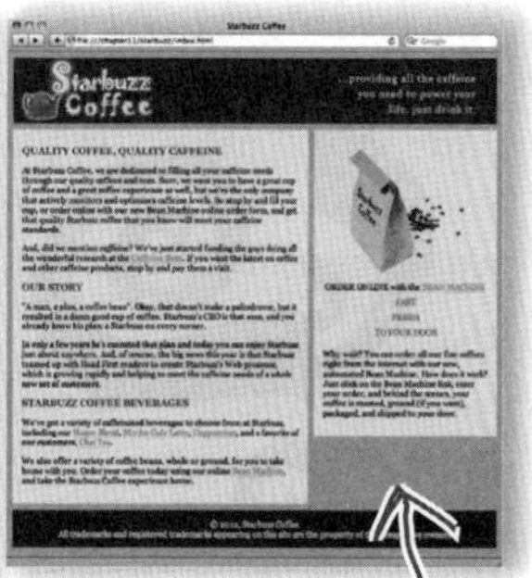

O float funciona muito bem para a página do bar; é ok para o Starbuzz, mas nós gostaríamos de manter o conteúdo da barra lateral abaixo do conteúdo principal e ter colunas iguais.

Depois usamos o `float` para flutuar o `<div>` da barra lateral na página Starbuzz e usamos clear para ter certeza de que a barra lateral não sobrepusesse o rodapé.

O único porém é que temos que mover o `<div>` inteiro que estamos flutuando para cima do conteúdo principal, o que nem sempre é ideal, se essa ordenação não refletir a importância relativa do conteúdo da página. Outra desvantagem em potencial é que é impossível criar duas colunas iguais de conteúdo com o `float`, então se esse é o seu objetivo, precisamos de outra solução.

O layout gelatina

Depois criamos um layout **frozen (congelado)** ao envolver um `<div>` de tamanho fixo ao redor do conteúdo da página, e então transformamos em **jello (gelatina)** ao permitir com que as margens se expandissem com o valor de propriedade auto. Isso deixa o layout com um ótimo visual, e muitas página na Web usam esse design; por exemplo, você verá muitos blogs organizados desta forma. Isso também resolveu o problema na nossa ordenação de conteúdo. A desvantagem aqui é que o conteúdo não expande para preencher toda a janela do browser (o que muitas pessoas não acreditam ser uma desvantagem).

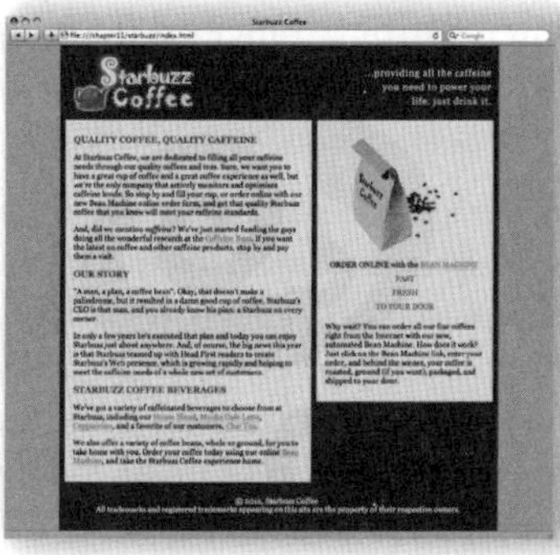

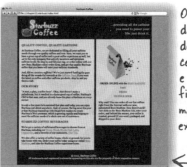

O gelatina lhe dá uma área de conteúdo centralizada e de tamanho fixo com margens expansíveis.

Estratégias para sua caixa de ferramentas de layout em CSS (continuação)

O layout absoluto

Nós então usamos o **absolute positioning (posicionamento absoluto)** para voltar para um layout líquido, e isso também nos permite manter nosso conteúdo na ordem em que queremos. Ao fixar a barra lateral a uma largura específica e posicioná-la à direita do conteúdo principal, nós temos uma área do conteúdo principal que se expande e se contrai conforme o tamanho da página, e uma barra lateral que tem tamanho fixo e é ancorada ao lado direito da janela do browser. Esta é uma ótima escolha para layouts quando você quer que uma parte de sua página tenha tamanho fixo e uma parte se expanda se contraia, ou quando você precisa que um elemento seja localizado a uma localização precisa (veremos como fazer isso em breve!).

O absoluto lhe dá uma ótima área de conteúdo principal líquida com uma barra lateral fixa.

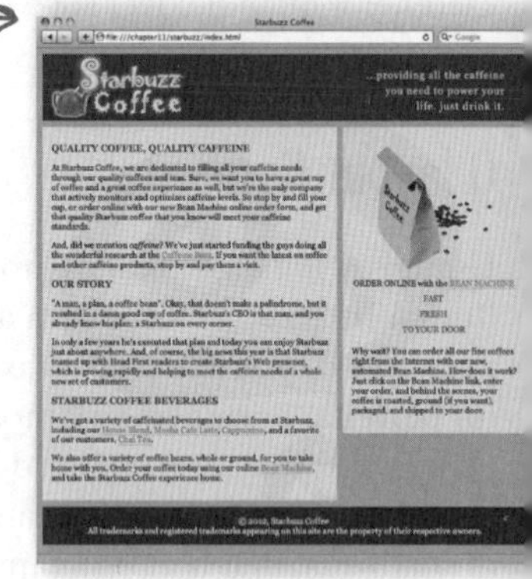
Starbuzz Coffee
QUALITY COFFEE, QUALITY CAFFEINE
OUR STORY
STARBUZZ COFFEE BEVERAGES

A desvantagem para a página Starbuzz, entretanto, é que a barra lateral sobrepõe o rodapé novamente quando o browser está largo. Então continuamos em nossa busca pelas duas colunas perfeitas, e mudamos para o...

O layout de exibição de tabela (table display)

Com o layout **table display**, ganhamos a loteria dos layouts para o Starbuzz. Nós precisamos adicionar alguns <div>s à nossa estrutura HTML para fazê-la funcionar direito, mas isso compensou com nossas duas colunas perfeitamente alinhadas que se expandem e se contraem lindamente conforme o tamanho da janela do browser.

Com o table display, conseguimos a colunas igualadas que queríamos.

Nesse caso, a estrutura que adicionamos à página foi puramente para suporte ao layout; não adicionou nenhum significado à página. Você descobrirá que o <div> é geralmente usado dessa forma (e de fato, quando você chegar ao próximo capítulo, você verá que isso é ainda mais verdade hoje em dia do que era há alguns anos). Mas não fique louco com os <div>s; você precisa escolher o melhor layout para suas necessidades e adicionar alguns <div>s conforme necessário, para conseguir o layout que quiser.

Starbuzz Coffee
QUALITY COFFEE, QUALITY CAFFEINE
OUR STORY
STARBUZZ COFFEE BEVERAGES

O layout table display nem sempre é a melhor escolha para seu layout, mas para o Starbuzz funciona perfeitamente e até nos deixa expandir facilmente para adicionar uma terceira coluna para o menu "Beverages" (Bebidas). Legal!

Existem tantos designs de página na web quanto designers, mas muitos desses designs são baseados nos layouts que aprendemos aqui (ou algumas variações deles). Você agora tem algumas estratégias em sua caixa de ferramentas de layouts para escolher, então você está preparado para lidar com praticamente qualquer trabalho de layout que seu chefe possa lhe pedir!

O table display é fácil para expandir para mais colunas (ou linhas!)

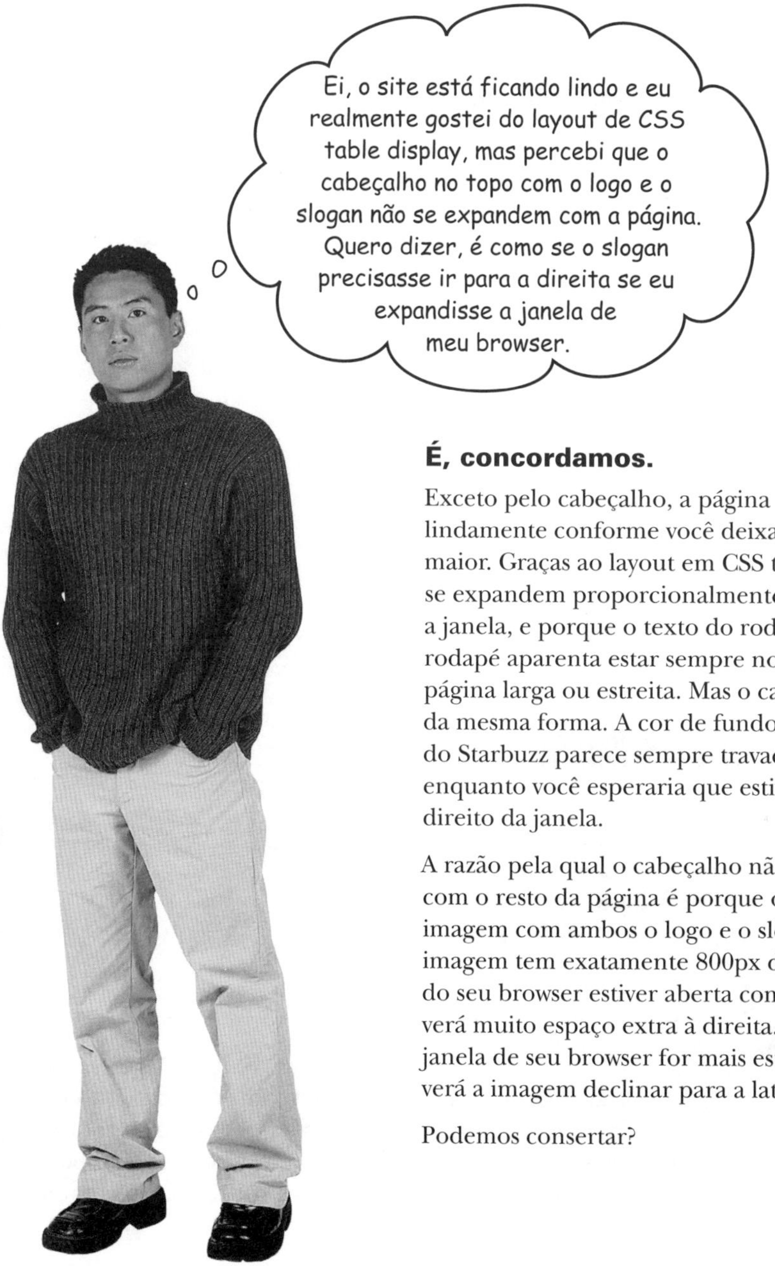
Ei, o site está ficando lindo e eu realmente gostei do layout de CSS table display, mas percebi que o cabeçalho no topo com o logo e o slogan não se expandem com a página. Quero dizer, é como se o slogan precisasse ir para a direita se eu expandisse a janela de meu browser.

É, concordamos.

Exceto pelo cabeçalho, a página Starbuzz se expande lindamente conforme você deixa a janela de seu browser maior. Graças ao layout em CSS table display, as colunas se expandem proporcionalmente conforme você expande a janela, e porque o texto do rodapé é centralizado, o rodapé aparenta estar sempre no meio da página, esteja a página larga ou estreita. Mas o cabeçalho não se expande da mesma forma. A cor de fundo sim, mas o slogan do Starbuzz parece sempre travado no mesmo lugar, enquanto você esperaria que estivesse ancorado ao lado direito da janela.

A razão pela qual o cabeçalho não está se expandindo com o resto da página é porque o cabeçalho é *uma* imagem com ambos o logo e o slogan do Starbuzz. E essa imagem tem exatamente 800px de largura. Se a janela do seu browser estiver aberta com mais de 800px, você verá muito espaço extra à direita. E da mesma forma, se a janela de seu browser for mais estreita do que 800px, você verá a imagem declinar para a lateral da janela do browser.

Podemos consertar?

Problemas com o cabeçalho

Vá em frente e brinque com a página um pouco, deixando a janela do browser mais larga do que a imagem do cabeçalho e depois mais estreita. Você verá que o cabeçalho não está funcionando da forma como gostaríamos.

Quando a janela do browser tem mais do que 800px de largura, você tem todo esse espaço extra aqui à direita.

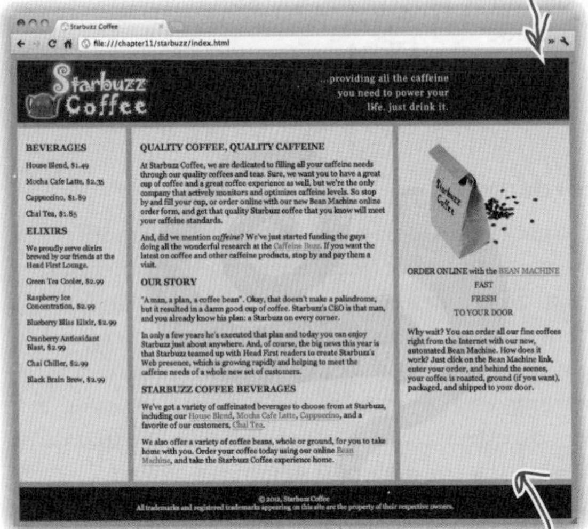

E quando o browser tem menos de 800px de largura, a parte do slogan da imagem do cabeçalho declina para a extremidade da janela do browser!

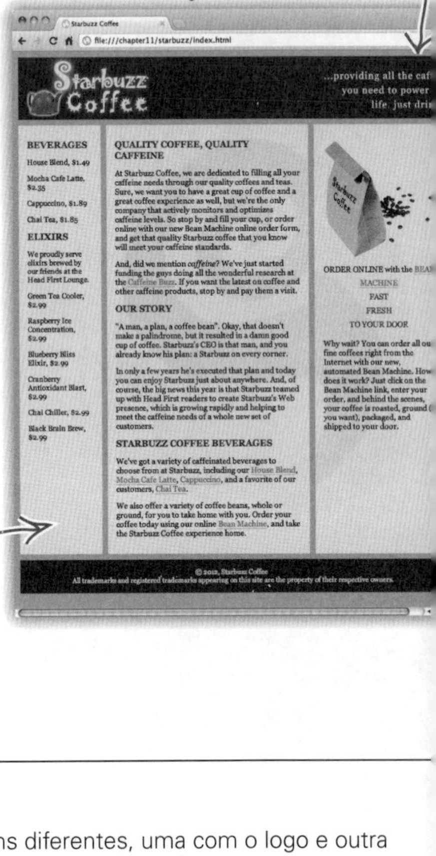

O restante de página se redimensiona lindamente conforme você alarga ou estreita a janela do browser.

PODER DO CÉREBRO

Se nós dividirmos a imagem do cabeçalho em duas imagens diferentes, uma com o logo e outra com o slogan, você consegue pensar em formas de organizar as duas imagens no elemento <div id="cabeçalho"> para que elas fiquem posicionadas corretamente (isto é, o logo fica à esquerda do cabeçalho, enquanto o slogan fica sempre ancorado à parte direita do cabeçalho, mesmo se você abrir a janela de seu browser)?

Starbuzz
Coffee

Nós podemos facilmente dividir o cabeçalho em duas imagens gif (ambas têm um fundo transparente com um matte que funciona perfeitamente com nosso fundo cor de café no cabeçalho).

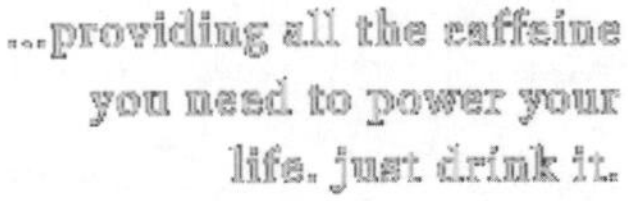
...providing all the caffeine
you need to power your
life. just drink it.

Corrija as imagens do cabeçalho com o float

É geralmente verdade que existem estratégias múltiplas para solucionar um problema de layout com CSS, e esse certamente é o caso aqui. A forma como vamos consertar é usando o `float`. Você já usou o `float` uma vez, para organizar parte da página Starbuzz, antes de mudarmos para usar o table layout. Mas não tem motivo para não misturar e combinar diferentes estratégias, como table display com `float` na mesma página; na verdade, é muito comum. Então vamos dar uma olhada em como faremos isso.

❶ Quebre a imagem do cabeçalho em duas imagens

Já fizemos isso para você; você encontrará as imagens "headerLogo.gif" e "headerSlogan.gif" na pasta "chapter11/starbuzz/images".

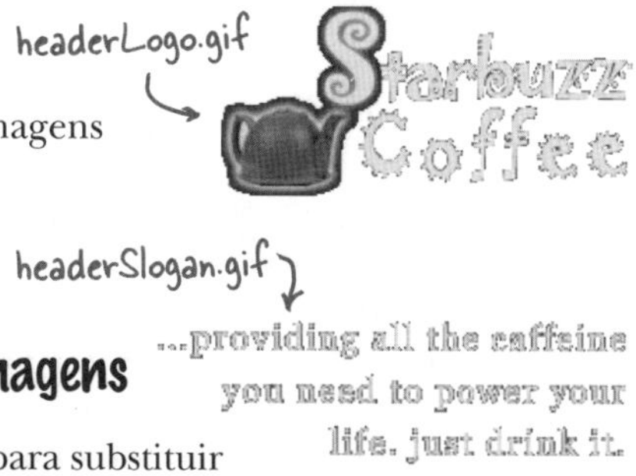
headerLogo.gif
Starbuzz Coffee
headerSlogan.gif
...providing all the caffeine you need to power your life. just drink it.

❷ Atualize seu HTML para usar essas imagens

Em seguida, você precisa atualizar seu HTML para substituir a imagem do cabeçalho existente, que é uma grande imagem de 800px, pelas duas imagens que criamos no Passo 1. Vamos em frente para dar a cada imagem um id que usaremos para selecionar cada uma em nossa CSS.

```
<div id="header">
  <img src="images/header.gif" alt="Starbuzz Coffee header image">
  <img id="headerLogo"
       src="images/headerLogo.gif" alt="Starbuzz Coffee logo image">
  <img id="headerSlogan"
       src="images/headerSlogan.gif"
       alt="Providing all the caffeine you need to power your life.">
</div>
```

❸ Conserte as imagens com CSS

Finalmente, você precisa organizar as imagens no cabeçalho corretamente. Se você carregar a página agora, você verá ambas as imagens no cabeçalho, uma do lado da outra do lado esquerdo da página.

A imagem do logo está ok onde está...

Mas agora, a imagem do slogan está ao lado da imagem do logo. Precisamos mudá-la para cá com CSS.

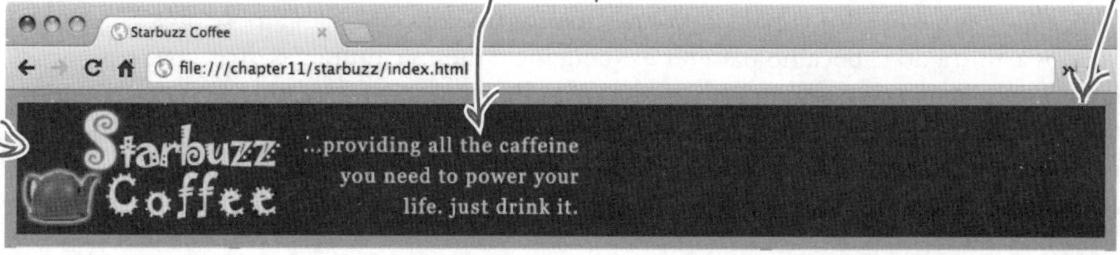
Starbuzz Coffee
file:///chapter11/starbuzz/index.html
Starbuzz Coffee
...providing all the caffeine
you need to power your
life. just drink it.

Exercício

Esta CSS é tão fácil que você poderia fazer dormindo, após toda a experiência em layout que você teve neste capítulo. Vá em frente e escreva a CSS para consertar as imagens no cabeçalho. Você sabe que usará float; preencha os espaços em branco abaixo com o restante da regra que você precisa para colocar as imagens na posição correta. Cheque sua resposta ao final do capítulo antes de continuar.

```
            ____________________ {
        float: ________;
    }
```

Faça um test drive no seu float

Agora a imagem do slogan est à direita e fica lá, mesmo se você mudar o tamanho da janela do browser.

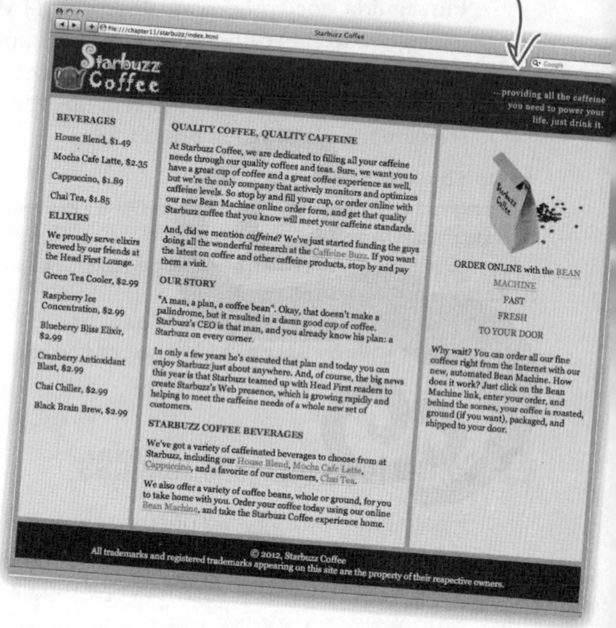
Starbuzz Coffee
...providing all the caffeine you need to power your life. just drink it.
BEVERAGES
House Blend, $1.49
Mocha Cafe Latte, $2.35
Cappuccino, $1.89
Chai Tea, $1.85
ELIXIRS
Green Tea Cooler, $2.99
Raspberry Ice Concentration, $2.99
Blueberry Bliss Elixir, $2.99
Cranberry Antioxidant Blast, $2.99
Chai Chiller, $2.99
Black Brain Brew, $2.99
QUALITY COFFEE, QUALITY CAFFEINE
OUR STORY
STARBUZZ COFFEE BEVERAGES
ORDER ONLINE with the BEAN MACHINE
FAST
FRESH
TO YOUR DOOR
© 2012, Starbuzz Coffee
All trademarks and registered trademarks appearing on this site are the property of their respective owners.

Atualize sua CSS no "starbuzz.css" e recarregue a página Starbuzz. Você deve ver a imagem do slogan do cabeçalho à direita da página, exatamente onde deveria estar e, melhor ainda, ela fica à direita mesmo se você deixar o browser bem largo. Sucesso!

Como o float funciona no cabeçalho

Lembre-se dos passos de como flutuar um elemento, que vimos anteriormente no capítulo:

Dê uma identidade ao elemento. Nós demos à imagem que queríamos flutuar o id "headerSlogan". Checado.

Dê uma largura ao elemento. Não tivemos que fazer isso explicitamente dessa vez (embora você pudesse). Por quê? Porque um elemento imagem tem uma largura específica por padrão: é a própria largura da imagem. A CSS reconhece que a imagem tem uma largura, então nós não precisamos especificá-la.

Flutue o elemento. Checado, nós o flutuamos. A <img> está aninhada no <div> "cabeçalho", então ela flutua para a direita superior do <div>. Mas lembre-se, nós fixamos a altura do cabeçalho para ter exatamente a mesma altura das duas imagens. E, como explicamos antes, o outro conteúdo em linha da página irá fluir ao redor do elemento flutuante. Neste caso, o outro conteúdo em linha no cabeçalho é a imagem do logo, que calha de ter exatamente a mesma altura que a imagem do slogan e do cabeçalho. Então as duas imagens se alinham perfeitamente!

não existem Perguntas Idiotas

P: Por que não precisamos acrescentar "clear: right" ao <div> "tableContainer" abaixo do cabeçalho?

R: Porque a imagem que flutuamos tem a mesma altura — 108px — que a outra imagem no cabeçalho, então não há espaço para o outro conteúdo na página subir e fluir ao redor da imagem flutuante. As duas imagens tomam exatamente a mesma quantidade de espaço vertical, então os outros elementos na página ficam firmes em seus lugares.

P: E se eu flutuar uma imagem que está em um parágrafo ou texto?

R: Então o texto irá fluir ao redor da imagem. Funciona como quando flutuamos o <div> elixires no bar; lembra como o texto no restante da página fluiu ao redor do <div>? Mesma coisa que se você flutuar uma imagem.

P: Nós poderíamos ter posicionado as imagens do cabeçalho usando uma das outras estratégias de layout que comentamos?

R: Sim. Geralmente existe mais de uma forma de fazer isso com CSS. Outra estratégia seria utilizar posicionamento absoluto. Veremos como usar o posicionamento absoluto em uma imagem em seguida.

Ei, pessoal!
O Starbuzz acabou de ganhar o Prêmio Torrefação do Ano. Isso é o máximo! Podemos colocá-lo na frente e no centro da página? Todos os nossos clientes precisam ver isso. Prioridade máxima, faça acontecer!

O prêmio.

Bem, poderíamos apenas jogar isso como uma imagem em um velho parágrafo na página, mas o CEO realmente quer que isso seja perceptível na página. E se pudéssemos colocar o prêmio na página desta forma?

Não só ele parece ótimo, como é exatamente o que o CEO quer. Mas como? Esta é outra situação para usar float? Ou precisamos de outra estratégia?

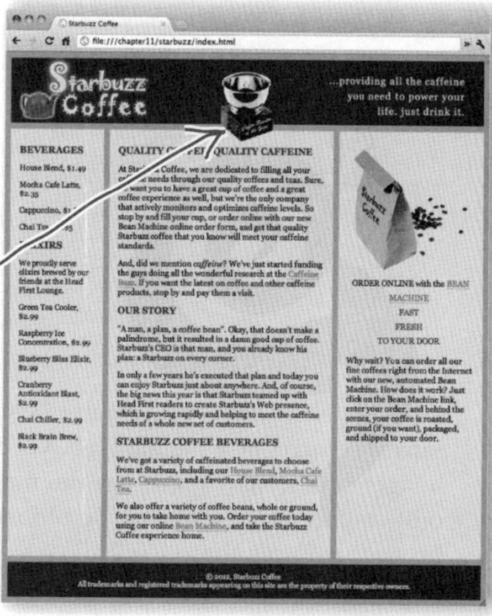
Starbuzz Coffee
...providing all the caffeine you need to power your life. just drink it.
BEVERAGES
OUR STORY
STARBUZZ COFFEE BEVERAGES

Adicione o prêmio

Perceba que o prêmio está em uma posição que sobrepõe o cabeçalho e a parte principal da página. Seria muito complicado conseguir que uma imagem flutuante ficasse nessa posição. Não só isso, mas sabemos que o prêmio não deveria afetar o fluxo de nenhuma outra página na página.

Parece um trabalho para posicionamento absoluto. Afinal, usando posicionamento absoluto você pode colocar em qualquer lugar que quiser na página, e já que não está no fluxo, não afeta os outros elementos da página. Parece uma simples adição para fazer à pagina sem quebrar o que já está lá.

Vamos fazer uma tentativa. Comece adicionando um novo `<div>`, exatamente abaixo do cabeçalho (o CEO acha que isso é muito importante, portanto deve ficar bem no alto na ordem do conteúdo). Este é o `<div>`:

```
<div id="award">
    <img src="images/award.gif"
         alt="Roaster of the Year award">
</div>
```

O <div> contém a imagem do prêmio

Posicione o prêmio

Queremos que o prêmio fique exatamente no meio da página quando o browser tiver os 800 pixels (uma largura típica dos browsers) e apenas sobrepondo-se sobre o `<div>` do conteúdo principal.

Assim, usaremos as propriedades "`top`" e "`left`" para posicionarmos o prêmio a 30 pixels do topo, e a 365 pixels da esquerda.

```
#award {
    position: absolute;
    top:      30px;
    left:     365px;
}
```

Estamos usando um posicionamento absoluto para o div "award" (prêmio), que está a 30 pixels do topo e a 365 pixels da esquerda.

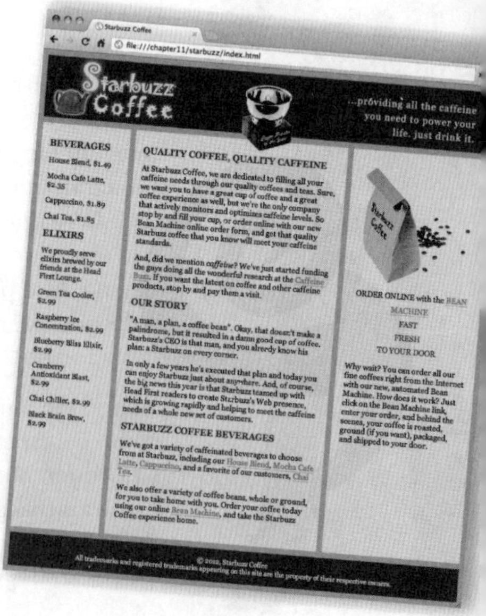
Starbuzz Coffee
...providing all the caffeine you need to power your life. just drink it.
BEVERAGES
QUALITY COFFEE, QUALITY CAFFEINE
ELIXIRS
OUR STORY
STARBUZZ COFFEE BEVERAGES
ORDER ONLINE with the BEAN MACHINE
FAST
FRESH
TO YOUR DOOR

Adicione essa CSS ao seu arquivo "starbuzz.css", salve e recarregue a página Web. Você verá a imagem do prêmio aparece como mágica, no lugar onde queríamos. Lembre-se de redimensionar seu browser para ver como o prêmio é exibido.

não existem Perguntas Idiotas

P: Parece que o posicionamento absoluto é melhor do que o float porque tenho mais controle sobre para onde os elementos vão. Eu deveria preferir o posicionamento absoluto à flutuação?

R: Não exatamente. Só depende do que você precisa. Se você realmente precisa que um elemento apareça em uma posição precisa na página, então o posicionamento absoluto é a melhor opção. Mas se você quiser, por exemplo, um fluxo de texto ao redor de uma imagem, você não pode fazer isso facilmente com o posicionamento absoluto; nesse caso, você definitivamente deve usar o float. Você verá usos para ambos com certa regularidade.

P: Eu estava brincando com alguns elementos <div> em posicionamento absoluto e um é sempre exibido em cima do outro. Existe uma forma de trocar quem está por cima?

R: Sim, cada elemento posicionado tem o chamado "z-index", que é a ordenação dos elementos em um eixo imaginário z-axis (pense nele como se apontando para fora de sua tela). Você o usa assim:

```
#div1 {
    position:  absolute;
    top:       30px;
    left:      30px;
    z-index:   0;
}
#div2 {
    position:  absolute;
    top:       30px;
    left:      30px;
    z-index:   1;
}
```

Essas regras posicionam o elemento com id "div2" sobre o elemento com um id "div1".

P: Como eu sei qual é o z-index de cada elemento na página por padrão?

R: Você não sabe, na verdade, a menos que você inspecione a CSS que o browser computa para cada elemento na página com ferramentas de desenvolvedor. Mas na maioria das vezes, você não se importará com o z-index dos elementos a menos que você os esteja especificamente acomodando em camadas ou você se depare com uma situação como a do prêmio. Geralmente, fixar o z-index em 1 é bom o suficiente para se certificar de que um elemento esteja acima de outros na página, mas se você tem múltiplos elementos que esteja posicionando e acomodando em camadas, você deverá ser mais cauteloso sobre os valores z-index.

P: Existe um valor máximo para o z-index?

R: Sim, mas é um número muito alto e praticamente você nunca precisará usar seus valores z-index tão altos.

P: E valores z-index negativos, podemos ter um valor z-index, por exemplo, de -1?

R: Sim, podemos! As mesmas regras se aplicam (ou seja, quanto mais positivo e maior o valor, maior a camada e mais perto de você na tela).

P: Qualquer elemento pode ter um z-index?

R: Não, apenas elementos que foram posicionados com CSS usando posicionamento absoluto, relativo ou fixo. Você verá um exemplo de posicionamento fixo em seguida!

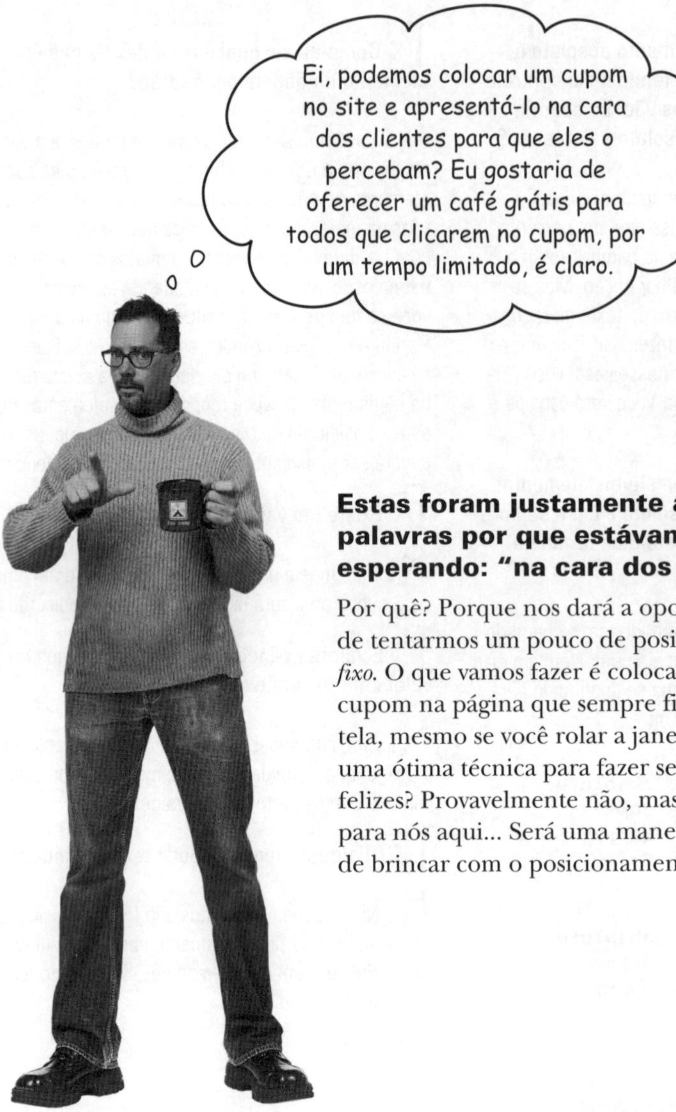
Ei, podemos colocar um cupom no site e apresentá-lo na cara dos clientes para que eles o percebam? Eu gostaria de oferecer um café grátis para todos que clicarem no cupom, por um tempo limitado, é claro.

Estas foram justamente as palavras por que estávamos esperando: "na cara dos clientes"

Por quê? Porque nos dará a oportunidade de tentarmos um pouco de posicionamento *fixo*. O que vamos fazer é colocar um cupom na página que sempre fique na tela, mesmo se você rolar a janela. Essa é uma ótima técnica para fazer seus usuários felizes? Provavelmente não, mas funciona para nós aqui... Será uma maneira divertida de brincar com o posicionamento fixo.

UM
CAFÉ
GRÁTIS
151332

Como funciona o posicionamento fixo?

Comparado com o posicionamento absoluto, o posicionamento fixo é bem simples. Com ele, você especifica a posição de um elemento, como faz com o posicionamento absoluto, mas a posição é recuada em relação ao limite da janela do browser ao invés de ser em relação à página. O efeito interessante disso é que uma vez que você coloque o conteúdo no posicionamento fixo, ele ficará exatamente onde você o colocou, e não se moverá nem mesmo quando você rolar a página.

Impressione seus amigos e colegas de trabalho ao referir à janela do browser como janela de visualização. Tente, isso funciona e o W3C concordará com você.

Assim, digamos que você tenha um `<div>` com um id "cupom". Você pode posicionar o `<div>` fixo em um local a 300 pixels do topo da janela de visualização, e a 100 pixels do lado esquerdo, assim:

Este é o seletor de id para o <div> coupon.

Estamos usando o posicionamento fixo.

```
#coupon {
    position: fixed;
    top:      300px;
    left:     100px;
}
```

Posicione o cupom a 300 pixels do topo e a 100 pixels da esquerda. Você também pode usar direita e final, exatamente como o posicionamento absoluto.

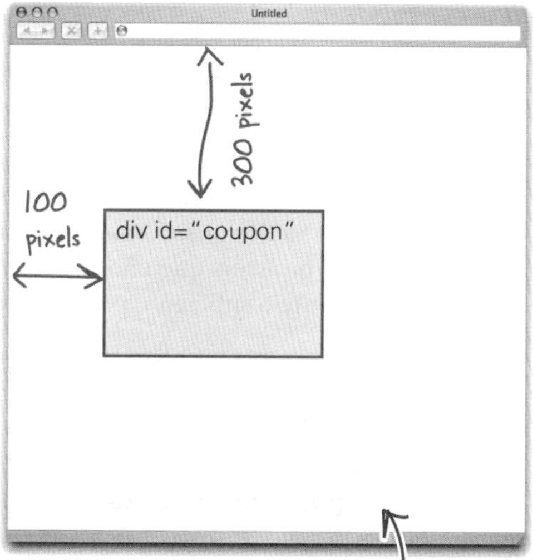
Untitled
300 pixels
100 pixels
div id="coupon"

É aqui onde o elemento é posicionado na janela de visualização.

Depois de posicionar o elemento, então começa a diversão: role a página... Ele não se move. Redimensione a janela... Ele não se move. Sacuda o seu monitor... Ele não se move. Ok, estamos brincando. Mas, o que queremos dizer é que os elementos com posição fixa não se movem; eles estarão lá sempre que a página for exibida.

Agora, temos certeza de que você já está pensando em coisas legais para fazer com o posicionamento fixo, mas tem um trabalho a fazer. Portanto, vamos colocar o cupom na página do Starbuzz

Coloque o cupom na página

Agora vamos colocar o cupom do Café Grátis na página. Vamos começar criando um `<div>` onde colocaremos o cupom:

Este é o <div> com um id coupon.

Dentro deles temos uma imagem do cupom que poderá ser encontrada na pasta chapter11/starbuzz/images.

```
<div id="coupon">
    <a href="freecoffee.html" title="Click here to get your free coffee">
       <img src="images/ticket.gif" alt="Starbuzz coupon ticket">
    </a>
</div>
```

E colocamos a imagem em um elemento <a> para que os usuários possam clicar nela para serem levados para a página com o cupom que poderão imprimir.

Adicione esse `<div>` ao final de seu arquivo "index.html", abaixo do rodapé. Como vamos posicioná-lo, o posicionamento no HTML só importará aos browsers que não suportem posicionamento, e o cupom não é importante o suficiente para ficar no topo.

Agora vamos escrever a CSS para posicionar o cupom:

```
#coupon {
    position: fixed;
    top: 350px;
    left: 0px;
}

#coupon a, img {
    border: none;
}
```

Vamos definir o cupom com...do topo da janela de visualização, e vamos colocar o lado esquerdo colado ao limite da janela de visualização. Portanto, precisamos especificar 0 pixels a partir da esquerda.

Precisamos colocar um estilo na imagem e nos links também. Caso contrário, talvez tenhamos bordas aparecendo na imagem, já que ela é clicável. Assim, vamos definir as bordas da imagem como none, e fazer a mesma coisa com os links e links visitados.

Lembre-se de que temos uma regra na CSS que desliga a decoração do texto e usa uma borda para sublinhar links em seu lugar. Aqui estamos anulando tal regra para o link do <div> do cupom e dizendo que não queremos qualquer borda no link. Volte e olhe a CSS original se precisar lembrar-se das outras regras para os links.

Coloque o cupom na página

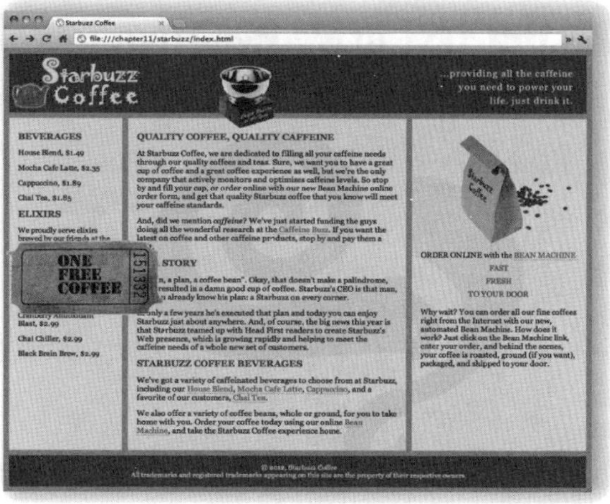
Starbuzz Coffee
ONE FREE COFFEE

Adicione as novas regras para o cupom em seu arquivo "starbuzz.css", salve-o e então recarregue a página. Talvez você precise diminuir seu browser para ver que o cupom fica no mesmo lugar até mesmo quando você rola a página. Clicar no cupom deve levá-lo para a página "freecoffee.html" (café grátis).

Você sabe, isso é lindo, mas seria mais atraente se o cupom fosse um pouco recuado para a esquerda, como se tivesse saindo do lado da janela de visualização. Agora, poderíamos abrir nosso software para edição de fotos e cortar o lado esquerdo da imagem para criar esse efeito. Ou ainda poderíamos simplesmente usar um recuo negativo para que o lado esquerdo da imagem fosse posicionado à esquerda do limite da janela de visualização. É isso mesmo, *você pode fazer isso.*

Utilize um valor negativo na propriedade "left"

Especifique um valor negativo em uma propriedade da mesma forma como se faz com um valor positivo: apenas coloque um sinal de menos na frente. Desta forma:

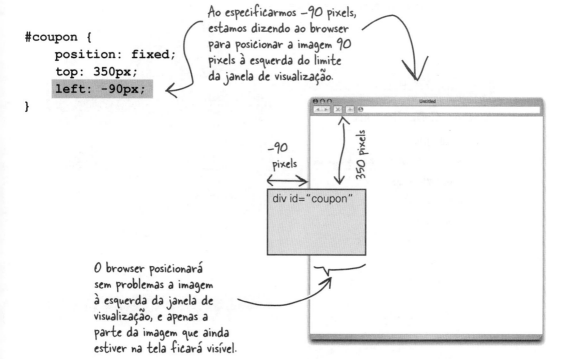

```
#coupon {
    position: fixed;
    top: 350px;
    left: -90px;
}
```

Ao especificarmos -90 pixels, estamos dizendo ao browser para posicionar a imagem 90 pixels à esquerda do limite da janela de visualização.

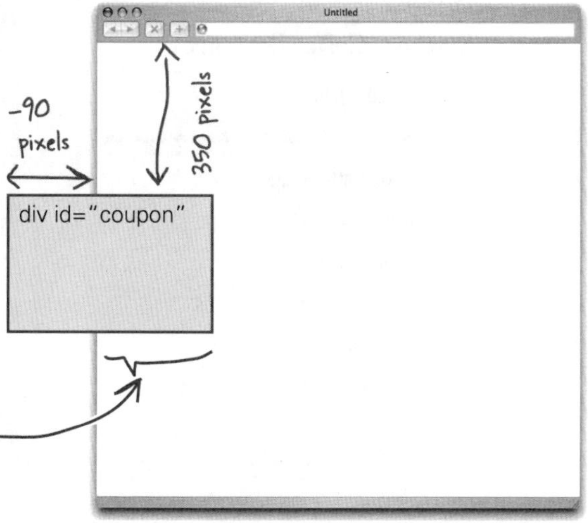
Untitled
-90 pixels
350 pixels
div id="coupon"

O browser posicionará sem problemas a imagem à esquerda da janela de visualização, e apenas a parte da imagem que ainda estiver na tela ficará visível.

Um test drive negativo bem positivo

Certifique-se de colocar o valor negativo da propriedade "left", salvar e recarregar a página. Ela não está ótima? Parabéns, você criou seu primeiro efeito especial. Te cuida, George Lucas!

Lembre-se, usar o posicionamento fixo para encobrir seu conteúdo não é a coisa mais amigável a se fazer, mas é DIVERTIDO.

Starbuzz Coffee
file:///chapter11/starbuzz/index.html
Starbuzz Coffee
...providing all the caffeine you need to power your life. just drink it.
BEVERAGES
QUALITY COFFEE, QUALITY CAFFEINE
ELIXIRS
ONE FREE COFFEE
OUR STORY
STARBUZZ COFFEE BEVERAGES
ORDER ONLINE with the BEAN MACHINE
FAST
FRESH
TO YOUR DOOR

Você acredita na aparência maravilhosa deste site? Olhe como ele começou e compare-o com o atual. Ok, mas ainda há trabalho a ser feito. Tenho grandes ideias... Quero começar um blog e precisamos construir a Máquina de Grãos.

Starbuzz Coffee
file:///chapter1/starbuzz/index.html
Starbuzz Coffee Beverages
House Blend, $1.49
A smooth, mild blend of coffees from Mexico, Bolivia and Guatemala.
Mocha Cafe Latte, $2.35
Espresso, steamed milk and chocolate syrup.
Cappuccino, $1.89
A mixture of espresso, steamed milk and foam.
Chai Tea, $1.85
A spicy drink made with black tea, spices, milk and honey.

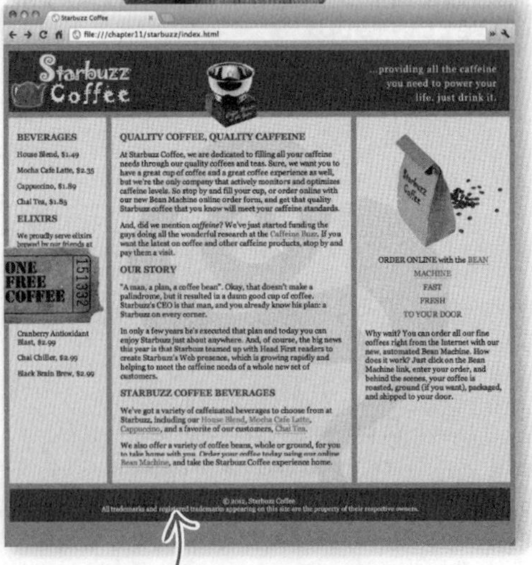
file:///chapter11/starbuzz/index.html
Starbuzz Coffee
BEVERAGES
QUALITY COFFEE, QUALITY CAFFEINE
ONE FREE COFFEE
OUR STORY
STARBUZZ COFFEE BEVERAGES

Uau, que diferença!

Aponte o seu lápis

Hora de colocar todo esse conhecimento sobre flutuação e posicionamento absoluto em prova! Dê uma olhada na página abaixo. Existem quatro elementos com um id. Sua função é ligar corretamente cada um desses elementos com as regras CSS à direita e preencher com o seletor id correto para cada uma. Cheque suas respostas ao final do capítulo.

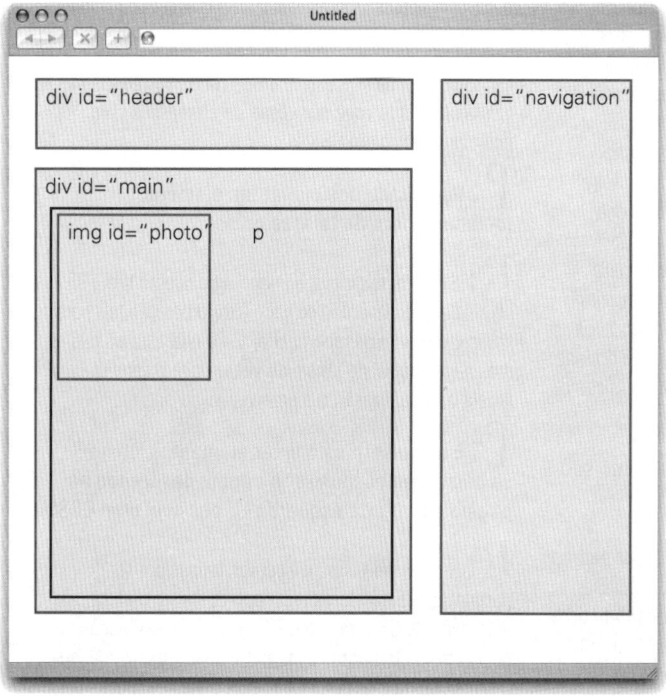

Untitled
div id="header"
div id="navigation"
div id="main"
img id="photo"
p

Preencha os seletores para completar as CSS.

```
.............................  {
      margin-top:   140px;
      margin-left:  20px;
      width:        500px;
}

.............................  {
      position:  absolute;
      top:       20px;
      left:      550px;
      width:     200px;
}

.............................  {
      float: left;
}

.............................  {
      position:  absolute;
      top:       20px;
      left:      20px;
      width:     500px;
      height:    100px;
}
```

não existem Perguntas Idiotas

P: O cupom fixo é legal, mas meio irritante. Existe outra forma de posicioná-lo para que não se sobreponha ao conteúdo, como embaixo na coluna Beverages (Bebidas)?

R: Claro. Você pode posicionar o cupom embaixo na coluna Bebidas usando algo chamado de posição relativa. Nós não falamos deste tipo de posicionamento, mas é similar ao absoluto, exceto que o elemento é deixado no fluxo da página (onde ele normalmente estaria), e então alterado pela quantidade que você especificar. Você pode alterar o elemento usando top, left, bottom ou right, assim com os elementos em posição absoluta. Então digamos que você queira o cupom abaixo dos drinks na coluna Bebidas: você mudaria o cupom para que fique aninhado no <div> "drinks", e então fixaria a propriedade posição para "relative". Depois disso, é com você colocar o cupom exatamente onde quiser. Você pode posicioná-lo 20px abaixo dos drinks com top: 20px, e dependurado do lado esquerdo da página com left: -90px (assim como fizemos com o fixo).

P: Então os quatro tipos de posicionamento são estático, absoluto, fixo e relativo?

R: Isso mesmo. *Estático* é o que você tem por padrão se você não especificar nenhum posicionamento. Ele deixa tudo fluir normalmente na página. O *absoluto* tira um elemento totalmente do fluxo da página e permite que você o posicione em uma posição absoluta relativa ao mais próximo elemento pai posicionado (que é <html>, a menos que você especifique outra). O *fixo* posiciona um elemento em uma posição específica fixa, em relação à janela do browser. E o *relativo* posiciona um elemento em relação ao elemento que contém, deixando-o no fluxo normal, e então alterando-o conforme a quantidade que você especificar.

Você também pode usar essas técnicas de posicionamento juntas. Por exemplo, lembre-se de como dissemos que os elementos em posição absoluta são posicionados em relação ao elemento pai posicionado mais próximo? Você pode posicionar em posição absoluta um <div> dentro de outro <div> posicionando o <div> mais externo com relativo (deixando-o no fluxo) e então posicionar o <div> mais interno com absoluto, permitindo com que você posicione em relação ao <div> pai.

Como você pode ver, existe uma grande variedade nas formas com que você posiciona os elementos com posicionamento em CSS.

P: Você pode posicionar um elemento totalmente fora da tela, se quiser?

R: Sim! Por exemplo, a imagem do cupom tem 283 pixels de largura, então se você fixar a posição left para -283px, o cupom desapareceria. Ele ainda está na página, mas não é visível na janela de visualização. Lembre-se, a janela de visualização é a área visível da página.

P: E se quisermos animar elementos, como se quiséssemos mostrar o cupom deslizando na página a partir da esquerda? É possível com CSS?

R: Na verdade, sim, e ficamos felizes por ter perguntado. Está além do escopo deste livro entrar em animação de CSS, mas a CSS3 introduziu animação básica para elementos com as funções transformação e transição, que é muito animador para nós, geeks da web. É razoavelmente limitado, mas você pode fazer algumas coisas bem legais com animação em CSS. Se você quiser mais do que pode com as CSS, você tem que usar JavaScript, e esse é totalmente outro tópico. Nós lhe damos uma breve introdução às funções transformação e transição das CSS no apêndice, apenas para atiçar sua vontade.

PONTOS DE BALA

- Os browsers colocam os elementos na página usando o fluxo.
- Os elementos de bloco fluem de cima para baixo com uma quebra de linha entre eles. Por padrão, cada elemento de bloco ocupa toda a largura da janela do browser.
- Elementos em linha fluem dentro de um elemento de bloco do canto superior esquerdo para o canto inferior direito. Se mais de uma linha for necessária, o browser cria uma nova linha e expande o conteúdo do elemento de bloco verticalmente para conter os elementos em linha.
- As margens adjacentes de cima e de baixo de dois elementos de bloco no fluxo normal da página se juntam e ficam com o tamanho da margem maior, ou com o tamanho de uma margem se elas forem iguais.
- Os elementos flutuantes são tirados do fluxo normal e colocados à direita ou à esquerda.
- Os elementos flutuantes ficam por cima dos elementos de bloco e não afetam seu fluxo. Entretanto, o elemento em linha respeita os limites de um elemento flutuante e flui em torno dele.
- A propriedade "clear" é usada para especificar que nenhum elemento flutuante pode ser deixado à direita ou à esquerda (ou ambos) de um elemento de bloco. Um elemento de bloco com "clear" definida se moverá para baixo até que esteja livre do elemento de bloco a seu lado.
- Um elemento flutuante deve ter uma largura específica definida como um valor diferente de "auto".
- Um layout líquido é aquele no qual o conteúdo da página se expande para caber na página quando você expande a janela do browser.
- Um layout congelado é aquele em que a largura do conteúdo é fixa e não se expande ou se encolhe com a janela do browser. Isso traz a vantagem de oferecer mais controle sobre o seu design, mas ao custo de não usar a largura do browser com eficiência.
- Um layout gelatina é aquele no qual a largura do conteúdo é fixa, mas as margens se expandem e se encolhem com a janela do browser. Um layout gelatina normalmente coloca o conteúdo no centro da página. Isso tem as mesmas vantagens do layout congelado, mas quase sempre é mais atraente.
- Há quatro valores que podem ser definidos para a propriedade "position": "static", "absolute", "fixed" e "relative".
- O posicionamento estático é o padrão, e posiciona um elemento no fluxo normal da página.
- O posicionamento absoluto permite que você coloque elementos em qualquer lugar da página. Por padrão, elementos com posicionamento absoluto são posicionados em relação aos lados da página.
- Se um elemento com posicionamento absoluto estiver aninhado em outro elemento posicionado, então sua posição será relativa ao elemento que está posicionado e que o contém.
- As propriedades "top", "right", "bottom" e "left" são usadas para posicionar elementos para os posicionamentos absoluto, fixo e relativo.
- Os elementos com posicionamento absoluto podem ser colocados em camadas uns sobre os outros usando a propriedade "z-index". Um valor maior de "z-index" indica uma posição mais alta na pilha (mais próxima a você na tela).
- Os elementos de posição fixa estão sempre posicionados em relação à janela do browser e não se movem quando a página é rolada. Os outros conteúdos da página rolam por baixo normalmente onde eles ficariam.
- Quando estiver usando o posicionamento relativo, "left", "right", "top" e "bottom" referem-se ao tamanho do recuo da posição do elemento em relação ao fluxo normal.
- A CSS table display lhe permite organizar os elementos em um layout como uma tabela.
- Para criar uma CSS table display, use um elemento em bloco para a tabela, elementos em bloco para as linhas e elementos em bloco para as células. Tipicamente, eles serão elementos <div>.
- A table display é uma boa estratégia de layout para layout com muitas colunas, onde até colunas de conteúdo são necessárias.

Palavras-cruzadas de HTML

Este foi um capítulo carregado, com muita coisa a aprender. Ajude este conteúdo a se fixar em seu cérebro fazendo estas palavras- cruzadas. Todas as respostas provêm do capítulo.

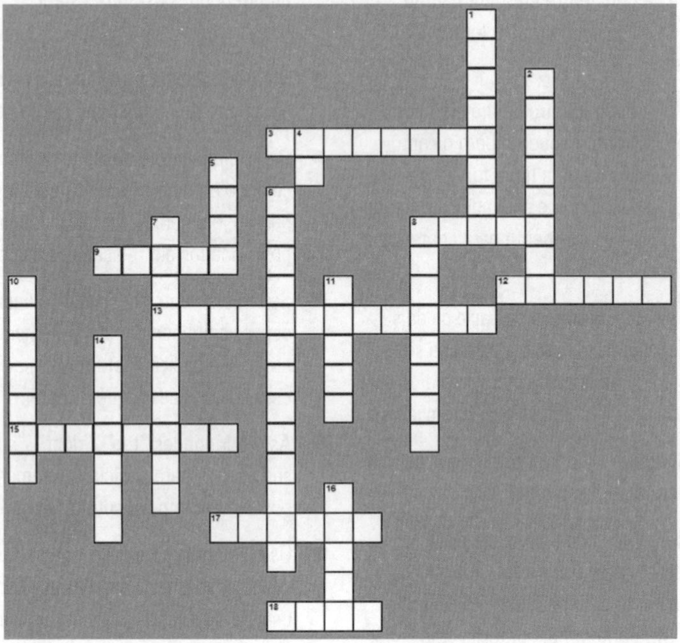

Horizontais

3. Outro nome para janela do browser.
8. Propriedade usada para corrigir problemas de sobreposição de rodapé.
9. Remove o elemento do fluxo e o coloca em um dos lados.
12. Os elementos de bloco fluem de cima para _______.
13. Em geral, é uma técnica melhor para layouts de colunas.
15. Este tipo de margem foi usado no cupom para obtermos um efeito especial.
17. Propriedade que descreve o comportamento de camadas dos elementos posicionados.
18. Método que o browser utiliza para posicionar elementos estáticos na página.

Verticais

1. Um tipo de posicionamento que mantém os elementos no fluxo.
2. Elementos em linha fluem do canto superior _______.
4. Normalmente usado para identificar um elemento que será posicionado.
5. Elementos em linha especiais que são agrupados em caixas à medida que o layout é criado.
6. Use _______ para criar espaço entre células em uma table display.
7. O posicionamento absoluto é relativo ao de bloco posicionado.
8. Quando você coloca dois elementos próximos um do outro, suas margens não _______.
10. Quando as caixas são colocadas umas sobre as outras, estas se juntam.
11. Tipo de posicionamento que é relativo à janela de visualização.
14. Elementos em linha fluem em torno de elementos _______.
16. Estado entre o líquido e o congelado.

Sinta-se como o Browser – Solução

Abra seu arquivo "lounge.html" e localize todos os elementos de bloco. Desenhe seu fluxo na página à esquerda. Concentre-se apenas nos elementos de bloco aninhados diretamente dentro do elemento corpo. Você também pode ignorar a propriedade "float" em sua CSS, porque ainda não sabe o que ela faz. Aqui está a solução:

Aqui está sua página. Desenhe o fluxo dos elementos de bloco de lounge.html" aqui.

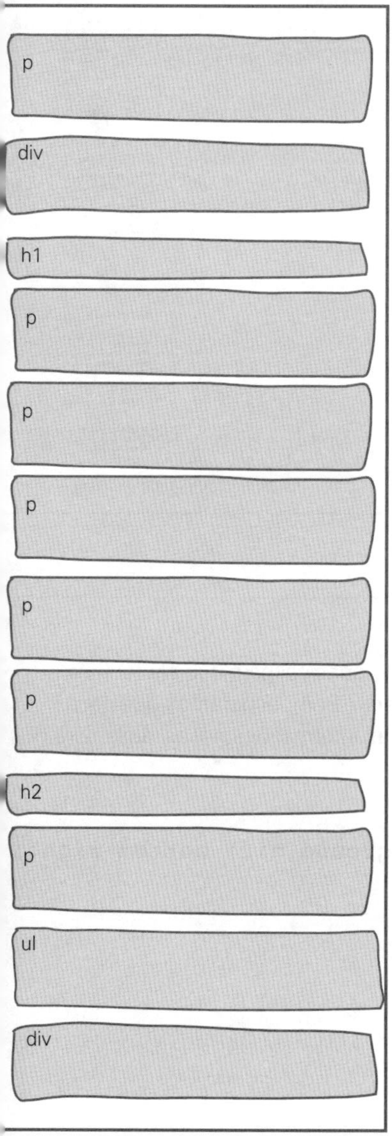
p
div
h1
p
p
p
p
p
h2
p
ul
div

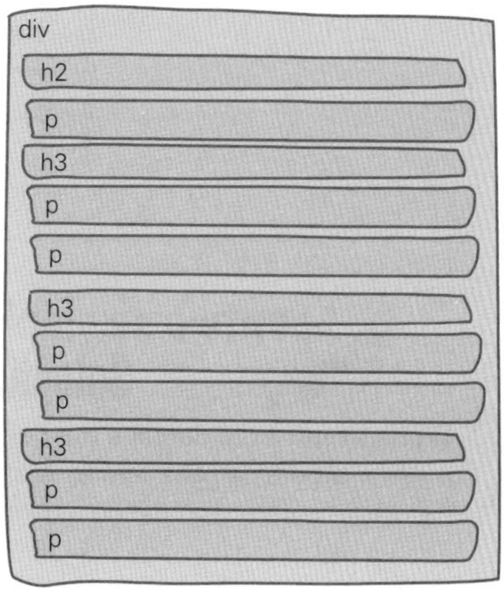
div
h2
p
h3
p
p
h3
p
p
h3
p
p

Cada elemento de bloco em seu arquivo lounge.html flui de cima para baixo, com uma quebra de linha entre eles.

Alguns destes elementos possuem elementos de bloco aninhados dentro deles, como <ul>, o <div> elixires e o <div> rodapé.

Não pedimos a você, mas se quisermos seguir um pouco adiante, aqui está o fluxo dos elementos do <div> elixires.

Exercício Solução

Mova o <div> dos elixires de volta ao seu lugar original, embaixo das sugestões de música e então salve e recarregue a página. Onde o elemento está flutuando agora? Você deveria ver os elixires abaixo das sugestões de músicas e do rodapé.

O <div> flutua à direita, portanto abaixo das sugestões de músicas, e o resto do HTML flui em torno dele (as recomendações de música e o rodapé).

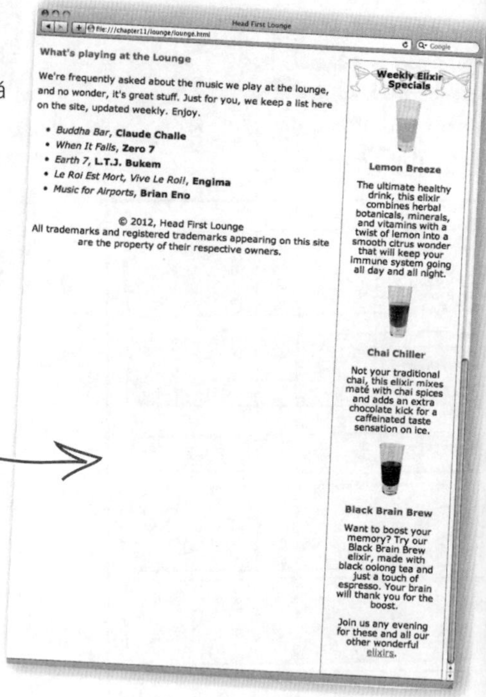

Head First Lounge
file:///chapter11/lounge/lounge.html
What's playing at the Lounge
We're frequently asked about the music we play at the lounge, and no wonder, it's great stuff. Just for you, we keep a list here on the site, updated weekly. Enjoy.
Buddha Bar, Claude Challe
When It Falls, Zero 7
Earth 7, L.T.J. Bukem
Le Roi Est Mort, Vive Le Roi!, Engima
Music for Airports, Brian Eno
© 2012, Head First Lounge
All trademarks and registered trademarks appearing on this site are the property of their respective owners.
Weekly Elixir Specials
Lemon Breeze
The ultimate healthy drink, this elixir combines herbal botanicals, minerals, and vitamins with a twist of lemon into a smooth citrus wonder that will keep your immune system going all day and all night.
Chai Chiller
Not your traditional chai, this elixir mixes maté with chai spices and adds an extra chocolate kick for a caffeinated taste sensation on ice.
Black Brain Brew
Want to boost your memory? Try our Black Brain Brew elixir, made with black oolong tea and just a touch of espresso. Your brain will thank you for the boost.
Join us any evening for these and all our other wonderful elixirs.

Aponte o seu lápis Solução

O que queremos é definir a margem direita da seção do conteúdo principal para que ela tenha a mesma largura da barra lateral. Mas qual o tamanho da barra lateral? Bem, esperamos que você não tenha enferrujado desde o último capítulo. Aqui estão todas as informações necessárias para o cálculo da largura da barra lateral. E aqui está a solução.

```
#sidebar {
        background:  #efe5d0 url(images/background.gif) bottom right;
        font-size:   105%;
        padding:     15px;
        margin:      0px 10px 10px 10px;
        width:       280px;
        float:        right;
}
```

15 + 15 + 280 + 0 + 0 + 10 + 10 = 330

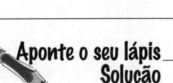

enchimento da esquerda, enchimento da direita, área do conteúdo, borda esquerda, borda direita, margem direita, margem esquerda

Exercício Solução

O CEO do Starbuzz decidiu adicionar uma coluna com menu de drinks à página do Starbuzz Coffee. Ele quer uma nova coluna do lado esquerdo com 20% da largura da janela do browser. Sua função é adicionar o novo HTML à página existente na posição correta, e então concluir a CSS abaixo para se certificar de que será exibido como uma célula de tabela, como as outras duas colunas. Aqui está a solução.

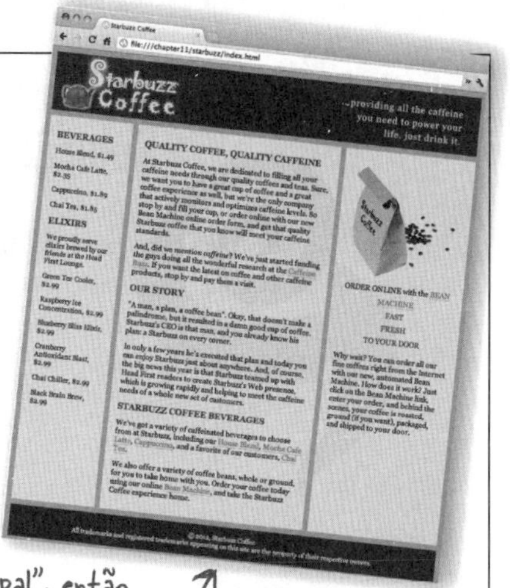
Starbuzz Coffee

Aqui está o visual de como o CEO quer a página Starbuzz com a nova coluna à esquerda, contendo o menu de drinks.

Nós adicionamos o HTML dentro do <div> "tableRow", acima do <div> "principal", então o conteúdo vem primeiro e é a primeira coluna da página (e a primeira célula no layout em tabela).

```
<div id="tableContainer">
  <div id="tableRow">
    <div id="drinks">
     <h1>BEVERAGES</h1>
      <p>House Blend, $1.49</p>
      <p>Mocha Cafe Latte, $2.35</p>
      <p>Cappuccino, $1.89</p>
      <p>Chai Tea, $1.85</p>
     <h1>ELIXIRS</h1>
      <p>
        We proudly serve elixirs brewed by our friends
        at the Head First Lounge.
      </p>
      <p>Green Tea Cooler, $2.99</p>
      <p>Raspberry Ice Concentration, $2.99</p>
      <p>Blueberry Bliss Elixir, $2.99</p>
      <p>Cranberry Antioxidant Blast, $2.99</p>
      <p>Chai Chiller, $2.99</p>
      <p>Black Brain Brew, $2.99</p>
    </div>
    <div id="main">
      ...
```

A nova CSS... você precisa concluí-la!

```
#drinks {
    display: table-cell;
    background-color: #efe5d0;
    width: 20%;
    padding: 15px;
    vertical-align: top;
}
```

Para que o <div> drinks apareça como a primeira coluna na página, nós fixamos o display como table-cell.

Aponte o seu lápis Solução

É hora de colocar todo este conhecimento sobre flutuação e posicionamento à prova! Dê uma olhada na página Web abaixo. Há quatro elementos com um "id". Sua tarefa é combinar corretamente cada um desses elementos com as regras CSS à direita e preencher o seletor de "id" correto para cada um. Você acertou tudo?

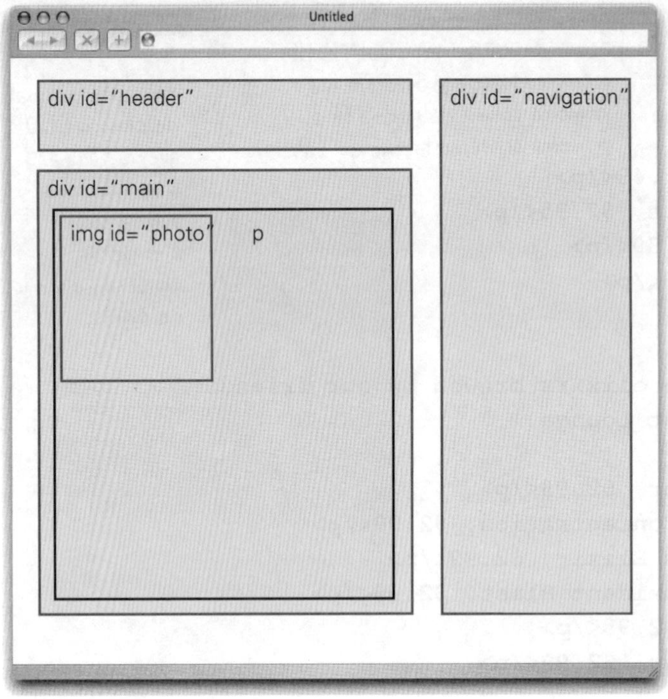
Untitled
div id="header"
div id="navigation"
div id="main"
img id="photo"
p

Preencha os seletores para completar as CSS.

```
#main {
    margin-top:  140px;
    margin-left: 20px;
    width:       500px;
}
#navigation {
    position: absolute;
    top:      20px;
    left:     550px;
    width:    200px;
}
#photo {
    float: left;
}
#header {
    position: absolute;
    top:      20px;
    left:     20px;
    width:    500px;
    height:   100px;
}
```

Exercício Solução

Esta CSS é tão fácil que você poderia fazer dormindo, após toda a experiência em layout que você teve neste capítulo. Vá em frente e escreva a CSS para consertar as imagens no cabeçalho. Você sabe que usará float; preencha os espaços em branco abaixo com o restante da regra que você precisa para colocar as imagens na posição correta. Aqui está a solução.

```
#header img#headerSlogan {
    float: right;
}
```

Aqui você também pode usar apenas #headerSlogan como seletor, se quiser.

Palavras-cruzadas de HTML – Solução

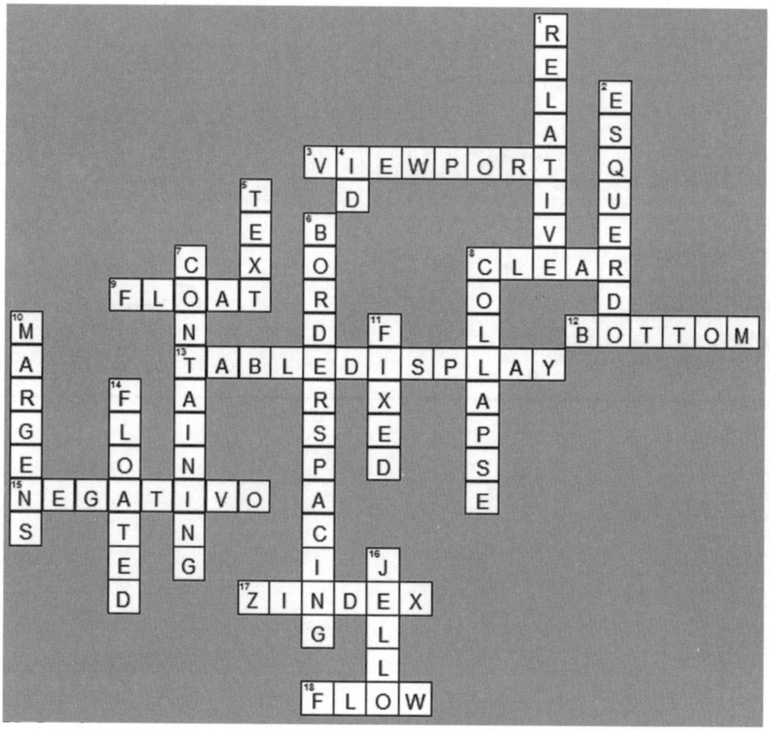
1 RELATIVE
2 ESQUERDO
3 VIEWPORT
4 ID
5 TEXT
6 BORDERSPACING
7 CONTAINING
8 COLLAPSE
9 FLOAT
10 MARGENS
11 FIXED
12 BOTTOM
13 TABLEDISPLAY
14 FLOATED
15 NEGATIVO
16 JELLO
17 ZINDEX
18 FLOW

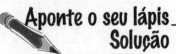

Aponte o seu lápis Solução

Considerando o que você já sabe sobre CSS table display, faça um esboço indicando como se encaixariam em uma tabela as duas colunas "principal" e "barra lateral" da página do Starbuzz. Cheque a resposta ao final deste capitulo antes de irmos em frente...

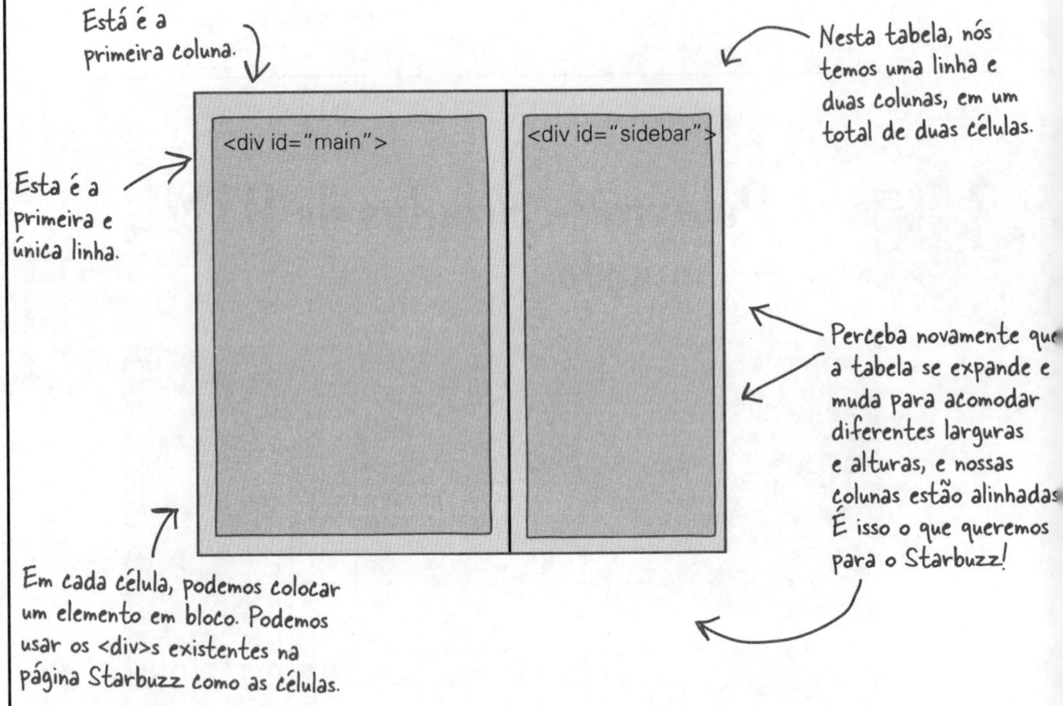
Está é a primeira coluna.
Nesta tabela, nós temos uma linha e duas colunas, em um total de duas células.
<div id="main">
<div id="sidebar">
Esta é a primeira e única linha.
Perceba novamente que a tabela se expande e muda para acomodar diferentes larguras e alturas, e nossas colunas estão alinhadas. É isso o que queremos para o Starbuzz!
Em cada célula, podemos colocar um elemento em bloco. Podemos usar os <div>s existentes na página Starbuzz como as células.

12 markup do html5

HTML Moderno

Somos o primeiro do quarteirão a mudar para HTML5... o vendedor nos disse que é mais refinado e brilhante do que o HTML4.01.

Temos certeza de que você já ouviu falar no popular HTML5. E, considerando aonde você já chegou neste livro, você está imaginando se fez a compra certa. Agora, uma coisa deve ser esclarecida — tudo o que você já aprendeu neste livro é HTML, e mais especificamente segue os padrões do HTML5. Mas existem alguns novos aspectos do markup do HTML que foram adicionados com o padrão do HTML5 que ainda não abrangemos, e é isso que faremos neste capítulo. A maioria dessas inclusões são evoluções, e você irá descobrir que está à vontade com elas, devido ao trabalho duro que já fez neste livro. Existem algumas coisas revolucionárias também (como vídeo), e falaremos sobre isso neste capítulo, também. Então, vamos mergulhar no conteúdo e dar uma olhada nestas novidades!

Repensando a estrutura HTML

Antes de aprender ainda mais sobre marcação, vamos dar um passo para trás por um segundo... falamos muito sobre estrutura, mas os `<div>`s são realmente uma boa estrutura? Afinal, o browser não sabe de verdade que seu `<div id="footer">` é um rodapé, ele só sabe que é um `<div>`, certo? Isso parece insatisfatório, não?

Boa parte do markup do novo HTML5 é focado em reconhecer como as pessoas estruturam suas páginas com `<div>`s e fornecer um markup que seja mais específico e mais adequado para certos tipos de estrutura. Veja bem, quando o browser (ou ferramentas de pesquisa, ou leitores de tela) vêem `id="navigation"` em sua página, eles não têm ideia de que seu `<div>` é para navegação. Também pode querer dizer `id="bulhufas"`.

Então as equipes de padronização de fato deram uma olhada em como os elementos `<div>` estavam sendo usados – para cabeçalhos, navegação, rodapés, artigos, etc. – e adicionaram novos elementos para representar essas coisas. Isso significa que com o HTML5 nós podemos retrabalhar nossas páginas e substituir nossos `<div>`s com elementos que mais especificamente identificam o tipo de conteúdo contido neles.

PODER DO CÉREBRO

Pense na forma como já viu os <div>s serem usados. Além disso, cheque algumas páginas Web e veja como elas estão usando <div>s. Digamos que você quisesse obter os padrões mais comuns e trocar os <div>s para elementos em HTML reais. Por exemplo, você poderia trocar todos os elementos <div id="footer"> por apenas elementos <footer>. Faça uma lista de todos os novos elementos que você adicionaria ao HTML. Claro, você não quer adicionar em número exagerado, apenas o suficiente para considerar os usos mais comuns. Perceba também qualquer vantagem (ou desvantagem) em adicionar esses novos elementos:

QUEM FAZ O QUÊ?

Claro, nós poderíamos simplesmente lhe contar sobre os elementos HTML5, mas não seria mais divertido descobri-los? Abaixo, você encontra os novos elementos à esquerda (estes não são todos os elementos, mas os mais importantes); para cada elemento, ligue com a descrição à direita:

<article>

<nav>

<header>

<footer>

<time>

<aside>

<section>

<video>

Pode conter uma data, horário ou ambos.

Seu conteúdo é voltado para links de navegação na página.

Usado para adicionar mídias de vídeo à sua página.

Conteúdo que fica embaixo na página, ou a parte de baixo de uma seção da página.

Seu conteúdo é suplementar ao conteúdo da página, como um aviso ou barra lateral.

Conteúdo que fica no topo da página, ou no topo de uma seção de uma página.

Um agrupamento temático de conteúdo, tipicamente com um cabeçalho e possivelmente um rodapé.

Representa uma composição autocontida em uma página, como um post de blog, de fórum de discussão ou artigo de jornal.

Starbuzz moderno

O Café Starbuzz é uma empresa moderna, então eles não deveriam estar usando a melhor e mais recente markup em suas páginas? Vamos dar uma olhada em onde eles podem estar perdendo oportunidades de usar HTML5:

Poderíamos usar um elemento header aqui para deixar a estrutura mais óbvia?

O Starbuzz usa um <div> com id="header" para o cabeçalho (header).

Eles usam um <div> com um id="main" para a coluna principal central.

Nós definitivamente achamos que essa é a principal área de conteúdo da página, ou talvez devêssemos dizer, seção (section) principal.

Aqui está um <div> com um id="drinks" para a coluna à esquerda.

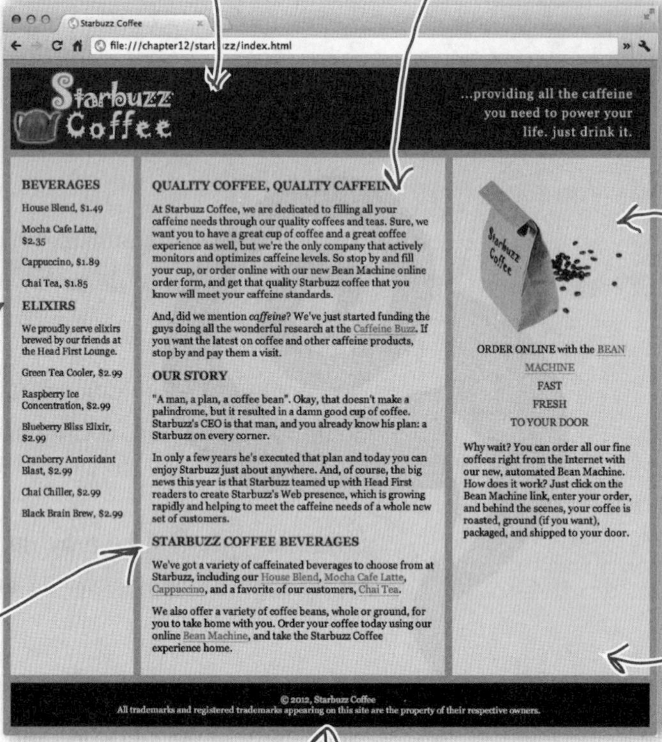
Starbuzz Coffee
file:///chapter12/starbuzz/index.html
Starbuzz Coffee
...providing all the caffeine you need to power your life. just drink it.
BEVERAGES
House Blend, $1.49
Mocha Cafe Latte, $2.35
Cappuccino, $1.89
Chai Tea, $1.85
ELIXIRS
We proudly serve elixirs brewed by our friends at the Head First Lounge.
Green Tea Cooler, $2.99
Raspberry Ice Concentration, $2.99
Blueberry Bliss Elixir, $2.99
Cranberry Antioxidant Blast, $2.99
Chai Chiller, $2.99
Black Brain Brew, $2.99
QUALITY COFFEE, QUALITY CAFFEINE
At Starbuzz Coffee, we are dedicated to filling all your caffeine needs through our quality coffees and teas. Sure, we want you to have a great cup of coffee and a great coffee experience as well, but we're the only company that actively monitors and optimizes caffeine levels. So stop by and fill your cup, or order online with our new Bean Machine online order form, and get that quality Starbuzz coffee that you know will meet your caffeine standards.
And, did we mention caffeine? We've just started funding the guys doing all the wonderful research at the Caffeine Buzz. If you want the latest on coffee and other caffeine products, stop by and pay them a visit.
OUR STORY
"A man, a plan, a coffee bean". Okay, that doesn't make a palindrome, but it resulted in a damn good cup of coffee. Starbuzz's CEO is that man, and you already know his plan: a Starbuzz on every corner.
In only a few years he's executed that plan and today you can enjoy Starbuzz just about anywhere. And, of course, the big news this year is that Starbuzz teamed up with Head First readers to create Starbuzz's Web presence, which is growing rapidly and helping to meet the caffeine needs of a whole new set of customers.
STARBUZZ COFFEE BEVERAGES
We've got a variety of caffeinated beverages to choose from at Starbuzz, including our House Blend, Mocha Cafe Latte, Cappuccino, and a favorite of our customers, Chai Tea.
We also offer a variety of coffee beans, whole or ground, for you to take home with you. Order your coffee today using our online Bean Machine, and take the Starbuzz Coffee experience home.
ORDER ONLINE with the BEAN MACHINE
FAST
FRESH
TO YOUR DOOR
Why wait? You can order all our fine coffees right from the Internet with our new, automated Bean Machine. How does it work? Just click on the Bean Machine link, enter your order, and behind the scenes, your coffee is roasted, ground (if you want), packaged, and shipped to your door.
© 2012, Starbuzz Coffee
All trademarks and registered trademarks appearing on this site are the property of their respective owners.

Aqui está um <div> com um id="sidebar" para a coluna à direita.

Isso realmente parece um conteúdo secundário; isso não poderia ser um aparte (aside) na página

Este conteúdo é todo relacionado; tem uma forma melhor?

Uma nota: para este capítulo, nós removemos o prêmio e o cupom para focarmos na estrutur do panorama geral.

E a área de conteúdo principal é composta de um conjunto de, bem, quase artigos (articles) com vários aspectos do Starbuzz.

Aqui está um <div> com id="footer" para o rodapé. Este parece muito óbvio, já que temos um elemento rodapé (footer).

Exercício

Usando tudo o que você já sabe sobre os elementos do novo HTML5, veja se você pode reprojetar a página do Starbuzz para usá-los. Vá em frente e faça marcações no esboço desta página.

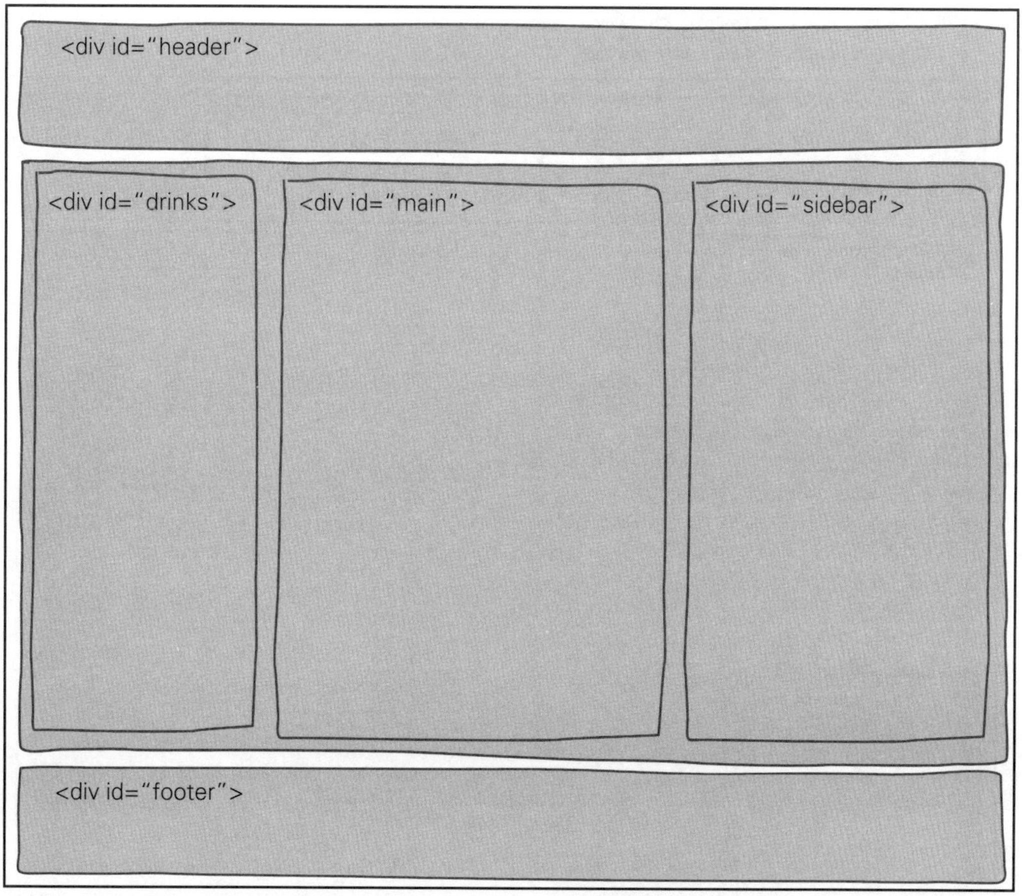
<div id="header">
<div id="drinks">
<div id="main">
<div id="sidebar">
<div id="footer">

Nós não estamos mostrando a estrutura superdetalhada da página, então por enquanto apenas foque nesta grande estrutura granulada.

Exercício Solução

Usando tudo o que você já sabe sobre os elementos do novo HTML5, veja se você pode reprojetar a página do Starbuzz para usá-los. Vá em frente e faça marcações no esboço desta página.

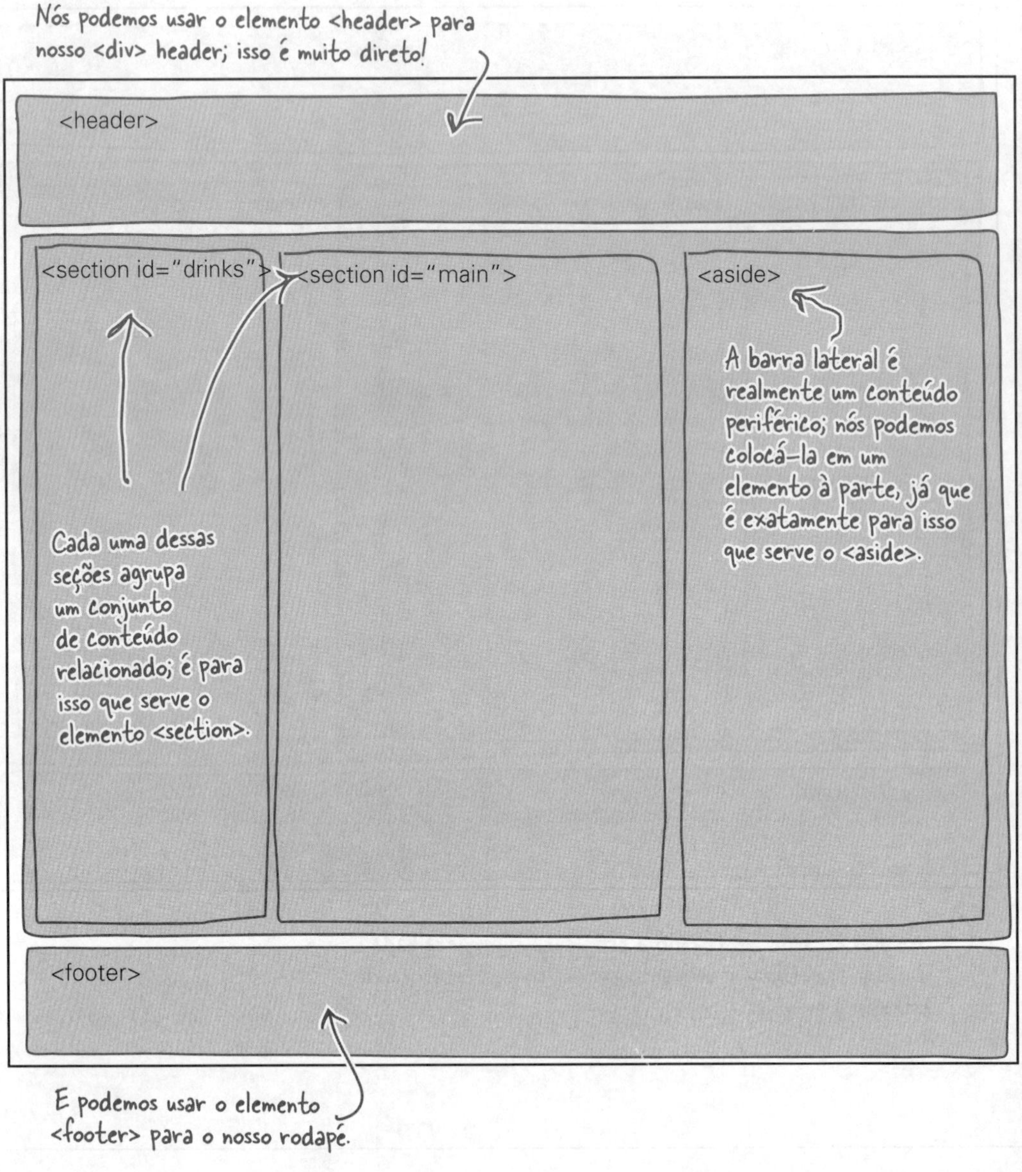
Nós podemos usar o elemento <header> para nosso <div> header; isso é muito direto!
<header>
<section id="drinks">
<section id="main">
<aside>
A barra lateral é realmente um conteúdo periférico; nós podemos colocá-la em um elemento à parte, já que é exatamente para isso que serve o <aside>.
Cada uma dessas seções agrupa um conjunto de conteúdo relacionado; é para isso que serve o elemento <section>.
<footer>
E podemos usar o elemento <footer> para o nosso rodapé.

Atualize o HTML do Starbuzz

Vamos em frente para adicionar esses novos elementos ao HTML do Starbuzz, começando com os elementos <header>, <footer> e <aside>. Depois voltaremos para o elemento <section>, mas por enquanto você pode deixar os <div>s drinks e mais content como estão. Vá em frente e abra o arquivo do Starbuzz "index.html" e faça as alterações a seguir:

1 Adicione o elemento <header>

Comece substituindo o <div id="header"> com um elemento <header>. Assim:

```
<div id="header">
<header>
<img id="headerLogo"
     src="images/headerLogo.gif" alt="Starbuzz Coffee logo image">
<img id="headerSlogan"
     src="images/headerSlogan.gif" alt="Providing all the...">
</header>
```

Remova as tags <div> e as substitua por tags <header>.

2 Adicione o elemento <footer>

Faça o mesmo que o <div id="footer">, apenas substitua por um elemento <footer>:

```
<div id="footer">
<footer>
   &copy; 2012, Starbuzz Coffee
   <br>
   All trademarks and registered trademarks appearing on
   this site are the property of their respective owners.
</footer>
</div>
```

3 Mude a barra lateral por um <aside>

Agora vamos mudar o <div> "sidebar" para um elemento <aside>.

```
<div id="sidebar">
<aside>
    <p class="beanheading">
        <img src="images/bag.gif" alt="Bean Machine bag">
          ...
    </p>
    <p>
          ...
    </p>
</aside>
</div>
```

Decidimos salvar algumas árvores (ou bits) abreviando o conteúdo um pouco; apenas tenha certeza de manter todo o conteúdo original na página e mudar as tags <div> para as tags <aside>.

Fazendo o test drive da nova corrida

Ainda temos um pouco mais para reprojetar, mas seu HTML já não parece mais novo, mais limpo, mais moderno? Vá em frente e faça um test drive carregando sua página em seu browser.

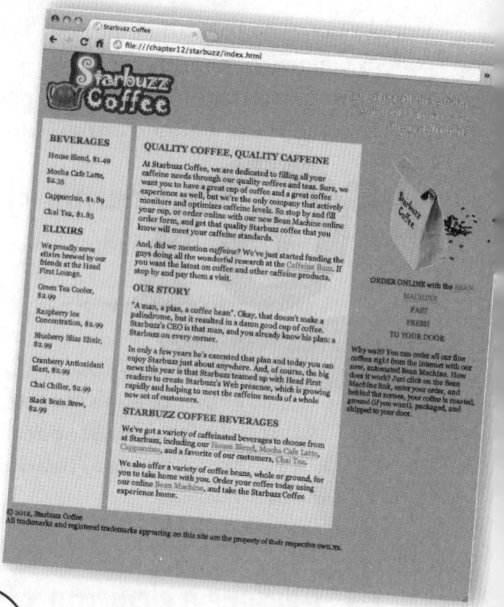
Starbuzz Coffee
BEVERAGES
ELIXIRS
QUALITY COFFEE, QUALITY CAFFEINE
OUR STORY
STARBUZZ COFFEE BEVERAGES

Ô-ou... parece que não funcionou muito bem.

O que aconteceu? Você tinha me ganhado com essa coisa de HTML5. A página não parece estar legal.

Sem problemas, apenas nos precipitamos. A página não está legal porque mudamos o HTML mas não mexemos nas CSS. Pense sobre isso desta forma: tivemos um punhado de `<div>`s com ids sobre as quais as CSS estavam baseadas e alguns daqueles `<div>`s não estão mais lá. Então, precisamos reescrever as CSS para focar nos elementos novos em vez daqueles antigos `<div>`s. Vamos fazer isso agora.

Antes de você continuar...

BANG!

Veja bem!

Browsers antigos não suportam os novos elementos do HTML5 que você usará neste capítulo.

Os elementos que estamos usando neste capítulo são novos para o HTML5 e não são bem suportados por browsers antigos (como IE8 e anteriores, Safari 3 e anteriores, etc.). Se você estiver preocupado que sua página Web possa ser usada por pessoas que ainda estão usando esses browsers antigos, então não use esses novos elementos ainda.

Browsers móveis em smartphones, como Android e iPhone, suportam esses novos elementos, então se seu público-alvo primário são usuários de dispositivos móveis, pode ir em frente!

Cheque http://caniuse.com#search=new%20elements para atualizações sobre o suporte de browsers quanto aos elementos neste capítulos.

Como atualizar suas CSS para os novos elementos

Vamos atualizar as CSS para refletir nossos novos elementos. Não se preocupe; nós já corrigimos toda a parte básica no arquivo em CSS. Tudo o que precisamos fazer é alterar um pouco os seletores:

```
body {
  background-color: #b5a789;
  font-family:      Georgia, "Times New Roman", Times, serif;
  font-size:        small;
  margin:           0px;
}
#header {
header {
  background-color: #675c47;
  margin: 10px 10px 0px 10px;
  height:           108px;
}
#header img#headerSlogan {
header img#headerSlogan {
  float: right;
}

...

#sidebar {
aside {
  display:          table-cell;
  background:       #efe5d0 url(images/background.gif) bottom right;
  font-size:        105%;
  padding:          15px;
  vertical-align:   top;
}
#footer {
footer {
  background-color: #675c47;
  color:            #efe5d0;
  text-align:       center;
  padding:          15px;
  margin: 0px 10px 10px 10px;
  font-size:        90%;
}
...
```

Primeiro, remova a marcação # das regras do cabeçalho. Vamos trocar a indicação de <div> com um id de "header" para um elemento chamado header.

Salvando algumas árvores... apenas imagine o restante da CSS aqui.

Aqui precisamos alterar a indicação de um elemento com um id de "sidebar" para um elemento aside.

Finalmente, precisamos selecionar o elemento footer.

Test drive 2

Ahh... muito melhor!

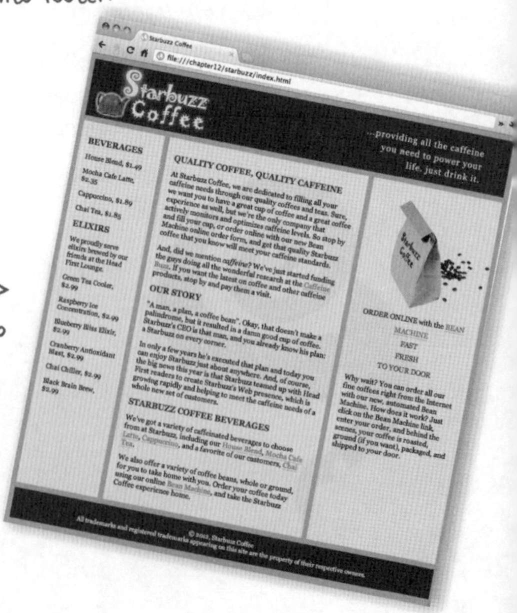
Starbuzz Coffee
...providing all the caffeine you need to power your life. just drink it.
BEVERAGES
ELIXIRS
QUALITY COFFEE, QUALITY CAFFEINE
OUR STORY
STARBUZZ COFFEE BEVERAGES

Ok, isso é tudo que precisamos fazer. Vamos tentar de novo, e desta vez você deve ver que a página está de volta ao normal. Na verdade, deve ter a mesma aparência de antes de adicionarmos o markup do HTML5.

PODER DO CÉREBRO

Qual a função de adicionar o novo markup do HTML5 se não tem nenhum efeito visual na página?

Conversa Informal

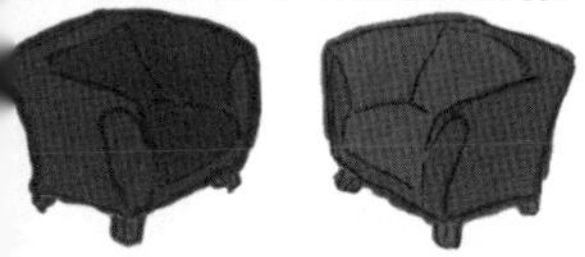

Conversa de hoje: **HTML5 e HTML4.01 misturados**

HTML5: Ah, meu velho amigo, HTML4.01. Você teve uma ótima jornada, mas agora eu estou aqui.

HTML4.01: Uma boa jornada? Dê uma olhada na Web, ainda é um mar de HTML4.01.

HTML5: Estou só começando.

HTML4.01: Ah é? E como vão esses novos elementos? Ainda não vi muitos deles por aí.

HTML5: Claro, as pessoas estão começando a usá-los. Lembre-se, eles não mudarão o mundo, só deixam explícito o que os desenvolvedores Web estão fazendo.

HTML4.01: Como o <p> não é explícito? Alô? É um parágrafo. Não dá para ficar mais explícito do que isso.

HTML5: Estou pensando mais sobre <div>s...

HTML4.01: Não há nada de errado com o <div>. Deixe-o em paz.

HTML5: Não estou falando em acabar com o <div>. Sim, ele é ótimo para agrupar conteúdo para estilização e tal, mas e se você quiser, por exemplo, identificar algum conteúdo como um artigo em sua página? Ou quebrar sua página em seções?

HTML4.01: Você sabe tão bem quanto eu que todos estão confusos sobre como usar esses elementos, e você pode fazer ambas as coisas com um <div>.

HTML5: Sim, você pode fazer isso com um <div>, mas com, por exemplo, um elemento <article>, o browsers, ferramentas de busca, leitores de tela e seus colegas desenvolvedores Web todos sabem com certeza que é um artigo.

HTML4.01: E daí? Ainda parece a mesma coisa.

HTML5: Lembre-se, nós usamos o elemento correto para o trabalho, certo? Dessa forma, podemos comunicar uma estrutura da forma mais explícita possível, e todas as nossas ferramentas podem fazer a coisa certa.

HTML4.01: A coisa certa? Como o quê? Exibir exatamente da mesma forma?

HTML5: Veja, é exatamente aí onde você está errado. Pegue o elemento <aside>, que é para fazer a marcação de conteúdo suplementar em uma página. Agora em um telefone celular com espaço de tela limitado, se o browser souber que aquele conteúdo é <aside>, você pode ver aquele conteúdo empurrado para baixo para que você veja o conteúdo mais importante primeiro. Se o conteúdo estiver em um <div>, então um monte de coisas pode acontecer, dependendo de onde no arquivo HTML o conteúdo estiver.

HTML4.01: Eu ainda não vejo qual é a grande questão.

HTML5: Agora o browser pode saber a diferença entre o conteúdo principal na página e o <aside>. Então ele pode tratar o conteúdo do <aside> diferentemente. Por exemplo, uma ferramenta de busca pode priorizar o conteúdo principal na página em vez do conteúdo do <aside>.

HTML4.01: Ótimo, então com HTML5 sabemos como lidar com asides.

HTML5: Não, não, isso se aplica para todo markup do novo HTML: cabeçalho, rodapé, seções, artigos, tempo e etc.

HTML4.01: Bem, eu acho que já é hora de você pegar esse seu rodapé e mand[redacted]

HTML5: CENSURADO

HTML4.01: CENSURADO

Nota ao editor: eles passaram dos limites – podemos trazê-los de volta para refazer o final da conversa?

Aponte o seu lápis

Você já substituiu os <div>s "header", "footer" e "sidebar" pelos elementos "header", "footer" e "sidebar". Agora você precisa substituir os <div>s "drinks" e "main" com elementos <section> e também atualizar sua CSS. Deixe todo o <div> table-display no local agora; ainda precisamos deles para manter organizada corretamente.

O HTML sem o element <section>.

Vá em frente e risque o HTML e CSS abaixo, escrevendo o que você precisa para adicionar o elemento <section>.

```
<div id="tableContainer">
  <div id="tableRow">
    <div id="drinks">
      ...
    </div>
    <div id="main">
      ...
    </div>
    <aside>
      ...
    </aside>
  </div> <!-- tableRow -->
</div> <!-- tableContainer -->
```

CSS como está agora
ara #drinks e #main.

```
#drinks {
  display:          table-cell;
  background-color: #efe5d0;
  width:            20%;
  padding:          15px;
  vertical-align:   top;
}

#main {
  display:          table-cell;
  background:       #efe5d0
     url(images/background.gif) top left;
  font-size:        105%;
  padding:          15px;
  vertical-align:   top;
}
```

PODER DO CÉREBRO

Você ainda precisa de ids para essas seções? Se sim, por quê?

Aponte o seu lápis
Solução

Você já substituiu os <div>s "header", "footer" e 'sidebar" pelos elementos "header", "footer" e 'sidebar". Agora você precisa substituir os <div>s "drinks" e "main" com elementos <section> e também atualizar sua CSS. Deixe todo o <div> table-display no local agora; ainda precisamos deles para manter organizada corretamente.

Aqui está a solução:

O HTML com o element <section>.

```
<div id="tableContainer">
  <div id="tableRow">
    <section id="drinks">
      ...
    </section>
    <section id="main">
      ...
    </section>
    <aside>
      ...
    </aside>
  </div> <!-- tableRow -->
</div> <!-- tableContainer -->
```

Tudo o que fizemos foi substituir <div>s por <section>s para "drinks" e "main".

Nós deixamos os ids aqui porque precisamos ser capazes de identificar separadamente cada <section> para estilizá-la.

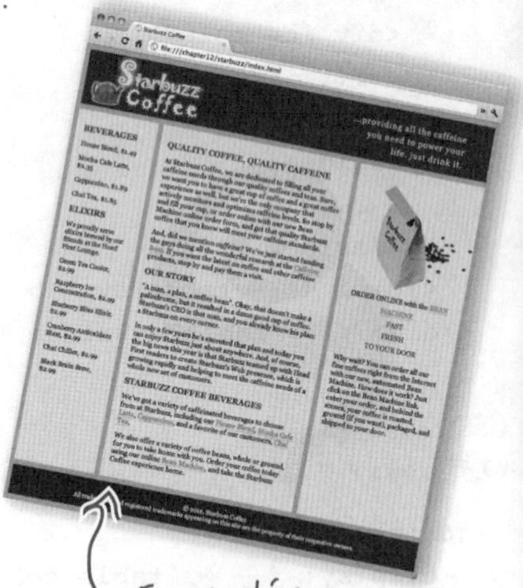

E aqui está a página! Parece exatamente a mesma, mas você não se sente melhor sabendo que tem novos elementos em HTML5 no lugar?

Poderíamos ter deixado a CSS exatamente como estava! Por estarmos usando ids, os mesmos dois elementos teriam sido direcionados com as regras existentes. Nós fomos em frente e adicionamos o nome da tag na frente do seletor de id apenas para deixar claro que estamos usando <section>s aqui.

A CSS atualizada para as duas colunas.

```
section#drinks {
  display:          table-cell;
  background-color: #efe5d0;
  width:            20%;
  padding:          15px;
  vertical-align:   top;
}

section#main {
  display:          table-cell;
  background:       #efe5d0 url(images/background.gif) top left;
  font-size:        105%;
  padding:          15px;
  vertical-align:   top;
}
```

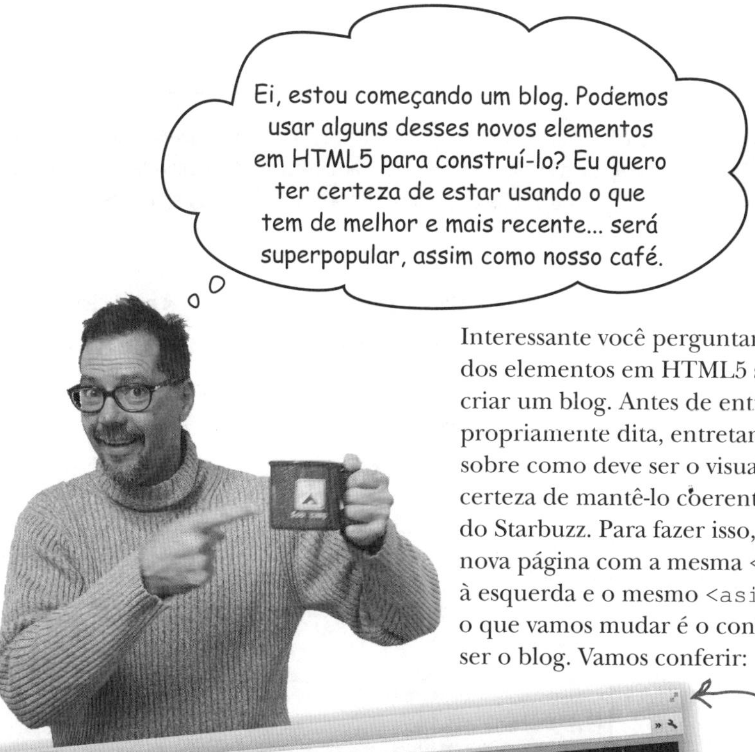
Ei, estou começando um blog. Podemos usar alguns desses novos elementos em HTML5 para construí-lo? Eu quero ter certeza de estar usando o que tem de melhor e mais recente... será superpopular, assim como nosso café.

Interessante você perguntar, porque muitos dos elementos em HTML5 são perfeitos para criar um blog. Antes de entrarmos na marcação propriamente dita, entretanto, vamos pensar sobre como deve ser o visual de um blog, tendo certeza de mantê-lo coerente com o design atual do Starbuzz. Para fazer isso, vamos criar uma nova página com a mesma `<section>` "drinks" à esquerda e o mesmo `<aside>` à direita, e tudo o que vamos mudar é o conteúdo no centro para ser o blog. Vamos conferir:

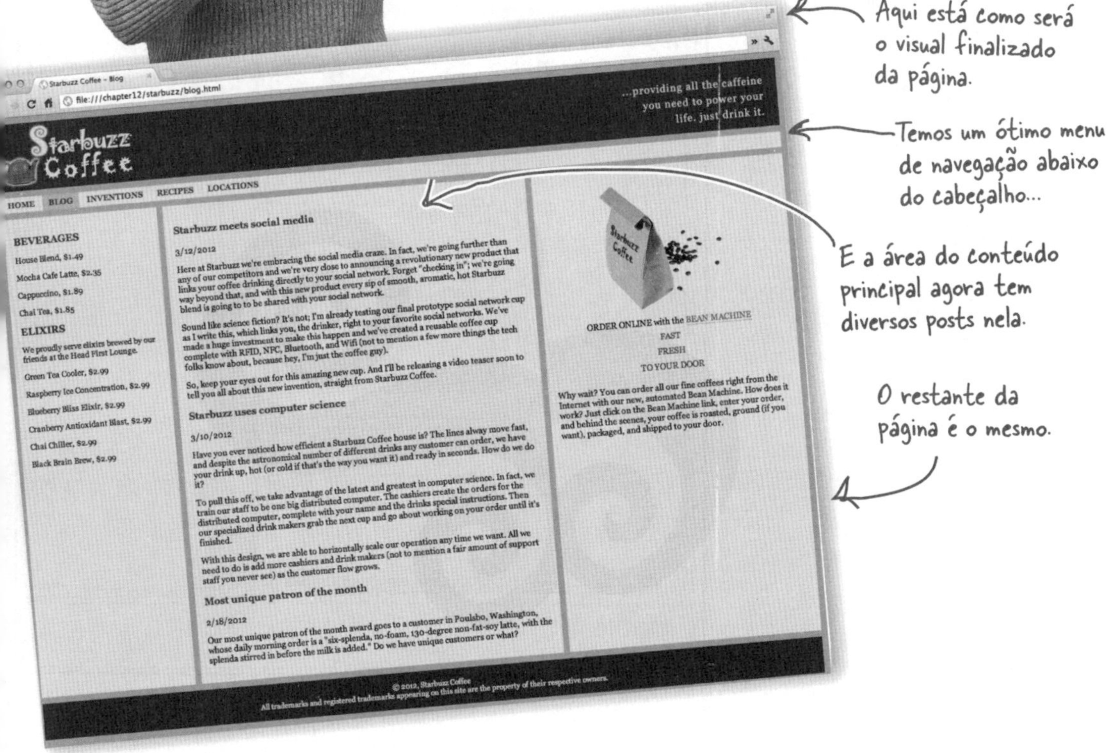
Starbuzz Coffee
...providing all the caffeine you need to power your life. just drink it.
HOME
BLOG
INVENTIONS
RECIPES
LOCATIONS
BEVERAGES
ELIXIRS
Starbuzz meets social media
3/12/2012
Starbuzz uses computer science
3/10/2012
Most unique patron of the month
2/18/2012
ORDER ONLINE with the BEAN MACHINE
FAST
FRESH
TO YOUR DOOR
Aqui está como será o visual finalizado da página.
Temos um ótimo menu de navegação abaixo do cabeçalho...
E a área do conteúdo principal agora tem diversos posts nela.
O restante da página é o mesmo.

Exercício

Sua tarefa é escolher entre os elementos que você acha que funcionarão melhor para o novo blog. Preencha os espaços em branco no diagrama abaixo para mostrar quais elementos você escolheria. Perceba que cada post do blog terá um cabeçalho e ao menos um parágrafo de texto.

<header>	**<aside>**
<footer>	**<section>**
<article>	**<div>**
<nav>	**<h1>**
<time>	**<p>**

A nova página do blog. É como a home page, exceto a seção central, que agora é de posts, e temos um menu de navegação abaixo do cabeçalho.

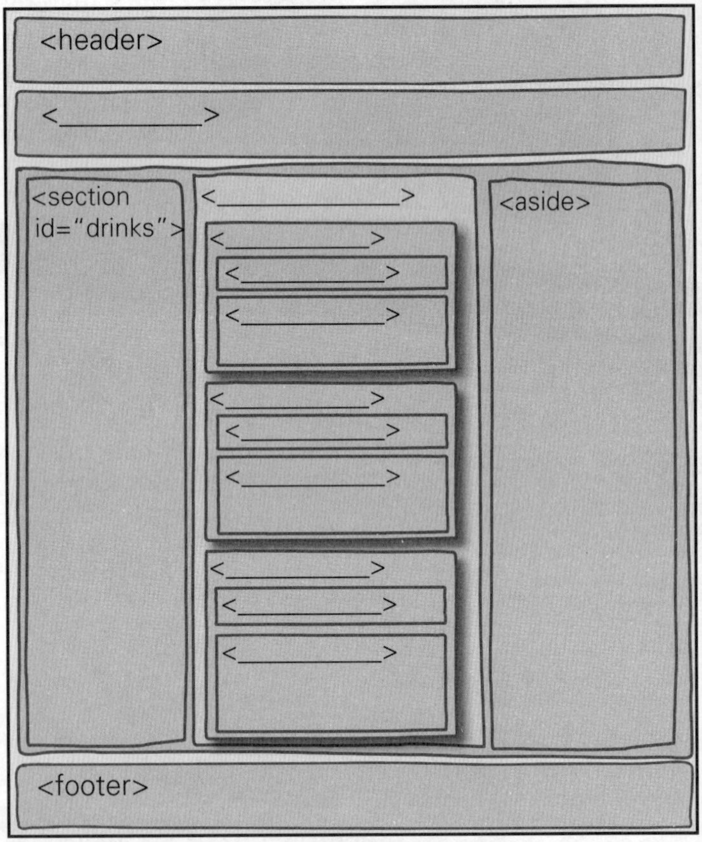
<header>
<__________>
<section id="drinks">
<__________>
<aside>
<footer>

Exercício Solução

Sua tarefa é escolher entre os elementos que você acha que funcionarão melhor para o novo blog. Preencha os espaços em branco no diagrama abaixo para mostrar quais elementos você escolheria. Perceba que cada post do blog terá um cabeçalho e ao menos um parágrafo de texto.

Escolha seus elementos da lista abaixo:

`<header>`	`<aside>`
`<footer>`	`<section>`
`<article>`	`<div>`
`<nav>`	`<h1>`
`<time>`	`<p>`

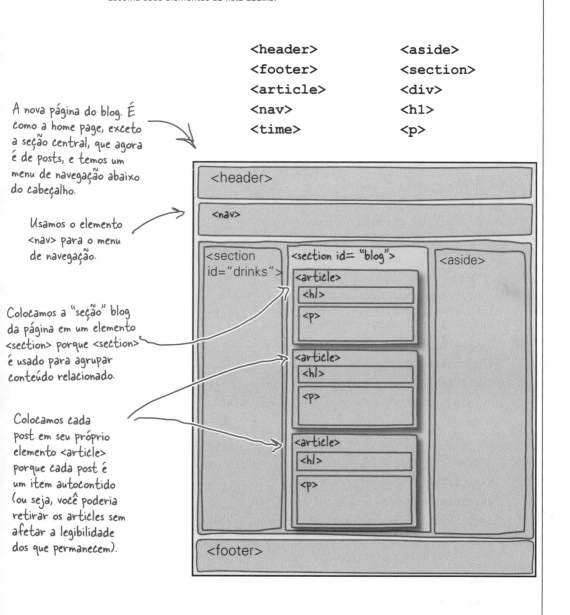

A nova página do blog. É como a home page, exceto a seção central, que agora é de posts, e temos um menu de navegação abaixo do cabeçalho.

Usamos o elemento <nav> para o menu de navegação.

Colocamos a "seção" blog da página em um elemento <section> porque <section> é usado para agrupar conteúdo relacionado.

Colocamos cada post em seu próprio elemento <article> porque cada post é um item autocontido (ou seja, você poderia retirar os articles sem afetar a legibilidade dos que permanecem).

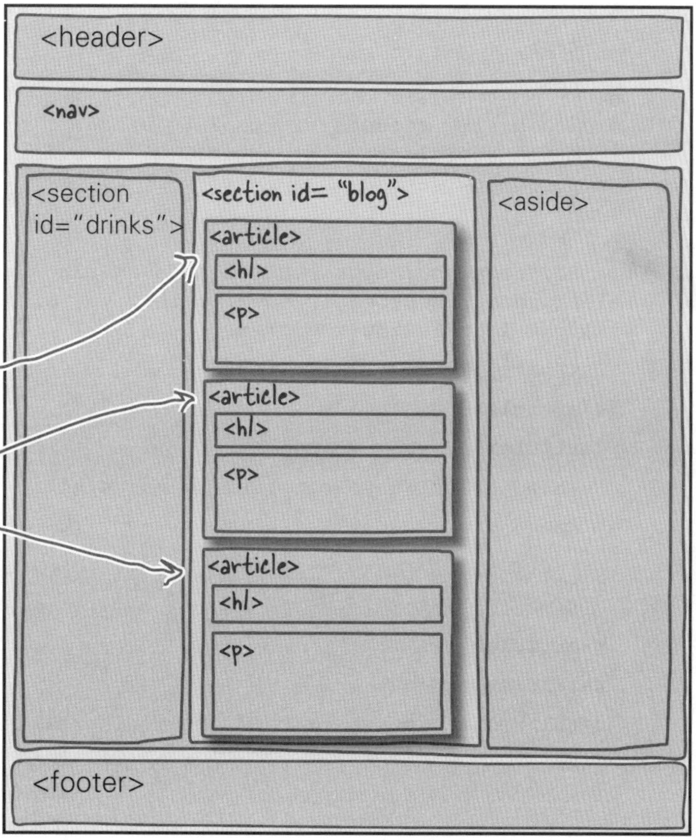
<header>
<nav>
<section id="drinks">
<section id= "blog">
<article>
<h1>
<p>
<article>
<h1>
<p>
<article>
<h1>
<p>
<aside>
<footer>

Construindo o blog do Starbuzz

A partir do exercício anterior, você sabe que estamos usando um elemento <section> para a seção blog (na coluna central) e um elemento <article> para cada post. Vamos começar fazendo isso, e voltaremos para a navegação em breve. Nós já criamos o arquivo "blog.html" para você fazendo uma cópia do arquivo "índex.html" e substituindo a <section> "main" pela <section> "blog". Você pode obter o arquivo completo "blog.html" a partir do download de código para o livro; aqui está parte dele:

Estamos usando um elemento <section> para a coluna central, assim como fizemos para "main" no arquivo índex.html.

Só estamos mostrando uma parte de cada post do blog aqui

```
<section id="blog">
  <article>
    <h1>Starbuzz meets social media</h1>
    <p>
    Here at Starbuzz we're embracing the social media craze. In fact,
  we're going further than any of our competitors and we're very close…
    </p>
    <p>
    Sound like science fiction? It's not; I'm already testing our final
  prototype social network cup as I write this…
    </p>
    <p>
    So, keep your eyes out for this amazing new cup. And I'll be
  releasing a video teaser soon to tell you all about this new invention,
  straight from Starbuzz Coffee.
    </p>
  </article>
  <article>
    <h1>Starbuzz uses computer science</h1>
    <p>
      ...
    </p>
  </article>
  <article>
    <h1>Most unique patron of the month</h1>
    <p>
      ...
    </p>
  </article>
</section>
```

Cada post do blog tem seu próprio elemento <article>.

E em cada <article>, usamos <h1> para o cabeçalho e <p> para parágrafos de texto. Muito fácil! Mas com mais significado do que um monte de <div>s, certo?

Obtenha o texto completo dos posts com o arquivo "blog.html" que você baixou de wickedlysmart.com.

Iniciando a CSS para a página do blog

Você deve ter notado que os arquivos "índex.html" e "blog.html" fazem o link para o mesmo arquivo CSS, "starbuzz.css". Vamos dar uma olhada no "blog.html":

```
<!DOCTYPE html>
<html>
  <head>
    <meta charset="utf-8">
    <title>Starbuzz Coffee - Blog</title>
    <link rel="stylesheet" type="text/css" href="starbuzz.css">
  </head>
  ...
```

Aqui está o link para a CSS...

...e já que estamos aqui, vá em frente e atualize o título da página.

Mas ainda não adicionamos nenhuma CSS para indicar nossa nova seção com um id de "blog", então vamos fazer isso agora. Nós sabemos que queremos a `<section>` "blog" estilizada da mesma forma que a `<section>` "main" na home page, então podemos reutilizar a mesma regra adicionando a regra da seção do blog à regra existente da seção principal, assim:

```
section#main, section#blog {
  display:        table-cell;
  background:     #efe5d0 url(images/background.gif) top left;
  font-size:      105%;
  padding:        15px;
  vertical-align: top;
}
```

Podemos usar a mesma regra para ambos os elementos <section> usando os dois seletores separados por vírgula. Isso diz "aplicar todas essas propriedades a ambos os elementos selecionados".

Embora os dois elementos, as <section>s "main" e "blog", estejam em duas páginas diferentes, isso vão funcionar porque ambas as páginas fazem o link para o mesmo arquivo CSS.

É isso! Toda a estilização restante que precisamos para a `<section>` "blog" da página já está na CSS, e não vamos adicionar nenhuma estilização especial para `<article>`. Então é hora de...

Faça o test drive do blog

Com a criação de uma nova página para o blog e aqueles rápidos refinamentos para a página (ou seja, adicionar os elementos <section> e <article>), vamos salvar a página e carregá-la no browser.

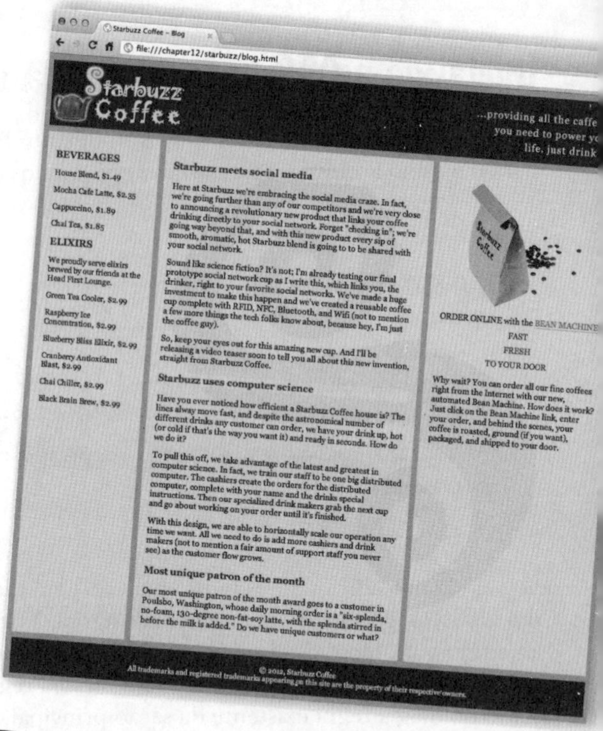
Starbuzz Coffee - Blog
file:///chapter12/starbuzz/blog.html
Starbuzz Coffee
...providing all the caffe you need to power yo life. just drink
BEVERAGES
House Blend, $1.49
Mocha Cafe Latte, $2.35
Cappuccino, $1.89
Chai Tea, $1.85
ELIXIRS
Starbuzz meets social media
Starbuzz uses computer science
Most unique patron of the month
ORDER ONLINE with the BEAN MACHINE
FAST
FRESH
TO YOUR DOOR
© 2012, Starbuzz Coffee

Como você pode ver, elementos como <section>, <article> e <aside> têm um estilo padrão similar para o <div>; ou melhor, mais ou menos! Mas eles adicionam informação sobre o significado do conteúdo na página.

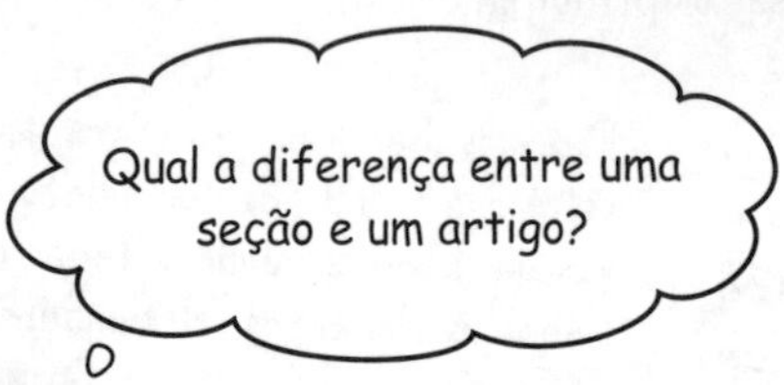
Qual a diferença entre uma seção e um artigo?

Sim, pode ser confuso. Vamos lhe dizer logo em frente que não há uma resposta direta; na verdade, existem muitas formas de usar <article> e <section>. Mas aqui está uma forma geral de pensar sobre eles: use <section> para agrupar conteúdo relacionado e use <article> para envolver um pedaço de conteúdo autocontido, como um artigo de jornal, um post de blog ou uma pequena notícia.

Na página do Starbuzz, cada coluna contém conteúdo relacionado, então tratamos cada coluna como uma seção da página. Também pegamos os posts individuais e os deixamos como artigos porque são autocontidos (você poderia até pensar em retirar um e repostá-lo em outro site ou blog).

Pode variar, mas em geral fique com agrupamento de conteúdo relacionado com <section> e para conteúdo autocontido use <article>. E se você precisar agrupar um conteúdo que não pareça relacionado, você sempre poderá contar com o <div>.

Ainda precisamos incluir uma data para o blog...

Você percebeu que no nosso design do blog adicionamos uma data para cada post? Antes do HTML5, as datas eram criadas de uma forma ad hoc – você poderia incluir uma data sem marcá-la de forma alguma, ou usava um <span> ou até mesmo um <p> para marcá-la. Mas agora temos um elemento perfeito para a função: o elemento <time>.

Starbuzz Coffee
Starbuzz meets social media
3/12/2012
Here at Starbuzz we're embracing the so
any of our competitors and we're very cl

Um guia de dois minutos sobre o elemento <time>

Vamos dar uma olhada mais de perto no elemento <time>. Ele tem um importante atributo, datetime (data e hora), e o elemento é meio chatinho sobre os valores para usar no atributo, então vale a pena repassar alguns detalhes;

O atributo datetime é necessário se o conteúdo do elemento não for escrito no formato oficial da Internet para data/hora.

Se você está usando o atributo datetime para especificar uma data e/ou um horário, então você pode escrever o que quiser como conteúdo para o elemento. Mais frequentemente, será um texto relacionado a data ou hora, como "18 de fevereiro de 2012" ou até mesmo "ontem" ou "agora".

```
<time datetime="2012-02-18">2/18/2012</time>
```

Este é o formato oficial da Internet para especificar datas com um dia, mês e ano.

Aqui estão algumas outras formas de expressar datas e horários usando o formato oficial.

`2012-02` ← Você pode especificar apenas um ano e mês ou até mesmo apenas um ano.

`2012`

`2012-02-18 09:00`

`2012-02-18 18:00` ← Você pode incluir um horário, no formato 24h.

`05:00` ← Você pode especificar apenas um horário.

`2012-02-18 05:00Z` ← Se você usar um "Z" depois da data e horário, então significa horário UTC. (UTC = GMT).

Adicionando o elemento <time> ao seu blog

Edite seu arquivo "blog.html" e adicione as datas seguintes aos cabeçalhos de cada artigo:

```
<article>
  <h1>Starbuzz meets social media</h1>
  <time datetime="2012-03-12">3/12/2012</time>
  ...
</article>
<article>
  <h1>Starbuzz uses computer science</h1>
  <time datetime="2012-03-10">3/10/2012</time>
  ...
</article>
<article>
  <h1>Most unique patron of the month</h1>
  <time datetime="2012-02-18">2/18/2012</time>
  ...
</article>
```

Abaixo de cada cabeçalho, adicionamos um element <time>.

O conteúdo do elemento time é a data do post (escrita da forma americana, com o mês primeiro). Você também pode escrever Março 10, 2012, se quiser.

Estamos usando o atributo datetime do elemento <time> para especificar a data precisa usando o formato oficial da Internet data/hora para datas.

Faça um test drive no blog

Faça um test drive no blog de novo, e você deve ver a data dos posts exibidas abaixo de cada cabeçalho do post.

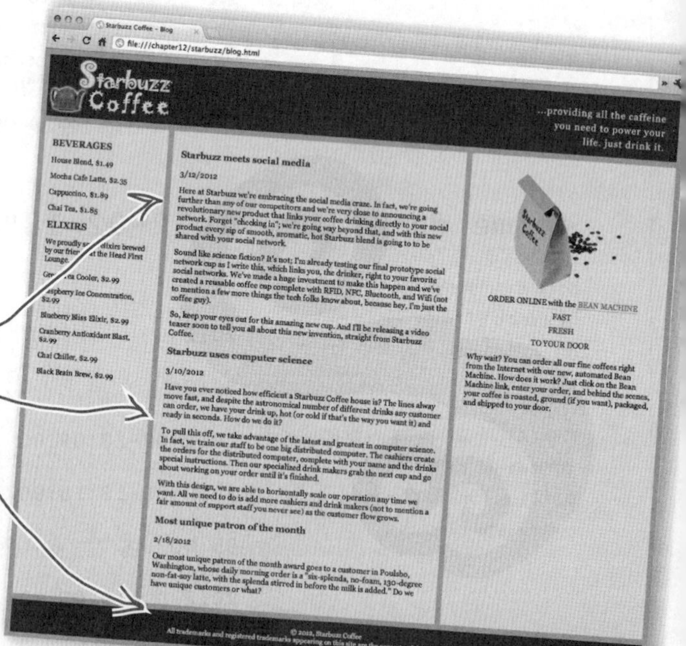
Starbuzz Coffee - Blog
file:///chapter12/starbuzz/blog.html
Starbuzz Coffee
...providing all the caffeine you need to power your life. just drink it.
BEVERAGES
ELIXIRS
Starbuzz meets social media
3/12/2012
Starbuzz uses computer science
3/10/2012
Most unique patron of the month
2/18/2012
ORDER ONLINE with the BEAN MACHINE
FAST
FRESH
TO YOUR DOOR
© 2012, Starbuzz Coffee

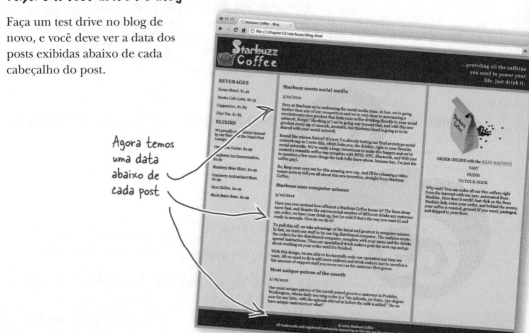

Agora temos uma data abaixo de cada post

Parece que semanticamente cada artigo tem seu próprio pequeno cabeçalho, com um título e uma data. Eu deduzo que podemos ainda adicionar outra coisas, como uma assinatura com o nome do autor e a localização. Esta é a forma de usar o artigo?

Certamente. De novo, pense no artigo como um trecho de conteúdo autocontido – algo que você poderia retirar e postar em alguma outra página. E se você fizer isso, você definitivamente desejaria incluir algo como uma assinatura com quem escreveu, quando e talvez onde.

Podemos levar isso mais além, porque o elemento `<header>` não é projetado apenas para seu cabeçalho principal; você pode usá-lo onde precisar agrupar itens em um cabeçalho. Por exemplo, você pode incluir o elemento `<header>` em um `<article>`, uma `<section>` ou até mesmo um `<aside>`.

Para ver como isso funciona, vamos voltar e incluir alguns outros elementos `<header>` aos artigos do Starbuzz.

Perceba que o rodapé pode ser usado em seções, artigos e apartes também. Não faremos isso no Starbuzz, mas muitos sites criam cabeçalhos e rodapés para esses elementos.

Como adicionar mais elementos <header>

Adicionar elementos <header> é bem direto. Em cada elemento <article>, vamos colocar um <header> para conter o cabeçalho e data/hora. Para fazer isso, encontre os elementos <article> dentro da seção do blog e inclua uma tag <header> de abertura e fechamento para cada um.

```
<header>

    ...
    <section id="blog">
    <article>
      <header>
        <h1>Starbuzz meets social media</h1>
        <time datetime="2012-03-12">3/12/2012</time>
      </header>
      <p>...</p>
    </article>

    <article>
      <header>
        <h1>Starbuzz uses computer science</h1>
        <time datetime="2012-03-10">3/10/2012</time>
      </header>
      <p>...</p>
    </article>

    <article>
      <header>
        <h1>Most unique patron of the month</h1>
        <time datetime="2012-02-18">2/18/2012</time>
      </header>
      <p>...</p>
    </article>
    </section>
    ...
```

Coloque o seu elemento <header> aqui, ao redor dos elementos título e tempo.

Certifique-se de adicionar um <header> a cada artigo na seção do blog.

PODER DO CÉREBRO

Fique à vontade para incluir uma assinatura para o cabeçalho também. Hmm, não existe um elemento <author>. Alguma ideia de como você vai marcar uma assinatura?

Testando o cabeçalho

Vá em frente, inclua os elementos <header> ao blog Starbuzz e faça um teste.

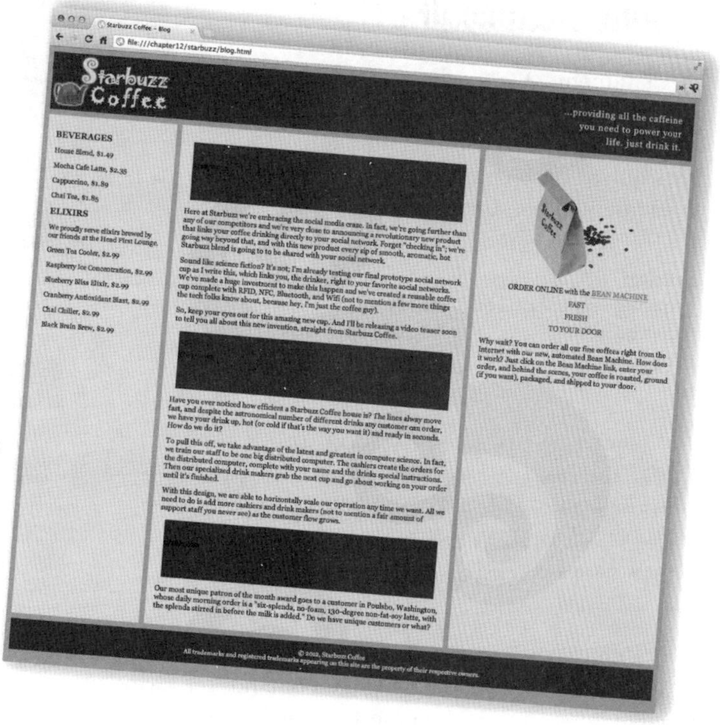
Starbuzz Coffee
...providing all the caffeine you need to power your life. just drink it.
BEVERAGES
House Blend, $1.49
Mocha Cafe Latte, $2.35
Cappuccino, $1.89
Chai Tea, $1.85
ELIXIRS
Green Tea Cooler, $2.99
Raspberry Ice Concentration, $2.99
Blueberry Bliss Elixir, $2.99
Cranberry Antioxidant Blast, $2.99
Chai Chiller, $2.99
Black Brain Brew, $2.99
ORDER ONLINE with the BEAN MACHINE
FAST
FRESH
TO YOUR DOOR

Hmm, você percebeu, quando carregou a página que os cabeçalhos dos artigos não ficaram certos? Toda formatação caiu agora...

Aponte o seu lápis

Agora que adicionamos elementos <header>, o espaçamento e a formatação caíram; você percebeu que temos espaço demais abaixo do cabeçalho do artigo e abaixo da data, e a cor do fundo está toda errada? Alguma ideia do porquê? Escreva suas ideias abaixo sobre por que isso pode estar acontecendo.

Dica: dê uma olhada em sua CSS e veja se há algumas outras regras do <header> que possam estar afetando os cabeçalhos dos novos artigos que você acabou de adicionar.

Então o que está errado com o cabeçalho?

Claramente, bagunçamos o formato um pouco ao adicionar os elementos <header>. Por quê? Vamos dar uma nova olhada no arquivo "starbuzz.css" e checar a regra para o elemento <header>:

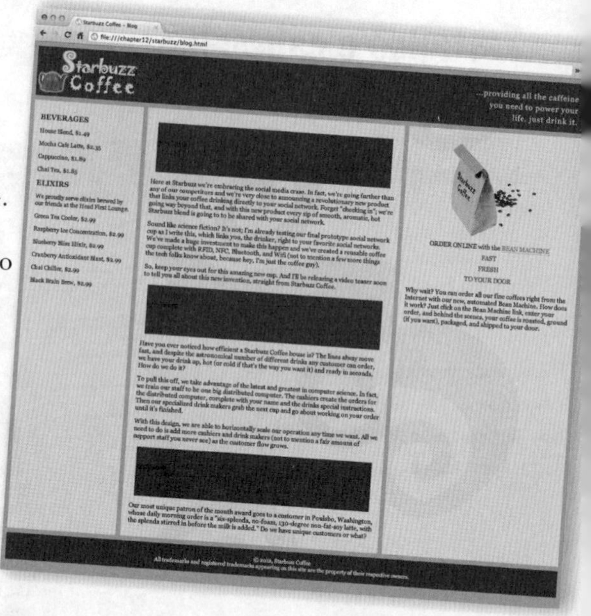
Starbuzz Coffee
BEVERAGES
ELIXIRS

```
header {
  background-color: #675c47;
  margin:           10px 10px 0px 10px;
  height:           108px;
}
```

Essa regra height property (propriedade de altura) faz com que a cor do fundo seja fixa e espaço seja adicionado a TODOS os cabeçalhos da página, não apenas o cabeçalho principal. E a margem tampouco está ajudando.

A regra para estilizar o cabeçalho funciona otimamente para o cabeçalho principal, mas fica terrível para os cabeçalhos dos artigos.

Podemos consertar isso criando uma classe apenas para o <header> do topo da página. Podemos ter vários elementos <header> em seções e artigos ao longo do site, e em nosso caso, para o Café Starbuzz, o <header> no topo da página será sempre tratado diferentemente desses outros cabeçalhos porque tem uma aparência gráfica especial. Então, primeiro encontre o elemento <header> do topo em seu arquivo "blog.html" e inclua uma classe chamada "top" ao elemento:

Adicione a classe "top" ao primeiro elemento <header> da página.

```
<body>
  <header class="top">
    <img id="headerLogo"
         src="images/headerLogo.gif" alt="Starbuzz Coffee header logo image">
    <img id="headerSlogan"
         src="images/headerSlogan.gif" alt="Starbuzz Coffee header slogan image">
  </header>
...
```

Adicione a classe "top" ao <header> do topo em seu arquivo "index.html", também.

Uma vez que você adicionou a classe “top” a ambos os seus arquivos “blog.html” e “índex.html”, então tudo o que você pode fazer é atualizar sua CSS para usar a classe no seletor das regras para o cabeçalho:

```
header.top {
  background-color: #675c47;
  margin:           10px 10px 0px 10px;
  height:           108px;
}

header.top img#headerSlogan {
  float:            right;
}
```

Nós adicionamos o seletor da classe .top à regra do cabeçalho na CSS.

Nós adicionamos essa regra também – embora não fosse necessário para o seletor funcionar corretamente, ele deixa mais claro na CSS exatamente qual headerSlogan estamos selecionando. Apenas um trabalho para melhorar a prática.

Um test drive final para os cabeçalhos

Uma vez que você fez todas as mudanças em seus arquivos “blog.html”, “index.html” e “starbuzz.css”, recarregue a página do blog.

Perceba que agora as regras do `<header>` se aplicam apenas a `<header>` no topo da página, que é exatamente o que queremos. Enquanto isso, os `<header>`s dos artigos recebem o estilo padrão, que funcionarão bem, também.

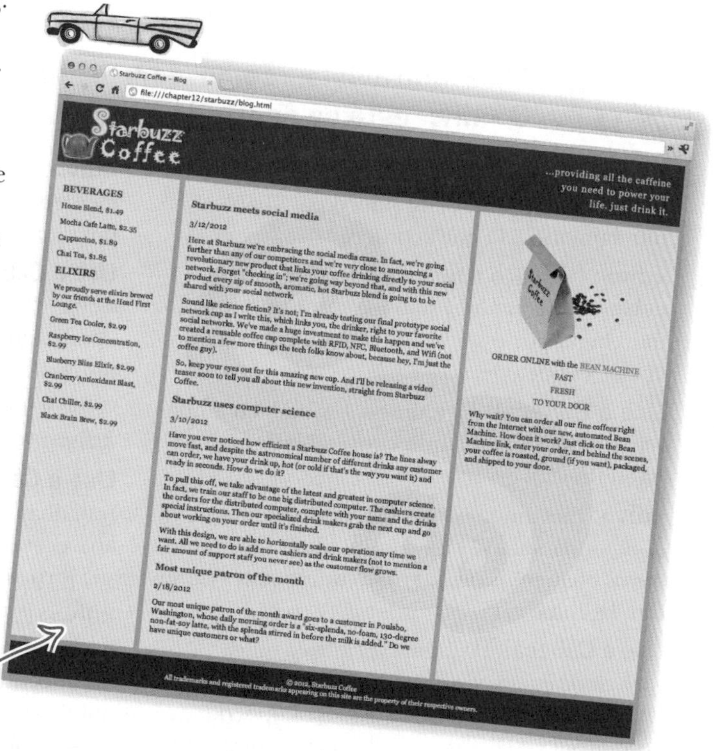
Starbuzz Coffee
...providing all the caffeine you need to power your life. Just drink it.
BEVERAGES
ELIXIRS
Starbuzz meets social media
Starbuzz uses computer science
Most unique patron of the month
ORDER ONLINE with the BEAN MACHINE
FAST
FRESH
TO YOUR DOOR

Agora os headers nos artigos estão formatados corretamente!

não existem Perguntas Idiotas

P: Estamos trabalhando bastante para adicionarmos elementos à página, e ela tem a mesma aparência de antes! Me fala de novo o porquê disso tudo.

R: Nós substituímos alguns elementos e adicionamos alguns elementos, e no processo adicionamos bastante significado a nossas páginas. O browser, as ferramentas de pesquisa e aplicativos para a construção de páginas Web podem – se quiserem – ser muito mais espertos em como lidar com diferentes partes da página. E sua página fica mais fácil para ser lida por você e outros desenvolvedores Web. Embora sua página tenha a mesma aparência, no fundo tem muito mais significado.

P: Qual a diferença mesmo entre uma <section> e um <article>? Eles parecem iguais para mim.

R: É fácil se confundir quanto a qual elemento usar, então ficamos felizes que tenha perguntado. O elemento <section> é mais genérico do que o <article>, mas não tão genérico quanto <div>. Por exemplo, se você está apenas adicionado um elemento para estilizar a página, então use um <div>. Se você está adicionando um elemento para fazer uma marcação de conteúdo que forme uma seção bem definida de conteúdo relacionado, então use <section>. E se você tiver algum conteúdo que puder ser reutilizado ou distribuído independentemente do restante do conteúdo da página, então use <article>.

P: Toda <section> e todo <article> sempre tem um <header>?

R: Na maioria das vezes, suas <section>s e seus <article>s terão um <header> ou ao menos um título (como <h1>). Pense: o conteúdo dentro de um elemento <article> pode ser reutilizadc em outro lugar, então as chances são de que o conteúdo precisará de um cabeçalho para uma descrição ou introdução. Da mesma forma, conteúd com um elemento <section> é um grup de conteúdo relacionado em sua págin então tipicamente terá algum tipo de cabeçalho para separar e introduzir a seção de conteúdo.

P: Deveríamos usar <header> apenas para quando tivermos mais de uma coisa para colocar nele? E se apenas tivermos um título e nada mai

R: Você pode usar o <header> até mesmo se você tiver apenas um título para colocar nele. O elemento <header fornece sentido semântico extra que separa o cabeçalho de uma página, uma seção ou um artigo do restante dc conteúdo. Entretanto, não é necessáric que você sempre coloque seu conteúd de título dentro de um elemento <header> (ou seja, a página será validada mesmo se você não colocar).

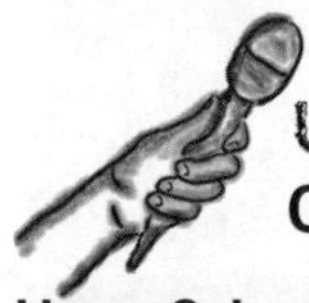

Uma entrevista rápida com o <div>
O <div> está se sentindo um pouco de lado...

Use a Cabeça!: Ei <div>, ouvimos dizer que você está se sentindo um pouco para baixo ultimamente... O que aconteceu?

<div>: Caso não tenha percebido, estão me deixando defasado! Estão me substituindo em todo lugar por esses novos elementos, <section>, <nav>, <aside>...

Use a Cabeça!: Ei, anime-se! Afinal, eu ainda o vejo no Starbuzz lidando com "tableContainer" e "tableRow".

<div>: Eles ainda não se livraram totalmente de mim ainda, mas se eles continuarem inventando novos elementos, não tardará muito antes de ser fim da linha, cara.

Use a Cabeça!: Da última vez que eu olhei, você ainda estava na especificação do HTML. Os desenvolvedores Web têm todos os tipos de necessidades especiais para adicionar estrutura a suas páginas e os caras (e moças) da padronização não têm interesse em inventar zilhões de novos elementos.

<div>: Isso é verdade, e eu não vi nenhum elemento novo surgindo para simplesmente criar uma estrutura genérica.

Use a Cabeça!: Correto! Todos esses novos elementos são especificamente para adicionar significado semântico às páginas e você tem um propósito muito mais geral. É com você que eles contam quando precisam de uma tabela, por exempl

<div>: Isso é bem verdade!

Use a Cabeça!: Na nossa opinião, você estava trabalhando demais antes desses novos elementos aparecerem... não é hora de começar a aproveitar sua jornada de trabalho reduzida?

<div>: É, isso é importante. Talvez eu devesse baixar as portas por um tempo e conhecer o mundo; afinal, eu acumulei um punhado de milhas de viagem voando pela Internet.

Use a Cabeça!: Espere um pouco agora, você não pode simplesmente desaparecer; a maior par da Web depende de você...

Use a Cabeça!: Alô? <div>?

Sendo um CEO que pensa à frente, me sinto melhor em saber que estamos deixando a página o mais semântica possível. Mas não precisamos de um pouco de navegação? Como eu vou da home page para o blog? E como eu volto?

Nós concordamos. Ter páginas múltiplas não será muito útil se os leitores não puderem navegar entre elas.

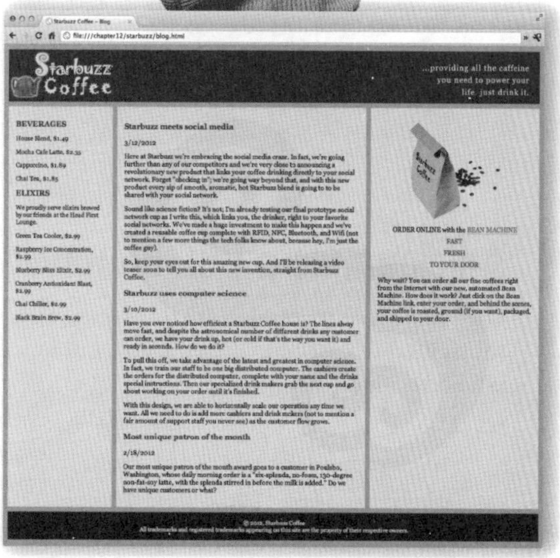
Starbuzz Coffee

E para criar uma navegação para essas páginas, vamos usar algumas ferramentas que já conhecemos, ou seja, uma lista e algumas tags de ancoragem. Vamos ver como elas funcionam.

Primeiro, crie um conjunto de links para nossa navegação:

```
<a href="index.html">HOME</a>
<a href="blog.html">BLOG</a>
<a href="">INVENTIONS</a>
<a href="">RECIPES</a>
<a href="">LOCATIONS</a>
```

Vamos deixar esses três links em branco porque não vamos adicionar essas páginas, mas fique à vontade para criá-las!

Agora, envolva essas âncoras em uma lista não-ordenada para que possa tratá-las como um grupo de itens. Nunca fizemos isso antes, mas veja como funciona, e veja com as listas são perfeitas para itens de navegação:

Perceba que cada link é agora um item em uma lista não-ordenada. Isso pode não parecer muito com navegação, mas parecerá quando aplicarmos algum estilo.

```
<ul>
    <li><a href="index.html">HOME</a></li>
    <li class="selected"><a href="blog.html">BLOG</a></li>
    <li><a href="">INVENTIONS</a></li>
    <li><a href="">RECIPES</a></li>
    <li><a href="">LOCATIONS</a></li>
</ul>
```

Perceba também que estamos identificando um item como o selecionado, usando uma classe.

Completando a navegação

Agora coloque a navegação dentro de seu HTML. Faça isso inserindo-a logo abaixo do cabeçalho no arquivo "blog.html":

```
<body>
  <header class="top">
    <img id="headerLogo"
         src="images/headerLogo.gif" alt="Starbuzz Coffee header logo image">
    <img id="headerSlogan"
         src="images/headerSlogan.gif" alt="Providing all the caffeine...">
  </header>
  <ul>
        <li><a href="index.html">HOME</a></li>
        <li class="selected"><a href="blog.html">BLOG</a></li>
        <li><a href="">INVENTIONS</a></li>
        <li><a href="">RECIPES</a></li>
        <li><a href="">LOCATIONS</a></li>
  </ul>
  ...
</body>
```

Adicionando a CSS da navegação

Certifique-se de colocar a CSS ao FINAL de seu arquivo starbuzz.css.

Você pode tentar aquele HTML se quiser, mas você não ficará satisfeito que parecerá "navegação". Então, antes de tentar, vamos adicionar algumas CSS:

```
ul {
    background-color: #efe5d0;
    margin: 10px 10px 0px 10px;
    list-style-type: none;
    padding: 5px 0px 5px 0px;
}
ul li {
    display: inline;
    padding: 5px 10px 5px 10px;
}
ul li a:link, ul li a:visited {
    color: #954b4b;
    border-bottom: none;
    font-weight: bold;
}
ul li.selected {
    background-color: #c8b99c;
}
```

Estamos incluindo uma cor de fundo e algumas margens e enchimento. Perceba que a margem inferior é 0 porque a table display já tem 10px de espaçamento de borda em cima

Também perceba que removemos os marcadores da lista de itens.

Aqui, estamos mudando a exibição de cada item da lista de "block" para "inline", então agora os itens da lista não terão um recuo antes e depois; todos irão fluir em uma linha na página, como elementos em linha comuns.

Queremos que os links na navegação sejam um pouco diferentes do resto dos links na página, então vamos ignorar a outra regra de <a> (acima desta regra na CSS) e incluímos uma regra que estabelece propriedades para os links e o estado "visitado" dos links (para que eles tenham a mesma aparência).

E finalmente, estamos fixando o fundo do elemento <li> com a classe "selected" para que o item de navegação correspondente à página onde estamos tenha uma aparência diferente do resto.

Quem precisa de GPS? Fazendo um test drive na navegação

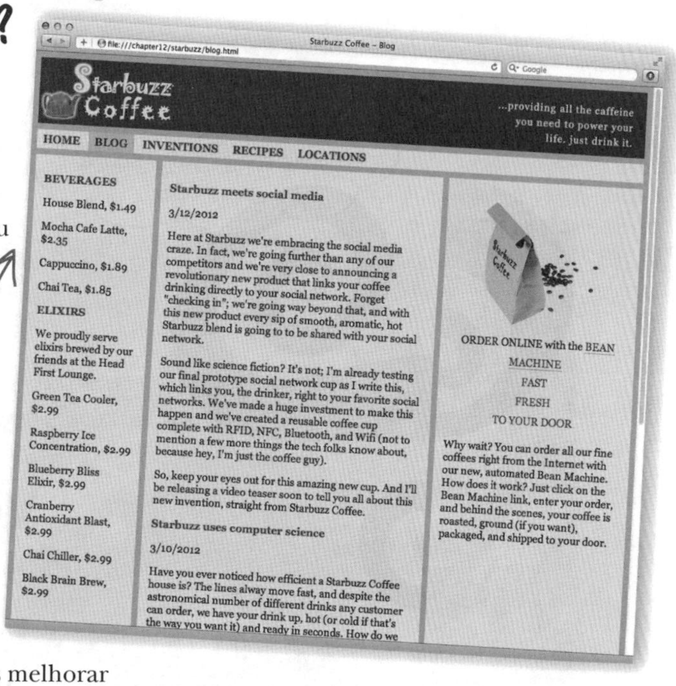
file:///chapter12/starbuzz/blog.html
Starbuzz Coffee – Blog
Starbuzz Coffee
...providing all the caffeine you need to power your life. just drink it.
HOME BLOG INVENTIONS RECIPES LOCATIONS
BEVERAGES
House Blend, $1.49
Mocha Cafe Latte, $2.35
Cappuccino, $1.89
Chai Tea, $1.85
ELIXIRS
We proudly serve elixirs brewed by our friends at the Head First Lounge.
Green Tea Cooler, $2.99
Raspberry Ice Concentration, $2.99
Blueberry Bliss Elixir, $2.99
Cranberry Antioxidant Blast, $2.99
Chai Chiller, $2.99
Black Brain Brew, $2.99
Starbuzz meets social media
3/12/2012
Here at Starbuzz we're embracing the social media craze. In fact, we're going further than any of our competitors and we're very close to announcing a revolutionary new product that links your coffee drinking directly to your social network. Forget "checking in"; we're going way beyond that, and with this new product every sip of smooth, aromatic, hot Starbuzz blend is going to to be shared with your social network.
Sound like science fiction? It's not; I'm already testing our final prototype social network cup as I write this, which links you, the drinker, right to your favorite social networks. We've made a huge investment to make this happen and we've created a reusable coffee cup complete with RFID, NFC, Bluetooth, and Wifi (not to mention a few more things the tech folks know about, because hey, I'm just the coffee guy).
So, keep your eyes out for this amazing new cup. And I'll be releasing a video teaser soon to tell you all about this new invention, straight from Starbuzz Coffee.
Starbuzz uses computer science
3/10/2012
Have you ever noticed how efficient a Starbuzz Coffee house is? The lines alway move fast, and despite the astronomical number of different drinks any customer can order, we have your drink up, hot (or cold if that's the way you want it) and ready in seconds. How do we
ORDER ONLINE with the BEAN MACHINE
FAST
FRESH
TO YOUR DOOR
Why wait? You can order all our fine coffees right from the Internet with our new, automated Bean Machine. How does it work? Just click on the Bean Machine link, enter your order, and behind the scenes, your coffee is roasted, ground (if you want), packaged, and shipped to your door.

Vamos fazer uma tentativa. Vá em frente, digite a CSS no final de seu arquivo CSS e então carregue-o em seu browser.

Ei, nada mal para uma primeira tentativa. Temos uma ótima barra de navegação que tem até a página onde estamos – o blog – destacada.

Mas... podemos ir além? Afinal, você está no capítulo sobre "HTML moderno" e ainda não usamos um elemento novo do HTML5 para a navegação. Assim como você já adivinhou, podemos melhorar isso adicionando um elemento <nav> ao arquivo HTML. Fazer isso dará a todos (browser, ferramentas de pesquisa, leitores de tela, seus colegas desenvolvedores) um pouco mais de informação sobre o que de fato é essa lista...

Adicionando um elemento <nav>

Como você já sabe, existe um elemento <nav> e usá-lo é tão simples quanto envolver sua lista de navegação com tags <nav> de abertura e fechamento, assim:

Aqui está a tag de início <na> e estamos incluindo toda a lista de navegação dentro do elemento <nav>.

```
<nav>
    <ul>
        <li><a href="index.html">HOME</a></li>
        <li class="selected"><a href="blog.html">BLOG</a></li>
        <li><a href="">INVENTIONS</a></li>
        <li><a href="">RECIPES</a></li>
        <li><a href="">LOCATIONS</a></li>
    </ul>
</nav>
```

Antes de fazermos mais testes, realmente precisamos falar sobre suas CSS.

Realmente precisamos falar de melhores práticas. Veja bem, neste momento sua CSS presume que toda lista não-ordenada é um menu de navegação. Então, o que acontece quando o CEO da Starbuzz precisa adicionar no blog uma lista de novos cafés que vai lançar? Desastre – ele provavelmente terá uma lista de navegação bem no meio do blog porque ela será estilizada como a lista de navegação que adicionamos à página.

Mas não se preocupe; para consertar esse problema em potencial, apenas precisamos ser mais específicos para direcionar os itens da lista de navegação, e isso não é difícil porque os únicos itens da lista de navegação que queremos direcionar são aqueles contidos no elemento `<nav>`.

PODER DO CÉREBRO

Antes de ir em frente, pense como você mudaria as CSS para especificamente direcionar os itens de navegação e não outras listas não-ordenadas.

Deixando nossa CSS mais específica

Ok, vamos nos prender ao fato de que temos um elemento `<nav>` no HTML e deixamos os seletores mais específicos. Dessa forma, nos certificamos de que as mudanças futuras ao HTML (como adicionar um inocente elemento `<ul>` a algum outro lugar na página mais para a frente) não resultem em estilização inesperada. Aqui está como fazemos isso... mas perceba que precisamos fazer alguns ajustes às margens do elemento `<nav>` para que ele se comporte corretamente.

```
nav {
    background-color: #efe5d0;
    margin: 10px 10px 0px 10px;
}
nav ul {
    margin: 0px;
    list-style-type: none;
    padding: 5px 0px 5px 0px;
}
nav ul li {
    display: inline;
    padding: 5px 10px 5px 10px;
}
nav ul li a:link, nav ul li a:visited {
    color: #954b4b;
    border-bottom: none;
    font-weight: bold;
}
nav ul li.selected {
    background-color: #c8b99c;
}
```

Adicionamos uma nova regra para o elemento <nav>, e mudamos as propriedades para fixar a cor do fundo e margem entre dessa regra, então tudo dentro do elemento <nav> fica estilizado com essas propriedades.

E adicionamos uma propriedade para fixar a margem do elemento <ul> em 0, para que ele caiba confortavelmente dentro do elemento <nav> (por padrão, os elementos <ul> têm uma margem que fará com que o <ul> seja movido um pouco se não fixarmos em 0).

Finalmente, para TODAS essas regras, adicionamos o seletor "nav" na frente para que as regras afetem APENAS os elementos <ul> que aparecem dentro do elemento <nav>. Dessa forma, podemos ter certeza de que se o CEO adicionar uma <ul> a seu blog no futuro, ela não ficará estilizada como uma lista de navegação!

Perceba, adicionamos "nav" a ambas as regras nesta regra com dois seletores!

Tã-rã! Veja a navegação!

Faça essas mudanças na CSS e teste. Nada mal, hein?! E agora podemos ter certeza de que nenhum elemento `<ul>` futuro será afetado pela navegação CSS. Lembre-se, quando possível, adicione a regra mais específica que puder para estilizar seus elementos.

Starbuzz Coffee
HOME
BLOG
INVENTIONS
RECIPES
LOCATIONS
BEVERAGES
Starbuzz meets social media
3/12/2012
ORDER ONLINE with the BEAN MACHINE
FAST
FRESH
TO YOUR DOOR
Starbuzz uses computer science
3/10/2012

Ei, se vocês puderem parar com seu papo geek sobre HTML5 só por um minuto, eu tenho uma ótima novidade: acabamos de criar nossa nova caneca Goles de Tuítes. É uma nova tecnologia revolucionária: tome um gole de café e tenha seu status atualizado no Twitter. Eu acabei de fazer um novo vídeo demonstrando como funciona! Podemos colocá-lo no blog?

Aqui está a página do blog Starbuzz, completa com nossas recentes melhorias...

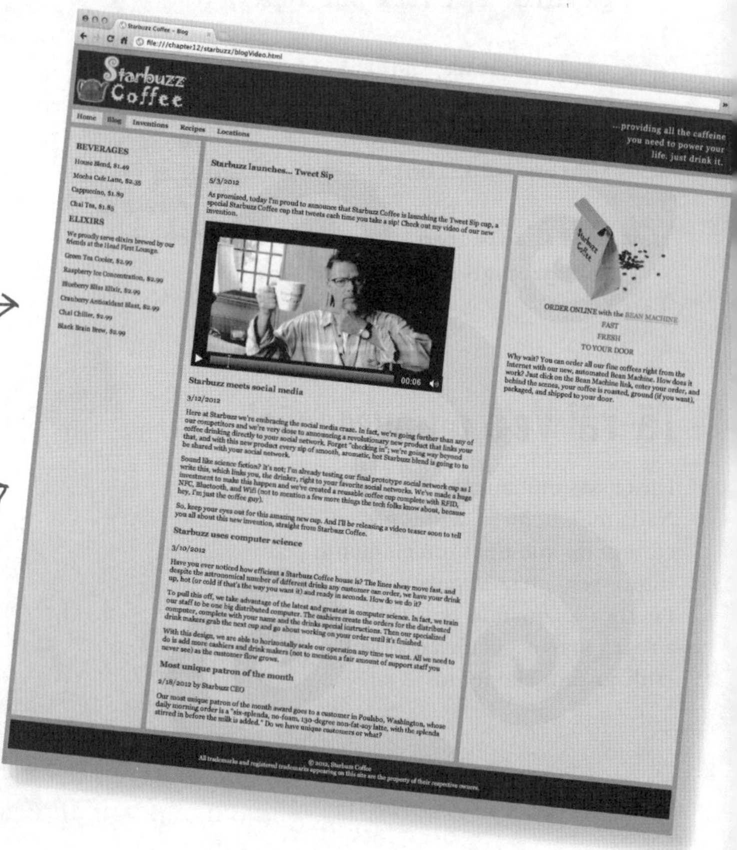

Starbuzz Coffee
Home
Blog
Inventions
Recipes
Locations
...providing all the caffeine you need to power your life. just drink it.
BEVERAGES
ELIXIRS
Starbuzz launches... Tweet Sip
5/3/2012
Starbuzz meets social media
3/12/2012
Starbuzz uses computer science
3/10/2012
Most unique patron of the month
2/18/2012 by Starbuzz CEO
ORDER ONLINE with the BEAN MACHINE
FAST
FRESH
TO YOUR DOOR

E ele quer colocar um vídeo na página, desta forma...

Oh, essa tecnologia Goles de Tuítes é tão espetacular e ele quer deduzir que somos superamigos... dissemos a ele que você seria bom nisso

Agora teremos que adicionar um vídeo à página do Starbuzz. Não parece um grande problema, mas não vamos precisar de um desenvolvedor de Flash?
Jim
Frank

Jim: Bem, costumávamos usar Flash para vídeo, mas com HTML5 agora temos um elemento `<vídeo>` que podemos usar.

Frank: Espere, o Flash ainda não é melhor? Está aí há tanto tempo...

Jim: Eu poderia enxergar alguns argumentos rápidos para isso em desktop, mas o que você fará com certos dispositivos móveis que não suportam Flash? Pense em quantos usuários de celulares o Starbuzz tem; alguns desses clientes ficarão no escuro se usarmos Flash.

Frank: Entendi. Então como procedemos para usar um elemento com vídeo?

Jim: Pense no vídeo como o elemento `<img>`; nós fornecemos um atributo src que faz referência ao vídeo, que é colocado na página na localização do elemento `<vídeo>`.

Frank: Isso parece fácil. Será moleza.

Jim: Bem, não vamos prometer nada antes da hora. Assim como a maior parte dos tipos de mídia, o vídeo pode ser complicado, especialmente quando tivermos que lidar com a codificação para vídeo.

Frank: Codificação?

Jim: O formato usado para codificar o vídeo e o áudio de um videoclipe.

Frank: Isso é um problema?

Jim: É, porque os desenvolvedores dos browsers não chegaram a um acordo quanto a um padrão comum para codificação de vídeo. Mas voltaremos a isso. Por enquanto, vamos obter um elemento `<vídeo>` em nossa página e ver o que podemos fazer com ele.

Frank: Boa ideia, vá na frente!

Criando uma nova entrada no blog

Vamos começar adicionando uma nova entrada para o blog, que na linguagem do HTML, deveria ser um novo elemento <article>. Vá em frente e adicione esse HTML logo abaixo do elemento <section>, acima dos outros artigos:

```
<article>
    <header>
        <h1>Starbuzz launches…Tweet Sip</h1>
        <time datetime="2012-05-03">5/3/2012</time>
    </header>
    <p>
        As promised, today I'm proud to announce that Starbuzz
        Coffee is launching the Tweet Sip cup, a special Starbuzz
        Coffee cup that tweets each time you take a sip! Check
        out my video of our new invention.
    </p>

</article>
```

Adicione isso à <section> "blog" em cima...

Vamos adicionar o vídeo logo aqui, abaixo do parágrafo na entrada do blog.

E agora, apresentando o elemento <video>

À primeira vista, o elemento <video> é realmente parecido com o elemento <img>. No capítulo de downloads, você encontrará um arquivo chamado "tweetsip.mp4" na pasta "video". Certifique-se de que sua pasta "video" esteja no *mesmo* nível que ser arquivo "blog.html". Então adicione esse markup à sua página logo abaixo da tag de fechamento </p> e antes da tag de fechamento </article>.

Aqui temos a tag de abertura do vídeo, com alguns atributos.

Voltaremos em breve para os detalhes de todos esses atributos, mas por enquanto perceba que estamos fixando a largura e altura do elemento, e especificando uma URL de src para o vídeo.

```
<video controls autoplay width="512" height="288" src="video/tweetsip.mp4">
</video>
```

Veremos que tipo de conteúdo podemos colocar aqui em um segundo também...

E aqui temos a tag de fechamento.

Luzes, câmera, ação...

Inclua esse novo markup e faça um teste! Com sorte você verá o que fizemos aqui, *mas caso contrário continue a ler – você logo verá como corrigi-lo.*

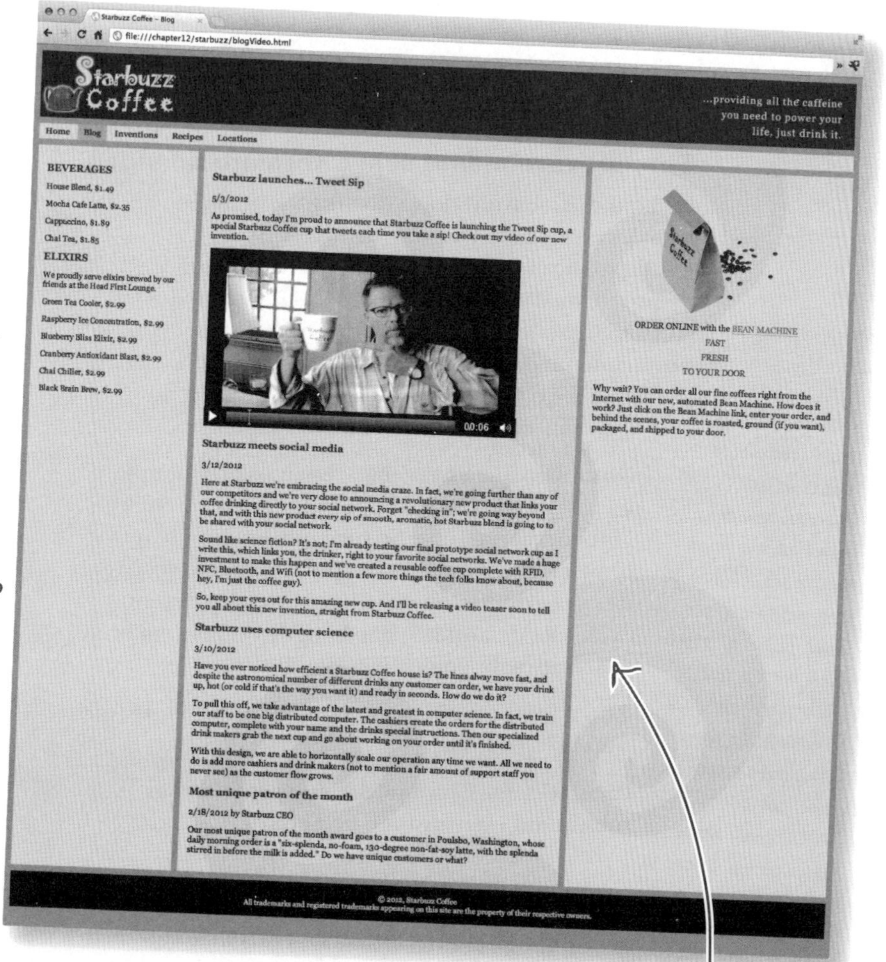
Starbuzz Coffee
...providing all the caffeine you need to power your life, just drink it.
Home
Blog
Inventions
Recipes
Locations
BEVERAGES
ELIXIRS
Starbuzz launches... Tweet Sip
Starbuzz meets social media
Starbuzz uses computer science
Most unique patron of the month
ORDER ONLINE with the BEAN MACHINE
FAST
FRESH
TO YOUR DOOR

qui está nosso
deo incluído na
ágina exatamente
nde o colocamos,
m a largura e
tura corretas.

cê percebeu que
vídeo começou a
dar sozinho? Isso é
rque fornecemos um
ributo "autoplay".
emova-o e o usuário
erá de clicar para
r o vídeo.

Também perceba que existe um conjunto de controles para iniciar, pausar, controlar volume, etc. Eles são fornecidos se você colocar um atributo "controls" em seu elemento <vídeo>.

Nada mal para poucas linhas de markup, hein?! Mas não descanse ainda (especialmente se ainda não estiver vendo o vídeo); ainda temos muito a aprender sobre o elemento <vídeo>. Vamos começar...

Não estou vendo vídeo nenhum... Eu já chequei o código três vezes e o vídeo está no arquivo correto. Alguma ideia?

Sim, provavelmente seja o formato do vídeo.

Embora os desenvolvedores de browsers tenham concordado quanto à aparência do elemento `<video>` e API (application program interface, ou interface do programa do aplicativo) no HTML5, nem todos concordam sobre o *formato* dos arquivos de vídeo propriamente ditos. Por exemplo, se você está no Safari, H.264 é o formato favorecido; se você está no Chrome, é o WebM e assim por diante.

Até você ler isso, esses formatos poderão ser mais largamente suportados pelos browsers. Então se seu vídeo estiver funcionando, ótimo. Sempre cheque a Web para obter a informação mais atualizada sobre esse tópico. E voltaremos nesse assunto em breve.

No código que escrevemos, estamos presumindo o H.264 como o formato, que funciona no Safari, Mobile Safari e IE9+. Se você estiver usando outro browser, então olhe na sua pasta "video" e você verá três tipos diferentes de vídeo, com três diferentes extensões de arquivo: .mp4, .ogv e .webm (em breve falaremos sobre o que eles significam).

Para o Safari, você já deve estar usando o .mp4 (que contém o H.264).

Para o Google Chrome, use o formato .webm substituindo seu atributo `src` com:

```
src="video/tweetsip.webm"
```

Faça uma tentativa para continuar em frente; vamos voltar a isso tudo em breve.

Se você estiver usando Firefox ou Opera, então substitua seu atributo `src` por:

```
src="video/tweetsip.ogv"
```

E se você estiver usando o IE8 ou anteriores, você está sem sorte – espere um momento; este é o capítulo 12! Como você ainda pode estar usando IE8 ou anteriores? Faça um upgrade! Mas se você precisa saber como fornecer conteúdo para seus usuários de IE8, aguarde; faremos isso.

Como funciona o elemento <video>?

Neste ponto, você já tem um vídeo rodando em uma página, mas antes de continuarmos, vamos voltar um pouco e olhar para o elemento `<video>` e seus atributos:

Perceba que os atributos controls e autoplay são um pouco diferentes de outros atributos que você já viu até então. Eles são atributos "booleanos" que não têm valor. Então, por exemplo, se controls está lá, então os controles do vídeo aparecerão. Se controls não estiver lá, então os controles do vídeo não aparecem.

Se presente, o atributo controls faz com que o tocador forneça controles para o vídeo e áudio.

O atributo autoplay faz com que o vídeo comece a rodar logo que a página carrega.

```
<video controls
     autoplay
     width="512" height="288"
     src="video/tweetsip.mp4"
     poster="images/poster.png"
     id="video">
</video>
```

A largura e altura do vídeo na página.

A localização da fonte do vídeo.

Se quiser, você pode fornecer uma imagem em pôster opcional para ser exibida quando o vídeo não está rodando.

Claro, também podemos adicionar um id ao elemento caso queiramos aplicar algum estilo.

Um pouco da etiqueta para o bom vídeo da Weblândia: o atributo autoplay

Embora o autoplay possa ser a melhor coisa para sites como Youtube e Vimeo (ou para a TV Weblândia, aliás), pense duas vezes antes de fixá-lo ao seu elemento <video>. Com frequência, os usuários querem participar da decisão se o vídeo é iniciado ou não quando a página for carregada.

FOR
MOVIE

Analisando os atributos do vídeo de perto...

Vamos olhar mais de perto para alguns dos mais importantes atributos do vídeo:

controls

O atributo `controls` é um atributo **booleano**. Ou está lá ou não está. Se estiver lá, então o browser irá incluir seus controles embutidos à exibição do vídeo. Os controles variam conforme o browser, então cheque cada browser para ver a aparência de cada um. Aqui está a aparência deles no Safari.

src

O atributo src é igual ao `src` do elemento `<img>` — é uma URL que diz ao elemento vídeo onde encontrar a fonte do arquivo. Neste caso, a fonte é "video/tweetsip.mp4". (Se você fez o download do código para esse capítulo, você encontrará este vídeo e outros dois no diretório "video").

o src é qual arquivo de vídeo é usado aqui.
altura
largura
00:12
-13:24
o tocador de vídeo

preload

O atributo `prelod` é tipicamente usado para controle da granulação sobre como o vídeo carrega para propósitos de otimização. Na maior parte do tempo, o browser escolhe quanto do vídeo carregar baseado em coisas como se o `autoplay` existe e a largura de banda do usuário. Você pode ignorar isso colocando o preload como "none" (nada do vídeo é baixado até que o usuário o inicia"), "metadata" (os metadados do vídeo são baixados, mas não o conteúdo) ou "auto" para deixar o browser decidir.

autoplay

O atributo booleano `autoplay` diz ao browser para iniciar o vídeo assim que houver dados suficientes. Para os vídeos demonstração que estamos utilizando, você os verá serem iniciados quase imediatamente.

poster

O browser irá tipicamente exibir um quadro do vídeo como uma imagem "pôster" para representá-lo. Se você remover o atributo `autoplay`, você verá essa imagem sendo exibida antes de clicar para iniciar. Cabe ao browser escolher qual quadro mostrar; geralmente, o browser mostrará o primeiro quadro do vídeo... que geralmente é preto. Se você quiser exibir uma imagem específica, então cabe a você criar uma imagem para exibir e especificá-la usando o atributo `poster`.

largura, altura

Os atributos largura e altura fixam a largura e altura da área de exibição do vídeo (também conhecida como "janela de visualização"). Se você especificar um pôster, a imagem em pôster será escalonada para a largura e altura que você especificar. O vídeo também será escalonado, mas manterá sua proporção (por exemplo, 4:3 ou 16:9), então se houver espaço nas laterais, ou em cima ou embaixo, o vídeo terá o formato letter-box ou pillar-box para caber no tamanho d área de exibição. Você deve tentar combinar as dimensões originais do vídeo se você quiser o melhor desempenho (para que o browser não tenha que escaloná-lo em tempo real).

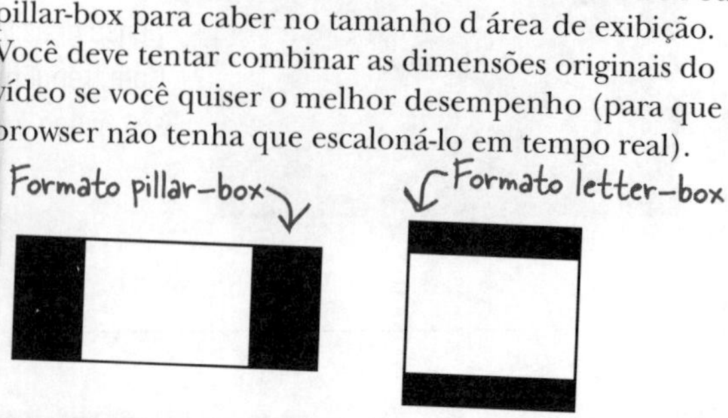
Formato pillar-box
Formato letter-box

loop

Outro atributo booleano, o `loop` automaticamente reinicia o vídeo após ele terminar de rodar.

Eu estava testando em browsers diferentes e os controles são diferentes em cada um deles. Ao menos com soluções como o Flash, eu obtive controles com aparência consistente.

Sim, os controles em cada browser são diferentes com vídeo HTML.

A aparência de seus controles é ditada por aqueles que implementam os browsers e eles têm a tendência de parecerem diferentes em browsers diversos e sistemas operacionais. Em alguns casos, por exemplo, em um tablet, eles precisam ter aparência diferente e se comportarem diferente porque o dispositivo funciona de forma diferente (e é uma boa coisa que já foi providenciada para você). Assim, nós entendemos; ao longo dos browsers, seria bom ter controles consistentes, mas esta não é uma parte formal das especificações do HTML5 e, em alguns casos, um método que funciona em OS pode ter conflito em outras diretrizes de interface de um outro usuário de OS. Então, apenas saiba que os controles podem variar, e se você realmente se sente motivado, você pode implementar controles personalizados para seus aplicativos.

Nós fazemos isso no Use a Cabeça! Programação em HTML5. Venha se juntar a nós, JavaScript é divertido!

O que você precisa saber sobre formatos de vídeo

Gostaríamos que tudo fosse tão organizado quanto o elemento `<video>` e seus atributos, mas o que acontece é que os formatos de vídeo são uma certa bagunça na Web. O que é um formato de vídeo? Pense nele dessa forma: um arquivo de vídeo contém duas partes, uma parte de vídeo e outra de áudio, e cada parte é codificada (para reduzir o tamanho e permiti-lo rodar de forma mais eficiente) usando um tipo especifico de codificação. Essa codificação, em sua maioria, é sobre a qual não se entra em um acordo – alguns desenvolvedores de browser amam as codificações H.264, outros realmente gostam da VP8 e outros preferem a alternativa em fonte aberta, Theora. E para deixar tudo isso *ainda mais* complicado, o arquivo que mantém a codificação de vídeo e áudio (que é conhecido como *contêiner*), tem seu próprio formato e seu próprio nome. Então realmente temos uma sopa de letrinhas aqui.

Existem três diferentes formatos de vídeo usados pelos maiores browsers.

Este é um contêiner...

...que contém uma codificação de vídeo e de áudio dos dados do víde

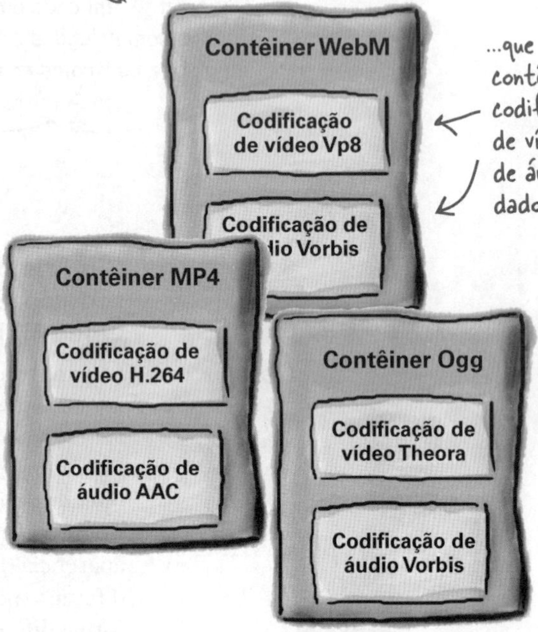
Contêiner WebM
Codificação de vídeo Vp8
Codificação de áudio Vorbis
Contêiner MP4
Codificação de vídeo H.264
Codificação de áudio AAC
Contêiner Ogg
Codificação de vídeo Theora
Codificação de áudio Vorbis

Cada formato consiste de um tipo de contêiner (como WebM, MP4 e Ogg) e uma codificação de vídeo e de áudio (como VP8 e Vorbis).

De qualquer forma, por mais que fosse um mundo perfeito em que todos os desenvolvedores de browsers concordassem com um único formato para usar em toda a Web, bem, isso não seria uma opção devido a um grande número de razões técnicas, políticas e filosóficas. Mas em vez de abrir o debate aqui, apenas vamos nos certificar de que você está razoavelmente a par do assunto e possa tomar suas próprias decisões sobre como dar suporte a seu público.

Vamos dar uma olhada nas codificações populares que existem; neste momento, existem três competidores tentando reger o mundo (da Web)...

Sua vantagem pode variar no momento em que você estiver lendo este livro, já que as codificações favoritas tendem a mudar com o tempo.

A especificação do HTML5 permite qualquer formato de vídeo. É a implementação do browser que determina que formatos são suportados na verdade.

Os competidores de formato de vídeo

A realidade é, se você for fornecer conteúdo para um amplo espectro de usuários, você terá de fornecer mais de um formato. Por outro lado, se você se preocupar com, por exemplo, o iPad da Apple, você pode ficar com só um. Hoje temos três principais competidores – vamos dar uma olhada neles.

Contêiner MP4 com vídeo H.264 e áudio AAC

H.264 é licenciado pelo grupo MPEG-LA.

Existe mais de um tipo de H.264, cada um é conhecido como "perfil".

MP4/H.264 é suportado pelo Safari e IE9+. Você pode encontrar suporte em algumas versões do Chrome.

Contêiner WebM com vídeo VP8 e áudio Vorbis

WebM foi projetado pelo Google para funcionar com vídeos codificações com VP8.

WebM/VP8 é suportado pelo Firefox, Chrome e Opera.

Você encontrará vídeos em formato WebM com extensão .webm.

Contêiner Ogg com vídeo Theora e áudio Vorbis

Theora é um codec de fonte aberta.

Um vídeo codificado com Theora é geralmente contido em um arquivo Ogg, com a extensão .ogv.

Ogg/Theora é suportado pelo Firefox, Chrome e Opera.

H.264 é o queridinho da indústria, mas não o campeão do reino...
Theora é a alternativa de fonte aberta.
VP8, o competidor, tem o apoio do Google, suportado por outros, e cada vez mais forte...
VP8
H.264
Theora

ARQUIVO DO CASO: VÍDEO

SECRETO

SUA MISSÃO:
RECONHECIMENTO DE VÍDEO [redacted]

VÁ EM FRENTE E DETERMINE [redacted] O NÍVEL ATUAL DE SUPORTE PARA VÍDEO EM CADA BROWSER [redacted] ABAIXO (DICA: AQUI ESTÃO ALGUNS SITES QUE LIDAM COM ESSAS COISAS: [redacted] HTTP://EN.WIKIPEDIA.ORG/WIKI/HTML5_VIDEO, HTTP://CAIUSE.COM/#SEARCH=VIDEO). PRESUMA COMO SENDO A VERSÃO MAIS RECENTE DO BROWSER. PARA CADA BROWSER/CARACTERÍSTICA, COLOQUE UM VISTO SE FOR SUPORTADO. ASSIM QUE RETORNAR, APRESENTE-SE PARA SUA PRÓXIMA TAREFA.

Dispositivos iOS e Android (entre outros) → Mobile WebKit

Video \ Browser	Safari	Chrome	Firefox	Mobile WebKit	Opera	IE9+	IE8	IE7 or <
H.264								
WebM								
Ogg Theora								

Como equilibrar todos esses formatos

Então sabemos que é um mundo de respeito, mas bagunçado, esse dos formatos de vídeo, mas o que fazer? Dependendo de seu público, você pode decidir fornecer apenas um formato de vídeo ou vários. Em qualquer caso, você pode usar um elemento `<source>` (ou fonte, mas não confunda com o *atributo* `src`) por formato dentro de um elemento `<vídeo>` para fornecer um conjunto de vídeos, cada um com seu próprio formato e deixar o browser escolher o primeiro que ele suportar. Assim:

Perceba que estamos removendo o atributo src da tag <vídeo>...

...e adicionando três tags <source>, cada um com seu próprio atributo src, com uma versão do vídeo em um formato diferente.

```
video controls autoplay width="512" height="288"
    src="video/tweetsip.mp4">
  <source src="video/tweetsip.mp4">
  <source src="video/tweetsip.webm">
  <source src="video/tweetsip.ogv">
  <p>Sorry, your browser doesn't support the video element</p>
/video>
```

Isso é o que o browser exibirá se não suporta o vídeo.

O browser começa no topo e vai descendo até encontrar um formato que pode rodar.

Para cada fonte, o browser carrega os metadados do arquivo do vídeo para ver se pode rodá-lo (o que pode ser um processo longo, embora possamos deixar mais fácil para o browser... veja a próxima página).

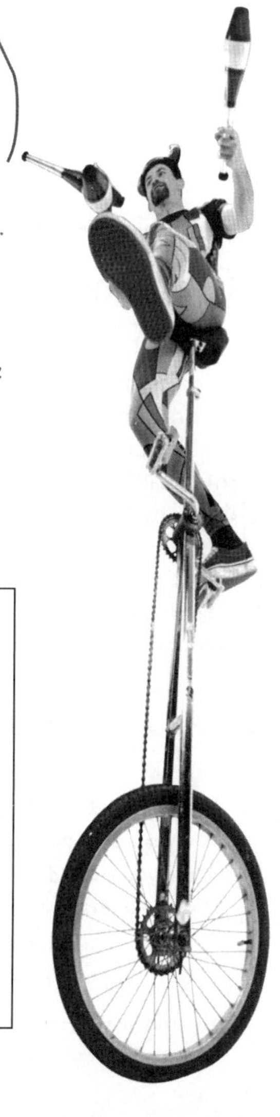

PONTOS DE BALA

- O **contêiner** é o formato de arquivo que é usado para embalar as informações de vídeo, áudio e metadados. Formatos comuns de contêineres são MP4, WebM, Ogg e Flash Video.
- O **codec** é o software usado para codificar e decodificar uma codificação específica de vídeo ou áudio. Codecs populares para Web são H.264, VP8, Theora, AAC e Vorbis.
- O browser decide qual vídeo pode decodificar. Nem todos os desenvolvedores de browsers concordam, então se quer suportar todos, você precisa de múltiplas codificações.

Tomada 2: luzes, câmera, ação...

Ok, se estávamos tendo problemas para ver o vídeo, adicione o markup da página anterior e mesmo se não estava tendo problemas, adicione-o de qualquer forma. Fala outro teste no vídeo. Teste-o em alguns browsers diferentes, também.

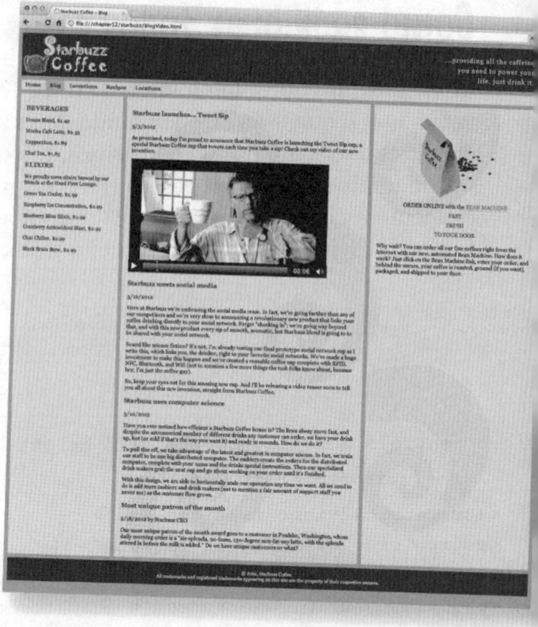

Starbuzz Coffee
BEVERAGES
ELIXIRS
Starbuzz meets social media
Starbuzz uses computer science
Most unique patron of the month

Agora o vídeo deve estar funcionando em todos os browsers!

Como ser ainda mais específico com formatos de vídeos

Dizer ao browser a localização de seus arquivos-fonte oferece uma seleção de diferentes versões para escolher; entretanto, o browser tem que fazer um trabalho de detetive antes de verdadeiramente determinar se um arquivo pode rodar. Você pode ajudar seu browser ainda mais dando-lhe informações sobre o tipo de MIME e (opcionalmente) os codecs de seus arquivos de vídeo:

O arquivo que você usa no src é um contêiner para o vídeo real (e para o áudio e metadados).

O parâmetro dos codecs especifica quais codecs foram usados para codificar o vídeo e áudio para criar o arquivo de vídeo codificado.

O codec de vídeo.

O codec de áudio.

```
<source src="video/tweetsip.ogv" type='video/ogg; codecs="theora, vorbis"'>
```

O type é um atributo opcional que é uma dica para o browser para ajudá-lo a descobrir se ele pode rodar esse tipo de arquivo.

Esse é o tipo de MIME do arquivo do vídeo. Ele especifica o formato do contêiner

Perceba as aspas duplas no parâmetr dos codecs. Isso significa que precisamos usar aspas simples ao redc do tipo de atributo.

Em seguida, você irá atualizar seus elementos <source> para incluir a informação de type para todos os três tipos de vídeos que temos.

Atualize e faça o test drive

Atualize seus elementos <source> abaixo e faça um test drive em sua página:

```
video controls autoplay width="512" height="288" >
   <source src="video/tweetsip.mp4" type='video/mp4; codecs="avc1.42E01E, mp4a.40.2"'>
   <source src="video/tweetsip.webm" type='video/webm; codecs="vp8, vorbis"'>
   <source src="video/tweetsip.ogv" type='video/ogg; codecs="theora, vorbis"'>
   <p>Sorry, your browser doesn't support the video element</p>
/video>
```

e você não souber os parâmetros para
s codecs, então você pode deixá-los
e lado e usar o type MIME. Será um
ouco menos eficiente, mas na maior
arte do tempo, será ok.

Os codecs para mp4 são mais complicados do que os outros dois porque o h.264 suporta vários "perfis", codificações diferentes para usos diferentes (como largura de banda alta X largura de banda baixa). Então, para fazer certo, você precisará conhecer mais detalhes sobre como seu vídeo foi codificado.

Provavelmente, seu vídeo irá rodar como antes, mas você saberá que nos bastidores, está ajudando o browser com o type adicional e informação de codec. Se e quando você fizer sua própria codificação de vídeo, você precisará saber mais sobre as várias opções para os parâmetros de type para usar em seu elemento source. Você pode obter mais informação sobre parâmetros de type em `http://wiki.whatwg.org/wiki/Video_type_parameters`.

não existem Perguntas Idiotas

**P: Existe alguma esperança
chegarmos a um formato de
ntêiner ou tipo de codec nos
óximos anos? Não é para isso que
mos padronizações?**

R: Provavelmente nunca haverá
a codificação para reinar sobre as
tras – como dissemos anteriormente,
se tópico cruza com diversas outras
estões, incluindo empresas que
erem controlar seu próprio destino
espaço de vídeo até um complexo
njunto de questões em propriedade
electual. O comitê de padronização
HTML5 reconheceu isso e decidiu
o especificar o formato de vídeo
especificação de HTML5. Então,
bora em princípio o HTML5
porte (ou ao menos é indiferente)
os esses formatos, cabe de fato
s desenvolvedores dos browsers
cidirem se suportam ou não.

ue de olho nesse assunto se vídeo
nportante para você; com certeza
será um tópico interessante para acompanhar pelos próximos anos conforme as coisas se organizam. E, como sempre, tenha em mente as necessidades de seu público e certifique-se de estar fazendo o que pode para apoiá-los.

P: Se eu quiser codificar meu próprio vídeo, como começo?

R: Existe uma grande variedade de programas para captura de vídeo e codificação e qual escolher depende do tipo de vídeo que está capturando e como deseja usar o resultado final. Livros inteiros já foram escritos sobre codificação de vídeo, então esteja preparado para entrar em um mundo de novos acronismos e tecnologia. Você pode começar de forma simples com programas como iMovie ou Adobe Premiere Elements, que incluem a habilidade de codificar seu vídeo para a Web. Se você estiver entrando em um trabalho sério de vídeo com Final Cut Pro ou Adobe Premiere, esses softwares incluem suas próprias ferramentas de produção. E, finalmente, se voce estiver entregando seus vídeos a partir de uma rede de entrega de conteúdo (content delivery network, CDN), muitas empresas de CDN também oferece serviços de codificação. Então você tem uma grande variedade de escolhas, dependendo de suas necessidades.

P: Posso rodar meu vídeo em tela cheia?

R: Essa funcionalidade ainda não foi padronizada, embora você possa encontrar formas de fazer isso em alguns browsers se você pesquisar na Web. Alguns browsers fornecem um controle para tela cheia (por exemplo, em tablets) o que dá ao elemento vídeo essa capacidade. Perceba também que uma vez que você consegue um caminho para a tela cheia, o que você pode fazer com o vídeo, além de simplesmente reproduzi-lo, pode ficar limitado por razões de segurança (assim como nas soluções para vídeo dos plug-ins atualmente).

Eu acho que vídeos em Flash ainda são importantes e eu quero me certificar de ter uma alternativa se os browsers de meus usuários não suportarem vídeo em HTML5.

Sem problemas.

Existem técnicas para recorrer a outros tocadores de vídeos se o seu preferido (seja em HTML5, Flash ou outro) não for suportado.

Abaixo, você encontrará um exemplo de como inserir seu vídeo em Flash como uma alternativa ao vídeo em HTML5, presumindo que o browser não saiba como rodar vídeo em HTML5. Obviamente, esta é uma área que está mudando rápido, então, por favor, dê uma olhada na Web (que é atualizada bem mais frequentemente do que um livro) para ter certeza de que está usando as técnicas mais recentes e melhores. Você também encontrará formas de transformar o HTML5 em alternativas, em vez do Flash, se você preferir dar prioridade ao vídeo em Flash.

```
<video poster="video.jpg" controls>
        <source src="video.mp4">
        <source src="video.webm">
        <source src="video.ogv">
        <object>...</object>
</video>
```

Para vídeos em Flash, você precisa de um elemento <object>. Insira o elemento <object> dentro do elemento <video> abaixo das tags <source>. Se o browser não souber sobre o elemento <video>, o <object> será usado, e você verá um vídeo em Flash sendo exibido.

Eu só queria dizer bom trabalho! O site está totalmente novo e melhorado, e agora podemos incluir vídeo quando quisermos. Hmmm, sobre isso, a caneca Goles de Tuítes... bem, se você assistiu ao vídeo, então acho que você sabe que estamos de volta à prancheta. Mas não se preocupe, já estamos trabalhando em uma nova caneca de café com redes sociais, gamificação, álbum digital, auto-checkin e analítica, tudo dentro. Esta será campeã, prometo!

Você acreditaria que estamos só no começo sobre vídeos? Está certo: o markup é apenas o primeiro passo. Com HTML5, você também pode criar experiências interativas com vídeos usando JavaScript.

Agora, isso está muito além do escopo deste livro (a menos que você queira carregar um livro de 1.400 páginas), então após terminar este livro, pegue o ***Use a Cabeça! Programação em HTML5*** (de seus autores Use a Cabeça! Favoritos, claro) e vá para o próximo nível.

O guia amigo do seu cérebro
Use a Cabeça!
Programação em HTML5
Eric Freeman & Elisabeth Robson

Sopa de Elementos

<progress>

Precisa mostrar o progresso em uma tarefa, como 90% concluído? Use este elemento.

<section>

Use este elemento pa definir as principais seções de seu docume

Use este elemento para o conteúdo que está à parte do conteúdo principal, como uma barra lateral ou uma citação destacada.

<aside>

<footer>

Este elemento define o rodapé de uma seção ou de um documento.

<header>

Use este elemento para seções com cabeçalhos ou para o cabeçalho do documento.

Quer um vídeo em s página? Você precisa deste elemento.

<video>

Este elemento é para destacar trechos de texto. Quase tão bom quanto às canetas marca-textos!

<mark>

<meter>

Precisa exibir uma medida de uma distância? Como um termômetro que vai de 0 a 100 e mostra que está 32 graus lá fora? Que calor!

Use este elemento pa agrupar links usados para navegação e seu site.

<nav>

Use este para incluir conteúdo de som em sua página.

<audio>

<article>

Para marcar conteúdo como notícias ou posts de blogs que são conteúdo autocontidos.

O elemento time é um horário, uma data ou ambos (como 21 de janeiro às 2:00).

Este é usado para exibir em sua página gráficos e animações desenhados com JavaScript.

Este elemento é para definir conteúdo autocontido como uma foto, um diagrama ou até mesmo uma listagem de código

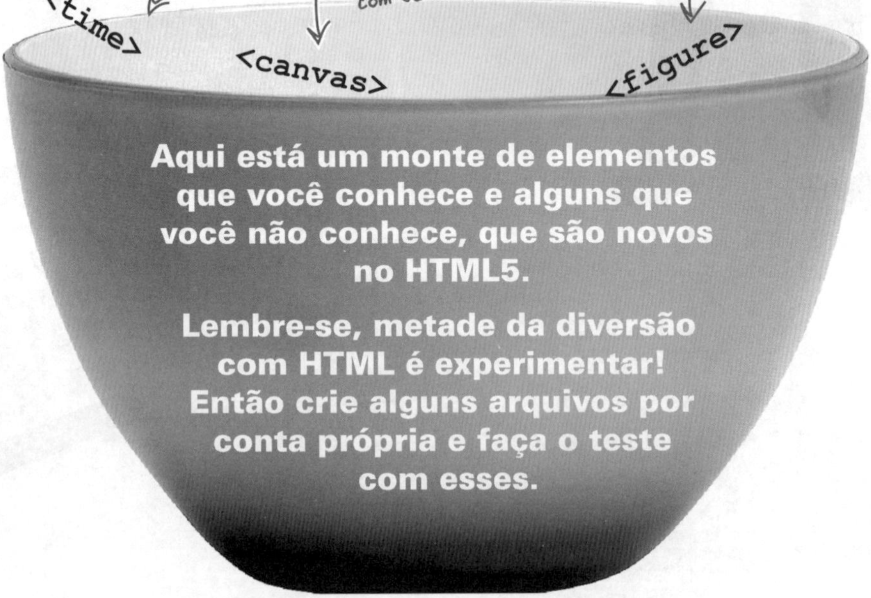
<time>
<canvas>
<figure>
Aqui está um monte de elementos que você conhece e alguns que você não conhece, que são novos no HTML5.
Lembre-se, metade da diversão com HTML é experimentar! Então crie alguns arquivos por conta própria e faça o teste com esses.

PONTOS DE BALA

- O HTML5 incluiu diversos novos elementos ao HTML.
- <section>, <article>, <aside>, <nav>, <header> e <footer> são todos elementos novos para ajudar você a estruturar sua página e adicionar mais significado do que usando <div>.
- <section> é para agrupar conteúdo relacionado.
- <article> é para conteúdo autocontido como posts de blogs, em fóruns de discussão e novos artigos.
- <aside> é para conteúdo que não é central ao conteúdo principal da página, tais como avisos e barras laterais.
- <nav> é para agrupar links de navegação de sites.
- <header> agrupa conteúdo como cabeçalhos, logos e assinaturas que tipicamente ficam em cima de uma página ou seção.
- <footer> agrupa conteúdo como informação de documento, juridiquês e direito autoral que tipicamente fica embaixo de uma página ou seção.
- <time> também é um elemento novo do HTML5. É usado para marcar horários e datas.
- <div> ainda é usado para estrutura. É geralmente usado para agrupar elementos para estilização ou para criar estrutura para conteúdo que não se encaixe em um dos novos elementos relacionados a estrutura do HTML5.
- Browsers antigos não suportam os elementos do HTML5, então esteja certo de que conhece os browsers que seu público primário usa para acessar sua página Web, e não use os novos elementos até que esteja certo que funcionarão para seu público.
- <video> é um novo elemento de HTML para adicionar vídeo a sua página.
- Um codec de vídeo é a codificação usada para criar o arquivo de vídeo. Codecs populares são h.264, Vp8 e Theora.
- Um arquivo contêiner de vídeo contém vídeo, áudio e metadados. Formatos de contêiner populares incluem MP4, OGG e WebM.
- Forneça diversos arquivos com fontes de vídeo para estar certo de que seu público pode visualizar seus arquivos de vídeo em seus browsers.

Palavras-cruzadas de HTML

Existem muitas novas ideias e novos elementos neste capítulo. Faça a palavra-cruzada para ajudar a fixar. Todas as repostas estão no final do capítulo.

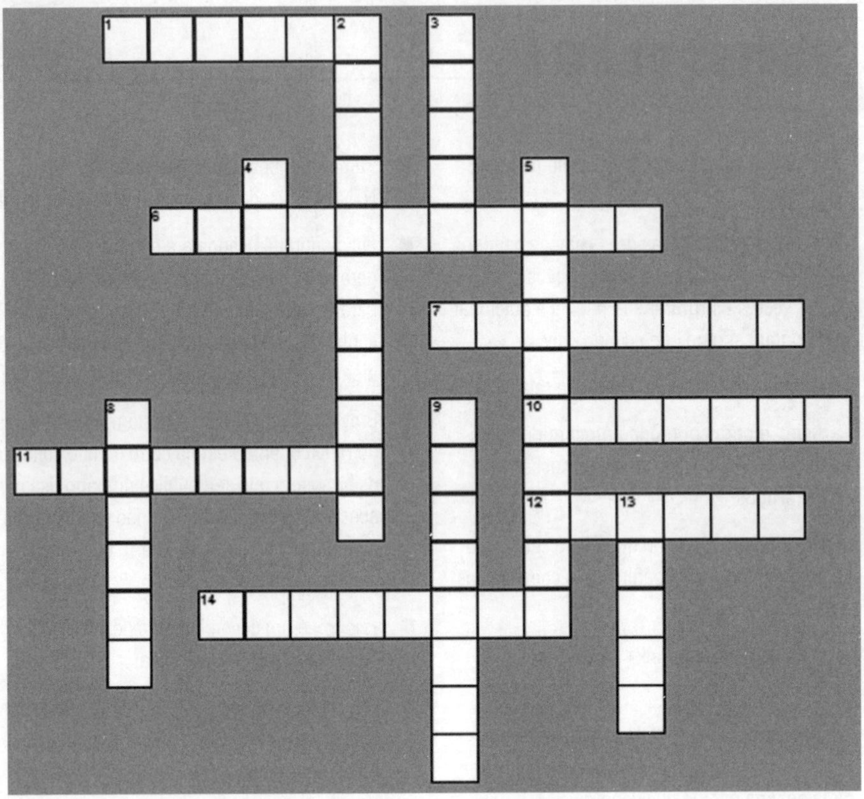
1
2
3
4
5
6
7
8
9
10
11
12
13
14

Horizontal

1. A tag __________ é usada para especificar diversos arquivos de vídeo.

6. O elemento <section> é usado para agrupar conteúdo __________.

7. O CEO do Starbuzz fez um vídeo sobre a caneca __________.

10. Seu jornal local deve usar este tipo de elemento para marcar seus artigos novos.

11. Um atributo __________ não tem um valor específico.

12. Você pode usar um __________ no topo da página ou no topo de uma seção ou artigo.

14. Desenvolvedores de browser não conseguem chegar a um acordo sobre __________ de vídeo.

Vertical

2. Use seletores __________ em sua CSS para se certificar de que não terá estilo não intencional.

3. O design da página do Starbuzz tem uma __________ de conteúdo principal.

4. A caneca Goles de Tuítes mede café em__________.

5. Os __________ do blog Starbuzz tinham o estilo errado até incluirmos a classe "top".

8. Um browser não sabe que <div id="footer"> significa __________.

9. Especifique uma data no atributo __________ do elemento <time>.

13. Você provavelmente usaria este elemento para uma barra lateral.

Quem faz o quê? Solução

Claro, nós poderíamos simplesmente lhe contar sobre os elementos HTML5, mas não seria mais divertido descobri-los? Abaixo, você encontra os novos elementos à esquerda (estes não são todos os elementos, mas os mais importantes); para cada elemento, ligue com a descrição à direita:

`<article>`

`<nav>`

`<header>`

`<footer>`

`<time>`

`<aside>`

`<section>`

`<video>`

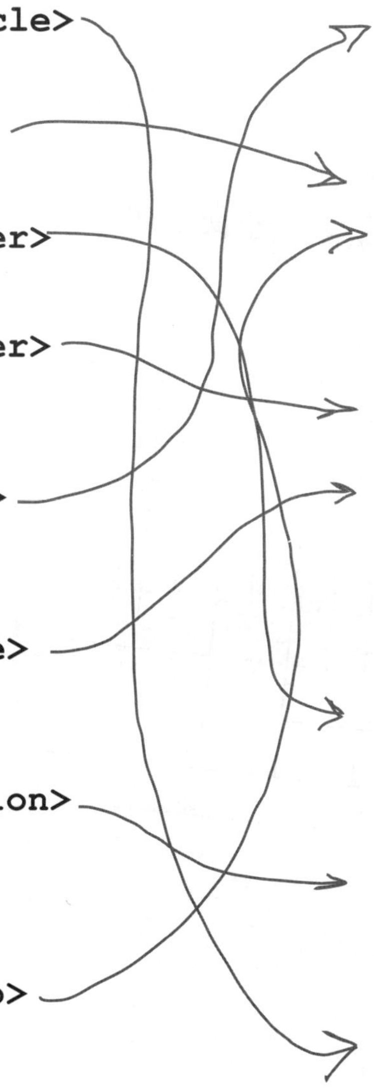

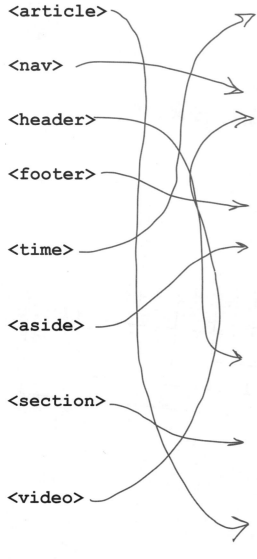

Pode conter uma data, horário ou ambos.

Seu conteúdo é voltado para links de navegação na página.

Usado para adicionar mídias de vídeo à sua página.

Conteúdo que fica embaixo na página, ou a parte de baixo de uma seção da página.

Seu conteúdo é suplementar ao conteúdo da página, como um aviso ou barra lateral.

Conteúdo que fica no topo da página, ou no topo de uma seção de uma página.

Um agrupamento temático de conteúdo, tipicamente com um cabeçalho e possivelmente um rodapé.

Representa uma composição autocontida em uma página, como um post de blog, de fórum de discussão ou artigo de jornal.

ARQUIVO DO CASO: VÍDEO

SECRETO

SOLUÇÃO

SUA MISSÃO:
RECONHECIMENTO DE VÍDEO

VÁ EM FRENTE E DETERMINE [redacted] O NÍVEL ATUAL DE SUPORTE PARA VÍDEO EM CADA BROWSER [redacted] ABAIXO (DICA: AQUI ESTÃO ALGUNS SITES QUE LIDAM COM ESSAS COISAS: [redacted] HTTP://EN.WIKIPEDIA.ORG/WIKI/HTML5_VIDEO, HTTP://CAIUSE.COM/#SEARCH=VIDEO). PRESUMA COMO SENDO A VERSÃO MAIS RECENTE DO BROWSER. PARA CADA BROWSER/CARACTERÍSTICA, COLOQUE UM VISTO SE FOR SUPORTADO. ASSIM QUE RETORNAR, APRESENTE-SE PARA SUA PRÓXIMA TAREFA.

Dispositivos iOS e Android (entre outros) → Mobile WebKit

Video \ Browser	Safari	Chrome	Firefox	Mobile WebKit	Opera	IE9+	IE8	IE7 or <
H.264	✓	some		iOS		✓		
WebM		✓	✓	Android	✓			
Ogg Theora		✓	✓		✓			

Palavras-cruzadas de HTML – Solução

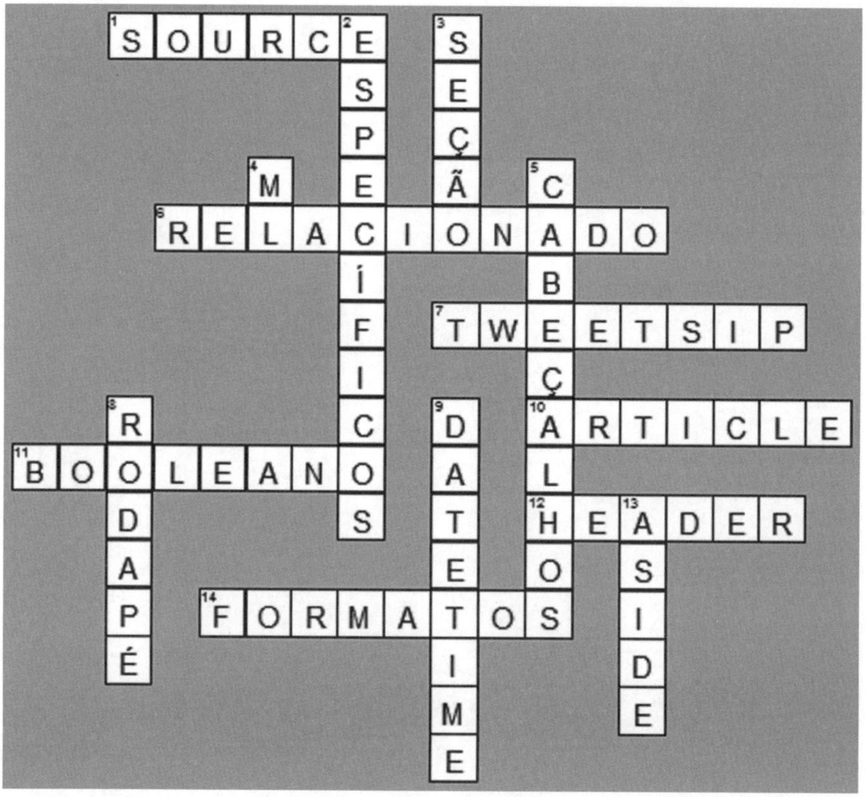
1 SOURCE
2 ESPECÍFICOS
3 SEÇÃO
4 M
5 CABEÇALHOS
6 RELACIONADO
7 TWEETSIP
8 RODAPÉ
9 DATETIME
10 ARTICLE
11 BOOLEANO
12 HEADER
13 ASIDE
14 FORMATOS

13 tabelas e mais listas

Torne-se Tabular

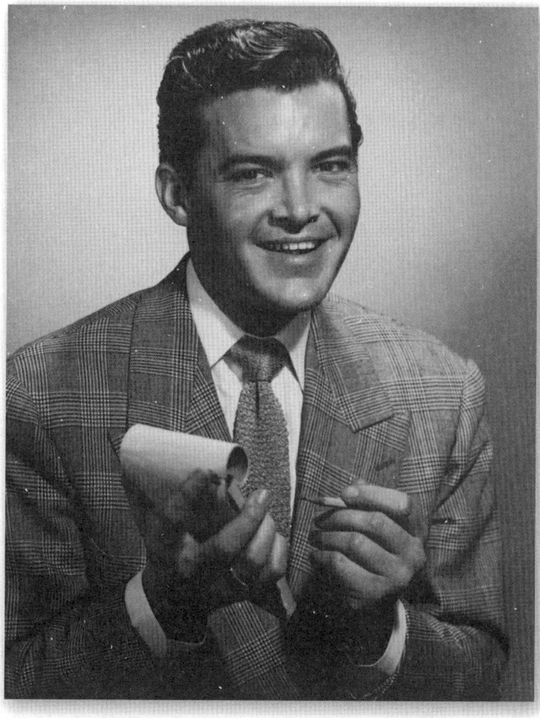

Se anda como uma tabela e fala como uma tabela... Há momentos na vida em que temos que lidar com os temidos *dados tabulares*. Seja para criar uma página que represente o inventário de sua empresa durante o ano anterior ou para um catálogo de sua coleção de Ursinhos Carinhosos (não se preocupe, não contaremos para ninguém), você sabe que precisa fazê-los em HTML; mas como? Bem, aqui temos uma grande oferta para você: ligue agora e receba em apenas um capítulo os segredos das tabelas que permitirão que você coloque seus próprios dados dentro das tabelas do HTML. E tem mais: juntamente com cada pedido oferecemos nosso guia exclusivo de estilo para as tabelas do HTML. E, se você ligar agora, receberá inteiramente grátis nosso guia de estilo para listas do HTML. Não perca tempo, ligue agora!

Ei, rapazes, eu acabei de criar esta pequena tabela de cidades em meu diário. Eu ia colocá-la no Web site, mas não encontrei uma boa maneira de fazer isso com títulos, blockquotes ou parágrafos. Vocês podem me ajudar?

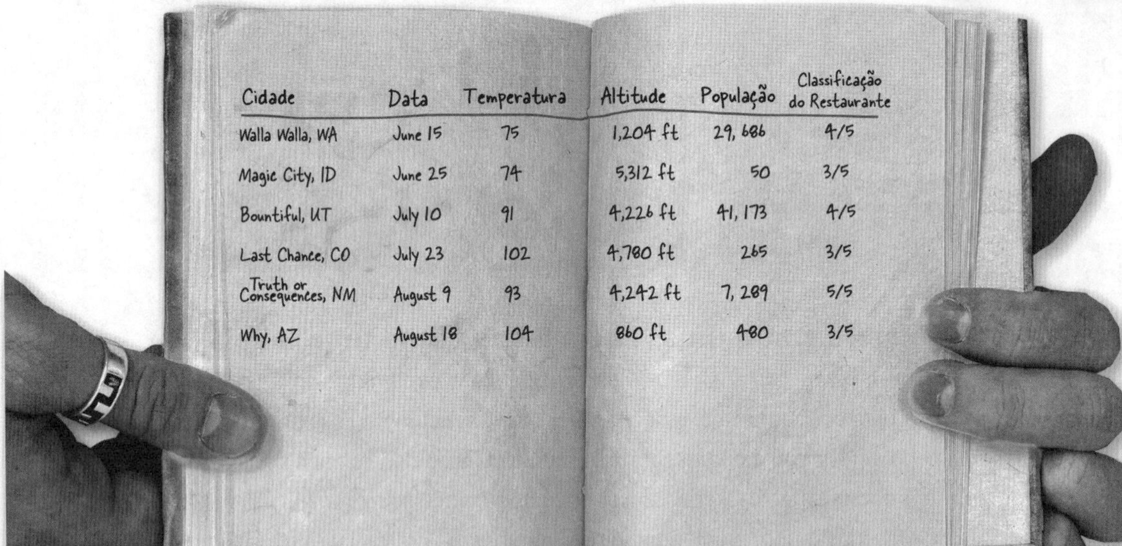

Cidade	Data	Temperatura	Altitude	População	Classificação do Restaurante
Walla Walla, WA	June 15	75	1,204 ft	29, 686	4/5
Magic City, ID	June 25	74	5,312 ft	50	3/5
Bountiful, UT	July 10	91	4,226 ft	41, 173	4/5
Last Chance, CO	July 23	102	4,780 ft	265	3/5
Truth or Consequences, NM	August 9	93	4,242 ft	7, 289	5/5
Why, AZ	August 18	104	860 ft	480	3/5

Como criar tabelas com HTML?

O Tonico está certo; você ainda não viu uma boa maneira de usar o HTML para representar sua tabela, pelo menos ainda não. Você sabe que existe uma forma de usar CSS e <div>s para criar um layout com aparência de tabela (com a CSS table display), mas isso é para propósitos de layout (apresentação) e não está relacionada ao conteúdo exatamente. Aqui, temos *dados tabulares* que queremos marcar com HTML. Felizmente, o HTML tem o elemento <table> para cuidar da marcação de dados tabulares. Antes de mergulharmos nesse elemento, vamos ter uma ideia do que aparece em uma tabela:

Temos colunas...

E esta linha possui títulos.

E temos linhas...

Cidade	Data	Temp	Altitude	População	Classificação do Restaurante
Walla Walla, WA	June 15th	75	1,204 ft	29,686	4/5
Magic City, ID	June 25th	74	5,312 ft	50	3/5
Bountiful, UT	July 10th	91	4,226 ft	41,173	4/5
Last Chance, CO	July 23rd	102	4,780 ft	265	3/5
Truth or Consequences, NM	August [illegible]	93	4,242 ft	7,289	5/5
Why, AZ	August 18th	104	860 ft	480	3/5

Chamamos cada compartimento com dados de célula, ou às vezes apenas de dados da tabela.

PODER DO CÉREBRO

Se você fosse o responsável pelo HTML, como você desenharia um ou mais elementos que poderiam ser usados para especificar uma tabela, incluindo títulos, linhas, colunas e os dados reais da tabela?

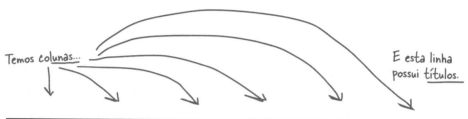

Criando uma tabela com HTML

Antes de entrarmos no site do Tonico e começarmos a fazer mudanças, vamos colocar a tabela para funcionar da maneira como queremos em um arquivo HTML separado. Já começamos a tabela e inserimos os títulos e as primeiras três linhas da tabela em um arquivo chamado "table.html" que está na pasta "chapter13/journal/" . Dê uma olhada:

```
<!DOCTYPE html>
<html>
<head>
   <meta charset="utf-8">
   <style type="text/css">
      td, th {border: 1px solid black;}
   </style>
   <title>Testing Tony's Travels</title>
</head>
<body>
  <table>
    <tr>
      <th>City</th>
      <th>Date</th>
      <th>Temperature</th>
      <th>Altitude</th>
      <th>Population</th>
      <th>Diner Rating</th>
    </tr>
    <tr>
      <td>Walla Walla, WA</td>
      <td>June 15th</td>
      <td>75</td>
      <td>1,204 ft</td>
      <td>29,686</td>
      <td>4/5</td>
    </tr>
    <tr>
      <td>Magic City, ID</td>
      <td>June 25th</td>
      <td>74</td>
      <td>5,312 ft</td>
      <td>50</td>
      <td>3/5</td>
    </tr>
  </table>
</body>
</html>
```

Apenas um pequeno trecho de CSS para que possamos ver a estrutura da tabela no browser. Não se preocupe com isso, por ora.

Usamos uma tag <table> para iniciar uma tabela.

Aqui é a primeira linha, onde começamos com <tr>

Cada elemento <th> é um título da tabela para uma coluna.

Observe que os títulos da tabela são listados um após o outro. Enquanto estes se parecem com eles pode tornar-se uma coluna no HTML, que são na verdade, a definição de toda a tabela de títulos seguidos. Olhe para trás, a lista de Tony para ver como seus títulos mapeiam a este

Cada elemento <tr> forma uma linha da tabela.

Este é o início da segunda linha, da cidade de Walla Walla.

Cada elemento <td> armazena uma célula da tabela, e cada célula forma uma coluna separadaT

Todos estes <td>s formam uma linha.

E aqui está a terceira linha. Novamente, cada elemento <td> armazena um dado da tabela.

O que o browser cria

Vamos dar uma olhada em como o browser exibe essa tabela HTML. Já vamos avisar você: esta não será a tabela *mais linda*, mas *parecerá* uma tabela. Vamos nos preocupar com sua aparência já, já; por ora, vamos garantir que você entenda o básico.

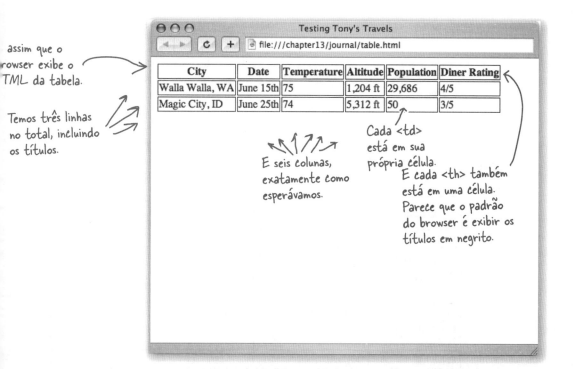

assim que o rowser exibe o TML da tabela.

Temos três linhas no total, incluindo os títulos.

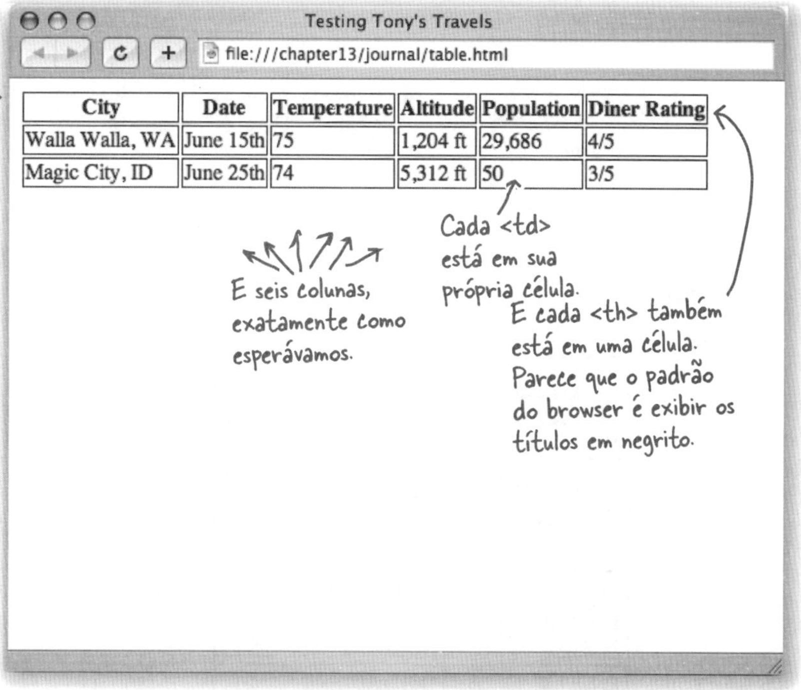

Testing Tony's Travels
file:///chapter13/journal/table.html
City | Date | Temperature | Altitude | Population | Diner Rating
Walla Walla, WA | June 15th | 75 | 1,204 ft | 29,686 | 4/5
Magic City, ID | June 25th | 74 | 5,312 ft | 50 | 3/5

E seis colunas, exatamente como esperávamos.

Cada <td> está em sua própria célula.

E cada <th> também está em uma célula. Parece que o padrão do browser é exibir os títulos em negrito.

Exercício

Termine de digitar o HTML "Testing Tony's Travels" da página anterior (nós começamos em "table.html", mas você precisa terminar). A digitação pode parecer tediosa, mas o ajudará a fixar a estrutura das tags <table>, <tr>, <th> e <td> em sua cabeça. Quanto terminar, faça um teste rápido e então adicione os itens da tabela do Tonico restantes. Teste-os também.

Dissecamos as tabelas

Você já viu quatro elementos usados na criação de uma tabela única: <table>, <tr>, <th> e <td>. Vamos examinar mais de perto cada um deles para ver qual é exatamente a função que eles exercem na tabela.

A tag <table> é aquela que inicia tudo. Quando quiser uma tabela, comece por aqui.

O elemento <th> contém uma célula no título de sua tabela. Deve estar em uma linha da tabela.

A tag </tr> finaliza uma linha da tabela.

<th>Date**</th>**

<table>

	Cidade	Data	Temp	Altitude	População	Classificação do Restaurante	
<tr>	**Cidade**	**Data**	**Temp**	**Altitude**	**População**	**Classificação do Restaurante**	**</t**
<tr>	Walla Walla, WA	June 15th	75	1,204 ft	29,686	4/5	**</t**
<tr>	Magic City, ID	June 25th	74	5,312 ft	50	3/5	**</t**
<tr>	Bountiful, UT	July 10th	91	4,226 ft	41,173	4/5	**</t**
<tr>	Last Chance, CO	July 23rd	102	4,780 ft	265	3/5	**</t**
<tr>	Truth or Consequences, NM	August 9th	93	4,242 ft	7,289	5/5	**</t**
<tr>	Why, AZ	August 18th	104	860 ft	480	3/5	**</t**

<td>August 9th**</td>**

</tabl

Cada elemento especifica uma linha da tabela. Assim, os dados da tabela que estão em uma linha são aninhados no elemento <tr>.

O elemento <td> contém uma célula de dados em sua tabela. Ele deve estar dentro de uma linha da tabela.

A tag </table> encerra uma tabela

não existem Perguntas Idiotas

P: Por que não há um elemento de oluna de tabela? Isso parece ser em importante.

R: Os criadores do HTML decidiram eixar que você especificasse as tabelas or linha, e não por coluna. Mas observe ue ao especificar cada elemento <td> a linha, de qualquer maneira você stará implicitamente especificando ada coluna.

P: O que acontece se eu tiver na linha que não tenha elementos ficientes? Em outras palavras, u tenho menos coisas do que o úmero de colunas na tabela?

R: A maneira mais fácil de lidar com so é simplesmente deixar a célula e dados vazia; em outras palavras, ocê escreve <td></td>. Se você deixar célula de fora, então a tabela será inhada apropriadamente, portanto das as células de dados têm de estar , mesmo que estejam vazias.

P: E se eu quiser que os títulos da inha tabela fiquem em uma coluna à esquerda ao invés de ficarem em na linha no topo? Posso fazer isso?

R: Sim, certamente você pode. Você só ecisa colocar seus elementos de título a tabela em cada linha, ao invés de todos a primeira linha. Se o seu elemento <th> r o primeiro item em cada linha, então primeira coluna consistirá de todos os ulos da tabela.

P: Meu amigo me mostrou um uque muito legal onde ele fez todo layout da página diretamente na bela. Ele nem teve que usar as CSS!

R: Vá direto para a cadeia da CSS. Não sse adiante; não receba os R$ 200,00. ar tabelas para layout era comumente to na era do HTML antes das CSS, ando, francamente, não havia maneira elhor de criar layouts complexos. Entretanto, é uma maneira muito pobre de fazer os layouts hoje. Usar tabelas para criar layouts dificilmente resultará em um layout correto, além de ser de difícil manutenção. Em vez disso, é muito melhor usar a CSS table display sem de fato criar uma tabela HTML (foi assim que estilizamos a página do Starbuzz no capítulo 11). Diga ao seu amigo que sua técnica está ultrapassada e que ele precisa aprender a maneira correta de se fazer layouts: CSS com HTML.

P: Mas a tabela não tem tudo a ver com a apresentação? O que aconteceu com a oposição entre apresentação e estrutura?

R: Na verdade, não. Com as tabelas, você está especificando os relacionamentos entre dados verdadeiramente tabulares. Utilizaremos as CSS para alterar a apresentação da tabela.

P: Como as tabelas em HTML estão relacionados com a CSS table display?

R: As tabelas em HTML lhe permitem especificar a estrutura da tabela usando markup enquanto a CSS table display lhe dá uma forma de exibir elementos de bloco em uma apresentação em forma de tabela. Pense nisso dessa forma: quando realmente precisar criar dados tabulares em sua página, use tabelas (e logo veremos como estilizá-las); entretanto, quando você só precisar fazer uso de uma apresentação em forma de tabela com outros tipos de conteúdo, então você pode usar o layout da CSS table display.

P: Podemos usar a CSS table display para estilizar tabelas em HTML?

R: Bem, você não precisa disso. Por quê? Porque você já está criando uma estrutura tabular com HTML, então, como você verá, você pode usar CSS simples para estilizar a tabela da forma que quiser.

As tabelas oferecem uma maneira de especificar dados tabulares em seu HTML.

As tabelas consistem de células de dados dentro de linhas. As colunas são implicitamente definidas dentro das linhas.

O número de colunas em sua tabela será o número de células de dados que você terá em uma linha.

Em geral, as tabelas não são feitas para serem usadas na apresentação: essa é a função das CSS.

Sinta-se como o Browser

À esquerda, você encontrará o HTML de uma tabela. Sua tarefa é simular que você é o browser exibindo uma tabela. Depois de terminar o exercício, dê uma olhada no final do capítulo para ver se acertou.

```
<table><tr><th>Artist</th>
<th>Album</th></tr><tr>
<td>Enigma</td><td>Le Roi Est Mort,
Vive Le Roi!</td></tr> <tr><td>LTJ
Bukem</td>
<td>Progression Sessions 6</td>
</tr><tr>
<td>Timo Maas</td>
<td>Pictures</td></tr></table>
```

Este é o HTML só da tabela.

Argh! Alguém precisa aprender a formatar seu HTML.

Desenhe a tabela aqui.

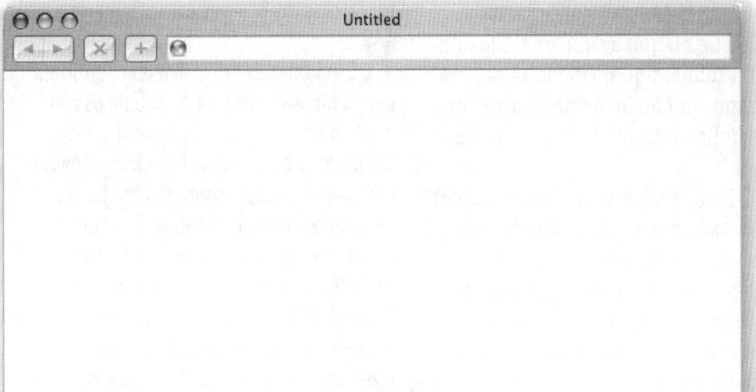
Untitled

Adicione uma legenda

Você pode melhorar sua tabela de forma direta adicionando uma legenda.

```
<table>
  <caption>
      The cities I visited on my
      Segway'n USA travels
  </caption>
  <tr>
    <th>City</th>
    <th>Date</th>
    <th>Temperature</th>
    <th>Altitude</th>
    <th>Population</th>
    <th>Diner Rating</th>
  </tr>
  <tr>
    <td>Walla Walla, WA</td>
    <td>June 15th</td>
    <td>75</td>
    <td>1,204 ft</td>
    <td>29,686</td>
    <td>4/5</td>
  </tr>
  <tr>
    <td>Magic City, ID</td>
    <td>June 25th</td>
    <td>74</td>
    <td>5,312 ft</td>
    <td>50</td>
    <td>3/5</td>
  </tr>
  .
  .
  .
</table>
```

O resumo não aparece na exibição da página Web. Ele só funciona para acessibilidade, e age como um texto que pode ser lido por um leitor de tela em voz alta para um usuário para descrever a tabela.

A legenda, ao contrário, é exibida no browser. Por padrão, a maioria dos browsers a exibe acima da tabela.

Se você não gostar do local padrão da legenda, poderá usar as CSS para reposicioná-la (faremos uma tentativa em um segundo), apesar de alguns browsers ainda não suportarem totalmente o reposicionamento da legenda.

O resto das linhas da tabela entra aqui.

Test drive...e comece a pensar no estilo

Adicione a legenda à sua tabela. Salve e recarregue

A legenda está no topo da tabela. Ela provavelmente ficará melhor no final.

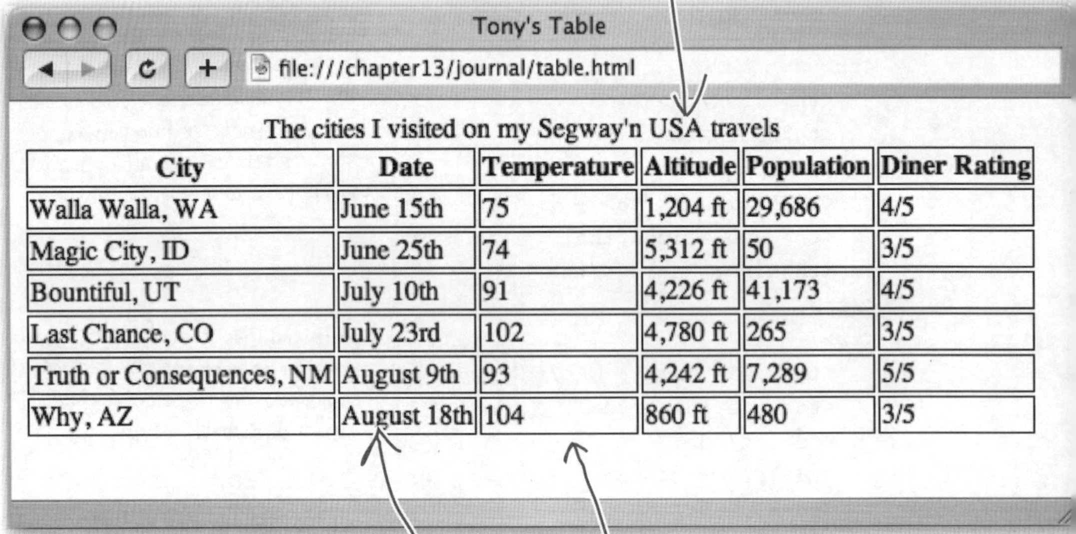
Tony's Table
file:///chapter13/journal/table.html

The cities I visited on my Segway'n USA travels

City	Date	Temperature	Altitude	Population	Diner Rating
Walla Walla, WA	June 15th	75	1,204 ft	29,686	4/5
Magic City, ID	June 25th	74	5,312 ft	50	3/5
Bountiful, UT	July 10th	91	4,226 ft	41,173	4/5
Last Chance, CO	July 23rd	102	4,780 ft	265	3/5
Truth or Consequences, NM	August 9th	93	4,242 ft	7,289	5/5
Why, AZ	August 18th	104	860 ft	480	3/5

Nós realmente precisamos adicionar um enchimento nas células de dados da tabela para facilitar sua leitura.

E um pouco de laranja para combinar com o site do Tonico poderia amarrar todos os elementos.

E as linhas da borda estão realmente pesadas visualmente. Poderíamos usar bordas bem mais leves nas células da tabela, mas seria ótimo ter uma borda escura em torno de toda a tabela.

Antes de aplicar o estilo, vamos colocar a tabela de volta na página do Tonico

Antes de adicionarmos estilo à nova tabela do Tonico, deveríamos colocar a tabela em sua página principal. Lembre-se de que a página principal do Tonico já tem definidos a "`font-family`", o "`font-size`" e muitos outros estilos que nossa tabela herdará. Assim, sem colocarmos a tabela em sua página, não saberemos realmente como ela ficará.

Comece abrindo o "journal.html" na pasta "chapter13/journal" (se quiser ter o arquivo em inglês), localize a entrada de 20 de agosto e faça as alterações a seguir. Quando terminar, siga para a próxima página antes de recarregar.

```
<h2>August 20, 2012</h2>
<p>
   <img src="images/segway2.jpg" alt="Me and my Segway in New Mexico">
</p>

<p>
Well, I made it 1200 miles already, and I passed through some interesting
places on the way:
</p>

<ol>
   <li>Walla Walla, WA</li>
   <li>Magic City, ID</li>
   <li>Bountiful, UT</li>
   <li>Last Chance, CO</li>
   <li>Truth or Consequences, NM</li>
   <li>Why, AZ</li>
</ol>
```

Esta é a lista antiga de cidades. Exclua este trecho porque o substituiremos pela tabela.

```
<table>
   <caption>The cities I visited on my Segway'n USA travels</caption>
   <tr>
      <th>City</th>
      <th>Date</th>
      <th>Temperature</th>
      <th>Altitude</th>
      <th>Population</th>
      <th>Diner Rating</th>
   </tr>
   .
   .
   .
</table>
```

A nova tabela entra aqui. Copiá-la do arquivo anterior e colá-la é a maneira mais fácil de chegar aqui.

Agora vamos colocar estilo na tabela

Agora precisamos copiar os estilos de tabela para "journal.css". Mas uma vez que vamos mudá-los de qualquer jeito, vamos apenas adicionar estilos novos. Adicione os novos estilos destacados abaixo ao final do arquivo da folha de estilos.

```
@font-face {
  font-family: "Emblema One";
  src: url("http://wickedlysmart.com/hfhtmlcss/chapter8/journal/EmblemaOne-Regular.woff
       url("http://wickedlysmart.com/hfhtmlcss/chapter8/journal/EmblemaOne-Regular.ttf'
}
body {
  font-family:     Verdana, Geneva, Arial, sans-serif;
  font-size:       small;
}
h1, h2 {
  color:           #cc6600;
  border-bottom:   thin dotted #888888;
}
h1 {
  font-family:     "Emblema One", sans-serif;
  font-size:       220%;
}
h2 {
  font-size:       130%;
  font-weight:     normal;
}
blockquote {
  font-style:      italic;
}

table {
    margin-left: 20px;
    margin-right: 20px;
    border: thin solid black;
    caption-side: bottom;
}

td, th {
    border: thin dotted gray;
    padding: 5px;
}

caption {
    font-style: italic;
    padding-top: 8px;
}
```

Este é todo o estilo que está na página Web do Tony. Adicionamos tudo isso no Capítulo 8. Vamos adicionar um novo estilo para as tabelas depois desse estilo.

Primeiro, colocaremos estilo na tabela. Vamos adicionar uma margem à esquerda e outra à direita, e uma borda fina em preto em toda a tabela.

E vamos mover a legenda para baixo da tabela.

Vamos também alterar a borda das células de dados da tabela para que ela fique mais leve, pontilhada e cinza.

E vamos adicionar algum enchimento às células de dados para que haja algum espaço entre o conteúdo e a borda.

Esta regra cria um estilo para a legenda. Vamos alterar o font-style para itálico e adicionar um pouco de enchimento superior.

Leve as tabelas estilizadas para um test drive

Há um monte de mudanças de uma só vez. Lembre-se de salvá-las e validá-las. Então carregue "journal.html" em seu browser.

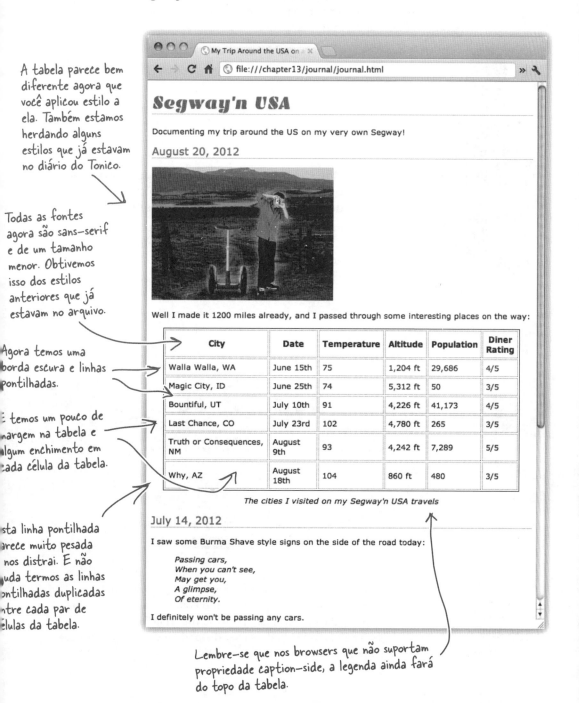

A tabela parece bem diferente agora que você aplicou estilo a ela. Também estamos herdando alguns estilos que já estavam no diário do Tonico.

Todas as fontes agora são sans-serif e de um tamanho menor. Obtivemos isso dos estilos anteriores que já estavam no arquivo.

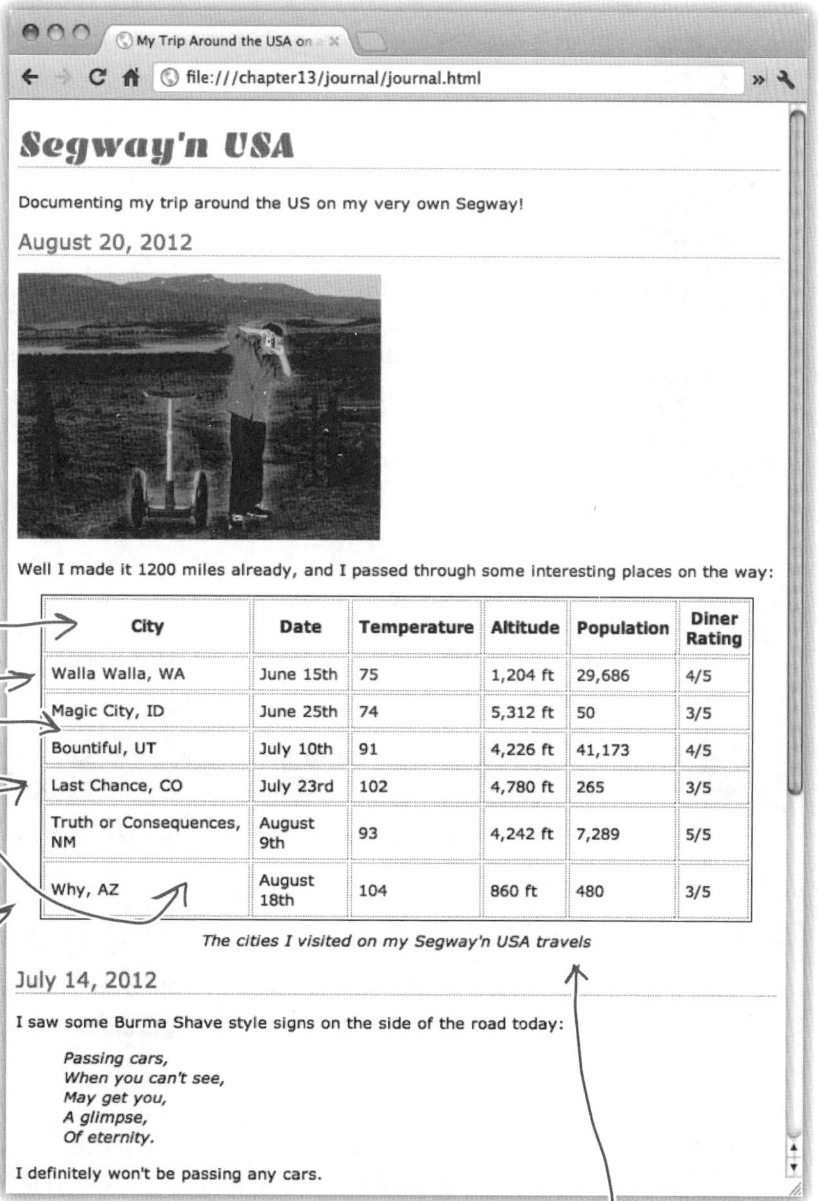
My Trip Around the USA on

file:///chapter13/journal/journal.html

Segway'n USA

Documenting my trip around the US on my very own Segway!

August 20, 2012

Well I made it 1200 miles already, and I passed through some interesting places on the way:

City	Date	Temperature	Altitude	Population	Diner Rating
Walla Walla, WA	June 15th	75	1,204 ft	29,686	4/5
Magic City, ID	June 25th	74	5,312 ft	50	3/5
Bountiful, UT	July 10th	91	4,226 ft	41,173	4/5
Last Chance, CO	July 23rd	102	4,780 ft	265	3/5
Truth or Consequences, NM	August 9th	93	4,242 ft	7,289	5/5
Why, AZ	August 18th	104	860 ft	480	3/5

The cities I visited on my Segway'n USA travels

July 14, 2012

I saw some Burma Shave style signs on the side of the road today:

Passing cars,
When you can't see,
May get you,
A glimpse,
Of eternity.

I definitely won't be passing any cars.

Agora temos uma borda escura e linhas pontilhadas.

E temos um pouco de margem na tabela e algum enchimento em cada célula da tabela.

sta linha pontilhada arece muito pesada nos distrai. E não juda termos as linhas ontilhadas duplicadas ntre cada par de élulas da tabela.

Lembre-se que nos browsers que não suportam propriedade caption-side, a legenda ainda fará do topo da tabela.

Parece que as células da tabela usam o modelo de caixa também... Elas têm enchimento e uma borda. Elas também têm margem?

As células da tabela possuem enchimento e uma borda como você já viu no modelo de caixa, mas são um pouco diferentes no que diz respeito às margens.

O modelo de caixa é uma boa maneira de pensar sobre as células da tabela, mas elas são diferentes no quesito margens. Vamos dar uma olhada em uma das células da tabela do Tonico:

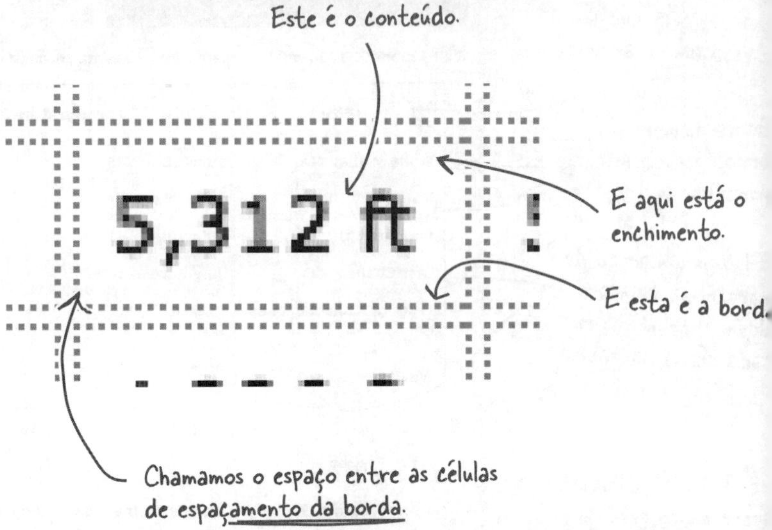
Este é o conteúdo.
5,312 ft
E aqui está o enchimento.
E esta é a bord
Chamamos o espaço entre as células de espaçamento da borda.

É igual à propriedade border-spacing que usamos no layout de CSS table display para o Starbuzz

Assim, ao invés de margem, temos uma propriedade "border-spacing", que é definida para toda a tabela. Em outras palavras, você não pode definir uma "margem" de uma célula individual; em vez disso, define um espaçamento comum em torno de todas as células.

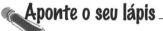

Aponte o seu lápis

As linhas pontilhadas duplas dão à tabela do Tonico uma aparência pesada e distrativa. Seria muito melhor, e não tiraria a atenção da tabela, se pudéssemos ter apenas uma borda em torno de cada célula da tabela. Você consegue pensar em uma maneira de fazer isso com estilo, dado o que já foi aprendido? Faça uma tentativa e verifique sua resposta no final do capítulo.

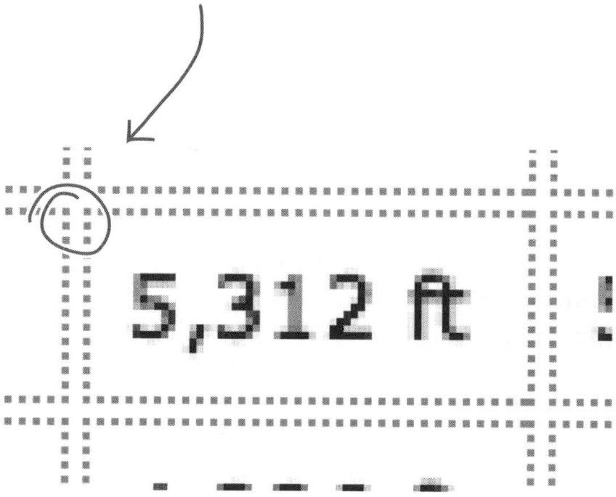
5,312 ft

não existem Perguntas Idiotas

P: Você disse que o espaçamento da borda é definido para toda a tabela, então não posso definir uma margem para uma célula individual?

R: Certo. As células da tabela não possuem margens; o que elas têm é um espaçamento em torno de suas bordas, e esse espaçamento é definido para toda a tabela. Você não pode controlar o espaçamento de cada célula de tabela separadamente.

P: Bem, há alguma maneira de ter um espaçamento de borda diferente na vertical do que na horizontal? Isso parece útil.

R: É claro que sim. Você pode especificar seu espaçamento de borda assim:

```
border-spacing: 10px 30px;
```

Isso define 10 pixels de espaço de borda horizontal e 30 pixels de espaço de borda vertical.

P: "Border-spacing" não parece funcionar em meu browser.

R: Você está usando alguma versão antiga do Internet Explorer? Lamentamos informar que o IE versão 6 não suporta "border-spacing". Mas falando sério, não está na hora de fazer um upgrade no seu browser ?

Vamos juntar aquelas bordas

Há uma outra maneira de resolver o dilema da borda, além de usar a propriedade `border-spacing`. Você pode usar a propriedade da CSS `border-collapse` para juntar as bordas para que não haja qualquer espaçamento de borda. Quando você faz isso, seu browser ignorará qualquer espaçamento de borda definido na tabela. Ele também combinará duas bordas próximas umas das outras em uma só. Isso "junta" duas bordas em uma.

Veja como você pode definir a propriedade `border-collapse`. Faça esta alteração em seu arquivo "journal.css":

```
table {
    margin-left: 20px;
    margin-right: 20px;
    border: thin solid black;
    caption-side: bottom;
    border-collapse: collapse;
}
```

Adicione uma propriedade border-collapse e defina seu valor como collapse.

Salve o arquivo e recarregue; e então verifique as mudanças na borda.

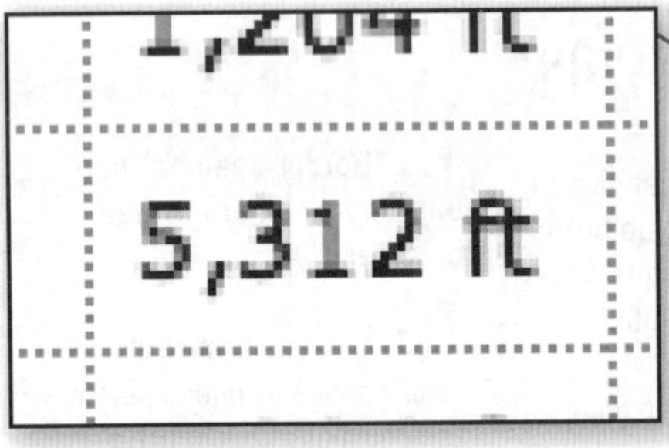
1,204 ft
5,312 ft

Agora você só tem uma única borda em torno de todas as células da tabela. Exatamente o que queríamos. E você não concorda que a tabela parece muito mais limpa agora?

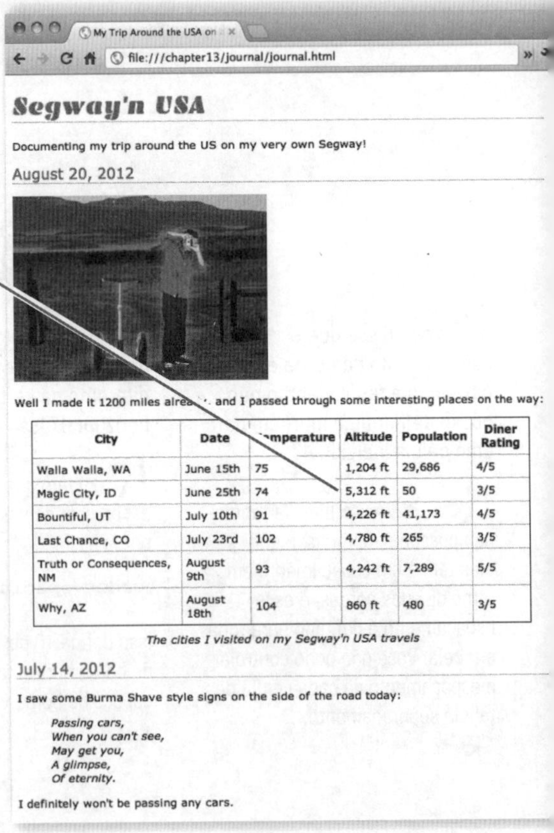
My Trip Around the USA on
file:///chapter13/journal/journal.html
Segway'n USA
Documenting my trip around the US on my very own Segway!
August 20, 2012
Well I made it 1200 miles alrea... and I passed through some interesting places on the way:
City | Date | Temperature | Altitude | Population | Diner Rating
Walla Walla, WA | June 15th | 75 | 1,204 ft | 29,686 | 4/5
Magic City, ID | June 25th | 74 | 5,312 ft | 50 | 3/5
Bountiful, UT | July 10th | 91 | 4,226 ft | 41,173 | 4/5
Last Chance, CO | July 23rd | 102 | 4,780 ft | 265 | 3/5
Truth or Consequences, NM | August 9th | 93 | 4,242 ft | 7,289 | 5/5
Why, AZ | August 18th | 104 | 860 ft | 480 | 3/5
The cities I visited on my Segway'n USA travels
July 14, 2012
I saw some Burma Shave style signs on the side of the road today:
Passing cars,
When you can't see,
May get you,
A glimpse,
Of eternity.
I definitely won't be passing any cars.

Aponte o seu lápis

Você está se tornando perito em HTML e CSS, portanto não nos importamos em dar a você um pouco mais com o que brincar nesses exercícios. Que tal isto: gostaríamos de arrumar um pouco mais essa tabela, começando por alguns problemas de alinhamento de texto. Digamos que a gente queira que a data, a temperatura e a classificação dos restaurantes fiquem centralizadas. E que tal alinhar à direita a altitude e a população? Como você faria isso?

Aqui vai uma dica: crie duas classes, uma para a centralização e outra para o alinhamento à direita. Então utilize a propriedade "text-align" em cada um. Finalmente, adicione a classe apropriada aos elementos <td> corretos.

Isso pode parecer difícil; faça-o passo a passo. Você já sabe tudo o que precisa para terminar. E, é claro, você poderá encontrar a resposta no final do capítulo, mas dê um tempo para você solucionar o problema antes de olhar a solução

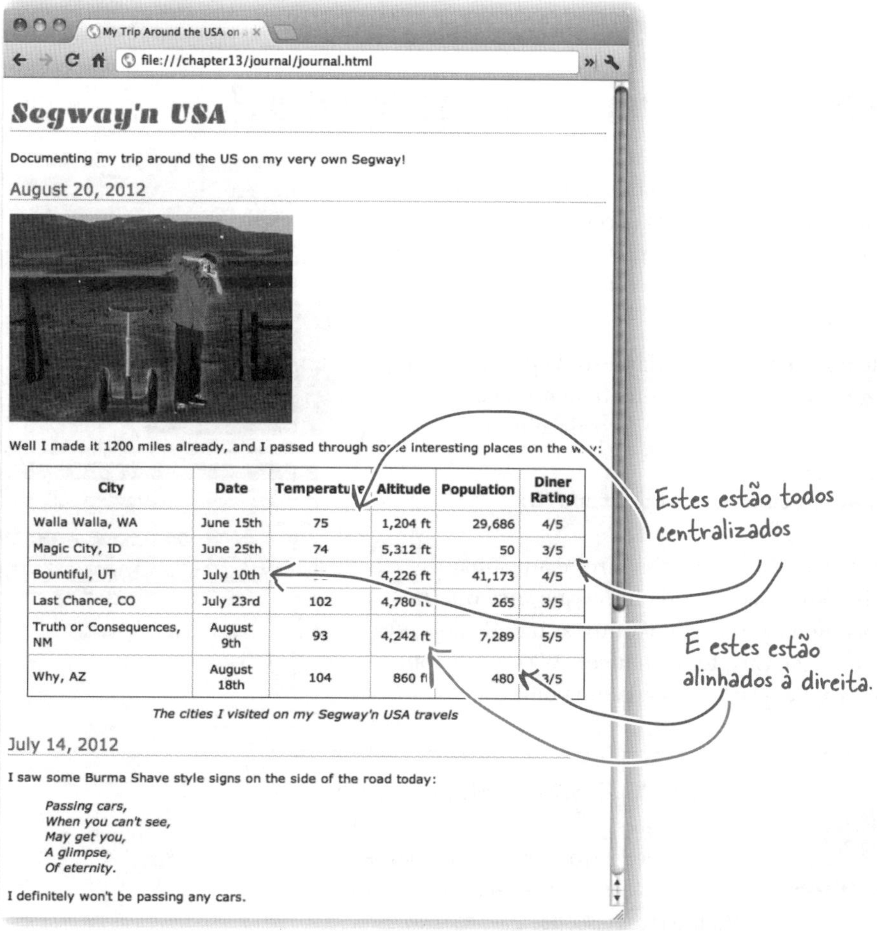
My Trip Around the USA on
file:///chapter13/journal/journal.html
Segway'n USA
Documenting my trip around the US on my very own Segway!
August 20, 2012
Well I made it 1200 miles already, and I passed through some interesting places on the way:
City | Date | Temperature | Altitude | Population | Diner Rating
Walla Walla, WA | June 15th | 75 | 1,204 ft | 29,686 | 4/5
Magic City, ID | June 25th | 74 | 5,312 ft | 50 | 3/5
Bountiful, UT | July 10th | | 4,226 ft | 41,173 | 4/5
Last Chance, CO | July 23rd | 102 | | 265 | 3/5
Truth or Consequences, NM | August 9th | 93 | 4,242 ft | 7,289 | 5/5
Why, AZ | August 18th | 104 | 860 ft | 480 | 3/5
The cities I visited on my Segway'n USA travels
July 14, 2012
I saw some Burma Shave style signs on the side of the road today:
Passing cars,
When you can't see,
May get you,
A glimpse,
Of eternity.
I definitely won't be passing any cars.
Estes estão todos centralizados
E estes estão alinhados à direita.

Que tal umas cores?

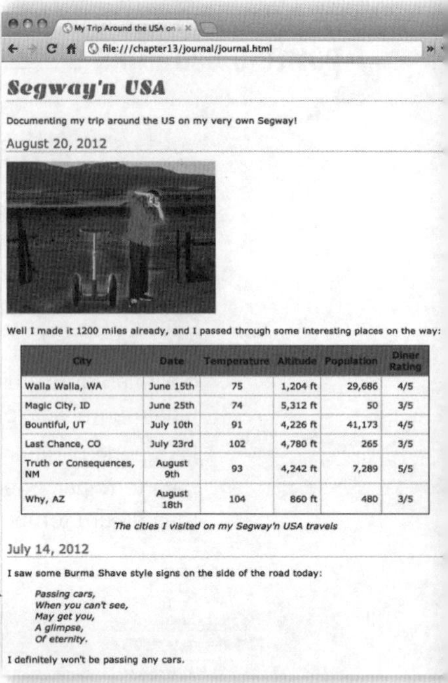
My Trip Around the USA on
file:///chapter13/journal/journal.html
Segway'n USA
Documenting my trip around the US on my very own Segway!
August 20, 2012
Well I made it 1200 miles already, and I passed through some interesting places on the way:
City | Date | Temperature | Altitude | Population | Diner Rating
Walla Walla, WA | June 15th | 75 | 1,204 ft | 29,686 | 4/5
Magic City, ID | June 25th | 74 | 5,312 ft | 50 | 3/5
Bountiful, UT | July 10th | 91 | 4,226 ft | 41,173 | 4/5
Last Chance, CO | July 23rd | 102 | 4,780 ft | 265 | 3/5
Truth or Consequences, NM | August 9th | 93 | 4,242 ft | 7,289 | 5/5
Why, AZ | August 18th | 104 | 860 ft | 480 | 3/5
The cities I visited on my Segway'n USA travels
July 14, 2012
I saw some Burma Shave style signs on the side of the road today:
Passing cars,
When you can't see,
May get you,
A glimpse,
Of eternity.
I definitely won't be passing any cars.

Você sabe que o Tonico ama a cor que é sua marca registrada e não há motivo para não adicionar um pouco de cor à tabela; não só ela ficará linda, como nós realmente poderemos aumentar a sua legibilidade. Assim como para qualquer outro elemento, tudo o que você precisa fazer é definir a propriedade `background-color` em uma célula da tabela para alterar sua cor (observe como tudo o que você aprendeu sobre HTML e CSS está começando a se juntar!) Veja como fazer isso:

```
th {
    background-color: #cc6600;
}
```

Adicione uma nova regra ao seu arquivo "journal.css" e recarregue. Você verá esta imagem:

E que tal umas cores nas linhas da tabela?

Até aqui, a cor está ficando muito boa. Então vamos levá-la ao próximo nível. Uma maneira comum de colorir tabelas é dar às linhas cores alternantes, o que permite que você veja cada linha com mais facilidade, sem se confundir sobre qual coluna vai com qual linha. Dê uma olhada:

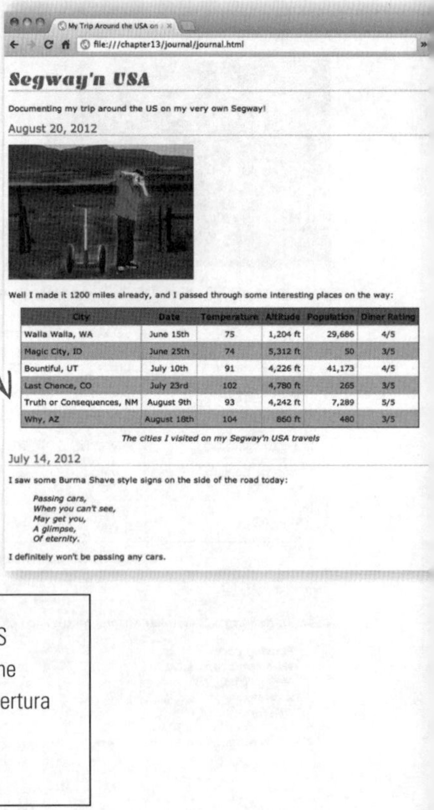
My Trip Around the USA on
file:///chapter13/journal/journal.html
Segway'n USA
Documenting my trip around the US on my very own Segway!
August 20, 2012
Well I made it 1200 miles already, and I passed through some interesting places on the way:
City | Date | Temperature | Altitude | Population | Diner Rating
Walla Walla, WA | June 15th | 75 | 1,204 ft | 29,686 | 4/5
Magic City, ID | June 25th | 74 | 5,312 ft | 50 | 3/5
Bountiful, UT | July 10th | 91 | 4,226 ft | 41,173 | 4/5
Last Chance, CO | July 23rd | 102 | 4,780 ft | 265 | 3/5
Truth or Consequences, NM | August 9th | 93 | 4,242 ft | 7,289 | 5/5
Why, AZ | August 18th | 104 | 860 ft | 480 | 3/5
The cities I visited on my Segway'n USA travels
July 14, 2012
I saw some Burma Shave style signs on the side of the road today:
Passing cars,
When you can't see,
May get you,
A glimpse,
Of eternity.
I definitely won't be passing any cars.

Difícil de fazer nas CSS? Nada disso. Veja como você pode fazer isso. Primeiro defina uma nova classe; vamos chamá-la de "cellcolor" (cordacelula):

```
.cellcolor {
    background-color: #fcba7a;
```

Agora tudo o que você precisa fazer é adicionar esse atributo de classe a cada linha que você queira colorir. Assim, nesse caso, encontre as tags de abertura `<tr>` para Magic City, Last Chance e Why, e adicione `class="cordacelula"` a cada uma delas.

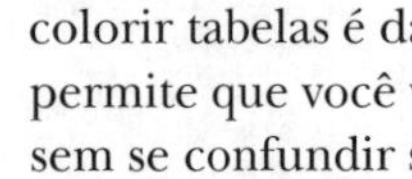

Exercício

Sua vez. Adicione a classe "cellcolor" à sua CSS em "journal.css" e então, em seu HTML, adicione class="cellcolor" para cada uma das tags de abertura <tr> necessárias para alternar a cor das linhas. Verifique suas respostas antes de continuar

CSS Levadas a Sério

Quer ver outra forma de adicionar cor a cada duas linhas de uma tabela? É chamada de **pseudoclasse nth-child**. Lembre-se, pseudoclasses são usadas para estilizar elementos baseadas em seus estados (assim como a pseudoclasse a:hover que usamos no Head First Lounge!, que estiliza um link se o usuário estiver passando o mouse sobre ele).

Para as pseudoclasse nth-child, esse estado é a ordem numérica de um elemento em relação a seus elementos irmãos. Vamos ver um exemplo do que isso significa:

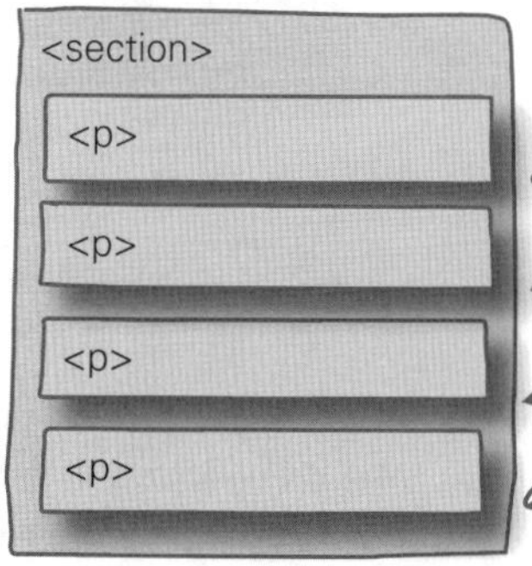

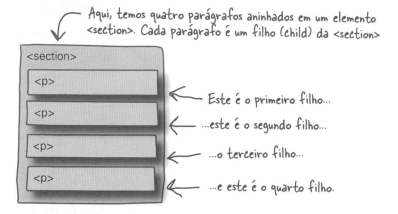

Aqui, temos quatro parágrafos aninhados em um elemento <section>. Cada parágrafo é um filho (child) da <section>
<section>
<p>
<p>
<p>
<p>
Este é o primeiro filho...
...este é o segundo filho...
...o terceiro filho...
...e este é o quarto filho.

Digamos que você queira selecionar os parágrafos pares (ou seja, parágrafos 2 e 4) para que eles tenham um fundo vermelho e os parágrafos ímpares para que tenham um fundo verde. Você faz isso assim:

```
p:nth-child(even) {
  background-color: red;   ← Os parágrafos 2 e 4 serão vermelhos
}
p:nth-child(odd) {
  background-color: green; ← ...e os parágrafos 1 e 3 serão verdes.
}
```

Assim como você pode deduzir do nome "nth-child", esta pseudoclasse é ainda mais flexível do que apenas selecionar itens pares ou ímpares aninhados em um elemento. Você também pode especificar expressões simples que usam o número n para lhe dar uma ampla variedade de opções ao selecionar elementos. Por exemplo, você também pode selecionar os parágrafos pares e ímpares assim:

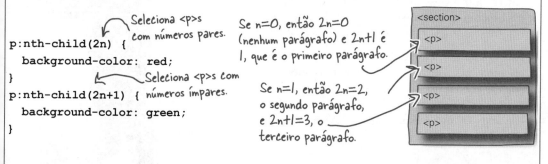

```
p:nth-child(2n) {        ← Seleciona <p>s com números pares.
  background-color: red;
}
p:nth-child(2n+1) {      ← Seleciona <p>s com números ímpares.
  background-color: green;
}
```

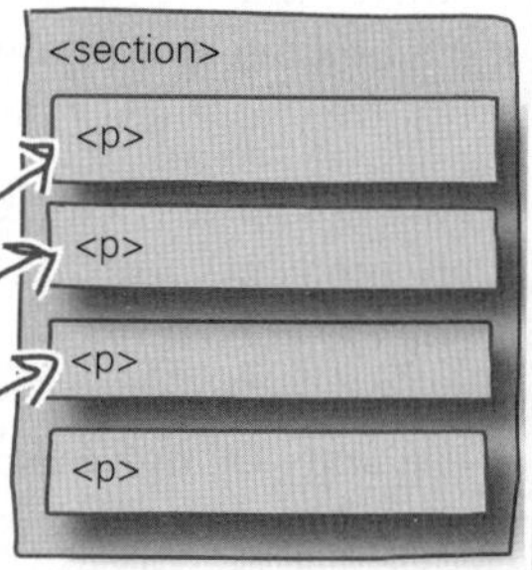

Se n=0, então 2n=0 (nenhum parágrafo) e 2n+1 é 1, que é o primeiro parágrafo.
Se n=1, então 2n=2, o segundo parágrafo, e 2n+1=3, o terceiro parágrafo.
<section>
<p>
<p>
<p>
<p>

Um Exercício Levado a Sério

Por que você não faz um teste com a pseudoclasse nth-child? Complete a regra de CSS abaixo usando a pseudoclasse nth-child para colorir as linhas ímpares de laranja claro.

Escreva seu seletor de pseudoclasse aqui.

```
tr:___________________ {
  background-color: #fcba7a;
}
```

Destaque sua classe .cellcolor assim:

```
/* .cellcolor {
     background-color: #fcba7a;
} */
```

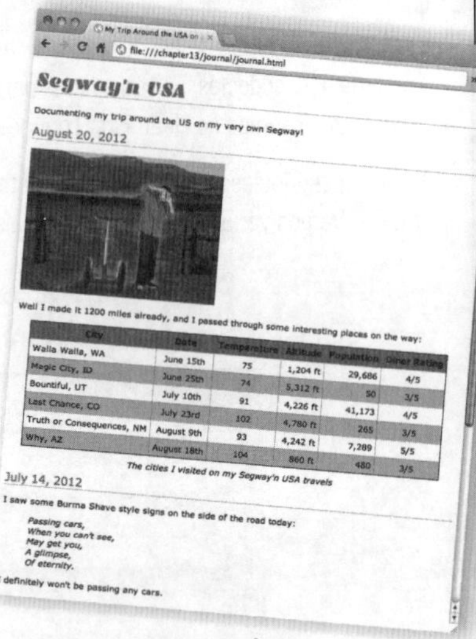

My Trip Around the USA on
file:///chapter13/journal/journal.html
Segway'n USA
Documenting my trip around the US on my very own Segway!
August 20, 2012
Well I made it 1200 miles already, and I passed through some interesting places on the way:
City | Date | Temperature | Altitude | Population | Diner Rating
Walla Walla, WA | June 15th | 75 | 1,204 ft | 29,686 | 4/5
Magic City, ID | June 25th | 74 | 5,312 ft | 50 | 3/5
Bountiful, UT | July 10th | 91 | 4,226 ft | 41,173 | 4/5
Last Chance, CO | July 23rd | 102 | 4,780 ft | 265 | 3/5
Truth or Consequences, NM | August 9th | 93 | 4,242 ft | 7,289 | 5/5
Why, AZ | August 18th | 104 | 860 ft | 480 | 3/5
The cities I visited on my Segway'n USA travels
July 14, 2012
I saw some Burma Shave style signs on the side of the road today:
Passing cars,
When you can't see,
May get you,
A glimpse,
Of eternity.
I definitely won't be passing any cars.

As linhas 1, 3, 5, e 7 todas têm um fundo laranja claro. Mas a regra para a th irá se sobrepor sobre a regra para as linhas "ímpares", então ela ficará um laranja escuro.

Se você quiser tentar isso de verdade, primeiro destaque sua classe .cellcolor para que ela não tenha mais efeito. Em seguida, coloque a nova regra tr da pseudoclasse acima da regra para fixar a cor do fundo da linha <th> (assim a linha <th> fica um laranja escuro). Certifique-se de estar usando um browser moderno (IE9+) e recarregue a página. Funcionou? Vá em frente e remova essa nova regra, e desfaça o destaque da regra .cellcolor antes de continuar.

Nós já dissemos que o Tonico fez uma descoberta interessante?

É justo dizer que o Tonico achou algo interessante em Truth or Consequences, NM; na verdade, ele *a* achou tão interessante que depois de ir ao Why, resolveu dar meia-volta e retornar.

Estamos felizes pelo Tonico, mas ele nos colocou em uma encruzilhada na tabela. Poderíamos colocar apenas uma nova linha para Truth, mas gostaríamos de fazer isso de uma maneira mais elegante. Do que estamos falando? Vire a página para descobrir.

Tess

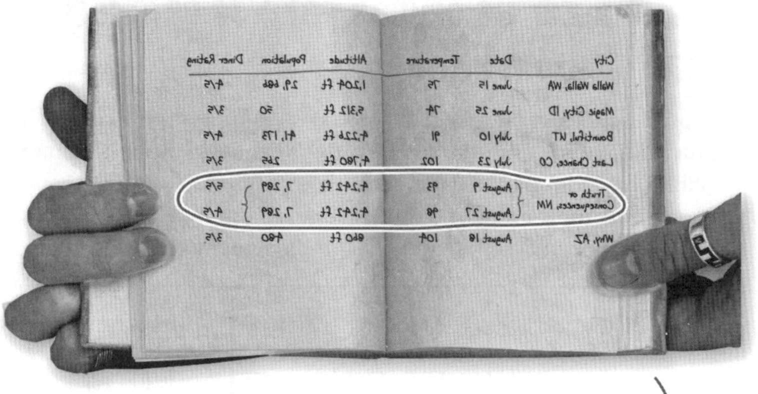

Outra olhada na tabela do Tonico

Por causa de seu retorno à cidade, Tonico adicionou uma nova entrada para 27 de agosto, abaixo da entrada original de Truth or Consequences. Ele também reutilizou algumas células onde a informação não mudou (uma boa técnica para reduzir a quantidade de informações em uma tabela). Você pode ver que quando ele adicionou a nova linha, tudo o que precisou fazer foi listar as coisas que foram diferentes na segunda visita (a data, a temperatura e que ele retornou ao restaurante).

ui estão ambas visitas do nico a Truth or onsequences.

<table>
<tr><th>Cidade</th><th>Data</th><th>Temp</th><th>Altitude</th><th>População</th><th>Classificação do Restaurante</th></tr>
<tr><td>Walla Walla, WA</td><td>June 15th</td><td>75</td><td>1,204 ft</td><td>29,686</td><td>4/5</td></tr>
<tr><td>Magic City, ID</td><td>June 25th</td><td>74</td><td>5,312 ft</td><td>50</td><td>3/5</td></tr>
<tr><td>Bountiful, UT</td><td>July 10th</td><td>91</td><td>4,226 ft</td><td>41,173</td><td>4/5</td></tr>
<tr><td>Last Chance, CO</td><td>July 23rd</td><td>102</td><td>4,780 ft</td><td>265</td><td>3/5</td></tr>
<tr><td rowspan="2">Truth or Consequences, NM</td><td>August 9th</td><td>93</td><td rowspan="2">4,242 ft</td><td rowspan="2">7,289</td><td>5/5</td></tr>
<tr><td>August 27th</td><td>98</td><td>4/5</td></tr>
<tr><td>Why, AZ</td><td>August 18th</td><td>104</td><td>860 ft</td><td>480</td><td>3/5</td></tr>
</table>

Estas células de dados da tabela se estendem por DUAS linhas agora.

Mas aonde isso nos leva no HTML? Parece que você terá que adicionar uma nova linha inteira e simplesmente duplicar a cidade, a altitude e a população, certo? Não tão rápido. Nós temos a tecnologia... Usando tabelas HTML, você poderá fazer com que as células se estendam para mais de uma linha, ou mais de uma coluna. Vamos ver como isso funciona...

Como dizer às células para se estenderem por mais de uma linha

O que significa para uma célula poder se estender por mais de uma linha? Vamos dar outra olhada nas entradas para Truth or Consequences, NM, na tabela do Tonico. As células de dados para cidade, altitude e população se estendem por *duas linhas*, e não apenas uma, enquanto que data, temperatura e classificação do restaurante se estendem por uma linha, que é o comportamento padrão normal para células de dados.

Cidade	Data	Temp	Altitude	População	Classificação do Restaurante
Walla Walla, WA	June 15th	75	1,204 ft	29,686	4/5
Magic City, ID	June 25th	74	5,312 ft	50	3/5
Bountiful, UT	July 10th	91	4,226 ft	41,173	4/5
Last Chance, CO	July 23rd	102	4,780 ft	265	3/5
Truth or Consequences, NM	August 9th	93	4,242 ft	7,289	5/5
	August 27th	98			4/5
Why, AZ	August 18th	104	860 ft	480	3/5

Estas células se estendem por duas linhas.

Enquanto que data, temperatura e a classificação do restaurante ocupam apenas uma.

Então, como você faz isso em HTML? É mais fácil do que você imagina: você usa o atributo `rowspan` para especificar quantas linhas uma célula de dados da tabela deve ocupar, e então remove os elementos de dados da tabela correspondentes das outras linhas para onde a célula se expande. Dê uma olhada; é mais fácil ver do que descrever:

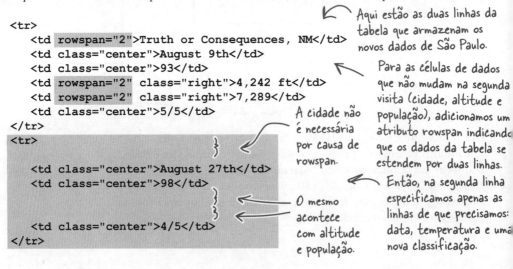

```
<tr>
   <td rowspan="2">Truth or Consequences, NM</td>
   <td class="center">August 9th</td>
   <td class="center">93</td>
   <td rowspan="2" class="right">4,242 ft</td>
   <td rowspan="2" class="right">7,289</td>
   <td class="center">5/5</td>
</tr>
<tr>

   <td class="center">August 27th</td>
   <td class="center">98</td>


   <td class="center">4/5</td>
</tr>
```

Aqui estão as duas linhas da tabela que armazenam os novos dados de São Paulo.

Para as células de dados que não mudam na segunda visita (cidade, altitude e população), adicionamos um atributo rowspan indicando que os dados da tabela se estendem por duas linhas.

A cidade não é necessária por causa de rowspan.

Então, na segunda linha especificamos apenas as linhas de que precisamos: data, temperatura e uma nova classificação.

O mesmo acontece com altitude e população.

Quem faz o quê?

Certifique-se de que você fez tudo e desenhe uma seta a partir de cada elemento <td> para sua célula correspondente na tabela. Verifique suas respostas antes de prosseguir.

```
<tr>
   <td rowspan="2">Truth or Consequences, NM</td>
   <td class="center">August 9th</td>
   <td class="center">93</td>
   <td rowspan="2" class="right">4,242 ft</td>
   <td rowspan="2" class="right">7,289</td>
   <td class="center">5/5</td>
</tr>
<tr>

   <td class="center">August 27th</td>
   <td class="center">98</td>


   <td class="center">4/5</td>
</tr>
```

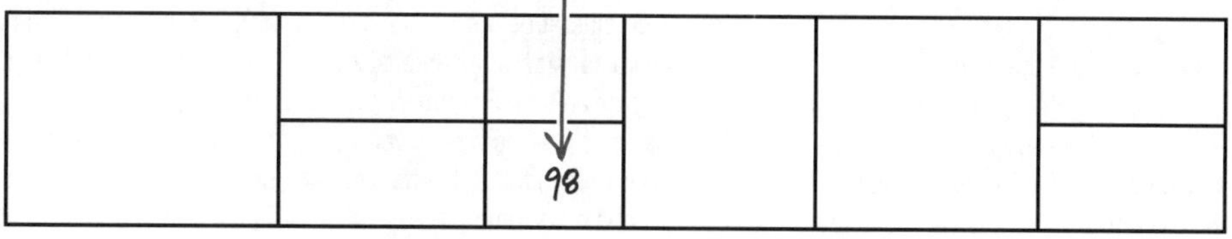
98

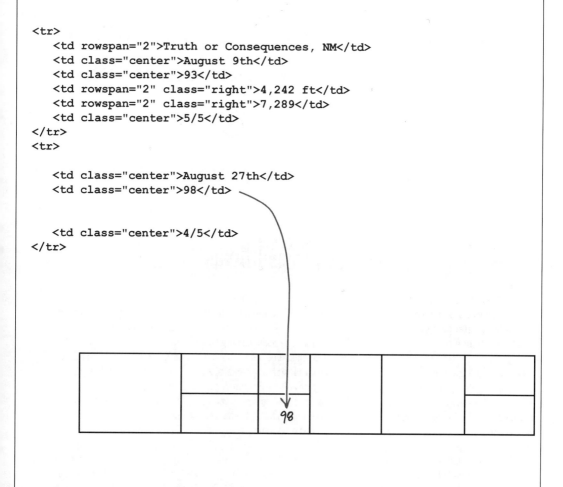

Faça o test drive na tabela

Faça as alterações na tabela em "journal.html" e teste-as. Dê uma olhada na tabela. Pense o que exatamente está fazendo nessa tabela: você está usando HTML para especificar que certas células devem ocupar mais de uma linha e, para fazer isso, está removendo os <td>s que está deslocando.

Agora temos uma tabela muito bonita e que não possui nenhuma informação redundante.

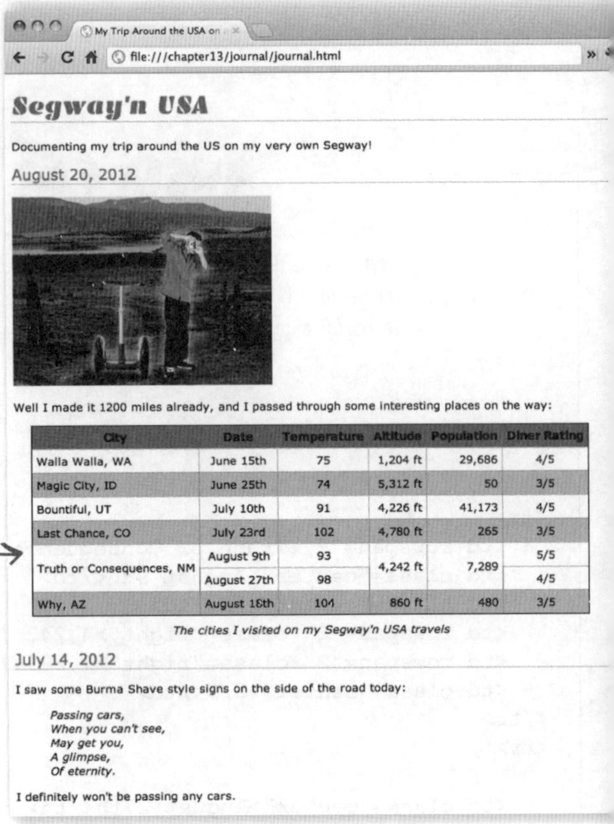
My Trip Around the USA on
file:///chapter13/journal/journal.html
Segway'n USA
Documenting my trip around the US on my very own Segway!
August 20, 2012
Well I made it 1200 miles already, and I passed through some interesting places on the way:
City | Date | Temperature | Altitude | Population | Diner Rating
Walla Walla, WA | June 15th | 75 | 1,204 ft | 29,686 | 4/5
Magic City, ID | June 25th | 74 | 5,312 ft | 50 | 3/5
Bountiful, UT | July 10th | 91 | 4,226 ft | 41,173 | 4/5
Last Chance, CO | July 23rd | 102 | 4,780 ft | 265 | 3/5
Truth or Consequences, NM | August 9th | 93 | 4,242 ft | 7,289 | 5/5
August 27th | 98 | 4/5
Why, AZ | August 18th | 104 | 860 ft | 480 | 3/5
The cities I visited on my Segway'n USA travels
July 14, 2012
I saw some Burma Shave style signs on the side of the road today:
Passing cars,
When you can't see,
May get you,
A glimpse,
Of eternity.
I definitely won't be passing any cars.

não existem Perguntas Idiotas

P: Você disse que podemos fazer com que os dados da tabela se estendam pelas colunas também?

R: É claro que sim. Simplesmente adicione um atributo "colspan" ao seu elemento <td> e especifique o número de colunas. Ao contrário de "rowspan", quando você estende pelas colunas, remove elementos de dados da tabela que estão na mesma linha (já que você está estendendo por colunas, e não por linhas).

P: Posso ter um "colspan" e um "rowspan" no mesmo <td>?

R: É claro que pode. Lembre-se apenas de ajustar os outros <td>s na tabela para considerar as extensões da linha e da coluna. Em outras palavras, você precisará remover o número correspondente de <td>s da mesma linha e da coluna.

P: Você realmente acha que esses "rowspans" têm uma aparência melhor?

R: Bem, eles certamente reduzem a quantidade de informações na tabela, o que normalmente é uma coisa boa. E, se você olhar para algumas tabelas que existem por aí no mundo real, verá que os "rowspans" e os "colspans" são bem comuns, portanto é muito bom ser capaz de fazê-los em HTML. Mas se você prefere a tabela como ela era antes, sinta-se à vontade para mudar seu HTML e voltar para a versão anterior.

Quatro estrelas em cinco? Eu conheço meus restaurantes e aquele era um ótimo cinco estrelas! É melhor mudar isso na tabela.

Problemas no paraíso?

Parece que temos uma pequena discordância sobre a classificação dos restaurantes em 27 de agosto e enquanto poderíamos pedir que Teresa e Tonico cheguem a um consenso, por que devemos fazê-lo? Nós temos as tabelas e devemos ser capazes de colocar outra classificação nelas. Mas como? Nós não queremos adicionar outra entrada apenas para a classificação da Teresa. Hummmm... Por que não fazemos desta maneira?

Cidade	Data	Temp	Altitude	População	Classificação do Restaurante
Walla Walla, WA	June 15th	75	1,204 ft	29,686	4/5
Magic City, ID	June 25th	74	5,312 ft	50	3/5
Bountiful, UT	July 10th	91	4,226 ft	41,173	4/5
Last Chance, CO	July 23rd	102	4,780 ft	265	3/5
Truth or Consequences, NM	August 9th	93	4,242 ft	7,289	5/5
	August 27th	98			Tess 5/5 Tony 4/5
Why, AZ	August 18th	104	860 ft	480	3/5

Por que não colocar ambas as classificações na tabela? Dessa maneira obtemos informações mais exatas.

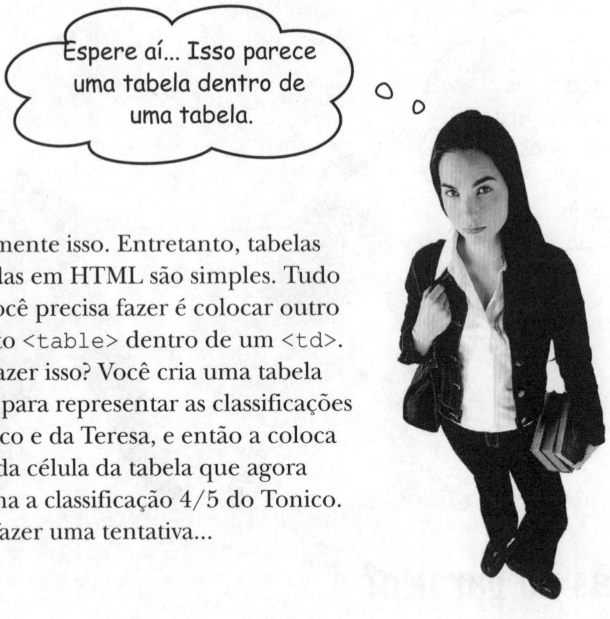
Espere aí... Isso parece uma tabela dentro de uma tabela.

É exatamente isso. Entretanto, tabelas aninhadas em HTML são simples. Tudo o que você precisa fazer é colocar outro elemento `<table>` dentro de um `<td>`. Como fazer isso? Você cria uma tabela simples para representar as classificações do Tonico e da Teresa, e então a coloca dentro da célula da tabela que agora armazena a classificação 4/5 do Tonico. Vamos fazer uma tentativa...

```
<tr>
   <td rowspan="2">Truth or Consequences, NM</td>
   <td class="center">August 9th</td>
   <td class="center">93</td>
   <td rowspan="2" class="right">4,242 ft</td>
   <td rowspan="2" class="right">7,289</td>
   <td class="center">5/5</td>
</tr>
<tr>
   <td class="center">August 27th</td>
   <td class="center">98</td>
   <td>
     4/5
     <table>
        <tr>
           <th>Tess</th>
           <td>5/5</td>
        </tr>
        <tr>
           <th>Tony</th>
           <td>4/5</td>
        </tr>
     </table>
   </td>
</tr>
```

Primeiro exclua a informação antiga que representava a nota do Tonico...

...E coloque uma tabela em seu lugar. Esta tabela armazena duas notas de restaurantes: uma para a Teresa e outra para o Tonico. Estamos usando seus nomes como títulos da tabela e células de dados para armazenar suas notas.

Faça o test drive da tabela aninhada

Digite a nova tabela. É fácil cometer erros de digitação em tabelas, portanto certifique-se de validar e então recarregar sua página. Você verá esta nova tabela aninhada.

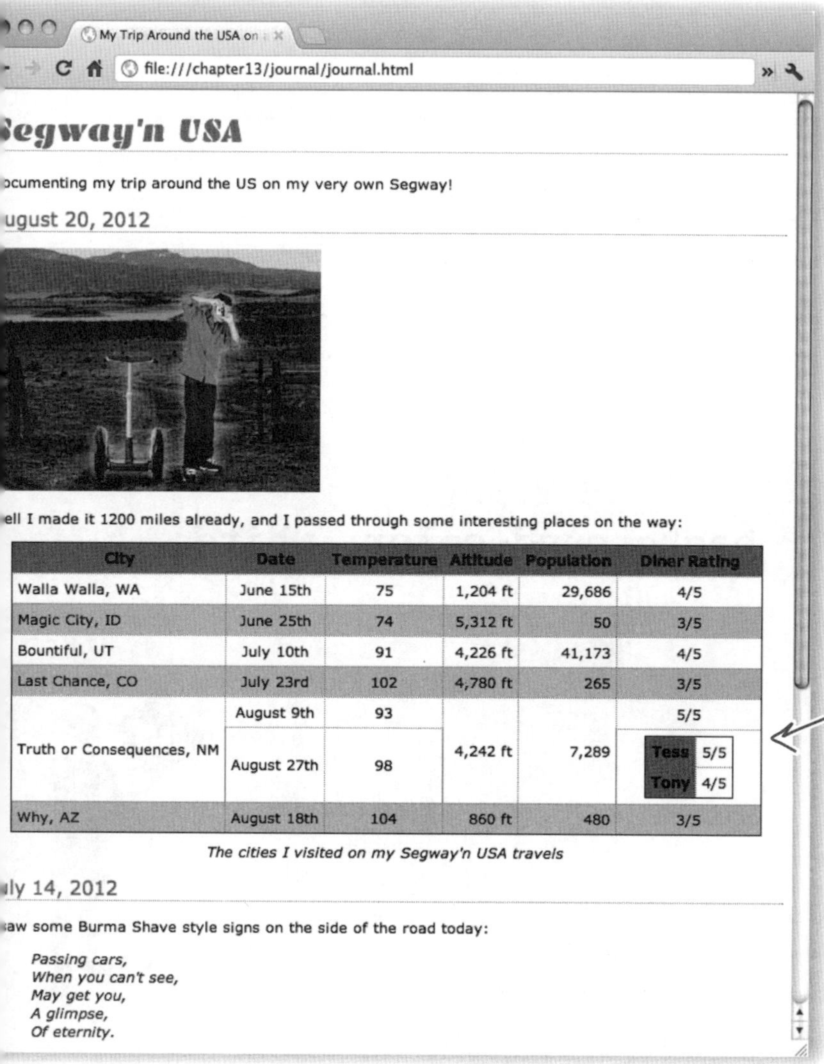
My Trip Around the USA on
file:///chapter13/journal/journal.html
Segway'n USA
ocumenting my trip around the US on my very own Segway!
ugust 20, 2012
ell I made it 1200 miles already, and I passed through some interesting places on the way:
City | Date | Temperature | Altitude | Population | Diner Rating
Walla Walla, WA | June 15th | 75 | 1,204 ft | 29,686 | 4/5
Magic City, ID | June 25th | 74 | 5,312 ft | 50 | 3/5
Bountiful, UT | July 10th | 91 | 4,226 ft | 41,173 | 4/5
Last Chance, CO | July 23rd | 102 | 4,780 ft | 265 | 3/5
Truth or Consequences, NM | August 9th | 93 | 4,242 ft | 7,289 | 5/5
August 27th | 98 | Tess 5/5 | Tony 4/5
Why, AZ | August 18th | 104 | 860 ft | 480 | 3/5
The cities I visited on my Segway'n USA travels
ly 14, 2012
aw some Burma Shave style signs on the side of the road today:
Passing cars,
When you can't see,
May get you,
A glimpse,
Of eternity.

Uau, ficou bom. Apenas o fundo ficou um pouco demais para uma tabela aninhada. Vamos manter os nomes em negrito, mas tirar a cor de fundo.

EXERCITANDO O CÉREBRO

É hora de aproveitar todo o treinamento que você recebeu. O que você precisa fazer é alterar a cor do fundo do título da tabela apenas para Tonico e Teresa, sem mudar o fundo dos títulos da tabela principal. Como? Você precisa encontrar um seletor para apenas os títulos da tabela aninhada.

City	Date	Temperature	Altitude	Population	Diner Rating
Walla Walla, WA	June 15th	75	1,204 ft	29,686	4/5
Magic City, ID	June 25th	74	5,312 ft	50	3/5
Bountiful, UT	July 10th	91	4,226 ft	41,173	4/5
Last Chance, CO	July 23rd	102	4,780 ft	265	3/5
Truth or Consequences, NM	August 9th	93	4,242 ft	7,289	5/5
	August 27th	98			**Tess** 5/5 **Tony** 4/5
Why, AZ	August 18th	104	860 ft	480	[illegible]/5

The cities I visited on my Segway'n USA travels

Queremos alterar a cor do fundo dos títulos da tabela aninhada para branco.

```
.............................. {
        background-color: white;
}
```

Determine o seletor apenas dos elementos aninhados.

PARE

Pare! Não vire a página até terminar este exercício.

Sobreponha as CSS para os títulos aninhados da tabela

Você pode direcionar apenas os elementos <th> da tabela aninhada usando um seletor descendente. Adicione uma nova regra à sua CSS que usa o seletor "table table th" para mudar a cor do fundo dos títulos da tabela aninhada para branco:

```
table table th {
    background-color: white;
}
```

Agora salve as alterações em seu arquivo "journal.css" e recarregue.

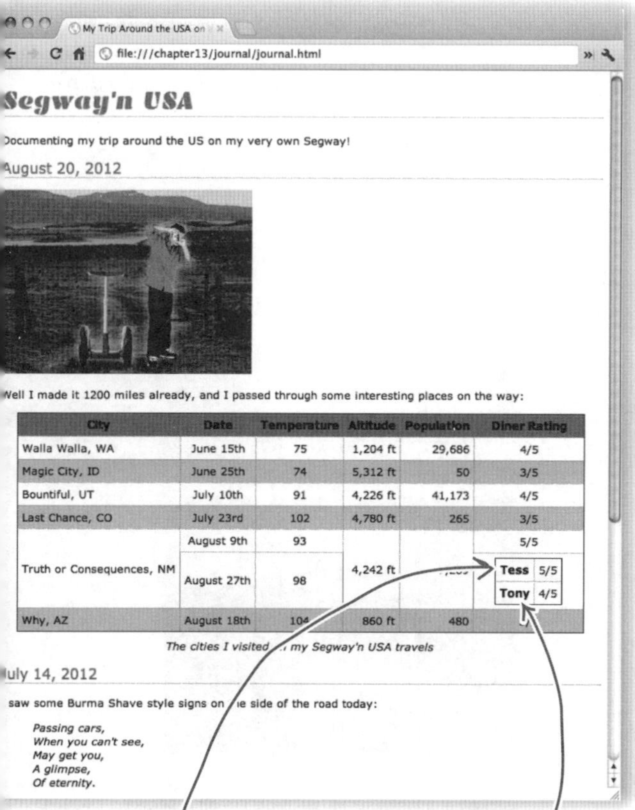
My Trip Around the USA on
file:///chapter13/journal/journal.html
Segway'n USA
ocumenting my trip around the US on my very own Segway!
ugust 20, 2012
Vell I made it 1200 miles already, and I passed through some interesting places on the way:
City | Date | Temperature | Altitude | Population | Diner Rating
Walla Walla, WA | June 15th | 75 | 1,204 ft | 29,686 | 4/5
Magic City, ID | June 25th | 74 | 5,312 ft | 50 | 3/5
Bountiful, UT | July 10th | 91 | 4,226 ft | 41,173 | 4/5
Last Chance, CO | July 23rd | 102 | 4,780 ft | 265 | 3/5
Truth or Consequences, NM | August 9th | 93 | 4,242 ft | | 5/5
August 27th | 98 | Tess 5/5 | Tony 4/5
Why, AZ | August 18th | 860 ft | 480
The cities I visited my Segway'n USA travels
uly 14, 2012
saw some Burma Shave style signs on ie side of the road today:
Passing cars,
When you can't see,
May get you,
A glimpse,
Of eternity.

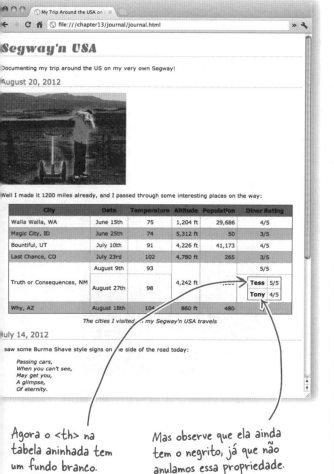

Agora o <th> na tabela aninhada tem um fundo branco.

Mas observe que ela ainda tem o negrito, já que não anulamos essa propriedade.

não existem Perguntas Idiotas

P: Eu usei uma classe para solucionar o "Exercitando o Cérebro". Eu criei uma classe chamada "tabelaaninhada" e atribuí cada título de tabela a ela. Então eu criei uma regra como esta:

```
.nestedtable {
        background-color: white;
}
```

Essa solução está certa também?

R: Há muitas maneiras diferentes de resolver problemas usando as CSS, e certamente sua solução é uma maneira eficiente e válida de usá-las. Vamos apenas chamar atenção para o fato que, usando o seletor descendente, não tivemos que fazer qualquer mudança em nosso HTML. E se Tonico e Teresa continuarem a adicionar notas para os restaurantes? Então, para cada nota, você teria de adicionar a classe para cada <th>. Com a nossa solução, o estilo acontece automaticamente.

PODER DO CÉREBRO

Você quer que Tonico e Teresa tenham cores de fundo diferentes em suas linhas da tabela; digamos, azul e rosa. Você consegue pensar em várias maneiras de fazer isso?

Dê um polimento final ao site do Tonico

A página do Tonico está bonita, mas há mais uma área onde ainda não aplicamos estilo: a lista que contém um conjunto de itens que ele estava preparando para sua viagem. Você encontrará a lista na entrada de 2 de junho; dê uma olhada:

Estamos vendo apenas um trecho do HTML da entrada de 2 de junho.

```
.
.
.
   <h2>June 2, 2012</h2>

   <p>
      <img src="images/segway1.jpg"
           alt="The first day of the trip" />
   </p>

   <p>
      My first day of the trip! I can't
      believe I finally got everything
      packed and ready to go. Because
      I'm on a Segway, I wasn't able
      to bring a whole lot with me:
   </p>
   <ul>
      <li>cellphone</li>
      <li>iPod</li>
      <li>digital camera</li>
      <li>a protein bar</li>
   </ul>
   <p>
      Just the essentials. As Lao Tzu
      would have said, <q>A journey of
      a thousand miles begins with
      one Segway.</q>
   </p>
</body>
</html>
```

Este é o final do diário do Tonico journal.html. Lembra-se de sua lista de coisas a serem arrumadas em sua primeira entrada do diário?

A lista está assim agora.

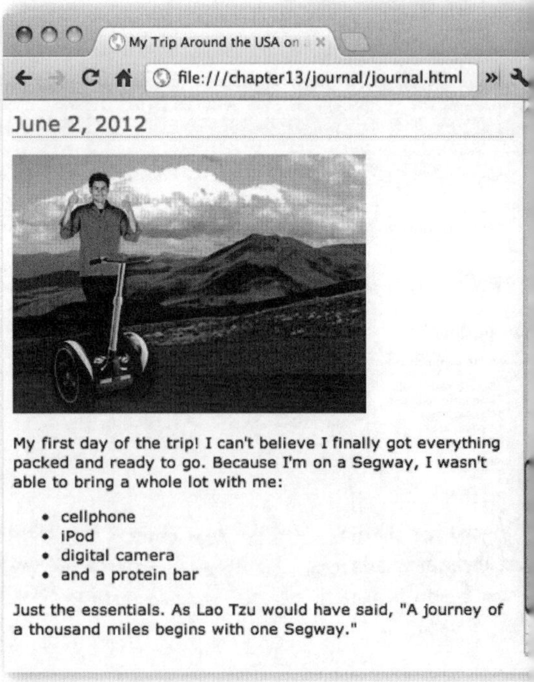
My Trip Around the USA on
file:///chapter13/journal/journal.html
June 2, 2012
My first day of the trip! I can't believe I finally got everything packed and ready to go. Because I'm on a Segway, I wasn't able to bring a whole lot with me:
• cellphone
• iPod
• digital camera
• and a protein bar
Just the essentials. As Lao Tzu would have said, "A journey of a thousand miles begins with one Segway."

Dê um pouco de estilo à lista

Você já deve estar descobrindo que uma vez que conheça as propriedades básicas das CSS para as fontes, texto, cores e outras, poderá criar estilos para quase tudo, incluindo listas. Você já viu um pouco de estilização de listas (Capítulo 12), e existem apenas duas propriedades que são específicas para listas, então não há muito além disso para ser aprendido. A principal propriedade para as listas é chamada `list-style-type` e permite que você controle os bullets (ou "*marcadores*", como são chamados) usados em suas listas. Veja algumas maneiras de fazer isso:

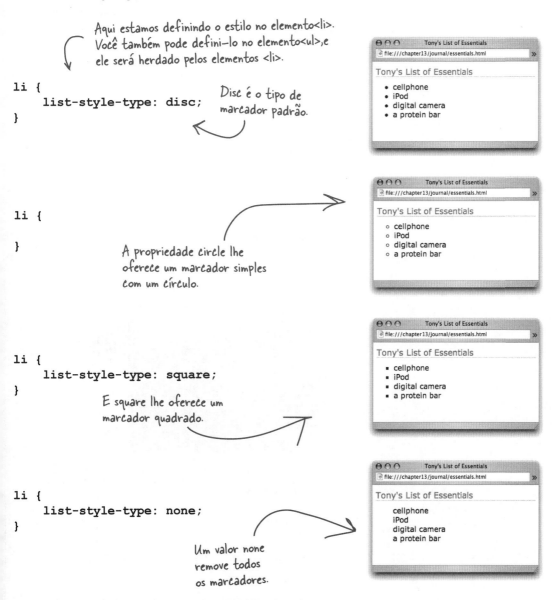

Aqui estamos definindo o estilo no elemento<li>. Você também pode defini-lo no elemento<ul>,e ele será herdado pelos elementos <li>.

```
li {
    list-style-type: disc;
}
```

Disc é o tipo de marcador padrão.

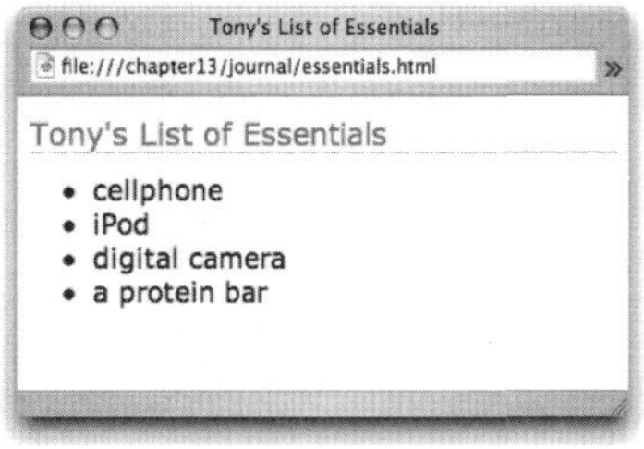
Tony's List of Essentials
file:///chapter13/journal/essentials.html
Tony's List of Essentials
cellphone
iPod
digital camera
a protein bar

```
li {

}
```

A propriedade circle lhe oferece um marcador simples com um círculo.

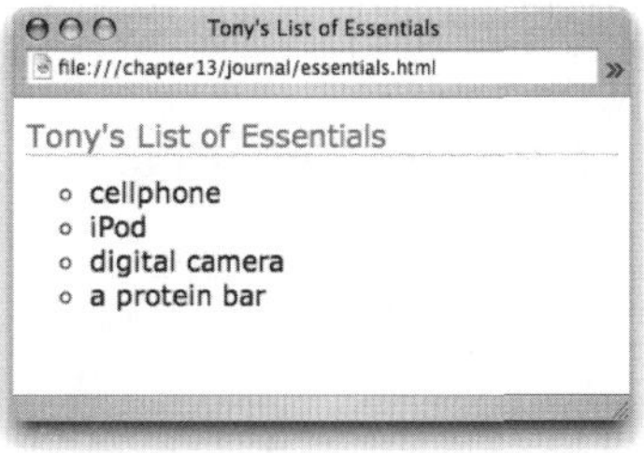
Tony's List of Essentials
file:///chapter13/journal/essentials.html
Tony's List of Essentials
cellphone
iPod
digital camera
a protein bar

```
li {
    list-style-type: square;
}
```

E square lhe oferece um marcador quadrado.

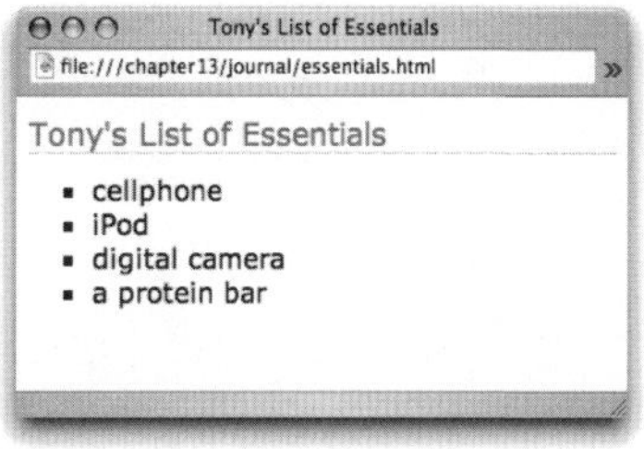
Tony's List of Essentials
file:///chapter13/journal/essentials.html
Tony's List of Essentials
cellphone
iPod
digital camera
a protein bar

```
li {
    list-style-type: none;
}
```

Um valor none remove todos os marcadores.

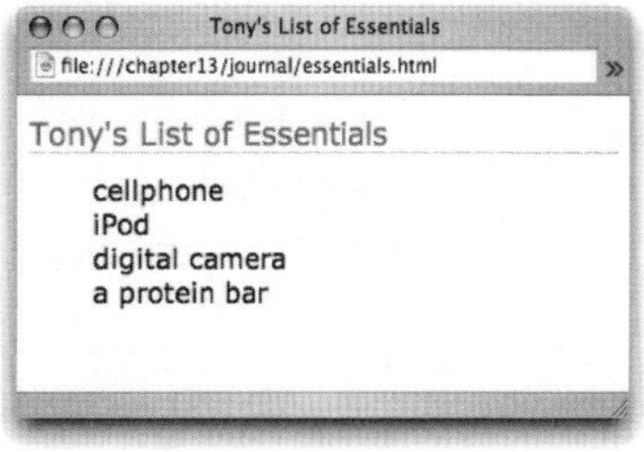
Tony's List of Essentials
file:///chapter13/journal/essentials.html
Tony's List of Essentials
cellphone
iPod
digital camera
a protein bar

E se eu quiser um marcador personalizado?

Você realmente acha que o Tonico não iria querer seu próprio marcador personalizado? Bem, ainda bem que as CSS possuem uma propriedade chamada `list-style-image`, que permite que você defina uma imagem como o marcador da lista. Vamos fazer uma tentativa na lista do Tonico:

Aqui está a propriedade list-style-image, que estamos definindo com uma URL.

```
li {
    list-style-image: url(images/backpack.gif);
    padding-top: 5px;
    margin-left: 20px;
}
```

A imagem backpack.gif é uma versão menor de sua mochila. Parece que serve direitinho, não é? E na cor predileta de Tonico também.

Estamos adicionando margem para criar espaço à esquerda dos itens da lista e também um pequeno enchimento superior para dar a cada item de lista um pouco de espaço sobre sua cabeça.

E o test drive final...

E isso é tudo; sua última alteração no site do Tonico. Adicione a regra para o item de lista em sua CSS e recarregue.

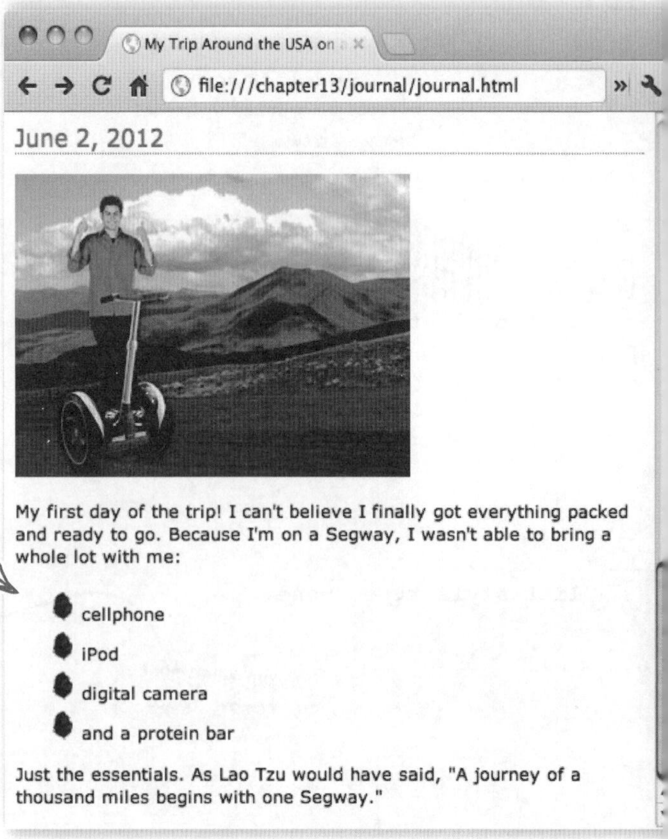
My Trip Around the USA on a
file:///chapter13/journal/journal.html
June 2, 2012
My first day of the trip! I can't believe I finally got everything packed and ready to go. Because I'm on a Segway, I wasn't able to bring a whole lot with me:
cellphone
iPod
digital camera
and a protein bar
Just the essentials. As Lao Tzu would have said, "A journey of a thousand miles begins with one Segway."

Aqui está a lista com o marcador substituído por uma imagem, alguma margem extra e um espaçamento com enchimento.

não existem Perguntas Idiotas

P: E as listas ordenadas? O que posso fazer para alterar seu estilo?

R: Você cria estilos para listas ordenadas ou não ordenadas da mesma maneira. É claro que uma lista ordenada possui uma sequência de números ou letras como marcadores, e não bullets. Usando as CSS, você pode controlar se os marcadores das listas ordenadas são números decimais, numerais romanos ou letras do alfabeto (como a, b, c) com a propriedade "list-style- type". Os valores comuns são decimal, upper-alpha, lower-alpha, upper-roman e lower-roman. Consulte uma referência das CSS para obter mais opções (há muitas).

P: Como eu posso controlar o alinhamento do texto nas listas? Em outras palavras, como eu posso controlar o alinhamento de um texto embaixo do marcador ou apenas abaixo do texto?

R: Há uma propriedade chamada "list-style-position". Se você definir essa propriedade como "inside", seu texto ficará alinhado sob o marcador. Se você defini-la como "outside", ele se alinhará apenas sob o texto que estiver acima dele.

P: Você tem certeza de que está certo? Isso parece estar ao contrário.

R: Sim, e veja o que "inside" e "outside" realmente significam: se você definir sua "line-style-position" como "inside", então o marcador está dentro de seu item de lista e portanto o texto será alinhado sob ele. Se você definir como "outside", o marcador ficará fora do seu item de lista e portanto o texto será alinhado sob ele mesmo. E, por "dentro de seu item" queremos dizer dentro da borda da caixa do item de lista.

Uau, quem poderia imaginar que levaríamos o site tão longe quando começamos?
Nós vamos comprar um Segway para a Teresa para que ela possa vir comigo no resto de minha viagem pelos EUA. Vejo vocês por aí... e AMBOS estaremos atualizando a página Web. Obrigado por tudo!

PONTOS DE BALA

- As tabelas HTML são usadas para estruturar dados tabulares.
- Use os elementos de tabela do HTML, <table>, <tr>, <th> e <td> juntos para criar uma tabela.
- O elemento <table> define e envolve toda a tabela.
- As tabelas são definidas em linhas, usando o elemento<tr>.
- Cada linha contém uma ou mais células de dados, definidas pelo elemento <td>.
- Use o elemento <th> para células de dados que estiverem nos títulos das colunas ou das linhas.
- As tabelas são criadas em uma grade. Cada linha corresponde a uma linha <tr> ... </tr> em seu HTML, e cada coluna corresponde ao conteúdo <td> ... </td> dentro das linhas.
- Você pode oferecer informações adicionais sobre suas tabelas com o elemento <caption>.
- As tabelas têm border-spacing, que é o espaço entre as células.
- As células dos dados da tabela também podem ter enchimento e bordas.
- Assim como você pode controlar o enchimento, bordas e margens dos elementos, também pode controlar o enchimento, as bordas e o espaçamento da borda de células com as CSS.
- A propriedade "border-collapse" é uma propriedade especial das CSS para tabelas, que permite que você combine bordas de células em uma borda, para um visual mais limpo.
- Você pode alterar o alinhamento dos dados em suas células com as propriedades das CSS "text-align" e "vertical-align".
- Você pode adicionar cor a suas tabelas com a propriedade "background-color". A cor do fundo pode ser adicionada a toda a tabela, a cada linha ou a uma célula de dados única.
- Use a pseudoclasse de CSS nth-child para adicionar cor de fundo a cada duas linhas de uma tabela.
- Se você não tiver dados para uma célula de dados, não coloque nenhum conteúdo no elemento <td>. Entretanto, você precisa usar um elemento <td> ... </td> para manter o alinhamento da tabela.
- Se a sua célula de dados precisar se estender por múltiplas linhas ou colunas, você poderá usar os atributos "rowspan" ou "colspan" do elemento <td>.
- Você pode aninhar tabelas dentro de tabelas ao colocar o elemento <table> e todo seu conteúdo dentro de uma célula de dados.
- As tabelas devem ser usadas para dados tabulares, e não para criar layout para suas páginas. Use a CSS table display para criar layouts de página de várias colunas como descrevemos no Capítulo 11.
- As listas podem ter estilo com as CSS assim como qualquer outro elemento. Há algumas propriedades CSS específicas para elas, como "list-style-type" e "list-style-image".
- A propriedade "list-style-type" permite que você mude o tipo do marcador usado em sua lista.
- A propriedade "list-style-image" permite que você especifique uma imagem para o seu marcador de lista.

Palavras-cruzadas de HTML

Essas palavras-cruzadas parecem um pouco com uma tabela, não é? Exercite o lado esquerdo de seu cérebro e resolva-as. Todas as palavras foram retiradas deste capítulo.

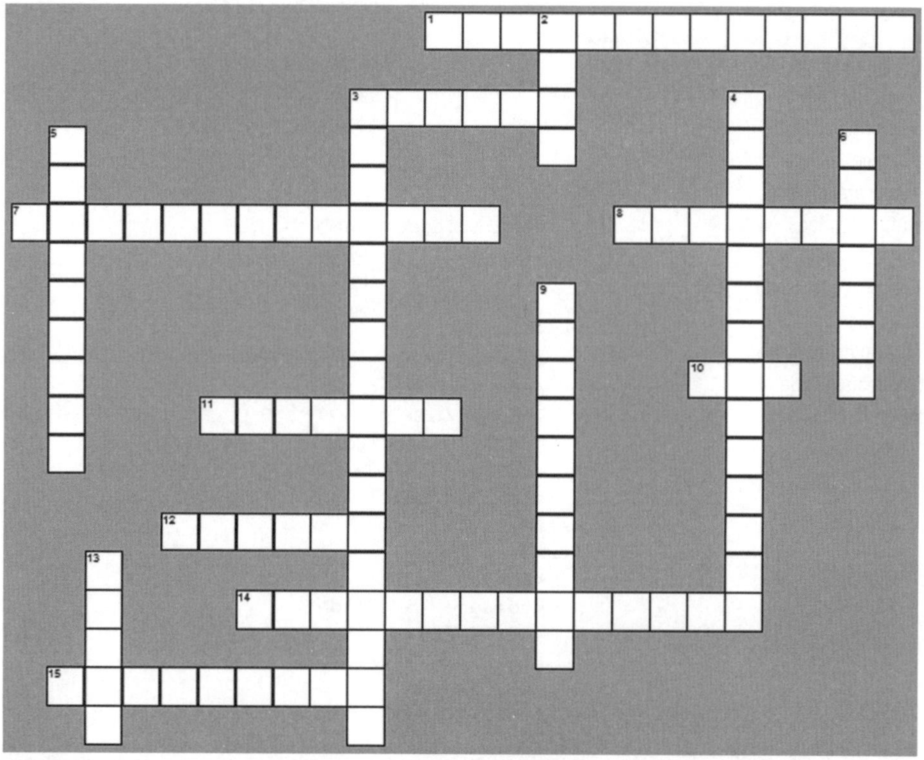

Horizontais

1. Área entre as bordas.
3. Não use tabelas para isto
7. Use esta propriedade para alterar seu marcador de lista.
7. Usado para controlar se o marcador está dentro ou fora da borda dos itens de lista.
8. <th> é para estes.
10. Posição padrão da legenda.
11. As células da tabela possuem enchimento e bordas, mas não têm ____________.
12. Você especifica tabelas em HTML por ____________, e não por colunas.
14. Use esta propriedade para usar uma imagem ao invés de um marcador embutido em suas listas.
15. A propriedade "list-item-position" pode ser usada para controlar o comportamento ____________ do texto.

Verticais

2. <td> é para estes.
4. Usado para juntar bordas.
5. Uma tabela dentro de outra é chamada de ____________.
6. Adiciona uma pequena descrição que é exibida na tabela.
9. Os bullets são um tipo de__________________ de lista.
13. O que uma célula de dados faz quando usa mais de uma linha ou coluna.

Exercício
Solução

Primeiro digite o HTML "Teste da Tabela do Tonico" da página anterior. A digitação pode parecer tediosa, mas o ajudará a fixar a estrutura das tags <table>, <tr>, <th> e <td> em sua cabeça. Quando terminar, faça um teste rápido e então adicione os itens restantes da tabela do Tonico. Teste-os também.

```
<!DOCTYPE html>
<html>
<head>
  <meta charset="utf-8">
  <style type="text/css">
     td, th {border: 1px solid black;}
  </style>
  <title>Testing Tony's Table</title>
</head>
<body>
  <table>
    <tr>
      <th>City</th>
      <th>Date</th>
      <th>Temperature</th>
      <th>Altitude</th>
      <th>Population</th>
      <th>Diner Rating</th>
    </tr>
    <tr>
      <td>Walla Walla, WA</td>
      <td>June 15th</td>
      <td>75</td>
      <td>1,204 ft</td>
      <td>29,686</td>
      <td>4/5</td>
    </tr>
    <tr>
      <td>Magic City, ID</td>
      <td>June 25th</td>
      <td>74</td>
      <td>5,312 ft</td>
      <td>50</td>
      <td>3/5</td>
    </tr>
    <tr>
      <td>Bountiful, UT</td>
      <td>July 10th</td>
      <td>91</td>
      <td>4,226 ft</td>
      <td>41,173</td>
      <td>4/5</td>
    </tr>
    <tr>
      <td>Last Chance, CO</td>
      <td>July 23rd</td>
      <td>102</td>
      <td>4,780 ft</td>
      <td>265</td>
      <td>3/5</td>
    </tr>
```

Continua na outra página →

Exercício Solução Continuação

```
        <tr>
            <td>Truth or Consequences, NM</td>
            <td>August 9th</td>
            <td>93</td>
            <td>4,242 ft</td>
            <td>7,289</td>
            <td>5/5</td>
        </tr>
        <tr>
            <td>Why, AZ</td>
            <td>August 18th</td>
            <td>104</td>
            <td>860 ft</td>
            <td>480</td>
            <td>3/5</td>
        </tr>
    </table>
</body>
</html>
```

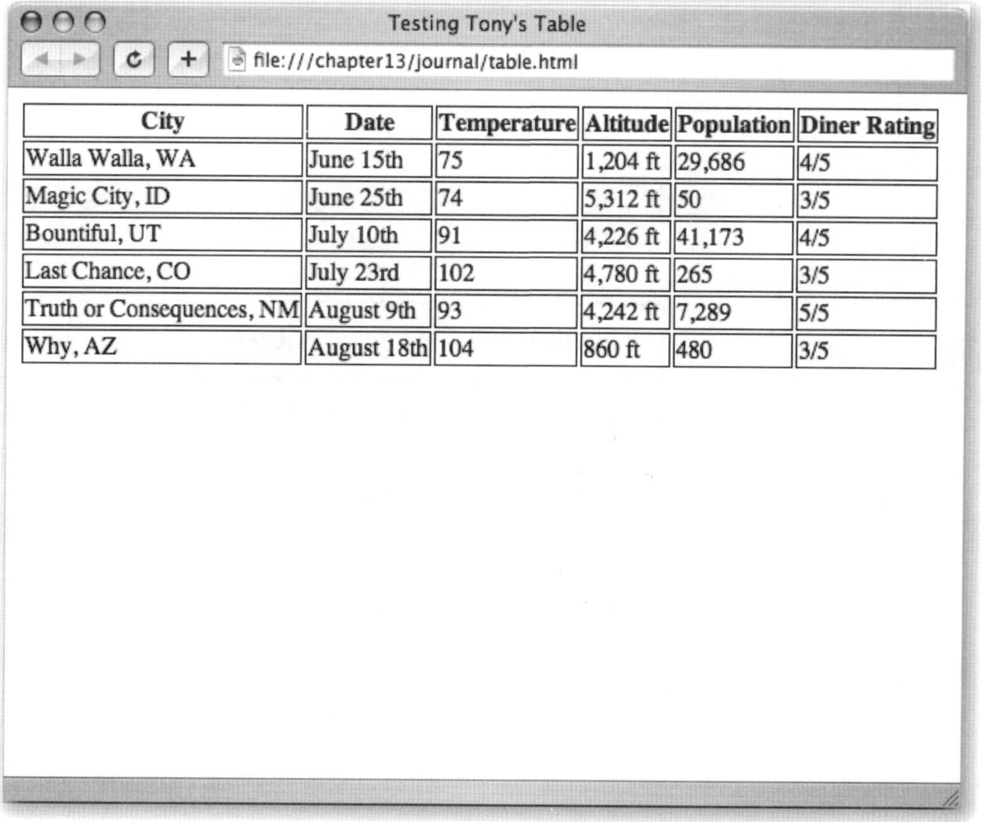
Testing Tony's Table
file:///chapter13/journal/table.html

City	Date	Temperature	Altitude	Population	Diner Rating
Walla Walla, WA	June 15th	75	1,204 ft	29,686	4/5
Magic City, ID	June 25th	74	5,312 ft	50	3/5
Bountiful, UT	July 10th	91	4,226 ft	41,173	4/5
Last Chance, CO	July 23rd	102	4,780 ft	265	3/5
Truth or Consequences, NM	August 9th	93	4,242 ft	7,289	5/5
Why, AZ	August 18th	104	860 ft	480	3/5

Sinta-se como o Browser

À esquerda, você encontrará o HTML de uma tabela. Sua tarefa é simular que você é o browser exibindo uma tabela. Aqui está a solução.

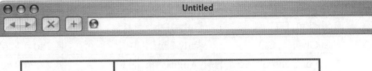

```
<table>
   <tr>
      <th>Artist</th>
      <th>Album</th>
   </tr>
   <tr>
      <td>Enigma</td>
      <td>Le Roi Est Mort, Vive Le Roi!</td>
   </tr>
   <tr>
      <td>LTJ Bukem</td>
      <td>Progression Sessions 6</td>
   </tr>
   <tr>
      <td>Timo Maas</td>
      <td>Pictures</td>
   </tr>
</table>
```

Formatamos o HTML para ficar mais fácil de ler, caso você seja um ser-humano.

Untitled

Artist	Album
Enigma	Le Roi Est Mort, Vive Le Roi!
LTJ Bukem	Progression Sessions 6
Timo Maas	Pictures

Aponte o seu lápis Solução

As linhas pontilhadas duplas dão à tabela do Tonico uma aparência pesada e distrativa. Seria muito melhor, e não tiraria a atenção da tabela, se pudéssemos ter apenas uma borda em torno de cada célula da tabela. Você consegue pensar em uma maneira de fazer isso com estilo, dado o que já foi aprendido? Você pode definir a propriedade "border-spacing" como 0 para remover o espaço entre as bordas.

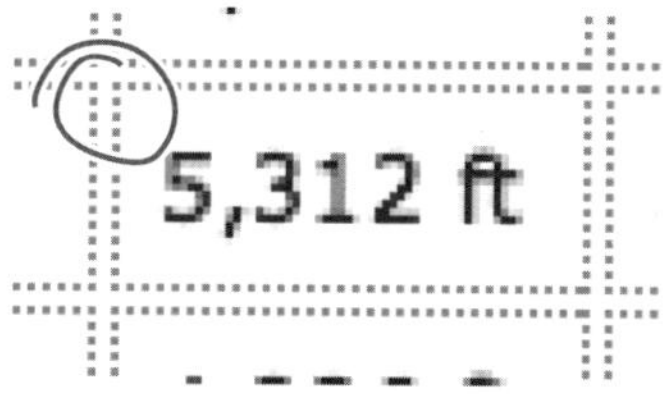
5,312 ft

Poderíamos usar "border-spacing" para definir o espaçamento como 0; então as duas linhas ficariam bem juntinhas.

```
table {
    margin-left: 20px;
    margin-right: 20px;
    border: thin solid black;
    caption-side: bottom;
    border-spacing: 0px;
}
```

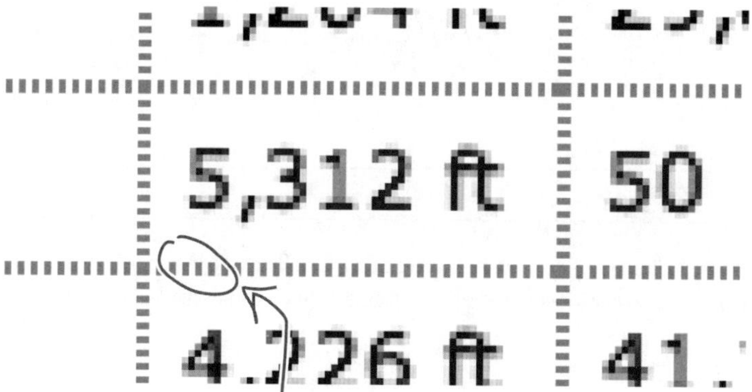
5,312 ft
50

Melhor, porque ainda temos duas linhas e elas estão uma em cima da outra, portanto uma borda dupla é mais grossa. Seria ter apenas UMA borda entre as células não é?

Aponte o seu lápis Solução

Digamos que a gente queira que a data, a temperatura e a classificação dos restaurantes fiquem centralizadas. E que tal alinhar à direita a altitude e a população? Aqui está a solução.

```
.center {
    text-align: center;
}
.right {
    text-align: right;
}
```

Aqui estão as duas classes, uma para centralizar e outra para o alinhamento à direita.

```
<table >
 <caption>The cities I visited on my Segway'n USA travels</caption>
   <tr>
      <th>City</th>
      <th>Date</th>
      <th>Temperature</th>
      <th>Altitude</th>
      <th>Population</th>
      <th>Diner Rating</th>
   </tr>
   <tr>
      <td>Walla Walla, WA</td>
      <td class="center">June 15th</td>
      <td class="center">75</td>
      <td class="right">1,204 ft</td>
      <td class="right">29,686</td>
      <td class="center">4/5</td>
   </tr>
   <tr>
      <td>Magic City, ID</td>
      <td class="center">June 25th</td>
      <td class="center">74</td>
      <td class="right">5,312 ft</td>
      <td class="right">50</td>
      <td class="center">3/5</td>
   </tr>
   .
   .
   .
</table>
```

E aqui você simplesmente adiciona cada <td> da classe apropriada!

Exercício Solução

Para criar cores alternantes nas linhas de Magic City, Last Chance e Why, você só precisa adicionar um atributo class="cordacelula" à tag de abertura <tr> nessas linhas, assim:

```
<tr class="cellcolor">
  <td>Magic City, ID</td>
  ...
</tr>
```

City	Date	Temperature	Altitude	Population	Diner Rating
Walla Walla, WA	June 15th	75	1,204 ft	29,686	4/5
Magic City, ID	June 25th	74	5,312 ft	50	3/5
Bountiful, UT	July 10th	91	4,226 ft	41,173	4/5
Last Chance, CO	July 23rd	102	4,780 ft	265	3/5
Truth or Consequences, NM	August 9th	93	4,242 ft	7,289	5/5
Why, AZ	August 18th	104	860 ft	480	3/5

QUEM FAZ O QUÊ? SOLUÇÃO

Certifique-se de que você fez tudo, desenhe uma seta a partir de cada elemento <td> para sua célula correspondente na tabela. Aqui estão suas respostas.

```
<tr>
   <td rowspan="2">Truth or Consequences, NM</td>
   <td class="center">August 9th</td>
   <td class="center">93</td>
   <td rowspan="2" class="right">4,242 ft</td>
   <td rowspan="2" class="right">7,289</td>
   <td class="center">5/5</td>
</tr>
<tr>

   <td class="center">August 27th</td>
   <td class="center">98</td>


   <td class="center">4/5</td>
</tr>
```

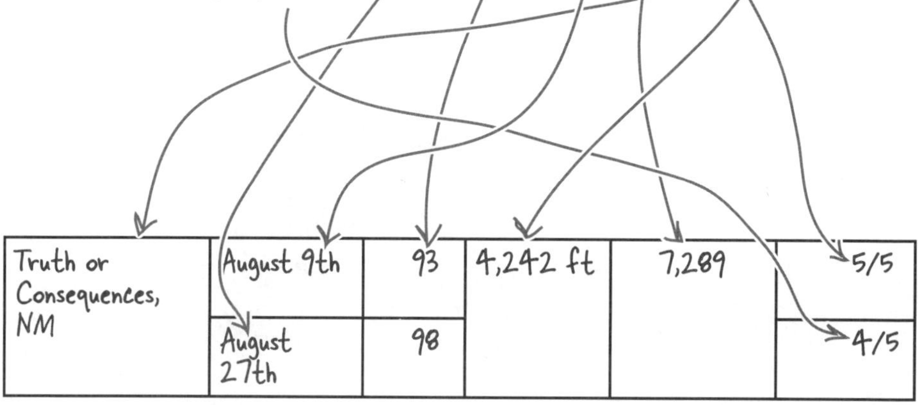
Truth or Consequences, NM
August 9th
93
4,242 ft
7,289
5/5
August 27th
98
4/5

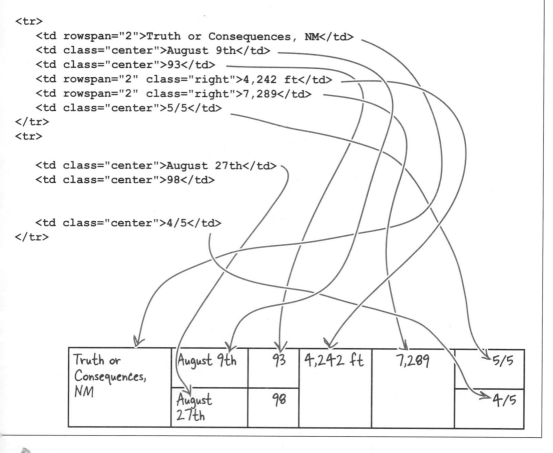

Um Exercício Levado a Sério – Solução

Para criar cores alternantes nas linhas das tabelas de Magic City, Last Chance e Why com uma pseudoclasse, use a nth-child (odd) para selecionar as linhas <tr> ímpares na tabela:

```
tr:nth-child(odd) {
  background-color: #fcba7a;
}
```

City	Date	Temperature	Altitude	Population	Diner Rating
Walla Walla, WA	June 15th	75	1,204 ft	29,686	4/5
Magic City, ID	June 25th	74	5,312 ft	50	3/5
Bountiful, UT	July 10th	91	4,226 ft	41,173	4/5
Last Chance, CO	July 23rd	102	4,780 ft	265	3/5
Truth or Consequences, NM	August 9th	93	4,242 ft	7,289	5/5
Why, AZ	August 18th	104	860 ft	480	3/5

EXERCITANDO O CÉREBRO SOLUÇÃO

É hora de aproveitar todo o treinamento que você recebeu. O que você precisa fazer é alterar a cor do fundo do título da tabela apenas para Tonico e Teresa, sem mudar o fundo dos títulos da tabela principal. Como? Você precisa encontrar um seletor para apenas os títulos da tabela aninhada.

Podemos usar um seletor descendente para selecionar apenas o cabeçalho da tabela aninhado. Veja como você pode fazer isso:

City	Date	Temperature	Altitude	Population	Diner Rating
Walla Walla, WA	June 15th	75	1,204 ft	29,686	4/5
Magic City, ID	June 25th	74	5,312 ft	50	3/5
Bountiful, UT	July 10th	91	4,226 ft	41,173	4/5
Last Chance, CO	July 23rd	102	4,780 ft	265	3/5
Truth or Consequences, NM	August 9th	93	4,242 ft	7,289	5/5
	August 27th	98			**Tess** 5/5 **Tony** 4/5
Why, AZ	August 18th	104	860 ft	[illegible]80	[illegible]/5

(1) Comece selecionando a tabela exterior...

(2) Então selecione a tabela interna

(3) Então selecione o título da tabela.

(1) (2) (3)

```
table table th {
    background-color: white;
}
```

Determine o selector para selecionar apenas os elementos do título da tabela aninhada.

Palavras-cruzadas de HTML – Solução

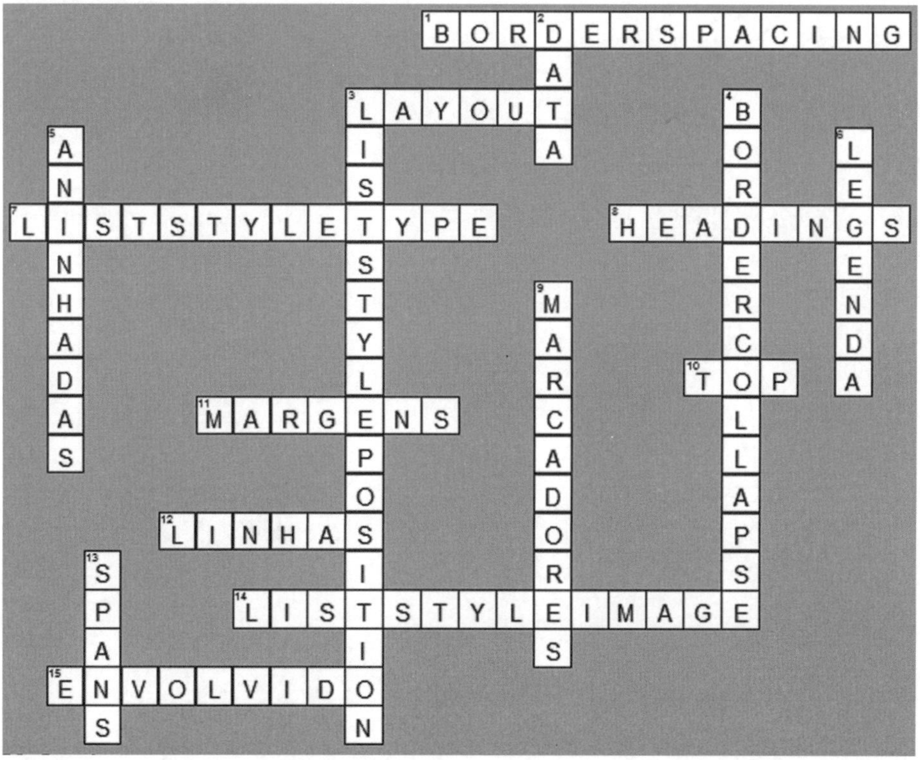
1 BORDERSPACING
2 DATA
3 LAYOUT
3 LISTSTYLEPOSITION
4 BORDERCOLLAPSE
5 ANINHADAS
6 LEGENDA
7 LISTSTYLETYPE
8 HEADINGS
9 MARCADORES
10 TOP
11 MARGENS
12 LINHAS
13 SPANS
14 LISTSTYLEIMAGE
15 ENVOLVIDO

14 formulários html

Torne-se Interativo

Sim, acabei de receber seu formulário. Estamos verificando as informações no servidor e logo entraremos em contato para lhe dar uma resposta.

Até aqui toda sua comunicação na Web tem sido da seguinte maneira: da sua página para seus visitantes. Nossa, não seria legal se os seus visitantes pudessem conversar com você? É aqui que entram os formulários HTML: quando você coloca formulários em suas páginas (com alguma ajuda de um servidor Web), elas serão capazes de obter feedback dos clientes, receber uma solicitação online, obter o próximo movimento em um jogo online ou receber os votos em uma pesquisa "vai para o trono ou não vai". Neste capítulo, vamos conhecer toda uma equipe de elementos do HTML que trabalham juntos para a criação de formulários Web. Você aprenderá também um pouco sobre o que acontece por detrás dos panos no servidor para o suporte aos formulários e falaremos até sobre como manter estes formulários cheios de estilo (um tópico controverso, leia e veja por quê).

Como funcionam os formulários

Se você realmente utiliza a Web, então sabe o que é um formulário. Mas talvez não tenha pensado de verdade sobre o que eles precisam fazer com o HTML. Um formulário é basicamente uma página Web com campos de entrada que permitem que você insira informações. Quando um formulário *é enviado*, tais informações são empacotadas e enviadas a um servidor Web para serem processadas por um script servidor. Quando o processamento termina, o que você obtém? Outra página Web, é claro, como uma resposta. Vamos ver mais de perto como isso funciona:

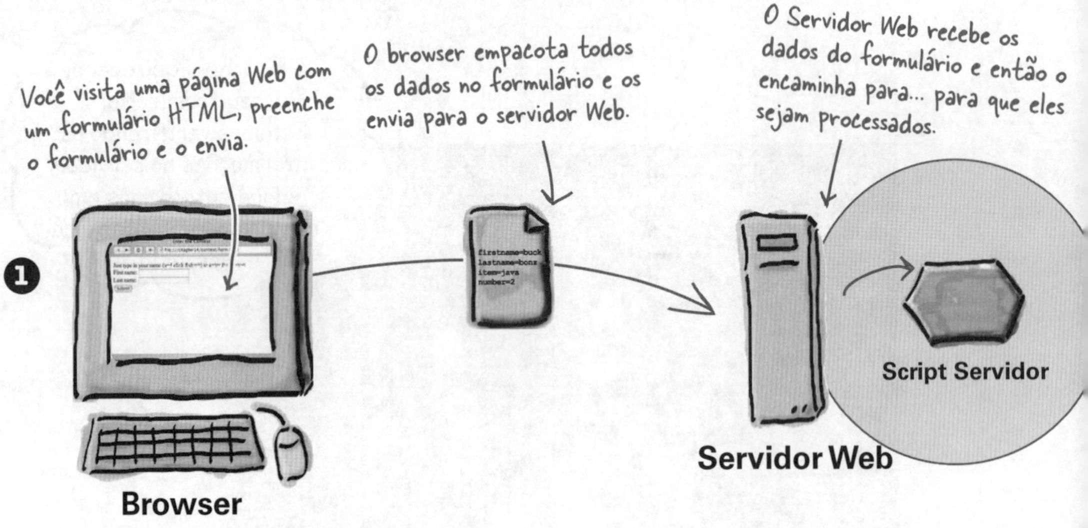
Você visita uma página Web com um formulário HTML, preenche o formulário e o envia.
O browser empacota todos os dados no formulário e os envia para o servidor Web.
O Servidor Web recebe os dados do formulário e então o encaminha para... para que eles sejam processados.
1
firstname=buck
lastname=bonz
item=java
number=2
Script Servidor
Servidor Web
Browser

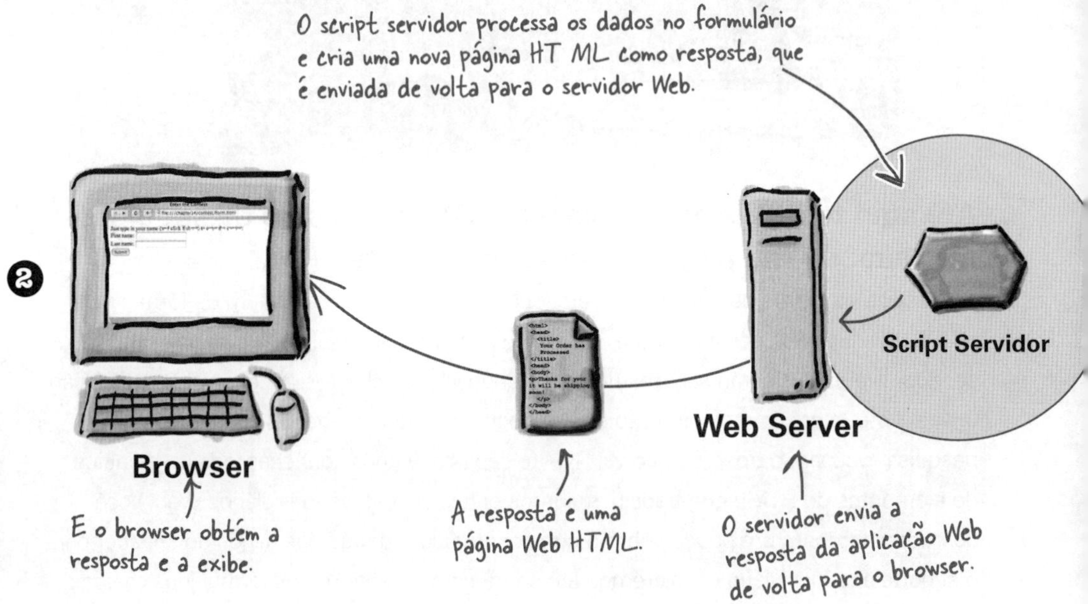
O script servidor processa os dados no formulário e cria uma nova página HT ML como resposta, que é enviada de volta para o servidor Web.
2
Script Servidor
Web Server
Browser
E o browser obtém a resposta e a exibe.
A resposta é uma página Web HTML.
O servidor envia a resposta da aplicação Web de volta para o browser.

Como os formulários funcionam no browser

Para um browser, um formulário é apenas um pouco de HTML em uma página. Você verá que pode criar formulários facilmente em suas páginas adicionando alguns novos elementos. Veja como um formulário funciona, a partir do ponto de vista do browser:

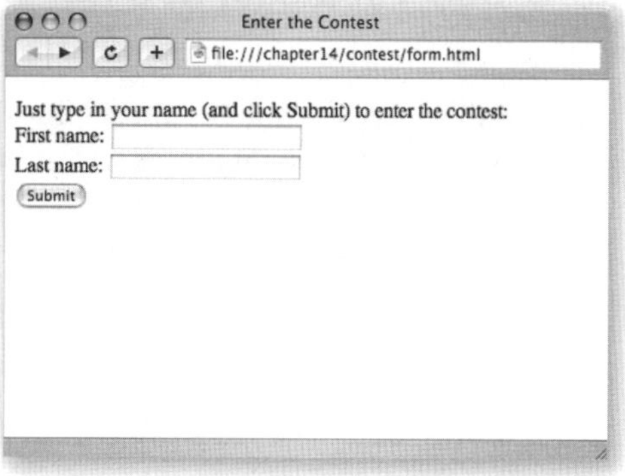
Enter the Contest
file:///chapter14/contest/form.html
Just type in your name (and click Submit) to enter the contest:
First name:
Last name:
Submit

O browser carrega a página

O browser carrega o HTML para uma página, como sempre faz, e quando encontra elementos de formulário, cria *controles* na página que permitem que você insira vários tipos de dados. Um controle é apenas algo como um botão, uma caixa de entrada de texto ou um menu suspenso — basicamente algo que permita que você insira dados.

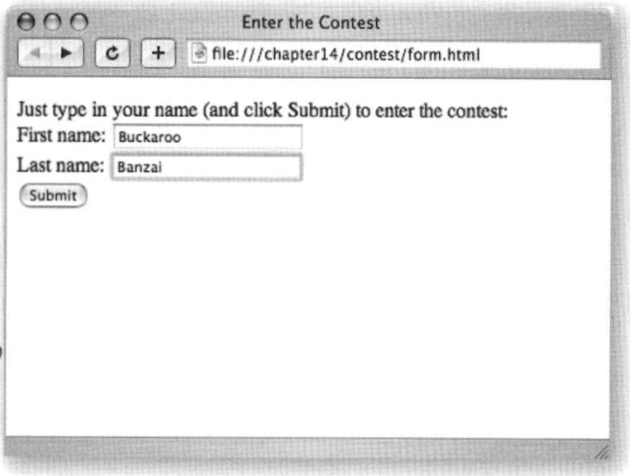
Enter the Contest
file:///chapter14/contest/form.html
Just type in your name (and click Submit) to enter the contest:
First name: Buckaroo
Last name: Banzai
Submit

Você insere os dados

Você usa os controles para inserir dados. Dependendo do tipo de controle, isso pode acontecer de diferentes maneiras. Você pode digitar uma única linha de texto em um controle de texto ou pode clicar em uma opção entre muitas em um controle de caixa de verificação. Veremos em instantes os diferentes tipos de controles.

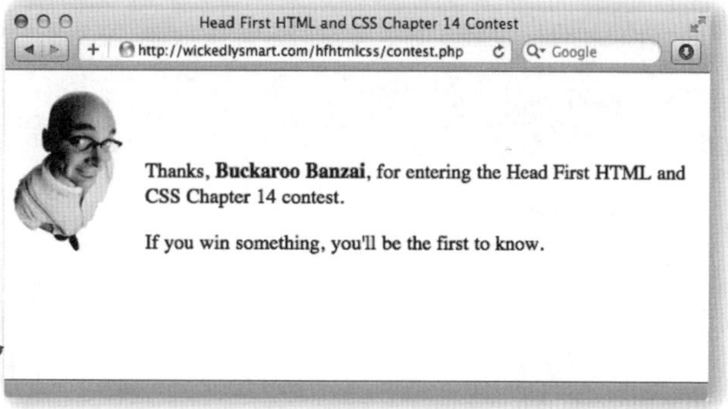
Head First HTML and CSS Chapter 14 Contest
http://wickedlysmart.com/hfhtmlcss/contest.php
Google
Thanks, Buckaroo Banzai, for entering the Head First HTML and CSS Chapter 14 contest.
If you win something, you'll be the first to know.

Você envia o formulário

Você *envia* o formulário clicando em um controle de botão de envio. Essa é a dica de que o browser precisa para empacotar os dados e enviá-los ao servidor.

O servidor responde

Quando o servidor recebe os dados do formulário, ele os encaminha para o script servidor apropriado para o processamento. Esse processamento resulta em uma nova página HTML que é retornada para o browser e, uma vez que é só HTML, o browser a exibe para você.

O que você escreve em HTML

Não há grandes mistérios na criação de formulários com o HTML. Na verdade, neste capítulo conheceremos um novo conjunto de elementos do HTML que funcionam juntos para criar formulários. A melhor maneira de ter uma ideia sobre os formulários é verificar um pequeno HTML e então fazer uma pequena experiência. Dê uma olhada neste formulário:

```
<!DOCTYPE html>
<html>
  <head>
    <meta charset="utf-8">
    <title>Enter the Contest</title>
  </head>
  <body>

   <form action="http://wickedlysmart.com/hfhtmlcss/contest.php"
         method="POST">
     <p>Just type in your name (and click Submit) to
        enter the contest: <br>

       First name: <input type="text" name="firstname" value=""> <br>
       Last name: <input type="text" name="lastname" value=""> <br>
       <input type="submit">

     </p>
   </form>

  </body>
</html>
```

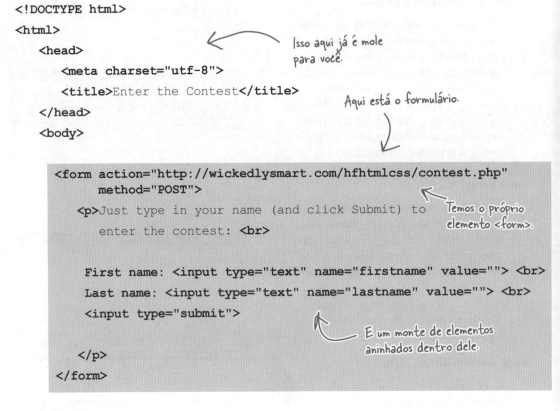

Isso aqui já é mole para você.

Aqui está o formulário.

Temos o próprio elemento <form>.

E um monte de elementos aninhados dentro dele.

Relaxe

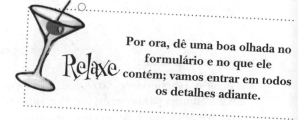

Por ora, dê uma boa olhada no formulário e no que ele contém; vamos entrar em todos os detalhes adiante.

O que é criado pelo browser

Grande surpresa: para criar um formulário você utiliza um elemento `<form>`. Agora, qualquer elemento de bloco pode entrar no elemento `<form>`, mas há todo um novo conjunto de elementos feitos especialmente para os formulários. Cada um desses elementos de formulário oferece uma maneira diferente para a inserção de informações: caixas de texto, caixas de verificação, menus de opções e mais. Examinaremos todos esses elementos, mas primeiro dê uma olhada no HTML da página anterior e veja como os elementos e o conteúdo do elemento `<form>` são exibidos na página abaixo:

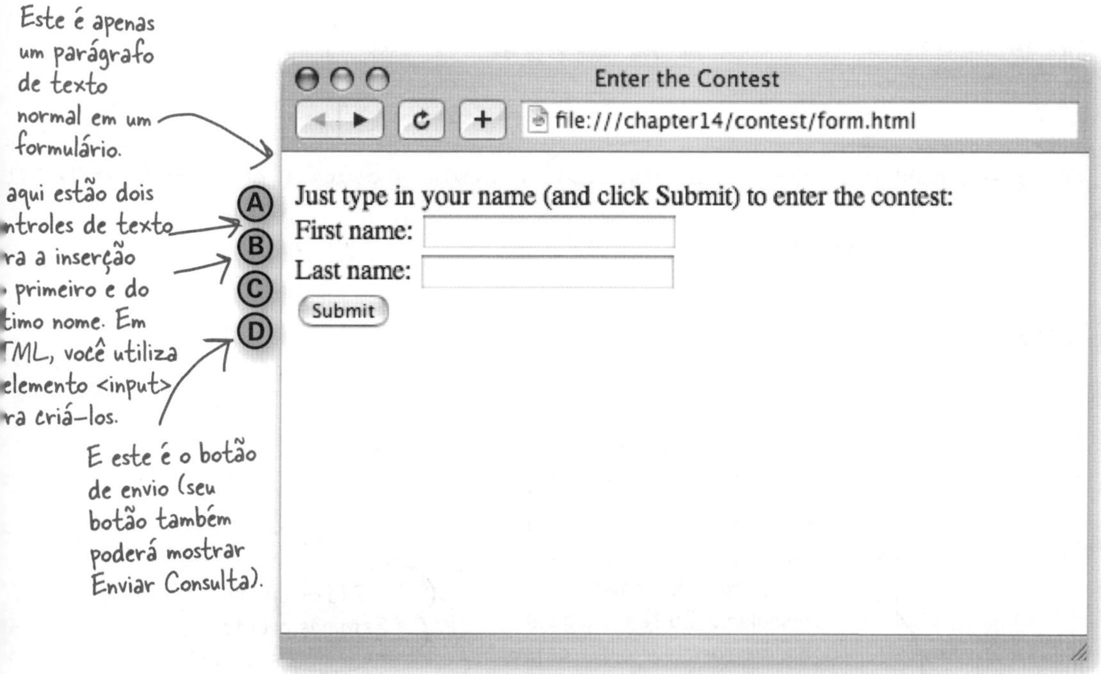
Este é apenas um parágrafo de texto normal em um formulário.
aqui estão dois ntroles de texto ra a inserção primeiro e do timo nome. Em TML, você utiliza elemento <input> ra criá-los.
E este é o botão de envio (seu botão também poderá mostrar Enviar Consulta).
Enter the Contest
file:///chapter14/contest/form.html
A
B
C
D
Just type in your name (and click Submit) to enter the contest:
First name:
Last name:
Submit

Exercício

Você encontrará o formulário do sorteio na pasta "chapter14/contest". Abra-o, ou digite- o para tê-lo em português, dê uma outra olhada e então o carregue em seu browser para entrar no sorteio.

Como funciona o elemento <form>

Vamos olhar o elemento `<form>` mais de perto — ele não só armazena os elementos que estão no formulário mas também informa ao browser o lugar para onde deve enviar seus dados quando você submeter o formulário (e o método que o browser deve usar para enviá-lo).

Esta é a tag de abertura. Tudo no formulário fica aqui dentro

O atributo action armazena a URL do servidor Web...

...a pasta em que está o script...

...e o nome da aplicação Web que processará os dados do formulário.

O atributo method determina como os dad do formulário serão enviados ao servidor. Vamos usar o mais comu POST. Mais adiante no capítulo, falaremos sobr as outras maneiras de enviar dados, e porque v deve ou não usar POST.

```
<form action="http://wickedlysmart.com/hfhtmlcss/contest.php" method="POST"
```

Tudo que está em seu formulário vem aqui.

```
</form>
```

E a tag de fechamento fecha o formulário.

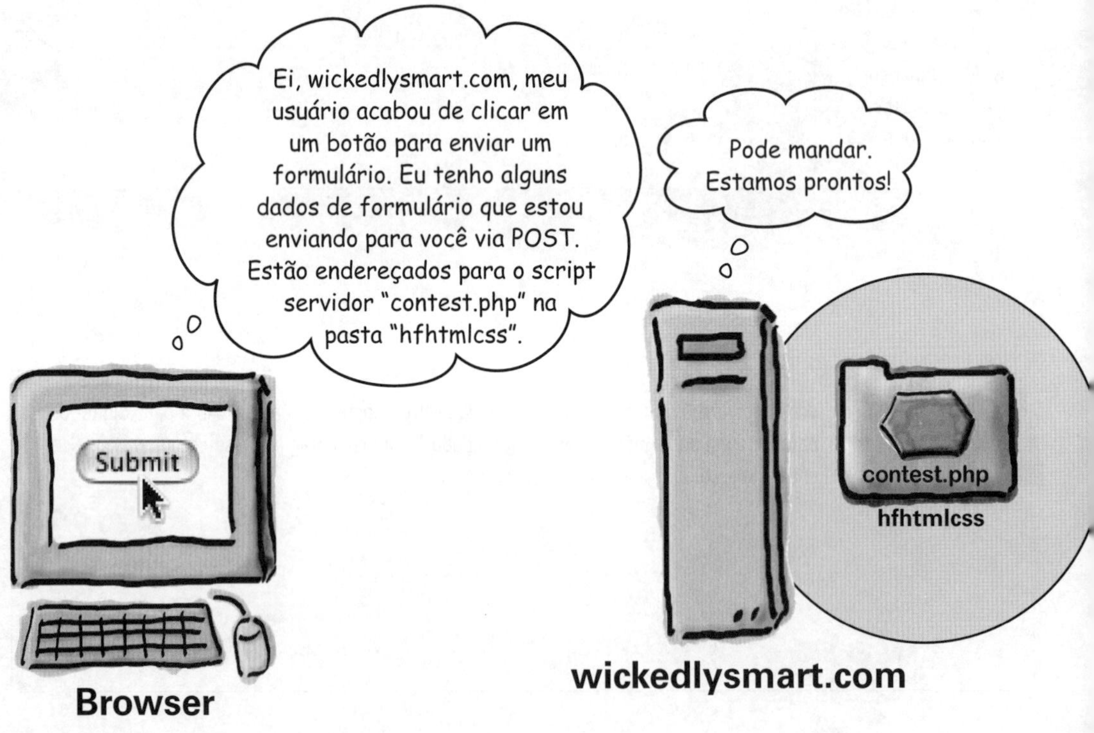

Ei, wickedlysmart.com, meu usuário acabou de clicar em um botão para enviar um formulário. Eu tenho alguns dados de formulário que estou enviando para você via POST. Estão endereçados para o script servidor "contest.php" na pasta "hfhtmlcss".
Pode mandar. Estamos prontos!
Submit
contest.php
hfhtmlcss
Browser
wickedlysmart.com

Ok, então eu tenho um formulário HTML — isso parece ser a parte fácil. Mas onde consigo um script servidor, ou como posso criar um?

Boa pergunta.

A criação de scripts servidores é um tópico completo que vai muito além do conteúdo deste livro. Bem, tentamos falar sobre elas, mas o livro acabou pesando mais do que você (isso não é bom). Assim, de qualquer forma...

Para criar scripts servidores, você precisa conhecer uma linguagem de script ou de programação que seja suportada por sua empresa de hospedagem. A maioria das empresas de hospedagem suporta linguagens como PHP, Ruby on Rails, Perl, Python, Node.js e Java (para citar alguns) e, se você estiver interessado, definitivamente precisa encontrar um livro específico sobre a criação de scripts servidores (também conhecidos como programas server-side). Entre em contato com a sua empresa de hospedagem; elas algumas vezes oferecem scripts simples aos seus clientes, o que alivia um pouco o seu trabalho em desenvolver esses scripts por conta própria.

Para este capítulo, nós já desenvolvemos todos os scripts servidores de que você precisará. Tudo o que você terá de fazer é colocar a URL dessas aplicações no atributo `action` de seu elemento `<form>`.

O que pode existir dentro de um formulário?

Você pode colocar qualquer elemento de bloco em um formulário, mas não é com isso que nos preocuparemos agora; estamos interessados nos *elementos do formulário que criam controles no browser*. Apresentamos a seguir uma rápida explicação dos elementos comumente usados em um formulário. Vamos começar pelo elemento de formulário `<input>`, que tem várias funções no mundo dos formulários.

text input

Entrada de texto O elemento <input> text é usado para a entrada de uma linha de permitem que você defina um a largura desse controle

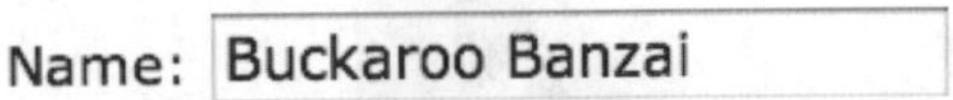
Name:
Buckaroo Banzai

Um elemento <input>com um atributo type text cria um controle de uma linha na página do browser.

Use o atributo type para indicar que você deseja uma entrada de tipo texto.

A maioria dos elementos do formulário exige um nome que seja usado pela aplicação Web. Veremos como isso funciona em instantes.

```
<input type="text" name="fullname">
```

O elemento <input> é um elemento vazio, portanto você o encerra com um />.

Observe que ambos utilizam o mesmo elemento, mas com valores diferentes seu atributo type.

Envio

O elemento <input> submit cria um botão que permite que você envie um formulário. Quando você clica nesse botão, o browser envia o formulário para o script servidor para que ele o processe.

Submit

O botão tem a legenda Enviar (ou Enviar Consulta) por padrão, apesar de você poder mudá-lo (mostraremos você como, mais adiante).

Para o botão de envio, especifique submit como o tipo do elemento <input>.

```
<input type="submit">
```

botão de rádio

O elemento <input> radio cria um e apenas um deles poderá ser controle único com vários botões, os botões dos antigos rádios dos carros; você "pressiona" um, e o selecionado a cada vez. São como resto "salta":

hot
not

O controle de botão de rádio permite apenas uma opção de um conjunto de opções.

Use um <input> radio para cada escolha.

Todos os botões de rádio associados com um determinado conjunto de opções devem ter o mesmo nome...

cada opção possui um valor diferente.

```
<input type="radio" name="hotornot" value="hot">
<input type="radio" name="hotornot" value="not">
```

mesma coisa
ontece
ui. Ainda
tamos usando
elemento
put> apenas
m valores
ferentes
ra type.

caixa de verificação

Um elemento <input> checkbox cria um controle de caixa de verificação que pode estar marcado ou não. Você pode usar várias caixas de verificação juntas, e se o fizer, poderá marcar quantas quiser.

Salt
Pepper
Garlic

Assim como os botões de rádio, você usa um elemento <input> de caixa de verificação para cada opção.

Cada caixa de verificação um valor diferente.

As caixas de verificação relacionadas também têm um nome em comum.

Ao contrário dos botões de rádio, uma caixa de verificação permite nenhuma ou mais opções.

```
<input type="checkbox" name="spice" value="Salt">
<input type="checkbox" name="spice" value="Pepper">
<input type="checkbox" name="spice" value="Garlic">
```

O que pode existir dentro de um formulário? (Parte 2)

Tá, nem todo elemento de formulário é um elemento <input>. Há alguns outros, como `<select>` para menus e `<textarea>` para digitação de mais de uma linha de texto. Assim, por que você não os conhece também antes de prosseguirmos? Ah, e por sinal, depois de fazer isso, você conhecerá 90% dos elementos de formulário (e 99% dos elementos de formulário que são comumente usados).

textarea

O elemento <textarea> cria uma área de texto com mais de uma linha em que você pode digitar. Se você digitar mais texto do que cabe na área de texto, então a barra de rolagem aparecerá no lado direito.

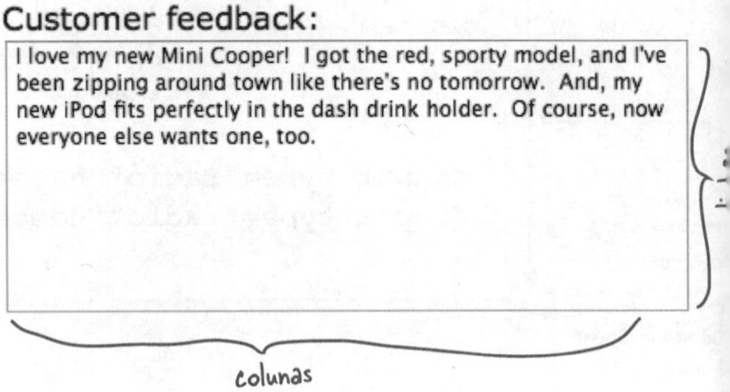
Customer feedback:
I love my new Mini Cooper! I got the red, sporty model, and I've been zipping around town like there's no tomorrow. And, my new iPod fits perfectly in the dash drink holder. Of course, now everyone else wants one, too.
colunas

O elemento <textarea> não é um elemento vazio, portanto tem as tags de abertura e de fechamento.

Use o atributo name para dar um nome único ao elemento.

O atributo cols diz ao browser qual será a largura da área de texto em número de caracteres.

```
<textarea name="comments" rows="10" cols="48"></textarea>
```

O atributo rows diz ao browser a altura da área de texto em número de caracteres.

Qualquer texto que esteja entre as tags de abertura e de fechamento torna-se o texto inicial do controle da área de texto no browser.

Você também pode especificar a largura e altura do texarea usando CSS.

select

O elemento <select> cria um controle de menu na página Web. O menu oferece algumas opções de escolha. O elemento <select> funciona em conjunto com o elemento <option> abaixo para criar um menu.

Buckaroo Banzai

O elemento <select> cria um menu que se parece com este – apesar de a aparência variar dependendo do browser utilizado.

O elemento <select> engloba todas as opções do menu para agrupá-las.

Assim como os outros elementos de formulário, dê ao elemento <select> um nome único usando o atributo name.

```
<select name="characters">
    <option value="Buckaroo">Buckaroo Banzai</option>
    <option value="Tommy">Perfect Tommy</option>
    <option value="Penny">Penny Priddy</option>
    <option value="Jersey">New Jersey</option>
    <option value="John">John Parker</option>
</select>
```

option

O elemento <option> funciona em conjunto com o elemento <select> para criar um menu. Use um elemento <option> para cada item de menu.

Depois de clicar no menu, a lista aparece.

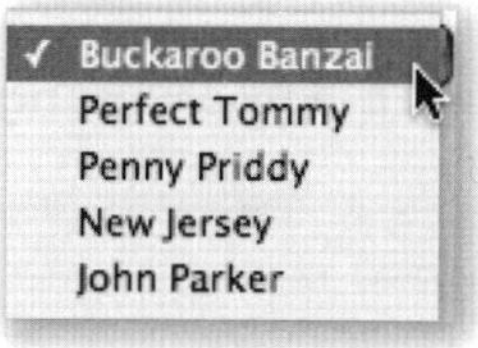
✓ Buckaroo Banzai
Perfect Tommy
Penny Priddy
New Jersey
John Parker

```
select name="characters">
   <option value="Buckaroo">Buckaroo Banzai</option>
   <option value="Tommy">Perfect Tommy</option>
   <option value="Penny">Penny Priddy</option>
   <option value="Jersey">New Jersey</option>
   <option value="John">John Parker</option>
/select>
```

O conteúdo do elemento <option> é usado para a descrição do site no menu. Cada opção de menu também inclui um valor que representa o item de menu.

Oh, tem mais que pode existir em um formulário!

Espere, HTML5 inclui ainda mais tipos de input ótimos! Não se esqueça deles!

Ah, sim, não podemos esquecer de toda diversão nova. Com HTML5, conseguimos formulários ainda mais especializados. Vamos dar uma olhada:

input number

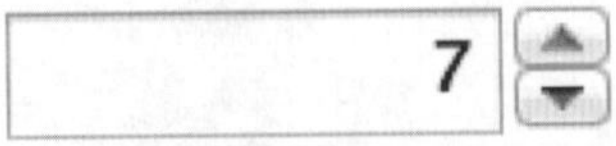
7

O elemento <input> number restringe o input a números. Você pode até especificar um número máximo e mínimo que sejam permitidos com atributos opcionais.

Alguns browsers exibem setas próximas à área de entrada que você pode usar para aumentar ou diminuir o número.

O type "number" significa que você está esperando apenas um número, não um texto.

```
<input type="number" min="0" max="20">
```

Use os atributos max e min para restringir os números permitidos.

input range

O elemento <input> range é semelhante ao number, mas exibe uma barra deslizante em vez de uma caixa para entrada de dados.

O number e o range têm um atributo step opcional que você pode usar para especificar o número de intervalos para os valores.

```
<input type="range" min="0" max="20" step="5">
```

input color

Use o <input> color para especificar uma cor. Quando você clica no controle, um seletor de cor surge para permitir a seleção de cor, em vez de ter que digitar o nome ou valor de uma cor.

Se o input color não for suportado pelo browser, você terá uma entrada de dados de texto regular.

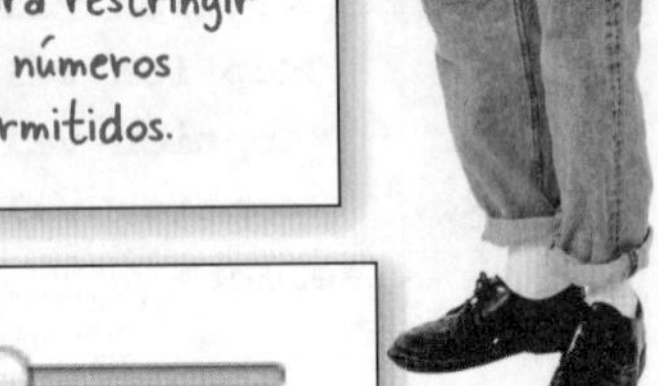
#ffc90e
Other...

```
<input type="color">
```

input date

Use o elemento <input> date para especificar uma data com um controle seletor. O controle cria um formato de data válido para enviar ao script servidor.

May
2012
Mon Tue Wed Thu Fri Sat Sun
30 1 2 3 4 5 6
7 8 9 10 11 12 13
14 15 16 17 18 19 20
21 22 23 24 25 26 27
28 29 30 31 1 2 3
4 5 6 7 8 9 10
Today

```
<input type="date">
```

Assim como o color, se o input date não for suportado pelo browser, você terá entrada de dados de texto regular.

input email

O <input> email é apenas um input de texto, mas em alguns browsers de dispositivos móveis você obtém um teclado personalizado para email quando começa a digitar.

```
<input type="email">
```

Email: Buckaroo Banzai

input tel

O element <input> tel também é apenas um input de texto, mas assim como o email, faz com que um teclado personalizado apareça em dispositivos móveis.

```
<input type="tel">
```

Phone: 555-1212

url input

Assim como email e tel, o <input> url é apenas um input de texto, mas faz com que surja um teclado nos dispositivos móveis.

```
<input type="url">
```

URL: http://banzai.com

Esses três tipos de <input> são variações do <input> text. Em browsers de desktop, você não notará a diferença. Mas em browsers de dispositivos móveis você pode ter um teclado personalizado que deixa mais fácil obter os caracteres necessários, como /, @ e números.

Mesmo com esses tipos especializados, cabe a você ter certeza sobre quais valores o servidor está esperando e usar o tipo de <input> correto.

BANG!

Veja bem!

Nem todos os browsers suportam plenamente esses tipos de input.

Os tipos de input nestas duas páginas são novos em HTML5 e embora você possa usá-los em todas as páginas agora, alguns podem não ser exibidos como vê aqui.

O Web site do Café Starbuzz está maravilhoso. Temos um novo conceito chamado "Máquina de Grãos", que é um formulário online para pedir nossos cafés. Você pode fazer isso acontecer?

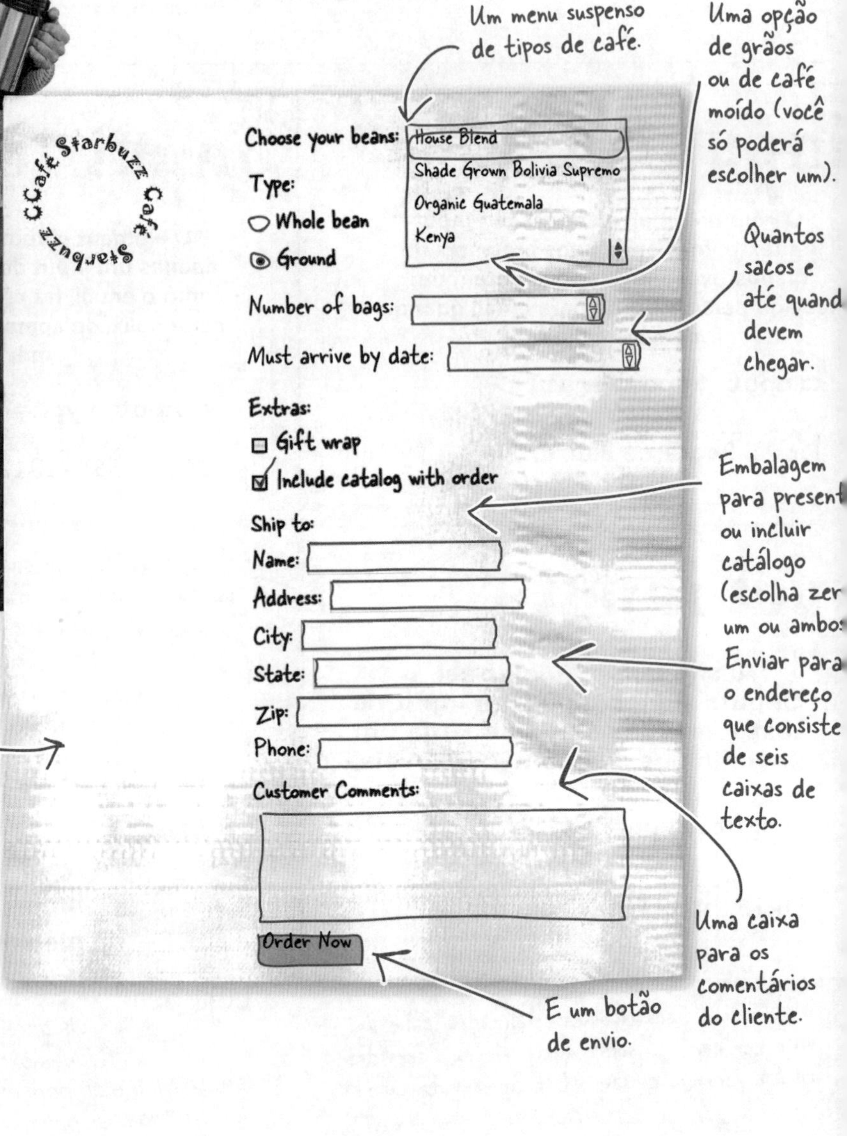
Café Starbuzz Café Starbuzz
Choose your beans:
House Blend
Shade Grown Bolivia Supremo
Organic Guatemala
Kenya
Type:
Whole bean
Ground
Number of bags:
Must arrive by date:
Extras:
Gift wrap
Include catalog with order
Ship to:
Name:
Address:
City:
State:
Zip:
Phone:
Customer Comments:
Order Now
Um menu suspenso de tipos de café.
Uma opção de grãos ou de café moído (você só poderá escolher um).
Quantos sacos e até quand devem chegar.
Embalagem para present ou incluir catálogo (escolha zer um ou ambos
Enviar para o endereço que consiste de seis caixas de texto.
Uma caixa para os comentários do cliente.
E um botão de envio.
O formulário deve ser assim.

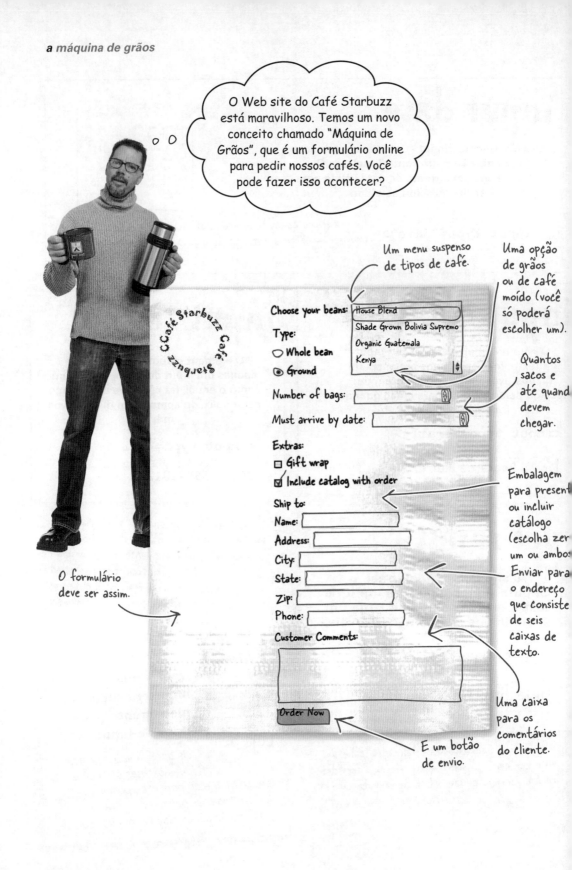

Ímãs de Geladeira

Sua tarefa é pegar os ímãs dos elementos de formulário e colocá-los nos controles correspondentes no esboço. Você não precisará de todos os ímãs que aparecem abaixo para completar a tarefa — alguns ficarão de fora. Verifique sua resposta no final do capítulo antes de prosseguir.

```
<input type="number" ...>
<input type="text" ...>
<input type="color" ...>
<input type="checkbox" ...>
<input type="tel" ...>
<input type="date" ...>
<input type="radio" ...>
<textarea> ...<textarea>
<select> ...<select>
<option> ...<option>
<option> ...<option>
<input type="range" ...>
<input type="submit" ...>
<input type
```

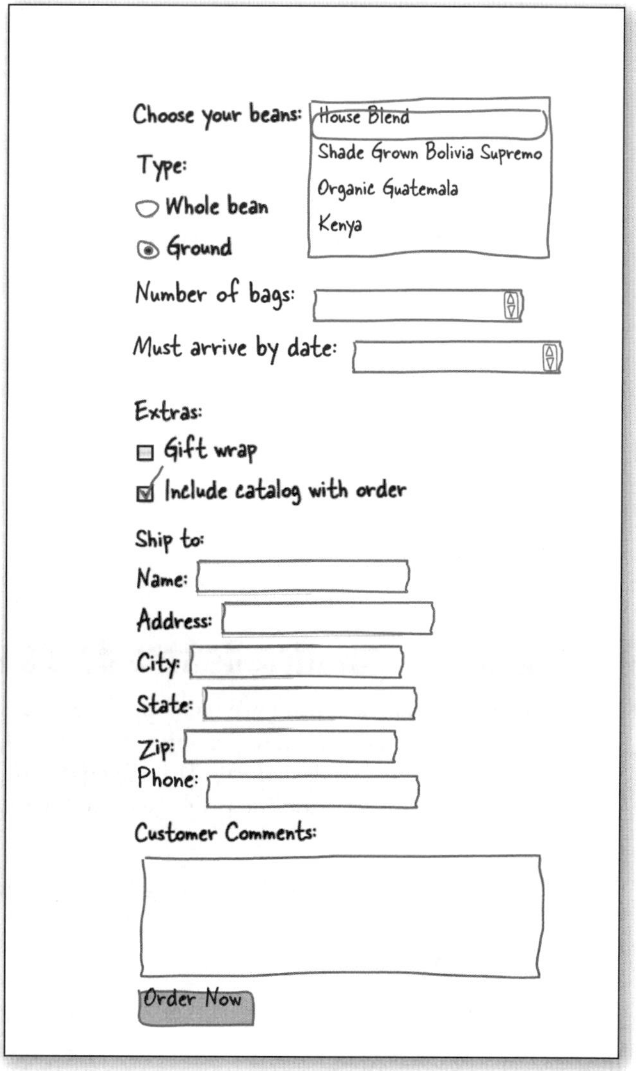
Choose your beans:
House Blend
Shade Grown Bolivia Supremo
Organic Guatemala
Kenya
Type:
Whole bean
Ground
Number of bags:
Must arrive by date:
Extras:
Gift wrap
Include catalog with order
Ship to:
Name:
Address:
City:
State:
Zip:
Phone:
Customer Comments:
Order Now

Prepare-se para construir o formulário da Máquina de Grãos

Antes de começarmos a construir o formulário, dê uma olhada na pasta "chapter14/starbuzz" e você encontrará o arquivo "form.html" . Abra-o e veja o código. Tudo que ele contém é o básico do HTML:

```
<!DOCTYPE html>
<html>
   <head>
      <meta charset="utf-8">
      <title>The Starbuzz Bean Machine</title>
   </head>
   <body>

      <h1>The Starbuzz Bean Machine</h1>
      <h2>Fill out the form below and click "order now" to order</h2>


   </body>
</html>
```

O formulário entrará aqui.

Tudo o que temos até aqui é um cabeçalho identificando a página, além das instruções.

Por ora, vamos criar estes formulários sem todo o estilo que estivemos usand no site do Starbuzz Dessa forma poderemos nos concentrar no XHTML do formulário. Adicionaremos o estilo mais tarde.

Descubra o que fica dentro do elemento form

É hora de adicionar seu primeiro elemento `<form>`. A primeira coisa que você tem que saber quando cria um elemento `<form>` é a URL do script servidor que processará seus dados de formulário. Já cuidamos disso para você; você encontrará o script servidor que processa os pedidos do Starbuzz aqui:

```
http://starbuzzcoffee.com/processorder.php
```

A URL aponta para o site do Café Starbuzz ...

...e para aplicação Web processorder.php que está neste neste servidor. A aplicação já sabe como receber os pedidos do formulário

Adicione o elemento <form>

Como você já conhece a URL do script servidor que processará seu formulário, tudo o que você precisa saber é como colocá-lo no atributo `action` de seu elemento `<form>`, desta maneira (acompanhe e digite as mudanças em seu HTML):

```
<!DOCTYPE html>
<html>
   <head>
      <meta charset="utf-8">
      <title>The Starbuzz Bean Machine</title>
   </head>
   <body>
      <h1>The Starbuzz Bean Machine</h1>
      <h2>Fill out the form below and click "order now" to order</h2>
      <form action="http://starbuzzcoffee.com/processorder.php" method="POST">

      </form>
   </body>
</html>
```

Este é o elemento <form>.

O atributo action contém a URL do script servidor.

E lembre-se de que estamos usando método POST para entregar os dados do formulário para o servidor. Saberemos mais isso mais adiante.

Adicione também a tag de fechamento de <form>.

Até aqui tudo bem, mas um elemento `<form>` vazio não o levará muito longe. Olhando para o esboço do formulário, há muita coisa a ser adicionada; vamos começar pelo simples e terminar a parte "Enviar para:" primeiro, que consiste de várias entradas de texto. Você já tem conhecimentos sobre entradas de texto, mas vamos olhar mais de perto. Veja como se parecem as entradas de texto para o formulário do Starbuzz:

Aqui o tipo é "text", porque este será um controle de entrada de texto.

```
<input type="text" name="name">
<input type="text" name="address">
<input type="text" name="city">
<input type="text" name="state">
<input type="text" name="zip">
<input type="tel" name="phone">
```

Usamos este elemento <input> para alguns controles diferentes. O atributo type determina qual é o tipo do controle.

Temos uma entrada de texto para cada área de entrada no formulário: Nome, Endereço, Cidade, Estado, CEP e Telefone.

Aqui o tipo é "tel" porque estamos esperando um número de telefone como valor.

O atributo name age funciona como um identificador para os dados que o usuário digita. Observe como cada um é definido com um valor diferente. Vamos ver como isso funciona...

Como funcionam os nomes do elemento <form>

Aqui está uma coisa que você deve saber sobre o atributo "`name`": ele age como a cola entre seu formulário e o script servidor que o processa. Veja como isso funciona:

Cada controle de entrada em seu formulário possui um atributo "name":

Quando digita os elementos para um formulário em seu arquivo HTML, você dá a eles nomes únicos. Você já viu isso nas entradas de texto:

```
<input type="text" name="name">
<input type="text" name="address">
<input type="text" name="city">
<input type="text" name="state">
<input type="text" name="zip">
<input type="tel" name="phone">
```

Observe que aqui temos um elemento cujo nome é name o que está perfeitamente correto.

Cada elemento <input> obtém seu próprio no[me]

Quando você envia um formulário, o browser empacota todos os dados usando os nomes únicos:

Digamos que você digite seu nome, endereço, cidade, estado, CEP e telefone no formulário e clique em "Submit"(enviar). O browser pega cada um desses dados e coloca uma etiqueta neles com os valores do atributo de nome único. O browser então envia os nomes e valores para o servidor. Assim:

O que você insere no formulário.

Name: Buckaroo Banzai
Address: Banzai Institute
City: Los Angeles
State: CA
Zip: 90050
Phone: 310-555-1212

O nome único para cada elemento do formulário.

```
name = Buckaroo Banzai
address = Banzai Institute
city = Los Angeles
state = CA
zip = 90050
phone = 310-555-1212
```

Cada nome único obtém um valor a que você digita no formulário.

O que o browser envia para o servidor.

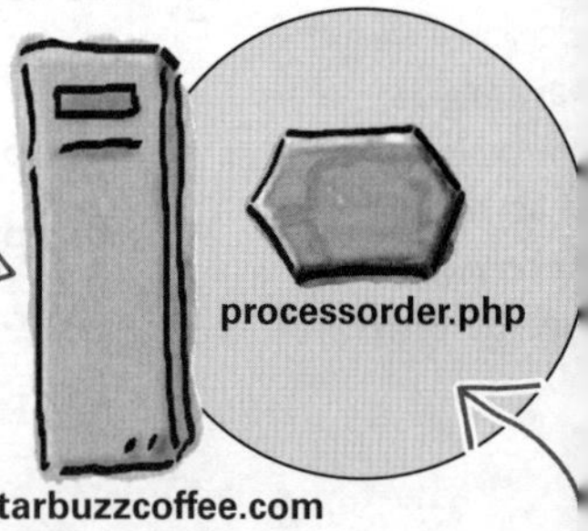
processorder.php
www.starbuzzcoffee.com

O script servidor precisa que os dados do formulário sejam etiquetados para que saiba identificá-los.

não existem Perguntas Idiotas

P: Qual é a diferença entre um :input> text e uma <textarea>?

R: Você usa um <input> text para inserir exto em apenas uma linha, como um nome u um CEP, e uma <textarea> para textos naiores, com mais de uma linha.

P: Posso fazer com que o botão le envio tenha um escrito diferente le "Enviar"?

R: Sim, basta colocar um atributo value" no elemento e dar a ele um valor omo "Peça agora". Você também pode sar o atributo "value" da entrada de texto ara dar à entrada algum texto padrão.

P: Há um limite para o tamanho o texto que posso digitar em um :input> text ou em uma <textarea>?

R: Os browsers colocam um limite o tamanho do texto que você pode igitar, tanto em <input> text ou em uma textarea>; entretanto, é normalmente em mais do que você precisará digitar. ;e você quiser limitar o tamanho do exto a ser digitado por seus usuários m um <input> text, pode usar o atributo maxlength" e defini-lo com um número specífico de caracteres. Por exemplo, naxlength="100" limitaria os usuários 100 caracteres. Entretanto, para uma textarea>, não há uma maneira no ITML de limitar o tamanho do texto de eus usuários.

P: O "tel", "email" e "url" arecem exatamente inputs text. :xiste mesmo uma diferença?

R: Os tipos de input "tel", "email" e url" enviam informação de texto para o cript servidor, então dessa forma eles ão basicamente o mesmo que o input ext. Entretanto, porque o browser sabe ue o type é "tel", por exemplo, ele pode er mais esperto quanto à interface que á fornecer ao usuário. Então, em alguns rowsers de dispositivos móveis, o browser pode exibir um teclado numérico para telefone.

P: Eu ainda não entendi como os nomes se combinam com os dados do formulário.

R: Você sabe que cada elemento do formulário possui um nome único, e também sabe que o elemento possui um valor correspondente. Quando você clica no botão de envio, o browser pega todos os nomes junto com seus valores e os envia para o servidor. Por exemplo, quando você digita o CEP "90050" em um elemento <input> text com o nome "zip", o browser envia "zip=90050" para o servidor quando o formulário é enviado.

P: Como a aplicação Web conhece os nomes que usarei em meu formulário? Em outras palavras, como eu escolho os nomes para os elementos do meu formulário?

R: Boa pergunta. Na realidade, funciona da maneira contrária: você tem de saber quais são os nomes de formulário que o seu script servidor está esperando, e escrever esse formulário de maneira que combine com eles. Se você estiver usando um script servidor que outra pessoa escreveu, ele terá de informar quais nomes você precisará usar, ou oferecer essa informação na documentação do script. Para obter ajuda, um bom lugar é a sua empresa de hospedagem.

P: Por que o elemento <option> não possui um atributo "name"? Todos os outros elementos de formulário têm.

R: Boa observação. Todos os elementos <option> na verdade são parte do menu criado pelo elemento <select>. Assim, nós só precisamos de um nome para todo menu, e esse já está especificado no elemento <select>. Em outras palavras, os elementos <option> não precisam de um atributo "name" porque <select> já especificou o nome para todo o menu. Tenha em mente que quando o formulário é enviado, apenas o valor da opção atualmente selecionada será enviado para o servidor com esse nome.

P: Você não disse que os nomes para cada elemento do formulário precisam ser únicos? Mas todos os elementos <input> radio possuem o mesmo nome.

R: Certo. Os botões de rádio vêm como um conjunto. Pense nisto: se você apertar um botão, o resto salta. Assim, para que o browser saiba que os botões de rádio estão juntos, você usa o mesmo nome. Digamos que você tenha um conjunto de botões de rádio chamado "cor", com valores "vermelho", "verde" e "azul". Todas são cores, e apenas uma cor pode ser escolhida de cada vez, logo um único nome para o conjunto faz sentido.

P: E as caixas de verificação? Elas funcionam como os botões de rádio?

R: Sim; a única diferença é que você pode selecionar mais de uma opção com uma caixa de verificação. Quando o browser envia os dados do formulário para o servidor, ele combina todos os valores da caixa de verificação em um valor e o envia com o nome da caixa de verificação. Assim, digamos que você tenha caixas de verificação "tempero" para "sal", "pimenta" e "alho", e você marcou todos; então o servidor enviaria "tempero = sal&pimenta&alho" para o servidor.

P: Meu Deus, será que eu realmente preciso saber tudo isso sobre o modo como os dados chegam no servidor?

R: Tudo o que você precisa saber são os nomes e tipos dos elementos do formulário que o seu script servidor está esperando. Além disso, saber como tudo isso funciona ajuda em algumas ocasiões, embora você não precise saber todos os detalhes por trás dos bastidores do que está sendo enviado ao servidor.

De volta para colocarmos aqueles elementos <input> em seu HTML

Agora já temos todos os elementos <input> dentro do formulário. Verifique as adições abaixo, e então faça as alterações em seu "formulario.html".

Vamos começar a colocar tudo dentro de um elemento <p>.

Aninhe os elementos diretamente no formulário.

Este aqui é APENAS um trecho de formulário HTML. Ei, temos que salvar algumas árvores!

```
<form action="http://starbuzzcoffee.com/processorder.php" method="POST">
    <p>Ship to: <br>
        Name: <input type="text" name="name"> <br>
        Address: <input type="text" name="address"> <br>
        City: <input type="text" name="city"> <br>
        State: <input type="text" name="state"> <br>
        Zip: <input type="text" name="zip"> <br>
        Phone: <input type="tel" name="phone"> <br>
    </p>
    <p>
        <input type="submit" value="Order Now">
    </p>
</form>
```

Aqui estão todo os elementos <input>: um para cada entrada de texto na seção Enviar para do formulário.

Adicionamos uma etiqueta para cada entrada para que o usuário saiba o que vai na entrada de texto.

E você deveria saber também que <input> é um elemento em linha, portanto se você quiser algumas quebras de linha entre os elementos <input>, terá de adicionar
s Esse também é o motivo por que você precisa aninhá-los dentro de um parágrafo.

Finalmente, não se esqueça de que os usuários precisam de um botão para enviar o formulário. Portanto, adicione um botão de envio inserindo um <input> no final com um tiposubmit. Adicione também um valorOrder Now, que mudará o texto do botão de Enviar para Fazer o pedido.

Depois de fazer todas essas alterações, salve seu arquivo "formulario.html" e vamos fazer um teste.

Não se esqueça de validar seu HTML. Os elementos de formulário também precisam de validação!

Um test drive do formulário

Recarregue a página, preencha as entradas de texto e envie o formulário. Quando você fizer isso, o browser empacotará os dados e os enviará para a URL que está no atributo `action`, que, nesse caso, é `www.starbuzzcoffee.com`.

Você não pensou que daríamos um exemplo fictício que realmente não funcionasse, pensou? Falando sério, o starbuzzcoffee.com está prontinho para aceitar o seu formulário. Vá em frente!

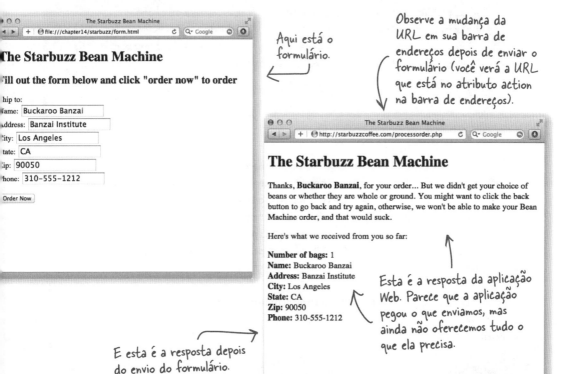

Aqui está o formulário.

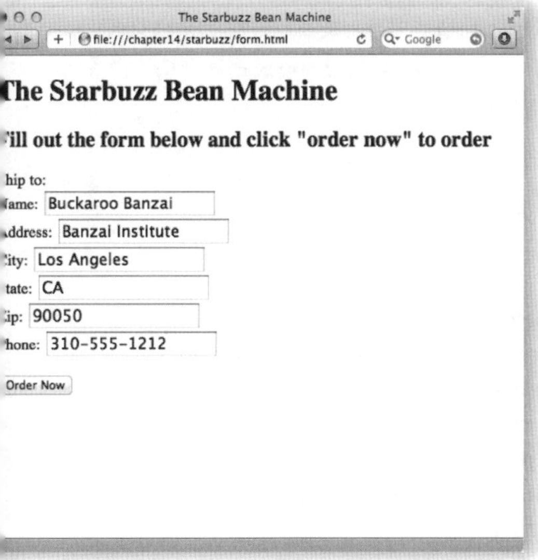

The Starbuzz Bean Machine
file:///chapter14/starbuzz/form.html
The Starbuzz Bean Machine
Fill out the form below and click "order now" to order
Ship to:
Name: Buckaroo Banzai
Address: Banzai Institute
City: Los Angeles
State: CA
Zip: 90050
Phone: 310-555-1212
Order Now

Observe a mudança da URL em sua barra de endereços depois de enviar o formulário (você verá a URL que está no atributo action na barra de endereços).

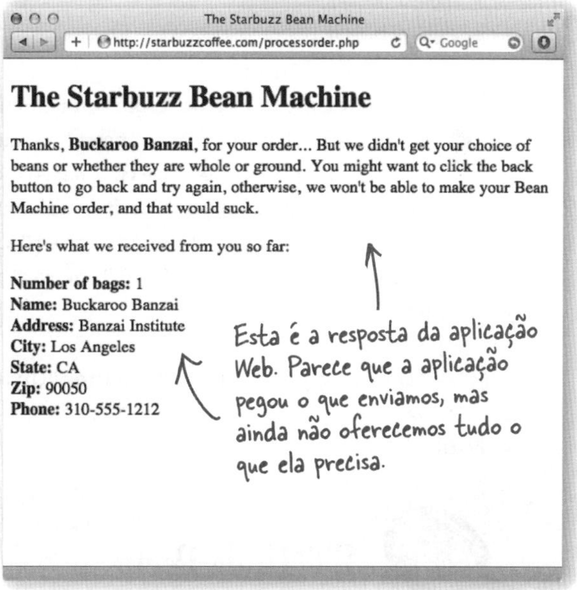

The Starbuzz Bean Machine
http://starbuzzcoffee.com/processorder.php
The Starbuzz Bean Machine
Thanks, Buckaroo Banzai, for your order... But we didn't get your choice of beans or whether they are whole or ground. You might want to click the back button to go back and try again, otherwise, we won't be able to make your Bean Machine order, and that would suck.
Here's what we received from you so far:
Number of bags: 1
Name: Buckaroo Banzai
Address: Banzai Institute
City: Los Angeles
State: CA
Zip: 90050
Phone: 310-555-1212

Esta é a resposta da aplicação Web. Parece que a aplicação pegou o que enviamos, mas ainda não oferecemos tudo o que ela precisa.

E esta é a resposta depois do envio do formulário.

Adicione mais alguns elementos de entrada a seu formulário

Parece que a aplicação Web não nos deixará ir muito longe sem que digamos quais os grãos que queremos, assim como o tipo de grão (inteiro ou moído). Vamos adicionar a seleção do grão colocando um elemento `<select>` no formulário. Lembre-se de que o elemento `<select>` contém uma lista de opções; cada uma se torna uma opção do menu suspenso. Além disso, associado a cada opção há um valor; quando o formulário for enviado, o valor da opção do menu escolhida é enviado ao servidor. Vire a página e vamos adicionar o elemento `<select>`.

Adicione o elemento <select>

```
<form action="http://starbuzzcoffee.com/processorder.php" method="post">

  <p>
    Choose your beans:
    <select name="beans">
      <option value="House Blend">House Blend</option>
      <option value="Bolivia">Shade Grown Bolivia Supremo</option>
      <option value="Guatemala">Organic Guatemala</option>
      <option value="Kenya">Kenya</option>
    </select>
  </p>

  <p>
    Ship to: <br>
    Name: <input type="text" name="name" value=""><br>
    Address: <input type="text" name="address" value=""><br>
    City: <input type="text" name="city" value=""><br>
    State: <input type="text" name="state" value=""><br>
    Zip: <input type="text" name="zip" value=""><br>
    Phone: <input type="tel" name="phone" value=""><br>
  </p>
  <p>
    <input type="submit" value="Order Now">
  </p>
</form>
```

Aqui está o novo elemento <select>. Ele também tem um nome único.

Aqui colocamos cada elemento <option>, um para cada opção de café.

HTML de Perto

Vamos olhar o elemento `<option>` mais de perto.

Cada opção tem um valor.

O conteúdo do elemento é usado como etiqueta no menu suspenso.

```
<option value="Guatemala">Organic Guatemala</option>
```

Quando o browser empacota os nomes e valores dos elementos do formulário, usa o nome do elemento <select> junto com o valor da opção escolhida.

Nesse caso, o browser enviaria ao servidor beans = "Guatemala".

Test drive do elemento <select>

Vamos levar o elemento `<select>` para dar uma volta. Recarregue sua página e um belo menu deverá estar esperando por você. Escolha seu café favorito, preencha o resto do formulário e envie seu pedido.

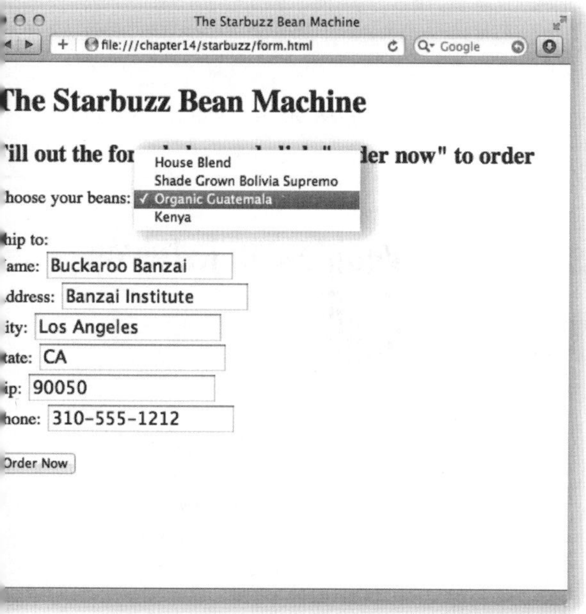
The Starbuzz Bean Machine
file:///chapter14/starbuzz/form.html
Google
The Starbuzz Bean Machine
House Blend
Shade Grown Bolivia Supremo
✓ Organic Guatemala
Kenya
hoose your beans:
hip to:
ame: Buckaroo Banzai
ddress: Banzai Institute
ity: Los Angeles
tate: CA
ip: 90050
hone: 310-555-1212
Order Now

Este é o formulário, completo com um <select>. Observe que todas as opções estão aqui.

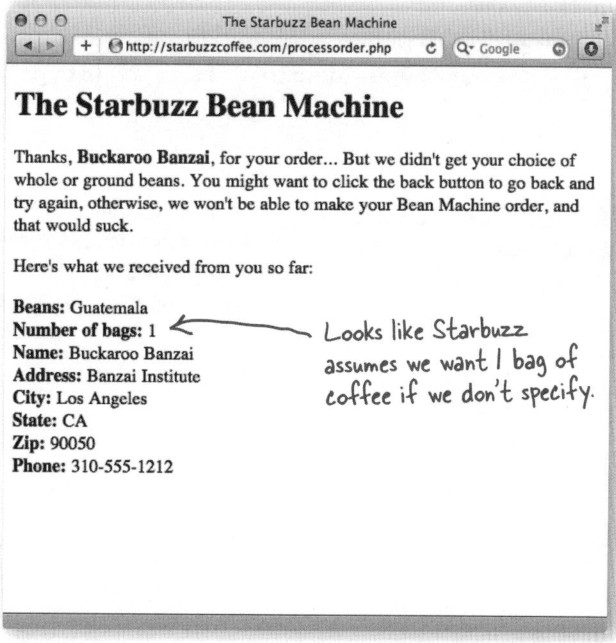
The Starbuzz Bean Machine
http://starbuzzcoffee.com/processorder.php
Google
The Starbuzz Bean Machine
Thanks, Buckaroo Banzai, for your order... But we didn't get your choice of whole or ground beans. You might want to click the back button to go back and try again, otherwise, we won't be able to make your Bean Machine order, and that would suck.
Here's what we received from you so far:
Beans: Guatemala
Number of bags: 1
Name: Buckaroo Banzai
Address: Banzai Institute
City: Los Angeles
State: CA
Zip: 90050
Phone: 310-555-1212

inda não demos ao script
ridor tudo o que ele precisa,
as ele está recebendo tudo que
stá formulado até aqui.

Este é o resultado da opção <select>.

Looks like Starbuzz assumes we want 1 bag of coffee if we don't specify.

Aqui estão todos os Inputs de textos e o input tel.

PODER DO CÉREBRO

Altere o atributo "name" do elemento <select> para "thembeams". Recarregue o formulário e reenvie seu pedido. Como isso afeta os resultados que você recebe do script servidor?

Lembre-se de mudar o nome para "beans" novamente, depois de terminar o exercício.

Ofereça ao cliente as opções de grãos moídos ou inteiros

O cliente precisa ser capaz de escolher se quer seus grãos inteiros ou moídos em seu pedido. Para isso, usaremos os botões de rádio. Eles são como os botões dos rádios de automóveis antigos — você só pode apertar um de cada vez. Eles funcionam no HTML com a criação de um `<input>` do tipo "radio" para cada botão; assim, nesse caso você precisa de dois botões: um para os grãos inteiros e outro para os moídos. Veja como é o código para isso:

Há dois botões de rádio aqui: um para os grãos inteiros e outro para o café moído.

```
<p>Type: <br>

   <input type="radio" name="beantype" value="whole"> Whole bean <br>
   <input type="radio" name="beantype" value="ground"> Ground

</p>
```

Estamos usando o elemento <input> para isso, com tipo definido como radio.

Este é o nome único. Todos os botões de rádio no grupo têm o mesmo nome.

E este é o valor que será enviado ao script servidor. Apenas um destes será enviado, o que estiver selecionado quando o formulário for enviado.

Observe que com frequência etiquetamos botões de rádio no lado direito do elemento

Como apertar os botões de rádio

Pegue o HTML do botão de rádio da página anterior e o insira em seu HTML, abaixo do parágrafo que contém o elemento `<select>`. Lembre-se de recarregar a página e então envie o formulário novamente.

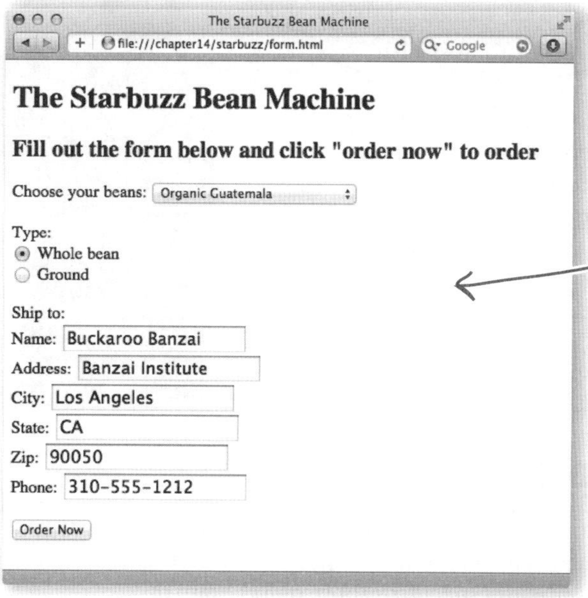
The Starbuzz Bean Machine
file:///chapter14/starbuzz/form.html
Google
The Starbuzz Bean Machine
Fill out the form below and click "order now" to order
Choose your beans: Organic Guatemala
Type:
Whole bean
Ground
Ship to:
Name: Buckaroo Banzai
Address: Banzai Institute
City: Los Angeles
State: CA
Zip: 90050
Phone: 310-555-1212
Order Now

Dependendo de seu browser, você pode ter notado que nenhum botão de rádio estava pressionado quando você recarregou a página.

Uau! O Starbuzz aceitou o seu pedido e ainda nem terminamos o formulário ainda. Ainda temos que adicionar as opções de o formulário ainda. Ainda temos que adicionar as opções de embalagem e uma área para os comentários do cliente.

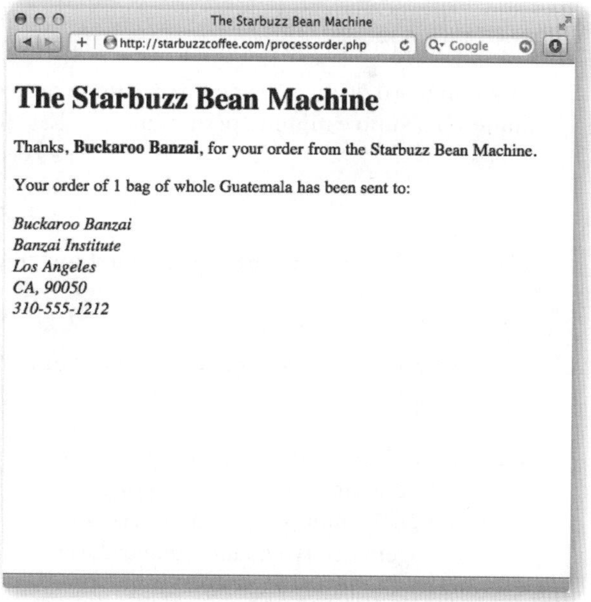
The Starbuzz Bean Machine
http://starbuzzcoffee.com/processorder.php
Google
The Starbuzz Bean Machine
Thanks, Buckaroo Banzai, for your order from the Starbuzz Bean Machine.
Your order of 1 bag of whole Guatemala has been sent to:
Buckaroo Banzai
Banzai Institute
Los Angeles
CA, 90050
310-555-1212

Como é que o pedido pode funcionar sem que todos os elementos estejam na página? Bem, depende de como a aplicação Web está programada. Nesse caso, ela está programada para processar o pedido mesmos e a embalagem para presente e as opções do catálogo e os comentários do consumidor não sejam enviados com o resto dos dados do formulário. Aúnica maneira de você saber se uma aplicação Web exige certos elementos é falando com a pessoa que a desenvolveu, ou lendo a documentação.

Exercício

Ei, 80% dos pedidos de nossos clientes incluem grãos "moídos". Você pode fazer com que o tipo grão moído já esteja selecionado quando o usuário carregar a página?

Se você adicionar um atributo booleano chamado checked em seu elemento input radio, então tal elemento será selecionado por padrão quando o formulário for exibido por seu browser. Adicione o atributo "checked" ao elemento <input> radio "ground" e faça um teste com a página. Você encontrará a solução no final deste capítulo.

(Lembre-se de que atributos booleanos não precisam de um valor; se o atributo **checked** estiver presente, então o controle do input está checado).

Usando mais tipos de input

Em seguida, precisamos obter o número de sacos de café que o cliente quer comprar e a data limite para o recebimento. Ambos são elementos `<input>`, mas em vez de usar inputs de texto básicos, podemos ser mais específicos sobre o tipo exato de conteúdo que queremos nesses elementos `<input>` usando o tipo "number" para o número de sacos e o tipo "date" para a data limite para recebimento.

Para o número de sacos, podemos ser ainda mais específicos, especificando um número máximo e mínimo permitido:

Usando o tipo "number" e especificando o número mínimo máximo de sacos, podemos restringir a entrada de dados um valor que funcione para a gente (não queremos cliente pedindo mais de 10 sacos de um tipo de café de uma vez

```
Number of bags: <input type="number" name="bags" min="1" max="10">
```

```
Must arrive by date: <input type="date" name="date">
```

E usando o tipo "date" aq os browsers que suportam esse tipo irão ajudar o cliente fazendo surgir um controle seletor de data.

Agora, se você tentar digitar mais de 10 sacos ou menos de 1, em browsers que suportam o type `<input>` "number", você vai receber uma mensagem de erro quando tentar enviar o formulário, indicando que o valor que você digitou está incorreto.

Você receberá uma mensagem de erro se você tentar digitar mais (ou menos) do que o número máximo e mínimo.

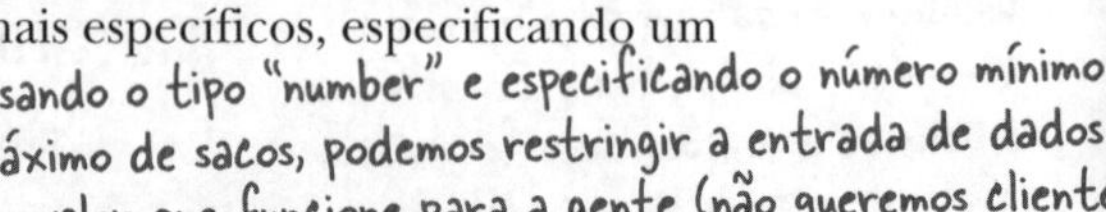
Number of bags:
24
Value must be less than or equal to 10.

Adicionando os tipos de input number e date

Vá em frente e adicione os novos elementos <input> ao seu arquivo "formulário.html", abaixo dos <input>s tipos de grãos e acima dos campos "Enviar para" e faça um novo test drive.

```
<form action="http://starbuzzcoffee.com/processorder.php" method="post">
  <p>
    Choose your beans:
    <select name="beans">
      <option value="House Blend">House Blend</option>
      <option value="Bolivia">Shade Grown Bolivia Supremo</option>
      <option value="Guatemala">Organic Guatemala</option>
      <option value="Kenya">Kenya</option>
    </select>
  </p>
  <p>
    Type:<br>
      <input type="radio" name="beantype" value="whole">Whole bean<br>
      <input type="radio" name="beantype" value="ground" checked>Ground
  </p>

  <p>
    Number of bags: <input type="number" name="bags" min="1" max="10">
  </p>
  <p>
    Must arrive by date: <input type="date" name="date">
  </p>

  <p>
    Ship to: <br>
    Name: <input type="text" name="name" value=""><br>
    Address: <input type="text" name="address" value=""><br>
    City: <input type="text" name="city" value=""><br>
    State: <input type="text" name="state" value=""><br>
    Zip: <input type="text" name="zip" value=""><br>
    Phone: <input type="tel" name="phone" value=""><br>
  </p>
  <p>
    <input type="submit" value="Order Now">
  </p>
</form>
```

Adicionamos o novo código aqui. Lembre-se de que os browsers podem exibi-los diferentemente, dependendo de qual browser está usando. Tente em mais de um browser!

Vire a página para ver os resultados de nosso test drive...

Testando os elementos <input> number e date

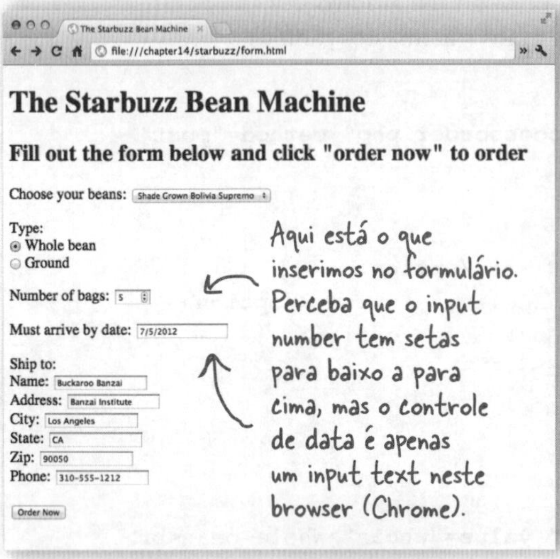
The Starbuzz Bean Machine
file:///chapter14/starbuzz/form.html
The Starbuzz Bean Machine
Fill out the form below and click "order now" to order
Choose your beans: Shade Grown Bolivia Supremo
Type:
Whole bean
Ground
Number of bags: 5
Must arrive by date: 7/5/2012
Ship to:
Name: Buckaroo Banzai
Address: Banzai Institute
City: Los Angeles
State: CA
Zip: 90050
Phone: 310-555-1212
Order Now

Aqui está o que inserimos no formulário. Perceba que o input number tem setas para baixo a para cima, mas o controle de data é apenas um input text neste browser (Chrome).

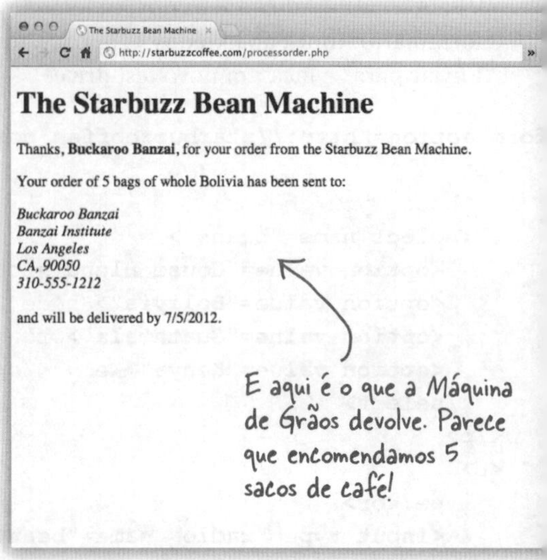
The Starbuzz Bean Machine
http://starbuzzcoffee.com/processorder.php
The Starbuzz Bean Machine
Thanks, Buckaroo Banzai, for your order from the Starbuzz Bean Machine.
Your order of 5 bags of whole Bolivia has been sent to:
Buckaroo Banzai
Banzai Institute
Los Angeles
CA, 90050
310-555-1212
and will be delivered by 7/5/2012.

E aqui é o que a Máquina de Grãos devolve. Parece que encomendamos 5 sacos de café!

Complete o formulário

Você já está quase lá. Você só precisa adicionar duas seções ao formulário: a seção "Extras" com as duas caixas de verificação e a seção dos comentários do cliente. Agora que você já está pegando o jeito com os formulários, vamos acelerar um pouco e adicionar ambos ao mesmo tempo.

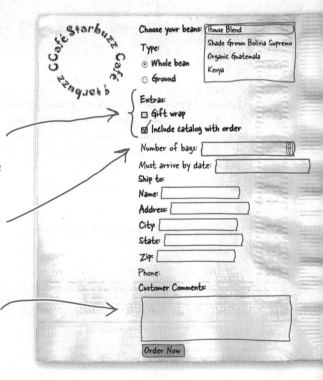

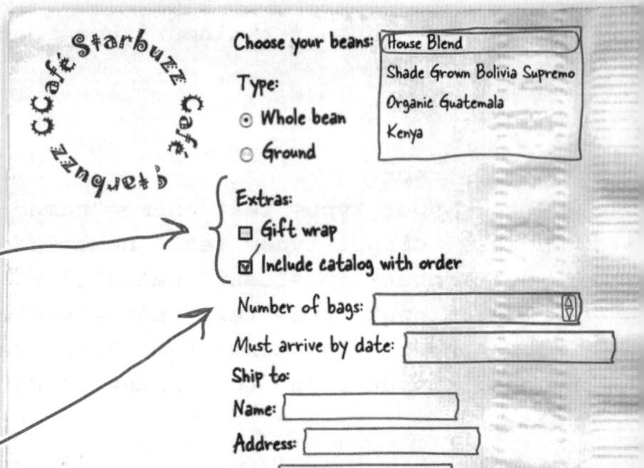
Starbuzz Cafe
Choose your beans:
House Blend
Shade Grown Bolivia Supremo
Organic Guatemala
Kenya
Type:
Whole bean
Ground
Extras:
Gift wrap
Include catalog with order
Number of bags:
Must arrive by date:
Ship to:
Name:
Address:
City:
State:
Zip:
Phone:
Customer Comments:
Order Now

A seção de extras consiste de duas caixas de verificação, uma para a embalagem para presente e outra para incluir um catálogo.

Parece que a opção incluir catálogos deveria estar marcada por padrão.

A seção de comentários do cliente é apenas uma <textarea>.

Adicione as caixas de verificação e a área de texto

Você conhece o procedimento: dê uma olhada no novo HTML e adicione-o ao seu "formularios.html".

```
<form action="http://starbuzzcoffee.com/processorder.php" method="post">
  <p>
    Choose your beans:
    <select name="beans">
      <option value="House Blend">House Blend</option>
      <option value="Bolivia">Shade Grown Bolivia Supremo</option>
      <option value="Guatemala">Organic Guatemala</option>
      <option value="Kenya">Kenya</option>
    </select>
  </p>
  <p>
    Type:<br>
      <input type="radio" name="beantype" value="whole">Whole bean<br>
      <input type="radio" name="beantype" value="ground" checked>Ground
  </p>
  <p>Number of bags: <input type="number" name="bags" min="1" max="10"></p>
  <p>Must arrive by date: <input type="date" name="date"></p>
  <p>
    Extras:<br>
    <input type="checkbox" name="extras[]" value="giftwrap">Gift wrap<br>
    <input type="checkbox" name="extras[]" value="catalog" checked>Include catalog
       with order
  </p>
  <p>
    Ship to: <br>
    Name: <input type="text" name="name" value=""><br>
    Address: <input type="text" name="address" value=""><br>
    City: <input type="text" name="city" value=""><br>
    State: <input type="text" name="state" value=""><br>
    Zip: <input type="text" name="zip" value=""><br>
    Phone: <input type="tel" name="phone" value=""><br>
  </p>
  <p>Customer Comments:<br>
      <textarea name="comments"></textarea>
  </p>
  <p>
    <input type="submit" value="Order Now">
  </p>
</form>
```

Aqui adicionamos uma caixa de verificação para cada opção. Observe que elas têm o mesmo nome.

...mas possuem valores diferentes.

Estamos usando o atributo checked para especificar que a opção catálogo deve vir marcada como padrão. Você pode adicionar um atributo checked a mais de uma caixa de verificação.

Como os botões de rádio, vamos colocar essas etiquetas à direita das caixas de verificação.

Esta é a área de texto.

O test drive final do formulário

Salve suas alterações, recarregue e verifique o novo formulário. Você não acha que a aparência está ótima?

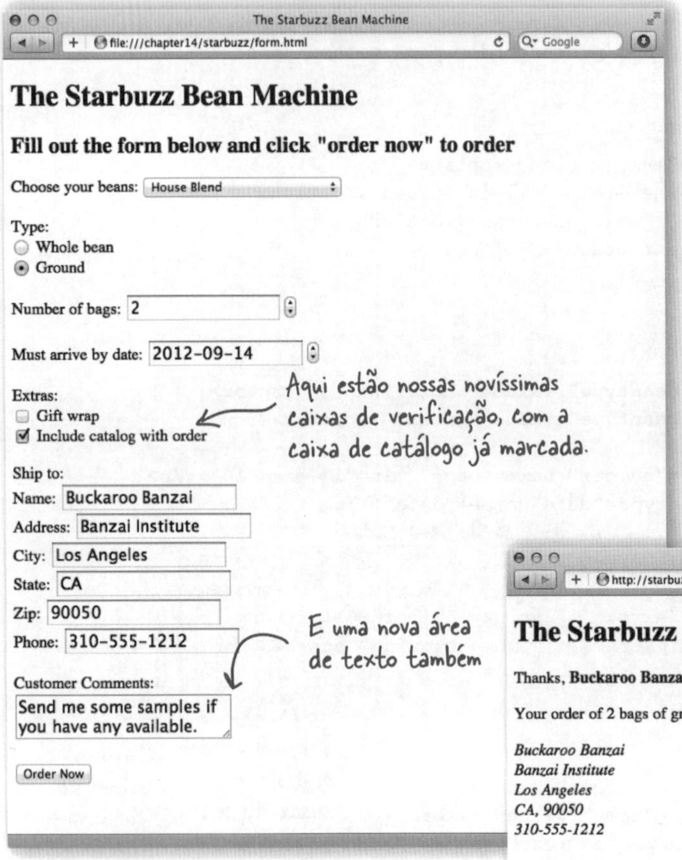
The Starbuzz Bean Machine
file:///chapter14/starbuzz/form.html
Google
The Starbuzz Bean Machine
Fill out the form below and click "order now" to order
Choose your beans: House Blend
Type:
Whole bean
Ground
Number of bags: 2
Must arrive by date: 2012-09-14
Extras:
Gift wrap
Include catalog with order
Ship to:
Name: Buckaroo Banzai
Address: Banzai Institute
City: Los Angeles
State: CA
Zip: 90050
Phone: 310-555-1212
Customer Comments:
Send me some samples if you have any available.
Order Now

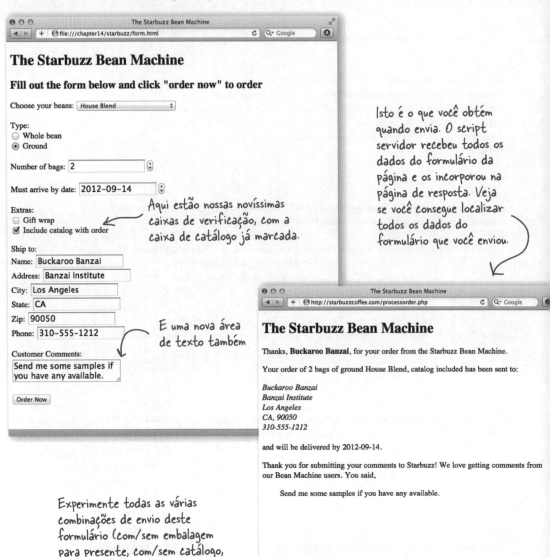

Aqui estão nossas novíssimas caixas de verificação, com a caixa de catálogo já marcada.

E uma nova área de texto também

Isto é o que você obtém quando envia. O script servidor recebeu todos os dados do formulário da página e os incorporou na página de resposta. Veja se você consegue localizar todos os dados do formulário que você enviou.

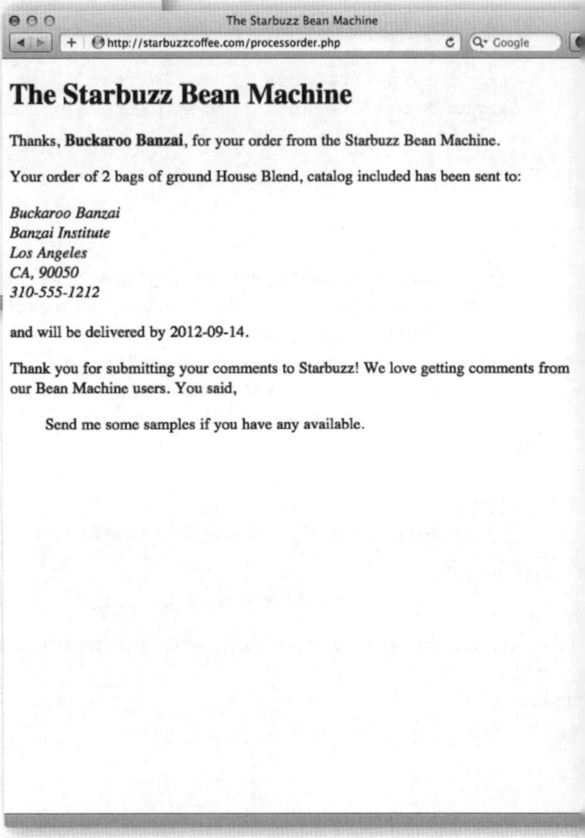
The Starbuzz Bean Machine
http://starbuzzcoffee.com/processorder.php
Google
The Starbuzz Bean Machine
Thanks, Buckaroo Banzai, for your order from the Starbuzz Bean Machine.
Your order of 2 bags of ground House Blend, catalog included has been sent to:
Buckaroo Banzai
Banzai Institute
Los Angeles
CA, 90050
310-555-1212
and will be delivered by 2012-09-14.
Thank you for submitting your comments to Starbuzz! We love getting comments from our Bean Machine users. You said,
Send me some samples if you have any available.

Experimente todas as várias combinações de envio deste formulário (com/sem embalagem para presente, com/sem catálogo, cafés diferentes e assim por diante) e veja como tudo funciona.

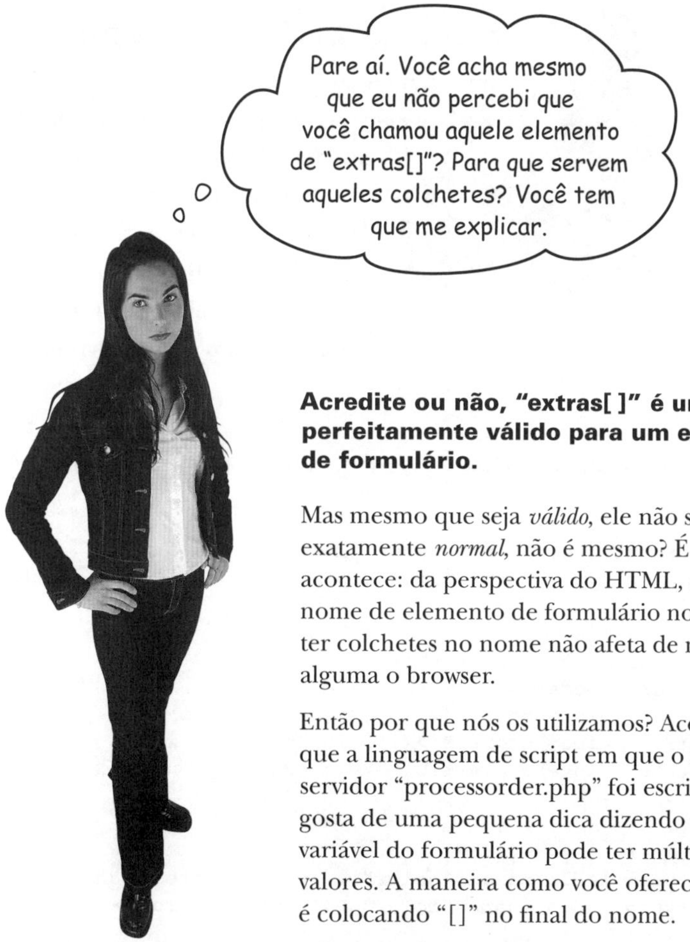
Pare aí. Você acha mesmo
que eu não percebi que
você chamou aquele elemento
de "extras[]"? Para que servem
aqueles colchetes? Você tem
que me explicar.

Acredite ou não, "extras[ ]" é um nome perfeitamente válido para um elemento de formulário.

Mas mesmo que seja *válido*, ele não se parece exatamente *normal*, não é mesmo? É isso que acontece: da perspectiva do HTML, é um nome de elemento de formulário normal; ter colchetes no nome não afeta de maneira alguma o browser.

Então por que nós os utilizamos? Acontece que a linguagem de script em que o script servidor "processorder.php" foi escrita (PHP) gosta de uma pequena dica dizendo que uma variável do formulário pode ter múltiplos valores. A maneira como você oferece essa dica é colocando "[]" no final do nome.

Assim, no que toca o aprendizado do HTML, você pode esquecer de tudo isso, mas guarde esse assunto em algum canto de sua mente caso você tenha de escrever no futuro um formulário que utilize um script servidor em PHP.

Sinta-se como o Browser

Abaixo, você verá um formulário HTML e à direita os dados inseridos por um usuário. Sua tarefa é agir como o browser e combinar cada nome de elemento de formulário com os valores inseridos pelo usuário. Depois de terminar o exercício, dê uma olhada no final do capítulo para ver se você combinou os nomes dos formulários aos valores corretos.

```
<form action="http://www.chooseyourmini.com/choice.php" method="POST">
   <p>Your information: <br>

      Name: <input type="text" name="name"><br>
      Zip: <input type="text" name="zip"><br>

   </p>
   <p>Which model do you want? <br>
     <select name="model">
         <option value="cooper">Mini Cooper</option>
         <option value="cooperS">Mini Cooper S</option>
         <option value="convertible">Mini Cooper Convertible</option>
     </select>
   </p>
   <p>Which color do you want? <br>
     <input type="radio" name="color" value="chilired"> Chili Red  <br>
     <input type="radio" name="color" value="hyperblue"> Hyper Blue
   </p>
   <p>Which options do you want? <br>
     <input type="checkbox" name="caroptions[]" value="stripes"> Racing Stripes
     <br>
     <input type="checkbox" name="caroptions[]" value="sportseats"> Sport Seats
   </p>

   <p>
     <input type="submit" value="Order Now">
   </p>

</form>
```

Aqui está o formulário.

Choose your Mini!
http://www.chooseyourmini.com/
Choose your Mini Cooper
Your information:
Name: Buckaroo Banzai
Zip: 90050
Which model do you want?
Mini Cooper Convertible
Which color do you want?
Chili Red
Hyper Blue
Which options do you want?
Racing Stripes
Sport Seats
Submit

Este é o formulário preenchido.

Combine cada dado do formulário com nome e coloque suas respostas aqui.

```
name = "Buckaroo Banzai"
zip = ..............
model = ..............
color = ..............
caroptions[] = ..............
```

Crédito extra...

Agora que terminamos o formulário, podemos falar sobre o método usado pelo browser para enviar seus dados para o servidor? Estivemos usando "POST", mas você disse que há outros métodos.

Há dois métodos primariamente usados pelo browser: POST e GET.

POST e GET cumprem a mesma coisa — obter seus dados de formulário do browser ao servidor — mas de duas maneiras diferentes. POST empacota suas variáveis e as envia por trás dos panos para seu servidor, enquanto que GET também empacota suas variáveis de formulário, mas as anexa ao final da URL antes de enviar a solicitação ao servidor.

Com POST, todos os dados do formulário são enviados como parte da solicitação e invisíveis para o usuário

POST

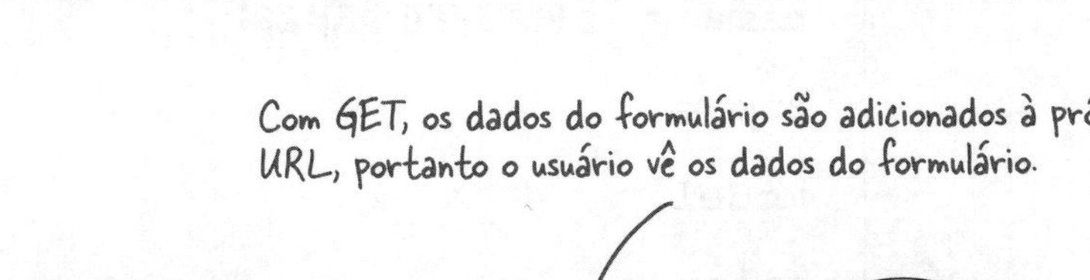
Server
Script

O usuário vê apenas a URL do script servidor na barra de endereços do seu browser

`http://wickedlysmart.com/hfhtmlcss/contest.php`

Com GET, os dados do formulário são adicionados à própria URL, portanto o usuário vê os dados do formulário.

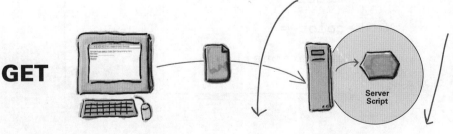

GET

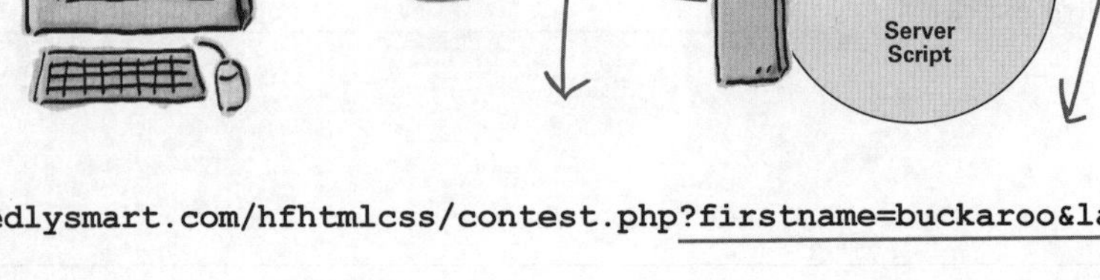
Server
Script

Observe os dados do formulário adicionados ao final da URL, é o que o usuário vê na barra de endereços.

`http://wickedlysmart.com/hfhtmlcss/contest.php?firstname=buckaroo&lastname=banza`

Veja o GET em ação

Não há maneira melhor de compreender o GET do que vê-lo em ação. Abra seu arquivo "formulario.html" e faça a pequena alteração a seguir:

Basta alterar o método de POST para GET.

```
<form action="http://starbuzzcoffee.com/processorder.php" method="GET">
```

Salve e recarregue a página; então preencha o formulário e o envie. Você deverá ver algo assim:

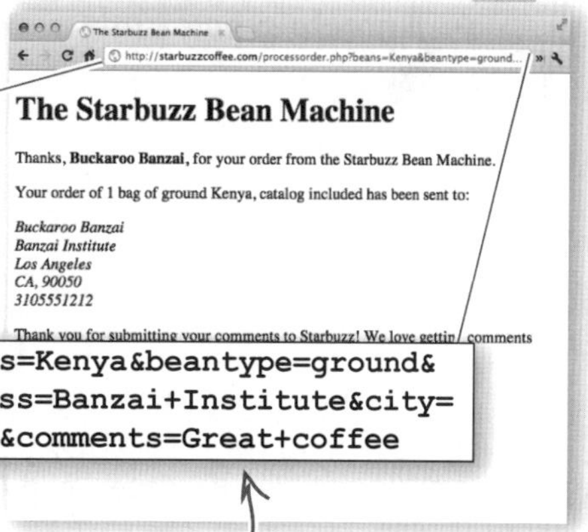
The Starbuzz Bean Machine
Thanks, Buckaroo Banzai, for your order from the Starbuzz Bean Machine.
Your order of 1 bag of ground Kenya, catalog included has been sent to:
Buckaroo Banzai
Banzai Institute
Los Angeles
CA, 90050
3105551212
Thank you for submitting your comments to Starbuzz! We love gettin comments

Você verá esta URL em seu browser.

```
http://starbuzzcoffee.com/processorder.php?beans=Kenya&beantype=ground&
extras%5B%5D=catalog&name=Buckaroo+Banzai&address=Banzai+Institute&city=
Los+Angeles&state=CA&zip=90050&phone=3105551212&comments=Great+coffee
```

Agora você pode ver cada um dos nomes dos elementos do formulário e seus valores aqui na URL.

Observe que o browser codifica os vários caracteres, como os espaços. O script servidor decodificará automaticamente esses caracteres quando os receber.

não existem Perguntas Idiotas

P: Por que o método é chamado de "GET", se estamos enviando alguma coisa para o servidor?

R: Boa pergunta. Qual é a principal tarefa de um browser? Obter páginas Web de um servidor. E, quando você usa GET, o browser está apenas obtendo uma página Web da maneira normal como sempre faz, exceto que, no caso de um formulário, ele adicionou mais dados ao final da URL. Apesar disso, o browser age como se fosse uma solicitação normal.

Com POST, ao contrário, o browser na verdade cria um pequeno pacote de dados e o envia para o servidor.

P: Por que eu deveria usar POST ao invés de GET ou vice-versa?

R: Realmente importam. Se você quiser que os seus usuários sejam capazes de colocar nos "favoritos" suas páginas que sejam o resultado de um envio de formulário, então você terá de usar GET, porque não há uma maneira de colocar nos "favoritos" uma página retornada como resultado de um POST. Quando você faria isso? Digamos que você tenha um script servidor que retorna uma lista de resultados de busca; talvez você queira que os usuários coloquem esses resultados nos "favoritos" para que possam vê-los novamente sem ter que preencher o formulário novamente.

Por outro lado, se você tiver um script servidor que processe os pedidos, você não vai querer que os usuários sejam capazes de colocar a página nos "favoritos" (caso contrário, toda vez em que eles retornassem ao "favoritos", o pedido seria enviado novamente).

Uma situação em que você nunca deve utilizar um GET é quando os dados em seu formulário forem confidenciais, como um número de cartão de crédito ou uma senha. Como a URL está bem à vista, a informação confidencial pode ser facilmente encontrada por outras pessoas se elas olharem o histórico de seu browser ou se o GET for gravado de alguma forma.

Finalmente, se você utilizar uma <textarea>, deverá usar POST, porque provavelmente estará enviando muitos dados. Solicitações GET têm um limite de 256 caracteres; POST não tem limite para o tamanho do pacote de dados enviado.

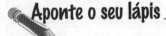

Aponte o seu lápis

GET ou POST

Para cada descrição, circule GET ou POST, dependendo de qual método for mais apropriado. Se você achar que ambos servem como resposta, circule ambos. Mas esteja preparado para defender suas respostas...

GET POST *Um formulário para a digitação de um usuário e de uma senha.*

GET POST *Um formulário para comprar CDs.*

GET POST *Um formulário para procurar eventos atuais.*

GET POST *Um formulário para enviar críticas de livros.*

GET POST *Um formulário para a recuperação de benefícios concedidos através do número da sua identidade.*

GET POST *Um formulário para envio de comentários de cliente.*

Ótimo trabalho na Máquina de Grãos! Isso vai realmente melhorar nossas vendas de grãos de café. Tudo o que você precisa fazer é colocar um pouco de estilo e estaremos prontos para lançar o formulário para nossos clientes.

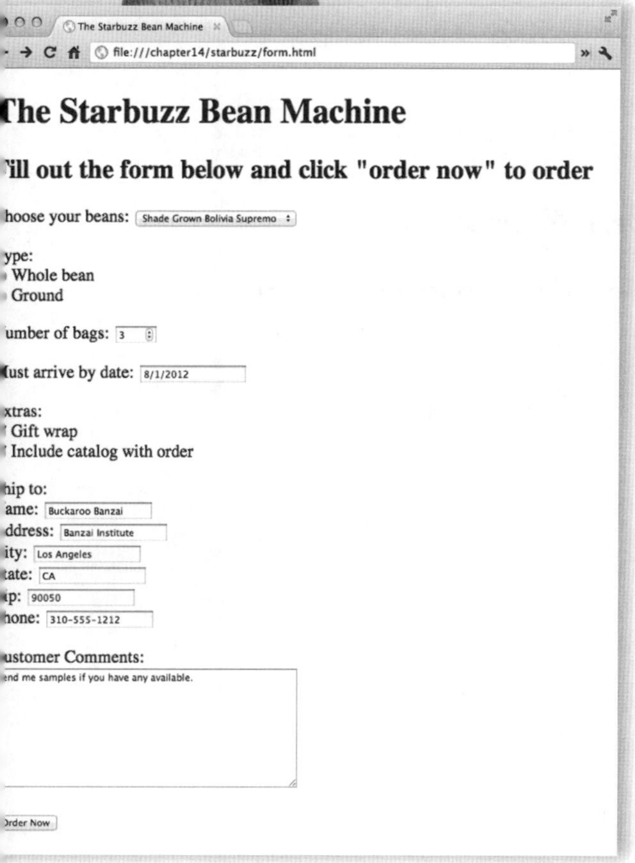
The Starbuzz Bean Machine
file:///chapter14/starbuzz/form.html
he Starbuzz Bean Machine
ill out the form below and click "order now" to order
hoose your beans:
Shade Grown Bolivia Supremo
ype:
Whole bean
Ground
umber of bags:
3
ust arrive by date:
8/1/2012
xtras:
Gift wrap
Include catalog with order
hip to:
ame:
Buckaroo Banzai
ddress:
Banzai Institute
ity:
Los Angeles
tate:
CA
ip:
90050
hone:
310-555-1212
ustomer Comments:
nd me samples if you have any available.
rder Now

PODER DO CÉREBRO

Com tudo o que você sabe sobre HTML e CSS, como seria sua abordagem ao estilo deste formulário?

Aponte o seu lápis

Os formulários são geralmente tabulares em seu layout, então você provavelmente descobrirá que usando uma CSS table display o layout funciona bem para projetar a apresentação de seu formulário... e aqui está o que usaremos para fazer o layout do formulário da Máquina de Grãos. Com esse layout em table display, a página terá o visual real de um formulário, em vez de um conjunto improvisado de elementos input, e ficará mais legível.

Antes de fazermos isso, vamos entender a estrutura de tabela que é inerente a este formulário. Começando com o esboço abaixo, encaixe os elementos em uma tabela (dica: descobrimos que se encaixa otimamente em suas colunas e 14 linhas), então cada linha está representada por um elemento de bloco, e cada célula também está representada por um elemento de bloco. Perceba que talvez você tenha que adicionar alguma estrutura ao HTML para fazer funcionar.

Sem olhar na próxima página antes de fazer o exercício. De verdade! Cubra ou esconda de outra forma.

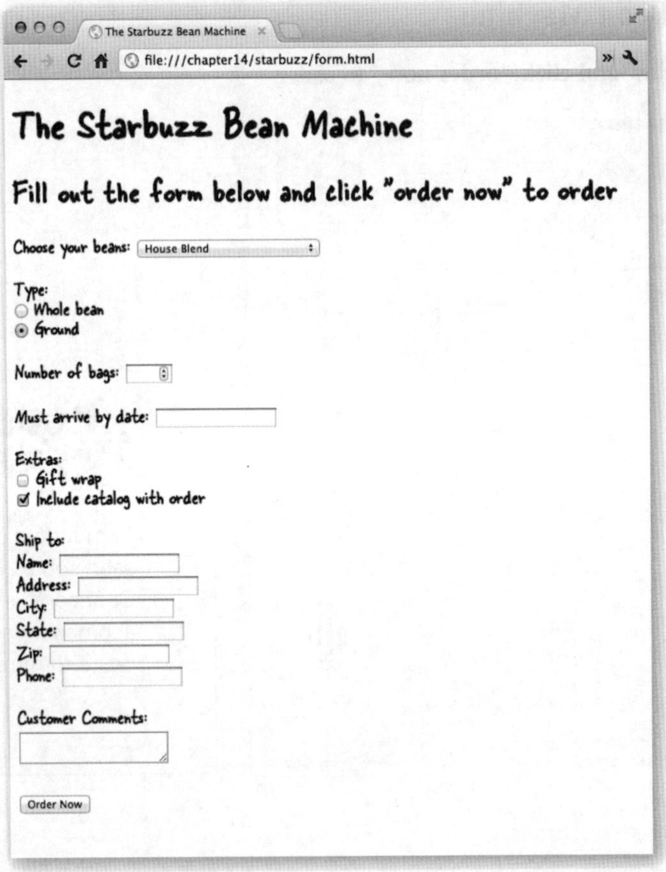
The Starbuzz Bean Machine
file:///chapter14/starbuzz/form.html
The Starbuzz Bean Machine
Fill out the form below and click "order now" to order
Choose your beans:
House Blend
Type:
Whole bean
Ground
Number of bags:
Must arrive by date:
Extras:
Gift wrap
Include catalog with order
Ship to:
Name:
Address:
City:
State:
Zip:
Phone:
Customer Comments:
Order Now

Aponte o seu lápis Solução

Os formulários são geralmente tabulares em seu layout, então você provavelmente descobrirá que usando uma CSS table display o layout funciona bem para projetar a apresentação de seu formulário... e aqui está o que usaremos para fazer o layout do formulário da Máquina de Grãos. Com esse layout em table display, a página terá o visual real de um formulário, em vez de um conjunto improvisado de elementos input, e ficará mais legível.

Antes de fazermos isso, vamos entender a estrutura de tabela que é inerente a este formulário. Começando com o esboço abaixo, encaixe os elementos em uma tabela (dica: descobrimos que se encaixa otimamente em suas colunas e 14 linhas), então cada linha está representada por um elemento de bloco, e cada célula também está representada por um elemento de bloco. Perceba que talvez você tenha que adicionar alguma estrutura ao HTML para fazer funcionar.

Aqui está o que fizemos... compare com sua solução antes de continuar!

Aqui está o esboço da tabela. É um layout simples em table display, com 2 colunas e 14 linhas – 1 linha para cada parte principal do formulário.

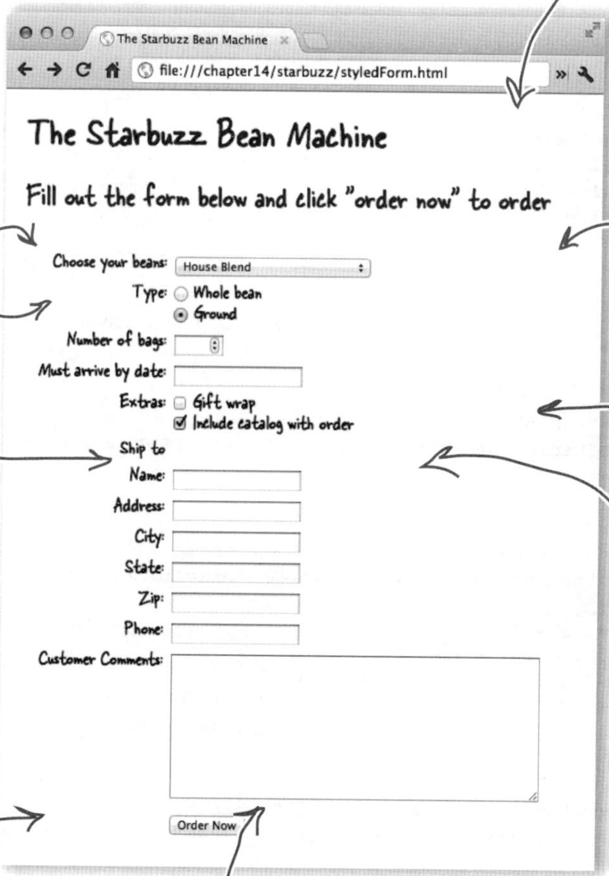
The Starbuzz Bean Machine
file:///chapter14/starbuzz/styledForm.html
The Starbuzz Bean Machine
Fill out the form below and click "order now" to order
Choose your beans:
House Blend
Type:
Whole bean
Ground
Number of bags:
Must arrive by date:
Extras:
Gift wrap
Include catalog with order
Ship to
Name:
Address:
City:
State:
Zip:
Phone:
Customer Comments:
Order Now

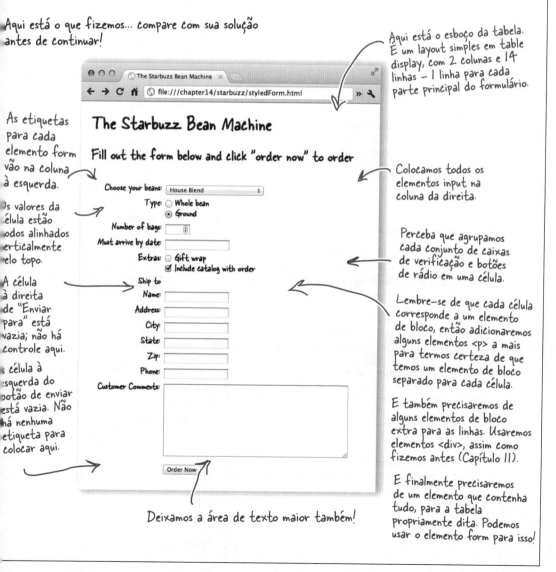

As etiquetas para cada elemento form vão na coluna à esquerda.

Colocamos todos os elementos input na coluna da direita.

Os valores da célula estão todos alinhados verticalmente pelo topo.

Perceba que agrupamos cada conjunto de caixas de verificação e botões de rádio em uma célula.

A célula à direita de "Enviar para" está vazia; não há controle aqui.

Lembre-se de que cada célula corresponde a um elemento de bloco, então adicionaremos alguns elementos <p> a mais para termos certeza de que temos um elemento de bloco separado para cada célula.

A célula à esquerda do botão de enviar está vazia. Não há nenhuma etiqueta para colocar aqui.

E também precisaremos de alguns elementos de bloco extra para as linhas. Usaremos elementos <div>, assim como fizemos antes (Capítulo 11).

E finalmente precisaremos de um elemento que contenha tudo, para a tabela propriamente dita. Podemos usar o elemento form para isso!

Deixamos a área de texto maior também!

Coloque os elementos do formulário na estrutura do HTML para o layout table display

HTML Código Pronto

Agora que você já sabe como organizar os elementos do formulário em um layout table display, precisa colocar seus conhecimentos de escrever tabelas em HTML à prova. Portanto, comece a digitar!

Brincadeira. Não faríamos você digitar tudo isso... Afinal, este capítulo é na verdade sobre formulários, e não sobre layout table display. Já digitamos tudo para você (em inglês); estão no arquivo "styledform.html" na pasta "chapter14/starbuzz". Mesmo que isso pareça complicado, não é tão ruim assim. Adicionamos algumas anotações a seguir para apontar as partes principais.

Aqui está o elemento <form>; vamos usar este elemento para a parte "table" do display.

```
<form action="http://starbuzzcoffee.com/processorder.php" method="post">
  <div class="tableRow">
      <p>
        Choose your beans:
      </p>
      <p>
          <select name="beans">
            <option value="House Blend">House Blend</option>
            <option value="Bolivia">Shade Grown Bolivia Supremo</option>
            <option value="Guatemala">Organic Guatemala</option>
            <option value="Kenya">Kenya</option>
          </select>
      </p>
  </div>
  <div class="tableRow">
      <p> Type: </p>
      <p>
          <input type="radio" name="beantype" value="whole"> Whole bean<br>
          <input type="radio" name="beantype" value="ground" checked> Ground
      </p>
  </div>
  <div class="tableRow">
      <p> Number of bags: </p>
      <p> <input type="number" name="bags" min="1" max="10"> </p>
  </div>
  <div class="tableRow label">
      <p> Must arrive by date: </p>
      <p> <input type="date" name="date"> </p>
  </div>
  <div class="tableRow">
      <p> Extras: </p>
      <p>
          <input type="checkbox" name="extras[]" value="giftwrap"> Gift wrap<br>
          <input type="checkbox" name="extras[]" value="catalog" checked>
          Include catalog with order
      </p>
  </div>
```

Estamos usando um <div> com a classe "tablerow" para cada linha na tabela.

E o conteúdo para cada célula é aninhado dentro de um elemento <p>.

Para o menu de seleção de grãos, os botões de rádio "beantype" e as caixas de verificação "extras" colocamos todos os elementos form de cada menu em uma célula de dados.

O código continua na próxima página.

HTML Código Pronto

Para a linha contendo apenas a etiqueta "Enviar para"(Ship to), adicionamos uma classe "heading" ao <p> para que possamos deixar o texto em negrito.

Perceba que também obtivemos uma célula vazia na coluna da direita, então podemos apenas colocar um elemento <p> vazio aqui.

Todas as linhas são simples: um <div> "tableRow" para a linha e cada célula em um <p>.

```
    <div class="tableRow">
        <p class="heading"> Ship to </p>
        <p></p>
    </div>
    <div class="tableRow">
        <p> Name: </p>
        <p> <input type="text" name="name" value=""> </p>
    </div>
    <div class="tableRow">
        <p> Address: </p>
        <p> <input type="text" name="address" value=""> </p>
    </div>
    <div class="tableRow">
        <p> City: </p>
        <p> <input type="text" name="city" value=""> </p>
    </div>
    <div class="tableRow">
        <p> State: </p>
        <p> <input type="text" name="state" value=""> </p>
    </div>
    <div class="tableRow">
        <p> Zip: </p>
        <p> <input type="text" name="zip" value=""> </p>
    </div>
    <div class="tableRow">
        <p> Phone: </p>
        <p> <input type="tel" name="phone" value=""> </p>
    </div>
    <div class="tableRow">
        <p> Customer Comments: </p>
        <p>
            <textarea name="comments" rows="10" cols="48"></textarea>
        </p>
    </div>
    <div class="tableRow">
        <p></p>
        <p> <input type="submit" value="Order Now"> </p>
    </div>
</form>
```

E para a última linha, temos uma célula vazia na coluna da esquerda, então novamente podemos usar um elemento <p> vazio para isso.

Aplique estilo ao formulário com as CSS

HTML
Código Pront

Já temos a estrutura que precisamos, então agora só precisamos adicionar algumas regras de estilo e teremos terminado. Como este formulário é parte do site do Starbuzz, vamos reutilizar o estilo da folha de estilos "starbuzz.css" e criar uma nova folha de estilos "styledform.css", para adicionar novas regras de estilo para o formulário da Máquina de Grãos. Toda essa CSS deve ser familiar para você agora. Não usaremos quaisquer regras exclusivas de tabelas ou formulários;apenas o que você tem utilizado nos últimos capítulos.

Você encontrará essa CSS que está no arquivo "styledform.css" na pasta "chapter14/starbuzz".

Vamos confiar às CSS do Starbuzz para algum do nosso estilo, mas estamos adicionando a imagem de fundo do Starbuzz e uma margem ao corpo.

```
body {
   background: #efe5d0 url(images/background.gif) top left;
   margin: 20px;
}
```

Estamos usando o formulário para representar a tabela na table display...

...e adicionando uma borda ao redor do formulário e algum enchimento entre o conteúdo do formulário e a borda, e uma cor de fundo para destacá-lo do fundo.

```
form {
   display: table;
   padding: 10px;
   border: thin dotted #7e7e7e;
   background-color: #e1ceb8;
}
```

Estamos deixando esse controle de textarea no formulário maior, para que haja mais espaço para comentários, fixando sua largura e altura.

```
form textarea {
   width: 500px;
   height: 200px;
}
```

Cada <div> "tableRow" atua como uma linha no layout da table display.

```
div.tableRow {
   display: table-row;
}
```

Cada elemento <p> que é aninhado em um <div> "tableRow" é uma célula da tabela. Nós verticalmente alinhamos o conteúdo em cada <p> para que cada conteúdo em cada linha se alinhe pelo topo das células. E estamos adicionando um pouco de enchimento aqui também, para incluir espaço entre as linhas.

```
div.tableRow p {
   display: table-cell;
   vertical-align: top;
   padding: 3px;
}
```

Esta regra usa o pseudoelemento first-child no seletor para os elementos <p> aninhados dentro dos <div>s "tableRow". Isso significa que o primeiro elemento <p> em cada linha está aninhado à direita, então todos se alinham verticalmente no lado direito da coluna.

```
div.tableRow p:first-child {
   text-align: right;
}
```

E para qualquer elemento <p> com a classe "heading", deixamos o texto em negrito para que pareça um título. Usamos isso na célula "Enviar para".

```
p.heading {
   font-weight: bold;
}
```

Faça o test drive do formulário estilizado

Você adicionará *dois* elementos `<link>` ao `<head>` de seu HTML em "styledform.html", criando um link para a folha de estilos do Starbuzz do Capítulo 12, "starbuzz.css", e outro para sua nova folha de estilos, "styledform.css". Lembre-se de obter a ordem correta: crie o link para "starbuzz.css" primeiro, e depois para "styledform.css". Quando tiver criado os links para as duas folhas de estilo, salve e recarregue sua página. Você deverá ver a versão estilizada e atraente da Máquina de Grãos do Starbuzz em seu browser.

Uau, que diferença um pequeno estilo faz!

Se você quiser aumentar suas habilidades em HTML e CSS veja se você consegue adicionar o cabeçalho e o rodapé do Starbuzz à página da Máquina de Grãos, e faça com que a Máquina Máquina de Grãos tenha uma ótima aparência com esses elementos.

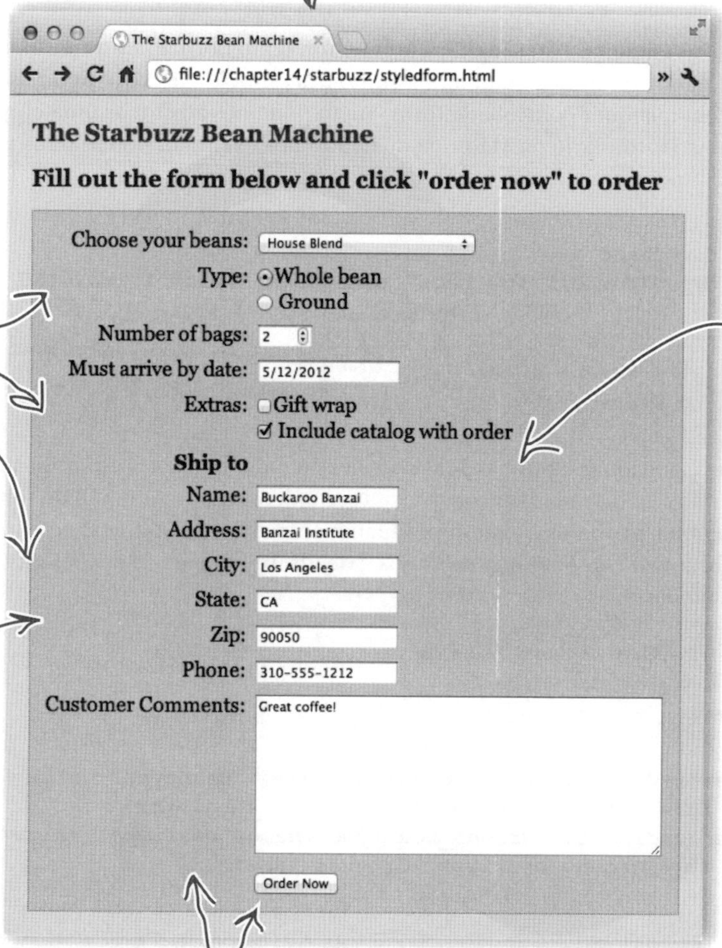

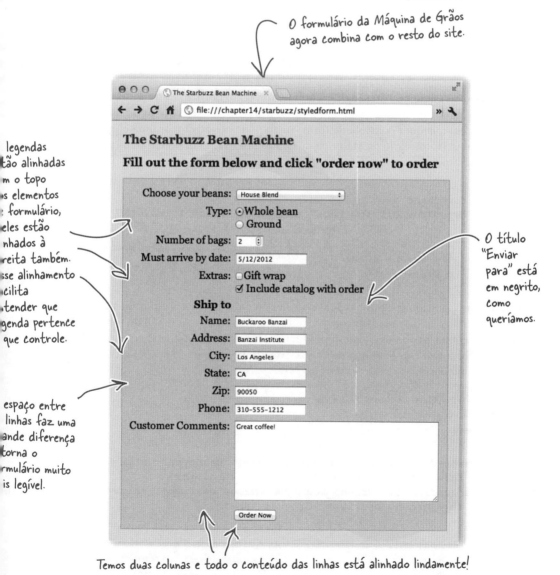

The Starbuzz Bean Machine
file:///chapter14/starbuzz/styledform.html
The Starbuzz Bean Machine
Fill out the form below and click "order now" to order
Choose your beans:
House Blend
Type:
Whole bean
Ground
Number of bags:
2
Must arrive by date:
5/12/2012
Extras:
Gift wrap
Include catalog with order
Ship to
Name:
Buckaroo Banzai
Address:
Banzai Institute
City:
Los Angeles
State:
CA
Zip:
90050
Phone:
310-555-1212
Customer Comments:
Great coffee!
Order Now
O formulário da Máquina de Grãos agora combina com o resto do site.
legendas
tão alinhadas
m o topo
s elementos
formulário,
eles estão
nhados à
reita também.
sse alinhamento
cilita
tender que
genda pertence
que controle.
espaço entre
linhas faz uma
ande diferença
torna o
rmulário muito
is legível.
O título "Enviar para" está em negrito, como queríamos.
Temos duas colunas e todo o conteúdo das linhas está alinhado lindamente!

Uma palavrinha sobre acessibilidade

Nós criamos uma versão completa da Máquina de Grãos com etiquetas e atualizamos as CSS para acompanhar. Confira accessform html e accessform. css no download de códigos.

Até então estivemos etiquetando elementos de formulário com texto simples, mas deveríamos na verdade estar usando o elemento <label> para marcar essas etiquetas. O elemento <label> fornece mais informação sobre a estrutura de sua página, permite estilizar as etiquetas usando CSS mais facilmente e ajuda os leitores de tela para as pessoas com deficiência visual corretamente identificarem os elementos do formulário.

Para usar um elemento <label>, primeiro adicione um atributo id ao seu elemento form.

```
<input type="radio" name="hotornot" value="hot" id="hot">
<label for="hot">hot</label>

<input type="radio" name="hotornot" value="not" id="not">
<label for="not">not</label>
```

Então adicione um <label> e fixe o atributo "for" ao id correspondente.

hot
not

Agora o texto próximo a esses botões de rádio é uma etiqueta

Por padrão, as etiquetas não são diferentes de um texto normal. Entretanto, elas podem fazer uma grande diferença quando o assunto é acessibilidade. Você pode usar o elemento <label> com qualquer controle de form, então podemos adicionar uma etiqueta a cada parte do nosso formulário da Máquina de Grãos. Por exemplo, poderíamos adicionar uma etiqueta ao input number para o número de sacos de grãos, assim:

```
<label for="bags">Number of bags:</label>
<input type="number" id="bags" name="bags" min="1" max="10">
```

Adicionamos o id "bags" ao element <input>.

Tudo bem ter os atributos name e id com mesmo valor, neste caso, "bags".

Quando você adicionar etiquetas aos controles de rádio ou caixas de verificação, lembre-se que o id de cada controle precisa ser único, embora o nome de todos os controles em um grupo seja o mesmo. Então, para adicionar etiquetas ao controle de rádio "beantype" da Máquina de Grãos, crie ids únicos para as opções grãos inteiros e moído:

O nome de ambos os controles é "beantype", então eles estão agrupados quando você envia o formulário ao script servidor.

Mas cada id precisa ser único.

```
<input type="radio" id="whole_beantype" name="beantype" value="whole">
    <label for="whole_beantype">Whole bean</label><br>
<input type="radio" id="ground_beantype" name="beantype" value="ground" checked
    <label for="ground_beantype">Ground</label>
```

Perceba que uma etiqueta pode vir antes ou depois do controle ao qual está associada; contanto que o valor do atributo for combine com o id, não importa onde a etiqueta esteja.

O que mais poderia entrar em um formulário?

Já explicamos quase tudo que você utilizará regularmente em seus formulários, mas há alguns elementos que talvez você queira considerar ter em seu repertório; portanto, estamos incluindo-os aqui apenas para o caso de você querer levar os seus estudos sobre formulários mais adiante.

Fieldsets e legends

Quando seus formulários começarem a ficar grandes, pode ser útil agrupar visualmente os elementos. Embora você possa usar `<div>`s e as CSS para fazer isso, o HTML também oferece um elemento `<fieldset>`, que pode ser usado para agrupar elementos comuns. O elemento `<fieldset>` utiliza um segundo elemento, chamado `<legend>`. Veja como eles trabalham juntos:

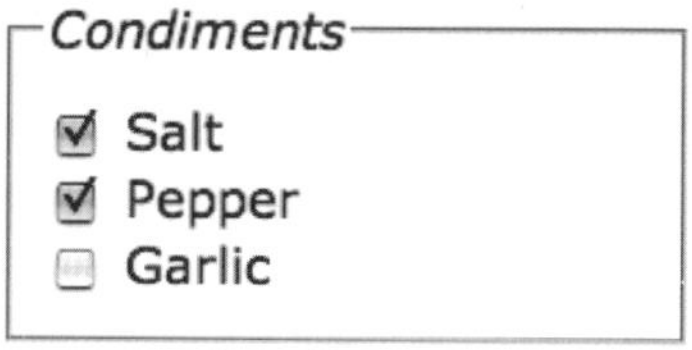
Condiments
Salt
Pepper
Garlic

Aqui mostramos o modo como fieldset e legenda parecem em um browser. Você descobrirá que os browsers exibem-nos de modo diferente.

O elemento <fieldset> envolve um conjunto de elementos de entrada.

O elemento <legend> oferece uma legenda para o grupo.

```
<fieldset>
   <legend>Condiments</legend>
      <input type="checkbox" name="spice" value="salt">
         Salt  <br>
      <input type="checkbox" name="spice" value="pepper">
         Pepper <br>
      <input type="checkbox" name="spice" value="garlic">
         Garlic
</fieldset>
```

Password

O elemento `<input>` password funciona como o elemento `<input>` text, exceto pelo fato de que o texto digitado será mascarado. Isso é útil para formulários que exigem que você digite uma senha, um código secreto ou outra informação sensível que você não queira que as outras pessoas vejam quando estiver digitando. Tenha em mente, entretanto, que os dados do formulário não são enviados do browser para a aplicação Web de uma maneira segura, a menos que você a torne segura. Para obter mais informações sobre segurança, entre em contato com a sua empresa de hospedagem.

```
<input type="password" name="secret">
```

O elemento <input> password funciona exatamente como o elemento <input> text, exceto pelo fato de que o texto digitado será mascarado.

Mais coisas que podem entrar em um formulário

Entrada de arquivo

Esse é um novo elemento de entrada de que ainda não falamos. Se você precisar enviar um arquivo para um script servidor, utilizará novamente o elemento <input>, mas desta vez seu tipo será "file". Quando você fizer isso, o elemento <input> cria um controle que permite que você selecione um arquivo e, quando o formulário é enviado, o conteúdo do arquivo é enviado com o resto de seus dados do formulário para o servidor. Lembre-se, seu script servidor precisa estar esperando um upload de arquivo, e também observe que você deve utilizar o método POST para usar esse elemento.

Choose File
Browse...

Esta é a aparência de um elemento de entrada de arquivo em alguns browsers diferentes.

```
<input type="file" name="doc">
```

Pra criar um elemento de entrada de arquivo, basta definir o tipo do elemento <input> como file.

Múltipla seleção

Esse não é um elemento novo, mas uma nova maneira de usar um elemento que você já conhece. Se você adicionar o atributo booleano multiple ao seu elemento <select>, transformará seu menu de uma única opção em um menu de múltipla seleção. Ao invés de um menu suspenso, haverá um menu de múltipla seleção mostrando todas as opções na tela (com uma barra de rolagem se houver muitas); você pode escolher mais de um pressionando a tecla Ctrl (Windows) ou Command (Mac) enquanto seleciona.

Com a múltipla seleção, você pode escolher mais de uma opção de cada vez.

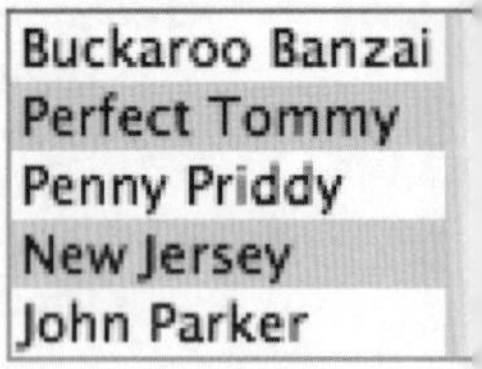
Buckaroo Banzai
Perfect Tommy
Penny Priddy
New Jersey
John Parker

```
<select name="characters" multiple>
    <option value="Buckaroo">Buckaroo Banzai</option>
    <option value="Tommy">Perfect Tommy</option>
    <option value="Penny Priddy">Penny</option>
    <option value="New Jersey">Jersey</option>
    <option value="John Parker">John</option>
</select>
```

Adicione o atributo multiple para transformar um menu de seleção única em um menu de múltipla seleção.

Placeholder

Você pode usar o atributo `placeholder` com a maioria dos tipos de `<input>` em um formulário para dar à pessoa que está preenchendo o formulário uma dica sobre o tipo de conteúdo que se espera que seja inserido no controle. Por exemplo, se você tem um campo de texto que espera um nome e sobrenome, você pode fornecer uma amostra de nome e sobrenome usando o atributo `placeholder`. O valor do atributo é mostrado no controle, mas é mais fraco do que o conteúdo normal que você adiciona em um controle e assim que você clica no campo do texto, o texto do placeholder desaparece para não atrapalhar a forma com que você está digitando.

Name:
Buckaroo Banzai

Se você deixar o campo em branco e enviar o formulário, o conteúdo do placeholder NÃO é enviado como valor para o controle!

```
<input type="text" placeholder="Buckaroo Banzai">
```

O atributo placeholder permite que você forneça uma dica sobre o tipo de conteúdo que espera para essa parte do formulário.

Required

Este é um atributo que você pode usar com qualquer controle de formulário; ele indica que um campo é necessário, então você não deve enviar o formulário sem especificar o valor para os controles que tenham este atributo. Em browsers que suportam este atributo, se você tentar enviar o formulário sem especificar um valor para o campo `required`, você receberá uma mensagem de erro e o formulário não será enviado ao servidor.

Name:
Buckaroo Banzai
Submit
Please fill out this field.

Esta é uma foto da tela do Chrome. Nem todo browser suporta o required, mas você pode colocá-lo de qualquer forma. Você será capaz de enviar o formulário, mas então, é claro, o script servidor irá reclamar que você não preencheu aquele campo.

Perceba que este atributo é outro *booleano*, como vimos no elemento `<video>`. Isso significa que o valor do atributo simplesmente "está lá" ou "não está lá". Ou seja, se o atributo estiver lá, então está fixado, e se o atributo não estiver lá, então não está fixado. Então neste exemplo, `required` está lá, o que significa que o atributo está fixado e o campo é necessário para o envio do formulário.

O required é um atributo booleano, então se estiver no controle do formulário, isso significa que o campo deve ter um valor para o formulário ser enviado corretamente.

```
<input type="text" placeholder="Buckaroo Banzai" required>
```

PODER DO CÉREBRO

Edite seu arquivo "styledform.html" e adicione "placeholders" a cada <input> text e tel. Escolha valores que darão ao cliente uma boa dica sobre o tipo de conteúdo que é esperado para cada campo. Em seguida, edite o mesmo arquivo e adicione o tributo "required" a cada campo do formulário que seja necessário à Máquina de Grãos do Starbuzz (todos os campos "Enviar para"). Já que "beans" e "beantypes" têm valores padrão, você realmente precisa do "required" nesses campos? O que acontece se você remover o atributo "checked" do "beantype"; então você precisa do "required"? Experimente com diferentes browsers e veja quais browsers suportam "placeholder" e "required".

PONTOS DE BALA

- O elemento <form> define o formulário e todos os elementos de entrada no formulário estão aninhados dentro dele.
- O atributo "action" contém a URL do script servidor.
- O atributo "method" contém o método de envio de dados do formulário: POST ou GET.
- Um POST empacota os dados do formulário e envia o pacote como parte da solicitação.
- Um GET empacota os dados do formulário e adiciona o pacote à URL.
- Use POST quando os dados do formulário forem confidenciais, ou muito grandes, como quando um elemento <textarea> ou <input> file é usado.
- Use GET para solicitações que devam ser adicionada aos "Favoritos".
- O elemento <input> pode agir como muitos controles de entrada na página Web, dependendo do valor de seu atributo "type".
- Um tipo "text" cria uma entrada única de texto.
- Um tipo "submit" cria um botão de envio.
- Um tipo "radio" cria um botão de rádio. Todos os botões de rádio com o mesmo nome formam um grupo de botões mutuamente exclusivos.
- Um tipo "checkbox" cria um controle de caixa de verificação. Você pode criar um conjunto de opções dando a várias caixas de verificação o mesmo nome.
- Um tipo "number" cria um input text de uma linha que espera caracteres de número apenas.
- Um tipo "range" cria um controle deslizante para input numérico.
- Um tipo "color" cria um seletor de cor nos browsers que suportam esse tipo (e os que não criam um input text).
- Um tipo "date" cria um seletor de data em browsers que suportam esse tipo (e os que não criam um input text).
- Os tipos "email", "url" e "tel" criam inputs text de uma linha que fazem aparecer um teclado personalizado em alguns browsers de dispositivos móveis para facilitar a entrada de dados.
- Um elemento <textarea> cria uma área de entrada de texto de várias linhas.
- Um elemento <select> cria um menu que contém um ou mais elementos <option>. Elementos <option> definem os itens no menu.
- Se você colocar texto no conteúdo de um elemento <textarea>, ele se tornará o texto padrão em um controle de área de texto na página Web.
- O atributo "value" no elemento <input> text pode ser usado para dar um valor inicial para uma entrada de texto de uma única linha.
- Definir o atributo "value" no botão de envio altera o texto do botão.
- Quando um formulário Web é enviado, os valores dos dados do formulário são combinados com seus nomes correspondentes, e todos os nomes e valores são enviados para o servidor.
- A CSS table display são geralmente usadas para criar o layout dos formulários, já que eles possuem uma estrutura tabular. As CSS também podem ser usadas para criar estilos para os formulários, como cor, estilos de fonte, bordas, etc.
- O HTML permite que os elementos do formulário sejam organizados pelo elemento <fieldset>.
- O elemento <label> pode ser usado para anexar legendas para formar elementos de uma maneira que ajude na acessibilidade.
- Use o atributo "placeholder" para dar ao usuário do formulário uma dica sobre o tipo de conteúdo que se espera no campo.
- O atributo "required" indica um campo que é obrigatório para que o formulário seja enviado corretamente. Alguns browsers o forçarão a entrar os dados nesses campos antes de enviar o formulário.

Ímãs de Geladeira

Sua tarefa era pegar os ímãs dos elementos de formulário e colocá-los nos controles correspondentes no esboço. Você não precisou de todos os ímãs abaixo para completar a tarefa, alguns ficaram de fora. Aqui está a solução.

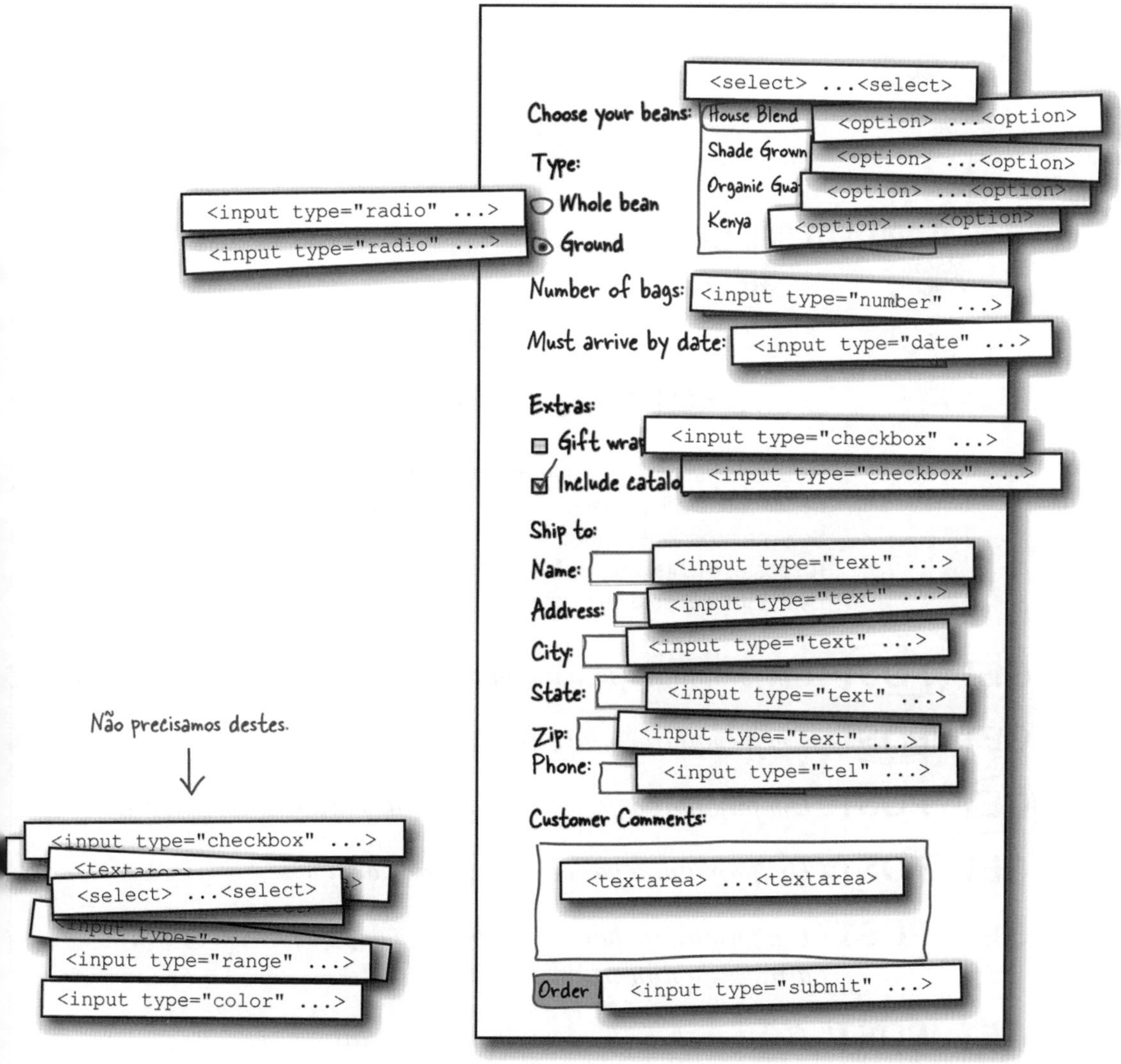
Choose your beans:
<select> ...<select>
House Blend
<option> ...<option>
Shade Grown
<option> ...<option>
<option> ...<option>
Kenya
<option> ...<option>
Type:
Whole bean
<input type="radio" ...>
Ground
<input type="radio" ...>
Number of bags:
<input type="number" ...>
Must arrive by date:
<input type="date" ...>
Extras:
<input type="checkbox" ...>
<input type="checkbox" ...>
Ship to:
Name:
<input type="text" ...>
Address:
<input type="text" ...>
City:
<input type="text" ...>
State:
<input type="text" ...>
Zip:
<input type="text" ...>
Phone:
<input type="tel" ...>
Customer Comments:
<textarea> ...<textarea>
Order
<input type="submit" ...>
Não precisamos destes.
<input type="checkbox" ...>
<select> ...<select>
<input type="range" ...>
<input type="color" ...>

Sinta-se como o Browser – Solução

name = "Buckaroo Banzai"

zip = "90050"

model = "convertible"

color = "chilired"

caroptions[] = "stripes"

Aponte o seu lápis Solução

GET ou POST

Para cada descrição, circule GET ou POST, dependendo de qual método for mais apropriado. Se você achar que ambos servem como resposta, circule ambos. Mas esteja preparado para defender suas respostas...

GET **(POST)** *Um formulário para a digitação de um usuário e de uma senha.*

GET **(POST)** *Um formulário para comprar CDs.*

(GET) POST *Um formulário para procurar eventos atuais.*

GET **(POST)** *Um formulário para enviar críticas de livros.*

GET **(POST)** *Um formulário para a recuperação de benefícios concedidos através do número da sua identidade.*

GET **(POST)** *Um formulário para envio de comentários de cliente.*

Exercício Solução

Ei, 80% dos pedidos de nossos clientes incluem grãos "moídos". Você pode fazer com que o tipo de grão moído já esteja selecionado quando o usuário carregar a página?

Se você adicionar um atributo chamado checked com um valor de "checked" em seu elemento de entrada de botão de rádio, então tal elemento será selecionado por padrão quando o formulário for exibido por seu browser. Adicione o atributo "checked" ao elemento <input> radio "ground" e faça um teste com a página. Aqui está a solução.

Esta é apenas a seção relevante do formulário de formulario.html.

```
<form action="http://starbuzzcoffee.com/processorder.php" method="POST">
  ...
  <p>Type: <br>

     <input type="radio" name="beantype" value="whole"> Whole bean <br>
     <input type="radio" name="beantype" value="ground" checked> Ground

  </p>
  ...
</form>
```

E aqui está o novo atributo que seleciona o botão de rádio Moído.

Não seria maravilhoso se este fosse o final do livro? Se não houvesse mais pontos de bala ou palavras-cruzadas ou listas de HTML ou qualquer outra coisa? Mas provavelmente isso é só uma fantasia...

Parabéns!

Você chegou ao final.

É claro que ainda há o apêndice.

E o índice remissivo.

E o colofão.

E então há o Website...

Na verdade, não há escapatória.

Apêndice: sobras

As Dez Melhores Coisas (Que Não Cobrimos)

Falamos sobre vários assuntos e você já está terminando o livro. Vamos morrer de saudades de você, mas antes de o deixarmos ir, não seria correto mandá-lo para o mundo sem um pouco mais de preparação. Não é possível colocar tudo o que você precisa saber neste pequeno capítulo. Na verdade, originalmente nós incluímos *tudo* o que você precisa saber sobre HTML e CSS (e que não tinha sido explicado nos capítulos anteriores), reduzindo o tamanho da fonte para 0,00004. Coube tudo perfeitamente, mas ninguém conseguia ler. Portanto, jogamos quase tudo fora e mantivemos as melhores partes para este apêndice.

Nº 1 Mais seletores CSS

Já que aprendemos os seletores mais comuns, aqui estão mais alguns que talvez você queira conhecer...

Pseudoelementos

Você sabe tudo sobre pseudoclasses e pseudoelementos e que são similares. Os pseudoelementos podem ser usados para selecionar partes de um elemento que não possam ser colocados convenientemente em um `<div>` ou em um `<span>`, ou selecionados de alguma outra forma. Por exemplo, o pseudoelemento `first-letter` pode ser usado para selecionar a primeira letra do texto em um elemento de bloco, permitindo que você crie efeitos como letras iniciais diferenciadas e drop caps. Há um outro pseudoelemento chamado `first-line`, que pode ser usado na seleção da primeira linha de um parágrafo. Veja como usar ambos para selecionar a primeira letra e linha de um elemento `<p>`:

```
p:first-letter {
        font-size: 3em;
}
p:first-line {
        font-style: italic;
}
```

Os pseudoelementos usam a mesma sintaxe das pseudoclasses...

Aqui estamos alterando a primeira letra do parágrafo para uma letra grande e a primeira linha do parágrafo para itálico.

Seletores de atributos

Os seletores de atributos são exatamente o que parecem: seletores que permitem que você selecione elementos com base nos valores dos atributos. Você os utiliza desta forma:

Este seletor seleciona todas as imagens que tenham um atributo width em seu HTML.

```
img[width] { border: black thin solid; }
img[height="300"] { border: red thin solid; }
image[alt~="flowers"] { border: #ccc thin solid; }
```

Este seleciona todas as imagens que tenham o atributo height com o valor de 300.

Este seletor seleciona todas as imagens que tenham o atributo alt que inclua a palavra flores.

Seleção pelos irmãos

Você também pode selecionar elementos com base em seu irmão precedente. Por exemplo, digamos que você queira selecionar apenas parágrafos que tenham um elemento <h1> que os preceda; você usaria este seletor:

Escreva o elemento precedente, um sinal de + e então o elemento irmão.

```
h1+p {
 font-style: italic;
}
```

Este seletor seleciona todos os parágrafos que vêm imediatamente depois de um elemento <h1>.

Combinação de seletores

Você já viu exemplos neste livro de como os seletores podem ser combinados. Por exemplo, você pode pegar um seletor de classes e usá-lo como parte de um seletor de descendente, assim:

```
.blueberry p { color: purple; }
```

Aqui estamos selecionando todos os parágrafos que sejam descendentes de um elemento na classe blueberry.

Há um padrão aqui que você pode usar para criar seletores bem complexos. Vamos ver como funciona esse padrão:

1. Comece pela definição do contexto para o elemento que você deseja selecionar, desta forma:

```
div#greentea > blockquote
```

Aqui estamos usando um seletor de descendente onde um <div> com id greentea (chá verde) deve ser o pai de <blockquote>.

2. Forneça então o elemento que você quer selecionar:

```
div#greentea > blockquote p
```

contexto — elemento

Em seguida, adicionamos o elemento <p> como o elemento que queremos selecionar no contexto de <blockquote>. O elemento <p> deve ser um descendente de <blockquote>, que por sua vez deve ser filho de um <div> com um id greentea.

3. A seguir, especifique quaisquer pseudoclasses ou pseudoelementos:

```
div#greentea > blockquote p:first-line { font-style: italic; }
```

contexto — elemento

Então adicionamos um pseudoelemento, first-line, para selecionarmos apenas a primeira linha do parágrafo.

Esse é um seletor bem complexo! Sinta-se à vontade para criar seus próprios seletores usando o mesmo método.

Nº 2 Propriedades CSS específicas dos fornecedores

Os desenvolvedores de browsers (em outras palavras, fornecedores como Microsoft, Mozilla, o pessoal por trás do WebKit, etc.) frequentemente incluem novas funcionalidades a seus browsers para testar novas funções ou para implementar extensões CSS que estão sendo consideradas, mas ainda não aprovadas pelas equipes de padronização. Nesses casos, os fornecedores criam propriedades CSS assim:

Comece com um traço "-"

Outro traço "-"

```
-moz-transform
```

O identificador do fornecedor; aqui, é "moz" de Mozilla.

A propriedade

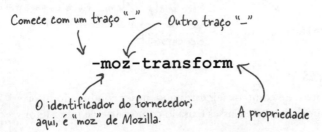

Você deve ficar à vontade para usar essas propriedades específicas de fornecedores, mas elas não são necessariamente pretendidas para serem utilizadas em produtos à venda – a propriedade pode nunca ser aprovada como um padrão legítimo, ou o fornecedor pode alterar a implementação da propriedade a qualquer momento. Sendo assim, muitos de nós precisamos ser capazes de criar páginas que usam a melhor e mais recente tecnologia, mas cientes de que estamos usando propriedades que podem mudar.

Se você for usar essas propriedades, então com frequência você irá criar CSS assim:

Primeiro, listamos a propriedade geral caso seja suportada ou venha a ser suportada no futuro.

```
div {
      transform: rotate(45deg);
      -webkit-transform: rotate(45deg);   ← Safari e Chrome
      -moz-transform: rotate(45deg);      ← Mozilla
      -o-transform: rotate(45deg);        ← Opera
      -ms-transform: rotate(45deg);       ← IE
 }
```

Então listamos as versões específica dos fornecedores conhecidos.

Você pode tipicamente encontrar essas propriedades específicas dos fornecedores na documentação do desenvolvedor e notas de divulgação para cada browser ou participando de fóruns associados ao processo de desenvolvimento de cada browser.

E, se você está pensando no que a propriedade "transform" realmente faz, confira o a seção "#3 Transformações e Transições das CSS" na próxima página.

Nº 3 Transformações e Transições das CSS

Usando CSS, você pode agora fazer transformações completas em 2D e 3D nos elementos. Em vez de falar sobre isso, vamos dar uma olhada em um exemplo (digite este; vale a pena!).

```
<!doctype html>
<html>
<head>
    <meta charset="utf-8">
    <title>CSS Transforms and Transitions</title>
    <style>
        #box {
            position: absolute;
            top: 100px;
            left: 100px;
            width: 200px;
            height: 200px;
            background-color: red;
        }
        #box:hover {
            transform: rotate(45deg);
            -webkit-transform: rotate(45deg);
            -moz-transform: rotate(45deg);
            -o-transform: rotate(45deg);
            -ms-transform: rotate(45deg);
        }
    </style>
</head>
<body>
    <div id="box"></div>
</body>
</html>
```

Aqui está o estilo básico para o <div> "box" abaixo...

A posição é absoluta (você não está feliz por ter ficado preso conosco por todo aquele capítulo de posicionamento?).

E vamos dar ao <div> uma posição e tamanho...

...e deixá-lo vermelho.

Esta regra de estilo se aplica APENAS se o <div> está no estado "hover"... sim, você pode flutuar sobre <div>s também!

Quando você está passando o mouse sobre o <div>, nós transformamos o elemento girando-o 45 graus.

Ainda precisamos de extensões específicas dos browsers para isso.

ste só funcionará m IE9+.

Aqui está o <div> que estamos transformando.

CSS Transforms and Transiti
file:///chapter15/transform.html

Vá em frente, digite isso e faça um test drive. Quando passamos o mouse pelo `<div>` "box", você deve vê-los se transformar e girar 45 graus. Agora, e se quisermos deixar a transformação mais suave com uma animação? É onde entram as transições... então, vire a página.

Passe o mouse sobre o <div> para vê-lo girar!

Nós podemos adicionar a propriedade `transition` ao `<div>` "box" para fazê-lo se transformar em seu novo estado em dois segundos. Aqui está como fazemos isso:

```
#box {
    position: absolute;
    top: 100px;
    left: 100px;
    width: 200px;
    height: 200px;
    background-color: red;
    transition: transform 2s;
    -webkit-transition: -webkit-transform 2s;
    -moz-transition: -moz-transform 2s;
    -o-transition: -o-transform 2s;
}
#box:hover {
    transform: rotate(45deg);
    -webkit-transform: rotate(45deg);
    -moz-transform: rotate(45deg);
    -o-transform: rotate(45deg);
    -ms-transform: rotate(45deg);
}
```

A propriedade transition diz: "Se o valor da propriedade transform mudar, transition vai do valor atual de transform para o novo valor de transform ao longo da duração especificada".

O valor padrão de transform é nulo; ou seja, não há nenhuma transformação.

Mas quando você passa seu mouse sobre a caixa, o valor de transform muda para uma rotação de 45 graus. Então a transition de um transform nulo para um transform com rotação de 45 graus acontece em dois segundos.

O valor da propriedade `transition` é outra propriedade, neste caso `transform`, e uma `duration`, neste caso dois segundos. Quando o valor da propriedade específica muda, a transição faz com que a mudança aconteça na duração especificada, que cria um efeito de animação. Você pode aplicar a transição em outras propriedades CSS também, como `width` ou `opacity`.

IE atualmente (na versão 9) não suporta transition, mas talvez suporte na versão 10. Então você não irá visualizar a animação se estiver usando IE.

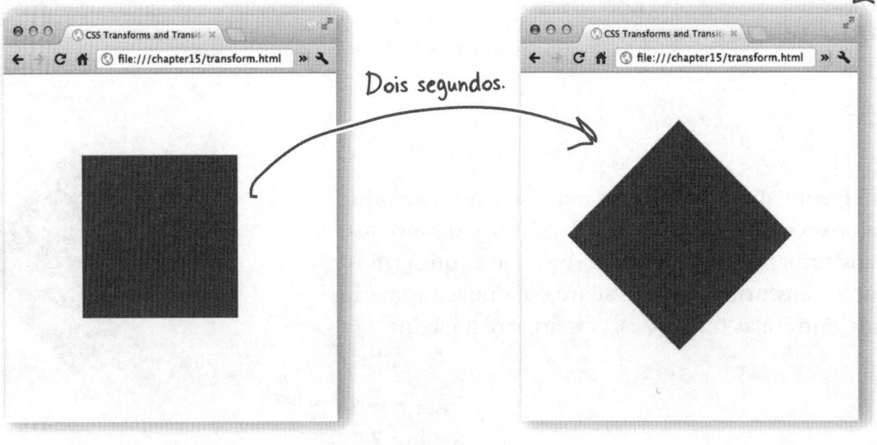
CSS Transforms and Transi
file:///chapter15/transform.html
Dois segundos.
CSS Transforms and Transi
file:///chapter15/transform.html

Nº 4 Interatividade

As páginas HTML não precisam ser documentos passivos; elas também podem ter conteúdo executável. O conteúdo executável dá comportamento às suas páginas. Você cria conteúdo executável escrevendo programas ou scripts usando uma linguagem chamada JavaScript. Aqui está uma degustação do que significa colocar conteúdo executável em suas páginas.

Aqui está um novo elemento HTML, <script>, que permite que você coloque o código dentro do HTML.

Estamos usando o id do formulário para conseguirmos lidar com o formulário em JavaScript para podermos fazer algumas coisas com ele, como definir o que acontece quando um botão é clicado.

```
<script>
  window.onload = init;
  function init() {
    var submitButton = document.getElementById("submitButton");
    submitButton.onclick = validBid;
  }
  function validBid() {
    if (document.getElementById("bid").value > 0) {
      document.getElementById("theForm").submit();
    } else {
      return false;
    }
  }
</script>
```

E aqui está um pouco de JavaScript que checa a aposta de um usuário para ter certeza de que não é zero dollars ou menos.

Se a aposta é maior que zero, nós enviamos o formulário; caso contrário, não conseguimos, porque é um erro.

No HTML, você pode criar um formulário que usa este script para checar a aposta antes do formulário ser enviado. Se a aposta for maior do que zero, o formulário é enviado.

```
<form id="theForm" method="post" action="contest.php">
  <input type="number" id="bid" value="0"><br>
  <input type="button" id="submitButton" value="Bid!"><br>
</form>
```

No Java Script, podemos definir o que acontece quando o botão 'enviar' é clicado e obter o valor do input com o id de "bid".

O que o script pode fazer?

Validação de input de formulário, como fizemos acima, é uma tarefa comum e útil que geralmente é feita com JavaScript (e os tipos de validação que você pode fazer vão muito além deste exemplo). Mas isso é só o começo do que você pode fazer com JavaScript... como você verá na próxima página.

Nº 5 APIs do HTML5 e aplicativos Web

Além dos elementos que o HTML5 adiciona, o HTML5 vem com um novo conjunto de interfaces de programação de aplicativos (ou APIs) que são acessíveis através do JavaScript. Esses APIs abrem um novo universo de expressão e funcionalidade às suas páginas Web. Vamos dar uma olhada no que você pode fazer com elas...

Interaja com outras páginas de novas formas que funciona para desktop e dispositivos móveis.

Com os APIS do HTML5 e JavaScript, você pode criar uma superfície desenhável em 2D em sua página; plug-ins não são necessários

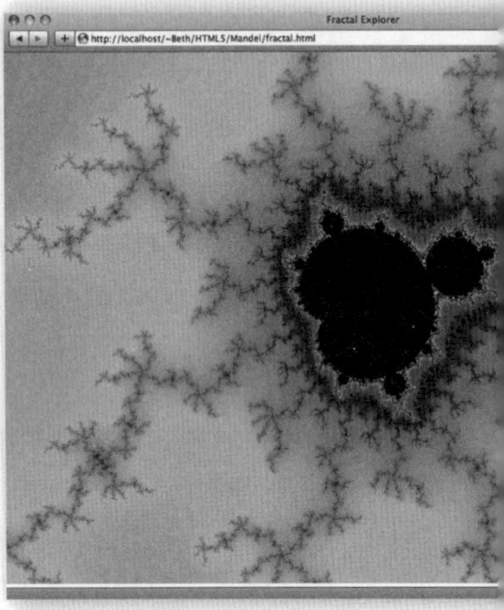
Fractal Explorer

Deixe suas páginas sensíveis a localização para saber onde seus usuários estão, mostre a eles o que há por perto, conduza uma gincana, dê a eles direcionamento para juntar as pessoas com interesses em comum na mesma área.

Carrier
8:32 PM
Mighty Gumball
Mighty Gumball Sales
SAN FRANCISCO sold 3 gumballs
SACRAMENTO sold 4 gumballs
GARDEN VALLEY sold 8 gumballs
FOOTHILL RANCH sold 3 gumballs
PALOS VERDES PENINSULA sold 7 gumballs
LOS ANGELES sold 8 gumballs
LOS ANGELES sold 4 gumballs
Wherever you go, there you are

Use profissionais da Web para turbinar seu código JavaScript e lidar de forma séria com a computação ou deixe seu aplicativo mais responsivo. Você pode até mesmo usar melhor o processador multicore de seus usuários!

Acesse qualquer serviço da Web e traga os dados para seu aplicativo, quase em tempo real.

Faça o cache de dados localmente usando o armazenamento do browser para acelerar os aplicativos móveis.

Sem necessidade de plug-ins especiais pa rodar vídeos.

Crie seus próprios controles para o reprodutor de vídeo usando HTML e JavaScrit.

Integre suas páginas com Google Maps e até deixe seus usuários rastrearem seus movimentos em tempo real.

Utilize armazenamento local baseado em browser.

Armazene muitas preferências e dados para seus usuários localmente, no browser, e até deixe-os disponíveis para acesso offline.

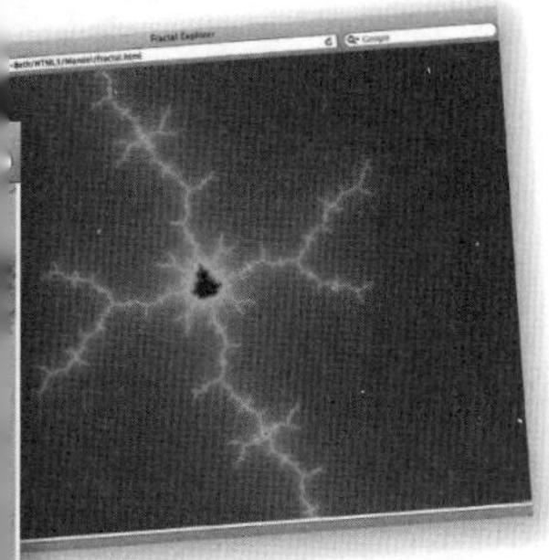

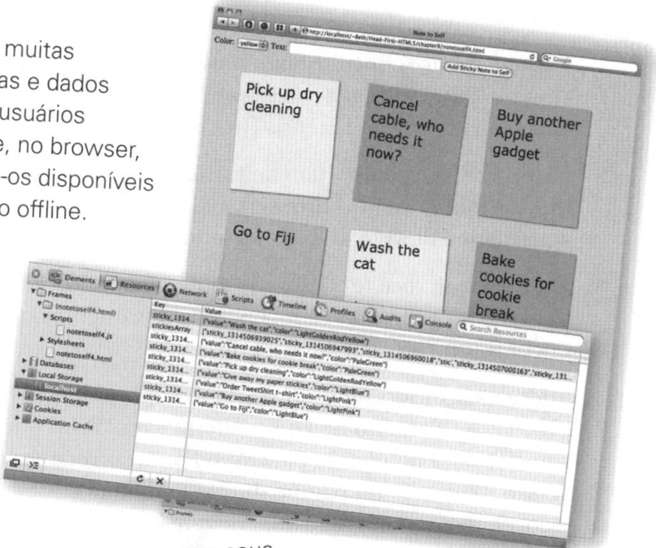
Pick up dry cleaning
Cancel cable, who needs it now?
Buy another Apple gadget
Go to Fiji
Wash the cat
Bake cookies for cookie break

O browser claramente não é mais apenas para documentos chatos. Com JavaScript, você pode desenhar pixels diretamente no browser.

Sobrecarregue seus formulários com JavaScript para fornecer interatividade real.

I saw this tweet
If it's worth tweeting, it's worth putting on a #tweetshirt
and all I got was this lousy t-shirt!
Select background color:
Circles or squares?
Select text color:
Preview

Construa experiências em vídeo completas que incorporem vídeos de novas maneiras.

Use o poder do JavaScript para processamento de vídeo total em seu browser. Crie efeitos especiais e até mesmo manipule diretamente pixels de vídeos.

Video Booth
DEMO UNIT

Já está motivado? Você vai encontrar todos esses exemplos em nosso livro Use a Cabeça! Programação em HTML5.

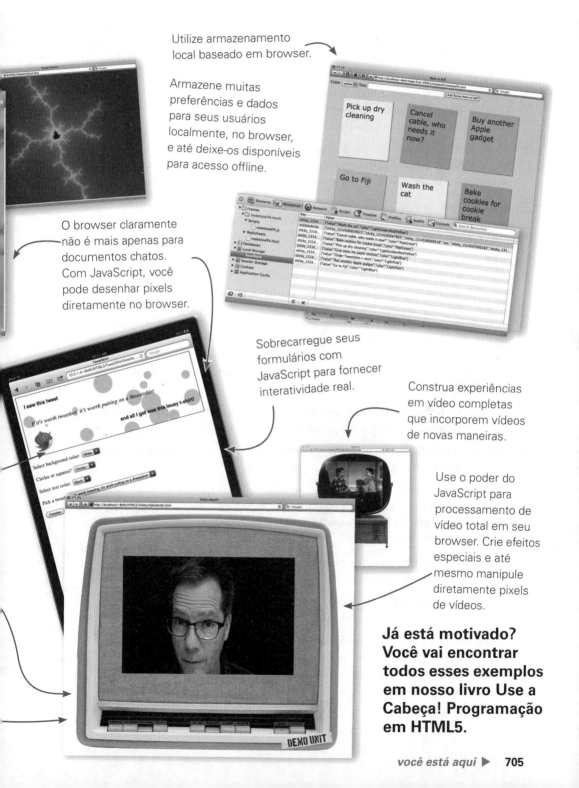

Nº 6 Mais sobre Web Fonts

Gostaríamos de passar mais tempo com Web Fonts, então elas acabaram sendo incluídas nas nossas "10 coisas que não cobrimos", embora as tenhamos coberto. Se você está usando Web Fonts, existem algumas outras coisas mais que você deveria conhecer e investigar, então reunimos 10 coisas que você deveria saber sobre Web Fonts:

1. Existem serviços que facilitam o uso das Web Fonts, como Google Web Fonts (`http://www.google.com/webfonts`), Fonts.com (`http://www.fonts.com/web-fonts`) e Extensis (`http://www.extensis.com/`).
2. Os browsers se comportam de forma diferente enquanto fazem o download de suas fontes. Alguns browsers exibem uma fonte provisória, enquanto outros aguardam o download da fonte antes de devolver o texto.
3. Uma vez que você fez o download de uma fonte, ela fica guardada em cache pelo seu browser e não é recuperada novamente da próxima vez que você encontrar uma página que a utiliza.
4. Todos os browsers modernos (IE9+) suportam o Web Open Font Format (WOFF, ou Formato de Fonte Aberta para Web), que provavelmente será transformará no padrão para Web Font. Entretanto, o Internet Explorer até a versão 8 suporta um padrão diferente de todos os outros browsers modernos (.eot) e tem um bug que impede que o browser carregue fontes múltiplas (então você não pode listar mais de uma fonte em sua regra `@font-face`). Se você precisa suportar Web Fonts no IE8 e anteriores, os serviços mencionados acima podem lhe poupar de ter que se preocupar com esses problemas de compatibilidade dentre browsers.
5. Existem muitas fontes gratuitas por aí. Procure por "fontes com código aberto" para encontrar fontes que você pode incluir em sua página Web de graça.
6. Porque as Web Fonts são fontes verdadeiras, você pode aplicar qualquer estilo a elas assim como pode com fontes convencionais.
7. Usar Web Fonts pode ter algum impacto sobre o desempenho de sua página, mas é considerada uma prática melhor e lhe fornecerá um melhor desempenho do que usando imagens gráficas customizadas para tipografia.
8. Limite as fontes em sua regra `@font-face` para apenas as fontes usadas em uma página em particular.
9. Se você tiver licenças de fontes existentes, cheque com seu fornecedor; eles podem permitir uso na Web.
10. Assim como as fontes convencionais, sempre inclua uma fonte de apoio em caso da fonte de sua página não estar disponível ou se um erro for encontrado ao recuperá-la ou decodificá-la.

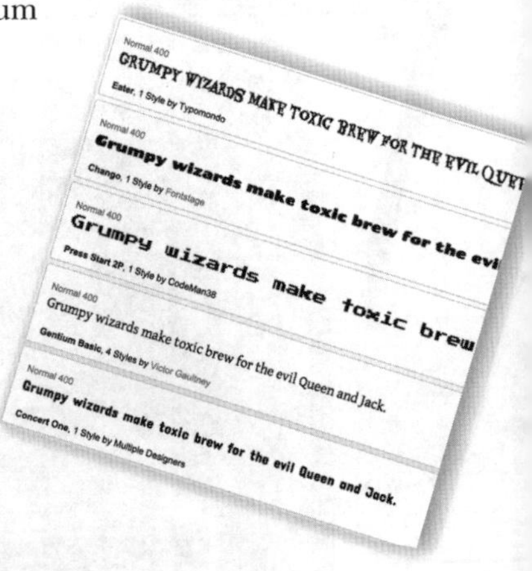
Normal 400
GRUMPY WIZARDS MAKE TOXIC BREW FOR THE EVIL
Eater, 1 Style by Typomondo
Normal 400
Grumpy wizards make toxic brew for the
Chango, 1 Style by Fontstage
Normal 400
Grumpy wizards make toxic brew
Press Start 2P, 1 Style by CodeMan38
Normal 400
Grumpy wizards make toxic brew for the evil Queen and Jack.
Gentium Basic, 4 Styles by Victor Gaultney
Normal 400
Grumpy wizards make toxic brew for the evil Queen and Jack.
Concert One, 1 Style by Multiple Designers

Nº 7 Ferramentas para a criação de páginas Web

Agora que você já conhece o HTML e as CSS, está em ótima posição para decidir se ferramentas como o Dreamweaver, Expression Web ou Coda são para você. Alguns desses aplicativos lhe oferecem editores mais ricos com funções como coloração de código e preview embutido para deixar a criação e edição de seu HTML e CSS mais fáceis. Alguns desses aplicativos oferecem ferramentas do tipo “o-que-você-vê-é-o-que- obtém” (what you see is what you get- WYSIWYG) para a criação de páginas Web. Temos certeza de que você conhece o suficiente de HTML e suporte de browser para saber que essa meta, embora válida, também se mostra insuficiente de vez em quando. Mas, isso posto, essas ferramentas também oferecem alguns recursos muito úteis, mesmo se você estiver escrevendo um monte de HTML por conta própria:

- Uma janela de “código” para inserir HTML e CSS com verificação de sintaxe, para detectar erros comuns e ter sugestões de nomes e atributos comuns à medida que você digita.
- Uma funcionalidade de visualização e publicação que permite que você teste suas páginas antes de colocá-las “ao vivo” na Web.
- Um gerenciador de site que permite que você organize seu site e mantenha suas alterações locais sincronizadas com seu site Web no servidor. Observe que isso realiza todo o trabalho com o FTP.
- Algumas fornecem validação embutida, para que você saiba que sua página está válida conforme a desenvolve.

Essas ferramentas também têm suas desvantagens:

- Algumas vezes elas estão atrasadas em relação aos padrões em termos de suporte, então para manter seu HTML e CSS atuais, você pode ter de escrever (ou editar) o HTML por conta própria.
- Nem todas essas ferramentas forçam o uso de padrões rigorosos, e podem permitir que você fique desleixado em relação a seu HTML e CSS, portanto não se esqueça de validar se a ferramenta não lhe fornecer validação embutida.

Tenha em mente que você pode usar uma combinação de editores simples junto com essas ferramentas mais sofisticadas; uma solução não tem que suprir todas as suas necessidades. Portanto, utilize uma ferramenta de criação de páginas quando isso fizer sentido.

Algumas ferramentas a serem consideradas:

- Dreamweaver (Adobe)
- Hype (Tumult)
- Coda (Panic)
- Microsoft Expression Web
- Flux (The Escapers)
- Amaya (código aberto, desenvolvida por W3C)
- Eclipse (pela Fundação Eclipse)

Os melhores e mais recentes editores Web são sempre em fluxo, então esteja certo de checar na Web por todas as opções de ferramentas.

Nº 8 XHTML5

Fomos muito firmes com o XHTML neste livro, com toda a coisa "o XHTML já era". A verdade é que, quando se trata de XHTML, foram apenas o XHTML 2 e posteriores que morreram, e, na verdade, você pode escrever seu HTML5 usando o estilo XHTML se quiser. E porque você quereria? Bem, pode ser que você tenha que validar ou transformar seus documentos como XML, ou você pode querer suportar tecnologia em XML, como SVG (você provavelmente saberá se decidir), que funciona com HTML.

Vamos dar uma olhada em um documento simples em XHTML e ir direto aos pontos altos (não poderíamos cobrir tudo que você precisa saber sobre este tópico; assim como as todas as coisas em XML, fica complicado muito rápido).

```
<!doctype html>
<html xmlns="http://www.w3.org/1999/xhtml">
   <head>
      <title>You Rock!</title>
      <meta charset="UTF-8" />
   </head>
   <body>
      <p>I'm kinda liking this XHTML!</p>
      <svg xmlns="http://www.w3.org/2000/svg">
         <rect stroke="black" fill="blue" x="45px" y="45px"
               width="200px" height="100px" stroke-width="2" />
      </svg>
   </body>
</html>
```

O mesmo doctype!

Isso é XML; precisamos adicionar o que é conhecido por namespace.

Todos os elementos têm de ser extremamente bem formados; perceba o indicador /> aqui para fechar esse elemento vazio. Esse é o formato de XML para fechar uma tag vazia.

Como exemplo, estamos usando SVG para desenhar um retângulo em nossa página. Os detalhes não são importantes; o que é importante é que esse é um formato XML que mora dentro do XML, não do HTML.

Nós podemos embutir o XML dentro da página! Bem legal!

Agora aqui estão algumas coisas que você precisa considerar para suas páginas em XHTML:

- Sua página precisa ser de XML bem-formado.
- Sua página deveria ser servida com o tipo MIME `application/xhtml+XML`; para isso, você precisa se certificar de que seu servidor serve esse tipo (leia mais sobre isso ou contate a administradora de seu servidor).
- Esteja certo de incluir o XHTML namespace em seu elemento <html> (que fizemos acima).

Fechar todos os seus elementos, aspas ao redor de valores de atributos, aninhamento válido dos elementos, e tudo mais.

Como dissemos, com XML existe muito mais para conhecer e muitas coisas para acompanhar. E, como sempre com XML, que a força esteja com você...

Nº 9 Linguagem do servidor

Muitas páginas Web são geradas por aplicativos que rodam em um servidor. Por exemplo, pense em um sistema de pedido online onde um servidor esta gerando páginas conforme você entra no processo de pedido, ou um fórum online, onde há um servidor gerando páginas baseadas em mensagens de fórum que são armazenadas em uma base de dados em algum lugar. Nós usamos um aplicativo de servidor para processar o formulário que você criou no Capítulo 14 para a Máquina de Café do Starbuzz.

Muitas empresas de hospedagem lhe deixarão criar seus próprios aplicativos para servidores escrevendo scripts e programas de servidor. Aqui estão algumas coisas que o script de servidor deixará você fazer:

- Construir uma loja online completa, com produtos, um carrinho de compras e um sistema de pedidos.
- Personalizar suas páginas para cada usuário, baseadas em suas preferências.
- Entregar notícias atualizadas, eventos e informações.
- Permitir que usuários busquem pelo seu site.
- Permitir que usuários ajudem a construir o conteúdo de seu site.

Para criar aplicativos de servidor, você precisará conhecer uma linguagem ou programa para script de servidor. Existem muitas linguagens concorrentes para desenvolvimento na Web e provavelmente você obterá opiniões divergentes sobre qual linguagem é a melhor, dependendo de para quem pergunta. Na verdade, linguagens de Web são um pouco como automóveis: você pode dirigir qualquer coisa entre um Prius e um Hummer e cada um tem seus pontos fortes e fracos (custo, facilidade para usar, economia, etc.).

As linguagens de Web estão constantemente evoluindo: PHP, Python, Perl, Node.js, Ruby on Rails e JavaServer Pages (JSPs) são todas comumente usadas. Se você é novo em programação, PHP pode ser a linguagem mais fácil para começar, e existem milhões de páginas Web feitas com PHP, então você estaria em boa companhia. Se você já tem alguma experiência em programação, você pode querer experimentar JSPs ou Python. Se você está mais alinhado com as tecnologias da Microsoft, então você vai querer dar uma olhada na VB.NET e ASP.NET como uma solução para servidor. E, se JavaScript é o seu negócio, então confira o Node.js para uma nova abordagem.

Nº 10 Áudio

O HTML lhe dá uma forma padronizada de tocar um áudio em suas páginas, sem um plug-in, com o elemento `<audio>`. Você vai achar esse elemento bem similar ao elemento `<video>`:

```
<audio src="song.mp3" id="boombox" controls>
  Sorry but audio is not supported in your browser.
</audio>
```

Parece familiar? Sim, audio suporta uma funcionalidade similar ao vídeo (menos o vídeo, obviamente).

Também como o vídeo, cada browser implementa sua própria aparência para os controles do reprodutor (que tipicamente consistem de uma barra de progresso com play, pause e controles de volume).

Infelizmente, como o vídeo, não é codificação padrão para o áudio. Três formatos são populares: MP3, WAV e Ogg Vorbis. Você verá que suportes para esses formatos variam conforme o cenário de seu browser (neste momento, Chrome é o único browser que suporta os três formatos).

Apesar de sua simples funcionalidade, o elemento `<audio>` e seu API JavaScript lhe dá muitos controles. Usando o elemento com JavaScript, você pode criar experiências interessantes na Web escondendo os controles e gerenciando o reprodutor de áudio em sua codificação. E com HTML5, você agora pode fazer isso sem o porém de ter de usar (e aprender) um plug-in (como Adobe Flash).

Índice

Símbolos

A

B

C

I

J

L

T

X

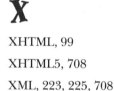

Z